발달정신병리학

영아기부터 청소년기까지

Developmental Psychopathology

From Infancy through Adolescence

Fifth Edition

Charles Wenar · Patricia Kerig 공저

이춘재 · 성현란 · 송길연 · 윤혜경
김혜리 · 박혜원 · 장유경 · 정윤경 공역

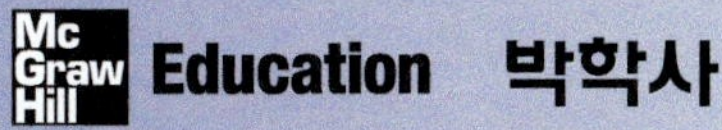
박학사

Developmental Psychopathology:
From Infancy through Adolescence, 5th Edition.

1 2 3 4 5 6 7 8 9 10 PHS 20 10

Original: Developmental Psychopathology: From Infancy through Adolescence,
5th Edition
By Patricia Kerig, Charles Wenar.
ISBN 978-0-07-282019-5

This book is exclusively distributed in Pakhaksa.

When ordering this title, please use ISBN 978-89-91633-82-7

Printed in Korea

역자 서문

이 책은 Charles Wenar와 Petricia Kerig의 *Developmental Psychopathology* 5판을 번역한 것이다. 정신병리란 어느 날 갑자기 발생하는 것이 아니다. 이미 오래 전부터 발생 가능성을 높여주는 여러 내적 요인과 외적 요인들이 발달과정에서 상호작용하여 누적된 힘들이 행동으로 표출되는 것이다. 그렇기 때문에 정신병리의 연구에는 발달적 접근이 가장 적절하다고 생각한다.

아동청소년 발달정신병리에 대한 책들이 여럿 있지만 이 책이 아동청소년의 정신병리를 가장 충실하게 발달적 맥락에서 기술하고 있다. 그래서 이 책은 아동 청소년의 정신병리를 정상발달이 실패한 것으로 간주하고 정상발달을 아동기 장애를 이해하는 출발점으로 삼는다. 이 책에서 밝히고자 하는 것은 언제 어떤 힘이 발달의 정상경로를 바꾸고, 어떤 힘이 발달적 일탈을 유지하거나 혹은 정상으로 돌아가는 것을 촉진하는가이다. 그렇게 함으로써 발달정신병리를 조기에 발견하여 치료하며, 나아가 예방하여 건강한 발달을 촉진할 수 있는 길을 제공한다. 그러므로 책의 구성도 목적에 맞게 다양한 장애와 관련된 정상발달의 10개 변인에 대한 2장이 먼저 나와 있고 여러 장애들도 발생 시기에 맞추어 연대적 순서로 배열되어 있다.

이 책을 보는 독자 대부분은 발달정신병리 과목을 수강하는 학생이며 대부분 정상발달에 대한 발달심리학 과목들을 이미 수강했을 가능성이 높다. 그러나 발달심리학의 내용은 워낙 광범위해서 그 중 어떤 것들이 발달장애와 관련되는지를 연결하기가 쉽지 않을 것이다. 또한 발달심리학 과목을 수강하지 않았거나 교육학이나 사회복지학 같은 다른 학문적 배경을 가지고 발달정신병리 과목을 수강하는 학생들도 있을 것이다. 이 경우 모두 1, 2, 3장에서 보여주는 발달적 접근의 개관이 발달장애를 발달적 맥락에서 더 잘 이해할 수 있는 기초를 제공해줄 것이다. 책에 대한 자세한 내용에 대해서는 저자 서문을 꼭 읽어보길 바란다.

이 책은 아동 청소년 발달정신병리를 공부하는 심리학, 교육학, 사회복지학, 의학, 간호학 등 관련 분야 전공자들에게 좋은 길잡이가 될 것이다. 또한 현장에서 아동 청소년을 만나는 전문가들인 발달심리전문가, 임상심리전문가, 상담심리전문가, 범죄심리전문가, 유치원과 초·중·고의 교육전문가, 사회복지전문가, 의사, 간호사들에게도 도움이 될 것이다. 열심히 하느라 노력했지만 부족한 부분이 있을 것이다. 독자 여러분의 피드백으로 더 나은 책을 만들 수 있게 되길 희망한다.

역자들은 늘 발달정신병리학의 공부와 실제 적용의 중요성을 강조하셨던 서봉연 선생님 밑에서 공부한 제자들이다. 모두 바쁘고 어려운 가운데서도 함께 하는 것의 뜻을 살리려 번역에 참가해 주신 분들의 노고에 감사드린다. 오랜 시간 기다려 주신 박학사 구본하 사장님과 김재석 실장님과 직원 여러분께도 감사드린다.

역자 대표

저자 서문

발달적 접근

이 책의 모든 개정판에서의 통일된 주제는 아동기 정신병리를 정상발달이 실패한 것으로 간주해야 한다는 것이다. 그러므로 정상발달은 아동기 장애를 이해하는 출발점이 된다. 기본적 도전은 어떤 힘이 발달의 정상 경로를 바꾸는지, 어떤 힘이 그 일탈을 유지하거나 혹은 정상으로 돌아가도록 촉진하는지를 밝히는 것이다. 이 통일된 주제 때문에 6개의 개인적 맥락인 인지, 정서, 애착, 자기, 도덕발달, 성별과 성 등과 함께 생물학적 맥락, 가족 맥락, 사회적 맥락, 문화적 맥락의 영향에 대해 하나의 장(2장)을 할애했다. 그리고 특정 장애가 정상발달에서 갖는 기원도 제시된다. 예를 들어, 자폐증은 영아의 정상발달과 관련되며 읽기장애는 읽기학습의 정상적 과정과 관련된다. 2장이 주는 교육적 이점은 교육학이나 사회복지학과 같은 다양한 학문적 배경을 가진 학생들이 중요한 10개 변인들의 발달에 대해 동등한 지식을 갖출 수 있게 된다는 점이다.

발달적 접근의 또 다른 결과는, 일부 예외가 있기는 하지만, 정신병리는 "행동장애" 혹은 "정서장애"와 같은 통상적인 서술적 범주보다는 대략적인 연대적 순서로 배열될 수 있다는 점이다. 자폐증은 영아기에 발생하며 불안장애는 중기 아동기, 섭식장애는 청소년기에 발생한다. 이러한 배열은 다시 발달정신병리학을 배우는 학생들로 하여금 "발달적으로 생각"하게 돕는 또 하나의 방식이다.

모든 사람이 여기서 사용된 발달적 접근에 동의하는 것은 아니다. 어떤 사람들에게는 발달정신병리가 특정 정신병리를 기술하고 병인과 예후의 쟁점을 다루는 것이다. 그러나 발달적 접근이 다양한 장애의 "발달경로"를 포함한다고 해도, 그것은 기본적으로 기술적인 정신의학에서 사용하는 것과 동일하다. 두 경우 모두에서 정상발달과의 중요한 연결이 무시되었다.

현 개정판에서 바뀐 것

1. 각각의 장은 크게 장애의 유병률, 원인, 결과, 치료에 대한 새로운 연구들로 개정되었다. 특히, 발달정신병리적 관점은 연구자들에게 전 생애에 걸친 연속성과 변화의 패턴을 볼 수 있게 해 주는 종단적 연구의 필요성을 알렸다(1장 참조). 그러나 전 생애 접근이 연구자의 전 생애를 요구한다는 것은 딜레마다. 그럼에도 불구하고 많은 장기적 종단연구의 수확이 이루어지고 있다. 우울증(9장 참조)과 품행장애(10장 참조)를 포함하는 많은 장애의 병인과 경로에 대해서도 중요한 연구들이 많이 등장하고 있다.
2. 이 책에는 발달적 관점의 중요성이 이미 포함되어 있지만, 이번 개정판에서는 장애의 발병연령을 나타내도록 장들을 재배열했다. 예를 들어 정신지체(4장 참조)의 논의는 영아기로 옮겨졌으며 우울증(9장 참조)의 논의는, 특히 여아에서, 발병률이 급증하는 청소년기 초기로 옮겼다.
3. 발달정신병리는 전 생애에 걸친 규준적 경로와 일탈적 경로로 이루어져 있지만 성격장애의 출현에 대한 장(15장 참조)을 첨가하여 청소년기 후기/성인기 초기까지 범위를 확장했다. 15장에서 우리는 경계선 성격장애에 대한 새로운 중요 연구에 초점을 두었다.
4. 이전 판에서는 소수민족에 관련된 이슈들이 별개의 장에 분리되어 있었으나, 개정판에서는 민족, 인종, 계층, 문화 간 차이의 논의를 각 장에 통합했다. 2장은 정신병리에 민족성, 문화, 사회계층이 영향을 주는 방식과 관련된 개념적 이슈를 소개한다. 이어서는 연구와 문헌이 허락하는 곳이면 어디든지, 다양성을 각 장애의 맥락 안에서 탐색한다. 불행히도 문헌 안에서 이런 이슈들에 주어진 관심이 심리학자들이 인식하는 이슈의 중요성과 보조가 맞는 것은 아니다. 그러므로 아동기 정신병리에서의 다양성에 관한 연구가 부족하다는 사실에 자주 부딪히게 될 것이다.

교육학적 특성

전체적 조직화. 맥락과 관련된 전체적 조직화—특히 생물학적, 개인적, 가족적, 사회적, 문화적 맥락—는 제각각인 연구문헌들을 정리할 수 있는 일관적인 틀을 제공한다. 각각의 정신병리는 구조화된 틀 안에서 체계적으로 제시된다. 즉, 정의와 특성(유병률, 성별, 사회경제적 차이와 인종차이를 포함하는), 공병, 발달경로, 병인론, 중재의 순으로 제시된다. 핵심용어들은 책에서 **볼드체**로 쓰여 있으며 이 책의 끝부분에 있는 용어목록에 포함되었다. 각 장 전반에 걸쳐 여러 번 나타나는 요약들은 글과 그림으로 제시된다. 그러한 요약은 각 장의 끝부분에 있는 포괄적인 전체 요약과 비교해 보다 더 상세하고 적절하다는 이점이 있다.

각 장에 있는 상자들은 이론적으로 흥미 있는 이슈들을 강조하고 그 분야에서 이루어지고 있는 논쟁을 보여주며, 관련연구의 범위를 더 심층적으로 만들기 위해 사용했다.

더 나아가 각 장에서는 알아보고 있는 장애를 예시하기 위해 삽화나 상자형태로 사례연구를 제시했다. 사용한 사례연구는 실생활 사례이며, 그것들 중 많은 사례가 자서전적 자료에서 나온 것이다. 그 증거로 17장에는 기술된 각각의 중재모형을 보여주기 위한 실제 치료회기 내용의 기록이 들어 있다. 발달정신병리가 취하는 규준적 발달과 정신병리 사이의 연속성 관점과 일치하게, 우리의 목표는 독자들로 하여금 장애를 알게 하고 그들이 경험한 장애를 공감하고 이해하게 하는 것이다.

선생님들에게

Patricia Kerig가 만든 교수매뉴얼은 교재 지침서 웹사이트(www.mhhe.com/wenar5)에서 구할 수 있다. 매뉴얼은 사례연구에 대한 부가적인 참조물, 동영상, 토론/연구질문을 포함하며 시험문제도 제안되어 있다.

Leslie Zeigenhorn(샌 디에고 대학과 샌 디에고 주립대학)이 만든 PPT도 지침서 웹사이트에서 구할 수 있다.

학생들에게

기존 판의 목표는 바뀌지 않았다. 즉, 학생들이 정신병리를 아동기로부터 청소년기를 거쳐 드러나는 것으로 "발달적으로 생각하는 것이" 가능하게 만든다는 점에서는 바뀌지 않았다. 새로운 판의 여러 특성들은 학생들이 자료를 더 명확하게 이해할 수 있도록 설계되었다. 예를 들면, 연구 결과와 개념적 모델을 보여주기 위해서 더 많은 그림을 포함시켰으며, 책의 시각적 매력도 증가했고 핵심용어들은 굵은 글씨로 인쇄되었다. 게다가 더 상세한 정보를 제공하고 연구가 제기한 논쟁과 질문을 탐색하기 위해서, 혹은 사례연구를 통한 생생한 자료를 보여주기 위해서 상자들이 추가되었다. 학생들이 주어진 장(章) 안에서 볼 수 있는 연구의 설명들보다 좀 더 상세한 설명에 접근할 수 있도록 종종 개관논문들도 인용했다. 또한 중요하지만 지면의 공간적 제약으로 인해 배제된 주제의 논문 참고목록도 있다.

감사의 글

우리는 이 책에 정보를 주고, 격려하고, 명료하게 해준 동료들의 도움에 감사한다. 또한 McGraw Hill의 많은 사람들에게 빚을 졌다. 그들의 이름은 저작권 페이지에 있다.

마지막으로 이번 판을 개관해 준 많은 분들에게 감사드린다. 우리는 그들의 철저함에 깊은 감명을 받았으며 그들의 의견이 큰 도움이 되었음을 밝힌다.

개관자들

Mary Katherine Weibel-Duncan, Bloomburg University
Patricia Metz, School of Social Work, University of Michigan
Gregory P. Hickman, Penn State University, Fayette
George W. Ledger, Hollins University
Annette Mahoney, Bowling Green State University
Jennifer Langhinrichsen-Rohling, University of South Alabama
Virginia Powers-Lagac, Westfield State College
Azmaira Maker, Marquette University
Jeanine Vivona, The College of New Jersey
Mikal Galperin, University of Texas, Dallas

저자 소개

Patricia K. Kerig

Patricia K. Kerig는 버클리에 있는 California 대학교에서 아동과 가족의 특수화로 임상심리학 박사학위를 받고 스탠포드 아동병원에서 인턴십을 마친 후, 콜로라도 보건학 센터에서 임상아동심리학으로 박사 후 과정을 했다. 현재는 Miami 대학교 심리학과의 부교수이며, 이전에는 Simon Fraser 대학교와 채플힐에 있는 North Carolina 대학교에서 교수직에 있었다. 그녀는 국제인간관계연구협회로부터 Brodsky/Hare Mustin Award를 수상한 바 있으며, 대인갈등, 폭력, 이혼과 외상적 스트레스에 노출된 아동의 위험과 탄력성에 대한 수많은 학문적 저서의 저자로서, *Journal of Family Psychology*, *Journal of Emotional Abuse*, *Journal of Social and Personal Relationship*의 편집위원이다. 또한 활동적으로 일하는 임상가이기도 하다.

Charles Wenar

Charles Wenar는 Ohio 주립대학교의 명예교수로, 심리학과의 발달심리학과 임상아동프로그램 모두를 이끌었다. Swarthmore 대학과 Iowa 주립대학교를 졸업했고 마이클 리즈 병원과 일리노이 신경의학 연구소, Pennsylvania 대학교에서 임상가와 연구자로 일했다. 그가 저술한 네 권의 책과 논문들은 자폐증과 건강한 걸음마기 아동의 부정주의에 대한 연구와 함께 정상아동과 장애가 있는 아동에 대한 그의 지속적인 관심을 입증해 준다. 1986년 Wenar 박사는 미국 심리학회의 12번째 분과인 임상아동심리 분과로부터 아동에 대한 지식과 서비스를 진전시키는 데 큰 공헌을 인정받아 임상아동에 대한 Distinguished Professional Contribution Award를 받았다.

차례

2 정상 발달 ········ 42

3 정신병리와의 연결 ········ 105

4 영아기: 정신지체의 발달적 결과 …… 134

5 영아기: 자폐 스펙트럼장애 …… 164

8 아동기 중기: 불안장애 ······ 275

9 아동기 중기에서 청소년기까지: 기분장애와 자살 318

10 아동기 중기에서 청소년기: 품행장애와 발달적 반사회적 행동 380

12 청소년기 이행에서의 정신병리: 섭식장애와 물질남용 ……………… 456

13 뇌손상과 만성질환의 발달 결과 ……………………………………………… 513

14 가족 맥락의 위험: 아동학대와 가정폭력 543

15 아동기 후기부터 성인 초기: 성격장애의 발현 590

제 1 장

발달정신병리학적 접근

개 요

1. 개관

글상자 1.1의 세 가지 일화는 이 교과서가 전하는 핵심가설을 보여주고 있다. 즉 아동정신병리학은 정상발달의 실패로 이해될 수 있다는 것이다. 정신병리란, 한 때는 괜찮았지만 이제는 더 이상 그 아동의 발달 수준에 적합하다고 생각될 수 없는 행동이다. 기술된 행동이 정상인가 병리적인가는 그 행동이 발달순서상 언제 일어났느냐에 좌우된다. **글상자 1.1**의 세 가지 일화에서 세 사람의 행동 모두 걸음마기와 학령전기 아이들에게는 기대되는 행동이지만, 더 나이 든 아이들에게는 다소 문제가 될 수 있다. 첫 번째 사례에 "미운 두 살(terrible twos)"일 때는 착하던 영아가 고집부리고 거부적이며 떼쓰는 폭군이 되는 것은 이상한 일이 아니다. 하지만 그 아이가 10살이라면, 동생을 그렇게 공격하는 것은 자기통제의 심각한 지체를 보여주는 것일 수 있다. 두 번째 사례도 마찬가지로, 학령전 남자 아이가 커

글상자 1.1 당신은 무엇을 제일 먼저 물어보겠습니까?

당신은 아동임상심리학자입니다. 어떤 어머니가 아들의 성격이 갑자기 변해서 너무 놀라 사무실로 전화를 걸어 왔습니다. "그 아이는 지금까지, 마치 맑게 갠 푸른 하늘처럼 너무 사랑스러운 아이였는데, 갑자기 누가 조그만 일이라도 시키면 부루퉁해서 막 화를 내는 것입니다. 정말 걱정스러운 것은, 어젯밤에 동생에게 엄청 화를 내며 달려가서는 있는 힘을 다해 동생을 때린 것입니다. 동생은 실제로 다쳐서 소리 지르며 울었고, 남편과 나는 그 두 아이들을 떼어 놓아야 했습니다. 우리가 그때 거기에 없었다면 무슨 일이 일어났을지 모릅니다. 나는 지금까지 그처럼 화를 내는 사람을 보지 못했습니다.

당신은 무엇을 제일 먼저 물어보겠습니까?

칵테일파티에서 과거 쿼터백 스타였다가 성공적인 기업임원이 된 사람이 당신이 아동임상심리학자인 것을 알고 당신 곁에 앉았습니다. 성 평등에 대한 신념에 대해 옆 사람과 장황하게 이야기한 후, 그는 본론으로 들어갔습니다. "지난주에 아들이 집사람에게 자기는 커서 여자가 되겠다고 선언했답니다. 어떻게 그런 이상한 생각을 하게 되었느냐고 묻자, 아들은 남자 아이들은 너무 거칠어서 자기는 여자 아이들과 같이 있는 것이 더 좋다고 했답니다. 내가 알기로 그 애는 늘 마마보이였지요. 그러나 내가 내 아들 누구라도 성전환하기를 원한다면 나는 저주받을 것입니다."

당신은 무엇을 제일 먼저 물어보겠습니까?

당신은 딸을 아동상담소에 데려온 어머니와 첫 면담을 하는 아동임상심리학자입니다. "이 애는 언제나 예민하고 혼자 지내는 아이였어요. 그러나 나는 그 아이가 최근에 좀 이상한 생각을 하기 전까지는 잘 지내고 있다고 생각했지요. 얼마 전 자동차로 시골에 가면서 고속도로를 지나갈 때, '내가 손을 올리기만 하면 모든 자동차를 부서버릴 수 있어요.'라고 말해서 나는 그 애가 농담하는 줄 알았는데, 얼굴에 심각한 표정을 하고서는 나를 쳐다보지도 않았습니다. 또 한 번은 날씨가 좋지 않을 때 외출하고 싶다면서, 내가 비를 멈추게 하지 않는다고 내게 막 화를 냈습니다. 그리고 지금은 밤마다 자기 다리가 침대 옆에 내려와 걸려 있지는 않는지, 자기가 잠든 후에 와서 봐 달라고 간청하고 또 간청했습니다. 그 아이는 자기 다리가 바닥에 닿으면 다리를 잡으려고 하는 게 같은 것이 있다고 말합니다. 걱정되는 것은 그 아이가 이 모든 일들이 실제로 일어날 수 있다고 믿고 있다는 것입니다. 나는 그 애가 돌았는지, TV를 너무 많이 봤는지, 아니면 무슨 일인지 알 수가 없습니다."

당신은 무엇을 제일 먼저 물어보겠습니까?

첫 질문은 이 세 사례에서 모두 동일합니다: 그 아이는 몇 살입니까?

서 여자가 될 수 있다고 믿는 것은 이상한 일이 아니다. 왜냐하면 그들은 성별이 일생 동안 변하지 않는다는 사실을 이해할 수 없기 때문이다. 그리고 마지막으로 전능한 힘에 대한 생각 및 현실과 환상을 구별할 수 없는 것은 걸음마기와 학령전기의 정상 인지발달의 일부이다. 하지만 아동기 중기 이후에도 그런 현상이 있으면 심각한 사고장애나 현실 접촉의 결핍을 암시하는 것이다.

응용 수준에서, 발달의 기본 틀이란 아동임상가의 언뜻 보기에는 쉬운 진술에 기반을 두고 있다. "전혀 걱정할 것 없어요. 대부분의 아이들은 그 나이에 그렇게 행동하지요. 그리고 성장하면 그 문제는 좋아질 것입니다." 혹은 더 강력한 말로는, "그 행동은 정상적이 아니고 커서도 좋아지지 않을 것이기 때문에 주의를 하지 않으면 안 됩니다."라는 것이다. 현재나 사회적 기준에 따라 자신들의 정서 표현을 위장하거나 감춘다. 예를 들어, 생일 선물로 이미 가지고 있는 비디오 게임을 다시 선물 받았을 때 5세보다는 10세 아동이 웃으며 감사하다고 말할 수 있다. 고정관념과 일치되게 연구들은 청소년들에게서 정서의 강도와 불안정성이 높다는 것을 보여준다. Larson과 Richards(1994)는 청소년들과 그의 부모들에게 호출기를 가지고 다니면서 하루 중 무작위로 호출기가 울릴 때마다 자신의 정서를 보고하도록 했다. 청소년들은 그들의 부모보다 5배나 더 많이 "매우 행복하다"고 보고했으며, "매우 불행하다"도 3배나 더 많이 보고하는 경향이 있었다. 청소년들의 정서는 더욱 극단적이면서도 쉽게 바뀌어서 10대의 변덕스러움이 사실임을 보여주었다. 한편, 인지발달로 인해 청소년들은 정서 표현을 관리하는 기술이 증가할 뿐 아니라 정서 표현의 사회적 영향을 인식하게 되어 정서 표현이 관계에 해를 줄 때는 표현을 감출 수 있고 표현이 타인과의 관계를 증진시킬 때는 감정에 대해 소통할 수 있게 된다(Saarni, 1999).

정서 재인

Klinnert와 동료들의 시각 절벽 실험은 정서발달에서 또 하나의 중요한 과정인 정서 재인(emotion recognition)의 출현을 보여준다. 아동들은 주변에서 진행되고 있는 사상이 위험한지 혹은 안전한지 그 의미에 대한 단서를 얻기 위해 양육자의 얼굴을 자세히 살펴본다. 어린 아동들은 심지어 자신의 내적 경험을 해석하기 위해서도 주변 사람들의 정서 표현을 살핀다. 예를 들어, 걸음마장이가 넘어졌을 때 부모의 얼굴표정이 평온한지 혹은 놀라는 표정인지에 따라 아동이 소리를 지르기 시작할 수도 있고 즐겁게 놀이를 계속할 수도 있다. 정서 재인은 건강한 사회적 관계의 발달에 중요한 역할을 하며 감정이입과 친사회적 행동을 습득하는 데 선행조건이 된다.

정서 이해

아동의 정서 이해(emotion understanding)의 출현만큼 인지와 정서발달 간의 상호작용이 중요한 곳은 없다(Case, 1988; Hesse & Cicchetti, 1982). 자신과 타인의 정서를 분간하고 이해하며 이에 대해 생각할 수 있는 것은 발달에 매우 중요한 과제이다. 정서 이해는 자기개념을 포함한 개인적 맥락의 발달에서 중추적이며 감정이입과 사회적 능력의 출현을 포함한 대인간 발달과 도덕성 발달에 중요하다. 발달하면서 정서의 표현이 의식적 통제의 영향을 점점 더 받는 것처럼, 나이 든 아동들은 자신의 정서에 대해 더 복잡하고 더 깊게 생각하고 반추할 수 있다. 예를 들어, 학령기 아동은 한 순간에 하나 이상의 정서를 경험할 수 있다는 것을 이해하고〔"이중 감정(double-dip feelings)"〕(Harter & Whitesell, 1989), 정서는 특정 상황에서 야기되며 동일한 경험이 다른 사람들에게는 다른 정서를 불러일으킨다는 것을 이해한다(Wintre & Vallance, 1994).

정서조절

정서조절(emotion regulation) 혹은 **감정조절**(affect regulation)은 목표를 달성하기 위해 자

신의 정서적 반응을 감시(monitor)하고 평가하며 수정하는 능력이다(Thompson, 1994). 정서조절은 자신의 감정을 확인하고 이해하며 필요에 따라 조절하는 능력이다. 정서조절은 정서적 반응을 억제하거나 가라앉히는 것을 포함할 수 있다. 예를 들어, 아동은 참담한 감정을 느낄 때 심호흡을 하거나 10을 세면서 자신을 진정시킬 수 있다. 그러나 정서조절은 목표를 달성하기 위해 정서적 각성을 강화시키는 것을 포함할 수도 있다. 예를 들어, 두려운 깡패에 맞설 용기를 내기 위해 아동은 분노를 강화할 수 있다. 또는 즐거운 경험을 떠올리거나 재연하며 긍정적인 정서를 향상시킬 수도 있다. 한 아동 내담자의 말처럼 본질적으로 정서조절은 아동에게 "자기 자신의 주인"이 되게 만들어준다.

부모는 아동의 고통에 민감하게 반응하고 감정을 조절할 수 있는 수준으로 유지하여 아동의 정서조절 기술에 공헌할 수 있다(Kopp, 2002). 아동은 발달하면서 자기 진정(self soothing)과 자기 자신의 감정을 조절하기 위해 이러한 조절기능을 떠맡게 된다. 다른 형태의 자기조절과 마찬가지로 처음에는 부모에게 의존하던 기능들이 내면화되어 아동은 스스로 이 기능들을 수행할 수 있게 된다.

정서 과정과 발달정신병리

정서의 부정확한 표현, 재인 또는 이해 정신병리를 이야기하면서 우리는 기본적인 정서 기능에 결함이 있는 아동들을 만나게 된다. 예를 들어, 자폐증(5장) 아동은 정서를 부적절하게 표현하고 정확하게 타인의 정서를 읽거나 이해하는 것에 실패할 수 있다. 다른 경우에는 불안정애착(6장)과 학대(14장)에서 보듯이 분명하지 않거나 혼합된 신호를 주는 사회적

조절이 안 되는 정서

환경으로 인해 정서의 재인기술이 손상을 받을 수도 있다. 또 다른 경우에는 품행장애에서처럼(10장) 타인의 정서를 해석하는 능력에 손상을 입히는 왜곡된 신념을 가지고 있을 수도 있다. 결과적으로 정서의 표현, 재인, 또는 이해의 발달이 잘못되면 심리적인 적응에 심각한 영향이 있는 것을 볼 것이다.

정서조절장애 정서발달에서 현저한 위험기제는 정서조절의 실패이다(Bradley, 2000; Cicchetti, Ackerman, & Izard, 1995; Cicchetti & Izard, 1995). Cole과 동료들(1994)이 지적하듯이 정서조절이 잘못될 수 있는 경우는 **과소조절**(underregulation)과 **과잉조절**(overregulation)의 두 가지 경우이다. 달리 말하면 자신의 감정을 조절하는 데 실패하는 것만큼이나 자신의 감정을 표현하지 못하는 것도 문제가 된다. 과소조절은 충동조절의 실패, 행동표출(acting out) 그리고 공격적 행동과 같은 외현화 장애와 관계되는데 비해 과잉조절은 불안, 우울, 그리고 내적인 고통과 같은 내면화 문제들의 발달과 관계된다.

정서조절은 우리가 논의하게 될 다양한 형태의 정신병리에 주요한 요소 중 하나이다. 예를 들어, 정서조절은 불안에 대처하는 데 중요할 뿐 아니라 분노가 공격성으로 발전하지 않도록 조절하는 데 열쇠가 된다. 유사하게 극단적으로 긍정적이거나 부정적인 정서적 각성을 통제하는 아동의 능력은 또래관계를 원활하게 한다. 결과적으로 우리는 우울(9장), 품행장애(10장), 섭식장애와 약물 중독(12장), 학대의 결과(14장)를 포함한 다양한 정신병리를 다루는 문헌들을 개관할 때 정서조절의 개념을 다시 만나게 될 것이다.

앞서 언급한 바와 같이 부모-자녀의 관계는 아동의 정서조절 능력을 돕는 데 중요한 역할을 한다. 그러나 발달함에 따라 학교에서나 또래 맥락과 같이 부모가 없는 상황에서 아동은 자신의 감정을 통제하고 자기 의존적이 될 수 있어야 한다. 아마도 부모-자녀 간 애착은 이렇게 부모에게 의존하던 아동이 정서조절을 내면화하게 되는 변화의 과정을 가장 잘 들여다볼 수 있는 기회를 제공할 것이다.

애착

우리는 보통 극단적인 행동주의나 전통적인 정신분석이 양립할 수 있는 관점이라고 생각하지 않지만, 부모-자녀 애착에서는 그렇지 않다. 이 두 관점 모두에서 영아는 자신들의 생물학적 요구를 충족시키는 양육자에게 정서적인 유대를 형성한다고 생각한다. 음식물과 같은 영아의 필수적인 요구를 충족시켜 주는 부모는 섭식의 결과로 얻어지는 긍정적인 감정과 결합된다. 본질적으로 이는 고전적 조건형성의 패러다임이다. 즉, 음식은 양육자의 존재와 짝지어 제시되는 무조건적 강화자(unconditioned reinforcer)이다. 이러한 짝짓기가 여러 번 되풀이되면 양육자는 긍정적인 감정과 연합되고 조건적 강화자의 특성을 습득하게 된다.

그러나 영장류의 행동을 연구한 연구들은 생물학적 동기와는 별도로 그것보다 우선하는 애정에 대한 근본적인 욕구가 있다고 주장한다. 이것의 가장 유명한 예가 Harry와 Harlow

(1958)의 실험이다. Harlow의 실험에서 홀로 자란 짧은 꼬리 새끼원숭이는 음식을 제공하는 철사 "엄마"보다 부드러운 천으로 덮인 "엄마"를 더 좋아했다. Harlow의 실험과 같은 실험들이 인간을 대상으로는 실행될 수 없지만 6장에서 보듯이 비인간적이고 황폐한 시설에서 양육된 아동들의 고통 속에서 양육 박탈의 효과를 탐색할 것이다.

애착이론

애착이론(attachment theory)은 인간 행동에 대해 동물행동학적인 입장을 취했던 Bowlby (1982)에서부터 시작된다. Bowlby는 인간 영아의 극단적인 무력함을 고려할 때 생의 초기 동안에 양육자에게 가까이 접촉하고 있는 것은 매우 적응적이라고 주장하였다. 양육자에게 애착을 형성하여서 아동은 안전과 음식, 궁극적으로 생존을 확보할 수 있다. 따라서 애착의 "정해진 목표"는 양육자와 근접성을 유지하는 것이다. 아동의 행동은 이러한 목표를 중심으로 조직화되며 양육자와의 관계가 강화될 수 있는 확률을 높이도록 고안되었다. 애착 체계는 배고픔과 같은 내적인 욕구나 위험과 같은 외적인 스트레스 유발자의 형태로 나타나는 고통에 의해 활성화된다.

애착의 단계

애착의 발달은 생의 처음 3년 동안에 걸쳐 분명하게 정의되는 일련의 단계들을 좇아 진행된다(우리의 개관은 Cassidy와 Shaver, 1999, Carlson과 Sroufe, 1995를 따른다). 영아는 세상에 태어날 때 타인을 향하고 타인에게 반응적이다. 생후 2주경에 영아는 다른 소리보다 인간의 목소리를 선호하고 4주가 되면 다른 목소리보다 엄마의 목소리를 선호한다. 2개월 경에는 눈 맞춤이 가능하고 영아가 양육자를 향해 자신의 욕구를 알리는 신호를 보내는 것과 같은 애착의 전조가 나타난다. 다음 단계인 3개월에서 6개월 사이의 영아는 **사회적 미소**를 통해 인간과의 상호작용에서 즐거움을 표현하고 유발한다. 성인이 이러한 미소를 보기 위해 온갖 우스꽝스러운 행동을 하는 것을 보면, 이 행동이 얼마나 적응적이고 가치가 있는 것인지 알 수 있을 뿐 아니라, 이를 통해 강한 애착이 형성되고 상호적이 될 것이 확실해진다. 6개월에서 9개월 사이의 영아는 자신의 양육자와 타인을 점점 더 분간하게 되고 이 특별한 사람에게 **선호적인 미소**(preferential smile)를 보내어 보상한다. **분리불안**(separation anxiety)과 **낯선이 불안**(stranger anxiety)은 모두 양육자가 독특한 가치와 기능을 가지고 있다는 것을 영아가 인식한다는 것을 보여준다. 12개월에서 24개월에는 기기와 걷기가 가능하여 아동이 양육자와의 근접성 혹은 거리를 조절할 수 있게 된다. **근접성 추구**(proximity seeking)는 안전기지 행동이라고도 알려져 있는데, 위로나 지원 혹은 단순히 "정서적 재점화"를 위해 영아가 양육자에게 향하는 것이다. 3세경에는 애착의 목표가 단순히 안전과 위안에서부터 확장되어 더욱 상호적이 된다. 학령전기 동안 애착은 양육자와 **목표지향적 파트너십**(goal-directed partnership)을 형성하게 되고, 이는 관계에 참여하는 양쪽 참가자 모두의 욕구와 감정이 고려된다.

애착의 유형

Mary Ainsworth와 동료들(1978)의 작업으로 인해 애착 관계의 다양성에 대한 이해가 진전되었다. Ainsworth는 우간다에서 영아와 어머니의 관계를 관찰하다가 그들의 관계의 질에 분명한 차이가 있는 것에 주목하였다. 그녀는 Boston에 돌아와서 부모와 영아를 관찰할 수 있는 연구실을 만들었다. 관찰을 통해 그녀는 세 종류의 애착 관계를 확인했으며, 이는 30년이 넘게 유지되었다가 최근에 네 번째 유형이 추가되었다.

Ainsworth는 영아를 과도하게 고통스럽게 하지 않으면서 애착체계를 활성화시키기 위해 낯선 상황(strange situation)이라고 불리는 교묘한 방법을 고안했다. 실험실 자체가 아동에게는 새롭고 실제로 낯선 상황이며 제일 먼저 부모와 아동이 함께 시간을 보내면 그동안 연구자는 그들의 상호작용의 질을 관찰한다. 특별히 관심을 둔 것은 새로운 사람이 있는 장면에서 아동이 엄마를 어떻게 안전의 자원으로 사용하는가와 친숙하지 않은 장난감을 탐색하기 위해서 어떻게 안전의 기지로 사용하는가이다. 그 다음에는 어머니가 방을 나가고 이때 아동의 반응과 어머니가 없을 때 아동이 진정하고 놀이에 참여하는 능력을 관찰한다. 그러나 애착을 결정하는 가장 강력한 차이는 분리 후에 어머니와 재결합할 때의 아동의 반응이다. 다음으로 애착에서 이 차이를 더 자세히 살펴보자.

안정애착 안정적으로 애착이 형성된 영아는 양육자가 있을 때 친숙하지 않은 성인과 상호작용도 잘 하고 환경을 자유로이 탐색한다. 양육자의 부재 시에 그들은 슬퍼하고 반항하고 탐색을 제한할 것이다. 재결합 시에는 양육자를 긍정적으로 반기고 양육자와 접촉을 원하며 쉽게 안정되고 정서적인 재점화의 시간 후에 다시 놀이로 돌아갈 것이다. 미국 중류가정 정상 집단 아동들의 65%가 안정애착(secure attachment)을 형성하였다.

양육자의 행동은 영아의 요구에 대한 민감성(sensitivity)이 특징이다. 구체적으로 양육자는 영아의 신호를 정확하게 읽고 신속하고 적절하고 긍정적인 기분으로 반응한다.

불안정-회피애착 **회피애착**(avoidant attachment)의 경우에 영아는 조숙하게 독립적인 것처럼 보인다. 양육자가 있을 때도 안전을 위해 그리 의존하는 것처럼 보이지 않고 매우 독립적으로 방을 탐색하며 부모나 낯선이에게 거의 동등한 관심으로 반응한다. 그들은 양육자가 방을 떠날 때에도 때로는 놀이에서 눈을 떼지 못하는 것처럼 양육자의 부재에 최소한으로 반응한다. 재결합 시에는 양육자와 접촉을 피한다. 그들은 돌아서거나 눈 맞춤을 피하면서 양육자를 무시한다. 그들은 무관심한 것처럼 보이지만 심리적 측정치를 보면 실제로는 슬퍼하고 있다. 정상적인 미국 영아들의 20%가 이러한 회피 유형을 보여준다.

양육자의 행동은 거리감(distance)이 특징이며 가까이 있을 때에도 위안이 되지 않고 귀찮음과 분노가 결합되어 나타난다. 회피는 부모의 거리감에 대해 영아가 저자세로 자신의 정서적 표현을 억눌러서 부모로부터 배척을 피하고자 하는 대처방법일 것이라고 생각된다(Main & Weston, 1982).

불안정-저항애착 회피적인 영아와는 대조적으로 **저항적**〔resistant, 또한 양가적(ambivalent)라고도 함〕 **애착**은 양육자에게 몰두하고 있다. 그들은 양육자가 방에 있을 때조차도 방안을 탐색하거나 낯선 사람과 상호작용하지 않고 양육자에게 매달리는 경향이 있다. 그들은 분리 시에 매우 고통을 받으며 재결합 시에는 양육자가 가까이와도 화를 내며 저항하고 쉽게 달래어지지 않는다. 그들은 어머니에게 근접성 추구와 배척이라는 양가적인 유형으로 반응한다. 예를 들어, 그들은 안아달라고 요구하다가도 화를 내며 양육자를 밀쳐 내고 양육자에게 매달리면서도 팔을 뻗대고 포옹을 거절한다. 미국 정상 집단 영아들의 약 15%가 이러한 저항 유형을 보인다.

양육자의 행동은 예측 불가능성(unpredictability)이 특징이다. 양육자는 종종 극도로 가깝다가도 때로는 무관심하고 성마르다. 저항은 양육자의 관심을 끌려는 영아의 시도로 보이며 분노는 비일관적 양육에 대한 좌절에서 생겨나는 것으로 보인다.

불안정-혼란애착 최근에 추가된 네 번째 유형은 **혼란애착**(disorganized attachment) 유형이다. 혼란된 영아는 비일관적이거나 이상하게 행동한다. 그들은 멍한 표정을 하거나 목적 없이 방을 돌아다니고, 양육자가 있을 때에 위안을 위해 접근해야 하는지 안전을 위해 피해야 하는지를 알지 못하고 두려워하며 양가적인 것처럼 보인다. 접근을 원할 때는 양육자에게 뒤로 접근하거나 갑자기 얼어붙어서 허공을 쳐다보는 것과 같이 왜곡된 방법을 사용한다. 회피적 유형, 저항적 유형과 달리 이 영아들은 양육자를 다루는 일관된 전략을 발달시키지 못한 것 같다. 정상 집단의 5%가 이러한 유형을 보인다.

양육자의 행동은 팔을 벌리면서 뒤로 물러서는 것처럼 혼란스러운 단서(confusing cue)의 사용이 특징이다. 혼란된 영아의 양육자들 역시 이상하고 무서운 방법으로 행동하는 것이 관찰되었다. 따라서 혼란된 애착은 예측 불가능하고 위협적인 환경에 대해 체계적인 전략이 붕괴된 것으로 보인다(Lyons-Ruth, Zeanah, & Benoit, 1996).

요약하면 양육 관계가 온정적이고 믿을 만한지 혹은 거칠고 변덕스러운지와 같은 관계의 질은 어떤 유형의 애착이 발달할 것인지에 영향을 준다. 만약 부모가 양육에 민감하여 영아의 욕구를 알아차리고 신속하고 적절하게 반응한다면 영아는 안정애착이 발달하게 된다. 안정애착을 형성한 영아는 양육자에게 긍정적으로 반응하고 일관성으로 인해 필요할 때 부모들이 자신을 위해 있어 줄 것을 확신한다. 이러한 영아는 사랑이 충만하고 강한 신뢰 관계를 발달시킨다. 안정적으로 애착된 영아는 근접성으로 인해 의존적이 되거나 매달리지 않고 오히려 반대로 확신을 가지고 환경을 탐색한다. 또한 잘 양육된 영아는 긍정적인 자기상을 발달시키고 문제가 발생하면 성공적으로 대응하는 자신의 능력에 확신을 가진다. 예를 들어, 안정적으로 애착된 영아들이 걸음마장이일 때는 문제해결을 효과적으로 잘 하며 학령전기에는 과제와 또래들에게 열정적으로 개입하는 유연하고 자원이 풍부하며 호기심 많은 아이로 자란다는 증거가 있다(Bretherton, 1996). 따라서 양육자와의 경험을 통해 아동은 관계와 관계 속의 자신에 대한 도식을 발달시킨다. 이 모델은 아동에게 대인

관계에서 어떻게 행동할지를 알려주는 형판 역할을 하거나 자신과 타인에 대한 기대를 이끈다.

교류적 과정

애착의 관계는 부모-자녀의 유대에 영향을 주고 시간이 경과하면서 상호작용하는 다양한 관계적 변인들의 맥락 안에서 살펴보는 것이 중요하다. 예를 들어, 아동의 기질을 보자. 까다로운 기질의 아동은 부정적이고 예측불가하고 이해하기 힘들어서 민감한 양육을 제공할 능력이 있는 가장 마음씨 좋은 부모들조차도 힘들게 할 수 있다. 반대로 안정적으로 애착된 아동은 긍정적인 감정을 표현하고 부모의 훈육방법에 긍정적으로 반응하여 부모와 아동이 점차 서로를 강화하게 되는 긍정적인 연쇄 반응을 시작되게 할 수 있다(Cummings & Cummings, 2002).

따라서 애착은 아동이나 부모에게 내재된 특성으로 간주하기보다 시간 경과에 따라 변화하는 교류(transaction)의 결과물로 보아야 한다. 애착의 유형은 영구적으로 고정된 것도 아니며 부모만의 책임도 아니다. 예를 들어, 다양한 종류의 애착이 안정성을 보이지만 환경적인 조건이 변화하면 애착의 유형도 변화한다. 또는 애착의 안정성과 양육자의 민감성 사이에 관계가 있지만 영아의 기질, 양육 유형과 사회경제적·문화적 변인과 같은 다른 변인들의 영향이 개입할 여지도 있다(De Wolff & van IJzendoorn, 1997).

일생을 통한 애착의 연속성

많은 단기 종단연구들은 학령전기, 아동기 중기, 청소년기의 기능조차 영아기 애착의 질이 관계된다는 증거들을 보여주고 있다(이 연구들은 Cassidy & Shaver, 1999에 개관되어 있다). 최근에 몇몇 전향적 종단연구들은 애착이 일생을 통해 연속적인가를 질문하였다. 이 결과는 인상적이며 발달정신병리의 문헌에서 실제로 전례가 없는 것이었다. 예를 들어, Waters와 동료들(2000)은 20년 동안 영아기와 성인기의 애착에 대해 연구하였다. 연구자들은 이 기간 동안 일관성을 발견했지만 다른 연구의 결과들은 일관적이지 않았다. 고위험군에 대한 다른 전향적 연구에서는 영아기와 성인기 사이에 일관성이 없었다(Weinfield, Sroufe, & Egeland, 2000).

그러나 시기 1의 애착이 시기 2의 애착을 예언하지 못한다는 결과가 꼭 애착이론의 타당성에 반하는 것은 아니다. 우리가 찾아보아야 할 것은 애착이 단순하게 비연속적인가 혹은 어떤 법칙 속에서 비연속적(lawful discontinuity)인가이다. 즉, 조건이 변화하면 애착이론이 예언하는 대로 애착 관계가 변화할 것인가이다. 예를 들어, 한 전향적 종단연구에서는 영아기와 성인기 사이에 애착의 연속성을 발견하지 못했다. 그러나 애착의 변화는 어머니의 우울, 가정의 역경과 같이 부정적인 대인관계를 포함하는 사건에 대해 “법칙적이고” 예견할 수 있는 방법으로 관계되어 있었다(Weinfield et al., 2000). 다른 연구에서 Lewis와 동료들(2000)은 12개월과 18세의 애착유형을 평가하면서 그 사이에 가족 기능의 다양한 차원들을 조사하였다. 1세와 18세의 애착유형은 연속적이 아니었지만 아동기의 부모 이혼은 청소년기 후기의 불안정애착을 예언하였다. 다시 말하면 안정적인 가족 환경을 잃는 것은 이론이 예언하는 바와 같이 애착에 있어 덜 안정적인 내적작동모델이 발달하게 되는 것과 관계되었다.

애착에서 횡문화적 다양성

많은 연구들이 미국, 일본, 이스라엘, 중국, 콜롬비아, 독일, 그리고 아프리카의 나라들을 포함한 다양한 문화에서 애착의 개념이 타당한지를 연구하였다. 연구자들은 다양한 표집에서 동일한 애착 유형들을 발견했으며 애착이론에서 예언하듯이 애착의 안정성이 민감한 양육, 아동의 적응과 관계가 된다는 것을 보고하였다(van IJzendoorn & Sagi, 1999). 그러나 안정애착 영아의 비율이 56~80%까지 달하여 문화에 따라 각 유형에 속하는 아동의 비율이 다르다는 증거가 있다.

애착에서의 차이는 아마도 양육에 있어서 문화적인 유형과 일치할 것이다. 예를 들어, 일본 표집에서는 아동이 불안정애착일 때는 거의 언제나 저항애착이다. 즉, 회피형은 매우 드물다. 이는 일본 문화에서는 거의 대부분의 어린 아동이 어린이집에 다니지 않아서 어머니가 예고 없이 떠나는 것에 대해 아동이 분노하고 다시 돌아오는 것을 반기지 않을 정도로 어머니와 아동이 함께 지내기 때문일 것이다(Dennis, Cole, Zahn-Waxler, & Mizuta, 2002).

추가하여 Rosen과 Rothbaum(2003)은 문화에 따라 아동의 행동과 연합되는 의미도 다르다는 것을 지적한다. 예를 들어, 일본에 대한 연구에서 연구자는 부모들이 아동의 자율성과 자기주장을 발달적인 미성숙의 표시로 여긴다는 것을 발견하였다. 따라서 연구자들은 애착 연구자들이 자부(self-sufficiency), 자립심(self-reliance)의 서구적인 기준을 다른 문화에까지 확대 해석하지 말아야 할 것이며, 이러한 행동들이 안정애착의 보편적인 증거라고 여기지는 말아야 할 것이라고 주장한다.

애착과정과 발달정신병리

앞서 언급한 애착의 유형이 정상적인 부모-자녀 관계의 유형이라는 것을 기억할 필요가 있다. 불안정애착이 정신병리는 아니다. 그러나 6장에서 자세히 보겠지만 안정애착은 아동이 정상적으로 생의 출발을 하고 있음을 보여주는 데 비해 불안정애착은 발달 장애에 대한 취약성을 증가시킨다. 그러므로 불안정애착을 정신병리로 보기보다는 애착 관계가 다수의 정신병리와 관계되어 있는 일반적인 위험이라고 보는 것이 좋겠다.

불안정애착과 관계되는 위험기제 불안정애착이 정신병리의 위험을 증가시키는 기제를 자세히 살펴보자(이 주제에 대해 더 광범위한 설명은 Carlson & Sroufe, 1995 참조).

불안정 애착의 정서적 핵심은 지각된 안정감(felt security)이다. 진화의 역사를 통해 영아는 양육자와의 근접성을 안전, 안정과 연관시키고 양육자에게서의 분리는 위험과 불안으로 연결시키도록 프로그램되었다. 이러한 안정감을 신뢰롭게 제공하는 부모는 아동에게 대인간 세계는 믿을 만한 곳이며 자기는 사랑받을 존재라고 믿게 만든다. Erikson의 이론이 제안하듯이 기본적 신뢰는 건강한 사회적·심리사회적 발달을 위한 중요한 선행조건이다(1장 참조).

억제된 숙달동기 운동기술의 발달로 걸음마장이가 신체적으로 환경을 탐색하게 된다면, 애착은 아동이 안전한 정서적 기지로부터 탐색을 가능하게 한다. 돌아갈 기지가 있기 때문에 위험하거나 고통 받거나 피로할 때는 양육자가 자신을 위로하고 보호해줄 것이라는 신념을 가지고 아동은 모험을 할 것이다. 대조적으로 불안정애착의 영아는 주저하며 확신이 없거나 환경에 대해 방어적으로 회피하여 많은 학습의 기회를 놓친다(Kelly, Brownell, & Campbell, 2000; Moss & St. Laurent, 2001). 이렇게 세상에 개입하고 탐색하려는 의지는 숙달동기(mastery motivation)와 관련되어 있는데, 이는 학습 그 자체에 대한 본유적인 만족을 위해 환경과 상호작용하려는 동기이다(MacTurk & Morgan, 1995). 따라서 불안정애착의 아동은 정서적으로 안정적인 탐색과 숙달동기의 부재로 인해 건강한 인지적·정서적 성숙의 경로로부터 빗나가게 된다.

정서조절장애 양육자를 안전기지로 사용하는 능력은 아동이 스트레스와 좌절에 성공적으로 대처할 수 있게 한다. 부모가 없을 때조차도 아동은 자신을 위로하기 위해 애정적인 양육자의 상을 떠 올릴 수 있다. 아동기 초기에 아동의 표상기술이 완전히 발달되지 않았을 때에는 물리적인 소품이 도움이 된다. 예를 들어, 민감한 어머니라면 자신이 자리를 비울 때 학령전기 아동의 슬픔을 누그러뜨리기 위해 아동이 좋아하는 담요가 없을 때에는 자신의 열쇠를 아동에게 남겨 줄 것이다. 우리가 보아 왔듯이 생의 초기에 안정애착을 경험한 아동은 점점 더 양육자의 위로 기능을 내면화하고 자기 자신의 정서를 조절해 내적인 자신감을 생성할 수 있게 된다.

내적작동모델들 상징 기술이 발달하면서 어린 아동은 애착 관계를 내적작동모델(internal working model)로 내면화한다. 이 모델은 양육자를 애정적으로 표상할 뿐 아니라 자신도 사랑받을 가치가 있는, 사랑스러운 존재로 표상한다. 다른 도식들과 마찬가지로 내적작동모델은 과거 경험을 반영하며 미래의 친밀한 관계에 대한 기대를 형성한다. 따라서 안정애착을 형성한 학령전기 아동은 양육자에게만이 아니라 다른 성인과 아동들에 대해 개방적이고 남을 잘 믿는 경향이 있다. 회피애착을 형성한 아동은 경계적이고 냉담하다. 저항애착을 형성한 아동은 매달리고 저항적이며 까다롭다(Urban, Carlson, Egeland, & Sroufe, 1991). 교류적으로 설명하자면 이러한 행동들은 불안정애착을 형성한 아동들이 기대하는 바로 그런 부정적인 관계를 초래하는 경향이 있다. 어떤 경우이든 양육자와의 과거 경험이 아동의 정신세계에 각인을 남기고 이 각인은 미래의 친밀한 관계가 어떨 것인지에 대해 다른 기대와 결과적으로는 다른 대인관계의 행동을 생성한다. 후에 자신과 타인에 대한 내적작동모델은 우정(Schneider, Atkinson, & Tardif, 2001)과 성인의 낭만적 파트너십(Crowell et al., 2002)에 중요한 역할을 한다.

요약하면, 애착은 개인 내적 맥락과 개인간 맥락 모두에서 정서와 인지의 핵심 변인을 포함한다. 따라서 이 과정이 잘못되면 아동의 발달이 정상 경로에서 벗어날 위험이 있다고 생각할 수 있다. 아동의 정체성 발달에 애착 관계가 중요하므로 다음에는 자기의 발달을 살펴보자.

자기의 발달

많은 발달정신병리학자들에게 애착과 자기는 발달에서 불가분의 관계이기 때문에 이들을 하나의 조직화된 체계로 간주한다(Cicchetti, 1991b; Sroufe, 1990a). 실제로 대상 애착이론가인 Winnicott(1987)은 "아기라는 것은 없다. 아기와 누군가가 있다."(p. 88)라고 주장했다. 한편, George Herbert Mead(1932)는 "자기는 다른 자기(other selves)와의 관계 속에서만 존재할 수 있다"(p. 285)고 썼다. 애착의 내적작동모델이 양육자와의 관계뿐 아니라 자기에 대한 모델임을 기억하라. 아동기 동안에 아동은 자기와 관계에 대한 더욱 복잡하고 분화된 모델을 발달시킨다. 아동은 양육자와의 상호작용을 통해서 자신이 누구인지와 자신의 특유한 사람됨과 인성이 어떤 가치가 있는지를 알아간다.

자기의 출현

Sroufe(1990a)는 자기를 양육자와의 관계를 통해 형성되는 "태도, 감정, 기대, 의미의 내적 구성체"(p. 281)라고 정의하였다. 아동이 발달에서 더욱 적극적인 참여자가 되어 가면서 아동기 동안 자기의 출현은 조직화와 기능이 증가하는 특징을 보인다(Cicchetti, 1991). Sroufe는 아동기 동안 일련의 단계를 통해 자기 조직화가 진행된다고 기술한다.

생의 초기 6개월〔**전 의도적 자기**(preintentional self)〕 동안 영아는 점차 사회적으로 상호작용적이 되고 주변을 인식하게 된다. 그들은 양육자가 자신들의 각성을 조절하고 자신의 내적 상태를 조절해주도록 의지한다. 그러나 그들 역시 양육자에게 자신의 행동을 적응시키며 복잡한 유형의 상호작용에 반응할 수 있게 되어 상호 즐거움을 낳는다.

다음 단계인 6개월에서 12개월〔**의도적 자기**(intentional self)〕 동안 영아는 더욱 의도적이 되고 행동은 목표지향적이 되어 조정하고, 시작하고 양육자와 직접적으로 교환할 수 있게 된다. 예를 들어, 영아는 이제 낯선 사람에게는 부정적인 반응을 하면서 양육자를 보고는 반기는 행동(미소, 목을 울리는 소리 내기, 두 손을 들기)을 한다. 이 단계의 마지막에는 애착에 관한 문헌에서 보듯이 영아의 정서, 인지, 사회적 행동이 양육자와 양육관계를 중심으로 조직화된다.

12개월에서 24개월〔**분리된, 인식적 자기**(separate, aware self)〕 동안 걸음마장이는 양육자의 생각과 맞지 않는 때조차도 자신의 목적과 목표를 적극적으로 추구하게 된다. 그들은 양육자를 "안전기지"로 삼고 주변에 있으면서 신체적·심리적으로 분리를 시도하며 독립의 기술을 연습한다. 이 단계는 자기 인식과 자기 행위성, 행동의 주인으로서의 자기의 출현을 향하여 발달적 변화가 일어나는 특징을 가진다.

다음 단계인 24개월에서 30개월〔**자기점검적 자기**(self-monitoring self)〕 사이에는 자기와 타인에 대한 새로운 수준의 인식이 생겨난다. 이러한 변화는 표상적 사고의 능력과 자신의 정서와 행동에 대한 조절과 조정 능력의 증가로 인해 시작된다. 이러한 상징적 능력은 아동이 자신과 타인의 내적 상태와 그들 간의 경계를 재인하도록 한다. 예를 들어, 아동은 자신의 계획과 의도를 인식할 뿐 아니라 양육자도 자신들의 계획에 대해 나름대로의 생각을 가지고 있다는 것 또한 인식한다. 여기서 가장 중요한 능력은 **자기항상성**(self-constancy)으로 기분이 변하고 양육자와의 관계가 변화하여도 자기는 조직화된 전체로 유지된다는 것을 인식하는 것이다.

이러한 내면화, 안정성, 자기 지향성은 그 다음 해에도 지속해서 자기발달을 이끈다. Sroufe에 따르면 아동기 중기는 **공고화된 자기**(consolidated self)의 시대이며 아동의 내적작동모델이 자기와 타인의 표상에서 일관성을 주도한다. 청소년기에는 형식적 조작과 함께 **자기반성적 자기**(self-reflective self)가 출현하며 자신의 관점과 능력에 대해 관찰하고 반성할 수 있게 된다.

Sroufe의 관점에서 자기의 핵심은 자기 자신의 경험에 대한 주인정신이다. 아동이 자기행동의 주인은 자기라는 것을 학습하는 기제는 정서와 행동에 대한 **내적인 조절**(internal regulation)이다. 달리 말하면, 아동은 처음에 자신의 행동이 내적·외적인 요구를 다루고 평형을 유지하는 데 효과적인지, 비효과적인지를 경험하면서 자기감을 발달시킨다. "자기의 핵심은 발달과 환경의 변화에도 불구하고 경험에 연속성을 제시하는 행동적/감정적 조절의 유형에 달려 있다"(p. 292)고 Sroufe는 말한다.

자기조절

우리가 본 것처럼 정상 발달은 행동의 조직화와 자기 지향성을 포함한다. 요약하면 아동은 점차 자기 주도적이 되고 정서와 행동을 조절하고 주도할 수 있게 된다. **자기조절**(self regulation)은 자신이 주도하고 자발적이며 자율적으로 경험되는 행동으로 정의된다(Grolnick & Fakas, 2002). 달리 말하면, 자기조절이 되는 아동은 자신을 자기 행동의 주체로 경험한다. 더구나 자기조절적인 아동은 내재적으로 동기화되며 부모가 아동의 행동을 구조화하고 통제할 필요가 없다. 그들은 또한 독립적인 선택을 할 수 있으며 자신이 또래의 압력에 부당하게 취약한 존재라고 생각하지 않는다.

자기조절은 두 개의 요소로 구성되어 있다. 하나는 우리가 앞서 언급한 **정서조절**(emotion regulation)이며 다른 하나는 자신의 행동을 관리할 수 있는 **행동적 자기조절**(behavioral self-regulation)이다. 어린 아동 앞에 매력적인 장난감을 놓고 "내가 돌아올 때까지 만지지 말아라"라고 말해보라. 아동이 얼마나 자신의 충동을 조절하고 만족을 지연시키기 힘들어 하는가를 보게 될 것이다. 자기조절은 생의 두 번째 해에 출현하며 아동이 자기통제를 나타내고 부모의 감시가 없을 때에도 사회적으로 적절하게 반응할 때 관찰할 수 있다.

학령전기에는 아동의 표상적 능력이 점점 더 적응적이고 유연하게 자기조절을 할 수 있게 한다. 언어발달은 이 과정을 도우며 아동이 혼잣말을 통해 유혹에 대처할 수 있게 한다. 예를 들어, 어린 아동이 갖고 싶은 장난감을 보면서 어른의 경고("만지면 안 돼!")를 크게 되풀이하는 것을 자주 볼 수 있다.

자기통제의 기원

자기개념

자기개념은 두 요인으로 구성된다. 첫 번째는 자기개념의 내용에 관한 것이다(예: "나는 누구인가?"). 두 번째는 유인가(valence), 즉 이러한 자기지각이 긍정적인가 혹은 부정적인가 하는 것으로 자아존중감 또는 지각된 능력(perceived competence)이라고도 한다. 아동의 자기개념은 인지 및 정서발달과 평행하여 일어나는 일련의 단계들을 통해 발생한다.

자기개념의 발달

영아기와 걸음마기 (달리 언급하지 않으면 Harter, 1999에 따른다.) 영아의 자기 인식은 세상에서 효과성의 경험으로부터 시작된다. 즉, 내가 웃으면 사람들이 따라 웃는다. 내가 울면 내가 필요로 하는 음식을 준다. 따라서 초기에 영아의 자기감은 행위자로서의 자기(self-as-agent)라고 불린다. 2세경에 아동은 거울에 비친 자기상을 재인할 수 있고 여러 사진 중에서 자신의 사진을 고를 수 있다. 아마도 가장 분명하게 자기를 표현하는 것은 걸음마장이가 자신이 원하는 것, 필요, 의견을 귀가 아프게 주장하는 "미운 두 살"이다.

학령전기 학령전기 동안 아동의 자기개념은 외모("나는 키가 크다"), 놀이 활동("나는 야구를 한다"), 선호("나는 피자를 가장 좋아한다") 또는 소유("나는 자전거를 가지고 있다") 등 구체적으로 관찰할 수 있는 특성들에 집중된다. 이 시기는 행동적 자기(behavioral self)의 시대이다. 이러한 구체적인 기술은 고차적인 범주보다는 분명한 행동을 나타낸다(예: "나는 정말 빨리 달린다"는 "나는 운동을 잘한다"로 일반화되지 않는다). 따라서 학령전기 아동들의 자기개념은 논리적이거나 일관된 방법으로 조직화되지 않으며 자기에 대한 대조적인 평가들이 편안하게 공존할 수 있다. 더구나 어린 아동들은 자신들의 소망과 바람을 실제 능력과 혼동하여 자신을 비현실적이게 긍정적으로 평가한다. 이 연령의 아동들은 그 순간에 자신이 경험하는 정서적인 상태에 따라 자기에 대해 극단적인 방식으로 생각한다("나는 언제나 행복해", "나는 한 번도 무서운 적이 없어").

아동기 초기에서 아동기 중기 5세에서 7세의 아동은 비현실적인 긍정적 자기지각〔예: "나는 공을 정말 멀리 던질 수 있어", 내가 크면 유명한 팀의 선수가 될 거야. 나는 많은 것을 정말 잘할 수 있어. 만약 한 가지를 잘 하면 다른 것을 못할 수는 없어. 나는 이것저것을 잘못하는 다른 아이들을 알지만 나는 안 그래!(Harter, 1999, p. 41)〕을 포함하여 초기 단계의 특성 중 일부를 나타낸다. 양자택일적 사고는 반대와 과잉차별화(overdifferentiating)로 나타난다. 즉, 학습장애로 인해 학업 성취가 낮은 아동은 자신이 "완전 바보"라고 결론지을 것이다. 아동기 중기에 아동의 자기 기술은 자신이 숙달한 특정의 능력과 기술에 집중된다. 이들은 이제 일반적인 범주로 서로 관계되고 조직화되지만 정적 유인가와 부적 유인가에 따라 구분되는 경향이 있다. 아동들은 아직도 정적 특성과 부적 특성들을 서로 통합할 수 없다. 비록 아동기 중기 이전에는 아동들이 일반적인 자기개념을 가지고 있지 않지만 그들은 자아존중감의 두 가지 원천을 구분한다. 즉, 하나는 사회적 인정이며 다른 하나는 유능함이다(Harter, Bresnick, Bouchey, & Whitesell, 1997).

아동기 중기에서 아동기 후기 8세에서 11세경에 아동들의 자기개념은 자기에 대한 다양한 특성들을 통합하여 일반화된다(예: "나는 적어도 여자 아이들에게는 매우 인기가 있다. 그건 내가 사람들에게 친절하고 도움을 주고 비밀을 지켜주기 때문이다" [Harter, 1999, p. 48]). 아동기 후기에 아동은 자신이 수행하는 관찰 가능한 행동이 아니라 자신이 가진 더욱 안정적이고 통합된 성격적 특성, 즉 심리적 자기(psychological self)로 정의한다. 고차적인 개념을 형성하는 새로운 능력은 학령기 아동이 자기의 전반적인 가치에 대한 표상을 발달시키도록 돕는다. 자아존중감이라는 포괄적인 개념에 더하여 아동은 학업적·신체적·사회적 세 가지의 구체적 능력의 영역에서 자신을 평가한다(Harter et al., 1997). 아동기 중기부터 자기평가는 행동과 잘 연결되어 있다. 학업적 자기존중감은 학업 성취, 호기심, 도전에 대한 동기를 예언하며 사회적 자아존중감은 또래와의 자신감과 관계된다. 이 시기 동안에 아동은 사회적 비교에 참여하게 되는데, 이는 자신의 능력을 타인과 비교하는 것이다.

청소년기 형식적 조작의 발달로 인해 청소년들은 점점 더 자신이 하고 있는 것과 했던 것뿐 아니라 자신이 할 수 있다고 믿는 것과 같이 추상적인 개념으로 자기에 대해 생각할 수 있게 된다. 이는 추상적이고 미래지향적인 자기이다. 청소년기에 자기는 더욱 복잡해져서 포괄적·학업적·신체적·사회적 차원의 자기개념뿐 아니라 가까운 우정, 낭만적 매력, 직업 능력의 영역을 추가한다(Harter et al., 1997). 그러나 이런 영역이 일반적인 자기가치에 영향을 줄 것인지는 그 영역이 얼마나 현저하고 청소년에게 얼마나 중요한지에 달려 있다. 전 과목에서 A를 받거나 잘 생긴 외모가 한 청소년에게는 모든 것을 의미하지만 다른 청소년에게는 관심의 대상이 아닐 수도 있다. 결과적으로 자기가치감이 낮은 아동이 자신이 중요하게 여기는 영역에서 자신이 무능하다고 생각하는 것처럼 자기가치감이 높은 아동은 자신에게 중요하지 않은 영역에서는 능력이 부족해도 참을 수 있다(Harter, 1986). 예를 들어, Steele과 Eccles(1995)에 따르면 학업 성취가 중요하지 않다고 믿는 아프리카계 미국 청소년들은 학업적 영역을 동일시하지 않으면서 긍정적인 자기상을 유지할 수 있다. 따라서 자기가 어떻게 평가되는가는 실제 자기—자신이 현재 어떻다고 믿는지—와 이상적 자기—자기가 어떠해야 한다고 믿는 바—간의 불일치에 달려 있다. 자아중심성과 증가하는 자기의식이 청소년으로 하여금 타인이 자신에 대해 어떻게 생각하는지에 몰두하도록 하기 때문에 청소년의 표상적 능력 또한 취약성의 원천이 될 수 있다.

정체성 자기개념 형성의 과정이 아동기 동안 진행되고는 있지만, Erikson은 청소년기에 젊은이들이 **정체성 대 정체성 혼미**의 위기에 직면하게 된다고 주장했다. 이 과정을 성공적으로 거친 청소년은 **정체성 습득**(identity achieved)이라고 불렀다(Marcia, Waterman, Archer, & Orlofsky, 1993). 이 범주의 청소년들은 또래에 비해 그들의 선택을 탐색하고 일관된 정체성을 형성하며 사회적으로 더욱 성숙하고 성취를 위해 동기화되어 있다. 그러나 정체성 형성의 과정은 다른 길로 빠질 수도 있다. 한 유형은 **조숙한 발달**과 관계된다(1장 참조). 다양한 선택을 탐색하기 전에 정체성을 결정한 경우를 **정체성 유실**(identity forclosed)이라고 한다. 연구에 의하면 정체성 유실의 청소년들은 태도가 경직되고 전제주의적이라고 한다. 다른 길은 발달 지연과 관계된다. 자신의 정체성에 대해 혼란스럽고 확신이 없는 청소년들은 정체성 형성을 위해 나아가지 못한다. 이런 이들을 **정체성 확산**(identity diffuse)이라고 하는데, 이들은 사회적으로 고립되어 있고 동기화가 되지 않으며 약물 사용에 빠지기 쉽다. 대조적으로 **유예**(moratorium)의 상태에 있는 청소년들은 활동적으로 자신의 선택을 탐색하지만 아직 어떤 것도 선택하지 못한다. 이들은 시험 삼아 약물을 사용하고 약간 불안해 보이지만 자아존중감이 높다.

민족적 정체성 정체성 형성의 과정에서 또 다른 중요한 과제는 자기개념에 민족성을 포함하는 것이다. 7세경에 아동들은 자신이 속한 민족적 집단을 알게 되고 10세경에는 민족성이 불변이라는 것을 이해하기 시작한다(Ocampo, Knight, & Bernal, 1997). 아동이 그들의 문화를 이해하고 자부심을 가지게 되는 데에는 부모와 지역공동체의 역할이 중요하다. 그러나 청소년기에 들어서면서 이들은 자신들에 대한 사회의 편견과 인종차별에 대해 부쩍 의식하게 된다. 소수민족의 청소년들은 가족의 가치와 주류사회에서 또래들과 공유하는 가치 간의 갈등을 경험하게 된다(Phinney, Ong, & Madden, 2000). 세대 간 갈등은 특히 부모의 문화와 자녀가 양육되는 문화가 매우 다른 이민가정에서 나타난다(Coll & Garrido, 2000 참조).

다민족에 대한 연구는 서구 사회에서 이상적이라고 생각되는 정체성 지위가 문화적으로 특정한 것인지에 대한 의문을 제기한다. 미국 원주민과 같이 전통적인 공동적 가치의 유지를 강조하는 하부 문화에서 자라난 청소년들 중에는 정체성 유실의 비율이 불균형적으로 많다. 그러나 이들 청소년들에게는 주류 문화 속에서 개인화를 시도하며 자신을 유리시키는 것보다 응집력이 있고 지원적인 공동사회의 일원이 되기로 일찌감치 결정하는 것이 적응적일 수도 있다(Spencer & Markstrom-Adams, 1990).

소수민족의 청소년들에게 정체성 형성의 과제는 복잡한 것이다. 특유한 하부 문화의 일원으로서뿐 아니라 더 큰 문화의 일원으로서 자기를 통합하여 정체성이 만들어진다. 연구 결과는 **양문화적 정체성**의 습득이 정신건강에 가장 좋다는 생각을 지지한다(LaFromboise, Coleman, & Gerton, 1993).

대부분의 연구와 이론들이 단일 민족적 배경을 가진 아동들에게 집중되어 있는 데 비해 미국에서는 비교적 많은 아동들이 **다민족적**이다. 1970년대에는 100명 중 한 명이 다른 인종의 부모에게서 태어났지만 1999년에는 이 비율이 19명 중 한 명으로 증가하였다(국가건강통계센터, 1999). 다민족적 정체성을 습득하는 것은 높은 수준의 유연성과 적응성을 요구하며 다양한 결과를 낳는다. "예를 들어, 일부는 하나 이상의 사회적 집단의 복잡함을 협상하는 법을 배워서 결과적으로는 사회적으로 기술적이 되고 다른 사람들은 오직 한 집단과 동일시하거나 양문화적 혹은 양민족적 정체성을 융합시켜 충성심의 갈등을 해결한다."(Herman, 2004, p. 732)

자아발달과 자기

1장에서 우리는 원초적인 욕구에 집중했던 초기부터 최근 인간의 적응적인 측면을 다룬 것까지 정신분석적 이론의 진화에 대해 기술하였다. 자기의 정신병리를 이해하기 위해서는 자아심리학의 두 개념이 특별히 중요하다(Hauser & Safyer, 1995). 첫 번째는 자아탄력성과 자아통제의 개념이다. 두 번째는 자아방어의 발달에 관한 것이다.

자아탄력성과 자아통제 우선 Jeanne과 Jack Block의 발달실험실의 한 장면을 상상해보자. 도전에 대한 아동의 반응에서 개인차를 측정하기 위해, 이들은 아동들을 연구실로 불러서 아동의 발달 수준보다 높은 퍼즐을 제시하였다. 한 집단의 아동들은 일찌감치 포기하였다. 어떤 아동은 무관심했고 어떤 아동은 눈물을 머금었으며 또 어떤 아동은 화를 내었다. 그러나 다른 집단은 문제를 해결할 능력이 없는 데도 과제를 지속하였다. 어떤 아동은 효과가 없는 동일한 전략을 되풀이하는 불굴의 의지형이었고 다른 아동들은 과학자와 같은 호기심과 창의적인 문제해결 유형을 보여주었다. 연구가 끝났을 때, 어떤 아동은 낙심하였고 어떤 아동은 화가 나 있었으며 또 어떤 아동들은 연구가 "재미있다"고 했다.

이러한 개인차를 설명하기 위해 Block 부부는 자아탄력성과 자아통제의 개념을 제안하였다(Block & Block, 1980). **자아통제**(ego control)는 개인이 자신의 충동을 자유롭게 표현하는 정도를 말하며 적절한 수준에서는 자발성, 정서적 표현성, 사회적으로 적절한 행동과 관계된다(Eisenberg et al., 2003). 그러나 자아통제가 과도한 아동은 억제되고 자신의 감정 표현을 꺼리며 우울하기 쉽고(Block & Gjerde, 1990), 반대로 자아통제가 부족한 경우는 아동과 청소년의 품행장애와 관계된다(Huey, Jr. & Weisz, 1997; White et al., 1994).

자아탄력성(ego resilience)은 변화하는 환경에 "풍부한 자원을 가지고 적응"하는 것으로 정의된다(Block & Block, 1980). 자아탄력성이 있는 개인은 상황을 분석할 수 있고 그 환경에 가장 적합한 문제해결 접근을 선택한다. 반대로 자아취성(ego brittleness)은 유연하지 못하고 스트레스 하에서는 "역동적인 상황의 변화에 반응할 수 없고 같은 행동을 반복하거나 해체되며 … 외상적 경험 뒤에는 보상이 어렵다"(p. 48). 연구들은 자아탄력성과 안정애착, 학령전기의 문제해결 능력이 관계되고(Carlson & Sroufe, 1995) 자아취성은 불안, 우울과 같은 아동기 장애와 관계된다고 보고하고 있다(Huey, Jr. & Weisz, 1997).

자아방어 Freud에 의하면 내적인 갈등이 너무 심하여 고통스러우면 우리는 그것들을 인식하지 않고 자신을 방어하려는 전략을 발달시킨다. 예를 들어, 이러한 방어기제 중의 하나가 **억압**(repression)인데, 이는 위험한 충동과 환상 및 아이디어를 의식으로부터 사라지게 하는 것이다. 한 아동에 의하면 본질적으로 "내가 인식하지 않으면 없는 것이다." 예를 들어, 자신을 학대하는 어머니에 대한 분노에 놀란 한 여아가 억압 뒤에는 그런 감정을 인식하지 못한다. 억압이 불충분하다면 **반동형성**(reaction formation)을 통해서 아동은 불안을 야기시키는 충동과 완전히 극적으로 다른 태도로 생각하고 느끼게 된다. 우리의 예를 그대로 사용하자면, 이제 여아는 어머니에 대해 과도한 사랑을 느끼고 화를 내려는 생각조차 하지 않는다. **투사**(projection)에서는 금지된 충동을 억압하고 타인에게 돌린다. 여아는 자기가 알고 있는 "모든 다른 여자 아이들"이 건방지고 그들의 어머니를 존경하지 않는다고 화를 낼 것이다. **치환**(displacement)에서는 충동이 표현되지만 다른 대상에게로 향한다. 예를 들어, 여아는 자신의 보모에게 화를 낼 것이다.

방어기제가 위험한 것은 이들이 개인의 자기지각, 타인지각, 일반적으로는 현실지각을 왜곡시키기 때문이다. 부모에 대한 적대감을 억압한 아동은 현실에서는 관계가 유별나게 좋은 것으로 생각될 수 있다. 만약 방어기제가 두려움에 직면하는 것으로부터 아동을 보호하여 현실 검증을 막는다면 이는 병리적인 것인가? 방어기제에 대한 아버지의 연구를 확장한 Anna Freud는 그렇지 않다고 대답한다(Freud, 1965). 방어는 심리발달에서 필요하고도 정상적인 일부이다. 건강한 아동은 발달하면서 특별히 고통스러운 삽화를 관리하기 위해 방어를 사용하다가 더 이상 필요하지 않을 때는 철회하고 유연하게 방어를 사용한다. 방어가 극단적·고정적이 되고 만연될 때, 그리고 아동의 행동목록이 부적절하게 제한적일 때 방어는 미래의 성장을 위협할 수 있다.

최근에 연구들은 학령전기부터 성인기까지 발달의 경로를 따라서(Cramer & Block, 1998; Cramer, 2000), 그리고 청소년기와 성인기의 심리적 성숙의 수준에 따라서(Bond, 1995) 방어기제의 출현을 기록하였다. 종합하면 발달적인 연속성을 따라 원시적인 수준—그리고 만약 과도하게 고정화되어 사용된다면 적응 실패와 관련되는 수준—부터 보다 상위의 적응적인 수준에 관계되는 성숙한 것까지 방어가 구축된다고 연구들은 제안한다. 이러

표 2.1 DSM-VI-TR 방어기능 척도와 방어의 정의

1. **고도로 적응적인 수준:** 기분과 생각의 의식적 인식을 허락하고 갈등하는 동기간의 균형을 촉진한다.
   유머—갈등이나 스트레스 유발자의 재미있거나 풍자적인 측면을 강조한다.
   승화—잠재적으로 부적응적인 기분이나 충동을 사회적으로 승인되는 행동으로 바꾼다.
2. **정신적 억제 또는 타협 수준:** 잠재적으로 위협적인 생각이나 기분을 의식 밖으로 밀어둔다.
   감정의 고립—서로 관계된 생각과 감정을 분리한다.
   억압—문제되는 소원이나 생각, 경험을 의식으로부터 쫓아낸다.
3. **사소한 이미지 왜곡의 수준:** 자아존중감을 유지하기 위해 자신 또는 타인의 이미지를 왜곡한다.
   평가절하—중요성을 최소화하기 위해 타인에게 과장되게 부정적인 특성을 귀인한다.
   전지전능—취약성의 감정을 피하기 위해 자기를 타인보다 우월하게 지각한다.
4. **부인**(disavowal) **수준:** 불쾌하거나 인정할 수 없는 충동, 생각, 감정, 또는 책임감을 의식에서 밀어낸다.
   부정(denial)—고통스러운 외적인 현실이나 주관적인 경험의 측면을 인정하기를 거부한다.
   투사—자신이 승인할 수 없는 감정, 충동이나 생각을 타인에게 잘못 귀인한다.
5. **주요한 이미지 왜곡의 수준:** 자기나 타인의 이미지에서 총체적인 귀인오류나 왜곡을 형성한다.
   투사적 동일시—자신이 인정할 수 없는 생각이나 감정을 타인에게 잘못 귀인하고 타인에게서 바로 그런 생각이나 감정이 들도록 행동한다.
   분리—양가적 감정 중 한쪽을 의식에서 차단하기 위해 긍정적인 경험과 부정적인 경험을 분리한다.
6. **행동 수준:** 스트레스에 행동표출 또는 위축으로 대처한다.
   행동 표출하기—화가 나는 감정의 경험을 피하기 위해 행동으로 갈등을 표출한다.
   소극적 공격성—내면적인 저항, 분노 또는 적대감을 감추기 위해 외현적으로는 복종하는 것처럼 보인다.
7. **방어적 조절 혼란:** 객관적인 사실과 심하게 유리되는 것을 포함하는 방어를 사용한다.
   망상적 투사—자신의 투사 주변에 고정된 망상적 믿음의 체계를 형성한다.
   정신병적 부인(psychotic denial)—지각된 외적인 현실에 대한 극단적인 부인을 통해 현실 검증에 있어 총체적인 손상을 초래한다.

출처: *DSM-IV-TR*(American Psychiatric Association, 2000)에서 인용함.

한 연속성은 DSM-IV-TR(2000)에서 추후 연구를 위해 제공되는 축 중의 하나인 방어 기능 척도(Defensive Functioning Scale)에 제시되어 있다(**표 2.1** 참조). 가장 적응적인 수준의 방어는 갈등하는 생각과 감정들 간의 균형을 허락하고 그들이 최대한 의식적 인식에 접근할 수 있도록 허락하는 것이다. 적응적인 방어의 한 예는 유머인데, 이는 고통으로 황폐해지지 않으면서도 고통을 인정하는 것이다. 가장 낮은 수준의 적응은 정신병적 부인(psychotic denial)에서처럼 객관적인 현실 지각을 방해하는 방어이다.

자기 과정과 발달적 병리

요약하면 자기에 관한 다양한 측면이 정신병리적 발달에 관계되어 있다.

낮은 자아존중감 부정적인 자기개념은 가장 분명하게는 우울증과 자살을 포함한 다양한 장

애에서 위험기제이다. 자신이 가치가 없고 결함투성이며 문화가 제시하는 이상을 성취할 수 없다고 생각하는 아동은 슬픔, 무력감, 희망이 없다는 감정에 취약하다. 또한 낮은 자기개념은 인종차별주의나 동성애혐오와 같은 사회적 태도의 결과일 수 있다. 예를 들어, 게이, 레즈비언, 양성애자인 청소년들은 불균형적으로 높은 자살률을 나타낸다(Rotheram-Borus & Langabeer, 2001). 자아존중감의 혼란은 반대 형태로 나타날 수도 있다. 일부 혼란된 아동은 비현실적으로 높은 자아존중감을 가지고 있어서 자신들이 "무엇에나 최고"라고 주장한다(Baumeister, Bushman, & Campbell, 2000). 그러나 정상적이고 건강한 자아존중감과는 반대로 과장된 자아존중감은 비현실적이고 불안정하며 쉽게 무너진다(Cicchetti & Howes, 1991).

정체성 혼동 앞서 본 바와 같이 정체성 위기를 해결하기 어려운 청소년들은 위험에 더욱 취약하다. 많은 청소년들에게 이 과정은 민족성과/또는 성을 정체성 개념으로 통합하는 것을 포함한다. 정체성 혼동이 나타나는 한 가지 형태는 자기 연속성의 결여, 즉 "자신의 과거, 현재, 미래를 함께 잡아매는 연결을 잃을 때"이다(Chandler, Lalonde, Sokol, & Hallett, 2003, p. 2). 9장에서 살펴보겠지만 이러한 청소년은 자살에 매우 취약하다.

자기조직화의 혼란 정체성 혼동이 정상 발달에서의 지연을 반영하는 데 비해 자기조직화의 결여는 정상으로부터의 이탈을 의미한다. 신생아가 본질적으로 자폐적이라는 Mahler의 견해와는 달리 연구들은 출생시부터 영아들이 일관되고 응집력 있는 방법으로 자신들의 경험을 조직화하고 있으며 이 과정에 애착이 근원적으로 중요하다고 한다(Stern, 1985). 이 과정이 잘못되면 이 책에서 볼 가장 심각한 정신병리 중 일부와 관계된다.

자기조직화의 혼란은 자폐증, 정신분열증, 혹은 극단적인 병리적 양육과 같은 심각한 정신 질환과 관계된다. 예를 들어, 앞서 보았듯이 혼란된 애착의 역사로 심각한 외상을 경험한 청소년은 응집력 있는 자기를 결여하고 있다(Ogawa, Sroufe, Weinfield, Carlson, & Egeland, 1997). 오히려 그들의 자기상은 기분에 따라 오가며 자신과 타인을 분리하는 경계를 유지하기 힘들다. 다시 말해 그들은 어디까지가 자기이고 어디서부터가 타인인지를 인식하는 데 문제가 있다. 이러한 청소년들은 또한 자기와 타인의 지각을 왜곡하는 원시적인 방어를 사용한다. 이러한 자기 조직화에서의 혼란은 10장에서 볼 자기발달의 이상인 경계선 성격장애의 발달과 관계된다.

자아취성 1장에서 우리는 부정적인 환경에도 불구하고 심리적으로 건강한 개인으로 태어나는 탄력성의 개념을 소개하였다. 자아탄력성의 개념은 자기에 통합되는 보호요인을 기술한다. 자아탄력적인 청소년은 "형편없는 패를 가지고도 이길 수 있으며" 반대로 자아취성(ego brittleness)의 청소년은 고정된 방어를 하고 적응력이 결여되어 있으며 장애물이 있을 때 도전하기보다는 낙심하게 된다.

자기조절의 결여 정상 발달에서 또 하나의 성취는 자기 자신의 행동, 정서, 타인과의 관계를 조절하는 능력이다. 이 과정이 잘못되면 아동은 매우 반응적이고 충동적이며 변화하는 환경의 요구에 부드럽게 적응할 수 없다. 자기조절에 공헌하는 중요한 발달과정 중의 하나는 부모의 가치를 내면화하는 것이다. 내면화와 자기조절은 우리가 다음에 살펴볼 도덕성이라는 중요한 발달과 직접적으로 관계되어 있다.

도덕성 발달

도덕성 발달이라는 제목 아래 우리는 양심, 죄책감, 그리고 도덕적 판단을 포함한 다양한 다른 주제들에 대한 연구들을 통합하였다. 특히 우리가 관심을 가진 것은 아동들이 어떻게 부모의 가치와 가르침을 내면화하게 되는가이다. 아동의 행동은 발달함에 따라 처벌의 두려움보다는 자기가 생성한 도덕적 기준과 이상에 따라 좌우된다. 그러나 첫 번째로 인지발달과 함께 아동이 어떻게 선과 악에 대해 생각하는지 살펴본다.

도덕적 사고의 발달

Kohlberg(1976)는 도덕적 주제에 대한 Piaget(1932)의 초기 이론을 정교화하여 도덕적 사고 발달의 이론을 구성하였다. 어머니의 생명을 구하는 약을 얻기 위해 도둑질을 하는 것이 옳은 것인가를 결정해야만 하는 어린 Hans의 딜레마와 같은 고전적인 도덕적 딜레마를 아동들에게 제시하여, Kohlberg는 아동들의 도덕적 판단이 일련의 단계를 거친다는 것을 발견하였다.

학령전기 초반 동안의 전 인습적 수준에서 아동들은 행위가 처벌을 받을 것인가, 즐거움을 줄 것인가에 따라 평가한다. 보상을 받을 행동은 좋은 것이고 처벌을 받을 행동은 나쁜 것이다("그렇게 하지 않는 것이 좋다. 안 그러면 가게 주인이 화를 낼 것이다"). 아동기 중기의 인습적인 도덕성 단계에서는 타인의 승인을 받기 위해서 또는 종교와 같이 도덕적인 권위에 동조하기 위해서 인습적인 기준을 채택한다. 사고는 절대적이고 유연하지 않다—옳은 것은 옳은 것이고 틀린 것은 틀린 것이다. 정상참작 같은 것은 없다("훔치는 것은 나쁜 것이다: 이것은 법이다"). 후 인습적 수준 또는 원칙적 단계(principled stage)에서 나이 든 아동과 청소년들은 계약과 민주적으로 수용되는 법, 정의와 윤리의 보편적인 원칙, 개인적 양심의 도덕성에서 행동을 판단한다("어떤 것들은 다른 것에 비해 더 우선한다—예를 들어, 인간의 생명은 돈보다 더 귀중하다. 따라서 어머니의 생명을 구하는 일이 소유에 관한 법을 지키는 것보다 더 중요하다"). 16세들의 1/4만이 가장 높은 수준에 도달하지만 6세부터 16세 사이에 전 인습적 수준은 서서히 줄어들고 다른 두 수준이 증가한다.

도덕적 사고에 관한 연구들의 제한점 중 하나는 이것이 언제나 도덕적 행동을 예언하는 것은 아니라는 것이다. 따라서 가상적인 딜레마에 대해 세련된 방법으로 생각하는 것이 실제 생활에서 그들이 선택할 것과 꼭 일치하지는 않는다는 것이다. 10장에서 보겠지만 일부 청소년들은 그들이 "따라야만" 하는 높은 도덕적 기준을 완벽하게 알고 있다. 그러나 그들은 그렇게 행동하지 않는다. 친사회적으로 행동할 것인지 혹은 반사회적으로 행동할 것인지를 구분하는 것은 인지 이상의 문제, 특히 죄책감과 감정이입 정서의 문제이다. 우리가 이 정서들의 역할에 대해 더 탐색하기 전에 그들이 나타나는 맥락, 즉 부모-자녀 관계를 살펴보자.

내면화

궁극적으로 사회화의 목적은 아동들이 단순히 외적인 보상과 처벌에 의해 좌우되지 않고 부모의 가치를 내면화하여 친사회적으로 행동하도록 본질적으로 동기화하는 것이다. 내면화는 직접적으로 양심의 발달을 인도하고 따라서 도덕성 발달의 기초가 되는 중요한 발달 과정이다. 요약하면 내면화의 과정을 통해서 도덕성은 자기에게 내재적인 것이 된다.

내재화에 관한 Kochanska(2002)의 일련의 연구들은 발달함에 따라 행동적 조절이 부모로부터 아동에게 넘어오는 과정에 대해 많은 것을 알려주었다. 표준적인 시나리오는 과제를 하는 동안 부정행위를 하거나 부모의 지시나 금지를 어기도록 아동을 유혹한 다음에 부모가 없을 때 아동이 어떻게 행동하는가를 관찰한다. 부모가 아동의 행동을 감시하지

그림 2.2 내면화 – "좋든 나쁘든"

출처: *FOR BETTER OR FOR WORSE*(Lynn Johnston Productions Inc., 1988). Distributed by United Press Syndicate. Reprinted with permission.

않더라도 아동이 부모의 기대에 따르는 행동을 하면 내면화가 된 것으로 간주한다(**그림 2.2** 참조).

내면화의 첫 번째 단계는 **헌신적 순종**(committed compliance)—즉, 순전히 즉각적인 결과 때문에 순종하기보다는 아동이 부모의 가치를 공유하여 선한 행동이라는 목표에 부모만큼 아동도 헌신하는 단계이다. 헌신한 아동은 보조물이나 독촉이 없이도 적절하게 행동할 뿐 아니라 열정적으로 행동한다. 연구들에 의하면 헌신적 순종은 내면화의 전조이다. 걸음마기의 헌신적 순종은 학령전기의 내면화를 예언한다(Kochanska, Aksan, & Koeing, 1995).

Kochanska와 동료들의 연구는 양육의 특성 중에서 내면화를 이끄는 중요한 특성들을 밝혀내었다. 첫째, **공유된 긍정적 감정**(shared positive affect)이 열쇠이다. 헌신적 순종은 실험실에서의 자유놀이 동안 부모와 아동 사이에 공유된 긍정적 감정과 관계된다(Kochanska et al., 1995). 둘째, 내면화는 부모와 아동 간의 **상호적인 반응**(mutual responsiveness)과 관계된다(Kochanska & Murry, 2000). 상호적 반응성은 반응적이고 양육적인 부모의 아동이 그 자신도 마찬가지로 부모의 감정과 소망을 고려하며 반응하는 교류적 과정이다. 걸음마장이 아동과 상호적으로 반응적 관계를 형성한 어머니는 시간이 지나 아동이 학령전기가 되었을 때 지시적이고 통제적일 필요가 없으며(Kochanska, 1997b), 학령기에 이르면 아동들은 부정행위의 충동에 굴복하는 경우가 훨씬 적다(Kochanska & Murray, 2000).

Kochanska의 연구는 부모-자녀 관계의 질이 도덕성 발달에 중요함을 지적한다. 부모가 민감하고 반응적이면—이는 역시 안정애착과도 관계되는 특성이다—아동은 부모의 목표와 가치를 채택할 뿐 아니라 부모를 기쁘게 하기 위해 동기화된다. 따라서 도덕성에는 사랑이 중요하다. 세 가지의 서로 다른 정서도 중요한데 이들은 수치심, 죄책감, 그리고 감정이입이다.

도덕성의 정서적 차원: 수치심, 죄책감과 감정이입

수치심과 죄책감의 출현 앞에서 정서발달을 논할 때 우리는 자기의식적 정서가 24개월 이후에 나타난다고 언급했다. 이들 중에 수치심과 죄책감이 있다. 이 용어들은 가끔 동의어로도 사용되지만 연구들에 의하면 이들은 서로 다른 기원과 기능을 가지고 있다. 수치심의 경험은 타인 지향적이며 공공의 비난과 자기 전체에 대한 부정적인 평가이다(예: "나는 나쁘다."). 반대로 죄책감은 내부 지향적이며 자신의 내적 기준에 도달하지 못한 것에 초점이 맞추어져 있고 행동에 대한 부정적 평가를 포함한다(예: "나는 나쁜 짓을 했다")(Tangney & Fisher, 1995).

여기서도 부모의 사회화가 열쇠이다. 강압적인 부모는 아동의 실패에 주목하고 아동이 자신에 대해 나쁜 감정을 갖도록 하며 아동은 수치심을 느끼게 되기 쉽다. 반대로 아동의 행동이 타인에게 미치는 효과를 주목하게 하는 양육법을 사용하는 부모는 죄책감을 느끼게 한다. 죄책감은 마치 아동에게서 몰아내야 하는 부정적인 정서처럼 들리지만 사실 이는 친사회적 행동과 타인에 대한 배려와 관계된다. 대조적으로 수치심은 반사회적 행동과 파괴성과 관계된다(Tangney, 2001).

Kochanska와 동료들의 통합적 연구(2002)는 양육, 자기, 죄책감과 도덕성 발달 간의 연결고리를 확고히 하였다. 그들의 실험실에서는 아동이 값비싼 장난감을 망가트렸다고 말한 뒤—사실은 아동이 만진 직후에 장난감이 부서지도록 실험자가 조작을 해 두었다—아동을 관찰한다. 18개월에 자기개념의 발달이 앞섰던 아동들은 22개월에 자신의 "위반"에 대해 더욱 죄책감을 느끼고 56개월에 더 친사회적 행동을 하며 도덕적 사고의 더 높은 수준에 있다. 강압적인 어머니의 훈육은 낮은 수준의 죄책감과 관계된다. 그러나 이 관계는 곡선적이어서 어머니의 강압 수준이 아주 높거나 아주 낮을 때 죄책감의 수준이 가장 높았다.

감정이입 감정이입(empathy)은 타인의 경험에 대한 정서적 반응을 말한다. 타인의 복지에 대해 염려하고 돕고 싶도록 동기화되는 것을 포함하는 **감정이입적 관심**(empathic concern)은 단순한 **감정이입적 고통**(empathic distress)과 구분된다(Endresen & Olweus, 2001). 예를 들어, 아이가 우는 것을 두 아동이 관찰한다면 감정이입적 관심을 가진 아동은 무엇이 잘못되었는지를 물어볼 것이지만 단순히 감정이입적 고통을 느끼는 아이는 자신도 따라 울 것이다. 6개월경부터 아동들은 또래의 정서적 고통에 반응하지만 학령전기가 되어야 자신의 경험과 타인의 경험을 분명히 구분하는 진정한 감정이입이 시작된다(Siegler, DeLoache, & Eisenberg, 2003). 연구들은 아동의 감정이입이 죄책감을 유발하고 이는 다시 친사회적 행동을 동기화한다는 것을 보여준다(Bohart & Stipek, 2001).

연구들은 또한 아동기 동안 감정이입의 출현에 성차가 있음을 보여준다. 일반적으로 모든 연령에서 여아들이 감정이입의 점수가 높다(Eisenberg & Strayer, 1987). 그러나 감정이입의 수용에도 성과 관계되는 차이가 있다. 예를 들어, Endresen과 Olweus(2001)는 남아들이 청소년기가 되어가면서 더욱 여아에 대해 감정이입적이 된다는 것을 발견하였다. 연구자들은 성 역할의 사회화가 작용을 하는 것이라고 주장하는데, 이는 남성성의 일부가 다른 남성이 아니라 여성을 보호하고 돌보는 것을 포함하기 때문이다.

도덕적 과정과 발달정신병리

관계적 결함 앞서 말한 모든 도덕성의 맥락은 양육의 관계이다. 양육자가 비반응적이고 거칠다면 아동은 그들의 기대에 순종하거나 부모의 가치를 내면화하려는 동기가 없을 것이다. 유사하게 수치심을 주는 훈육을 경험한 아동은 친사회적 행동을 동기화하는 감정이입과 적절한 죄책감이 결여되어 있을 것이다. 10장에서 우리는 이에 대한 예외를 볼 것인데, 이들은 부모의 잘못된 양육의 결과물이 아닌 데도 타인에 대해 냉담한 아동들이다.

인지적 결함 도덕적 문제에 대해 사고할 수 없는 아동들은 즉각적인 보상과 처벌에 의해 반응하기 쉽다. 앞서 논의했던 사회적 인지의 변인들은 도덕적 판단이 어떻게 친사회적 혹은 반사회적 행동을 초래하는가를 이해하는 데 중요하다. 타인에 대한 왜곡된 인지를 경험하는 아동은 자신들의 공격성을 그렇게 나쁘게 보지 않고 정당방위—심지어는 영웅적 행동—로 지각할 수도 있다(Caprara, Barbaranelli, & Pastorelli, 2001).

문화적 기대 문화적 기대도 역할을 한다. 10장과 14장에서 언급하겠지만 잔인한 환경에 둘러싸여 자란 아동은 이러한 행동이 정상적이고 수용 가능한 행동이라고 생각한다. 친절, 돌봄, 그리고 감정이입과 같은 특성을 표현하는 데 있어 사회적인 압력이 남자와 여자에 대한 성 역할의 고정관념적 기대로 나타난다. 이제부터 성의 발달적 변인을 자세히 살펴보자.

성

먼저 용어를 보자. 'sex'와 'gender'는 모두 생물학적인 남성 또는 여성을 가리킬 때 사용되는 데 비해 아동이 자신의 성에 대해 인식하는 것은 **성 정체성**(gender identity)이라고 한다. 사회는 남아와 여아에게 각각 적절한 행동과 감정을 규정해주고, 아동은 적절한 **성 역할**(gender role) 행동을 학습해야만 한다. 마지막으로 성욕(sexuality)은 성적인 감정과 행동을 포함하며, **성적 지향**(sexual orientation)은 동성이건 이성이건 파트너의 선택을 언급한다.

성 정체성

전형적인 2~3세 남아는 자신이 "남자"라는 것을 알며 "너는 남자니 여자니?"하고 질문하면 정확하게 대답한다. 그러나 아동은 "남자"라는 정확한 의미를 모르며 외적인 크기, 옷, 머리모양 대신 성을 구별하는 원칙을 알지 못한다(Golombok & Fivush, 1994). 학령전 아동들이 인지적으로 자신이 보는 것을 그대로 믿는 전조작기 단계에 있는 것을 기억하자. 그들은 눈에 보이는 차이에 근거해서 성을 구분한다. 이 연령의 아동은 보존(외양이 변하더라도 사물은 그대로라는 것에 대한 이해)을 이해하지 못하기 때문에, 외양이 변화하면 본질도 변화한다고 믿는다. 즉, 다르게 보이는 것은 다른 것이다. 결과적으로 이 연령의 아동에게는 옷이나 머리모양, 행동을 다른 성의 것으로 바꾸면, 남자 아이가 여자 아이로 변하거나 그 반대도 가능하다. 1장의 세 번째 이야기에 나온 남자 아동에게는 아이가 현재 남자인지 여자인지와 관계없이 성장해서 "엄마"나 "아빠"가 되는 것은 당연히 가능하다. 6세나 7세가 되어 보존이 인지적으로 가능할 때 아동들은 성이 영속적이며 불변이라는 것을 이해하는 **성 항상성**(gender constancy)을 이해하게 된다. 그들은 또한 생식기가 성을 결정하는 결정적인 요인임을 이제 알게 된다.

성 역할

어떤 사회나 남성과 여성에게 적절하거나 부적절한 행동과 감정을 규정해두고 있다. 전통적으로 서구 사회에서 남자는 지배적이고 공격적이며 감정적이지 않고 고통을 참을 수 있고 실용적이어야 한다. 여자는 양육적이고 사회적이며 비공격적이고 정서적으로 표현적이어야 한다. 남성성과 여성성의 규정에 있어 본질적인 차이는 행위(agency) 대 교류(communion)(Block, 1983)로 정의된다. 여성과 남성의 역할에 대한 사회적 변화에도 불구하고 성 고정관념은 지난 30년 동안 놀라울 정도로 일관적으로 유지되고 있다(Ruble & Martin, 1998). 3세 아동은 사회적 고정관념에 따라 장난감, 옷, 가사도구, 게임을 분류할 수 있다. 학령전 아동은 성인의 직업에 대해서도 똑같이 할 수 있다. 아동기 중기에 사고가 점차 추론적이 되면서 아동은 성 역할을 자기주장, 양육과 같은 보다 미묘한 심리적인 특성에 따라 나눌 수 있게 된다.

성 고정관념을 알게 되는 것에 더해서 아동은 매우 일찍부터 성 고정관념에 부합하는 행동을 선호한다. 2세부터 3세의 아동은 성 전형적인 장난감(남아는 트럭, 여아는 인형)을 선호하고 동성의 또래와 노는 것을 선택한다(Maccoby, 1999). 아동기 중기에 남아들은 성 유형적인 행동, 태도를 선호하는 데 비해 여아들은 더욱 남성적인 활동들과 특성들로 이동한다. 이는 남아들이 여아에 비해 더욱 편협하게 성 유형화되는 한 예이다. "계집애 같은 남자 아이"는 놀림을 당하지만 "사내 같은 여자 아이"는 용인된다.

사회학습이론가들은 문화적으로 규정된 성 유형적 행동이 강화되는 많은 방법을 지적한다. 예를 들어, 아버지들은 영아기부터 딸보다는 아들과 더 격렬하게 놀아준다. 걸음마기와 학령전기에 남아들은 신체적 처벌을 더 많이 받으며 성 유형적인 장난감을 가지고 노는 것으로 보상받고 사물을 조작하고 기어오르도록 고무된다. 아동기 중기에 부모들은 동성의 자녀와 더 상호작용한다. 또한 남아는 독립적이고 공동체를 형성할 때 강화를 받지만 여아들은 감독을 더 받으며 순종적일 때 보상을 받는다. 일반적으로 어머니보다 아버지들이 더 편협하게 전형화되며, 이는 성 전형에서 벗어날 때 여아보다 남아가 더 처벌을 받게 되는 이유 중 하나이다(Lamb, 1997). 마지막으로 교사와 또래들도 모두 겉으로 드러나거나 드러나지 않는 다양한 방법으로 사회적 고정관념에 동조하도록 아동에게 압력을 가한다.

성욕

정상 아동의 성욕에 대해서 우리는 놀랍게도 아는 것이 거의 없다(Sandfort, 2000). Freud가 처음 아동기 성욕이라는 판도라의 상자를 연 이래로 많은 이들이 아동이 성적인 존재라는 생각에 대한 불편함과 놀라움을 표현하였다. 더구나 경험적인 연구에 근거한 이해도 어렵다. 만약 아동이 성적인 감정을 가지고 있다는 생각을 부모들이 불편해한다면, 이를 요구하는 연구에 자녀를 참여시키기는 어려울 것이다. 아동기의 성욕은 연구하기 민감할 뿐 아니라 방법론적으로도 어렵다. 아동은 그들의 사적인 경험을 이해하는 능력이 제한될 뿐 아니라 이러한 경험을 언어로 표현하기도 어렵다. 그리고 아주 어린 아동들도 어떤 주제에 대해서는 낯선 사람들과 대화를 나누는 것이 적절하지 않다는 것을 안다. 성적인 감정은 인생의 일부이며 행동의 동기원이다. 더구나 정상과 비정상 발달의 연속체를 고려할 때 아동의 어떠한 성적 행동이 병리적인 것이며 어떤 것이 정상 아동의 성적 탐색인지를 알고자 할 것이다.

예를 들어, 연령에 부적절한 성적인 지식은 아동이 성적 학대를 받았다는 증거로 자주 사용된다. 따라서 각 연령의 아동들이 정상적으로 성에 대해 무엇을 이해하고 있는가를 아는 것이 중요하다(Volbert, 2000). 4세 이전의 영아들은 생식기를 가리키는 특정 용어를 모르는 경향이 있으며 전반적으로 신체의 그 부분을 "아랫도리(bottom)"라고 부른다. 7세 이전의 아동들은 대략 "애기들이 그곳에서 만들어진다"는 것을 넘어서는 생식기의 기능을 말하지 못한다. 9세경이 되어야 정상 아동들은 출산을 성 행위와 연결시키기 시작한다. Volbert(2000)는 147명의 2세부터 6세 아동에게 성에 대한 지식을 면접하는 형식으로 매우 드문 연구를 하였다. 5세가 될 때까지 어떤 아동도 성인의 성 행위에 대한 지식을 가지고 있지 않았으며 나이 든 아동들 중 세 명만이 성적인 행동을 분명하게 기술할 수 있었고 가장 지식이 많은 남아는 영화에서 성 행위를 보았다고 했다.

성에 대한 아동의 이해는 인지발달의 수준에 따른다. Piaget가 말한 대로 아동은 배운 사실을 자신이 이미 가진 도식에 일치되도록 변형할 것이다. 따라서 아동이 아기가 어떻게 생기는지에 대해 황당한 이야기를 말할 때, 그 원천은 정보가 잘못된 것이 아니라 아동이 이해하기에 너무 어려운 정보를 동화시키는 과정일 것이라고 Bernstein과 Cowan (1975)은 주장한다. 성에 대한 아동의 지식은 문화적 맥락에 따라 다르고 성인들이 성적인 문제에 대해 얼마나 개방적인지, 성과 관계된 정보가 아동에게 얼마나 접근적인지에 따라 결정된다.

다른 연구들은 정상 발달에서 아동들이 어떤 종류의 성적 행동을 나타내는가에 주의했다. 학령전기 아동들이 자신과 타인의 생식기에 호기심을 갖는 것은 아주 흔한 일이다 (Schuhrke, 2000). 생의 두 번째 해부터 아동들은 자신의 신체를 관찰하고 가지고 놀고 노출하고 이에 대해 이야기하며 양육자에게도 그렇게 하도록 원하며 학령기가 되면 이 관심의 대상이 부모에서 또래로 이동한다. Sandfort와 Cohen-Kettenis(2000)는 0세부터 11세까지 각각 351명과 319명의 독일 남아와 여아의 어머니들에게 아동에게서 관찰한 행동에 대해 질문하였다. 어머니들은 97%의 아동이 자신의 생식기를 만지고, 60%는 친구와 "의사"놀이를 하였으며, 50%는 자위행위를 하였고, 33%는 타인의 생식기를 만졌으며, 21%는 타인에게 자신을 노출하였고, 8%는 성 행위에 대해 이야기했으며, 2%는 인형과 성 행위를 모방하였다고 대답하였다. 아동의 연령이 증가하면서 이중 많은 행동들이 증가하며 어떤 행동은 남아(예: 자위행위)에게 더 나타나고 다른 행동은 여아에게 더 나타난다(예: 인형과 성적 놀이를 함).

발달과정 동안 아동은 성에 대해 배우는 데 관심을 보이지만 정상적으로는 청소년기가 되어야 성이 중심주제가 된다. 사춘기는 여아에게서는 8세부터 18세, 남아에게서는 9.5세부터 18세의 걸치는 시기로, 이때에 청소년들은 생리적으로 성숙하게 된다(Conger & Galambos, 1997). 이상적으로는 10대에 성적인 성숙에 달한 청소년들에게 이 새로운 생물학적인 충동이 인지, 정서, 그리고 사회적인 발달의 진보와 함께 나타나서 청소년들로 하여금 성공적으로 이 단계의 현저한 주제인 성을 탐색하도록 한다. 성적 발달이 미성숙한 청소년들은 조숙한 호르몬의 영향 때문이든, 혹은 부적절한 성적 자극 때문이든 성인기 성의 복잡한 도전과 책임감을 감당할 준비가 되어 있지 않다. 궁극적으로 성은 청소년기 후기에 "나는 누구를 사랑할 수 있을까?", "나는 누구와 내 인생을 함께할 수 있을까?" 하는 질문의 일부가 되며, 타인과 신체적이고 심리적으로 충족한 관계를 찾는 탐색의 일부가 된다.

성적 지향 최근 추정치에 의하면 미국 고등학생의 1~2%가 자신을 게이, 레즈비언 혹은 양성애자로 밝히고 있다(Rotheram-Borus & Langabeer, 2001). 성적 지향의 문제는 우리가 앞서 언급한 정체성 발달의 과정과 중요하게 연결되어 있다. 일부 게이, 레즈비언, 양성애자, 트렌스 젠더들은 일찍부터 자신의 성적 취향을 알고 있지만 대부분의 청소년들은 이러한 감정을 숨길 것인지 확인할 것인지, 이를 "내가 누구인가"의 상에 통합할 것인지의 문제로 갈등하고 있다.

Savin-Williams(2001)는 성적 소수자인 청소년들과 일련의 면접을 통해 그들의 정체성이 발달하는 과정을 기술하였다. 첫 번째 단계인 인정(recognition)은 자신이 다르다는 것을 깨닫는 것이며, 발견의 두려움과 소외감을 수반한다. 보통 15세에서 18세 정도에 청소년들은 자신을 게이, 레즈비언, 또는 양성애자라고 부르기 시작한다. 인정 다음에는 시험과 탐색(test and exploration)의 단계가 있는데, 이때는 양가적 감정과 호기심이 특징이다. 세 번째 단계는 수용(acceptance)으로 자신의 성적 지향에 대해 긍정적인 태도와 개방성이 나타난다. 마지막 단계는 통합(integration)으로 자신의 주위에 공개적으로 밝히고 자신감을 가지며, 성적인 대상의 선택이 확고해진다.

모든 개인들이 모든 단계를 거치는 것은 아니며, 특별히 더 큰 문화에 부정적인 태도를 가지고 있을 때 공개적으로 밝히는 것은 불편하거나 혹은 위험하기조차 하다. 자신의 성적인 지향을 밝힌 뒤에 20~40%의 성적 소수자 청소년들은 가족들로부터 배척당하거나 위협을 당했으며, 5%는 신체적으로 손상을 입었다(D'Augelli, Hershberger, & Pilkington, 1998). 여러 명이 자신의 성적 지향을 알린 뒤에 적어도 한 명 이상의 친구를 잃었다고 보고하고 있다(Pilkington & D'Augelli, 1995). 히스패닉과 아시아계 미국인 가정에서는 이에 대해 수용적이지 않기 때문에 공개적으로 밝히기가 더욱 어렵다(Dube, Savin-Williams, & Diamond, 2001).

발달 병리와 관계되는 성과 성적인 과정

과장된 성 역할 특성 Bakan(1966)의 원래 공식에서 건강한 심리적 발달은 행위(agency)와 교류(communion)의 두 극단 사이의 균형을 요구한다. 인간의 본성 중 남성적 혹은 행위적인 본성은 경쟁적이고 공격적이며 자아중심적인 데 비해 여성적이고 공유적인 측면은 감정이입적이고 이타적이며 대인관계를 지향한다. Bakan의 입장에서는 완화되지 않은 행위성은 자기 편향적 파괴성을 초래한다. 완화되지 않은 공유성 역시 문제가 되는데, 이는 개인이 발달적 도전에 대응하는 준비를 하지 못하도록 하기 때문이다. 자기주장과 자아존중감, 그리고 잘못되었을 때 자신을 방어하는 것이 모두 자기의 발달과 보호에 필수적이다(Kerig, 2004). 따라서 행위성은 "상호적이고 의존적이며 공동의 복지"를 고려하여 완화되어야만 하며, 교류성 역시 "행위적 자기주장, 자기 표현—자기의 통합과 자기실현을 위해 중요한 측면—을 포함해야만 한다."(J. H. Block, 1973, p. 515)

Bakan의 이론에 의하면 과도한 남성적 정체성, "진짜 남자다움"에 대한 과장된 의미는 반사회적이고 폭력적인 행동의 경향에 기여한다(Berry, 2001). 10장에서 품행장애를 언급할 때 보겠지만 이 생각은 지지를 얻고 있다. 유사하게, 과장된 여성성은 그 개인의 관심이 자신을 희생하여 타인을 즐겁게 하려는 것임을 고려할 때 어떤 종류의 장애의 위험을 증가시킨다. 12장에서 성 역할 사회화의 의미와 섭식장애에서 여성 정체성의 증거를 개관할 것이다.

조숙한 성 성숙한 성은 신체적인 친밀감뿐 아니라 대인간의 민감성과 자기 이해를 포함한다. 성적 행동에 조숙하게 참여하는 아동은—즉, 그들의 인지적·정서적 그리고 대인간 발달이 신체 발달이나 생의 경험을 따라가지 못하는 경우—부적응의 위험에 있다. 우리는 적어도 이에 대한 두 가지 예를 볼 것이다. 하나는 여아에게 있어 조기 성숙과 관계되는 부적절한 행동의 증가(10장)이며, 다른 하나는 아동기 성적 학대의 부정적인 결과(14장)이다.

성적 소수자의 지향성 청소년들의 성적 지향에 대해 판단적이거나 적대적인 문화에서 성장하는 게이, 레즈비언, 양성애자, 그리고 트랜스 젠더 청소년은 가족과 또래관계뿐 아니라 정체성 형성의 과정에까지 부가적인 스트레스에 직면할 수 있다. 고립감과 수용 받지 못하는 느낌은 성적 소수자인 청소년들이 자살(D'Augelli, Hershberger, & Pilkington, 2001; 9장 참조), 약물 사용(Jordan, 2000; 12장 참조)을 포함한 부적응의 위험에 처하는 위험을 증가시킨다. 그러나 이러한 연구들은 큰 전집보다는 문제 청소년들의 표집에 기초하기 때문에 연구들을 해석할 때 조심해야 한다(Rotheram-Borus & Langabeer, 2001).

3. 가족적 맥락에서의 발달

가족의 발달

우리가 발달에 대해 생각할 때 우리는 주로 아동에 관련된 것만 생각한다. 그러나 가족의 모든 구성원이 전 생애를 통한 발달의 과정 속에 있으며, 가족도 하나의 체계로 발달하고 있다(McGoldrick & Carter, 2003). 예를 들어, 가족생활 주기의 첫 번째 단계에서 성인들은 자신들의 원 가족으로부터 분리되어 새로운 혼인관계를 형성해야 한다. 자녀가 태어나면 새로운 구성원을 위한 여지가 생기도록 부부의 관계가 변화해야 된다. 다음에 자녀가 10대가 되면 부모-자녀의 관계는 더욱 유연해져서 청소년이 가족체계로 들어오거나 나가는 것을 허용할 수 있어야 한다. 가족 발달의 다음 단계는 자녀를 세상으로 내보내고 결혼

관계에 다시 투자해야 하며, 또한 자녀의 배우자와 궁극적으로는 손자, 손녀들을 포함하도록 가정이 재정비되어야 한다. 자녀가 성인기를 막 시작할 때 성인 중기 부모는 자신들의 나이 든 부모를 보살펴야 하므로 그들의 발달적 과업은 매우 복잡하다.

가족 발달과정의 올바른 이해는 발달의 한 시점에서 가장 적응적인 양육전략(예: 2세 자녀에 대한 밀착 감시)이 다른 단계(예: 이러한 감시에 대한 평균적인 청소년들의 반응을 고려해보라)에서는 적당하지 않다는 매우 중요한 통찰을 가져다준다. 따라서 양육의 전략은 발달적으로 민감해야 할 뿐 아니라 유연해야만 한다. 이제 건강한 발달과 정신병리적인 발달에서 시사되는 양육의 차원들을 살펴보자.

양육의 유형

가장 영향력이 있는 양육의 유형 중 하나는 Baumrind(1991a, 1991b)가 개발한 것이다. 그녀는 두 개의 독립적인 차원이 가장 중요하다고 보았는데, 하나는 온정/지원이고 다른 하나는 통제/구조화이다. 부모들을 이 두 차원에서 평가하여 그녀는 네 가지의 양육 유형을 도출하였다.

독재적 부모(authoritarian parent)는 구조화에서 매우 높고 온정이 낮다. 결과적으로 이 부모는 요구적이며 통제적이고 사고하지 않는다. "내가 하라고 하는 대로 해"가 자녀들에게 전달되는 메시지이다. 만약 부모가 처벌적이고 배척하는 방법으로 훈육을 한다면 자녀들은 공격적이며 비협조적이고 처벌을 두려워하는 경향을 보인다. 또한 주도성이 낮고 자아존중감이 낮으며 또래들과의 능력이 낮다. **허용적/관대한 부모**(permissive/indulgent parent)는 온정이 높지만 구조화가 없다. 이 부모들은 요구하지 않으며 수용적이고 아동 중심적이며 통제를 거의 하지 않는다. 그 결과 아동은 의존적이고 무책임하며 공격적이고 버릇이 없다. **권위 있는 부모**(authoritative parents)는 대조적으로 온정과 통제가 모두 높다. 이들은 성숙한 행동의 기준을 세우고 아동이 부응하기를 기대한다. 또한 이들은 매우 개입적이고 일관되며 사랑을 주고 소통하며 아동의 의견을 듣고 존중한다. 그 결과 아동은 자립심이 있고 자기통제적이고 안정적이며 인기가 있고 호기심이 있다. 마지막으로 **방임적인 부모**(neglectful parents)는 온정과 구조 모두에서 낮다. 결과적으로 이 부모들은 자기중심적이고 자녀에 대해 무관심하며 개의하지 않는다. 무관심하고 태만한 양육은 반사회적 행동의 온상이 된다. 부모의 자기중심성은 아동의 충동성, 침울함, 태만, 장기적 목표의 결여, 그리고 빠른 음주, 흡연과 관계된다.

예를 들어, Steinberg와 동료들(1994)은 Baumrind의 체계를 이용해서 4,000명이 넘는 14세부터 18세 아동의 부모를 평정하였다. 권위 있는 부모의 청소년들은 또래에 비해 심리사회적 발달, 학업, 내재된 고통, 문제행동에서 잘 적응하고 있었으며 방임적 가정의 청소년들이 가장 부적응 적이었다. 독재적 가정의 청소년은 학교에서는 매우 잘 하고 있었으며 비행과도 거리가 멀었으나, 자립심과 자기개념이 낮았다. 허용적인 가정의 청소년들은 학교 성적이 낮고 태만하며 약물을 사용하였지만 자신을 긍정적으로 보았다. 1년 후 연구자들은 2,000명의 청소년을 재평가했으며, 양육 유형에 의한 차이가 일반적으로 유지되거나 더욱 증가하는 것을 발견하였다. 권위 있는 부모의 청소년들은 또래들보다 지속적으로 뛰어났지만 반대로 독재적인 가정의 청소년들은 지속적으로 낮은 자기상을 나타내었을 뿐 아니라 내면화의 문제가 증가하였다. 허용적인 가정의 청소년들은 혼합된 결과를 보여주었다. 그들의 자기개념은 긍정적이었지만 학업과 학교에서의 행동은 악화되었다. 방임주의 가정의 청소년들은 학교에 대한 무관심, 음주, 비행 등을 포함하여 해가 갈수록 기능이 심각하게 저하되었다.

그러나 다양한 민족들을 대상으로 한 연구들은 독재적인 양육이 다른 문화에서는 다른 의미를 가진다고 제안한다. 예를 들어, Lindahl과 Malik(1999)에 의하면 독재적인 양육은 유럽계 미국 가정에서는 외현화된 행동을 증가시켰지만, 히스패닉 가정에서는 그렇지 않았다. 특히 그들은 위계적이라는 용어가 아버지가 강력한 지도력을 발휘하는 정상적인 히스패닉 가정을 더 잘 묘사한다고 주장한다.

부모의 민감성

애착에 관해 논의할 때 우리는 아동의 신호, 정서, 발달적 요구에 부모의 민감성이 중요함을 보았다. 민감한 부모는 아동과 함께 조심스러운 안무를 펼친다. 필요할 때는 구조를 제시하고 안내를 해주며, 때로는 한 발 물러나서 아동이 숙달한 기술들을 혼자서 사용하는 즐거움을 허락한다. 이 과정을 러시아 심리학자인 Vygotsky(1978)의 연구를 인용하여 **발판화**(scaffolding)라고 부른다(Wood, 1980). 건축 중인 건물을 지지하기 위해 세워놓은 발판처럼 부모의 지원은 가용해야 하지만 강제적이어서는 안 되며, 그 보호하에 아동이 강하고 자원이 풍부하게 성장하도록 허용해야 한다. 실제로 그 발판을 제거할 때 건물이 넘어진다면 이는 쓸모없는 발판이 될 것이다. 반대로 Vygotsky의 입장에서 발달은 부모가 발판이 되어준 능력들을 아동 자신이 조금씩 떠맡는 내면화의 과정이다. 예를 들어, 아동의 문제해결 능력에 대한 어머니의 발판화가 학업적 상황에서 자기조절과 능력의 증가를 이끌어낸다(Neitzel & Stright, 2003).

민감한 양육은 아기를 달래고 자극하는 것이다.

발판화는 인지 영역에서뿐 아니라 사회, 정서발달의 영역에서도 일어난다(Denham, Mason, & Couchoud, 1995).

부모-자녀 경계선 붕괴

Minuchin(1974)의 가족체계 이론에 따르면 건강한 심리적 발달을 위해서는 가족의 경계가 분명해야 한다. 1장에서 아동이 부적절하게 부부관계의 하부체계에 간섭할 때 발생하는 병리적 삼각형을 기술했는데, 여기서는 부모-자녀의 양자관계에서 발생할 수 있는 세 가지 형태의 경계 문제를 기술한다. 실제로 편부모와 그들의 자녀는 경계선 침범에 특별히 취약하다(Kerig, 2003a, 2005).

매몰

경계선 붕괴의 한 쪽 극단에는 **매몰**(enmeshment), 즉 독립된 개체로서 자녀의 자율성을 인정하지 않는 특성이 있다. 매몰된 부모와 자녀는 부모의 입장에서는 "한 사람의 두 쪽"이다. 발달의 이론이 예언하듯이 매몰된 부모-자녀 관계 속의 아동은 청소년기의 개별화에 어려움을 겪을 것이다. 또한 그들은 심리적인 자율성을 인정하는 다른 부모의 청소년들과 비교할 때 더 우울하며(Jewell & Stark, 2003) 애착에 대한 불안정적 작동 모델을 가진다(Allen & Hauser, 1996).

침투

침투(intrusiveness) 혹은 **심리적으로 통제적인** 부모(Barber, 2002)는 아동의 행동뿐 아니라 생각과 감정까지 통제한다. 요약하면, 심리적으로 통제적인 부모는 아동의 생각과 감정까지도 조정하여 아동의 내면이 부모의 소원에 일치하기를 원한다. 부모는 간접적인 힌트나 죄책감 유발, 애정의 철회 등 다양한 방법을 사용해서 아동이 동조하도록 압력을 행사한다. 종단적인 자료들은 침투적인 어머니의 영아들이 나중에 불안과 우울을 포함한(Barber, 2002) 학업, 사회적·행동적·정서적 적응에 문제가 나타난다는 것을 보여준다(Egeland, Pianta, & O'Brien, 1993).

역할 반전

역할 반전(role-reversal) 또는 **부모화**(parentification)는 부모가 자녀에게 정서적 지원과 돌봄을 제공하는 대신에 자녀가 이를 제공하도록 기대하는 것이다(Jurkovic, 1997). 역할 반전의 부모는 온정적이고 세심한 것처럼 보이지만 부모의 정서적 욕구가 아동의 욕구대신 만족되는 것이므로, 실제로 관계는 온정적인 것이 아니다(Chase, 1999). 부모의 정서적 요구를 충족시켜 주는 아동은 어린 시절에 내면화, 행동적·사회적 문제들을 보이며(Jacobvitz, Hazan, Curran, & Hitchens, 2004; MacFie, Houts, McElwain, & Cox, 인쇄 중) 나중에는 우울, 불안, 낮은 자아존중감(Jacobvitz & Bush, 1996)뿐 아니라 섭식장애(Rowa, Kerig, & Geller, 2001)를 나타낸다.

유혹

유혹(seductiveness), 혹은 배우자화(spousification)(Sroufe & Ward, 1980)는 부모 중 한 사람이 자녀에게서 성인과 같은 친밀한 관계, 성적인 만족까지도 얻고자 할 때 일어난다(Jacobvitz, Riffs, & Johnson, 1999). 예를 들어, Sroufe와 Ward(1980)는 다수가 근친상간의 피해자인 정서적으로 문제가 있는 어머니들이 어린 아들을 유혹하는 경우를 발견했다. 이들은 신체적으로 과도하게 애정적이며 유혹적이고, 아동으로부터 과도한 애정을 구한다. Sroufe와 동료들(Shaffer & Sroufe, 인쇄 중)의 종단연구에 의하면 유혹적인 부모의 아동들은 유치원에서 부주의하고 과잉행동적이며 아동기 중기에는 또래와의 경계를 침범하며 청소년기에는 행동 문제를 더 나타낸다.

이혼과 부모들의 갈등

1960년대에는 거의 90%의 아동이 두 명의 생물학적 부모와 함께 살고 있었으나 이 전형적인 핵가족은 이제 오직 40%의 아동에게만 해당된다(Hetherington & Stanley-Hagan, 1999). 최근 추정치에 의하면 미국에서 매년 100만 명의 아동이 부모의 이혼을 경험하고 있다(미국 인구조사국, 2003).

연구들에 의하면 아동은 가족의 해체에 의해 부정적인 영향을 받는다. 최근에 Amato(2001)는 1990년대에 발표된 연구들에 대한 메타분석 결과를 통해 10년 전에 실시된 메타분석들의 결과(Amato & Keith, 1991)와 일관되게 이혼 가정의 자녀들이 정상 가정의 자녀들보다 자아존중감, 심리적 적응의 측정치, 학업적 성취의 점수가 낮으며 품행의 문제가 더 많고 대인간 어려움을 겪고 있음을 보고하였다. 그러나 다른 연구자들은 부모의 이혼에 대해 아동의 반응이 매우 다양함을 주목하였다. 예를 들어, 대부분의 아동들이 심각한 정신건강의 문제를 나타내지 않으면서 가족의 붕괴에 대처하고 있었다. 그러므로 연구들은 아동의 반응에서의 다양성을 설명하는 위험과 탄력성의 요인들을 밝히는 방향으로 진행될 필요가 있다(Hetherington, Bridges, & Insabella, 1998; Hetherington & Stanley-Hagen, 1999).

갈등적인 결혼에서 아동의 위험요인

이혼은 아동의 일생에서 분리된 사건이 아니다. 이는 긴 과정의 정점일 뿐이다. 대부분의 커플들은 이혼에 이르기까지 수년간 결혼생활의 불화가 있었다고 보고한다. 따라서 대부분의 아동들은 심각한 수준의 부부간 갈등, 때로는 부부간 폭력에까지 노출된다. 1장에서 본 것처럼 아동들은 이혼하지 않더라도 부모들의 싸움에 영향을 받으며(Davies et al., 2003; Grych & Fincham, 2001), 이혼 그 자체보다는 이러한 갈등이 아동에게 더 해로운 영향을 미친다(Buchanan & Heiges, 2003; Kelly, 2003). 아동이 결혼의 적대적 상황에서 해방되는 경우엔 오히려 이혼이 아동에게 유리하기도 하다. 그러나 일반적인 생각과는 달리 결혼 동안 부부간 갈등의 수준이 낮았던 경우의 이혼이 아동들에게 더 큰 고통을 준다. 이는 아마도 이혼이 아동에게는 "별로 나쁘지 않았던" 가정에 원하지 않은 갑작스런 변화이기 때문인 것 같다(Morrison & Coiro, 1999). 불행히도 이혼은 부부간 갈등을 종료시키지 못하고 더 증가시킬 수도 있다. 분리의 과정 그 자체가 부부간 적개심을 불러일으키는 많은 민감한 문제들(예: 아동 양육권, 방문, 생활비, 자녀 지원)을 포함한다. 아동들은 부모의 한편에 서서 다른 한편에 대한 반대 입장을 취하도록 요구되거나 한 부모에게 다른 부모의 행동을 알리거나 서로 말을 하지 않는 부모 사이에서 전달자의 역할을 하게 될 때 "중간에 사로잡힌 것"처럼 느낄 것이다(Buchanan, Maccoby, & Dornbusch, 1991). 1장에서 Minuchin(1974)을 논의할 때 본 것처럼 이런 종류의 삼각화(triangulation)는 아동에게 큰 스트레스가 된다. 이러한 스트레스를 주는 가족과정에 노출되는 것이 이혼보다 더 길 수도 있다. 예를 들어, Maccoby와 Mnookin(1992)은 이혼 후 3.5년이 지난 뒤에도 26%의 부모가 지속적인 적대감을 경험하고 있음을 발견하였다.

이혼은 수많은 삶의 스트레스를 동반한다. 아동은 이사하고 전학하고 친구들과 헤어지고 조부모와 연락을 끊는 등 많은 다른 혼란을 경험하게 된다. 이혼 후 어머니와 살게 되는 아동의 85~90%(Thompson & Amato, 1999)는 경제적 상황이 심각하게 악화된다(White & Rogers, 2000). 실제로 이혼은 아동이 가난으로 들어가는 가장 주된 방법 중의 하나이다.

게다가 많은 부모들에게 이혼이란 삶의 가장 중요한 업적, 즉 애정 관계를 유지하는 일에서의 실패를 의미한다. 아동에게 영향을 주는 모든 삶의 변화와 스트레스를 부모들은 뼈아프게 경험한다. 결과적으로 이혼은 우울, 불안, 성마름, 약물 사용을 포함한 다양한 부모의 고통을 나타내는 신호들과 관련된다(Tein, Sandler, & Zastra, 2000). 부모의 정서적 어려움이 부모-자녀 관계(parent-child relationship)로 스며들 때, 아동의 발달에는 부정적인 결과가 초래된다. 부모는 정서적으로 여유가 없으며 그들의 양육기술은 와해될 수도 있다. 특히 아버지들은 자녀의 삶으로부터 멀어지기 시작하고 아주 사라져 버릴 수도 있다(Hetherington & Stanley-Hagen, 2002).

갈등적인 결혼에서 아동의 보호요인

이혼에 따르는 위험과 정서적 어려움에도 불구하고 2~3년 안에 대부분의 아동들은 성공적으로 적응한다. 어떤 보호적인 요인들이 이를 설명할 수 있을까? 지능, 순한 기질, 그리고 지각된 능력과 같이 다른 맥락에서도 탄력성과 관계되는 많은 개인적 특성들이 이혼 연구에서 보호요인으로 나타난다. 나이 든 아동들이 부모의 재혼에 쉽게 적응하지 못하는 데 비해 어린 아동들은 완전한 가족 구조로 돌아가는 데에서 도움을 받기 때문에 특히 부모가 재혼을 할 경우 어린 나이가 보호적일 수 있다(Chase-Lansdale, Cherlin, & Kiernan, 1995). 아동 자신의 대응 전략 역시 이혼과 관계된 스트레스를 감소시키거나 증가시키는 데 역할을 할 수 있다. Sandler, Tein과 West(1994)는 딴 곳에 정신을 쏟거나 적극적인 대응 전략을 사용하는 아동들이 소극적인 철회의 전략을 사용하는 아동들에 비해 내면화나 외재화의 문제가 적다는 것을 발견했다. 더구나 청소년이 되면서 아동들은 점차 가정 밖의 또래나 성인들로부터 사회적 지원을 받을 수 있게 된다. 젊은이들이 친사회적 지원체계를 찾는 것은 도움이 될 수 있다. 그러나 많은 청소년들이 부모의 이혼 후 조급하게 독립하거나 가족으로부터 단절되어 반사회적 행동에 가담할 위험이 증가된다(Hetherington, 1999).

부모-자녀 간의 갈등과 형편없는 양육이 부적응에 대한 위험요인이 되는 것처럼 긍정적인 부모-자녀 관계와 권위주의적 양육 유형은 가정의 스트레스로부터 아동을 보호할 수 있다(Hetherington, 1999). 특히 공동 양육권의 경우 아동이 양 부모의 긍정적인 개입을 즐길 수 있는 한 도움이 된다(Bauserman, 2002). 마지막으로 잘 지내기는 힘들어도 많은 부모들이 자녀 양육의 문제에 있어서는 서로간의 차이를 제쳐두고 함께 머리를 맞댈 수 있다. 그 결과 이혼 가정(Ahrons & Wallisch, 1987; Whiteside, 1998)과 이혼하지 않은 가정(McConnell & Kerig, 2002; McHale, Kuersten-Hagen, Lauretti, & Resmussen, 2000) 모두에서 공동육아 제휴(coparenting cooperation)는 대인간 갈등의 부정적 위험에서 아동을 보호해준다. 최근에는 공동육아 제휴를 증가시키고 부모들의 갈등 속으로 아동이 말려드는 것을 방지하기 위해 많은 주에서 이혼한 부모들이 중재자를 통해 잠재적인 양육권 논란의 문제들을 해결하도록 제정하고 있다.

편부모와 조부모 가정

미국 아동이 아버지, 어머니와 2.2명의 자녀로 구성된 전형적인 핵가족에서 자라는 비율이 줄어들고 있다. 이혼과 10대 임신의 증가로 편부/모 가정이 증가하고 있는데, 대부분 어머니가 가장이다. 평균적으로 편부/모 가정은 경제적으로 더욱 고통을 받으며 아동들은 많은 부정적인 행동적·정서적 결과에 취약하다(Hetherington & Stanley-Hagen, 2002; Mistry, Vandwater, Huston, & McLoyd, 2002). 더구나 비전통적인 가정 중에서 편부/모 가정만 증가하는 것이 아니다. 2000년도의 인구통계조사에 의하면 240만 명의 조부모들—조사 대상의 42%—이 적어도 한 명 이상의 손자/녀의 주 양육자였다. 18세 이하 아동들 중 6.3%는 조부모가 가장인 가정에 살고 있었는데, 이는 1980년에 3.6%, 1990년에 5.5%에서 증가한 것이다. 조부모는 부모 중 한 명이 사망하거나 투옥되거나 실직을 당하거나 너무 어려서 자녀를 돌볼 수 없거나 혹은 단순히 자녀를 조부모에게 맡길 때 손자/녀를 맡게 된다. 조부모 가정은 남부, 시골에서 더 많다. 앞으로 발달 장애를 살펴볼 때 편부모 가정과 조부모 가정의 재정적이고 정서적인 곤란과 관계되는 위험들을 살펴볼 것이다. 그러나 그럼에도 불구하고 긍정적인 발달로 인도하는 탄력성과 힘의 자원에도 민감하여야만 한다(Brodsky, 1999; Murry, Bynum, Brody, Willert, & Stephens, 2001).

학대와 가정폭력

심리적으로 건강한 사람이 되기 위해 이상적인 가정이 필요한 것은 아니다. 영아들에게

"평균적이며 기대할 수 있는 환경"은 성인 양육자가 보호와 양육을 제공하는 환경이며, 더 나이 든 아동은 또래와 관계 맺고 환경을 숙달할 수 있는 기회뿐 아니라 지원이 필요하다(Scarr, 1992). 가정의 환경이 기대할 수 있는 범위에만 있다면, 가족들은 발달을 저해하지 않으면서 아동의 욕구에 다양하게 대처할 수 있다. 반대로 폭력적이고 학대적이거나 또는 방임적인 가정환경은 이 정상의 범주에서 벗어나며 아동을 병리적인 발달의 경로로 보낼 수 있다.

학대는 우리가 살펴볼 많은 병리적 발달에 관계되며(Cicchetti & Lynch, 1995) 14장에서 하나의 독립된 주제로 집중적으로 다루게 될 것이다. 더구나 학대는 다양한 형태를 나타내고 있다. 아동이 직접 가정폭력의 희생자가 될 때만 부정적인 영향을 받는 것은 아니다. 결과적으로, 가정 내에서 성인들 간의 폭력을 순진하게 보고만 있는 경우에 아동의 경험에 대한 연구들을 14장에서 볼 것이다.

가족의 과정과 발달 병리

지금까지 가족관계가 아동의 건강한 심리적 발달 또는 병리적 발달에 미치는 영향에 대해 (1) 과도하게 거칠거나 느슨한 양육, (2) 부모의 둔감함, (3) 부적절한 부모-자녀의 경계, (4) 가족 해체, 부부간 갈등과 편부모 양육, (5) 가정폭력에 대한 노출이나 희생이라는 주제들을 살펴보았다. 가족의 맥락은 매우 중요하기 때문에 다음 장들에서도 아동발달이 발생하는 맥락에서 가족의 질에 대해 다시 여러 번 언급하게 될 것이다.

4. 사회적 맥락에서의 발달

또래관계

또래관계는 이후의 정신병리에 대한 잠재적인 예언자이다(Cicchetti & Bukowski, 1995). 다음의 논의에서 우리는 사회성(sociability)이라고 부르는 또래에 대한 일반적인 관심과 행동을 조정하는 가치나 규준을 가진 개인들의 조직인 집단(group)을 구분할 것이다(이를 위해 Parker, Rubin, Price와 DeRosier, 1995 참조).

영아부터 학령전기 아동

많은 극적인 발달이 아동기 생의 6년 동안에 일어나지만 그것들이 정신병리와 관련되지 않기 때문에 집중해서 다루지는 않을 것이다. 2개월 된 영아는 서로 쳐다보기를 좋아하고 10개월에는 흉내 내기, 두들기기, 때리기, 웃음의 모방 등으로 다양하게 반응이 표현된다. 걸음마장이는 주의집중의 폭이 짧고 의사소통과 타인의 행동에 대한 통제력의 한계로 인해 사회성이 즉흥적이고 금세 변해버리지만 15 개월경에는 애정이 나타나며 2세경에는 게임에 참여할 수 있게 된다.

분명히 초기의 모든 사회적 행동들은 애착보다 덜 안정적이고 덜 강하며, 이는 그럴 만

또래관계는 아동들의 발달에 중대한 영향을 준다.

한 이유가 있다. 또래들은 어려움을 덜어주고 자극을 제공하는 양육자의 역할에 관심이 없으며, 요구에 적절하고 재빨리 반응하는 양육의 기술도 가지고 있지 않다. 그러나 그들은 성인들에 비해 한 가지의 내재적인 장점이 있는데, 이는 동등한 발달적 수준에 있다는 것이며 따라서 서로의 행동에 자연스럽게 끌리게 된다. 부모는 자녀 그 자체를 사랑하는 데 비해 또래 간의 매력은 상호간의 흥미에 달려 있다. 또래관계는 애착이 희석된 형태이기 때문에 중요한 것이 아니고 발달에 새로운 차원을 더하기 때문에 중요하다.

학령전기 동안에 많은 변화가 일어난다. 공유하기와 동정심은 아직 아니지만 주의집중과 승인과 같은 긍정적인 변화가 생긴다. 경쟁심과 경쟁도 나타나기 시작하고 싸움은 많지 않지만 길다. 더욱 중요한 것은 미성숙하거나 비효율적인 사회적 행동들이 더욱 기술적이 되어 간다는 것이다. 예를 들어, 화자(speaker)−청자(listener) 조절이 생겨나서 아동은 다른 아동에 대해 이야기하기보다는 다른 아동과 이야기한다. 그리고 사회적 문제해결에서 협동이 생겨나기 시작한다. 일반적인 사회적 매력의 기초는 협동심, 소유물에 대한 존중, 건설성과 적응성이다. 매우 공격적이고 잘 싸우고 다른 이들과 놀기를 거부하고 성인의 주의와 사랑에 의존적인 학령전 아동은 매력도와 사회성이 낮다(Musun-Miller, 1993). 이제 우정은 공유하기와 다툼의 결합된 형태이며 이러한 특성이 아동기까지 지속된다.

아동기 중기

또래라는 더 큰 세계에 대한 관심인 사회성은 아동기 중기에 표면화된다. 사회성에 대한 연구들은 자주 사회측정법에서의 아동의 지위(sociometric status), 즉 또래가 지각한 아동의 개념을 사용한다(Bukowski와 Cillessen, 1998 참조). 사회측정법을 사용한 연구에 의하면, 수용된, 거부된, 무시된, 논란거리의 네 가지 유형의 아동이 있다. 다른 아동에 의해 수용된(accepted) 아동은 자원이 풍부하며 지능적이고 정서적으로 안정되었으며, 의존할 만하고 협조적이며 타인의 감정에 민감하다. 거부된(rejected) 아동은 행복하지 않고 고립적일 뿐 아니라 공격적이고 산만하며 사회적으로 서투르다. 더구나 이들은 학교를 중퇴할 위험에 있으며 청소년기와 아동기에 심각한 정신적 어려움을 가지고 있을 위험이 있다. 무시된(neglected) 아동은 또래들이 좋아하지도 싫어하지도 않는 아동들이며 사회적 기술이 부족하고 불안해하는 경향이 있다. 마지막으로 논란거리(controversial)인 아동들은 학급의 광대나 말썽꾸러기인 경우가 많으나 아직 다른 아동들에게 인상을 남기거나 매력을 끌만한 대인관계의 기술과 카리스마가 있다.

다음의 논의에서는 사회성의 많은 결정자들 중에서 두 개의 사회-인지적 요인과 하나의 정서적 요인을 다룰 것이다. 우리는 이미 양심의 발달에서 사회적 조망수용의 역할을 보았으며, 이것이 자기중심성에 반하여 어떻게 사회성을 촉진시킬지는 쉽게 알 수 있다. 두 번 째 사회-인지적 변인은 사회적 문제해결 능력인데 이는 갈등 해결에 관한 것이다. 앞서 본 바와 같이 이는 다양한 사회인지적 기술을 요한다. 즉, 사회적 단서를 부호화하고 정확하게 해석하기, 가능한 문제해결의 전략을 생성하기, 그리고 그들의 효과성을 평가하기, 그리고 마지막으로 선택한 전략을 실행하기가 필요하다. 잡아채기, 밀기, 다른 아동에게 지시하기와 같은 어린 아동들의 전략은 충동적이며 자기 자신의 요구에 부응하도록 고안되었다. 나이 든 아동은 타인의 요구를 고려하며 설득과 절충을 포함한다(Selman, Schultz, & Yeates, 1991). 사회성의 정서적 측면인 감정이입은 타인의 감정에 대한 인식과 이러한 감정에 대한 다양한 정서적 반응을 모두 포함한다. 울고 있는 아이에게 좋아하는 장난감을 주는 것처럼 걸음마장이들이 타인의 고통에 감정이입적으로 반응하는 것이 관찰되었다(Thompson, 1987). 감정이입의 반응은 나이에 따라 증가한다. 나이에 따라 감정이입의 반응을 유발하는 자극의 범위도 늘어나서 궁극적으로는 가난한 사람, 병든 사람에 대한 염려와 같이 즉각적인 고통뿐 아니라 일반적인 삶의 조건에까지 다양해진다. 또래관계의 심리적 중요성에 대해 Sullivan(1953)은 또래관계의 동등성과 상호성이 "나"로부터 "우리"로의 이동을 돕는다고 하였다. 공유하기의 맥락에서 아동은 Sullivan이 조절이라고 불렀던 것을 학습한다. 아동은 집에서처럼 자신을 독특하고 특별한 존재로 생각하기보다는 타인과 어울려 지내는 법을 배우기 시작한다.

아동의 발달에 사회성이 추가하는 또 다른 차원이 있다. 집에서는 부모-자녀 관계의 중심에 사랑과 복종이 있기 때문에 아동은 사랑받을 가치가 있는 존재이다. 또래들과의 관계에서는 아동은 존중받을 만하여야 하며, 이는 능력(competence)을 증명해야 하는 문제이다. 아동은 흥미 있는 활동을 제안하고 실행할 수 있는 자원, 운동 능력, 손 기술 등에서 또래들과 비교되어야 한다. 그들은 또래들이 중요하게 생각하는 활동에 실제로 공헌하여야만 가치가 있게 된다. 놀이에 치중되어 있고 변하기 쉬운 학령전기의 집단은 아동기 중기 우정의 네트워크가 되고 8세에서 10세경이 되면 홍미, 충성심, 정서적 개입의 수준에서 가족과 충분히 견줄 정도가 된다.

아동은 개인적 홍미보다 집단의 목표를 앞세우고 집단의 기준에 맞게 살기 위해 노력하며 그렇지 않은 사람을 비판한다. 따라서 "우리"가 "나"에 비해 훨씬 중요해진다. 우정집단은 더 이상 돌 차기나 줄넘기 같은 전형적인 놀이나 활동을 필요로 하지 않으며 "클럽하우스를 만들자" 또는 "파티를 열자"와 같은 일반적인 제안에 충분히 자율적으로 반응한다. 이름과 표시, 비밀 암호는 특별한 집단의 정체성을 부여하는 데 도움이 된다. 사회적 단위로 구별이 되는 것에 더하여 우정집단은 전통적으로 남자 아동은 행동적인 활동에 홍미를 가지고 여자 아동은 사회적인 홍미를 가지는 방법으로 성에 의해 구별된다.

우정집단은 소속감을 더한다. 이는 혼자서는 할 수 없는 모험을 하게 만들고 상호 의존적인 행동을 훈련하는 기회를 제공하며, 응집성을 통해 개인 구성원의 자기통제를 지지한다.

청소년기

집단에 참여하는 것은 청소년기에 최고조가 된다. 청소년기의 집단은 목적, 가치, 행동의 기준, 그리고 그것을 강제할 수단을 가진 자율적인 사회적 조직이다. 안정성과 차별화에 있어서 청소년기의 집단은 아동기의 집단보다 성인들과 닮아 있다. 동조는 11세부터 13세경에 최고에 이르며 점차 쇠퇴한다. 이는 또래들 간에 지위가 낮고 자기 비난이 높은 청소년들에게서 가장 높다.

청소년기의 집단은 구성과 성격에서 서로 다르다. 규모가 작고 친밀한 패거리(clique)는 구성원들이 개인적으로 뜻이 맞고 서로 동경한다. 패거리보다 더 큰 무리(crowd)는 파티나 댄스와 같은 사회적 활동에 관계되며 패거리와 같이 높은 개인적인 개입을 요구하지 않는다. 무리는 지위가 다르며 높은 지위의 무리의 일원이 되는 것은 인기를 얻는 확실한 방법 중 하나이다. 무리의 중요한 기능 중 하나는 동성 관계에서 이성 관계로의 전환을 제공하는 것이다. 패거리는 아직도 존재하며 무리보다 더 많은 충성심을 요구한다. 패거리는 자주 성인 사회에 대해 적대적이며 성, 운동, 비행 등의 특정한 목표를 갖는다. 이는 이름, 옷차림, 입단 의식과 같이 조직의 형식적인 장치뿐 아니라 모험과 흥분을 지속적으로 강조한다.

이 집단들은 미래를 향한 청소년기의 첫 번째 다리 역할을 한다. 그들은 아동으로부터 성인으로의 전환기에 특별히 중요한 소속감을 제공한다. 이들은 청소년들에게 어떤 행동을 하고, 무슨 옷을 입고, 무슨 음악을 듣고, 무슨 말을 할지를 알려주어서 불확실성을 정복하도록 돕는다. 그들은 동성 관계에서 이성 관계로 변화하는 데에 보호와 도발을 모두 제공한다. 마지막으로 이들 집단은 개별 청소년들의 부모에 대한 반항을 지원한다. 그렇다고 대부분의 청소년들이 반항적이고 소외되었다는 것은 아니다. 세대 간의 전쟁은 잠깐씩 하다가 말다가 하지만 협동, 자기통제, 신뢰 등 집단의 가치는 부모의 가치와 일치하거나 그것을 그대로 반영하기도 한다(Conger & Galambos, 1997).

청소년기 집단을 그르치는 것은 동조에 대한 요구와 융통성이 없는 것이다. 청소년기는 계층 간 선이 분명하고 안과 밖이 분명한 집단 편견의 최고봉이다. 성인 사회에 대한 모든 반항에 있어서 청소년들은 집단에 대해 전에도 그 후에도 유래가 없는 노예 같은 동조성을 갖는다. 요약하면, 아동기 중기와 특히 청소년기에는 편협한 집단 중심성이 있으며, 이는 이전의 자아중심성과 반대된다. 조망과 융통성, 인간적 가치에 의한 개인의 평가, 맹목적 애국주의가 아닌 충성심, 즉각적인 집단의 이익을 넘어선 사회적 책임, 이 모든 것은 미래의 일이다.

앞으로 보겠지만 또래관계는 품행장애와 약물 중독에서 모두 중요한 역할을 한다. 그러나 그들이 주된 병인의 역할을 하는가에는 의문의 여지가 있다. 청소년 갱이 일원들에게 법에 대항하도록 압력을 행사하는가? 혹은 화나고 반항적인 청소년이 갱을 찾는가? 또래의 압력이 약물 중독의 원인인가? 혹은 중독된 청소년들은 시작부터 문제가 있었던 것인가? 이 질문들은 12장에서 다시 다룰 것이다.

가족 외의 성인들

아동이 학령기를 벗어나서 청소년기에 들어서면서 가족 외의 성인들이 점점 더 아동의 행동과 자신에 대한 태도를 형성하는 데 중요한 역할을 한다. 가족 외에 잠재적인 멘토와 지원의 자원이 될 수 있는 사람들은 교사, 코치, 개인 교사, 학교 상담교사, 캠프 지도자, 성직자, 대부/모(god-parents), 이웃, 그리고 가족의 성인 친구들이다. 교사들과 아동의 관계의 질은 중요한 방법으로 아동의 복지에 공헌한다. 예를 들어, 피그말리온 효과(Weinstein, 2002)라고 해서 성적 우수 학생과 성적이 낮을 것으로 보이는 학생을 눈에 띄게 달리 대우하는 교사는 아동에게 낮은 자기효능감에 대한 지각을 주입할 뿐 아니라 실제로 낮은 학업수행을 초래한다. 또래들도 교사의 차별대우에 역시 민감하며 운이 없어 보이는 아동을 배척하기 쉽다(Donahue, Perry, & Weinstein, 2003). 한편, 아동에게 온정적이고 구조적이며 개인적 관심을 갖고 관계를 맺는 교사는 스트레스에 대처하는 아동의 능력뿐 아니라 복지와 안정감을 증가시킨다(Brody, Dorsey, Forehand, & Armistead, 2002; Little & Kobak, 2003). 유사하게 위험하고 안전하지 않으며 무관심한 학교환경은 학생들의 부정성, 소외, 나쁜 행실, 그리고 낮은 출석률을 초래한다(Stipek, 2001).

사회적 과정과 발달 병리

복습을 하자면 사회적 맥락은 정신병리에 영향을 줄 수 있는 다음의 몇 가지 과정을 포함한다. 이들은 (1) 또래 배척, (2) 형편없는 사회적 기술, (3) 사회적 문제해결의 결함, (4) 부정적인 또래의 영향, 그리고 (5) 학교와 가족 외의 성인들에 대한 약하거나 부정적인 애착 형성이다.

5. 문화적 맥락에서의 발달

빈곤과 사회적 계층

빈곤한 가정에서 자라는 아동들에게는 광범위한 행동, 정서, 건강, 학업 문제의 위험이 있다(Bornstein & Bradley, 2004; Bradley & Cowyn, 2002)(**그림 2.3** 참조).

빈곤은 다양한 기제를 통해 아동의 발달에 영향을 미친다. 이들 중 일부는 환경적이다(Evans, 2004). 예를 들어, 경제적으로 박탈된 이웃은 운동장이나 놀이터와 같은 아동 친화적인 시설이 없고 매력적이지 않으며 황폐할 것이다. 게다가 폭력과 마약 밀매, 반사회적 행동의 모델들이 빈번하다. 빈곤한 아동들의 가정은 비좁고 시끄러우며 안전하지 않고 잘 관리되지 않는다. 그들이 숨 쉬는 공기와 마시는 물도 더 오염되어 있다. 빈곤한 가정의 아동은 또한 유복한 배경의 아동들에 비해 문화적 시설과 인지적으로 자극적인 활동들에 접근성이 낮다(Bradley, Corwyn, Burchinal, McAdoo, & Coll, 2001). 더구나 낮은 사회경제적 지위는 부모-자녀 관계를 통해 간접적인 영향을 행사한다. 예를 들어, 빈곤은 낮은 수준의 온정, 어머니의 반응성과 관계되며 이들은 차례로 아동의 행동 문제의 증가와 관련된다(Bolger, Patterson, & Thompson, 1995).

핀란드에서 최근에 진행된 흥미로운 연구는 경제적 스트레스가 아동과 가족에게 미치는

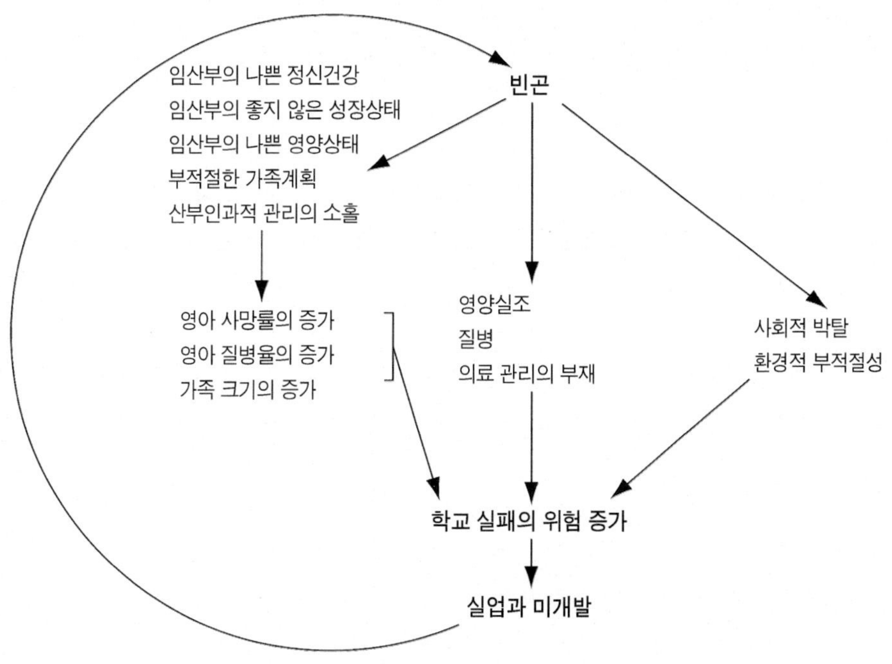

그림 2.3 빈곤과 교육적 실패 간의 환경적 관계

출처: Birch와 Gussow(1970).

영향을 보여주었다. Solantaus, Leinonen과 Punamäki(2004)는 심각한 경제적 불황이 닥친 바로 직후에 8세 아동이 있는 527 가정으로 연구를 시작하였다. 아동들을 12학년까지 추적한 결과 연구자들은 경제적 곤란이 부모의 고통, 부부간 갈등, 부정적인 양육의 증가와 관련되었고 이들은 다시 청소년의 우울, 공격, 적대적 행동의 심각한 증가와 관련이 되는 것을 발견하였다. 이 자료는 유럽계와 아프리카계 미국인 표집에서 행해졌던 이전 연구들의 결과(Conger et al., 2002)를 반복 검증했으며 횡문화적 관련성을 보여준다.

빈곤과 자주 관계되는 다른 이웃의 특징들도 아동발달에 영향을 준다. 이들 중의 하나는 지역사회 응집력의 결여이다. 이웃이 서로 알지 못하고 공동의 지원과 소속감을 제공하지 않는 이웃은 자녀를 기르고 싶은 동네가 아니다. 두 번째 위험요인은 지역사회 폭력으로 빈곤 가정의 아동은 이에 매우 높은 수준으로 노출되어 있으며 발달이 진행되면서 아동은 폭력을 모방하고 점점 정당화한다(Guerra, Huesmann, & Spindler, 2003).

빈곤이 정신병리를 증가시킬 위험은 있지만 그것을 보증하지는 않는다. 따라서 우리는 성급하게 아동의 사회적 계층에 따라 아동과 가정을 병리화하지 않도록 조심해야 한다. 경제적으로 도전을 받는 가정에도 아동들을 위험으로부터 보호할 수 있는 탄력성과 힘의 자원이 많이 있다(Murry et al., 2001). 예를 들어, 사회적 지원은 아동에 대한 어머니의 개입과 양육 능력에 대한 확신을 증가시키고, 따라서 아동을 빈곤의 영향으로부터 보호한다(Hashima & Amato, 1994; Runyan et al., 1998). Kim-Cohen, Moffitt, Caspi와 Taylor (2004)가 보고하듯이 아동의 조용한 기질처럼 어머니의 온정과 인지적 자극의 제공은 경제적 역경의 부정적 효과로부터 아동을 보호한다.

민족의 다양성

문헌들에서 용어들이 일관되게 사용되고 있지 않지만 미국심리학회(2003)는 인종(race)을 "피부색이나 머리 모양과 같은 신체적 특징으로 인해 개인에게 부과하는 범주와 그 결과로 생기는 일반화와 고정관념"으로, 민족성(ethnicity)은 "자신이 속한 문화의 관례와 집단의 도덕관을 수용하고 소속감을 느끼는 것"(p. 380)으로 정의하고 있다. 어떤 용어를 사용하든 미국이 매우 다양한 사회이며 또 다양화되어가는 것은 의심의 여지가 없다. 최근 인구통계에 의하면 미국 청소년들의 36%는 인종적 소수 집단의 출신이다. 더구나 2020년에는 비유럽계 미국인의 비율이 48%로 증가할 것이다(미국 인구통계청, 2003). 미국인의 13%는 히스패닉계이며 12.7%는 아프리카계, 3.9%는 아시아계이고, 1%는 미국 원주민(미국 인디언 또는 알래스카 원주민)이다. 나머지 4.1%는 다인종(multiracial) 혹은 이중인종(biracial)이라 부르며 하나 이상의 민족 집단에 속한다(Gibbs, 2003).

그러나 이런 통계치는 인종과 민족 범주 내에 존재하는 큰 다양성을 모호하게 한다. 예를 들어, 히스패닉이라는 이름은 여러 인종(백인, 흑인, 그리고 인디언)을 포함하며 유럽계 미국인 전에 캘리포니아에 거주하던 조상을 가진 사람들, 최근 중앙아메리카의 정치적 소요로부터 떠나 온 가난한 이민자, 공산주의를 피해 한 세대 전에 미국으로 온 상류층 쿠바계 미국인 등을 포함한다. 유사하게 아프리카계 미국인도 수입 수준, 종교, 주류사회의 가치를 받아들이는 정도에서 매우 다양하다.

따라서 우리가 민족성을 논할 때 두 가지의 추가적인 차원이 있다. 첫째는 민족 집단 내에서도 사회계층과 관계되는 중요한 차이가 있다. 소수 집단의 일원들은 비곤 속에서 살 가능성이 높고 이는 학교 중퇴, 약물 사용, 비행(Parke, 2004)과 같은 다양한 부정적인 결과의 위험을 증가시킨다. 그러나 이러한 스트레스 인이 적용되지 않는 중산층과 상류층 소수 민족 역시 존재한다. 둘째는 주류 문화의 가치 수용 또는 **문화적 적응**(acculturation)의 수준에서 상당한 차이가 있다. 문화적 적응은 언어 사용, 관습, 민족적 문화권 밖의 공동체와의 연계 등과 관계된다. 이러한 차이들 때문에 예를 들어, 중국계 미국인의 1세대와 3세대는 문화적으로 적응된 중산층 중국계 미국인과 유럽계 미국인보다도 더 공통점이 없다(Gibbs & Huang, 2003).

인종차별주의와 편견

인종차별주의(racism)는 "개인이나 집단을 민족적 집단의 소속이나 표현형적 특성으로 인해 모욕하는 경향의 신념, 태도, 제도적 장치와 행동"(Clark, Anderson, Clark, & Williams, 1999, p. 805)을 말한다. 체계적이고 만성적인 인종차별주의의 경험은 신체적·정신적 건강의 중요한 위험요인이다. 지각된 인종차별주의에 대한 반응에는 분노, 불안, 편집증, 무기력감, 분개, 그리고 혈압이 오르는 것과 같은 생리적 반응이 있다(Clark et al., 1999).

아동들은 6개월경부터 신체적 외모로 인종적 차이를 어렴풋이 아는 것 같다(이 주제에 대한 종단적 연구의 개관을 위해서는 Katz, 2003 참조). 그러나 지각된 차이에 관계되는 가치는 부모의 태도에 크게 영향을 받는다. 인종에 대한 태도는 직접적인 교수나 더 미묘한 행동에 의해 전달된다(Coll & Pachter, 2002). 2.5세와 3.5세 사이에 어린 아동들은 인종과 관계되는 만연한 고정관념의 지식을 보여준다. 아동들은 피부색이 다른 아동들을 피하거나 신체적으로 장애가 있거나 다른 언어를 말하는 또래와 놀지 않으려고 한다. 학령전기에 아동은 인종 집단에 대한 명칭을 배우고 무엇이 인종적 차이를 가져오는가에 대한 자신의 이론을 표현할 수 있다. 학령기 초기에는 자신의 인종적 정체성의 핵심을 형성하고 자신의 집단에 대한 정보를 적극적으로 구한다. 더구나 아동기 중기가 되면 다른 인종에 대한 태도는 더욱 공고화되고 심각한 영향을 주는 사건이나 개입이 없다면 거의 변하지 않는다. 아동기 전체와 성인기까지 개인은 또래, 가족 구성원, 그리고 미디어를 통해서 이미 형성된 태도와 신념을 강화하는 메시지를 전달 받는다(Aboud, 1987).

정신병리의 위험을 증가시키는 **편견**은 인종차별주의만이 아니다. 여성혐오증, 국수주의 그리고 종교적 편협성 등 혐오의 형태는 다양하다. 편견적 태도는 고집스러운 개인들만이 가지는 것이 아니며 특정 국외자들을 울타리 밖으로 내모는 신념 체계에 의해 사회적으로 승인된다. 예를 들어, 일부 발달하는 청소년들에게 위험이 되는 특정 편견의 한 형태는 동성애 공포증이다. 자신들의 성적 선호에 대해 적대적인 환경에 있는 10대 게이와 레즈비언들은 우울증의 발달에 취약하고 자살 시도가 증가하는 위험에 노출되어 있다(Savin-Williams & Ream, 2003).

민족적으로 다양한 가족에서 위험과 탄력성의 원천

미국인을 구성하는 다양한 인종, 민족, 문화적 집단을 포괄적으로 개관하는 것은 우리의 의도를 넘어선다(미국 내의 다양한 민족들의 양육과 가정생활에 대한 기술과 세계적인 횡문화적 차이에 대한 기술을 위해서는 네 권으로 구성된 『결혼과 가족에 대한 국제백과』, Ponzetti et al., 2003 참조). 민족 집단을 동질적인 범주로 기술하려는 시도는 특정 문화적 배경이나 인종이 같으면 모든 가정이 똑같다는 고정관념과 잘못된 분류의 위험을 안고 있다. 조사 대상 아동과 가족의 인종, 민족, 그리고 문화에 대한 주제에 체계적인 주의를 기울이는 연구들의 부족으로 발달적 병리에서 민족 간 차이에 대한 이해는 쉽지 않다(Coll, Akerman, & Cicchetti, 2000). 그러나 문화적으로 유능하려면 우리의 다양한 사회에서 아동의 발달에 공헌을 하는 다른 세계관과 경험들에 심리학자들이 민감해져야 할 필요가 있다(미국심리학회, 2003; Sue, 1998). 민족적 소수계 가정에 대한 심리학적인 연구들에 있어서의 진보는 결핍/병리적인 관점에서 장점과 탄력성의 관점으로의 변화이다(Coll & Garrido, 2000; McLoyd, Cauce, Tanauchi, & Wilson, 2000). 따라서 이를 명심하면서 미국 문화의 모자이크를 구성하는 4개의 가장 큰 집단들과 관계되는 특별한 도전과 자원을 간단히 기술하고자 한다.

아프리카계 미국인 가정 Parke(2004)는 아프리카계 미국인 가정이 정신병리에 대항하여 제공하는 보호요인들을 다음과 같이 기술하고 있다. (1) 확대된 가족 구성원이 서로 가까이에 사는 경향이 있다; (2) 가족이 매우 높은 가치를 가지며 가족에 대한 의무감이 매우 강하다; (3) 가족의 경계가 유동적이어서 친척과 타인들을 가족으로 환영한다; (4) 상부상조하는 안전한 체계가 있다. 이러한 확대된 지원은 특히 편모 가정과 조부모 가정이 많은 저소득층 아프리카계 미국인 사회에서 아동에 대한 양육과 경제적 요구를 위해 가족들에게 의지하게 되므로 특별히 중요하다. 반대로 아프리카계 미국 청소년들의 발달에 있어 도전은 높은 빈곤율과 인종적 차별이며 이는 학교 중퇴, 청소년 비행, 약물 사용과 10대 임신을 포함한 광범위한 정서적 행동적 문제들의 가능성을 증가시킨다(Gibbs, 2003).

전형적으로 아프리카계 미국인들은, 사회적 계층을 고려하고도 유럽계에 비해 아동의 양육에 체벌을 더 많이 사용한다(Deater-Deckard & Dodge, 1997). 그러나 14장에서 더 자세히 보겠지만 유럽계와는 달리 아프리카계 미국인들에 있어 체벌은 아동의 외현화 문제를 예언하지 않으며, 이는 부모의 양육에 문화적 맥락이 다른 의미를 제공한다는 것을 제안한다. 위험한 환경에서 자녀를 키우는 부모들에게는 부모의 권위를 주입하는 것이 적응적일 수 있다(McLoyd et al., 2000).

다세대 멕시코계 미국인 가족.

히스패닉계 가정 멕시코계 미국인들은 그들의 땅이 미국의 일부가 되기 오래 전부터 미국에 거주하였지만 최근 이민자들과 가족들은 히스패닉계 공동체에서 가장 급속하게 증가하는 집단이다(Parke, 2004). 멕시코계 미국인들은 히스패닉계 미국인의 가장 큰 집단이며 그 뒤로 중앙 및 남아메리카계, 푸에르토리코계, 쿠바계의 순이다. 히스패닉계 가족들의 특징은 일생 동안 가족과의 강한 동일시와 의존성, 즉 **가족주의**(familismo)이다(따로 언급하지 않는 한 우리의 개관은 Organista, 2003을 따른다). 가족 구성원들은 정서적으로, 경제적으로 가까이 지내며 교혼으로 확대 가족을 형성하며 친구를 가족 구성체로 포용하고 더 큰 히스패닉계 공동체와 유대감을 형성한다. 다른 중요한 가치들은 가족체계에서 연장자에 대한 **존경**(respeto), 대인간 조화를 강조하고 갈등을 피하는 것을 강조하는 **우정**(simpatia), 관계에서 개인적인 차원을 중요시하는 **개인추종주의**(personalismo) 등이 있다. 유럽계 미국인보다 4배나 더 빈곤 속에서 살고 있는 히스패닉계 아동들에게는 아프리카계 미국인과 마찬가지로 경제적·인종적 차별이 위험요인이 된다.

아동 양육에 있어 전통적인 가치는 어른들이 틀렸을 때에도 무조건 복종하는 것과 같이 부모의 권위에 대한 존경과 문화적 규약을 따르도록 기대하는 것에서 반영된다. 게다가 아동은 일생 동안 가족과 가까이 살아야 한다(Parke, 2004). 전형적인 가족은 아버지가 가장 분명한 권위의 인물이며 위계적으로 정리된다. 그러나 권위주의라는 용어의 부정적인 의미와는 달리 위계적인 히스패닉 가정에서는 거칠고 비반응적이기보다는 온정적이고 지원적이다(Lindahl & Malik, 2001). (추가적으로 중앙아메리카계 미국 아동과 가정에 대해서는 Vlach, 2003; 푸에르토리코 가정에 대해서는 Inclan과 Quinones, 2003 참조).

아시아계 미국인 가정 아시아계 미국인은 28개국 혹은 민족 집단으로 구성된 매우 다양한 집단이다(Parke, 2004). 이 집단들은 서로 다른 언어를 사용하고 다른 전통을 가지고 있으며 미국에 이민 온 역사도 이유도 다르다. 최근 미국에서 가장 큰 아시아계 집단은 중국, 필리핀, 인도차이나계(베트남, 캄보디아, 라오스인)이다. 주류사회로의 동화에도 불구하고 아시아계 가족들은 아동 양육에서 전통적인 유교적 태도를 유지하며, 이는 부모가 자녀들을 인도하고 통제하며 가족의 이익을 개인적 요구보다 우선하는 것을 강조한다(Chao & Tseng, 2002). 가족체계는 아버지가 다른 가족들과 정서적인 거리를 유지하고 가정의 경제적 안녕과 사회적 위치를 책임지는 권위인물의 역할을 하는 전형적인 가부장제이다. 반면에 어머니는 전형적으로 남편을 존경하고 가정과 자녀들에게 헌신하지만 뒤에서 막강한 권력을 가진다(Huang, Ying, & Arganza, 2003). 어른에 대한 공경, 부모에 대한 복종 그리고 가족 충성심은 아동들에게 매우 중요하다.

아시아계 미국인 가정의 양육 유형이 권위주의로 표현되지만, 최근에는 이 개념이 다른 문화에 적절하게 번역되는 것인지에 대한 의문이 생겨나고 있다. 자녀의 행동과 학업 성취가 권위주의적 양육에서 부정적인 영향을 받는 유럽계 미국인들과는 달리 권위주의 점수가 높은 아시아계 미국 아동들은 적응적이며 학업 성취도 매우 높다(Steinberg, Dornbusch, & Brown, 1992). 결과적으로 연구자들은 미국의 맥락에서 권위주의로 정의되는 것이 아시아계 미국인 문화에서는 다른 종류의 양육적 가치와 유형을 반영한다고 제안한다. 아시아계 미국인 부모들은 통제적이고 제한적이라기보다, 더 정확히 말하면 자녀들이 사회에서 취해야 할 역할 훈련에 깊이 개입하고 염려한다고 하는 것이 옳을 것이다(Chao, 2001; Stewart, Rao, Bond, McBride, Chang, Fielding, & Kennard, 1998). (추가적으로 필리핀계 미국인 가정에 대해서는 Agbayani-Siewert & Enrile, 2003; 동남아시아 계 가정과 아동에 대해서는 Ida & Yang, 2003 참조.)

미국 원주민 가정 미국 원주민이라는 용어는 알래스카, 에스키모, 메티스(혼혈), 알류산 열도의 토착민, 그리고 561개의 연방정부에서 인정한 부족들의 원주민을 말한다(LaFromboise & Dizon, 2003을 따름). 집단학살의 역사와 강제 기숙학교, 추방을 고려할 때 미국 원주민 가정의 탄력성은 대단한 것이다. 현재 36%의 원주민들이 지정된 부족의 거주지에서 살고 있으며 26%는 빈곤 속에서 살고 있다. 모든 민족 집단 중에서 가난한 미국 원주민 아동들이 가장 높은 학교 중퇴율을 보인다. 고등학교를 졸업하지 못하는 비율이 35%에서 50%가량 된다. 높은 부모의 실직율, 가정 해체, 빈곤, 약물 사용으로 인해 아동들은 가정폭력과 학대에 더 노출되고 있다. 이러한 도전에도 불구하고 대부분의 원주민 청소년들은 강한 정체성과 가족 유대를 가지고 청소년기에 들어선다.

미국 원주민의 아동 양육은 전통적으로 아동을 "사랑스러운 선물"로 보고 발달은 부모가 통제하거나 지시하기보다 스스로 펼쳐지는 것이라는 시각에 좌우된다. 자율성과 자기 훈육을 매우 강조하며 아동이 일찍부터 스스로 결정내리고 독립적으로 기능하도록 기대한다. 수용된 행동의 기준을 파괴할 때 결과는 간접적이다. 단순히 자신들이 행한 위법행동의 자연적인 결과를 아동이 경험하도록 하거나 부모-자녀의 유대를 보호하기 위해 확장된 가족을 대신하여 청소년의 인성교육을 지도할 책임을 부여받은 삼촌이나 이모가 개입한다. 부모의 통제가 드러나지 않기 때문에 역사적으로 사회 서비스 요원들은 미국 원주민 부모의 양육 유형을 방임이나 태만한 것으로 잘못 판단하였다.

민족적 과정과 발달정신병리

이상의 간단한 기술이 보여주듯이 민족성은 정상 발달의 경로를 그려가는 데 결정적인 변인이다. 가장 우선적으로 민족성은 아동발달의 규준에 영향을 준다. 한 민족 집단에서 정상적인 것이 다른 집단에서는 아닐 수도 있으며, 심지어 정신병리의 증거일 수도 있다. 우리는 인종이 민족적 정체성의 충분한 지표가 아니며, 이는 또한 사회적 계층과 문화적 적응의 산물임을 명심해야 한다. 우리가 마음속에 새겨야 할 가장 큰 차이는 다양한 민족적 집단에서 적절하다고 여기는 양육 유형의 차이이며 이는 아동 양육, 가족, 그리고 더 큰 사회에 대한 태도에 있어 서로 다른 철학과 태도에 의해 정해진다. 노골적인 인종차별과 편견, 인종적 소수 계층과 빈곤의 중첩, 소수 집단의 규준과 가치체계에 대한 단순한 무지가 때로는 이 과정을 복잡하게 만든다. 예를 들어, 우리가 살펴볼 모든 장애에서 다양성의 주제를 고려하도록 애를 쓰겠지만 많은 경우에 특정 장애의 유병률, 병인, 경로 또는 치료에서 인종, 민족성, 또는 사회계층에 주목한 연구가 거의 없거나 전혀 없다.

횡문화적 기준과 기대

미국 내의 민족적 하위집단을 살펴보는 것에 더하여, 이제는 지구상의 다른 문화권에서 정신병리가 어떻게 발달하는가를 살펴보겠다. 문화마다 무엇이 정신병리이고 어떻게 발생하는가에 대한 생각이 다르다. 어떤 경우는 그 맥락에만 매우 특징적인 개념화가 생겨나기도 했다. 북 아프리카와 중앙아시아에서 발견되는 *zar*, 즉 귀신 붙음(spirit possession)의 개념, 일종의 생각에 잠긴 기간 후에 폭력이 분출되는 경험을 포함하는 말레이시아의 분리적인 경험인 *amok*, 또는 개인의 신체나 신체 기능이 타인들에게 피해를 주는 것에 대한 두려움인 일본의 *taijin kyofusho* 등이 그 예이다(문화적 증상들의 리스트는 DSM-IV-TR에 제시되어 있다). 다른 경우에 있어서는 문화적으로 특정적인 증상들이 서구적 분류, 즉 DSM-IV-TR에 정의된 증상과 분명한 관계가 있지만 서로 다른 의미를 가질 때도 있다. 한 예로, 라틴 아메리카의 *nervios*라는 증상은 전반적인 정서적 고통, 심계항진, 신체의 통증, 흥분성, 불면증, 신경과민, 집중에 어려움, 떨림, 어지러움과 같은 신체적 증상을 포함한다. 이 증상은 중요한 개인적 관계를 잃었을 때 생긴다(Castillo, 1997). 이 증상이 불안, 우울, 그리고 신체형 장애들과 같은 서구적 진단들의 특징을 포함하지만 아동에게 이러한 복합적인 진단들을 적용하는 것은 더 큰 증상들의 통합적인 형태에도 적합하지 않을 뿐 아니라 그 문화에서의 의미에도 적절하지 않다.

횡문화적 연구들은 아동의 행동이 정상인지, 장애인지, 적절한 행동이 무엇인지에 대한 사회마다 다른 기대에 달려 있음을 보여준다(Weisz, Weiss, Suwanlert, & Chaiyesit, 2003; Harkness & Super, 2000). 예를 들어, 자주 인용되는 문화적 차이는 개인주의(individualism)와 공동체주의(communalism)이다. 전자는 아동에게서 개인의 표현, 독립, 개인적 성취를 강조하며 후자는 사회적 관계, 의존, 집단 이익의 우선이 특징이다(Kitayama, 2000). 예를 들어, 조숙하게 독립적인 아동의 행동은 한 맥락에서는 칭찬을 받을 일이지만 다른 문화에서는 부모의 비난을 받을 수도 있다. 문화적 요인은 아동의 특성과 문화적 특성 간의 적합성(fit)이다. 6세 아동이 하루에 6시간 동안 교실에서 주의를 집중하며 조용하게 앉아 있는 것을 기대하는 것을 생각해보자(Silk, Nath, Siegel, & Kendall, 2000). 어떤 이는 이러한 기대가 아동기를 "서둘러" 벗어나게 하는 문화에서 생겨난 발달적으로 부적절한 생각이라고 비난할 것이다(Elkind, 1981). 그러나 어떤 문화는 이러한 행동을 기대하기 때문에 활동 수준이 정상보다 높은 아동들은 과잉행동으로 낙인찍힐 위험성이 있다(Carey & Mc-Devitt, 1995).

문화의 충돌은 최근 이민 온 가족들에서 생겨나는데, 이들은 연구에서는 상대적으로 소외되어 있는 집단이다. 미국 아동 5명 중 1명의 부모는 외국 출생이다(아동과 가족 통계에 대한 연방 부처 간 포럼, 2002). 이민이 아동에게 미치는 영향은 사회계층과 환경에 따라 다르다. 경제적 곤란, 전쟁, 내전으로부터 도망 나온 가난한 이민자들에게 이 과정은 위험과 곤궁으로 가득 차게 되고, 따라서 부모와 아동 모두에게 외상적 경험으로 남는다. 미국에 정착한 후에 이민 가정의 아동들은 부모를 위하여 통역을 하거나 어른들이 사회서비스 기관들을 찾아 헤매는 것을 돕는 일을 하면서 새로운 스트레스와 발달적으로 부담스러운 경험을 하게 된다. 모국의 문화적 신념과 가치를 유지하려는 부모들과 새로운 나라의 가치에 노출되고 이를 채택하려는 자녀들 사이에 세대 간 갈등이 생겨나는데, 이는 특히 청소년기가 되어 자유와 실험이라는 미국적 규준이 전통적인 방법에 도전이 될 때 더욱 그러하다.

이민자 문화가 미국의 "인종적 도가니(melting pot)"에 동화하는 것과 고유한 정체성을 유지하는 것 중 어디에 가치를 두는가에 더하여 개인 가족 수준의 문화적 적응(acculturation)이 중요한 역할을 한다. 예를 들어, Bornstein과 Cote(2004)는 일본계 미국인과 남미계 이민자 어머니들의 양육 신념과 실제를 유럽계 미국 어머니들뿐 아니라 일본과 아르헨티나 본토의 어머니들과 비교하였다. 선행 연구들과 일치되게 연구자들은 일본계 미국 이민 가정의 어머니들은 전통적인 가치와 신념을 유지하고 있었으며, 이는 일본에 사는 어머니들과 거의 비슷했다. 반대로 남미계 이민 가정의 어머니들의 태도는 아르헨티나 어머니들보다는 유럽계 미국 어머니들과 더 유사했다.

문화적 과정과 발달정신병리

Castillo(1997)에 따르면, 문화는 정신병리에 다섯 가지 방법으로 중요한 영향을 준다. 첫째는 문화에 기반한 주관적 경험, 즉 문화가 정신병리와 자기지각에 대한 개인의 견해에 영향을 주는 방법이다. 예를 들어, 정신병리에서 개인 내의 과정을 원인으로 강조하는 문화에서는 우울한 사람이 자신을 환자로 지각하도록 하는 반면에, 비서구 문화권에서는 문제가 개인과 타인 간의 소통 결함에 있다고 생각하고 우울증을 가정, 혹은 대인간 문제로 생각할 수 있다. 두 번째는 정신병리적 고통에 대한 **문화에 기반한 관용적 표현**(culture-based idioms)인데, 이는 정신병리가 행동에 드러나는 방법을 언급한다. 문화는 개인이 나타내는 증상에도 영향을 줄 뿐 아니라 타인이 정신건강이나 질병을 결정하는 데 있어 어디에 초점을 둘 것인지에도 영향을 준다. 예를 들어, 몸과 마음이 연결되어 있다는 아시아적인 믿음은 정서적 고통의 표현이 신체적 증상의 형태로 나타난다고 믿는다(Ho, 1992). 세 번째, **문화에 기반한 진단**은 정신병리를 이해하고 설명하는 데 사람들이 사용하는 범주와 언어를 포함한다. 예를 들어, 우리는 앞서 독특한 맥락에서만 의미를 갖는 문화적으로 특정적인 증상들을 몇 개 소개했다. 네 번째, **문화에 기반한 처치**는 누가 치료를 할 것이며 어떤 치료의 기제가 적절할 것인가를 결정한다. 예를 들어, 정신과 의사가 약을 쓸 것인가, 몸과 마음을 다시 연결하기 위해 신앙요법을 베푸는 사람이 필요한가 혹은 가족의 명예를 보호하기 위해 증상을 숨길 것인가를 결정해야 한다. 다섯 번째는 **문화에 기반한 결과물**, 즉 정신병리가 특별한 방법으로 치료되었다고 개념화되었을 때의 결과물이다. 예를 들어, 치료에 대한 아동의 반응은 정신 질환을 앓고 있는 개인을 위해 가족의 지원을 사회가 얼마나 강조하는가에 달려 있다. Harkness와 Super(2000)가 지적하였듯이 문화는 아동발달을 위한 중요한 맥락을 제공하며 대인적·물리적 배경, 양육의 유형, 양육의 심리, 아동기 동안 아동들이 적응해야 하는 사회적 관계를 제공한다.

6. 발달적 통합

이제 1장에서 제시하였던 발달의 경로에 대한 지식을 방금 언급한 10개의 발달과정들과 통합해보자. 이를 위해서는 Zoey라는 가상의 소녀의 경우를 생각해보자(**그림 2.4** 참조).

Zoey는 미국 남동부의 교외에서 자라는 중하류층의 아프리카계 미국인이다. Zoey가 태어났을 때 Zoey의 어머니는 산후 우울증을 앓았고, 결과적으로 Zoey는 어머니와 불안정 애착을 형성하였다(애착, 약간의 일탈). 주된 문제는 아니었지만 Zoey는 환경에서의 변화에 강하게 반응하곤 했다(기질, 취약성). Zoey가 8살이 되었을 때 부모들이 심하게 다투기 시작하면서 가족 간의 불화가 증가하였다(부부간 갈등, 위험). 그러나 아버지와의 좋은 관계는 Zoey가 스트레스에 잘 대처할 수 있게 하였다(부모-자녀 관계, 보호요인).

10살이 되었을 때, Zoey의 부모는 이혼하였고(가족 해체, 위험), Zoey의 양육권은 어머니가 갖게 되었다. 어머니와 Zoey는 집에서 나와서 도심에 가까운 작은 아파트로 이사하였다. 어머니와 Zoey는 떨어져 있는 시간이 많았는데, 이는 어머니의 비숙련 노동으로는 수입이 충분치 않아서 어머니가 때로는 두 가지 일을 하였기 때문이다(사회경제적 불이익, 위험). 이 시점에서 여러 행동 문제가 생기기 시작했다. Zoey의 주된 문제는 분노폭발과 교사와의 다툼이었다(정서조절, 심한 일탈). 처음에는 정다운 아이였지만 Zoey는 친구들 사이에서 문제아로 여겨지기 시작했다. 또래들이 그녀를 배척할수록 Zoey는 다른 아이들에게

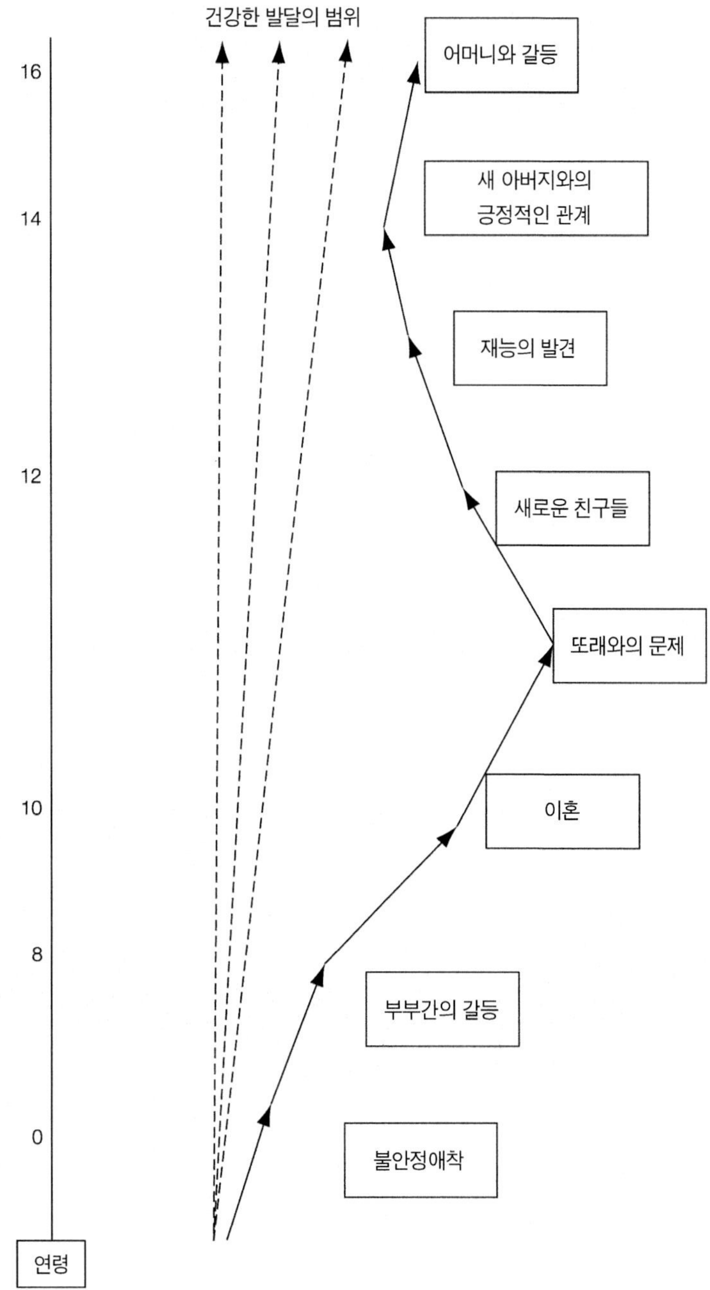

그림 2.4 Zoey의 발달 경로

출처: Bowlby(1988)에서 발췌함.

더욱 적대적인 방법으로 행동했다(교류적 과정). 결과적으로 그녀의 인기는 내려갔다(또래관계, 중간 정도의 일탈). 그러나 Zoey가 12세가 되었을 때 두 가지의 긍정적인 일들이 생겼다. 첫 번째는 예민하고 지지적인 학교심리학자가 읽기에서의 학습장애를 발견하여 Zoey는 특수교육 서비스를 받을 수 있게 되었다. 그 결과로 Zoey는 특수반으로 이동했으며 거기서 두 명의 다른 여자 아이들과 친구가 되어 자신들만의 패거리 "이방인"을 만들었다(사회적 관계, 보호요인). 사춘기 직전의 Zoey는 특히 아버지를 만나고 온 다음에 심각한 분노발작과 욕하기 등의 분출이 있긴 했지만, 어머니에게는 만성적으로 무뚝뚝하게 대하였다(애착, 지속되는 약간의 일탈). 그녀의 분노폭발은 대체로 일상생활에서의 일상적 좌절에 대한 과잉반응이었다. Zoey는 모든 사람이 자신에게 적대적이라고 생각하며 싸움을 걸지는 않았다(인지, 귀인의 편향이 없으므로 적응적). 그녀의 학점은 B에서 C로 내려갔고 학교를 재미없어 했고 냉소적이었지만 그렇다고 학교를 그만두지는 않았다(숙달동기, 약간의 일탈). 숙제를 하는 대신 그녀는 그림그리기에 집중했는데, 이는 아버지와 공유하는 취미였으며 매우 숙련되어 스스로 칭찬하며 즐기고 있었다(자아존중감과 자기효능감, 보호기제). Zoey와 친구들은 성, 자위행위, 그리고 다른 사춘기의 변화들에 대해 이야기했지만 남자 아이들에 대해서는 신중하여 또래의 수줍은 여학생들과 같았다(성, 적응적). 그녀는 자신의 폭발에 대해 과도하지 않고 적절하게 걱정했다(도덕성 발달, 적응적). 마지막으로 그녀의 자기조절은 심각하게 낮아졌지만 완전히 붕괴되지는 않았다. 그녀는 작은 도발에도 쉽게 열을 올리는 충동적인 아동은 아니었으며, 오히려 자신이 감당하기 어려운 너무나 큰 문제를 안은 근본적으로는 좋은 아동이었다(정서발달, 약간의 일탈).

Zoey가 14살이 되었을 때 어머니가 재혼을 했으며 초반 약간의 문제를 겪은 후에 새 아버지와 좋은 관계를 형성하였다(보호요인). 그녀의 행동 문제들은 줄어들기 시작했고 더욱 건강한 방향으로 선회하였다. 그러나 그녀는 여전히 어머니와는 냉전 중이었고 고등학교를 빨리 마치고 가능한 한 빨리 집에서 나가겠다고 주장했다(애착, 지속적 일탈).

이 삽화는 정상 발달에서의 일탈 정도가 발달적 변인 내부와 변인들 간 문제의 심각성 및 문제의 기간에 의해 결정되는 것을 보여준다. 이는 또한 위험요인, 취약성과 보호요인 간 균형의 문제이다. 또한 Zoey의 이야기는 한 가지 장애가 아동의 성격 모두—혹은 특정 발달과정 모두—를 포함하는 것은 아니라는 것을 보여준다. 언급한 바와 같이 아동임상심리학자는 중재를 계획할 때, 일탈뿐 아니라 아동의 능력과 탄력성의 영역까지 측정하는 것이 중요하다.

이제 다음 장부터 우리는 아동기 발달 장애의 다양한 분류에 이르는 발달 경로들을 구성할 것이다. 첫째, 특정 장애에 대해 우리는 어떤 발달적·맥락적 변인들이 악영향을 미쳤는지, 어떠한 심각성의 정도를 갖는지를 밝혀야만 한다. 그 다음에 정신병리를 발생하게 하는 위험, 취약성과 보호요인 간의 균형과 장애를 극복하도록 하는 균형 모두를 밝혀내어야만 한다.

그러나 그보다 먼저 우리는 정신병리 그 자체에 대해 더 알아야만 하고 어떤 것이 성인기까지 지속되는 경향이 있는지, 어떤 것이 극복되는지를 알아야만 한다. 이것이 다음 장에서 우리가 할 일이다.

제 3 장

정신병리와의 연결

우리는 1장과 2장에서 일반적인 발달의 틀을 만들었다. 또 정상발달이 어긋난 것으로서의 정신병리를 연구하기 위해 우리가 사용할 변인들에 대해 살펴보았다. 이제는 정신병리 그 자체에 대해 생각해볼 때이다. 우선 정상발달이 병리적으로 변화해 가는 과정을 개념적인 측면과 실증적인 측면에서 살펴볼 것이다. 그리고 아동기의 주요 정신병리에 어떤 것들이 있는지 알아보고, 마지막으로 어떤 병리가 지속되고 어떤 것이 극복될 수 있는지에 대해 알아보기 위해서 정상 아동과 장애 아동에 대한 종단적 연구를 간단히 요약하여 살펴볼 것이다. 4장부터 15장까지는 각각의 정신병리에 대해 상세히 알아볼 것이다.

그러나 먼저 우리가 기술하려고 하는 정신병리적인 이름을 아동에게 붙일 것인지를 결정하는 데 사용하는 방법들을 살펴보아야만 한다.

1. 진단과 분류

분류체계의 한 가지 목적은 많은 양의 정보와 관찰을 의미 있고 또 사용하기에 적합한 작은 단위로 나누는 데 있다. 그러나 분류체계는 아동을 특정 장애 범주로 분류하는 것 이상의 기능을 한다. 이 분류체계는 한편으로는 병인을, 다른 한편으로는 예후를 탐구하기 위한 출발점이 된다. 따라서 청년기 정신분열증 진단은 원인이 되는 요인과 결과에 대한 정보를 제시해야 하며, 또 증상이 사라지고 치료적인 중재의 효과가 나타날 확률을 고려하여 예후에 대한 정보를 제시해야 한다. 그러나 현재 상태는 이러한 이상적 목표로부터 너무 멀리 떨어져 있다.

분류체계의 또 다른 목표는 변별진단(differential diagnosis)이다. 즉, 어떤 장애가 아동의 증상에 가장 적절하며 어떤 대안은 제외되어야 하는가를 결정해야 한다. 정확한 진단은 치료가 어떻게 진행되어야 하는가를 결정하는 데 매우 귀중하다. 예를 들어, 아동의 부주의가 주의력결핍-과잉활동장애(ADHD)의 결과인 경우는 불안에 의한 부주의와는 매우 다르게 중재를 제공해야 한다. 그러나 아동이 단 하나의 진단 범주에 딱 들어맞는 경우는 드물다. 아동의 장애는 자주 여러 장애가 함께 일어나는 공병(comorbid)이 나타난다. 그리하여 중다 진단(multiple diagnoses)이 단일 진단보다 선호되곤 한다. 임상가는 장애가 언제부터 나타나기 시작했는지, 그 역사에 근거하여 장애가 급성인지 또는 만성인지를 고려해야 하고, 장애의 심각성 정도를 평가해야 하며 아동이 현재 속해 있는 발달단계를 정해야 하고, 또 정신병리를 규정하는 특정 행동을 기술해야 한다.

우리는 미국에서 전통적으로 사용되고 있는 진단의 방법을 개관하는 것으로 시작하고자 한다. 그러나 전통적 진단체계가 아동을 진단하는 데 적절한지에 대해 관심을 가지고 있는 임상가들은 진단체계에 대해 비판을 하는데, 특히 진단체계가 발달적 고려사항에 충분히 주의를 기울이고 있는지에 대해 비판하고 있다. 이러한 비판에 대해 논의하는 과정에서 전통적인 임상적 진단의 대안이 되고 있는 전략을 살펴볼 것이다.

2. DSM

여러 개정판의 『정신장애 진단과 통계편람(The Diagnostic and Statistical Manual of Mental Disorder, 약칭 DSM)』은 자연 관찰에 근거한 전통적 분류에 속한다. 이 전통은 정신과 의사에 의해 주로 수행되어 왔고, 임상가들의 관찰 기술에 크게 의존한다. DSM의 가장 최신판은 DSM-IV-TR이다(미국정신과학회, 2000).

DSM-IV-TR의 특징

DSM-IV-TR의 개발

DSM의 모든 개정판처럼 DSM-IV-TR에 포함할 장애를 선정하고 정의하는 일은 매뉴얼 개정의 책임을 진 13개의 작업 집단들의 몫이었다. 각 작업 집단은 5명 혹은 그 이상의 구성원들로 이루어졌다. 예를 들어, 영아기, 아동기, 혹은 청소년기에 처음 진단되는 장애의 부분은 12명의 의사와 4명의 심리학자가 참여하였다. 이들의 추천은 다시 다양한 국적과 다양한 전공의 임상가와 연구자들로 이루어진 50명~100명의 자문들의 평가를 받는다. 작업 집단은 자신들이 책임진 각 장애와 관련된 문헌들을 광범위하고도 객관적으로 개관하여야 하며, 만약 경험적인 연구가 부족하거나 증거들이 서로 모순되는 경우에는 자료를 재분석하거나 실제 세상에서 진단의 유용성과 신뢰성을 결정하기 위해 현장 검증을 하기도 한다. 예상처럼 이 과정은 긴 과정이었다. DSM-IV(미국정신과학회, 1994)는 제작에 12년이 걸렸고 현재의 본문 개정은 3년이 걸렸다. DSM-V는 전보다 더 긴 시간이 걸릴 것으로 예상된다. 따라서 보다 최근의 연구결과들로 매뉴얼을 갱신하여 그 간격을 메우기 위해 개정이 시작되었다. DSM의 가장 최근 개정판은 유럽에서 가장 많이 사용되는 『질병과 관계된 건강문제에 대한 국제 통계적 분류(International Statistical Classification of Diseases and Related Health Problems)』(세계보건기구, 1966), ICD-10의 개발자들과도 긴밀한 협조하에 개발되었으므로 두 체계 간에는 호환성이 높다.

정신병리의 정의

모델에 대한 우리들의 개관이 보여주듯이, 정신병리에 대해 일반적으로 받아들여지고 있는 정의는 없다. DSM의 저자들은 정신병리를 개념화하는 복잡한 문제를 해결한 것처럼 가장하기보다는 정신장애에 대한 자신들의 준거를 제시한다. DSM-IV-TR에 따르면 정신장애란 "임상적으로 개인내에서 발생하고, 또 현재의 고통(예: 고통스러운 증상)이나 무능력(예: 한 두 영역의 기능손상)과 관련되거나 죽음·고통·무능력·자유의 상실로 고통 받을 위험을 의미 있게 증가시킬 수 있는 행동적 또는 심리적 증후군"이다(p. xxxi).

DSM-IV-TR의 저자들은 조심스럽게 개인이 아니라 장애가 분류된다는 점을 기술한다. 그러므로 이 지침서는 정신병리가 사람인 것처럼 "정신분열 환자" 또는 "알코올 중독자"라고 지칭하지 않는다. 대신에 "정신분열증을 보이는 아동" 또는 "알코올 의존성을 보이는 성인" 등으로 지칭한다. 이러한 구분은 간단한 것이지만 중요한 것으로, 이 책에서도 이러한 생각을 받아들인다.

객관성과 행동 특정성

DSM-IV-TR은 추론적이고 이론적이며, 또 여러 가지로 해석될 가능성이 있는 용어 사용을 지양하려고 노력하였다. 대신 객관적으로 기술되고 조작적으로 정의될 수 있는 행동 특정적 용어들이 사용되었다. 예를 들면, "또래에 비해 싸움이 잦다"는 표현이 "파괴적인 충동을 가진다"라는 표현보다 더 특정적이다. 한 가지 예를 든다면, 분리불안장애는 중요한 애착대상에게 나쁜 일이 일어나지나 않을까 하는 비현실적인 걱정, 분리와 관련된 주제의 악몽이 반복되는 것, 주요 애착대상과 분리되는 것을 지속적으로 싫어하는 것과 같은 10가지 행동의 기준으로 정의된다.

신뢰도

신뢰도(reliability)는 진단 도구를 사용하여 나온 결과의 일관성을 나타낸다. 두 명의 다른 임상가가 같은 아동을 다른 범주로 분류하는 도구는 유용하지 않다. 신뢰도의 한 가지 기준은 두 시점에서 검사하여 그 결과가 일관성이 있어야 하거나 또는 검사-재검사 신뢰도가 있어야 한다. 그러나 일반적으로는 두 명의 전문가가 같은 아동을 같은 시점에서 평가하여 얻어진 관찰자 간 일치를 신뢰도로 사용한다.

Cantwell(1996)은 DSM-IV의 신뢰도에 대한 연구 개관에서 대부분의 주요 진단 범주에서 수용할 만한 신뢰도가 나타났다고 결론지었다. 그러나 신뢰도는 사회 공포증이나 일반화된 불안장애와 같이 보다 좁게 정의되는 하위범주들보다 일반적인 범주에서 더 높았다. 또 표준화된 방식으로 진단체계를 사용하는 것을 훈련받은 연구자들보다 임상가들의 신뢰도가 더 낮다는 증거가 나타났다. 임상 현장에서 더 낮은 신뢰도가 나타난 한 가지 이유는 특정 장애로 진단하기 위해 충족되어야만 하는 다양한 기준의 목록을 DSM이 제공하고 있지만, 어떤 경우에 기준이 충족된 것으로 판단할 것이지 또는 다양한 정보 원천을 어떻게 평가하고 통합해야 하는지에 대한 명확한 규칙이 없기 때문일 것이다. 그러므로 특정 증상이 나타나는지를 판단하기 위해 어떤 임상가는 부모의 보고를 사용하고 다른 임상가는 아이를 면접하며, 또 다른 임상가는 공적 심리검사의 수치를 사용한다면, 이들은 서로 다른 결론을 내릴 가능성이 높을 것이다.

타당도

타당도(validity)는 측정이 얼마나 유용한 측정인지를 결정한다. 이것은 검사가 측정하려는 것을 얼마나 정확하게 측정하였는가 또는 진단체계가 얼마나 정확하게 장애 아동을 분류하는 가에 대한 것이다. 타당도에는 여러 종류의 타당도가 있다. **내용타당도**(content validity) 또는 **안면타당도**(face validity)는 진단 범주의 내용이 평가하고자 하는 것과 어느 정도의 분명한 관계를 가지고 있는가를 측정하는 것이다. 예를 들어, 분리불안장애의 경우, 앞에서 기술한 세 가지 행동기준이 내용타당도와 관련된 것이다. 또 이러한 행동기준들이 분리불안장애를 정확하게 진단하는지를 검증하기 위해서는 이 행동기준들이 함께 무리지어 나타나는지를 통계적으로 분석하여 검증해야 한다. **일치타당도**(concurrent validity)는 현재의 평가를 다른 기준과 비교하는 것이다. 예를 들어, 부모의 보고에 근거하여 읽기장애로 진단한 것과 읽기성취검사에서의 점수를 비교할 수 있다. **예언타당도**(predictive validity)는 현재의 평가를 미래의 기준과 비교한다. 예를 들면, 아동기 중기에 정신분열증으로 진단되었던 아동이 학교 공포증으로 진단되었던 아동보다 초기 성인기에 더 많은 장애를 보이게 될 것인지에 대한 것이다. **구성타당도**(construct validity)는 특정 진단 범주와 이론적으로 연관되어야 하는 변인과 진단 범주 간의 관계이다. 예를 들면, 품행장애로 진단된 아동은 만족을 지연시키는 능력과 같은 자기통제의 측정치에서 낮은 점수를 보여야 한다. 마지막으로 **변별타당도**(discriminative validity)는 임상적 특징이 문제의 장애에 어느 정도 독특한지 그리고 다른 비슷한 장애와 어느 정도 구별되는지에 대한 것이다. 이는 진단기준이 우울한 아동과 분리불안장애를 분별하는 데 도움이 되어야 한다는 것을 예로 들 수 있다. 이것은 전통적인 임상과제인 변별진단(differential diagnosis)의 문제이며 임상가들의 이 과정을 돕기 위해 『DSM-IV-TR 변별진단편람(Handbook of Differential Diagnosis)』(First, Frances, & Pincus, 2002)이 유용하다.

예언타당도나 일치타당도 연구에 사용될 수 있는 독립적인 기준이 없기 때문에 타당도를 구하기는 힘들다. 그러나 Cantwell(1996)은 아동정신병리에 대한 연구가 성인 정신병리 연구에 비해 뒤떨어지긴 했으나, DSM-IV 장애들의 외적 타당도를 얻기 위한 시도에 진척이 있다고 지적하였다. 즉, DSM-IV는 이전 개정판보다 경험적 기초가 강하여, 다른 형태의 정신병리에 관한 연구 증거들과 더욱 잘 일치하고 있다. 이 증거는 발표된 문헌을 포괄적으로 개관하고 진단에 관한 정보를 포함하고 있는 연구들을 재분석하며, 또 6,000명의 피험자들에 대한 자료를 진단기준의 신뢰도와 타당도 측면에서 분석한 현장 연구로부터 얻어진 것이다. 그 결과로 만들어진 DSM-IV의 5권의 자료집은 분류와 행동적 요소들에 관한 결정의 자료들을 제공한다.

외적 타당도에 대한 다른 증거는 시간 경과에 따른 연속성을 증명한 연구들뿐만 아니라 특정 증후군을 보이는 여러 장애들의 예언요인과 상관요인이 서로 다르다는 사실로부터 시사받을 수 있다. 예를 들어, DSM-IV-TR에 기술된 세 종류의 아동기 우울증인 주요우울(major depression), 기분부전증(dysthymia), 우울 기분을 동반하는 적응장애는 서로 다른 연령에서 시작되고, 다른 과정을 거치며 다른 회복을 보인다는 연구가 있다. 게다가 특정 장애로 진단된 개인들이 그 장애를 치료하기 위해 고안된 치료방법에 서로 다르게 반응한다는 것은 그 장애를 진단하는 데 사용된 체계가 믿을 만한 것임을 보여준다.

포괄성

DSM-IV는 다루고 있는 아동기 장애의 범위에 있어서 이전 개정판들보다 상당히 포괄적이다. 부가적으로, DSM-IV-TR은 특정 장애의 특성에 관한 최신의 여러 정보를 제공한다. 예를 들면, 얼마나 만연되어 나타나는가, 시작되는 연령, 과정, 병에 걸리기 쉽게 하는 요인, 변별진단, 실험실 결과, 연령 특정적인 또는 문화특정적인 특질, 성과 관련된 특질 등에 대한 정보를 제공한다.

다축 분류

다섯 가지 차원

DSM-IV-TR은 현재 나타난 문제로만 평가하는 것이 아니라 **다축진단체계**(multiaxial classification)를 사용하여 아동을 다섯 가지 차원에서 포괄적으로 평가한다.

축 I. 임상적 장애; 임상적 주의 대상이 될 수 있는 다른 장애들. 이 축은 우리가 관심가지는 대부분의 장애를 포함한다. 이러한 장애에 대한 DSM 준거도 논의에 항상 포함될 것이다.

축 II. 성격장애; 정신지체. 이 축은 성격장애나 정신지체를 포함하며, 전반적으로 기능에 영향을 미치는 상태에 관한 것이다. 이것은 또한 완전한 성격장애의 준거를 충족하지는 않으나 문제 있는 성격, 예를 들어, 적응하지 못하거나 방어기제를 경직된 방식으로 사용하는 것 등을 가리키는 데 이용된다.

축 III. 일반적인 의학적 상태. 이 축은 특정 사례를 이해하거나 다루는 데 관련될 수 있는 일반적인 의학적 상태를 포함한다. 예를 들면, 부상과 전염병, 신경계나 소화계의 질병, 그리고 임신과 출산의 합병증 등이 포함된다.

축 IV. 심리 사회적 문제와 환경적 문제. 이 축은 부정적인 인생사건, 가족 또는 다른 대인관계의 스트레스, 사회적 지원의 부적절성, 아동의 문제를 발달시키는 환경적 결함이나 어려움 등을 포함한다. 범주들은 다음에 관련되는 문제들을 포함하고 있다. 즉, 일차 지원집단(예: 가족 구성원의 죽음, 이혼, 학대); 사회적 환경(예: 부적절한 사회적 지원, 문화적 적응의 어려움, 차별); 교육(예: 문맹, 교사 또는 학우들과의 불화); 직업(예: 스트레스를 주는 작업 일정, 직장 상사나 동료들과의 불화); 주거(예: 무주택, 안전하지 않은 이웃); 경제(예: 가난, 불충분한 사회복지 지원); 건강관리(예: 교통 불편, 불충분한 건강보험), 법률적 체계(예: 체포, 범죄의 희생); 그리고 다른 심리사회적이고 환경적인 문제들(예: 자연재해나 전쟁에 대한 노출)이 그것이다.

축 V. 전반적 기능 평가. 이 축은 임상가가 판단한 전반적인 기능수준이다. 이 정보는 치료를 계획하고 치료의 효과를 측정하는 데 유용하다. 전반적 기능 평가(Global Assessment of Functioning) 척도(GAF Scale)를 사용하여 판단하는데, 이 척도는 우수한 기능(100점)에서부터 자신이나 타인을 다치게 할 수 있는 위험이 지속되거나, 최소한의 개인의 위생을 지속적으로 유지할 수 없는 상태(1에서 10점)까지로 측정한다(GAF의 축약된 양식은 **표 3.1** 참조).

발달정신병리적 관점에서 DSM의 장점과 한계

여러 가지 면에서 DSM-IV-TR은 상당한 성과이다. 그러나 저자들이 인정하듯이 개인들을 분명한 진단의 범주로 분류하는 것은 쉬운 일이 아니다. 동일한 장애를 가진 사람들도 조금씩 다른 방법으로 장애가 나타나고 서로 다른 범주 사이의 경계는 때로 모호하다. 결과적으로 DSM은 임상적 판단의 수위가 높고 진단가의 주관성에 취약하다. DSM과 같은 진단체계는 아동기 정신병리 연구에서 자주 발생하는 공병(comorbidity)의 문제에 잘 대처하지 못한다(Cantwell, 1996). 중다 진단이 정확한 것인지, 아니면 진단 범주들 간의 구분이 불분명해서 중다 진단하게 되는 것인지, 혹은 발달과정에서 정신병리가 초기에 다르게 표현되기 때문인지에 대해 알기 힘들다.

표 3.1 DSM-IV 축 IV에서 아동의 전반적 기능 평가(GAF)척도의 선택된 수준

100-91	여러 활동영역(가정, 학교, 또래)에서 기능이 매우 좋음. 다양한 범위의 활동에 참여하고 여러 곳에 흥미가 있음(교과 외 활동에 참여하거나 취미가 있고 스카우트 같은 조직에 참여하고 있다). 사람들이 좋아할 만하고 자신이 있으며 "일상적인" 걱정이 있지만 감당 못할 정도는 아니다. 학교에서 잘 하고 있으며 어떠한 증상도 없다.
80-71	집, 학교, 또는 또래와의 기능에서 약간의 손상이 있다. 인생의 스트레스(예: 가족의 분리, 죽음, 동생의 출생)에 대해 행동적이거나 정서적인 고통이 있을 수 있다. 그러나 이는 잠시 동안이며 기능의 장애는 일시적이다. 이러한 아동은 타인에게 최소한으로 피해를 줄 수 있으며 아동을 아는 사람들은 이를 일탈로 보지 않는다.
50-41	대부분의 사회적 영역의 기능에 중간 정도의 곤란이 있거나 한 가지 영역에서는 심각한 손상이 있음. 예를 들어, 자살에 대한 몰두와 심사숙고, 등교거부와 다른 형태의 불안, 강박의식, 주요 전환 증상들, 잦은 불안 발작, 빈번한 공격적인 삽화와 일부 의미 있는 사회적 관계의 유지와 함께 반사회적 행동을 나타낸다.
30-21	대부분의 영역(예: 사회적 활동 없이 집이나 수용시설, 또는 침대에서 하루 종일 머물러야 함)에서 기능을 할 수 없거나 현실검증에 심각한 손상 또는 의사소통에서 심각한 손상이 있다(가끔 비논리적이고 모호하고 무관한 말을 함)
10-1	심각한 공격적 행동이나 자기 파괴적인 행동, 또는 현실검증, 의사소통, 인지, 정서, 개인위생에서 심각한 손상으로 인해 지속적인 감시(24시간 보호)가 필요하다.

출처: Rapoport와 Ismond(1996).

이질적 차원(heterogeneity dimension)

개인에게 분명한 진단을 내리는 것이 어려운 이유는 이들이 범주에 깨끗하게 들어맞지 않기 때문이다. 동일한 장애로 진단받은 아동들도 매우 이질적이다. 품행장애로 진단을 받은 두 아동의 예를 들어보자. 한 아동은 7세로 동물을 학대하고 자주 싸우며 또래들을 괴롭히는 반면에 17세의 소년은 반달리즘과 무단결석, 도벽이 있다. 이들의 증상과 행동적 표현은 다르지만 두 아동 모두 동일한 DSM 코드를 부여받게 되고, 의학적 모델에 따르면 동일한 처치를 받아야 한다(Douchette, 2002).

발달적 차원

DSM의 또 다른 중요한 약점은 장애에서의 발달적 차원을 고려하는 데 실패했다는 점이다. 몇 가지 예외를 제외하고 DSM-IV-TR는 여러 발달 수준에 걸쳐서 진단적 기준이 본질적으로 동일할 것이라고 가정하지만, 실제로는 그렇지 않다는 사실이 점차 연구결과를 통해 밝혀지고 있다(Silk, Nath, Siegel, & Kendall, 2000). 연구의 증거들은 장애의 증상이 나이에 따라 변화한다는 것을 시사하고 있다. 예를 들면, 분리불안장애에서 어린 아동은 애착대상과 분리되는 것에 대해 지나치게 걱정을 하고 악몽을 꾸는 반면에, 좀 더 나이 든 아동은 학교 가는 날 신체적인 고통을 호소하고 학교 가기를 싫어한다. 또 주의력결핍-과잉활

동장애의 경우, 어린 소년들에게는 운동 장애가 특징적이지만 보다 나이 든 소년에게서는 주의집중을 하지 않는 것으로 나타난다.

발달 지향적 임상가들은 수차례에 걸친 DSM 개정판들에 대해 유사한 비판을 해왔다. 오래 전인 1965년에 Anna Freud는 DSM의 임상적 장애 진단의 바탕이 되는 두 개의 기준인 주관적 고통과 기능손상이 아동에게는 부적절하다고 하였다. 가장 심각하게 장애가 있는 아동, 예를 들어, 자폐, 정신분열이나 품행장애를 보이는 아동은 자신이 문제를 가졌다는 사실을 감지하지 못할 수도 있고 주관적 고통을 겪지 않을 수도 있다. 이런 아동들은 장애가 있다기보다는 타인에게 장애를 준다고 특징짓는 것이 더 적당할 것이다. 두 번째 준거에 있어서 이들은 일관된 기능수준을 가지고 있지 않다. 이 아동들은 발달하는 과정에 있기 때문에, 그들의 능력이 증가하든지, 약해지든지, 변동하는 것은 정상적인 것이다. 그러므로 Anna Freud는 특정 행동이나 증상이 아동정신병리의 징후인지 아닌지를 결정하는 데 있어서 오직 한 가지의 준거만이 도움이 될 것이라고 제안하였다; 그 준거는 "특정 행동이나 증상이 보다 높은 수준의 발달을 향하여 앞으로 나아가는 능력을 간섭하는가"이다.

Garber(1984)는 아동의 문제에 성인의 범주를 적용하는 DSM의 경향을 "성인주의 사상(adultomorphism)"이라고 반대하면서 아동기 정신병리에 대한 발달적 틀을 제안하였다. DSM의 저자들은 모든 이론들을 피하려고 노력한 나머지 발달이 이론이 아니고 기본적 사실이라는 점을 간과하여 발달적 관점 또한 무시하였다(Bemporad & Schwab, 1986). 게다가 시간에 따라 변하는 것은 아이들뿐만이 아니다. 발달과정에서 아동이 해야 할 것 중 하나는 변하는 환경에 대해 나이에 맞게 반응하는 것이다. 겉으로 드러나는 행동을 기술하는 것에 중점을 둠으로써 DSM은 발달하는 과정에서 개인에게 영향을 주는 교류와 적응의 복잡한 본질을 무시했다(Jensen & Hoagwood, 1997).

Cantwell(1996)의 결론은 12년 전의 Garber의 의견을 다시 강조하는 것이었다. "다음에 나올 분류체계에서는 아동과 청소년 정신병리의 발달적 측면을 보다 더 고려해야 할 것이다."(p. 9)

교류적 차원

아동이 양육자에게 의존적인 만큼, 개인간 맥락은 아동기 정신병리에 중요한 역할을 할 것이 분명하다. 그러나 DSM-IV에서는 문제가 있는 가족관계로부터 발생하는 문제들을 장애로 간주하지 않는다(Volkmar & Schwab-Stone, 1996). DSM은 병인에 대해 분명한 입장을 취하는 것을 피하고 있지만 장애를 아동이 "가진" 어떤 것으로 조명하면서 그 바탕에는 정적이며 단일 요인으로 결정된다는 가정을 드러낸다. 이는 관계의 맥락에서 문제가 발생하며 개인간 상호적 영향의 산물(Jensen & Hoagwood, 1997)이라는 발달정신병리의 교류적 관점과는 거리가 멀다. 따라서 정신보건 전문가가 아동에게 관심을 가지게 되는 가장 일반적인 몇몇 문제, 즉 아동학대, 방치, 사별, 가족 해체와 같은 문제를 DSM-IV-TR에서는 약간 애매하게 정의된 V 코드로 분류하고 있는데, 이 코드는 치료가 우선적으로 필요한 범주로 인식되지 않을 수도 있다.

정신병리에서 관계의 중요성을 인정하려는 움직임 중 하나로 DSM-IV-TR은 미래 연구를 위한 축에서 관계적 기능에 대한 전반적 평가(Global Assessment of Relational Functioning, GARF)를 포함하고 있다. GAF와 마찬가지로 GARF는 임상가가 관계의 전반적인 적응적 기능을 100점 척도에서 평가하도록 하고 있다. 가족이 구성원들의 도구적 혹은 정서적 요구를 수용하는 능력이 있는지는 다음의 세 가지 영역을 고려하여 결정된다. **문제해결**(예: 스트레스에 적응, 갈등해결과 협상), **조직화**(예: 적절한 경계선의 유지, 통제와 책임감의 적절한 분산), 그리고 **정서적 기풍**(예: 감정이입, 애착, 상호 애정과 존경)이 그것이다. 아직 광범위하게 사용되고 있지는 않지만 GARF는 정신병리가 관계에 영향을 미치는 방법과 관계가 정신병리를 유발하고 유지하는 방법을 평가하는 전략으로서 가능성을 보여주고 있다(Yingling, 2003).

가족체계 지향적인 임상가들은 또한 정신병리를 **관계적 장애**(Kaslow, 1996)로 개념화하고 분류하는 또 다른 대안을 제안하였다. 아직까지 이러한 흥미로운 생각들은 DSM 체계에 반영되지는 않았지만 현재 작업 집단들이 관계적 진단의 분류(Classification of Relational Diagnoses, CORE)를 개발하고 있으며 이는 다음 DSM 판에 포함되기를 기대한다(가족에 대한 정신과 위원회의 진보를 위한 집단, 1996).

횡문화적·민족적 다양성

정신건강 분야가 문화와 민족적 다양성에 더욱 민감해야 한다는 지적에 대한 반응으로 DSM-IV-TR은 다음의 여러 가지 방법으로 **다문화적** 고려를 위한 시도를 하였다. 첫째, 문화적으로 특정적인 증상 유형, 유병률, 고통을 표현하거나 기술하는 데 있어 선호하는 방법 등을 다루는 부분이 있다. 예를 들어, 어떤 문화에서는 우울적 장애는 슬픔보다는 신체적 증상이 우세한 특징을 가진다. 다음으로 세계적으로 하나 혹은 소수의 사회에서만 발견되는, 문화적으로 제한된 증상에 대한 색인을 포함하였다. 색인에는 증상의 이름과 그것이 발견되는 문화, 간단한 정신병리의 기술, 관련될 가능성이 있는 장애의 DSM-IV-TR 목록이 포함된다. 예를 들면, **뇌 피로**(brain fog)는 서아프리카의 남자 고등학생이나 대학생들에게서 주로 나타나는데, 정신적 피로감과 함께 목의 통증과 시각이 흐려지는 증상이 나타난다. 카리브 해와 남미에서 발생하는 **추락**(falling out)은 갑자기 쓰러지며 시각을 잃고 움직일 수 없는 것이 특징이다. **태진 코후슈**(taijin kyofusho)는 일본에서 나타나는 증상으로 자신의 신체나 신체적 기능이 타인에게 불쾌감을 주거나 해가 될까 극도로 두려워하는 증상이다.

그럼에도 불구하고 DSM에 포함된 진단적 범주는 특정 서구 문화적 관점에서 생성된 것이며 이것이 보편적일 것이라고 확신할 수는 없다. 문화가 진단에 영향을 줄 수 있는 방법은 여러 가지이다. 특히 염려되는 것은 문화에 대해 문외한인 임상가가 아동의 문화권에서는 정상적인 행동을 정신병리적으로 진단하는 것이다. 예를 들어, Tharp(1991)는 아메리카 원주민 아동들이 화자와 눈 맞춤을 피하는 것뿐 아니라 질문에 대답하기 전에 시간을 끄는 경향을 기술하였다. 이러한 행동의 문화적 맥락에서의 의미를 이해하지 못하는 임상가는 아동이 불안하거나 우울하다고 가정할 수도 있다(이 문제에 대해서는 16장 심리적인 평가에서 다시 다룰 것이다). 다른 예로는 문화적 이해가 부족한 연구자들이 체벌과 거친 언어적 경고를 포함하는 아프리카계 미국 문화의 아동 양육방식을 학대로 해석했던 역사가 있다(이 문제는 14장에서 아동학대를 다룰 때 더 자세히 논의한다).

근본적으로 피할 수 없는 문제는 모든 진단체계가 임상적인 판단, 즉 인종, 사회계층, 민족성, 종교, 그리고 진단자의 개인적 특성과 선입적 애호에 영향을 받을 수 있는 판단을 요구한다는 것이다. 마치 미국심리학회(2003)에서 모든 심리학자들이 임상적으로 유능해야 한다고 제정한 것처럼 DSM의 개발자들은 임상가들이 이 문제들을 인지할 수 있도록 노력하였다. 그럼에도 불구하고 편견은 그것을 가진 사람조차 종종 눈치 채지 못하므로(McIntosh, 1998) 정신병리에 대한 우리의 개관에서는 자료가 존재하는 한 민족과 문화적 고려에 대해 언급하고자 한다(**글상자 3.1** 참조).

3. ICD-10

아동과 청소년의 정신과 행동장애 분류(ICD-10)(세계 건강기구, 1996)는 미국 밖에서 자주 광범위하게 사용되는 국제적 장애 분류(International Classification of Disease)에 기반한다. DSM과 유사하게 이는 여러 개의 축으로 구성되어 있지만 ICD-10 체계에서 아동은 6개의 축에서 평가된다.

제1축: 임상적 정신병적 증상 DSM의 축 I과 마찬가지로 이 축은 아동이나 성인에게서 나타나는 주된 정신과 행동장애를 포함한다.

제2축: 심리 발달의 특정 장애들 DSM과는 달리 ICD-10은 아동이 발달지연의 정도를 독립적으로 평가한다. 이는 말하기, 언어, 학업기술(읽기, 철자, 셈하기 등)과 동작 기능의 영역을 포함한다.

제3축: 지적 수준 이 축은 개인의 일반적인 지적 수준을 매우 지적인 수준부터 심한 정신지체까지 8점 척도로 평가하게 한다. 지적인 결핍과 관계된 아동의 기능장애의 정도도 심각한지, 약한지를 기록하도록 한다.

제4축: 의학적 상태 DSM-IV의 III축과 유사하게 현재의 비심리적인 의학적 상태, 질병, 또는 손상이 여기에 포함된다.

제5축: 관련된 비정상적 심리사회적 상황 이 축은 아동의 임상적 정신병적 증상의 기원을 이해하거나 치료계획에 도움이 될 수 있는 아동의 심리사회적 환경에서의 상황을 포함한다. DSM-IV의 IV축과는 달리 이 목록은 아동의 발달에 영향을 줄 수 있는 가정생활에서 결핍의 종류에 대해 광범위하고도 특정적이다. **표 3.2**에 자세한 내용이 제공

표 3.2 ICD-10의 제 5축: 관련된 비정상적 정신사회적 상황

00 심리사회적 환경에 심각한 왜곡이나 부적절함이 없음
1 비정상적인 가족관계
  1.0 부모-자녀 관계에서 온정이 없음
  1.1 성인들 간의 가족내 불화
  1.2 아동에 대한 적대감 또는 아동에게 책임 전가
  1.3 신체적인 아동학대
  1.4 성적 학대 (가족내에서)
2 아동의 일차적 지원 집단 내에서 정신장애, 이상, 핸디캡
  2.0 부모의 정신장애/이상
  2.1 부모의 신체적 핸디캡/장애
  2.2 형제의 장애
3 부적절하거나 왜곡된 가족내 의사소통
4 비정상적 양육
  4.0 부모의 과잉보호
  4.1 부적절한 부모의 감시/통제
  4.2 경험의 박탈
  4.3 부적절한 부모의 압력
5 비정상적인 인접환경
  5.0 기관 양육
  5.1 비정상적 양육 상황
  5.2 고립된 가족
  5.3 잠재적으로 해로운 심리사회적 상황을 생성하는 생활 조건
6 급성 생활사건
  6.0 애정 관계의 손실
  6.1 가정으로부터의 이동이 심각한 맥락적 위협이 되는 경우
  6.2 가족관계가 부정적으로 변형됨
  6.3 자아존중감을 잃게 되는 사건
  6.4 성적 학대 (가족 밖에서)
  6.5 개인적으로 놀라는 경험
7 사회적 스트레스 원
  7.1 박해 또는 차별
  7.2 이주 또는 사회적 이민
8 학교/직장과 관계된 만성적 대인간 스트레스
  8.0 또래와의 불화
  8.1 교사나 상사가 아동에게 책임 전가
  8.2 학교/직장 환경의 동요
9 아동의 정신적·신체적 장애로 발생하는 스트레스를 주는 사건이나 상황
  9.0 기관 양육
  9.1 가정으로부터의 이동이 심각한 맥락적 위협이 되는 경우
  9.2 자아존중감의 손실을 초래하는 사건

되어 있다. 각 범주는 0~2점으로 심각성을 평가하는데, 0점은 아동의 생활에서 임상적으로 중요한 상황이 없을 때이며 1점은 임상적으로 중요한 상황이 발생했지만 그 정도가 약하며 준거의 지침에 미달하는 경우이다. 2점은 가장 높은, 심각한 수준이다.

제6축: 심리사회적 장애의 총체적 평가 DSM-IV와 마찬가지로 임상가는 평가할 당시에 개인의 전반적인 심리적·사회적·직업적 기능을 평정해야 한다. 9점 척도를 사용하는데 0점은 우수한 사회적 기능에, 9점은 심각하고 전반적인 사회적 장애에 해당한다. 정신적·발달적 혹은 지적인 결핍에 대한 고려가 포함되며 신체적·환경적 한계와 관련된 문제들은 제외한다.

ICD-10의 장점과 한계

DSM-IV와 마찬가지로 ICD-10도 아동들을 분명한 범주로 분류하는 의학적 모델을 따르고 있으므로 앞에서 언급했던 임상적 판단의 제한점을 피할 수 없다. ICD-10이 임상가로 하

여금 아동의 발달 수준을 독립적으로 고려하도록 요구하는 점은 이 분류체계가 DSM보다 더 발달적이라는 것을 보여준다. 그러나 ICD-10의 발달 축에서의 초점은 인지발달과 동작 발달에 있으며 2장에서 언급했던 정서와 자기발달 같은 다른 심리적 변인들은 제외되어 있다. 따라서 발달심리학자들은 둘 중 어떤 체계도 "온전한 아동"을 보여주지 못한다고 생각할 것이다. 한편, ICD-10의 특별한 공헌은 아동의 기능에 영향을 줄 수 있는 심리사회적 환경에서의 문제에 대하여 광범위한 목록을 제공하고 진단가들의 주의를 환기한 점이다. 아동의 또래관계가 문제에 기여하고 있는지(8.0; **표 3.2** 참조), 성인들 간의 갈등이 가정생활의 스트레스를 만들고 있는지(1.1), 혹은 아동 자신의 행동문제가 스트레스와 배척을 유발하는지(9.2)를 임상가가 고려하게 하는 것은 아동기 정신병리의 이해에서 교류적 접근에 한 걸음 다가서는 것이다.

4. DSM-PC

발달정신병리를 더 잘 진단하는 대안적 진단체계로 DSM-PC, 『일차 진료를 위한 진단과 통계편람(The Diagnostic and Statistical Manual for Primary Care)—아동과 청소년 편』(Wolraich, Felice, & Drotar, 1997)이 있다. DSM-PC는 소아과 의사, 소아정신과 의사, 아동심리학자들이 함께 개발하였으며, 이는 일차 진료 임상가들이 만나는 아동들에게 영향을 줄 수 있는 심리사회적 요인들을 신속하게 확인할 목적으로 개발되었다. 소아과 의사와 가정의가 일반적으로 행동과 정서문제를 가진 아동이나 청소년들을 제일 처음 만나는 전문가들이기 때문에 그들이 아동의 문제가 정상의 일부인지 혹은 정신건강 추천을 요하는 이상인지를 평가할 수 있는 기반을 가지는 것은 매우 중요하다.

DSM-PC의 개발자들은 기존의 체계와 양립 가능할 뿐 아니라 새로운 경험적 증거들을 포함한 개정을 촉진할 수 있는 분명하고 간결하며, 객관적이고 조직화된 체계를 만들고자 하였다. 특히 DSM-PC는 다음에 보는 것처럼 DSM과 ICD를 통합하였다.

추가적으로 DSM-PC는 아동기 심리학적 문제에 대한 두 가지의 중요한 가정을 하는데, 이들은 발달심리학자들에게는 매우 친숙한 것이다. 첫 번째 가정은 아동의 환경은 그들의 정신건강에 중요한 영향을 준다는 것이다. 저자들은 다음과 같이 언급하고 있다. "아동이 생활하는 환경의 질은 행동, 인지적 기능과 신체적 건강을 포함한 아동의 일반적인 복지에 대하여 중요한 영향을 행사한다. 이 편람의 기본적인 정신은 아동과 아동이 생활하고 자라는 환경 간의 시간에 걸친 교류가 핵심적으로 중요하다는 것이다."(p. 31) 두 번째 가정은 아동에게서 나타나는 증상은 정상에서 장애에 이르는 연속체 상에 존재한다는 것이다.

교류적이고 발달적인 입장을 견지하기 위해 DSM-PC는 임상가들이 아동을 두 차원에서 평가하도록 한다.

상황 첫 번째 부분은 아동의 고통을 암시하는 일반적인 행동적 반응에 대한 기술과 함께 아동의 정신건강에 영향을 줄 수 있는 잠재적으로 해로운 상황들의 목록을 포함한다. 잠재적 스트레스가 되는 광범위한 상황의 목록 중에는 애착관계의 붕괴, 가정폭력, 부모의 정신과적 장애, 성적 학대, 사회적 차별과/또는 가족의 고립, 부적절한 학교의 자원, 무주택, 안전하지 못한 이웃, 자연재해 등이 있다. 각 경우마다 스트레스원에 대한 아동의 반응을 완화시킬 수 있는 보호적이고 잠재적인 요인에 대한 발달적으로 민감한 목록이 임상가들에게 제공된다.

아동의 징후 두 번째 부분은 아동의 행동문제를 분류할 수 있는 10개의 범주가 제공된다. 장애는 일반적으로 DSM-IV-TR을 따르지만 DSM-PC는 정상 범주에 드는 행동들도 포함하므로 용어가 다르고 추가적인 변별이 더해진다.

1. 발달적 역량(예: 정신지체, 운동, 언어, 또는 학업적 기술 습득의 어려움)
2. 충동적이고 과잉행동적, 부주의한 행동(예: 과잉활동, 주의집중의 어려움)
3. 부정적/반사회적 행동(예: 부정적인 정서적 행동, 공격적/적대적 행동, 비밀스러운 반사회적 행동)
4. 약물-관련 행동(예: 약물사용, 혹은 남용)
5. 정서와 기분(예: 불안, 슬픔, 강박적인 행동, 자살에 대한 생각)
6. 신체화 행동(예: 통증, 낮 시간의 졸음, 수면 문제)
7. 섭식과 배설(예: 변실금, 폭식과 정화, 신체상의 불만족, 불규칙한 식사)
8. 질병과 관계된 행동(예: 의료적 절차에 대한 극도의 두려움, 의료진에 대한 불순종, 신체적 질병에 대한 부인)
9. 성적 행동(예: 자신이 반대의 성이라고 믿거나 원함, 이성의 옷을 입음, 자신의 성기에 대해 불편하게 여김)
10. 비전형적 행동(반복 또는 이상한 행동, 정상적인 사회관계의 부재)

각 범주에 있어 아동의 행동문제는 발달적 일탈, 문제, 그리고 장애의 세 수준의 심각성으로 평가된다. 발달적 일탈(developmental deviation)은 부모에게는 염려가 되지만 그래도 해당 연령에서는 정상 범주에 드는 행동을 포함한다. 예를 들어, 18개월의 영아가 아직도 한 단어로 말하고 있다면 발달이 빠른 것은 아니지만 그래도 정상의 범위에 든다. 정상 아동의 발달에 대한 정확한 정보를 결여하고 있는 부모들이 자주 소아과 의사들을 만나지만, 이러한 염려는 상담과 부모 교육을 통해 신속히 해결될 수 있다. 대조적으로 문제(problem)는 학교, 가정, 또래관계에서 아동의 기능에 혼란을 가져올 정도이지만, 장애의 진단을 할 만큼 심각하지는 않은 경우를 말한다. 예를 들어, 학령전 아동이 말하기와 언어기술의 습득이 늦다면 발달/인지적 문제로 코딩될 것이다. 일반적으로 이러한 문제는 단기간의 중재로 치료될 수 있다. 마지막으로 장애(disorder)는 DSM에 정의된 것이며, 임상적으로 심각한 행동문제를 말한다. 이는 아동의 말더듬 행동이 학교수행을 방해하는 것과 같이 고통스럽고 기능에 혼란을 주는 임상적으로 심각한 행동문제들을 반영한다. 이러한 장

표 3.3 DSM-PC 범주의 예: 슬픔

분류	일반적인 발달적 표현
V 65.49 **슬픔의 변이**(sadness variation): 정상적인 전집에서 스트레스에 대해 일시적인 우울의 반응은 정상이다 V 62.82 **사별**(bereavement): 주요 상실 후 적어도 2개월 동안 전형적으로 유지되는 슬픔 병원이나 기관에 수용된 아동들은 종종 죽음이나 분리 시 나타나는 두려움을 경험한다. 이들은 정상적인 비탄의 반응을 모방한 행동으로 나타난다.	**영아기**: 정상적으로 생의 첫 해 마지막 3개월에 처음 나타나는 짧은 슬픔의 표현은 울음, 단시간의 위축, 그리고 일시적인 분노로 나타난다. **아동기 초기**: 상실 후의 슬픈 감정과 일시적인 위축; 부모, 애완동물, 귀중하게 여기는 사물의 상실로 인한 사별 **아동기 중기**: 상실과 함께 슬픔의 감정과 실패를 경험한 뒤에 자아존중감의 일시적인 상실 **청소년기**: 아동기 중기와 유사한 표현이나 죽음에 대한 일시적인 사고를 포함할 수도 있다. 사별은 친한 친구나 남자 친구, 여자 친구의 상실을 포함한다.
V 40.3 **슬픔의 문제**: 주요우울장애의 약한 형태를 포함한 슬픔이나 과민의 증상이 나타나기 시작함 • 우울/과민한 기분 • 흥미나 즐거움이 사라짐 • 체중 저하나 증가 또는 예상 체중증가에 실패 • 불면/수면과다 • 심리 운동적 동요/지연 • 피로감 또는 에너지 손실 • 무가치함이나 죄책감 • 사고/집중 능력의 저하 이러한 증상들은 일시적인 것이 아니며 아동의 기능에 약한 영향을 준다. 그러나 우울증 장애에 비해서는 행동들이 충분히 강력하지는 않다.	**영아기**: 발달적 퇴행, 두려움, 식욕부진, 성장실패, 수면문제, 사회적 철회, 과민성, 의존성의 증가 등이 있으며 양육자의 달래기와 개입에 반응적이다. **아동기 초기**: 슬픈 정서가 더욱 분명해진다. 변실금, 변비, 야뇨증, 악몽과 같은 신체적 증상뿐 아니라 기질 발작이 증가한다. **아동기 중기**: 슬픔으로 인해 자살에 대한 분명한 계획은 없으나 짧게 자살을 생각하거나 냉담, 권태, 낮은 자아존중감, 두통이나 복통처럼 이유 없는 신체적 증상이 나타남. **청소년기**: 무관심, 동기저하, 그리고 수업 중 백일몽으로 인해 학업의 저하가 나타남. 등교를 거부하고 냉담, 권태가 나타남.
300.4 **기분부전장애**(dysthymic disorder) 1년 정도 우울/과민의 정서가 거의 매일 유지됨. 또한 다음 중 둘 또는 그 이상의 증상이 나타남 • 식욕부진/과잉섭식 • 불면/수면과다 • 기운이 없거나 피로함 • 집중하기 어렵거나 의사결정이 어려움 • 절망감 장애의 만성적 성격으로 인해 아동은 적절한 사회적 기술을 발달시킬 수 없을 가능성이 있다.	**영아기**: 진단되지 않음 **아동기 초기**: 진단되는 일이 매우 드물다 **아동기 중기와 청소년기**: 부적절함의 느낌, 흥미와 즐거움의 상실, 사회적 위축, 죄책감/심사숙고, 과민반응 또는 극도의 분노, 활동성/생산성의 감소. 수면/식욕/체중변화와 심리운동적 증상을 경험할 수 있다. 낮은 자아존중감이 흔하게 나타난다.

애는 일반적으로 아동정신건강전문가들에게 조회되어야 한다. DSM-PC 편람은 또한 영아기, 아동기 초기, 아동기 중기, 또는 청소년기에 심각성의 수준이 각각 어떻게 나타나는지를 기술하고 있다. 슬픔에 관계된 분류의 예가 **표 3.3**에 제시되어 있다.

DSM-PC의 장점과 제한점

아동이 나타내는 장애 행동을 분류하는 데 초점을 둔다는 점에서는 DSM-PC도 의학적 모델에서 그리 벗어나지 않는다. 그러나 DSM-PC는 발달정신병리적 입장을 가진 임상가에게는 몇 가지 도움을 제공한다. 첫째, DSM-PC는 아동과 환경 간의 관계에서 문제가 발생한다고 보는 점에서 교류적이다. 결과적으로 진단가는 아동의 발달에 영향을 주는 다양한 환경적, 사회적, 대인간 요인들을 고려해야 한다. 위험, 취약성과 보호요인도 중요하다. 둘째, DSM-PC는 발달에 있어 정상과 비정상 사이의 연속체를 인정하며 진단가에게 발달이 정상에서 언제 일탈되는지 혹은 정상경로에서 실제로 벗어나는지를 결정할 수 있는 지침을 제공한다. 셋째, DSM-PC는 분명하게 발달적이다. 즉, 연령에 적절한 규준과 행동적 징후의 맥락에서 일탈, 문제, 장애를 정의한다. 한편으로 이 진단체계는 다른 두 체계보다도 더욱 복잡한 판단을 임상가에게 요구한다. 일탈, 문제, 장애의 경계는 애매하며 정상발달도 매우 다양하므로 행동이 정상 범주를 벗어났는가를 결정하는 확실한 기준은 있을 수 없다. 마지막으로 신뢰도와 타당도에 대한 자료가 아직 없다.

5. 경험적 접근

DSM이나 ICD처럼 의학적인 모델에 기반한 하향식 접근과는 반대로 경험적 접근(empirically based approach)은 "상향식"이다(Achenbach, 2000)(**표 3.4** 참조). 예를 들어, 반항성 장애처럼 이론적인 개념에서 출발해 이 이름이 아동들에게 얼마나 잘 적용되는가를 알기 위해 자료를 수집하는 것과는 반대로 경험적으로 근거한 접근은 실제 세계에서 자료를 수집하는 것으로부터 시작한다. 경험론자는 문제가 있는 아동들이 보이는 수많은 특정 행동을 측정하기 시작하여 불분명하고 자주 나타나지 않고 중복되는 것을 제거한다. 그 다음엔 남은 행동들이 서로 어떻게 관계되는가를 결정하기 위해 통계적 기법을 사용한다. 빈번하게 사용되는 통계기술은 요인분석이며, 분석 결과 얻어진 연결된 행동항목들을 요인이라 한다. 상호 연결된 항목들의 내용을 조사한 후에, 연구자가 각 요인에 이름을 붙인다. 이렇게 붙여진 명칭은 "반항성(oppositionality)"이나 "신경증(neurosis)"과 같이 전통적 진단에서 사용되는 명칭과 유사할 수도 있다. 그러나 요인들이 실제로 무엇을 의미하는가는 추후의 경험적인 연구들을 통해서만 답할 수 있는 질문이다.

DSM과 경험적 접근의 또 다른 중요한 차이는 DSM은 아동이 장애를 "가지고 있는지" 아니면 가지고 있지 않은지에 따라 아동을 분류하는 분류적(categorical) 접근을 하나, 경험적

표 3.4 DSM과 경험적 접근의 비교

두 패러다임의 비슷한 점	
평가할 문제들에 대한 명확한 진술 일부 DSM 범주와 경험적 접근의 증후들이 유사한 문제들을 기술한다. 일부 진단과 증후들이 통계적으로 유의미하게 일치한다.	
두 패러다임 간의 차이점	
DSM	**경험적 접근**
범주적	**차원적**
• 문제는 있거나 없다로 판단된다.	• 문제는 연속선상의 점수로 표시된다.
• 하향식 접근: 범주와 준거는 위원회가 선택한다.	• 상향식 접근: 증후들은 경험적 자료에서 도출된다.
• 성, 연령, 정보 제공자에 관계없이 임상적인 기준점이 동일하다.	• 성, 연령, 정보 제공자에 따라 임상적 기준점이 다르다.
• 임상가 개인이 자료의 출처, 얻을 자료, 평가절차를 결정한다.	• 자료 수집을 위한 표준화된 절차가 있다.
• 다른 출처들에서 얻은 자료들을 비교하는 정해진 절차가 없다.	• 정보 제공자에 따라 점수를 비교하는 통계적 방법이 있다.
• 결과물이 진단적이다.	• 최종 결과물은 증후의 점수이며 연령과 성에 따른 규준에 비교한 프로파일이다.
• 많은 독립적인 진단 범주들이 있다.	• 특정 문제들을 소수의 통계적으로 유의미한 증후들로 묶는다.

출처: Achenbach(2000).

접근은 특정 장애와 일치하는 증상이나 문제행동을 보이는 정도에 따라 아동을 평가하는 차원적(dimensional) 접근이라는 것이다. 범주로 분류하는 것에 반대하는 한 가지 이유는 범주적 분류의 성질이 실무율적이라는 점 때문이다. 예를 들면, 아동은 우울하거나 우울하지 않다. 만약 우울하다면 그 정도가 경미한지, 중간 정도인지, 심각한지를 임상가가 결정해야만 한다. 차원적 접근은 정상과 정신병리 사이에 연속성이 존재하며, 증상의 수가 정상에서 일탈된 심각성을 나타내는 것이라는 생각에 기초한다.

경험적으로 근거한 접근의 유명한 지지자는 Thomas Achenbach이다. Achenbach의 경험적으로 근거한 평가 체계(Achenbach System of Empirically Based Assessment, ASEBA)(Achenbach & Rescorla, 2001)는 아동의 행동문제를 부모, 교사/양육자, 그리고 청소년의 경우에는 청소년 자신의 입장에서 평가한 잘 개발된 측정치로 구성되었다. 여기서는 부모 보고인 아동행동 체크리스트(Child Behavior Checklist, CBCL)를 살펴보자.

Achenbach가 첫 단계로 한 것은 정신병 사례와 문헌으로부터 정신병리적 행동에 대한 기술을 수집하는 것이었다. 일련의 예비 연구를 통하여 이러한 행동 목록을 112항목으로 줄였고 이 목록으로 현재의 CBCL을 구성하였다. 그 항목의 예들은 '주장을 많이 한다, 외로움을 불평한다, 잘 먹지 않는다, 가출한다, 이상한 생각을 한다' 등이다. CBCL의 규준을 얻기 위해 이 영국과 호주뿐 아니라 미국에서는 40개 주를 포함하는 전국적인 조사에 참여한 4,994명 아동의 부모들에게 실시하였다. 분석의 결과 광대역(wide-band)의 요인과 협대역(narrow-band)의 요인이 추출되었다. 협대역의 요인에는 우울/위축, 신체적 불편, 사회적 문제들, 주의집중의 문제, 공격적 행동과 같은 행동문제들 혹은 특정 **증후**(syndrome)들이 포함되었다. 위축/우울 증후는 타인과 있기보다는 혼자 있으려고 하거나, 숨기는, 수줍은, 철회와 같은 행동항목들을 포함한다. 공격행동척도는 자신의 것과 남의 물건을 파괴시키고, 집이나 학교에서 복종하지 않고, 주장하고, 싸우고, 다른 사람을 위협하는 등의 행동항목을 포함한다.

몇 개의 협대역(narrow-band) 요인 증후군들이 모여서 두 개의 광대역(broad-band) 요인을 형성한다. **내면화 요인**(internalizing factor)은 불안/우울, 위축/우울, 신체적 불평(somatic complaints) 등을 포함하며, **외현화 요인**(externalizing factor)은 규칙어기기 행동, 공격행동 등을 포함한다. 내면화-외현화의 구분은 두 가지 다른 증상을 나타낸다. 예를 들어, 불안한 아동들은 일반적으로 행동은 잘 하나 공포와 죄책감으로 괴로워한다. 이 아동들은 자신의 고통을 내면으로 내면화한다. 이에 반해 어떤 아동들은 자신의 문제를 타인과의 관계에서 밖으로 표출하여서 고통을 외현화한다. 그러나 내면화-외현화는 아동의 유형이 아니라 행동 차원임에 주목하는 것이 중요한다. 어떤 아동은 양 극단의 한쪽 극단에 해당하지만, 양 요소를 모두 가지고 있는 아동들도 많다. 즉, 한 아동이 슬퍼하기도 하고 공격적이거나 또는 신경성 복통을 가지고 있기도 하지만 훔치는 행동을 하기도 한다.

정상 아동과 임상 집단 아동의 자료를 비교하여 기준점을 결정할 수 있으며, 기준점 이하는 정상으로 간주되고 기준점 이상은 장애로 간주될 수 있다. 정상의 모집단에서 98%의 아동들보다 더 높은 점수를 얻은 아동은 임상적 기준점 이상으로 간주된다. 규준은 나이나 성에 의해 달라진다. 예를 들면, 소녀들은 일반적으로 공격성에서 소년들보다 낮은 점수를 받는다. 그러므로 소녀들의 기준점은 좀 더 낮다.

8개의 협대역 척도를 모두 점수화하면, 어떤 척도가 정상한계 내에 있고 어떤 것이 정상한계를 벗어나는지를 보여주는 프로파일을 얻을 수 있다. 어떤 아동은 불안/우울, 위축/우울, 신체적 불편 등의 내면화 척도에서는 정상적인 한계 내에 있지만, 규칙어기기, 공격적 행동 등의 외현화 척도에서는 정상을 넘어설 수도 있다. **그림 3.1**은 CBCL의 부모-보고 양식을 사용하여 평가한 15세 소년의 프로파일을 보여준다.

가장 최근 판에서 Achenbach는 혁신적으로 아동의 CBCL 점수를 정동적인 문제들(우울과 자살경향성을 반영하는 항목들), 불안, 신체화 문제들, 주의 결핍/과잉행동성, 반항성, 그리고 품행장애 등의 DSM 지향적인 범주와 연결시키는 프로파일을 포함하였다. 따라서 CBCL은 주관적인 DSM 범주가 실제로 자료와 맞는지를 임상가들이 결정하는 데 도움을 줄 수 있다.

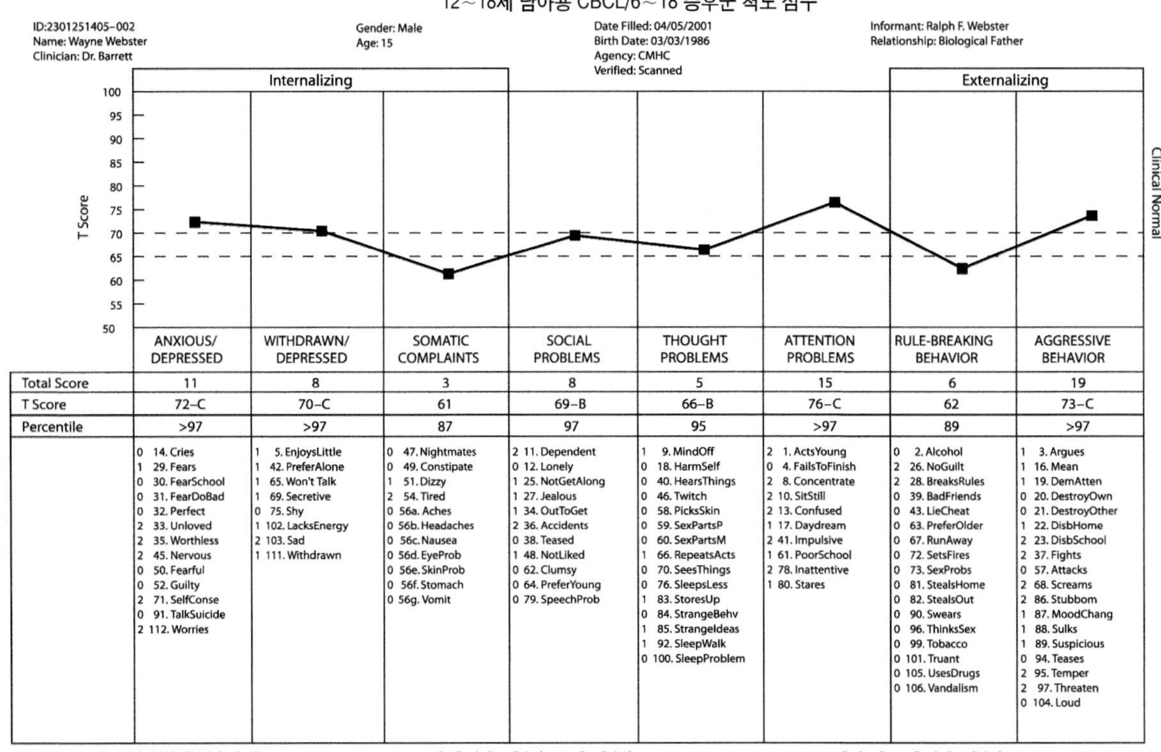

	ANXIOUS/ DEPRESSED	WITHDRAWN/ DEPRESSED	SOMATIC COMPLAINTS	SOCIAL PROBLEMS	THOUGHT PROBLEMS	ATTENTION PROBLEMS	RULE-BREAKING BEHAVIOR	AGGRESSIVE BEHAVIOR
Total Score	11	8	3	8	5	15	6	19
T Score	72–C	70–C	61	69–B	66–B	76–C	62	73–C
Percentile	>97	>97	87	97	95	>97	89	>97
	0 14. Cries 1 29. Fears 0 30. FearSchool 0 31. FearDoBad 0 32. Perfect 2 33. Unloved 2 35. Worthless 2 45. Nervous 0 50. Fearful 0 52. Guilty 2 71. SelfConse 0 91. TalkSuicide 2 112. Worries	1 5. EnjoysLittle 1 42. PreferAlone 1 65. Won't Talk 1 69. Secretive 0 75. Shy 1 102. LacksEnergy 2 103. Sad 1 111. Withdrawn	0 47. Nightmates 0 49. Constipate 1 51. Dizzy 2 54. Tired 0 56a. Aches 0 56b. Headaches 0 56c. Nausea 0 56d. EyeProb 0 56e. SkinProb 0 56f. Stomach 0 56g. Vomit	2 11. Dependent 0 12. Lonely 1 25. NotGetAlong 1 27. Jealous 1 34. OutToGet 2 36. Accidents 0 38. Teased 1 48. NotLiked 0 62. Clumsy 0 64. PreferYoung 0 79. SpeechProb	1 9. MindOff 0 18. HarmSelf 0 40. HearsThings 0 46. Twitch 0 58. PicksSkin 0 59. SexPartsP 0 60. SexPartsM 1 66. RepeatsActs 0 70. SeesThings 0 76. SleepsLess 1 83. StoresUp 0 84. StrangeBehv 1 85. StrangeIdeas 1 92. SleepWalk 0 100. SleepProblem	2 1. ActsYoung 0 4. FailsToFinish 2 8. Concentrate 2 10. SitStill 2 13. Confused 1 17. Daydream 2 41. Impulsive 1 61. PoorSchool 2 78. Inattentive 1 80. Stares	0 2. Alcohol 2 26. NoGuilt 2 28. BreaksRules 0 39. BadFriends 0 43. LieCheat 0 63. PreferOlder 0 67. RunAway 0 72. SetsFires 0 73. SexProbs 0 81. StealsHome 0 82. StealsOut 0 90. Swears 0 96. ThinksSex 0 99. Tobacco 0 101. Truant 0 105. UsesDrugs 0 106. Vandalism	1 3. Argues 1 16. Mean 1 19. DemAtten 0 20. DestroyOwn 0 21. DestroyOther 1 22. DisbHome 2 23. DisbSchool 2 37. Fights 0 57. Attacks 2 68. Screams 2 86. Stubbom 1 87. MoodChang 1 88. Sulks 1 89. Suspicious 0 94. Teases 2 95. Temper 2 97. Threaten 0 104. Loud

그림 3.1 15세 소년의 CBCL 프로파일

출처: Achenbach와 Rescorla(2001).

경험적 접근의 제한점

더욱 주관적인 진단체계에 비해 경험적 접근은 정확도의 증가, 신뢰성, 그리고 행동적 객관성 등의 중요한 장점들이 있다. 그러나 이러한 장점은 문제점도 동반한다. 문제점 중의 하나는 포괄성이다. 예를 들어, Achenbach의 체계는 아동의 문제들을 평가하기 위해 8개의 협대역과 2개의 광대역을 제공하는데, 이들은 6개의 DSM 지향의 진단에 상응한다. 대조적으로 DSM-TR과 ICD는 더욱 세분화되어 있다. 예를 들어, 이들은 우울증을 정도에 따라 두 가지(주요우울과 기분부전증)로 구분하며, 또 분리불안장애와 공포증을 구분하여 불안장애의 하위 유형을 구별하여 진단한다. 또한 DSM-IV와 ICD는 Achenbach의 증후군에서 발견되지 않았던 진단을 포함하고 있는데, 신경성 식욕부진증, 신경성 폭식증, 그리고 특수 학습장애, 자폐증 등이 이에 해당된다. 경험적인 접근들은 임상 집단에서 자주 발생하는 것들에 대한 기술에서부터 출발하기 때문에 중요하지만 드물게 나타나는 장애를 다루는 데는 어려움이 있다

게다가 경험적 접근은 더욱 행동적으로 구체적이고 객관적이지만 여전히 정보 제공자

의 평가에 주관적인 판단이 개입할 여지가 있다(Drotar, Stein, & Perrin, 1995). "집에서 복종적이지 않다"는 진술이 "권위를 가진 사람과의 관계에 문제가 있다."는 진술보다 더 객관적이라는 것은 사실이나, 전자도 여전히 판단을 요구한다. 따라서 어머니가 반항적이라고 생각한 아들의 행동을 아버지는 "남자는 그래야 돼."라고 말하며 간과할 수도 있다. 행동 평가는 평가하는 사람과 행동이 일어나는 상황에 달려 있다. 부모, 교사 그리고 전문가들은 같은 행동을 다르게 평가하거나 다른 상황에서 아동을 관찰하기 때문에 서로 다르게 평가할 수 있다. 교사의 엄격한 훈육에 적대적인 소녀가 집에서는 문제행동을 나타내지 않을 수 있고 부주의한 아동의 문제가 부모에게는 보이지 않으나 수업상황에서는 드러날 수 있다. Achenbach의 체계는 정보 제공자에 따른 점수들을 통합하고 비교할 수 있는 방법을 제공하여 서로 다른 평가자의 입장을 고려하고 있다. 그러나 평가자들이 일치하지 않을 때는 이 불일치의 의미를 해석하기 위해 임상적 판단이 필요하다. 어머니가 스트레스하에 있고 일상적인 버릇없는 행동도 참을 수 없기 때문에 어머니의 평정 점수가 높은 것인가, 혹은 아버지가 있을 때는 아동이 실제로 달리 행동하기 때문에 아버지의 평정이 낮은 것인가?

사실 동일 아동에 대해서도 정보 제공자들이 서로 다른 입장을 갖는다는 것은 다변인 통계적 평가에만 존재하는 문제가 아니며 다양한 출처의 정보들을 사용하는 모든 평가절차에 내재되어 있는 문제이다. 그러나 우리는 특정 정신병리에는 어떤 출처가 가장 타당한가에 대한 몇 가지 실마리는 가지고 있다. 파괴적 행동, 과잉행동, 부주의, 반항성 장애와 같은 외현화 증상들에 있어서는 이 문제들을 축소 보고하는 경향이 있는 아동 자신보다 부모나 교사가 더 좋은 정보원이라는 증거들이 있다. 불안, 우울과 같은 내면화 문제들에 대해서는 아동의 보고가 좀 더 많은 정보를 제공한다(Cantwell, 1996). 이는 다양한 출처의 정보들과 동일 아동에 대하여 정보들이 일치하지 않을 때의 대응 전략을 논의하는 16장에서 다시 다룰 것이다.

6. 정상적인 문제와 정상적인 문제행동

만약 정신병리를 정상발달이 어긋난 것으로 본다면, 정상에 대한 정의를 내려야만 한다. 더구나, 정상이 문제가 없는 것을 의미하는 것은 결코 아니므로, 정상발달에도 문제와 문제행동이 있다고 생각해야 한다.

정상발달은 문제와 문제행동을 포함한다(**그림 3.2** 참조). 후자의 예를 한 가지 들자면, 한 연구에서는 유치원부터 2학년까지 아동들의 반 정도가 "가만히 있지 못한다"고 보고하였고 다른 연구에서도 6세부터 12세 아동들의 비슷한 정도가 "과잉활동"으로 밝혀졌다. 두 가지 행동이 모두 과잉행동의 증후 중 일부이지만 아동의 반수가 과잉행동이라고 간주하는 것은 정확하지 않다. 왜냐하면, 이러한 아동들이 심하게 또 지속적으로 적응에 문제를

Calvin and Hobbes **by Bill Watterson**

그림 3.2 비정상적으로 정상적인 행동?

출처: CALVIN & HOBBES(Watterson, 1991). Distributed by Universal Press Syndicate. Reprinted with permission.

가지는 것이 아니며, 또 과잉활동의 여러 증후군들을 모두 보이는 것도 아니기 때문이다. 그러나 다른 한편, 부주의와 과잉활동이 학교와 집에서 문제가 된다는 것을 부정하는 것도 역시 똑같이 어리석은 일이다(**글상자 3.2** 참조).

Campbell(1989, 2002)은 영아기와 학령전기에 나타나는 정신병리적이지 않은 전형적인 발달 문제를 다음과 같이 기술하였다.

"까다로운" 영아 영아의 기질 차에 대한 연구들은 어떤 영아는 다루기 쉬운 반면에 어떤 영아들은 돌보기 어렵다는 것을 보여준다. 후자의 경우는 보다 화를 잘 내고, 일상생활의 변화에 대한 적응이 느리고, 반응이 부정적이며 생물학적 기능이 불규칙적인 경향이 있다. 이러한 영아들은 민감하게 돌보아 준다면 문제를 극복하여 잘 성장할 수 있다. 그러나 만약 돌보는 사람이 인내심이 없어 참지 못하거나, 생활이 갑자기 자주 바뀐다면, 걸음마기에 문제행동이 일어날 확률이 증가한다.

반항적인 걸음마기 유아 훈육을 어떻게 할 것인지, 또 행동통제를 언제 어떻게 해야 하는지에 대한 문제는 유아를 가진 부모들의 주요 관심사이다. 대부분의 예들에서 보면 문제는 확실히 단계 특정적이어서 이 시기에만 그러한 문제가 있다. 그러나 지나치게 통제하는 등 부모가 걸음마기 유아를 잘못 다룬다면 이 문제가 발달하고 지속될 가능성이 높아질 것이다.

불안정애착 안정애착과 불안정애착의 개념을 기술하고 불안정하게 애착한 영아들이 주도성과 사회적 관계 영역에서 문제를 일으킬 위험을 가지고 있다는 증거를 이미 살펴보았다. 그러나 그러한 문제를 피할 수 없는 것은 아니고 좀 더 민감하게 돌봄으로

글상자 3.1 사례 연구: 진단체계들의 비교

2장에서 우리는 Zoey의 사례를 소개하고 출생부터 14세까지의 발달을 추적하였다. Zoey가 10살이었을 때를 기억해보자. 부모가 이혼하고 도심으로 이사를 했으며 어머니가 직장에 다니기 시작하면서 Zoey는 분노발작, 교사와의 언쟁, 좋지 않은 또래관계, 어머니와 언짢은 관계 등 여러 문제행동을 나타내었다. 더구나 Zoey는 오랫동안 진단되지 않았던 읽기장애로 학업에 어려움을 겪고 있었다. Zoey가 궁극적으로 좋은 결과를 보였다는 것을 알고 있는 우리는 진단의 주요 제한점 중의 하나를 본 셈이다. 즉, 발달의 경로는 진행 중인 아동의 정적인 스냅 샷을 제공한다는 것이다. 이제 다른 진단체계는 Zoey의 10세 때의 행동을 어떻게 분류할 지를 살펴보자.

DSM-IV-TR

축 I(임상적 장애): 313.81 반항성 장애; 315.00 읽기장애

축 II(성격장애/정신지체): V71.09 진단사항 없음

축 III(일반적인 의학적 상태): 없음

축 IV(심리사회적·환경적 문제): 부모-자녀 문제(이혼, 어머니-아동의 갈등); 교육적 문제(교사, 급우들과의 갈등); 경제적 문제(부적절한 재정)

축 V(전반적인 기능의 평가): 65

DSM-PC

축 I(임상적 장애): 313.81 반항성 장애; 315.00 읽기장애; v40.3 슬픔 문제; V65.49 과잉행동/충동적 변이

축 II(성격적 장애/정신지체): V71.09 진단 없음

축 III(일반적 의학적 상태): 없음

축 IV(심리사회적·환경적 문제): V61.20 애착관계에 대한 도전; V61.0 이혼; V60.2 부적절한 재정적 상태; V62.3 또래/교사와의 불화

축 V(전반적인 기능의 평가): 65

ICD-10

제1축(임상적 정신병적 증상): F92.8 품행과 정서의 혼합된 장애; F91.3 반항성 장애 배제

제2축(심리사회적 발달의 특정 장애): F81.0 특수 읽기장애

제3축(지적 수준): 4

제4축(의학적 상태): 없음

제5축(관련된 비정상적 심리사회적 상황):

- 1.0 부모-자녀 관계가 온정적이지 않음
- 1.5 성인들 간의 가족내 불화
- 5.4 심리사회적으로 해로울 가능성이 있는 생활환경
- 6.6 부정적으로 변형된 가족관계의 유형
- 8.0 또래와의 불화적인 관계

제6축: 심리사회적 장애의 총체적 평가: 5

Achenbach의 경험적 평가 체계(교사 보고에 기반함)

증후 척도 점수

- 불안/우울: 정상
- 위축/우울: 경계선
- 신체적 불평: 정상
- 사회적 문제: 임상적
- 사고문제: 정상
- 주의 문제: 경계선
- 규칙 어기기 행동: 정상
- 공격적 행동: 임상적

요인 점수

- 내면화: 정상
- 외현화: 경계선

DSM 지향 점수

- 정동 문제: 경계선
- 불안 문제: 정상
- 신체화 문제: 정상
- 주의력결핍/과잉행동문제: 경계선
- 반항성 문제: 임상적
- 품행문제: 경계선

글상자 3.2 미국 아동의 문제가 더 나빠지고 있는가?

우리는 흔히 과거보다 지금이 더 나쁘다는 이야기를 듣는다. 아동기 정신병리에서도 그러한 이야기가 사실인가? Achenbach와 Howell(1993)은 13년에 걸쳐 아동의 부적응 비율을 비교함으로써 이 문제에 대한 답을 제시하였다. 1976년부터 1989년까지 전 미국의 여러 지역에서 부모와 교사의 CBCL평가 보고를 수집하였다. 보고된 모든 문제에 있어서 시간이 지나면서 문제가 증가하였고, 특정 기능에서만 증가한 것은 아니었다. 13년에 걸쳐서 아동의 내면화 장애와 외현화 장애가 모두 증가하였다. 그밖에 임상적 범위 안에 있는 아동의 비율이 모든 척도에서 증가하였으며, 특히 주의 문제, 내면화, 외현화 척도에서 그러하였다. 1989년에는 표집의 18% 이상이 임상적 범위 안에 있었는데, 1976년에는 10%만 임상적 범위 안에 있었다. 아동의 평균 능력 점수 또한 감소하였다.

연구자들은 미국 표집에서 나타난 부적응 비율을 태국, 호주, 푸에르토리코, 네덜란드 등의 외국에서 발견된 부적응 비율과 비교하였는데, 1989년 미국의 부적응 비율이 더 높지 않다는 것을 발견하였다. 또, 문제행동의 비율이 아동의 연령, 성별, 민족, 경제적 수준 등에 따라 다르지 않아서, 사회인구 통계적 변인이 문제행동을 설명하지 않았다.

이 연구는 변화가 있다는 증거를 보여주고 있으나, 왜 변화가 일어났는가에 대해서는 답하지 않고 있다. Stanger, Achenbach와 McConaughy(1993)는 전국적인 아동 표집에서 3년간에 걸쳐 부적응문제의 발달과 관련된 위험요인에 대해 살펴보았다. 장애는 여러 개의 위험요인으로 설명되었는데, 가장 강력한 요인이 아동의 주의 문제, 부모의 스트레스, 가족 중에 정신보건 서비스를 받아야 할 사람이 있는 것이었다. 이러한 위험요인의 발생률과 강도가 1976년에서 1989년까지의 기간에 더 증가하였는지는 알 수 없다. 만약 알 수 있다면 아동의 문제행동이 증가하는 것에 대한 한 가지 가능한 설명을 제공하게 될 것이다. 여러분은 어떤 다른 요인들이 영향을 미칠 것으로 생각하는가?

써 최소화될 수 있다. 6장에서 그 증거를 알아볼 것이다.

학령전기 아동의 공격성과 위축 소년이 소녀보다 좀 더 공격적인데, 또래에 대한 공격적인 행동은 학령전기 아동의 부모와 교사들이 공통적으로 불평하는 문제이다. 그러나 다른 문제행동과 마찬가지로, 공격성도 부모가 잘못 다루거나 가족 불화가 있는 경우가 아니라면 크게 문제되지 않는다. 공격성과는 달리, 사회적 위축은 비교적 드물고 연구도 많이 이루어지지 않았다. 수줍고 조용한 아동은 파괴적인 아동보다 문제행동을 발달시킬 위험이 적지만, 분리불안이나 불쾌 기분(dysphoric mood)과 같은 다른 내면화된 문제와 복합되는 극단적인 경우에는 문제행동을 발달시킬 위험이 증가할 수도 있다.

다음으로 미국심리학회(2002)는 청소년기의 정상적 문제행동을 다음과 같이 기술하고 있다.

반항적 청소년 청소년들은 새로 습득한 높은 사고의 기술을 연습하기 위해 부모에게는 사소해 보이는 문제들에 대해 성인과 논쟁하고 끊임없이 싸우고 적대적인 입장을 취하려고 든다. 동일한 이유로 그들은 주변의 성인들에게 매우 비판적이며 의도적으로 성인이 말하는 것과 모순되는 것, 반대되는 것, 예외적인 것을 찾으려는 것처럼 보인다. 이러한 과도한 헐뜯기를 개인적으로 받아들이는 부모는 청소년을 키우는 것이 매우 좌절스러운 경험이 될 것이다. 그러나 십대들의 논쟁은 기껏해야 청소년들의 비판적 사고기술을 발달시키도록 돕는 인지적 연습의 형태로 볼 수 있다.

과도하게 극적이고 충동적인 청소년 십대는 정서성과 때로는 성급한 사고가 가장 많은 시기이다. 청소년들은 갑작스럽게 결론에 도달하고 극단적인 입장을 말해서 주변의 성인들을 당황시키고 놀라게 만든다. 그러나 이러한 허세는 불안과 불확실성을 은폐하려는 시도일 수 있다. 동일하게 청소년들은 과잉으로 과장하고 극적인 경향이 있는데, 이는 그들이 특별히 강렬하게 세계를 경험하기 때문이다. 성인들이 보기에는 십대들에게는 모든 것이 대단한 것처럼 보이지만 십대들 자신들에게는 그것이 일어나는 순간에는 실제로 상당한 일이다.

자아중심적인 십대 청소년들이 자아정체성, 성 역할 그리고 성욕과 같은 단계특징적인 문제들을 탐구하느라 내부로 향하고 있을 때, 성인들에게는 이들이 극도로 "자기중심적"인 것으로 보인다. 시간이 가면서 청소년들은 더욱 상호적인 지향을 발달시키도록 기대된다. 조망수용 능력이 자연적으로 발달되지 않을 때는 이러한 기술들을 가르칠 수 있다.

7. DSM-IV-TR의 장애들

DSM-IV-TR의 제한점을 기억하면서 그 분류체계에 따라 몇몇 정신병리들을 요약하여 기술하고자 한다. 여기서는 특정 정신병리의 요약들만을 보기로 하고 다음 장들에서 더 자세히 논의한다.

적응장애

적응장애(adjustment disorder)는 바로 앞에서 언급한 정상적인 문제와 보다 심각한 정신병리 사이의 중간 연계에 해당한다고 볼 수 있으므로 먼저 기술하겠다. 적응장애의 증상은 최근의 스트레스 요인에 대한 반응으로 나타난다. 그 증상은 사회적·학업적·직업적 기능에 방해가 될 만큼 상당한 정도이며, 일반적으로 기대되는 정상반응보다 지나치다. 적응장애는 우울(슬픔, 무력감)이나 불안(과민성, 분리불안), 품행장애(공격, 무단결석) 또는 이들이 복합적으로 함께 나타날 수 있다. 그러나 그러한 증상은 스트레스 요인이 사라진 후 6개월 이상 지속되지 않아서, 적응장애와 다른 지속적인 장애들과의 경계를 분명하게 한다.

영아기, 아동기, 또는 청소년기에 처음 진단되는 장애

좀 더 심각한 정신병리에 대해서 DSM-IV는 아동에게만 특수한 장애와 성인과 아동 모두에게 나타나는 장애로 구분하고 있다. 먼저 아동에게만 특수하게 나타나는 장애를 살펴보자.

정신지체

정신지체(mental retardation)는 평균 이하(IQ 70 이하)의 지적 기능과 자기 돌보기(self-care) 능력, 사회적 기술, 개인적 독립성과 같은 적응기능이 결핍된 것으로 정의된다.

학습장애(또는 학습기술 장애)

학습장애(learning disorder)는 읽기장애, 수리장애, 쓰기표현장애 등이 있다. 각 경우에서 아동의 생활연령, 측정된 지능, 연령에 적합한 교육으로 미루어 보아 학업 능력이 기대보다 현저하게 낮다.

전반적 발달장애

이 범주에서 주요한 장애는 **자폐증**(autism)이다. 자폐증은 사회적 상호작용의 질적인 손상(예: 사회적 정서적 상호 교환의 부족, 눈 맞춤과 사회적 상호작용을 조절하는 제스춰와 같은 비언어적 기술의 손상)이 특징이며 전반적이고 지속적인 의사소통의 손상(예: 말하는 것이 지연되거나 말을 하지 않음, 상투적인 언어 사용, 상상 놀이의 결여), 그리고 행동이나 흥미, 활동이 제한적이고 반복적이고 상투적인 패턴을 보인다.

주의력결핍과 파괴적 행동장애

여기에 포함된 장애들은 과거에는 별도의 범주들에 포함되었다. 그러나 서로 중복되는 경우가 많아서 단일 범주로 분류하게 되었다.

주의력결핍-과잉활동장애(attention-deficit/hyperactivity disorder)는 주의집중이 되지 않는 행동(예: 쉽게 주의가 분산되고, 지시를 따라 하는 데 어려움이 있고, 활동을 완전히 끝내지 않고 다른 활동으로 자주 옮겨간다)과 과잉활동-충동(예: 생각하기 전에 행동하기, 안절부절 하기, 기다리고 차례 지키는 것에 문제가 있음)의 특징이 있다.

품행장애(conduct disorder)는 타인의 기본 권리를 침해하거나 나이에 적합한 사회적인 규준이나 규칙을 위배하는 행동패턴(싸움 시작하기, 신체적 상해를 입힐 수 있는 무기 사용, 훔치기, 방화하기, 무단결석하기)을 지속적으로 반복하는 특징을 보인다.

반항성 장애(oppositional defiant disorder)는 부정적이고 적대적이며 반항적인 행동패턴(화내고, 성인과 논쟁하고 성인의 요청을 거부하며, 고의로 남을 귀찮게 하고, 거짓말하고 남을 못살게 군다)을 보인다.

배설장애

이 책에서는 적어도 생활연령 약 5세 정도에서 옷이나 이불에 오줌을 반복해서 싸는 **유뇨증**(enuresis)과 대변을 가리지 못하는 **유분증**(encopresis)을 주로 살펴볼 것이다.

영아기, 아동기, 청소년기의 다른 장애들

분리불안장애(separation anxiety disorder)는 애착대상과 분리되는 것에 대해 극도의 불안을 보이는 것이 특징이다. 예를 들어, 애착대상에 나쁜 일이 일어나지 않을까 하는 비현실적인 걱정을 하고, 애착대상과 함께 하려고 학교가기를 거부하거나, 애착대상과 떨어져 자는 것을 싫어하는 특징들을 보인다.

반응성 애착장애(reactive attachment disorder)는 손상된 사회적 관계(예: 지나친 억제나 양면성, 또는 잘 모르는 사람과 구별 없이 사회적 관계를 가짐으로써 애착이 분산되는 경우)가 특징이다. 돌보는 사람이 소홀하거나 빈번하게 바뀌는 것이 이런 문제를 일으킬 수 있다.

아동과 청소년, 성인의 공통 장애

다음과 같은 장애는 성인과 아동 모두에게서 동일한 형태로 나타나거나, 약간 수정된 형태로 아동에게 나타나는 것이다.

물질과 관계된 장애

물질과 관계된 장애는 특정 물질(알코올, 코케인, 대마초, 암페타민 등)에 국한되며, 이것의 사용과 관련하여 기능의 손상이나 임상적으로 심각한 고통을 동반한다. **물질남용**(substance abuse), **물질의존**(substance dependence), 또는 섭취에 의해 생기는 **물질 유도성 장애**(substance induced disorder)(예: 중독, 불안, 기분장애, 정신증)로 구분된다.

정신분열증

정신분열증(schizophrenia)은 망상, 환각, 구조화되지 않는 말, 기이한 행동과 강직된 정서의 부정적인 증후, 즉 감정 둔화, 무욕증, 무논리증의 증상들을 보이는 심각하고 전반적인 장애이다. 여러 종류의 정신분열증 중에서 편집형(망상형)은 망상이나 환각을 보인다. 혼란형은 구조화되지 않는 말과 행동, 부적절한 정서를 보인다.

기분장애

주요우울장애(major depression)는 우울한 기분, 체중 감소, 불면증, 심리운동기능의 혼란 또는 지체, 무가치한 느낌이나 죄책감, 우유부단함, 죽음에 대한 반복적인 생각, 활동에 대한 관심이나 즐거움이 현저하게 떨어지는 현상 등으로 정의된다. 이것은 단일 또는 반복되는 에피소드 속에서 일어난다. **기분부전장애**(dysthymic disorder)는 적어도 일 년 이상 지속되는 우울의 만성적인 형태를 의미한다. 세 번째 주요 범주로는 우울에서 조증까지 기분이 왔다 갔다 하는 것이 특징인 **양극성 장애**(bipolar disorder)이다.

불안장애

많은 불안장애가 있지만 여기에서는 다음 장들에서 논의할 몇 가지만 기술하고자 한다.

공포증(phobia)은 특정 대상이나 상황(예: 비행기 타는 것, 높은 곳, 동물)의 출현 또는 출현이 예기될 때 나타나는 공포이다. 공포를 일으키는 자극을 피하거나 고통스럽게 참는다. 성인은 이러한 공포가 비합리적이라고 인식하지만 아동은 그렇지 않다.

사회 공포증(social phobia)은 사회적 불안장애라고도 부르는데, 모르는 사람들과 만나거나 이들 앞에서 수행을 해야 할 때 극도의 불안을 느끼고 상황을 피하는 것이다. 전형적으로 아동들은 공개적으로 부정적인 평가를 받거나 당황할까봐 두려워한다.

강박장애(obsessive-compulsive disorder)는 강박적 사고(obsession)와 강박적 행동(compulsion)이 나타나는 것이 특징이다. 강박적 사고는 지속적인 관념, 사고, 충동, 또는 심상이며, 침입적이고 부적절하며, 심한 불안과 고통을 일으킨다. 강박적 행동은 반복적인 행동(예: 손 씻기)이나 정신적 활동(예: 수 세기, 말없이 단어를 반복하기)으로, 강박적 사고에 대한 반응 또는 엄격하게 적용되는 규칙에 따라 행해지는 것이다.

외상후 스트레스장애(posttraumatic stress disorder)는 실제 죽음이나 죽음의 공포로 위협받은 사건을 경험했을 때, 또는 자신이나 타인이 다치는 경험을 했을 때 나타난다. 증상으로는 외상적인 사건을 지속적으로 재경험하는 것(예: 반복적으로 끼어드는 고통스러운 회상을 통해서), 외상적인 사건과 연합된 자극을 지속적으로 회피하는 것(예: 외상적인 사건의 일부를 기억하지 못하거나 제한된 범위의 흥미나 활동을 갖는 것), 각성이 지속되는 것(예: 잠을 못 자거나 초조하고 주의집중의 어려움) 등이 있다.

일반화된 불안장애(generalized anxiety disorder)는 다양한 상황과 자극에 대해 통제 불가능하고 전반적인, 과도한 걱정과 긴장을 포함한다.

섭식장애

신경성 식욕부진증(anorexia nervosa)은 비록 체중이 기준 미달일지라도 체중이 늘어나는데 대해 강한 공포를 느끼고, 자기 몸무게에 따라 자신을 부적절하게 평가하거나 현재의 몸무게가 심각하게 저체중이라는 것을 부정하며, 제중은 정상 체중의 85% 이하이다. **신경성 폭식증**(bulimia nervosa)은 폭식행동을 하는 폭식 에피소드가 반복적으로 발생하며, 에피소드 기간에 섭식을 통제할 수 없다는 느낌을 가지는 특징이 있다. 몸매와 체중이 부당하게 자기 평가에 영향을 미친다. 체중은 종종 정상이다.

성 정체성 장애

성 정체성 장애(gender identity disorder)는 자신과 다른 성이 되고 싶어 하는 강하고 지속적인 욕구가 특징이다. 아동은 자신의 생물학적인 성과 관계되는 해부학적 특징과 성 역할에 강하게 불편함을 느낀다.

성격장애

성격장애(personality disorder)는 사회적 기대로부터 심각하게 벗어나는 유연하지 않은 행동패턴과 내적인 경험으로 인해 손상되거나 고통 받는다. 청소년기나 성인 초기에 발병하며 아동기에는 드물게 나타난다. 그러나 특정 성격장애는 일찍부터 그 전조를 나타내기 때문에 특별히 관심을 끌고 있다. **경계선 성격장애**(borderline personality disorder)는 대인관계, 자기상, 감정에서 전반적인 불안정성을 보인다. 우리는 청소년 후기에서 성인기로의 과도기를 논의할 때 이를 논의할 것이다.

8. 정상발달과 정신병리의 통합

표 3.5에서 우리는 2장에서 언급한 각 발달적 시기와 관계된 발달의 변인들을 제시하고 이들이 다양한 정신병리의 출현과 어떻게 관계되는가를 보여준다. 이 발달적 시간표는 대략적인 것이다. 몇몇의 예외를 제외하고 아동기에 나타나는 대부분의 장애는 어느 때나 나타날 수 있다. 예를 들어, 영아들에게도 우울의 증상이 나타날 수 있다. 그러나 우리가 보여주는 것은 그 장애의 유병률이 증가하는 연령이며, 이는 이 정신병리의 발생 위험이 이 발달단계와 관계된다는 것을 암시하기 때문이다. 결과적으로 우리는 우울증을 청소년 초기에 넣었는데, 이는 이 연령이 특히 소녀들에게 있어 기분장애의 진단 비율이 극적으로 증가하기 때문이다.

이제 우리는 선택된 정신병리에 대해 자세하게 탐색할 준비가 되어 있다. 가능한 한 우리는 발달적인 관점에서 연령의 순서로 다룰 것이다. 모든 경우의 질문에 대답하기 위해 2장에서 제공된 정상발달의 정보를 사용할 것이다. 즉, 특정 장애가 어떻게 정상발달에서 어긋난 것으로 이해될 수 있는가, 또 발달의 한 시점에서 정상에서 어긋난 것이 미래에 어떻게 영향을 미치는가 하는 두 문제에 대해, 정상발달과정을 고려하여 탐색할 것이다. 이상의 두 문제에 대한 관심은 정신병리학의 역사를 바꾸게 될 것이다. 마지막으로 이후의 장애를 저지하기 위한 수단으로서 심리치료의 효과에 대해 살펴볼 것이다. 그러나 정신병리에 대해 충분히 탐색하여 결론을 내리고 난 후에 심리치료에 대해 체계적으로 살펴볼 것이다.

표 3.5 정신병리와 정상발달 간의 관계

발달과정	영아기 (0~12개월)	걸음마기 (1~1.5세)	학령전기 (2.5~6세)
단계특징적 주제들	생물학적인 조절, 안정애착	정서조절, 자율적인 자기	자기조절, 가족외 대인관계의 형성
심리성적 발달 (Freud)	구강기	항문기	남근기→오이디푸스
자아발달 (Erikson)	신뢰 대 불신	자율성 대 수치, 회의	주도성 대 죄의식
분리-개별화 (Mahler)	정상적 자폐→공생관계	분화→연습	재접근→대상영속성의 시작
인지발달 (Piaget)	감각운동기		전조작기
애착	선택적 미소→분리 반응	안전기지로서의 양육자	목표지향적 파트너십
자기의 발달	행위자로서의 자기	자기항상성의 출현	행동적 자기: 능력과 행위 의해 실무율적으로 정의됨
정서발달	즉각적인 경험에 의한 정서; 불안정, 일차적, 강함	정서 언어의 확장, 표현이 고조됨(기질 발작, 공포)	정서는 외부 사상에 의해 유발되는 것으로 봄; 정서조절 증가
도덕성 발달			전인습적: 절대적, 경직성, 사실적
성과 성욕		성 정체성; 자신의 신체에 대한 호기심	성 항상성; 전형화된 흥미 타인의 신체에 대한 호기심
또래관계	양육자와의 관계에 집중됨, 자아중심적	타인의 정서인식, 감정이입	또래 상호작용의 증가, 사회적 비교; 협동적 놀이
가족관계	사건의 의미 정의, 안전의 제공을 위해 부모에게 의존	부모는 의존과 독립의 욕구 사이에서 흔들리는 마음을 인내해야 함	
정신병리의 출현	자폐증	반응성 애착 주의력결핍-과잉활동장애	분리불안장애 반항성 유뇨증/유분증

표 3.5 정신병리와 정상발달 간의 관계

아동기 중기 **(6~11세)**	**청소년 전기** **(11~13세)**	**청소년기** **(13~17세)**	**청소년 후기~성인기초기** **(17~20세)**
학업과 사회적 환경의 숙달	개별화, 정체성, 성욕	가족으로부터의 독립, 친밀한 관계의 형성	일, 인생의 목적과 의미, 평생 동안의 낭만적 애착의 형성
잠복기		생식기	
근면 대 열등감		정체성 대 역할 혼미	친밀감 대 고립
구체적 조작기	형식적 조작기	메타인지와 추상화가 지속적으로 발달함	
자기와 타인에 대한 내적 동모델이 관계를 인도함	친밀감 대 독립에 대한 갈등이 다시 나타남	새로운 애착의 형성이 옛날 애착관계에 대한 재작업 기회 제공	
심리적 자기: 안정적 내적 표상	추상적·미래-지향적 자기	자기가 점차 안정화, 통합, 반성적이 되어감	
정서가 더욱 안정화, 정서적 "유형"이 나타남, 내적으로 정서를 생성하는 능력	불안정한 정서, 부정적 정서가 흔함	안정적인 정서조절, 다양한 범위의 정서 능력과 이들에 대한 방어	
인습적: 규칙-제한적, 선 대 악	조망수용; 상호성의 고려	후 인습적: 자기 결정적 도덕적 원칙	
성별을 분리한 놀이 생식기와 출산의 관계 이해	성 역할에 대해 점차 유연해짐, 성인의 성욕에 대한 이해와 오해	성 전형화된 행동이 다시 나타남, 성에 대한 실험, 성적 선호에 대한 인식	안정적인 성 역할을 고수, 성적 선호와 친밀한 파트너에게 헌신
지속적인 우정; 가족 이외의 성인과의 관계; 사회적 조망수용	집단 지향적인 또래와의 관계가 점차 중요해짐; 사회적 문제해결	또래가 가족에 비해 점차 중요해짐	안정적이고 깊고 의미 있는 우정과 낭만적 관계
가족의 기능이 점차 공적인 영역으로 보임	청소년의 독립을 허용하기 위해 경계선이 점차 유연해짐	청소년이 성인으로 기능하도록 관계의 재정렬	
품행장애 사회/학교 공포 학습장애 불안장애	약물남용 우울 양극성 장애 성 정체성 장애	섭식장애 정신분열증	성격장애

제4장

영아기: 정신지체의 발달적 결과

개 요

1. 정신지체는 정신병리인가?
2. 정의
   - 역사적 배경
   - 논쟁의 여지가 있는 개정
   - DSM-IV-TR 준거
   - AAMR과 DSM 접근의 비교
3. 특성
   - 유병률
   - 성별
   - 사회경제적 지위, 인종
   - 변별진단
   - 공병
4. 생물학적 맥락: 기질적 MR
   - 유전적 요인
   - 산전/산후 요인
   - 신경학적 요인
5. 문화적 맥락: 가족성 정신지체
   - 가족성 정신지체
6. 가족 맥락
   - 부모-자녀 관계
7. 사회적 맥락
   - 사회인지
8. 개인적 맥락
   - 인지적 요인
   - 성격-동기 요소
9. 발달경로
   - 안정성과 변화
   - 단계특징적인 이슈
10. 중재
    - 정부 규정
    - 행동수정
    - 예방

이 장에서는 DSM-IV-TR(3장을 참조)의 축 I에 있는 임상적 장애와 함께 기록되지 않은 장애를 처음으로 만날 것이다. 정신지체는 DSM 축 II에 들어가 있다. 이것은 개인에게 제시될 다른 진단을 고려할 때 정신지체가 기능에 미치는 전반적인 영향과 정신지체의 존재를 고려해야 함을 나타낸다.

1. 정신지체는 정신병리인가?

정신병리의 논의에 왜 정신지체(mental retardation, MR)를 포함시키는가? 단지 IQ 점수가 낮다는 이유 때문에 그 아동이 품행장애나 공포증 또는 주의력결핍-과잉활동장애를 갖는 아동들과 같은 자리에 놓여져야만 하는가? 겉보기에 정신지체 아동은 예를 든 다른 장애를 가진 아이들이 보이는 방식의 "문제를 갖지" 않는 것 같다. 그 아동은 단지 지적으로 다른 아이들보다 더 느릴 뿐이다. 곧 보게 될 바와 같이 이 질문은 전문가들의 관심사였다. 그래서 그들은 점차 IQ 점수만이 아닌 다른 요인들을 조건으로 하는 MR 정의를 만들었다. 다른 한편으론 MR이 실제로 정신병리와 관련된다. 한때 정신병 진단을 받은 사람들은 정신지체가 아니라고 믿었다. IQ가 낮은 사람은 신경증을 충분히 발달시킬 수 없다고 오해했기 때문이다. 결과적으로 MR을 가진 사람들의 정서적 문제는 경멸적으로 그들의 인지적 한계나 기저의 의학적 문제들에 귀인되었다. 그러나 이제 우리는 MR인 사람들이 전 범위에 있는 정신병리를 발달시킬 수 있을 뿐만 아니라 일반 전집의 구성원들과 비교할 때 심리적 장애를 발달시킬 위험이 3~4배에 이른다는 것을 안다.

우리가 논의를 시작한 질문으로 돌아가면 그 답은 "No"다. MR은 정신병리가 아니다. 그러나 MR은 정신병리가 될 위험을 증가시키는 발달적 일탈로 간주해야만 한다(Sachs & Barrett, 2000). 장애의 발달정신병리에서 활동하는 모든 요인들—생물학, 정서, 인지, 가족관계, 또래, 사회문화적 요인들—도 MR 진단을 받은 사람들의 발달에 영향을 준다.

2. 정의

역사적 배경

1959년 이전에는 MR의 원래 정의가 표준화된 **지능검사**(intelligence test)로 측정된 정상 이하인 지능(subnormal intelligence)이었다. 숫자로 평균에서 두 표준편차 이상 아래인 **지능지수**(intelligence quotient, IQ) 점수는 평균 지능에서 현저하게 이탈된 것으로 간주된다. 그것은 IQ 70이 MR 범주의 절단점수로 간주됨을 의미한다.

1959년에 **적응행동**(adaptive behavior)을 준거로 추가했다. 만약 환경에 적절하게 적응한다면, 단지 인지검사 점수가 주어진 기준점 아래라는 이유로 왜 그 사람을 기능장애가 있거나 비정상적인 것으로 간주하는가? 예를 들면, 학교에서는 잘 못하지만(이것은 하루에 대략 6시간 정도이다), 학교 이외의 시골환경이나 도시환경에서는 기능을 잘하는 "6시간 지체아(6 hour retardates)"라고 불리는 집단이 있다. 그러므로 MR의 핵심은 IQ 점수가 아니라 개인이 기능하는 방식이다.

미국정신지체협회(American Association of Mental Retardation, AAMR)의 적응행동척도(Nihira, Foster, Shelhaas, & Leland, 1974)는 적응행동을 평가하는 도구의 한 예이다. 요인분석은 적응행동척도가 개인적 자활(self-sufficiency), 공동체 자활, 개인적-사회적 책임의 세 개 요인들을 포함한다는 것을 보여주었다(Nihira, 1976). 개인적 자활은 모든 연령에서 발견되었고 먹기, 배변, 옷 입기와 같은 즉각적인 개인적 요구들을 만족시키는 능력을 포함한다. 공동체 자활은 다른 사람과 관련된 자활과 함께 즉각적인 요구를 넘어선 독립을 포함한다. 예를 들면, 돈 사용하기, 여행하기, 물건사기, 적절하게 의사소통하기가 있다. 개인적-사회적 책임은 주도성과 인내를 포함한다. 그것은 과제를 혼자 힘으로 수행하는 능력이고 혼자 힘으로 과제가 완료된다는 것을 아는 능력이다. 뒤의 두 요인은 즉각적 요구에 대한 단순한 만족보다 더 높은 수준의 행동을 나타내며 10세경에 나타난다.

논쟁의 여지가 있는 개정

> 정신지체는 푸른 눈이나 나쁜 심장처럼 당신이 가지고 있는 어떤 것이 아니다. 그것은 작거나 날씬한 것처럼 당신의 어떤 상태도 아니다. 이것은 의학적 장애도 아니고 … 정신장애도 아니다. … 정신지체는 개인이 갖고 있는 특유한 지적 한계가 공동체에서 일상적으로 부딪치는 도전들에 대처하는 능력에 영향을 줄 때 존재한다. 만약 지적 한계가 기능에 영향을 주지 않는다면, 그 사람은 정신지체가 아니다(미국정신지체협회, 1992, pp. 9, 13).

이 말은 미국정신지체협회(AAMR)가 재개념화한 정신지체의 정의들 중에서 가장 최근의 것이다. 1992년 AAMR은 과거에 이루어진 것보다 더 나아간 적응개념을 택한 새로운 MR 정의를 제시했다. 적응 자체는 개인들이 가지고 있는 어떤 종류의 특성이나 절대적 특질이 아니다. 오히려, 적응은 항상 환경과 관련 있다. 그러므로 한 사람을 정신지체라고 결정하기 전에 그 사람이 적응하고 있는 환경의 특성을 자세히 조사해야 한다.

MR의 새로운 개념화는 **그림 4.1**에 나타나 있다. 기능준거가 삼각형의 아랫변이라는 것을 주목하라. 그것은 기능준거가 MR 정의의 기본적 또는 기초적인 구조임을 나타낸다. 그래서 주어진 환경 안에서 아동이 얼마나 잘 또는 빈약하게 기능할 수 있는가는 지적 수준보다 더 중요하다. 기능은 다시 역량(capabilities)과 환경 두 요인에 의해 결정된다.

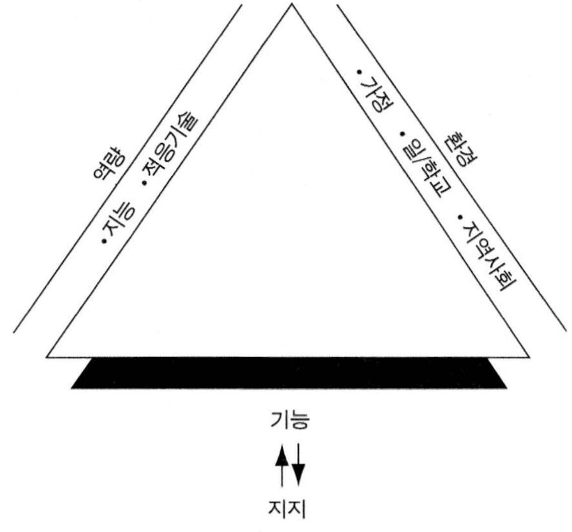

그림 4.1 정신지체 정의의 일반적 구조

출처: 미국정신지체협회(1992).

역량(또는 능력)은 개인내 변인이다. 역량에는 두 종류가 있다:

1. 지능. 이것은 인지와 학습을 모두 포함한다. AAMR은 75 이하의 IQ를 MR 진단의 절단기준으로 판정하였다.
2. 적응기술. 이것은 실행적 지능과

사회적 지능으로 이루어진다. 실행적 지능은 일상생활의 일상활동(예: 목욕, 옷 입기, 먹기)을 관리하면서 자신의 독립을 유지하는 데 필요한 기술을 포함한다. 사회적 지능은 대인간 상황에서 적절한 사회적 행동, 사회적 기술, 좋은 민족적 판단을 이해하기 위한 능력을 포함한다.

환경은 그 사람이 살고, 학습하고, 놀고, 일하고, 사회화되고, 상호작용하는 특수한 상황으로 개념화된다. 환경은 그 아동과 같은 나이 또래들에게 전형적인 것이어야 하고, 그 아동의 사회경제적 배경에 적절한 것이어야 한다. MR은 글자 뜻 그대로 그 사람이 특별한 지원 서비스가 없이도 지역사회에서 잘 기능할 수 있을 때는 존재하지 않는다. 그러나 만약 보호작업장(sheltered workshop)이나 기관의 돌봄과 같은 특수한 지원이나 서비스를 필요로 한다면, 그 사람은 정신적으로 지체된 것으로 간주될 수 있다.

AAMR은 더 나아가 진단이 손상수준을 MR 아동이 환경에서 기능하게 해주는 데 필요한 지원서비스의 범위로 구체화할 것을 요구한다. 손상수준에는 간헐적(intermittent), 제한적(limited), 광범위한(extensive), 전반적(pervasive)인 네 가지 수준이 있다. 예를 들면, 한 아동은 학업과정에서의 특수한 지도만 필요로 하지만 다른 아동은 24시간 보호양육이 필요할 수도 있다.

AAMR 개정에 따르면, MR 기간이 일생일 필요는 없다. 만약 환경이 덜 요구적이 되고—말하자면, 아동이 학교를 떠나는 경우에—아동이 환경에 적응한다면, MR을 "벗어나게 된다." 여기서 IQ 점수로 측정된 지적 기능은 아동기부터 매우 안정적이며 변하지 않는다는 것에 주목하는 것이 중요하다. 그러나 발달과정에서 변하는 것은 지적 한계가 기능에 미치는 영향이다.

학교에서는 학업관련 기술이 부족해 실패했지만, 그런 종류의 기술을 요구하지 않는 직업에서 성인은 자신의 적소(niche)를 찾고 적응을 잘하게 된다. 그러므로 그 사람은 IQ가 낮지만 어떤 면에서도 한계나 어려움을 확인할 수 없다.

마지막으로 AAMR의 개념화는 MR이 정신병리가 아니라고 분명하게 말한다. 게다가 그 정의는 MR이 행동문제의 위험을 갖게 한다고 절대로 시사하지 않는다. 그 정의의 핵심은 그 아동이 환경에 적응하는가 혹은 적응하지 못하는가이다. 또한 이 정의는 정신병리를 적응실패로 개념화하는 새로운 방식을 제공한다.

DSM-IV-TR 준거

DSM-IV-TR(2000) 준거는 세 개의 특징을 갖는다. 그것은 (1) IQ 70 이하인 점수로 정의된 평균 이하인 지능, (2) 적응행동에서의 결함, 그리고 (3) 전형적으로 18세 이하로 정의되는 조기발병(**표 4.1** 참조)이다.

표 4.1 정신지체에 대한 DSM-IV-TR 준거

A. 현저하게 평균 아래인 지적 기능: 개별적으로 실시된 IQ 검사에서 대략 IQ가 70 이하(영아의 경우는 현저하게 평균 아래의 지적 기능이라는 임상적 판단)
B. 다음 영역들 중 적어도 두 개 영역에서의 현재 적응기능(예: 한 사람이 자기가 속한 문화에서 그 나이에 기대하는 기준을 충족시키는 데에서의 효율성)의 결함이나 손상: 의사소통, 자조(self-care), 가정생활, 사회적/대인관계기술, 지역공동체의 자원 이용, 자기지시, 기능적인 학업기술, 일, 오락, 건강, 안전.
C. 발병이 18세 이전이다.

지적 손상수준을 나타내는 심각성의 부호 등급:

가벼운 정신지체:	50~55에서 대략 70까지의 IQ 수준
보통의 정신지체:	35~40에서 50~55까지의 IQ 수준
심한 정신지체:	20~25에서 35~40까지의 IQ 수준
매우 심한 정신지체:	20~25 이하의 IQ 수준

출처: DSM-IV-TR(미국정신의학협회, 2000)에서 인용함.

지적 결함

MR의 첫 번째 준거는 평균보다 현저하게 아래인 전반적 지적 기능이다. DSM은 70이라는 IQ 기준점수를 설정하여 정신지체 범위에 있는 지능을 결정한다.

DSM은 IQ 점수를 지체수준에 따라 더 정교한 분류를 하는 데도 사용한다(좀 더 세부적인 정보에 대해서는 **글상자 4.1** 참조).

1. 가벼운 정신지체(mild MR): IQ 55에서 70까지. 지체를 가진 사람의 85% 정도가 이 수준이다. 이 사람들은 십대 후반에 대략 6학년 수준의 학업기술을 획득하며 지역사회에서 독립적으로 살거나 관리 받는 환경 안에서 성공적으로 살아갈 수 있다.
2. 보통의 정신지체(moderate MR): IQ 40에서 54까지. 이 사람들 중에서 일부는 지원서비스를 거의 필요로 하지 않으나, 대부분은 일생을 통해 어느 정도 도움을 필요로 한다. 그들은 관리 받는 상황에서 공동체 생활에 잘 적응한다.
3. 심한 정신지체(severe MR): IQ 25에서 39까지. 이 사람들은 어떤 "생존" 단어들을 읽는 것을 배울 수 있긴 하지만, 학업기술을 숙달하기에는 능력이 모자란다. 성인이 되면 감독하에 간단한 과제를 할 수 있게 되며, 가족과 함께 살거나 그룹 홈에서 살면서 공동체에 적응한다.
4. 매우 심한 정신지체(profound MR): IQ 25 이하. 이 사람들은 일생 동안 내내 돌봄과 도움을 필요로 한다. 그리고 기초적인 먹기, 배변, 옷 입기 기술을 가르치기 위해서 집중적인 훈련이 필요하다. 거의 대부분이 지체에서 기질적 원인을 보인다.

글상자 4.1 Developmental Differences in Mental Retardation and Down Syndrome

수준	학령전기(출생에서 5세까지)	학령기(6~21세)	성인(21세 이상)
가벼운 정신지체 (IQ 50~70)	사회적·언어적 기술이 발달할 수 있다; 감각운동영역의 지체는 덜하다; 나이가 들 때까지 정상과 거의 구별되지 않는다.	십대 후반 경 대략 6학년 수준의 학업기술의 학습이 가능하다; 일반적인 고등학교 과목 학습은 불가능하다; 특수교육이 필요하다. 특히 중등학교 수준에서 필요하다.	적절한 교육과 훈련을 하면 사회적·직업적으로 적절하게 기능할 수 있다; 심각한 사회적 또는 경제적 스트레스를 받을 때는 지도가 자주 필요하다.
보통의 정신지체 (IQ 35~49)	말할 수 있거나 의사소통을 배울 수 있다; 빈약한 사회적 인식; 양호한 운동발달; 자조훈련이 도움이 된다; 중간 정도 감독으로 관리될 수 있다.	특수교육을 받는다면 십대 후반 경에 대략 4학년 수준까지 기능적 학업기술의 학습이 가능하다.	비숙련 또는 반숙련 직업을 유지하는 것이 가능하다; 약한 사회적 또는 경제적 스트레스가 있을 때 감독과 지도가 필요하다.
심한 정신지체 (IQ 21~34)	운동발달이 빈약하다; 말은 아주 조금 한다; 일반적으로 자조훈련이 도움을 줄 수 없다; 의사소통기술이 거의 없다.	말할 수 있거나 의사소통을 배울 수 있다; 일차적 건강습관 훈련을 할 수 있다; 기능적인 학업기술 학습이 불가능하다; 체계적인 습관 훈련이 도움이 될 수 있다.	완전한 감독하에 부분적으로 자활이 가능하다; 통제된 환경 안에서 최소한의 유용한 수준까지 자기보호 기술을 발달시킬 수 있다.
매우 심한 정신지체 (IQ 20 이하)	총체적 지체를 보인다; 감각운동영역의 기능에서 최소한의 역량을 갖는다; 보육이 필요하다.	일부 운동발달이 있다; 자조훈련이 도움이 안 된다.	일부 운동발달과 말 발달을 한다; 전체적으로 자활이 불가능하다; 완전한 돌봄과 감독이 필요하다.

출처: Sattler(1982)에서 인용함.

적응행동

DSM-IV-TR의 두 번째 준거는 의사소통, 자조, 사회적 기술과 같은 영역에서 그 사람이 속한 문화집단이 정한 연령에 맞는 규준(age-appropriate norms)에 따라 기능하는 것이 불가능한 것이다.

AAMR과 DSM 접근의 비교

AAMR의 1992년도 개정은 처음부터 논쟁의 여지가 있었고 오늘날까지 다른 기관이나 전문가들, 연구자들에 의해서 받아들여지지 않았다. AAMR의 권장사항들 모두가 DSM-IV-TR에 의해 채택되지 않았음을 볼 수 있다.

우리가 주목해야 할 첫 번째 차이는 두 정의에서 MR을 확인하는 데 사용하는 경계점수이다. AAMR의 결정은 MR을 정하는 지적 수준을 결정할 때 IQ 점수의 기준점을 70에서 75

로 올린 점에서 논쟁을 야기한다. 이것은 가벼운 조정으로 보일 수 있다. 하지만 IQ 점수는 벨 곡선을 이루기 때문에 실제로는 MR 범주에 들어가는 사람들 수를 2배로 만들게 된다. DSM-IV-TR을 개발한 사람들도 대부분의 임상가와 연구자들처럼 이 권고를 무시했다.

AAMR 정의에 대한 다른 비판은 AAMR 정의가 10개 적응행동영역 중 2개 영역에서의 결함을 요구하고 있는데, 이것들이 어떤 경험적 근거로도 확인되지 않고 이런 특정 영역을 측정하는 규준과 표준화된 척도가 존재하지 않는다는 점이다(State, King, & Dykens, 1997). 또한 문제가 되는 것은 보편적인 지체수준 분류(가벼운, 보통의 등등)를 배제하고 지원서비스가 얼마나 필요한가에 따라 정해지는 손상수준으로 대체한 점이다. 이런 수준들을 규정하는 목록으로 이루어진 규준이 있기는 하지만 그것들을 측정할 객관적 방식은 없다. 수준 배정이 임상적 판단에 의존하기 때문에, 불확실성과 오진의 기회가 증가한다. 더욱이 정신지체수준과 지원서비스에 대한 요구가 같을 수 없다는 증거가 있다. 특히 지원요구가 상황에 따라 다른 가벼운 정신지체 아동들에서 그렇다.

다른 한편으로 AAMR의 시도는 정신지체와 관련된 낙인을 줄이려는 시도로 찬사를 받았다.

이러한 진단체계들이 만들어졌고 둘 중 어느 것도 아직 명쾌하지 않기 때문에 몇몇 다른 개념적 이슈들이 생겼다. 점차로 지능의 모델들이 다면적이 되고 있다. 그 모델들은 다차원적인 틀 안에서 인지능력을 측정해야 한다. 왜냐하면 단 하나의 요약 점수는 믿을 만한 지수가 되지 못하기 때문이다. IQ 개념 자체가 문제가 된다. 부분적으로는 이 숫자가 변하지 않는 것이고 개인 잠재력의 절대적 한계를 설정한다는 널리 퍼진 오해 때문이다. 실제로 아동들에게 일반적으로 사용되는 지능검사 중 하나인 Stanford-Binet 검사의 최근판인 4판(1986)은 IQ라는 용어를 완전히 버렸다. 반면에 가장 최근의 웩슬러 아동용 지능검사 IV판(2003)은 종합적 IQ 점수를 포함하는데, 이 검사의 개발자들은 영역-특정적 지수점수를 더 강조한다. 우리는 16장에 있는 평가를 토론할 때 이런 검사들 모두와 그 검사들이 찾아낸 지능의 재개념화에 대해 말할 것이다. 그 사이에 다중지능의 새로운 재개념화의 관점에서 MR 정의가 어떻게 개정되어야 하는지에 대해 숙고하는 것은 흥미 있는 일이다.

3. 특성

유병률

'얼마나 많은 아동들이 MR 범주에 들어가는가'라는 질문은 물론 MR의 정의에 달려 있다. 진단준거로 IQ 점수만을 사용하는 것은 우리가 본 바와 같이, 기준점을 70에서 75로 올린다면 유병률을 크게 변화시킨다. 70 이하라는 DSM 기준을 사용하면 전체 인구의 3%가 정신지체로 분류된다.

그러나 IQ 점수는 MR 진단에 중요한 다른 요인들을 무시한다. 그 요인들 중 가장 중요한 것은 적응행동이다. 부분적으로 가벼운 지체수준에서는 IQ와 적응행동 간에 상관이 높지 않다. 그래서 IQ 점수만으로는 MR 유병률을 과대추정하게 될 것이다. 또한 IQ 점수의 불안정성 때문에 과대추정이 생길 수도 있다. 왜냐하면 지금은 가벼운 지체인 아동들의 일부가 앞으로 평균 지능의 낮은 범위대의 점수를 받을 수 있기 때문이다.

마지막으로 MR을 탐지하는 우리의 능력은 아동연령과 관계가 있고, 발달의 후기에 더 민감하고 정확해진다. 특히 가벼운 정신지체인 아동들의 경우는 학업수행이 그들의 한계를 눈에 띄게 만드는 학령기가 될 때까지 확인되지 않기 쉽다. 그러므로 유병률은 학령전기에는 낮은 경향이 있고 학령기에 점차적으로 높아지며 초기 청소년기에 정점에 이르고 그 이후에는 낮아진다.

따라서 위의 요인들을 모두 고려할 때 MR의 유병률은 전체 인구의 약 2% 정도로 추정된다(Hodapp and Dykens, 2003).

성별

남아가 여아의 3배 정도로 많이 정신지체 진단을 받는다(Stromme & Hagberg, 2000). 성차는 아마 일반적으로 유전 관련 장애가 주로 여자보다는 남자와 더 관련 있다는 사실 때문일 것이다.

사회경제적 지위, 인종

MR은 소수민족을 포함하는 사회경제적으로 불리한 표본에서 더 많은데, 이것은 가벼운 MR인 아동들에게만 해당된다. 더 심한 수준의 MR은 다양한 경제 집단과 인종집단에서 거의 같은 정도로 발생한다(Hodapp & Dykens, 2003). 사회적 계층과 관련해서는, 낮은 사회경제적 지위에 있는 부모는 자녀들처럼 낮은 IQ를 갖는 경향이 있다는 사실에 아마도 유전적 효과와 환경적 효과가 영향을 줄 것이다.

인종차이에 대한 설명은 문화적 요인(예: 개인적 성취를 비교적 덜 강조함)과 환경적 요인(예: 빈곤과 자원에 대한 접근의 부족)을 포함한다(Turkheimer, Haley, Waldron, D'Onofio, & Gottesman, 2003). 예를 들면, Brook-Gunn과 동료들(2003)은 경제적 박탈의 효과, 자극이 적은 가정환경, 어머니가 어리고 교육을 받지 못한 것이 유럽계 미국인과 아프리카계 미국인 사이에 있는 IQ 차이를 71% 정도 설명한다는 것을 발견했다.

게다가 표준화된 IQ 검사는 소수집단 출신 아동들의 지능을 과소평가하는 측면으로 편향되었다는 우려가 있다. 이런 가능성을 인정한 일부 학교 시스템은 아동들의 교육지원서비스 요구를 평가할 때 IQ 검사를 사용하지 않는다. 예를 들면, 1970년대에 부모 옹호자들은 문화적으로 편향된 IQ 검사들의 사용이 소수집단 아동들에게 지나치게 많은 특수교육을 받게 만드는 결과를 가져온다고 주장하면서, 샌프란시스코 학교 시스템을 상대로 소송을 제기했다. 그 소송은 승소했고 캘리포니아 학교 시스템은 소수집단 학생들의 교육적 배치를 위한 IQ 검사 사용이 현재 금지되었다.

변별진단

MR인 아동들은 지적 능력은 낮지만 적응기술에는 문제가 없는 아동들과 구별되어야 한다. 실제로 MR이면서 어느 정도 고기능인 아동들은 자신을 돌보고 독립적으로 과제를 수행하는 것을 배우게 되면 그들의 발달 진전에 따라 MR 라벨을 버릴 수 있다. 비슷하게 MR은 특정 학업기술에 장애가 한정된 단순한 학습장애(7장 참조)와 구별되어야 한다. MR이 학습장애보다 더 전반적인 결함을 갖는다. 마지막으로 MR이 자폐장애와 함께 발생할 수 있긴 하지만(5장 참조), 그 둘은 자폐 아동의 제한된 사회적 관심과 기묘한 반복적 행동 때문에 대부분 구별될 수 있다. MR인 아동들은 종종 매우 사교적이고 우호적이다(First, Frances, & Pincus, 2002).

공병

MR이 심리장애를 발달시킬 위험을 증가시킨다는 좋은 증거가 있다. MR 아동들에서 공병의 추정치는 10%에서 50% 범위에 있다(Hodapp & Dykens, 2003). 연구들은 MR 범위에 있는 아동들이 정신적 장애를 일으킬 위험이 전형적인 발달을 하고 있는 아동들보다 3~4배 높다는 것을 발견했다(Sachs & Barrett, 2000). 공병장애는 폭넓은 스펙트럼에 걸쳐 있는데 공격성, 부주의/과잉활동성, 정신분열증, 자폐, 우울, 불안을 포함한다.

그러나 공병 가능성은 지체정도와 관련 있다(Einfeld & Tonge, 1996). 매우 심하게 지체된 집단의 아동들은 공병률이 낮다. 아마도 정서적 문제를 소통하는 그들의 능력보다 그들의 행동목록이 더 제한되어 있기 때문일 것이다. 지체수준은 나타나는 장애 종류에도 영향을 준다. 가벼운 지체인 아동들은 파괴적인 반사회적 행동이 우세하고 심한 지체 집단은 위축과 자폐적 행동을 보인다.

Einfeld와 Aman(1995)이 실시한 요인분석 연구의 요약은 지체 아동과 전형적인 발달을 하고 있는 아동들의 공병이 어떻게 다른지를 아는 데 도움이 된다. 두 집단 모두 위축, 공격성, 과잉활동성은 발달시켰으나 불안은 전형적인 발달을 하고 있는 아동들보다 MR인 아동에서는 드물다. 게다가 상동적 행동과 자해행동은 MR인 아동에서는 흔히 있었으나 지체가 아닌 아동들에서는 드물었다. 따라서 MR 아동의 위축은 다른 아동들에서처럼 불안을 수반하지는 않는 반면에, MR인 아동들의 공격성은 자해행동을 더 자주 수반한다. 요약하면, MR인 아동들에서의 문제들은 지체가 아닌 아동들과는 다르게 혼합되는 것으로 보인다.

MR에서 정신병리를 찾는 일에서의 어려움

Hodapp과 Dykens(2003)는 MR의 특성이 정신병리를 찾고 측정하는 것을 어렵게 만든다고 지적한다. 예를 들면, 분노발작, 과잉활동, 다른 사람들과 어울리지 않는 것 같은 어떤 행동문제들은 MR인 아동에게 공통적이긴 하지만 그 행동들이 정신병적 질환 자체를 나타내는 것은 아니다. MR인 사람들은 내적 정서상태를 나타내고 분명히 말하는 능력의 한계가 있다. 그것이 우울증 같은 내면화 장애의 진단을 방해한다. 흔히 우울증은 특히 주관적 경험의 자기보고에 의존해서 진단되는 질환이기 때문이다. 또한 관찰자의 평정은 보통 그 사람이 생활연령에 맞게 행동하는지에 대한 판단이 필요하다. MR인 사람은 실제로 자신의 정신연령에 맞는 행동을 보인다. 예를 들어, 학령전기 수준으로 기능하는 청소년은 전조작기의 전형적인 특징인 마술적 추리와 낮은 현실검증을 보여줄 것이라고 예측할 수 있다. MR 집단에 사용하도록 고안되고 규준이 만들어진 측정도구의 개발은 이 영역에서 이루어질 미래의 연구에 도움이 될 것이다.

4. 생물학적 맥락: 기질적 MR

병인이 MR을 두 유형으로 구분하게 한다. 먼저 이 부분에서 초점을 둘 **기질적 MR**(organic MR)은 혼합집단이다. 정신지체에는 1,000개 이상의 서로 다른 생물학적 원인이 있는 것으로 추정된다. 이것들은 유전적 이상, 산전 손상, 신경심리학적 이상을 포함한다. 기질적 MR인 아동들 대부분은 심한 손상을 입는다. 예를 들면, 보통에서 매우 심한 지체 사이의 범위에 있는 MR을 가져오는 원인의 77%가 기질적 요인들이다.

유전적 요인

많은 유전적 이상—실제로 1,000개 이상의 생물학적 원인들 중 750개 이상—이 정신지체를 가져오는데 그것들 각각은 독특한 신체적·인지적·행동적 특성의 세트로 이루어진 표현형을 갖는다(여기에서 우리는 Hodapp과 Dykens, 2003의 설명을 따른다). 다음은 유전적 요인으로 인해 생기는 가장 일반적인 세 개의 증후군이다.

다운증후군

다운증후군은 MR과 관련된 유전적 출생결함 중 가장 흔하다. 유병률은 1,000번의 출생당 1~1.5회다. 21번째 염색체가 정상아들은 2개인데 다운증후군인 아동들은 3개이다. 그래서 그 병을 "3염색체성 21(trisomy 21)"이라고도 부른다. 최근에 21번 염색체의 위험한 부위가 확인되었고, 염색체의 옆부분에 있는 이 부위에 대한 가용한 지표는 임상의들이 3염색체가 아닌 약간의 전위와 염색체 이상을 갖는 다운증후군의 사례를 확인할 수 있게 해준다(King, State, Shah, Davanzo, & Dykens, 1997). 그래서 다운증후군의 유전적 근거가 확장되었다.

이 장애는 넓은 얼굴, 비스듬한 눈, 평평한 코로 이루어진 얼굴 특성 때문에 몽고증이라고 불렸었다(**글상자 4.2** 참조). 다운증후군인 아동들의 인지적 그림은 정신적 성장의 감소를 포함하며 전체 다운증후군 집단의 평균 IQ는 약 50이다. 그들의 사회적 지능은 높은 경향이 있으나 말과 문법에 대한 이해는 낮다.

일부 연구들은 행동측면에서 이런 그림이 나이가 들어감에 따라, 그리고 청소년기에는 때때로 공격성을 수반하면서 덜 긍정적이 된다고 주장하지만, 전형적인 다운증후군 아동은 친절하고 사교적이다. 그러나 일반적으로 다운증후군 아동들은 낮은 수준의 행동장애를 갖는 경향이 있다.

다운증후군 아동은 즐거운 놀이친구가 될 수 있다.

취약 X 증후군

취약 X 증후군(fragile X syndrome)의 유병률은 1,000번의 출생당 0.73~0.92회이다. 이 병은 X염색체의 약한 부분 때문에 생기며, 여자보다는 남자에게 더 많이 발생한다. 진보된 분자유전학 분야의 최근 연구는 취약한 X 표현형의 일부 특성들이 영향을 받은 (FMR-1) 유전자가 만드는 프로테인의 양 때문일 수 있다고 주장한다. 만들어지는 프로테인의 양이 작을수록 MR의 수준은 더 커진다(Tassone et al., 1999).

인지적으로 남아들은 사춘기가 시작되면서 늦어지는 발달과 함께 보통 정도의 지체를 보인다. 반면에 여아들이 취약 X 증후군에 걸렸을 때는 MR이 분명하게 나타나지 않는다. 그런 아동들은 그림 인지와 같은 총체적 게슈탈트적 정보처리를 요구하는 과제들은 잘 하지만, 청각적 단기기억과 같은 순차적 추리를 요구하는 과제는 잘하지 못한다. 행동적으로는 그 아동들은 과잉활동적이거나 보속적이고 상동적인 행동, 사회적 위축, 응시회피 같은 자폐적인 특성을 보이는 경향이 있다.

프라더-윌리 증후군

프라더-윌리 증후군(Prader-Willi syndrome)은 많은 경우에 15번째 염색체 부분의 이상으로 인해서 생기며 1,500번의 출생당 1회 정도로 발생한다. 이 증후군을 갖는 아동들의 사례 중 70%는 아버지 쪽에서 받은 15번째 염색체에 극히 작거나 초현미경적인 삭제가 있다. 반면에 나머지 30% 사례들에서는 어머니 쪽 15번 염색체의 사본이 두 개가 있고 아버지 쪽 염색체는 없다. 두 경우 모두에서 아동은 아버지 쪽에서 전달받은 유전적 재료가 상실되었다.

글상자 4.2 사례 연구: 다운증후군

외떨어진 산간 지방에서 Dan이 태어났을 때 엄마 나이는 37세이고 아버지는 40세였다. 출생시 조산사는 Dan의 신체적 특징(불균형적이고 이상한 눈, 귀, 손, 발)을 즉각 알아보고 Dan의 어머니에게 Mountain 의료클리닉에서 검사해보라고 말했다. 그곳의 의사는 Dan이 다운증후군이라고 진단했다.

대부분의 부모가 다운증후군 자녀를 가지면 매우 걱정을 하는데, Dan의 부모는 놀랍게도 그 일로 해서 마음이 흔들리지 않았다. 그들은 지적 성취를 특별히 가치 있다고 여기지 않았고, Dan은 다른 다운증후군 아이들이 그런 것처럼 문제행동을 보이지는 않았다. Dan은 집 뒤에 있는 숲에서 노는 것에 만족했고 집 안에 있을 때는 여러 시간 동안 TV 앞에서 장난감을 가지고 앉아 있었다. 또한 다행히도 Dan은 대부분의 다운증후군 아이들이 고통을 겪는 의학적 문제가 많지 않았다. 그는 간에 문제를 약간 가지고 있었는데 많이 심각하지 않았으며 호흡기 질환에 걸리기 쉬운 것으로 보였다.

Dan은 보육시설이나 유치원에 다닌 적이 한 번도 없었다. 그가 1학년에 입학했을 때, 교사는 그의 지적 결함을 분명히 알 수 있었다. 교사는 학교심리학자에게 Dan의 심리검사를 의뢰했다. 학교심리학자는 아동용 웩슬러 지능검사를 실시했는데, Dan의 IQ 점수는 61이었다. 이 점수는 Dan이 "가벼운" 정신지체수준임을 말해주며 평균적인 다운증후군 아동들이 획득하는 IQ 점수보다 높았다. 그러나 그가 표준적인 학급에 배치될 수 없다는 것은 분명했다. 그래서 Dan은 특수학급에 배치되었다. Dan은 어떤 학업기술 영역에서도 2학년 이상의 수행을 하지는 못했지만 즐겁게 학교를 다녔고 적당한 진전을 보였다. 학업수행이 낮았던 것은 부분적으로는 Dan의 부모가 집에서 공부하는 것을 전혀 격려하지 않았기 때문이다.

14세가 되었을 때 Dan은 40파운드 과체중이었다. 그는 늦게 엄격한 다이어트와 운동 계획에 배정되었다. 그의 건강은 분명히 감퇴하고 있었다. 그러나 Dan의 몸무게가 줄고 더 적극적이 되자 그의 건강은 향상되었다. Dan은 재학 기간을 지내고 큰 문제가 없이 청년기고 들어갔으며, 심지어 이웃들에게 쉬운 파트타임 일을 해주고 있었다.

Dan은 계속해서 집에서 살았다. 그는 30세가 되었을 때 정서적 악화의 징후를 보이기 시작했다. 그는 설명할 수 있는 이유도 없이 안절부절못하고 분노발작을 일으켰다. 다른 때에는 전혀 의사소통이 되지 않았다. 그는 더 많은 의학적 문제를 갖게 되었으며 36세에 폐렴으로 죽었다.

출처: Meyer(1989)에서 인용함.

프라더-윌리 증후군을 갖는 아동들의 인지적 그림은 가벼운 정도의 지체를 포함한다. 그러나 일부 비언어적 기술은 완전하게 남아 있으나 언어적 영역에 주로 결함이 있다. 예를 들면, 이 장애를 갖는 아동들의 독특한 특성은 조각그림 맞추기를 아주 능숙하게 하는 것인데, 전형적인 같은 나이의 아동들보다 더 빠르게 완성한다(Dykens, 2002).

행동적 그림은 나이가 듦에 따라 변한다. 영아기에는 현저한 발달지체를 보이거나 잘 자라지 못하게 만드는 섭식문제를 보일 수 있다. 2세에 시작하여 6세까지 아동들은 먹는 일에 몰두하기 시작하고(식욕항진증이라 부름) 비만이 되기 쉽다. 발달의 초기에 이 증후군을 갖는 어린 아동들은 다정하고 유쾌한 것으로 기술되나, 식욕항진증의 시작은 행동문제의 증가를 가져온다. 행동문제는 고집이 셈, 분노발작, 충동성, 낮은 활동성을 포함한다. 물건 쌓아놓기, 강박적으로 말하기 및 질문하기, 과도한 순서 맞추기와 재정리하기, 반복되는 의식과 같은 강박신경증 증상도 종종 보인다(Dykens, Leckman, & Cassidy, 1996).

최근의 증거는 프라더-윌리 증후군의 기저에 있는 두 개의 다른 기제들이 서로 다른 행동적 표현형을 나타낸다고 주장한다. 아버지 쪽 15번 염색체가 삭제된 경우에는 어머니 쪽 15번 염색체를 두 개 갖는 경우보다 부적응적인 행동과 인지적 결함을 더 많이 갖는 경향이 있다. 그러나 앞의 범주에 드는 아동들만이 다른 경우와 달리 조각 맞추기를 매우 숙련되게 하는 독특한 기술을 갖는 것으로 밝혀졌다(Dykens, 2002).

이런 기술들이 보여주듯이 서로 다른 유전적 원인은 다양한 기능 영역에서의 상대적인 강점과 약점을 전부 갖춘, 다른 종류의 MR을 가져온다. Hodapp과 Dykens(2003)이 주장하듯이 이 영역에서의 연구 진전은 연구자들이 MR을 하나의 실체로 다루기보다는 다양한 유형이 있는 장애라는 것을 알아야 한다고 요구한다.

산전/산후 요인

많은 산전, 산후 요인들이 중추신경계에 손상을 주어서 MR을 가져올 수 있다. 임신 초기 3개월 동안에 임신부가 풍진(rubella, 독일 홍역)에 걸리면 많은 손상을 일으킬 수 있다. MR은 그 중 하나다. 매독은 MR의 다른 원인이다. 임신 초기 몇 개월 동안에 많은 양의 방사선에 노출되는 것, 만성적 알코올 중독, 연령(35세 이상), 임신기간 전반에 걸친 심한 정서적 스트레스는 영아가 MR이 될 위험을 증가시키는 수많은 모성요인들이다. 소아 에이즈, 태아 알코올 증후군, 자궁 안에서 약물에 노출되는 것도 MR과 관련 있다.

조산과 산전 질식(출산 동안이나 출산 직후의 산소 결핍)은 MR을 가져올 수 있는 출생 위험이다. MR을 가져오는 산후요인들은 뇌염과 뇌막염(세균, 바이러스 혹은 결핵균 감염의 결과로 생긴 뇌의 염증)이다. 특히 이런 것들이 영아기 동안에 발생할 때 MR이 된다. 아동기 전체에 걸쳐서는 머리손상(가장 일반적으로 자동차 사고나 아동학대에 의해서 생긴다), 감염, 발작 장애, 독성물질에의 노출이 정신지체를 가져온다.

신경학적 요인

뇌 구조와 뇌 발달에 대한 연구들이 다른 유형의 MR에 있는 다양한 이상의 위치를 정확히 지적하기 시작하고 있다. 예를 들면, 다운증후군에서 뇌 영상 연구들은 출생시에는 정상적 모습이던 뇌가 발달하면서 부피가 감소하는 것을 보여준다(여기서 우리는 Pennington, 2002의 연구를 따른다). 생의 초기 수개월 동안 다운증후군 아동들은 수초화의 지연을 보이며 소뇌와 전두엽의 성장이 감소한다. 성인기에는 뇌가 소두가 되며 알츠하이머병의 특징을 많이 보인다.

다운증후군의 소두와는 대조적으로 취약 X 증후군 아동들은 뇌 부피가 크다. 그것은 뇌가 정상발달에서 일어나는 과다한 비효율적 신경연결을 "가지치기"하는 데 실패했음을 나타낸다. 흥미롭게도 이것은 자폐적인 뇌에서 보이는 특징이기도 하며, 취약 X 증후군인 아동들은 자폐적인 행동을 종종 보인다. 취약 X 증후군은 뇌척수액의 과도한 분비의 결과일 수 있는 뇌실 확장과 마찬가지로 소뇌 후부 영역의 크기 감소와도 관련 있다. 그 부위는 감각운동 통합의 손상과 관련 있다.

5. 문화적 맥락: 가족성 정신지체

가족성 정신지체

앞부분에서 기술한 기질적 원인을 갖는 MR 유형과는 대조적으로 모든 MR 사례의 거의 반은 분명한 생물학적 원인이 없으며 **가족성 정신지체**(familial retardation) 혹은 **가족문화적 정신지체**(familial-cultural retardation)라고 부른다.

이런 종류의 MR의 특성들은 보통 가벼운 지체수준을 포함하며 IQ가 45에서 50보다 낮은 경우는 드물다. 이 사람들은 학령기 전후에 일반적인 사람들과 어울리기 쉽다. 가족성 지체는 소수집단과 낮은 사회경제적 지위를 가진 사람들에서 더 많이 발생한다. 부모 중 한 사람이나 두 사람 모두가 MR이기 쉽다.

그러나 가족성 지체를 가져오는 원인은 격론이 되고 있다. 생물학적 측면에서는 지체인 사람들이 아직까지 확인되지 않은 찾아내기 어려운 작은 신경학적 문제를 갖는다고 가정한다. 이와 반대로 환경론자들은 지적 성장을 위험에 처하게 하는 낮은 사회경제적 지위의 특성—출산 전후의 위험, 부적절한 건강관리, 대가족, 개인적 관심의 부족과 책이나 학교-준비 게임과 같은 성장 촉진물이 부족한 비구조화된 가정환경—을 강조한다. 마지막으로 통계학자들은 가족성 지체는 단지 지능의 벨 모양 곡선에서 더 낮은 쪽 끝부분을 나타낼 뿐이라고 주장한다. 그러나 그동안 쌓인 지식은 정신지체가 환경적 요인과 유전적 요인을 모두 포함하며 각각의 기여는 거의 같다고 주장한다(Pennington, 2002).

진정한 원인이 무엇이건 간에 가족성 MR은 기질적 MR과 분명히 대비될 수 있다. 기질적 MR은 중간 정도에서 심한 정도의 지체가 되는 경향이 있는 기질적인 원인으로 인한 것이고, 모든 인종집단과 사회경제적 수준에서 발생하기 쉬운 MR이다. 이와 반대로 가족문화적 범주에 있는 MR은 가벼운 지체이고 소수집단과 낮은 사회경제적 수준에서 발생하기 쉽다. 더 나아가 유전적 범주에 속하는 아동의 정신지체는 명확한 기질적 병인을 가지는 반면에 가족문화 범주의 아동들은 기질적 요인과 환경 요인 모두가 포함된다.

위험요인

가족성 지체의 원인들은 알려져 있지 않지만 아동들을 지체가 될 위험에 처하게 하는 환경 변인들에 관한 자료는 있다. Sameroff(1990)는 동일한 생물학적 지위에 있는 아동들의 지적 기능을 결정하는 것은 위험의 종류가 아니라 위험의 수라고 가정했다. 그는 기존 연구에서 그러한 위험 10개를 뽑아냈다. 그것은 어머니의 정신병, 아동발달에 대한 경직된 가치관, 대가족, 아주 적은 교육 등을 포함한다. 종단연구 자료를 사용하여, 그는 4세일 때 위험요인이 없는 아동의 IQ가 위험요인을 8개 혹은 9개 가진 아동의 IQ보다 30점이 더 높다는 것을 발견했다. 일반적으로 위험요인이 증가함에 따라서 IQ는 내려간다. 예를 들면, 여러 개의 위험요인을 가진 가족에서서는 24%의 아동들이 IQ 점수가 85 이하이다. 반면에 낮은 위험 가족에서서는 그렇게 IQ가 낮은 아동이 없다.

Sameroff 연구(1990) 자료의 심층 분석은 어떤 단일 위험변인이나 단일 변인패턴도 지적 수행을 감소시키지 못함을 밝혀 주었다. 오히려, 가족마다 여러 개의 다른 위험요인들을 갖고 있었다. 낮은 사회경제적 지위에 있는 집단이 위험요인이 많은 가족을 더 많이 포함하지만, 위험요인이 많은 중류계층과 상류계층 가족도 동일한 정도로 자녀의 지적 성장을 손상시켰다. 마지막으로 Sameroff는 어린 나이에 자녀의 수행을 해쳤던 동일한 환경적 결핍이 자녀가 13세가 되었을 때에도 계속 수행을 해치고 있음을 발견했다.

그러나 높은 위험에 처한 아동의 20%가 그 집단의 운명에 붙잡히지 않고 이를 극복했기 때문에 그 그림은 전체적으로 비관적인 것은 아니었다. 더 좋은 결과를 가져오는 변인들은 부모의 규제, 규칙의 명료함, 정서적 온정이다. 이런 권위적 양육패턴이 환경적 위험을 없앨 만큼 충분히 강력했다.

6. 가족 맥락

부모-자녀 관계

MR인 자녀를 둔 부모에 대한 최근 연구들은 병리를 강조하는 것에서 병리가 주는 스트레스와 대처하기 쪽으로 이동했다. 예를 들면, 부모 반응은 우울증과 슬픔이라는 말로 기술되어지곤 했다. 현재는 연구자들이 지체를 가족체계에 추가된 하나의 스트레스 요인으로 간주하고 부모가 사용할 대처기법을 찾는다. 이 새로운 접근은 부정적인 결과만큼이나, 부모를 서로 가깝게 해주거나 불리한 병을 가진 아이에게 형제가 공감을 하고 관심을 갖도록 하는 것과 같은, 긍정적인 결과도 가져온다(여기서 우리는 Hodapp과 Dykens, 2001를 따른다).

이 접근을 개념화한 모델을 이중 ABCX(Double ABCX)라 부른다(Minnes, 1988). X는 MR인 자녀를 갖는 것의 스트레스를 나타낸다. 그리고 그 스트레스는 아동의 구체적인 특성들(또는 A), 그 가족의 내적 자원과 외적 자원(또는 B), 그리고 가족이 아동에 대해서 갖는 지각(또는 C)의 함수이다. 이중은 그 모든 요소들이 시간 흐름에 따라 변하게 되는 사실을 설명하는 발달적 차원을 나타낸다. 이 모델은 더 구체적으로 알아볼 만한 가치가 있다.

아동의 특성

지금까지 보아온 것과 같이, 다른 유형의 MR을 갖고 있는 아동들은 다르게 행동할 수 있다. 발달정신병리학적 개념인 교류에서 설명하는 바와 같이, 이러한 차이는 부모 행동에 영향을 준다. 예를 들면, 프라더-윌리 증후군인 아동의 가족이 갖는 스트레스는 과식, 피부 꼬집기, 잠을 더 많이 자기, 물건 모으기와 같은 프라더-윌리 증후군 특유의 행동들과 관련된다는 것이 발견되었다(Hodapp, Dykens, & Masino, 1997). 초기에는 연구자들이 다운증후군인 자녀를 둔 가족들은 다른 종류의 MR인 자녀를 둔 가족들보다 더 단결되어 있고 조화로우며, 어머니들은 스트레스를 덜 경험하고 더 만족스러운 사회망을 가진다고 믿었다. 그러나 기존 연구에서의 방법론적 결함을 제거한 지금은 다운증후군 자녀를 양육하는 것과 관련된 스트레스가 다른 장애를 가진 자녀를 양육하는 스트레스와 다르지 않다는 증거가 있다(Cahill & Glidden, 1996). 그러나 이 연구는 다운증후군 자녀를 갖는 모든 가족의 평균적인 적응이 지체가 아닌 자녀를 둔 가족의 규준에 이르거나 거의 가까울 정도로 매우 좋음을 발견했다. 다운증후군 표현형의 구체적 특성들인 행복한 성향, 다정한 특성, 사교성은 긍정적인 부모-자녀 관계를 만들고 그것은 다시 가족 스트레스 발생률을 낮춘다.

내적 자원과 외적 자원

부모가 대처하는 것을 가능하게 해주는 일부 요인들은 분명하다. 유복한 부모는 가난한 부모보다 대처를 더 잘하고, 양 부모가 모두 있는 경우가 편부모보다 더 잘 대처하며, 조화로운 결혼관계에 있는 어머니가 갈등적인 결혼관계에 있는 어머니보다 더 잘 대처한다. 더 흥미로운 것은 아버지와 어머니가 도와달라는 지원의 종류가 서로 다르다는 연구결과이다. 어머니들은 자녀의 병에 대한 더 많은 정보와 아동 양육에서의 도움과 함께 사회-정서적 지지를 더 많이 요구하는 반면에, 아버지들은 자녀를 양육하는 데에 드는 재정적 비용에 더 관심이 있다. 어머니들은 가까운 지지적 사회망으로부터 도움을 받는 반면에, 아버지들은 광범위하고 비판적이지 않은 사회망을 가질 때 더 잘 대처한다.

아동의 지각

여기서 우리가 제시하는 예들은 어머니와 자녀 간의 의사소통에 대한 연구에서 나온 것이다(Hodapp & Zigler, 1995 참조). 지체인 자녀를 둔 어머니와 지체가 아닌 전형적인 발달을 하고 있는 자녀를 둔 어머니 모두가 자녀들이 말을 배울 때는 문장을 짧게 하고, 핵심 단어들을 강조하며 반복한다. 그러나 정상 자녀를 둔 어머니들과는 달리 MR인 자녀를 둔 어머니들은 더 지시적이고, (대화로의) 초대를 더 많이 주도하며, 아이의 말을 무시한다. 이와 대조적으로, 지체가 아닌 자녀를 둔 어머니와 자녀 간의 상호작용은 보다 더 쾌활하고 자발적이고 덜 목표지향적이다. MR인 자녀를 둔 어머니의 그러한 행동은 자녀의 말을 배우는 능력에 대한 걱정과 함께 자녀를 가르칠 필요가 있다는 자신의 지각에 의해서 유발된다. 모순되게도 그 어머니의 강제성은 자녀의 의사소통 어려움을 더 증가시키는 위험을 무릅쓴다는 것이다. 실제로 어떤 치료프로그램은 어머니를 이완시키고 어머니가 자녀를 더 많이 모방하게 하는데 목적을 두며, 그렇게 함으로써 아동이 말을 배우는 데 더 적극적인 역할을 하게 해준다.

발달 차원

MR인 자녀를 양육하는 것에 대한 부모의 반응과 성공적인 적응은 발달경로에 따라 변한다. 부모는 각 발달적 이행마다 슬픔의 단계를 통과한다. 자녀가 현저한 발달적 이정표를 달성하지 못할 때 상실감에 다시 부딪친다. 예를 들면, 출생 후 4개월경은 다운증후군 자녀가 보이는 상황과 맞지 않는 미소와 기죽은 정서가 지체가 아닌 영아들의 열정적이고 즐거운 반응과 다운증후군 아동의 반응을 다르게 보이게 하는 시기인데, 이 시기에 다운증후군인 자녀를 둔 어머니에게서 우울증이 나타날 수 있다(Hodapp & Zigler, 1995). 우울반응은 자녀가 11세에서 15세 사이(사춘기에 들어감)나 21세(성인기로 들어감)에 다시 나타날 수 있다. 자녀를 독립적이 되도록 준비시키기 위해서, 아동기 중기부터 부모는 자녀와 거리를 두기 시작한다.

7. 사회적 맥락

적극적으로 거부되기보다는 무시되는 경향이 있기는 해도, MR을 가진 아동들은 전형적으로 발달하고 있는 또래들에게서 수용받지 못한다는 증거가 있다(Nabors, 1997). 전청소년기(preadolescence)* MR 아동들의 우정 패턴도 다르다. 전형적인 전청소년기 청소년들의 우정은 개입 수준이 높은 것이 특징인데, 이것은 잦은 언어적 의사소통, 의사결정의 공유, 함께 웃기와 같은 높은 정서적 수준의 상호반응성으로 나타난다. 정상인 전청소년기 청소년과 가벼운 지체인 전청소년기 청소년과의 우정은 개입 수준이 낮은데, 그들은 종종 독립적으로 작업하며 함께 웃는 일은 드물다. 요약하면 그 아동들은 친구라기보다는 동료 같아 보인다(Siperstein, Leffert, & Wenz-Gross, 1997).

사회인지

또래 수용을 받지 못한 것은 통상적으로 MR인 아동이 사회적 능력 수준이 낮기 때문이라고 생각한다. 사회적 능력이 여러 방식으로 개념화되고 많은 변인들을 포함하지만, 연구들은 주로 사회인지 변인에 관심을 두어 왔다. 사회인지는 지능과 적응행동 사이에 놓여 있는 연결점이다.

MR인 아동들은 지체가 아닌 아동들과 비교해서 조망수용이 덜 발달했으며, 사회적 단서

---

*역자 주: 아메리칸 헤리티지 사전 2000년판은 9세에서 12세 사이의 어린이를 전청소년기(preado-lescent)라고 해석하고 있다. 같은 의미로 서브틴(subteen)도 쓴다는 설명이 붙어 있다. 한편, 웹스터 사전 1997년판은 10세에서 13세 사이의 소년/소녀를 지칭하는 것이라고 뜻풀이를 달았다. 연령대 범위는 조금씩 다르게 규정하지만 영어권에서 프리틴(preteen)은 '어린이(children)'도 '청소년(adolescents)'도 아닌 중간지대의 나이, 그러한 정체성을 갖고 있는 세대로 받아들여지고 있다.

를 해석하는 데 미숙하고, 문제 상황을 다루는 사회적 전략이 덜 발달되었다는 증거가 있다(예: 집단에 들어가기나 약올리는 행동에 반응하기). (문헌요약을 보기 위해서는 Leffert와 Siperstein, 1996을 참조한다.)

Siperstein과 Leffert(1997)는 가벼운 지체인 4학년 아동과 6학년 아동 중에서 사회적으로 수용되는 아동과 사회적으로 거부되는 아동 사이의 차이도 연구하였다. 사회적 행동과 사회인지에 관련된 연구결과들은 모순되는 것처럼 보인다. 수용되는 아동들은 순종적인 목표들을 좋아하며 긍정적이고 사교적인 전략들을 만들어내지 못했다. 그와 대조적으로 거부된 아동들은 주장적인 목표들과 긍정적이고 사교적인 전략을 좋아했다. 이 예측하지 못한 결과에 대한 설명은 저자세의 경의를 표하고, 남의 말을 잘 듣는 목표와 전략들은 아동들이 다른 사람들과 "섞이도록" 만들어 줌으로써 아동들이 거부되는 것을 막아준다는 것이다. 반면에 사회적으로 주장적이고 침투적인 목표와 전략들은 그렇게 하지 못한다. MR인 아동들에서는 또래 수용보다 또래거부와 무관심이 더 있기 쉬우므로, 만약 MR인 아동들의 주장성이 실패하면 지체가 아닌 아이들이 실패했을 때보다 더 많은 것을 잃는다.

8. 개인적 맥락

정신지체는 정상발달에서 무엇이 잘못된 것일까라는 질문에 답하기 위해 정신지체에 포함된 인지적 요인과 성격–동기적 요인 둘 다를 중점적으로 다루는 연구가 많이 이루어졌다.

인지적 요인

MR에 포함된 인지적 요인에 관련해서 두 개의 서로 다른 질문이 제기되었다. 하나는 일반적인 질문으로 MR인 아동의 지능발달은 정상 지능을 갖는 아동들의 발달과 같은가 아니면 다른가이다. 이것은 차이 대 발달 이슈로 알려져 있다. 두 번째 질문은 구체적인 것이다. 지체된 사람들의 정상 이하인 지적 기능의 기저에 있는 특별한 일탈은 무엇인가?

차이 대 발달 이슈

역사적으로 MR의 본질에 관해 두 개의 관점이 있다. 하나는 전형적인 발달을 하고 있는 사람들에서 발견되는 것과는 기본적으로 다른 사고를 하게 하는 기초적인 인지결함이 MR이 생기게 만든다는 것이다. "정신결함(mental deficiency)"이라는 용어는 이런 관점을 축약해서 나타내 준다. 두 번째 관점은 정신지체에서의 사고는 정상 지능에서의 사고와 같으며, 단 하나 있는 차이는 발달적인 것이라는 생각이다. 이것은 더 느리게 진전하게 하며 최종 성취 수준을 더 낮게 만든다(**그림 4.2** 참조). 논쟁의 양쪽 측면을 모두 지지하는 자료들이 있다.

Zigler는 발달적 접근의 주된 주창자이다. 그는 이것을 검증하기 위한 두 개의 가설을 제안했다. 하나는 유사한 인지발달순서와 관련되고, 다른 하나는 유사한 구조와 관련된다

〔이 가설과 가설의 연구 검증에 대한 자세한 설명은 Hodapp와 Zigler(1995)에서 찾아볼 수 있다〕.

유사순서가설 이 가설은 MR인 아동들이 지체가 아닌 아동들과 동일한 인지발달단계들을 동일한 순서를 거쳐 나아간다고 말한다. 예를 들면, MR인 아동들은 Piaget의 인지발달단계들을 감각운동적 사고에서 전조작적 사고, 구체적 조작 사고로의 동일한 불변순서를 거쳐서 통과해 갈 것이다(그들은 마지막 수준인 형식적 조작 사고 수준에는 거의 도달하지 못한다). 지체는 더 느린 진전과 더 낮은 성취 수준이 가져온 결과이다.

많은 연구가 유사순서가설을 지지한다. 유사순서가설은 지체를 가져오는 것은 기질적인 원인과 비기질적인(또는 가족적인) 원인 둘 다라고 믿는다. 그래서 Piaget식 과제, 도덕적 추론, 상징놀이, 기하학적 개념, 언어, 특정 영역의 사물 이름 말하기에서 동일 순서로 발달이 일어난다는 것이 발견되었다. 게다가 더 높은 도덕추론 단계로 진행하는 것과 같은 엄격한 순서배열이 지체인 사람들에게 지켜지지 않을 때는, 전형적인 발달을 하고 있는 사람들에게도 마찬가지로 지켜지지 않는 경향이 있다.

마지막으로 어떤 종류의 지체를 가진 아동들은 더 높은 수준의 사고 종류를 완전하게 파악하지 못한다는 것을 말해주는 증거가 있다. 그래서 그들은 지체가 아닌 아동들보다 더 높은 수준의 사고와 더 낮은 수준의 사고의 혼합을 더 많이 보이는 경향이 있다. 이러한 변화는 매달 달라질 수도 있으며, 심지어 하나의 검사기간 안에서도 나타날 수 있다(Hodapp

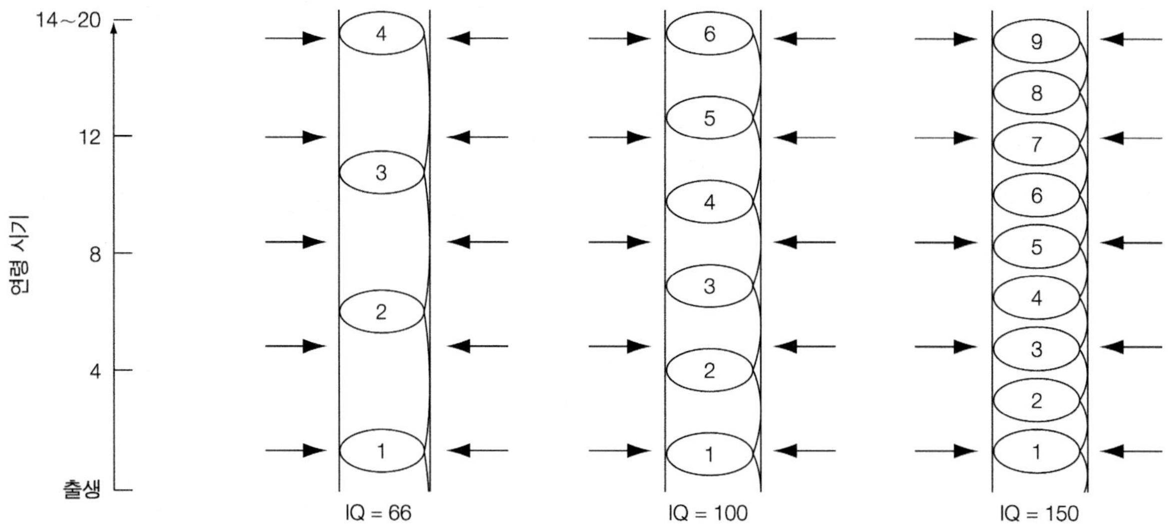

그림 4.2 인지적 성장의 발달 모델

한 방향의 수직 화살표는 시간 흐름을 나타낸다. 수평 화살표들은 한 쌍의 수직선으로 표현된 개인에게 영향을 주는 환경적 사건들이다. 그 개인들의 인지발달은 안쪽의 상승하고 있는 나선으로 나타난다. 나선 안에 숫자 매겨진 고리들은 연속적인 인지적 성장단계를 나타낸다.

출처: Hodapp와 Zigler(1990).

& Zigler, 1995).

유사구조가설 이 가설은 전반적인 정신연령을 일치시킬 때 지체인 아동은 다양한 지적 과제(지능을 측정하는 데 사용되는 것이 아닌 다른 과제들)에서 지체가 아닌 아동들과 같은 기능수준일 것이라고 말한다. 그래서 이 가설은 과제 간 기능(intertask functioning)에 관심이 있다. 이 가설은 MR의 사고에는 특정 결함 영역이 있다는 생각을 거스른다.

유사구조가설에 대한 지지는 유사순서가설에 대한 지지보다 더 제한되어 있다. Piaget식 과제를 하고 있을 때는 가족성(예: 비기질적으로 결정된) 지체를 가진 아동들의 수행은 지체가 아닌 같은 정신연령의 아동들과 비슷하다. 그러나 학습, 기억, 학습세트형성, 분산성, 선택적 주의의 정보처리과제들의 수행에서는 MR집단이 열등한 경향이 있다. 이러한 당혹스러운 결과의 이유는 명확하지 않다.

기질적 요인으로 인한 지체를 갖는 아동의 수행은 유사구조가설을 지지하지 않는다. 그런 수행이 정신연령을 일치시킨 통제집단보다 더 나쁠 뿐만 아니라 특정 결함 영역도 갖고 있다. 예를 들면, 다운증후군 아동들은 다른 능력에 비해서 문법에 결함이 있는 반면에, 취약 X 증후군인 남아들은 숫자의 순서 기억하기와 같은 순차적 사고에 특히 약하다(자세한 것은 Hodapp과 Zigler, 1995를 참조).

요약하면, 유사순서가설에는 충분한 지지가 있으나 유사구조가설에 대한 지지는 비기질적 원인으로 생긴 지체를 가진 아동들에서의 Piaget식 과제에만 국한된다. 정보처리과제를 사용하고 지체가 기질적 요인에 의한 것일 때는 유사구조가설은 지지되지 않는다.

사고의 특이한 일탈

MR에 포함된 인지요인에 관한 전반적인 발달적 질문을 논의했으므로, 이제는 정상 이하인 지적 기능의 기저에 있는 특이한 일탈에 대한 연구를 살펴본다. 연구결과들은 5개 범주로 묶여질 수 있다.

1. 관련 단서에 대한 주의 여기에서의 기본적 연구 틀은 변별학습(discrimination learning)이다. 아동은, 색깔, 모양, 크기가 다른 사물들 같은, 일련의 자극들을 동시에 두 개나 세 개를 제시받고 그 중 하나를 고르라고 요구 받는다. 선택이 옳거나 틀리다고 말해주는 것에 근거하여, 그 아동은 옳은 선택을 하기 위해서 어떤 차원—이 경우에서는 색깔, 모양, 크기—이 중요한 것인지를 학습해야 한다. 예를 들면, 한 여아가 빨간 원과 파란 사각형을 제시받는다. 여아는 "원"이 옳은 선택이라고 추측했기 때문에 첫 번째 도형을 선택하고 맞았다라는 말을 듣는다. 다음 번에는 초록색 원과 파란 삼각형을 제시받았고 원을 선택한 답이 틀렸다는 말을 듣는다. 그녀는 이제 자신의 가설을 바꾸어야만 한다. 만약 그녀가 원래의 원이 빨간색이었던 것을 기억한다면, 그녀는 "빨간색"이 해답일지 모른다고 생각해본다. 그래서 또 다른 빨간색 사물이 보여 질 때 이를 검증한다. 만약 그녀가 기억을 못한다면, 그녀는 "삼각형"이나 "초록색" 같은 다른 가설을 채택해야만 한다.

변별학습 상황에서 정상 지능을 가진 아동의 학습곡선은 처음에는 빠르게 상승하다가 상승 수준이 떨어진다. 지체인 아동의 경우는 빠른 향상이 있지만 수많은 시행에 따른 우연 수준보다 선택이 더 나은 것은 아니다.

더 나아가, 연구는 MR인 아동들이 그 상황과 관련된 측면들에 주의를 두지 않는다는 것을 밝혀준다. 예를 들면, 그들은 자신들에게 그것이 색깔인지, 모양인지, 크기인지를 묻지 않는다. 반대로 그들은 첫 번째 사물에 대해 그런 것처럼 처음에 선택했던 위치에 대한 강한 초기 선호를 가지고 있다. 그래서 자신들의 선택이 틀렸다는 말을 자주 듣는 데도 불구하고 계속 초기 선호를 사용한다. 일단 이러한 부적절한 경향을 깰 수 있으면, 빨리 학습한다. 위치가 적절한 단서인 과제를 주면, 정상 지능을 가진 아동들만큼 혹은 그보다 더 빠르게 학습한다. 그래서 특수한 의미에서 MR인 아동들은 학습이 느린 것이 아니라 학습에 필요한 적절한 질문을 알아내는 데 느린 것이다(Hale & Borkowski, 1991 참조).

지체인 아동들에서 나타나는 위치반응에 대한 선호는 정상발달에서도 일치하는 부분을 가진다. 왜냐하면 위치습관(position habit)은 생후 1년 된 아동의 변별학습을 방해하는 것으로 관찰되었기 때문이다. 아직 증거가 결정적이진 않지만, 그런 습관은 걸음마기와 학령전기 아동들에서는 변별학습에 더 이상 영향을 주는 것 같지 않다. 만약 지체인 아동의 위치반응 선호가 실제로 하나의 고착을 나타낸다면, 가장 초기의 아동기로 돌아간 것이고 뒤이은 학습을 크게 방해할 것이다.

2. 주의 정신지체인 아동들은 기본적인 주의 결함이 있다. 예를 들면, 단순반응 실험에서 그들은 더 느리게 반응한다. 이 실험들은 부저 같은 예비 신호가 울린 뒤에 불빛 같은 자극이 뒤따르며, 피험자는 가능한 한 빨리 불빛에 반응해야만 한다(예를 들면, 단추누르기로). 적절한 주의 수준을 유지하는 능력의 감소를 보여주는 또 다른 종류의 증거는 단순과제와 복합과제 모두에서 과제에 집중하지 않고 딴 곳을 보는 것이 증가하는 것이다.

3. 기억 숫자를 거꾸로 반복하기를 포함하는 과제들에서 검증된 바와 같이 지체인 아동들이 단기기억에 결함이 있다는 증거는 없다. 가능한 장기기억 결함에 관련된 결과들은 모순되며 결정적이지 않다. 왜냐하면 오염되지 않은 장기기억 평가만을 얻기 위해서 그 이전의 처리과정들을 모두 통제하는 것이 대단히 어렵기 때문이다. 또한 이 상황은 장기기억이 수많은 전략을 사용하기 때문에 복잡하다. 그러한 전략들은 들어오는 정보를 보유하고 조직화하기 위해 만들어진 것으로 암송, 군집화, 매개를 포함한다.

3a. 암송 암송은 전형적으로 앞의 항목들에 덧붙여 각각의 새로운 항목을 반복하는 것으로 이루어진다. 예를 들면, 일련의 숫자를 기억할 때 아동은 "6, 6-3, 6-3-8" 등으로 생각할 수 있다. 암송은 지체가 아닌 초등학교 3학년 아동들에게서 분명히 보인다. 연구는 지체인 아동들이 암송에 결함이 있음을 지적한다. 만약 지체인 아동들이 훈련받는다면, 수행은 향상된다. 그러나 대부분의 경우 그들은 자발적으로 그러한 기억보조물(역자 주: 전략)들을 사

용하지 않는다. 변별학습을 할 때, 그들은 자기들이 할 수 있는 것(암송)을 하는 데 실패한다. 그리고 변별학습에서의 이러한 실패는 정상발달에서도 발견된다. 왜냐하면 지체가 아닌 일학년 학생들도 자기의 암송 능력을 사용하지 않기 때문이다.

3b. 군집화 만약 군집화라고 불리는 전략에 의해서 정보가 의미 있는 방식으로 조직화되면, 기억은 향상된다. 이를 테면 보통 아동들에게 무작위 순서로 단어들이 배열된 세 범주로 이루어진 단어목록을 제시하라. 아동은 그 단어목록을 범주들로 회상하는 경향이 있을 것이다. 예를 들면, 그 아동이 "개" 뒤에 기억해서 말하는 단어들은 목록에 있는 동물 단어가 되기 쉽고, "사과" 뒤에 기억해서 말하는 단어들은 다른 음식 단어가 되기 쉬울 것이다. 지체인 아동들과 정상 지능을 가진 어린 아동들은 모두 군집화 전략 사용의 증거를 거의 보이지 않는다. 지체인 아동들에게 전략을 사용하도록 가르칠 수는 있지만, 그 기억보조물(전략)을 자발적으로 사용하는 일에서는 다시 한 번 더 실패한다.

3c. 매개 기억은 매개전략에 의해서도 촉진된다. 기억의 매개전략 연구에서 사용한 연구틀은 쌍대연합 학습이다. 처음에 두 개의 자극이 제시된다. 그 뒤에 첫 번째 자극만 보여주고 아동에게 두 번째 자극을 회상하라고 요구한다. 만약 그 아동이 두 자극들을 의미 있는 방식으로 묶는다면 쌍대연합학습은 촉진될 수 있다. 예를 들면, "태양"과 "새"는 "태양이 새를 비춘다." 같은 것으로 관련지으면 더 쉽게 연합된다. 5세에서 6세 아동은 매개전략을 만들어 사용할 수 있는 반면에, 더 어린 아동들과 지체인 아동들은 그 전략을 사용하지 않는다. 만약 후자의 아동들에게 매개요인들을 제공하거나 만들도록 가르친다면, 그들의 학습은 크게 향상된다. 그러나 만약 실험자가 그 아동을 더 이상 가르치지 않으면, 그들은 스스로 매개요인들을 사용하지 못할 것이다. 습관이 되도록 훈련하는 것은, 주로 가벼운 지체인 아동들에서 효과적인 국한된 성공을 가져왔을 뿐이다. 그러므로 MR인 아동들은 더 높은 수준의 전략들을 갖기 어려운 점에서 결함이 있는 것이 아니다. 오히려 그들은 알 수 없는 이유로 해서 자신의 능력을 자발적으로 사용하는 데 실패하는 것이다.

3d. 인출 기억을 방해하는 범주화에서의 일탈과 동일한 일탈이 학습된 정보의 인출에 해로운 영향을 준다. 기억에 하나씩 저장된 항목들은 개별항목의 상위조직을 나타내는 범주로 범주화되어 저장된 항목들보다 인출이 더 어렵다고 추정할 수 있다. 암송과 군집화에 대한 경우에서 그랬던 것처럼, MR인 아동의 결함은 범주지식 자체보다는 범주사용 결여에 있는 것으로 보인다.

3e. 상위기억 상위기억은 기억이 작용하는 방식에 대한 아동의 이해를 말한다. 이것은 짧은 목록보다 긴 목록을 기억하는 데 더 많은 시간과 노력이 든다는 것을 아는 것과 같은 것들을 말한다. 정상 지능 아동에서는 상위기억이 연령에 따라 극적으로 향상되는 반면에, MR인 아동에서는 향상률이 다양하다. 예를 들면, 정신지체인 아동이 공부시간의 양과 기억 사이의 관계를 이해하거나 회상지연이 수행에 주는 효과를 이해하는 정도는 정신연령

을 일치시킨 또래들과 같다. 그러나 지적 기능수준이 더 높은 정신지체아라도 새로운 자료를 배우는 일보다 이전에 학습했던 자료를 재학습하는 일이 더 쉽다는 사실을 인식하지 못한다.

4. 문제해결 문제해결은 전형적으로 주의, 추상화, 계획하기, 논리적 사고를 요구한다. 정신지체인 아동의 변별학습을 손상시키는 적절한 가설 만들기에서의 실패가 더 복잡한 문제해결 과제에도 영향을 준다. 예를 들면, 고전적인 "스무고개" 과제를 가장 간단하게 바꾸어서 단 하나의 질문으로 올바른 답을 하기에 필요한 정보를 제공할 때조차도, 정신지체인 아동들은 중요하지 않은 질문을 중요한 질문만큼 자주 한다. 그러나 일단 정보가 제공되면 그들은 그 정보를 효과적으로 사용할 수 있다.

5. 일반화 마지막으로, MR인 아동들은 특정 문제를 성공적으로 풀도록 훈련될 수는 있지만, 그것을 그와 유사한 문제들에 일반화하지 못하는 특성이 있다. 그것은 마치 각 과제가 그것 자체로 숙달되어야만 하는 새로운 과제인 것 같다. 학습의 장애가 명백하다.

요약 MR인 아동들은 변별학습과제를 잘 수행하지 못한다. 그럼에도 일단 학습을 방해하는 그들의 심적 상태 경향성이 깨지면 정신지체가 아닌 아동들만큼 빨리 학습한다. 변별학습을 해치는 적절한 가설생성의 실패는 문제해결에도 역효과를 준다. MR인 아동들은 주의와 일반화에 기본적인 결함이 있다. 그러나 그들의 단기기억은 완전하다. 그들이 암송, 매개, 군집화와 같은 장기기억을 촉진하는 전략들을 이해하는 것이 불가능하지는 않지만, 그들 스스로 그런 전략을 생성하지는 못하며 지도받거나 배운 후에도 그 전략들을 습관적으로 사용하는 정도까지 받아들이지는 못한다. 같은 방식으로, MR인 아동들은 자신의 범주화 능력을 정보 인출을 촉진시키기 위해서 사용하지 않는다. 알 수 없는 이유로 해서, 상위기억 과제에 관련된 수행이 차이가 나서 적절한 수준의 기능하기와 낮은 수준의 기능하기가 섞여 있다.

성격-동기 요소

유사반응가설

유사반응가설(similar reaction hypothesis)이라 부르는 Zigler의 세 번째 가설은 정신지체인 아동들과 지체가 아닌 아동들 사이에 생활 경험에 대한 반응에서 기본적인 차이가 없다고 말한다. 그러나 MR인 아동들은 반복되는 실패와 시설수용과 같은 경험들에서 지체가 아닌 아동들과 다르기 때문에 특별한 동기적 성격 특성을 갖는다. 이런 많은 특성들이 조사되었다(우리의 진술은 Hodapp과 Zigler, 1995를 따른다).

의존과 외부지향성

MR인 아동들은 어른들에게 더 마음을 쓰며 더 의존한다. 예를 들면, 어른들에게서 긍정적 강화를 얻고자 하는 그들의 요구 때문에, 시설에 있는 아동들은 지루하게 반복되는 게임을, 정신연령과 생활연령을 일치시킨 시설에 있지 않은 아동들보다 더 오랫동안 한다. Zigler는 긍정적 강화에 대한 이러한 요구를 긍정반응 경향성(positive reaction tendency) 이라 부른다. 이런 경향성은 외부지향적이 되거나 혹은 다른 사람을 문제해결 방법에 대한 단서로 보려는 과도한 요구를 생기게 한다. 그런 단서들은 관련이 없거나 판단을 그르치게 하는 것일 때조차도 계속해서 사용된다. 외부지향성은 문제해결시 자기를 더 믿고 자신의 판단을 더 많이 사용하는 정상 아동들의 행동과 대조된다.

성공에 대한 낮은 기대

반복되는 실패 경험 때문에, 정신지체인 아동들은 성공에 대해 낮은 기대를 하게 된다. 그리고 그것은 정신지체인 아동들이 정신지체가 아닌 아동들보다 더 쉽게 포기하도록 만든다. 어떤 경우들에는 이것이 악순환을 가져올 수 있다. 즉, 다른 실패 경험을 피하려는 자기방어적 요구가 문제해결 시도를 미숙하게 포기하도록 만들고, 그것은 다시 성공 가능성을 더욱 감소시킨다.

낮은 숙달동기

마지막으로 실행동기 혹은 주도성이라 부르는 것이 정신지체인 아동에게서 감소된다. 새로운 과제에 도전하고 새로운 도전을 만나는 것에 대한 흥미와 즐거움이 더 적고, 성취자체에 대한 내적 보상이 더 적다.

자기

성격에 있어서, 정신지체인 아동의 자기(self)는 전형적인 발달을 하고 있는 아동들의 자기보다 덜 분화되어 있다. 일반화된 자기개념이 있지만 자기개념은 지적·사회적·운동적 영역 같은 다양한 영역들로 나누어지기도 한다. 그래서 아이가 "나는 학교 공부는 잘 못하지만 친구는 많아."라고 말할 수 있다. 생활연령을 일치시킨 아동들에 비해서, 정신지체인 아동들은 구체적인 자기개념 영역을 더 적게 가지며 더 빈약한 자기개념을 가진다.

또한 개인은 이상적인 자기와 실제적인 자기, 즉 "되고 싶은 나"와 "현재의 나"를 가진다. 전형적인 발달을 하고 있는 아동들과 비교해서, MR인 아동들은 더 낮은 이상적 자기를 가진다. 아마도 그들은 더 많은 실패를 경험했으며 무능한 사람으로 다루어졌기 때문일 것이다(Hodapp와 Zigler, 1995, 참조).

우리는 지금 MR인 아동이 지적 결함과 동기적 결함 두 개를 갖는다는 것을 알았다. 문제는 유순함과 단조로운 일상에 잘 따르는 것을 보상하고 주장성과 주도성을 처벌하는 시설환경에서 더 복잡해진다. 기본적인 지적 결함을 동기적 환경 영향 때문에 생긴 결함과 분리하는 것이 연구자들에게는 하나의 도전이다. 치료적 도전은 정신지체인 아동의 좋은 자질을 최대화하면서 우리 사회가 현실적인 한계를 조절할 수 있는 길을 찾는 것이다. 이러한 도전을 충족시키는 일은 MR 아동들이 현재보다 성공과 실패에서 더 균형 잡힌 경험을 하는 결과를 가져올 것이다. 어떤 사회에서는 MR을 낙인찍지 않고 심지어 고칠 필요가 있는 문제로 보지도 않는다는 점을 기억하는 것이 도움이 된다. 우리의 성취지향적 사회는 그러한 수용의 예에서 덕을 볼 수 있다.

9. 발달경로

MR과 관련되어 올 수 있는 발달적 결과는 MR의 원인들만큼이나 다양하다. 매우 심한 수준의 지체인 아동들은 시설에서 살면서 24시간 감독과 돌봄이 필요한 반면에, 가벼운 MR인 아동들은 일반사람들 속에서 적응적이고 성공적인 생활을 하도록 이끌어진다.

안정성과 변화

먼저 MR의 발달경로에 대한 어떠한 일반화도 그들의 기능이 시간이 흐르면서 증감한다는 것을 인정하여 조절되어야 한다. 시간에 따른 기능의 증감은 지체수준과 유형에 따라 다르다. 수준과 관련해서는 심한 MR이 아동기에서 성인기까지 상대적으로 안정적인 반면에, 가벼운 MR인 아동들은 윗방향이나 아랫방향으로 IQ의 변화를 나타낸다. 발달경로는 MR 유형에 따라서도 영향을 받는다. 예를 들어, 다운증후군인 아동의 IQ는 계속 발달하지만, 시간이 지나면서 조금씩 속도가 줄어든다. 반면에 취약 X 증후군인 아동들은 10~15세가 될 때까지 IQ가 거의 꾸준하게 증가하다가, 10~15세에 발달이 현저하게 느려진다(Hodapp & Dykens, 2003 참조).

지체유형은 적응행동의 발달궤적에도 영향을 준다. 다운증후군 아동은 아동기 중기에 안정 수준에 도달해서 7세에서 11세 사이에 거의 향상이 없다. 이와 반대로 취약 X 증후군 남아들에 대한 종단적·횡단적 연구는 가장 놀라운 IQ 획득이 걸음마기와 유아기에 일어나고, 덜 두드러지긴 하지만 여전히 중요한 획득이 11세까지 일어나며, 이후 초기 성인기까지 연령과 관련된 획득은 없다는 것을 보여준다(Dykens et al., 1996).

단계특징적인 이슈

영아발달

MR은 영아기의 단계특징적인 주요 이슈, 즉 애착, 자기조절, 환경 탐색의 달성에 영향을 줄 수 있다〔여기서 우리는 Sachs와 Barrett(2000)을 따른다〕. 많은 MR 아동들은 눈 맞춤, 소리 내기(cooing), 사회적 미소가 지체되거나 없다. 신체적 장애가 있는 아동들이 입원을 자주 할 때 그렇게 될 수 있는 것처럼 이것들 모두가 안전 애착관계 발달을 방해할 수 있다. 이와 비슷하게 부모 측에서는 자녀가 MR이라는 진단을 받은 부모의 비탄이나 혹은 자녀가 아직 진단을 내릴 수 없는 약한 결함이 있는 부모들이 느끼는 좌절과 초조함이 애착을 악화시킬 수 있다.

아동기 초기

MR은 또한 아동기 초기의 숙달, 자기, 또래관계 발달을 방해할 위험이 있다. 발달의 이 시기에서는 대부분의 MR 아동들의 발달지체가 확인되었다. 부모 반응은 자녀의 발달결과에 중요한 역할을 하는데 "불평등을 깨자" 캠페인에서의 자원동원에서부터 다른 쪽의 부정과 비현실적 기대 혹은 슬픔과 포기에 이르는 범위가 될 수 있다. 아동의 언어와 의사소통기술의 발달을 돕기 위해 이 시기에 조기 집중적인 중재가 중요하다. 언어와 의사소통기술은 행동문제의 발달을 강력하게 예언한다. 자기의 요구와 욕구를 전달할 수 없는 아동들은 공격적·파괴적이고, 위축될 위험이 있다. 중재가 시작되지 않는다면 MR은 자조기술을 붕괴시켜서 통합 활동에 참가하는 것을 방해한다. 비슷하게 MR은 또래들과 의미 있는 놀이 활동을 하고 의사소통하는 것을 방해할 수 있다. 이런 과업들에 잘 숙달하는 것은 자존감, 대인간 신뢰, 지각된 유능감을 길러 준다.

아동기 중기

학령기에는 통합, 특히 가벼운 지체인 아동들의 통합은 새로운 도전을 가져온다. 많은 아동들이 가정에서의 지지적이고, 유연하고, 아동에 초점을 두는 생활에서 더 구조화된 학교 상황으로 이행하는 것에 적응이 어렵다. 처음으로 아동들은 발달장애가 없는 아동들과 상호작용하는 것과 자신을 "지체아", "학습지진아", 특수아"라고 부르는 말을 듣는 것을 극복해야 한다. 불행히도 통합의 불리한 면 중 하나가 너무 잦은 또래들의 놀림과 거부이다. 자기인식을 하는 MR인 아동은 철회, 고립, 우울장애로 반응하거나 외현화 행동으로 자신의 좌절을 행동화하기 시작한다. 이와 마찬가지로 학교의 진도와 과목들이 점점 추상적이고 복잡하게 됨에 따라서 MR 아동들은 더 뒤떨어지기 시작하고 자신과 다른 사람들과의 차이를 인식하기 시작한다. MR에 종종 수반되는 신체적 장애도 운동과 스카우트 같은 중요한 사회화 활동에 참여하는 것을 방해한다. 그러나 발달적 장애가 있는 아동들을 위한 장애인 올림픽이나 지역 프로그램 같은 특별 활동에 접하여 알고 있는 부모는 보호요인이다.

청소년기

청소년이 열중하는 독립, 자존감, 사회적 인정에 대한 추구가 MR인 아동들에게는 추가적인 도전이다. 사회적 기술이 미숙하고 사회적 규범을 지키지 못해서(개인위생에 주의를 기울이지 않는 것 같은) 또래가 거부할 수 있다. 청소년기의 신체적 외모 강조는 신체적 기형이 있는 청소년들의 자존감과 사회적 수용에 더 큰 도전이 된다. MR인 청소년은 또래 집단의 재치 있는 언어 반응, 스타일 바꾸기, 사회적 관계의 복잡성을 따라가기 어려운 경향이 있다. 또래들이 데이트, 일, 운전, 좀 더 독립적인 행동을 시작하면서 전형적인 발달을 하고 있는 또래들과의 우정은 시들게 된다. 가벼운 MR인 청소년들은 또래들과 같은 꿈과 열망을 가질 수 있지만, 이런 목표들에 도달할 수는 없다. 그 결과로 우울증과 위축이 나타나며 자살사고도 드물지 않다.

성은 MR인 청소년들에게 또 다른 발달적 도전이 된다. 가벼운 수준에서 심한 수준의 MR인 여아들은 생리를 이해하고 적절하게 자기를 돌보는 것이 어렵다. 성적 접촉과 관련된 규칙을 이해하지 못하는 청소년은 부적절한 신체적 행동을 하게 된다. 그러나 MR인 청소년들은 성적 학대의 가해자가 되기보다는 다른 사람들에 의한 성적 학대의 피해자가 되기 쉽다. 이것은 시설이나 그룹 홈에서 살고 있는 MR인 청소년들에게 특별한 위험이 된다.

학업적 영역은 더 큰 도전과 잠재적 보호요인을 가져온다. 청소년기에 MR인 청소년은 학업적 통합에서 내쫓겨서 직업반으로 가기 쉽다. 이것은 적소를 찾는 청소년에게는 이익이지만, 낙인찍혔다고 느끼고 그러한 직업훈련들이 자주 포함하는 반복적인 과제에 싫증을 느끼는 청소년에게는 해가 된다.

마지막으로 청소년기는 가족체계에 새로운 도전들을 가져온다. 가족체계는 청소년의 발달적으로 적절한 독립 요구에 공간구조를 바꾸거나 일부 사례들에서는 일생 동안의 돌봄에 대한 부담까지 극복해야 한다.

10. 중재

정부 규정

정신지체인들을 위한 프로그램들에서 독특한 측면은 연방정부의 개입이다. 1975년의 모든 장애 아동을 위한 교육법으로 알려진 PL 94-142는 모든 장애 아동이 그들의 독특한 요구에 맞춘 무료 공교육을 받는 것을 보장하고, 모든 장애 아동과 그 부모나 보호자들의 권리를 보장하며, 교육을 제공하는 주(state)를 도와 교육을 향한 노력의 효율성을 평가하고 보장하는 것이다.

두 개의 구체적인 요구들이 큰 효과가 있었다. 첫 번째는, 특수한 요구를 갖는 각 아동들을 위해 **개별화된 교육프로그램**(individualized education program; IEP)이 고안되어야 하는 것이다. IEP의 도입은 아동의 현재 기능수준 평가하기, 목표설정하기, 교육 서비스 제공과 교육진전 평가에 대한 절차를 제공하는 것을 포함한다. 여러 전문가와 함께 부모들도 의사결정과정에 참여한다.

두 번째 요구는 장애 아동이 **최소한으로 제한된 환경**에서 교육되어야 한다는 것이다. 이 요구는 지체인 아동들을 교육 가능한 정신지체 아동(EMR)을 위한 특수학급과 같은 자기구속적인 상황에 배치하던 75년 된 전통을 바꾸었다. 이 취지는 그러한 학급들이 많은 EMR 아동들이 기초적인 학업과 직업기술을 배우는 것을 돕는 데 비효과적이라는 것이고, 소수자들이 지나치게 표현되었으며, 교육에서 이루어진 진전이 정규학급에서 실행 가능한 개별교육을 만들었다는 것이었다(Beyer, 1991).

특수교육

교육 가능한 정신지체자(EMR)로 분류된 아동들은 IQ 점수가 55에서 80 사이이며, 적어도 3학년 수준의 수행이 기대되고 그들이 학교를 그만 다닐 때쯤은 종종 6학년 수준의 수행이 기대된다. IQ 점수가 25에서 55 사이인 훈련 가능한 정신지체자(TMR)들은 제한된 환경에서 기능하도록 배우며 전통적인 학업기술의 숙달은 기대되지 않는다.

특수교육 학급에서, EMR 학생들은 사회적 능력과 직업기술을 강화하기 위한 도구로써 학업 과목을 배운다. 개별적 관심을 주는 작은 학급이 권장된다. 정신연령이 3세에서 6세 사이인, 6세에서 10세 사이의 EMR 아동에게는 보통 유치원에서 볼 수 있는 준비프로그램 유형을 실시한다. 그 프로그램은 좋은 건강습관, 작업습관, 놀이습관과 함께 언어 보강과 자기신뢰를 강조한다. 정신연령이 6세에서 9세 사이인, 9세에서 13세 사이의 EMR 아동들은 3R에 포함된 기초적인 학업기술을 숙달할 수 있다. 중학교와 고등학교 수준에서는 응용이 계속 강조된다. 예를 들면, 그 아동들은 신문과 직업지원서 읽기와 그것들을 정확하게 바꾸는 것을 훈련한다. 대부분의 직업 실패가 낮은 정신능력 때문이 아니라 미숙한 적응 때문이므로, 직업교육은 정확성과 지시 따르기 같은 적절한 작업습관을 강조한다. 공식적 교육 후에는 보호작업장과 직업재활센터가 가벼운 정신지체자들이 복잡한 우리 사회에 적응하는 것을 돕는다.

TMR을 위한 교과과정은 자조와 의사소통기술, 작업습관, 지시 따르기, 기본적인 사회참여에 강조를 둔다. 예를 들면, 읽기 지도는 "정지", "남자", "여자"와 같은 신호인지를 포함하기 쉽다. 반면에 산수는 거스름돈 받기에 국한된다. 이들은 가족이 보호하는 상황 안에서는 유능한 작업을 할 수 있고 적응을 잘하긴 하지만, 이러한 아동들 대다수는 성인이 되어 사회적 혹은 경제적 독립을 이루지 못한다.

통합 정규학급에서 MR인 아동을 교육하는 것을 **통합**(mainstreaming)이라 부른다. 1960년대와 1970년대의 시민권리운동과 일치하여, 특수학급은 다른 형태의 변별과 격리로 낙인찍혔다. 대다수의 아동과 어른들은 통합교육 상황에서 이익을 얻는 것으로 나타난다 (Freeman & Alkin, 2000).

행동수정

MR인 아동에게 폭넓게 사용되는 가장 성공적인 기법은 행동수정이다. 이 기법은 바람직하지 않은 행동을 강화하는 특정 결과를 바꾸거나 사회적으로 더 수용 가능한 새로운 반응을 강화함으로써 바람직하지 않은 행동들을 변화시키는 조작원리를 포함한다. 그것은 주의끌기와 공격적 행동이나 자해적 행동과 같은 바람직하지 않은 행동을 감소시키는 것과 함께 폭넓은 행동들을 증가시키는 데 사용되어 왔다. 그 행동에는 자조행동(변보기, 먹기, 옷 입기), 작업과 관련된 행동(생산성, 과제완수), 사회적 행동(협동, 집단 활동), 비학업적 교실 행동(참여하기, 교대하기, 적절한 시간에 말하기), 학업학습(산수, 어휘찾기)이 있다. 부모가 가정상황에서 능동적으로 치료프로그램에 참여할 수 있다는 점이 중요한 이익이다. 가장 중요한 것은 행동수정이 어떤 다른 단일 치료 기법보다도 전문적 간병인과 비전문적 간병인들 사이에서 만연한 절망적 태도를 바꾸는 데 효과적이었다는 것이다(Carr et al., 1999, 참조).

Didden, Duker와 Korzilius(1977)가 26년 동안 출판된 482개 연구를 메타분석한 결과는 치료결과에 대한 구체적인 사항들을 제공한다. 전반적 효과성에서는 모든 행동의 26%가 치료효과가 의심스럽거나 빈약한 반면에, 26.5%가 매우 효과적으로 치료될 수 있고, 47.1%의 행동은 꽤 효과적으로 치료될 수 있다. 치료 종류에 있어서는 반응유관절차(예: 즉각적 강화의 조작원리에 근거한 절차들)가 다른 기법들보다 훨씬 더 효과적이다.

예방

예방에 포함시켜야 할 필요가 가장 큰 집단은 정신지체인 어머니로 이루어진 집단이다. 그들 자녀의 40%가 가족성 MR이 된다. 이런 어머니들 대부분이 사회경제적으로 어려운 상황이었으나 기본적인 문제는 빈곤 그 자체가 아니고 손상된 양육기술이다. 이 집단은 부모교육, 아동을 보다 더 자극적인 환경에 두기, 또는 이 두 예방프로그램 모두를 포함하는 많은 프로그램의 대상이 된다.

보다 더 성공적이고 더 잘 설계된 프로그램 중 하나가 Ramey와 동료들(1992)에 의해 실시되었다. Abecedarian Project라 불린 그 중재는 읽고 쓸 줄 아는 사람을 나타내는 용어로부터 이름을 따왔다. Abecedarian은 ABC를 아는 사람이다. 연구결과는, 만약 조기중재가 이루어지지 않으면, 낮은 IQ를 가진 어머니의 영아자녀들은 특히 빈약한 지적 결과를 가져올 위험에 처한다는 것을 보여준다. 어머니의 IQ가 낮을수록 위험은 더 커진다. Abecedarian Project는 학령전 아동을 특수 조기 아동교육 프로그램에 배치함으로써 영아 IQ의 초기 감소에 대응하도록 설계되었다. 그 학령전 프로그램은 처음 5년 동안, 일 년에 50주, 일주일에 5일, 하루 종일 실시하는 집중적인 프로그램이다. 각 아동은 인지적·사회적·정서적 발달을 언급하지만 언어를 가장 강조하는 개별화된 교육활동 프로그램을 받는다.

아동이 3세가 될 때쯤에는 교육적 중재를 받고 있는 아동들은 통제집단보다 IQ가 20점 더 높다. 그것은 통제집단에서 49%가 정상 집단에 들어가는 데 비해서 그들 중에서는 95%를 정상 범주에 속하게 만든다. 게다가 그 프로그램은 어머니가 가장 낮은 IQ를 갖는 아동들—지체가 될 위험이 가장 큰 집단—에서 특히 강력한 예방효과를 가진다.

지금까지 추수 분석은 12, 15, 21세인 아동들에게 실시되었다. 치료를 받지 않은 통제집단과 비교해서 중재를 받은 아동들은 학교에 다니는 동안 더 높은 읽기성취 점수를 받았다(**그림 4.3** 참조). 게다가 그들은 더 높은 지능검사 점수와 더 나은 학업성취를 보였으며 훨씬 더 많은 아이들이 4년제 대학에 다녔다(Campbell, Ramey, et al., 2002). 중재는 어머니

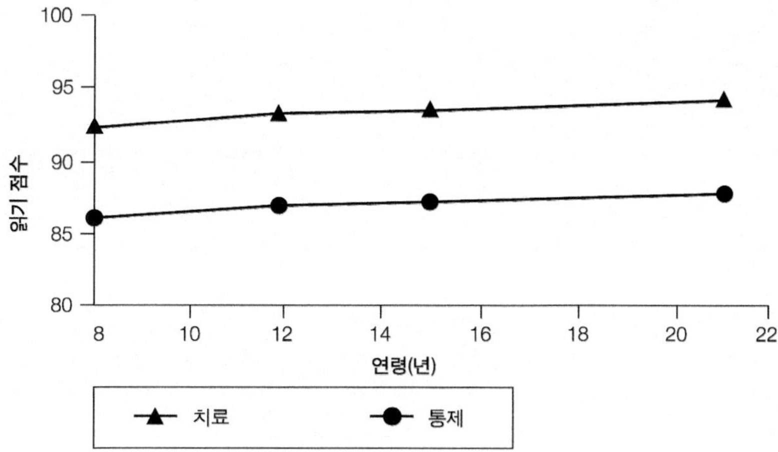

그림 4.3 Abecedarian 프로젝트에 참여하고 있는 집단의 읽기성취 성장곡선

출처: Campbell, Pungello, Miller-Johnson, Burchinal와 Ramey(2001).

들에게도 긍정적인 이익을 주었다. 그들의 자녀가 학령전 프로그램에 참가하고 있었기 때문에 어머니들은 더 높은 임금을 주는 직업에 종사할 수 있었고, 그들 자신의 생활 상황을 더 낫게 만들 수 있었다.

다음 주제는 영아기에 뿌리를 둔 다른 장애이다. 그러나 보통 출생시부터 아주 명백하게 나타나며 기질적인 원인을 갖는 정신지체와는 달리 자폐증은 잠행성 장애다. 이것의 효과는 출생시에 시작되나 자폐증이 밝혀지는 것은 훨씬 이후이다.

제 5 장

영아기: 자폐 스펙트럼장애

개요

생후 첫 2년간의 인간발달의 핵심은 무엇일까? 그것은 분명히 애정적 유대, 호기심, 그리고 언어를 절정으로 하는 상징적 의사소통을 확립하는 일일 것이다. 그런데 만일 이러한 정상적 과정이 모두 뒤틀린다면 어떻게 될 것인가? 우리는 당연히 심각한 정신병리가 일어날 것이라고 예언할 것이다. 초래될 수 있는 심각한 정신병리 중의 하나는 이 장의 주제인 전반적 발달장애이다. 이 장에서 두 종류의 심각한 발달장애를 살펴보고자 한다. 이 두 장애는 모두 자폐 스펙트럼에 속한다. 여기에서는 먼저 자폐장애의 행동적 표현을 살펴보고, 후속 발달에 대한 영향을 기술하고자 한다. 또한 이와 관련된 장애인 아스퍼거장애(Asperger's disorder)에 관해 기술할 것이다. 그 다음에 앞의 장들에서 언급된 바와 같은, 단순해 보이는 질문들을 제기할 것이다. 이 정신병리에서 정상적 발달이 어떠한 방식으로 뒤틀린 것으로 이해될 수 있는가? 하지만 이에 대한 답이 얼마나 복잡한지를 알게 될 것이다. 자폐 스펙트럼장애의 연구는 발달정신병리의 기타 중요한 이슈 중의 하나, 즉 이 책에서 지속적으로 고려하고 있는 정상적 발달과 병리적 발달 간의 연속성에 관한 이슈를 예시하게 될 것이다.

1. 자폐증

정의

초기 묘사

자폐증(autism)이라는 용어는 "자기"를 뜻하는 희랍어 autos에서 온 말이다. 이 용어는 정신과 의사인 Eugen Bleuler가 20세기 초에 심한 문제가 있는 환자에게서 보이는, 사회적 관계로부터 자기 자신을 향하여 극도로 위축되는 현상을 가리키기 위해 처음 사용하기 시작하였다. 볼티모어에서 정신과 의사였던 Leo Kanner(1943)는 세 가지 주요 특징을 공유하고 있는 비정상적 환자집단을 지칭하는 데에 이 용어를 사용하였다.

Kanner에 의해 밝혀진 첫 번째 특징은 **자폐적 고립**이다. 처음부터 극도의 자폐적 고립을 보이는데, 가능한 한 언제나 다른 아이들로부터 오는 어떤 자극들에 대해서도 무관심하고, 무시하며 막아버린다. 대신 물건과는 좋은 관계를 맺는다. 즉, 물건에는 흥미를 보이고, 몇 시간이라도 즐겁게 놀 수 있다(p. 242). 그러나 사람과의 관계는 완전히 딴판이다. 극심한 고립이 자폐아의 모든 행동을 지배한다(p. 246).

Kanner에 의해 확인된 자폐증의 두 번째 특징은 **동일성에 대한 병적 요구**이다. "이 아이들은 소리를 내고 움직이지만, 모든 수행은 말과 마찬가지로 단조롭게 반복된다. 여러 자발적인 활동의 경우에도 분명한 제한이 보인다. 이 아이들의 행동은 동일성을 유지하려는 간절한 강박적 요구에 의해 지배된다."(p. 245)

셋째, Kanner는 이 아이들이 언어발달의 지연, 반향증, 대명사의 역전 그리고 극심한 수준의 문자 그대로 이해하기와 같은 유의미한 언어 문제를 보인다고 하였다.

넷째, Kanner의 네 번째 관찰은 이 아이들이 **작은 외딴 섬** 같은 증상들을 보인다는 것이다. 즉, 전반적으로 심한 기능손상, 특히 의사소통 영역에서 심각한 장해(impairment)를 자주 보임에도 불구하고, 특수한 기술은 유지되거나 심지어 발전되기도 한다는 점이다. 특수한 기술 중에는 놀랍게도 많은 어휘를 말하거나, 몇 년 전의 사건을 아주 잘 기억하거나, 시나 이름을 그저 단순하게 기억을 잘 하거나 복잡한 패턴이나 순서를 정확하게 기억하는 것 등이다."(p. 247)

Kanner는 이와 같은 심한 결함이 선천적 장애의 증후이며, 이 장애의 핵심은 정상적 애착의 실패 때문일 것이라고 제안

자폐증 아동의 사회적 무감각과 상동적 행동

글상자 5.1 "냉장고 엄마": 잘못된 자폐증 이론

Kanner(1944)는 처음에 자폐증이 생물학에 기초한 장애라고 제안하였으나, 나중에 심리역동적 이론을 선호하는 쪽으로 이론을 개정하였다. 자폐증이 부적응적 양육으로 인한 것이라는 믿음은 일반 대중뿐 아니라 임상가들까지도 사로잡았다. 자폐 아동의 부모는 냉담하고, 거부적이며 또한 정서적으로 메마른 사람, 즉 "냉장고 엄마"라고 묘사되었다.

예를 들어, 『텅빈 요새』(1967)라는 저서에서 Bruno Bettelheim은 "이 책을 통해서 나는 유아 자폐증의 촉발 요인이, 나의 아이는 존재하지 않아야 한다는 부모의 바람이라고 보는 믿음"을 진술하였다(p. 241). 그는 한 엄마를 다음과 같이 기술하였다. "그녀는 다른 사람에 관해서는 활기 넘치고 명확하게 말한다. 그러나 Joey에 대한 대화를 할 때는 즉시 무감정해지고 분리되며 금방 아이에 관해 집중하지 못하게 되고, 다른 주제로 넘어가버린다. Joey의 엄마는 Joey의 출생과 영아기에 관해 얘기할 때, 마치 잘 모르는 어떤 사람이나 자기가 들은 적이 있어서 알게 된 어떤 사람이나 사건에 관해 말하는 것 같다. 그녀의 생각은 곧 다른 사람이나 자신에게로 옮겨 가버린다. Joey는 엄마를 결코 이해시키지 못하는 것 같다."(p. 241)

엄격한 눈으로 보면, 비반응적인 아동을 양육하려고 노력하는 어머니와 아버지의 행동은 정말로 이상적 수준보다는 못할 것이다. 그러나 냉장고 부모 이론은 자폐증 연구에 있어서 비극적으로 잘못된 견해이다. 자폐증은 현대에서 생물학에 기초한 장애라고 알려져 있다. 부모들은 오랫동안 심한 장애가 있는 아동을 양육할 뿐 아니라 문제의 원인이라는 잘못된 죄책감으로 인한 부담을 떠안았다. 그러나 연구결과들에 의해, 자폐증 아동의 어머니는 다른 장애가 있는 아동들의 어머니와 자신의 아이들에게 보이는 성격적 특징이나 태도에 있어 특별히 다르지 않다고 증명되었다(McAdoo & DeMyer, 1978). 더 나아가서 자폐 아동이 보이는 무관심이나, 어머니가 관계 시작을 위해 보내는 예비 제안을 충족시켜 줄 수 있는 강화의 부족에도 불구하고, 그 어머니들은 자녀와의 사회적 관계를 위해 매우 숙련되게 자신의 행동을 아이에게 맞추는 것으로 관찰되었다(Doussard-Roosevelt et al., 2003). 6장에서 다루게 될 병리적 양육으로 인해 이차적으로 야기되는 다른 애착장애와는 대조적으로 자폐증은 타인에 대해 정상적 반응이 결여된 채로 태어나는 일차적 애착장애로 생각될 수 있다.

하였다. "따라서 우리는 이 아이들이 사람들과 애정적 접촉을 형성하지 못하는 선천적 장애가 있는 채로 태어난 것이라고 가정해야 한다. 이는 마치 다른 아이들이 선천적인 신체적 또는 지적 핸디캡을 지닌 채로 태어난 것과 똑같다."(p. 250) 흥미롭게도 Kanner는 후에 자폐증에 대해 심리역동적 요인으로 원인을 돌리는 이론을 선호하게 되어 이 견해를 포기하였다. 나중에 알게 되겠지만(**글상자 5.1** 참조), 이 심리역동적 이론은 자폐증 분야에서 Kanner를 비롯하여 수십 년 동안 취해왔던 잘못된 견해였다.

DSM-IV-TR 정의

DSM-IV-TR은 자폐증을 전반적 발달장애의 범주에 둔다. 전반적 발달장애란 여러 영역의 발달에 심각하고 전반적인 장해, 즉 사회적 상호작용 및 의사소통의 문제, 상동적 행동, 그리고 상동적 관심 및 상동적 활동을 보이는 증후군을 지칭한다. **표 5.1**에 자폐증의 기본적인 진단 특징을 요약하여 제시하였다. Kanner가 관찰했던 세 가지 특징, 즉 사회적 고립, 언어의 장해, 그리고 동일성에 대한 병적 요구가 시간의 흐름에도 불구하고 그대로 유지됨

표 5.1 자폐장애에 대한 DSM-IV-R의 규준

A. 합계하여 6개 또는 그 이상의 항목을 보이며, 범주 1에서 적어도 2개 이상의 항목을 보인다.
   1. 사회적 상호작용의 질적 손상을 보임. 다음 중 적어도 두 가지가 나타나는 경우이다.
      a. 사회적 상호작용을 조절하기 위한 눈 맞춤, 얼굴 표정, 그리고 몸의 자세와 몸짓 등과 같은 다양한 비언어적 행동의 사용이 뚜렷하게 손상됨.
      b. 발달적 수준에 적절한 또래관계가 발달되지 않음.
      c. 기쁨, 관심 또는 성취를 타인과 공유하고자 하는 자발성의 결핍(예: 관심 있는 대상을 보여주거나, 가져오고, 가리키는 행동의 결핍).
      d. 사회적 또는 정서적 상호성의 결핍.
   2. 의사소통의 질적 손상이 있음. 다음 중 적어도 한 가지가 나타나는 경우이다.
      a. 구어의 발달이 지연되거나 완전히 결손됨(몸짓이나 흉내와 같은 의사소통의 대체 유형을 통해 보완하려는 시도를 동반하지 않음).
      b. 말을 적절하게 하는 경우에도, 타인과 대화를 시작하거나 지속하는 능력이 뚜렷하게 손상됨.
      c. 언어 또는 개인 특유의 언어를 상동적·반복적으로 사용함.
      d. 발달 수준에 적합하고 자발적인 다양한 가장놀이나 사회적 모방 놀이의 결여.
   3. 행동, 관심 그리고 활동이 반복적이고 상동적인 양상에 국한됨. 다음 중 적어도 한 가지 이상이 나타나는 경우이다.
      a. 강도나 초점이 비정상적이며, 하나 또는 그 이상의 상동적이고 제한된 양상의 관심에 몰두함.
      b. 특수하고 비기능적인 고정된 순서의 행동이나 의식에 명백하고 융통성 없이 집착함.
      c. 상동적이고 반복적인 틀에 박힌 운동(예: 손 또는 손가락으로 딱딱 치거나, 비틀기, 또는 복잡한 전체적인 신체 운동).
      d. 대상의 부분에 대한 지속적인 몰두.

B. 다음 영역에서 적어도 한 가지 이상의 기능이 지연 또는 비정상적이며, 3세 이전에 시작한다: (1) 사회적 상호작용, (2) 사회적 의사소통에 사용되는 언어, (3) 상징적 또는 상상적 놀이.

출처: 미국정신의학협회의 허락하에 *Diagnostic and Statistical Manual of Mental Disorders*—Fourth Edition Text Revision(2000)에서 인용함.

을 주목하자. 이제 이들 각 영역의 기능에서 자폐증에 특징적인 결함을 기술하고자 한다.

사회적 상호작용의 장해 자폐증 아동은 극단적 사회적 고립을 보이고 사람들과의 관계를 잘 하지 못한다. 예를 들어, 면대면 상황에서 자폐증이 있는 한 여자 아이는 당신을 보지 않거나 심지어 눈길을 돌릴 것이다. 심지어 그 아이는 당신을 **통과해서**(look through) 볼 것이다. 만약 당신이 무릎 위에 앉히려 하면 그 아이의 몸은 당신에게 안겨드는 것이 아니라, 마치 당신이 의자인 것처럼 앉을 것이다. 만일 그 아이가 당신이 무언가를 해주기를 바란다면, 즉 문을 열어 달라고 말하고자 한다면, 그 아이는 당신의 손을 가져갈 것이다(손을 잡고 당신을 데려간다기보다는). 그리고 문손잡이에 당신 손을 가져갈 것이다. 이는 마치

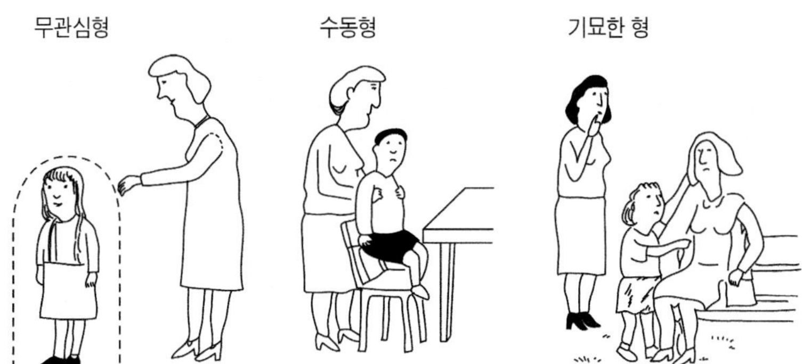

그림 5.1 사회적 장해의 세 유형

출처: Frith(2003).

당신이 사람으로 존재하기보다는 사물로 존재하는 것과 같다.

Wing과 Attwood(1987)는 자폐증 아동의 사회적 장해를 세 가지 유형 중 한 가지에 해당한다고 기술하였다(**그림 5.1** 참조). 첫 유형은 무관심한(aloof) 유형으로, 자신만의 공기방울 속에 고립되어 있는 것처럼 보인다. 이들은 위축되고 타인의 사회적 상호작용의 시작에 대해 반응하지 않는다. 그들은 눈 맞춤을 추구하지 않을 뿐 아니라, 흔히 눈 맞춤을 적극적으로 피하려고 한다. 또한 신체 접촉을 싫어하고, 안기는 것을 거부하며, 양육자에게 관심을 보이거나 흥분하지 않는다. 타인에게 접근하더라도 먹는 것과 같은 도구적 요구를 충족시키기 위해 할 뿐이지, 편안함과 애정과 같은 정서적 요구를 충족시키기 위해 접근하지는 않는다. 두 번째 유형은 수동적 아동인데, 이들은 타인의 사회적 시작을 순종적이고 무관심한 방식으로 수용한다. 또한 타인과 상호작용할 때에도 자발적 즐거움의 원천으로서가 아니라 일상적 일과로서 상호작용한다. 그들은 순종적인 것을 넘어서 과도할 정도로 순종적이다. 예를 들어, 그들은 또래들이 지시하는 것은 무엇이든 하기 때문에 쉽게 해를 입을 수 있다. 세 번째 유형은 기묘한(odd) 아동들인데, 다른 사람에게 관심이 많으나 사회적 이해나 행동 규범에 대한 이해가 부족하다. 그들은 모르는 사람에게도 접근하고 아무나 만지거나 부적절한 질문을 던지며, 그들의 행동이 타인을 당황스럽게 하고 있다는 피드백을 마음에 새기지 못한다.

Wing과 Gould(1991)는 16세가 넘은 아이들을 관찰하여, 많은 아이들이 한 범주에서 다른 범주로 변한다는 것을 발견했다. 특히 무관심한 집단은 발달과정을 거치면서 수동적이거나 기묘한 집단으로 되는 경향이 강했는데, 이는 아마도 사회화를 격려하는 중재로 인한 결과 때문인 것 같다.

의사소통의 장해 의사소통 결함은 자폐증에서 흔하며 때로는 심각할 수 있다. 이 결함은 함묵증(자폐증 아동의 반 정도가 결코 말을 배우지 못한다)에서 비의사소통적 언어의 범위까지 분포할 수 있다. 비의사소통적 언어는 타인이 했던 말이나 구의 의미를 이해하려는 어떤 노력도 없이 그대로 반복하는 반향증(예: 버터를 접시 바깥에 내놓고 먹었다고 꾸중들은 아이가 반복해서 "그러지마, 그레고리"라고 말하는 것), 또한 상황에 맞지 않은 구나 문장을 사용하는 언어방식(예: 자폐증이 있는 한 소녀는 변기를 반복적으로 누르면서 갑자기 "햄버거는 냉장고에 있어"라고 말함)과 같이 개인 특유적(idiosyncratically)으로 사용되기도 한다.

자폐적 아동의 언어는 종종 극단적으로 문자 그대로 말하거나 현학적이다. 즉, 말을 할 때 마치 외국어의 구를 기계적으로 외워서 하는 것처럼 지나치게 공식적이거나 딱딱한 방식으로 말한다(예: 한 영국 아이는 비스킷을 먹으려 할 때 항상 이렇게 부탁한다. "제가 이 통에서 비스킷을 하나 꺼내도 될까요? 또 한 청년은 자기가 좋아하는 고모에게 전화할 때마다 항상 "저는 당신의 조카인 J. M. Wright입니다"라고 말한다). 또한 자폐증이 있는 아동은 지나치게 문자 그대로의 방식으로 말을 이해하는 경향이 있다. 이러한 극단적 사실주의로 인해 그들은 잘 놀라기도 한다. 한 자폐증 소녀는 간호사가 "손을 줘봐"(Give me your hand)"라고 요구할 때 두려워했다. 왜냐하면 간호사가 문자 그대로 자신의 손을 제거하려 한다고 생각했기 때문이다(Frith, 2003).

자폐증 아동은 종종 일인칭과 삼인칭의 올바른 사용을 이해하기 어렵다. 그것은 대명사 역전과 관련된다. 즉, "나" 대신에 "너"를 사용하거나(예: "나는 나가고 싶다" 대신에 "너는 나가고 싶다"라고 말한다), 또는 자신을 가리킬 때 이름을 사용한다(예: "나는 먹고 싶어" 대신 "잭은 먹고 싶어").

자폐적 언어에서 흔히 보이는 또 다른 예는 운율법의 결함인데, 운율법은 정상적 언어에 높낮이를 만들어주는 리듬과 억양의 변화에 해당한다. 그런데 자폐증 아동은 언어의 정서와 의미를 표현하도록 도와주는 적절한 강세나 높고 낮음이 없이 단조로운 톤으로 말한다. 따라서 자폐증 아동은 다른 사람이 말의 운율법을 통해 전달하고 있는 내용을 이해하기 어려운 것으로 보인다. 유머, 풍자, 그리고 빈정거림을 이해하려면 말해지는 방식에 대해 주의해야 한다(예: 장난감으로 온통 어질러진 방 때문에 화가 머리끝까지 난 부모가 "이것 참, 이곳을 치우게 해주셔서 정말 고맙습니다!"라고 말한다고 상상해보라). 정상적으로 발달하는 아동은 불평스러운 빈정거림을 포착해서 방을 정돈하기 시작하는 반응을 하겠지만, 자폐증 아동은 어리둥절할 것이고 문자 그대로의 의미를 의도한 것이 아니라는 것을 이해하지 못할 것이다.

놀이는 아동으로 하여금 의사소통하게 해주는 또 다른 형태이다. 그러나 정상적 발달과정에 있는 아동과 다르게, 자폐증 아동의 놀이행동에는 사회적 및 상징적 기능이 결여되어 있다. 특히 자폐증 아동은 가장놀이를 시작하지 않는 경향이 있다. 예를 들어, 블럭을 가지고 놀도록 했을 때, 일반 유아는 자동차를 표상하기 위해 블럭을 사용거나("부릉! 부릉!"), 또는 비행장 활주로를 만드는 데에 사용할 것이다. 이와 대조적으로 자폐증 아동은 블록을 완전히 직선으로 줄을 세우는 데에 고착되거나, 또는 블럭이 빠져나가거나 밝은 색이라면 그것들을 회전시키기도 하고, 회전하고 있는 블럭을 응시할 것이다. 그러나 놀이에 대한 대부분의 연구들은 자폐증 아동에게 가장놀이를 자발적으로 해내도록 요구했었다. 그러나 "이 장난감으로 무엇을 할 수 있니? 또는 돌리에게 (빈 컵으로) 마실 것을 주는 체할 수 있니?"라고 요청하는 것처럼 격려를 해준다면, 자폐증 아동의 수행은 정신지체 아동의 수행과 비교할 만하다(Charman & Baron-Cohen, 1997). 이들 연구결과는 자폐증 아동에게 가장놀이를 하는 능력이 기본적으로 없다기보다 가장놀이를 하려는 동기화가 되지 않았음을 시사한다.

제한된 상동적 관심 및 행동 동일성에 대한 요구는 아동 자신의 행동과 환경 둘 다에 적용된다. 때로 아동의 행동은 오랫동안 마루에 앉아 있거나, 앞뒤로 몸을 흔들거나, 신발 끈을 빙빙 돌리거나, 마루를 위아래로 뛰어다니는 것과 같이 단순하다. 때로는 복잡한 의식(ritual)과 같은 행동을 하기도 한다. 5세 된 어떤 아이는 장난감 트럭을 가지고 와서 차 옆구리로 돌리고, 콧소리를 내면서 바퀴를 돌리고, 창문으로 올라가서 창틀을 손가락으로 두드리면서 밖을 내다본다. 그런 후에 다시 트럭으로 돌아간다. 이 전체적인 연쇄를 계속해서 단순히 반복한다.

환경의 동일성에 대한 요구는 여러 가지 방식으로 표현될 수 있다. 예를 들어, 아동은 똑같은 음식을 똑같은 접시와 식탁에서 먹어야 하고, 같은 옷을 입어야 하며, 가구 배열이 같아야 한다. 동일성 요구의 강도는 행동의 경직성뿐 아니라 사소한 방식으로 환경을 변화시켰을 때, 즉 다른 음식을 주거나 의자를 방의 다른 위치로 옮기거나 했을 때 아이가 나타내는 공포와 분노로도 증명된다.

관련된 특징들

감각 처리 자폐증에서 나타날 수는 있지만 필수적이지는 않은 행동들도 있다. 예를 들어, 자폐증 아동은 종종 특이한 방식으로 감각 자극에 반응한다. 그들은 손에 들어온 모든 대상의 냄새를 맡는다. 심지어 무생물에 대해서도 그렇게 하며, 입속에 넣기도 한다. 자폐증 아동은 자극에 대해 과민(hypersensitive)하기도 하고 둔감(hyposensitive)하기도 한데, 이 둘 사이에서의 동요는 예측 불가능하다. 예를 들어, 그들은 피부에 무엇이 닿는 것에 과민하고 옷감이 자신의 피부에 닿는 느낌을 못 견딘다는 것을 알 수 있다. 또는 소리에 과도한 반응을 하며, TV의 소음이 고통스러울 수 있다. 자폐증이 있는 성인들의 자전적 설명에 의하면, 밝은 빛과 예측 불가능한 움직임에 의해 포격당하거나 혹은 소음과 여러 가지 것들에 의해 압도되는 것과 같은, 일반화된 감각적 과부하를 언급하고 있다. 만일 그러한 환경에 직면하게 된다면, 아동은 반복되는 음조의 콧노래나 돌고 있는 동전의 움직임에 완전히 몰두하는 것과 같이 반복적이고 낮은 강도의 감각적 자극에 의해 안전을 추구하고자 할 것이다. 간단히 말해, 동일성에 대한 병적 요구는 일상의 환경적 자극에 의해 압도당하지 않으려는 방어를 제공해줄 것이다.

둔감성은 추위에 대한 비정상적 내성이나 통증에 대한 무감각의 형태를 취하며, 이는 많은 자폐증 아동이 머리를 쿵쿵 부딪치거나, 손으로 자신을 때리거나 긁거나 깨무는 것과 같은 자해적 행동을 보이는 것과 관련이 있을 것이다. 소리에 대한 둔감성은 매우 심한 나머지 귀머거리로 오해받기도 한다. 특히 동일한 소리에 대해서 어떤 때에는 예민하고 어떤 때에는 둔감하기도 하다. 그래서 전화 소리에 대해 공포와 분노로 비명을 지르던 아이가 불자동차의 경고음 소리에 전혀 반응하지 않기도 한다.

한편, 자폐증 아동은 피질적 각성이 낮은 것으로 보이며, 따라서 피질의 각성을 증가시키는 데에 기여하는 기묘한 행동, 예를 들어, 회전하는 물체를 쳐다보거나, 등을 껐다 켰다 하거나, 눈가를 손가락으로 흔들거나, 충동적인 자위행위 등의 행동을 하는 것 같다.

자폐증 학자 자폐증 아동에 대한 대중적 이미지는 그들이 학자라는 것이며, 전화번호부를 기억하거나 복잡한 방정식을 계산하고, 소리의 가락을 재생하고, 어떤 날이든 요일을 알아맞히거나 외국어를 학습하는 희귀한 재능이나 천재적 능력을 가진다는 것이다. 그러나 그러한 조각난 기술은 이 장애 아동의 10% 정도에서만 보인다(이런 사람들에 대한 더 많은 내용을 위해서는 Hermelin, 2001 참조). 대부분의 자폐증 아동은 모든 영역에 대한 유의미한 인지적 결함과 관련이 있다(**글상자 5.2** 참조).

특성

발병 시기

DSM-IV-TR 기준에 의하면, 타당한 진단을 내리기 위해서는 자폐적 행동이 3세 이내에 나타나야 한다. 이 장애가 출생시부터 존재한다고 생각되기도 하지만, 여러 진단기준이 더 뒤에 나타나는 기능과 관련되어 있다는 사실 때문에 진단이 복잡하다. 예를 들어, 정상적으로 발달하던 아동이 가장놀이의 첫 조짐을 보이려면 18개월은 되어야 한다. 또한 진단이 가능한 시기는 대체로 결함의 정도와 관련될 것이다. 고기능 아동의 경우에는 진단이 더 늦어지게 되는데, 그 이유는 자폐증 아동과 동일연령대의 정상 아동 간의 괴리는 발달이 더 진행되어야 분명해지기 때문이다. 진단 딜레마는 저기능 아동에서도 일어나는데, 정신지체라는 잘못된 진단 때문에 어려울 수 있다.

그러나 성인이 아동의 자폐증을 인식하지 못하거나 명명하지 못하는 것 때문에 영아기 동안에 자폐증이 존재하지 않는다는 의미는 아니다. Geraldine Dawson과 동료들(Osterling & Dawson, 1994)은 나중에 커서 자폐증으로 진단된 아동의 1년째 생일에 찍었던 옛날 비디오를 보고자 하는 독창적 생각을 하게 되었다. 이렇게 해서 11명의 정상적 영아와 11명의 자폐장애 영아를 비교한 결과, 자폐증 아동은 일관성 있게 타인의 얼굴을 더 적게 보고, 흥미 있는 물체를 덜 보여주거나 덜 가리키며, 자신의 이름을 들었을 때 덜 돌아본다는 사실을 발견했다. 이들 행동들에 따라 평정했을 때, 자폐증 집단과 비자폐증 집단을 구분함에 있어 91%의 정확률을 보여주었다.

후속 연구에서, Dawson과 동료들은(Werner et al., 2000) 발달과정에서 좀 더 어린 나이에 이상한 행동을 신뢰롭게 탐지할 수 있을 것이라는 것을 발견했다. 나중에 자폐증으로

글상자 5.2 정신병리의 개념화: 질적 차이와 비동시성

DSM-IV는 사회적 상호작용과 의사소통에 있어서 손상을 기술할 때 "질적"이라는 용어를 사용한다는 것에 주목하자(**표 5.1** 참조). 정신병리학이 정상에 비해 양적 차이가 있는 것인지 혹은 질적 차이가 있는 것인지는 영원히 해결하기 어려운 문제이다. 일반적으로 말해서 양적 견해가 더 우세하다. 공포증은 정상적 두려움의 극단으로 간주되고, 비행은 정상 청소년의 반항의 과장된 형태로 간주된다. 정신병리학의 세 가지 주요 발달 모델들, 즉 고착, 퇴행, 그리고 발달지체는 양적인 개념이다. DSM-IV에서 자폐증을 질적 손상에 의해 기술할 때, 자폐적 행동이 자기 나이 또래의 정상 아동이나 심지어 더 어린 정상 아동에서까지도 상응 행동이 나타나지 않고, 정상 행동에서 일어나는 발달순서가 자폐 아동에게는 나타나지 않는다는 것을 의미하고 있다.

양적 대 질적 문제를 평가하기 위해, Wenar와 동료들(1986)은 5세에서 11세까지의 자폐증 아동 41명과 3개월에서 5세까지의 정상 아동 195명을 비교했는데, 자폐아와 그 외의 비전형적 아동들을 위한 행동평정도구(Behavior Rating Instrument for Autistic and other Atypical Children, BRIAAC)라고 불리는 표준화된 관찰기법을 사용하였다. 이 연구자들은 심한 자폐적 아동들이 양육자를 전혀 안중에도 두지 않고, 사물에 대해서는 최소한의 표현을 하거나, 무관심하거나 아니면 그냥 지나치는 정도로 탐색하며, 소리에 대해서는 무반응하거나 또는 부정적 반응을 보이고, 사회적 요구에 대해서는 무관심하다는 것을 발견하였다. 이들 모든 특징은 사회적 환경과 물리적 환경에 대한 무감동을 의미하며 정상적인 행동과 발달에 있어서는 상동체가 거의 보이지 않는다고 하였다. Dawson(1991)도 이와 비슷하게 초기 사회정서적 발달에 관해 논하였는데, 어떤 사례에 있어서 자폐적 아동이 수행하는 표면적 행동과 기능 혹은 요구는 자폐적 아동에게만 독특하게 나타나며, 정상적 발달 양상에서는 이와 병행되는 특징을 찾아보기가 어렵다고 결론 내렸다. 자폐증 연구에 대한 우리의 개관을 통해 보면, 자폐증이 정상발달이 빗나간 것이라는 또 다른 새로운 개념화를 제안할 수 있다. 자폐증에서 일탈은 단일한 변인 자체 내에서 작용하기보다는 다양한 변인들 간의 관계 속에 놓여 있다는 것이다. 이러한 일탈을 비동시성(asynchrony)이라고 부른다. 변인들 간의 발달 속도는 제각각이다. 어떤 변인은 정상적 속도로 나아가고, 어떤 변인은 지연되며, 어떤 변인은 개인 특유의 과정을 따른다. 비동시성은 임상적 문헌(A. Freud, 1965 참조)에서 주목 받아 왔는데, 자폐증 아동의 언어발달에 관한 객관적 연구를 통해 증명되고 있다(예를 들어, 통사론과 의미론의 이해 간의 불일치).

진단받은 영아는 8개월에서 10개월 사이에 정상 아이들에 비해 누가 자신의 이름을 부르면 그 사람에게 덜 돌아보는 경향이 있고, 미소 짓고 있는 사람을 덜 쳐다보는 경향이 있었다. 흥미롭게도 소아과 의사는 8개월에서 10개월 사이의 영아가 자폐적인지 아닌지를 분류하라고 했을 때, 우연 확률보다 더 잘 수행하지는 않았다. 그러나 평정자들은 영아가 이보다 단지 몇 개월 뒤인 12개월이 되었을 때 찍었던 비디오테이프에 기초하여 각 영아를 정확하게 분류하는 비율이 78%이었다. 이에 따라 연구자들은 자폐증이 1세 이전에 이 장애의 미묘한 징조가 나타나기는 하지만, 1세 이전에 자폐증을 탐지하는 것은 극도로 어려운 일이라고 결론지었다.

유병률

공식적으로 DSM-IV-TR에서는 유병률의 중앙치를 10,000명 중 5명으로 두고 있으나, 연구에 따라 광범위한 차이가 있음을 주목하고 있다. 과거에는 자폐증의 발병률이 극히 낮은 현상이라고 하였으나, 보다 최근의 조사에서는 놀라운 증가를 보여주고 있다. 미국에서 최근 집계된 통계에 따르면 자폐증이 20년 전보다 10배가 넘는 유병률을 보여준다(Yeargin-Allsop et al., 2003). 1980년의 유병률은 10,000명 중 4~5명이었으나 가장 최근 자료에서는 1,000명당 3~10명이다. 이와 유사하게, Wing과 Potter(2002)는 12개국의 39개의 모집 기초 연구들을 개관하여 지난 10년 동안 자폐장애의 유병률이 10,000명당 3.8명에서 60명 사이에 분포한다고 밝혔다. 더 광범위하게 정의되는 자폐-스펙트럼장애의 유병률은 10,000명당 약 60명으로 추정되고 있다. 상이한 사례 계층 또는 상이한 종족 간에서 비체계적인 유병률이 발견되는데, 이는 자폐증이 생물학에 기초한 장애(이 견해는 누구에게도 책임을 부과하지 않는다는 점에서 감동적이다)라는 생각에 대한 신뢰를 절감시킨다.

자폐증의 비율이 증가한다면, 이는 전염병이라는 사실을 의미하는가? 그렇지 않을 것이다. 이 분야의 전문가들은 일반적으로 유병률 증가가 의사와 일반 대중들 사이에서 자폐증의 인식이 증가된 것에서 기인한다고 본다. 이에 덧붙여 진단기준이 넓어졌으며, 이로 인해 이 장애를 과거에 탐지할 때보다 더 민감하게 되었다. 예를 들어, Frith(2003)는 캘리포니아의 조사에서 1987년에서 1994년 사이에 유병률 진단이 250%가 증가하였고, 정신지체의 진단율은 같은 기간에 정확히 같은 비율만큼 감소했다는 보고에 주목했다. 이 자료는 자폐증 유병률의 증가를 보여준다기보다, 진단체계의 정확성이 증가함에 따라 더 많은 자폐증 아동들이 정확하게 진단되고 있다는 것이 더 그럴듯한 설명이다.

성

자폐증에서 성차는 유의미하다. 여러 연구들에 대한 평균을 보면, 남아들이 여아보다 4 대 1로 많다. 그러나 이 비율은 다양한 인지능력의 수준에 따라 달라진다. 즉, 남아는 IQ 범위의 낮은 쪽 극단에서는 덜 우세하다. 예를 들어, 영국에서 수행된 대규모 연구에서 Wing(1991)은 가장 낮은 IQ 수준에서 남아 대 여아의 비율이 2대1이라고 보고하였다. 그러나 가장 높은 IQ 수준에서는 15대1이었다. 이러한 성차 패턴에 대한 설명은 아직 밝혀지지 않았다.

사회경제적 지위, 종족, 그리고 문화

과거에는 자폐증이 높은 계층에서 더 많이 발생한다고 가정되었는데, 최근 연구에 의하면 이는 병원에 오는 집단의 표집편향 때문인 것으로 밝혀졌다. 자폐증의 유병률은 사회적 계층과 관련이 없을 뿐 아니라 종족과도 관련이 없다. 많은 상이한 국가에서 수행된 연구들에서 이 장애에 대한 유사한 모습을 보여주고 있다(Evans & Lee, 1998; Schriebman & Charlop-Christy, 1998).

공병

많은 자폐증 아동이 정신지체의 진단 조건에도 해당된다(그러나 자폐증이 있는 정신지체 아동은 정신지체만 있는 아동과 여러 가지 측면에서 크게 차이가 있다. 따라서 앞으로 알게 되겠지만 이 두 장애는 명백히 구분되는 장애이다). 초기의 연구에서 75%의 자폐증 아동이 IQ 70 이하인 정신지체라고 보고되었지만, 이들 연구는 임상 집단에 기초한 것이며 매우 심한 장애가 있는 대상만을 포함했었다. 영국에서 수행된 모집 기초 연구에서 자폐 스펙트럼의 전체 범위를 표집한 결과, 자폐 스펙트럼장애의 아동의 35%만 정신지체 범위에 놓이는 인지기술을 보였다(Baird et al., 2000).

불안은 7~84%의 자폐 아동에게 나타나는데(Lainhart, 1999), 특히 자신들이 과민한 자극에 대해서 그렇다. 때에 따라 이들은 공포증 수준에 미치기도 하는데, 아동의 기능할 수 있는 능력을 방해하기도 한다. 예를 들어, Klinger 등(2003)은 아스팔트 포장을 무서워하여 주차장, 길, 또는 학교 운동장을 지나다닐 수 없는 아동에 대해 기술한 바 있다.

또한 자폐증은 11~39%의 사례에서 간질장애와 공존하기도 한다. 간질장애가 가장 일어나기 쉬운 아이들은 여아이며, 정신지체가 있는 아이들이다.

2. 아스퍼거장애

정의

초기 묘사

Kanner에게는 알려지지 않았지만, Kanner가 볼티모어에서 자폐증을 연구하고 있던 똑같은 시기에, Hans Asperger는 비엔나에서 자폐증과 유사한 아동집단에 대해 집필 중이었다. 1944년 발간된 Asperger의 고전적 논문은 Lorna Wing(1981)에 의해 전문적으로 재소개될 때까지 오랫동안 잊혀져 왔다. Asperger의 언어는 Frith(1991)에 의해 다음과 같이 번역되었다. "여러 가지 면에서 흥미가 있는 유형의 아동에 대해 기술하고자 한다. 이 아이들은 공통되게 모든 행동적·표현적 측면에서 기본적 장해를 특징적으로 나타낸다. 이 장해는 사회적 통합에 있어 상당히 심한 전형적인 곤란을 초래한다. 많은 사례에서 사회적 집단에의 통합 실패가 가장 눈에 띄는 특징이다. 그러나 어떤 사례에서는 이러한 실패가 사고의 특수한 독창성과 경험에 의해 보충되며, 이러한 재능은 인생의 후기에 특별한 성취로 이끌 수 있다."(p. 37)

Asperger는 이들 아동이 공통적으로 보이는 많은 특징들을 언급하였다. 즉, 이 아이들은 눈 맞춤, 높낮이가 없거나 단조로운 말이나 노래, 이상한 상동적 운동을 보이고, 타인의 긍정적 정서 표현에 반응하지 않는다고 하였다.

Asperger가 실제로 넓은 범위의 증상을 보이는 아이들에 대해 기술하였지만, 그의 이름은 자폐 스펙트럼 내의 특정 하위 유형과 관련되었다. 요즈음 아스퍼거장애는 보다 더 미묘해서, 자폐장애라는 명칭에 맞는 아이들보다는 지적 기능과 언어 기능이 더 좋기는 하지만 결함이 있는 아이들을 지칭하게 되었다.

표 5.2 아스퍼거장애의 DSM-IV-TR 기준

A. 사회적 상호작용의 질적 장해, 적어도 다음 중 두 가지가 보임:
  1. 사회적 상호작용을 조절하기 위해 눈 맞추기, 표정, 몸자세와 몸짓과 같은 다양한 비언어적 행동의 사용에 뚜렷한 장해가 있음.
  2. 발달적 수준에 적합한 또래관계가 발달되지 않음.
  3. 타인과 즐거움, 흥미 또는 성취를 공유하고자 하는 자발적 추구가 결여됨(예: 타인에게 관심 갖는 물건을 보이고, 가져다주고 또는 가리키는 행동의 결여)
  4. 사회적 또는 정서적 상호성의 결여

B. 제한된 반복적·상동적 양상의 행동, 관심 및 활동. 적어도 다음 한 가지가 보임:
  1. 강도나 초점에 있어 비정상적이라고 보이는 상동적이고 제한된 양상의 관심을 가지는 몰두를 포함.
  2. 특수하고 비기능적인 일상 습관이나 의식에 대한 명백히 경직된 집착
  3. 상동적이고 반복적인 운동적 상동증(예: 손이나 손가락을 위아래로 흔들거나 비틀기 또는 복잡한 몸동작)
  4. 물체의 부분에 대한 지속적 몰두

C. 사회적·직업적 또는 기타 중요한 기능 영역에서 임상적으로 유의미한 장해를 초래하는 장해들

D. 언어에서 임상적으로 유의미한 일반적 지연이 없음(예: 2세까지 한 단어들이 사용되고, 3세까지 의사소통적 문구가 사용됨)

E. 아동기에 인지발달 또는 연령에 적합한 자조 기술의 발달, 적응행동(사회적 상호작용 이외의), 그리고 환경에 대한 호기심에 임상적으로 유의미한 지연이 없음.

출처: 미국정신의학협회의 허락하에 *Diagnostic and Statistical Manual of Mental Disorders*—Fourth Edition Text Revision(2000)에서 인용함.

DSM-IV-TR 정의

아스퍼거장애의 분리된 진단적 범주(AD, 아스퍼거 증후군이라고도 알려짐)는 1994년 DSM-IV에 처음으로 추가되었다. DSM-IV-TR 기준은 **표 5.2**에 열거되어 있다. 열거된 바와 같이 자폐증과의 주요 차이는 AD 아동이 언어발달에 지연을 보이지 않을 뿐 아니라 유의미한 인지적 결함도 보이지 않는다는 점이다. 진단이 공식적 명명법의 일부이기는 하지만, AD가 자폐증으로부터 나온 상이한 장애 범주를 나타내는지에 대해서 많은 전문가들은 동의하지 않는다는 점도 언급할 필요가 있다(Volkmar & Klin, 2001). 하지만 결론적으로 이 분야에 대한 많은 전문가들은 두 장애가 동일한 기저 발달장애의 변형체이고, AD가 자폐 스펙트럼 상에서 덜 심한 쪽에 있다는 견해를 가지고 있다.

관련 특징들

DSM-IV-TR 기준의 일부는 아니지만 AD 아동들에게 흔히 보이는 여러 가지 특징들이 있다. 예를 들어, 그들은 많은 강박-충동적 경향을 보인다. 즉, 사실들을 모으거나 암송하는 것과 같은 행동적 또는 언어적 의식 등을 보인다.

AD 아동들은 매우 언어적이지만 언어의 사회적 사용, 즉 **화용론**(pragmatics)에는 많은 결함이 있다. 예를 들어, 타인과의 의사소통시에 좁고 특수한 관심 영역에 대해 혼자 말하는 것에 국한될 수 있고, 대화 시에 타인을 적극적 참여자로 포함시키지 않는다. 또한 교대로 말하는 사회적 섬세함이 결여되며 장소를 공유하거나 비언어적 눈 맞춤과 표정 같은 적절한 비언어적 의사소통의 사용에 결여가 있다.

AD 아동은 인지적으로는 온전하지만, 비언어적 지능 영역의 곤란은 여전한 채로 언어 기술이 유지된다(Lincoln, Courchesna, Kilman, & Elmasian, 1988). AD 아동들은 비언어적 학습장애가 있는 아동들과 매우 유사하다(Rourke & Tsatsanis, 2000).

특성

유병률

아스퍼거장애는 최근에야 공식적으로 인지되었기 때문에, 유병률에 대해 거의 알려져 있지 않다. 더 나아가서 그들의 좋은 지능 때문에 AD 아동은 오랫동안 탐지되지 않은 채 지낼 수 있다. 그러나 좋은 진단기준을 사용한 좋은 연구에서 AD가 과거에 생각했던 것보다 더 많은 집단에서 나타난다고 제안하고 있다. 예를 들어, 스웨덴의 통합학교 제도의 학교에 다니는 아동들에 관한 연구에서 10,000명당 36~48명 사이의 유병률, 즉 아동 모집단에서 0.4%의 유병률을 추정하고 있다(Kadesjo, Gillberg, & Hagberg, 1999).

Frith(2003)가 언급한 바와 같이, 이들 초기의 연구들이 여러 문화에 걸쳐 반복 검증되고, 시간의 흐름에 따른 검증을 견딘다면 전체 인구의 1%에 근접하는 자폐 스펙트럼장애의 유병률을 보이게 될 것이고, 이는 정신분열증의 유병률에 가까운 것이다.

성

자폐증의 기술에서 언급한 바와 같이, AD 남아는 높은 인지능력을 가진 아이들 사이에서 불균형하게 나타난다. 따라서 AD 여아보다 AD 남아를 더 많이 볼 것으로 기대되며, 이 기대는 사실이다. 가용한 연구들에 기초하여, Frith(2003)는 AD의 성비율이 한 여아당 15명의 남아에 근접한다고 추정하였다.

시작 시기

아스퍼거장애가 있는 아이들이 많음에도 불구하고, 그들의 결함이 좋은 인지와 좋은 언어 기술로 인해 감추어지기 때문에 이 장애는 늦게까지 감지되지 않는다. 장애가 있다고 보이기보다는, 오히려 이 조숙한 아동들은 "어린 교수" 같은 행동으로 주위의 성인들을 즐겁게 해주기까지 하고, 또래에 대한 관심 부족은 기발함으로 간주되어 문제가 과소평가되는 것 같다. AD가 있는 어떤 아이들은 청소년기가 될 때까지 밝혀지지 않는다. 청소년기는 단계별 과업이 이들이 발달시키지 못한 능력들을 요구하기 시작하는 시기이다. 예를 들어, 청년기에 보이는 사회적 곤란은 더 이상 설명이 될 수 없을 정도로 정상적 친밀성을 방해하기 시작할 것이다. AD가 있는 다른 아이들은 성인기가 될 때까지도 진단받지 않을 수 있다. 그 부분적 이유는 그들이 아동이었던 시대에는 이 장애가 알려지지 않았다는 점 때문이다. 그러나 AD는 자폐증과 똑같이 출생시부터 존재하는 선천적 장애라고 생각되고 있다.

공병

특히 청소년기와 성인기에 불안이나 우울과 같은 기분장애가 AD가 있는 사람들에게 자주 보인다(Howlin, 2000). 임상 보고에 의하면 AD가 있는 젊은이들이 자신의 사회적 결함과 사회의 주류로부터 배제되는 것에 대해 고통스러운 자기인식을 하게 된다고 자세히 설명되고 있다. 이와 같은 부정적 평가는 우울과 무망감으로 이어질 것이다.

자폐증과 아스퍼거장애는 서로 다른 장애인가?

앞에서 언급한 바와 같이, 이 분야에 대한 연구자들은 자폐증과 AD가 정말로 구분되는 장애인지에 관해 일치하지 않는다. 문제를 더 복잡하게 하는 것은 많은 연구자들이 AD 진단에 대한 DSM 기준에 동의하지 않으며, 그 대신 아스퍼거 증후군에 대한 각자의 정의에 기초하여 연구한다는 사실이다.

두 장애를 직접적으로 비교한 소수의 연구 중 한 연구에서 Ozonoff와 동료들(2000)은 자폐증이 있는 아동과 청소년 23명을 AD가 있는 12명과 비교하였다. 이들은 모두 DSM 기준에 따라 진단되었다. 연구자들은 자폐증 아동들은 학령전기에 더 심한 증상을 가졌었다는 것을 발견하였다. 그러나 현재는 두 집단이 사회적 행동과 의사소통적 능력에서 유사하였다. 한 가지 분명한 차이는 반복적 행동영역에서의 차이였다. 즉, 자폐증은 동일성에 대한 집요함을 보이지만 이와 대조적으로 AD 아동은 제한된 관심을 강하게 보인다고 기술되었다. 자폐증 아동들은 언어적 이해가 더 손상되기는 했지만, 언어지능이 AD 아동보다 유의미하게 더 낮지는 않았다. 연구자들은 자폐증 아동들이 십대가 될 즈음에는 AD 또래들의 언어지능을 따라잡는다고 추측하고 있다.

3. 자폐 스펙트럼장애의 병인론

다음의 개관에서 자폐증과 아스퍼거 증후군 모두의 근원을 탐색한 연구들에 관해 기술하고자 한다. 아마 두 장애(많은 연구에서 이 두 장애를 항상 구분하고 있지는 않다)가 동일한 기저를 가진 장애의 표현이라고 보는 많은 연구자들의 믿음을 반영하게 될 것이다. 덧붙여서 연구자들은 이제 막 AD에 주의를 돌리기 시작했기 때문에, 여기에서 제시하게 될 대부분의 증거는 자폐증에 관한 것이다. 따라서 각 절에서 자폐증 또는 자폐 스펙트럼에 관해 먼저 기술하고, 끝으로 AD에 특수하게 관련되는 연구결과가 있는 경우 그것에 대해 기술할 것이다.

생물학적 맥락

환경 요인

최근에 많은 환경 요인이 자폐증의 원인 역할을 한다고 가정되고 있다. 이들 요인 중 하나는 출산 합병증이다. 그러나 최근 연구들에서 출산 합병증은 약하거나, 또는 선천성 이상이 있는 비자폐적 유아에게서 발견되는 것보다 더 높지는 않다고 밝혀졌다. 두 번째로 제안된 환경 요인은 선천성 풍진이다. 초기의 연구들에서 임산부의 풍진은 태어날 아기의 자폐증 발생률을 증가시킨다고 하였다. 그러나 이후의 연구들에서 이 아이들의 임상적 기술과 장애의 경로 모두가 비전형적이라고 하였다. 즉, 이 아이들은 자폐증이 일어날 것으로 보았으나 실은 그렇지 않은 경향이 있었다.

경종을 울리는 한 제안은 홍역, 이하선염, 그리고 풍진에 대한 통합 백신이 원흉이라는 것이었다. 이 때문에 많은 부모들이 사람을 황폐화시키는, 이들 질병에 대항하는 면역을 덜 시키는 반응을 보였다(Frith, 2003). 연구자들이 상이한 나라들과 시기에 따라 자폐증의 발생과 백신 접종 간의 연관성을 평가하였으나, 현재까지 별다른 패턴이 발견되지는 않았다(Fombonne & Chakrabarti, 2001). 그러나 백신이 자폐 스펙트럼장애에 일반적으로 취약한 아이들의 경우에 이 장애가 시작하도록 할 것이라는 가능성은 남아 있다(Wing & Potter, 2002).

유전적 요인

자폐증에 있어서 유전학이 병인론적 역할을 한다는 점은 의심할 여지가 없다. 부모가 자폐증이 있는 아이를 둘이나 갖는 경우는 드물지만 첫 아이가 장애가 있을 때, 이 장애가 있는 두 번째의 아이를 가질 위험은 첫 아이가 정상인 경우에 비해 15배에서 20배나 된다(이 내용은 Rutter, 2000을 따른다).

항상 그러하듯이, 가장 확실한 유전적 자료는 둘 중의 하나가 자폐증인 일란성(MZ)과 이란성(DZ) 쌍생아를 비교하는 데에서 나온다. 세 가지 일반 모집단의 쌍생아 연구를 보면, 일란성 쌍생아의 경우 36%에서 91%까지의 일치율을 보였고, 이란성 쌍생아의 경우는 0%에서 5%까지의 일치율을 보였다. 자폐증이 강한 유전적 요인에 의한 것이라는 그 이외의 증거로는 비자폐적인 다른 쪽 MZ 쌍생아가 어느 정도의 자폐적 특성을 가지지만, 더 낮은 정도, 즉 **광범위한 자폐증 표현형**(broader autism phenotype)을 보인다는 점을 들 수 있다. 이러한 표현형의 특징들은 어떤 유형의 인지적 결함을 포함하며, 대개 언어지연과 지속적인 사회적 손상을 포함한다. 단지 일란성 쌍생아의 8%만이 인지적 장애나 사회적 장애가 없었는데, 이란성 쌍생아의 90%에서 이러한 손상을 보이지 않은 것과 비교된다. 이들 연구들에서 자폐적 표현형은 전통적 진단 이상으로 확장되며 자폐증과 유사한 특징들을 포함하기도 하지만, 정도에 있어서 뚜렷한 차이가 있다고 제안하였다.

자폐증은 그 복잡성 때문에 단일한 유전적 이상이 원인이라고 보기보다는 유전적 이질성(genetic heterogeneity)에서 기인한다고 본다. 즉, 상이한 유전적 이상이 모여서 동일한 임상적 특징을 보이게 한다는 것이다. 따라서 전달 모델은 멘델의 유전법칙에서처럼 단일 유전자가 작용하기보다는 다양한 유전자 상호작용과 관련된다.

AD의 유전적 요인에 대한 연구는 이제 시작 단계일 뿐이어서 가용한 연구는 소수에 불과하다(Folstein & Santangelo, 2000). 현재까지 대규모로 이루어진 한 연구에서, Volkmar와 동료들(1997)은 AD가 있는 99개의 가정을 조사하였다. 이 연구에서 1촌 혈연(특히 남성 혈연)에서 46%가 AD와 일관된 증상을 보인다고 보고하였다. AD의 형제나 사촌인 경우의 자폐증의 비율은 정상 집단에서 기대되는 비율보다 높았다. 만약 두 장애가 다른 장애라고 본다면, 이는 자폐증과 AD 간의 유전적 연계를 제안하는 결과이다.

신경심리학적 요인

뇌와 행동 간의 간격을 연결하는 일은 뇌의 구조나 기능에 대해 알려진 특징과 연결될 수 있도록 행동 상에서 국한된 장해가 있을 때 가장 쉬워진다. 그러나 자폐증은 이런 단순한 모델과는 거리가 멀다. 자폐증은 전반적 발달장애이며, 많은 심리학적 기능들이 영향을 받는다. 이러한 복잡성(complexity)에 비추어 볼 때, 뇌와 행동 간의 관계에 관한 질문에 대해 단순하고 확실한 대답을 기대할 수는 없다. 그러나 많은 선도적 제안들이 출현 중이다.

신경화학적 결과 자폐증에 대한 신경화학적 연구에서는 **신경전달물질**(신경세포 사이의 연결을 담당하는 "화학적 전달자")의 이상을 연구한다. 세로토닌, 도파민, 노어에피네프린, 그리고 엔돌핀이라는 신경전달물질에 관한 결과는 시사적이기는 하나 일관성이 없고, 결정적이 아니다. 양자방출법(PET)을 사용한 연구에서 자폐증이 있는 사람의 뇌에서 포도당 신진대사가 더 높다는 것을 확인하였다.

신경해부학적 결과 자폐증에 대한 뇌의 신경영상학적 연구결과는 지금까지 일관성이 없다. 여러 연구들에서 많은 다른 구조들이 관련된다고 보고 있다. 많은 연구자들은 측두엽과 소뇌의 이상을 발견하였으나, 이들 결과가 모든 연구에서 반복 지지되는 것은 아니다(Dawson et al., 2002). 여러 연구들에 의하면 흥미롭게도 특정 뇌 영역이 달라지기는 하지만 사회인지에 관여하는 다양한 뇌 영역에 이상이 있다는 결과들에는 수렴하고 있다. 특히 여러 뇌 영상 연구에서 자폐증이 있는 사람들은 편도가 비정상적으로 크다고 하였다. 편도는 정서에 관한 정보를 처리하도록 특수화된 중심측두엽이다(Schultz et al., 2000). 더 나아가서 편도의 비정상 정도는 표정 인식의 장해 및 주의 공유 정도—이 두 가지는 자폐장애로 인해 가장 영향을 많이 받는다—와 직접 비례한다(Sparks et al., 2002).

가용한 연구들 중 많은 경우에 뇌의 국소화된 결함보다는 뇌의 광범위한 부분에 손상이 퍼져 있음을 제안하고 있다(Johnson et al., 2002). 일관성 있는 한 결과는 자폐증이 있는 사람들이 대뇌가 더 크고 뇌 무게가 정상보다 더 무겁다는 사실이다. 흥미로운 것은 이런 한 부피의 증가가 출생시에는 존재하지 않았으나, 발달과정에서 나중에 관찰되었다는 것이다. 이와 같은 큰 뇌의 크기는 뇌의 백질 과다 때문이다(Filipek, 1999). 이 백질은 뇌의 영역들 간 소통을 담당하는 연결조직을 구성한다. 정상적 발달에서 연결은 발달 초기에는 증식하고 후기에는 전지(pruning)되어야 한다. 즉, 중복되고 비효율적인 통로를 제거하여 더 신속하고 효율적인 연결을 만든다. 따라서 자폐증의 결함은 뇌의 특정 영역과 관련이 있는 것이 아니라, 가지치기(pruning)의 비정상성과 그로 인한 뇌 부분 간 연계의 발달과 더 관련이 크다.

연구자들은 이제 막 AD에 특수한 신경해부학의 차이가 있는지에 관해 연구하기 시작했다. 지금까지의 결과는 예비적이고 시사적일 뿐이다. 한 가지 추론은 **대뇌 편재화**(brain lateralization: 좌반구와 우반구 간의 기능의 차이)가 AD와 자폐증 간에 차이가 있을 것이라는 것이다. Schultz와 동료들(2000)은 AD와 자폐증 간에 기능의 두 영역, 즉 운동기술과 시공간 능력의 차이가 있다고 언급했다. 이 능력들은 사회정서적 과정 및 얼굴 재인처럼 뇌의 우반구와 관련된 기능이므로, 연구자들은 AD가 우반구의 역기능과 특수하게 관련될 것이라고 추론하였다. 그러나 AD에 좌반구 결함이 있는 것(Ozonoff & Griffith, 2000)과 마찬가지로, 자폐증 역시 우반구 결함의 증거가 있으므로 해답이 대뇌 편재화에만 있는 것은 아니다.

자폐증이 있는 아이들에서와 같이, AD가 있는 아이들은 비정상적 백질 세포 성장과 관련되어 대뇌 크기가 커져 있음이 발견되었다. 신경영상학에 의하면 AD는 대뇌의 다른 두 영역, 즉 망상-측두엽 체계(편도를 포함하는 체계임)와 전두엽에서 전형적으로 비정상성을 보여준다(Schultz et al., 2000). 자폐증과 AD의 신경해부학적 비교를 수행한 한 드문 연구에서 Lincoln과 동료들(1998)은 AD는 소뇌 영역에 병리가 더 적고, 후뇌량(머리 뒤쪽의 뇌량)이 더 두텁고, 전뇌량(머리 앞쪽의 뇌량)은 더 크다고 밝혔다.

말할 나위 없이 자폐증에 대한 신경심리학적 연구가 더 필요하다. 앞으로 연구에서는 기능 MRI와 양자방출법과 같은 새로운 영상 기법의 도움을 받아 활동 중인 뇌를 관찰할 수 있을 것이다.

개인 내적 맥락

무엇이 본질적 결함인가?

자폐증 연구에서 의문 중 하나는 이 장애에 본질적인 무엇이 존재하는가를 명백히 이해할 수 있게 되었는가에 관한 것이다. 즉, 정상발달로부터의 극단적 일탈에 기저하는 핵심 결함은 무엇인가? 이 아이들의 발달과정, 즉 애착, 정서, 인지발달, 주의 공유, 마음이론 등을 검토한 연구들을 개관함에 따라, 각 특징이 서로 다른 강조점을 어떻게 반영하고 심지어 자폐장애의 본질에 대한 다른 해석을 반영하는가를 고려하게 되었다.

애착

양육자에 대한 애정적 유대의 결함이 자폐증의 핵심 특징이기 때문에, 애착의 기초적 장애가 자폐장애에 중심적일 것이라는 추론을 고수했다. 실제로 애착은 자폐증에 대한 Kanner(1943)의 최초 묘사에서 중심적 단계를 차지하였다.

그러나 자폐증 아동이 애착을 형성할 수 없다고 말하는 것은 과장이다. Ainsworth의 낯선 상황 절차(Strange Situation Paradigm, 2장 참조)를 사용한 연구에서 자폐증 아동의 40～50%가 안전 애착을 하였다. 정상 아동에서는 안전 애착이 65%에 가깝다(Capps, Sigman, & Mundy, 1994). 스트레스가 있을 때의 근접 추구와 같은 애착 관련 행동은 종의 생존에 매우 결정적이므로 애착행동은 진화에 의해 계획되어 왔다고 간주되고 있다. 따라서 정신병리적 장애가 있는 영아일지라도 애착은 보존된다고 보인다.

그럼에도 불구하고, 자폐적 아동과 정상 아동 간에는 애착에 질적 차이가 존재한다. 자폐증 아동에서는 정상 아동에서 만큼 애착 관련 행동에 동일한 정서적 즐거움과 상호성이 동반되지 않는다. 행동적 측면에서, 자폐증 아동의 애착은 손을 퍼덕이고 흔들고 돌리는 것과 같은 반복적인 움직임으로 흐트러져 있다. 또한 자폐증 아동의 행동은 다른 아동들보다 시간에 따른 변화가 더 많다(Dissanayake & Sigman, 2001).

더 나아가서 애착은 안전 기초를 유지하려는 목표행동 이상의 것을 포함한다. 애착은 부모 또는 부모-자녀 관계에 대한 **내적작동모델**(internal working model) 또는 정신적 상(mental image)을 포함한다. 이와 같은 복잡한 정신적 상은 아마도 자폐증 아동에게는 존재하지 않을 것이다(Capps, et al., 1994). 따라서 자폐증 아동은 아동 자신에게 안정과 즐거움의 근원이 되는 어떤 사람으로서의 어머니에 대한 작동모델을 가지기는 하겠지만, 자기 자신의 권리를 지닌 인간, 자신만의 독특한 사고, 동기, 소망 그리고 성격을 지닌 인간으로서의 어머니 상을 만들어 갈 수 있는지는 의심스럽다.

정서발달

정서발달 영역에 많은 결함이 있다는 사실은 자폐증의 의문에 대한 잠재적 열쇠가 될 수 있음을 지적한다.

정서 재인 자폐증 아동은 정상 아동이나 사람 얼굴에 표현된 기초 정서를 해호화하는 데에 어려움이 있다(Baron-Cohen, Wheelwright, Spong, Scahill, & Lawson, 2001). 그들은 특히 공포와 같은 부정적 정서를 구분하는 데에 어려움이 있다(Pelphrey, Sasson, Reznick, Paul, Goldman, & Piven, 2002). 자폐 아동이 다른 아이들만큼 사물을 재인하는 능력이 있는 것에서 알 수 있듯이, 문제는 시각적 정보의 처리에 있는 것이 아니라, 사람의 얼굴에 대해서만 특수한 문제가 있다. 이는 중요한 결함으로, 정서 재인은 타인과 의미 있는 관계를 형성하는 데에 필수적일 뿐 아니라, 대부분의 자폐 아동에게는 존재하지 않는 능력이기 때문이다.

더 나아가 응시 패턴에 관한 상세한 연구에서, 정서 표현을 구분할 수 있었던 자폐증 아동은 다른 아이들과 같은 방식으로 얼굴을 쳐다보지 않는다고 하였다. 정상의 경우, 사람 얼굴을 볼 때 타인의 눈에 시선의 초점을 둔다. 눈의 표정에 제시되는 사회적 정보의 양을 생각한다면 눈에 초점을 두는 것은 좋은 전략이며, 눈이 영혼의 창문으로 알려져 있다는 것에 대한 좋은 이유가 된다. 누군가의 감정을 알려고 함으로써 우리는 그들의 내적 상태에 대한 단서를 제공받으며, 그 사람을 응시하는 행동이 뒤따름으로써 그들의 의도에 경계심을 갖게 된다(Emery, 2000). 그러나 자폐 아동들은 타인을 볼 때 눈을 보는 시간만큼 턱을 보는 데에 시간을 보낸다(Pelphrey et al, 2002)(**그림 5.2** 참조). 이는 마치 어떤 유용한 정보도 타인의 표정을 읽음으로써 얻어진다고 지각하지 않는 것처럼 보인다. 얼굴에 대한 관심 부족은 자폐증 스펙트럼 아동을 정상 아동들과 구분해줄 뿐 아니라, 정신지체나 다른 뇌 발달장애가 있는 아동들과도 구분해준다는 점에서 자폐 스펙트럼장애에 독특하다고 보인다.

얼굴 지각의 결함은 자폐적 뇌에 고정적 계획이 되어 있을지도 모른다. Dawson, Munson과 동료들(2002)은 4세의 정상 아동의 시각 영상에 대한 활동전위(ERP) 반응을 자폐 스펙트럼장애의 것과 비교하였다. 정상적으로 발달하는 아동과 발달이 지연된 아동 모두 자신의 어머니 얼굴을 보는지, 낯선이의 얼굴을 보는지에 따라 다른 반응을 보였다. 뿐만 아니라 좋아하는 장난감을 보는지, 낯선 장난감을 보는지에 따라서도 반응이 달랐다. 자폐증 아동들은 이와 다르게 어머니의 얼굴 대 낯선이의 얼굴에 대한 반응에 차이가 없었다. 그러나 좋아하는 장난감과 낯선 장난감을 볼 때에는 다르게 반응하였다. 더 나아가서 Schultz와 동료들(2000)의 기능 MRI 연구에서 정상 아동에 있어 얼굴지각에 특수화되어 있는 뇌 부분이 자폐증이나 아스퍼거 증후군이 있는 아이들에게는 그렇지 않다는 것을 보여주었다. 대부분의 사람들이 얼굴을 지각할 때 방추회(fusiform gyrus)를 사용하는 것에 비해 자폐 스펙트럼 아동들은 하측두회(inferior temporal gyrus)에서의 활동을 보여준다. 이 하측두회는 보통 사물 지각에 사용되는 뇌 영역이다.

정서 표현 자폐증이 있는 아동은 다른 아동보다 정서적으로 덜 소통적이기는 하지만, 면밀한 관찰에 따르면 자폐 아동을 전형적으로 일률적이고 부자연스럽고, 정서적 표현이 없다고 보는 것은 옳지 않다. 그들은 행복할 때 키득키득 웃고, 화가 날 때에는 분노발작을 보이며, 간질이거나 번쩍 들어올리면 즐거워한다. 즉, 열광적 환희, 비탄, 좌절, 분노, 공황과 같은 매우 강한 정서를 표출할 수 있다. 그러나 이들을 정상 아동들과 다르게 하는 것은 자폐증 아동들이 부정적 정서를 더 많이 보이고, 감정이 기묘하게 섞이는 경향이 있기 때문이다(Kasari, Sigman, Baumgartner, & Stipek, 1993). 자폐증 아동들은 타인의 미소를 따라 하는 것과 같이, 상대방에게 감정을 보내거나 교환하는 경향이 적다. 따라서 이 아이들에게 빠져 있는 것은 정서 표현 자체가 아니라 교대적 상호작용의 일부로서 기대되는 정서 표현이다. 예를 들어, 한 연구에서 자폐증이거나 자폐증이 아닌 아동들은 새로운 과제를 학습할 때 기쁨을 비슷하게 보인다고 하였다. 또한 정상 아동들은 자존감을 어느 정도

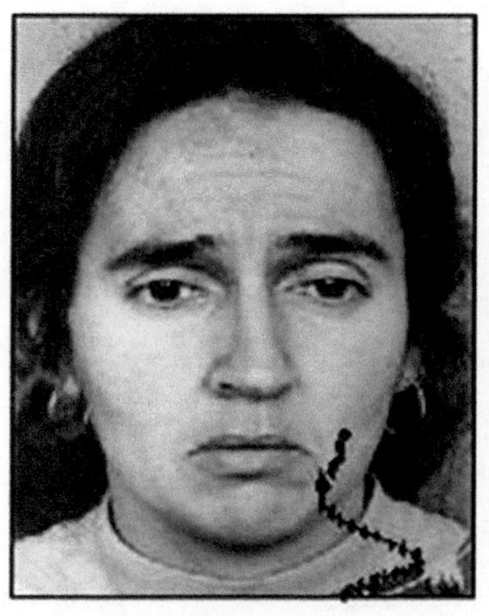
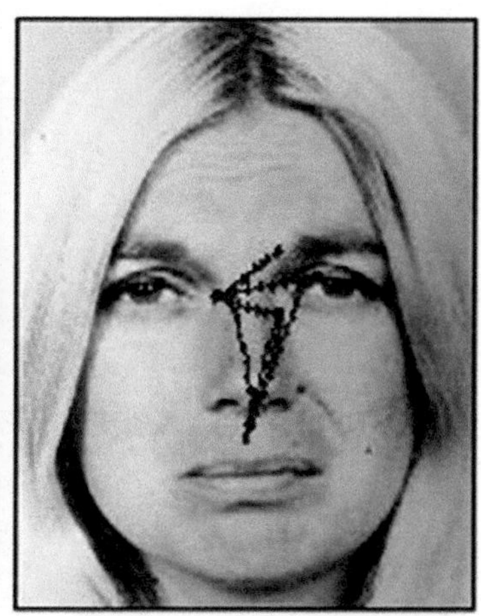
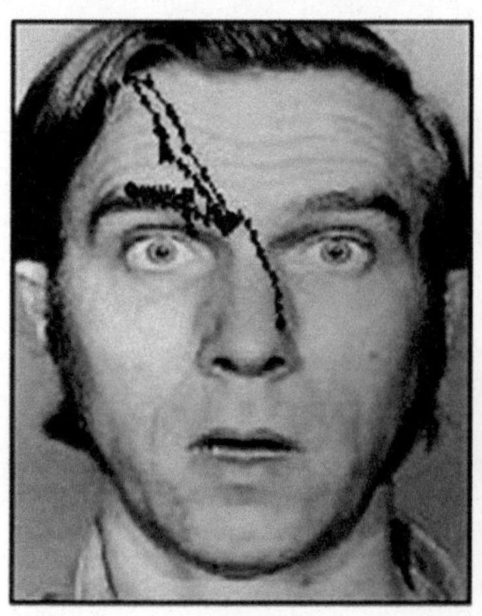
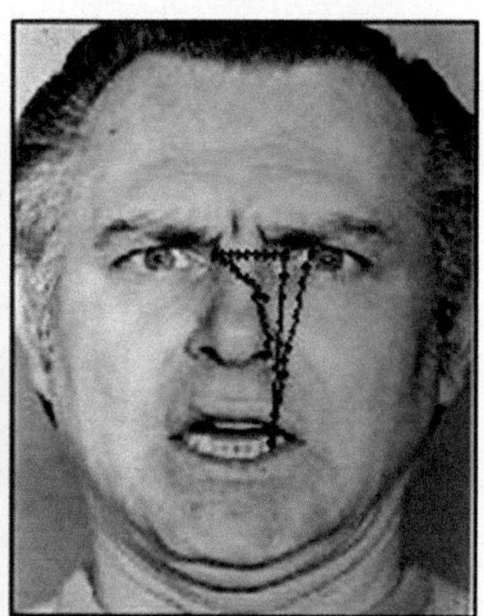
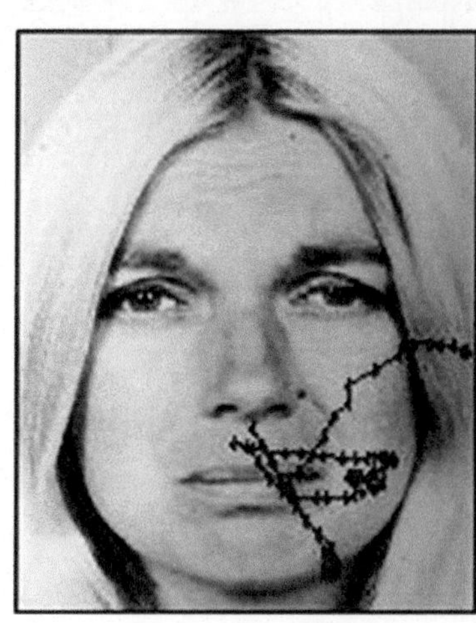
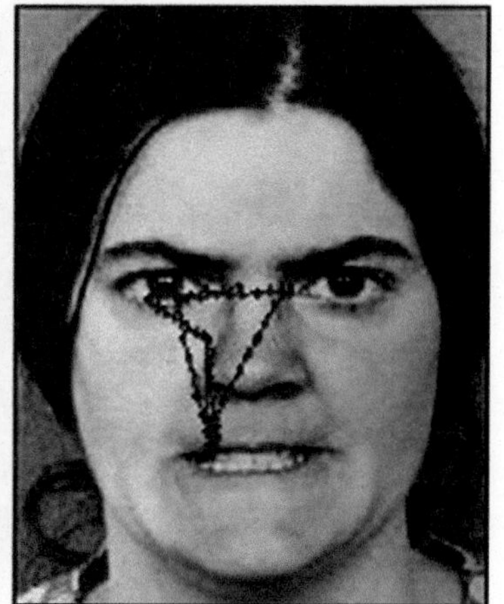

그림 5.2

자폐증의 얼굴 처리

실험의 2기에서 보인 세 명의 자폐증 참가자(첫 번째 열)와 세 명의 통제집단 참여자(두 번째 열)로부터의 주사 표본: 참가자들에게 각 얼굴에 표현된 정서를 알아내라고 지시하였다.

출처: Pelphrey 등(2002).

표현하는데, 이는 자폐증 아동들에게는 보이지 않는 특징이다. 정상 아동들은 자신을 관찰하는 사람의 반응을 알아보기 위해 돌아보는 경향이 있다(Kasari et al., 1993). 간단히 말해서 자폐증 아동들은 타인과 정서를 공유하지 않는다.

주의 공유

자폐증의 핵심으로 제안되는 다른 특징은 **주의 공유**(joint attention)이다. 생후 6~9개월 된 정상적 영아는 마치 "내가 쳐다보고 있는 것을 보세요"라고 말하는 것처럼 물건과 양육자를 번갈아 보게 된다. 이것을 **참조적 보기**(referential looking)라고 부른다. 생후 1년 후기에 정상 영아는 **참조적 몸짓**을 사용하기 시작하는데, 즉 양육자가 있을 때 양육자가 보도록 물건을 가리키거나, 양육자가 보도록 물건을 들어 올린다. 물건에 대해 혼자서만 주의하는 것이 아니라 성인의 주의를 끌어내고자 하며, 이로 인해 관심을 공유할 수 있다. 여기서 목표는 사회적인 것이며, 구체적 요구를 충족시키는 것과 같은 도구적 목표가 아니라 감정과 관심을 공유하고자 하는 것이다. 여기서 영아는 자신이 잡을 수 없는 장난감을 얻으려는 것과 같이, 자신이 할 수 없는 어떠한 것을 성인이 해주도록 하기 위해서 신호를 보내는 것이 아니다. 영아는 장난감에서 얻는 즐거움을 부모와 공유하고 싶은 것이다. 어른이 관심을 가지고 반응하면 상호작용은 매우 보상을 받게 된다.

자폐증 아동은 주의 공유행동에 결함이 있거나 심지어 부재하기도 한다. 이는 앞에서 예시한 홈비디오 연구에서 살펴본 바 있다(Osterling et al., 2002). 자폐증 아동들은 어떤 물건을 원할 때 그것을 가리키고, 장난감을 고치고 싶을 때 그것을 보여준다. 이들의 **도구적 몸짓**에는 부모가 장난감을 인정하거나 재인함으로써 자신들과 함께 하고 싶은 소망을 전달하는 **표현적 몸짓**이 동반되지 않는다.

주의 공유에 대한 이러한 결함은 모든 발달기간에 걸쳐 나타난다. 예를 들어, Attwood, Frith와 Hermelin(1988)은 자폐증이 있는 청소년은 도구적 몸짓 혹은 행위 지향적 몸짓을 사용하거나 이해하는 것과 관련해서는 정신 연령이 대등화된 정상아 및 정신지체아와 다르지 않음을 발견했다. 하지만 자폐 청소년들은 다른 아이를 안거나 입 맞추고, 다른 사람을 위로하거나, 우정의 표시로 팔을 얹거나, 당황스러움을 표현하기 위해 얼굴에 손을 대는 것과 같이 자신이나 타인과 관련한 감정을 표현하는 몸짓은 전혀 사용하지 않았다. 이와 같은 사회적 몸짓은 도구적 몸짓과 다르게 다른 사람이 자신의 감정과 소망을 표현함에 따라서 어떻게 느끼는가에 대한 지식을 필요로 한다.

똑같은 특징에 따라, 주의 공유행동이 자폐증 아동에게 일어날 때, 정상 아동이나 다운 증후군 아동에서처럼 긍정적 감정의 공유가 동반되지 않는다(Roeyers, Van Oost, & Bothuyne, 1998). 따라서 자폐증은 상호작용을 강화하는 데에 매우 중요한 역할을 하는 미소와 웃음의 애정적 신호라는 주의 공유행동을 빼앗아가 버린다.

언어발달

자폐적 언어가 정상적 언어발달과 다른 여러 가지 특징을 앞에서 기술하였다. 예를 들어,

자폐적 언어는 반향증, 문자 그대로 이해하기, 운율의 결여 등이 있다. 또한 함묵증에서부터 내용이 이상한 언어를 말하는 것까지 큰 차이가 있다. 더 나아가서 언어발달이 지연되는 자폐증과 언어 기술이 보존되는 아스퍼거장애 간의 정의적 언어발달이 구분을 하는 데에 중요하다.

Tager-Flusberg(2000)와 동료들은 언어발달에 대한 종단적 연구를 수행한 바, 자폐증 아동과 다운증후군 아동을 비교하였다. 이들의 연구에서 걸음마기 아이들이 막 말하기를 배움에 따라 통사론과 문법이 두 집단에서 유사하게 발달된다는 것이 밝혀졌다. 연구결과에서, 언어의 형식적 구조에는 결함이 없지만, 자폐증 아동이 언어를 사용하는 방식에 유의미한 차이가 있었다. 특히 자폐증 아동은 타인과 함께 말한다고 하기보다 단순히 타인에 대고 말하는 것 같다. 즉, 타인과 의사소통을 공유하려는 관심이 부족하거나 필요를 느끼지 않는 것 같다. 자폐증 아동들은 사적 의미나 연상을 반영하는 이상한 개인 특유적 문구나 언어를 사용하는 경향이 있다. 또한 자폐증 아동은 상대방에게 적절한 정보와 부적절한 정보를 구분하지 못하거나, 타인에게 이해가 되는지, 혹은 그렇지 않은지에 대해 알지 못하는 어려움이 있다(Frith, 2003).

고기능 자폐증이나 AD 아동들은 적절한 언어발달이 되는 경우에도 언어적 화용론, 즉 화자의 관점에 대한 이해를 필요로 하는 의사소통의 사회적 규칙에 곤란을 느낀다(Landa, 2000). 예를 들어, 보통 우리는 주제의 변화를 알릴 줄 안다("그런데, 어쨌든 …", "아, 그런데 말이지 …"). 그리하여 상대방이 혼란되지 않도록 한다. 하지만 자신이 뜻하는 바를 상대방이 이해할 수 있도록 도와주는 대화의 미묘함은 자폐증이 있는 사람들에게는 가용하지 않다. 그들은 문자 그대로의 방식으로 해석하고 반응하기 때문에 어색한 대화를 하게 되고, 의사소통이 제대로 되지 않게 되며, 말이 의도하는 바를 잘못 해석하게 된다. 또한 상대방이 주제를 놓치지 않도록 단서와 참조를 제공하지 못하게 된다.

그러나 전혀 말을 하지 않는 아이들까지도 쓰기 언어발달이 된다는 증거가 있다는 것이 흥미롭다. 예를 들어, Frith(2003)는 지금까지 항상 함묵해왔지만 컴퓨터를 통한 의사소통에는 매우 빨리 숙달되었던 한 젊은이의 사례를 기술하고 있다. 자폐 스펙트럼이 있는 사람들 중 많은 사람들이 말하기에서는 지연이 있는 경우에도 글은 유창하게 읽을 수 있다. 하지만 읽고 있는 정보의 처리는 좀 다르다. 정상적으로 발달하는 아동은 문장이나 줄의 요점 또는 의미를 읽는다. 반면 자폐증 아동들은 개별 단어에 초점을 맞춘다. 따라서 자폐증 아동들은 문장에 웃기는 말이나 엉뚱한 말이 나오게 되면 이해하지 못한다(예를 들어, "우리에 갇힌 돼지는 전기로 만든 꽃의 향을 맡을 수 있었다.")(Frith, 2003, p. 125). 더 나아가서 자폐 아동들은 난독증이 있는 아이들보다 자신이 읽었던 문장과 똑같은 문장이 제시되었는지를 더 잘 확인할 수 있지만, 난독증이 있는 아이들은 이야기의 요점을 들으면 자폐증 아동들을 능가하였다. 그 결과, 자폐증 아동들은 내용보다 단어에 초점을 두며, 그들이 읽고 있는 내용의 기저 의미는 그들로부터 멀어지게 된다.

조망수용 자폐증 아동의 언어에서 보이는 많은 결함들은 조망수용의 결함을 반영한다. 언어적 화용론은 좋은 의사소통이란 상대방의 조망을 이해해야 한다는 점을 요구하는 방식에 대한 첫 번째 예이다. 또 다른 예로, 자폐증에서 "너"와 "나"라는 대명사를 혼동하는 것과 제 삼자에게 자기를 가리킬 때 이들 대명사를 사용하는 경향을 들 수 있다. 이러한 현상은 자폐증 아동의 개인적 정체성의 혼동과 자기개념의 결여를 의미할 것이다. 실제로, 자폐증 아동들은 자신의 이름과 타인의 이름에 의해 사람을 재인한다. 이 어려움의 열쇠는 이름은 항상 같지만 대명사는 변화한다는 점에 있다. 찰스가 "나"라고 하는 사람은 "패트리샤"가 나라고 부르는 사람과는 다른 사람이다. 대명사의 사용은 조망의 문제이다. 즉, 올바른 대명사는 화자가 누구이고 청취자가 누구인가에 달려 있으며, 이를 사용하는 능력이야말로 자폐증에 존재하지 않는 조망을 변환하는 바로 그 능력이다.

반향어(echolaria)는 다른 예를 보여준다. 타인의 말을 따라 하는 것은 사회적으로 매우 어색한 의사소통 형식인데, 이는 자기 자신의 조망에만 초점을 맞추는 아동에게는 분명한 논리가 있다. 즉, 자폐증 아동은 본질적으로 행동주의자이다. 즉, 이들의 타인에 대한 지식은 겉으로 관찰되는 원인과 결과를 통해 습득되기 때문이다. 어머니가 "쿠기 먹고 싶니?"라고 묻고 나서, 쿠키 한 개를 아이에게 주는 상황을 가정해보자. 이에 대한 논리적 결론은 자폐 아동에게 있어 이들 언어는 단순히 다른 커다란 즐거움을 나타나게 만드는 마술적 언어라는 것이다.

인지발달

지금까지 살펴본 바와 같이, 자폐증 아동의 지능 범위는 평균 지능에서 정신지체에 이르기까지 넓게 분포한다. 지능에 관한 염려 중 한 가지는 어떤 지능검사는 자폐증에 적절하지만, 어떤 지능검사는 비표준적 형태의 지능을 민감하게 측정하지 못할 수도 있다는 점이다. AD 아동들은 인지능력이 중간에서 우수한 정도까지 분포한다. 그러나 이들 자료에 대한 한 가지 염려는 이 지능이 기능적인지 아닌지를 정확하게 반영하지 못한다는 것이다. 예를 들어, 런던의 모든 노선의 버스 시간표를 기억하고, 외울 수 있는 비범한 기억을 가진 자폐증 학자는 버스 정류장으로 가는 길도 잘 찾지 못하거나 표를 사지도 못한다.

지능이 완전한 경우에도 자폐 스펙트럼 아동은 상이한 능력 수준에 걸쳐 일관성 있는 특정 점수 패턴을 보이는 경향이 있다. 일반적으로, 자폐증 아동은 사회적 추론을 평가하는 검사에서 낮은 점수를 받는다. 이 능력은 웩슬러 지능검사의 이해 척도로 측정되는데, 아동에게 잃어버린 지갑을 찾으려면 어떻게 해야 하는지를 묻는 문항이 있다. 이와 반대로 자폐증 아동은 구체적 사물에 관한 추론을 평가하는 과제, 즉 시각적 조각 맞추기의 해결을 요구하는 과제에서 가장 수행을 잘한다(Frith, 2003).

정상 아동과 자폐 스펙트럼 아동 간의 흥미로운 인지적 차이는 문제를 푸는 맥락의 사용에 있다. 사람들은 보통 문제를 실세계 맥락에 연결시키는 것이 더 풀기 쉽다고 알고 있다. 예를 들어, 수학 공식 5-4를 언어식 문제(만약 네가 5센트를 가지고 있다가 4센트를 쓰면

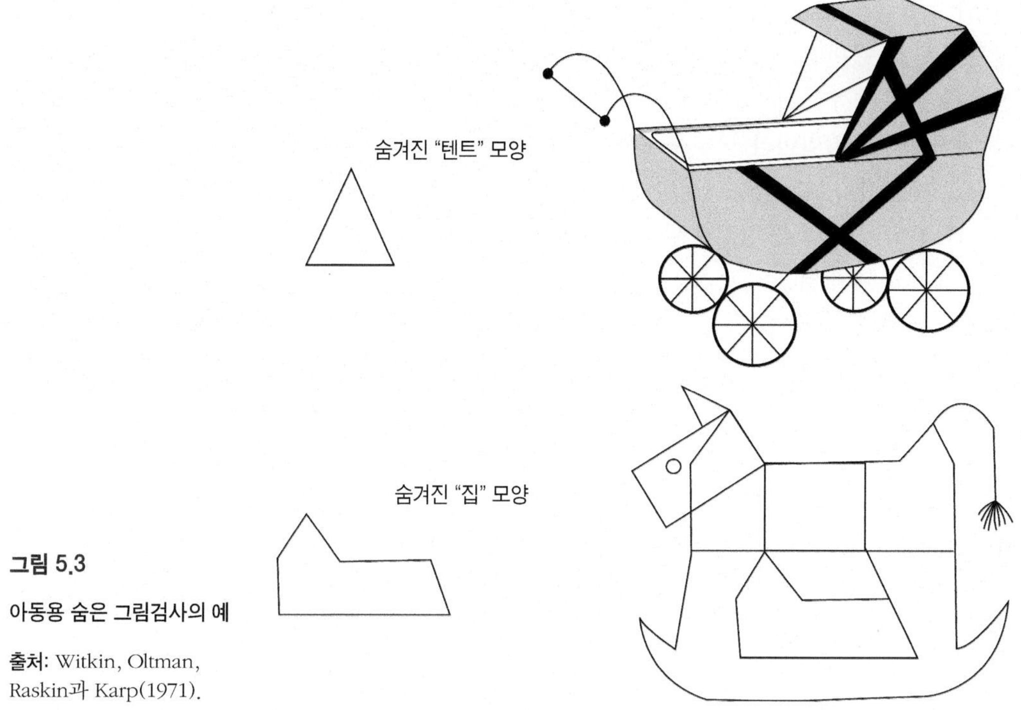

그림 5.3

아동용 숨은 그림검사의 예

출처: Witkin, Oltman, Raskin과 Karp(1971).

나머지는 몇 센트이니?)로 바꾸는 것처럼 말이다. 그런데 자폐증 아동은 맥락 정보로부터 이득을 얻지 못한다. 사실 자폐증 아동은 맥락의 무시를 요구하는 과제에 대해서는 또래들보다 더 수행을 잘한다. 이 예는 숨은 그림 찾기 과제인데, 과제에서 형태나 사물의 모양이 복잡한 기하학 형태 속에 숨어 있다(**그림 5.3** 참조). 정상 아동들은 사물을 찾아내기 위해 맥락을 무시하는 데에 곤란을 겪지만, 자폐증 아동들은 이러한 과제 수행 시에 맥락을 더 잘 무시할 수 있다. Happe(1999)가 지적한 바와 같이, 이들 자료는 자폐적 사고가 반드시 결함만 표현하는 것은 아니라는 것을 보여준다.

세부 사항에 초점을 맞추고 큰 그림을 무시하는 자폐적 사고의 이러한 특징은 중심응집성의 결여(a lack of central coherence)(Frith, 2003)라고 명명된다. 일반적인 사람들은 맥락에 따라서 일반화하고, 연결하고, 기저 의미를 끌어내려고 노력한다. 이렇게 하지 않으면 수용되는 정보를 응집성 있는 전체로서 통합하지 못한다. 자폐증 아동에게는 이러한 경향이 결여되어 있다.

집행기능 자폐 스펙트럼 아동은 또한 계획하기, 조직화, 자기 감시, 그리고 인지적 융통성과 관련된 집행기능(executive function) 영역에 곤란이 있다. 예를 들어, 집행기능을 평가하는 한 과제는 위스콘신 카드 분류 검사(Wisconsin Card Sorting Test; WCST)인데, 이 과제에서 특정 색, 형태, 또는 개수가 "올바른" 기준(10개 카드를 더미로 분류하는 기초가 되는)인지를 실험자로부터 받은 피드백을 통해 먼저 배운다. 그러고 나서 실험자는 아동에게 말하지 않고 올바른 범주를 변화시킨다. 결정적 측정치는 분류가 정확하지 않은 상황에서 아동이 잘못된 분류를 얼마나 오래 고집하는가 하는 것이다. 예를 들어, 색이 카드들을 분류하는 올바른 방법이라는 것을 아동이 배운 후에, 실험자는 이제 형태를 "올바른" 분류 기준으로 변경한다. 그러고 나서 아동이 새 기준에 맞추어 분류할 때까지 걸리는 분류 회수를 기록한다. WCST는 정신태세의 변환 또는 융통성의 측정치라고 간주된다. 또 다른 집행기능 과제는 계획력을 측정하는 하노이 탑 과제이다. 이 과제는 고리 이동 과제로서, 아동으로 하여금 기둥에 꽂힌 첫 번째 고리 배열을 옆에 있는 두 개의 다른 기둥에 항상 큰 고리가 작은 고리의 아래에 꽂히는 모양의 탑을 쌓기 위해 이동 순서의 계획이 요구된다. 고리를 이동시키는 과정에서 큰 고리를 작은 고리의 위에 두어서는 안 된다. 세 번째 과제는 스트룹 색 단어 검사로서, 아동에게 단어가 의미하는 색을 무시하도록 요구하며, 제지(inhibition)를 평가한다. 예를 들어, "파랑"이라고 쓰인 단어가 빨강색으로 인쇄되어 있는 경우에 "빨강"이라고 읽어야 한다.

연령과 증상의 심각성을 막론하고, 자폐증 아동은 정신자세 변환과 계획성을 평가하는 집행기능 과제에 대한 수행 결함을 일관성 있게 보여준다. 자폐증 아동은 품행장애나 주의력결핍-과잉활동장애가 있는 아동들(이 두 집단의 아동들 역시 집행기능에 결함이 있다)보다 더 지속적인 실수를 저지른다. Ozonoff 등(1991)은 동일한 IQ 수준의 학습장애 아동과 비교했을 때, 정신지체와 자폐증이 있는 아동이 WCST와 하노이 탑 과제에 대해 더 큰 어려움을 느낀다는 것을 발견하였다. 3년간의 추적 연구에서, 집행기능 과제에 대한 학습장애 아동의 수행은 개선되었으나 자폐증 아동은 발달과정에 따른 변화가 없었다(Ozonoff & MeEvoy, 1994).

또한 집행기능 결함은 많은 다른 장애에서도 발견되는 결함인데, 자폐 스펙트럼에는 특수한 질적 차이가 존재한다(Ozonoff & Griffith, 2000). 예를 들어, 자폐증 아동들은 융통성과 계획성의 결함은 보여주지만, ADHD 아동들에서 보이는 것과 같은 제지(inhibition)의 곤란을 보이지는 않는다. 하지만 지금까지의 연구에서 일관성이 없고, 특히 학령전기 아동의 집행기능에 있어서 일관성이 보이지 않는다.

마음이론

Uta-Frith(2003)는 자폐증에 대한 자신의 고전적 책의 표지에서 카드놀이 하는 사람들이 관찰자에게 자신의 구성원 중 한 사람이 속이고 있는 것을 암시하는 몸짓과 의미심장한 눈빛을 암시하는 장면을 묘사하는 그림을 표현하였다. 이 책에서 Frith는 그림의 의미에 대해 많은 단서들과 그 단서들이 의미하는 바를 추출해내기 위해 구경꾼에게 요구되는 직관적 지식이 무엇인가에 대해 설명하고 있다. 하지만 모든 사람이 이러한 사회적 정보를 해석할 수 있는 것은 아니다. A. C.라는 고기능 자폐증인 한 젊은 여성은 Frith에게 전자메일을 보냈는데, 그 책의 표지에 대해 다음과 같이 언급하였다. "나는 그 그림을 약 한 시간 정도 바라보고 있었던 것을 기억한다. 그 화가가 원했던 것처럼 그 그림의 물감이 얼마나 부드럽고 붓의 질감 … 그리고 주인공이 입은 옷의 촉감의 실제 결을 재현하는 것 등등. … 물론 예술가의 사실적 표현과 기술, 바로 이러한 것들이 그림에 대해 가장 명백한 것이다. 그 다음에 나는 책의 내용을 읽었다. 언제나 그러했던 것처럼. 그리고 나는 마치 전체의 연속극, 즉 보통 사람이 먼저 포착해낸다고 생각되는 전체 연속극을 읽는다. 이 사람이 속이고, 저 사람은 그것을 알고, 또 다른 사람은 모르고 등등. 이런 바보 같은 사람들 같으니라구!" (pp. 78–79)

유사한 맥락에서, Michael Rutter 경(1983)은 자폐증이 있는 한 젊은 남성을 기술하고 있다. "사람들은 다른 사람들의 생각을 읽을 수 있고, 그들의 반응과 감정을 예견할 수 있는 특별한 감각을 가지는 것 같다며 그 젊은 남성은 다른 사람들의 마음을 읽을 수 없다고 불평하였다. 또한 사람들은 다른 사람들이 화나지 않도록 조절하지만 자신은 남을 항상 화나게 만들기 때문에, 남을 화나게 만들고 나서야 자신이 하고 있는 행동이나 말이 잘못됐다고 깨닫게 된다."(p. 526)

자폐 스펙트럼장애의 가장 심각한 결함 중 하나—이는 어떤 전문가들이 지금까지 기술한 모든 다른 결함들의 기초가 되며, 이 결함들을 통합한다고 믿는 것이다—는 Baron-Cohen(1995)이 말한 "마음 맹(mind-blindness)"이다. 즉, 자신과 타인의 정신 상태에 대한 인식의 결여이다. 이 중요한 인간 기능에 대한 공식적 명칭은 **마음이론**(theory of mind)이다. 이론이라고 부르는 이유는, 우리가 타인의 마음을 느끼거나, 냄새를 맡거나, 또는 다른 방식으로 관찰할 수 없지만 그들이 마음을 가지고 있다고 *믿기* 때문이다. 우리의 이론이 옳다고, 즉 사람들에게 마음이 있다고 증명할 수 있는 방법은 무엇일까? 아마도 한 방법은 타인에게 속임수를 써 보는 것이다.

예를 들어, Baron-Cohen, Leslie와 Frith(1985)는 샐리-앤 각본을 만들었는데, 인형들이 다음과 같이 연극한다. 샐리와 앤이 방에 함께 있다. 샐리는 공깃돌을 바구니에 넣어 놓고 방을 나간다. 앤은 상자에다 공깃돌을 옮겨 놓고 방을 나간다. 샐리가 돌아온다(**그림 5.4** 참조). 실험자는 아동에게 결정적 질문을 한다. "샐리는 공깃돌을 어디에서 찾을까?" 아동은 샐리의 믿음이 더 이상 타당하지 않지만, 샐리는 공깃돌이 바구니에 있다는 믿음에 따라 행동할 것이라는 점을 이해해야만 한다. 아동이 옳은 대답을 한다면 자신이 알고 있는 것을 인형이 알고 있는 것과 구분하고 있음을 나타낸다. 마음이론에 관한 이 검사는 틀린 믿음 과제라고 부르며, 여기에서는 아동에게 타인이 알고 있는 것과 모르고 있는 것을 추론하고, 그에 따라 타인의 행동을 예측하도록 요구한다. 중요한 것은 정상 아동과 다운증후군 아동은 이 과제를 잘 수행할 수 있는 반면에 자폐증 아동은 그렇지 않다는 것이다. 고기능 자폐아인 경우에도 마찬가지이다. 다른 과제에서도 이와 유사한 결과가 얻어졌다. 즉, "스마티스" 초콜릿 각본 과제에서 스마티스 초콜릿 상자 안에 연필이 있는 것을 보여준 다음, 다른 아이에게 이 상자 속에 무엇이 있을 것이라고 기대할 것인지를 예측해보라고 하였다.

이들 고전적 실험이 수행된 이후, 보다 최근 연구들에서는 더 분명한 방식으로 수행되었

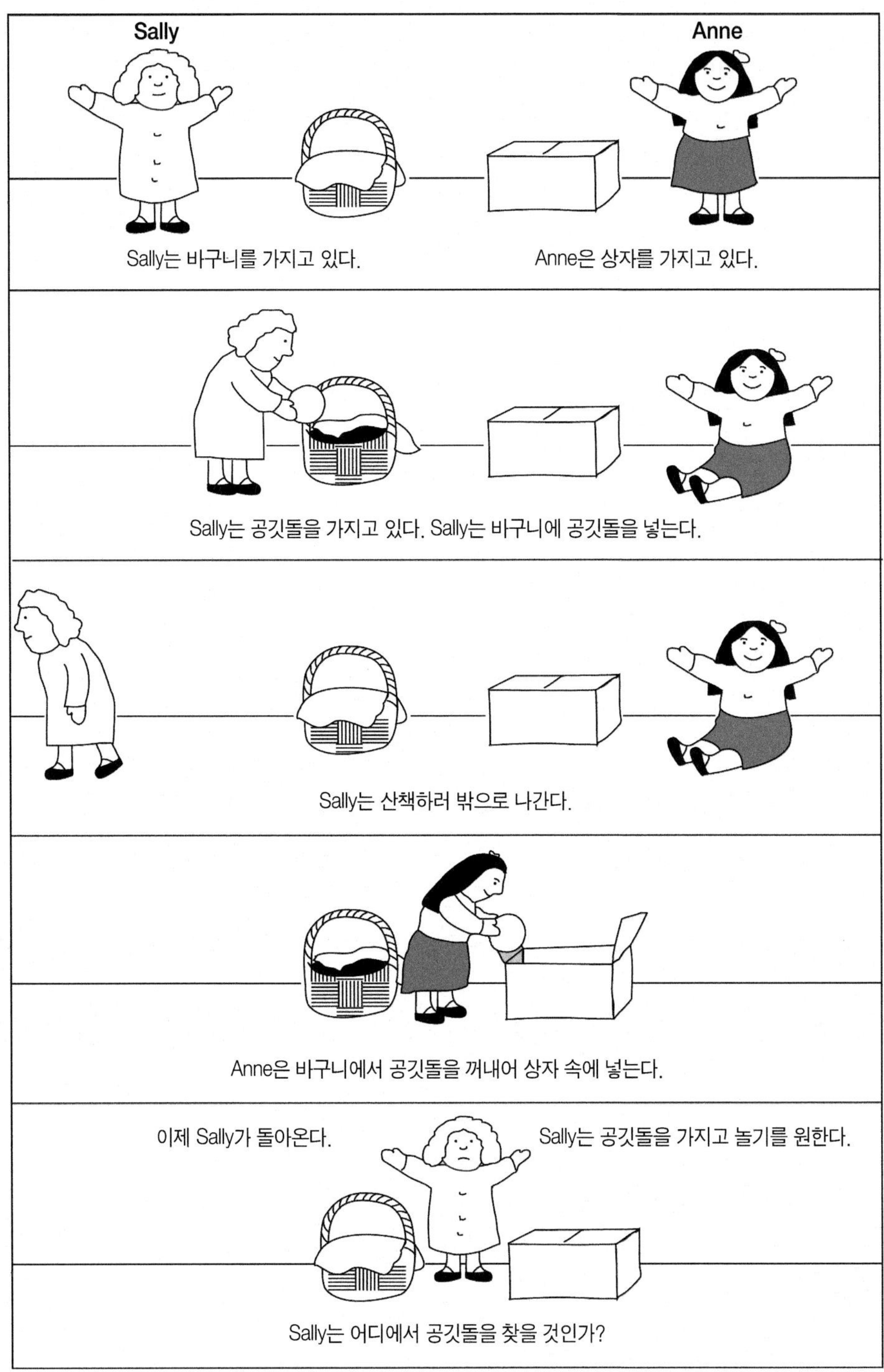

그림 5.4 샐리-앤 실험

출처: Frith(1989).

다(Yirmiya et al., 1998). 발달이 더 진행하면 많은 자폐증 아동들도 틀린 믿음 과제를 맞출 수 있는 것으로 나타났다. Happe(1995)에 의하면 정상 아동들의 대다수가 5세까지 틀린 믿음 검사를 통과할 수 있고, 정신 연령이 5세인 학습장애 아동들도 같았다. 그러나 자폐 스펙트럼장애 아동들은 전부가 그런 것은 아니지만, 10살까지 틀린 믿음 과제를 통과하지 못했다. 이 결과는 자폐증에서는 타인의 정신 상태의 이해에 5년이라는 발달지연이 있음을 시사하는 것 같다. 그러나 이들 질문에 대한 바른 답에 도달하는 방법은 두 가지의 루트를 통해 가능한 것 같다. 첫 번째 방식은 정상 아동들의 방식인데, 직관적 마음이론에 의한 것이고, 두 번째 방식은 지능이 높은 자폐 아동들의 방식인데, 관찰과 논리의 적용을 통해 정신 상태를 학습함으로써 직관적 이해의 결여를 보상하는 것이다(**글상자 5.3** 참조).

Happe(1994)는 마음에 대한 보상적 이론(compensatory theory)—말하자면 딱딱한 방식에 의해 획득된 이론—은 부서지기 쉽고 오류를 범하기 쉬울 것이라고 가정하였다. 이 가설을 검증하기 위해 그녀는 샐리-앤 과제보다 타인의 마음 상태에 대한 더 정교화된 이해가 필요한 각본을 구성하였다. 이들 각본은 빈정거림, 선의의 거짓말, 가장, 그 외의 사회적 의사소통 형태를 포함하는데, 타인의 의도, 지각 및 감정에 대한 추론을 필요로 한다. 예측한 바와 같이 자폐증 아동들은 샐리-앤 각본에 옳게 반응할 수 있더라도 이와 같은 더 발달된 마음이론을 이해하기 위해 안간힘을 쓰고 있었다.

Ozonoff와 Miller(1995)는 자폐증 아동들에게 직접 마음이론을 가르칠 수 있는지를 연구하였다. 그들은 특수한 사회적 의사소통기술을 가르치는 데에 덧붙여, 타인의 정신 상태를 이해하기 위해 필요한 사회인지적 기술을 평균 IQ를 보이는 자폐증 청소년에게 직접적으로 훈련시켰다. 예를 들어, 샐리-앤 각본과 같이 마음이론을 측정하는 틀린 믿음 과제를 수행한 이후에, 실험참가자가 눈가리개를 한 사람과 미로를 통과하여 걸어가게 하고, 길에 놓인 장애물을 피할 수 있도록 설명하게 하고, 역할 놀이 모델링 학습에 참가하게 함으로써 조망수용을 가르쳤다. 중재가 이루어진 후에, 참가자는 마음이론을 측정하는 실험실 과제에서 더 좋은 점수를 얻었다. 하지만 부모와 교사가 평정한 사회적 능력에서는 의미 있는 변화가 나타나지는 않았다. 따라서 자폐증 아동들은 사회적 기술을 배울 수 있는 것과 똑같이, 마음이론을 배울 수는 있으나, 타인의 정신 상태에 대한 직관적 이해는 계속 결여되며, 획득된 지식을 사회적으로 융통성 있고, 숙련되게 적용하지 못할 수도 있다.

마음이론의 결여가 가지는 함축성은 심각하다. 마음이론의 결여는 타인과의 경험 공유에 대한 관심과 동기의 결여를 초래하기 때문에 아동의 사회적 관계와 언어발달에 영향을 미친다. 또한 내적 상태와 정서적 표현 간의 일치에 대한 이해의 결여를 초래하기 때문에 정서발달에 영향을 미친다. 듣는 사람의 조망에 자신의 조망을 맞추기 어렵기 때문에 의사소통 능력에 영향을 미친다. 간단히 말해서 우리가 자폐증의 연구에서 중심응집성(central coherence)을 추구한 것처럼, 자폐증의 많은 핵심적 특징이 마음이론의 개념에 의해 조직화될 수 있다.

한편, Tager-Flusberg(2001)는 연구결과를 개관하여, 자폐증에 대해 마음이론 가설이

글상자 5.3 사례 연구: 자폐증의 자서전적 설명

인류학을 공부하는 대학생인 Jim은 아동기에 자폐증 진단을 받았으나 19세가 되어서야 부모로부터 그 얘기를 들었다. 그는 자폐증이 있는 대학생들이 쓴 자서전 걸작 모음집에 자신의 이야기를 써도 된다고 동의하였고, 아스퍼거장애가 있는 대학 교수인 Dawn Prince-Hughes(2002)에 의해 그의 이야기가 편찬되었다.

나에게 자폐증은 사실 바로 그대로이다. 이것은 내가 멍청한 것은 아니지만, 다른 사람들과 같은 방식으로 정보를 받아들이지 못하고, 정보를 처리하지 못하는 것을 의미한다. 또한 나는 일반적으로 신경증 집단의 선천적 수용성 및 표현성 의사소통기술을 공유하지 못한다. 그렇다고 해서 감정과 정서를 가질 수 없다거나 타인과 그러한 정서를 공유하지 못한다는 것을 의미하지는 않는다.

여기에 몇 가지 예를 들도록 하겠다. 어렸을 때, 나는 정서를 기술하기 위해 사용하는 용어들을 이해할 수 없었다. 내가 7살이 될 때까지도 "happy"라는 단어가 내 장난감 트럭을 의미했고, "afraid"라는 단어는 떼어버리라고 부탁하지 못했었던, 내 방의 벽에 붙은 오즈의 마법사 포스터를 의미했다. "sad"는 비오는 날씨를 의미했다. 나는 파란색 트럭을 가지고 놀 때 내가 느꼈던 정서가 아버지가 집에 오셨을 때 느끼는 바로 그 정서와 똑같다고 일반화하지 못했다.

내가 시간 감각을 가지기 전 언젠가 읽기를 배웠고, 생일 때 받은 카드를 읽었다. 내가 다섯 살과 여섯 살이었을 때 나는 내가 다른 사람과 왜 같지 않은지를 알려고 대영백과사전을 읽었다. 흥미로운 사실을 많이 읽었지만 나에 관한 설명을 발견하지는 못했다. 7살에 고모할머니를 보러 갔을 때, 지하실에서 5년간의 내셔널 지오그래픽 잡지 더미를 발견했다. 나는 여름 내내 그것들을 읽느라 보냈다. 거기에 실린 글들은 내 주변의 세계에 대해 내가 생각하는 것과 같은 방식으로 살고 있는 잘 모르는 문화와 먼 곳에 대해 기술하고 있었다. … 그들이 연구하고 있는 세계가 그들에게 이상한 것만큼 내 주변의 세계는 나에게 이상했다. 그래서 나는 동일한 방식으로 나의 세계에 관해 배워야 했다. …

무엇이 이상한 것일까? 10살 때 내 주변 사람들의 행동 규준으로부터 내가 많이 다르다고 확인했던 행동영역에 관한 여러 쪽의 목록을 가지고 있었던 것에 관해 말해보겠다. 나는 왜 그런지에 대해 어떠한 것도 알지 못했다. … 나는 그러한 차이를 다룰 수 있는 많은 접근에 대해 고려해보았다. 첫 번째로 떠오른 생각은 자살이었다. 되돌아 보건데, 나는 10살짜리 소년이 실제로 자살에 대해 손익 분석을 했다면 사람들이 편하게 생각하지 않으리라는 것을 안다. … 자살의 긍정적 이득은 내가 이해할 수 없는 세계를 더 이상 헤쳐 나갈 필요가 없다는 점이다. 나의 호기심 때문에 나를 둘러싼 세계에 대해 비중을 많이 두기는 하였다. 또 하나의 가능성은 나 자신을 변화시켜 내 주변의 사회에 맞추는 것이었다. 절식하거나 금연을 하려고 노력해본 사람이라면 자신의 행동을 영속적으로 변화시키기가 얼마나 어려운지 알 것이다. 당신이 아무것도 이해하지 못하는 상황에서 문자 그대로 당신의 행동에 관한 모든 것을 변화시킨다고 상상해보라. 나는 실제로 1년 동안 그렇게 노력했다. 나는 나의 행동 상의 영속적 변화를 일으키기 위해 시도하느라 바빴지만, 돌로 만들어진 도구에 관한 돌의 공학에 흥미를 가지게 되었다. 글에서 "도구 한 벌" … 등등의 말이 나오면, 나는 이 도구를 내 요구에 맞추려고 생각하기 시작했다. 나의 목적에서 볼 때,

많은 장점을 가진다고 제안하였다. 그녀는 각 이론들에 의해 잘 설명되지 않는 특징들이 여전히 남아 있음을 지적하고 있다. 예를 들어, 반복적 행동, 상동적이고 제한된 관심, 그리고 시공간 기술의 우수함이 이 장애에서 보이는데, 이들 특징들이 마음이론의 부재와 명백하게 연결되는 것은 아니다. 자폐증의 복잡성은 자폐증에 대해 간단한 설명을 할 수 없게 한다. 가장 그럴듯한 설명은 다양한 유전자에 관련된 다양한 결함이 결합하여 자폐적

글상자 5.3 사례 연구: 자폐증의 자서전적 설명 (계속)

한 벌의 도구는 상황의 요구를 충족시킬 한 꾸러미의 인지적 기술 및 행동으로 구성된다. … 이러한 일은 나에게 사실적 돌파였다. 그러나 나에게 필요한 기술과 이해를 얻는 것은 나를 영원히 압도할 것이 분명했다. 나는 불행히도 실패했었던 나의 행동 모듈을 처음으로 발전시키려고 시도한 뒤에야 이러한 점을 깨달았다. 나의 첫 시도는 또래들과의 쉬는 시간에 나를 참여하게 해줄 모듈을 발전시키고자 할 때였다.

오후 쉬는 시간에 반 친구들과 농구를 하고 있었다. 누군가 볼을 던졌는데 그것을 놓쳤다. 나는 튄 공을 잡으려고 움직였다. 전형적인 자폐적 방식으로 그 공에 초점을 맞추었고, 다른 친구 중 한 사람이 다치게 되었다. 나는 그에게 달려가 버린 것이었다. 나는 다른 친구들이 왜 화가 났는지 이해하지 못했다. 이 상황에서 내가 이해하는 성공의 의미로 볼 때, 나는 우리 팀에게 공을 다시 보내는 데에 성공했는데도 말이다. 점심 후에 교실에서, 내가 무엇을 잘못했는지를 반 친구에게 물었다. 그 여자 아이는 내가 다치게 한 친구에게 사과했어야 한다고 했다. 잠시 후에 이렇게 말했다. "넌 이해하지 못하는구나. 넌 정말로 이해하지 못하는 거야. 그렇지?" (반 아이들 중에 나의 다른 점에 대해 직접 물어본 것은 이것이 처음이었다.)

그 여자 아이에게 내가 했던 일을 말해주었다. 그 아이는 앉아서 나의 행동 모듈에 가장 성공적으로 진화시켜 왔었던 것, 즉 윤리를 발전시키도록 도와주었다. 이 윤리라는 표제 하에서, 우리는 대부분의 사람들이 "예의"라고 생각하는 것들을 분류하였다. 그 아이가 열심히 설명하려고 했지만, 그 중 어떤 것도 나한테는 이해되지 않았다. 그래서 우리는 잠정적인 일부 규칙과 일부 자동규칙을 세웠다. 내가 만약 어떻게 행동해야 할지를 확실히 알지 못하면, 이들 규칙을 따를 수 있는 것이다. 나는 설령 이상해 보이더라도 사회의 어떠한 공식적 규칙도 깨고 싶지 않았다. 나는 타인을 기분 상하게 하지 않는 방식으로 낯선 사람들에게 매우 공손해졌다. 책임이 누구한테 있건 간에 내가 사과한다(사람들이 나의 이러한 습관을 귀찮아 할 때가 있음을 나도 알고 있지만, 매우 무례한 것으로 보이는 것보다는 이쪽이 낫다고 생각한다). …

정서적으로는 겨우 해내고 있다. 나는 정서를 잘 묘사하기 어렵다는 것을 깨닫고 있다. 그러나 어휘와 실제 정서를 관련시키는 일을 지금도 하고 있다. 대부분의 경우 내가 정상이라고 통과될 수 있다. 내가 스트레스 하에 있을 때, 사람들은 내가 정상적이지 않다고 눈치 채기 시작한다. 내가 행복하거나 들떠 있을 때, 내 몸은 흔들거리고 목소리도 변한다. 그러나 이것이 무엇을 의미하는지 아는 사람은 정말 거의 없다. 내가 정말로 힘들 때에는, 나는 안전한 곳(보통은 집이다)으로 도망치려고 시도한다. 나는 이렇게 혼자 살고, 내가 36시간 동안 천천히 걷는다고 해도 아무도 괴로워하지 않을 것이다. 시간이 흐르면 내가 자해행동에 관여하는 시간은 점점 더 줄어들 것이다.

나의 인생은 많은 부모들이 자식들에게 원하는 많은 것과 다르다는 것을 알고 있다. 하지만 내 인생도 하나의 삶이다. 나는 연구를 하고 내 일을 하며, 몇몇 친구도 있다. 내 삶에 어느 정도 만족하고 있다. 나의 마음이 내 주변의 일반 사람들과 다르기는 하지만 바로 그러한 마음이 나의 마음이고 내가 알 수 있는 유일한 마음이라는 것을 기억하는 것이 매우 중요한 일이다.

표현형을 만들어낸다는 것이다.

체계화하기

자폐증의 중요한 결함에 대해 괄목할 만한 새 이론은 Simon Baron-Cohen(2003)에 의해 제안되었다. Baron-Cohen은 Asperger(1944)가 60년 전에 했던 제안을 따랐는데, Asperger는 자폐적 지능을 마음의 극단적인 남성적 성향에 연결시켰다. 이러한 주제를 발전시켜, Baron-Cohen은 자폐증이 있는 사람들(자폐증은 대부분 남아들이라는 사실을 상기시키면서)이 특수하게 전형화된 여성성과 연관된 바로 그러한 특징—관계에 대한 공감과 민감성—들이 결여되어 있고, 전형화된 남성성—객관성과 체계적 분석—과 연관된 기술을 요구하는 과제에 대해 강점을 보인다고 기술하였다. 그는 지능의 이와 같은 남성적 형태를 **체계화하기**라고 칭한다. 체계화하기에는 원인과 결과 관계를 관장하는 법칙을 이해하려는 요구가 필요하다. 뿐만 아니라 분리, 세부 사항에 대한 주의, 그리고 연역적 사고를 필요로 한다. Baron-Cohen은 정상적 모집단에서, 남성과 여성 간의 차이가 작고, 분포에서 크게 중첩된다는 것을 신중하게 지적한다. 그러나 그는 연속 차원의 극단에서 반대쪽의 특징이 없을 정도로 어떤 한 쪽 특징만을 예시하는 사람들을 볼 수 있을 것이라고 제안하였다. 그는 이들 극도의 체계화주의자를 다음과 같이 기술하고 있다.

> 단지 일터에서만 타인과 말하고, 일 자체에 대한 목적으로만 말하거나, 자신에게 필요한 어떤 것을 얻기 위해서만 말하거나, 또는 사실적 정보를 공유하기 위해서만 말하는 사람들(대부분 남자이다)이 있다. 그들은 관련된 사실에 대한 질문에만 대답할 것이다. 또한 타인이 생각하고 있는 것을 자연스럽게 생각할 수 없기 때문에 질문을 하지도 않을 것이다. 사회적 잡담의 요점을 모르는 사람들이다. 왜 소란스러울까? 도대체 무엇에 관한 것일까? 이들에게는 매우 어렵고 무의미한 일이다. … 그들 앞에 놓인 사물이나 체계만이 그들의 마음속에 있는 모든 것이다. 그리고 그들은 잠시도 다른 사람의 지식에 관해 생각하기 위해 멈추지 않는다. 이들은 극단적으로 남성적인 뇌를 가진 사람들이다(p. 133).

그의 이론의 예시를 위해, Baron-Cohen은 관계보다 사물, 특히 질서정연하고, 예측 가능하고, 통제할 수 있는 사물에 주의하게 되는 자폐적 선호를 지적하였다. 자폐증인 사람들은 심지어 컴퓨터의 이해나, 사람의 신체의 압력 지점이나 절묘한 수학 같은 알기 어려운 주제에 대해 수집하는 것과 같이, 폐쇄된 체계를 숙달하는 데에 매료되고 심지어 사로잡히기까지 한다. 그러나 예측하기 어렵고 통제하기가 더 어려운 사회적 세계를 다루어야 하게 되면, 자신들의 요소를 벗어나게 되며, 동일성을 완고하게 고집함으로써 순서를 부과하려 하고, 반복과 의식을 사용하고 결국에는 분노발작을 하게 될 것이다.

자폐증에 대한 **극단적 남성 뇌 이론**의 증거로 Baron-Cohen은 공감과 표정 읽기를 측정한 연구에서 얻은 증거를 인용했다. 이 결과에서 여성 평균이 남성 평균보다 높았고, 고기능 자폐나 AD인 사람들은 남성 평균보다 낮았다. 비슷한 양상의 결과가 언어 화용론, 마음이론, 대인간 감수성을 측정하는 과제에서 발견되었다. 게다가 Baron-Cohen이 고안한 것과 같은 체계화하기를 측정하는 검사(예: "나는 동물을 바라보고 있을 때, 그 동물이 속하는 정확한 종이 무엇인지 알고 싶다", "내가 요리를 할 때, 나는 요리 방법과 내용물의 차이가 최종 산물에 정확히 어떻게 기여하는지를 생각한다")에서 남성 평균이 여성 평균보다 높았으며, AD는 남성 평균보다 높았다.

이는 획기적일 뿐 아니라 많은 논의와 연구를 산출할 것으로 확신할 수 있는 제안이다.

4. 발달경로

초기 탐지

앞에서 언급한 바와 같이, 시작 연령에 관한 자료는 증상이 처음 감지되는 시기에 있어 큰 변산이 있다. 흥미롭게도, 자폐증을 감지하기 위한 두 가지의 다른 경로가 있다(여기에서는 Klinger et al., 2003을 따른다). 대다수의 사례에서, 발달지연이 명백히 나타난다. 증상들은 생후 첫 1년에 나타나는데, 부모는 이들 증상을 단지 회고 시에 장애의 징조로 인지할 뿐이다. 가장 흔한 첫 증상은 타인의 얼굴을 보지 못하고, 보거나 몸짓을 함으로써 관심을 공유하지 못하며, 가장놀이를 하지 않는다는 것이라고 지적되고 있다. 감지의 두 번째 경로는 퇴행과 관련된다. 20%에서 47%의 사례에서 부모는 아동의 발달이 처음 어느 지점－대개 16～24개월까지는 정상 궤도에 있었다고 보고한다. 그 후 갑자기 이미 이루었던 발달적 성취를 상실하게 된다. 가장 흔하게 먼저 획득되었다가 나중에 상실하게 되는 능력은 언어발달이다. 하지만 적어도 반 정도의 사례에서는 부모가 쉽게 알아챌 수 없는 전조적 결함이 있는 것으로 보인다.

Zelazo(1991)가 언급한 바와 같이, 발달심리학자들이 결정적인 첫 1년 간의 발달을 거의 확인하지 못한다는 사실 때문에, 자폐 스펙트럼장애의 발달적 전개에 대한 지식은 쉽게 밝혀지지 않는다.

발달적 결과

자폐 스펙트럼장애의 발달경로는 일본에서 아동기에 치료된 197명을 추적한 대규모 연구에서 연구되었다(Kobayashi, Murata, & Yoshinaga, 1992). 자폐증이 있는 사람들은 성인기에 도달하였을 때, 27%가 독립적으로 살고 있거나(즉, 취업 등), 독립적으로 살기 위한 궤도 속에 있었다(즉, 대학이나 기술 학교에 적을 둠). 약 47%는 좋은 언어 기술을 보였으며, 다른 사람과 언어로 의사소통할 수 있었다. 하지만 73%는 가까이서 감독이 필요하며, 독립적으로 기능할 수 없었다. 더 나아가서 청소년은 이행기이기 때문에 더 좋아지거나 더 나빠졌다. 반 정도는 청소년기에 기능이 악화되었지만, 반 정도는 괄목할 만한 호전을 보였다.

자폐증이 있는 사람들의 발달적 결과는 많은 인지적 결함이 어떻게 존재하고, 많은 언어적 결함이 어떻게 영향 받는가에 주로 달려 있다. 5세에 의사소통적 언어가 결여되고 IQ가 70이하이면, 간질이 존재하는 것과 같은 정도로 예후가 나쁘다(Gillberg, 1991). 발달적 결과에 영향을 미치는 그 외의 주요 요인은 조기 중재가 시작되었는가 하는 것이다. 치료에 관한 논의에서 알게 되겠지만, 생후 초기 몇 년간 집중적 중재를 받은 아이들에게 큰 이득이 있을 것이라는 희망이 있다.

AD 아동에 대한 예후는 자폐 스펙트럼장애처럼 역기능의 정도에 달려 있지만 대체로 더 우호적인 편이다. 고기능 AD인 사람들에서도 5~44%가 취업이 되고, 16~50%가 독립적인 삶을 살고 있다(Howlin, 2000). AD인 청소년 20명을 대상으로 한 Green, Gilchrist, Burton과 Cox(2000)의 연구에서, 부모보고에 의해 볼 때 50%만 일상 자조 활동을 수행할 수 있었고(즉 씻기, 단장하기, 먹기), 15%만이 도움 없이도 전화를 사용할 수 있었으며, 5%만이 지도와 감독 없이도 자신의 활동을 계획할 수 있었다. 집 밖에서의 사회적 관계는 아무도 하지 못했으며, 90%에서 친구를 사귀기에 어려움을 느꼈다.

아스퍼거장애는 반드시 장애로 보아야 하는가?

자폐 스펙트럼에 대한 함축적 생각 중의 하나는 아동이 연속선상에서 다양한 위치에 놓일 수 있다는 것이다. 다시 말해서 어떤 아이는 자폐증이 "살짝 닿은 정도"일 수 있다. 이러한 경우는 대부분 고기능 자폐의 사례에서 명백히 나타난다. 이들은 사회성 면에서 이상하기는 하지만 결코 유의미할 만큼 무능하지는 않다. AD의 특징은 학교, 직장 및 지역사회의 주류에서 기능할 수 있는 많은 사람들에게 미묘하게 존재할 것이다.

예를 들어, Baron-Cohen과 동료들(2001)은 아스퍼거장애에 대한 변별도구를 개발했다. 이는 AD나 고기능 자폐증으로 진단받은 58명의 성인, 지역사회에서 무선표집 한 174명의 성인, 840명의 캠브리지 대학생, 16명의 영국 수학국제경시대회 우승자들로 구성된 네 집단에게 이 변별도구를 실시하였다. 연구결과, 전반적으로 남자가 여자보다 점수가 높았고, 수학과 물리학을 공부하는 학생들이 인간 과학이나 사회 과학을 전공하는 학생들보다 이 점수가 높았다. 수학국제경시대회 우승자들은 아스퍼거와 비슷한 증상을 가장 많이 보였는데, 이러한 결과는 수학, 물리학, 공학에 관심과 기호를 보이는 AD에서 이 경향을 보인다고 하였던 선행 연구의 결과를 반복하는 것이다(Baron-Cohen et al., 1998).

AD가 대학생이나 수학경시대회 우승자 사이에서 발견된다는 결과의 함축성 중 하나는, AD가 매우 고도의 성취에 대한 방해물이 될 필요는 없다는 점이다(Baron-Cohen, Wheelwright, Spong, Scahill, & Lawson, 2001). AD를 연구하고 치료하는 많은 사람들은 이 장애가 보여주는 수많은 강점에 감명을 받는다. 실제로 Baron-Cohen(2000)은 AD를 "장애"가 아니라 "차이"로 생각해야 한다고 주장했다. 예를 들어, 이들은 쉬는 시간에 다른 아이들과 밖에서 노는 대신에 교실에 남아 백과사전에 푹 빠지기를 좋아한다. 이들이 좀 다르게 행동한다는 바로 그것 때문에 덜 정당하고 덜 가치 있다고 가정할 수 있을까?

이 분야의 연구자들은 아이작 뉴턴과 알버트 아인슈타인을 포함하여, 역사적으로 유명한, 높은 수준의 성취자들을 회고적으로 진단하기 위해 자서전을 사용했다(Baron-Cohen, 2003). 보다 더 최근에 템플 그랜딘(1996)—동물 행동 연구로 박사 학위를 받은—과 같은 유명한 사람들로부터 자서전적 설명의 이점을 얻을 수 있었다. 그녀의 전문분야, 즉 가축을 위한 시설을 설계하는 일은 그녀의 복잡한 체계를 시각화하는 능력, 즉 스스로 "그림으로 사고하는 능력"이 큰 도움이 되었다.

하지만, Frith(2003)는 그림을 너무 낙관적으로 그리지 않는 것이 중요하다고 반격했다. AD는 사회적 인식의 결여로 인해 많은 영역에서의 기능에 영향을 받을 것이다. AD 성인 중 많은 사람이 결코 자기 집을 떠나지 못하고, 직업을 가진다고 해도 자신의 지적 능력보다 훨씬 낮은 수준의 직업에서 끝이 난다(Tantam, 2000).

5. 통합적 발달 모델

자폐 스펙트럼장애를 기술할 때 연구자들이 밝혀낸 이 장애와 연관된 많은 상이한 결함과 부가적 결함을 생각할 때, 아직 자폐증 발달의 설명에 대해 어떤 전체적인 통합 모델도 없다는 것은 전혀 놀라운 일이 아니다. Klinger, Dawson과 Renner(2003)는 초기 발달 동안에 감정 발달, 사회성 발달, 인지발달 그리고 언어발달이 내재적으로 모두 연계되어 있다는 중요한 지적을 하고 있다. 한 영역의 장해는 모든 다른 영역에 대해 중요한 영향을 미치는 경향이 있다. 따라서 발달의 어떤 특수 영역이 다른 것보다 더 중요한 원인이 될 수 있는지, 그렇지 않은지를 구분하는 것은 불가능하다.

Klinger와 동료들(2003)은 포괄적 이론이 자폐 스펙트럼장애의 생물학적 이상, 정보처리

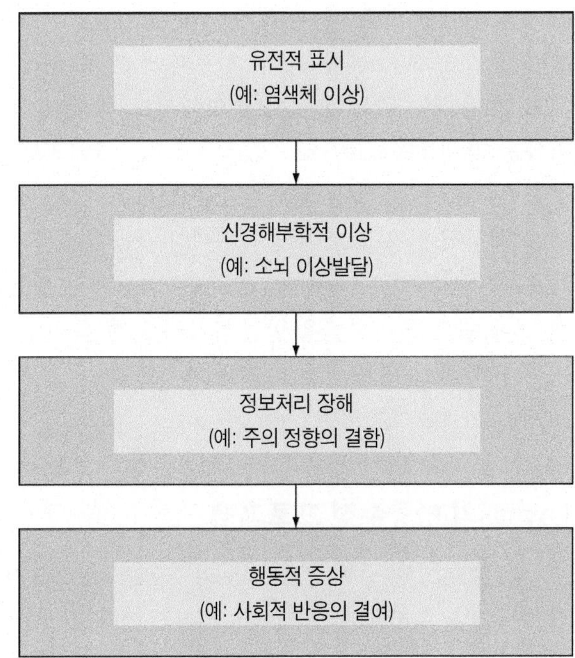

그림 5.5

자폐증의 유전적·신경심리학적· 인지적·행동적 발달 간의 이론적 연계

출처: Klinger, Dawson과 Renner(2003).

결함 그리고 행동적 증상 간의 연계를 설명할 것이라고 제안하였다(**그림 5.5** 참조). 지금까지 가용한 연구들에서는 모델 내에서 다른 증상을 제외한 어떤 연계성을 강조했다. 예를 들어, 대뇌 이상에 대한 MRI 증거가 자폐증의 느린 주의 정향과 연관되지만, 사회적·행동적 장해와는 연관되지 않는다는 것이다. 게다가 다른 연구자들은 이 장애의 인지적 특징과 행동적 특징 간의 연관을 밝혔지만, 그 기저 신경해부학적 기제는 증명되지 않았다. 따라서 우리는 자폐증의 발달정신병리학에 대한 포괄적이고, 통합적인 이론을 지지해줄 연구를 아직도 기다리고 있다.

6. 중재

자폐증 아동에 대한 중재에는 두 유형이 있다. 첫 번째 유형은 초점 중재(focal intervention)인데, 사회적 상호작용이나 상징놀이 기술과 같은 특수한 결함을 중점적으로 다루기 위해 고안된 것으로, 이 중재에 대한 연구 보고는 풍부하다. 두 번째 유형은 모든 영역에 대한 아동의 일반적 기능수준을 증가시키기 위해 고안된 포괄적 프로그램을 포함하는데, 이는 자폐증 아동의 인생에 중요한 차이를 일으키는 데 있어 더 큰 가능성이 있는 방법이다(Rogers, 1998).

모든 프로그램에는 다음과 같은 다섯 가지의 공통된 특징이 있다(Dawson & Osterling, 1996). (1) 치료는 광범위한 자폐적 행동에 중점을 두며, 여기에는 주의집중, 순종, 운동 모방, 의사소통, 장난감의 적절한 사용, 사회적 기술이 포함된다. (2) 자폐증 아동의 일반화 어려움에 비추어 볼 때, 새롭게 획득된 기술을 광범위한 상황에서 일반화하기 위한 특수한 전략이 필요하다. 예를 들어, 치료자에 의해 습득된 기술들은 가정에서 부모에 의해 행해지고, 다음에는 학교의 교사에 의해서도 행해진다. (3) 가르치는 환경은 치료자 대 학생의 비율을 낮게 하여 고도로 구조화시킨다. 이에 덧붙여, 일과는 고도로 예측 가능하게 한다. 구조와 예측 가능성에 대한 강조는 필수적이다. 왜냐하면 아동이 새로움과 변화에 대해 격렬한 감정적 반응을 보이기 때문이다. (4) 부모를 치료자 또는 보조치료자로 활용함으로써 가족 참여의 수준을 높인다. (5) 프로그램에서 정규 유아원이나 유치원 교실까지 전이시키는 데에 필요한 기술들을 발달시켜 주도록 특별히 주의를 기울인다(Rogers, 1998, 이 연구는 효율성에 대한 방법적 비판을 제시한다. 치료자의 관점에서 자폐증 치료에 대한 개관은 Howlin, 1998 참조).

Lovaas의 행동수정 프로그램

포괄적 프로그램 중에서, Lavaas와 동료들(Lovaas & Smith, 2003 참조)은 자폐증의 치료에 집중적 행동수정을 선도적으로 사용하였다. Lovaas 모델 치료는 집중적이기도 하고, 광범위하기도 하다. 유아원에 다니는 동안, 일주일에 40시간의 집중적 행동치료를 받는 이 프로그램에 참여한 아동은 2년 또는 그 이상 유아원에 남아 있을 수 있었다. 처음에는 치료가 거의 집에서 이루어졌으며, 아이가 적절한 사회적·인지적 그리고 언어 기술을 보일 때에 강화하기 위해 부모에게 조작적 조건형성을 훈련시켰다. 치료의 후기에는, 치료를 지역사회와 일반적인 유아원 장면으로 전환하는 일반화를 할 수 있게 노력하였다.

치료효과에 대해 경험적으로 증명하기 위해 Lovaas와 동료들(McEachlin, Smith, & Lovaas, 1993)은 19명의 치료 대상 아동들에게 나타난 결과를 두 개의 통제집단의 결과와 비교하였다. 첫 번째 통제집단은 병원 치료를 받을 필요가 있음에도 불구하고 실제로는 치료를 받을 수 없는 아동들로 구성되었다. 결과적으로 이 아동들은 최소의 치료를 받게 하였는데, 즉 일주일에 10시간 미만의 개인치료를 받았다. 두 번째 통제집단은 단지 지역사회로부터 중재를 받았던 아동들로만 구성되었다. 모든 아동은 생활연령, 정신연령, 그리고 서로 다른 의사에 의해 확증된 자폐증 진단에 따라 대등화되었다. 치료는 지침화되었고, 충실한 치료를 위해 치료를 직접 실시하는 대학생에게 밀접한 감독을 행하였다. 2년여가 지나서 치료받은 집단의 47%가 특수한 서비스의 필요 없이도 정규 학교를 잘 다녔고, 이는 통제집단에서 2%만이 정규 학교를 잘 다닐 수 있던 것과 대조된다. 더 나아가서 지능검사를 통해서 보았을 때, 치료 집단과 통제집단 간에 30점의 지능지수의 차이를 보여주었다. 치료 집단의 10%만이 정신지체 범위에 들어가는 IQ를 보였으나, 통제집단에서는 53%가 정신지체 범위에 있었다.

아동이 청소년이 되었을 때 추적 연구를 하였는데, 치료 집단의 47%가 정규 학교에서 좋은 수행을 보였으며, 통제집단은 어느 누구도 그렇지 못했다. 두 집단 간에 30점이라는 IQ의 차이는 안정되게 유지되었으며, 치료 집단은 적응행동의 측정치에서도 이와 비슷한 증가를 보였다. 한 가지 문제점은 전체적으로 중재에 의해 이득이 있었던 대부분의 아동은 치료를 시작하기 이전에 정신 연령이 더 높았다는 점이다. Lovaas 치료에 대한 수많은 독립적 반복 연구결과가 발간되어 왔으나 이들 연구는 방법론적 제한 때문에 어려움이 있었으며, 많은 경우에 Lovaas와 동료들에 의해 보고된 바와 같은 매우 극적이고 장기간 지속되는 결과가 얻어지지 않았다(Rogers, 1998).

TEACCH

많은 인정을 받고 있는 또 다른 포괄적 치료프로그램은 TEACCH(Treatment and Education for Autistic and Related Communication Handicapped CHildren)인데, 이는 North Carolina, Chapel Hill에서 자폐 스펙트럼 상에 있는 아동들의 치료를 위해 30년 전에 개발되었다. TEACCH 접근의 핵심 요소는 구조적 교수라고 부르는 것이다(Mesibov, Shea, & Adams, 2001). TEACCH 프로그램은 자폐 스펙트럼의 아동들이 보여주는 중요한 결함을 재인하여, 강점은 강화하고 결함은 최소화하기 위해 아동의 환경을 고도로 구조화한다. 예를 들어, 이들은 수용언어적 의사소통 문제가 있기 때문에, 자폐증과 AD의 아동들에게 가능한 한 항상 시각적 정보(예: 일상적으로 해야 할 일을 그림으로 제시하거나 글자 목록으로 제시한다, 스스로를 안정시키는 전략의 선택 사항을 단서카드에 써 놓는다 등)를 제공한다. 여기에서 사용된 또 다른 구조화 기법은 "사회적 이야기"인데, 이는 아동을 난처하게 하거나 화나게 하는 상황을 설명하는 일련의 간단한 문장으로 구성한 것이다. 예를 들면, "왜 매일 다른 옷을 입을까?", "생일 파티에서는 무슨 일이 일어날까?", "왜 우리는 가끔 선생님을 대신할까?" 등이 있다. 환경의 구조화는 자폐증 아동들이 감각적 자극에 민감하게 대처하는 데에 도움이 되고, 인지적 혼란과 불안을 야기하는 정서적 압박과 정서 발작을 감소시킨다. 더욱이 TEACCH에 의한 중재는 발달적으로 민감하며, 학령기의 사회적 기술이나 청년 후기의 직업 문제와 같은 발달단계에 명백하게 관련된 이슈에 초점을 둔다.

TEACCH 프로그램에 대한 학령전기 중재 연구에서 나온 경험적 자료가 아직 발간되지는 않았지만, TEACCH 교과과정의 측면들을 치료에 사용해온 임상가들에 의하면 통제가 잘된 연구들에서 좋은 결과들이 보고되고 있다. 예를 들어, Ozonoff와 Cathcart(1998)는 TEACCH 일일 가정교육 회기를 학령전기의 자폐증 아동들에게 중재하였는데, 통제집단에 비해 유의미한 이득이 있음이 밝혀졌다.

프로그램의 비교

프로그램들 간에 많은 공통적 특징들이 있기는 하지만, Lovaas 프로그램과 TEACCH는 서로 다른 기법들을 사용한다. 예시를 위해, 여기에서는 자폐증의 언어적 결함을 치료한 대조적인 두 가지 방법을 소개하고자 한다. 이 두 가지 방법은 모두 치료에 크게 성공적이었다.

Lovaas(1977)는 모방과 강화에 주로 의존하는 조작적 조건형성 모델을 사용한다. 예를 들어, 치료자는 아동이 점차 언어 목록을 점진적으로 획득할 때까지 단어와 구를 시범보이고 강화해준다. 의미 있는 언어의 사용이 아래의 두 가지 기법에 의해 이루어졌다. 표현적 변별(expressive discrimination)에서 아동에게 컵이 제시되고 있을 때 컵을 올바르게 명명하는 것과 같이, 아동이 사물에 대해 언어로 반응하도록 강화한다. 수용적 변별(receptive discrimination)에서는 "나에게 컵을 주세요."라는 말에 대해 올바르게 반응하는 것과 같이, 자극은 언어적이고 반응은 비언어적이다. 순서는 새로운 내용이 숙달된 내용에 기초할 수 있도록 면밀하게 등급화되었다.

이와 대조적으로 TEACCH 중재프로그램은 정상적인 언어 획득 및 발달 원리들에 기초하고 있다. 교육에서의 동기를 형성시키기 위해, 아동 자신의 관심과 관련된 언어를 말하게 하고, 그 언어가 자신이 원하는 방향으로 타인을 행동하게끔 해주는 강력한 수단이라는 것을 보여주었다. 예를 들어, "ride"는 아동이 좋아하는 자전거를 얻는 수단으로서 가르치는 것이지, Lovaas가 했던 것처럼 그림을 명명할 때 보상함으로써 가르치지 않는다. 언어의 이해를 돕기 위해서는 아동의 말을 교사가 단순화하고 몸짓으로 보충해준다. 끝으로 정상아에서와 같이, 언어는 현재 진행하고 있는 활동에 통합되며, 분리된 기술로 가르치기보다는 가능한 많은 맥락적 단서들에 의해 지지되도록 한다.

이제 자폐증에 대한 논의를 끝내지만, 우리는 아직도 영아기를 떠날 준비가 되어 있지 않다. 많은 연구에서 애착 곤란을 정신병리의 위험요인으로 다루고 있다. 걸음마기와 학령전기의 정신병리로 나아가기 이전에 이들 연구를 검토할 필요가 있다.

영아기에서 학령전기까지: 불안정애착, 반항성 장애, 유뇨증

앞의 장에서 지적한 바와 같이, **불안정애착**(insecure attachment)에 대한 문헌들을 판단하기 위해서는 영아기에 관해 더 많이 탐색해야 한다. 불안정애착은 많은 양의 연구를 만들어낸 주제였다. DSM-IV-TR에는 하나의 애착장애가 적혀 있긴 하지만, 우리는 불안정애착만으로 다른 정신병리들에 대한 하나의 위험요인이 되는 방식도 고려할 것이다.

장의 후반부에서 우리는 걸음마기로 돌아가며, 처음에는 정상발달을 개관할 것이다. 그것은 뒤따라오는 정신병리—**반항성 장애**(oppositional-defiant disorder)와 **유뇨증**(enuresis)—를 이해하는 데 중요하다.

1. 애착장애

2장에서 우리는 정상 애착발달을 기술하고 안정애착이 건강한 인지적 발달, 정서적 발달, 사회적 발달, 자기발달에 토대를 제공하는 방식을 개관했다. 애착은 중요한 진화적 적응이어서 5장에서 본 바와 같이, 심지어 가장 정신병리적으로 고통을 받고 있는 일부 아동들도 비틀린 형태이긴 하지만 애착을 한다. 그러므로 문제를 겪고 있는 많은 아동들이 불안정애착의 징후를 보일 수는 있지만, 애착이 안 되는 경우는 매우 드물다. 이 장에서 먼저 개관할 장애는 애착관계 형성의 극단적인 와해를 보여준다. 그러한 와해는 병리적인 환경에 대한 반응으로 생긴다.

반응성 애착장애

반응성 애착장애는 5세 이전에 아동이 크게 혼란스럽고 발달적으로 부적절한 사회적 관계 패턴을 보일 때 진단된다(**표 6.1** 참조). 아동의 혼란스러운 관계는 두 가지 형태를 보인다. (1) 억제된 유형, 이 유형의 아동은 사회적 상호작용을 시작하고 반응하는 데 계속해서 실패한다. (2) 비억제된 유형, 이 유형의 아동은 아무하고나 잘 지내며 애착대상의 선택도 비선별적이다. 개별 애착형성이 불가능해서 확산된 애착을 한다. 이 진단의 핵심은 아동이 갖고 있는 관계 문제가 매우 부적절한 양육의 결과로 온 것이라는 점이다. 그러므로 이 장애는 병리적인 정서 환경에 대한 반응이다. 병의 원인이 되는 돌봄은 아동을 정서적으로 심하게 유기하는 것이나 양육자가 자주 바뀌는 것이다. 이 두 가지 모두 안전하고, 깊고, 영속적인 애착관계를 만드는 아동의 능력을 방해한다.

표 6.1 영아기와 아동기 초기 반응성 애착장애의 DSM-IV-TR 준거

A. 5세 이전에 시작하며 다음과 같은 증상을 보이는 대부분의 맥락에서 현저하게 장해가 있고 발달적으로 부적절한 사회적 관계성:
  (1) 과도하게 억제되고 과경계적이거나 매우 양가적이고 모순된 반응으로 나타나는, 대부분의 사회적 상호작용에 발달적으로 적절한 방식으로 주도하거나 반응하는 데에서 지속적으로 실패(예: 아동은 양육자에게 위안을 얻기 위한 접근, 회피, 저항이 섞인 반응을 하거나 또는 차가운 경계를 한다).
  (2) 적절한 선택적 애착을 보이는 능력이 부족한 특징이 있는 무분별한 사교성으로 표현되는 애착확산(예: 상대적으로 낯선 사람들에 대해 과도하게 스스럼없거나 애착대상을 선택하는 선택성이 결여된).

B. 이 장애는 단지 발달지체(정신지체에서와 같은)로만 설명되지도 전반적 발달장애의 준거에 맞지도 않는다.

C. 적어도 다음 중 하나로 입증되는 병적인 돌봄:
  (1) 위안, 자극화, 애정에 대한 아동의 기본적·정서적 요구의 지속적인 무시
  (2) 아동의 기본적인 신체적 요구의 지속적인 무시
  (3) 안정애착의 형성을 방해하는 주양육자의 반복되는 변경(예: 입양양육의 잦은 변경)

D. 규준 C의 돌봄은 규준 A의 장해행동을 일으킨다고 가정된다.

구체적 유형
억제적 유형: 규준 A1이 임상적 진술에서 우세할 때
비억제적 유형: 규준 A2가 임상적 진술에서 우세할 때

출처: 미국정신의학협회의 허락하에 *Diagnostic and Statistical Manual of Mental Disorders*—Fourth Edition Text Revision(2000)에서 인용함.

유병률과 특성

반응성 애착장애와 관련된 극단적으로 병리적인 돌봄은 다행히 드물기 때문에 반응성 애착장애의 진단은 드물게 이루어진다. 그러한 반응성 애착장애가 있는 아동들은 처음에는 성장실패 때문에 소아과 의사의 주의를 끌게 된다. 성장실패는 신체적인 발달이 이루어지고 있지 않은 영아와 아동을 기술하는 용어다. 아동의 성장결핍을 가져오는 신체적 원인을 제외하고, 양육행동을 관찰해서 아동의 기본적인 신체적·정서적 요구에 대한 무시가 있었음이 밝혀질 때 변별진단이 이루어진다. 그러나 역사적으로 볼 때 반응성 애착장애를 가져올 위험을 크게 증가시키는 양육환경은 냉정하며 아동 개인과 관계를 갖지 않는 시설이다.

성별, 인종, 사회적 지위

이 장애는 아주 드물기 때문에 유병률과 표현에서 민족적 차이, 성차, 또는 문화적 차이에 대한 정보가 없다.

경로

반응성 애착장애의 희귀성과 이것에 대한 연구 및 관심의 부족으로 인해 반응성 애착장애의 발달경로에 대한 자료는 없다. 그러나 흥미 있는 사례 연구들을 Robertson과 Robertson(1971, 1989)에서 찾을 수 있다.

병인론

다른 장애와 반대로, DSM은 반응성 애착장애의 원인에 대해 분명히 언급을 했다. DSM 정의는 구체적으로 이 장애가 병원성 돌봄(pathogenic care)에 의해서 일어난다고 말한다. 그러므로 원인은 분명히 대인간 맥락에 있다.

시설에 수용된 아동

반응성 애착장애의 개념은 시설에서 자란 아동들의 모성결핍 효과에 대한 연구로부터 나왔다. 예를 들면, 1940년대에 Rene Spitz는 부모와 떨어져서 기아들의 집(foundling home)이라는 곳에서 키워진 영아들에 대한 연구를 시작했다. Spitz는 멕시코의 고아원에서 입소한 아이들의 37%가 수주일 안에 죽은 것을 발견했다. 이 아동들은 적절한 영양공급을 받았고, 먹었고, 목욕했고, 옷을 입었다. 성장실패를 가져올 신체적 이유는 없었다. Spitz는 이 아동들을 주의해서 관찰했고 환경에 대한 흥미상실, 저조한 체중증가, 흔드는 상동적 행동, 극단적인 무관심으로 특징지어지는 임상적 그림을 기술했다. 그는 자기가 관찰한 것을 필름에 담았다. 보기에 비통한 그 필름에는 ≪비탄(Grief)≫이라는 제목을 붙였다. Spitz는 아이들에게서 보이는 이 장애를 의존우울증이라 불렀다. 이 용어는 의지할 대상을 상실한 것을 나타낸다. 어린 아동에게는 이러한 외상적 상실이 애정적 돌봄의 상실이었다(Spitz, 1946). Spitz는 만약 아이들이 사랑을 받지 못하면 적절한 음식과 집이 있어도 말 그대로 쇠약해져서 죽는다고 주장했다.

애착의 중요성에 대한 더 나아간 증거는 제2차 세계대전 후에 나왔다. 제2차 세계대전 중에 고아원에 있는 아동들과 집 없는 아동들에게는 큰 문제가 있었다. 1950년대에 John Bowlby는 이러한 고아들의 정신건강에 대한 세계보건기구(WHO) 보고서를 작성했다. 그의 보고서는 세계에 큰 영향을 주었다. 그는 생후 처음 3년 동안에는 아주 깨끗하게 잘 운영되는 시설이라 할지라도 신체적 정신적 질병이 일어날 위험이 증가하며, 아동들은 돌이킬 수 없는 손상을 받을 수 있다고 주장했다. 그의 고전적인 연구는 『애착』, 『분리』, 『상실』이라는 제목의 세 권짜리 책시리즈이다.

Bowlby(1982)는 분리가 진행 중인 어린 아동에게서 비탄과 슬픔의 3단계를 확인했다. 첫 번째 단계는 저항(protest)이다. 이 단계에서 아동은 울고 소리치면서 양육자로부터 반응을 끌어내기 위해 강력한 시도를 한다. 두 번째 단계는 절망(despair)이다. 이 단계의 특징은 슬픔과 비탄을 보이는 것인데, 성인이 보이는 비탄과 비슷하다. 세 번째 단계는 초연(detachment)이다. 아동들은 어른들이 영아의 흥미를 끌려고 시도할 때조차도 수동적이고 반응이 없는 일종의 학습된 무력감을 보인다.

더 최근에 루마니아의 개별적 돌봄이 없고 결핍된, 큰 시설에서 자란 아동들에 대해 이루어진 연구가 애정적 돌봄의 부족과 발달정신병리 간의 관계를 확인했다(O'Connor et al., 2003). 일반적으로 아동들은 더 양육적인 환경에서 자라게 되면 회복된다. 시설에서 자란 아동들은 종종 정상적인 가정에 입양된 후 3년 동안 이상한 사회적 행동을 계속 보인다. 2/3는 양육자에게 불안정애착을 발달시켰다(Zeanah, Boris, & Lieberman, 2000). 지속되는 특별한 행동문제는 비변별적 우호성(indiscriminate friendliness)인데 앞에서 언급한 비억제적 유형의 반응성 애착장애의 요소이다. 예를 들어, 루마니아에서 캐나다 가족에 입양된 아동들에 대한 종단적 연구에서 연구자들은 비변별적으로 우호적인 행동이 입양 후 1개월과 39개월 둘 다에서 나타난다는 것을 발견했다(Chisholm, Carter, Ames, & Morison, 1995). 비변별적 우호성이 첫 번째 평가에서는 불안정애착과 관련되었지만, 2년의 기간이 흐르면서 애착이 더 안전하게 되었음에도 문제가 되는 상호작용 유형은 감소하지 않았다.

다행히도 시설수용이 보여주는 양육적 관계의 완전한 상실은 비교적 드물게 일어난다. 그 대신에 부모-자녀 간의 관계가 질적으로 변화하는 형태가 흔히 애착에서 정신병리로 가는 다리가 된다. DSM-IV 분류는 유기와 잦은 양육자의 교체 때문에 불안정애착이 일어난, 심하게 손상된 하위 영아집단을 언급한다. 그러나 다음에 보게 되는 것과 같이 대부분의 불안정애착은 드러나는 양상이 그렇게 극단적이지도 않고, 또 그렇게 일탈된 양육의 산물인 것도 아니다(Zeanah, 1996).

불안정애착과 정신병리

2장에서 보았듯이 안정애착은 아동들에게 편안감, 자기가치감, 자신감을 준다. 안전하게 애착된 아동은 다른 사람에게 정서적인 표현과 반응을 보이고, 도전에 대해 유연하고 전략적인 반응을 보이며, 괴로운 정서를 극복할 수 있다. 이와 반대로 저항애착된 아동들은 의존적이고, 두려워하고, 화가 나 있으며 회피애착된 아동은 불안정한 독립과 정동적 과잉통제를 보인다. 애착과 정신병리 간의 관계를 확인해주는 다른 증거들은 불안정애착된 아동들이 임상적 집단에 더 많다는 것을 보여준다. 비교문화적으로는 정상 집단의 약 40% 아동들이 불안정애착으로 분류되는 데 비해 정신건강센터에 온 아이들의 약 70~80%가 불안정애착된 것으로 나타난다(van IJzendoorn, 1995).

요약하면 불안정애착이 그 자체로 정신병리의 한 형태인 것은 아니지만 정신병리적 장애를 일으키는 한 가지 위험기제로 간주될 수 있다. 다음에서는 애착패턴이 특정 정신병리와 관련되는지에 대한 증거를 살펴본다.

연속성에 대한 한계

첫째, 애착과 특정 장애의 발달 간의 관계를 연구할 때 우리가 사용한 방법들에 대해 언급할 필요가 있다. 애착-장애 연결을 복잡하게 만드는 요인들 중 하나는 애착 자체가 발달과정에서 항상 안정적인 것이 아니라는 점이다. 예를 들면, 한 종단연구는 영아의 단지 1/2만이 4세경에 같은 애착분류를 유지했다는 것을 발견했다(Goldberg, 1997). 그러므로 영아기의 회피애착이 학령기 불안을 예언하는지의 여부는 아동의 애착패턴이 그 발달기간 동안에 연속적으로 유지되느냐에 달려 있다. 이것은 우리가 1장에서 말한 연속성-비연속성 구별이다. 연구 증거가 주장하는 바는 가족환경이 안정적일 때 애착도 안정적이라는 것이다. 그러나 가족환경이 더 좋거나 더 나쁘게 변할 때는 애착의 질도 변하게 된다(2장 참조).

더 나아가 다중결정된 교류적 발달정신병리 모델과 일치하는 결과로 단 하나의 변인—애착처럼 중요한 변인이라고 하더라도—이 장애의 복잡한 병인을 예언할 수 없는 것으로 보인다. Radke-Yarrow와 동료들(1995)의 연구는 이 점을 잘 보여준다. 첫째, 1.5세와 3.5세에 단지 불안정애착만 있는 것은 그 아동들이 6세와 9세가 되었을 때의 장애와 직접적으로 관련되지 않는다는 것을 발견했다. 그러나 그것은 다른 변인—이 연구에서는 어머니의 우울증—과의 상호작용에 관련되었다. 더 나아가 애착유형은 다른 변인들과 어떻게 상호작용하는가에 따라 위험요인이나 보호요인으로 작용할 수 있었다. 흥미롭게도 어머니가 심한 우울증이 있는 환경맥락에서의 안정애착은 아동이 이후에 우울장애를 발달시킬 것을 예언했다. 우울증이 있는 어머니에 대한 불안정애착은 6세가 되었을 때에 불안장애가 없는 것과 관련되었다. 그래서 일반적으로 안정애착은 보호요인으로, 불안정애착은 위험요인으로 간주될 수 있지만, 각기 특수한 상황에서는 그 역할이 역전되게 된다.

비교문화적 차이

비교문화적 차이도 영향을 줄 수 있다. 2장에서 보았듯이 애착이론의 핵심가정이 다양한 여러 문화에서 잘 지지되고 있음에도 불구하고, 안정애착 아동의 비율은 다양하다. 게다가 불안정애착이 시사하는 바가 서로 다른 문화들에서 일치한다는 것을 확인해주는 연구도 아직 없다. 예를 들면, 표본 아동의 거의 반이 불안정애착으로 판정되었지만(van IJzendoorn & Sagi, 1999), 그들의 정신병리 비율이 더 높다는 증거가 아직 없다(Rosen, Rothbaum, 2003). 미국 표본에서 부적응적이고 불안정애착을 나타내는 것이라고 간주되는 행동들이 다른 문화적 맥락에서는 적응적일 수 있다.

임상적 증거

불안정애착과 뒤이어 발생하는 장애들 사이의 관계에 대한 증거가 종단적 연구들로부터 나오기 시작하고 있다. **표 6.2**는 애착유형과 정신병리 간의 관계에 대한 연구결과의 요약이다.

저항애착 Warren과 동료들(1997)은 영아애착과 뒤따라오는 정신병리 사이의 관계를 확인하는 연구를 실시했다. 그들은 비일관적인 양육은 영아로 하여금 자신의 요구가 채워질 것인지에 대해 계속 걱정하게 만들기 때문에, 영아기 저항애착(resistant attachment)은 이

표 6.2 애착과 정신병리에 대한 발달적 연구결과

	안정 애착	회피애착	저항애착	혼란애착
영아기				
양육자와 있을 때	양육자를 탐색을 위한 안전기지로 사용	조숙하게 독립적	매달리기, 억제된 탐색	비일관적
분리된 동안	힘들면 항의	최소한의 반응	매우 힘들어함	이상한 행동
재결합	접촉하려 하고 쉽게 진정됨	가까이 있는 것을 피함	진정하기 어려움, 가까이 있으려 하면서도 거부함	왜곡된 근접 추구의 시도
양육자 행동	반응적·비침투적	무반응적, 거부하기	비일관성	강압적, 놀라는 행동, 혼합된 신호
학령전기	또래와 잘 지냄	또래에게 공감을 못하고 부정적	수동적, 미숙하며 또래들에게 쉽게 괴롭힘을 받음	공격적·적대적
학령기	사회적으로 숙련되고, 자신감 있고, 조화로운 우정	대인관계에서 둔감하고 혼자인 경향이 더 많음	교사에 의존하며, 또래들에게 부정적 편견을 가짐	외현화 문제
청소년기	사교적·통찰적·자아탄력적	또래에 적대적·사회적 지지를 적게 받음	불안하고, 고통스러우며, 열등한 자기개념	성격 혼란, 성격 분열
성인기	자율적임	거부함	몰입됨	미해결됨

후의 불안장애를 예언한다는 가설을 세웠다. 더욱이 이 불안은 회피애착을 한 아동들에서보다 저항애착을 한 아동들에서 더 겉으로 드러난다. 자료가 그 가설이 옳다는 것을 증명한다. 생후 12개월 때의 저항애착은 17.5세 때의 불안장애와 큰 관련이 있다. 더욱이 그 관계는 명확하다. 회피애착이 이후의 불안 문제를 예언하지 못하는 반면에 저항애착은 다양한 다른 장애들보다 특히 불안장애를 예언했다.

회피애착 의학적으로 위험에 처해 있는 영아들에 대한 종단적 연구에서 Goldberg(1997)는 영아의 회피애착과 4세에서의 내면화 문제와 외현화 문제들 간에 중요한 관련이 있음을 발견했다. 이와 반대로 이 연구에서 다른 형태의 불안정애착은 정신병리를 예언하지 않았다.

혼란된 애착 혼란된 애착에 대한 연구는 뒤섞인 결과를 보인다. 아마도 이 형태의 애착은 가장 연구가 덜 이루어진 최근의 애착유형이기 때문일 것이다. Goldberg(1997)는 혼란된 애착이 미래에 장애를 초래할 특수한 위험을 나타낸다는 것을 알아내지 못했으나, Lyons-Ruth와 동료들(1993)은 영아의 혼란된 애착이 유치원에서의 공격적 행동을 예언한다는 것을 발견했다. 이러한 관계는 어머니가 우울증 같은 정신병적 문제를 가질 때 더 강했다. 어머니의 정신병적 문제들은 아이에 대한 적개심과 강제성을 증가시킨다. 더 나아가 다른 종단적 연구는 영아기의 혼란된 애착이 초등학교에서의 외현화 행동문제의 임상적 수준을 예언한다는 것을 발견했다(Lyons-Ruth, Easterbrooks, & Cibelli, 1997).

Shaw와 동료들(1996)이 실시한 종단적 연구도 영아기의 혼란되고 비지향적인 애착이 특이하게 5세에서의 공격성을 예언한다는 것을 발견했다. 그러나 이러한 위험은 그 자체만으로 공격성을 예언하기에 충분하지 않고 어머니가 다루기 어려운 아이로 지각하는 것에 의해 효력이 더해져야만 공격성을 예언한다. 실제로 혼란되고 비지향적인 애착, 부모 사이의 양육 불일치, 어머니의 성격(공격성, 우울증, 의심 많음), 3세에서의 아동 공격성은 아동이 5세일 때의 공격성을 똑같이 예언한다.

마지막으로 혼란된 애착을 한 청소년은 성격 분열을 포함하는 심각한 정신병리 형태에 취약하다. 이런 결과는 가정에서의 외상적 학대와 관련 있다(Ogawa, Sroufe, Weinfield, Carlson, & Egeland, 1997).

애착이 발달에 미치는 광범위한 영향을 고려해볼 때, 뒤에 오는 장들에서 여러 번 불안정애착과 특수한 정신병리 간의 관계로 돌아갈 것이다.

불안정애착의 세대간 전이

2장에서 안정애착된 영아와 불안정애착된 영아의 부모들이 다른 행동을 보인다고 기술했다. 무엇이 이러한 양육유형에서의 차이를 설명하는지를 이해하려는 관심은 부모 자신이 갖고 있는 내적작동모델에 대한 많은 연구를 이끌어냈다. 성인애착면접(Adult Attachment Interview; AAI)은 4개 유형으로 어머니들을 분류하는데(**표 6.2** 참조) 아동들의 애착

범주와 병행한다. 네 가지 유형은 자율형, 몰입형, 거부형, 미해결형이다(Main & Goldwyn, 1988). 아동이 출생하기 전에 실시된 미래추적연구(prospective study)들은 어머니가 갖고 있는 애착의 내적작동모델이 1세 된 자녀의 애착 안정성을 매우 정확하게 예언한다는 것을 보여준다. 18개의 개별 연구들에 대한 메타분석은 어머니와 자녀의 안정/불안정애착 사이에 75% 일치율을 발견했다. 더 나아가 연구들에서 자녀가 발달정신병리를 갖게 된 어머니들 중에 불안정애착이 되었던 어머니들이 많았다. 정신병적 장애로 치료를 받고 있는 아동의 어머니들 가운데 14%만이 안전한 내적작동모델을 갖고 있었다(van IJzendoorn).

애착패턴의 연속성은 3세대에서도 관찰된다. 한 연구는 임신한 여성과 그의 어머니를 인터뷰하고 나중에 아이를 출산한 어머니와 자녀를 낯선 상황에서 관찰했다. 연구자들은 64%의 가족에서 어머니, 할머니, 아동들이 동일한 애착패턴으로 분류된다는 것을 발견했다(Benoit & Parker, 1994). 그러나 잘 기능하고 있는 이러한 중류계층 표본에 있는 사람들 대부분은 안정애착되었다는 사실 때문에 이 결과들은 제한된다. 거부형이나 몰입형 어머니들은 자녀가 종종 그들의 유형과 다른 애착유형을 갖는다.

불안정애착으로 인해 일어날 수 있는 장애

연구는 실제로 불안정애착이 시간이 흐르면 정신병리의 중요한 위험요인이 된다고 말한다. 그러나 이런 연구의 대부분이 DSM-IV-TR에는 반영되지 않았다. Charles Zeanah와 동료들(1996, 2000)은 반응성 애착장애의 DSM 진단은 임상적으로 의미 있는 연속체의 극단을 나타낸다고 주장한다. 이 저자들은 현재의 진단체계는 불안정애착과 발달정신병리에 대한 방대한 연구와는 "기묘하게 분리된" 특징을 갖는다고 보았다. 그러므로 장애가 있는 아동들에 대한 그들이 관찰과 임상적 연구에 근거해서 그들은 DSM-IV와 ICD 분류를 연구결과들과 통합하는 대안적 애착장애의 분류를 제안한다. 그것은 비애착, 왜곡, 붕괴의 세 가지 일반유형으로 분류된다.

비애착으로 인한 장애

DSM과 ICD에 일치하게 Zeanah와 동료들은 선호하는 애착인물이 없을 때, 다음에 있는 두 개의 장애가 일어날 수 있다고 제안한다: (1) 비애착, 양육자에 대해 보이는 정서적으로 위축되고 억제된 행동으로 드러난다. (2) 무분별한 사교성, 아동은 애착대상을 다른 사람과 발달적으로 적절히 구별하지 않고 낯선이에게서 안락함과 애정을 찾는다. 이런 패턴을 보이는 아동들은 자기조절과 자기보호에 심각한 문제를 갖기 쉽다.

안전기지 왜곡

이 범주에 속하는 장애들을 구별하는 기준은 아동이 애착대상을 선호하는가이다. 하지만 그 관계는 매우 불안정하다. 더욱이 이러한 불안정은 특정 관계에만 있는 것이다. 이것은 아동들이 다른 양육자에게는 다른 종류의 관계를 형성한다는 것을 보여주는 연구 증거와 일치한다.

자기를 위태롭게 하는 애착장애 애착대상과 가까이 있으려 하거나 애착대상의 안전한 안식처에서 안심을 찾지 않으면서 아동은 제약받지 않고 환경을 대담하게 탐색한다. 아동은 차들이 달리는 곳에 뛰어들고, 사람들이 모여 있는 곳에서 달아나고, 다리에 기어 올라가는 것 같은 위험하거나 도발적인 행동을 하게 된다. 또한 아동은 위안 받기를 바라면서 자신이나 양육자를 공격할 수도 있다.

매달리기/억제를 하는 애착장애 아주 반대쪽 끝에서는 아동이 연령에 적합한 방식으로 환경 탐색을 하기 위해서는 애착대상을 떠나 모험해야 하는데 그것을 하지 못한다. 그 대신에 매달리고 극단적인 의존을 보여준다. 첫 번째 아동의 공격성과 마찬가지로 이런 아동의 억제는 양육자와의 관계에서만 나타난다. 아동이 다른 친숙하고 믿을 수 있는 어른과 있는 것 같은 다른 맥락에서는 그러한 걱정이나 억제행동은 보이지 않는다.

경계/과도한 순응을 하는 애착장애 앞에서 말한 아동과 마찬가지로 이런 아동은 양육자가 있는 동안에 환경 탐색을 억제한다. 그러나 이 아동은 양육자에게 매달리기보다는 정서적으로 위축되고, 지나치게 마음을 쓰고, 지나치게 순종적이고 양육자가 불쾌한 것을 두려워하는 것 같다. 모든 자발성이 아동행동에서 사라진다. 이것은 가혹하고 침투적인 부모의 자녀에게서 관찰되는 "강박적 순응" 패턴과 비슷하다(Crittenden, 1988).

역할전도가 있는 애착장애 이런 패턴을 갖는 아동은 부모에게서 정서적 지지, 양육, 돌봄을 찾기보다는 거꾸로 그것들을 부모에게 제공한다. 결과적으로 아동은 양육자의 안녕에 대한 책임이라는 발달적으로 부적절한 부담을 가지며, 자신의 정서적 요구 충족은 박탈된다(Zeanah & Klitzke, 1991).

붕괴된 애착장애

이 범주는 아동이 애착대상을 갑작스럽게 잃는 경우들로 이루어진다. Bowlby에 의하면 아동은 저항, 절망, 초연한 반응연쇄를 보인다. 희귀해서 연구가 잘 이루어지지는 못했지만 사례 보고들이 죽음, 질병이나 위탁보호 배치로 인해서 애착대상을 잃은 아이들이 보이는 고통에 대해 강력한 묘사를 해준다(Gaensbauer, Chatoor, Drell, Siegel, & Zeanah, 1995; Robertson & Robertson, 1971)(**글상자 6.1** 참조).

이 범주들은 아직 제안단계에 있기 때문에 신뢰도, 타당도, 임상적 유용성에 대한 증거가 없다. Zeanah와 동료들(2000)은 서로 다른 유형의 관계 장애가 정신병리와 어떻게 관련되는지를 명확히 해줄 더 많은 연구들이 필요하다고 말한다.

글상자 6.1 애착장애의 사례 연구: 17개월 된 John

1950년대에는 엄마가 동생을 낳으러 병원에 갈 때 아동을 시설에 맡기는 일을 이상하게 생각하지 않았다. 이런 일들이 실제로 받아들여졌긴 하지만 John Bowlby의 두 동료들인 James Robertson과 Joyce Robertson은 다르게 생각했다. 그들은 입양 가족과 함께 생활하거나 보육시설(예: 고아원)에서 살고 있는 5명의 아이들로 이루어진 집단을 관찰하는 것을 허락받았다. 보육시설에서 살고 있는 아이들 중 한 아이가 John이었다. 그 아이는 생후 17개월이었고 순한 기질을 가진 밝고 행복한 아이였다. John은 잘 자고 잘 먹었으며 모든 면에서 정상적인 발달을 하고 있었다. 그의 아버지는 자신의 직업 영역에서 중요한 위치에 있는 젊은 전문가였다. 그는 John을 혼자서는 돌볼 수 없다고 생각했다. 그래서 가족주치의의 조언을 받고 John의 어머니가 산기를 느낀 밤에 John을 보육시설에 데려다 놓았다.

첫 날 John은 다른 아이들이 시끄럽게 떠드는 낯선 환경에서 깨어났다. 보모가 미소를 지으며 그에게 다가왔을 때, 그리고 보모가 옷을 입히는 동안 John은 붙임성 있게 반응하고 상호작용했다. 아침식사시에 다른 보모가 먹여줄 때도 그는 하루 일과 동안 자신을 돌보아 준 다른 두 사람에게 한 것처럼 붙임성 있었다. 아버지가 방문했을 때 그는 느리긴 했지만, 결국 아버지를 알아보고 미소를 활짝 지었다.

두 번째 날에도 John은 잘 극복했지만 3일째에는 눈에 보이게 지쳤다. 그는 거의 울지 않았지만 방 끝에 쓸쓸히 앉아 있거나 아이들을 등지고 놀았다. 그는 여러 보모들에게 접근을 시도했지만 시끄러운 소동 속에서 자주 간과되었다. 4일째쯤 그는 먹지도 마시지도 않았고, 무감동해지고, 길고 슬프게 울곤 했다. 5일째 보모들이 그의 계속되는 고통을 보고 달래 보았지만 달랠 수가 없었다. 그는 먹는 것을 계속 거부하고 때때로 이리저리 구르고 손을 쥐어틀면서 매우 절망스럽게 울었다. 그는 보모에게 다가가려는 시도를 하지 않았고 마루에 누워 큰 곰 인형 아래로 파고들었다. 보모 Mary가 John이 원할 때 같이 있을 수 있게 해주었지만, 그녀는 근무시간에 따라 오고 갔을 뿐 John의 요구에 따라 오고 간 것은 아니었다.

6일째, John은 고통스러워하며 움직이지도 않았다. 그는 많이 울었다. 아버지가 보러 왔을 때, John은 아버지를 꼬집고 세게 때렸다. 그리고 얼굴이 밝아져서 집에 가고 싶다는 몸짓을 하며 문으로 갔다. 그는 자기 신발을 가져왔다. 아버지가 신발을 신겨주어 기분이 좋아지자 John은 갑자기 조금 미소를 지었다. 그러나 아버지가 움직이지 않자 John은 보모에게 되돌아가서 아버지에게 괴로운 표정을 지었다. 그리고 보모를 떠나서 방구석에 쓸쓸히 앉았다.

7일째, John은 하루 종일 계속해서 작은 소리로 울었다. 그는 놀지도 먹지도 않았고 그를 기쁘게 하려는 보모들의 시도에도 수초 동안만 반응할 뿐이었다. 표정은 멍하고 걸을 때 비틀거렸다. 하루가 끝나가자 그는 어른들에게 걸어가다가 방구석으로 가서 울거나, 아니면 실망을 보여주는 자세로 얼굴을 마루바닥에 부딪쳤다.

8일째, John은 더 슬퍼보였다. 오랫동안 무감동하게 가만히 마루 위에 누워 있었다. 아버지가 먹이려고 했을 때 John은 매우 산란해져서 먹을 수도 마실 수도 없었다.

9일째, John은 깨면서부터 울었다. 어머니가 집으로 데려갈 때 그는 보모의 무릎 위에 가만히 구부정한 자세로 있었다. 그의 반응은 즉각적이고 극적이었다. John은 몸을 던지며 크게 울었다가 어머니를 곁눈질하고 어머니에게서 눈길을 돌려 다시 다른 곳을 쳐다보았다. 그는 큰소리로 울면서 혼란스러운 표정으로 어머니를 보았다가 다른 곳을 보는 행동을 여러 번 했다. 몇 분 후에 어머니가 그를 팔로 안자, 그는 그의 어머니로부터 떨어지려고 몸을 뒤로 활처럼 휘면서 계속 발버둥치고 소리쳤다. 마침내 그는 Joyce Robertson에게 안겨서 울었다. Joyce Robertson은 그를 진정시켜서 어머니에게 다시 돌려주었다. John은 담요에 쌓여 어머니에게 안겨 있었으나 어머니를 보지는 않고 있었다. 아버지가 방에 들어 왔을 때 John은 어머니로부터 벗어나 아버지의 팔에 안겼다. 그는 울음을 멈추고 처음으로 어머니의 얼굴을 바로 쳐다보았다. 그것은 긴 시간 동안 이루어진 힘든 일이었다. 어머니는 "John이 그전에는 나를 그렇게 쳐다보지 않았어요."라고 말했다.

글상자 6.1 애착장애의 사례 연구: 17개월 된 John (계속)

집에 돌아온 후(이제 가정은 어머니의 관심을 공유해야 하는 새 동생이 있다는 것을 기억하라) 그는 자주 분노폭발을 보이고, 음식을 거부하고, 잠을 잘 안자는 기간을 보내고, 더 자주 매달렸다. 집에 돌아온 지 7주가 지난 후 Joyce Robertson이 방문했을 때, John은 그녀의 존재에 강한 반응을 보였다. 그는 먹는 것을 거부하고, 부모의 관심을 거부하며 어머니에게 공격적이었다. 그런 일은 5일간 지속되었다. 심지어 3년 후 John이 4세반이 되었을 때도 그의 부모는 분리의 몇 가지 지속적인 효과를 볼 수 있었다. John은 전반적으로 행복하고 유능한 아동이긴 하지만, 어머니를 잃는 것에 대한 공포를 보이며 어머니가 눈에 보이지 않으면 대단히 당황하게 되었다. 또한 몇 개월마다 한 번씩 어머니에게 한 차례의 공격성을 보였는데, 그것은 불시에 나오는 것처럼 보였으며 며칠 동안 계속되었다.

출처: J. Robinson과 Robinson(1971)에서 인용함.

중재

부모–자녀 치료

애착중재의 한 가지 특성은 "확인된 환자"는 아동도 부모도 아니고 그들 간의 관계라는 것이다(Lieberman, 1992). 이런 접근의 예들은 Egeland와 동료들(2000)이 개발한 효율적이고 즐거운 양육 단계(Steps Toward Effective and Enjoyable Parenting, STEEP) 프로그램과 Lieberman과 Pawl(1993)이 개발한 영아–부모 프로그램이 있다. 이 프로그램에 참가한 대다수의 가족들은 사회경제적 불리함, 문화적 단절, 정신 질환, 약물남용 때문에 높은 위험에 처한 것으로 간주되었다. 중재의 초점은 어머니와 자녀의 관계를 바꾸는 것을 통해서 부모가 갖고 있는 관계에 대한 내적작동모델을 바꾸는 데 있다.

중재요소는 일주일에 한 번씩 진행되는 가정방문을 포함한다. 치료자는 가정방문을 해서 정상발달에 대해 친절하게 지도하고 정보를 주며, 부모는 자신의 아동기 경험과 그 경험이 자녀와의 관계에 어떻게 영향을 주는지를 곰곰이 생각해보도록 격려 받는 신뢰롭고 가까운 관계를 기른다. 또한 치료자는 어머니가 아동에 대해 발달적으로 더 민감하고 공감적인 관찰자가 되게 돕는다. 그러기 위해서 애착관련 행동, 분리불안, 영아 세계에서 부모–자녀 관계의 중요성에 대해 부모가 더 많이 이해하도록 돕는다(이 중재는 17장에서 자세히 다룰 것이다).

애착에 기반한 중재를 개관한 연구는 전반적으로 애착기반 중재들이 효과적이지만 가장 최상의 결과는 아동에 대한 부모의 민감성을 증가시키는 데 초점을 둔 연구들에서 얻어졌음을 발견했다(van IJzendoorn, Juffer, & Duyvesteyn, 1995). 더 나아가 부모의 행동에 변화가 나타났음에도 불구하고 어머니의 내적작동모델의 변화가 항상 수반되지는 않았다(Bakermans–Kranenburg, IJendoorn, & Juffer, 2003).

글상자 6.2 반응성 애착장애의 진단과 치료에 대한 논쟁

최근에 임상가들과 연구자들은 반응성 애착장애로 진단받는 아동의 수가 극적으로 증가하는 것을 보았다. 한편으로는 이것은 정신병리적인 양육의 매우 좋지 않은 결과에 대한 인식과 민감성이 더 커진 것을 반영하고, 아동을 "나쁜 근원"이거나 "결함"이 있다고 낙인찍기보다는 문제가 있는 환경을 비난함으로써 아동을 잘 다루게 만들었을 수 있다. 또한 올바른 진단은 도움이 된다. 왜냐하면 아동의 어려움을 완화시키는 적절한 치료로 이끌어 줄 수 있기 때문이다. 그러나 어떤 경우에 반응성 애착장애 진단이 맞는 것이고 무엇이 적절한 치료인가? 그 영역의 연구자들은 이런 점에 대해 통일되어 있지 않다(Hanson & Spartt, 2000).

진단에 관해서 아마도 가장 곤란한 이슈는, DSM에 있는 거의 대부분의 다른 장애와 달리 반응성 애착장애의 진단준거가 병인론에서와 같이 구체적이라는 점이다. 이 장애는 정신병리적 양육의 함수로서 발생해야 한다. 이것은 진단자에게 매우 높은 수준의 추론을 요구한다. 진단자는 부적절한 양육이 아동에게 주어졌다는 것뿐만 아니라 장애의 원인이 다른 것이 아닌 이런 양육이라는 것을 결정해야만 한다. 14장에서 논의하게 되는 것과 같이 아동에 대한 학대는 위축, 수동성, 애착대상에 대한 회피증상으로 나타나는 수많은 정신병리적 장해를 가져오지만, 부적절한 양육을 받은 모든 어린 아동들이 반응성 애착장애를 발달시키는 것은 아니다. 그러나 실제로는 Hanson과 Spratt가 그들의 개관에서 알아냈듯이, 임상가들은 아동을 정신병리적으로 만드는 학대 이슈를 강조하고 학대를 받았지만 진단준거에는 훨씬 못 미치는 증상을 갖는 아동들에게 반응성 애착장애 낙인을 붙여서 아동을 정신병리화하는 일을 피하는 것에 관심이 있다.

반응성 애착장애로 아동을 잘못 진단하는 일에는 어떤 해로움이 있는가? 그 영역에 있는 다른 이슈는 반응성 애착장애의 치료에 대한 것이다. 반응성 애착장애를 치료하기 위해 개발된 많은 대안적 치료들은 이론적 근거가 없고 임상적 지지가 부족하다. 더 나아가 이런 치료들 중 몇몇 치료는 아이에게 손상을 주거나 외상을 준다. 그 치료들은 심지어 치명적이기까지 하다. 예를 들어, "재탄생"은 다시 애착발달을 촉진하기 위해 아동의 신체적 심리적 출생을 자극하는 데 사용하는 기법이다. 콜로라도에서 널리 출판된 사례에서는 한 아동이 치료과정 중 사망했다. 재탄생 치료자가 여아를 담요에 감싸 억누르고 있을 때 아이는 질식사했다. 그동안 양어머니는 눈치 채지 못하고 보고만 있었다.

아동치료

때때로 중재의 초점은 개별 아동에게 있다. 특히 애착대상과의 연결이 끊어질 수 있는 위탁보호 아동이나 집단가정 아동의 경우가 그렇다. 아동이 자신의 생각과 감정을 탐색하고 돌보아주는 치료자와 긍정적 관계를 경험하기 위한 안전한 환경을 제공하기 위해 비구조화된 놀이치료를 사용한다(놀이치료에 대한 자세한 설명은 17장에서 한다. 애착장애에 대한 중재를 더 알아보기 위해서는 Brisch, 2002와 **글상자 6.2** 참조).

요약하면 지금까지 본 바와 같이 애착장애는 분명히 가족 맥락에서 시작한다. 특히 생의 초기 3년 동안 받은 양육의 질이 원인이다. 그러나 애착장애의 결과는 모든 발달 맥락에 확대되며 아동을 일탈된 발달경로로 가는 위험에 처하게 만든다. 애착은 걸음마기의 중요한 단계-핵심적인 이슈로 이후에 오는 각 단계의 발달이슈를 숙달하는 아동의 능력에 영향을 준다. 애착은 매달리고 싶은 욕구와 떠나가야 하는 욕구 사이의 균형과 관련된다. 아동이 그 딜레마를 해결하기 어려울 때 올 수 있는 하나의 결과가 세상에 대해 지나치게 경직되고 통제하는 적대적 자세의 발달이다.

2. 반항성 장애

걸음마기는 아동의 입장에서는 활동이 증가하는 시기이고, 아동을 사회화시키는 어른의 입장에서는 활동제한이 증가하는 시기이다. 두 사람 모두 협조해야 하는 것이 당연하다. 새로운 환경영역을 신체적으로 넓게 탐색할 수 있는 걸음마기의 아기는 값나가는 살림살이들을 부주의하게 망가뜨리고, 깨어 있는 동안 혼란스럽고, 때때로 자신들을 위험에 빠뜨린다. 속박을 받지 않는 그런 주도성은 "안 돼(No)"나 "하지 마(Don't)"라는 말로 제한되어야 한다. 사회화시키고 있는 부모는 모험적인 걸음마기 아기들이 뻔뻔스럽게 자율성을 주장하는 동안 걸음마기 자녀에게 수용할 수 없는 행동을 통제하도록 가르치려고 한다. 다음의 전투는 누가 누구를 통제할 것인가라는 이슈에 대한 싸움이다. 때때로 험악한 대결이 걸음마기 전체를 끔찍한 두 살이라고 유머러스하게 부르게 만든다.

만약 확장적인 걸음마기 아기와 제한하는 부모 사이의 대결에서 모든 것이 잘 되어간다면, 그 걸음마기 아기는 나중에 사교적인 학령전기 아동이 될 것이다. 그들은 자신을 통제할 수 있고 자율성을 확신할 수 있다. 요컨대 그들은 자기통제적이면서 자기확신적이다.

그러나 이런 정상적 발달이 실패해서 정신병질적 일탈을 가져올 가능성도 있다. 부정주의에서 보여지는 자기주장에 대한 건강한 요구는 극단적인 적대적 반항행동이 될 수 있다. 그것은 아동 자신의 성장을 막고 양육하는 어른과의 관계를 파괴한다.

정의와 특성

정의

반항성 장애(Oppositional-Defiant Disorder; ODD)는 분노폭발, 논쟁하기, 반항하기와 다른 사람을 괴롭히고 아동 자신의 잘못에 대해 다른 사람 탓하기, 까다롭게 굴기, 화내기, 원한 품기로 표현된다(DSM-IV-TR 준거를 보려면 **표 6.3** 참조). 그러나 품행장애(CD)와는 달리 다른 사람의 기본권이나 지속적인 거짓말, 공격성, 도둑질 같은 주요 사회적 규범이나 규칙의 위반은 없다.

적대적 반항행동

표 6.3 반항성 장애의 DSM-IV-TR 준거

A. 적어도 6개월 동안 아래의 행동들 중에서 4(혹은 그 이상)개가 지속되는 부정주의적·적대적 저항행동의 한 패턴:
(1) 자주 화를 낸다.
(2) 자주 어른과 언쟁한다.
(3) 자주 어른의 요구나 규칙에 적극적으로 저항하거나 거부한다.
(4) 자주 고의적으로 사람을 괴롭힌다.
(5) 자주 자신의 실수나 잘못된 행동에 대해 다른 사람 탓을 한다.
(6) 자주 다른 사람에 의해서 과민해지고 쉽게 화가 난다.
(7) 자주 화를 내고 성을 낸다.
(8) 자주 원한을 품거나 앙심을 갖는다.
주의: 그 행동이 비슷한 나이와 발달단계의 사람들에서 전형적으로 관찰되는 것보다 더 자주 일어날 때만 준거가 충족된다는 것을 명심하라.
B. 행동에서의 장애가 사회적·학업적·직업적 기능에서 현저한 손상을 야기한다.
C. 정신병적 혹은 기분장애의 경로에 있을 동안에만 나타나지는 않는다.
D. 준거가 품행장애를 충족시키지 않는다.

출처: 미국정신의학협회의 허락하에 *Diagnostic and Statistical Manual of Mental Disorders*—Fourth Edition Text Revision(2000)에서 인용함.

유병률과 특성

Costello와 동료들(2003)은 매년 평가하는 9세부터 16세까지 1,420명의 아동들로 이루어진 지역사회 대표 표본으로부터 자료를 수집했다. 표준화된 진단면접을 사용해서 ODD 진단 유병률이 9세의 2.1%에서 15세의 4.1%, 16세의 2.2% 범위임을 발견했다. 연령범위에 걸쳐서 전반적 유병률은 여아 2.1%, 남아 3.1%다. 전 세계에서 구할 수 있는 연구들을 개관한 Lahey와 동료들(1999)은 유병률이 0.3~22.5%까지의 범위이고 중앙값은 3.2이라고 보고한다. 서로 다른 평가방법을 사용하고 연구 집단의 연령, 성, 사회경제적 지위가 다르기 때문에, 연구결과들은 일관성이 없다. 그럼에도 불구하고 ODD는 미국 내에서 임상에 의뢰되는 아동들의 문제 중에서 가장 자주 보고되는 문제다. 예를 들면, 임상에 의뢰된 모든 전청소년과 청소년의 1/3은 ODD로 진단된다(Rey, 1993). 더구나 적대적 행동을 하는 비율은 청소년기에 들어가면서 증가한다(Keenan et al., 1999).

성별, 민족, 사회경제적 지위 성별에 관해서 ODD는 아동기 초기에는 남아와 여아에서 비슷한 비율로 나타난다. 그러나 아동기 후기에는 남아에서 압도적으로 더 많다. 사회계층은 중요한 요인이고, 조사들은 ODD가 사회경제적으로 불리한 집단에서 더 많다는 것을 시종일관 발견한다(Lahey, Miller, Gordon, & Riley, 1999). 인종적·민족적 차이가 지속적으로 연구되지는 않았으나 연구가 이루어졌을 때 일부 연구들은 차이를 발견하고 일부 연구는 발견하지 못했다(Lahey et al., 1999). 게다가 ODD의 민족적 다양성 연구에서 사회계층의 효

과가 통제된 연구가 드물다는 점은 이런 자료들의 해석을 어렵게 만든다.

공병과 변별진단

반항성 장애(ODD)와 품행장애(CD)

장애를 기술한 정신의학(descriptive psychiatric) 문헌과 객관적 연구 모두에서 반항성 장애(ODD)와 품행장애(CD) 간에 강력한 관계가 있다. 경험적 접근이 이 두 장애를 외현화 장애로 분류하는 것처럼, DSM-IV-TR는 이 두 장애를 파괴적 행동장애(disruptive behavior disorder)라는 더 일반적인 항목 아래에 둔다. 실제로 두 장애가 겹치는 부분이 너무 넓어서, ODD는 별개의 정신병리라기보다는 경증 CD로 간주되어야 한다고 주장하는 사람도 있다.

그러나 ODD가 왜 CD와 별개의 장애로 간주되어야 하는지에 대해 많은 이유가 있다(자세한 논의를 보기 위해서는 Hinshaw와 Anderson, 2003 참조). 우리가 보아온 바와 같이, DSM-IV-TR은 ODD를 갖는 아동이 다른 사람의 기본 권리나 중요한 사회적 규범을 침해하지 않는다는 데 근거하여 두 장애를 구분한다. 게다가, 오로지 그런 것만은 아니지만, ODD에서의 일탈행동은 보통 부모와 가족환경에 더 많이 한정되어 있다. 반면에 CD의 일탈행동은 가족외 상황에 있는 또래, 교사, 다른 사람들에게 자주 행해진다. ODD와 CD 둘 다 가족내에서 일어나는 반사회적 행동 및 거스르는 사건과 관련 있으나, 그런 문제들의 심한 정도는 ODD 아동에게서 덜하다(Walker et al., 1991). 일반적으로 ODD인 아동은 CD인 아동보다 장애가 덜 심하다.

Frick과 동료들(1993)은 ODD와 CD가 관계없음을 보여주는 최상의 증거 일부를 제공한다. 파괴적 행동에 대한 요인분석 연구의 메타분석을 통해서, 그들은 ODD와 일치하는 항목들은 저항, 괴롭히기, 언쟁하기, 성질내기, 고집부리기 같은 외현적인 비파괴적 행동(overt nondestructive behavior) 집단에 속한다는 것을 발견했다. 반대로, CD와 일치하는 항목들은 세 개의 다른 집단에 속한다. 그 집단들은 외현적인 파괴적 행동(폭행, 싸움, 위협과 같은), 내면적인 파괴적 행동(절도, 거짓말, 방화와 같은), 내면적인 비파괴적 행동(무단결석, 사용을 단속하는 물질사용하기, 욕하기 같은)이다. ODD와 CD 사이에서 중첩이 되는 중요한 행동은 약간 공격적인 행동이었다(ODD와 CD의 공병은 10장에서 논의할 것이다).

발달자료는 ODD를 CD와는 별개의 장애로 간주해야 하는 부가적인 이유들을 제공한다. ODD는 학령전기에 출현한다. 반면 CD는 전형적으로 아동기 중기가 되어서야 나타난다. CD 사례 중 대다수에서 ODD가 선행된다는 것이 사실인 반면에, 종단연구는 ODD 아동 중 약 2/3는 CD로 발전하지 않는다는 것을 보여준다(Biederman et al., 1996). 왜 어떤 적대적 아동은 더 심한 정신병리인 CD로 발전하는데, 다른 아동들은 그렇지 않은지에 대한 자료가 있다. 높은 수준의 공격성이 이후에 CD로 발전할 것인가를 결정하는 가장 중요한 요인인 것으로 보인다. 그러나 부모의 반사회적 행동, 유기, 부모 모니터링의 부족, 아버지와의 분리 같은 가족변인들도 중요한 역할을 한다(Loeber, Lahey, & Thomas, 1991).

ODD와 주의력결핍-과잉활동장애

ODD와 주의력결핍-과잉활동장애(ADHD) 사이에도 공병이 거의 50%에 이르는 큰 중첩이 있다(Hinshaw & Lee, 2003). ADHD는 ODD의 조기발병 위험을 증가시키며, ADHD와 CD를 모두 갖고 있는 아동에서는 ODD 증상의 심한 정도가 증가한다(Biederman et al., 1996). 그러므로 ADHD는 ODD를 일어날 수 있게 만드는 것으로 보인다. 이러한 ODD-ADHD 공병은 개인적 영역, 대인간 영역, 가족 영역에서의 중요한 손상과도 관련 있다(Hinshaw & Lee, 2003).

ODD와 학습장애

ODD 자체는 학습장애와 관련이 없다. 그러한 관계가 발견되는 때는 ADHD가 공병장애로 존재할 때이다(Hinshaw & Lee, 2003).

ODD와 내면화 장애

흥미롭게도 ODD는 불안과 우울을 가진 것으로 진단된 아동들에게 많다(Hinshaw & Anderson, 1996). 이것에 대한 한 가지 설명은 내면화 장애를 수반하는 성마름과 나쁜 기분에 있다. 내면화 장애들은 아동으로 하여금 부모에게 부정적 방식으로 반응하게 만든다. 그러나 임상적 관찰은 불안한 아동들이 불안을 억누르기 위해서 종종 그들 주변 세상을 통제하려고 한다고 주장한다(Lieberman, 1992). 그러므로 반항행동은 대인간 세상을 덜 침투적이고 덜 예측 불가능한 것으로 만들려는 아동의 방법일지도 모른다.

병인론

연구자들은 ODD가 정상발달의 연속선상에 있다는 점에는 전반적으로 동의한다. 실제로 정상 아동은 부모가 요구한 것의 약 1/3 정도는 따르는 데 실패한다(Webster-Stratton & Herbert, 1994). 그래서 걸음마기의 정상적인 문제행동은 불복종, 반항, 화내기, 부정적 기분을 포함한다(1장 참조). 끔찍한 두 살인 아동들은 그 행동들이 학령전기까지 계속될 수도 있다는 것을 제외하고는 적절히 명명되었다. 그런 행동들의 빈도(frequency)와 강도(intensity)가 증가할 때 또는 이후의 단계까지도 그 행동이 지속될(persist) 때 정신병리가 생긴다(Gabel, 1997).

개인적 맥락

정상발달에서의 반항성 만약 정신병리가 정상발달이 잘못된 것으로 이해될 수 있다면, 왜 일탈이 일어나는가라는 병인론적 질문에 답하기 위한 단서를 찾기 위해서 정상발달 연구를 살펴보는 것이 이치에 맞다. 관련 문헌은 부정주의 혹은 불복종행동에 관련된 것이다.

Kuczynski와 Kochanska(1990)는 걸음마기와 학령전기 아동에 대한 종단연구에서 부정주의적(negativistic) 행동을 사회적 전략(social strategy)들로 개념화한다. 직접적 반항은 가장 미숙한 전략이다. 왜냐하면 부모에게 공개되고 부모가 싫어하기 때문이다. 수동적 불복종도 미숙한 기술이긴 하지만 부모가 많이 싫어하지는 않는다. 부모가 자기 요구를 바꾸도록 설득하려는 시도인 협상은 상대적으로 간접적이고 싫어하지 않는다. 그래서 협상이 가장 숙련된 전략이다. 연구자들은 직접적 반항과 수동적인 불복종은 나이가 듦에 따라 감소하고, 반면에 협상은 증가한다는 것을 발견했다. 협상은 부모 요구에 대한 저항을 표현하는 더 적극적이고 능숙한 방식을 나타낸다. 우리에게 특히 흥미 있는 것은 가장 덜 숙련된 형태인 저항만이 5세에서의 외현화 문제행동을 예언한다는 결과이다.

또한 Kuczynski와 Kochanska(1990)는 아동임상심리학자들이 주목해야만 하는 복종과 관련된 주장을 한다. 불복종은 문제가 있지만 과도한 복종도 마찬가지로 걱정스럽다. 경직되고 강박적인 형태의 복종은 학대하는 부모를 갖는 영아들에게서 발달된다. 이런 영아들은 정상적으로 자기의지와 자발성을 표현했을 때 부모가 보일 반응이 두려워서 그렇게 표현하지 못한다. 이 연구자들은 자신들의 연구에서 과도하게 복종적인 소년들은 내면화 문제를 발달시킬 위험에 처해 있다는 것을 발견했다.

임상 집단에서의 반항성 최근에 ODD와 애착을 관련시키려는 몇몇 관심이 있었다. DeKlyen(1996)은 파괴적 행동장애로 의뢰된 25명의 학령전기 남아집단에서 정상인 통제집단에서보다 더 많은 불안정애착을 발견했다. Speltz와 동료들(1995)은 애착분류가 임상적으로 의뢰된 ODD인 학령전기 아동과 정상인 통제집단 아동들을, 명령이나 비난의 수와 같은, 어머니 행동 측정치보다 더 잘 변별한다는 것을 발견했다. 특히 미래추적연구들은 영아기의 회피애착이 학령전기의 반항성 장애와 관련이 있음을 보여준다(Lyons-Ruth, Alpern, & Repacholi, 1993). 이런 모든 연구들의 저자들은 애착이 ODD의 단일 원인으로 간주되어서는 안 되며, 그보다는 다른 위험변인들과 상호작용하는 하나의 요인으로 간주되어야 한다고 조심스럽게 지적한다(Greenberg, DeKlyen, Speltz, & Endriga, 1997).

또한 7세 아동의 까다로운 기질은 청소년기의 ODD를 예언한다는 몇몇 증거들도 있다(Rey, 1993). 그러나 애착의 경우에서와 마찬가지로, 기질은 ODD를 만드는 많은 위험요인 중 하나로 간주되어야만 한다.

가족 맥락

ODD 아동의 부모 특성에 대한 연구는 정상 자녀를 둔 어머니들에 비해 ODD 자녀를 둔 어머니들이 자녀에 대해 더 부정적이고 더 비난적이라고 기술한다. 또한 그들은 위협하고, 화내고, 잔소리를 더 많이 한다. 부모 두 사람 모두가 자녀에게 명령과 지시를 따를 시간은 충분히 주지는 않으면서 많은 명령과 지시를 한다(연구 요약을 보기 위해서는 Webster-Stratton & Hancock, 1998, 참조). 상호작용 연구가 항상 그렇듯이, 인과방향에서의 "닭과 달걀" 문제가 있다. 부모들은 자녀행동을 발생시켰을 수도 있고 자녀행동에 반응했을 수도 있다. 오직 부가적 연구만이 효과의 방향성, 즉 무엇이 원인인지를 구별하게 해줄 수 있다.

보다 더 구체적인 부모 행동을 알아본 McMahon과 Forehand(2003)는 부모의 관심이 불복종행동을 유지하게 만든다는 것을 발견했다. 심지어 그러한 부모의 관심이 부정적이고 분노와 처벌의 형태를 취할 때에도 그 관심은 강화물의 역할을 한다. 게다가, McMahon과 Forehand는 가장 불복종을 유발하기 쉬운 부모의 명령유형을 발견했다. 알파 명령은 구체적이고 명료하며 불복종행동을 일으키는 경향이 적다. 알파 명령은 명확하고 분명하게 말해진 목표가 있다. 예를 들면, "콩을 먹어라, 먹지 않으면 간식은 없어" 또는 "너는 이 프로그램을 끝까지 볼 수 있어. 하지만 그러면 TV는 없어질 거야." 같은 명령이다. 베타 명령은 애매하고 끊어져 있다. 베타 명령은 복종하기 어렵고 불가능하다. 모호성 때문이거나 혹은 자녀가 복종할 기회를 갖기 전에 새로운 명령을 내리기 때문이다: "너는 일을 그렇게 시끄럽게 하고 싶다고 생각하니 아니니?" 혹은 "지분거리지 마라. … 이제 네 엄마가 수첩을 찾는 일을 도와라." 불복종적 자녀를 가진 부모들은 알파 명령보다는 베타 명령을 하는 특성을 더 많이 갖고 있다.

자녀 불복종에 대한 부모의 귀인도 양육행동에 영향을 주고, 따라서 아동이 훈육에 반응하는 경향성에 영향을 준다. 자녀의 잘못된 행동을 의도적이고 악의적인 것으로 보는 부모 –또는 자기 자신을 자녀의 잘못된 행동을 다루는 데 무력하거나 능력이 없는 것으로 보는 –는 자녀에게 더 모질게 대하고 그래서 잘못된 행동을 더 많이 발생시킨다(Geller & Johnston, 1995).

다중위험요인을 알아보는 새로운 연구는 ODD는 대인간 맥락과 가족 맥락 둘 다에 있는 많은 요인들 사이의 상호작용결과라고 말한다. 이 요인들에는 불충분한 애착, 가족갈등, 낮은 사회경제적 지위와 함께 아동기질도 포함된다(Campbell, 2002). 그러나 또다시 우리는 이러한 일반적인 위험요인들이 어떻게 특히 ODD 진단을 가져오는지에 대한 질문을 하게 된다. 다음에서 이 질문을 언급하려하는 모델을 알아본다.

통합적 발달 모델

신중한 개관논문에서 Green과 Doyle(1999)은 ODD로 가는 다중발달경로가 있다고 인정한다. 사회학습 모델이 중요한 결정요인으로 잘못된 양육 실제를 강조하지만, 아동은 문제를 가져올 수 있는 아동 자신의 특성을 그 상호작용에 제공한다. 부모 행동 변화만을 강조하는 치료의 제한적인 효과를 생각할 때, 저자들은 길고 짧은 것은 재어봐야 한다고 말한다. 그러므로 그들의 모델은 아동 특성과 적대적 반항행동을 증가시킬 수 있는 부모–자녀 교류를 둘 다 포함한다.

ODD를 가져오는 아동 특성

미숙한 자기조절 문제행동을 하는 아동들은 일반적으로 충동적이고 대응적이며 자신들의 감정과 행동을 통제하는 데 서투르다는 것이 밝혀졌다. 이처럼 미숙한 자기조절은 ADHD와 ODD의 기저에 있으며 그 두 장애의 공병을 설명할 수 있다. Green과 Doyle이 지적한 바와 같이 복종은 발달경로에서 획득되는 기술이다. 양육자의 목표나 기준에 맞추어 자신의 목표를 충족시키는 것을 미루려면 아동은 적응하고, 내면화하고, 자기조절하며, 자신의 감정을 조절하는 능력이 필요하다. 그러므로 자기조절의 부족은 ODD를 가져올 수 있다. 실제로 정서조절이 미숙한 영아들은 걸음마기 동안에 제일 복종하지 않는다는 것이 밝혀졌다(Stifter, Spinrad, & Braungart-Rieker, 1999).

실행기능 ADHD와 ODD가 공유하는 다른 결함은 실행기능이다. 실행기능은 계획하기, 모니터링, 자신의 수행 바로잡기, 적응과 변화경향성, 유연한 문제해결에 필요한 인지기술들을 말한다. 이러한 역량이 부족한 아동들은 이전 경험을 반성하고 미래의 불복종이 가져올 결과를 예측하기 또는 부모가 명령을 할 때, 즉 "비디오 게임을 끄고 잘 준비해라"라는 명령을 수행하는 데 필요한 하나의 마음자세에서 다른 마음자세로 빠르게 바꾸는 일 등에서 어려움을 겪는다. 그렇게 만드는 진짜 범인은 조직화되고 적응적인 방식으로 정보를 처리하고 반응패턴을 선택할 능력이 없다는 점인데도, 실제로 이런 종류의 결함을 가지는 아동들은 부모에게 일부러 반항하는 것처럼 보일 수 있다.

기분과 불안장애 앞에서 말한 바와 같이 ODD는 일부 불안장애, 특히 강박장애와 함께 발생하는 것과 마찬가지로 우울장애와도 같이 발생한다(Garland & Weiss, 1996). 이것의 기저에 있는 기제는 미숙한 정서조절이다. 감정적으로 부담을 주는 상황에 맞추어 그들의 반응을 조절할 수 없는 아동들은 이성적이기보다는 과잉홍분되어서 "정서 폭풍"이라 불리는 정서적 반응을 하기 쉽다. 그래서 성마름, 기분 불안정, 불안, 강박증은 어른의 명령에 적응적으로 반응하는 아동 능력을 손상시킬 수 있다.

언어처리문제 언어는 자기조절을 포함하는 여러 면에서 발달에 중요하다. 걸음마기 아동들의 언어기술은 아동들이 요구에 이름을 붙이고 범주화하고 요구를 말할 수 있으며 적절한 행동반응을 확인할 수 있게 해준다. 또한 언어는 아동들이 선택한 행동에 대한 피드백을 받아들이고 자신들의 행동을 반성하고 생각하게 해준다. 반항적 행동은 언어문제를 갖는 아동이 감정에 이름 붙이고 감정을 전달하며 주고받는 협동적 상호작용을 하고 유연한 문제해결기술 목록을 개발하는 것이 어려울 때 일어나게 된다.

인지적 왜곡 정서조절기술이 미숙한 아동들은 사회적 정보를 그들이 그 순간에 느끼는 감정으로 채색한, 편파적이고 부정확하며 불완전하고 왜곡된 방식으로 해석하기 쉽다. 이것이 아동들로 하여금 부모의 한계설정을 적대적 방식으로 보고 반응하게 만든다.

ODD의 교류패턴

아동의 자기통제, 정서조절, 인지능력은 진공 속에서 발달하는 것이 아니다. 부모가 이런 기술의 획득에 중요한 역할을 한다. 부모는 시범을 보이고 가르친다. 그러나 또한 부모가 명령하는 말의 톤이나 자녀의 불복종에 대한 부모의 엄한 반응은 아동에게서 복종행동이나 불복종행동을 촉발시킬 수도 있다. 부모-자녀 교류의 질은 반항행동이 나타나기 시작하는 발달단계 동안에 특히 중요하다. Green과 Doyle이 말한 바와 같이 "그것은 아동의 순응능력과 어른의 순응에 대한 기대라는 중요한 두 개의 힘이 교차한다고 생각되는 발달시점이다."(p. 137) 요약하면, 부모가 아동의 좌절과 인지적 정서적 어려움을 악화시키는 방식으로 자녀에게 반응할 때, 부적응적인 교류패턴이 일어난다. DSM-IV-TR를 인용하면 "부모 자녀가 서로에게 최악이 되게 만드는 악순환"을 발달시킨다(p. 100).

그러므로 교류접근에서는 자녀나 부모가 갖고 있는 한 가지 특성이 ODD를 설명할 수 없다. 그보다는 저자가 부모-자녀 불일치라고 명명한—2장에서 우리가 논의한 조화의 적합성(goodness of fit) 개념과 비슷한 개념—것으로부터 문제가 발생한다. 예를 들면, 만약 언어처리능력이 미숙해서 사회적으로 적절한 방식으로 좌절을 표현하지 못하는 남아가 이해가 부족하고 아들이 할 수 없는 행동에 상을 제공함으로써 아이를 동기화하려는 시도를 하는 부모와 짝지어진다면, 좌절과 반항성이 발달할 것이다. 혹은 다른 예를 들면, 만약 미숙한 정서조절기술을 가진 부모가 비슷한 기질적 결함을 가진 자녀와 짝지어질 때에도 부모-자녀 간의 불일치가 ODD의 위험을 증가시킬 수 있다.

발달경로

ODD의 발병은 점진적이어서 보통 출생 후 처음 8년 동안에 걸쳐 나타난다. ODD가 아동기 중기에 증가하지만 청소년기에 다시 증가한다는 증거가 있다(Lahey, McBurnett, & Loeber, 2000). 진단적으로 ODD는 가장 안정적인 진단 중 하나이고 가장 회복률이 낮은 것이다. 그리고 우리가 본 것처럼 ODD는 다른 장애들 특히 품행장애, ADHD, 학습장애의 발달과 관련된다.

중재

ODD 치료를 위한 행동전략들이 가장 넓게 사용되고 연구되었다. 예를 들면, McMahon과 Forehand(2003)는 부모로 하여금 자녀행동을 주의해서 보면서 자녀와 따뜻하고 비강압적인 상호작용을 하게 도움으로써 부모-자녀 간 관계의 질을 향상시키는 데 초점을 둔다. 그리고 부모들에게 구체적인 행동기술을 가르친다. 그 기술들은 부모의 애매하고 방해되는 베타 명령을 분명하고 구체적인 알파 명령으로 바꾸기, 불복종행동에 대한 처벌을 복종행동에 대한 칭찬, 인정, 긍정적인 신체적 보살핌 같은 강화로 바꾸기, 불복종 뒤에 아동을 짧은 시간 동안 격리하는 "타임아웃" 절차 사용하기다. 또한, 부모에게 구체적인 문제들을 다루는 기법들만을 제공하는 것보다는 전반적인 조작적 조건형성원리를 가르치는 것이 도움이 된다. 가정 안에서 한 행동의 수정은 다른 행동들에 영향을 주는 경향이 있다. 예를 들면, 자기 장난감을 자발적으로 정돈하는 것을 강화 받은 여아는 자기 옷을 정리하기 시작했다. 더 나아가 부모가 다른 형제들에 대한 부모 행동도 바꾸기 때문에 치료받지 않은 형제들의 복종도 긍정적 변화를 보인다는 증거가 있다. 가정에서의 성공을 학교로 일반화하기 위해 행동프로그램에 교사를 포함하자는 제안도 있다. 마지막으로 아동기 중기에 이루어진 변화가 청소년기에도 유지된다는 증거가 있다.

Webster-Stratton(1998)은 이런 방법들을 수정해서 적응적인 기법과 부적응적인 기법을 부모에게 시범보이는 비디오테이프를 포함하는 개혁을 도입했다. 이 접근에 대한 경험적 지지는 강력하며 다양한 인종, 낮은 사회경제적 지위 전집을 대상으로 한 연구에서도 입증되었다. 우리는 그녀의 중재를 17장에서 더 상세히 기술할 것이다.

Greenberg와 Doyle(1999)이 모든 아동들에게 효과가 있는 것은 아니라고 지적했음에도 불구하고 20여년의 기간 동안 행동적 접근은 효과적이라는 것이 입증되었다. 대신에 Greenberg와 Doyle은 컨설팅 룸에 참석하는 개별 아동과 가족 각각에서 반항성 장애를 가져오는 특별한 기제에 맞춘 치료를 고안하는 쪽으로 움직여야 한다고 제안한다.

애착장애와 방금 우리가 논의한 반항성은 영아기부터 학령전기를 거쳐 가는 동안 겪게 되는 정상적인 발달적 도전에서 생긴다. 이 기간 동안에 아동이 달성해야만 하는 다른 발달과업 중에서 신체적 기능과 관련 있는 것들이 특히 중요하다. 아동뿐만 아니라 양육자에게도 중요하다. 이번에는 이것들을 다룬다.

3. 유뇨증

자기통제의 요구가 걸음마기 아동의 많은 생활 측면에 영향을 주는 동안, 걸음마기 아동들은 신체기능을 강요할 때 예민하게 느낀다. 어린 아동은 자신의 몸과 밀접하게 살고 있다. 먹고 배설하는 것은 특별한 쾌감과 매력이 있다. 그래서 사회화를 시키는 부모의 요구는 아동기 초기의 가장 강한 갈등을 촉발할 수 있다. 배설 조절에서의 큰 장해인 유뇨증(enuresis)을 알아 볼 것이다.

정의와 특성

정의

유뇨증은 역사가 길다. 그것은 기원전 1550년에 이집트 의학 교재에서 이미 언급되었다(Thompson & Rey, 1995). 현재 유뇨증은 소변조절을 할 것이라 기대되는 나이를 지나서도 반복해서 불수의적 혹은 비의도적으로 잠자리나 옷에 오줌을 싸는 것으로 정의된다. DSM-IV-TR에 따르면 소변조절을 할 것이라 기대되는 나이는 5세 또는 그와 대등한 발달수준이다. 만약 연속 3개월 동안 일주일에 적어도 두 번 오줌을 싸는 일이 일어난다면 임상적으로 중요하다. 그러나 만약 큰 고통이 있거나 중요한 기능 영역에서 손상이 있다면, 그것도 중요한 것으로 간주되어야 한다. 다른 조건은 유뇨증이 배뇨에 영향을 줄 일반적인 의학적 질병이나 약물 때문에 생긴 것이 아니라는 점이다(**표 6.4** 참조).

표 6.4 유뇨증의 DSM-IV-TR 준거

A. 잠자리와 옷에 반복되는 오줌 싸기(불수의적이든 의도적이든)
B. 그 행동이 연속 3개월간, 일주일에 적어도 두 번씩 나타나거나 또는 임상적으로 의미 있는 고통이나 손상이 사회적·학업적(직업적), 다른 중요한 기능 영역에서 존재하는 것으로 나타나면 임상적으로 중요하다.
C. 생활연령이 적어도 5세이다(또는 동일한 발달 수준)
D. 그 행동은 물질(예: 이뇨제)로 인한 직접적인 생리적 효과 또는 일반적인 의학적 질병(예: 당뇨병, 이분척추, 간질장애)으로 인한 것이 아니다.

유형의 세분화:
야간 유뇨증만 있는 유형: 밤 시간에 잠자는 동안에만 오줌이 나옴
주간 유뇨증만 있는 유형: 깨어 있는 시간 동안에 오줌이 나옴
야간 유뇨증과 주간 유뇨증이 같이 있는 유형: 위의 두 하위 유형의 결합

출처: 미국정신의학협회의 허락하에 *Diagnostic and Statistical Manual of Mental Disorders*—Fourth Edition Text Revision(2000)에서 인용함.

유뇨증에는 세 가지 유형이 있다. 야간 유뇨증은 오직 밤 시간의 잠자는 동안에만 오줌을 싼다. 주간 유뇨증은 깨어 있는 시간 동안에 오줌을 싼다. 혼합형, 혹은 야간과 주간 유뇨증에서는 깨어 있는 시간과 잠자는 시간 모두에서 오줌이 나온다. 그러나 연구문헌에서 이 세 개의 구별이 항상 이루어지지는 않는다. 이로 인해 연구결과에 어떠한 모호성이 생긴다.

다른 중요한 분류가 있다. 일차 유뇨증(primary enuresis)은 소변조절이 한 번도 성공적으로 훈련된 적이 없는 아동을 나타낸다. 이차 유뇨증(secondary enuresis)은 성공적으로 훈련되었다가 다시 오줌을 싸게 되는 아동을 나타낸다. 예를 들어, 가족내의 긴장된 상황에 대한 반응으로 나타난다. 발달용어로는 일차 유뇨증은 고착(fixation)을 나타내는 반면, 이차 유뇨증은 퇴행(regression)을 나타낸다.

유병률과 특성

미국에서는 5세 아동의 15~20%가 유뇨증 증상을 보인다. Fischel과 Liebert(2000)는 여러 연구들의 유병률을 요약하여 유뇨증의 유병률이 연령에 따라 변화한다는 것을 발견했다. 5세에는 33%, 7세에는 25%, 9세에는 15%, 11세에는 8%, 13세에는 4%, 15~17세는 3%로 밝혀졌다. 이 아동들 중에서 75%는 야간 유뇨증만 있었으며, 주간 유뇨증은 훨씬 적었다. 성차가 있는데, 전체적으로 60%의 유뇨증 아동들은 여아이다. 그러나 이것 또한 연령에 따라 변한다. 4세와 6세 사이에는 유뇨증인 남아와 여아의 수가 거의 같다. 그러나 11세경에는 유병률이 변해서 유뇨증인 남아의 수가 여아의 두 배이다. 유뇨증의 발병률은 사회계층에 따라 다르다는 증거가 있다. 미국에서는 사회경제적으로 불리한 사람들에게서 더 많이 발생한다(Walker, 1995). 민족 간 차이가 있다는 증거는 현재 없다.

공병 주의 문제와 과잉활동은 유뇨증에서 자주 함께 발생한다(Ornitz, Hanna, & Traversay, 1992). 또한 유뇨증이 있는 아동은 품행장애, 미숙함, 학교에서의 낮은 성취와 같은 행동문제를 더 많이 보이는 경향이 있다. 또한 유뇨증은 유분증(encopresis, 대변문히기), 학습장애, 지능의 발달지체 연구에서도 시사되었다(Biederman, Santanpelo, Faraone, Kiely, Guite, Mick, et al., 1995; Walsh & Menvielle, 1997).

발달경로

야간 유뇨증과 주간 유뇨증 모두 자기제어(self-limiting)인 것으로 나타난다. 즉, 아동들은 치료 없이도 유뇨증을 벗어난다. 여아의 증상 소실률이 남아보다 더 높다는 증거가 있다. 4세와 6세 사이의 여아 71%와 남아 44%가 저절로 오줌 싸는 것을 멈추었다(Harbeck-Weber & Peterson, 1996). 앞으로 보게 될 바와 같이 효과적인 치료들도 있으므로 유뇨증의 예후는 매우 좋다.

병인론

생물학적 맥락

유뇨증은 방광을 완전히 비우는 것을 불가능하게 하는 방광신경지배이상과 같은 전적으로 기질적인 수많은 요인들, 뇨붕증(diabetes insipidus)과 요도감염 같은 질병, 이뇨제와 같은 약물에 의해서 일어날 수 있다. 아동임상심리학자는 의학적 검사를 통해 이러한 요인들이 배제되었는지 확인해야만 한다.

생물학적인 것을 강조하는 병인론에는 두 개의 주요한 경쟁자들이 있다. 첫 번째는 야간의 항이뇨 호르몬분비에서 결함이 있는 것이다. 그러나 이 가설을 지지하는 증거는 의심스럽다. 왜냐하면 과도하게 소변이 나오는 아동 모두가 유뇨증은 아니기 때문이다(Ondersma & Walker, 1998). 중요한 다른 이론은 잠자는 동안 소변이 흘러나오지 않게 하는 학습된 근육반응의 부재가 원인이라고 보는 것이다(Mellon & Stern, 1998).

유뇨증에 강력한 유전적 요소가 있는 것으로 나타난다. 예를 들어, 두 부모가 아동기에 유뇨증이었다면 자녀가 유뇨증을 발달시킬 위험은 80%로 추정된다. 이와 대조적으로 한 부모가 유뇨증이었다면 자녀가 유뇨증이 될 위험은 45%이며, 두 부모 모두 유뇨증이 아니었다면 자녀가 유뇨증일 위험은 단지 15%이다(Fischel & Liebert, 2000). 더욱이, 이란성 쌍생아에서는 단지 36%의 일치율을 보이나, 일란성 쌍생아에서는 68%의 일치율을 보인다(Harbeck-Weber & Peterson, 1996).

개인적 맥락

발달지위 우리는 배변훈련을 받는 것을 당연하게 여기지만 그것은 실로 대단한 발달적 성취다. 변기가 필요하다는 것을 부모에게 전달하는 데 의사소통기술이 필요하고, 사회적 기대에 부합하는 것의 중요성을 인식하는 지점까지 사회적 정서적 발달이 나아가야 하며, 배변훈련에 포함된 신체적 과제를 달성하기 위해서는 운동기술이 필요하고, 계획하고 자기 통제를 하기 위해서는 인지기술이 필요하다. 그러므로 이런 영역들 중 어느 것에서라도 전체적인 발달이 지체된 아동은 유뇨증에 더 취약할 수 있다(Fischel & Liebert, 2000).

심리사회적 스트레스 한편, 4세와 6세 사이의 이차 유뇨증이 스트레스에 대한 반응일 수 있다는 증거가 있다(Walsh & Menvielle, 1997). 다른 한편으로는 유뇨증과 경제적 배경, 가족이 온전함, 가족환경의 질 같은 심리사회적 요인과의 관계는 연구들이 밝혀내지 못했다(Biederman et al., 1995).

심리사회적 변인에 대한 부정적 결과들은 개인내 변인과 대인간 변인 사이의 상호작용을 고려하지 못한 것 때문일 수도 있다. 또한 어느 연구도 사실상 발달적이질 않았다. Kaffman과 Elizur(1977)의 연구는 수년 전에 실시되었음에도 불구하고 맥락들 간의 상호작용과 발달을 모두 고려했다는 점에서 유일하다. 이 연구는 자세히 기술할 만하다.

통합적 발달 연구

드문 종단적 연구를 Kaffman과 Elizur(1997)가 실시했는데, 연구 장소는 이스라엘 키부츠였다. 키부츠의 지역 어린이집에서는 훈련받은 보모 한 사람이 4명에서 6명까지의 아동들을 돌본다. 각 아동은 매일 4시간을 부모와 보낸다. 일반적으로 말하면 그 아동들의 발달과 부모-자녀 관계는 전통적인 서구 가족에서와 비슷하다. 특히 배변훈련은 비처벌적이고 아동중심적이다.

Kaffman과 Elizur는 영아에서 8세까지의 153명 아동들의 많은 생리적 변인, 대인간 변인, 개인내 변인을 평가했다. 연구자들은 유뇨증을 5세보다는 4세에 시작하는 것으로 생각한다. 유뇨증인 4세 아동에서 통상적인 유전적이고 생리적인 선행요인(유뇨증인 형제들, 기능적 방광용량이 더 작음, 손상된 운동협응)들을 발견했던 반면에, 개인내 요인과 대인간 요인들이 더 흥미롭다.

개인내 맥락에서, 유뇨증인 아동은 유뇨증이 아닌 아동보다 더 많은 행동증상들을 갖고 있었다. 그것은 그들이 더 고통스럽다는 것을 말해준다. 이러한 일반적 맥락 안에서, 두 개의 고위험 성격패턴이 눈에 띈다. 약 30%의 아동들이 과잉활동적이고 공격적이며, 훈육에 대한 반응에서 부정적이었고, 좌절에 대한 인내가 작았고, 새로운 상황에 적응하는 데 저항했다. 대소변을 가리도록 훈련할 때, 이러한 아동들을 가만히 앉거나 서 있게 하는 일이 얼마나 어려울지 상상할 수 있다. 더 작은 유뇨증 아동집단은 의존적이고 비주장적이었고, 낮은 성취동기와 숙달동기를 갖고, 실제적인 쾌락의 결핍을 보상하려고 더 자주 자위행위를 했다. 이와 반대로 유뇨증이 아닌 아동들은 자기신뢰적이고 독립적이며, 적응적이고 높은 수준의 성취동기를 갖고 있었다.

가족 맥락에서 부모의 무관심과 유뇨증 간에 가장 분명한 관계가 있었다. 더욱이 형제 출산, 입원, 심지어 전쟁의 스트레스를 무난히 뛰어 넘은 키부츠에 있는 아동들에게 부모와의 일시적 분리는 침대에 야뇨증(bed-wetting)을 증가시키는 유일한 스트레스였다. 흥미 있게도, 보모의 부재는 그러한 반응을 일으키지 않았다. 그것은 부모-자녀 관계가 중요하다는 것을 말해준다. 통계적으로 유의미하진 않지만 야뇨증과 보모의 행동 간의 관계가 시사되었다. 보모의 허용성, 낮은 성취요구, 불안전성은 유뇨증과 관련되는 경향이 있다. 반면에 사랑하는 관계 맥락에서 구조화되고 목표지향적이며, 직접적인 배변훈련은 조기방광조절을 증진시켰다.

저자들은 자료로부터 몇몇 일반적 결론을 끌어냈다. 저위험 아동에게는 배변훈련의 시기가 문제가 되지 않는다. 고위험 집단에서는 지연된 훈련이 적극적으로 움직이며, 저항적이고 공격적인 영아들이 유뇨증을 가질 가능성을 증가시킨다. 그런 영아는 사회화시키기 어렵다. 그러나 그 어려움은 미운 두 살과 세 살 시기 동안에 혼입된다. 대인간 실제에서, 불개입과 불분명함을 보여주는 허용적 태도는 야뇨증을 영속시킨다. 왜냐하면 성숙을 향한 이 특별한 단계를 받아들이게 하는 충분한 도전과 충분한 지원이 없기 때문이다. 그러한 연구 결과는 부모의 사랑이 도전 및 성공 기대와 결합될 때 아동의 능력이 최대가 된다는 것을 보여준 정상발달 연구와 일치한다. 전반적으로, 대인간 변인들보다 아동들의 성격 특성이 유뇨증과 더 높은 상관을 갖는다.

그들 연구의 종단적 단계에서 Kaffman과 Elizur(1977)은 유뇨증인 아동의 50%가 6세에서 8세 사이일 때 문제 아동으로 확인되었다는 것을 발견했다. 이와는 반대로, 비유뇨증 집단에서는 12%가 문제 아동이었다. 일부 아동은 자기신뢰가 부족하고, 수치심, 죄의식을 느끼고 우울하긴 했지만 학습문제와 낮은 학업성취가 가장 잦은 증상이었다. 불행히도, Kaffman과 Elizur는 어떤 아동들이 더 문제를 갖기 쉬운지를 결정하기 위한 자료 분석을 더 하지는 않았다.

이러한 종단적 결과들은 발달경로에 대해 중요한 시사점을 갖는다. 유뇨증의 점진적인 감소를 보여주는 그래프를 보는 사람은 아동들이 자기들의 문제를 "벗어" 날 것이라는 예언을 선택할 것이다. 그러한 그래프들은 횡단적 자료에 근거한다. 그러나 개인내 변인과 대인간 변인을 포함하는 종단적 연구들은 일부 4세 아동의 유뇨증이 앞으로도 계속될 것이고 아마도 더 심해질, 다른 문제들의 첫 번째 징후일 수 있다는 가능성에 대해 임상가들에게 경고한다. 요약하면, 대부분의 아동들은 정신병리를 "벗어나게" 될 것이지만 중요한 하위집단은 성장하면서 다른 문제들을 갖게 될 수도 있다.

부모들이 유뇨증을 가진 자기 자녀에게 중재가 필요한지 여부를 결정하는 것을 도울 때, 아동임상심리학자가 그러한 종단적 정보를 잘 이해하는 것이 중요하다. 무엇보다도, 사라지기 쉬운 문제를 왜 치료하겠는가? 부모들은, 초점이 유뇨증("벗어나기" 쉬운 문제) 하나에서 벗어나 일반적인 다른 문제행동으로 옮겨질 때, 예후가 그렇게 좋은 것이 아님을 알아야 한다. 그렇게 해서 부모들은 두 정보 세트(횡단적 정보와 종단적 정보) 모두를 고려함으로써 정확한 정보를 갖고 치료를 결정할 수 있다.

중재

소변경보는 효과가 있고 약물치료보다 우수하다는 것에 대한 입증된 기록이 있는 행동치료다. 특히 이것은 고전적 조건화 패러다임이다. 막대기 모양 풀 크기의 도구를 아동의 몸에 착용시키고 아동의 속옷에 소변감응탐침을 부착한다. 이 도구는 아동이 오줌을 싸면 부저를 울리게 한다. 그렇게 해서 아동을 깨우면, 아동은 욕실로 가서 오줌을 마저 눈다. 결국은 아동이 경보를 예측하게 되고, 오줌을 싸기 전에 일어나게 한다(**그림 6.1** 참조). 연구들은 소변경보가 다수의 사례에서 효과적이었음을 보여주었다. 65~75%의 야뇨증 아동들이 3개월 안에 소변을 싸지 않을 수 있게 되었다. 특히 일차 유뇨증인 아동들에서 그렇다. 그러나 경보는 12주나 그 이상 이루어지는데, 치료를 받는 부모들의 인내와 순응이 항상 높은 것은 아니다(Fischel & Liebert, 2000). 게다가 치료를 한 후 그 해에 재발률이 컸다.

전체스펙트럼 가정훈련(Full Spectrum Home Training)(Houts, 2003)은 소변경보를 다른 세 가지 중재인 청결훈련, 보유조절훈련, 과잉학습과 결합했다. 청결훈련에서는 아동은

그림 6.1 예견적 각성.

출처: CALVIN AND HOBBES(Watterson, 1991). Distributed by Universal Press Syndicate. Reprinted with permission. All rights reserved.

"오줌을 싼" 밤과 "싸지 않은" 밤을 기록하는 벽차트를 받는다. 아동은 경보에 대한 반응으로 깰 때마다 스티커를 하나씩 받는다. 아동이 완전히 깨게 하기 위해서 부모는 아동이 얼굴과 손을 닦거나 얼마간의 수학숙제를 하게 격려한다. **보유조절훈련**에서는 아동들이 점차 긴 시간 동안 오줌을 참는 것에 대해 2주간 강화를 주어 45분이 될 때까지 한다. 마지막으로 과잉학습은 재발을 예방하기 위한 것이다. 아동들은 연속적으로 14일 동안 오줌을 싸지 않은 밤을 보낸 후에 매일 밤 자기 전에 점점 더 많은 양의 물을 마시라는 요구를 받는다. 물의 양이 최대한 아동의 나이 정도에 도달할 때까지 아동이 오줌을 싸지 않은 이틀마다 물의 양은 하루 밤에 2온스씩 증가한다. 다시 이 절차는 14일 간의 오줌을 싸지 않는 밤을 보낼 때까지 계속된다. 이 절차는 재발률을 50%까지 감소시켰고 45%의 아동들은 효과가 지속되었다(Mellon & Stern, 1998).

최근에 임상가들이 유뇨증을 치료하는 데 인지기법이 추가되었다. 예를 들면, 아동들은 "오줌을 누고 싶으면, 나는 스스로 일어나서, 화장실에서 오줌을 누고 기분 좋은 내 마른 침대로 돌아올 거야"와 같은 자기효능적 말을 하도록 격려 받는다(Miller, 1993). 이에 더하여, 시각화 기법이 마치 아동들이 자고 있고, 방광이 차오는 것을 느끼고, 화장실에 가기 위해 일어나는 것처럼 자신을 그리도록 아동을 가르치는 데 사용될 수도 있다. 아동들은 또한 자신들의 방광이 확장되고 채워지면서 뇌에 "삐삐신호"를 보내서 뇌로 하여금 아동을 깨우게 하는 장면을 시각화하도록 격려될 수도 있다.

다양한 정신병리에 대한 우리의 제시는 지금까지의 학령전기에 일어나는 장애로부터 학령기에 들어간 아동들에게 위험한 장애로 이동한다. 우리의 강조는 신체적 기능조절과 양육자와의 관계로부터 집중 능력과 학업적 잠재력만큼 공부하는 능력으로 옮겨간다. 7장에서 알아볼 바와 같이 이 둘 모두가 실패할 수 있는데 한편으론 과잉활동을 다른 한편으론 학습장애를 생기게 한다.

제 7 장

유아기: 주의력결핍-과잉활동장애와 학습장애의 출현

개요

1. 주의력결핍-과잉활동장애
- 정의와 특징
- 합병과 변별진단
- 병인론
- 과잉활동-충동형: 통합적 발달 모델
- 발달과정
- 부주의형
- 중재
- 치료효과의 비교

2. 학습장애
- 정의와 진단
- 읽기장애
- 병인론: 생물학적 맥락
- 병인론: 개인 맥락
- LD에 대한 재고
- 발달과정
- 중재

6장에서 살펴본 바와 같이, 걸음마기에 자기조절의 발달이 뒤틀리게 될 때, 아동은 반항장애의 길에 접어들 수도 있다. 그러나 적응적 발달은 자기신뢰와 자율성뿐만 아니라 호기심과 탐색도 포함한다. Piaget가 말했듯이 영아도 문제해결자이다. 그들은 만 1세 전후가 되면 "저것은 뭐에요?", "그것은 어떻게 작동해요?"라고 암묵적으로 질문하면서 물리적·사회적 환경을 능동적으로 탐색한다. 또한, 걸음마기 유아들은 탐색과 관련된 과제에 대해 분산되지 않은 주의집중을 할 수 있는 놀라운 능력을 가지고 있다. 유아기에는 내재적인 호기심이 특정 주제의 학습 수행에 연결되는 학습장면을 경험하기 시작한다. 유아기에는 학교과제에 집중하는 능력이 과잉행동과 충동성에 의해 심각하게 저해될 수 있다. 과잉행동과 충동성은 그들의 마음을 현재의 과제에 머물지 못하도록 한다. 학교생활이 본격적으로 시작될 때 지능이 높고 동기가 높은 아이들에게 다른 일탈이 나타날 수 있다. 예를 들어, 읽기나 수학과 같은 하나 또는 그 이상의 학과목에서 적절한 수준의 성취를 할 수 없는 경우이다. 이 장에서는 먼저 주의력결핍-과잉활동장애에 대해 살펴보고, 학습장애와 발달결과를 살펴볼 것이다.

1. 주의력결핍-과잉활동장애

정의와 특징

정의

우리는 주의력결핍-과잉활동장애(ADHD)에 대한 DSM-IV-TR의 기준을 제시하고 논의할 것이다. 왜냐하면 DSM-IV-TR은 이 정신병리를 정의하려는 시도에 있어서 불안정한 역사를 잘 포착하고 있기 때문이다(**표 7.1** 참조).

ADHD에는 세 가지 주요 유형이 있다는 것에 주목해야 한다. 즉, 부주의(inattention) 특성을 나타내는 것, 과잉행동-충동성(hyperactivity-impulsivity)에 의한 것, 또 두 가지의 조합에 의한 것이다. 부주의형의 아동들은 나이에 적절한 수준의 주의력을 유지하지 못한다. 부모와 교사들은 아이가 집중을 하지 못하고 산만하며, 한 활동에서 다른 활동으로 쉽게 이동하고 비체계적이고 잘 잊어버리며 자주 공상에 빠진다고 호소한다. 과잉행동을 나타내는 아이들은 마치 "모터가 작동하는 것처럼" 끊임없이 "움직인다." 활동에 대한 이와 같은 욕구(drive)는 기어오르거나, 이리저리 뛰어다니거나, 지나치게 말을 많이 하기 또는 수업 중에 부적절하게 계속 자리를 떠나 걸어 다니는 행동 등에서 명백히 드러난다. 충동성은 "생각하지 않고 행동하는 것"이다. 충동적인 아이들은 문제에 대해 생각할 시간을 갖지 않고 불쑥 답을 말해버린다. 또한 게임이나 대화에 끼어듦으로써 다른 사람들을 방해하거나 침범하며, 자신의 차례를 기다리기가 어렵다. 그러나 이러한 많은 행동들은 보통의 어린 아이의 발달과정에서도 찾아볼 수 있기 때문에 진단을 위해서는 아동이 유의미한 수준으로 나이에 부적절하고 여러 상황에서 이러한 행동을 보일 필요가 있다(**글상자 7.1** 참조).

역사적으로, 진단에서는 이 장애의 가장 명백한 표현이 과잉행동이라고 강조해왔다. 예를 들면, DSM-II(APA, 1968)에서는 이 장애를 과잉행동, 산만, 부주의, 그리고 짧은 주의폭을 특징으로 하는 "아동기의 과잉운동 반응"이라고 명명하였다. 그러나 후속 연구들, 특히 Virginia Douglas(1983)의 연구에서는 운동 활동보다는 오히려 주의에 결정적 결함이 있다고 제안했다. 이 연구는 DSM-III(APA, 1980)에서 과잉행동을 동반하거나 동반하지 않는 주의력결핍장애(ADD)라는 일차적 진단을 포함하도록 하는 데에 공헌했다. 한편, 과잉행동과 충동성이 높은 상관을 나타내므로 그것을 하나의 범주로 묶어야 한다는 사실이 제시되면서, 보다 최근의 연구들에서 주의력결핍의 중요성에 의문이 제기되었다. 따라서 DSM-IV-TR에서는 부주의 우세형(Predominantly Inattentive Type, PI형)의 ADHD, 과잉행동-충동성 우세형(Predominantly Hyperactive-Impulsive Type, HI형)의 ADHD, 그리고 혼합형(Combined type, C형)의 ADHD, 세 가지로 진단을 내리고 있다.

DSM-IV의 분류에 대한 세 가지 유형의 서로 다른 특징들을 더 설명할 필요가 있다. 즉, (1) 발병 나이를 정의하기 위한 특수한 시기, (2) 증상의 지속기간, (3) 상황(setting)의 중요성이다.

표 7.1 ADHD에 관한 DSM-IV-TR 기준

A. (1) 또는 (2)

(1) **부주의**: 다음 증상 중 여섯 가지(또는 그 이상)가 적어도 6개월간 부적응적이고 발달 수준에 맞지 않은 수준으로 지속된다:

(a) 흔히 세부 사항에 세밀한 주의를 기울이지 못하거나, 학업, 일, 또는 다른 활동에서 부주의한 실수를 저지른다.

(b) 흔히 과제나 놀이 활동에 주의를 지속하기 어렵다.

(c) 흔히 자신에게 직접 이야기할 때 듣지 않는 것 같다.

(d) 흔히 지시를 따르지 못하고 학교 공부, 잡일, 또는 작업시의 의무를 마치지 못한다(반항적이거나 지시를 이해하지 못하기 때문이 아니다).

(e) 흔히 과제와 활동을 조직하기 어려워한다.

(f) 흔히 지속적인 노력이 필요한 과제(학교 공부나 숙제와 같은)에 참여하기를 피하거나, 싫어하거나, 또는 저항한다.

(g) 흔히 과제나 활동에 필요한 것들을 잊어버린다(예를 들어, 장난감, 숙제, 연필, 책, 또는 도구).

(h) 흔히 외부의 자극에 의해 쉽게 산만해진다.

(i) 흔히 일상적 활동을 잊어버린다.

(2) **과잉행동-충동성**: 과잉행동-충동성에 관한 다음 증상 중에서 여섯 가지(또는 그 이 상)가 적어도 6개월간 부적응적이고 발달 수준에 맞지 않은 수준으로 지속된다:

과잉행동

(a) 흔히 손이나 발을 불안정하게 만지작거리고 자리에서 움직거린다.

(b) 흔히 교실이나 다른 상황에서 자리에 앉아 있어야 할 때 자리를 뜬다.

(c) 흔히 상황에 부적절하고 과도하게 뛰어다니거나 기어오른다(청소년이나 성인의 경우에는 불안정한 주관적 감정으로 표현될 수 있다).

(d) 흔히 노는 시간이나 쉬는 시간을 차분하게 보내기가 힘들다.

(e) 흔히 끊임없이 움직이고, 모터가 작동하는 것처럼 움직인다.

(f) 흔히 말을 과도하게 많이 한다.

충동성

(g) 흔히 질문이 끝나기 전에 불쑥 답을 말한다.

(h) 흔히 자기 차례를 기다리기 어렵다.

(i) 타인을 방해하거나 끼어든다(예: 대화나 놀이에 참견한다).

B. 장해를 초래하는 과잉행동-충동성 또는 부주의 증상이 7세 이전에 존재한다.

C. 증상들에 의한 장해가 둘 또는 그 이상의 상황에서 존재한다(예: 학교 또는 집에서).

유형에 근거한 코드

주의력결핍-과잉활동장애, 혼합형: 지난 6개월간 A1과 A2의 기준에 충족될 때

주의력결핍-과잉활동장애, 부주의 우세형: 지난 6개월간 기준 A1은 충족되나 기준 A2는 충족되지 않을 때

주의력결핍-과잉활동장애, 과잉행동-충동성 우세형: 지난 6개월간 기준 A2는 충족되나 A1은 충족되지 않을 때

출처: DSM-IV-TR(미국정신의학협회, 2000).

글상자 7.1 주의력결핍의 사례

7세의 아프리카계 미국 아동인 Ricky S.는 학교심리학자에 의해 정신건강 클리닉에 의뢰되었다. 평가할 당시 Ricky는 2학년이었다. Ricky의 엄마는 병원에 처음 전화 통화에서, 아들을 "통제할 수 없는" 아이라고 말했다. 구체적인 질문에 대해서는 Ricky가 "온갖 데를 돌아다니며, 끊임없이 문제를 만든다."고 대답했다. 편모로서 양육을 맡고 있는 그녀는 아들의 행동에 짓눌려 있었고 아이를 통제할 수도 없었다.

평가의 일환으로 Ricky와 그의 엄마는 따로따로 임상심리학 박사 연구원과 면담을 했다. Ricky는 처음 면담할 때 예의바르고 내성적이며 사회적으로 약간 불안한 것으로 보였다. 그는 새 학교에 적응하는 데에 어려움을 갖고 있었는데, 특히 항상 Ricky를 꾸짖고 그의 엄마에게 이를 알리는 선생님인 Mrs. Candler 때문에 힘들어 했다. 왜 선생님이 그를 꾸짖느냐고 묻자 Ricky는 처음에는 모른다고 대답했으나 곧 학급의 규칙을 따르지 않고 주의를 집중하지 않았기 때문이라고 대답하였다. Ricky는 그가 자주 "빨간색"을 받게 됐다고 말했다. 학급의 규율체계에서 학생들이 규칙을 어길 때마다 그들의 이름표 색깔이 초록색에서 노란색, 그 다음엔 주황색, 마지막엔 빨간색으로 바뀌게 되는데, 빨간 카드란 그 아이의 부모에게 자동적으로 전화하는 것을 의미한다. 지난 몇 달 동안 Ricky는 다섯 장의 빨간 카드와 7장의 주황색 카드를 받았다.

학교를 좋아하는지에 관한 질문에 Ricky는 어깨를 움츠리며 과학, 특히 올챙이의 성장에 대해 공부할 때 좋다고 말했다. 그는 친구가 조금 있지만 선생님이 과제를 완성하라며 교실의 구석에서 많은 시간을 보내도록 하기 때문에 혼자 있는 경우가 많다고 말했다. Ricky는 학교에서 지루하고, 슬프고, 피곤하고, 화가 난다고 말했다. 또한 학교를 마친 오후에 자전거를 탈 때가 가장 행복하다고 한다. "그때에는 아무도 나를 꾸중하지 않고 내가 원하는 곳은 어디든지 갈 수 있어요."라고 말했다. Ricky는 다른 정서적 또는 행동적 문제는 부인했지만 "엄마와 갈등" 상태인 것은 슬프다고 시인했고, 자신이 학교에서 왜 그렇게 못하는지 혼란스럽다고 했다.

그 다음 엄마와 이어진 면담에서 좀 더 자세한 사실과 함께 Ricky에 관한 보고서 대부분이 확인되었다. 예를 들면, 엄마는 Ricky가 교실에서 대체로 참을성이 없고, 숙제가 주어지면 자주 신경질을 부리거나 울고, 심

시작 연령 DSM-IV-TR에 의하면 증상의 시작은 7세 이전이다. 그러나 4세에서 17세까지 380명의 아동들에 대한 임상 표본 연구에서, 이 장애의 기준을 충족시켰던 아이들은 과잉행동-충동형이 우세하였다. 이 연구에서 43%의 부주의형과 18%의 혼합형은 7세 이후까지 증상이 표출되지 않았다(Applegate et al., 1997 참조). 그러므로 발병 시기는 ADHD 유형에 따라 다르게 나타난다. 과잉행동-부주의 유형은 유아기에 나타나고 복합형은 초기 학령기(5~8세)에 나타나는 반면, 부주의 우세형은 더 늦게(8~12세) 발병한다(Barkley, 2003). 이러한 나이 효과가 실제로 발병의 차이를 반영하는지 아니면 단순히 장애를 처음 인식한 것인지는 분명하지 않다. 특히 과잉행동-충동성 행동은 가족들과 교실에 더 지장을 주며, 미약한 증상을 보이는 부주의 유형에 비해 더욱 지속적으로 확인된다.

후속 연구들은 비록 이 장애의 증세가 초기에 나타날수록 발달적 결과가 더욱 가혹하다는 몇몇 증거들이 있다고 해도, 이 장애에서 이른 발병의 아동과 늦은 발병의 아동 간 차이를 일관되게 보여주지는 못하고 있다(McGee et al., 1992).

증상의 지속기간 증상의 지속기간에 있어서, DSM-IV-TR에서 말하는 6개월이라는 기간

글상자 7.1 주의력결핍의 사례 (계속)

지어 교사에게도 무례하다는(이것은 집으로 많은 전화가 가는 결과를 초래한다)것이 확인되었다. 집에서는 그는 가만있지를 못하고, 일을 잘 조직하지 못하고, 잘 잃어버리고, 그에게 말하는 것을 잘 이해하지 못하며 잘 듣지 못했다. Ricky의 엄마는 학교 교사와 교장 그리고 학교심리학자가 포함된 회의에 4번이나 참석했다. Ricky는 최근 인지적·교육적 평가를 받았는데, 여기서 수행점수와 평균 지능이 그의 능력에 상응하지 않음이 밝혀졌다. 교사는 Ricky를 행동적·정서적 어려움이 있는 아동을 위한 학급에 보내기를 원했으나, 엄마는 반대했고 독립적인 평가를 받기 위해 병원에 왔다.

학급 관찰, 부모와 교사의 행동 평가, Ricky의 주의력에 대한 좀 더 자세한 인지신경학적 검사를 수행한 이후, 연구원은 Ricky가 ADHD 진단기준에 맞는지를 결론 내리기로 했다. Ricky의 엄마에게 다양한 형태의 치료법에 대해 설명했더니 약간의 망설임 후에 흥분제 투여 치료에 대해 동의했다. Ricky의 교사들 또한 행동수정 프로그램을 수행할 수 있도록 훈련받았다. 행동수정 프로그램에서는 학급의 컴퓨터로 새로운 비디오 게임을 하는 것을 포함해 Ricky가 흥미로운 활동에 참여할 수 있도록 보상함으로써 과제 행동의 지속 시간을 늘리도록 했다. 다음으로 주의와 자기 감시가 목표가 되었다. 여기에는 Ricky가 눈을 맞추고 담임선생님인 Mrs. Kandler의 지시를 듣고 스스로 그 지시를 반복할 때 보상이 주어졌다. 그가 이러한 기술을 익힌 후에 치료의 목표가 책상을 단정하게 유지하고, 제시간에 과제를 제출하고, 질문할 때는 손을 들고, 어머니에게 학교에서 필요한 준비물이 무엇인지 얘기하는 것과 같은 학습기술과 조직화로 옮겨졌다. 비록 Ricky가 지난 6개월 동안 파괴적 행동을 덜 하고 주의력이 높아짐으로써 치료에서 도움을 받았음에도 불구하고, 그의 어머니는 Ricky가 약물처치만으로 충분히 나아진 것 같다는 말과 함께 갑작스럽게 치료를 중단했다. 1년 후 전화 통화에서 Ricky의 문제행동은 아직은 관리가 가능하지만 학업수행은 보통 이하인 것으로 나타났다.

출처: Kerarney(2003).

은 너무 짧다는 증거가 있다. 특히 어린 아동에 대해서는 더욱 그렇다. 연구 자료에 의하면 학령전기에 나타나는 증상의 지속기간은 12개월이 더 적절하다(Barkley, 2003).

상황 비록 DSM-IV-TR 기준은 ADHD 증상이 가정과 학교 두 상황에서 반드시 나타나야 한다고 명시하고 있지만, 어떤 아이들은 두 상황 중 하나에서만 나타날 수도 있고, 반면 어떤 아이들은 여러 상황에 걸쳐 널리 나타날 수도 있다. 예를 들면, 과잉행동적 아동의 의뢰서를 읽은 후에, 아동임상심리학자는 그 어머니가 기술한 "대단한 골칫거리"를 다루기 위해 대비할 수도 있으나, 검사 상황에서는 이 아이가 협조의 본보기가 됨을 알게 될 것이다. 연구는 (1) 하루 중 나중에, (2) 과제가 더욱 복잡하고 더욱 조작적 기술을 요구할 때, (3) 행동제지가 요구될 때, 가령 교회나 음식점에서 자리에 앉아 있어야 하는 것처럼, (4) 자극의 수준이 낮을 때, (5) 피드백이 지연되거나 과제 완수 후에 보상이 있을 때, (6) 어른들이 감독하지 않을 때, (7) 과제가 지속성을 요구할 때 주의를 유지하고 그들의 충동을 통제하는 아동의 능력이 더욱 문제가 된다고 제안한다. 또한 ADHD 아동은 아버지가 집에 있을 때 행동문제를 덜 나타내는 경향이 있는데, 이는 아마 아버지의 존재가 주는 부가적인 구조 때문인 것 같다. 이러한 모든 요소들을 고려하면, ADHD 아동에게 가장 큰 도전이 되는, 모든 기술과 태도를 요구하는 교실 상황이 이 아동들에게 가장 어려운 상황이라는 것은 놀랄 일도 아니다(Barkley, 2003).

여러 상황에 대한 아동행동의 비일관성으로 인해 어른들은 ADHD 아동의 부주의와 과잉행동을 고집스러움 때문이라고 오해하게 된다. 왜냐하면 ADHD 아동은 점심시간처럼 비구조화되거나 자극이 있는 상황 또는 자유놀이나 야외 나들이 동안에는 행동문제를 비교적 덜 보이기 때문에 어른들은 아동의 행동이 선택의 문제이고 "그가 하기를 원하는 쪽으로 행동할 수 있다"는 식으로 ADHD가 아이의 통제 범위 안에 있다고 잘못 생각할 수 있다.

유병률

1,420명의 아동으로 이루어진 대표적인 지역 표본 연구에서 Costello 등(2003)은 ADHD의 유병률이 9세에 2.2%, 12세에 1.4%, 16세의 0.3%까지의 범위를 보임을 발견했다. 연령범위를 넘어 전체 유병률은 여자 아이 0.3%, 남자 아이 1.5%를 보인다. 평균적으로 ADHD 유병률은 보통 학령기 아동의 3~5%로 추정된다. 그리고 연령이 높아짐에 따라 감소한다는 증거가 있는데, 특히 남아의 경우 그렇다. 그러나 이것이 진짜로 감소하는 것인지, 발달적으로 둔감한 평가 기법의 사용에 의한 인위적 사실인지는 분명하지 않다. 예를 들면, 진단기준이 청소년들에게 적절한 것만큼 아동기 중기의 아이들에게는 적절하지 않을 수도 있다(Barkley, 2003).

성차

ADHD의 성차의 범위를 결정하는 것은 참조집단별 편향으로 인해 복잡하다. 남아가 여아보다 반항 문제 및 품행문제와 합병되는 경향이 더 높기 때문에 ADHD 평가에 더 쉽게 의뢰된다. 예를 들어, 임상적 표본에서 소년과 소녀의 비율이 6:1에서 9:1로 소년들이 우세하다. 반면에 비임상적 표본에서는 2:1에서 3:1의 비율이다. 더욱이 ADHD 진단에 사용된 행동규준은 여아보다 남아에 더 관련이 높은 것으로 나타났다. 결론적으로 말하자면 소녀는 진단기준에 부합하기 위해서 더 높은 역치를 만족시켜야만 한다(Barkley, 2003). 그러므로 ADHD에서 성차의 범위와 실제 특성에 대한 몇 가지 의문이 남는다.

임상표본에서, 소녀가 이 장애로 진단받았을 때, 그들은 소년과 비슷한 수준의 장애를 보이고 합병에서도 비슷한 양상을 보이지만, 지적 능력에서의 결손은 더 심하다. 그러나 지역사회 표본의 경우, ADHD 여아는 행동문제나 반항장애와는 합병이 덜 되지만 사회적·학업적으로는 남아만큼 장해를 일으킨다는 것을 보여준다(Gershon, 2002).

사회경제적 지위, 인종 그리고 문화

사회경제적으로 불리한 집단에서 ADHD 유병률이 더 높아진다는 몇 가지 증거가 있다. 그러나 이들 증거는 일관성이 없고 그 연관성은 합병장애가 있을 때 사라지는 것처럼 보인다

(Barkley, 1998). 이와 유사하게, 일부 연구들이 낮은 사회경제적 지위의 아프리카계 미국 아동들과 히스패닉계 아동들에게서 ADHD의 불균형한 비율을 보여준다. 이는 ADHD 그 자체보다 이 인구집단에서 공격성이나 행동문제의 합병조건이 증가하는 데에서 기인한 것일 수 있다(Szatmari, 1992).

ADHD 유병률에 있어서 인종 간 차이는 분명하지 않으며 논쟁거리이다. 반면, 눈에 띄게 몇몇의 연구는 인종적으로 다양한 표본을 포함하고 있는데, 한 가지 주목할 만한 점은 교사들이 유럽계 미국 아동들보다 아프리카계 미국 아동들을 ADHD로 더 평가하는 경향이 있다는 것이다(Epstein, March, Conners, & Jackson, 1998). 이러한 평가가 실제적인 행동 차이와 관련이 있는 것인지, 또는 편향된 인식인지는 앞으로의 연구에서 다루어야 할 중요한 문제이다. 이와 대조적으로, 아시아계 미국인 사회 내에서 ADHD 비율은 다른 인종집단보다 낮다(Serafica, 1997).

비교문화적 연구에서, 우리는 미국, 독일, 뉴질랜드, 캐나다, 일본, 인도, 중국, 네덜란드, 브라질, 콜롬비아, 아랍에미리트연합, 그리고 우크라이나를 포함해 다양한 문화로부터 이끌어낸 표본을 비교하는 다국적 연구들에서 서로 모순된 유병률이 보고되고 있음을 발견했다. 평가결과, 인도가 29%로 가장 높게, 일본이 2%로 가장 낮은 범위를 나타냈다(Barkley, 2003 참조). 아마도 이와 같이 큰 변산성이 진단기준, 측정방법, 그리고 사용된 표본 추출방법의 차이에서 기인한다는 점에서, 아동들의 행동에 대한 기대와 증상의 해석에 대한 문화적 차이가 이러한 불일치에 기여하는 것 같다. 예를 들면, 홍콩 내의 중국 아동들은 미국이나 영국의 아동들과 비교할 때 높은 비율의 과잉행동을 보이는데, 중국의 부모들은 아동들의 과잉행동 수준에 덜 관용적인 태도를 보이며 그래서 그들 아동들의 행동을 문제가 있는 것으로 평가하는 경향이 높았다(Evans & Lee, 1998). 사실, 어떤 논문에서 ADHD가 문화적으로 파생된 장애가 아닌가 하는 의문을 제기해왔다(**그림 7.1**과 **글상자 7.2** 참조).

합병과 변별진단

합병은 이후의 발달에 대한 ADHD의 효과뿐 아니라 임상적으로 관련 있는 ADHD의 많은 특징들에 영향을 미친다(ADHD의 합병과 학습장애는 이 장의 학습장애 부분에서 더 자세히 논의될 것이다).

ADHD/파괴적인 행동

ADHD와 파괴적인 행동장애들 간에는 강한 관련이 있다. 7세 무렵에 임상적으로 의뢰된 ADHD 아동의 35~60%가 반항장애(oppositional-defiant disorder, ODD)도 함께 가진 것으로 진단된다. 20~50%는 아동기 중기에 CD로 발전하며 44~50%는 청소년기에 CD로 진단받게 된다. 26%는 행동문제가 성인기까지 지속된다(Fisher, Barkley, Smallish, & Fletcher, 2004).

ADHD/CD는 ADHD만 있는 경우보다 더 일찍 발병하며, 소녀보다 소년에게서 더 높은

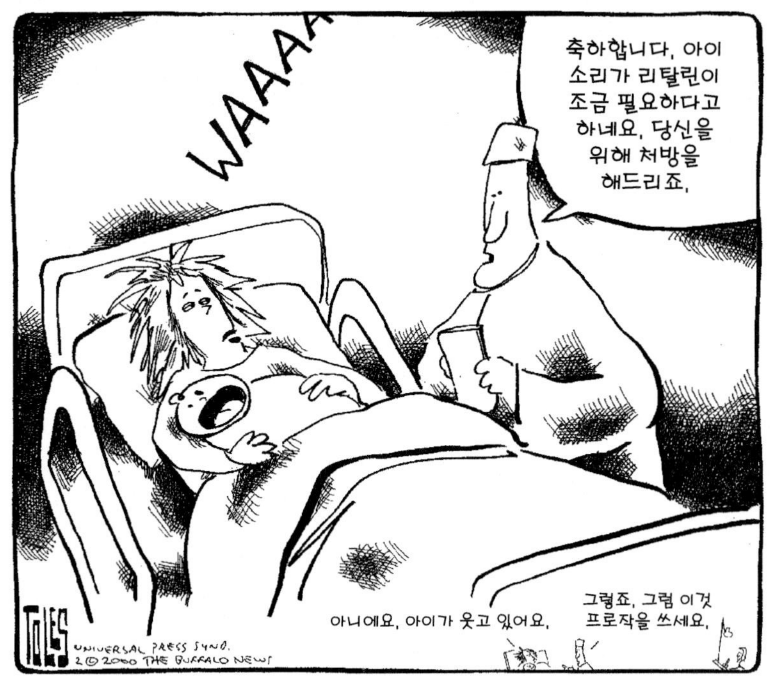

그림 7.1

출처: TOLES(*The Washington Post*, 2000). Reprinted with permission of UNIVERSAL PRESS SYNDICATE. All rights reserved.

비율로 나타난다. 일반적으로 이 둘의 결합은 아동 자신과 그들 부모와의 관계, 학교에서의 수행, 그리고 다른 장면에서 광범위하게 발달적 변인에 부정적인 영향을 미치는 더욱 심각한 장애이다(Kuhne, Schachar, & Tannock, 1997 참조). 공격적인 ADHD 소년은 비공격적인 ADHD 소년에 비해 우울과 낮은 자존감을 나타낸다(Treuting & Hinshaw, 2001). ADHD와 행동장애가 합병될 때 청소년기 물질남용은 특히 위험한 것이어서, 마치 어른들의 범죄 행위와 같다(Satterfield & Schnell, 1997).

환경적·유전적 요소 모두 ADHD와 방해적인 행동의 합병에 원인이 될 수 있다. 유전적 토대가 밑바탕이 된다고 가정한다면 이들 모든 장애는 가족내에서 함께 일어나기 쉬우며, 환경적 영향을 가정한다면 가족의 역경 또한 그들이 공통적으로 가지고 있는 위험요인이 된다(Barkley, 2003).

ADHD/불안장애

ADHD와 불안장애(Anxiety Disorder) 간의 중복은 임상적 표본의 10~40%에서 일어난다(Tannock, 2000). 품행장애와 달리 불안장애의 존재는 장애를 더 심하게 하기보다는 오히려 완화시키는 경향이 있다. 특히 불안이 합병된 ADHD 아동의 경우 일반적으로 외현화 행동이 감소하는데, 특히 충동성이 감소한다(Pliszka, 2002). 이렇게 해서 불안은 ADHD

글상자 7.2 ADHD는 "진짜" 장애인가? 국제합의성명서

아동임상심리학의 역사에서 ADHD보다 더 많이 도전받고, 더 철저히 연구된 장애도 없을 것이다. 실제로 ADHD는 이 장애를 신화, 심지어 날조된 것으로 보는 사람들로부터 의심을 가장 많이 받았던 장애이다. **그림 7.1**의 만평이 말하는 것처럼 일부 비평가들은 정신건강 시설에서 아동의 활기차고 에너지 넘치는 행동에 대해, 단지 그들 주변의 어른들이 불편하다는 이유로 너무 일찍 정신병리로 명명했다고 비판해왔다. 게다가 인간 진화의 초기에 충동적 사고, 성급한 판단, 그리고 환경에서 주의를 흩뜨리는 것들에 대한 경계는 인간의 적응적 특성이었고(Hartmann, 1997) 이들 특징들은 주요내용이 급속하게 변화하고 즉각적 만족을 추구하는 급변하는 현 사회에서도 적응적일 것이다(Hallowell & Ratey, 1994).

이러한 도전에 대하여, Barkley가 지휘하는, 70명의 ADHD 연구자로 구성된 국제 컨소시엄은 ADHD 진단의 진실성을 부정하는 매체에 대응하기 위하여 국제합의성명서를 발표했다. 이 성명서에서 전문가들은 그들 주장의 긴급함을 잘 드러내었으며 논쟁을 가열시켰다.

- "우리는 과학적 견지에서 ADHD가 존재하지 않는다는 생각이 완전히 틀렸다는 사실을 아주 많이 강조하지 않을 수 없다. 모든 주요 병원연합과 정부건강기구는 ADHD를 진정한 장애로 인식하고 있다. 왜냐하면 이를 가리키는 너무나 강력한 과학적 증거들이 있기 때문이다. 이 선언문에 서명한 많은 과학자들에 의해 증명된 바와 같이, 세계의 유명한 임상 연구자들 사이에서 ADHD가 일련의 심리적 능력에 심각한 결함을 가지며 이러한 결함은 장애가 진행 중인 대부분의 사람들에게 심각한 해를 준다는 점에 있어서 의심의 여지가 없다."(p. 89)
- "ADHD는 양성 장애가 아니다. 그로 인해 고통 받는 사람들에게는 ADHD는 재앙 같은 문제의 원인이 될 수 있다. 이러한 심각한 결과에도 불구하고, 연구들에서 아직도 이 장애를 가진 사람의 절반 이하만이 치료를 받고 있음을 보여준다. 매체는 이러한 상황을 실질적으로 개선하는 데에 도움을 줄 수 있다. ADHD와 그에 대한 과학적 사실을 가능한 한 정확하게 그리고 책임감 있게 보여주고 일부 사회비평가들과 진짜 장애가 아니라고 대중들을 믿게 만들려는 정치적인 협의사항을 가진 편향된 의사의 선전을 매체를 통해 퍼뜨리지 않는 것이 매체가 우리를 돕는 길이다."(p. 90)
- "ADHD가 가공된 장애이고 단지 오늘날의 허클베리 핀과 그를 돌보는 사람 사이의 갈등일 뿐이라는 이야기는 지구가 평평하다는 주장, 중력의 법칙이 논란의 여지가 있다는 것, 그리고 화학에서 주기율표가 사기라는 것과 맞먹는 이야기라는 사실을 발표하기 위하여."(p. 90)
- "ADHD는 과학 안에서 아이 자신, 그들의 부모 그리고 교사의 어떤 잘못도 없이 ADHD로부터 고통 받는 사람들에게 다양하고 상당히 부정적인 영향을 주는 정당한 장애로서 다뤄지는 것처럼 매체에서도 실제적 사실로서 정확하게 다뤄져야만 한다."

증상에 대해 완충작용을 한다. 주로 부주의 아동들이 불안장애와 가장 많이 합병되는 것 같다(Milich, Balantine & Lynam, 2001).

불안장애가 ADHD와 합병될 수 있기 때문에, 외상후 스트레스장애(PTSD)와의 변별진단(differential diagnosis)에 중요하다(8장 참조). ADHD와 PTSD는 산만함, 부주의, 주의집중의 곤란과 같은 많은 증상을 공유한다. 그러나 이 두 장애는 기원, 함축 그리고 증상에 대한 중재에 있어서 결정적으로 다르다. 그러므로 ADHD를 가진 것으로 의심되는 아동들의 삶에서 외상이 존재했는지를 평가하는 것은 중요하다(Kerig, Fedorowicz, & Warren, 2000).

ADHD/기분장애

ADHD는 약하거나 또는 심각한 형태의 우울을 동반하는 경향이 있다(Spencer et al., 2000). 유병률의 범위가 연구들마다 각각 다르지만 대부분의 연구들은 합병을 20~30% 사이로 본다. 그러나 ADHD와 우울 사이의 관계는 다른 장애의 존재에 의해 복잡해진다. 예를 들면, 한 후속 연구(Fisher et al., 2004)는 ADHD 아동 표본의 26%가 초기 성인기까지 주요우울을 보이게 되지만 더 흔한 위험은 대개 품행장애와의 합병에 의한 것이라는 것을 발견했다. 또한 ADHD와 양극성 장애 사이에 많은 중복이 있다. 그러나 이러한 중복이 두 장애의 진단에 이용된 증상의 유사성 때문에 나온 인위적인 사실인지, 아닌지에 대해서는 의문이 남아 있다(Kim & Miklowitz, 2002).

ADHD/학습장애(LD)

임상적으로 의뢰된 ADHD 아동의 대부분은 학교 수행에 어려움이 있는데, 이것은 유아기에 이미 알아챌 수 있다(Barkley et al., 2002). ADHD 아동의 19~26%는 학습장애로 진단받기에 충분할 정도로 심각한 어려움이 있으며 80%는 학교의 또래 집단보다 2년 정도 뒤쳐지는 심각한 학습문제를 갖는다(Barkley, 2003).

학업에서의 낮은 성취는 ADHD의 부주의 유형 아동에게 자연스런 결과로 보인다. 왜냐하면 과제에서 주의 지속의 어려움, 산만함, 지시를 따르지 못함 때문이다. 또한 낮은 지능과 ADHD의 과잉행동-충동성 유형 사이에 작지만 유의미한 관계가 있는데 이것은 결국 낮은 학업적 성취를 초래한다.

Rapport, Scanlan과 Denney(1999)는 ADHD가 학업수행의 낮은 성취와 연관되는 두 가지 경로를 제안했다. 하나의 경로는 ADHD 증상으로 인해 교실에서의 품행문제 위험이 증가되고 이것이 학업적 문제로 이어진다. 다른 경로는 저조한 주의, 낮은 일반적 지능과 낮은 집행기능에서의 결손을 포함한 ADHD와 연합된 인지적 결함이 직접적으로 학업수행에 영향을 미치는 것이다.

발달과 관련된 문제들

대체로 ADHD 아동에게 발달과 관련된 많은 문제가 있다. 예를 들면, 그들은 미세하고 총체적인 운동협응 능력, 비언어적 추론, 계획하기와 조직하기와 같은 집행기능, 언어적 유창성, 정서조절에 있어서 곤란이 있는 경우가 흔하다. 그들은 또한 사회적 문제를 보이며 교사와 부모, 또래들에게 끼어들기, 의존, 부정 그리고 과도한 정서와 같은 특징을 보임으로써 상호작용에 곤란이 있음을 보여준다(Barkley, 2003).

이 장애 자체가 아니라, 이 장애와 연합된 특성은 부정적 거래, 부적응, 그리고 합병된 정신병리의 발달 위험을 증가시킨다.

병인론

생물학적 맥락

지지되지 않은 가설들 우리는 여기서 한때 인기를 끌었던 생물학적 가설이었지만 정밀하게 수행된 연구에서 반대 증거를 제시함으로써 정립되지 못한 가설들을 살펴보고자 한다.

50여 년 전의 한 영향력 있는 병인론적 가설은 ADHD가 **뇌손상**에 기인한다는 것이었다. 이것은 주의 문제가 뇌의 외상적 손상이라는 빈번한 결론이 납득할 만하다(13장 참조). 그러나 더욱 진보된 기술로 뇌를 탐구한 후속 연구는 ADHD 아동의 5% 이하만이 신경학적 손상 혹은 발작 장애로 고통 받고 있으므로 대부분의 이 장애 아동에게는 뇌의 손상은 설명력이 없다(Barkley, 1990).

어떤 연구들은 ADHD의 원인으로 **식이와 신경독소**에 초점을 맞췄다. 연구자에 따라 설탕이나 인공색소와 같은 식품 첨가물을 원인으로 고려하였으며, 특정한 식이요법이 치료로 사용되기도 했다. 그러나 객관적인 후속 연구들에서 식품은 ADHD 증상을 변화시키는 데에 대체로 효과가 없음을 보여주었다(Richters et al., 1995).

납의 높은 혈중 수준은 ADHD를 야기하는 것으로 알려졌지만, 납 중독과 ADHD 증상과의 관계에 대한 연구들은 갈등적 결과들을 산출하였다. 혈중 납 수준이 ADHD의 일차적인 병인적 요인은 아니며, 둘 간에 약하지만 유의한 관계성이 있다. 예를 들어, 한 추정치에서 납 중독이 증상 표출에 대해 4%에 접근하는 변량을 설명하였다(Fergusson et al., 1993).

유전적 요인들 유전이 ADHD의 원인에 중요한 역할을 한다는 강력한 증거도 있다. 쌍생아 연구에서 나온 결과들이 가장 설득력 있는 증거를 제공한다. 이들 연구들에서, 증상에 대한 유전 가능성 평균의 범위는 .75에서 .97이다(Levy & Hay, 2001). 예를 들면, 4세에서 12세의 쌍둥이와 쌍둥이가 아닌 형제들을 대상으로 1,938세대를 검토한 Levy와 동료들(1997)의 연구에서 유전 가능성은 .75에서 .91 사이였다. 이러한 결과들은 확고하였으며, ADHD의 정의에서뿐만 아니라 가족관계(쌍생아간, 형제간, 쌍생아와 다른 형제간)에 걸쳐서도 유지되었다. 공유하지 않는 환경적(비유전적) 요인의 영향에 대한 측정치는 9~20%였다.

신경심리학적 요인들 많은 ADHD의 특징들은 대뇌에 장해가 있음을 함축한다. 이 손상들에는 조기발병과 증상의 지속성, 약물치료에 따른 극적 개선, 작업 기억, 운동협응과 같은 신경심리학적 검사에서의 수행 결함, 그리고 바로 앞에 기술된 유전적 위험 등이 있다. 뇌의 직접적 검사를 통해 결정적 결과가 아닌 암시적 자료만이 얻어졌을 뿐이다.

EEG를 이용한 연구들은 전두엽에서 서파 활동(slow-wave activity)이 증가하는 일관된 패턴을 나타냈는데, 이것은 ADHD 아동의 각성 저하와 활동성 저하를 시사하는 것이다(Barkley, 2003 참조). 더욱이 각성제는 직접적으로 이러한 비정상을 교정해준다.

단일광자방출 컴퓨터단층촬영(SPECT)을 이용한 대뇌 혈류 검사를 통해 전전두엽 특히 우측 전두엽 영역에서 혈류가 감소될 뿐만 아니라, 이 영역에서 변연계, 특히 미상핵으로 알려진 영역과의 연결 통로 그리고 소뇌에서 혈류량이 감소됨을 보여주었다. 전두엽과 전두-변연계 영역은 특별한 관심 대상인데, 그들의 기능들 중 하나가 운동 반응의 제지이기 때문이다. 또한 전전두엽은 ADHD에 관여하는 것으로 보이는데, 이유는 전전두엽 영역이 계획, 조직, 자기조절의 집행기능과 ADHD 아동에게 많이 결핍된 충동조절에 가장 많이 관여하기 때문에 이 영역이 ADHD와 관련이 있을 것으로 추측하고 있다. 이는 바로 소뇌에서의 혈류 수준이 ADHD 아동의 운동성 문제와 관련되어 있는 것과 비슷하다. 우측 전두 영역에서의 혈류 수준은, 이 장애의 심각성 정도와 직접적으로 상관될 수 있다(Gustafsson et al., 2000).

MRI 기술로 인해 ADHD 아동의 "splenium"이 작다는 것을 알 수 있는데, 이것은 뇌의 두 반구를 연결하는 구조인 뇌량의 뒤쪽 영역이다. 더욱이 연구들에 의해 좌측 미상핵이 더 작다고 밝혀졌는데, 이는 혈류에 대한 초기 연구들에서 기술했던 것과 일관된다. 후자의 발견은 특히 흥미로운데, 일반적 비대칭형에서는 우측 미상핵이 더 작은 것과 반대되는 결과이기 때문이다. 한편 다른 연구들에서 얻어진 뇌의 다른 영역에 대한 결과는 전전두엽, 미상핵, 그리고 소뇌에 관한 결과들만큼 일관되지 않았음을 함축하고 있다.

방법론에서의 진보로 인해 활동 중인 뇌를 살펴볼 수 있게 되었다. 기능 MRI(fMRI)를 사용한 연구들에서 주의나 제지가 필요한 과제를 수행할 때 ADHD 아동들은 우측 전전두 영역과 선조체를 포함하는 기저핵 그리고 소뇌에서 비정상적인 활성화 양상을 나타낸다는 것을 보여준다.

신경전달물질 중추신경계 신경전달물질을 살펴보는 것은 흥미롭다. 특히 뇌의 전두변연계 기능에 중요한 역할을 하는 것으로 여겨지는 도파민과 노르에피네프린에 대한 관심을 가져왔다. 또한 신경전달물질은 함축성이 큰데, 흥분제를 사용하는 약물치료가 ADHD 치료에 매우 효과적이며, 이 흥분제가 뇌에서 도파민과 노르에피네피린의 가용성을 증가시킴으로써 효과를 보이기 때문이다(DuPaul, Barkley, & Connor, 1998).

발달적 차원 발달적 자료를 산출한 소수 연구 중의 하나를 수행한 Seidman과 동료들(1997)은 주의력과 집행기능의 검사에 의해 측정된 신경심리학적 기능 변화에 관심이 있었다. 이들의 연구에서 9세와 22세 사이에 있는 118명의 ADHD와 남아 통제집단의 참가자들을 15세 미만의 집단과 15세 이상의 집단인 두 연령 집단으로 나누었다. 연구자들은 ADHD의 두 연령 집단 모두에서 신경생리적인 손상이 있음을 발견했고, 그들 손상에 지속적 성질이 있음을 증명하였다. 발달에 관하여 살펴보면, 더 나이 든 ADHD 집단들은 더 어린 집단들보다 수행이 더 우수했다. 그러나 이런 향상은 정상적 통제집단에서도 잘 나타났다. 결과적으로 더 나이 든 ADHD 집단들은 손상이 줄어들기는 하지만, 연령에 따라 향상이 되고 있는 정상 집단을 여전히 따라 잡을 수는 없었다.

가족 맥락

DSM-IV-TR은 ADHD를 공격성, 저항, 끼어들기 그리고 정상적으로 주고받는 사회적 상호작용에 대한 무질서한 방해를 나타내는 파괴적 행동장애로 분류한다. 기대하는 바대로, 이러한 부정적 행동은 가족관계에서 부모와 아동, 양쪽에 악화를 가져오는 교류적인 영향을 갖는다. ADHD 아동의 부모들은 통제집단의 부모들보다 더 많은 스트레스를 경험하고 양육 요구에 대해서 더 부적응적 전략을 보이며, 아이들에 대해서 더 부정적으로 반응하는 경향이 있다고 보고한다(DuPaul, McGoey, Eckert, & VanBrakle, 2001).

Johnston과 Mash(2001)는 ADHD 아동의 가족관계에 관한 논문을 발표했는데, 비록 그 연구가 종종 행동문제가 합병되어 복잡해지고 혼동되기는 하지만 몇몇의 경향은 일관되게 나타난다. 하나는 ADHD 아동과 부모가 서로에게 더 부정적이고 강압적인데, 이러한 역동은 특히 어린 소년과 엄마의 상호작용을 관찰할 때 두드러진다. 또한 많은 연구들에서 ADHD 아동의 부모는 높은 수준의 스트레스와 심리적 증상을 보이는 것으로 보고한다. 또 다른 일관된 주제는 아동의 행동에 대한 부모의 귀인이 ADHD의 함수로서 달라진다는 점이다. ADHD 아동의 부모는 정상 아동들의 부모에 비해 아동의 행동을 아동 내의 비통제적이고 안정적인 요인에 의한 것으로 보려고 하는 반면, 아이들의 긍정적인 행동은 덜 성향적인 것으로 지각하는 경향이 있다. 따라서 부모 스스로 아동들이 어떻게 행동하는가에 대해서는 책임감을 덜 갖는 것 같다. 다른 한편으로는, 개관했던 연구에 기초하면 ADHD 아동의 부모가 부부간 문제를 더 갖는다거나 정상발달 아동들의 부모에 비해 이혼을 더 많이 한다는 가정은 지지되지 않았다.

ADHD의 유전 가능성을 고려할 때, 우리는 많은 부모들이 좋은 양육방법을 지속적으로 수행하려는 능력을 방해하는 ADHD와 고군분투하고 있음을 명심해야 한다. 자신이 ADHD를 가진 ADHD 아동의 엄마는 그렇지 않은 ADHD 아동의 엄마에 비해 성격문제와 우울, 불안, 낮은 자기 평가, 그리고 빈약한 대처 등의 성격적인 문제와 정신과적 문제를 더 많이 보고한다(Weinstein, Apfel, & Weinstein, 1998).

ADHD는 그 자체만 존재하는 것이 아니라 많은 문제가 있는 가족관계와 연관되는 CD나 ODD와 합병된다는 강력한 증거가 있다. 이들 합병은 ADHD 하나만 발견될 때보다 더 높은 수준의 부모의 정신병리, 부부 불화, 이혼의 문제와 연관된다(Loeber, Green, Lahey, Frick, & McBurnett, 2000).

보호요인 보호요인의 측면에서, 연구자들은 고위험 ADHD 아동들에게 긍정적 양육이 완충제로 제공될 수 있음을 보여준다. Tully와 연구자들(2004)은 출생시 절반은 저체중이었던 5세의 쌍둥이 2,232명에 대하여 연구를 수행했다. 정서 표현(EE) 측정치를 사용했는데, 자신의 아이들에 관한 개방형 질문에 대해 엄마들의 대답을 녹음하였고, 평정자들은 부모의 온정을 아동에 대해 표현하는 엄마 목소리의 톤, 공감, 긍정적 감정의 함수로 부호화하였다. 높은 온정을 보인 엄마가 양육한 저체중 출생아는 교사와 부모가 응답한 척도에서 아동의 주의 측면에서 볼때 ADHD 증후군을 덜 나타낸 반면, 엄마의 낮은 온정은 저체중 출생의 효과를 악화시키는 것으로 나타났다.

사회적 맥락

ADHD 아동의 괴롭히기, 끼어들기, 그리고 둔감한 행동은 또래로부터 거부되고 사회적으로 고립될 확률을 유의미하게 증가시킨다. 그들은 통제집단 아동들에 비해 더 부정적이고 부족한 사회적 기술로 또래들과 상호작용한다(DuPaul, McGoey, Eckert, & VanBrakle, 2001). 더욱이 ADHD를 가진 또래를 처음 만났을 때 아동들은 잠깐만 주목해도 ADHD 아동의 행동에 부정적으로 반응하게 된다. Hinshaw와 동료들(1997)은 확고한 제한과 알맞은 직면, 이성, 온정, 그리고 지지가 결합된 권위 있는 양육방식이 ADHD 아동의 사회적 유능감을 증진시킨다는 것을 발견했다.

문화적 맥락

텔레비전 한동안 전문적이고 인기 있는 매체에서 아동의 주의에 관한 텔레비전과 비디오 게임의 잠재적 영향에 대한 염려가 제기되었다. Christakis와 동료들은 자연스런 삶의 속도와 대조적으로 텔레비전이 아동들에게 흥미와 자극을 주지만 오직 제한된 주의 폭만을 요구하며 빠르게 바뀌는 일련의 이미지들, 장면들 그리고 사건만을 보여준다고 지적했다. 연구자들은 뇌 발달의 결정적인 시기인 이른 나이에, 텔레비전 시청이 ADHD 증상의 위험을 높이는지, 아닌지에 대해 밝히기 시작했다. 연구자들은 1~7세의 아동 1,345명을 연구했는데 텔레비전 앞에서 아이들이 보내는 시간을 부모에게 물었다. 1세 아동 가운데 36%가 전혀 텔레비전을 보지 않았고, 37%가 하루 1~2시간, 14%가 하루 3시간 이상 텔레비전을 보는 것으로 나타났다. 7세까지에 걸쳐 주의 문제의 위험은 아동기 동안 텔레비전 앞에서 보내는 시간에 비례해 직접적으로 증가했다. 하루 두 시간의 텔레비전 시청은 위험을 10~20% 증가시키며, 텔레비전을 전혀 보지 않는 아동집단과 비교해 30~40% 위험을 증가시키는 것과 관련 있었다.

자료가 시사적이기는 하지만, 연구자들은 아동들이 시청하는 텔레비전 프로그램의 종류는 밝혀내지 않았음을 시인했다. 이 조사가 교육적인 프로그램을 보는 아동들에게도 맞는지는 확실하지 않다. 또 다른 의문은 어린 아동을 텔레비전 시청으로부터 보호하는 가족과 세대에게 있을 수 있는 차이점과 관련된 것이다. 말하자면 아동으로 하여금 텔레비전 시청이 아닌 다른 활동에 접근하도록 할 수 있는 부모는 교육 수준이 높거나 부유한 가정인 경우이다.

과잉행동-충동형: 통합적 발달 모델

Rusell A. Barkley는 ADHD의 과잉행동-충동형에 관한 연구결과들을 통합하는 모델을 발전시켰다(**그림 7.2** 참조).

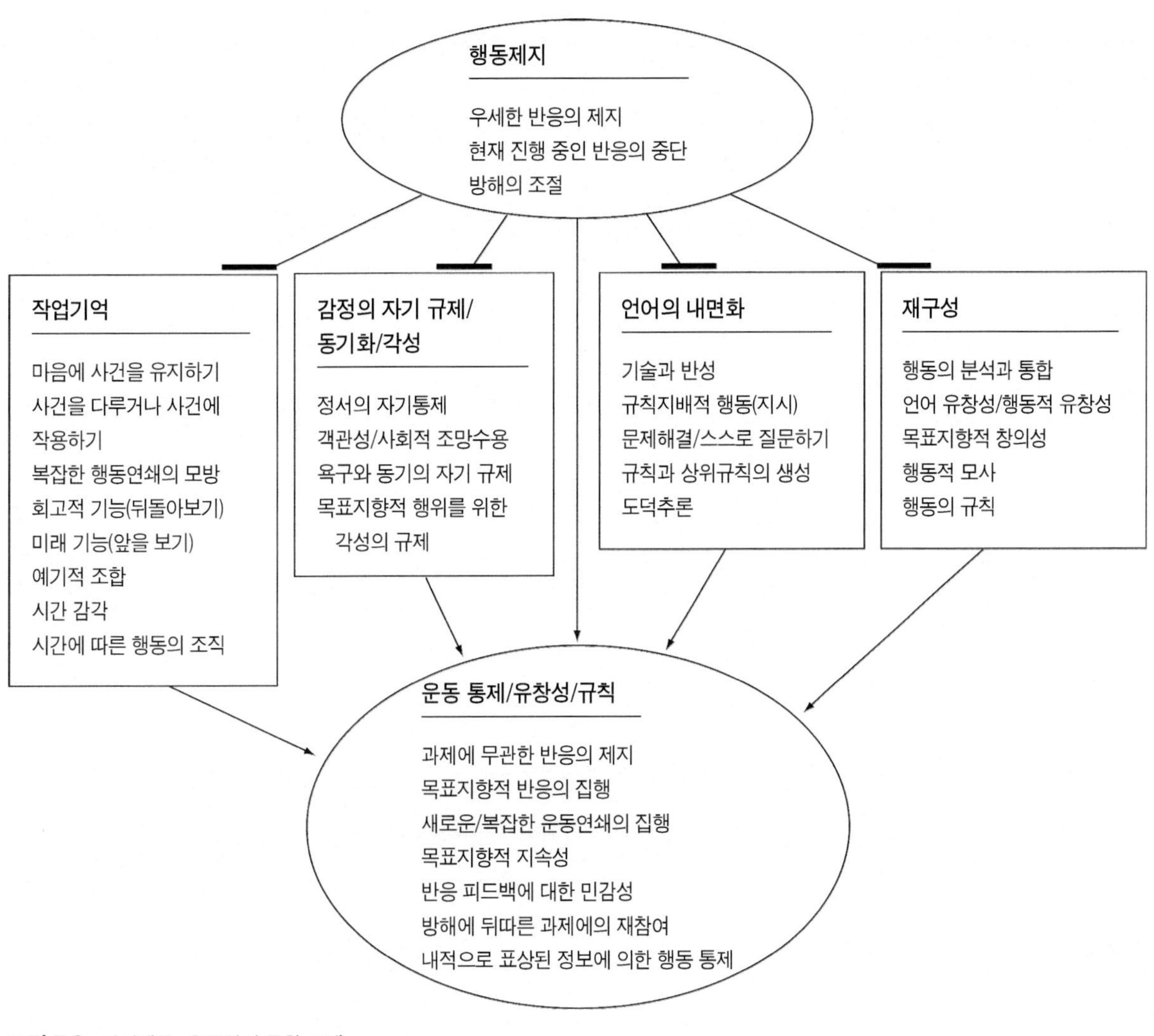

그림 7.2 과잉행동-충동성의 통합 모델

출처: Barkley(1997b).

이 모델의 근본원리는 행동제지(behavior inhibition) 또는 운동 반응의 지연이다. 행동제지의 과정에는 두 개의 구성요소가 있다. (1) 초기 반응을 지연할 수 있는 능력(반응제지), (2) 아동으로 하여금 제지되지 못하도록 하는 사건의 경쟁에 의한 간섭으로부터 반응 지연을 방어하는 능력(간섭 통제).

반응제지는 또한 **집행기능**이 적응적으로 발달할 수 있도록 해준다. 이 집행기능에는 다음과 같은 네 가지 기능이 있다. 첫 번째는 **비언어적 작업기억**으로 아동이 이전에 배운 정보와 새로운 정보를 비교함으로써 정보의 조작을 수행하는 동안 정보를 "온라인"으로 유지할 수 있도록 해준다. 작업기억은 아동이 미래의 행위를 계획하기 위해("앞을 보기", foresight)

아동이 과거 이미지를 활성화("뒤돌아보기", hindsight)하도록 하는 계획에 필수적이다. 작업기억은 또한 아동이 주의 분산, 방해 또는 지루함에 직면해도 목표에 맞는 행동을 유지하도록 하는 계획이나 의도를 명심하도록 하는 주의유지의 역할을 한다. 작업기억의 저해는 망각, 빈약한 시간운영, 뒤돌아보기와 앞을 보기의 감소, 그리고 조직화된 행동의 긴 연쇄를 유지하는 문제와 같이 ADHD를 특징짓는 많은 결함의 원흉일 수 있다. 최근 연구에서 ADHD 아동이 작업기억, 일시적 순서, 그리고 예상에 어려움을 갖는다는 것을 확인했다. 물론 시간감각을 고려한 모델의 예측은 아직 검증되지 않았다.

두 번째 집행기능은 **내적 말하기**로 이것은 언어적 작업기억과 관련된다. 아동이 유아기에 접어들면서 언어는 다른 사람의 의사소통뿐만 아니라 자신과의 의사소통에도 필요한 수단이 된다. 어린 유아기 아동들은 종종 그들과 타인들의 계발을 위해 그들 자신이 하고 있는 활동에 대해 쉬지 않고 언급하곤 한다. 1학년에 들어갈 무렵, 아동들의 스스로에게 말하기는 더 소리를 안내게 되고 더 사적으로 되며, 특히 자기지시와 자기통제의 목적으로 사용된다. 예를 들면, 아동은 스스로에게 게임의 규칙이나 깨지기 쉬운 물건을 만지는 것에 대한 부모의 제지를 큰 소리로 반복하곤 한다. 그러나 Barkley는 ADHD 아동이 언어의 내면화 지연, 사람들에게 과도하게 말하기, 행동하기 전에 덜 심사숙고하는 것, 빈약한 자기통제, 규칙과 지시를 따르기 어려움을 나타낸다고 제안했다. 연구결과는 이러한 가설의 일부에 확신을 제공해왔으나 이러한 결함의 어느 정도가 학습장애와 합병된 ADHD에 해당되는지는 확실하지 않다(Willcutt et al., 2001).

적응적 발달에 필요한 세 번째 집행기능은 **정서의 자기규제**이다. 이것은 감정의 표현을 조절하는 능력과 감정에 반응하는 행동을 지연시키는 능력을 포함한다. 이러한 자기규제는 내적으로 일어나며 정서적 경험의 강도를 조절할 뿐만 아니라 외적으로는 사람들에 대한 아동의 정서 표현을 조절할 수 있도록 한다. 2장의 자기규제에 관한 논의를 통해 알게 된 바와 같이, 정서를 조절할 수 있는 아동은 필요에 따라 그들을 무디게도, 예민하게도 할 수 있다. 그러므로 정서규제는 아동이 지루한 과제를 지속하도록 스스로를 동기화하는 것과 같이, 필요한 때에 각성을 증가시킬 수 있게 해준다. 반대로 ADHD 아동은 Barkley가 가정한 대로, 사건에 대해 더 적절한 정서적 반응을 하게 하는 정서적 자기통제가 부족하다. 이로 인해 강한 정서반응 때문에 객관성 부족, 그리고 빈약한 조망수용을 보이는데, 이것들은 즉각적 정서반응과 목표달성을 위한 노력을 유지시키기 위해 외적 동기 요인에 대한 의존을 특징으로 한다. 연구결과에서 ADHD 아동의 정서규제가 빈약하다고 증명되었는데, 이것은 특히 반항성 행동장애와 합병된 아동의 경우에 더욱 그렇다.

네 번째 집행기능은 **재구성**인데 이것은 분석, 합성, 그리고 창의적 생각과 같은 고등정신조작을 포함한다. 문제에 대한 반응을 지연시킴으로써 심상을 충분히 오래 유지할 수 있는 아동이야말로 과제를 더 잘 풀 수 있고 구성요소를 더 잘 탐색할 수 있으며 새로운 방식으로 그것을 통합할 수도 있는 아동이다. Barkley는 고등정신과정은 과제 수행의 내면화로부터 일어난다고 추측했다. 마치 언어의 내면화가 소리 내어 말하기로부터 내재적인 것(마음속으로 생각하기)으로 진행하듯이, 그래서 정신작업이 행하여지는 것처럼 말이다. 재구성 능력은 상황을 이동하고 유연하게 문제를 해결할 때, 장애물을 극복하는 데에 필수적 능력이다. 반대로 이 모델은 ADHD 아동이 분석과 합성, 언어적·비언어적 유창성 그리고 전략 발달에 어려움이 있을 수 있다고 제안한다. Barkley 모델의 이 측면에 관한 최근 연구는 거의 없다.

집행기능의 마지막 결과는 행위를 계획하고 수행하는 데에 관련되는 **운동통제 및 운동 유창성**이다. 행동제지의 결함이 뇌의 운동 체계에서 일어난다고 가정하는 Barkley의 모델에 의하면 앞에서 언급한 집행기능의 저하는 운동협응과 목표지향적 행동에서 복합적인 연쇄의 집행과 집행하기에 대한 발달적 어려움에 영향을 준다는 것을 보여준다.

Barkley는 ADHD의 주요 결함은 **행동제지** 능력의 약화라고 믿었다. ADHD를 특징짓는 다른 모든 일탈은 이러한 행동통제 능력의 약화에 비해 이차적이다. 행동제지의 발달이 비틀어졌을 때 이 결함은 주로 발달경로에서 나중에 일어나는 순차적인 집행기능 결함에 주로 관계된다. 더욱이 Barkley 모델은 행동제지의 주요 결함이 유전적이든 신경심리학적이든 생물학적 요인의 산물로서 일어나게 된다고 가정한다. 비록 개인간 요인이 이 장애의 표출에 영향을 줄 수는 있지만 이 질환의 원인은 아니다.

Barkley의 모델은 ADHD의 과잉행동-충동형 아동들에 관한 많은 연구결과들을 통합한 복합모델이다. 이 모델의 특별한 강점 중 하나는 단순한 부주의 혹은 탈제지를 넘어선 ADHD의 인지적·사회적·정서적 발달의 근본적인 문제들을 반영하는 많은 연합된 특징들을 잘 설명한다는 것이다. 이 모델은 또한 ADHD 증상 발현의 시간적 순서를 설명하는 데에 도움을 주는 발달적 구성 요소들을 포함하고 있다. 한편, 이 모델의 많은 요소들은 아직 검증되지 않았고, 그래서 ADHD의 발달정신병리의 희망적인 가설적 구성개념으로 남아 있다.

발달경로

발달정신병리가 정상적인 발달을 비틀리게 하는 것이라는 우리의 논지에 따라, 먼저 정상적인 발달에 관련된 자료를 제시할 것이다. 이어서 이 자료는 ADHD 증상에 의해 나타나는 일탈을 보여주는 출발점이 될 것이다.

걸음마기/유아기

Campbell(2002)은 정상적 발달이 ADHD로 바뀌는 것은 아주 미미하며, 특히 생애 첫 6년이 그렇다고 지적했다. 보통 사람들은 걸음마기 아동들이 "모든 장소에 걸쳐 무슨 일"이든 할 것이라고 기대한다. 예를 들면, 아동이 원하는 때에 원하는 것을 하겠다는 높은 에너지를 갖고 있다면, 이것은 나이에 맞는 행동이기 때문에 그들이 장애를 갖고 있는지 아닌지 결정하기가 쉽지 않다. 걸음마기에는 일시적인 적응곤란, 기질 그리고 성인의 비현실적 요구 등으로 인해 기대를 벗어난 일탈행동이 정상발달에 일상적이기 때문이다. 장해의 주 열쇠는 문제행동의 격렬함, 빈도, 발생상황의 다양성, 그리고 만성화의 여부에 달려 있다.

이제 우리는 ADHD 자체에 대해 살펴보고자 한다. 3세 이전에 걸음마기 아동은 통제되지 않는 행동 유형이라 할 수 있는 미분화된 행동을 보여준다. 그러나 이러한 유형은 3세 무렵부터 분화되기 시작하는데, 한편으로는 이것이 과잉행동과 충동적 행동을, 다른 한편으로는 공격적이고 저항적인 행동을 구분할 수 있도록 해준다. 그래서 3~4세에 ADHD를 적절하게 알아낼 수 있다(Barkley, 2003).

1년 혹은 그 이상 지속적으로 통제하기 어려웠던 과잉행동적이고 충동적인 아동은 거의 높은 비율로 아동기 중기에 ADHD를 갖는 경향이 높았다(Campbell, 2002). 이어서 이와 같은 ADHD의 지속성은 엄마 쪽이 과잉통제와 부정적 유형이고 아동 쪽이 반항에 매어 있을 때 더 잘 일어난다. 사실 부모의 스트레스는 아동기 동안에 가장 높다(Campbell et al., 1991).

아동기 중기

아동기 중기까지 자아통제, 과제 지향, 적절하거나 부적절한 행동에 대한 자기 감시, 가족과 또래 집단 내에서의 협력의 규준은 행동의 일반적인 변산성과 ADHD 사이의 차이를 더 명확히 하는 데에 충분하다. 결국, 집과 교실에서 파괴적 행동의 지속적 나열, 비조직성, 일상적인 일을 해내는 능력의 부족과 함께 심각한 정신병리의 문제들을 일으킨다(Campbell, 2002).

과잉행동-충동성 행동은 아동기 중기 전체를 통해 지속되는 경향이 있다. 덧붙여 여기에 두 개의 새로운 발달이 있다. 하나는 **주의지속**(sustained attention)의 문제 혹은 완성할 때까지 과제를 지속하는 능력에 관한 것이다. 이 문제는 대략 5~7세 무렵에 나타난다(Loeber et al., 1992). 이 부주의는 과제 완성에 어려움, 망각, 빈약한 조직화, 그리고 산만함을 야기하며 이들 특징들로 인해 집과 학교에서 아동의 기능은 부정적 영향을 받게 된다.

부주의는 아동기 중기 내내 안정적으로 유지되는 반면 과잉행동-충동성은 감소한다는 증거가 있다(Hert et al., 1995). 아는 바와 같이 전자의 효과가 진짜 발달적 현상인지, 과잉행동-충동성을 정의하는 데에 사용되는 부적절한 행동, 즉 부적절하게 뛰어다니고 올라가는 행동의 증가에 기초함에 따른 인위적 사실인지는 분명하지 않다(Barkley, 2003).

아동기 중기의 두 번째 중요한 발달은 합병조건의 징조가 증가하는 것이다(Barkley, 2003). ODD가 아동들에게서 발병하고 8~12세에는 절반 이상의 아이들에서 반항과 적대감의 초기 형태가 CD의 증상으로 진화한다(Hart et al., 1995). 파괴적 행동의 합병은 ADHD 증상이 여러 상황에 걸쳐 일어나는 아이들에게 더 잘 일어나는 경향이 있다(McArdle, O'Brien, & Kolvin, 1995).

청소년기

ADHD가 청소년기에 줄어든다는 과거의 생각이 틀렸음이 증명되었다. 임상적으로 의뢰된 아동의 50~80%에서 청소년기까지 ADHD가 지속된다. 청소년기에 과잉행동과 부주의 증세가 감소하는 것이 사실이지만 정상 통제집단에서도 같은 감소를 나타내었다. 증세의 발현에도 또한 변화가 있는데, 예를 들면, 지나친 운동성은 불안함과 같은 내적 감정으로 대체되거나 자전거 사고와 같은 무모한 행동이 자동차 사고로 대체되곤 한다(Cantwell, 1996).

아마 학교와 또래관계에서 이전의 발달적 실패로 인한 폭포수 같은 효과 때문에 ADHD 청소년은 수많은 행동문제를 갖는다. Klein과 Mannuzza(1991)는 여러 종단연구들을 개관한 결과, ADHD 청소년의 중요한 하위 집단(25%)이 절도, 방화와 같은 반사회적 행동에 연루된다는 것을 발견했다. 56~70%는 유급을, 또한 통제집단과 비교해 ADHD 집단은 퇴학과 정학을 더 많이 당한다. 더욱이 Whalen, Jamner, Henker, Delfino와 Lozano(2002)는 높은 수준의 ADHD 증상으로 인해 청소년의 부정적 기분과 관련되며 성취지향적 과제에 시간을 덜 보내게 되고, 담배와 알코올을 더 많이 사용한다고 밝혔다.

종합하면 ADHD 청소년은 ADHD가 없는 청소년에 비해 유의미하게 손상되어 있으며 생리적 변화, 성적 적응, 또래 수용 그리고 과거의 각 발달단계에서의 두드러진 주제의 빈약한 해결에서 기인한 손상을 짊어진 채로 직업적 선택 등 청소년기의 일반적 도전에 직면해야만 한다.

성인기

Cantwell(1996)은 청소년의 약 30%가 ADHD를 벗어나고, 40%는 가만있지 못하는(restless) 증상이나, 부주의 충동성의 증상이 지속되었으며, 30%에서 부가적 장해가 일어난다고 추정했다. 회복률은 과잉행동과 충동성 증상이 특히 긍정적이다. 예를 들면, Barkley와 동료들(1992)은 아동기에 ADHD 혼합형이었던 초기 성인기의 어른들 중에 부주의 유형의 기준에만 부합되는 하위 집단이 있다고 밝혔고, 이들은 과잉행동-충동성 경향을 벗어난 것으로 보인다.

전 생애에 걸친 ADHD의 지속성은 ADHD 아동을 성인기까지 추적한 4개의 큰 규모의 연구에서 드러났다. 예를 들면, 몬트리올에서 이루어진 한 연구에서 Weiss와 Hechtman (2004)은 현재 25세 표본집단의 67%가 이 장애의 증세가 계속해서 기능을 저해한다는 것을 발견했다. 34%는 극심한 과잉행동, 부주의 또는 충동성이 완화되었다고 보고했다. 비슷한 결과가 스웨덴의 Rasmussen와 Gillberg(2001)에 의해 얻어졌는데, 아동기에 ADHD로 진단된 사람들의 49%가 22세까지 이 증세를 갖는다는 것을 발견했다. 이와 비교해 통제집단에서는 9%가 그랬다. 이 두 개의 연구들은 공식적인 DSM 기준이 아닌 증상 평가 척도에 의해 이루어졌다. 보다 정확한 방법을 사용한 연구는 뉴욕에서 이루어졌는데, Mannuzza와 동료들(1998)은 표본집단의 31~43%가 DSM-III의 청소년기 ADHD 진단기준을 충족시킨 반면, 4~8%만이 이후 성인기 8년 동안에 새로운 DSM-III-R 진단기준을 충족시킨다는 것을 발견했다. 이 눈에 띄는 격차의 이유는 연구 참가자가 성인기에 도달할 때에 증상에 관한 정보원이 부모와 교사에서 그들 자신으로 이동하기 때문이다(글

글상자 7.3 ADHD 평가에서의 딜레마: 누구의 보고가 타당한가?

집중력 있는 독자는 우리가 여러 시점에서 일부의 연구 결과들은 ADHD의 진단과 평가에 사용된 측정치의 문제로 인한 인위적 사실일 수 있는 가능성에 대해 계속 경고를 해왔다는 것을 알 수 있었을 것이다. 이러한 것들은 측정치가 일반적으로 발달상으로 민감하지 않고, 따라서 전 생애에 따른 적합한 행동의 변별적 적절성을 잘 포착하지 못한다는 사실을 포함한다. 게다가 이들 측정치는 여아와 남아가 장애의 증상을 나타내는 방식의 성차에 대해서도 민감하지 못하다. Barkley(2003)는 이러한 우려에 진단기준이 임상가에게 아이의 행동을 잘 알고 있는 보고자로부터 정보를 수집하도록 요구하지 않는 사실을 문제점으로 추가했다. 이것은 ADHD 증상이 청소년기 후기와 성인기의 과정을 지나면서 약화된다고 하는 식의 잘못된 가정으로 이끌 수 있다. 예를 들면, Barkley와 동료들(2002)은 아동기에 ADHD를 진단받은 성인을 추적 연구했는데, 행동에 대한 자기보고를 기초로 한 연구에서 연구자들은 이들 중 오직 5%만이 아직도 이 장애의 DSM 기준을 충족시킨다는 것을 발견했다. 이 사실은 그들이 ADHD를 벗어났음을 의미하는가? 이것은 당신이 질문하는 대상에 달려 있다. 면담자가 평정을 하기 위해 부모에게 질문했을 때 여전히 ADHD에 관한 DSM 기준을 충족시키는 성인의 수는 46%까지 높아져 거의 9배에 달했다.

누구의 보고가 가장 타당한 것일까? 이 질문에 답하기 위해서 연구자들은 자기보고와 부모의 보고가 어떻게 개인의 교육적·사회적·직업적 기능뿐만 아니라 그들의 반사회적 행동까지 예언하는지를 비교했다. 그 결과, 부모의 평가가 실제로 더 타당했음을 제안하면서 부모보고가 자기보고에 비해 거의 모든 영역에서의 기능을 예언하는 데에 더 적합하다는 것을 보여주었다.

다른 진단적 딜레마는 아동이 세 상황 중 최소한 두 상황에서 증상을 나타내야 한다는 DSM-IV-TR의 요구조건에서 기인한다. 각각의 상황에서 아이들의 행동은 각기 다른 관찰자에 의해 평가받을 수 있기 때문이다. 교사와 부모, 주치의 고용자 등등의 관점은 일치하지 않는 경우가 흔한데, 정확하게 말해서 그들은 서로 다른 환경 속에서 개인을 보기 때문이다. 아동에 대한 관찰자의 주의를 끄는 행동이나 관찰자들의 관심을 유발하는 것은 상황에 따라 다를 수 있다. 예를 들면, 부모는 파괴적 행동에 대해 더 반응적일 수 있는 반면, 교사는 학업수행에 지장을 주는 부주의에 더 민감할 수 있다. 게다가 관찰자의 평가는 ADHD가 다른 장애와 합병됨에 따라 달라지므로 이들 합병장애에 대한 주의를 요한다. 아동 스스로의 주의를 환기시키는, 특히 품행문제나 ODD와 같은 장애와 합병될 때 큰 영향을 받는다(Costello, Loeber, & Stouthamer-Loeber, 1991). 이상적으로 말하면, 임상가는 정보의 여러 원천을 찾아야 할 것이다. 마치 측량사가 "삼각 측량"하는 것처럼 말이다(Cowan, 1978).

상자 7.3 참조).

ADHD 아동에 대한 종단연구에서 이들이 성인이 되었을 때 일반인보다 ADHD, 반사회적 행동, 그리고 물질남용의 유병률이 더 높았다(Klein & Manuzza,1991). 그러나 범죄 행위의 위험은 성인기에 증가하기는 하지만, 이는 ADHD와 CD 모두를 가진 사람이거나 또는 그 외의 반사회적 행동이 있는 사람에게만 해당되는 사실이다. 즉, ADHD와 범죄 간에는 직접적인 연관이 없다.

반면 성인기에는 인지적 결함은 없는 것으로 보고되고 있으나 학업적 성취와 교육경력의 양쪽에서 괴로움을 겪는다. ADHD 아동은 통제집단에 비해 학력에서 2년 정도 뒤떨어져 있다. 예측되는 바와 같이, 그들이 성인이 되어 직업세계에 들어가게 될 때 낮은 지위의 직업을 갖는다(Mannuzza et al., 1998).

발달경로의 요약

유아기에 과잉행동-충동성 행동과 적대적이고 반항적인 행동은 일반적으로 통제되지 않은 행동의 일반적인 양상과는 변별된다. 결론적으로 ADHD 아동은 3~4세 무렵이면 진단할 수 있을 정도의 문제행동을 분명하게 보이기 시작한다. 학령전기에 지속적이었던 ADHD는 아동기 중기에도 계속될 것으로 예언된다. 아동기 중기의 초반에 ADHD의 부주의 유형이 더해진다. 또한 ODD와의 합병은 발달단계 초기에 나타나는 반면, CD는 후기에 합병된다. 부주의는 아동기 중기 내내 일정하게 지속적으로 남아 있는 반면, 과잉행동-충동성은 감소한다.

ADHD는 청소년기와 성인기까지 지속된다. ADHD 아동의 과잉행동이 감소되기는 하지만, 그들의 충동적 행동이 불안정감으로 바뀐 형태를 보이면서 비ADHD 통제집단에 비해 여전히 유의미하게 많다. ADHD 청소년은 반사회적 행동에 연루되고 학업이 저조하다. 성인은 반사회적 행동과 함께 알코올 중독이나 약물남용의 문제를 갖기도 한다. 그러나 반사회적 행동은 과잉행동 그 자체보다 CD의 합병과 관련된다. ADHD 성인의 고용률은 비ADHD 성인과 다르지 않지만, ADHD 성인은 낮은 지위의 직업을 가진다.

부주의형

ADHD의 부주의형(inattentive type)은 상대적으로 거의 알려져 있지 않다. 이 유형의 진단은 DSM-III 이전에 분리된 유형으로 확립되지 않았고, 체계적인 병인론적 연구는 최근에 와서야 이루어졌다. 비교적 미묘하고 관심을 끌지 않은 이 증상은 소란스러운 과잉행동-충동성 유형의 경우에 비해 덜 절박한 장애로서 연구되어 왔다. 그러나 드러나는 증거들에 의하면 부주의 유형이 과잉행동-충동성 유형 또는 혼합형과는 다른 관련 요인이나 결과가 있다는 것을 보여준다.

기술적 특성들

시끄럽고 어질러져 있으며 파괴적인 것으로 묘사되는 과잉행동적 또래와는 반대로, 부주의형의 ADHD 아동은 공상이 많은, "안개 속에 있는", "자신이 있는 곳에서 벗어난", 수동적인, 철회된 또는 둔감한 것과 같은 용어로 기술된다(Barkley, 2003). 정상 아동과 비교하여 그들은 더 자주 "과제를 중단하고," 과제를 완성하지 못하는 경향이 있으며, 지루한 과제를 올바르게 지속적으로 수행하지 못하고, 일을 더 느리게 하고, 중단했던 과제에 돌아가지 못하는 경향이 있다(Bakrley, 1997a). 부주의 유형의 아동들은 정상 아동들처럼 공격적이기보다는 움츠리고, 부끄럼을 타고, 염려한다(Milich et al., 2001).

최근에는 부주의 유형이 실제로 과잉행동-충동성 유형과 분리된 장애라는 추측이 늘고 있다. 과잉행동 아동과 달리, 부주의 유형의 아동들은 굼뜬 인지적 스타일(sluggish cognitive style; SCT)을 보여주고, 주의지속보다 선택적 주의에서 어려움을 나타내며, ODD나 CD와 덜 합병되며 사회적 관계에서 더 수동적이고, 나중에 더 자세하게 논의하겠지만 보다 유순한 발달적 추이를 보여준다. 더욱이 부주의 유형 아동들은 과잉행동-충동성 유형의 아동에 비해 언어적 기억과 시공간적 처리에 대해 더 문제를 드러낸다(Milich et al., 2001).

이전에 기술된 과잉행동-충동성 아동에 관한 것은 사실인데 비해 부주의 하위 유형을 기술하는 데에 DSM 기준의 정확성에 대한 의문이 있어 왔다. 특히 부주의형 아동들을 특징짓는 굼뜬 인지적 템포는 DSM의 부주의 기술 항목에 잘 나타나지 않았다. Carlson과 Mann(2002)은 다른 부주의 아동들과 비교해서 늦은 인지적 템포를 보이는 부주의 아동의 하위집합을 구별해내고 그들이 불안과 우울, 사회적 철회의 문제를 더 많이 갖고 있음을 밝혀냈다. 그러므로 이후의 진단체계는 부주의 유형을 늦은 인지적 템포와 빠른 인지적 템포의 두 하위 유형을 갖는 장애로 분리해야 할 가능성을 염두에 둘 필요가 있다(Barkley, 2003; Milich et al., 2001).

유병률과 성차 ADHD의 부주의 유형은 적어도 학령기에는 과잉행동-충동성 유형에 비해 낮은 유병률을 보여준다. 예를 들면, 병인론에 대한 한 연구(Szatmari et al., 1989)는 남아의 1.4%, 여아의 1.3%가 부주의 유형임을 밝혔다(남아의 9.4%, 여아의 2.8%가 과잉행동-충동성 유형인 것과 대조적이다). 그러나 청소년기에는 남아의 1.4%, 여아의 1%가 부주의 유형을 나타내는 것으로 변화한다(이와 비교해 남아의 2.9%, 여아의 1.4%가 과잉행동-충동성 유형을 나타낸다).

관련 장애 ADHD의 부주의 유형은 특히 불안장애 및 기분장애와 연합된다(Barkley, 2003). 이러한 내재적 경향 때문에 부주의 유형의 아동들은 과잉행동-충동성 유형 아동에 비해 학교 정학 또는 퇴학을 덜 당하고 청소년 비행이나 약물남용의 위험이 상대적으로 적다(Barkley, Fisher, Smallish, & Fletcher, 2004). 어떤 연구들은 부주의 유형의 아동들이 빈약한 학업성취나 학습장애를 더 많이 나타내었음을 보여주었으나 그 결과는 일관되지 않다(DuPaul, Mcgoey, Eckert, & VanBrackle, 2001).

부주의형의 발달경로

ADHD의 유아기 아동들의 대부분은 과잉행동-충동성 유형으로 진단받는 반면, 학령기에는 ADHD의 부주의 유형과 과잉행동-충동성 유형의 혼합형이 나타나기 시작한다. 그래서 주로 부주의를 포함하는 이 장애의 발병 나이는 늦다. 이러한 발달적 차이의 이유는 분명하지 않다. 주의 문제가 뒤늦게 드러나는 것이 학교에서 주의에 대한 발달적 요구가 증가하기 때문인지(왜냐하면 주의 문제가 이 장애의 다른 두 개의 발달단계를 나타내거나 주의 문제가 사실은 두 개의 다른 장애를 나타내는 것으로 인해), 또는 그 해석이 주의의 발달적 변산성의 자연스러운 전개 아래 놓여 있기 때문인지는 아직 알려지지 않았다.

다만 분명한 것은 과잉행동-충동성이 동반되지 않은 ADHD 아동은 발달적 결과가 다르다는 것이다. 부주의만 나타나게 되면 충동성과 같이 반사회적 행동과 관련되지 않지만 낮은 학업적 성취, 특히 읽기에서의 어려움을 예언한다. 또한 과잉행동과 충동성은 아동기 중기에서 청소년기로 이행하는 동안 감소하는 반면 부주의 증세는 거의 발달적 단계에 걸쳐 안정적으로 유지된다. 그러나 Barkley(2003)는 부주의를 평가하는 측정치가 여러 연령 폭에 적절한 것으로 보이지만, 과잉행동-충동성을 평가하는 데에 쓰이는 행동 측정치는 좀 더 어린 아동에게 더 적절하다고 경고했다. 그러므로 부주의의 안정성은 우리가 그것의 평가를 위해 사용하는 방법에 의한 인위적인 사실일 수 있다.

중재

약물치료

약물치료는 ADHD에 대해 가장 강력하고 가장 잘 증명된 중재이다(이 개관은 보다 포괄적 논의를 제공하는 AACAP Official Action, 1997을 따른다).

흥분제 흥분제(stimulants)는 약물치료를 위한 첫 번째 선택이며, 이에 관한 문헌들은 매우 풍부하다. 흥분제는 매우 효과적이고 약물 작용의 시작이 빠르며, 부작용은 일반적으로 약하다. 가장 인기 있는 흥분제는 메틸페니데이트(Ritalin)이고 그 다음으로 암페타민(예: Dexedrine)과 페몰린(예: Cylert)이 있다.

70%에서 96%에 이르는 대부분의 ADHD 아동들이 흥분제에 의해 증상이 개선된다. 흥분제는 ADHD의 주요 증상에 영향을 미칠 뿐만 아니라, 많은 사회적·인지적·학업적 문제들에도 영향을 미친다. 흥분제는 개인간 문제에 있어서는 어머니-아동 상호작용과 가족상호작용을 개선시켰고, 또래들 사이에서 우쭐대거나 공격적인 성향을 감소시켰으며, 놀고 공부하는 능력을 각각 증가시켰다. 인지적인 면에서는 이들 아동의 전략 목록 안에 이미 들어 있는 전략의 사용과 함께 단기 기억이 개선되었다. 학업적 면에서, 교실에서 떠들기와 방해가 감소하고 완성된 학업 과제의 정확성과 양이 모두 증가했다. 그런데 흥분제가 주어졌던 정상적인 아동도 역시 개선되었기 때문에, 이러한 개선이 ADHD 아동에게만 특수하게 일어나는 것은 아니다.

흥분제는 ADHD만 있는 아동과 마찬가지로 ADHD와 공격성을 함께 가진 아동에게도 효과적이다. 불안과 합병된 ADHD에 대한 흥분제의 효과에 관한 증거는 혼재되어 있다. 결론적으로 ODD 그리고 CD와의 합병 상태들에 관한 연구는 희박하다.

일반적으로, 흥분제는 매우 안전하며 투약량을 증가시킬 필요가 있는 내성의 증가에 관한 증거가 거의 없다. 그러나 부작용도 있다. 가벼운 식욕 감퇴는 보편적이고, 아동들은 과민성, 두통, 그리고 복부 통증을 호소하기도 한다. 흥분제의 지지자들은 다른 부작용에 대한 염려가 과장되었다고 주장한다(Barkley, 2003). 약물치료를 한다고 해서 아동이 “좀비”가 되는 것은 아니다. 오히려 반대로 그들은 기민해지고 집중력이 생긴다. 신장과 몸무게에 관한 부정적 효과들은, 비록 지속적인 식욕감퇴가 성장지체와 연관되기는 하지만, 임상적으로 유의미할 정도로 큰 경우는 거의 없다. 또한 물질사용이나 물질남용의 위험이 증가되지도 않는다(Biederman, 2003). 그러나 모든 약물치료에 따르는 일반적인 문제는 약물을 중단하고 난 뒤에는 약물의 긍정적 효과가 유지되지 않는다는 점이다.

삼환계 항우울제 흥분제의 효과에 관한 연구보다 훨씬 적지만, 삼환계 항우울제(tricyclic antidepressants, TCSs)는 ADHD 아동과 청소년들의 치료에 효과적이라고 입증되었다. 삼환계 항우울제는 흥분제에 반응하지 않는 아동이나, 심각한 우울증이 있거나 다른 부작용이 있는 아동들에게 사용되는 제2의 약물이다. 불안장애, 우울증, 틱장애와 합병이 있는 아동은 흥분제보다 삼환계 항우울제(TCSs)에 더 잘 반응할 것이다.

그러나 TCSs에도 단점이 있다. 인지적 증상의 개선에 대한 효율성은 흥분제에 의한 것만큼 크지 않다. 또한 심장에 대한 부작용이 잠재되어 있는데, 특히 사춘기 이전의 아동들에게 크게 나타날 수 있다. 그리고 약의 효과가 시간이 흐름에 따라 감소할 가능성이 있다.

약물치료의 제한점

연구의 범위 약물치료에 관한 연구는 많지만, 그것의 범위는 제한적이다. 대부분의 연구는 아동기 중기의 백인 소년들을 대상으로 한 단기적 연구들이다. 장기적 효과나 인종과 성차에 관한 것은 비교적 알려져 있지 않다. 언급했던 바와 같이 합병증은 고려되지 않았다. 다른 연령 집단들에 관한 소수의 연구들에서 청소년들과 아동기 중기의 아동들은 약물에 잘 반응하지만 유아기 아동들은 그렇지 않다고 제안하고 있다(Spencer et al., 1996).

비의학적 위험들 ADHD를 위한 약물치료의 두 가지 위험성은, 약물이 만병통치약이라는 것과 "모두에게 똑같은 양이 적용된다"고 보는 신념이다. 이런 위험성들은 약물 자체의 긍정적 효과와 무관하며 오히려 아동에게 도움이 되는 진전을 방해할 수 있다.

살펴본 바와 같이, ADHD에는 광범위한 합병 문제들이 수반된다. 그 효과에도 불구하고 약물치료는 모든 문제를 해결하지는 못한다. 어떤 것을 습득하지 못하는 아동들에게 약물이 사회적·학업적 기술을 마술적으로 만들어낼 수는 없다. 약물은 학습장애에 영향을 미치지 못하고, 부모(흔히 부모 스스로도 ADHD가 있음)가 자녀의 장애 아동을 다룰 때 유발되는 모든 문제들을 해결하지는 못한다. 더욱이 만병통치약에 대한 환상은 부모와 전문가들에게 다른 형태의 치료도 받게 해야 한다는 계속되는 요구를 무시할 수 있는 변명거리를 제공해준다.

"모두에게 똑같은 양이 적용된다"고 보는 환상은, 약물치료가 일반적으로 효과가 있지만 각 아동들의 반응이 다양하다는 사실을 무시하고 있다. 특정 아동의 경우 어떤 증상과 문제는 개선되지만 다른 문제들에는 전혀 도움이 안 되기도 한다.

또한 약물치료에 응하는 정도에도 차이가 있다. 부모들은 약물치료에 저항할 수도 있고, 특히 청소년들은 또래 사이에서 낙인찍히는 것을 두려워할 것이다. 의사들도 약물을 과잉

처방할 위험이 있으며, 투약의 효과를 알기 위해 시간이 걸림에도 불구하고 필요한 추적관찰을 행하지 못할 위험이 있다.

평가 없는 약물치료 약물이 ADHD 아동에 사용되는 것에 대한 또 다른 염려 중 하나는 확실한 진단을 위한 평가 없이 소아과 전문의나 정신과 전문의에 의해 약물이 너무 자주 처방된다는 것이다. 이유는 ADHD가 처치가 가능한 장애로 유명하기 때문에 의사들이 모든 아동의 행동문제를 이런 측면에서 바라보고 쉽게 약을 처방하려 한다는 것이다. 그러나 가장 먼저 이 장애가 학교에서의 낮은 수행, 부주의, 통제되지 않은 행동 그리고 학습장애, 불안 또는 부모 문제와 같은 분분한 원인에 대한 부모와 교사의 불평에서 나온 것이라는 사실을 확실히 하는 것이 중요하다. 이런 우려에 대한 반응으로 미국소아과학회(American Academy of Pediatrics, 2000)는 의사가 처방하기 전에 부모로부터 정보를 수집하고, 다른 조건들을 검토하고 교실(우리가 아는 바와 같이 ADHD가 그 자체로 명백하게 드러날 수 있는 상황)에서 아동의 행동을 관찰하는 교사를 직접적으로 조사하는 일을 포함해 ADHD에 대하여 세심하게 평가할 것을 요구하는 일련의 지침을 공표했다.

약물치료와 관련한 특성 ADHD 아동이 구조화된 장면에서 기능할 수 있도록 하기 위하여 약물치료를 받게 하는 기준은 무엇일까. 어떤 연구는 이러한 아동들은 약물이 그들의 문제를 해결할 수 있다는 메시지를 받는 물질남용자가 되어간다고 제안했다. 물론 이 가설을 지지할 만한 충분한 증거는 없다(Barkley, 2003). 그러나 아동이 약물치료를 받는다는 점이 그들의 발달적 결과에 영향을 줄 수 있다. 예를 들면, Treuting과 Hinshaw는 학교에 다니는 동안 좋은 경험과 나쁜 경험을 갖고 있는 소년들을 포함한 일련의 가설적 시나리오를 ADHD 아동들에게 보여주었다. 어떤 이야기 중에는 소년이 약을 받고, 다른 이야기에서는 그의 어머니가 약을 그 소년에게 주는 것을 잊는다. 연구결과는 대체로 아동들이 소년의 우수한 결과물이 소년의 노력이나 능력보다 약물치료 덕분이라고 생각하는 것으로 나타났다. 더욱이 ADHD 아동들은 나쁜 결과물에 대한 원인으로 약물의 부족을 꼽았는데, 심지어 이야기 속의 엄마가 약을 주는 것을 기억하고 있을 때조차도, “그의 약이 떨어졌어” 혹은 “약을 더 많이 복용할 필요가 있어”라고 반응했다. 또한 이야기 속에서 우수한 결과물들의 이유로 약물과 관련된 것을 꼽는 아동들은 유의미하게 높은 우울과 낮은 자아존중감을 보였다. 그래서 ADHD 아동이 그들의 장애와 관련해서 지각된 자기효능감과 내적 통제를 가질 수 있게 해주고, 그 대신 자신의 모든 성공을 약물 때문이라고 생각하지 않게 해주는 것이 중요하다고 보인다. 연구자들은 의사와 부모가 약물치료에 대한 생각을 아동들에게 어떻게 소개할 것인지 신중하게 생각한다고 제안하며 약물이 좋은 행동의 결정인자가 아니라 좋은 행동의 촉진요인의 역할을 하며, 이 역할을 통해 진정한 잠재력이 빛을 발하게 도와준다는 점을 강조한다.

심리사회적 중재

살펴본 바와 같이, 약물치료는 ADHD 아동을 괴롭히는 모든 문제들을 개선시켜 주지는 못한다. 특히 약물치료는 합병 상태, 부모의 정신병리, 학업기술과 사회적 기술, 그리고 또래 인기도에는 영향을 미치지 못하기 때문에 다른 치료 방법이 필요하다. 이들 치료방법들에 관해 간단하게 기술하고자 한다.

행동 관리 조작적 접근법에서는 문제행동들을 감소시키고 적응적 행동을 증가시키기 위해 모델링과 함께 환경적 보상과 처벌이 사용된다. 단기간 동안의 행동적 중재는 그들이 수행하는 장면 내에서 사회적 기술과 학업수행을 향상시킨다. 교실에서의 조작적 접근법은 ADHD 아동의 행동을 유의미하게 개선시킨다는 증거가 있다(Pelham, Jr., Wheeler, & Chronics, 1998). 행동수정의 제일 큰 단점은 향상의 지속성이 부족하다는 것이며, 다른 상황으로 일반화되지 못한다는 것이다.

인지적 행동치료 인지적 행동 중재는 앞에서 언급한 행동수정의 결점들을 제거하기 위해 개발되었다. 학습한 것을 새로운 상황으로 전이하는 것을 증가시키기 위하여, 차근차근 문제를 풀어가는 것처럼 그들이 가는 곳이면 어디에서든 받아들일 수 있는 인지적 전략을 아동들에게 가르치는 것이다. 효과에 대한 초기 연구들은 기대할 만했으나, 후속 결과들은 실망스러웠다(Pelham, Jr., Wheeler, & Chronis, 1998). 그러나 Shapiro, DuPaul 그리고 Bradley-Klug(1998)는 빈약한 결과를 나타내는 중재가 아동에게 인지적 통제만을 가르치는 것과 같이 전적으로 인지적 전략에만 의존하는 경우이며, ADHD 아동의 충동적 반응 스타일은 이러한 인지적 처리과정에 관여하는 능력을 저해한다고 지적했다. 따라서 유관성 관리(contingency management)와 같이, 행동적 기술과 인지적 기술이 혼합된 중재가 더욱 효과적이라는 것을 증명했다.

유관성 관리는 아동이 그들의 행동을 평가하고 적절한 결과에 응용할 수 있도록 돕는 것을 포함한다. 예를 들면, 그들 자신의 행동을 꼼꼼히 관찰하는 아동의 능력을 형성하고 보상하기 위해 Hinshaw(2000)는 "매치게임"을 활용했다. 게임에서 아이들은 주의집중하기 또는 협력하기처럼 배우고 연습해야 할 필요가 있는 개념 또는 그들의 행동 기술을 평가하도록 요구받는다(**그림 7.3** 참조). 성인은 또한 아동들을 평가하고 바람직하거나 바람직하지 않은 행동의 특정 표본을 제시하면서 아동들이 그 점수를 받게 된 이유에 대해 함께 토론한다. 아동은 어른들의 평가에 따라 점수를 받지만 그 점수는 아동의 평가가 어른의 평가에 일치할 때, 즉 매치가 될 때 2배가 된다. 시간이 지나 아동들은 그들을 평가하는 어른들이 요구하는 관찰을 대신한 자기 평가에서 더욱 정확해졌을 뿐 아니라 스스로에 대한 감시가 그 자체로 보상이 되어 외적 강화를 덜 요구하게 된다.

시간이 지남에 따라 아이들의 자기 평가는 감독자인 어른이 요구하는 자기 감시를 통해 점점 더 정확해질 뿐 아니라, 자기 감시가 스스로에게 보상이 되어 외적 강화가 덜 필요하게 되었다.

분노 조절훈련 CD와의 높은 합병 때문에, 인지행동적 훈련은 공격성에 대한 대안적 행동을 제공하기 때문에 ADHD 아동들은 이 훈련의 도움을 받는다(Hinshaw, 2000). (이런 것들은 10장에서 더 자세하게 논의된다.)

사회기술훈련 ADHD 아동들은 종종 대인관계에 어려움이 있기 때문에 더 나은 사회적 기술을 배울 필요가 있다(Hinshaw, 2000). 경험적으로 지지된 한 사회적 기술 중재는 Pfiffner와 McBurnett(1997)에 의해 개발되었는데, 여기에서 ADHD 남아와 여아가 6~9명의 집단으로 구성된다. 각 집단은 (1) 아동들의 사회적 지식, (2) 수행 결함, (3) 언어적 그리고 비언어적인 사회적 신호의 인식, (4) 문제 상황에 대한 적응적 반응, (5) 아동들이 다른 장면에서 새롭게 정립한 기술의 사용을 지지하고 증진시키기 위한 치료에 부모를 보내는 것을 포함한 일반화를 체계적으로 다룰 수 있도록 고안되었다.

매치게임

이름: __________

날짜: __________

행한 일: __________

내 생각엔 당신이 내가 다음과 같이 …라고 말할 것 같아요.

1	2	3	4	5
전혀 잘하지 않았음	조금 잘했음	잘했음	상당히 잘했음	매우 잘했음

그림 7.3 매치게임

출처: S. P. Hinshaw(2000).

부모훈련 부모훈련(parent training)에서는 부모들이 자녀를 다루는 부적응적인 방식을 적응적인 방식으로 대체시켜 주는 데에 목표를 둔다. 부모를 특수한 문제행동에 초점을 맞추도록 훈련하고, 그 문제행동들을 변화시키기 위한 전략을 고안하도록 훈련한다. 행동주의적 부모훈련의 효과는 잘 증명되어 있다(Anastapoulos, 1998; Pelham, Jr., Wheeler, & Chronics, 1998).

학업기술훈련 학업기술훈련은 아동이 지시에 따르고, 체계적이 되도록 하고, 시간을 효율적으로 사용하게 하고, 자신의 일을 검토해보도록 하고, 받아 적고, 그리고 더 일반적으로는 효율적으로 공부할 수 있도록 가르치는 전문화된 개인지도와 집단지도를 포함한다. 또한 합병증인 학습장애의 교정도 필요할 것이다. ADHD 아동에 대한 학업기술훈련 효과에 대한 체계적인 평가는 거의 이루어지지 못했다.

치료효과의 비교

가장 포괄적인 치료효과 연구들 중 하나는 중다치료(Multimodal Treatment; MTA)의 협력 집단(1999)에 의해 수행되었다. 이 집단은 여러 다른 분야에서 유명한 ADHD 연구자들의 컨소시엄으로, 무엇이 ADHD에 작용하는가라는 질문에 보다 분명한 답을 하기 위하여 그들의 자원을 모은 것이다. 이 연구에는 전부 ADHD 혼합형으로 진단받은 7~9.9세의 아동 579명의 표본이 포함되었다. 아동들은 4개의 처치 집단에 무선적으로 할당되었으며 각각 14개월 동안 치료가 지속되었다. 4개의 처치 집단은 (1) 흥분제를 사용한 처치; (2) 아동, 부모, 학교를 포함시킨 강력한 행동치료; (3) 약물과 행동치료의 혼합; (4) 정신건강센터에 의해 제공되는 지역사회 치료 집단이다. 실험설계는 조사자가 아래와 같은 몇 가지 특정 질문에 대답하도록 했다.

약물과 행동치료 중 어떤 것이 더 효과적인가? 결과는 부주의 유형에 대한 부모와 교사의 보고와 과잉행동-충동성 유형에 대한 교사 평가에 의하면 약물치료가 ADHD 증상을 더 유의미하게 개선했음을 강력하게 보여준다(**그림 7.4** 참조).

약물치료와 행동치료의 병합이 효과를 높이는가? 다소 놀랍게도 많은 측면에서 중다치료가 약물치료 하나만 했을 경우보다 더 효과적이지 않았다. 여러 치료의 혼합이 약물치료 하나만 시행했을 때의 효과와 차이를 보여주지 않았다. 그러나 행동치료만을 시행했을 때보다는 효과적이었는데, 부주의 유형에 대한 부모와 교사의 평가, 과잉행동-충동성 유형에 대한 교사의 평가에서 증상이 줄어들었음을 보여주었다. 뿐만 아니라 반항적-공격적 행동, 내면화 증후군, 읽기장애에 대한 부모의 보고에서도 그렇게 나타났다.

3개의 중다치료가 전통적인 지역사회 치료보다 효과적인가? 역시 약물치료가 포함된 혼합 치료가 가장 좋은 결과를 낳았음을 보여주었다. 부모와 교사의 보고에 따르면 약물치료 하나만 받거나 혼합된 치료를 받는 아동이 전통적인 지역사회 치료를 받는 아동에 비해 더 많이 개선되었다. 반면에 행동치료 하나만을 받은 아동은 개선되지 않았다.

결론

이들 자료로부터 얻을 수 있는 가장 간결한 결론은 약물치료가 ADHD의 가장 좋은 치료법이라는 것이다. 그러나 연구자들은 약물치료의 효과가 ADHD 증상의 비교적 좁은 범위에 작용하는데, 우리가 아는 바와 같이 이 장애에는 반항성 행동, 빈약한 사회적 기술, 그리고 내면화 문제가 동반되며, 이는 행동적·인지적 또는 부모의 중재에 의해 비로소 도움 받을 수 있다. 또한 약물치료가 ADHD 아동에 대한 전통적인 지역사회 치료의 전형적인 부분이기 때문에 중다치료 연구에서 나타나는 약물치료의 우월성을 어떤 메커니즘이 설명하는지 불분명하다는 점에 연구자들은 주목한다. 그러나 하나의 제안할 만한 점은 부모와 교사가 매달 정기적으로 필요한 훈련과 지도, 읽기를 제공하는 중다치료 전문가를 만나왔다는 것

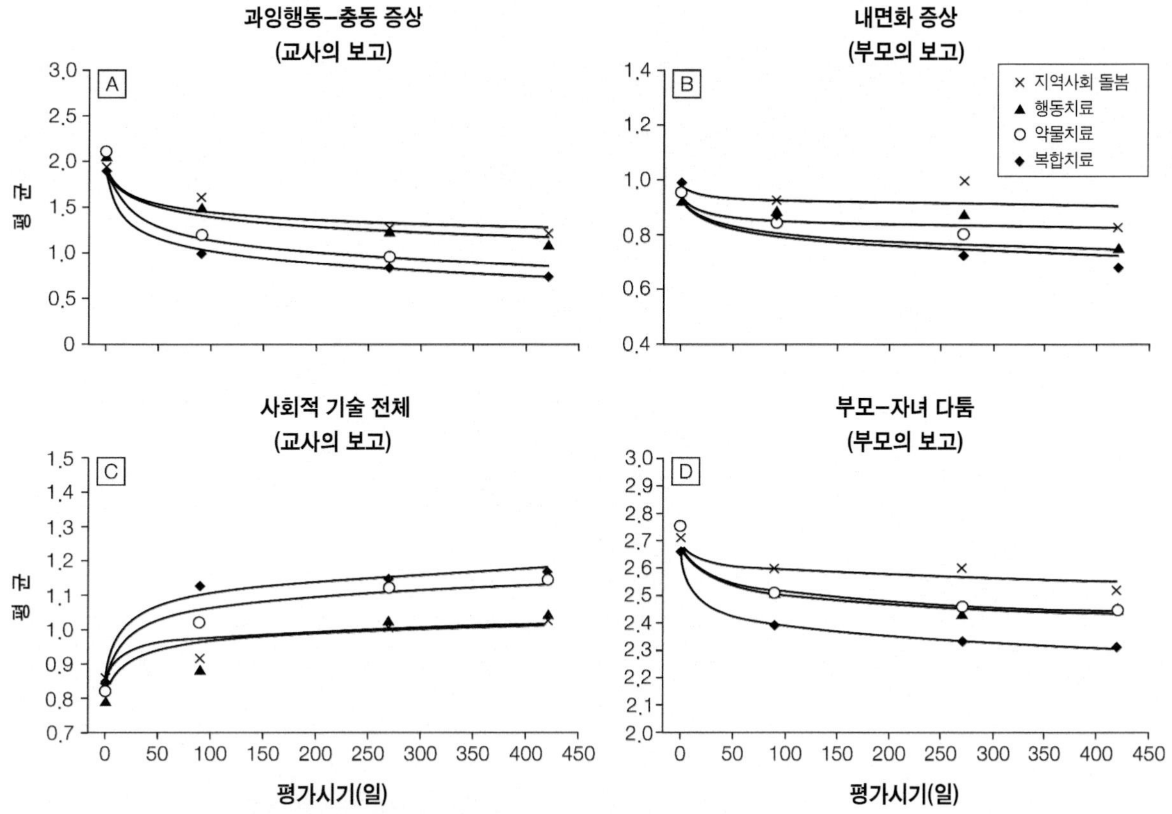

그림 7.4 ADHD 치료의 비교를 위한 MTA 협동 연구결과

출처: MTA Cooperative Group(1999).

이다. 이러한 부차적인 중재는 전형적인 약물치료의 부분이 아니다. 그리고 부모와 교사에게 좋은 정보를 제공하고 치료 전문가와의 협력적 관계를 가질 수 있도록 도우며 궁극적으로는 아동에게 높은 질의 지원을 할 수 있도록 한다. 마지막으로, 연구의 끝부분에서 혼합된 치료 집단의 아동이 약물치료만을 받는 아동에 비해 작은 양의 약물치료를 받았다는 사실은 흥미롭다. 이는 흥분제의 과량 복용으로 인한 부작용을 걱정하는 부모들에게 잠정적으로 좋은 뉴스이다.

2. 학습장애

정의와 진단

학습장애(learning disabilities; LD)에 관심을 돌리게 될 때, 모든 정신병리를 이해하는 데 있어서 기본적으로 던지는 두 가지 질문을 생각해야만 한다. 즉, 그것은 어떻게 정의되어야만 하는가? 또한 그것은 어떻게 조작적으로 정의될 수 있는가?

학습장애의 개념화

LD를 개념화함에 있어서, 중요한 문제들이 초기에 합법적 정의로서 널리 채택되었던 잘못된 점을 탈피하는 것이 중요하다. 1977년의 장애 아동교육법(PL 94-142)에서 LD는 구어와 문자언어를 이해하고 사용하는 데에 관련된 기초 심리 과정에 하나 또는 그 이상의 장애가 있는 것으로 정의되었다. LD는 구두표현, 듣기이해, 읽기, 쓰기, 또는 산술과 같은 학업성취 영역 가운데 하나 또는 그 이상에서 연령과 능력 사이의 심한 불일치로 나타난다. 이 정의에 의하면 LD는 주로 시각, 청각, 또는 운동 장애, 정신지체, 정서적 장애, 문화적 취약성 또는 경제적 취약성, 교육기회의 제한으로 인해 초래된 학습문제를 가진 아동은 포함하지 않는다. 이러한 정의는 현재 특수교육을 관장하는 연방법, 즉 최근인 1997년에 개정된 장애인교육법(Disabilities Education Act, IDEA)에 나와 있다.

이 정의의 핵심적 문제는 "기초 심리 과정"을 정의하지 않고 있다는 점이다. 실제로, 지금에 와서야 이들 과정이 어떤 것인지에 대해 그 일부가 밝혀지고 있다. 다른 많은 장애 아동과 불우한 아동집단들을 제외시키는 것에 대해 두 가지 점에서 비판받는다. 첫째, LD는 정의에서 제외시킨 것과 같은 신체적 장애 또는 정서적 장애 같은 상태와 함께 동시 발생할 수 있다. 둘째, LD를 이들 제외된 조건들로부터 분리해내는 것이 항상 가능하지는 않다(Shaw et al., 1995 참조).

그 이후 미국립학습장애연합위원회(National Joint Committee on Learning Disability, NJCLD)에 의해 내려진 정의와 DSM-IV의 정의는, 비록 문제가 없는 것은 아니지만, 앞에서 지적한 문제점들에 도전하고 있다. 미국립학습장애연합위원회(1988)에서는 LD를 듣기, 말하기, 읽기, 쓰기, 추론 또는 수 능력의 사용에 유의미한 곤란을 나타내는 여러 이질적 장애 집단들이라고 정의하였다. "기저 과정들"에 대한 열거는 삭제하였다. 또한 위원회는 이 장애가 감각적 손상, 정서장애, 문화적 차이 또는 불충분한 교육과 같은 다른 장애 상태와 동시적으로 일어날 수 있지만, LD는 이들 상태의 결과는 아니라고 하였다. 이 장애는 중추신경계의 기능장애에서 기인하는 것이라고 추측되고 있다.

DSM-IV-TR은 학습장애라고 부르는 LD에 대해 일반적 정의를 내리지 않고, 그보다는 읽기장애, 산수장애, 쓰기장애와 같은 세 가지 장애에 관한 진단기준을 열거하고 있다. 세 가지 장애에 관한 기준은 본질적으로 모두 같기 때문에 우리는 읽기장애에 대해서만 기술하고자 한다(**표 7.2** 참조).

DSM-IV-TR의 정의는 NJCLD가 정의한 학업기술의 "습득과 사용에서의 유의미한 곤란"이라는 모호한 기술을, 한편의 객관적인 성취 점수와 IQ, 나이, 그리고 학년 간의 불일치로 대체하였다는 점에서 더 명확하다. 또한 DSM-IV-TR는 아동의 적응 측면에 대한 LD의 영향에 더 큰 관심이 있다. 그럼에도 이 위원회는 DSM-IV-TR보다 더 광범위한 범위의 동시발생적 상태들을 제시하고 있다.

표 7.2 읽기장애의 DSM-IV-TR 기준

A. 읽기성취를 측정하기 위해 개별적으로 실시된 읽기 정확도나 읽기 이해에 관한 표준화된 검사에서의 점수가 개인의 생활연령, 측정된 지능, 나이에 적합한 교육에서 기대되는 정도보다 상당히 낮다.
B. 기준 A의 장애는 읽기 기술이 요구되는 학업성취 또는 일상생활에서의 활동을 현저하게 방해한다.
C. 감각 결함이 있는 경우, 읽기장애가 그 감각 결함과 일반적으로 연관되는 것 이상으로 나타난다.

출처: DSM-IV-TR(미국정신의학협회, 2000).

학습장애 평가와 진단

LD의 평가를 만족스럽게 하는 것은 그것을 개념화하는 것보다 훨씬 힘든 일임이 증명되었다. 문제의 핵심은 학생들이 성취해야 할 수준(능력)과 실제로 학교에서 수행하는 수준(성취)간의 차이를 고려하는 **불일치 모델**(discrepancy model)을 사용하는 것이다. 전형적으로 아동의 성취는 Woodcock-Johnson-III 성취도검사(2001)와 같은 종합 교육 검사로 측정하는 반면에, 아동의 능력은 표준화된 지능검사 점수로 측정된다. 학습장애는 아동의 성취도가 지능검사 점수에 기초한 기대치보다 현저히 떨어졌을 때를 가리킨다. 일반적으로 학습장애 아동은 평균 하에서 우수한 지능 사이의 지능을 나타내는데, 이는 제4장에서 다루었던 정신지체 아동과 학습장애 아동을 확실히 구별해준다.

그러나 기본적 문제는, 학습장애로 분류하기 위한 불일치의 크기가 어느 정도이어야 하는지에 대한 일반적인 합의가 없다는 것이다. 지역 기준이 다르기 때문에, 어떤 주에서 다른 주로 이사함에 따라 아동은 학습장애에서 비학습장애로 바뀔 수 있다. 게다가 성취도와 IQ 검사 점수의 유의미한 불일치에 대해 전문가들의 의견도 다르다.

특히 불일치 모델에 대해 임상가들이 염려하는 다른 문제는, 이 모델에서는 아이들이 진단되기도 전에 학업에 실패할 것을 요구한다는 점이다. 이것은 조기 탐지와 중재를 방해한다. LD 이외의 다른 설명이 맞지 않다는 것을 미처 알기도 전에 아동이 3학년이 되어버리는 경우가 드물지 않다. 예를 들어, LD 이외의 이유로서 "그 아이가 선생님을 좋아하지 않는다." 또는 "여자 아이들은 수학을 잘 하지 못한다."와 같은 설명이 있을 수 있다. LD가 오래 지속될수록 치료 방식에 적응하기가 더 어렵기 때문에 이와 같은 지연은 중요한 의미가 있다(Lyon, Fletcher, & Barnes, 2003).

불일치 모델의 마지막 제한점은, 적어도 읽기의 경우 독특한 장애 아동집단으로서 구분하는 기본 진단기능을 가지지 못한다는 점이다. 예를 들어, 자신의 IQ가 평균이거나 평균 이상인 것에 비해 성취가 낮기 때문에 읽기 학습장애로 분류된 아이들은 "느리게 읽는 아이들"(이들의 읽기성취는 자신의 낮은 IQ와 일치한다)로 분류된 아이들과 다르지 않다는 증거가 얻어졌다. 정보처리과정, 지시에 대한 반응, 유전적 다양성, 그리고 신경심리학적 특징들과 같은 여러 변인들에 의해서도 이들 집단 간의 구분이 잘 되지 않는다(Lyon et al., 2003).

여러 단점과 열띤 논쟁이 있었음에도 LD의 개념은 풍성하고 긍정적인 결과를 낳았다. 학업수행과 관련해서 과거에 "우둔하고", "게으른" 아이들로 간주되곤 했지만, 실은 그렇지 않은 아동집단에 대한 관심을 불러일으켰다. 또한 LD 개념으로 인해 특수 과목을 배우는 데에 관련된 인지기술들, 그러한 인지과정에 대한 가능한 생물학적 근원, 그리고 일반적 적응에 대한 LD의 결과에 관해 연구하도록 자극하였다.

인종, 사회계급, 기회의 결핍

학습장애에 대한 우리의 이해를 복잡하게 만드는 인종 간 차이와 사회계급을 고려하는 데에는 두 가지 방식이 있다. 흥미롭게도 이 두 가지는 서로 반대쪽 극단점을 보이고 있다. 한 쪽 주장은 LD로 식별된 아동들 중 소수 인종 아동들을 실제보다 과소추정한다는 것이고 반면 또 다른 주장은 실제보다 과잉추정한다는 것이다.

과소식별(underidentification) DSM-IV-TR은 학습장애가 경제적 취약, 인종, 민족, 기회 부족, 또는 그밖의 문화적 특성들을 포함하는 다른 요인들로부터 기인한 것은 아니어야 한다고 규정하고 있다. 그러나 이는 진단적 딜레마를 낳는다. 이러한 요인들과 학습장애가 동시에 나타날 수도 있고, 더욱이 이러한 요인들은 학습장애에 영향을 주고 있다. 예를 들어, 경제적으로 궁핍한 환경에서 자란 아동들은 종종 그들이 학교에 들어갔을 때 언어발달이 또래들보다 뒤처지고, 결국 독해와 수학적 기술을 익히는 것을 방해할 것이다. 게다가 학력이 낮거나 본인들 스스로가 읽기에 어려움을 갖고 있는 부모들은 자기 자녀들의 읽고 쓰는 능력을 길러주는 데에 어려움이 있다는 것을 발견할 것이다. 학습장애는 모든 사회계급 아동들 사이에서 발생하는데, 학습장애의 배타적인 기준은 다른 어려움을 중재하도록 돕는 특수 교육을 불우한 아동들에게서 빼앗아버리는 바람직하지 않은 결과를 가져올 수도 있다.

Kavale(1988)이 말한 바와 같이, "문화적으로 불리한 아동들이 학습장애의 정의에서 나타나는 기본적인 특성들을 포함한 행동적 특성을 보여주기 때문에, 문화적으로 불리한 집단이 학습장애 분류에서 배제되어야 하는 이유를 결정하는 것은 어렵다. 그러나 학습장애와 문화적으로 불리한 집단을 각각 분리된 개체로 확인할 수 없다는 사실에도 불구하고, 학습장애 유형의 행동을 보여주는 더 낮은 사회경제적 수준의 아동들은 지체라는 꼬리표가 붙을 가능성이 높으며, 학습장애 진단과 치료를 받을 기회는 거의 갖지 못한다."(p. 205)

과잉식별(overidentification) 스펙트럼의 반대쪽 끝에는 소수 인종과 낮은 사회경제적 지위의 가정 아동들은 특수교육 학급에서 많은 비율을 나타내는데, 이는 식별과 의뢰 과정에서 어떤 편견을 드러내는 것이라고 주장하는 사람들이 있다. 이런 논쟁의 중심에는 표준화된 지능과 성취도검사(미국 백인 중산층에 의해 개발되고 표준화된)가 소수자, 약점을 가진 사람들, 그리고 이민 아동들의 능력을 낮게 평가하는 것은 아닌지에 대한 의문이 있다(Kaminer & Vig, 1995; Valencia & Suzuki, 2000; 16장 참조).

다수 문화 아동과 같은 종류의 문화적 경험을 갖지 않은 아동들뿐 아니라 그들의 언어기술이 제한적이거나 영어를 표준어로 사용하지 않는 아동들에게는 LD를 식별해내는 도구가 불공평하게 작용할 수 있다. 불행하게도, 편견 혹은 불공평한 방식이 적용되는 LD라는 낙인의 범위가 어디까지인지에 관해 정보를 줄 수 있는 연구는 거의 없다. 그러나 논문을 읽을 때 이러한 가능성을 반드시 염두에 두어야 한다.

대안적 모델들

중재에 대한 반응 현재 IDEA를 수정하려는 노력이 있는데 이와 함께 LD 지정을 관할하는 연방법 내에서 언어를 바꿔야 한다는 법안이 미국 상원과 하원의회에 계류 중이다. 식별의 주요 방법으로서 지능-성취 간 불일치에 초점을 맞추기보다는 중재에 대한 반응(Response to Intervention: RTI)이라 불리는 대안적 모델을 홍보하고 있다. 전국적으로 몇 안 되는 학교 시스템에서 사용되고 있는 이 모델은 학업에 어려움을 가진 아동들은 특수교육을 받기 전에 일련의 중재 단계를 거치도록 한다. 먼저, 아동들에게 정규 수업을 이어갈 수 있는 기회가 주어진다. 어려움을 겪는 아동들에게 일반적으로 강력하게 활용되는 두 번째 중재와 각 학생들의 개인적인 필요에 맞춰진 소집단 강의가 제공된다. 그리고 어떤 학교 체계에서는 더 강력한 세 번째 중재가 제공된다. 중재에서 이어지는 각 단계에서의 반응에 실패한 학생들에게만 특수교육으로 대체된다.

이 시스템의 옹호자들은 이 시스템이 부족한 특수 교육적 자원이 이를 진정으로 필요로 하는 아이들에게 축적될 가능성을 높이고, 이 모델에서 제공되는 아동에 대한 지속적인 평가를 통해 아동 능력의 지표에 기초한 정확성과 능력을 더 높일 수 있다고 주장한다. 그러나 연구들은 이러한 시스템이 아동에게 특수교육 서비스가 제공되기 전에 여러 수준에서 아동이 실패할 것을 요구한다고 주장한다. 심지어 RTI가 아동 개인의 학교 학습에 개입하는 인지과정을 알아내기 위해 수행하는 평가방법을 구체적으로 명시하지 못하고 있다고 지적되고 있다(Bailey, 2003).

경험적으로 파생된 읽기장애 학습장애 분야의 다른 전문가들은 DSM의 기준과 LD 범주에 대한 연방정부의 정의가 경험적 연구를 근간으로 하는 분류체계와 다른 점에 의문을 던진다. **표 7.3**은 경험적 연구로부터 나온 학습장애의 목록이다. 이것은 단어재인, 이해력 또는 유창성이 관련된 세 개의 분리된 읽기장애를 포함한다. 그리고 두 개의 수 장애는 단어재인의 문제가 있거나 없는 것에 달려 있는데, 하나는 쓰기표현에 대한 장애로 철자, 손으로 쓰기, 또는 생각의 표현에 대한 어려움을 포함하고 있다.

읽기장애

최근 연구경향은 LD를 구성하고 있는 이질적 집단을 연구하기보다 특수 학습장애를 연구하는 것이다. 이러한 접근은 병인론적 변인들을 밝혀내는 데에 성과가 있는 것으로 증명되고 있고, 읽기장애의 경우에 LD 자체의 성질을 재고하게 한다. 우리는 읽기장애(reading disorder, RD)에 관심을 집중하고자 한다. 왜냐하면 읽기장애는 여러 학습장애 중에서 가장 흔하며, 이에 대한 연구결과가 특히 중요하고 분명하기 때문이다.

표 7.3 경험적 연구에 의해 지지되는 학습장애의 하위 유형

읽기장애: 단어 재인
읽기장애: 이해
읽기장애: 유창성
수 장애
수 장애–읽기장애
쓰기표현장애: 손으로 쓰기, 철자와/또는 생각의 표현

출처: Lyons 등(2003)에서 인용함.

정의와 특징

정의 RD에 대한 대부분의 정의는 불일치 모델을 이용한다. 읽기의 경우에 있어서 읽기의 정확성과 속도 또는 이해력과 생활연령, 측정된 지능 사이에 상당한 불일치가 있음을 의미한다(우리의 설명은 다른 언급이 없는 한, Lyon, Fletcher, Barnes, 2003에 따른다).

RD 아동은 평균보다 낮은 지능을 갖고 그러한 낮은 지능 수준에 맞는 읽기를 하는 아동과는 다르다고 가정되었다. 후자의 집단을 때로 "평범한 읽기장애(garden variety reading disabled)"라고 부르기도 하는데, 이를 GRD로 표현하고자 한다.

RD는 또 다른 이유에서 GRD와 다른 것으로 생각된다. 오래 전의 자료에서 읽기의 수행은 정상 분포가 아니라, 낮은 쪽의 끝이 "볼록한" 분포를 하는 것으로 나타났다. 낮은 쪽 끝이 둥그런 이유는 특수한 종류의 읽기 문제가 있는 특수한 아동집단이 추가된 것에서 기인한다고 해석되었으며, 더 나아가 RD 아동들은 GRD 아동과 질적으로 다르다고 가정되었다.

최근 연구들에 의해 지금까지 살펴보았던 불일치 모델의 타당성은 의심을 받게 되었다. 예를 들어, RD와 GRD는 단어 재인 기술과 지식, 그리고 읽기 유창성과 관련된 어휘와 기억 등의 아홉 가지 인지 변인들과 교사의 행동 평정에 차이가 없다고 보고되고 있다. 더욱이 후속 연구에서 취학 아동집단을 연구했을 때, 읽기 곡선의 낮은 쪽 끝에서 "볼록한" 형태가 발견되지 않았다. 따라서 두 집단은 질적으로 다른 집단이 아니라 읽기에서의 수행이 학생 모집단에 걸쳐 연속적으로 분포됨을 보여주었다. 실제적 수준에서 볼 때, 이 사실은 RD 집단을 천천히 읽는 아동(slow reader)과 구분해줄 절단점을 설정하려는 노력이 무모한 것임을 의미한다.

읽기장애에서 경험적으로 파생된 유형 연구결과, 읽기장애에는 뚜렷하게 구분되는 두 개의 유형이 있다고 제안되었다. 비록 그 둘은 DSM-IV-TR에서는 합쳐지지만, 하나는 단어재인

글상자 7.4 학습장애의 사례 연구

로체스터 대학의 농구선수인 Todd Rosseau는 그의 정치학 교과서를 펼칠 때, 첫째 줄이 이렇게 이야기하는 것처럼 보였다. "우리는 실증이 스스로 명증되기를 바란다(We hop thes truths to be sefl eivdent)."

그러나 Rosseau는 읽지 못하는 또 다른 운동선수 "jock"이 아니다. Rosseau는 사실 매우 똑똑하다. 그러나 영재와 장애 아동을 식별해내지 못하는 읽기장애 때문에 고통 받고 있다.

"커가면서 내가 바보라고 생각하곤 했어요." 대학 4학년인 그는 "오랫동안 그렇게 생각했어요. 나는 내가 다른 사람과 다르다는 것을 알지 못했어요. 다만 왜 내 여동생은 나보다 훨씬 똑똑할까 의아했죠. 그것이 늘 너무나 혼란스러웠어요."

무언가 잘못되었다는 첫 번째 암시는 유치원의 놀이 그룹에서 나왔다. "이것이 제 유치원 생활기록부예요"라고 회상하는 그는 "선생님이 '블록에는 우수하지만 다른 방면에는 그렇지 않음'이라고 썼어요." 4학년 무렵, Rosseau는 언어기술에 관한 특수교육을 받기 위해 일주일에 여러 차례 학급을 떠나게 되었다. 그래도 도움이 되지 않아서 그는 학습장애를 위한 검사를 받기 위해 보스턴에 있는 매사추세츠 종합병원에 갔다. "검사 결과, 제가 우수한 지능을 가졌다고 나왔어요. 그렇지만 심각한 난독증이었어요." 그는 말했다. "다른 사람들이 글을 읽을 때 무엇을 보는지 알았어요. 그렇지만 왜 그런지 제 마음속에 그것을 옮길 때 틀리게 보였어요. 그렇다고 항상 그런 건 아니에요. 같은 문장을 두 번째 보면 완벽하게 읽을 수 있었어요."

Rosseau는 매사추세츠 링컨시의 읽기장애 아동을 위한 특수교육 시설이 있는 캐롤 스쿨에서 7학년과 8학년을 다녔다. 그는 매사추세츠 캠브리지의 사립학교로 갔는데, 그곳은 하버드 입학을 위한 준비학교로 읽기 문제를 가진 청소년에게 폭넓은 지원이 이뤄졌다. 로체스터 대학은 특수한 도움이 필요한 학생에게 특수한 지원이 많이 이뤄지고 있을 뿐 아니라 뛰어난 농구 프로그램이 있다는 점에서 좋은 대학 선택이었다. "학교는 결코 제게 다른 사람들만큼 쉽지 않았어요. 아무런 성과 없이 진짜 힘든 시간을 보낼 때가 많았어요. '노력해도 소용없어. 난 난독증이야'라고 말하기는 쉬울지 몰라요. 하지만 농구가 도움을 주었어요." 그는 말했다. "농구는 수업 이외에 제가 뭔가를 할 수 있게 해주었어요." 농구에 대한 Rosseau의 재능은 그의 자아탄력성 자원 중 하나다. 그러나 무엇보다 읽기장애의 어려움을 극복하는 힘은 그의 끈기이다. "지금 방법을 배우고 있고 점점 더 잘해요. 사실 지금은 심지어 재미를 위해 책을 읽어요. 물론 고등학교 때는 그렇게 하지 못했지만"

출처: Meyer(1989)에서 인용함.

의 문제를 포함하고(보통 난독증 개념은 **글상자 7.4** 참조), 다른 하나는 읽기 이해를 포함한다. 대부분의 연구들은 읽기장애의 첫 번째 유형에 관한 것으로 후자에 관한 연구는 비교적 드물다.

유병률 RD는 학령기 전체 인구의 대략 10~15% 정도 된다. 또한 RD는 학습장애의 가장 일반적인 형태로 특수교육을 받는 아동의 80% 이상이 여기에 해당된다. 학교에서는 소녀보다 소년들에게서 더 많이 확인되는 경향이 있으나 역학적 연구 및 종단적 연구에서는 성차가 보이지 않았다. 소년들은 외현화된 합병문제를 나타내는 경향이 있으며, 이 때문에 소년들이 소녀들보다 더 높은 비율로 임상에 의뢰되기 때문이다(Lyon et al., 2003).

LD 유병률에 사회적 계층 차이나 인종적 차이가 있는가에 관한 주제는, 불행하게도 거의 주목을 받지 않았다. 낮은 수입과 소수집단의 아동들은 불균형적으로 특수교육학급에 할당되는데, 이것이 학습장애의 높은 유병률이 정말 높기 때문인지 아니면 장애의 확인이나 임상 의뢰에 있어서 편견이 반영된 차이 때문인지는 확실하지 않다(Sattler, 2002).

합병과 변별진단

RD와 기타 학습장애들 어떤 아동들은 오직 읽기의 영역에서만 어려움을 갖는 반면, 어떤 아동들은 구두 언어, 쓰기표현, 그리고 수에 곤란을 수반하는 다중적 학습장애를 나타낸다. 더욱 전반적 학습문제를 가진 아동은 다른 병인을 가진 다른 하위 유형으로 구성된다(Lyons et al., 2003).

RD와 ADHD RD 아동의 20~25%는 ADHD이기도 하다(Beitchman & Young, 1997). 이와 같은 중복의 이유는 알려져 있지 않으나, 두 상태 사이에 공통된 유전적 변인이 있다는 증거가 있다. 불안정과 함께 주의의 문제는 읽기 학습을 방해한다고 주장할 수 있다. 이와 동등하게 지속적인 학업실패가 교실에서의 불안정과 부주의로 연결된다는 주장도 그럴듯하다.

RD와 행동문제들 세 종단연구에서 RD와 행동문제들 간의 관계에 해결 가능성을 보여주었다. 즉, Sanson, Prior와 Smart(1996)의 연구는 영아기에서 아동기 중기까지 진행되었으며, Smart, Sanson과 Prior(1996)의 아동기 중기에 대한 연구와 Maughan과 동료들이 수행한 청소년기에서 초기 청년기까지의 연구가 있다.

대체로, 이 연구들의 결과에서 RD와 행동문제 간의 직접적 인과관계는 별로 밝혀지지 않았다. 예를 들어, 아동기 중기에서 RD가 일반적 행동문제의 선행자이거나 특히 청소년기와 성인기의 외현화 문제의 선행자라는 증거는 얻을 수 없었다. 이에 덧붙여 RD를 가진 청소년들이 성인이 되었을 때 알코올 문제, 반사회적 성격장애 또는 범죄의 비율이 높은 것은 아니었다. 반면에 십대의 비행은 높은 경향이 있었는데, 이는 RD 자체보다는 학교 출석률이 낮은 것(추론컨대, 이로 인해 비행행동을 할 수 있는 기회가 증가할 것이다)에서 기인하였다. 따라서 RD와 행동문제 간에 존재하는 모든 관계는 ADHD의 합병상태에서 기인한다.

인과관계의 방향을 뒤집어서, 우리는 행동문제와 ADHD가 RD의 선행자인지 물을 수 있다. 종단연구에 의하면 이러한 인과관계가 가능하다고 하였다. 예를 들어, 영아기에서 학령전기 동안의 행동문제가 아동기 중기에 RD의 가능성과 행동문제를 증가시킨다는 증거가 있다. 더욱이 일반적인 행동문제들은 아동기 중기 동안의 RD의 선행자가 아니지만, 과잉행동은 특히 선행자로 작용한다.

또한 발달적 자료에서 중대한 성차가 있음을 보여주었다. 남아들은 여아들과는 다른 발달과정을 거치며, 앞에서 살펴본 것처럼 RD의 선행자가 될 수 있는 과잉행동과 같은 외현화 문제를 보인다. 그러나 여아들은 일반적으로 행동문제없이, 특히 과잉행동 없이 RD가 진행된다.

최근의 연구들은 RD와 행동문제의 관계가 ADHD와 같은 제3의 변인에서 기인한 것인지 아닌지를 검토해왔다. 실제로 Willcutt와 Pennington(2000)은 RD와 ADHD의 합병이 외현화된 행동과 읽기 문제 사이의 관련성을 설명해준다는 것을 발견했다. 일단 ADHD의 영향을 제외시키면, RD와 나쁜 행동 간의 관련성은 더 이상 유의미하지 않다.

RD와 사회적 기술 결함 학습장애와 사회적 기술 결함 사이의 관계는 경험적으로 잘 나타났다. 지난 15년간의 152개 연구에 대한 메타 연구에서 Kavale와 Forness(1996)는 LD 학생의 75%가 통제집단과 비교해 상당히 많은 사회적 기술 결함을 보였음을 발견했다. 이 연구결과는 확고하며 여러 평가자들(교사, 또래 친구, 그리고 학생자신들)에 걸쳐 일관되고, 사회적 기술의 주요요소에 걸쳐서 나타난다.

또래 친구의 평가에서 보면 LD 아동은 덜 인기 있고 덜 협조적이라고 평가되며 친구로서 덜 선택되고 비LD 또래 집단에 비해 따돌림을 많이 당한다. 또한 이러한 부정적인 평가는 이어서 의사소통의 유능감 부족과 감정이입 행동의 부족 때문이었다. LD 학생들 자신도 그들의 또래 집단과 마찬가지로 의사소통의 유능감 부족에 의해 부정적인 영향을 받는 그들의 사회적 기능뿐만 아니라 사회적 문제해결기술의 결함이 있다고 스스로 지각했다. 그들의 이러한 지각의 기저에는 두 가지의 우세한 태도들이 있다. 첫 번째는 빈약한 자기개념과 자신감 부족에서 기인한 일반적인 열등감이다. 두 번째는 외적 통제소재로서, 성공과 실패를 그들 스스로의 노력이 아니라 행운이나 기회에서 기인한 것으로 보기 때문이다.

RD와 내면화된 문제 RD 아동들은 낮은 자존감, 사회적 고립, 불안, 우울, 학교에서 그들의 좌절과 실패에 직접적으로 영향을 줄 수 있는 많은 것들을 포함한 내면화된 문제의 발달에 취약하다. 내면화된 문제들은 특히 RD 여아들에게 위험하다(Willcutt & Pennington, 2000).

영향의 방향 행동적·정서적 문제들이 학습장애와 함께 일어나는가? 아니면 그것들과 우연하게 관련되는가? 연구결과에 근거하면 영향의 방향은 학습문제가 사회정서적 문제를 일으킨다는 것이다. 예를 들면, 대규모 임상 실험에서 일학년의 읽기와 수학의 어려움에 대한 중재가 학령 중기의 행동적·정서적 문제를 좀 더 낮춘다는 것을 보여주었다(Kellam et al., 1994). 요약해보면, 학교에서 실패한 아동은 그들 스스로에 대해 나쁘게 느끼거나 나쁘게 행동하려 한다. 그러나 학업적 문제들을 치료하면 이런 위험을 완화시킬 수 있다.

병인론: 생물학적 맥락

유전적 영향들

읽기의 성취에는 강력한 유전적 요소가 있다. 이 연구에 관한 Grigorenko의 개관연구에서는 RD 아동의 부모 중 25~60%가 읽기에 어려움을 가지고 있으며, 이것은 어머니보다 아버지의 경우에 더욱 그러하다. 더욱이 쌍둥이 연구에서 일란성 쌍둥이의 일치율(80%)이

이란성 쌍둥이의 일치율(50%)보다 높음을 보여준다. 좀 더 복잡한 통계적 분석에서 읽기 성취에서의 변량의 50~60%가 유전적 요인에 기인함을 드러낸다. 유전적 연구에서의 진보는 연구자로 하여금 기능장애 분야에서 염색체의 정확한 위치를 찾아낼 수 있도록 해주었다. 최근 가장 좋은 증거는 염색체 6번과 관련이 있음을 강하게 시사하는데, 같은 연구결과가 몇 개의 다른 실험실에서도 똑같이 얻어졌다.

신경심리학

뇌를 관찰할 수 있는 기술이 발달함에 따라 학습장애에 대한 신경심리학적 이해도 진보했다.

예를 들면, 뇌 속 자기장의 활동을 측정하는 기술을 사용한 연구들은 RD 아동과 비RD 아동의 활성화 패턴에서 일관된 차이를 발견해왔다. 예를 들면, Simos와 동료들(2000)은 아동이 단어를 듣고 과제를 완성하거나 진짜 단어와 또한 무의미한 음절을 재인하기 위해 대답하게 하는 동안 뇌의 활동을 관찰했다. RD와 비RD 아동의 두 집단은 단어를 들을 때 기대한 바대로 좌반구에서 먼저 활성화가 일어나는 것을 보여주었다. 그러나 단어재인 과제에서 뇌 활성화 패턴은 두 집단에서 눈에 띄게 달랐다. 정상적으로 발달하는 아동은 후두엽의 활성화를 보여주었는데, 후두엽은 시각적 재인을 주로 하는 곳으로 두정엽의 각회, 베르니케 영역, 상측두회를 포함하는 좌측 측두엽의 활성화에 의해 일어난다. 그러나 RD 아동에서 우반구의 측두엽도 활성화되었다. 이와 같이 반구편재화(lateralization)의 차이나는 패턴은 양전자방출 단층촬영이나 기능 MRI를 포함한 기타 뇌 이미지 촬영 방법을 근간으로 한 연구결과에서도 일관된다.

병인론: 개인 맥락

정상적인 읽기 발달

RD의 병인론을 논의하기 전에 아동들이 읽는 법을 배워가는 정상발달과정을 제시하는 것이 매우 중요하다. 읽기는 보고 듣는 것에서부터 추상화와 개념화라는 고등정신과정까지의 심리학적 과정 전 영역을 포함하는 매우 복잡한 기술이다. 이에 대한 논의를 위해 읽기 학습의 초기 단계에 초점을 두고자 하는데, 이 초기 단계들이 RD의 병인론에 대한 우리의 관심과 가장 밀접한 관계가 있기 때문이다(더 포괄적 기술은 Lyon, Fletcher, Barnes, 2003 참조).

한 가상적 상황을 생각해보자. 한 친구가 아라비아어를 읽을 줄 모르는 당신에게 아라비아어 문장을 보여주고 아라비아어로 "Dah-oo-dah"로 발음되는 David라는 이름을 찾도록 요구한다고 하자(**그림 7.5** 참조). 선의 우아한 소용돌이, 단호한 필체, 점들, 장식적 서체를 마주하게 될 때 당신은 어떻게 하려고 하겠는가? 한 가지 방법은 아랍어가 영어와 같이 음성 알파벳을 사용할 것이라고 가정하는 것이다. 낱말의 소리를 세분화하고 "dah"라는 같은 소리로 시작하고 끝나는 점에 주목할 것이다. 다음에는 쓰여진 아라비아어가 구어 소리들

لما كنا في كندا قابلنا داوود في شلالات نياغرا.

그림 7.5 데이비드라는 이름을 찾아보라.

의 일대일 기초를 반영한다고 가정할 것이다. 결국 당신은 동일한 고불고불한 글자로 시작하고 끝나며, 그 사이에 다른 고불고불한 글자가 있는 시각적 패턴을 찾을 것이다. 이러한 가정의 어떤 부분 혹은 모두가 잘못되었을 수 있음에도 불구하고, 당신은 모국어를 이해하는 데에 도움을 주는 추론과정을 사용하게 된다. 당신이 행하고 있는 것은 알고 있는 구어 단어로부터 모르는 언어로 쓰여진 표현으로 진행하는 것이며, 후자의 "부호를 파괴하려고" 하는 것이다(Dah-oo-dah는 맨 오른쪽에 있는 글자이다).

많은 심리학자들은 **부호 분해하기**(breaking the code)를 읽기 학습의 본질적인 첫 단계로 간주한다. 특히 학령전기 아동들은 글자의 무의미한 시각 패턴과 단어와 문장의 유의미한 청각 패턴 간의 관계를 발견하지 않으면 안 된다.

글자를 부호로 분해하기 어렵게 하는 주된 문제는 구어 단어가 전체 단위들로 직접 지각되어버린다는 점 때문이다. 예를 들어, "cat"라는 단어가 말하여질 때 전체로 등록된다. "cat"가 실제로 세 개의 분리된 소리, 즉 **음소**(phonemes)로 만들어진다는 사실이 아동에게 인식되지 않는다. 그러나 쓰여진 언어는 다르다. 쓰여진 단어들은 전체로 등록되지 않는다. 개별 단어가 단위들, 즉 글자들로 구성되어 있음을 이해하는 것과 다른 글자가 다른 음절을 나타낸다는 것을 이해하는 것은 읽기의 학습에 결정적이다. 언어의 소리구조를 인식하고 이것에 접속하는 것, 즉 **음운인식**(phonological awareness)이라고 불리는 것은 간단히 말해 단어가 분리된 소리, 즉 음소로 구성되어 있음을 인식하는 것을 말한다.

단어 속의 개별 음소의 확인을 **음운 분석**이라고 부르고, 인식될 수 있는 단어를 산출하기 위해 분리된 말소리들의 연쇄를 조합하는 것은 **음운 합성**(phonological synthesis)이라고 한다. 음운 분석의 한 측정 방법은 아동에게 둘에서 다섯까지의 음소가 섞인 단어들을 제시해주고, 음소 분절의 수만큼 두드리도록 요구한다. 합성 기술의 한 측정 방법은 1/2초 간격으로 개별 음소로 구성한 단어 섞기 과제인데, 단어를 전체로 발음하도록 요구한다.

음운 인식에는 발달적 경향이 있다. 4세에는 소수의 아동이 음소에 따라 단어를 나눌 수 있고, 반 정도가 음절(syllable)에 의해 나눌 수 있다. 6세가 되면 90%가 음절에 따라 나눌 수 있고, 70%는 음소에 따라 나눌 수 있다. 7세가 되면 80%가 음절을 구성요소인 음소로 나눈다. 그러나 15~20%는 여전히 단어와 음절을 음소로 나누기 위한 근원적인 능력인 알파벳 원리를 이해하는 데에 어려움이 있다. 이 백분율은 읽기 학습에 어려움을 보이는 아동의 백분율과 거의 똑같다.

음운처리와 RD

음운처리(Phonological Processing)의 결함은 읽기 학습을 방해하는 주범이다(Lyons et al., 2003). RD 아동의 80~90%가 음운처리에 결함이 있으며, 성비는 전체 모집단에서의 성비와 다르지 않다. 예를 들어, 연구들은 RD 아동들이 음소 나누기, 단기기억 안에 음운 부호 저장하기, 음소의 범주화, 어떤 말소리의 산출에 대해 어려움이 있음을 보여준다. 더욱이 연구는 이 요소들 간의 관계가 인과적이라는 것을 보여주고 있다. 즉, 이들 결함이 읽기 학습의 어려움에 선행한다고 증명되었다.

연구결과들과 관련해서 두 가지 주의할 점이 있다. 첫째, 모든 연구들은 하나의 단어들을 사용했거나 읽기 측정치로서 단어 재인을 사용했다. 그리고 지시에 대한 이해나 반응과 같은 읽기장애에 대한 다른 측정치들에서 차이점이 존재하는지가 아직도 밝혀져야 할 문제이다. 둘째, 우리는 보편적인 결과보다 증거의 중요성을 다루고자 한다. 왜냐하면 대안적인 병인론적 가설들과 모순되는 자료도 어느 정도 있지만, 이것을 지지하는 자료도 어느 정도 있기 때문이다.

RD의 근원을 해호화(decode) 능력과 단일 단어를 읽는 능력이라고 보았는데, 이는 RD가 읽기 이해의 결함을 나타낸다는 생각과 반대된다. 하지만 이해 그 자체는 단일 단어를 빠르고 자동적으로 해호화하는 능력에 의존한다. 만약 단어들이 빠르고 정확하게 처리되지 못한다면 자신들이 읽은 것을 이해하는 아동의 능력은 이에 따라 방해받을 것이다.

정서발달과 학교 성취

우리가 학교에서의 성취에 필요한 기술과 자질을 생각할 때 인지적 요소에 초점을 맞추려 하기 때문에 학습과정에 있는 아동은 당연히 정서적으로 관여하게 된다. 과제가 어려울 때 아동은 그러한 도전에 자극받아 극복하려는 노력을 할 것인가? 아니면 실패 때문에 창피함을 느껴 쉽게 단념하게 되는가? 모든 아동에게, 심지어 어른에게조차도 새로운 과제에 능숙해지려고 애쓰면서 우리가 "멍청이"라고 느낄 때, 학습은 어느 정도의 자아탄력성을 요구한다. 학습장애를 가진 아동에게는 자존감과 동기에 대한 도전이 증폭된다. 즉, 그들은 자신보다 우월한 또래들을 보기도 하고 또래들의 괴롭힘으로 인해 상처 받거나 특수교육 교실에서의 낙인으로 인해 괴로워하기도 한다. 어떤 LD 아동들은 이런 부정적인 경험들 때문에 학습과정을 완전히 포기하게 되기도 한다(**글상자 7.5** 참조).

학교와 학습과정에 대한 아동들의 태도에 대한 또 다른 중요한 원인은 교사에 의해 만들어진다. 1학년 또는 그 나이의 아동들은 그들과 친구들에 대해 교사가 행동하는 방식을 살펴보고 스스로를 우등생인가, 열등생인가에 따라 차별하는 것을 배운다(**그림 7.6** 참조). 교사의 차별적 대우(Weinstein, 2002)에 따라 앞으로의 아동의 자기 이미지와 어떤 또래 집단과 놀고 공부해야 하는지에 대한 그들의 선택, 그리고 그들을 가르치는 교사의 시도를 수용하고 반응하는 방법에 영향을 준다. 심지어 배우기를 포기하여 학교를 싫어하고 마치 선생님이 자기들을 괴롭히는 것처럼 반응하는 아동은, 교류적 모델 안에서 그들의 선생님으

글상자 7.5 낙제의 이해에 대한 피아제학파의 접근법

Philip Cowan(1978)은 발달정신병리 분야의 선구적인 그의 책 『감정을 가진 피아제(Piaget with Feeling)』에서 낙제 아동을 대하는 교사에게 자문을 해주었던 경험을 묘사하고 있다. 피아제학파 학자로서 문제가 놓여 있는 지점에서 그들의 관점을 알아내기 위해 아동을 면담하는 것으로 시작했다. 그는 아이들이 그들의 학습과정에 관여하지 않으려는 의식적인 결정을 했었고, 또 그렇게 하려는 자신의 동기를 매우 잘 의식하고 있다고 분명하게 말할 수 있다는 것을 발견했다.

어떤 아동은 부모 그리고 교사와의 힘겨루기에서 이기기를 원했다. 그들은 무언가를 배울 것인지 아닌지를 스스로 결정하려 했다.

어떤 아이는 학습을 회피했는데, 왜냐하면 그들이 무엇처럼 되어야 한다는 어른들의 기대를 거부하고 싶어 했거나 또는 학교 공부를 잘했다면 "따분한 놈" 또는 "선생님의 애완동물"이라고 반 친구들에 의해 놀림당하지 않기 위해서였다.

Cowan이 '피터팬' 신드롬을 가진 것으로 묘사하는 아이들은 늘어나는 학습과 함께 책임 및 다른 사람들의 기대가 늘어나는데, 이러한 원치 않는 요구를 피할 수 있는 최선의 방법은 수행에 실패하거나 시험에서 일부러 잘못된 대답을 하는 것이다.

낙제 경험을 피하고 싶어 하는 또 다른 집단은 노력했음에도 불구하고 점수를 잘 받지 못한다면, 그들 스스로에게 나쁜 감정을 갖게 되는 것이 두려워 성공하기 위해 노력하는 위험을 원치 않는다. 그들이 노력하지 않는 한, 그들의 실패는 "너무 냉정해서 개의치 않는" 것으로 그려질 수 있기 때문이다.

로 하여금 최선을 다해 가르치도록 격려하지 않는다.

유급은 낮은 학업수행의 또 다른 결과인데, 아동의 사회정서적 기능에 중대한 영향을 미친다. 예를 들면, 퀘벡의 유치원에서 12세까지의 아동 표본의 종단적 연구에서 Pagani와 동료들(2001)은 유급 이후 아동의 학업적 수행이 더 나빠졌으며 불안, 부주의, 파괴적 행동들이 지속되거나 심지어 증가했다는 것을 발견했다. 유급의 부정적인 영향은 성적과 외현화된 행동에서 남아가 여아에 비해 더 취약하지만 장, 단기의 부정적인 영향은 양쪽 모두에서 크다. 실제로 Stipek(2001)은 "아동의 사기와 의욕을 꺾는"(p. 228) 비지지적인 학교

그림 7.6 교사의 처치법 차이

출처: DOWNSTOWN(Tim Downs, 2000). Reprinted with permission of UNIVERSAL PRESS SYNDICATE. All rights reserved.

환경의 부정적인 영향이 자기와 타인에 대하여 부정적인 행동을 낳는다고 지적했다.

LD에 대한 재고

RD와 관련된 연구결과들을 일부 개관해보고자 한다.

1. RD 아동들은 읽기에 있어서 질적으로 뚜렷하게 다른 집단이 아니다. 읽기 수행은 RD 아동들과 낮은 쪽에 있는 GRD 아동들에게 정상적 분포를 한다. 더욱이 RD 아동들과 GRD 아동들은 수많은 인지적 차원에 있어서 다르지 않다.
2. 적절한 이해와 더불어 정확한, 유창한 읽기는 신속하고 자동적인 재인과 인쇄된 글자의 해독, 즉 간단히 말해서 음운처리에 의존한다. RD는 이러한 처리의 특수한 결함에 기초한다.
3. 음운 결함은 아동들의 일반적 지능 수준과 무관하게, 즉 아동들이 정상 지능이든, RD로 명명되었든, 또는 지능이 정상보다 낮고 GRD라고 분류되었든 간에 관계없이 읽기 학습의 정상적 과정을 방해한다.

악마를 감추고 있는 것은 바로 이 세 번째 문제이다. 만약 IQ 수준에 관계없이 읽는 방법을 학습하는 데에 핵심적인 어려움이 존재한다면, 성취와 능력 간의 불일치로 보는 LD의 개념에 무슨 일이 일어날까? 읽기에 관한 장애는 적어도 지적 수준과 거의 무관하며, 음운 결함과 관련된 모든 것과 관련이 있다. 간단히 말해서, 불일치 모델은 타당하지 않다. 적어도 LD의 개념화는 불일치 모델이 보편적으로 적용되지 않는다는 사실을 인식하도록 확장되어야만 한다. 아마도 LD 아동에게는 일반적 능력과는 무관하게 학업 진전을 방해하는 핵심 결함이 있을 것이다.

발달경로

잘 설계된 많은 종단연구들은 아동기부터 성인기까지의 RD의 연속성을 증명했다(우리의 기술은 Maughan, 1995를 따른다.) 그러나 읽기의 모든 측면이 똑같이 영향 받지는 않는다. 예를 들면, 이해력은 성인기까지 지속적으로 향상되며 반면에 음운처리(말하자면 단어의 소리 구조에 대한 이해)는 변화하기가 매우 어렵다.

RD의 발달과정에는 많은 요소들이 작용한다. 기대한 바와 같이, RD의 초기 심각성 정도와 일반적인 지능이 이후 과정의 강력한 예언자이다. 그러나 요인들의 맥락이 또한 중요한 역할을 한다. 학교에서 특별한 주목을 받고 집에서 지지를 받으며, 사회적으로 유리한 아동은 비록 특정 수준의 능력을 달성하는 데에 시간이 오래 걸리고 집중적인 읽기 과정을 피하려는 경향을 가지더라도, 훌륭한 진전을 이룰 수 있다. 그러나 학교 시스템은 공평하지 않고 LD 평가를 위해 기다리는 시간의 길이, 특수 교육을 위한 자원 등에 대하여 부유한 지역과 빈곤한 지역 학교 사이에 중대한 차별들이 존재한다. 결론적으로 불리한 RD 아동을 묘사하는 그림은 공식적인 학교 교육에 대해 부정적인 태도를 갖는 조기 중퇴자로 특징 지워지는 절망적인 것이다. 예를 들면, 한 연구에서 읽기장애자의 40%가 20대에도 학업적 또는 직업적 자격이 없는 채로 남아 있다는 것을 보여주었다. 이어서 교육적인 성취는 직업적 수입에 대해 아주 강력한 예언요인이 된다. 그래서 불리한 RD 아동이 실업을 더 많이 경험하고 덜 숙련되거나 숙련되지 않은 일을 하기 쉬우며 직업적 포부가 낮다는 것은 놀랄 만한 일이 아니다(Maughan, 1995 참조).

성인기의 자아 개념에 관해서 보면, 아동기의 읽기 문제는 읽고 쓰는 능력의 특정 영역에만 부정적인 영향을 미치는 데에 반해, 성인은 그들의 문제 때문에 스스로를 비난하는 경향이 있다. 그러나 이런 성인의 전체 자존감 수준은 읽고 쓰는 능력이 좀 더 나은 동년배 집단과 거의 같다. 일반적인 심리적 안녕에 관하여 보면 초기 성인기에 있는 성인들의 기능은 이전에 그들의 행동을 특징지었던 문제의 흔적을 거의 보이지 않는다. 오히려 문제가 존재한다면 그들은 다른 장애와 관련이 있는 것처럼 보이는데, 말하자면 RD 그 자체보다는 미성숙 또는 성격장애 같은 것이다.

요약

아동의 RD의 심각성과 일반 지능의 수준은 RD의 발달과정에 있어서 가장 강력한 예언요인이다. 가정에서 지지를 받고 학교에서 특수교육을 받는 유리한 아동들과 성인으로서 자신들의 장점을 극대화하고 단점을 최소화할 수 있는 직업을 선택한 사람들은 자신들의 일반적 자아존중감에 대해 긍정적인 시각을 갖는다. 비록 그들이 읽기의 실패에 대해 여전히 스스로를 자책하지만 그들 아동기의 문제를 극복하기 쉽다. 다른 부정적인 편에서는, 혜택이 없는 불리한 아동이 되면 이른 나이에 학교에서 중도 탈락할 가능성이 높고 이어서 직업의 선택이 제한되고 실직 가능성이 높아진다.

중재

평가와 교육계획

LD에 대한 중재는 신중한 교육적 평가와 함께 시작된다. 평가는 아동의 결함뿐 아니라 강점까지도 자세히 알게 하며 아동이 도전을 극복하도록 돕는 데에 활용된다. 다음으로 부모, 교사 그리고 학교 심리학자는 결과를 논의하기 위해 함께 만나고, 최소한의 제한과 학교에서 성공할 기회를 증가시켜 줄 수 있는 제한을 최소화하고, 가장 지지적인 교육적 수정을 제공할 개인 맞춤식 교육계획을 고안한다.

통합교육

장애인법(Individual with Disabilities Act; IDEA, 1997)으로 인해 특수교육이 필요한 아동도 다른 일반 아동과 함께 교육을 받는다. 정상적인 교육에서 배제되지 않는 것으로서의 통합교육(mainstreaming)은 분리된 교실에 차별적 격리를 초래하는 낙인 또는 교육적 기회의 소외를 줄이고자 하는 것이다. 대신에, 아동은 정규교실에서 특수교육을 받을 수 있고, 또한 서비스를 받기 위해 하루 중 일부 시간을 할애하기도 한다.

교육적 중재

교육적 중재들에 아래의 사항들을 포함하는 다양한 영역이 활용된다(여기서 우리는 다른 언급이 없는 한 Elliott, Busse, & Shapiro, 1999를 따른다).

교육적 중재 교육적 중재에 학교 수행에서 아동의 능력을 방해하는 특정 결함을 표적으로 특수하게 디자인된 교육적 자료들의 사용이 포함된다. 예를 들어, 읽기장애의 경우에 아동에게 철자, 단어, 특수화된 다양한 읽기 자료로 연습과 훈련을 시킨다. 또 다른 중재는 시각 혹은 청각 같이, 아동이 선호하는 감각 양식 안에서 정보를 제시하거나 시각, 촉각, 청각 그리고 운동 감각적 신호들을 결합한 다중감각적 방식 내에서 자료를 제시함으로써 학습하는 아동의 능력을 극대화하려고 시도한다.

음운론적 훈련 아동의 단어인식을 도와주는 음운론적 훈련은 읽기장애의 경우에 특히 도움이 되며, 그 효과가 입증되어 왔다(Lovett et al., 2000). 특히, Simon과 동료들(2002)은 음운론을 기본으로 한 강력한 8주간의 중재과정이 뇌 활성화 패턴을 변화시키는 데에 성공적이라는 사실을 알아내었다. 7세에서 17세 사이에 있는, 단어재인에 심각한 어려움을 갖고 있는 아동이 음운론을 기본으로 한 강력한 중재를 하루 2시간, 1주당 5일간, 8주 이상 받았다. 처치 전에는 모든 아동이 우뇌에서 비전형적인 활성화 패턴을 나타낸 반면, 중재 이후 그들의 읽기 점수가 평균 범위 안에 들었을 뿐만 아니라 그들의 뇌 이미지가 좀 더 전형적인 좌뇌 지배적인 활성화 패턴으로 바뀌었다(**그림 7.7** 참조). 분명히 이것은 강력한 중재이다. 음운론적 특수교육 자료가 학교를 위해 개발되어 온 반면, 부모들은 또한 가정용 프로그램으로 이러한 기술을 활용할 수 있다. 자료들은 대상을 손으로 직접 조작하는 기회를 포함해 재미있는 게임 같은 방식으로 제시된다. 가령, 색채 알파벳 블럭을 이용해 단어를 소리 성분으로 나누는 것이다.

행동적 전략 교실의 유관성 관리에는 과제 완성하기, 과제를 제시간에 제출하기, 그리고 과제를 정확하게 점검하기와 같이 적응적으로 학습된 행동에 대한 교사의 보상이 포함된다. 특히, 손으로 쓰는 능력의 향상과 같은 학업적인 것 또는 과제에 맞는 행동의 증가와 같은 더 일반적인 의미의 학업적인 것에 초점을 둔다. 수행에 대한 피드백으로는 자기 감시와 자기 인식을 향상시키기 위해 아동의 과제 수행에 대해 직접적이고 잦은 피드백을 준다.

인지적 중재 인지전략에는 아동이 스스로에게 문제해결의 단계를 말할 수 있도록 돕는 자기지시(self-instruction)가 포함된다. 예를 들면, 읽기의 경우에 어린 아동은 소리 내어 단어 읽기를 기억하도록 격려되지만, 좀 더 높은 연령의 아동은 내용에 관한 퀴즈를 포함한 일련의 질문들이 주어진다. 예를 들면, 여기서 주된 요점은 무엇인가 또는 이 문장은 전에

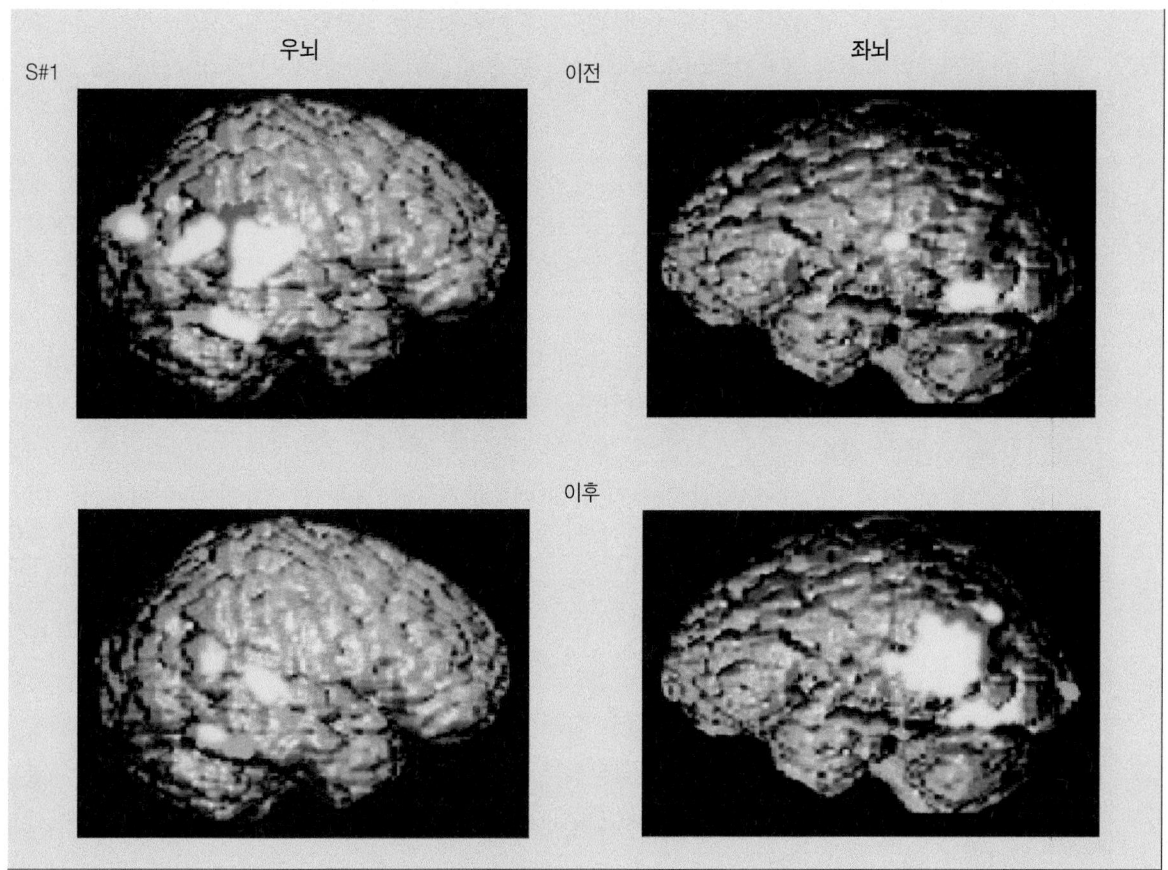

그림 7.7 읽기장애에 있어서 음운훈련의 이전과 이후의 뇌 활성화 양상

출처: P. G. Simos 등(2002).

나왔던 문장에 어떻게 연결되는 것인가와 같은 질문들이다. 또 다른 인지적 기법은 자기 감시(self-monitoring)이다. 이것은 우리가 ADHD 치료법에서 보았던 것으로 아동이 스스로의 학업적 노력을 보상하고 규제하고 감시하는 것을 배우도록 돕는다.

컴퓨터 지원 학습 아동은 컴퓨터가 본질적으로 재미있고 보상이 있는 것이라고 생각한다. 그래서 읽기나 수학, 철자법과 같은 특수한 컴퓨터 프로그램으로부터 도움을 받을 수 있다. 이러한 컴퓨터 지원 프로그램은 예를 들어, 글자를 해호화하거나 워드어텍(word-attack)* 기술을 배우는 것과 같이 지루한 과정에 아이들을 몰입하도록 해준다.

또래 중재 또래 중재는 아동이 학업적 과제에서 서로 돕는 또래 개인 교수법(peer tutoring)

*역자 주: 워드어택은 읽기와 쓰기를 처음 배울 때, 그것이 독립적이고 유창해질 수 있도록 돕는 기술.

을 포함한다. 말하자면 아동들이 함께 과제를 완성하는 협동학습(cooperative learning)이나 학급 전체에서 좋은 행동에 대해 학급 구성원들이 상을 주는 집단 유관성(group contingency)과 같은 것이다.

부모와의 협력적 제휴

교사는 학부모와의 원활한 의사소통을 위하여 가정통신문을 최소한으로 활용한다. 교사는 가정통신문을 통해 반드시 해야 할 일을 알리고, 학부모는 아동이 특히 힘들어했던 과제 영역을 교사에게 알리는 데에 사용한다.

그러나 자녀교육에 대해 학부모가 보다 더 적극적인 참여를 하는 것이 문제가 완전한 장애로 발달하지 않도록 하는 예방 전략으로 적극 권장된다. 이런 움직임의 목표는 부모와 교사가 협동적 교육 파트너로서 함께 일할 수 있도록 하는 것이다(Christenson & Buerkle, 1999). 협력적 교육 파트너란 아동이 드러내는 문제를 논의하기 위하여, 그리고 그들이 만나는 목표와 방법에 상호 합의하기 위하여 서로 만나는 것이다. 결과는 이 노력이 저소득층 부모에게 관심을 보이고 세력부여(empowerment)를 해줄 때 특히 효과적이었다. 저소득층 부모들은 학교와 같은 공식적인 기관으로부터 소외되었거나 겁을 내는 사람들이었다.

중재의 효과

읽기장애에 대한 그들의 호소와 좋은 의도에도 불구하고, 최근까지 읽기장애의 중재에 대한 경험적 증거는 그리 대단하지 않다. 교육적 중재에 관한 많은 연구들에서, Kavale과 Forness(2000)는 효과의 크기가 중간 정도에서 작은 정도까지만 산출되었다는 것을 알아냈다. 더 나아가 학업 성공을 위해 필요한 개별화된 시설을 제공하려면 특수한 도움이 필요한 아동이 보통의 교실에서 공부하는 것이 최선인지, 또 어디에서 읽기장애 아동들이 다른 아동들로부터 낙인찍히는지, 그리고 교사가 훈련을 하지 말아야 하는 장소와 시간에 대하여 상당히 많은 논쟁들이 있다(Kavale & Forness, 2000).

그러나 조기의 평가와 중재가 중요하다는 것은 확실하다. 예를 들면, 읽기 문제의 위험을 가진 아동은 학령전기가 시작될 때 음운론적 훈련을 받는 것이 큰 도움이 된다(Foot-man et al., 1997).

다양한 정신병리의 한 가지 결과는 불안일 것이다. 매일 학교 가는 것에 대해 어려움을 느끼고, 읽기 또는 수학과 철자에서 아무 도움 없이 그것을 해내야 하는 어려움에 직면하고, 또래들에게 인기가 없고 "단순히 게으른 아이"로 그들을 바라보는 교사와 부모를 대해야만 하는 LD 아동을 생각해보자. 이러한 모든 것들은 어떤 아동에 있어서도 긴장되고 걱정스러움을 느끼도록 하기에 충분한 것이다. 그러나 이런 당연한 반응은 어떤 걱정스러운 일을 염려하는 것 이상인 불안이라는 정신병리와는 다른 것이다. 불안장애는 8장에서 다룰 것이다.

제 8 장

아동기 중기: 불안장애

개요

한 중년 남성은 정신분석을 받는 중간에 다음과 같은 회상을 하였다. "제가 어렸을 때 장난을 치면 할머니께서는 '네가 너무 어려서 무서운 것이 없구나!' 하시며 야단을 치셨습니다. 그 후로 오랫동안 저는 두려움을 갖는 것이 성숙했다는 하나의 신호로 여기며 '이제는 내가 다 컸을까?'라는 의문을 되뇌곤 했습니다." 그의 할머니는 훌륭한 정신분석가셨다. 고전적 정신분석 이론에 의하면 과도한 불안은 신경증의 특성이며 신경증 그 자체는 발달의 결과이다. 그러나 현대의 연구와 이론은 모두 이에 반한다. 불안은 정상적인 경험이며, 더욱이 이것은 발달과정 안에서 기능을 수행한다. 그러나 발달에 이상이 생길 경우 학령전기의 아동조차 자신의 기능을 방해하며 심각한 정서적 고통을 일으키는 불안을 완화하는 데 어려움을 겪는다.

우리는 불안장애에 대한 설명을 다음과 같은 순서로 진행하고자 한다. 첫 번째로 우리는 발달 전 과정에 걸쳐 명확하게 나타나는 불안과 두려움의 특성들에 대해 기술할 것이다. 다음 우리는 불안장애의 몇 가지 일반적인 특징을 기술하고, 몇 가지 특수한 불안장애, 가령, 범불안장애, 특정 공포증, 사회 공포증, 분리불안장애, 강박장애, 외상후 스트레스장애 등을 기술할 것이다. 서로 다른 장애에 대한 변별진단 지식을 제공하기 위하여 임상적 삽화를 첨가하였다. 마지막으로 우리는 다음과 같은 발달정신병리의 핵심적 질문을 제기할 것이다. 왜 정상발달이 왜곡되고 불안장애가 생기는가? 이러한 질문들에 답하기 위해 병인론과 관련된 주요 연구의 발견들을 종합한 통합적 발달 모델을 고찰할 것이다.

1. 불안의 본질

정상발달에서의 공포

공포(fear)는 일반적으로 환경의 위협에 대한 정상적 반응으로 정의된다. 공포는 개인이 처한 상황이 신체적으로 또는 심리적으로 유해한 상황이라는 것을 경고해주기 때문에 적응적이고 심지어는 생존에 필수적인 것이기도 하다. 생의 초기 유아는 유해한 자극이 임박했을 때를 예측하고 "곧 위험해질 거야!"라고 경고하는 내면의 붉은 깃발인 불안 신호(signal anxiety)를 경험한다. 그런 경고를 접한 아동은 도움을 구하기 위해 부모를 보며 우는 등의 공포를 피하기 위한 행동 단계를 취할 수 있게 된다.

공포는 아동기에 아주 흔한 것이다. 예를 들어, Muris, Merckelbach, Gadet Moulaert (2000)는 공포가 학령전기 아동(71%)에게는 일반적이며, 7~9세 사이(87%)에 절정을 이루다가, 10세부터 12세(68%)까지는 점차 감소한다는 것을 밝혔다. 아동이 경험하는 공포의 내용에는 연령에 따른 차이도 있다(**표 8.1** 참조). 학령전기 아동은 대부분 유령과 괴물에 대한 공포를 보고하는 반면에, 아동기 중기에는 육체적 상해와 신체적 위험에 대한 공포와 같이 더욱 실제적인 것에 대한 것으로 대체되기 시작한다. 그럼에도 불구하고 학령기

표 8.1 아동기의 정상적 공포

연령 범위	걱정과 공포
0~12개월	큰 소음, 갑자기 나타난 물건, 지지의 상실
12~24개월	분리, 낯선이
24~36개월	분리, 동물, 개
3~6세	분리, 낯선이, 동물, 어둠, 가상의 존재
6~10세	어둠, 상해, 혼자 있기, 동물
10~12세	상해, 학업 실패, 놀림, 뇌우
12~18세	사회적 실패, 또래거부, 전쟁, 자연재해, 미래

아동들은 악몽, 뱀과 쥐에 대한 공포와 같이 어느 정도 불합리한 공포를 계속 경험한다. 청소년기 아동들은 사회적 불안이나 돈과 일에 대한 걱정 또는 전쟁이나 환경파괴에 대한 두려움과 같이 청소년기의 시작과 더불어 새롭게 나타나는 공포들을 겪게 된다. 실패에 대한 공포는 특히 십대에 어렴풋이 나타나기도 한다. 청소년기에 불합리한 공포가 덜 나타나긴 하나 완전히 사라지는 것은 아니다. 십대의 아동들도 어둠, 폭풍, 거미, 공동묘지를 두려워할 수 있다(Vasey, Crnic, & Carter, 1994).

정상적 공포에서 불안장애까지

정상발달과정에서, 아동은 점차 적응적인 방어기제(2장 참조)와 정교한 대처전략을 사용함으로써 공포를 극복할 수 있게 된다. 예를 들어, 아동은 구체적 조작기에 들어서면서 두려움을 진정시키기 위해 "단지 꿈이라고 생각할거야. 그건 실제가 아니야." 또는 "내가 망치긴 했지. 하지만 그렇다고 세상이 끝나버린 건 아니잖아. 다음엔 더 잘할 수 있을 거야" 하는 식으로 긍정적 인지 재구조화를 하는 대처전략 등의 논리와 추론을 사용하게 된다. 같은 사례에서 아동은 "그건 날 너무 불안하게 해. 그러니까 지금 당장은 그걸 생각하지 않을 거야" 하면서 자신이 두려움을 느끼는 자극에 대한 접근 시기를 스스로 분배할 수 도 있게 된다.

그러나 병리적 불안이라는 극단적 현상은 이런 적응적 기제에 있어서의 실패를 의미한다. 불안장애는 상황에 적절하지 않은 수준의 강도, 부적응성, 지속성의 측면에서 정상적 공포와 구별된다. 또한 불안장애는 수의적 통제(control)를 넘어서며 설명하거나 떨쳐버릴 수가 없다. 우리의 궁극적인 과제는 어째서 일부 아동들이 정상적으로 발달하지 못하여 공포심을 극복할 수 없게 되는가를 이해하는 것이다.

2. 불안장애

일반적인 특징

용어에서 알 수 있듯이, **불안장애**(anxiety disorders)란 강렬하고 만성적인 불안으로 특징지어지는 일단의 장애들을 통칭하는 것이다. 그밖에 불안장애가 지니는 공통적 특성은 다음과 같다. 증상을 느끼는 사람 스스로가 그것을 괴롭게 여기며 꺼린다. 현실 접촉에선 비교적 손상이 적은 것으로 나온다. 장애가 지속적이다. 증세가 있다고 해서 사회적인 규범을 적극적으로 위반하지는 않는다. 프로이드가 불안장애의 근원을 대체로 아동기 중기로 본 것은 타당하다고 보인다. 불안장애를 가진 아동들은 **내부 지향적 아동**(internalizers)들이다. 즉, 그들은 자신의 괴로움을 자신의 내부로 지향한다는 것이다. 앞서 3장에서 기술됐던 Achenbach(2000)의 아동 증상 체크리스트의 요인분석에서는 "내면화-외면화"라고 하는 주요 요인이 있었다. 내면화 증상으로는 공포, 걱정, 복통, 철수, 메스꺼움, 불면, 은둔, 우울, 울음이 있는데, 이는 모두 고통을 내면화하는 아이들이 보이는 증상들이다.

유병률의 측면에서 보면 불안장애는 가장 흔하게 발생하는 아동 및 청소년 장애이다. 지역 표본에서 인구의 10.7~17.3%가 불안장애를 보인다(Weiss & Last, 2001). 임상 표본에서의 유병률은 더 높은데, 정신건강 클리닉 아동의 45%나 불안장애로 진단을 받았다(Last, Perrin, Hersen, & Kazdin, 1992). 그러나 이러한 전반적 수치는 연령에 따라 점차 증가하는 유병률의 발달적 추세를 제대로 반영하지 못한다. 예를 들면, 한 종단적 연구에서는 11세 아동집단에서는 7.5%이었던 것이 21세 청소년 집단이 되면 20%로 증가하는 것을 보고하였다(Kovacs & Devlin, 1998). 발달적 양상을 더 복잡하게 하는 것은 우리가 앞으로 살펴보겠지만, 연령이 증가함에 따라 어떤 장애는 증가하고 어떤 장애는 감소한다는 점이다. 이와 같이 발달적 패턴이 다른 것에 대한 원인은 명확하지 않다.

또한 불안장애의 유병률에는 일반적으로 성차가 존재한다(이러한 성차가 모든 불안장애의 하위 유형에 존재하는 것은 아니다). 예를 들면, Lewinsohn과 동료들의 연구(1998)에서는 불안장애를 가진 1,079명의 청소년 중 소녀들이 더 많은 것을 밝혔다. 최초 발병연령(age of onset)에서는 성차가 나타나지 않지만 6세경에는 소녀들이 소년들에 비해 불안장애를 경험하는 비율이 두 배가 된다. 연령이 증가할수록 성차는 더욱 커진다. 소녀들은 아동기를 거쳐 청소년기 및 성인기 초기에 들어서며 불안장애로 진전되는 경우가 소년들에 비해 훨씬 더 많다(Roza, Hofstra, van der Ende, & Verhulst, 2003). 비록 민족 및 비교-문화적 차이에 대한 자료가 충분하지 못하지만 우리는 여러 가지 불안장애에서 이러한 차이가 존재한다는 사실을 밝힐 것이다.

불안장애는 단독으로 나타날 가능성이 거의 없다. 일부 연구에서는 65~95%의 공병률(comorbidity)이 보고되기도 하였다(Kovacs & Devlin, 1998). ADHD 또는 품행장애와 같은 외면화 장애도 공병으로 나타나긴 하나 상대적으로 그 빈도는 낮다. 불안장애와 가장 흔하게 함께 나타나는 장애는 다른 유형의 불안이다. 우울증은 다음으로 가장 흔한 공병 조건이다.

불안장애와 우울증은 구별되는가?

불안과 우울의 밀접한 관련성으로 인해 이들의 공존은 **부정적 정동**(negative affectivity)이라는 잠재적 요인에 의해 개념화되어 왔다. 부정적 정동은 공포, 슬픔, 분노, 죄의식과 같은 감정들을 포함한다. 초기에는 부정적 정동을 불안과 우울의 기저에 깔린 통합적 개념으로 받아들였기 때문에 불안과 우울이 독립된 실체가 아니라 하나의 연속적 차원에 존재하는 특징으로 여기는 견해가 있었다. 그러나 후속 연구들은 이와는 다른 관점을 제기하였다. 비록 부정적 정동이 불안과 우울의 공통적인 요소이긴 하더라도 두 장애는 고유한 특징들을 갖는다고 보아야 한다. 특히, Lonigan, Carey, Finch(1994)의 연구에 의하면 우울증이 있는 아동들이 흥미를 상실하고 동기화가 잘 안 되며 자신에 대한 부정적 견해를 갖는 등의 문제를 더 많이 보고하는 데 반해, 불안증이 있는 아동들은 미래와 자신의 안녕, 그리고 자신에 대한 타인들의 반응에 대해 더 많은 걱정을 갖고 있었다. 덧붙여서 우울증이 있는 아동들은 불안증이 있는 아동과는 달리 긍정적 정서에서는 더 낮은 점수를 받았다. Joiner, Catanzaro, Laurent(1996)는 다소 상이한 절차를 사용하여 불안장애의 특징으로 생리적 과다각성을 덧붙였지만 이러한 특성이 우울증에서는 나타나지 않는다. 요컨대 불안과 우울은 부정적 정동이라는 공통의 특성을 갖긴 하나 전적으로 서로 다른 별개의 장애이다.

이제 아동기에 겪는 몇 가지 특정한 형태의 불안장애, 즉 범불안장애, 특정 공포증, 사회공포증, 분리불안장애, 강박장애, 그리고 외상후 스트레스장애에 대해 상세하게 고찰해보도록 하자.

3. 범불안장애

11세인 Arantxa의 부모는 그녀가 "항상 모든 것을 걱정하는" 아이라고 말한다. Arantxa는 새로운 것을 시도하려고 하지 않고 특별한 행사를 앞둔 몇 주 동안은 흥분되어 있으며 잘못될 수 있는 모든 상황에 대해 곰곰이 생각하며 불안에 빠져 있다. 학교에서도 교사는 Arantxa가 자신의 답이 맞았는지에 대한 확인을 재차 요구하며 실수, 지각, 규칙 위반 등에 대해 과도하게 걱정하고 있다고 보고한다. Arantxa는 수업 중에 옳은 답을 알고 있을 때조차도 "틀릴지도 몰라"라는 걱정 때문에 좀처럼 손을 들어 발표하지 못한다. 그러나 Arantxa는 학교에서 돌아오자마자 열심히 공부하고, 비록 종이를 찢어내고 몇 번이나 다시 시작하더라도 숙제를 매우 깔끔하게 할 정도로 그녀의 학교 관련 수행은 "완벽"하다. 밤에는 종종 잠들기 어려워하고 지나간 그날의 사건들에 대해 속 태우느라 2시간 이상을 보내기도 하며 다음날을 걱정하기도 한다. 그녀는 밤중에 집에 도둑이 들어와 가족을 해치지 않을까 걱정하기도 하며 소리를 확인하거나 남동생이 무사한지를 확인하기 위해 자주 일어나곤 한다.

정의 및 특징

정의

DSM은 이전 판에서 소아기 과잉불안장애(Overanxious Disorder of Childhood)라는 별개의 범주를 규정했다. 그러나 DSM-IV-TR에서는 범불안장애(GAD)라는 진단에 아동과 성인 모두를 포함시켰다(**표 8.2** 참조). GAD의 특징은 걱정(worry)이다. 걱정이 특정 상황(예: 분리) 혹은 특정 대상(예: 뱀 공포증)과 관련 있는 불안장애와는 달리, GAD를 겪는 아동에게는 걱정하는 성향 때문에 무엇이든지 특별한 사건이 될 수 있다(**그림 8.1** 참조).

GAD를 겪는 아동의 걱정은 특히 학업이나 운동과 같은 활동에서 능력과 수행 수준에

표 8.2 범불안장애의 DSM-IV-TR 진단기준

A. 다양한 사건이나 활동(예: 일이나 학업성적)에 대한 과도한 불안과 걱정(염려증)이 적어도 6개월 이상 지속된다.
B. 걱정을 통제하기가 어렵다.
C. 다음 6개의 증상 중 3개 이상이 나타난다(적어도 지난 6개월 동안에 며칠 이상).
주의: 아동에게는 1개 이상이면 됨.
(1) 안절부절못함 또는 긴장되거나 가장자리에 선 듯한 아슬아슬한 느낌
(2) 쉽게 피로해짐
(3) 주의집중의 곤란이나 정신이 멍해지는 느낌
(4) 화를 잘 냄
(5) 근육의 긴장
(6) 수면장애(잠에 들거나 지속하기의 어려움, 잠 못 이루는, 불충분한 수면)
D. 불안과 걱정의 초점이 다른 장애에서와 같이 특정한 상황 혹은 사건에만 국한되지 않는다.
E. 불안, 걱정 또는 신체적 증상이 심각한 고통을 유발하거나 사회적·직업적 또는 다른 중요한 영역의 활동에 현저한 장해를 초래한다.

출처: 미국정신의학협회의 허락하에 *Diagnostic and Statistical Manual of Mental Disorders*—Fourth Edition Text Revision(2000)에서 인용함.

관한 것이다. 이러한 걱정은 타인에게 평가받지 않을 때조차 나타나며 실제로 GAD를 겪는 아동의 가장 혹독한 평가자는 자신이다. 그들은 완벽주의적이고 자기 평가적인 경향이 있으며 완벽해지기 위해 과제를 반복적으로 한다. 그들은 자연재해 혹은 전쟁 가능성과 같은 대재앙에 대해서도 극도로 걱정하며 나아지는 것도 없으면서 반복적으로 이를 확인하고자 한다. 시간을 지키지 못한 것과 같은 사소한 결함도 그들에게는 대재앙 수준으로 느껴질 것이다.

그림 8.1 범불안장애를 겪는 아동은 걱정 때문에 어떤 사건도 특별한 일로 전환시킨다.

출처: CALVIN AND HOBBES(Watterson, 1988). Distributed by Universal Press Syndicate. Reprinted with permission.

관찰 가능한 범불안의 징후는 근육의 긴장, 떨림, 복통·메스꺼움·설사와 같은 신체적 증상, 손톱 물어뜯기 혹은 머리카락 꼬기와 같은 신경증적 습관, 그리고 쉽게 깜짝 놀라는 경향들이다. 어린 아동의 경우에는 이런 신체 감각과 정서적 상태를 연관시키는 데에 어려움이 있다. 게다가 매우 어린 아동의 경우에는 "불안" 혹은 "걱정"과 같은 정서에 대해 언어적으로 명명하기가 아직 어려울 수 있다. 따라서 눈치 빠른 성인은 신체적으로 건강한 학령전기 아동이 종종 "아프다"며 놀러 나가려는 것이 줄어들 때는 그 의미를 추측할 수 있을 것이다.

문화적 변인 불안 증상은 문화에 따라 다양할 수 있다. 예를 들면, GAD를 겪는 서구 문화권의 사람은 인지적 증상(예: 과도한 걱정)을 더 호소하는 반면, 아시아 문화권의 사람은 신체적 증상(예: 근육의 긴장)을 더 호소할 수 있다(APA, 2000).

특징

유병률 GAD로 진단된 아동에 대한 연구가 많지는 않지만, 아동 및 청소년의 유병률은 2~9%로 추정된다(Silverman & Ginsburg, 1998). 9, 10, 12학년 청소년 표본에서는 평생 유병률이 3.7%로 나타났다(Whitaker et al., 1990). GAD 장애를 보이는 소녀는 4.6%이고 소년은 1.8%로 성차도 나타났다. 민족 간의 차이는 거의 탐색되지 않았다.

공병 및 변별진단 GAD가 전반적이고 확산적 상태의 불안으로 규정되기는 하지만, GAD를 겪는 아동은 특수 공포증과 같은 다른 불안장애의 발병에도 취약하다. 다른 장애들과는 달리 GAD는 우울증과 공병일 경우가 종종 있다(APA, 2000). 이유는 단순하다. 자신의 수행에 대해 걱정(예: "난 제대로 못해낼 거야. 엉망이 될 거야.")하고 있는 아동의 마음은 부정적 사고와 자기 의심으로 가득 차 있다. 만성적 완벽주의와 자기비판은 자신이 결코 충분히 잘할 수 없을 거라는 생각을 낳는다. 같은 논리로, 일어날 나쁜 일에 대한 과도한 걱정은 아동이 절망과 무기력감을 느끼게 한다.

발달경로

GAD를 겪는 성인 중 대부분은 살면서 내내 불안해왔다고 보고한다(APA, 2000). 많은 사람들이 성인이 되어 도움을 구할 때까지 진단이 내려지지 않은 채 남아 있다는 것은 아동기의 불안 증상들이 감지되기 어렵거나 쉽게 "그냥 하나의 단계"로 여겨지고 있음을 의미한다.

그러나 범불안장애의 경로가 만성적인 경향이 있다는 사실을 고려해보면, 이 문제의 진실은 정반대이다. 그러나 일생 전반 증상의 심각성 정도는 달라지는데, 어떤 시점에서는 감소하기도 하여 단지 스트레스가 심해졌을 경우에만 재발하기도 한다.

중재

인지행동적 치료가 범불안장애 증상을 겪는 아동에게 효과적이라고 증명되었다. 이러한 치료가 가장 잘 정립된 것 중의 하나가 Kendall(2000)의 고양이 극복프로그램(Coping Cat program)인데, 이는 17장에서 더 자세히 살펴보게 될 것이다. 이 프로그램의 주요한 특성은 다음과 같다. 프로그램 안에서 아동은 불안해질 때 자신에게 나타나는 생리적인 변화를 스스로 알아차리도록 훈련을 받는다. 또한 아동은 불안해할 것이 없는 것을 불안한 것으로 느낄 만큼 자신이 그것을 잘못 평가하고 있다는 것을 깨달을 수 있도록 훈련받는다. 또한 아동은 그러한 공포를 극복할 수 있도록 인지를 재구성하고 적극적인 대처전략을 개발하도록 훈련받는다. 아동들이 두려움을 느끼는 것들에 노출되어 그것을 접하며 이와 같은 새로운 기술을 연마할 때에는 그들에게 적합한 속도로 그들이 편안함을 느끼는 정도를 고려하면서 점진적인 단계들을 거친다. 종결 과제로 그들은 다른 아동들에게 자신들이 불안을 극복하면서 배운 것들을 가르치는 그림이나 비디오테이프, 또는 공연을 제작한다.

이러한 개입은 여러 다른 문화권에서도 효과가 있는 것으로 입증되어 네덜란드와 아일랜드 그리고 호주(코알라 극복이란 이름으로)에서는 임상가들에 의해 자신들의 문화에 맞게 성공적으로 수정되어져 왔다(Kendall, Chu, Gifford, Hayes, & Nauta, 1998). 또한 장기간에 걸쳐 효과가 유지된다는 것이 밝혀졌다. Kendall과 동료들의 종단연구에서(2004) 아동기에 불안장애 치료를 성공적으로 끝낸 아동은 7.4년 이후까지 그 효과가 지속됐으며 약물남용과도 유의미하게 작게 나타났다. 그러나 이후 우울증으로 진전되는 것까지 중재할 만큼의 지속적인 효과는 없었다.

4. 특수 공포증

12세 Mei의 축구팀은 공식게임에 참가하도록 다른 주에 초대될 정도로 성공적인 해를 맞고 있었다. 비행시간은 3시간이고 자신은 갈 수 없다는 것을 알았기 때문에, 그녀는 망연자실했다. 자신이 비행기에 있을 거라는 바로 그 생각만으로 Mei는 떨리고 식은땀이 나며 아플 것 같은 두려움을 느꼈다. 그녀는 너무 비행기를 무서워해서 등교하는 도중에 지나치는 비행장조차 두려워했으며, 그때 들려오는 제트기의 '웅웅'거리는 소리로 인해 전기 충격을 당하는 것 같은 공포를 느꼈다. Mei는 이러한 공포심 그리고 이것을 그냥 별 것 아닌 듯이 극복해낼 수는 없는 자신을 비난하게 되는 마음으로 인해 당혹감을 느꼈다. 실제로 그녀는 2년 전 밴쿠버에서 가족과 휴가를 보낼 때 비행기를 탔었고 아무 일도 일어나지 않았었다. 그러나 지금 그녀의 마음은 하늘에서 제트기가 추락하고 산소가 바닥나고 비행기를 장악한 테러리스트 등의 무서운 이미지를 그린다.

정의 및 특징

정의

DSM-IV-TR에 의하면, 특수 **공포증**(phobia)의 결정적 특징은 특정 사물이나 상황 또는 그것이 있을 것이라는 예상으로 인해 뚜렷하게 그리고 지속적으로 일어나는 과도하거나 비합리적인 공포이다. **표 8.3**에는 주요 증상들이 포괄적으로 나열되어 있다. 공포증은 뱀, 밀폐된 공간, 물, 혹은 비행기를 타고 비행하는 것과 같이 많은 다양한 대상 혹은 상황과 관련하여 나타난다.

학교 공포증은 앞으로 살펴볼 바와 같이, 진단에 대한 의견이 분분하기는 하지만 특수 공포증의 흔한 예가 된다.

임상적으로 의뢰된 아동들에게 나타나는 특수 공포증의 흔한 예로는 어둠, 학교 그리고 개에 대한 공포를 들 수 있다(Stark & Last, 1993). 그러나 아동기 공포증은 때론 광대 혹은 마스크를 낀 사람에 대한 공포와 같이 성인을 무서워하는 형태를 띠기도 한다. 디즈니 월드에서 미키마우스의 인사에 공포의 비명을 지르는 반응을 보이는 딸의 부모, 혹은 의상을

표 8.3 특수 공포증의 DSM-IV-TR 진단기준

A. 특정 대상이나 상황에 직면하거나 또는 그러한 대상이나 상황이 예견될 때, 지나치게 비합리적이며 현저하게 지속적인 두려움이 유발된다(예: 비행기를 타는 것, 높은 곳, 동물, 주사 맞기, 피를 보는 것).
B. 공포를 일으키는 자극에 노출되면 거의 예외 없이 즉각적인 불안 반응을 일으키게 되는데, 형태가 상황과 관련이 있거나 또는 상황이 원인이 된 공황발작의 형태를 취한다.
주의: 아동의 경우, 불안은 울음, 떼를 씀, 몸의 굳어짐, 또는 칭얼댐으로 나타날 수 있다.
C. 본인은 자신의 두려움이 지나치거나 비합리적인 것임을 잘 알고 있다.
주의: 아동의 경우, 이런 특징은 존재하지 않을 수 있다.
D. 공포스러운 상황을 회피하거나 또는 강한 불안이나 정신적 고통을 느끼면서 견디어낸다.
E. 공포 상황에 대한 회피나 그것에 대한 예상 또는 그것에 의한 정신적 고통이 개인의 정상적인 기능, 사회적인 활동 또는 대인관계에 심한 지장을 주거나 또는 이러한 공포증을 지니고 있다는 것에 대한 뚜렷한 정신적 고통을 지닌다.
F. 18세 미만의 사람에게는, 기간이 적어도 6개월 이상이어야 한다.

유형을 세분할 것:
동물형
자연환경형(예: 고공, 폭풍, 물)
피-주사-손상형
상황형(예: 비행기, 엘리베이터, 밀폐된 장소)
기타형(예: 질식, 구토, 또는 질병에 걸리는 것에 대한 공포; 아동의 경우, 큰 소리나 복장을 입은 인물에 대한 공포)

출처: 미국정신의학협회의 허락하에 *Diagnostic and Statistical Manual of Mental Disorders*—Fourth Edition Text Revision(2000)에서 인용함.

입고 과자를 받으러 온 광경에 무서움을 느껴 매 할로윈 때마다 방에 숨어 있는 아들을 둔 부모의 당황스러움을 상상해보라.

발달적 고찰 아동기 초기 일시적 공포 경험이나 공포 반응은 아주 흔하다. 예를 들면, 3세 남아는 아버지와 차에 있었는데 펑크가 나자 아이의 아버지는 고속도로에서 바퀴를 교체하기 위해 차를 길에 댔다. 바퀴가 파열되어 차가 갑자기 방향을 틀게 되고 불과 몇 인치 밖에 안 되는 가까운 거리에서 차들이 쌩쌩 지나가는데 아빠가 길가에서 무릎을 꿇고 있는 모습을 보면서 느낀 공포심을 아동은, 표현하지는 않았더라도 차들이 그들을 피해 지나갈 때 도로 한편에서 계속해서 타오르던 불꽃을 보고 놀랐을 것이다. 그 사건이 있고 며칠 동안 아동은 불빛을 무서워하는 반응을 보였고, 불이 다 꺼졌는지에 대한 확인을 재차 요구했다. 그런 공포 반응은 아동기에는 오락가락할 수 있기 때문에, 공포증에 대한 DSM의 진단기준은 아동기에는 적어도 6개월은 지속되어야 한다고 규정한다.

특성

유병률 공포증의 유병률은 지역 표본에서는 2~9%이고, 임상 표본 아동의 경우에는 30~40%로 추정된다(Weiss & Last, 2001). 성차에 있어서는 소녀들에게서 소년들보다 더 많이 나타난다. 사회경제적 계층이나 인종적 혹은 민족적 차이는 연구된 것이 거의 없다(Silverman & Ginsburg, 1998).

공병 및 변별진단 각각의 특수 공포증 간의 공존 발병이 그러하듯 내면화 장애와 외면화 장애 둘 모두에서 공별률이 높다(Weiss & Last, 2001). 특수 공포증은 특별한 자극에 대해 특정적이라는 면에서 범불안장애(GAD)의 포괄적인 불안과는 분명하게 구별된다. 다음에 다루어질 특수 공포증은 사회적 관계에 대한 집중적인 공포를 지닌 아동들에게만 고유하게 나타나는 것이다.

학교 공포증

특수 공포증의 한 가지 흔한 예는 학교 공포증으로 일반 인구의 1%, 임상적으로 의뢰된 아동의 5~7% 정도로 추정된다. 학교 공포증이 있는 아동은 등교 시간이 임박하면 생리적 불안과 공황 증상을 동반하면서 학교의 어떤 면에 대한 비합리적인 공포를 느끼며 이로 인해 결국 때때로, 또는 아예 등교를 할 수 없게 된다. 아동기의 학교 공포증 경험은 성인기에 불안과 우울장애를 겪을 위험성의 증가와 관련이 있다. 예를 들어, 학교 공포증을 겪은 아동의 약 1/3이 성인이 되어서도 불안과 우울장애에 대한 부가적 치료를 필요로 하게 된다(Blagg & Yule, 1994).

그러나 아동이 학교에 가기를 거부하는 등교거부 증상과 실제 학교 공포증을 구별하는 것은 중요하다. 한 예로 아동은 우울증이나 반항성 장애처럼 불안과 관련이 거의 없는 장애로 인해 등교를 거부할 수 있다. 이처럼 불안이 아닌 다른 원인에 의해 아동이 보이는 반응

글상자 8.1 일본에서의 학교 거부

Kameguchi와 Murphy-Shigetmatsu(2001)는 일본 청소년들 사이에 등교 거부라는 문제가 널리 퍼지고 있다는 것을 발견하고 그것의 원인을 밝혀내는 일에 착수했다. Munchin(1974)의 구조적 가족이론을 따르는 그들은 부모 하위조직(부모-자식간의 경계선)을 이루는 명확한 "막" 또는 경계가 건강한 가족 구조에 필수적이라 믿는다. 그러나 Kameguchi와 동료들은 일본의 등교 거부를 하는 청소년의 가족 가운데는 어머니와 아이 간의 지나친 친밀감 그리고 부부 사이와 아버지와 아이 간의 유리가 흔하다는 사실을 관찰했다. 연구자들은 이러한 패턴이 가족들보다는 동료들과 그들의 저녁시간과 휴가를 보내도록 강요당하는 남성들의 직장 생활과 여성은 오로지 아이들의 양육에 자신의 삶을 헌신하도록 기대되는 일본사회의 모습에 의해 촉진된다고 주장한다. Kameguchi와 동료들은 "부모-자녀 세대간의 모호한 경계는 청소년의 발달과업을 방해하며, 그로 인해 자녀는 부모로부터 자신을 분리하고 부모는 자녀로부터 자신을 분리시키기 위한 경험을 박탈당한다고 제안한다. 궁극적으로 부모와 자녀는 모두 자녀가 학교에 가지 않고 집에 머물며 개별화를 제대로 이루지 못하게 되는 것에 공범이 되는 것이다.

은 실제 공포 반응으로 여겨질 수 있는 정도에 미치지 못하며, 슬픔이나 낮은 자아존중감과 같은 부정적 정서가 혼재된 양상을 보인다. 학교 공포증으로 둔갑하는 가장 흔한 장애는 분리불안장애(separation anxiety disorder; SAD)이다(Albano, Chorpita, & Barlow, 1996). 그럼에도 불구하고 두 개의 장애를 변별하는 것은 가능하다. 학교 공포증을 보이는 아동은 남아이고 10세 이상이며 사회경제적 계층이 높은 경향이 있는 반면에 분리를 두려워하는 아동은 일반적으로 대부분 여아이며(성차를 나타냈을 때) 10세 이하의 연령이며 사회경제적 계층이 낮은 가정의 아동이다(Blagg & Yule, 1994). SAD 아동들은 더 많은 부가적 정신병리와 증상을 보인다는 면에서 학교 공포증보다 더 심각한 증세이다. SAD 아동들은 학교 이외의 장소에서는 애착대상과 함께 항상 집에 머물러 있어야 하는 데 비해 학교 공포증 아동들은 학교에만 가지 않는다면 어디에 있던지 안락함을 느낀다. 마지막으로는 SAD 아동의 어머니들은 학교 공포증 경우보다 정서적으로 더 큰 어려움을 보이며 특히 우울증이 높게 나온다(Last & Francis, 1988; **글상자 8.1** 참조).

발달경로

특수 공포증은 최초 발병 시기가 다양하다. 동물 공포증은 7세경에 시작되고 혈액 공포증은 9세경 치과 공포증은 12세경에 시작된다. 폐소 공포증과 사회 공포증은 청소년기나 성인 초기에 시작된다(Silverman & Rabian, 1994). 발달경로 면에서는 특수 공포증이 경미한 수준의 연속성을 보이고 2년 내지 5년 정도의 간격을 갖는다. 이러한 발견은 이것이 어른이 되면 대부분 사라진다는 이전의 견해와는 상치되는 것이다.

중재

특수 공포증의 치료에 관한 개관에서 Silverman과 Rabian(1994)은 수많은 방법론적 문제점들을 열거하였다. 여기에는 단일 사례 연구가 과도하게 많은 것, 공포증이 있는 임상 집단이 아니라 치과 공포와 같은 상황적 공포를 가진 아동들을 대상으로 한 연구, 공식적 진단의 결여, 적절한 측정의 결여, 추수 데이터의 결여 등이 포함된다. 이런 문제점들 때문에 어떤 치료를 선택해야 하는지 또는 특정 치료의 장점을 판단하는 것조차도 불가능한 형편이다. 단지, 가능성이 있는 치료법이라는 정도만 말할 수 있다. 단지 필자는 성공적인 공포 감소 프로그램에 있어서 공포 자극에 대한 노출은 가장 본질적이라고 결론짓는다. 이런 노출이 성공적일 수 있는 여러 가지 방식들이 있다.

체계적 둔감화

체계적 둔감화(systematic desensitization)는 불안 반응을 이와는 양립될 수 없는 다른 이완 반응으로 대체시키는 것을 말한다. 치료자는 아동이 가장 강력한 불안 상황(예: 버스 타는 것)에서부터 가장 약한 불안 상황(버스 정류장이 있는 곳까지 걸어가는 것)에 이르기까지 점진적으로 불안을 일으키는 상황을 평가하게 돕는다. 아동에게 이완하는 훈련을 시킨 후 가장 낮은 불안 상황부터 상상하도록 한다. 단계적으로 보다 높은 불안 상황으로 올라가면서 이완하도록 지시한다. 최고의 불안 상황까지 이런 과정을 계속해 나간다. 이 절차는 개나 어두운 방과 같이 실제적인 공포대상이나 상황을 사용할 수도 있으며, 이런 절차를 실제적(in vivo) 둔감화라고 한다.

지속적 노출

지속적 노출은 체계적 둔감화와는 정반대의 것이다. 즉, 아동을 공포 자극에 최대 강도로 노출시키고 아동이 더 오랜 시간 동안 자극을 견디어내도록 강화해준다. 불안의 "범람"은 아동이 도피로부터 강화 받던 것을 막아주고 생리적 반응이 정상적인 기능으로 복귀하는 계기가 된다. 노출 그 자체는 상상적인 것이든 실제적인 것이든 무관하다.

모델링

모델링에서, 아동은 다른 사람이 공포 자극과 적응적으로 상호작용하는 것을 관찰할 수 있다. 보다 효과적인 방식은 참여 모델링인데, 이것은 아동이 관찰 기간이 끝난 후에 공포 자극에 점진적으로 접근하고 있는 모델과 함께 불안 자극을 접촉하는 것이다.

인지적 자기관리

인지적 자지관리 전략에서는 공포스러운 심상효과를 상쇄하기 위하여 "독백(self talk)"을 강조한다. 유능감(예: "나는 용감해서 모든 것을 다룰 수 있어.")을 강조하는 자기진술이 자극의 공포 유발적 속성을 다루는 자기진술(예: "버스 타는 것은 재미있어.")보다 더 효과적이다. 이러한 연구결과는 보다 일반적인 의문을 갖게 하는데, 치료상의 효과적인 기제가 불안의 감소에 있는지 아니면 극복했다는 느낌의 증가에 있는지가 명확하지 않다(특수 공포증의 행동치료에 관한 보다 포괄적인 개관은 King & Ollendick, 1997 참조).

효과성

효과성에 관한 개관에서 Ollendick과 King(1998)은 다음과 같이 결론지었다. 상상적 둔감화와 실제적 둔감화, 영상에 의한 모델링이나 실제 모델링, 인지행동적 개입 등이 효율적일 수 있다. 그러나 대부분의 실증적 증거들이 일반 아동들을 대상으로 하는 심리학 실험실 연구결과나 학교 상황에서 수행된 것이라는 데에 그 한계가 있다. 임상적으로 의뢰된 아동들을 대상으로 하여 기법의 효과성을 평가하는 연구하는 것이 앞으로의 과제가 될 것이다.

5. 사회 공포증(사회불안장애)

9세인 Devonte의 어머니 말에 따르면 그는 늘 극도로 수줍어하는 아이이다. 어머니는 Devonte가 밖에 나가 노는 것을 싫어하는 이유를 주변에 사는 이웃이 거칠기 때문이라고 여기면서도, 은근히 그녀는 Devonte가 집에 있기를 더 좋아한다는 것과 교회 집단과 같은 다른 환경에서 아이들과 친해지는 데 어려움을 겪고 있다는 것을 인정한다. Devonte는 또래와 상호작용을 할 때 주로 고개를 숙이고 있으며 눈 맞춤을 피하고 중얼거리는 말투를 보인다. 학교에서 앞에 나가 발표를 해야 할 때는 극도로 긴장하여 땀이 하염없이 흐르고 교실 안의 모든 눈이 자기를 향한다는 생각에 두려움을 느낀다. 실제로 그는 공개적으로 뭔가를 해야 하는 날에는 학교 가는 것을 피하기 위해 종종 막연한 고통과 통증을 호소한다. 현재, 그는 교회에서 한 두 명의 친구가 있지만 같이 놀자며 친구들을 집으로 초대하지도 않았으며 친구들도 그를 몇 번 초대했다가 거절당하자 이제는 더 이상 그를 초대하지 않고 있다. 그는 다른 사람이 자기에 대해 어떤 생각을 할지에 대해 자주 걱정하며 또래가 웃고 있을 때 그들이 자기를 비웃었다고 추측하곤 한다. 그의 어머니는 그가 올해에만 네 번 연속으로 학교의 사회적 행사에 참여하지 않기 위한 변명을 지어냈을 때야 비로소 뭔가가 잘못됐다는 것을 깨달았다. 그는 파티에 가서 뭐라고 말해야 할지 몰랐으며, 다른 아이들이 자신을 멍청하거나 볼품없다고 볼 것이라는 걱정 때문에 파티가 "재미없다"고 불평했다.

정의 및 특성

사회불안장애라고도 부르는 사회 공포증은 아마도 가장 고통스러운 아동기 불안장애 중 하나일 것이다. 사회 공포증을 겪는 아동은 고통스럽게 자기를 의식하고 사회적 상황을 회피하며 자신이 난처하거나 창피하게 될 무언가를 하게 될 것이라는 두려움을 느낀다(**표 8.4** 참조). 그들의 불안이 드러날 것이라는 바로 그 생각이(예: "내 얼굴이 빨개질 거야.",

표 8.4 사회 공포증(사회불안장애) DSM-IV-TR 진단기준

A. 한 가지 또는 그 이상의 사회적 상황이나 활동 상황에 대한 현저하고 지속적인 두려움, 즉 개인이 친숙하지 못한 사람들이나 타인에 의해 주시되는 상황에 대한 두려움, 개인들은 자신들이 수치스럽거나 당혹스런 방식으로 행동할까봐(또는 불안 증상을 보일까봐) 두려워한다.
주의: 아동의 경우, 친한 사람들과는 연령에 적절한 사회적 관계를 맺을 수 있는 능력이 입증되어야 하며, 불안은 성인과의 상호관계에서뿐만 아니라 또래와의 관계에서도 일어나야 한다.
B. 두려운 사회적 상황에서의 노출은 언제나 예외 없이 불안을 유발시키며, 이는 공항발작으로 나타날 수 있다.
주의: 아동의 경우, 불안은 울음, 짜증, 냉담, 또는 낯선 사람들과의 사회적 상황에 대한 회피 등으로 표현된다.
C. 본인은 자신의 두려움이 지나치거나 비합리적인 것임을 잘 알고 있다.
주의: 아동의 경우, 이런 특징은 존재하지 않을 수 있다.
D. 공포스러운 사회적 상황이나 활동 상황을 회피하려 하고 그렇지 못할 경우 강한 불안과 고통을 경험하게 된다.
E. 회피, 불안예기 또는 고통이 개인의 정상적인 기능, 사회적 활동 혹은 대인관계에 심한 지장을 주고, 또는 공포를 가지고 있는 것에 대해 뚜렷한 고통이 있다.
F. 18세 미만의 사람에게는, 기간이 적어도 6개월 이상이어야 한다.

출처: 미국정신의학협회의 허락하에 *Diagnostic and Statistical Manual of Mental Disorders*—Fourth Edition Text Revision(2000)에서 인용함.

"그들은 내 손이 떨리는 것을 알아챌 거야.") 고통의 큰 근원인 것이다.

사회 공포증을 겪는 아동은 사회적 상황에서 불편한 신체적 증상을 경험하는데, 이런 증상들은 높은 심박수, 떨림, 발한, 배탈, 설사, 얼굴 붉힘, 더 큰 공포를 만드는 "멍해지는" 느낌(예: "갑자기 화장실을 가고 싶은 순간에 갈 수 없다면 어떡하지?") 등이다. 이런 불안 증상은 때론 기절할 것 같고, 대변이 나올 것 같고 혹은 "죽을 것 같다"고 느껴질 정도의 공포 수준에까지 도달할 수도 있다. 또한 사회 공포증을 겪는 아동은 확신이 없고 비판에 대해 과도하게 민감한 경향이 있다.

아동기 초기 사회 공포증은 주로 과도한 수줍음이라는 형태를 보인다. 사회 공포증을 지닌 아동은 친숙하지 않은 성인이나 또래가 접근할 때 극도로 고통스럽게 반응하면서 울거나, 달라붙고, 짜증을 내고, 무언증의 일맥인 표현의 억제를 보인다. 그들은 집단 놀이에 참여하는 것을 거절하고 사회적 활동의 주변에만 머무르며 또래와 어울리는 것보다 성인과 어울리는 것을 더 선호한다. 아동기 중기 학교는 공포의 중심이 되는데(Rapee & Sweeney, 2001), 이것은 학교 장면에서 아동에게 주어지는 많은 사회적 상호작용과 요구를 고려해보면 놀랄 만한 것이 아니다.

애석하게도 생일파티, 휴식, 놀이처럼 아이들이 가장 좋아하는 활동들이 사회 공포증을 겪는 아이들에게는 강렬한 불편감의 근원이다. 예를 들어, 15세의 한 소년은 학교 댄스파티를 앞두고 몇 주 동안 긴장감을 경험하기 시작했는데, 학교 댄스파티에 결국 못 가게 될

것이라는 예기불안이 날짜가 다가올 때까지 몇 주 동안 지속되었다. 불안한 아동은 그들이 두려워하는 것을 단호하게 회피하기 때문에 악순환에 사로잡히게 된다(APA, 2000). 사회적 상황에 대한 이런 회피는 그들이 사회적 기술을 연마하고 훈련할 수 없게 하고, 결국에는 사회적 침착성이 부족하게 한다. 또한 이런 사회적 어색함(awkwardness)은 스스로에 대한 부정적 시각을 굳히게 하고 사회적으로 더 회피하도록 만드는 데 기여한다. 또한 또래 아동들이 이와 같이 경직되고 냉담한 아동에게는 매력을 덜 느끼기 때문에 사회적으로 불안을 갖는 아동은 실제로 또래에게 거부당하게 되며, 이로 인해 낮은 자기존중감과 열등감을 갖게 될 수도 있다.

발달적 고찰 수많은 아동이 성인 앞에서는 수줍어하고 말수가 적어진다는 사실을 고려하여, DSM-IV-TR의 진단기준은 사회적 불편감이 또래와의 상호작용에서 나타나야 한다고 기술하고 있다. 다른 발달적 관점은 아동이 일으킨 강렬한 불안 때문에 사회적 관계에 참여하지는 못하지만 연령에 적절한 사회적 관계를 할 수 있는 능력은 보여야 한다는 것이다. 대부분의 불안장애와 마찬가지로 사회 공포증을 겪는 아동은 자신의 문제에 대한 통찰이 어려울 것으로 기대되기 때문에, 본인의 불안이 비합리적이라는 것을 인식한다는 진술이 아동의 경우에는 진단에 적용되지 않는다.

게다가 DSM-IV-TR은 일시적인 사회적 불안과 같은 간단한 일화는 아동기와 청소년기에 흔한 것이라고 경고하고 있다. 특히 청소년기 아동은 사회적 불편감과 "모두가 나를 보고 있다"는 느낌에 취약하다. 그러므로 어린 아동의 경우 진단을 내리기 전에 증상이 적어도 6개월 이상 지속되어야 한다.

특성

유병률 사회 공포증 유병률은 연구마다 광범위한 차이가 있지만, 일반아동에서는 약 1~2% 정도이며(Rapee & Sweeney, 2001), 청소년에서는 6.3%로 높다(Verhulst et al., 1997). 정신건강 클리닉을 찾은 아동에서의 유병률은 27~32%에 이른다(Weiss & Last, 2001). 일반 집단에서는 여성이 남성보다 더 많지만 임상 집단에서의 유병률에는 성차가 없다. 남자 아이가 지나치게 수줍어할 경우 어른들은 치료에 대해 충분히 고려하는 반면, 여자 아이에 대해서는 그러한 조치를 덜 할 수 있다(Rapee & Sweeney, 2001). 민족의 차이에 대한 얼마 안 되는 자료들은 사회 공포증이 아프리카계 미국 청소년들에 비해 유럽계 미국 청소년에게 더 흔하다고 보고한다.

공병 다른 장애를 겪고 있지 않는 경우, 사회 공포증도 거의 나타나지 않는다. 예를 들면, Last와 동료들의 연구(1992)에서는 사회 공포증을 겪는 아동의 87%가 다른 불안장애 진단기준에 부합된다고 밝혔다. 우울증이나 다른 내면화 장애로까지 공병이 이어질 수 있다. 사회 공포증으로 진단된 25명의 아동을 대상으로 한 Beidel과 동료들의 연구(1999)에서는 20%가 특수 공포증, 16%가 GAD, 8%가 우울증의 진단기준에도 부합되는 걸로 나타났다.

그러나 다른 16%의 아동은 ADHD를, 또 다른 16%의 아동은 학습장애를 겪기도 했다.

변별진단 GAD와는 달리 사회 공포증은 사회적 관계라는 맥락에만 국한되며 다른 공포증과는 달리 나름의 진단기준이 있다. 분리불안을 느끼는 아동은 애착대상과 함께 있을 때는 다른 대상에 대해서 두려움을 느끼지는 않는다는 사실을 기준으로 분리불안과 확실히 구별된다. 더욱이 사회 공포증은 타인의 평가에 대한 불안의 질에서 독특함을 보인다.

문화적 차이 서구 문화에서는 사회불안이 난처함(embarrassment)이라는 유형으로 나타나지만 일본과 한국에서 이뤄진 연구들에서는 사회 공포증을 겪는 사람은 타인에게 무례함의 인상을 줄 것이라는 공포를 더 나타내는 것으로 보인다(APA, 2000). 예를 들면, 그들은 얼굴 붉힘, 눈 맞춤, 체취 등이 다른 사람을 불편하게 할 수 있다는 점을 두려워한다.

발달경로

사회 공포증은 일반적으로 십대 초반에 최초로 진단된다(Weiss & Last, 2001). 그러나 사회 공포증을 겪는 사람은 종종 사회적 억제와 수줍음의 최초 발병 시기가 10세 이전이라고 보고한다(APA, 2000). 사회 공포증은 발병 시기가 이를수록 성인기에 더욱 치료되기 어려운 불안을 가져올 것이다(Beidel & Turner, 1998). 사회불안은 아동기 전반에 걸쳐 다양한 맥락에서 발달에 영향을 미친다. 이런 아동은 잦은 결석, 수업 불참, 평가불안 혹은 시험불안 때문에 학교에서 더 열등하게 수행하게 될 수 있다. 게다가, 만성적으로 걱정을 하는 아동은 자신의 학문적 과업에 온전히 주의를 기울이는 것이 매우 어려울 수 있다. 사회 공포증을 겪는 사람은 대학 및 성인기에는 감독관 및 동료에게 공개적으로 말하는 것에 대한 공포 때문에 낮은 성취를 보일 수도 있다. 사회적 불안을 겪는 이들은 성인기에 친구들이나 사회적 지지가 거의 없고 결혼을 못할 것 같다고 보고하기도 한다. 심각한 사회불안은 학교 중단과 사회적 고립과도 관련될 수 있는데, 어떤 성인은 원가족과 절대 떨어져 살 수 없다고도 한다. 우울증과 약물남용이 이어질 수도 있다(Beidel & Turner, 1998).

Gaspi와 동료들은(1988) 아동기 사회불안의 치명적인 영향에 대한 주목할 만한 그림을 그렸다. 1장에서 기술했던 것처럼, 이 연구자들은 1950년대 아동기 초반에서 성인기에 이르기까지 평생에 걸쳐 사람들을 추적했다. 연구결과는 아동기 수줍음이 남자의 발달에서 주효과를 보인다는 것이다. 아동기에 말수가 적고 느린, 수줍은 남성은 성인기에는 무관심하고 사회적으로 차분함이 부족하고, 행동하기를 꺼려하며, 직면한 장애물로부터 철수하는 경향이 있다. 그들은 아이였을 때 마지못해 새로운 상황에 들어섰던 것처럼 성인기에서도 역시 새로운 역할로 이행하기 어려워했다. 그 결과 그들의 결혼, 자녀 갖기, 직업 선택이 지연되었다. 이런 남성의 일대기를 이해하기 위한 시도로 Caspi와 동료들은 "상호작용적 연속성(interactional continuity)" 개념을 제안했다. 이런 남성은 소심하고 사회적 기술이 부족하기 때문에 야구팀에서 마지막에 선택되는 것과 같이 등한시되고, 깔보이며, 무시당하는 경향이 있다. 교류적 과정(transactional process)이란 관점에서 보면, 이들의 수줍음은 타인으로 하여금 이들에게 부정적으로 반응하도록 하며 이로 인하여 수줍음은 더 악화되고, 결국 스스로를 더욱 철수하게 하는 방식으로 타인과 상호작용하게 한다. 여성의 경우 아동기 수줍음과 성인기 성격과 분명한 관련은 없다. 여성의 경우 아동기에 수줍음을 많이 경험하면 청소년 후기에 높은 포부를 가지고 내부 지향성(inner-directedness)을 보이며 상당히 독립적이며 지적인 문제에 관심을 두는 것으로 보인다. 그러나 또래 남성과 같이 여성도 직면한 좌절에서 철수하고 마지못해 행동하게 되는 경향이 있다. 아동기에 수줍음을 타던 여성이 성인기에는 그렇지 않은 여성에 비해 집 밖에서의 활동보다는 가사-중심적인 생활양식을 더 선호한다. 역사적 관점에서 논하는 연구자들은 여성은 결혼, 가족, 가사라는 전통적 여성의 사회적 신념을 고수한다는 점에서, 1950년대에 성인기에 도달한 여성의 경우 아동기 수줍음의 결과가 그리 크지 않을 수 있다고 주장한다. Caspi와 동료들(1996)의 두 번째 연구에서는 3~21세의 표본을 추적하여 불안하고 억제적인 유아들은 다른 유아들에 비해 성인기에 불안장애, 우울증, 약물남용, 자살사고를 더 많이 겪는다고 밝혔다. 사회불안이 이후 발달에 강력하고 치명적인 영향을 끼칠 수 있다는 것은 분명하다.

중재

다른 불안장애와 마찬가지로 가장 효과적으로 입증된 불안장애의 치료법은 인지행동적인 것이다(Kendall, Acshenbrand, & Hudson, 2003). 예를 들면, Beidel과 동료들(2000)은 사회적으로 공포를 느끼는 성인을 위한 개입을 기초로, 아동을 위한 사회 효과성 치료(Social Effectiveness Treatment for Children)라는 프로그램을 개발했다. 아동은 매주 두 번의 치료회기를 갖는데, 첫 회기는 공포 상황에 노출되는 것에 초점을 두었으며 다음 회기는 사회적 기술훈련에 초점을 두었다. 이 프로그램에서 혁신적인 점은 일반화 회기가 포함됐다는 것인데 여기서 사회 공포증을 겪는 아동은 새롭게 학습한 기술을 훈련할 수 있도록 공포증이 없는 아동과 짝을 이뤄 90분 동안 외출을 한다. 잘 통제된 연구에서 통제집단 아동에서는 5%만이 더 이상 사회 공포증 진단기준에 부합되지 않았던 것에 비하여, 치료를 받았던 사회 공포증 아동 중에서는 67%가 진단기준에 부합되지 않았다고 밝혔다. 이런 성과는 치료가 끝난 6개월 이후에도 여전히 나타났다.

Spence와 동료들(2000)의 다른 연구에서는 노출치료에 이완과 관련된 사회기술훈련, 문제해결 그리고 인지적 재구조화를 결합한 아동을 위한 집단치료프로그램의 효과성을 연구했다. 연구자들은 또한 부모가 개입했을 때 치료가 더 효과적인지를 평가했다. 7~14세의 아동들을 대기자 명단, 아동 단독 집단 그리고 부모의 개입이 있는 아동집단에 각각 배치했다. 부모 개입이 있는 집단에서 부모는 아동의 사회불안을 관리할 수 있는 훈련을 받았고 치료자가 시범을 보이고 치료 목표를 강화시키는 동안 아동의 회기를 관찰할 수 있었다. 결과는 두 치료 집단의 아동들에게 상당한 효과가 있었음을 보여준다. 아동 단독 집단에서는 58%, 대기자 리스트에서는 7%가 이후에 진단기준에 부합되지 않았던 반면에 아동과 부모의 개입이 병행된 집단에서는 87%가 이후에 진단기준에 부합되지 않았다. 비록 두 치료법 간의 차이가 유의미하지는 않았지만, 아동이 어린 경우나 부모 스스로가 불안을 지닌 가정의 경우 부모의 개입이 보다 큰 의미를 가질 수 있다(Cobham, Dadds, & Spence, 1998).

6. 분리불안장애

7세인 Lili는 부모와 떨어져 있는 데 항상 어려움을 보인다. 부모가 간단한 용건으로 밖에 나갈 때조차 Lili는 자기를 데려가 달라고 조르거나 부모가 어디를 가는지, 거기까지 어떻게 갈 것인지, 언제 돌아올 것인지 등에 대해 반복적으로 질문하였다. 학교를 가거나 활동에 참여하기 위해 집을 떠날 필요가 있을 경우에 Lili는 종종 "이상한 기분"을 호소하며 집에 있도록 허락해주기를 요구했다. Lili는 때때로 분리되는 순간이 임박하면 상당히 고통스러워하며 부모에게 달라붙고 울거나 차를 발로 차거나 소리를 지른다. 집에 있을 때는 어느 방에서건 혼자 있는 것을 싫어했고 엄마를 쫓아다니려고 하였으며 엄마가 있는 방에서만 놀려고 하였다. 그녀의 부모는 이해해보려고 노력하였으나 이런 집착이 악화되고 있다는 것을 알았다. 그러나 부모가 그것에 항복하지 않으면 Lili의 짜증의 정도는 겁날 정도가 되어버렸다. 결과적으로, 부모는 Lili를 "철들어라"고 격려하는 것과 갈등을 피하기 위해 아이의 요구에 들어주는 것 사이에서 중심을 잡지 못했다. Lili는 또래들과 자기 집에서 논다면 편안하게 놀 수도 있고 부모 중 한 명이 그녀와 함께 있다면 댄스 수업과 같은 활동에조차 참여할 수 있다. 그녀는 결코 집을 떠나서 밤 시간을 보내려고 하지 않았으며 수면에 어려움을 보이고 자신이 길을 잃거나 부모에게 무언가 나쁜 일이 생기는 꿈을 꾸다 깨기도 했다.

앞에서 보았듯이 양육자에 대한 유대감의 발달과 사랑하는 사람의 상실에 대한 공포는 정상적인 유아발달에서 함께 나타나는 것이다. 정상적으로 분리불안은 9~12개월 사이에 나타나고 13~20개월 사이에 절정을 이루다가 이후에 감소한다. 비록 많은 요인들이 유아기의 분리불안을 극복하는 데 영향을 주지만 몇몇 아동의 경우 분리에 대한 공포가 학령전기부터 청소년기에 복귀하여 아동기 분리불안을 일으킨다. 그들에게는 분리 공포가 사회공포증으로 보일 수도 있지만 아동에 대한 신중한 평가는 그런 공포가 병리적인 학교 공포라기보다 오히려 양육자로부터 멀어지는 공포가 학교 공포를 동기화한다는 것을 깨닫게 해준다.

정의

분리불안장애(SAD)의 핵심적인 특징은 아동이 애착됐던 인물, 즉 전형적으로 부모로부터

표 8.5 분리불안장애의 DSM-IV-TR 준거

A. 집 또는 애착대상으로부터 분리되는 것에 대해 발달적으로 부적절하고 과도한 불안이 있는데, 다음 중 세 가지(또는 그 이상)가 나타났다.
  (1) 집 또는 주된 애착대상과 분리되거나, 또는 분리가 예상될 때 반복적으로 심한 고통이 일어난다.
  (2) 주된 애착대상을 잃어버리거나 또는 해로운 일이 일어날 거라고 지속적으로 심하게 걱정한다.
  (3) 불행한 사건(예: 길을 잃거나 유괴당하는 것)이 생겨 주된 애착대상과 분리될지도 모른다고 지속적으로 심하게 걱정을 한다.
  (4) 분리에 대한 공포 때문에 학교에 가는 것 또는 그 외의 장소에 가는 것을 지속적으로 꺼리거나 거부한다.
  (5) 혼자 있게 되거나 또는 집에서 주된 애착대상과 같이 있지 않거나, 또는 다른 환경에서 중요한 성인과 함께 있지 못하게 될까봐 지속적으로 과도하게 두려워하거나 꺼려한다.
  (6) 주된 애착대상이 가까이 있지 않거나 또는 집을 떠나서 잠자는 것을 지속적으로 꺼리거나 거절한다.
  (7) 분리의 주제와 관련되는 악몽을 반복적으로 꾼다.
  (8) 주된 애착대상과 분리되거나, 또는 분리가 예상될 때 신체증상(예: 두통, 오심, 구토)을 반복적으로 호소한다.

B. 장애의 지속기간이 적어도 4주 이상이어야 한다.

C. 발병은 18세 이전이다.

세분할 것:

조기발병: 발병이 6세 이전에 시작된 경우

출처: 미국정신의학협회의 허락하에 *Diagnostic and Statistical Manual of Mental Disorders*—Fourth Edition Text Revision(2000)에서 인용함.

격리되는 것에 대한 과도한 불안이다. DSM-IV-TR 준거는 증상에 대한 포괄적인 목록을 제공한다(**표 8.5** 참조).

특성

유병률

SAD는 일반 집단 중에서는 2~12%, 임상 집단 중에서는 29~45% 정도로 나타났다(Weiss & Last, 2001). SAD는 모든 불안장애 중에서 가장 빈번하며 일반적으로 아동기 장애 중에서는 세 번째를 차지한다(Tonge, 1994). 낮은 사회경제적 계층에서 분리불안이 더 빈번하다는 몇몇 증거들이 제시되고 있는 반면, 민족 간 차이를 보고한 연구는 현재까지 거의 없다(Silverman & Ginsburg, 1998). 일부 연구들은 성차가 없다고 보고하고 있고 다른 연구들은 소년들에게서보다 소녀들에게서 더 많이 나타난다고 보고하는 등, 일관성 있는 결론이 없다. 그러나 Last 등(1992)의 연구에서는 불안장애를 겪는 임상표본의 아동 중에서 SAD

글상자 8.2 사례 연구: 분리불안, 학교 공포증, 혹은 범불안장애?

UCLA 정신의학 연구소의 심리학 수련의인 Leilani Greening과 그의 수련감독관인 Stephen Dollinger박사는 9세의 유럽계 미국 남아인 Bradley A.의 사례를 보고했다. Bradley의 부모는 Bradley가 어둠을 무서워하고 방에서 혼자 자지 않으려고 하는 것이 염려되어 대학 심리학 클리닉에 왔다. 어머니에 따르면 Bradley의 공포는 6세 때 처음으로 나타났다. 어머니(Mrs. A.)는 Bradley와 3살 터울 누나 Janet을 데리고 영화 Jaws를 보러갔다. Bradley는 영화 때문에 매우 놀라 그날 밤 혼자 잠자리에 들기를 거부하였다. 그의 수면 문제는 이후 6개월에 걸쳐 간헐적으로 지속되었으며 다음 여름에는 더 심해져 자기 방에 괴물이 있고 자기를 죽이려고 하는 사람이 있다고 호소하기 시작했다. 그는 방에 불이 켜져 있지 않으면 잠들기를 거부하기 시작했다. Bradley의 부모는 전에 봤던 그 영화 때문에 Bradley가 무서워하는 것이라고 생각해 시간이 가면서 그의 불안이 사라질 것이라고 믿었다. 가을 학기가 됐을 때 Bradley의 증상이 실제로는 좀 나아지기는 했었지만 다음 여름에는 더 심각하게 재발했다. 그는 무섭다며 밤중에 자주 부모를 부르고 울며 깼다. 부모는 Bradley가 다시 잠들 때까지 안심시켰지만 결국 몇 분 후에는 다시 울며 깼다.

Bradley의 문제는 이후 3년 동안 간헐적으로 완화됐다가 재발되기를 반복했다. 가족들은 Bradley를 안심시키거나, 가족 중 한 명이 그의 방에서 같이 자거나, 기도를 하는 등 다양한 해결책을 시도해보았다. 전문가의 도움을 구할 당시에 Bradley의 어머니는 그의 방 간이침대에서 자고 있었다. 온 가족의 기능은 Bradley의 불안을 달래는 것을 중심으로 이루어졌으며 어쩔 수 없이 모든 사건들은 서로에게 소리를 치는 걸로 끝이 났다. 가족의 갈등은 매우 고조되었고 어느 날 밤 Bradley는 울면서 "이렇지만 않다면 난 뭐든 할 거야!"라고 말했다. 그러고 나서 Bradley의 어머니는 전문가의 도움을 구하기로 결정했다.

그 사례를 연구한 임상가는 Bradley와 그의 가족에 대한 평가가 끝나고 두 가지를 발견했다. 하나는 Brad-

로 진단된 아동의 48%가 소년인 것으로 밝혀졌다. SAD는 저소득계층에서 더 빈번하며 평균 이하 학력의 부모를 둔 아동이 많다. 이러한 가족들은 더 애정적이고 친밀한 경향이 있으나 SAD의 발병률은 불안장애를 지닌 어머니의 자녀에게서 더 높다(Crowell & Waters, 1990).

낮은 사회경제적 계층의 아동에게서 SAD의 유병률이 더 높다는 일부 연구결과들이 있다(Silverman & Ginsburg, 1998). 민족 간 차이에 관련된 자료가 제한적이기는 하지만 SAD 증상은 유럽계 미국 아동과 비교했을 때, 아프리카계, 라틴 아메리카계, 아메리카 원주민 아동에게서 더 많이 발생하는 경향이 있다(Compton, Nelson, & March, 2000).

공병 및 변별진단

SAD 아동의 1/3은 GAD라는 2차적 진단을 받았고 다른 1/3의 아동들도 이후 발달에서 우울증으로 진단받았다. 타인을 두려워하는 사회 공포증이나 학교 공포증과 같이 특정한 장소에 가는 것을 두려워하는 것과는 반대로 SAD 아동은 양육자로부터 분리되는 것을 두려워한다. 분리불안, 학교 공포증, GAD의 변별진단이 필요한 사례가 제시된 **글상자 8.2**를 참조하라.

글상자 8.2 사례 연구: 분리불안, 학교 공포증, 혹은 범불안장애? (계속)

ley의 전반적인 불안 수준이 높다는 것이다. 다른 하나는 그의 부모의 불안이다. Bradley의 부모는 가족이 해를 입을 수 있다는 걱정을 Bradley가 자주한다고 면접에서 보고했다. 그는 강도에 대해서 안절부절못하고 위험한 육체노동을 하는 직장에서 야간조로 일하고 있는 아버지가 직장에서 혹은 오랜 귀가 길에 죽을지도 모른다는 걱정을 한다. 그러나 가장 흥미로운 것은 Bradley의 부모가 그의 공포를 공유하고 있다는 것이다. 어머니(Mrs. A.)도 남편이 직장에서 다칠 수 있다는 것에 대해 걱정하고 직장에서 죽은 동료에 대한 많은 이야기를 한다. 게다가 이들은 아버지(Mr. A)가 일하고 있는 밤중에 집에 강도가 올지도 모른다고 걱정했기 때문에 어머니는 집에 장전된 권총을 두었다. 가족 구성원들은 불안에 대처하기 위한 많은 의식을 개발하였다. Bradley와 그의 아버지는 아버지(Mr. A.)가 출근할 때마다 다시는 볼 수 없을 거라고 느껴 마치 마지막인 것처럼 긴 인사를 한다고 보고했다. 부모는 아이가 밖에서 자전거 타는 것을 허락하지 않을 정도로 아이의 안전에 대해 염려하였다. 이후에, 아버지(Mr. A.)는 그의 어린 동생의 죽음에 대한 죄책감을 이야기하면서 이런 공포를 갖게 된 이유를 알려주었다. 동생은 어렸을 때 Mr. A.의 자전거를 타다 트럭에 치여 사망하였다.

임상가는 초기 단계에서 Bradley에게 불안에 맞서도록 이완 훈련을 가르침으로써 자기 숙달(self-mastery)감을 키우도록 했다. 이런 개입이 어느 정도 성공했을 때 치료자들은 부모가 스스로의 불안으로 Bradley의 불안을 강화시키는 것을 중단하도록 돕기 위해 전체 가족 작업으로 치료의 방향을 바꿨다. 이 가족의 강점 중 하나는 그들이 모두 유머 감각을 지니고 있다는 점이었으며, 그들은 그들 간의 상호작용 패턴을 인식하고 결국 그것을 변화시킬 수 있었다.

출처: Greening와 Dollinger(1989).

발달적 고찰

SAD는 청소년기보다는 학령전기에 더 자주 나타난다. 어떤 불안장애 증상은 발달적으로 진전을 보인다. 5~8세 아동의 증상은 애착대상이 해를 입는 것에 대한 과도한 불안, 분리 주제와 관련된 악몽, 분리불안으로 인한 학교 거부 등이다. 9~12세 아동은 분리 그 자체에 고통스러워하며, 13~16세 아동의 경우 두통, 복통과 같은 신체적 불편감과 학교 거부가 주요 특징이다(Albano, Chorpita, & Barlow, 1996).

발달경로

SAD 아동이 치료를 받으러 오는 평균 연령은 10.3세이지만 평균적인 최초 발병 시기가 7.5~8.7세라는 것은 장애를 인식하는 것이 지연되고 있음을 의미한다(Wewiss & Last, 2001).

SAD의 발달경로가 다양하다는 몇몇의 증거가 있기는 하나 그에 대한 연구는 거의 없다. SAD는 스트레스에 대한 반응으로 혹은 "뜻밖에" 재발하거나 완화되기도 한다. 마지막으로 SAD는 성인기에 불안이나 우울증의 위험을 높이며 여성의 경우에는 성인기 공황장애나 광장 공포증이 될 가능성을 높인다(Albano, Chorpita, & Barlow, 1996).

중재

범불안장애에서 기술했던 Kendall(2000)의 인지행동적 고양이 극복프로그램(Coping Cat program) 또한 SAD를 위한 치료법으로 활용되기도 한다(Kendall et al., 2003). 예를 들어, Levin, Ashmore-Callahan, Kendall 그리고 Ichii(1996)는 Allison 사례를 보고했는데, 9세 소녀는 매일 밤 부모의 침실에서 자려고 했기 때문에 부모가 치료를 위해 그녀를 데려왔다. 이러한 그녀의 요구가 친구들과 함께 밤 시간을 보내거나 외박하는 것을 어렵게 만들어 사회적 발달을 방해하고 있었다. 치료자는 Allison이 "초조해하는" 행동(손톱 물어뜯기, 머리카락 씹기)과 불안이라는 정서 경험을 연결시킬 수 있도록 도왔다. 치료자는 또한 Allison이 더 적응적인 사고방식으로 부정적 사고에 맞설 수 있도록 도왔다. Allison은 자신의 부정적 사고를 알아차릴 수는 있었으나 그것들에 너무 압도되어 대안적 생각을 해낼 수가 없었다. 따라서 치료법을 유연하게 사용하는 치료자는 인식보다는 행동("기분이 나아지기 위해 뭘 할 수 있을까?")에 대한 치료로 초점을 바꾸었다. Allison은 일련의 점진적 과제를 숙제로 받고 매일 방에서 혼자 시간을 보내기 시작했다. 부모에게는 Allison이 안락하고 즐겁고 안전함을 느끼며 공포를 이겨내는 데 실패하더라도 그런 시도에 대해 보상받을 수 있도록 그녀의 방을 다시 꾸미는 것과 같은 과제를 부여하였다. 치료 후반 Allison은 SAD 진단기준에 더 이상 부합되지 않았다.

7. 강박장애

10세 남자 아이인 Oskar는 지난 4개월 동안 모든 일에 지각을 하였다. 제시간을 지키는 것에 신경을 쓰지 않은 것이 아니라 집을 나서기 전 안전하게 느껴지기 위해 해야 할 것이 너무 많았기 때문이다. 우선, 인형은 선반에 높이와 열을 맞춰 일렬로 정렬하여 정확히 바르게 놓아야 한다. 그런 후 그는 모든 방에 불이 꺼져 있는지를 확인한 후에도 되돌아가 다시 확인하지만 세 번째 확인도 마다하지 않는다. 예전에 Oscar의 선생님들은 그가 학급에서 가장 단정하고 잘 정돈된 아동이라 그들의 기쁨거리라고 이야기하곤 했으나 최근에 들어서는 그가 숙제 제출을 하더라도 며칠 씩 늦어진다는 지적을 한다. 그의 부모는 그가 하루에 몇 시간씩 열심히 숙제를 한다는 점에서 당황스러울 수밖에 없었다. Oskar에게 자신의 숙제 전략을 얘기해보라고 하자, 줄 쳐진 종이 세 장과 줄이 쳐져 있지 않은 종이 세 장, 새로 깎은 연필 3개, 그리고 교과서를 챙긴다고 하였다. 숙제를 시작하기 전 모든 것이 책상 위의 정해진 자리에 정확하게 놓여 있어야 했다. 답을 적을 때 글자는 정확하게 같은 크기여야 하며, 열 칸의 간격은 정확하게 같은 높이로 쓰여 져야 했다. 만약 아주 작은 실수라도 하면, 그는 종이를 찢고 처음부터 다시 시작해야 했다. 그냥 틀린 부분만 지우고 계속할 수 없는 이유를 물었을 때 Oskar는 명백히 혼란스러워하며 "난 절대 그렇게 할 수 없어요. 난 참을 수가 없어요."라고 말했다.

정의 및 특성

정의

강박장애(Obsessive-Compulsive Disorder; OCD)는 침투적 사고(**obsession**)와 행동(**compulsions**)을 특징으로 한다. 게다가, 이런 사고와 행동은 (1) 아동이 통제할 수 없는 것으로부터 발생하며, (2) 스스로 억누를 수 없고, (3) 종종 비합리적이라고 인식된다(DSM-IV-TR 준거는 **표 8.6** 참조).

가장 빈번한 강박적 사고(obsession)는 세균 혹은 오염에 대한 공포, 자신 혹은 타인이 해를 입을 것이라는 공포, 그리고 과도한 신앙 등과 관련된다(Chang & Piacentini, 2002). 모든 강박적 사고가 불안과 관련 있는 것은 아니다. 아동은 침투적 사고, 역겹거나 불편한 감정, 혹은 반드시 그렇게(just-right phenomenon)라 부르는 증상으로 무엇인가가 바르지 않다는 모호한 느낌을 불평할 수 있다(**표 8.7** 참조).

아동에게서 가장 흔한 강박적 행동(compulsion)은 손 씻기, 반복적인 확인(문이 잠기었다

표 8.6 강박장애의 DSM-IV-TR 준거

A. 강박적 사고나 강박적 행동이 있다.

강박적 사고는 (1), (2), (3), (4)로 정의된다.

(1) 이 장애 동안 어떤 때에는 반복적이고 지속적인 사고, 충동, 또는 심상 등이 침입적이며 부적절한 것으로 경험되고, 현저한 불안이나 고통을 일으킨다.

(2) 그러한 생각, 충동, 심상은 단순히 실제 삶 속의 문제들에 대한 지나친 걱정만은 아니다

(3) 개인은 이러한 사고, 충동, 또는 심상을 무시하거나 억압하려고 시도하며 다른 생각이나 행동을 통해서 이를 중화시키고자 한다.

(4) 개인은 강박적 사고, 충동 또는 심상이 자신의 마음에서 비롯된 것임을 인식하고 있다(사고 주입의 경우처럼 외부에서 강요된 것이 아닌).

강박적 행동은 (1)과 (2)로 정의된다.

(1) 개인의 강박적 사고에 대한 반응으로, 또는 엄격하게 적용되어야 한다는 원칙에 따른 압박감 때문에 강박적 행동(예: 손 씻기, 정리정돈하기, 점검하기)을 하거나 정신적 활동(예: 기도하기, 숫자세기, 속으로 단어를 반복하기)을 하는 것 등이 있다.

(2) 강박적 행동이나 정신적 활동은 고통을 예방하거나 감소시키고 또한 두려운 사건이나 상황을 방지하거나 완화하려고 하는 것에 목적이 있다. 그러나 중화하거나 방지하려고 하는 이와 같은 행동이나 정신적 활동은 현실적인 방식으로 연결되어 있지 않으며, 분명하게 지나친 것이다.

B. 이 장애의 경과 중 어느 특정 시점에 개인은 자기의 강박적 사고나 강박적 행동이 지나치거나 비합리적인 것임을 알 수 있다. **주의:** 아동에게는 이러한 조건이 적용되지 않는다.

C. 강박적 사고나 강박적 행동은 심한 고통을 초래하거나, 시간을 소모하게(하루에 1시간 이상) 하거나, 개인의 정상적인 기능, 사회적 활동 혹은 관계를 심각하게 방해한다.

출처: 미국정신의학협회의 허락하에 *Diagnostic and Statistical Manual of Mental Disorders*—Fourth Edition Text Revision(2000)에서 인용함.

표 8.7 아동기 OCD의 일반적인 강박적 사고와 강박적 행동

강박적 사고	강박적 행동
오염	씻기
자기 혹은 타인의 위해	반복하기
공격성	확인하기
성	접촉하기
종료, 도덕성	세기
금기된 사고	배열/정렬하기
대칭(symmetry)	비축하기
말하기, 질문, 고백의 욕구	기도하기

출처: March와 Mulle(1998).

는 확신을 하기 위해 계속해서 확인하는 것), 질서정연하게 정돈하는 것에 대한 집착, 반복해서 개수를 세거나 특정 횟수로 물체를 만지는 등의 행동을 포함한다(Chang & Piacentini, 2002). 여러 가지 의식을 조합하는 것 또한 드문 일은 아니다. 세균을 무서워하는 11세 남아는 스스로를 보호하기 위해 다양한 방식으로 마법의 숫자 4를 활용한다. 예컨대, 그는 먹기 전에 포크를 4번 만지고, 학교 체육관의 락커룸에 들어갈 때 4까지 세며, 잠들기 전에 침대에 들어갔다 나오는 것을 4번 반복한다. 완벽하게 날카롭게 깎은 연필들을 4개 그룹으로 줄을 세워놓기도 한다. 이러한 의식이 효과가 없다고 걱정되는 경우에는 이것을 4번 반복한다. 강박장애가 얼마나 파괴적인지는 쉽게 알 수 있다. 이 장애는 가족에게 부담을 줄 뿐만 아니라 아동의 개인적·사회적 학업 생활을 방해한다. 예를 들면, Biacentini와 동료들의 연구(Chang & Piacentini, 2002)에 따르면, OCD를 겪는 아동 162명의 부모들은 그 증상이 다양한 영역의 기능을 방해한다고 보고했는데, 여기에는 집에서의 심부름 완수하기(78%), 밤에 잠자리 들기(73%), 숙제에 집중하기(71%), 가족들과 사이좋게 지내기(70%) 등이 포함된다. 아동의 85% 이상은 OCD가 학교, 가정, 또래관계라는 세 영역 모두에서의 기능을 손상시킨다고 보고했다. 아동의 증상은 학년의 시작, 새로운 집으로의 이사, 가족과의 분리와 같은 스트레스가 있을 때 더 증가할 수 있다. OCD 아동은 많은 노력을 기울이면 학급 혹은 사회적 상황과 같은 특정 상황에서 단기간 동안 행동을 통제할 수 있다. 따라서 교사와 주위 사람들은 그런 어려움에 대해 한동안 인식하기 어려울 수도 있다.

특성

유병률 평생 유병률이 임상아동집단에서는 15%인 것에 비하여, 일반아동집단에서는 1~3%이며 이는 성인의 경우에도 동일하다(Weiss & Last, 2001). 그러나 아동의 OCD는 알아채기 어려울 수 있기 때문에 아동의 유병률은 과소평가됐을 수 있다. 예를 들어, 고등학생들을 대상으로 한 역학적인 연구를 살펴보면 OCD가 있는 극히 소수의 학생들만이 치료를 받았으며 특히, 이렇게 치료를 받은 이들을 포함했음에도 연구 대상이 되었던 전체 학생들 중 실제로 OCD 진단을 받은 사람은 없었다(Flament et al., 1988).

아동기에는 성차가 있는데, 소년이 소녀에 비해 더 일찍 시작하며 수적으로도 더 많다(Rapoport et al., 2000). 그러나 이런 성차는 청소년기에는 거의 사라진다.

민족 및 사회경제적 계층의 차이 소수민족(ethnic minorities)과 소외계층(disadvantaged social classes)의 아동은 OCD 증상이 실제보다 적게 보고되는데(Rasmussen & Eisen, 1992), 이는 이러한 집단의 아동들이 임상의들에게 덜 의뢰된 결과일 수 있다. March와 Mulle (1998)은 이를 확인하고 보고하였는데, 유럽계 미국 아동이 아프리카계 미국 아동에 비해 더 높은 비율로 치료받는 것으로 나타났지만, 대규모의 역학 연구에서는 인종과 민족에 근거한 유병률의 차이는 나타나지 않았다. 특이할 만한 사항은 하와이 원주민 청소년은 다른 민족의 청소년에 비해 OCD로 진단되는 경우가 두 배인데, 이것은 환경과 유전적 요인 모두 관련 있다는 것을 보여준다(Guerrero et al., 2003).

공병 OCD의 공병률은 높다. 지역사회 표본에서는 OCD 아동의 약 84%가 공병을 가지고 있으나(Douglass et al., 1995), 임상표본에서는 약 41%가 공병을 가졌다. 보편적인 공병은 우울증과 다른 불안장애들이며 특히 약물남용뿐 아니라 사회 공포증, 틱과 습관장애(예: 손톱 물어뜯기 혹은 머리 뜯기) 등도 있다. 학습장애도 OCD 아동에게서 흔히 나타나는데 특히 비언어적 추론 문제와 관련된 것이다.

변별진단 반추적 사고와 경직된 행동 패턴은 다른 불안장애 아동에게서도 나타날 수 있지만, OCD를 고유하게 특징짓는 것은 아동의 삶을 지배하고 다른 적응적 활동을 방해하는 수준의 강박적 사고와 강박적 행동이다.

발달적 고찰 발달 초기의 아동에게는 흔히 숙달과 통제 등의 단계특징적인 과제들을 처리하려는 시도로서 약간의 강박적인 사고나 행동 나타날 수 있다. 예를 들면, 학령기 아동은 종종 '반드시 그렇게' 된 것을 원하거나 잠들도록 해주는 복잡한 잠자리 의식을 고집한다(March & Mulle, 1998). 실제 OCD는 그것이 특정 시기에 제한적이지 않으며 발달적으로 부적절하며 결과적으로는 심한 정신적 고통과 역기능을 초래한다는 점에서 구별될 수 있다.

장애가 나타날 때 그 증상이 일반적으로는 아동과 성인의 경우가 동일한 것처럼 보인다. 그러나 Geller와 동료들(1998)은 아동과 성인의 증상에 상당한 차이가 있음을 밝혔다. 예를 들면, 몇몇 연구에서는 아동의 경우 남아에게 압도적으로 많이 나타나지만, 성인의 경우에는 성차가 없었다. 아동 OCD는 ADHD와 같은 파괴적 장애와 함께 나타나기도 하지만 성인의 경우에는 그렇지 않다. 마지막으로, OCD 아동은 지능검사에서 성인보다 열악한 수행 결과를 보이며 유전적 소인도 더욱 강하게 영향을 미친다. 따라서 연구자들은 아동 OCD가 성인 OCD와 본질적으로 동일한 것이라기보다는 발달적 문제의 하위 유형일 수 있다고 주장한다. 우리가 알고 있는 것처럼 아동과 성인의 경우 같아 보이는 행동도 실제로는 서로 다른 내재된 과정을 보여주는 것일 수 있다.

발달경로

최초 발병 시기는 7세 정도이며, 평균 발병 시기는 10~14세이다(Weiss & Last, 2001). OCD

가 만성적인 장애라는 데는 의심의 여지가 없다. 한 종단적 연구에서는 OCD로 진단받은 어린 아동의 43~68%가 2~14년 후에도 계속 OCD 진단기준에 맞았으며, 32%는 다른 공병을 보였다(Bolton, Luckie, & Steinberg, 1995).

OCD로의 발달경로

Douglass와 동료(1955)는 뉴질랜드의 동일연령 집단 아동을 3~18세까지 2년마다 평가한 Dunedin Multidisciplinary Health and Development 연구 데이터를 사용하여 933명 표본에서 OCD의 예언변인들을 조사하였다. 이들은 OCD가 주산기(周産基-perinatal) 문제나 비정상적 출산으로 인해 예상될 수 있거나, 또한 OCD가 신경심리검사에서의 저조한 수행이나 섭식장애 또는 틱장애를 예상시킨다는 그 어떤 증거도 찾지 못했다. 그러나 18세에 OCD 증세를 가진 청소년이 11세경이 되었을 때는 건강한 집단보다 우울증 증세가 더 많이 있었다. OCD 청소년들이 15세가 되었을 때 이들은 건강한 집단보다 불안이 더 높았고 약물남용 수준이 더 높았다. 이 중 84%는 심리적 어려움을 해결하기 위한 도움을 전혀 구하지 않았다. 이 연구가 OCD의 병인론적 설명에 주목한 것은 가치가 있지만 어떻게 우울, 불안, 약물남용이 다른 장애가 아닌 바로 OCD를 발병하게 하는지에 대해서는 답을 제공하지 못한다.

중재

약물치료

OCD를 치료할 때 사용되는 약물 중에서 선택적 세로토닌 재흡수 억제제가 특히 효과적인 것으로 밝혀졌다. 증상이 어느 정도 감소됐다고 보고한 아동이 55%일 정도로 반응률이 긍정적이기는 하지만 증상 심각도의 감소는 단지 20~50%이며, 많은 아동이 OCD로 인해 기능하는 데 있어 상당한 지장을 받는 것이 지속된다(Grados et al., 1999). 그러므로 약물은 OCD를 위한 유일한 치료라기보다는 부수적인 것으로 사용되어야 한다.

인지행동적 치료

인지행동치료는 아동 OCD에 대해 매우 효과적인 치료법으로 증명되어 왔다(March & Mulle, 1998). 치료는 다섯 단계로 진행된다. 첫째, 치료사는 OCD의 문제를 아동보다는 장애에 초점을 맞추어 틀을 잡으면서 OCD에 대한 심리교육을 제공한다. 치료사는 강박적 사고를 "뇌의 딸꾹질"이라는 생각처럼 아동과 친근한 은유로 소개하고, 아동이 자신의 증상에 Germy(세균투성이)와 같은 이름을 붙이면서 그것을 외면화하도록 이끌어 준다. 두 번째로 치료사는 아동에게 건설적인 독백처럼 OCD를 저지할 수 있게 해주는 인지 전략들을 소개한다. 새 번째 단계에서는 아동이 스스로 OCD나 OCD로 인해 느끼는 무력감을 극복했다는 것을 느끼게 해주는 상황을 파악함으로써 아동의 증상들을 지도로 만들어 준다(이제). 아동이 부분적으로 증상들을 극복하는 중간 지역에서 치료사가 아동 곁에서 그가 강박적 사고와 행동에 저항하는 능력을 증가시키도록 돕는 작업 지역으로 이동한다. 네 번째 단계는 치료의 핵심인 ERP, 즉 반응 방지를 겸한 노출로 옮겨 온다. 노출은 말 그대로 아동을 공포 자극에 노출시키는 것이다. 이것은 보통 증상의 위계에 따라 단계적으로 옮겨가며 점진적으로 이루어지지만 때론 다르게, 충격 요법처럼 갑자기 노출시키기도 한다. 예를 들면, 오염을 두려워하는 한 아동에게 불안이 감소될 때까지 "오염된" 물체에 접촉하고 있도록 한다. 반응 방지 과정에서 강박적인 행동의 의식은 저지되는데, 예를 들어 이와 같은 아이는 자신의 손을 씻는 것을 못하게 된다. 점진적인 노출을 통해 아동이 치료에서 얻는 이득도 있지만 치료의 가장 의미 있는 이점은 훈련이 자연 환경에서 이루어진다는 데에 있다. 이러한 치료에 대한 효과성 연구에서 아동의 60~100%가 긍정적인 반응을 보여 인상적인 결과를 가져왔다(March, 1995).

8. 외상후 스트레스장애

6세인 Abby는 가족과 함께 탔던 차와 다른 차가 충돌하여 운전자가 바퀴 옆에 죽어 있던 사고를 경험한지 몇 개월이 지났는데도 여전히 그 악몽을 꾸며 자주 일어났다. Abby와 2세 남동생 Andy는 뒷좌석에 안전하게 있었지만 어머니는 앞 유리에 머리를 부딪쳐 심하게 다쳤다. 차가 여러 번 굴러 결국 도랑에서 멈췄다. 어머니가 고개를 돌려 뒷좌석의 아이들을 확인할 때 Abby는 어머니의 얼굴에 흘러내리는 피를 보기 전까지 단지 당황하고 혼란스러운 것 같아만 보였다. 그러나 그 이후로 Abby는 빨간색에 대해 고통스러운 반응을 보였으며 가족들이 어머니의 머리에 난 상처 때문에 피가 난 것이라고 여러 번 설명해주었음에도 불구하고 어머니의 얼굴에 왜 물감이 묻어 있냐고 반복적으로 물었다. 실제로 누군가 그 사고에 대해 직접적으로 설명하려고 하면 Abby는 종종 손으로 귀를 막았다. 부모는 또한 Abby가 더 움츠려들고 짜증스러워졌으며, 예전엔 상당히 재미있어 하던 미술에도 흥미를 보이지 않는다는 것을 알아차렸다. 그녀는 주위에서 벌어지는 일들에 극단적인 반응을 보였으며 큰 소리나 예상치 못한 소리에 깜짝깜짝 놀랐다.

정의 및 특성

정의

외상적 사건 **외상후 스트레스장애**(posttraumatic stress disorder, PTSD)의 첫 번째 진단기준은 아동이 외상적 사건을 경험했다는 것이며, 외상적 사건이란 DSM-IV-TR에 의하면 사고 혹은 생명의 위협을 당했거나 심각한 상해를 입었거나 자기 및 타인이 위협당한 것과 같은 사건을 의미한다. 여기에 강렬한 두려움, 무기력이나 공포, 혹은 아동의 경우 초조하고 혼란스러운 행동과 같은 사건에 대한 개인적 반응을 의미하기도 한다(**표 8.8** 참조). 이것은

표 8.8 외상후 스트레스장애의 DSM-IV-TR 준거

A. 외상적 사건을 경험했던 사람에게 다음의 두 가지 증상이 모두 나타날 때:
   (1) 사람이 실제적인 또는 위협적인 죽음이나 심각한 손상, 또는 자신과 다른 사람의 신체적 안녕에 위험을 가져다주는 사건을 경험하거나 목격하거나 직면하는 경우.
   (2) 사람의 반응이 강렬한 두려움, 무기력, 혹은 공포를 동반하는 경우.
   주의: 아동의 경우, 이런 반응 대신 혼란스럽거나 초조한 행동을 보일 수 있다.

B. 외상적 사건은 다음의 방식 중 한 가지 또는 그 이상의 방식으로 계속해서 재경험 된다.
   (1) 사건에 대한 반복적이고 침투적인 고통스러운 회상이나 심상, 사고, 지각이 있다.
   주의: 어린 아동의 경우, 외상적 사건의 주제나 특징을 반영하는 놀이를 반복적으로 할 수 있다.
   (2) 사건에 대한 반복적이고 고통스러운 꿈을 꾼다. **주의**: 아동의 경우, 알 수 없는 내용의 무서운 꿈을 꿀 수도 있다.
   (3) 마치 외상적인 사건이 재발하고 있는 것 같은 행동이나 느낌이 계속된다〔사건을 다시 경험하고 있는 듯한 느낌, 착각, 환각, 해리적인 환각 재현(flashback)의 삽화들을 포함하고, 이런 경험은 각성상태 또는 취한 상태에서 생길 수 있다〕.
   주의: 어린 아동의 경우 외상-특징적 재연이 일어날 수 있다.
   (4) 외상적인 사건의 일부 측면을 상징화하거나 닮은 내외적 단서들에 노출되었을 때 강한 심리적 고통이 초래된다.
   (5) 외상적인 사건의 일부 측면을 상징화하거나 닮은 내외적 단서들에 노출되었을 때 생리적 반응이 유발된다.

C. 외상과 연합된 자극을 지속적으로 회피하려고 하고, 전반적인 반응이 무감각해짐(외상 전에는 없었던)이 다음 중 세 가지(또는 그 이상) 나타날 때:
   (1) 외상과 관련되는 생각, 느낌, 대화를 회피하려고 노력한다.
   (2) 외상에 대한 회상을 일으키는 활동들, 장소들, 사람들을 회피하려고 노력한다.
   (3) 외상의 중요한 측면을 회상할 수 없다.
   (4) 중요한 활동에 대한 흥미와 참여가 현저하게 저하되어 있다.
   (5) 타인으로부터의 고립감과 소외감을 느낀다.
   (6) 정서의 범위가 제한되어 있다(예: 사랑의 감정을 느낄 수 없다).
   (7) 미래가 단축된 느낌(예: 직업, 결혼, 자녀, 또는 정상적인 수명을 기대하지 않는다)을 받는다.

D. 증가된 각성반응에 의한 지속적 증상들(외상 전에는 없었던)이 다음 중 두 가지(또는 그 이상) 나타날 때:
   (1) 잠들기나 잠을 계속 자기가 어려움
   (2) 짜증 또는 분노의 폭발
   (3) 집중곤란
   (4) 과도한 경계심
   (5) 지나친 놀람반응

E. 장애(진단기준 B, C, D의 증상들)의 기간이 1개월 이상이다.

세분할 것:
급성(증상 지속기간이 3개월 이하)
만성(증상 지속기간이 3개월 또는 그 이상)
지연(증상의 시작이 사건 후 적어도 6개월 이후)

출처: 미국정신의학협회의 허락하에 *Diagnostic and Statistical Manual of Mental Disorders*—Fourth Edition Text Revision(2000)에서 인용함.

PTSD가 모든 다른 불안장애와 다른 점인데, 바로 불합리함이라는 요소가 없다는 것이다. 한 남자 아이가 일상에서 아무 일도 없었는데 학교 버스 타는 것을 두려워한다면, 우리는 의아해할 것이다. 그러나 길에서 미끄러져 뒹굴었던 일이 있은 후에 학교 버스 타는 것을 두려워한다면 우린 "당연하지!"라고 말할 것이다.

사건이 외상적이라고 정의하는 것은 그렇게 인식되기 때문이다(Pynoos, Steinberg, & Wraith, 1995). 사건에 대한 아동의 평가가 PTSD를 초래할지 아닐지를 결정하는 데 중요하다는 것이다. 예를 들어, 차 사고를 친구들에게 재밌게 들려줄 오싹한 모험으로 보는 아이는 사고가 실제로 얼마나 위협적이었는지에 상관없이 크게 충격을 입지는 않을 것이다. 마찬가지로 사건에 대한 인식에 있어서 수치심, 무기력, 자기비난과 같은 부정적 평가를 하는 아동은 더욱 심각한 외상 후 반응을 나타낼 것이다.

외상적 사건은 두 가지 유형으로 나누어질 수 있다(Terr, 1991). 유형 1의 외상은 급작스럽고 예기치 못한 단일 사건으로, 자동차 사고, 자연재해, 주택 화재 혹은 교내 총기 난사와 같이 "짧고, 격렬하고, 충격적인(short, sharp, shocks)" 것이다. 이와는 대조적으로 유형 2의 외상은 만성적인 아동학대의 피해 아동이 경험한 것과 같이 공포스러운 사건에 오랜 기간, 반복적으로 노출된 것이다. 우리는 여기서는 유형 1의 외상에 초점을 둘 것이며, 14장에서는 아동학대의 맥락에서 유형 2의 PTSD 연구로 돌아갈 것이다.

증상 군집 재경험, 회피, 무감각이라는 증상의 세 가지 군집이 이 장애를 설명해준다(APA, 2000).

먼저, 외상적 사건을 겪은 이후에 PTSD가 발병하는 아동은 사건의 지속적인 재경험을 겪는데, 이것은 침투적이며 사건에 대한 거슬리며 고통스러운 회상이 특징이다. 재경험은 하루 중 예상치 못한 순간에 일어나지만 외상적 사건을 회상하게 하는 것들에 아동이 노출되었을 때 일어나기도 한다. 예를 들면, 가슴에 화상을 입어 극도로 고통스러운 일련의 치료를 받은지 3주가 지난 5세 여아가 식당에서 샐러드바를 채우는 음식 서비스 직원의 흰색 라텍스 장갑을 보고 갑자기 울음을 터트렸다. 그 장갑이 의사가 의료 행위를 하는 동안 끼고 있었던 장갑을 떠올리게 했기 때문이다. 다른 사람에게는 외상적 충격을 받은 사건과 무관하게 여겨지는 소리, 색 그리고 빛의 특질이 언제라도 이들에게는 고통스러운 감정을 일으키는 충격이 될 수 있다. 또한 재경험은 외상적 사건에 대한 꿈 혹은 아동의 경우, 무언가를 잃어버리거나 괴물에게 공격받는 것과 같은 실제로 일어나지 않은 내용의 악몽 형태를 보일 수 있다. 특히 어린 아동의 경우, 재경험은 그 사건의 어떤 면을 재연하는 외상 후 놀이의 형태를 보인다. 놀이로 표현해내는 것이 아동을 위한 치료가 될 수는 있다 하더라도 이러한 외상 후 놀이는 그것이 고통을 완화하는 것이기보다는 반복적이고 강박적이며 불안을 일으키는 것이라는 점에서 다른 것이다. 예를 들면, 동물원에서 원숭이에게 공격당하고 물렸던 경험이 있는 5세 여아는 인형을 가지고 이런 주제를 반복적으로 표현하는 것이 그녀의 공포를 극복하는데 아무런 도움이 되지 못하더라도 그런 놀이를 반복할 것이다.

증상의 두 번째 유형에는 외상과 관련된 자극에 대한 지속적 회피 혹은 무감각한 전반적 반응을 보이는 것 등이 포함된다. PTSD를 겪는 아동은 외상을 회상하게 하는 사람과 사고 혹은 활동을 적극적으로 피하려할 수 있다. 예를 들면, 화상을 입은 적이 있는 여아는 가슴의 상처에 대해 어머니가 이야기를 하려고 하면 언제나 귀를 막으며, 호기심 많은 친구들이 그 흉터가 어떻게 생긴 건지 궁금해 하면 "무슨 얘길 하는 건지 모르겠어."라며 우기기도 한다. 회피는 무감각의 형태로 나타날 수도 있는데, 이것은 이전에는 즐거워하던 활동에 대한 흥미가 두드러지게 감소하는 것으로 확인될 수 있다. PTSD를 겪는 아동은 더 이상 놀이에 대한 흥미를 보이지 않을 수도 있다.

증상의 세 번째 유형에는 증가된 각성이 포함된다. 아동의 경우 고양된 정서적 각성은 수면장애, 짜증, 집중 곤란, 고양된 생리적 반응, 과도한 경계 등과 같은 형태로 나타날 수 있다. 경계적인 아동들은 환경에 대해 과도하게 민감하며 위험 신호를 항상 주시하고 예기치 못한 자극에 대해 격렬하게 반응한다. 외상 후 각성의 표준적 신호는 과장된 놀람반응인데, 예를 들면, 현관문이 갑자기 쾅하고 닫혔을 때 아동은 펄쩍 뛰며 몸을 떨기 시작할 수 있다.

특성

유병률 외상적 사건을 겪은 아동 중 PTSD의 발병률은 높은—12%(March et al., 1997)에서 60%(Pynoos & Nader, 1987)에 달한다—것으로 추정되지만, PTSD 증상을 보이는 대다수의 아동들은 고통에 대한 진단이나 치료를 받지 못한다. 아동의 6% 정도가 18세경에 PTSD의 진단기준에 부합할 것이다(Pfefferbaum, 1997). 성차와 관련한 데이터들은 일관적이지 않다. 큰 표본을 대상으로 한 많은 연구들은 남아에 비해 외상에 노출된 여아가 더 많이 증상을 보인다고 밝혔지만, 다른 연구들에서는 그 반대인 것으로 밝혀졌다(Pfefferbaum, 1997).

민족적·문화적 요인 민족적 차이에 관한 자료는 매우 희박하지만, 임상 장면에 의뢰된 아동 중에서 유럽계 미국 아동에 비해 아프리카계 미국 아동이 PTSD의 보다 많은 병력을 보이는 것 같다(Last & Perrin, 1993).

일반적으로 정치적 폭력, 거처의 이동, 이주 등의 스트레스로 고통 받는 난민 집단에 관한 연구에서는 증상의 표현에 있어 문화적 요인의 중요성을 말해준다. 예를 들면, 캄보디아 난민 아동의 경우 PTSD 및 불안과 우울증의 공병은 보이지만 유럽계 미국 아동에서 나타나는 품행장애나 약물남용의 문제를 보이지는 않는다. 그들은 권위를 존중하고 학교에 대해 긍정적 관점을 가지며 높은 수준의 기능을 보였다(Pfefferbaum, 1977).

공병 및 변별진단 PTSD와 흔히 발병하는 공병은 우울증, 불안, 파괴적 행동장애이다(Amaya-Jackson & March, 1995). PTSD는 특정한 촉발 사건이 있고 증상을 재경험하는 것을 포함한 독특한 증상들 그리고 시간에 따른 진행이 분명하다는 점에서 다른 불안장애와는 구별된다.

발달적 고찰 아동이 외상적 사건에 노출된 이후에 보이는 증상의 종류는 연령에 따라 다양하다(Kerig et al., 2000). 어린 아동의 경우 설사를 하거나, 소변을 참기 어렵거나, 작은 좌절에도 눈물을 쏟거나, 엄지손가락을 빨거나, 불안이나 섭식 문제를 일으키는 등의 퇴행을 보일 수 있다. 분리불안이 다시 나타나기도 한다. 회피와 무감각은 아동을 부주의하게 하고 "멍해지게" 하고 조용하게 하거나 철수하게 할 수 있다.

학령전기 아동은 외상적 사건을 완전히 잊어버리는 것이 어려운데다 인지적 왜곡에 취약하여 보다 큰 고통을 경험하게 한다. 예를 들면, 한 어린 아동은 저격수가 공격할 때 자신과 친구들을 구조하기 위해 왔던 특별기동대원에 대한 기억으로도 고통스러웠는데, 이는 아동이 특수기동대원을 무기를 든 공격자들의 두 번째 무리로 오인했기 때문이다. 어린 아동은 사건의 순서도 혼란스러워할 수 있다. 원인과 결과의 반전은 미신적 재앙 예언을 믿도록 하여, 이는 그들이 사건을 예언할 수 있었고 따라서 재앙을 막았었을 수도 있다는 잘못된 신념을 갖게 한다.

학령기 아동의 경우에 공포와 불안은 두드러지는 증상이다. 또한 두통과 시각 및 청각 문제, 또래와 다투고 거절당하는 것, 그리고 악몽과 야뇨증 같은 수면 문제를 보일 수도 있다. 나이 든 아동은 생각을 통해 이를 재경험하는 반면 어린 아동은 외상적 사건을 정교하게 재현하는 것과 같이 행동(behavior)을 통해 재경험한다. 예를 들면, 나이 든 아동은 가해자로부터 자신을 구하거나 혹은 복수하는 등의 반복적인 공상을 할 수 있다(Terr, 1988).

학령기 아동과 마찬가지로 전청소년기 아동과 청소년들은 다양한 신체적 불평을 호소할 수 있고, 철수하고 식욕과 수면의 결핍으로 고통 받으며, 학업 면에서 붕괴되고 실패할 수 있다. 무감각증은 자신이 타인과 멀어지는 감정을 느끼도록 하며, 고립, 가출, 심지어 공격성을 유발하기도 한다.

아동과 성인 모두에게 적용되는 진단기준을 열거했지만, PTSD의 몇몇 증상은 특히 아동에게서 명백히 나타난다. 예를 들면, 아동과 청소년은 그들이 성장하고 결혼을 하고 혹은 성인이 됐을 때 행복할 것이라고 기대하지 않는다는 점에서 장래가 없을 것 같은 느낌 혹은 미래가 유실된 느낌을 가질 수 있다(Saigh, 1992).

발달경로

몇 안 되는 전망적 연구 자료들은 발달경로가 외상이 얼마나 반복됐느냐에 달려 있다고 시사한다. 아동은 단 한 번 일어난 스트레스 요인에서는 벗어날 수 있지만, 반복적이고 복합적인 스트레스 요인에 노출됐을 때의 고통은 지속된다.

위험, 취약, 보호요인

외상적 사건의 특성뿐 아니라 아동의 특성 또한 PTSD의 발병과 지속 여부를 결정하는 데 기여한다(Kerig et al., 2000). 외상이 강렬하고 반복적이며 인간의 공격성과 관련이 있을 때, 특히 부모와 같이 아동이 안전감을 구하는 사람이나 아동 자신에게 폭력이 가해졌을 때 그 위험(risk)은 증가한다. 가장 강력한 사건은 아동이 직접 경험한 것일 때이다. 가족이 총에 맞았다는 얘기를 전해 듣기만하는 것 같은 대리적 외상보다는 그것을 실제로 목격한 경우 아동은 훨씬 고통스러울 것이다. 반면에 특정한 종료 시점이 있는 급성적 사건일 때 위험은 더 적으며, 다시 평상시의 생활로 되돌아왔을 때 아동은 사건의 영향을 극복할 기회를 가질 수 있을 것이다. 외상에 대한 아동의 취약함을 증가시키는 요인에는 이전의 외상 경험, 까다로운 기질, 낮은 정서적 적응 능력 등이 있다. 보호요인은 지지적인 가족 환경뿐만 아니라 탄력적인 기질, 정서조절기술, 내적 소재의 통제, 스트레스적인 사건을 대처하고 극복하는 방법에 대한 학습 경험 등이 있다(Pynoos et al., 1995).

중재

Nader와 Pynoos(1991)은 위기 중재 전략을 설명했는데, 이것은 지역사회의 폭력 혹은 재앙에 노출된 아동에게 "심리적 응급 치료"를 제공하는 것이다. 임상가는 직접적으로 학교에 처치를 함으로써 아동이 조기에 치료과정에 들어서게 하고 빠르게 처치하여 정신병리적인 반응이 형성되는 것을 예방할 수 있다. 치료의 주요 목표는 PTSD 반응을 정상화시키고 혼란과 공포가 전염되는 정도를 줄이며 치료적 재노출에 참여하게 하는 것이다. 예를 들면, 급우가 총에 맞은 곳에 함께 있었던 아동은 그 사건의 경험을 그림으로 그리고 이야기하게 된다. 아동이 입었던 피해의 치료 혹은 회복을 표현할 수 있을 때, 이러한 치료의 효과가 가장 두드러진다.

Amaya-Jackson과 동료들은(2002) 허리케인, 차 사고, 총기 사고와 같은 단일 사건의 스트레스 요인에 노출된 아동과 청소년을 대상으로 인지행동적 집단 개입을 경험적으로 검증하였다. 이 프로그램에서는 우선 아동 자신이 "미쳐가고 있다"고 느끼도록 하는 증상들을 정상화시키기 위해 PTSD와 관련된 심리교육을 실시한다. 그런 다음 아동은 집단의 다른 구성원에게 자신의 외상에 대한 이야기를 하며, "좋은 결말을 가진 나의 무서운 이야기"라는 제목의 이야기책 형태로 회복에 대한 자신의 이야기를 구성하기 시작한다. 이후 회기에서 아동은 PTSD의 "괴롭힘을 견디기" 위한 불안-관리 전략과 인지적 기술을 배운다. 또한 자신의 외상에 대해 이야기를 하면서, "스트레스 측정계"에 공포의 정도를 표시하게 된다. 그런 다음 치료자는 아동이 피하고 있던 외상 관련 자극에 직면하도록 돕는 점진적 노출과제 수행을 유도한다. 스트레스적인 신호에 조심스럽게 노출시키는 것은 아동이 그것을 꽤 잘 견딜 수 있을 때까지 이완 전략과 병행된다. 아동이 노출 과제를 실행하도록 돕는 데 종종 부모가 핵심 역할을 하기도 하며, 청소년의 경우에는 그런 훈련에 친한 친구가 참여하기도 한다. 연구자들은 그런 개입이 아동에게 상당한 위안을 제공했다고 보고했다. 처치가 끝난 후 아동의 57%는 더 이상 PTSD 진단기준에 부합되지 않았으며, 86%는 6개월 후의 추수 평가에서 진단기준에 부합되지 않았다. 치료 직후에는 PTSD 증상의 40%가 감소되었으며, 추수 평가에서는 증상의 40% 이상이 감소되었다.

9. 불안장애로의 발달경로

아동기 불안 증상은 자라면서 사라지기 쉽기 때문에 불안정하며, 심각하게 여길 필요가 없다는 잘못된 믿음이 최근까지 지속되어 왔다. 우리가 DSM-IV-TR의 불안의 각 범주의 논의는 이와는 반대이다. 다양한 방법과 집단을 사용한 자료에서는 불안장애가 이후의 불안장애 혹은 관련 장애의 위험을 증가시킨다는 것을 보여준다(Kovacs & Devlin, 1998). 게다가 아동기의 불안장애는 장기적 양상을 보이는 장애의 시초가 될 수 있다.

통합적인 발달정신병리 모델

Vasey와 동료들(Vasey & Dadds, 2001; Vasey & Ollendick, 2001)은 불안장애의 병인론에 대한 연구들을 통합한 역동적이고 교류적인 모델을 개발하였다. 이러한 통합은 다음의 네 가지 요소를 포함한다:

I. 기질적 소인
II. 불안장애의 발병에 이르는 두 가지 경로
III. 불안을 유지 혹은 강화시키는 요인
IV. 발병을 중단시키는 데 기여하는 요인

그림 8.2에 이 모델을 도식적으로 제시하였고, 우리는 이제 하나씩 논의해보겠다.

I. 기질적 소인

생물학적 맥락

유전적 위험 불안장애가 유전적으로 전수된다는 것을 보여주는 증거가 있다. 다시 말해, 유전적 위험이 있는 것이다. 가장 설득력 있는 자료는 쌍생아 연구에서 찾아볼 수 있는데, 불안장애가 발생할 위험은 형제간에서보다 일란성 쌍생아에서 더 높은데, 그 이유는 쌍생아들의 유전적 소인이 형제간보다 더 유사하기 때문이다. 유전적 관련성에 대한 증거는 특히 OCD 사례에서 더 강력하다(Chang & Piacentini, 2002). 그러나 일반적으로 불안장애의 경우, 공유된 환경이 여전히 주요 역할을 하고 있는 반면에, 유전성은 변량의 1/3 밖에는 차지하지 못한다고 연구들은 보고하고 있다(Eley, 2001).

유전되는 것은 특정한 불안장애 그 자체가 아니라 불안 스펙트럼에서 장애를 발병시키는 기질적 성향이라는 것을 아는 것은 중요하다. 예를 들면, 청소년 행동 발달에 대한 버지니아 쌍생아 연구는 8~16세의 쌍생아 1,412쌍을 조사하였다. 연구자들은 분리불안과 범불안장애가 유전적으로 관련성이 있었지만 각 장애는 서로 다른 시간 경로를 보인다고 밝혔다: 같은 아동이라도 초기에는 분리불안장애, 청소년기에는 범불안장애가 발병될 가능성이 더 높다.

기질. 현재 불안장애의 생물학적 특성으로 가장 높이 주목 받는 것 중 한 가지는 **행동 억제**

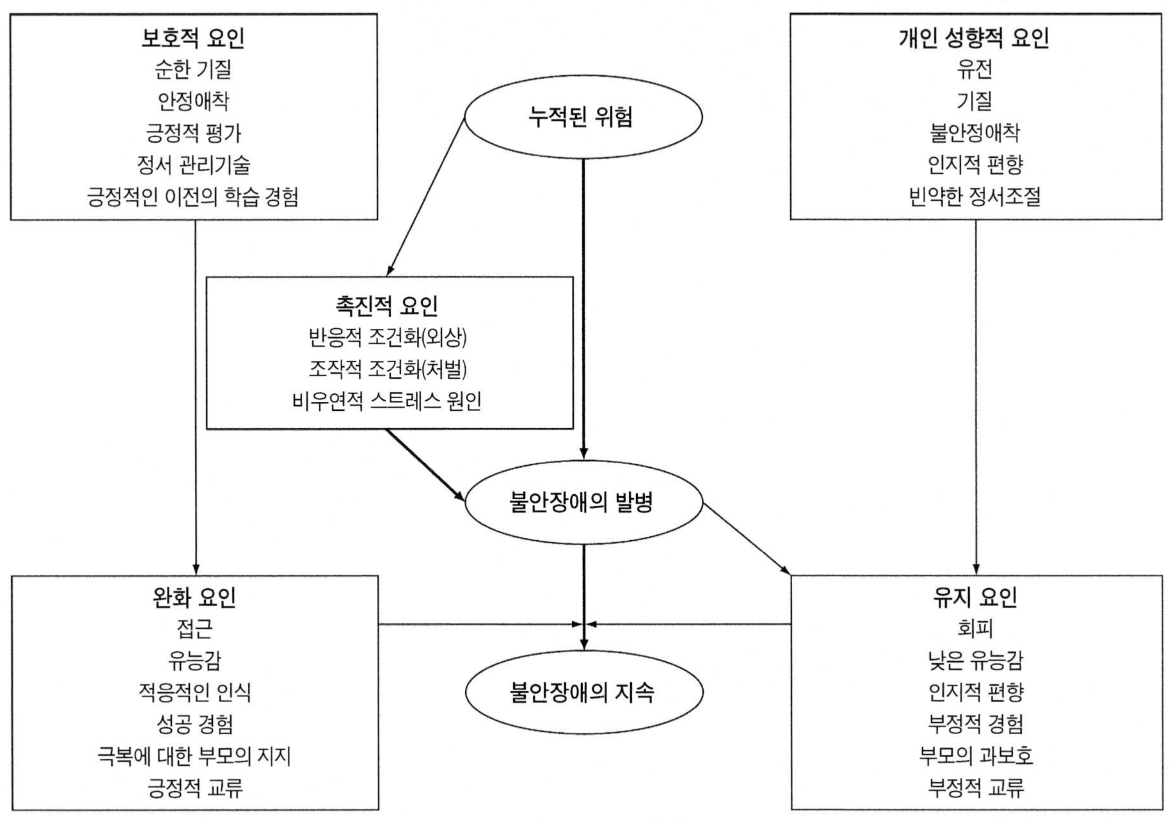

그림 8.2 불안장애 발달의 통합적 모델

출처: M. W. Vasey와 M. R. Dadds(2001).

(behavioral inhibition)(Lonigan & Phillips, 2001)라는 기질적 변인이다(2장 참조). 억제된 유아는 운동 활동이 왕성한 것과 성급한 것이 특징으로 새로운 것에 대해 제한, 위축, 회피, 괴로움 등으로 반응하기도 한다. 뿐만 아니라 그들은 수줍어하고, 철수되고, 무서워하며, 도전을 회피한다. 약 20%의 아동이 억제적인 기질 유형을 타고난다는 연구결과가 있다.

그러나 억제적인 기질의 모든 유아가 불안장애를 겪도록 운명 지어지는 것은 아니다. 대략 10%의 아동만이 불안장애를 발병시킬 높은 위험이 유아기부터 아동기까지 안정적으로 남아 있다(Turner, Beidel, & Wolfe, 1996). 이런 아동의 경우 대부분이 행동 억제가 심하다. 이들은 두 가지 혹은 그 이상의 불안장애를 발병시킬 가능성도 있다. 이런 아동들은 그들이 수업시간에 지명되는 것에 대한 두려움이나 낯선 사람이나 군중에 대한 두려움을 보이는 공포증을 보일 가능성이 더 높다.

신경생물학적 요인. 불안 경향성의 발달에 내재된 신경생물학적 과정을 밝히는 증거들이 축적되기 시작하였다(Sallee & March, 2001). 공포를 느끼는 동안 스트레스 호르몬이 분비되며 이것은 두려움과 연합된 HPA(시상하부–뇌하수체–부신피질) 뇌 회로를 활성화시킨다. 이런 뇌 회로가 습관적으로 흥분될 때 아동의 불안에 대한 민감도가 상당히 높아지게 된다(Gunnar, Bruce, & Donzella, 2001). 이런 의견을 지지하는 연구들은 억제적인 기질을 가진 아동들의 HPA 회로가 낮은 역치에도 각성되며 교감 신경계가 활성화되는 것을 밝혔다(Oosterlaan, 2001). 게다가 억제적 아동의 부모는 다른 부모들에 비해 사회 공포증을 더 높은 비율로 보일 수 있으며, 자신의 아동기에 불안장애를 경험한 것으로 나타나 불안의 생물학적으로 관련성에 증거를 제공하였다(Biederman et al., 1995). 그러나 연구 증거들은 여전히 혼재되어 있기도 하는데, 어떤 연구에서는 수줍어하고 불안한 아동이 위협에 대처할 때 코르티솔 분비의 수준이 억제되었음을 보고하기도 하였다.

신경생물학적 요인의 다른 증거는 PTSD의 연구에서도 찾아볼 수 있는데, 극단적 수준의 불안에 대한 노출은 뇌의 화학작용에 영향을 미쳐 신경세포, 뇌 구조 그리고 기능에 영향을 준다(De Bellis, 2001).

가족 맥락

애착 불안정애착이 불안장애의 발병 가능성을 증가시킨다는 가정을 뒷받침하는 증거들은 많이 있다(Thompson, 2001). 불안정한 유아의 양육자는 유아의 요구에 둔감하거나 반응적이지 않다는 사실을 상기시켜 보자. 아동에게 있어 이러한 경험은 이후 세상에 관하여 믿을 수 없고 예측 불가능하다는 관점을 갖게 하며 자신은 이에 따른 불안을 통제하는 데 무능력할 것이라는 믿음을 갖게 한다. 안정애착은 정서조절과 같은 중요한 능력을 발달시키는데 필수적인데, 이것은 아동이 일어날 수 있는 어떤 강한 정서에도 대처하고 다룰 수 있다는 자신감을 가지고 새로운 상황에 접근할 수 있게 해준다.

많은 연구들은 불안정한 유아들이 안정된 유아들에 비해 자유놀이 상황과 환경을 탐색하는 데 있어 더 두려워하며, 또래와의 관계에서 더 수줍어하고 철수한다는 것을 보여주었다. 불안정애착이 불안장애의 발달을 예언한다는 증거들이 더 있는데, Warren 등(1997)은 172명의 유아를 대상으로 한 전망적 연구에서 영아기 불안정한 애착으로 분류되었던 영아 중 28%가 17세가 되었을 당시 혹은 그 이전에 불안과 관련된 문제를 가진 것으로 밝혀졌다. 이와는 대조적으로, 안정애착으로 분류된 아동 중에서는 13%만이 그런 증상을 보였다. 특히 불안정-저항애착 및 혼란애착유형은 불안장애의 위험을 더욱 증가시키는 것으로 밝혀져 왔는데, 몇몇 연구에서는 100% 달하기도 하였다(Manassis, 2001 참조).

대인간 맥락

인지적 편향 불안장애를 겪는 아동은 수많은 정보처리 편향들을 보인다(Vasey and Dadds, 2001). 첫째로 주의 편향을 들 수 있는데, 불안장애를 겪는 아동은 잠재적으로 위협적인 사건에 대해 특히 민감하다. 예를 들면, 불안장애를 겪는 아동은 그렇지 않은 아동에 비해서 실험 과제에서 비위협적인 단어보다는 위협적인 단어에 선택적으로 주의를 더 집중한다. 불안장애를 겪는 아동은 또한 모호한 상황을 위협적인 것으로 해석한다. 예를 들면, 그들은 집에서 소음이 들리면, 잠그지 않아 덜컥거리는 창문 때문이라기보다는 침입자 때문인 것으로 해석한다. 결국 불안장애를 겪는 아동은 세상은 위험한 곳이며 자신은 그러한 위협을 다루는 데 무능하다고 인식하는 비현실적 인지적 신념을 가지게 된다. 따라서 그들은 자기효능감이 부족하다(아동기 불안에 관한 정보처리의 상세한 논의는 Vasy & MacLeod, 2001을 참조).

이와 같은 이들의 인지적 왜곡은 환경으로부터 유발된 부정적 경험으로부터 야기되며, 이러한 인지적 왜곡들은 아동이 환경을 부적응적인 방식으로 조성하게 하기도 한다. 자기효능감이 낮고 자신을 무력하게 인식하는 아동은 장애에 직면했을 때 빨리 포기하며, 따라서 자신이 두려워하는 실패 경험을 빈번하게 갖게 된다.

정서조절의 결핍. 불안 경향이 있는 아동은 위협적인 상황을 스스로 통제할 수 없다고 믿을 뿐만 아니라 자신의 불안 반응도 스스로 통제할 수 없다고 믿는다. 따라서 그들은 빈약한 정서조절기술을 가지게 된다. 그들은 고통에 직면했을 때 스스로를 달래는 능력이 부족하기 때문에, "공포 그 자체에 대한 공포"를 발달시킨다. 그들이 불안을 압도적이고 참을 수 없는 것으로 본다는 사실은 위협적인 상황에 대한 그들의 주의 편향과 과민함을 가져오게 할 수 있다. 비유적으로 말하자면, 마치 모든 불꽃을 잠재적인 화재폭발이라고 보는 것처럼, 약간의 연기 냄새에도 경보를 울리게 되는 것이다.

II. 불안장애 발병에 대한 두 경로

Vasey와 동료들은 불안장애의 발병에 이르는 두 가지 주요 경로를 기술했다.

누적적 위험 경로 첫째 경로는 점진적이며 여러 가지 촉진 요인의 잠재적인 영향 등을 포함하는 것으로 시간이 흐름에 따라 만성적으로 높은 수준의 불안을 발달시킨다. 이 경로의 한 가지 예로 억제적 아동을 들 수 있는데, 이들은 불안을 일으키는 자극에 대한 노출에 움츠려 있는 것을 용납 받은 결과, 자신의 두려움이 극복될 수 있다는 것을 결코 배우지 못하고 불안을 견딜 수 없고 통제될 수 없는 것으로 평가하여 점점 더 회피적이 되어간다. 아동의 기질적이고 인지적인 편향이 다른 위험과 교류되면서 강렬해지는 만큼 이런 장애는 시간이 지나면 지날수록 더욱 진전된다.

급성적 사건 경로 불안장애에 이르는 두 번째 경로는 특정 사건에 의해 촉진된 것이다. 이러한 경로에 근거하여 불안장애가 획득되는 데는 다음의 세 가지 기제가 있다. 첫째는 반응적 조건형성에 의한 것이고, 둘째는 조작적 조건형성에 의한 것이며, 셋째는 수반성이 없는 스트레스적인 사건에 대한 노출에 의하여 획득된다고 보았다.

반응적 조건형성(respondent conditioning). 불안이 획득하는 가장 단순한 경우는 외상적 조건형성으로서, 차 사고로 부상을 당했던 아동이 이후에 자동차를 타는 것을 두려워하는 경우가 그 예이다. 가장 잘 알려진 예는, 11개월 된 Albert의 고전적인 사례(Watson & Rayner, 1920)로, 이 아이는 흰 쥐(조건화된 자극－CS)와 크고 위협적인 소음(무조건적 자극－CS)의 연합에 여러 번 노출된 이후 쥐만 보아도 두려워하게 되었다(조건화된 반응).

반응적 조건형성은 직접적인 경험, 관찰 혹은 소문을 통해 이전의 중립 자극이 부정적인 결과를 가져올 것이라는 기대감(expectation)을 갖게 한다. 외상적 조건형성이 발생하기도 하지만 외상을 경험한 모든 아동이 공포증을 보이는 것은 아니며 공포증을 겪는 모든 아동이 외상을 경험했던 것 또한 아니다. 스트레스적인 사건이 기질과 이전의 학습 경험과 같은 다른 개인적 소인과 상호작용할 때 외상적 반응으로 전개될 수 있다. 그러나 이전의 학습 또한 조건화된 반응의 발달에 대한 보호요인으로 작용할 수도 있다. 예를 들어, 아동이 강아지와 더불어 즐거웠던 경험이 많았다면, 단 한번 개한테 물린 경험이 과거에 아동이 가진 강아지와 관련된 즐거운 기대감을 무효화시키지는 못할 것이다. 그러므로 자극과 관련된 긍정적 학습 경험은 잠재적 억제(latent inhibition)라 불리는 과정을 통해 공포 조건형성을 억제시킬 수 있다(Menzies & Clarke, 1995).

조작적 조건형성(operant conditioning). 조작적 조건형성 경로에 따르면 불안장애는 아동이 어떤 행동(공포 자극에 대한 접근)에 혐오스러운 결과가 뒤따른다는 것을 학습할 때 나타난다. 이 경우, 처벌이 아동의 불안을 강화시키며 더욱더 그 대상을 회피하게 한다. 한 가지 예로 놀이터에서 또래에게 서툰 방식으로 접근했다가 거부당하는 여아의 경우를 들 수 있다. 결과적으로 그 아동은 사회적인 만남을 더욱더 처벌을 예기하는 변별 자극 신호로 보게 되며, 그러한 상황에 노출되는 것을 더욱더 피하려고 할 것이다.

비수반적 노출(noncontingent exposure). 어떤 불안장애는 스트레스적인 사건과 관련 없는 반응에서 일어나기도 한다. 예를 들면, 우리가 본 것처럼 분리불안이 때로는 오랜 투병 혹은 전학과 같은 분리 그 자체와 관련 없는 어떤 스트레스 요인이 발생한 후에 나타나기도 한다. 이와 같은 관련 없는 스트레스 요인이 이전에 아동이 정상적으로 극복한 공포를 다시 원상태로 돌리거나 혹은 탈습관화시켜 불안을 일으켰을 가능성이 있다. 다시 말하면, 아동은 스트레스 대응 면에서 퇴행하여 두려움을 스스로 극복할 수 있도록 발달된 이전 능력들을 잃게 될 수 있다. 예를 들면, 새로운 도시로 이사 가는 것으로 스트레스를 받은 11세경의 남아는 학령전기 어둠에 대한 공포를 극복할 수 있게 해줬던 인지적 전략들을 유지하는 데 실패할 수 있다. 다른 대안적 설명은 스트레스 사건이 주요 보호요인의 기능을 방해함으로써 불안 발병에 기여할 수도 있다는 것이다. 예를 들어, 오랜 투병으로 학교를 못 갔던 한 여아는 학교로 돌아왔을 때 학업 면에서 또래에게 뒤처지게 되어 이전에 보유했던 높은 학업성취라는 보호요인을 잃게 될 수도 있다.

III. 불안을 유지 혹은 강화시키는 요인

불안장애는 일단 발병하면 아동이 자신의 환경에 가지고 있었던 영향력 때문에 지속된다. Vasey와 Dadds(2001)에 의하면 불안은 다음의 다섯 가지 요인들에 의해 유지되고 강화된다: (1) 불안을 각성시키는 상황을 회피하려는 아동 자신의 경향성, (2) 저조한 학업적·사회적, 정서조절기술, (3) 인지적 편향, (4) 부정적 경험, (5) 부모와 다른 성인의 반응

회피의 결과 전형적인 불안의 극복이 겁나는 상황을 직면하여 불안을 건설적으로 극복하

는 것을 학습하는 것까지 의미한다고 가정한다면, 회피는 불안의 극복을 막고 불안이 지속되게 하는 것으로 볼 수 있다. 회피할 경우 불안이 일시적으로 감소될 수 있기 때문에, 회피는 아동에게 유혹적인 올가미이다. 수줍은 아이는 휴식시간 동안 공포스러운 집단게임에 참여하는 것을 피해 있을 때 안도감을 느낄 수 있다. 그러나 동시에 그녀는 집단 참여에 필요한 사회적 기술을 학습하는 기회를 박탈당할 뿐만 아니라 집단 활동에 대한 자신의 비현실적인 신념을 교정할 기회조차 잃게 된다. 결국 억제된 아동은 오히려 자신이 위험에 노출될 가능성을 더 증가시키게 된다. 불편하게 여겨지는 상황을 회피함으로써 억제적인 아동은 그런 불안을 습관화시키고 극복할 기회를 제한하게 되는 것이다.

낮은 유능감 앞의 사례에 나타났듯이, 회피는 상황을 극복하고 유능감을 발달시키지 못하게 할 수 있다. 사회적 상호작용에서 움츠러드는 아동은 훈련기회와 침착함이 부족하여 더욱 취약해지며, 보다 많은 사회적 실패를 경험하게 된다. 습관적 회피는 기술의 결핍을 초래하고 그것은 학업성취와 사회관계 모두에 부정적인 영향을 미친다. 예를 들면, 사회적 불안 및 철수는 아동기 중기의 또래거부 및 따돌림과 관련되며, 이는 다시 청소년기 외로움과 우울로 연결된다(Rubin, 1993). 회피는 또한 아동이 자신의 공포를 견디고 극복할 수 있게 해주는 많은 정서조절기술을 발달시키는 것을 막기도 한다.

인지적 편향 회피는 불안을 유지시키는 인지적 편향이나 인지적 왜곡을 초래할 수도 있다. 불안증을 겪는 아동들은 위협적 단서에 특히 주목하고 모호한 정보를 위협적인 것으로 해석하는 등의 주의 편향을 가짐으로써, 자기 스스로 불안이 지속되게 하는 세계를 구축한다. Clark(2001)은 사회적 불안의 발달에 있어서 인지의 역할을 설명하는 모델을 제시하였다(**그림 8.3** 참조). 우선, 불안증을 경험하는 아동은 자신과 타인에 대한 왜곡된 가정들을 갖고 있으므로 특정 상황에서 나타날 공포스러운 결과와 관련된 부정적 사고를 경험한다. 이런 가정은 세 가지의 범주로 나누어진다: 스스로에 대한 과도하게 높은 기대감(예: "난 항상 완벽하게 침착하고 자신감 있게 보여야만 해", "나는 항상 얘기할 흥밋거리를 가지고 있어야 해"); 공포스러운 결과에 대한 조건적 신념("만약 내가 얼굴이 붉어지면, 사람들은 나를 놀릴 거야", "만약 내가 아무 말도 안하면, 그들은 나를 지루하다고 여길 거야"); 자기에 대한 부정적 신념("나는 이상해", "나는 무능력해"). 이러한 가정들은 아동이 사회적 상황을 위협적인 것으로 평가하게 하며 부정적인 결과를 예상하게 하고, 타인의 행동이 자신에 대한 부정적인 평가를 나타내는 것으로 해석하게 한다. 이런 종류의 사고는 청소년기에는 "모든 눈이 나를 향해 있다"며 과도하게 자신에게 초점을 맞추고 사회적 공포를 느끼게 할 수도 있다. 불안에 대한 신체적이고 인지적인 증상이 강렬해질수록 아동은 회피를 통해 안전감을 추구하려한다.

부정적 경험 이전 단락에서 언급한대로 불안을 겪는 아동의 인지적 편향과 회피 경향은 주요 발달적 장면에서 자신의 능력을 키우는 기회를 박탈한다(Vasey & Dadds, 2001). 이

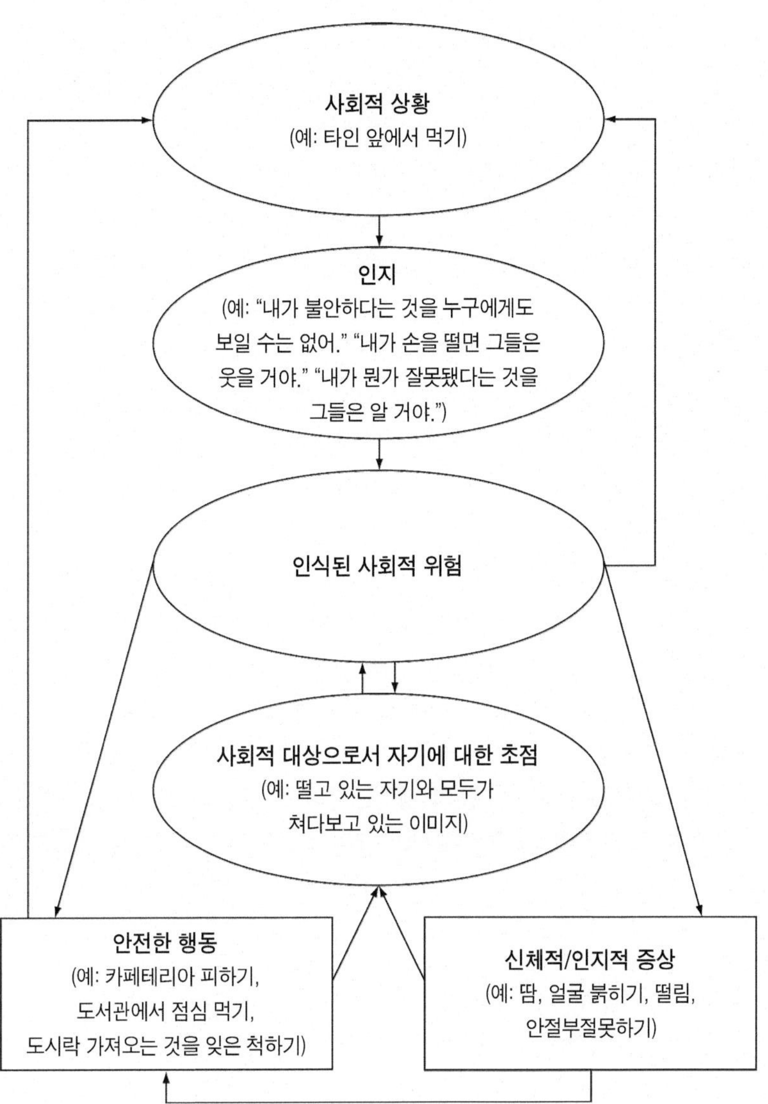

그림 8.3 불안의 인지적 과정

출처: D. M. Clark(2001).

를 통한 유능감의 부족은 이들에게 성인의 비난과 또래의 거부를 포함한 실제 사회적 세계에서의 부정적 경험과 실패를 낳는다.

부모의 반응 상호작용 맥락에서 부모나 교사의 과잉보호는 불안의 유지에 기여한다는 증거들이 있다. 얄궂게도, 부모는 불안을 유발하는 상황에 대한 아동의 노출을 줄임으로써 아동이 그것을 극복하는 것을 막기도 한다. 또한 부모가 아동이 그러한 상황을 회피하는 것을 강화시키는 주체라는 점에 대한 증거도 있다. 예를 들면, 한 엄마는 아이가 파티에 가는 것이 괴롭다고 말하면 파티에 가지 않아도 된다고 말한다. 불안을 겪는 아동의 부모는 아동에 대해 더 **통제적**이고 지시적일 수 있다. 아동을 위해 문제를 해결해주려는 부모의 선의적 시도가 아동이 자신의 유능감을 인지하고 자신의 문제를 독립적으로 해결하는 능력에 대한 자신감을 발달시키는 것을 방해한다(Dadds & Roth, 2001).

불안장애의 발달에 있어 가족 안에서의 작용에 대한 이해를 위해 Mark Dadds와 동료들(1996)의 연구가 중요한 공헌을 했는데, 이들은 정상 아동과 불안을 겪고 있는 아동의 가족 안에서의 상호작용을 평가하기 위한 다양한 전략들을 개발하였다. 이들은 한 남아가 다른 아이들에게 같이 놀자고 다가서는 데 비웃음을 당하는 것과 같이 잠재적이고 광범위한 위협적 상황에 대해 부모와 아동 간의 토론을 실험실에서 녹화하였다. 그들은 상세한 관찰 코딩 시스템을 통하여, 정상 아동의 부모는 아동의 친사회적 문제해결전략을 강화하지만 불안을 겪는 아동의 부모는 **회피전략을 장려**하는 것을 밝혔다. 불안을 겪는 아동의 부모들은 문제를 해결하기 위한 아동의 친사회적인 계획에 동의하고 귀 기울이지 못할 뿐만 아니라 아동이 스스로 회피 전략을 꾀할 때까지 아동을 자극하고 질문을 하는 경향이 있었다. 놀라울 것도 없이 불안을 겪고 있는 아동은 결과적으로 유능한 전략보다는 회피 전략을 훨씬 더 많이 선택하였다(일례로 **표 8.9**에 실은 실험 기록 참조).

불안을 겪는 아동의 부모 중 다수는 아동의 불안에 대해 과도하게 예민하고 정서적으로 반응하기도 하지만 다른 극단에서는 아동의 불안에 대해 둔감하고 아주 적은 반응만을 보이기도 한다. 부모가 수줍어하는 아동의 행동을 "바보 같은 난센스"라고 폄하하거나 화를 내면서 아동을 다시 공포적인 상황에 강제로 밀어 넣는 것은 아동에게 또 다른 괴로운 짐을 지우는 것이다(Vasey & Ollendick, 2001). Dadds와 Roth(2001)는 "아동을 도전적 상황에 강압적으로 몰아넣는 것과 이와 반대로 과도하게 보호하는 것 모두 공포 반응을 높이게 된다."고 말했다.

교류적 과정 우리가 알고 있듯이 교류란 개념에는 불안을 겪는 아동 또한 부모의 행동에 영향을 미친다는 것을 포함한다. 예를 들어, 스스로 말이 없고 무력한 아동은 자신의 철수와 무능함에 대한 인식을 강화시킬 수 있는 성인의 과보호적 행동을 이끌어낸다. 나아가, 공포 대상에 접근하게 했을 때 소리를 지르고 짜증을 부리는 등 과도한 불안으로 고통 받는 아동은 자신의 불안을 극복하도록 도우려는 부모의 시도를 응징할 수도 있다. 모든 부모들은 강렬한 공포의 경험으로부터 아동을 보호하길 원하며 아동의 고통이 종결되는 것은 부모에게는 강력한 부적 강화물이다(Calkins, 1994). 그러므로 불안을 겪는 아동은 **혐오 조건형성**의 과정을 통해 아동의 공포를 조장하고 회피하고자 하는 경향성을 촉진시키도록 부모를 훈련시킨다. 흥미롭게도 이러한 유형의 강압적 통제는 우리가 10장에서 살펴본 것처럼 품행장애 아동과 부모 간의 상호작용에서 관찰되었다. 그러나 이러한 양육은 내면화 장애와 관련된 가족 역동과도 관련된다.

표 8.9 가족 안의 과정과 아동기 불안장애

Queensland 대학의 Mark Dadds의 실험실에서 한 남아와 부모는 특정 상황에 대한 해결책을 제안하도록 요청되었는데, 그 상황은 한 남아가 다른 아동들에게 놀자며 접근했을 때 그들이 아동을 보고 웃는 상황이었다. 연구자들이 상호작용을 코딩하면서 특히 흥미로웠던 것은 부모가 전향적인 문제해결전략으로 아동을 안내하고 지지하는 것과는 반대로 아동의 회피 경향을 강화한다는 것이다. 이런 부모를 어떻게 평가할까?

아버지: 한 무리의 아이들이 게임을 하고 있는데 너도 가서 놀고 싶어서 다가갔더니 그들이 웃고 있다면 넌 어떻게 할래?
어머니: 그들이 왜 웃는다고 생각해?
소년: 게임에서 뭔가를 했거나, 서로 바보 같고 웃기다고 생각하기 때문에 그랬겠죠.
어머니: 그럼 만약 그 애들하고 놀 수 있다면 그들에게 어떻게 물어볼 거니?
소년: 난 그냥 물어볼 거예요; 그냥 가서 "같이 놀래?"하고 말할 거예요.
어머니: 그들이 그렇게 할 거라고 생각하니?
소년: 아마도요.
어머니: 그들은 보통 어떤 게임을 하고 노니?
소년: Tiggy 아니면 핸드볼이요.
어머니: Tiggy가 뭔데?
소년: Tiggy's tag.
아버지: 그들이 너도 핸드볼을 하게 해줄 거라고 생각하니?
소년: 아니오.
아버지: 왜?
소년: 난 잘 못하니까요.
아버지: tiggy는 잘 하니?
소년: 아니오.
아버지: 왜 못하는데?
소년: 빨리 뛰지는 못해요.
어머니: 그럼 그들이 같이 놀자고 할 것 같니 아니면 같이 놀기 싫다고 할 것 같니?
소년: 싫다고.
아버지: 그들이 싫다고 할 거라고?
어머니: 처음에는 가서 놀자고 할 만큼 용감했잖아?
소년: 신경 안 써요.
어머니: 신경이 안 쓰여?
아버지: 왜 신경이 안 쓰여? 이유가 …?
소년: 어떤 대답이 나올지 아니까요. 난 항상 놀자고 했는데 대답은 항상 "싫어"였으니까요.
아버지: 걔네들이 그랬어?
소년: 네.
어머니: 네가 나타나기 전에 그들은 "그가 또 올 거야"하고 생각하고 웃었을 거라고 생각하지는 않니?
소년: 그렇게 생각해요.
어머니: 그들이 그랬을 거라고?
소년: 네.
어머니: 그래, 그럼 네가 어떻게 하는 게 좋을까. 이 상황을 그냥 피하는 게 좋을까 아니면 정말 같이 놀고 싶니?
소년: 핸드볼을 같이 하고 싶어요.
어머니: 그러면 넌 핸드볼 기술을 더 배워야겠네.
소년: 네.
어머니: 어려울 텐데. … 그렇지 않니?
소년: 어려울 것 같긴 해요.

출처: Dadds, Ryan, Barrett과 Rapee(1993).

나아가 불안은 가족내 유전되는 경향이 있기 때문에 불안을 겪는 아동의 부모 자신도 불안할 가능성이 매우 높다. 부모의 불안이 아동에게 영향을 미치는 세 가지 잠재적 과정을 제시하였다. 먼저, 아동은 불안을 보이는 부모를 모델로 모방함으로써 불안을 학습할 수 있다. 둘째, 불안을 겪는 부모는 자녀의 불안을 영속적으로 못을 박을 수 있는데, 이는 특히 부모 자녀 모두 대처전략으로 회피를 선호하기 때문이다. 예를 들면, 어느 부모라도 두려워하고 억제적인 아동을 다루는 것이 어렵다고 생각하지만 특히 불안한 부모는 자신의 불안을 극복하는 것도 어렵기 때문에 이를 보다 더 혼란스러운 것으로 여긴다. 따라서 아동의 고통은 부모에게 불편함을 일으키므로 불안한 부모는 불안을 더욱 높이는 상황에 아동을 어쩔 수 없이 노출시키게 되며 정서적으로 "녹아내려 버릴 것 같은" 위험한 상황을 만든다.

셋째, "적합도(goodness of fit)"의 개념은 불안한 부모가 불안한 아동에 대해 특히 공감적이고 지지적일 것으로 제안하지만, 실제로 이런 조합은 부모-자녀 관계에서 부정적 감정의 가능성을 증가시킬 수 있다. 불안한 부모는 유용한 감정조절기술이 부족하며 아동이 고통에 직면했을 때 자기 스스로를 달래는 데에도 어려움이 있으므로 그들은 자녀 양육을 특별히 스트레스적인 것으로 여길 것이다. 따라서 불안한 부모는 억제적인 아동에 대해 더 큰 짜증을 느끼며 아동의 불안을 더 가속화시키는 부적절한 영향을 끼치게 된다. 이러한 교류과정은 Hirshfeld와 동료들(1997)의 연구를 통해 지지되었는데, 그들은 어머니의 불안과 비난, 그리고 아동의 억제적 행동 간의 상호적인 관련성을 발견하였다. 불안한 부모는 아동의 억제가 증가될수록 점점 더 가혹하고 비판적이었으나 불안하지 않은 부모의 경우에는 그런 관련성이 나타나지 않았다.

IV. 불안의 중지(desistence)에 기여하는 요인

앞서 제시된 일련의 계속되는 실패의 양상을 불안장애의 "비운의 사찰" 시나리오로 불려졌다(Rubin & Mills, 1991). 그러나 발달정신병리에 대해 우리가 알고 있는 것처럼 발달에는 수많은 전환점과 아동을 건강한 발달과정으로 옮겨갈 수 있게 하는 중재 요인이 존재한다. 그러므로 Vasey와 Dadds(2001)의 모델은 개선 요인들을 제시했는데, 이 요인들은 앞서 제시된 다섯 요인들이 각각 정반대로 적용됨으로써 불안을 멈추게 할 수 있음을 의미한다. 회피적인 아동은 자극에 접근하는 것을 학습할 수 있으며, 무능감 대신 자기효능감을 인식하는 것을 배울 수 있고, 실패 경험은 성공으로 바뀔 수 있으며, 부모의 과보호는 극복에 대한 격려로 수정되어 질 수 있다.

문화적 맥락 Vasey와 Dadds(2001)의 모델에는 포함되지 않았지만 복합적 맥락의 발달정신병리학적 접근에서 우리는 종교, 표현, 인식 그리고 불안의 발달과정에 대한 비교문화적 차이를 고려해야 한다. 어떤 데이터는 육아 방식에서의 문화적 차이가 아동의 불안장애 발병에 영향을 미칠 수 있다고 보고하고 있다. 아동의 불안 증상은 수많은 아시아 문화권의 사례에서 볼 수 있듯이 순응, 사회적 평가를 강조하는 사회에서 더욱 높다(Ollendick, Yang, King, Dong, & Akande, 1996). 가령 수줍음, 억제, 신체적 불편감과 같은 불안 행동이 미국 아동에서보다 태국 아동에게서 더 높게 나타났다(Weisz, Weiss, Suwanlert, & Chaiyasit, 2003). 그러나 이러한 아동의 행동을 문제로 여길 것인지의 여부와 그것이 병리적 결과로 이끌 것인지의 여부는 문화적 해석이나, Weiss와 동료들(2003)이 말한 것처럼, 이를 바라보는 문화적 관점에 따라 크게 좌우된다.

불안에 대한 논의에서 우리는 불안한 아동의 장애가 다양한 수준의 내적 불편감과 고통으로 특징지어진다는 점에서 내면화 문제를 가진 아동들을 다루었다. 다음 장에서 우리는 다른 형태의 내면화 장애로 "검은 개"라 불리는 우울과 투쟁하는 아동과 청소년에 대해서 다루도록 할 것이다.

제9장

아동기 중기에서 청소년기까지: 기분장애와 자살

개요

이 장에서 우리는 기분과 관련된 여러 장애를 살펴볼 것이다. 기분장애는 주요우울장애의 가장 어두운 심연—Winston Churchill의 "검은 개"(Storr, 1989)—에서부터 기분부전장애의 "느리고, 어둡고, 알랑거리는 듯한 분노"(Godwin, 1994)와 양극성 장애의 "현기증 나고 취하게 하는 행복감"까지의 범위에 있다(Redfield-Jamison, 1995, p. 54). 앞으로 보게 될 우울은 어떤 연령의 아동에게서나, 심지어 영아기에도 나타날 수 있다. 그러나 우리는 청소년기로 넘어가는 동안의 우울을 알아보았다. 왜냐하면 이 기간 동안에 유병률이 엄청나게 증가하기 때문이다. 우리의 과제는 청소년기의 어떤 맥락과 어떤 단계특징적인 과제가 취약한 젊은이들에게 이러한 위험을 증가시키는지를 확인하는 것이다. 이 장에서 아동, 청소년 자살과 관련된 위험도 논의할 것이다. 자살은 우울과 관련이 있기는 하나 이외의 일부 측면에서는 우울과 무관하다.

1. 우울 스펙트럼장애

우리들 대부분은 우울증이라 부르는 의기소침, "가라앉은" 느낌, 침울해지는 것을 경험할 때가 있다. 사랑했던 사람의 상실이나 다른 고통스러운 생활사건에 대한 반응으로 낙담과 절망을 느끼는 것은 오히려 적절한 것이다. 그러므로 증상(symptom)으로서의 우울증은 비교적 보편적이며 정상적이다. 증후군(syndrome)으로서의 우울증은 동시에 발생하는 한 무리의 증상들이며, 걱정과 예민함과 함께 슬프고 고독한 느낌을 포함한다. 장애(disorder, 때때로 임상적 우울증이나 단극성 우울증을 나타내는)로서의 우울증은 이러한 증상들의 심각한 수준을 나타내며 특이한 병인, 경로, 결과를 갖는다(Petersen et al., 1993). DSM이 정의한 다른 모든 장애들과 마찬가지로, 증상들의 결합이 고통을 일으키고 기능을 방해하기에 충분할 정도로 중요한가가 진단의 핵심이 된다.

지난 수십 년 동안 전문가들은 아동기에는 우울증이 존재하지 않는다고 믿었다. 부분적인 이유이지만 아동들이 우울증에 필요한 인지적 복잡성을 가지지 못했다고 추정했기 때문이다. 이러한 생각은 믿을 만한데, 이는 외상적 상실에 대해서 아동들이 보이는 광범위한 비우울적 반응들인 반항성, 안절부절함, 신체증상들 때문이다. 그러한 행동들은 기저에 있는 우울증의 "차폐물(masking)"로 생각된다. **차폐우울증**(masked depression) 개념이 한때 폭넓게 받아들여졌으나, 아동의 우울증을 주의 깊게 연구해온 연구자들은 아동의 우울증에 성인의 우울증과 같은 특성들이 많으며 모든 연령에서 나타날 수 있음을 발견했다. 그러므로 아동기에는 차폐우울증을 겪는 것이 아니라 행동문제들이 실제로 우울증상을 수반하는 것이다(Hammen & Compas, 1994).

정의, 특성, 변별진단

DSM-IV-TR은 우울증을 4개의 큰 범주로 진단한다. 진단 범주들은 심각성 정도를 나타내는 연속선상에 놓여 있는 것으로 볼 수 있다. 가장 덜 심각한 형태의 우울 스펙트럼장애는 **우울한 기분을 수반한 적응장애**(adjustment disorder with depressed mood)(**표 9.1** 참조)이다. 적응장애(3장 참조)의 핵심 특성은 확인된 최근의 스트레스 요인에 대한 반응으로 단기적인 정서문제나 행동문제—이런 경우에 슬픔, 울음, 무망함(hopelessness)—가 전개되는 것이다.

감정부전장애(dysthymic disorder)는 아동기 동안 적어도 일 년 이상(성인은 2년) 우울한 기분이 지속되는 것이 특징이다. DSM-IV-TR은 아직도 다른 방법으로 아동과 성인의 감정부전장애를 구별한다. 아동과 청소년에서는 부정적 기분(negative mood)이 우울증보다는 성마름(irritability)의 형태로 나타날 수 있다. 활동의 즐거움을 잃는 것, 무가치감, 피로와 같은 증상 중에서 적어도 두 개의 특유한 증상들이 우울증 기간 동안 수반되어야만 한다(**표 9.2** 참조). 감정부전(dysthymia)은 다른 형태의 우울증보다 더 이르게 발병하며 또한

표 9.1 우울한 기분을 수반한 적응장애에 대한 DSM-IV-TR 준거

A. 확인된 스트레스 요인에 대한 반응으로 스트레스 요인이 생긴지 3개월 안에 증상(우울한 기분, 눈물을 자주 흘림, 무망감)이 발달한다.
B. 이런 증상과 행동들은 다음에 있는 두 가지에 의해 입증되는 것처럼 임상적으로 중요하다.
(1) 그 스트레스 요인에 노출될 때 예측되는 고통보다 과도한 고통
(2) 사회적·직업적·학업적 기능에서의 뚜렷한 손상
C. 스트레스와 관련된 장애가 다른 특정 정신적 장애의 기준에 맞지 않고 이미 있던 장애의 악화가 아니다.
D. 증상이 사별을 나타내는 것은 아니다.

출처: 미국정신의학협회의 허락하에 *Diagnostic and Statistical Manual of Mental Disorders*—Fourth Edition Text Revision(2000)에서 인용함.

표 9.2 기분부전장애에 대한 DSM-IV-TR 준거

A. 주관적 설명이나 다른 사람의 관찰에 의해서 나타나는, 거의 하루 종일 지속되고, 안 그런 날보다 그런 날이 더 많은, 적어도 2년 동안 지속된 우울한 기분. **주의:** 아동과 청소년에서는, 기분이 짜증스러울 수 있으며 기간은 적어도 1년이어야 한다.
B. 우울한 동안에 아래에 있는 것 중 두 개(또는 그 이상)가 존재한다:
(1) 식욕부진이나 과식
(2) 불면증이나 지나친 수면
(3) 힘이 없거나 피로함
(4) 낮은 자존감
(5) 빈약한 주의집중이나 의사결정의 어려움
(6) 무망감(Feelings of hopelessness)
C. 장애가 있는 2년 동안(아동 청소년에서는 1년) 한 번에 2개월 이상 증상 없이 지낸 적이 전혀 없다.
D. 장애가 있는 2년 동안(아동 청소년은 1년) 주요우울장애의 삽화가 없다. 그렇지 않다면 주요우울장애 삽화는 기분부전장애가 생기기 전 2개월간 아무 증후나 증상이 없는 완전한 생략기간이 있어야 한다.
E. 조증삽화나 경조증삽화가 전혀 없다.

상세조건:
조기발병: 21세 이전에 발병
후기발병: 21세 이상에서 발병

출처: 미국정신의학협회의 허락하에 *Diagnostic and Statistical Manual of Mental Disorders*—Fourth Edition Text Revision(2000)에서 인용함.

더 오래 끄는 경로를 밟는다.

주요우울장애(major depression)는 보다 더 많이 쇠약해지는 장애이다. 이것은 2주 동안 5개 이상의 증상들이 있어야 하고(**표 9.3** 참조), 아동에서는 그 중 하나가 우울한 기분이거나

표 9.3 주요우울장애 삽화에 대한 DSM-IV-TR 준거

A. 아래 증상들 중에서 다섯 개(또는 그 이상)가 지난 2주 동안 있었고 기존 기능의 변화가 있다; 적어도 하나의 증상이 (1) 우울한 기분, 혹은 (2) 흥미나 즐거움의 상실이다.
   (1) 주관적 보고(예: 슬픔이나 공허함을 느낀다) 혹은 다른 사람의 관찰(예: 눈물을 보인 다)에 의해서 나타난 하루 종일 지속되는, 거의 매일의 우울한 기분. **주의:** 아동과 청소년에서는 짜증스러운 기분일 수 있다.
   (2) 거의 매일 나타나는 하루 종일의 모든 활동 혹은 거의 모든 활동에서 현저하게 줄어 든 흥미나 즐거움(주관적 설명 혹은 다른 사람의 관찰에 나타난 것으로서).
   (3) 다이어트를 하지 않을 때에도 나타나는 현저한 체중의 감소나 증가(예: 한 달에 체중의 5% 이상), 혹은 거의 매일 나타나는 식욕감소나 증가. **주의:** 아동에서는 기대되는 체중증가가 일어나지 않는 것을 고려하라.
   (4) 거의 매일 나타나는 불면증(insomnia) 혹은 지나친 수면(hypersomnia).
   (5) 거의 매일 나타나는 정신운동적 흥분(agitation)이나 지체(안절부절못함이나 속력이 느려지는 주관적 느낌뿐만 아니라 다른 사람이 관찰 가능한).
   (6) 거의 매일 나타나는 피로 혹은 에너지의 상실.
   (7) 거의 매일 나타나는 (아픈 것에 대한 자기비난이나 죄의식만이 아닌) 무가치감 또는 지나치거나 부적절한 죄책감(망상적일 수도 있다).
   (8) 거의 매일 나타나는 (주관적 설명이나 다른 사람이 관찰한 것으로서) 사고나 집중능력의 감소나 우유부단함
   (9) 죽음에 대한 반복되는 생각(죽는 것에 대한 두려움이 아닌), 구체적인 계획이 없는 반복적인 자살관념화, 혹은 자살을 수행하기 위한 자살시도나 구체적인 계획.

B. 증상들이 사별(死別)로 더 잘 설명되지 않고, 약물이나 의학적 질병에 의한 것은 아니다.

출처: 미국정신의학협회의 허락하에 *Diagnostic and Statistical Manual of Mental Disorders*—Fourth Edition Text Revision(2000)에서 인용함.

성마름이어야만 한다. 주요우울장애는 비교적 급작스럽게 발생하는 하나의 급성병(acute condition)이며 감정부전보다 회복이 잘되며 재발도 마찬가지로 잘된다. 재발한 주요우울장애나 만성적 주요우울장애는 여러 번의 반복된 삽화로 고통을 겪을 때 진단된다. 심한 우울증 삽화는 환청 같은 정신병적 증상과 함께 오게 된다. 환청은 주요우울장애로 진단받은 전청소년의 1/3~1/2에서 나타난다(Mitchell et al., 1998). 이중우울증(double depression)은 만성적 기분부전장애를 갖고 있는 사람들 중에서 주요우울장애인 기간이 중도에 있어서 잠시 기분부전장애가 멈추는 사람에게 사용하는 용어다(사례를 보려면 **글상자 9.1** 참조).

사실상 우울증의 발달정신병리에 대한 책 중 어느 것도 적응장애를 언급하지는 않는다. 그러므로 우리는 기분장애와 주요우울장애에 대한 논의에 초점을 둘 것이다. 많은 연구문헌들이 구체적인 정신과적 진단보다는 우울증상에 대한 연구에 근거하고 있지만, 이 두 장애의 구별은 가능할 때마다 이루어질 것이다.

글상자 9.1 우울사례

20대 여성인 Mary는 최근 두 번째 주요우울장애 삽화를 경험하고 있다. 그녀는 아동기를 부모 간의 긴장과 싸움이 두드러졌던 시기로 회상한다. 부모들은 그녀를 자주 비판하고 그녀에게 무관심했던 것으로 보였다. 그녀의 어머니 자신은 많은 시간 동안 우울했으며 남편의 적은 수입으로 네 아이를 키우는 일에 대한 책임감에 짓눌려 있었다. 부모를 정서적으로 활용하는 것이 불가능한 점과 부모의 비판 때문에 Mary는 자신을 다른 아이들보다 덜 중요하고 더 무능하다고 지각했다.

학교에서 초기에는 비교적 잘했다. 그러나 그녀의 성취는 자신감을 거의 증가시키지 못했고, 그 대신에 교사가 그녀를 가엽게 여긴다고 생각하게 만들거나 다른 학생들이 자기를 싫어할지도 모른다고 걱정하게 만들었다. 가족갈등이 증가하고, 나이가 듦에 따라 더 많은 교육과정이 요구되고, 자기가 충분히 인기 있고 매력적인지의 여부에 대한 자의식의 증가하면서 그녀의 집중력과 동기가 감소되었다. Mary에게는 친구들이 있었다. 그러나 필요할 때 친구들에게 정말 돌아갈 수 있는지를 미심쩍어하는 자신이 여전히 예외자처럼 느껴졌다. 또래들과 문제가 발생하면, 자신의 분노와 좌절을 표현하지 않고 일반적으로 친구들의 요구를 묵묵히 따르곤 했다. 고등학교에서는 비참함을 더 급작스럽게 많이 경험했다. 자기가 가진 것이 별로 없다는 것을 두려워하면서 그녀는 불행에 더 민감해졌고 미래와 외모에 대해 걱정을 많이 했다. 그녀가 가지고 있는 하나의 희망은 그녀에게 행복과 안전을 느끼게 해줄 결혼상대를 만나는 일이었다.

Mary는 대학교 일학년 때 Jack을 만났다. 그는 활기차고 외향적이었으며, 그녀를 잘 돌보아 줄 수 있을 것으로 보였다. 그는 또한 그녀가 마음을 끌 수 있다고 생각한 어떤 남자들보다도 더 멋있고 인기가 있었다. 그래서 Jack이 성관계를 갖자고 했을 때 그녀는 그를 잃는 것이 두려워서 그의 말을 따랐다. Mary가 임신하자, 그녀의 가족이 그들에게 결혼하라고 압력을 주어서 Mary는 학교를 자퇴하고 아이를 낳아 키우며 가정주부로 살았다. 얼마 지나지 않아 Mary는 Jack이 자기에게 재정적·정서적 지원을 하지 않을 것이고, 자기는 작은 아기와 집에 있어야 하며 직업을 가질 전망이 없다는 것을 알고는 주요우울장애를 경험했다.

아이 하나를 더 낳고 부부가 목표를 달성하느라 애쓰는 동안 결혼은 몇 년을 더 삐꺽거렸다. Jack은 Mary의 우울한 기분과 힘이 없는 것, 비관주의를 탓하면서 Mary와 같이 있는 것이 재미없다고 불평하기 시작했다. 그는 자유로운 시간의 많은 부분을 친구들과 보내며 그녀가 불평하면 욕을 했다. 비록 아이들이 종종 짐으로 느껴지고 자기가 아이들과 함께 놀 수 없거나 혹은 짜증을 누를 수 없다는 것을 알기는 했지만, Mary는 가능한 한 좋은 부모가 되려고 애썼다. 학교입학으로 인한 극심한 분리불안 때문에 첫 아이가 고통 받았다. 아주 최근에—현재의 우울증 삽화 이전에—그녀는 Jack이 다른 여학생과 심각한 불륜관계를 가지고 있는 것을 알게 되었고 결혼생활이 끝났음을 알았다.

출처: Hamman(1992)에서 인용함.

유병률

유병률은 연구에 사용된 기준이나 평가도구에 따라 크게 다르다. 많은 역학적 연구들이 아동의 점수가 하나의 우울척도에서 특정 점수를 넘어가는가의 여부만을 나타내며 다양한 진단 범주들을 서로 구별하지는 못했다.

우울증을 하나의 증상(우울한 기분)으로 볼 때는, 정상적인 인구집단에서 유병률이 높다(여기서 다른 언급이 없는 한 우리는 Hammen과 Rudolph, 2003, Compas, 1997를 따른다). 미국과 캐나다에서 행해진 대규모 연구들은 부모보고를 통해서 일반적인 인구집단의

10~20%의 소년들과 15~20%의 소녀들이 기분이 우울한 기간이 있다는 것을 발견했다. 청소년에서는 20~46%의 소년들과 25~59%의 소녀들이 우울한 기분을 경험하는 것으로 보고한다.

우울증을 하나의 장애로 볼 때는 유병률이 더 낮다. 우울장애는 학령전기에는 드물며, 아동기 중기에 더 자주 일어나며, 청소년기에는 유병률이 가장 크다. **시점유병률**(point prevalence: 인구 전집에서 얼마나 많은 아이들이 우울한가)과 **일생유병률**(lifetime prevalence: 얼마나 많은 아이들이 그들 인생의 어느 시점에서 우울하게 되는가) 사이에 차이가 있다. 시점유병률에 대해서 지금까지 이루어진 가장 큰 규모의 미국 연구는 9세, 11세, 13세 아동들에서 실시하여 시점유병률이 주요우울장애는 0.03%, 감정부전장애는 0.13%, 우울증의 포괄적 범주는 1.45%임을 발견했다(Costello et al., 1996). 학령전 아동에 대한 자료는 부족하지만 유병률은 1%미만일 것으로 추정된다(Kashani & Carlson, 1987).

일생유병률과 관련해서, 주요우울장애에 대한 추정치는 넓은 범위를 갖는다. 386명의 의뢰되지 않은 아동들을 대상으로 한 대규모의 종단적 연구는 그 아동들이 18세에 이를 때까지 9% 이상이 주요우울장애를 나타냈음을 발견했다(Reinhertz et al., 1993). 청소년에서는 15~18세까지의 전국대표 표본은 일생유병률이 주요우울장애는 14%, 감정부전장애는 11%임을 발견했다(Kessler & Walters, 1998). 이와 대조적으로 Lewinsohn과 동료들(1998)은 주요우울장애의 일생유병률이 25%임을 발견했다.

임상적 전집에 대한 연구들은 정신건강센터에 있는 아동의 10~57%가 우울장애를 가지고 있음을 보여준다. 치료에 의뢰된 학령기 아동들은 더 어린 아동들(약 1%)과 비교해서 주요우울장애(약 13%)의 비율이 더 높다.

특별히 관심을 끄는 것은 최근 수십 년 동안 아동 청소년의 우울증 유병률이 크게 증가하고 있다는 사실이다(Kessler et al., 2001). 원인에 대해 직접적인 증거는 없지만 사회적 압력과 스트레스가 원인일 것으로 추정한다. 이 문제에 대해서는 사회문화적 요인을 논의할 때 다시 돌아갈 것이다.

인종, 문화, 사회경제적 지위

성인에서 발견된 바와 같이, 우울증의 비율은 혜택을 받지 못한 저소득 가정 출신 아동들에서 가장 높다(Conger et al., 1994; Costello et al., 1996). 낮은 사회경제적 지위와 관련된 스트레스 요인들, 즉 가족 붕괴, 저소득, 교육적 문화적 자원에의 접근 부족, 위험하고 별볼 일 없는 이웃들, 다른 형태의 역경 등이 우울증 위험을 높일 가능성이 있다.

우울증 유병률의 인종차이를 직접적으로 연구한 몇 안 되는 연구들은 결과가 불일치한다. 일부 연구들은 유럽계 미국 청소년보다 아프리카계 미국 청소년의 비율이 높다고 나온 반면(Garrison, Jackson, Marsteller, McKeown, & Addy, 1990), 다른 연구들은 반대되는 결과를 보고한다(Sagrestano et al., 2003). 6학년에서 8학년까지 학생 5,423명을 대상으로 한 대규모 연구에서 Roberts, Roberts, 그리고 Chen(1997)은 사회계층과 관련된 효과를 통제하고 인종차이를 조사했다. 이 연구자들은 유럽계 미국 아동과 아프리카계 미국 아동들에서 같은 비율의 우울증을 발견했다. 그러나 멕시코계 미국 아동의 우울증 비율은 더 높았다. Hill, Bush와 Roosa(2003)는 344명 학령기 아동들 표본에서 멕시코계 미국 아동들이 유럽계 미국 아동들보다 더 높은 수준의 우울증을 갖는다는 것을 발견했다.

발달 차원

우울증상에서의 발달차

아동의 우울증이 성인의 우울증과 같은 것으로 간주될 수 있는지, 발달차는 진단준거의 수정을 필요로 하는지에 대한 질문이 종종 있다(Carson & Garber, 1986; Weiss & Garber, 2003). 만약 그렇다면 보고된 유병률에서 나타나는 연령차는 발달적으로 덜 민감한 측정도구의 사용이나 우울증 개념화가 만들어낸 것일 수 있다. 한쪽 끝에는 아동의 인지적·언어적·정서적 기능이 성인의 것과 너무 다르므로 아동에서의 우울증은 구별되어야만 한다고 주장하는 사람들이 있다. 다른 쪽의 끝에는 아동과 성인의 우울증 표현이 비슷하므로 일생 동안의 우울증 증후가 본질적으로 아동과 성인 두 집단 모두에서 같다고 지적하는 사람들이 있다. 예를 들면, Kovacs와 Beck(1977)은 한 세트의 동일 증상들을 우울한 아동과 성인 모두에서 발견했다. 그들은 이 증상 세트를 **정서적**(예: 슬픔을 느낀다, 운다, 슬프게 보인다), **인지적**(예: 실패를 예견한다, "나는 쓸모없어"), **동기적**(예: 동기가 감소된다, 즐거운 활동에 관심을 보이지 않는다), **신체적**(예: 식욕을 잃는다, 신체적 불편함)인 것으로 기술한다.

일반적으로 발달정신병리학자들은 성인 우울증과 아동 우울증 사이에 뚜렷한 일치가 있고, 거기에 아동은 어떤 독특한 특성을 더 갖는다는 것을 인정하는 중간 입장을 취한다.

이 중간 입장은 최근에 Weiss와 Garber(2003)에 의해 지지되었다. 그들은 우울증에서의 발달차를 메타분석했다. 연구마다 보고된 효과가 과도하게 차이가 나는 것 때문에 확고한 결론을 끌어내는 그것이 어렵긴 했지만, 연령에 따라 다른 6개 증상을 확인했다. 더 발달된 아동들은 더 많은 무쾌감(즐거움의 상실), 무망함, 과수면, 체중증가, 사회적 위축을 보였다. 그러나 그 분석은 발달의 어느 시점에 이런 증상들이 나타나는지를 결정할 정도로 충분하지는 않다. 증후군 수준에서의 발달차에 대한 질문(예: 우울증상들은 연령에 따라 다르게 묶이는가?)으로 돌아가면 결과는 세 가지 측면에서 동점이다. 두 연구는 연령에 따라 증후군이 일관적이라는 것을 지지하고, 다른 두 연구는 발달차를 지지하고, 한 연구는 둘 다를 지지한다.

Hammen과 Rudolph(2003), Shafii와 Shafii(1992), Weiss와 Garber(2003)가 개관한 개별 연구를 통합하여 우울증의 증상에서 발달차를 고려하는 지금까지의 연구결과들을 요약한다.

영아기와 걸음마기 매우 어린 아동들에서의 우울증 신호들은 배변훈련, 좋은 수면습관,

지적 성장과 같은 발달성취의 지연과 상실을 포함할 수 있다. 슬픈 얼굴표정과 주시혐오(gaze aversion)가 보일 수도 있다. 몸흔들기와 엄지손가락 빨기와 같은 자기 진정(self-soothing) 행동은 물론 머리 부딪치기와 자기 물기(self-biting)와 같은 자해적 행동도 일어난다. 또한 매달리기와 요구행동이 무감동, 냉담함과 번갈아 나타날 수도 있다.

유아기 우울한 유아들은 의기소침한 느낌(feeling of dysphoria)과 무망감(feeling of hoplessness)을 말로 나타내기 쉽지 않으며, 대신에 슬픈 모습을 보이는 경향이 있다. 우울한 유아는 즐거울 수 있는 활동과 성취에 대한 흥미를 상실할 수도 있다. 인지기술과 언어기술의 상실, 사회적 위축, 양육자와 떨어지는 것에 대한 지나친 불안과 같은 발달적 퇴보가 분명해질 수도 있다. 모호한 신체적 증상호소, 짜증, 수면 문제와 악몽도 보인다.

학령기 학령기가 되면 아동들의 증상은 성인 우울증의 증상과 더 비슷해진다. 낮은 자존감, 자기비난과 죄의식을 표현하는 것으로서 우울한 기분이 분명해진다. 동기상실은 아동의 사회적 활동과 학교 관련 활동 참여에 대한 흥미에 영향을 줄 수 있다. 이에 더하여, 우울한 학령기 아동은 또래관계와 학업수행에 부정적 영향을 주는 파괴적이고 공격적인 행동도 하게 된다. 발달지연과 마찬가지로 섭식과 수면의 곤란이 나타날 수도 있다. 아동이 나이가 듦에 따라서 증상이 더 심각해지며, 자살 가능성이 더 많아지고, 흥미나 즐거움이 줄어들 가능성이 더 커진다.

청소년기 청소년들은 자신의 슬픈 감정과 고통을 가장 직접적으로 말하는 경향이 있다. 청소년기 우울증의 다른 증상들로 예민한 기분 변화와 부정성(negativity)이 있는데, 이것은 무단결석, 무례함, 학업성취의 하락을 자주 수반한다. 과수면은 어린 아동보다 청소년들에서 더 자주 나타나는 또 다른 증상이다(Kovacs, 1996). 섭식행동의 변화도 청소년에서 증가한다.

요약하면, 우울증상의 발달적 경향은 존재하지만 연령과 관련된 차이는 절대적인 것은 아니다. 연구들은 일반적으로 DSM-IV-TR와 일치하는 준거를 사용하여 어린 아동에서 우울증을 신뢰롭게 평가할 수 있음을 발견한다. 그러므로 증상 일부가 연령에 따라 차이가 있기는 하지만, 기존의 우울증 준거는 아동에게 사용하는 데 타당한 것으로 나타난다.

우울증에서의 연령차와 성차

청소년기와 우울증 우울증이 어떤 연령의 아동들에게서나 나타날 수 있기는 하지만 전형적으로 주요우울장애는 청소년기 중기에서 청소년기 후기 사이에 발생한다. 또한 나타나는 우울증 유형에 따라 차이가 있다. 큰 규모로 이루어진 역학연구는 주요우울장애 첫 번째 삽화의 평균 발생연령이 15세인 반면에 기분부전장애의 발생은 더 어린 아동들에게서 일어난다는 것을 보여준다(Lewinsohn et al., 1994). 실제로 사춘기와 함께 오는 유병률의 현저한 증가가 아마도 우울증 현상에서의 가장 뚜렷한 발달 경향일 것이다. 우울증은 13세와 15세 사이에 급격히 상승하고, 17세와 18세에 가장 정점에 이르며, 그 뒤에는 성인 수준으로 감소된다.

왜 청소년기에 우울증이 증가하는가? 그 설명의 한 부분은 이 시기 동안 활동하기 시작하는 정서적·인지적 요인에 있을 것이다. 정서적으로 청소년은 강한 슬픔을 경험할 수 있고 이 경험을 유지할 수 있다. 인지적으로 청소년들은 자기 자신과 환경을 일반화하는 사고를 할 수 있고 미래로 투사할 수 있다. 그들은 자기를 의식적으로 평가할 수 있고 무력하거나 무능한 것으로 판단할 수 있다.

게다가 청소년기의 발달 맥락은 아동기의 발달 맥락과 다르다. 아동들은 그들이 가족단위의 통합된 부분이라는 것을 아는 데서 오는 기본적 안심감을 느낀다. 이와 대조적으로, 청소년들은 가족 안에서의 자기 위치를 포기하고 독립적인 성인으로서 새로운 지위를 발달시켜야 하는 과업에 직면한다. 그러므로 건강한 청소년에서도 가족에 대한 친밀함은 금기시되고 있지만 성숙한 사랑의 원천이 아직 발견되지 않았을 때는 어떤 이행적 우울상태가 올 수 있음을 예측할 수 있다. 그래서 우울증은 청소년기의 정상적인 분리-개별화 과정의 과장일 수도 있다(Weiner, 1992). 만약 중간 정도 수준의 우울증이 청소년기에 기대되는 혼란의 한 부분으로 나타난다면, 어떻게 병리적 증상과 정상적 증상을 분간할 수 있는가가 문제가 된다.

성(性)과 청소년 우울증 청소년기 이전에는 우울증에서의 성차가 작고 신뢰롭게 발견되지 않는 반면에, 13세에서 15세경에는 여아들, 특히 정신건강 클리닉에 의뢰된 여아들에서 우울증의 유병률, 정도, 재발이 모두 증가한다(Lewinsohn, Pettit, Joiner, & Seeley, 2003). 16세에 도달할 때쯤이면, 여아들이 우울증으로 진단받을 가능성이 남아들의 2배가 된다(Hankin et al., 1998)(**그림 9.1** 참조).

왜 여아가 더 많이 우울해지는가? 사춘기에 수반되는 호르몬 변화가 하나의 가능한 설명이며 최근에 일부 증거들이 쌓이고 있다(Angold, Costello, Erkanli, & Worthman, 1999). 다른 한편으로는 여성과 남성은 우울증의 심리적 예측요인들이 서로 다르다고 말하는 자극적인 연구결과들이 있다. Block과 Gjerde(1990; Gjerde & Block, 1991)가 수행한 미래추적연구는 18세에 우울증이 되게 만드는 증상에서 성차를 발견했다. 나중에 우울증이 되는 14세의 여아들은 상처입기 쉽고, 불안하며, 걱정이 많고, 신체증상이 있고, 자신들이 적절한지를 걱정하는데, 이것은 내면화와 관련된 특성들이다. 이와 반대로 나중에 우울증이 되는 14세의 남아들은 적대적이고, 공격적이며, 반사회적이고, 자기 멋대로이며, 사람을 속이고, 다른 사람을 믿지 않는데, 이것은 외현화와 관련된 특성들이다. 더 나아가 우울증은 여아에서만 낮은 자존감과 관련 있었다. 여자 청소년들은 자신을 공격적이고 사회적 기술이 미숙하다고 기술한 반면에, 관찰자들은 그런 특질들은 오직 남자 청소년들에서만 발견했다. 우울증의 전조에서 보이는 이러한 성차는 학령전기에 이미 뚜렷하다. 후속 연구에서 Gjerde(1995)는 동일한 피험자들을 25세까지 추적했다. 기존 연구결과와 일치하게, 남성에서의 성인 우울증은 유치원에서의 통제가 잘 안 되는 공격행동의 등급(rating)으로부

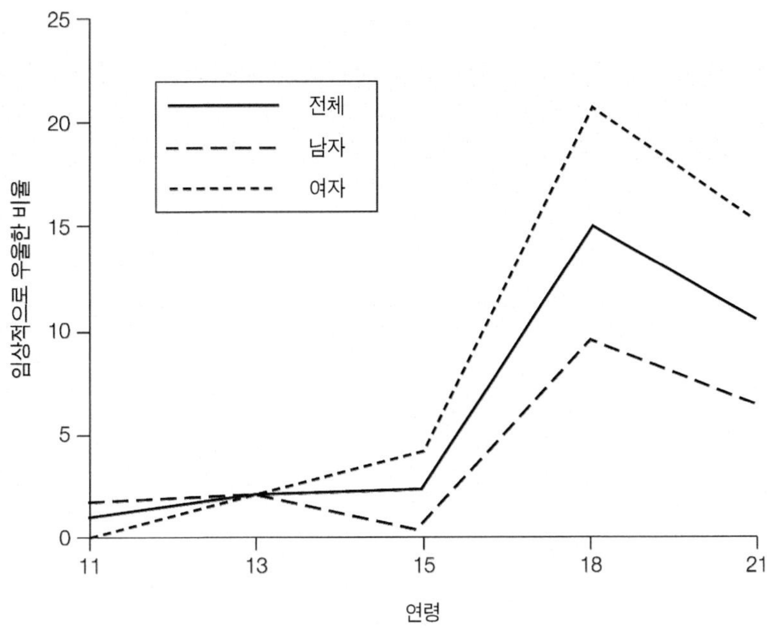

그림 9.1 성에 따른 주요우울장애의 유병률

출처: Hankin 등(1998).

터 예측되었다. 여성에서는 우울증의 예측요인이 청소년기까지 신뢰롭게 확인되지 않았으나, 과잉통제된 행동과 내향적인 자기관심(introspective self-concern)을 포함했다.

이러한 결과들을 우리는 어떻게 이해할 것인가? Gjerde(1995)와 Nolen-Hoeksema (2001)는 청소년기는 남자와 여자에게 다른 영향을 주는, 발달적으로 민감한 시기라고 주장한다. 첫째, 남아와 여아 모두 생물학적 변화를 겪는데, 여아들은 그들이 겪어나가고 있는 변화를 싫어하며 자신들이 몸에 불만족스러워하는 경향이 더 많다(11장 참조). 둘째, 사회적 관계가 여아에게 실제적으로 더 중요하다. 여아들은 다른 사람과의 친교 욕구가 높으며, 또래 의견에 더 많이 동조하고 더 민감하기 때문이다(Rudolph, 2002). 그래서 또래압력 증가와 사회적 포용 및 배제의 역동 증가와 같은 청소년기와 관련된 일부 스트레스 요인들에 더 반응적일 수도 있다. 더욱이 청소년기 중기가 되면 여아들은 가정에서의 대인간 스트레스 요인에 남아보다 더 민감하다. 그런 스트레스 요인에는 어머니의 고통(distress)과 대인간 갈등이 있는데, 여아들은 우울한 기분으로 반응하는 경향이 더 많다(Crawford, Cohen, Midlarsky, & Brook, 2001). 셋째, 여자 청소년들은 특정 종류의 심리사회적 스트레스 요인을 남자 청소년보다 더 많이 경험하는 경향이 있다. 예를 들면, 원하지 않는 성적 관심과 성희롱이 있다(14장 참조). 넷째, 따라야 할 성 역할과 기대가 청소년기에 증가한다. 그리고 여아들은 자기주장적이고 독립적으로 생각하거나 경쟁에서 남아를 이기는 것과 같이, 그들의 성 역할 고정관념에 맞지 않게 행동하면 다른 사람들이 싫어할 것이라고 믿을 수도 있다(Brown & Gilligan, 1992). 그래서 여아들은 다른 사람들의 부정적 의견을 피하려고 자기의 능력을 숨기는 경향이 남아보다 더 많기도 하다. 이런 현상은 "자기침묵(silencing the self)"이라고 한다(Crowley-Jack, 1999). 연구는 자기침묵과 전통적 여성 역할의 고수가 남자 청소년에서와 마찬가지로(Hart & Thompson, 1996), 여자 청소년의 우울증 위험 증가와 관련됨을 지적했다(Aube, Fichman, Saltaris, & Koestner, 2000; Obeidallah, McHale, & Silbereisen, 1996). 요약하면 성 역할과 발달단계 모두가 여아의 우울증에 영향을 준다.

공병

우울한 아동 청소년들의 40%에서 70%는 다른 장애를 적어도 하나 가지고 있다(Cicchetti & Toth, 1998). 불안과 우울의 증상들은 높은 상관이 있다. 우울한 것으로 확인된 아동의 60%에서 75%가 불안장애를 공병으로 가진다. 일부 저자들은 이 점을 가지고 아동에서는 우울증과 불안의 구별이 폐기되어져야 한다고 주장하는 데 사용하지만, 일반적으로는 그 두 증후군이 그 중 하나의 장애를 가진 아동과 나머지 다른 장애를 가진 아동, 또는 두 장애를 같이 가지고 있는 아동의 분류를 정당화하기에 충분할 정도로 구별된다는 데 합의한다(Laurent & Ettelson, 2001). 불안증상들은 전형적으로 우울증상보다 앞서 발생한다. 이것은 이 두 형태의 내면화 장애 사이의 발달적 관계를 말해주는데(Avenevoli et al., 2001), 일찍 발병한 불안이 나중에 발병하는 우울증에 대한 위험으로 작용한다(Cole et al., 1998).

우울장애도 다른 장애와 공병될 수 있다. 어떤 아동들은 "이중우울증(double depression)"을 발달시킨다. 기분부전장애와 주요우울장애의 조합은 가장 심각한 부정적 결과를 가져온다(Goodman et al., 2000).

분노와 공격성도 아동기 우울증, 특히 남아들의 아동기 우울증에서 중요한 역할을 한다. 우울한 남아들의 14~36%는 품행장애도 있고 방화, 싸움, 절도와 같은 공격적인 반사회적 행동을 한다(Mitchell et al., 1988). 이런 관찰은 이전에 말했던 차폐우울증이라는 개념에 적합하기는 하지만, 이러한 나쁜 행실들은 우울증의 증상을 대신하기보다는 우울증의 증상들에 부가된다. 품행장애와 공격성의 합병은 더 부정적인 결과들을 가져와서 특별한 관심을 일으킨다(Harrington et al., 1991).

실제로 국제적 질병분류(ICD-10)(3장 참조)에는 우울성 품행장애(Depressive Conduct Disorder, DCD)라는 특수한 범주가 있다. 이것의 타당성 검증에서 Simic과 Fombonne (2001)는 영국의 입원한 아동 청소년들 가운데 DCD 진단을 받은 아이들은 우울증만 있는 집단보다 우울과 불안 수준이 낮지만 자해행동을 더 많이 하는 경향이 있음을 발견했다. 역으로 DCD 아동은 품행장애만 있는 집단보다 더 우울하고 외현적 공격성은 덜했으며 학대받는 경향이 더 많았다.

우울증과 품행문제가 어떻게 연결되는지에 대해서는 아직 모른다. 그러나 여러 가지 추측이 제시되었다: (1) 정서조절 같은 하나의 일반적 발달 결함으로 인해 두 장애가 모두 생긴다. (2) 품행장애가 아동의 생활에서 일으키는 부정적 사건, 스트레스, 붕괴의 결과로 우울증이 생긴다. (3) 두 장애는 공유하고 있는 위험요인과 유전적 취약성으로 해서 생겼을 수 있다(Hammen & Rudolph, 2003).

공병에서의 성차

앞에서 본 바와 같이 공병에서 성차가 크다. 여아의 우울증은 불안을 수반하는 경향이 큰데 비해서 남아의 우울증은 ADHD와 품행장애를 포함하는 파괴적 행동과 관련되기 쉽다(Kessler, Avenevoli, & Merikangas, 2001).

공병에서의 연령차

공병의 패턴도 연령에 따라 달라진다. 우울한 유아들은 분리불안을 보이기 쉽다. 우울한 학령기 아동은 품행장애를 가질 수 있다. 그리고 우울한 청소년은 물질남용이나 섭식장애를 보이는 경향이 있다(Hammen & Rudolph, 2003).

병인론

생물학적 맥락

유전 가족 일치율은 우울증에서 유전적 요인에 대한 증거를 제공한다(여기서 우리는 Rutter et al., 1999, 입장을 따른다). 우울증을 갖고 있는 가까운 친척을 가진 아동, 청소년, 성인들은 그들 자신이 우울증을 갖게 될 심각한 위험에 처해 있다. 유전적 요인은 일반적으로 20~45%로 추정된다. 앞으로 더 자세히 알아보겠지만 부모 우울증은 아동 우울증 발달을 가져 오는 특별한 위험요인이다. 가족적 요인의 전달은 20세 이전에 우울증이 시작된 사람들에게 더 크다. 그래서 아동기 발병 우울증은 특히 강력한 유전적 요인을 갖는 이형이라고 제안했다.

그러나 단순히 우울증이 유전된다는 것을 보여주는 것은 유전과 환경의 상대적 영향을 해결하지 못한다. 이것을 해결하기 위해서 쌍생아와 입양연구가 필요하다. 큰 규모의 연구에서 O'Connor와 동료들(1998)은 MZ 쌍생아와 DZ 쌍생아를 비교해 전반적인 유전 가능성을 48%로 추정하여 보고했다. 다른 연구인 Virginia 청소년 행동발달 쌍생아 연구는 부모와 자녀 모두에게 우울증에 대해 면접을 하고 자기보고식 평정을 받았다(Eaves et al., 19977). MZ 쌍생아는 상관이 0.66인 반면에 DZ 쌍생아는 그것의 반 이하였다. 이 사실은 유전적 영향을 보여준다. 이 연구의 당혹스러운 연구결과는 누구의 보고를 사용하는가에 따라 추정이 달라진다는 점이었다. 유전적 요인은 부모 면접에 근거하면 54~72%로 추정되었지만, 아동 보고를 사용하면 11~19%로 줄어든다. 이런 격차가 나는 이유는 불분명하다.

이와 반대로 일부 입양연구는 아동기 중기에서 우울증상의 유전적 요인을 발견하지 못했다. 이것은 환경 요인이 우울증의 전개에 큰 영향을 준다는 것을 반영하는 것일 수 있다(Eley et al., 1998). 예를 들면, 한 청소년 연구는 일란성 쌍생아, 이란성 쌍생아, 친형제, 한 쪽 부모만 같은 형제, 생물학적으로 관련 없는 의붓형제를 비교하여 낮은 수준의 우울증에서 뚜렷한 유전적 영향을 발견했으나, 높은 수준의 우울증에서는 뚜렷한 환경적 영향을 발견했다(Rende et al., 1993).

Silberg와 동료들(1999)은 Virginia 쌍생아 자료를 사용해서 우울증의 발달정신병리에 천성(유전자)과 육성(환경 스트레스)이 주는 상대적 영향을 알아내려고 했다. 19개월의 간격으로 수집된 두 자료의 곡선들을 사용해서, 연구과정 전반에 걸쳐 유전적 요인이 우울증 지속에 기여했다는 것과 생활스트레스 또한 우울증에 직접 영향을 준다는 것을 발견했다. 그러나 특히 여자 청소년에게 그랬다. 여자 청소년 우울증상에서 나타나는 변산 중 약 30%는 유전적 요인에 귀인이 가능하고, 나머지는 환경 요인에 귀인이 가능하다. 덧붙여서 유전적 효과는 부정적 생활사건 경험 가능성을 증가시키는 경향이 있다. 요약하면, 우울증에 대한 유전적 경향의 증가가 청소년에게 특히 여자 청소년에게 나타나는데, 이것이 생활스트레스와 상호작용하여 우울증을 발생시킨다고 저자들은 말한다.

유전적 특질에 대한 많은 연구가 갖는 제한점은 **특수성** 이슈를 고려하지 않는다는 점이다. 실제로 유전적 경향은 우울증에만 특수한 것이 아니라 불안과 공포를 포함하는 모든 내면화 장애에 있다. 아마도 유전되는 것은 부정적 정서성 같은 기저의 특질일지도 모른다. 더 나아가 우울증과 품행문제는 한 아동에서 공병하는 것만큼 가족에서도 동시에 일어나는 일이 흔하다. 예를 들어, O'Connor와 동료들(1998)은 그들의 쌍생아 표본에서 우울증과 반사회적 행동 측정치 사이에 0.47의 상관이 있음을 보고했다. 통계적 모델링을 사용하여 연구자들은 이런 관계의 약 45%가 유전적 요인에 귀인될 수 있으며, 30%가 공유 환경 요인에 귀인될 수 있고, 25%가 그 사람에게 특이한 비공유 환경 요인 때문에 일어난다고 추정했다.

신경화학 우울한 성인에 대한 연구는 시상하부-뇌하수체-부신(HPA) 시스템의 장애를 시사한다. 이것은 스트레스에 대한 반응으로 활성화된다. 이 시스템이 잘못되면 **신경호르몬** 불균형, 특히 **코르티솔** 호르몬의 과다분비를 가져온다. 신경호르몬과 기분장애 사이의 연결은 그럴 듯하다. 호르몬 생산은 기분, 식욕, 각성을 조절한다. 그리고 이것들 모두에 우울증이 나쁜 영향을 준다. 그러나 지금까지 아동 우울증에서 코르티솔이 하는 역할에 대해서는 일관성이 없는 자료만 있을 뿐이다(Kaufman et al., 2001, 참조).

이 영역의 연구들이 막 시작된 것이긴 해도 하나의 유망한 가설은 스트레스 호르몬 조절의 어려움이 초기에 겪은 역경의 결과일 수 있다는 것이다. 심한 스트레스를 겪을 때 코르티솔이 분비되는데, 코르티솔의 과도한 수준은 뇌 발달에 부정적 효과를 줄 수 있다. 일단 코르티솔에 민감해지면 그 후의 스트레스에 뇌가 과도한 반응을 한다. 그래서 정신병리,

특히 우울증에 대한 취약성이 전반적으로 증가한다(Heim & Nemeroff, 2001; Pliszka, 2002).

성인 우울증 이론은 신경전달물질인 세로토닌 수준이 낮음을 시사한다. 세로토닌 활용 가능성을 증가시키는 항우울제는 벤라팍신(venlafaxine, 이팩사) 같은 세로토닌-노어에피네프린 재흡수 억제제와 함께 플루세틴(fluoxetine, 프로작)과 서트랄린(sertraline, 졸로프트) 같은 선택적 세로토닌 재흡수 억제제(SSRIs)를 포함한다. 이런 약물들은 성인 우울증과 싸우는 데는 효과가 있는 것으로 입증된 반면에 아동에서는 신경전달기제를 지지하는 증거가 혼합되어 있다. 아동 청소년 우울증에 SSRIs가 주는 효력에 대한 연구들은 일부 유망한 결과를 내놓았다(Wagner & Ambrosini, 2001). 그러나 효과 크기는 여전히 작다. 일부 연구는 전반적인 향상률에서는 결과가 나왔으나 우울증에 특이한 증상에서는 나오지 않았다. 이 이슈는 우울증의 치료를 논의할 때 다시 보게 될 것이다.

요약하면, 아동 우울증에 대한 연구는 제한이 있긴 하지만 성인 연구에서 나온 기질적 병인론을 아동에게 쉽게 적용할 수 없음을 말해준다(Kaufman et al., 2001). 더 나아가 생물학적 지표들이 우울증의 발병을 미리 알려준다는 것을 보여줄 미래추적 자료 없이는, 생물학적 지표들이 우울증의 원인인지 아니면 우울증의 결과인지에 대해 의문의 여지가 있다. 궁극적으로 그 그림은 복잡하고 교류적인 것이 되기 쉽다. 경험과 기분은 생물학적 상태에 영향을 주며, 다시 생물학적 상태는 인지, 정서, 기억에 영향을 준다(Post & Weiss, 1997).

뇌 구조와 뇌 기능 성인에 대한 뇌 영상 연구는 우울증이 좌반구의 낮은 활성화 수준과 관련 있다고 시사한다. 흥미롭게도 좌반구는 긍정적 정동의 처리에 더 많이 관여하는 것으로 나타난다. 이것이 저활성화되면 우반구가 더 활성화되고 과도하게 부정적인 정동이 발생한다(Pliazka, 2003). 이러한 좌반구 저활성화 패턴은 우울한 어머니의 영유아 자녀에서도 발견된다(Dawson et al., 1997). 이러한 세대간 전이가 유전적 요인 때문인지, 아니면 어머니의 부정적 정동에 대한 큰 스트레스와 노출 때문인지는 아직 결정되지 않았다(Hammen & Rudolph, 2003).

개인적 맥락

애착 Cicchetti와 Toth(1998)가 주목한 바와 같이, 애착의 내적작동모델과 영아, 아동, 청소년의 우울증이 연결되어 있다는 증거들이 쌓였다. 자신을 무가치한 사람으로 다른 사람들은 자신을 사랑하지 않는 사람으로 심상을 내면화하는 아동들은 우울증과 관련된 인지적·정서적·생물학적 과정의 발달에 더 취약하다.

Blatt(2004; Blatt & Homann, 1992)는 애착이론에 근거하여 두 종류의 우울증을 구별하는 모델을 만들었다. 첫 번째인 의존우울증(dependent or anaclitic depression)은 유기(abandonment)에 대한 공포와 마찬가지로 고독감과 무망감을 특징으로 한다. 의존우울증을 가진 사람들은 다른 사람과의 관계에 매달리며 돌보아지고 양육되는 것에 대한 갈망을 충족하지 못한다. 그래서 그들은 분리와 상실을 극복하는 것을 어려워하며 다른 사람이 멀어질까봐 두려워서 화를 내기 어렵다. 이와 반대로, **자기비난적** 또는 **내사형 우울증**(self-critical or introjective depression)은 무가치감, 열등감, 실패감, 죄책감을 특징으로 한다. 자기비난적 우울증을 가진 사람들은 매우 높은 내적 기준을 가지며 이것은 엄격한 자기 조사와 자기 평가를 가져온다. 그들은 불인정과 비난에 대한 만성적인 공포를 가지며 중요한 사람의 관심을 잃을까봐 걱정한다. 그들은 완벽함을 달성하려고 하며, 그래서 자신에게 과도한 요구를 한다. 심지어 그들은 많은 것을 성취했음에도 만족이나 즐거움을 지속적으로 경험하지 못한다.

Blatt와 Homann(1992)은 아동기 초기에 갖는 특정한 애착경험의 종류가 이런 서로 다른 종류의 우울증들을 가져온다고 가정한다. 그들이 양육자와 갖는 관계의 질이 자기와 타인에 대한 **내적작동모델**(internal working model)의 발달을 가져오며, 이 내적작동모델은 이런 사람들이 우울증에 취약하게 만든다. **저항적/양가적**(resistant/ambivalent) 애착 패턴과 관련된 부모의 비일관적 활용 가능성(availability)은 의존, 상실, 유기의 문제와 관련된 우울증을 가져올 가능성이 더 많다. 반대로 회피애착과 관련된 통제적이고 거부적인 양육은 양육자에 대한 분노가 자기 자신에게로 향함에 따라 자기비난과 낮은 자기가치를 가져온다.

지금까지 연구들은 이 모델을 어느 정도 지지해왔다. 많은 연구가 성인들에 초점을 두었다. 그러나 Blatt와 동료들(1996)은 청소년 표본에서 그 두 유형의 우울증을 구분해낼 수 있었다. 아동 우울증의 이원 모델에 대한 더 나아간 가설의 지지는 Harter(1990)의 연구로부터 나왔다. 그 연구는 두 집단의 우울증 아동과 청소년을 찾아냈다. 더 큰 아이들 집단에서는 우울증이 낮은 자존감에 의한 반면 더 어린 아이들 집단에서는 우울증이 중요한 사람의 상실에 기인한다. 그러나 필요한 발달 연구—아동기의 의존우울증과 자기비난적 우울증이 다른 종류의 영아기 애착관계로부터 예언되어 짐을 보여주는—는 아직 이루어지지 않았다.

인지적 관점 아동기 우울증에 대한 인지이론은 Beck(1987, 2002)의 전통적 성인 우울증 모델을 그대로 따른다. 그 인지 모델은 **인지삼제**(cognitive triad)에 중심을 둔다. 인지삼제는 무가치함(worthlessness, "나는 별로야"), 무력함(helplessness, "내가 할 수 있는 것은 아무것도 없어"), 그리고 무망함(hopelessness, "앞으로도 항상 이럴 거야")으로 이루어진다.

첫째, 아동기 우울증과 낮은 자기가치감 또는 지각된 유능감 사이의 관계를 증명하는 집중적 연구로부터 무가치감 차원에 대한 증거가 나온다(Harter, 1999; Harter & Whitesell, 1996). Harter는 자기가치와 기분 사이에 강력한 관계를 발견했는데, 둘 사이의 상관이 8세에서 15세 사이 아동들에서 0.82 정도로 높다. 또한 종단연구는 낮은 자존감이 우울증의 특이한 예언요인임을 보여주었다(Lewinsohn, Gotlib, & Seeley, 1997). 더욱이 아동들의 자신에 대한 부정적 시각은 '자신들이 부적절하다'고 생각하는 신념을 확인해주는 쪽으로 편향된 해석을 하게 만든다. 예를 들면, 우울한 청년들은 기억검사에서 자신을 기술하는 부정적인 형용사를 더 많이 회상하며(반면에 우울하지 않은 아동들은 긍정적인 특성들을 더 많이 회상한다), 자신에 대한 부정적 시각을 인정하는 증거를 찾는 경향이 많다.

둘째, Bandura(1986)의 **자기효능성**(self-efficacy) 개념은 우리에게 무기력 차원에 대한 통찰을 제공한다. 지각된 자기효능성은 자신의 능력에 대한 아동의 신념을 말하는데, 여기서 능력은 원하는 결과를 얻기 위해 자신을 둘러싼 세상에 영향을 주는 능력을 뜻한다. 그들이 한 행위가 효과가 있을 것이라는 생각이 없다면 아동들은 도전에 직면해서 행동을 취하거나 버티려는 유인을 갖지 못한다. Bandura와 동료들(1999)은 낮은 자기효능감은 세 가지 경로를 통해 우울증을 가져온다고 제안한다. 첫 번째는 아동들이 자신의 기대에 도달하지 못하고 열망을 충족시킬 수 없는 것으로 자신을 지각할 때 생기는 자기 평가절하와 낙담한 느낌을 포함한다. 두 번째는 지각된 사회적 비효능성을 포함하는데, 이것은 아동들이 자신이 관계를 만족시킬 수 없다고 믿을 때 생긴다. 이것은 아동으로 하여금 다른 사람들에게서 멀어지게 해서 스트레스를 완충시켜 줄 사회적 지지가 결핍되게 만든다. 세 번째 기제는 우울한 생각 자체를 통제할 수 없다고 지각하는 것을 포함한다. 반추와 부정적 사고가 우울증을 생기게 하는 반면, 이러한 사고 패턴을 바꾸는 중재들은 우울증을 완화시킨다. 연구는 우울한 사람들에게는 자신의 부정적 생각을 조절하는 능력에 대한 효능감이 부족하다고 말한다. 282명의 중학교 학생들을 대상으로 한 미래추적연구에서 Bandura와 동료들(1999)은 지각된 사회적·학업적 비효능성은 2년 동안에 걸쳐 아동들의 우울증에 영향을 주었다는 것을 확인했다. 예상한 바와 같이 우울한 아동들은 실제 수행에서 그들이 보인 기술 수준보다 자신의 기술에 대해 더 비효능적 신념을 갖고 있다.

셋째, Seligman과 동료들(Abela & Seligman, 2000; Abramson, Seligman, & Teasdale, 1978)은 **인과귀인**(causal attribution) 변인을 덧붙여서 우리가 무망함 차원을 이해하도록 도왔다. 우울증을 가져오는 인과귀인에는 세 가지 차원이 있다. 그것은 내적("나 때문이야"), 안정적("난 항상 이럴 거야"), 그리고 총체적("내게 일어나는 것들은 모두 이런 식이야") 차원이다. 부정적 사건을 외적 동인에 귀인하기보다 개인의 특성에 귀인할 때 무력감이 증가하면서 자존감은 감소한다. 부정적 사건을 시간이 흘러도 지속되는 요인들에 귀인할 때 무기력은 안정적이다. 그리고 부정성을 다양한 상황들에 일반화할 때 무기력은 총체적이 된다. 안정적이고 총체적인 부정적 귀인은 무망함의 인지와 확실히 관련되며 무망함 인지는 아동 청소년 우울증에서 중요한 역할을 한다(Gladstone & kaslow, 1995; Harter & Whitesell, 1996).

이러한 귀인 스타일은 어떻게 발달하는가? Rose와 Abramson(1991) 이론에 따르면 아동기에 경험하는 부정적 사건들—외상적 상실, 학대, 죄의식을 유발하는 양육방법 같은—이 악순환을 일어나게 한다. 아동은 이러한 사건들을 해석하고 그 사건들의 의미를 찾으려하기 때문에, 그 사건들의 원인과 해결책에 관련된 인지들이 만들어진다. 사건들이 부정적이며, 통제 불가능하고, 반복될 때, 무망함-유발 인지가 만들어진다. 수많은 다른 요인들이

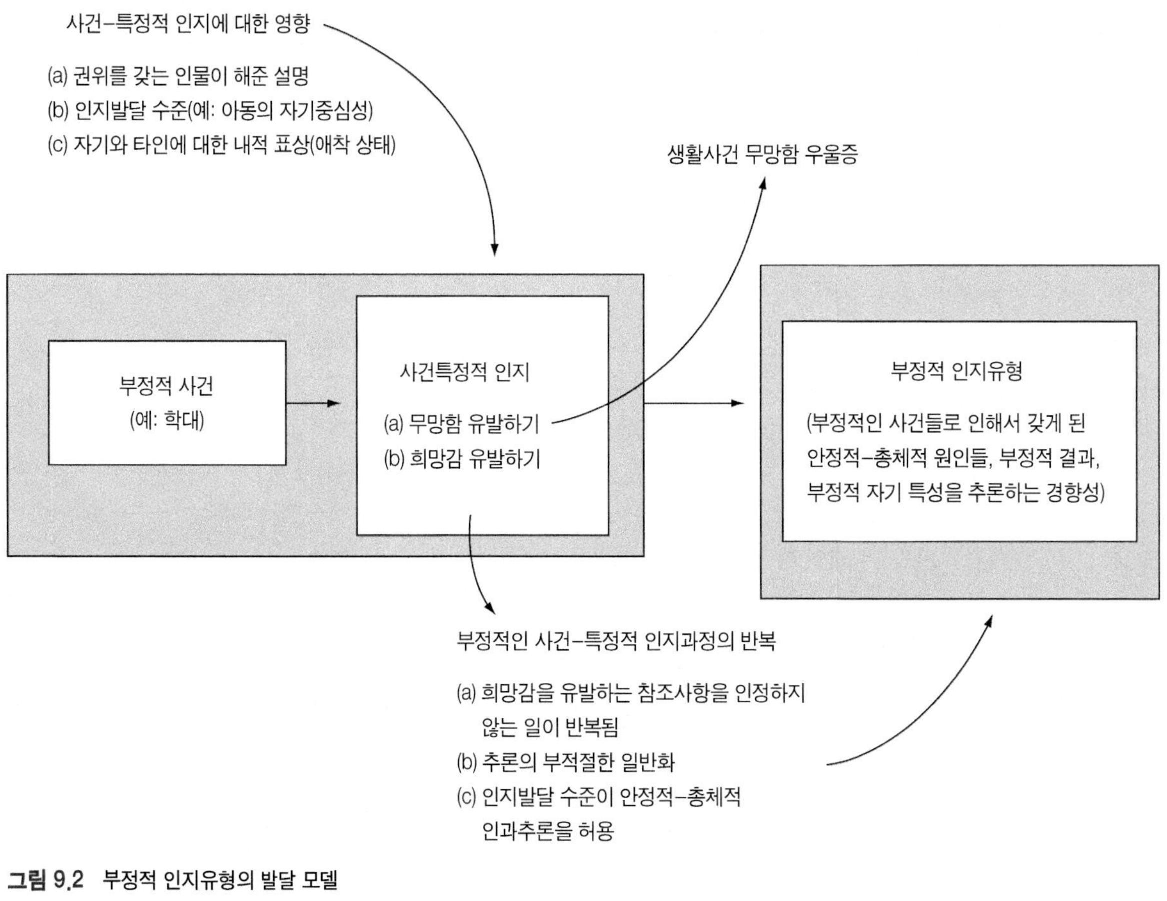

그림 9.2 부정적 인지유형의 발달 모델

출처: Rose와 Abramson(1991).

부정적 인지의 발달을 촉진하거나 방해할 수 있는데, 여기에는 부정적 사건이 아동의 자존감을 침범하는 정도, 아동 자신의 인지발달 수준, 부모가 사건에 대해 보인 반응과 해석이 포함된다(**그림 9.2** 참조). 예를 들면, Stark와 동료들(1996)은 우울증의 인지삼제를 가지고 있는 아동들의 부모는 우울귀인유형을 보이며 자녀들에게 자기, 세상, 미래에 대해 부정적인 메시지를 전달하는 것을 발견했다. 부모가 희망을 더 많이 주는 인지들을 승인하지 않고 부정적인 사건들을 반복함에 따라서, 우울한 마음상태(mind-set)가 만들어진다.

이러한 부정적 인지도식(negative cognitive schemata)은 아동의 현재 마음 상태뿐만 아니라 미래에 세상에 대해 갖게 되는 태도에도 영향을 준다. 도식은 아동의 자기지각, 과거의 경험, 미래에 대한 기대를 통합하는 안정적인 정신구조이다(Dodge, 1993). 그러므로 과거 경험으로부터 끌어낸 교훈에 근거해서 만들어진 아동의 현재 사건과 미래 사건에 대한 지각은 마치 더러워진 회색안경을 낀 것처럼 우울도식으로 색칠이 된다. 우울 렌즈를 통해서 세상을 보는 아동들은 자신의 비관적 관점에 일치하는 부정적인 것에 주목한다. 그리고 긍정적 사건이 보여주는 자신의 부정적 생각과 일치하지 않는 증거는 무시한다. 아동은 안정적이고 부정적인 인지스타일뿐만 아니라 세상에 대한 부정적인 사고패턴과 부정적인 관계패턴도 발달시킴으로써, 우울증이 될 가능성이 증가한다. 인지 모델의 강점 중 하나는 이러한 부정적 귀인유형이 불안과 우울을 포함하는 내면화 장애의 발달에만 특수하게 나타나며 일반적인 아동정신병리의 특성은 아니라는 점이다(Hankin & Abramson, 2002).

그러나 아동 우울증의 인지 모델에는 어떤 한계가 있다. 아동의 귀인스타일에 대한 일부 연구들은 혼합된 결과를 보인다. 예를 들어, 일부 종단연구는 부정적 귀인이 아동 우울증의 예언요인이라기보다는 젊은이의 우울증과 상관이 있음을 발견했다(Bennett & Bates, 1995). Hammen(1991)도 우울인지는 취약성의 "표지(marker)"로서 기능하는 기저의 특질이라기보다는, 우울증이 증감함에 따라서 오고 가는 상태-의존적(state-dependent)인 것이라고 경고한다. 우울증의 병인에서 인지삼제가 하는 인과적 역할에 대해서 알아야 할 것이 아직도 많다.

인지 모델이 갖는 다른 한계는 발달적인 것이다. 매우 어린 아동들에게서 우울증이 발견될 수는 있으나, 우울증과 이론적으로 관련된 모든 인지적 표지들은 어린 아동에게서 발견될 수 없다(Shirk, 1998 참조). 인지삼제를 평가하는 조사방법론은 면접과 질문지에 사용하는 복잡한 언어를 아동이 이해할 수 있어야 한다. 이 점은 유아기 후기와 아동기 중기 이전에는 아이들의 귀인을 알아볼 수 없게 만든다. 더욱이 현재 우리가 갖고 있는 인지발달에 대한 이해는 영아기에 무가치함, 무기력함, 무망함을 포함하는 복잡한 인지가 있다고 상상하는 것을 어렵게 만든다. 심지어 우울증의 표지를 어린 나이에 볼 수 있음에도 불구하고 그렇다. 이러한 발달적 딜레마를 해결하기 위한 시도로 Rose와 Abramson(1991)은 흥미로운 의견을 제안한다. 우울하게 만드는 귀인유형의 시작은 아동기 초기에 발달할 수도 있지만, 우울증의 인지요소들은 수년 후에야 분명하게 확인할 수 있게 된다. 아동이 사실상 안정적이고 총체적인 인과추론을 할 수 있는 시기인 구체적 조작기까지 부정적 경험들이 지속될 때에만 부정적 경험들은 우울증의 인지삼제를 가져오게 된다고 저자들은 이론화한다. 다시 말하면 부정적 귀인은 실제로 어린 나이부터 우울증 발달의 기저에 있지만, 연구자들은 아동기가 되어서야 부정적 귀인을 탐지할 수 있는 것일지도 모른다.

정서발달 아동 우울증을 가져오는 기저의 발달과정 중 하나는 정서조절의 어려움이다. 우울한 아동은 대인문제 같은 생활도전을 극복하는 일반적 기술이 미숙할 뿐만 아니라 스트레스를 받을 때 자기의 정서를 완화시키기가 더 어렵다(Rudolph et al., 1994; Zahn-Waxler, Klimes-Dougan, & Slattery, 2000). 예를 들어, Zeman, Shipman, Suveg(2002)은 학령기 아동의 우울증은 그들의 정서상태를 확인하기 어려움, 분노 정서의 억압, 분노와 슬픔의 조절 곤란으로 예측된다는 것을 발견했다. 조절이 잘 안 되는 정서적 고통을 느끼게 되면 우울한 아동은 철회와 과도한 안심추구 같은 비효과적인 방식으로 반응한다. 그것들은 우울한 아동들을 또래에게서 따돌림을 당하게 만들고 어려움을 더 악화시킨다(Joiner,

Metalsky, Katz, & Beach, 1999). 정서조절 곤란은 아동의 기질적 특성으로 해서 일어나지만 가족의 상호작용 패턴도 관련된다. 특히 우울한 어머니의 자녀에서 그러하며 다음 부분에서 더 자세히 검토할 것이다.

가족 맥락

우울한 아동의 가족 정서적으로 안 좋은 가족환경은 아동 청소년의 우울증 발달을 예언한다(Sheeber et al., 1997). 우울한 아동들은 자기 가족을 더 갈등적·부정적·통제적인 것으로, 그리고 덜 밀착되고 덜 지지적인 것으로 기술한다(Kaslow, Deering, & Racusin, 1994). 우울한 아동의 부모들은 다른 사람들보다 급성적 생활스트레스와 만성적인 생활스트레스를 더 많이 보고하며, 스트레스에 완충작용을 할 지지적인 사회적 관계는 더 적게 갖고 있다. 부부갈등도 부모와 아동의 우울증 모두를 증가시킨다(Davies, Dumenci, & Windle, 1999).

우울한 아동과 부모 사이의 가족상호작용의 관찰은 우울한 아동의 가족이 거칠고 과도한 통제를 하며 부정성 수준이 높고 양육 수준이 낮다는 점을 확인해준다(Messer & Gross, 1995). 표현된 정서를 관찰한 연구는 우울한 아동의 가족이 비판적이며 정서적으로 과도하게 개입되어 있음을 보여준다(Asarnow et al., 1994). 게다가 우울증은 아동학대와 관련되는데(Toth, Manly, & Cicchetti, 1992; 14장 참조), 학대에는 정서적·신체적·성적 학대가 포함된다(Lizardi et al., 1995). 불행한 가족환경은 아동의 자존감을 낮출 수 있으며 이것은 다시 실패감과 우울증을 가져오는 원인이 된다. 이러한 모든 부정적인 아동기 사건들은 우울증의 특징인 무기력함, 무망함, 무가치함의 귀인스타일을 만들어냄으로써 우리가 앞에서 확인했던 다른 위험요인들과도 상호작용한다(Rudolph, Kurlakowsky, & Conley, 2001).

종단적 연구는 시간 흐름에 따라 아동 우울증이 증가하는 것과 부정적 가족상호작용이 관련 있다는 생각을 지지한다. Sheeber와 동료들은 대부분이 유럽계 미국 청소년과 그들의 어머니로 구성된 420명의 표본을 대상으로 일 년 동안 가족지지와 가족갈등의 효과를 연구했다. 가족지지의 감소와 갈등의 감소는 청소년 우울증 증가와 관련 있는 반면, 청소년 우울증이 가족관계가 나빠지는 것을 예언하지는 않았다. 이런 점은 가족이 아동에게 영향을 준다는 생각을 믿게 만든다. Sagrestano와 동료들(2003)은 302명의 저소득 아프리카계 미국인 학령기 아동을 대상으로 한 2년간의 종단적 연구에서 비슷한 결과패턴을 발견했다. 흥미롭게도 그들의 자료는 가족갈등의 증가와 부모개입의 감소는 아동과 부모 모두의 우울증 증가와 관련이 있음을 보여준다.

위에서 말한 연구들이 성인들을 우울하게 만드는 성취에서의 실패와 같은 종류의 부정적 사건들보다는 대인간 스트레스 요인들이 특히 아동들을 우울하게 한다는 것을 보여준 점에 주목하는 것이 중요하다(Rudolph & Hammen, 1999). 아마도 아동에게 가장 외상적인 단 하나의 대인간 스트레스 요인은 다음에서 우리가 알아볼 부모의 상실일 것이다.

부모상실 5장에 있는 애착개념의 개관은 영아기의 적절한 돌봄은 감상적 사치가 아니라 최적의 발달을 위해 절대적으로 필요한 것임을 보여준다. 비교적 드물긴 하지만, 부모의 완전한 상실은 아동의 기능에 극적인 영향을 주는 경험이며 우울증과 분명히 관련된다.

모성박탈에 대한 전통적 연구는 Spitz(1945)와 Bowlby(1960)에 의해서 이루어졌다. 그들은 병원, 고아원, 기아보호소와 같은 환경에 있는 영아들을 연구했다. 이 영아들은 생리적 요구는 충족되었지만—적절한 음식, 난방, 위생관리를 받았다—다정하게 돌보아지지는 않았다. 그 결과로 한 고아원에서 37% 정도 되는 많은 아이들이 쇠약해졌고, 심지어 사망했다. Spitz는 이 아동들이 어른들이 때때로 주는 관심에 무관심하게 반응하며 아기침대에서 슬픔에 잠겨 흐느껴 울거나 멍하게 누워 있는 모습을 촬영했다. Spitz는 이러한 영아들의 반응을 **의존우울증**(anaclitic depression, 특히 의존할 사람의 상실을 의미함)이라고 명명하고 이것이 성인 우울증의 원형을 나타낸다고 믿었다. Bowlby(1960)는 이러한 중요한 관계—영아의 안전기지—의 상실은 발달에 너무 심각한 영향을 주는 것이기 때문에 전쟁이나 자연재해와 같은 수준으로 보아야만 한다고 주장했다.

모성상실과 우울증 사이에 관련이 있을 것이라는 가정은 경험적 지지를 받았다(Weller et al., 1991). 그러나 명심해야 할 중요한 사실은 Spitz와 Bowlby의 연구가 부모상실과 시설수용을 혼동했다는 점이다. Joyce Robertson과 James Robertson(1971)은 부모상실과 시설수용을 분리해서 연구하였다. 그들은 어머니와 일시적으로 분리된 아동들을 관찰했고 부모상실의 나쁜 영향이 입양가정으로 간 아동들과 비교해 시설에 수용된 아동들에서 더 심각했음을 발견했다. 개별 아동에게 관심을 보이지 않는 큰 고아원들에서는 항상 바뀌는 보모들이 아동들에게 최소한의 돌봄과 관심을 제공하는 반면에, 자기를 사랑해주는 입양가족 안에 있는 아동들은 쉽게 애착을 형성할 수 있었던 대리 양육자가 있었다. 입양 양육을 받은 아동들은 어머니와의 분리에서 고통을 훨씬 덜 보여주었고, 자신의 가족들과 다시 합치게 되었을 때 보다 쉽게 고통을 극복했다. 그러므로 아동을 황폐하게 하는 것은 분리 자체가 아니라 오히려 낯설고, 쓸쓸하거나 혹은 사회적으로 둔감한 환경에서 어머니나 다른 가족과의 접촉이 거의 또는 전혀 없이 오래 머무는 것이다.

Brown, Harris와 Bifulco(1986)는 모성상실의 영향을 매개할 수 있는 다른 요인들을 알아보았다. 이 연구자들은 아이일 때 부모와 사별한 여성들과 오랜 기간 어머니와의 분리를 경험하고 있는 여성들을 면접했다. 11세 이전에 일어난 사망이나 분리로 인한 모성상실은 대부분 여성에게서 우울증을 가져왔다. 그러므로 모성박탈은 취약성 요인으로 작용했다. 그러나 모성상실은 빈곤이나 생활스트레스와 같은 유발 사건이 존재하지 않을 때에는 영향을 주지 않았다.

이 연구자들은 추후 연구에서 부가적인 매개요인들을 밝혀냈다. 우울증 발병률은 사별이나 어머니의 질병이나 이혼 등으로 어머니와 분리되었던 여성들에서보다 유기, 학대, 거부되는 것과 같은 어머니와의 외상적 분리를 경험한 여성들에서 두 배로 높았다(Brown, Bifulco, & Harris, 1987). 그리고 뒤에 실시한 연구에서, Bifulco, Harris, Brown(1992)은 성인 우울증 발병률이 6세 이전에 어머니가 사망한 여성에게서 특히 높으며, 만약 3세가 되기 전에 어머니가 사망했다면 발병률이 더 크다는 것을 발견했다. 그러나 중요한 것은 이른 사망시점 그 자체가 아니다. 오히려 사망이 오랜 병 끝에 온다는 사실이며, 연구자는 오랜 질병이 안정애착의 발달을 방해했을 것으로 추측한다.

요약하면, 영아기와 아동기 모두에서 양육자의 상실 자체가 우울증을 가져온다는 생각은 너무 단순해서 정확하다고 말하기 어렵다. 오히려 우울증은 개인적(예: 무기력함), 대인간(예: 사회적 지지의 부족), 사회문화적(예: 사회경제적 수준), 그리고 발달적(예: 아동의 인지적 정교화 수준) 요인을 포함하는 많은 요인들이 상호작용한 결과이다. 그러므로 연구과제는 변인들 사이의 상호작용을 알아내고, 발달의 서로 다른 시점에서 상실이 일어날 때 그러한 상호작용들이 변화하는 방식을 알아보는 것이다.

우울한 어머니의 자녀들 American Psychologist에 실린 중요한 개관논문에서, Perterson과 동료들(1993)은 "우울증인 부모를 둔 아동들을 위한 서비스의 필요가 정신건강전문직이 규정한 권고에 매우 가까워지고 있다"고 말한다(p. 163). 이 주제에 대한 큰 관심만큼 그에 대한 연구문헌의 양도 많다(예: Commings et al., 1999; Goodman, 2003; Goodman & Gotlib, 2002; Hammen, 1999; Radke-Yarrow, 1998). 우울증인 어머니를 둔 아동의 거의 40%가 우울증을 가진 것으로 진단되었다. 어머니의 우울증은 일생에 걸쳐 아동이 특히 심하고 오래 지속되는 삽화를 갖는 우울증을 발달시킬 위험을 두 배 이상으로 증가시킨다. 게다가 Hammen, Burge, Stansbury(1990)가 실시한 종단연구는 우울증인 어머니를 둔 아동들은 양극성 장애를 갖는 어머니, 의학적 질병이 있는 어머니, 심지어 정신분열증을 가진 어머니를 둔 아동들보다도 더 나쁜 결과를 갖는다는 것을 보여주었다. 아마도 부모의 우울증이 아동에게서 죄의식을 유발시키는 특성이 있는 것과는 반대로, 아동들은 양극성 장애와 정신병에서 나타나는 기괴한 행동들은 자기가 통제할 수 없으며 자기가 유발한 일이 아니라는 것을 이해하기가 더 쉬울 수도 있다(Anderson & Hammen, 1993).

우울증이 어떻게 부모로부터 자녀에게로 세대간 전이가 일어나는지는 분명하지 않다. 그것은 유전적인 것일 수도 있지만, 가능한 다른 설명은 **양육유형**이다. 우울증을 가져오는 양육의 두 차원은 **철회**(withdrawal)와 **참견**(intrusiveness)으로 확인되었다(Malphurs et al., 1996). 철회 측면에서 보아 우울한 어머니는 자녀에게 심리적으로 덜 활용 가능한 것으로 관찰된다. 우울한 어머니는 자녀에게 긍정적인 감정, 온정, 칭찬과 긍정적 피드백을 덜 준다. 참견 측면에서 우울한 어머니들은 더 통제하며, 더 참지 못하고, 더 불안정한 경향이 있으며 강압적인 훈육기법을 사용하고, 자녀행동을 더 부정적으로 귀인하며 자녀의 감정을 읽는 데 정확성이 떨어진다(Cicchetti & Toth, 1995a). Stein과 동료들(2000)은 우울한 어머니의 자녀들은 어머니를 과보호적이라고 지각하고 아버지는 덜 돌보는 것으로 지각한다는 것을 확인했다.

어머니의 철회가 가져오는 효과에 대한 가장 분명한 증거들은 어머니의 감정을 실험적으로 조작한 연구로부터 나온다. 이것은 정신병리학 문헌에서는 드문 것이다. 우울하지 않은 어머니들이 걸음마기 자녀와 함께 노는 동안 "무표정한 얼굴"로 자녀에게 정서 표현 없이 개입하지도 반응을 보이지도 않음으로써 아이의 우울한 감정을 자극하게 했다. 어머니를 정서적으로 이용할 수 없게 되자 아이들은 분명한 고통을 보이고, 어머니로부터 떨어져 있으며, 관심을 얻기 위해서 부정적인 시도를 더 많이 하고, 혼란스럽고 적대적인 행동을 했다(Seiner & Gelfand, 1995).

Field(1992)는 우울한 어머니를 둔 영아는 생후 8개월의 이른 시기에 우울한 기분을 갖게 된다고 보고한다. 이러한 우울한 특성들은 어머니와의 상호작용에서만 나타나는 것이 아니라 우울하지 않은 낯선 사람과의 상호작용에서도 나타난다. 이것은 안정된 대인간 스타일의 발달을 보여준다. 만약 어머니의 우울증이 1년 이상 지속되면, 영아의 성장과 지적 발달에 해로운 영향을 주며, 걸음마기와 학령전기 동안에는 어머니의 우울증이 불안정애착의 발달과 관련 있다(Teti et al., 1995).

우울한 부모를 가진 아동들이 우울해지는 발달과정은 무엇인가? 하나의 설명은 우울한 부모에 대한 극복과정이 아동으로 하여금 적절한 **정서조절**(emotion regulation) 전략을 발달시키지 못하게 한다는 것이다(Cicchetti & Toth, 1995). 정서조절은 2장에서 본 바와 같이, 흥분되는 상황에 부딪칠 때 아동이 자기 자신을 진정시키도록 해준다. 건강한 어머니는 자기 자녀를 진정시키고 자녀가 스스로를 진정시키는 능력을 기르도록 도움으로써 정서조절 발달을 돕는다. 그러나 우울한 어머니는 자신의 부정적 기분상태를 조절할 수 없기 때문에, 이것이 자녀의 기분을 조절해주기 위해 어머니가 능력을 발휘하는 것을 방해한다. 그러므로 우울한 어머니의 자녀들은 높은 수준의 부정적 정서에 만성적으로 노출되고 이런 고통스러운 기분을 관리하는 효과적인 전략을 발달시키는 데 실패한다(Garber, Braafladt, & Weiss, 1995).

다른 설명으로 인지적 요인이 작용을 한다는 증거가 있다. 우울한 어머니를 둔 5세인 아이는 실험실에서 겪는 가벼운 스트레스(카드게임에서 질 것 같은 조짐)에 대한 반응으로 무망함, 비관주의, 낮은 자기가치를 표현한다(Murray, Woolgar, Cooper, & Hipwell, 2001). 이와 유사하게 우울한 어머니를 둔 아이들은 우울인지도식이 주입되면 빈곤한 자기개념과 부정적 정보처리형태를 다른 아동들보다 더 많이 보이는 경향이 있다(Taylor & Ingram, 1999). 우울한 어머니들은 부적절한 양육유형을 사용해 자녀들의 우울인지유형을 강화하는 동시에 자녀들에게 우울인지유형의 모델이 된다. 예를 들어, Lanrock와 동료들(2002)은 우울한 어머니의 자녀들은 스트레스를 극복하기 위해 우울한 사고(예: 반추와 침입적 사고)를 떠오르게 하는 부적절한 전략을 사용한다는 것을 발견했다.

우울한 어머니와 걸음마기 자녀에 대한 임상 관찰도 그들이 서로의 행동에 부정적 영향을 주는 **교류적**(transactional) 과정을 갖고 있음을 보여준다(Cicchetti, Rogosch, & Toth, 1997). 예를 들면, 우울한 어머니의 자녀들은 성격이 급하고, 진정시키기 어려우며, 더 많은 부정적 정서, 분노, 슬픔, 고통을 보인다. 그래서 자기 어머니의 양육기술에 큰 부담을 주어 어머니의 스트레스와 짜증을 증가시킨다. 우울한 어머니의 자녀들은 다시 어머니의 부정적 감정에 맞추어 부모를 돌보고 편안하게 하려는 역할전도나 부모역할을 하는 부모화(parentification)를 시도하기도 한다(Cicchetti, Rogosch, & Toth, 1997). 부모화된 아동들은 자신의 정서적 요구는 희생하고 부모의 정서적 요구를 충족시키려는 발달적으로 부적절한 기대로 해서 부담을 갖는다(Kerig, 2005). 이런 식으로, 어머니의 우울증에 대처하고 반응하려는 아동의 시도들이 문제 있는 상호작용 사이클을 영속시키게 된다. 연구가 위기에 처한 어머니들과 그들 자녀의 우울한 기분의 시작과 지속 사이의 뚜렷한 관계를 보여주었듯이, 오랜 기간에 걸쳐 어머니의 우울증과 자녀의 우울증은 서로 영향을 주는 것으로 나타난다(Hammen, Burge, & Adrian, 1991).

어머니의 우울증의 영향이 성별(gender)에 따라서 다르다는 것을 보여주는 연구도 있다. 어머니가 우울할 때 우울증을 발달시킬 위험은 남아보다 여아에게서 더 높다(Sheeber, Davis, & Hops, 2002). 예를 들면, Hops(1992)가 실시한 7년간의 종단연구는 다른 가족들 사이에 존재하는 것보다 어머니의 우울한 기분과 딸의 우울한 기분 사이에 더 강한 관계가 있음을 보여준다. 비슷하게 Davies와 Windle(1997)은 어머니의 우울증이 여자 청소년에게서는 우울증을 가져오게 하지만 남자 청소년에서는 그렇지 않다고 보고한다. 모녀관계의 정서적 밀착(Chodorow, 1978)은 딸들을 어머니의 우울증의 영향을 받는 위험에 처하게 만든다.

Goodman과 Gotlib(1999)가 주장하듯이, 부모로부터 자녀에게로 우울증이 유전되는 것은 여러 과정을 통해 일어날 수 있다. (1) 유전적 취약성; (2) 정서조절기제의 기저에 있는 신경학적 기능장애의 공유; (3) 부모의 부적응적인 인지, 행동, 감정에 자녀가 노출되는 것; (4) 부모와 자녀 모두가 대처해야 하는 보다 더 큰 맥락의 스트레스와 가족갈등. 이러한 위험기제의 결과로 우울한 부모의 자녀들은 많은 발달과업을 숙달하는 데 어려움을 겪는다. 이런 발달과업에는 애착안전성, 정서조절, 대인관계, 문제해결이 포함된다. **표 9.4**는 아동기 동안 자녀가 발달단계에 중요한 이슈를 숙달하는 것을 우울한 양육이 어떻게 방해하는지에 대한 Goodman의 개요를 보여준다.

게다가 많은 혼합요인들이 우울증의 세대간 전이에 대한 단순한 설명을 막는다. 첫째, 아동발달에 유사한 영향을 주는 부부갈등과 경제적 어려움과 같은 가족 스트레스 요인들과 마찬가지로, 어머니의 우울증은 어머니가 갖는 불안과 성격장애를 포함하는 많은 다른 형태의 정신병리와 관련된다(Cummings & Davies, 1994a). 그러므로 부모 우울증의 효과만을 따로 떼어내기가 어렵다. 게다가 부모의 우울증은 자녀의 우울증 외에 ADHD, 불안, 물질남용, 신경성 식욕부진증, 품행장애와 같은 다른 장애의 발달과도 관련된다. 그러므로 다중결말 개념이 여기에 적용된다. 어머니의 우울증은 아동 우울증에만 독특한 것이라기보다는 오히려 다양한 좋지 않은 결과들을 예견하는 하나의 위험요인이다.

긍정적인 측면으로는 최근의 종단적 연구가 잠재적인 보호기제와 탄력성의 원천도 강조한다. 예를 들면, NICHD 조기아동관리 연구네트워크(1999)는 영아기 동안 어머니의 민감성

표 9.4 우울한 양육이 발달동안 단계특징적인 이슈에 주는 영향

발달단계	우울한 어머니[1]
영아기 애착관계 촉진하기 정서적 자기조절발달을 촉진하기	덜 민감하다. 덜 반응적이다(느리고 덜 유관적). 호혜적 발성과 정서적 접촉을 덜 한다. 주는 자극의 양이 적고 질이 낮다.
걸음마기 아동과 학령전 아동 아동이 발달하는 데 필요한 외적 지지 제공하기: • 사회적 정서적 상황을 정확하게 이해하기 • 효율적인 자율적 기능 • 정서적 각성을 일으키는 상황을 관리하는 능력 • 환경자원들을 조직화하고 협응시키는 능력	자녀와 공동활동을 하면서 상호개입하는 데 시간을 덜 보낸다. 자녀가 사물에 주의집중을 (유지하는 것을 격려하기보다는) 시작하고 끝내게 하는 일을 더 자주한다. 자신들의 영향에 대한 자녀들의 저항에 자녀들의 요구를 묵살하거나 덜 효율적으로 주장하거나 강압적 상호영향을 주는 것으로 반응한다.
학령기 아동과 청소년 • 일반적인 사회적 지지나 스트레스 완충 제공하기 • 아동들로 하여금 그들의 인지적-지적 환경과 사회적 환경에 초점을 유지하도록 돕기 • 아동들의 행동을 모니터하기 • 일관적인 훈육 제공하기	자녀들의 공격적 감정에 대한 반응으로 자신들의 불쾌한 감정을 억제함으로써 자녀의 잘못된 행동을 강화한다. 자녀의 행동에 대해 더 비판적이고, 더 부정적인 평가와 더 낮은 인내심을 보인다.

[1]우울하지 않은 통제집단과 비교함.

출처: Goodman(2003).

은 어머니의 우울증이 학령전기 아동의 인지발달과 행동발달에 주는 영향을 완화시킨다는 것을 발견했다. 자녀의 요구에 민감한 부모들에서는 어머니의 우울증이 자녀의 발달에 꼭 영향을 주는 것은 아니다.

우울한 아버지의 자녀 거의 모든 연구들이 어머니의 우울증에 초점을 두고 있지만 최근에는 연구자들이 아버지도 마찬가지로 중요하다는 것을 인정하기 시작했다. 성인남성이 우울증으로 진단받는 비율은 성인여성의 1/2이다. 남성의 3.8~12.7%가 성인생활에서 우울증을 경험하며 그보다 더 많은 남성이 우울한 기분을 느끼는데 특히 자녀를 키우는 동안에 그렇다(Blazer et al., 1994). 최근의 메타분석에서 Kane과 Garber(2004)는 얼마 안 되는 가능한 연구를 개관하여 아버지-자녀 갈등과 마찬가지로 부모 우울증도 자녀의 내면화 증상과 외현화 증상의 현저한 증가와 관련 있다는 것을 발견했다.

Patterson과 Dishion(1988)은 부모 우울증은 가족내에서 받는 매일의 스트레스에 대처하는 아버지의 능력을 발휘하지 못하게 해서 아버지가 아이들에게 더 많이 짜증을 내고 갈등을 갖게 한다고 설명한다. 이런 가설과 일치하게 Conger와 동료들(1995)은 아버지-자녀 갈등이 부모 우울증이 자녀의 정신병리를 가져오도록 매개한다는 것을 발견했다. 구체적으로 말하면 부모 우울증이 아버지-자녀 갈등을 증가시키고, 아버지-자녀 갈등은 다시 청소년 자녀의 외현화 행동을 증가시킨다. 아버지-자녀 갈등은 우울한 남성의 자녀들이 우울증이 많은 것과도 관련된다(Ge et al., 1994). 더 큰 가족 맥락에서는 부모 우울증이 부모간 갈등도 가져오고 이것이 자녀에게 간접적으로 부정적인 영향을 준다(Downey & Coyne, 1990; 2장 참조). 보호요인 측면으로는 아버지의 자녀에 대한 긍정적 감정과 인정이 부모 우울증이 주는 영향으로부터 자녀를 보호한다(Jacob & Johnson, 1997).

사회적 맥락

부모들만이 우울한 기분을 갖게 할 수 있는 부정적 평가의 원천은 아니다. 또래들은 자기들과 다르거나 혹은 사회적으로 미숙한 아이들을 심하게 조롱할 수 있다. 그러므로 또래로부터의 낮은 사회적 지지, 지각된 사회적 능력의 부족, 외로움이 아동 우울증과 청소년 우울증의 중요한 예언요인이라는 것은 놀라운 일이 아니다(Harter & Marold, 1994). 특히 여성에게 그렇다(Oldenberg & Kerns, 1997). 가까운 또래와의 긍정적 관계가 위험으로부터 그들을 보호해줄 수 있다하더라도, 또래의 놀림과 공격의 피해자인 아동들은 높은 우울 점수와 낮은 자존감 점수를 보여준다(Prinstein, Boergers, & Vernberg, 2001).

우울의 인지 모델과 일치하게, 우울한 아동들은 자신들의 사회적 능력에 대해 지나치게 부정적으로 지각한다. 그들은 사회적 지위평가에서 또래들이 보고한 것보다 더 부정적으로 자신의 지위를 보고한다. 그러나 증거는 그것이 전적으로 왜곡된 자기지각의 문제만은 아니라는 것도 보여준다. 우울한 아동들이 실제로 다른 아동들보다 사회적으로 미숙하다. 교사들은 우울한 아동들이 덜 친사회적이고 더 공격적이고 위축되었으며, 우울한 아동이 지각한 사회적 무능력이 전적으로 근거 없는 것은 아니라고 보고한다(Rudolph & Clark, 2001). 그래서 우울증이 대인간 문제해결기술(interpersonal problem-solving skills)이 부족해서 일어난다는 설명도 있다(Stark, 1990). 좋은 문제해결기술은 부정적인 생활사건의 영향을 막아주는 보호적 완충장치로 작용할 수 있으나, 우울한

관계 공격성

어린아이들은 효율적인 대인간 문제해결책을 잘 만들 수는 없다. 우울한 아동들은 미숙한 사회적 기술을 갖고 있으며(Bell-Dolan, Reaven, & Peterson, 1993; Rudolph & Clark, 2001), 다른 아동들이 놀이친구나 공부친구로 우울한 아동들을 덜 자주 선택한다(Rudolph, Hammen, & Burge, 1994)는 연구결과는 이런 가설과 일치한다.

우울한 아동들은 부정적인 사회적 상호작용의 희생자인가 아니면 주도자인가? Altman과 Gotlib(1988)가 실시한 독창적인 연구는 우울한 학령기 아동의 사회적 행동을 휴식시간 동안 놀이를 하는 자연스러운 상황에서 관찰 연구했다. 연구자들은 우울한 아동들은 적어도 우울하지 않은 아동들이 하는 만큼 놀이를 주도하고 사회적 접촉을 제안하며, 다른 아이들도 그들에게 자주 접근하고 있다는 것을 발견했다. 그럼에도 우울한 아동들은 결국에는 대부분의 시간을 홀로 보냈다. 아동들 간의 일련의 상호작용들을 주의 깊게 관찰하여, 연구자들은 그 이유를 밝혀냈다. 우울한 아동들은 때리기, 욕하기, 언어적 학대나 신체적 학대와 같은 "부정적/공격적" 행동으로 또래들에게 반응하는 경향이 높았다. 이런 식으로 우울한 아동들 스스로가 자신이 겪는 대인간 스트레스의 일부를 만든다(Rudolph & Hammen, 1999).

이러한 관찰은 Patterson과 Capaldi(1990)가 개발한 모델에 잘 들어맞는다. 이 모델은 또래관계를 우울증의 매개변인 역할에 놓았다. 이 모델에 의하면, 부정적인 가족환경은 아동들이 낮은 자존감, 미숙한 대인관계기술, 공격성, 부정적 인지스타일을 가지고 학교에 입학하게 만들기 쉽다. 결과적으로 이 아동들은 사회적 문제에 대한 건설적인 해결책을 잘 인식할 수 없으며 그들이 행동하는 방식 때문에 또래로부터 더 많이 거부당하기 쉽다. 또래거부는 다시 이 아동들의 부정적 자기관점을 증가시키고 그래서 우울증을 증가시킨다.

이 모델을 검증하기 위해서, Capaldi(1991, 1992)는 소년들을 공격성을 보이는 집단, 우울한 기분을 보이는 집단, 공격성과 우울한 기분 둘 다를 보이는 집단, 둘 모두 보이지 않는 집단의 네 개 집단으로 나누었다. 그리고 소년들을 6학년에서 8학년까지 2년 이상을 추적 연구했다. 우울한 기분을 갖는 집단에서는 우울증과 적응문제가 시간이 흐름에 따라 줄어드는 경향이 있는 반면에, 공격성을 갖는 다른 두 개의 문제집단(공격성 집단, 공격성과 우울한 기분이 둘 다 있는 집단)에서는 향상이 나타나지 않았다. 일반적으로 공격적 행동은 우울한 기분보다 더 안정적인 반면에, 품행문제는 그 결과로 우울한 기분을 가져올 위험을 증가시켰다. 실제로 6학년에서의 우울증은 8학년에서의 우울한 기분을 예언했다. 반면에 앞의 우울증이 뒤의 품행문제를 예언하지는 않았다.

Capaldi는 공격성에서 우울증으로 이끄는 과정을 다음과 같이 개념화했다(**그림 9.3** 참조). 공격성과 부정적인 행동은 부모, 또래, 교사를 멀리하게 해서 그 결과로 더 많은 대인간 갈등과 거부를 가져온다. 더 나아가 공격성은 아동이 학급에서 반항적이고 부정적으로 행동하게 만들며, 그것은 학습결손과 미숙한 기술발달을 가져온다. 이 두 요인은 모두 사회적인 상황과 학업적 상황에서 심각한 실패를 경험하게 한다. 실패와 거부는 다시 자존감을 낮춘다. 또래거부, 낮은 학업기술, 낮은 자존감은 청소년기의 심각한 결함들을 증가시

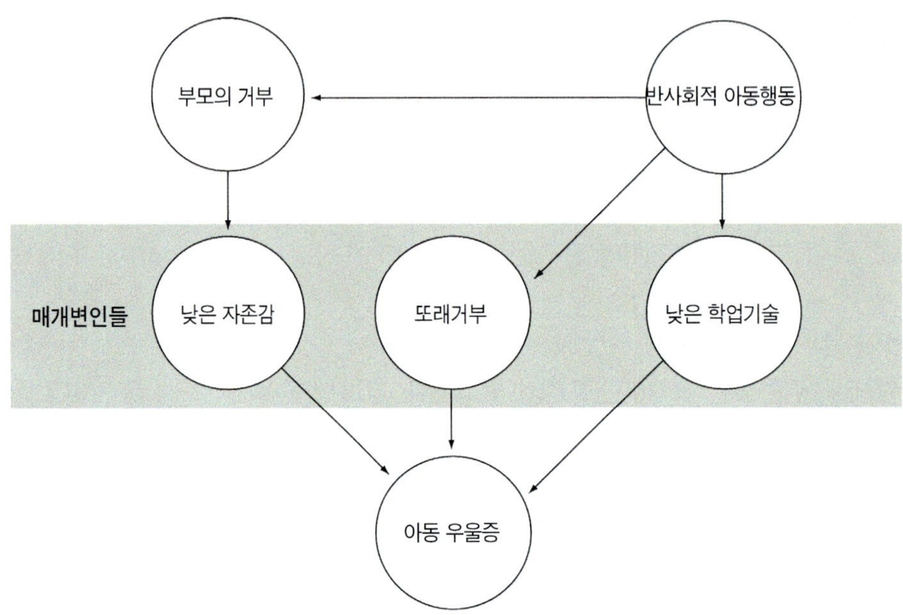

그림 9.3 우울증에 대한 아동효과와 가족요인 효과의 매개변인들

출처: Patterson과 Capaldi(1990)에서 인용함.

키며 결국 우울증을 가져온다.

상호작용과 교류 우울한 아동들은 대인관계기술에 많은 결함을 나타낸다. 그러나 이런 결함들은 우울증의 원인일까, 결과일까? 지금까지의 종단적 연구는 양방향의 교류적 평형상태를 지지한다. 한편으로는 사회적 어려움이 시간이 지남에 따라 우울증을 증가시키고(예: Cole et al., 1996), 우울한 아동의 대인간 문제들은 우울증이 나은 후에도 여전히 남아 있다(Lewinsohn et al., 1994). 다른 한편으로 우울증은 사회적 어려움의 증가를 예언한다(Rudolph et al., 1994). 예를 들면, Steele과 Forehand(2003)는 아프리카계 미국인 남아들 표본에서 3년의 기간 동안에 우울증의 증가는 사회적 유능성의 감소를 예언한다는 것을 발견했다. Hammen과 Rudolph(2003)가 제안한 바와 같이 우울한 아동의 사회적 어려움은 또래거부와 같은 부정적 대인간 경험을 가져오고 그것은 우울증상을 악화시킨다.

문화적 맥락

빈곤 우리의 관점이 보다 더 큰 아동발달 맥락을 포함시키는 데까지 확장되면서, 우울증은 사회문화적 맥락에 있는 경제적 불리함을 포함하는 많은 변인들과 관련이 있음을 알았다(Costello et al., 1996; Conger et al., 1994). 지역의 폭력과 범죄의 희생자가 되는 것과 같은 다른 공동체 특성들은 부모와 아동 모두를 불안과 우울을 느끼게 만드는데, 이 특성들은 빈곤과 관련 있다(Richter, 1993).

생활스트레스 특수한 스트레스 요인인 빈곤과 함께, 일반적인 생활스트레스가 우울증에서 중요한 역할을 한다는 증거가 많이 있다. 종단적 자료는 스트레스 노출이 아동의 우울증 발달 이전에 선행되며 우울증상의 심한 정도를 악화시킨다는 것을 보여준다(Ge et al., 1994; Goodyer et al., 2000). 자료가 뒤섞여 있긴 하지만 일부 연구들은 여아들이 스트레스 특히 대인간 스트레스에 대한 반응으로 우울증을 발달시키는 데 더 취약하다고 말한다(Rudolph & Hammen, 1999).

그러나 스트레스에 대해 가장 부정적으로 반응하는 아동들은 우울증에 인지적으로 취약한 아동들이라는 증거가 쌓이고 있다. 취약한 아동들은 부정적 귀인유형을 가진 아동들이고(Hankin & Abramson, 2002), 자신에 대해 부적응적 신념을 가진 아동들이며(Rudolph et al., 2001), 역기능적인 문제해결 태도를 가진 아이들이다(Spence et al., 2002). 스트레스를 주는 사건들은 다시 부정적인 인지유형을 발달시키고 강하게 만든다. 한 번 더 교류적·다차원적 모델을 명심할 필요가 있다.

민족성 만약 낮은 사회경제적 지위에 있는 소수민족 젊은이들이 위에서 말한 종류의 스트레스들에 많이 노출된다면, 유병률 자료는 스트레스의 초기 노출이 인종집단들 간에서 일관된 차이를 나타내지 않는다는 것을 보여준다. 이 사실은 약간 놀랍다.

그러나 소수민족 젊은이에게서 우울증 증가와 관련된 독특한 하나의 스트레스 요인은 인종차별이다(Rumbaut,1994). Simon과 동료들(2002)은 아동기 중기는 자기와 사회적 세상에 대한 지각이 발달하는 중요한 시기임을 지적한다. 더 나아가 학령기 동안 아동들은 그들의 주의를 가족 밖의 세상으로 돌리기 시작하며 그들이 소속되어 발달하고 있는 공동체는 아동에게 점점 더 영향을 준다. 인종적 편견은 아동들의 자존감에 부정적인 영향을 주고 그들이 경험하는 불평등을 시정하려는 자신의 능력에 대해 무력감을 느끼고 실망하게 만듦으로써 건강한 발달을 방해한다. 이런 점들을 고려하면서 Simon과 동료들(2002)은 모든 아동에서 우울증을 일으킬 위험을 증가시키는 가족 맥락과 공동체 맥락의 요인들(낮은 사회적지지, 가족빈곤, 사는 지역의 범죄, 부모개입의 결여와 같은)과 유색인종 아동들에게만 있는 과정들(인종차별과 민족동일시 결여와 같은)의 목록을 만들었다. 810명의 아프리카계 미국 아동들의 표본에서 개인적 수준에서는 불개입적 양육, 인종차별, 범죄의 희생양이 되는 것이 우울증 증가와 관련되는 반면에, 공동체 수준에서는 높은 인종 불화율, 민족집단 내에서의 낮은 자부심과 동일시가 청년들이 우울증을 갖는 데 영향을 준다는 것을 확인했다.

그러나 역학적 개관을 하면서 Roberts, Roberts, Chen(1997)이 멕시코계 미국인 청년들은 아프리카계 미국 아동이나 유럽계 미국 아동들에 비해서 높은 비율의 우울증상을 보이며 이런 결과는 사회계층과 관계없다는 것을 발견한 사실을 기억하라. 그러므로 빈곤의 영향도 인종차별도 모두 충분한 설명은 아닌 것으로 보인다. Roberts와 동료들은 이런 발견에 대해 두 가지의 가능한 설명을 제안한다. 첫째, 문화적 차이가 영향을 준다. 예를 들면,

멕시코인 사회는 숙명론을 고취한다. 숙명론은 사람은 외부의 힘에 무력하다는 믿음인데, 대처하기의 결함 그리고 우울증후군과 관련된다(Neff & Hoppe, 1993). 대신에 성차가 설명을 할 수도 있다. Roberts와 동료들은 특히 메시코계 미국 여아들에서 우울증이 높은 비율로 나타나는 점에 주목한다. 여성들은 반추적 대처유형을 사용하는 경향이 더 많다. 반추적 대처유형은 우울증과 관련된다(Nolen-Hoeksema et al., 1991). 그러나 이런 생각들이 흥미롭기는 하지만 아직 인종이 다른 청소년들을 대상으로 이러한 가설적 과정을 알아본 연구는 없다.

긍정적인 측면으로는 긍정적인 가족환경이 소수민족 아동들이 사는 지역의 역기능이 부정적 영향을 주는 것을 막아주는 보호요인으로 작용할 수 있다는 증거도 있다(Richter & Martinez, 1993).

발달경로

외현화 행동문제에서 나타나는(10장 참조) 안정성과는 반대로 우울증은 이행적 현상이라고 한때 믿었었지만, 우울증의 연속성에 관련된 증거들이 쌓이고 있다. 정상적인 인구집단에 대한 연구들은 학령기 초기에 받은 아동기 우울증의 등급(rating)이 3년 후(Ialongo et al., 1993) 그리고 심지어 6년 후(Achenbach et al., 1995a)의 우울증상들을 예언한다는 것을 보여준다. 임상적 표본을 대상으로 실시한 미래추적연구에서 아동 우울증은 15년 후의 우울경향성을 증가시킨다는 것이 발견되었다(Weissman et al., 1999).

위로가 되는 것은, 연구결과들이 기존 우울증 삽화로부터의 회복률이 상당히 높다고 시사하는 것이다. Kovacs와 동료들(1994)은 우울증으로 진단된 한 집단의 아동들을 그들이 청소년기 후기 또는 초기 성인기가 될 때까지 수년마다 평가하며 추적 연구했다. 대부분의 아동들이 그들의 초기 우울증 삽화로부터 회복되었다. 주요우울장애 삽화로부터의 회복률이 가장 높았고, 두 번째로는 우울한 기분을 수반한 적응장애, 가장 낮은 것은 감정부전이었다. 적응장애가 회복에 가장 짧은 시간이 걸린 데 반해서, 감정부전으로부터의 회복은 가장 오래 걸렸다.

그러나 그 소식은 처음에 보여진 것만큼 좋은 것이 아니다. 아동들이 우울증 삽화로부터 회복되기는 쉽지만, 재발률 또한 높다. 이들 중 약 40%의 아동 청소년이 이후 3~5년이 흐르는 동안에 다른 우울증 삽화를 경험한다(Asarnow et al., 1988; Lewinshon et al., 2000). 예를 들면, Kovacs과 동료들(1994)의 연구에서 주요우울장애나 감정부전을 가진 아동들은 5년 안에 새로운 우울증 삽화를 겪을 가능성이 높았다. 회복된 아동들 중 약 2/3가 아직 십대인 동안에 새로운 우울증 삽화를 발달시켰다. 조기발병 감정부전은 특히 부정적인 지표였다. 이 범주에 드는 아동들의 76%가 주요우울장애로 진행한다.

또 다른 큰 규모의 미래추적연구에서 Weissman과 동료들(1999)은 108명의 임상적으로 우울한 아동집단을 10년 동안 추적 연구했다. 재발되는 아동기 우울증을 계속해서 앓았던 아동들중 1/3은 성인기에 주요우울장애를 앓는다. 그 연구에 참가한 청소년들 사이에서는 연속성이 더 커서 그들 중 63%는 이후 10년 동안 적어도 하나의 우울증 삽화를 경험했다. 연속성과 관련된 비슷한 연구결과들이 다른 종단연구들에서 보고되었다. 예를 들면, Harrington과 동료들(1996)은 우울증으로 진단받은 80명의 아동들을 성인기까지 추적 연구하여 연령과 성이 같은 지역 아동들과 비교했다. 아동기에 우울증이었던 사람들은 성인기에 정서장애를 가질 위험이 훨씬 더 컸다. 아동기에 우울증이었던 사람 중 84%가 성인기에 우울증이었으며, 이와 반대로 아동기에 우울증을 가지지 않았던 사람 중 44%가 성인기에 우울증이었다. 후기발병 우울증의 전망은 조금 덜 심각하긴 하나 여전히 부정적이다. Lewinsohn과 동료들(2000)은 청소년기에 우울증이었던 사람들 중 1/2이 이후 5년 동안의 어느 시점에서 주요우울장애의 준거에 맞는다는 것을 발견했다.

빠른 발병연령 또한 부정적인 예후의 신호이다. 사춘기 이전의 우울증 발병은 전체적으로 보다 더 심각한 기능장애, 그리고 심지어 성인 우울증으로 지속될 가능이 더 크다(Harrington et al., 1996). 우울증 삽화가 재발하여 누적된 결과가 그렇게 만들 수 있으며 우울증으로 가는 발달경로에서 조기발병한 우울증 아동들은 우울증 삽화의 재발을 더 많이 경험하게 된다. 최근에 Lewinsohn과 동료들(2003)은 청소년기에 겪는 한 차례의 주요우울장애는 직업수행, 관계기능, 신체적 안녕, 생활만족 같은 성인의 심리사회적 기능에서의 전반적 결함과 관련 있다는 것을 발견했다. 놀랍게도 이런 부정적 효과들은 우울증이 성인기까지 가지 않을 때에도 존재한다. 저자들은 조기발병 우울증의 경험을 이후의 발달에 치명적인 영향을 주는 "상처(scar)" 에 비유한다.

우울증의 어떤 형태들은 다른 우울증들의 전조일 수도 있다. 많은 젊은이에게서 감정부전장애는 주요우울장애에 선행하며, 감정부전장애의 경로가 종종 주요우울장애의 발병으로 중지된다. 게다가 상당히 많은 수의 우울증 아동들과 청소년들은 나중에 양극성 장애로 진단받는다(Akiskal, 1995).

우울증이 연속되는 중요한 원인은 기분장애가 아동들로 하여금 많은 영역에서 발달과업을 숙달하지 못하게 만들 가능성이 있다는 점이다. 그런 영역에는 학교에서의 수행역량, 학교에서 만족스런 관계를 맺는 것, 가족과 안전한 유대를 이루는 것이 포함된다(Hyman, 2001). 그러므로 우울증의 효과는 누적되며 다른 모든 발달 맥락들과 상호작용한다.

특이성

아동기 우울증은 나중에 일어날 우울증의 특별한 예언요인인가? Harrington과 동료들(1996)이 지적했듯이 우울증의 연속성에 대한 증거들엔 어떤 한계가 있다. 과거를 추적해 보면 아동기 우울증은 성인 우울증을 예언하는 반면에 모든 우울한 성인들이 우울한 아동이지는 않았다는 것을 발견한다. 실제로 우울한 성인들 중 많은 사람이 아동기에 외현화 장애를 보인다. 미래를 추적해 보면 아동기 우울증은 많은 미숙한 성인기 결과들과 관련되지만 그것이 꼭 우울증인 것은 아니다. 미숙한 성인기 결과에는 대인간 문제, 물질남용, 불안,

성격장애, 자살시도가 포함된다(Weissman et al., 1999).

그러나 일부 연구는 적어도 청소년기의 우울증은 성인 우울증으로 발전할 특별한 위험 요인이라고 말한다. Bardone과 동료들(1996)은 잘 적응하고 있는 15세 여아 표본을 우울증이나 품행장애로 진단받은 적이 있는 동일연령의 여아집단과 비교했다. 그들이 21세가 되었을 때 15세에 품행장애였던 여아들은 일반적으로 반사회적 성격장애를 보였고, 우울증이었던 여아들은 우울증인 성인이 되는 경향이 있었다. 더 나아가 초기 시기의 우울증은 성인기 우울증상들을 가장 확실하게 예언했다.

그러나 또 다시 성차가 그림을 복잡하게 만든다. 아동기의 우울증은 여성과 남성에서 다른 결과를 가져올 수 있다. 예를 들면, Achenbach와 동료들(1995a)은 학령기 여아의 우울증은 6년 후의 우울증을 예언한다는 것을 발견했다. 반면에 학령기 남아의 우울증은 우울증뿐만 아니라 위축, 사고문제(thought problems), 부주의를 포함하는 다양한 증상들을 예언했다. 이러한 결과는 앞서 남성과 여성에서 우울증을 예언하는 요인들의 성차를 보고한 연구결과들을 되풀이하여 보여준다.

요약하면, 예후적 그림은 우울장애로부터의 회복률이 높기는 하지만 재발률 또한 높다는 것을 말해준다. 주요우울장애와 감정부전장애는 만성적이며 재발하는 장애이고 아동들이 이후의 발달에서 많은 장애를 가질 위험을 갖게 만들기 쉽다. 계속해서 어려움을 갖게 되는 우울증 아동들 중 대다수가 성인 장애의 한 부분으로서 우울증을 보인다. 그래서 일단 발달에서 우울증 궤도로 올라서면 아동은 우울증 경로에 머물게 되는 것으로 보인다.

통합적 발달 모델

우울증의 포괄적인 발달정신병리학 모델은 Hammen(1991, 1992; Hammen & Rudolph, 1996)이 제안했으며, **그림 9.4**에 제시되어 있다. **글상자 9.1**에 제시된 사례 연구도 이 모델의 요소들을 보여준다.

우울증에 이르는 경로가 많이 있다는 것을 알고 있음에도, Hammen의 모델은 역기능적 인지(dysfunctional cognition)를 중심에 놓는다. 그러나 먼저 이런 부정적 인지가 발달하는 무대는 우울한 부모, 불안전 애착, 둔감하거나 거부하는 양육과 같은 가족요인에 의해서 만들어진다. 불리한 대인간 경험은 아동이 자기를 무가치한 사람으로, 타인을 의지할 수 없고 돌보아주지 않는 사람으로, 관계는 상처주고 예측할 수 없는 것으로 보는 부정적 도식을 발달시키게 만든다. 우울인지유형은 타인의 판단이 자기가치의 근거를 제공한다고 믿는 신념을 포함하며, 마찬가지로 자신에 대한 부정적 사건과 부정적 피드백에 선택적으로 관심을 두는 경향도 포함한다.

더 나아가 Hammen은 정서, 인지, 행동들 간의 관계가 역동적이고 교류적이라는 사실을 강조한다. 예를 들면, 부정적 인지스타일은 대인 기능에서 문제를 가져오는데, 대인 기능은 우울증에 대한 취약성으로 작용하면서 그 자체가 스트레스 요인으로도 작용한다. 예를 들

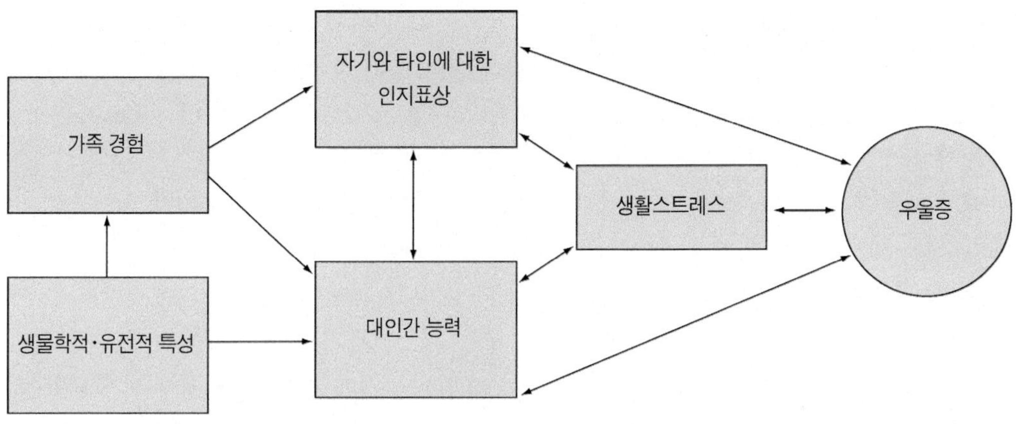

그림 9.4 Hammen의 아동과 청소년 우울증의 다요인 교류 모델

출처: Hammen과 Rudolph(1996).

면, 우울한 아동의 부정적 귀인은 적절한 대처기술과 사회기술의 발달을 방해한다. 그리고 그들은 철회나 어쩔 수 없는 동의와 같은 비효율적 전략으로 대인문제에 반응한다. 이러한 전략들은 대인문제를 해결하지 못할 뿐만 아니라 더 악화시켜서, 괴롭힘, 거부, 고립의 경험을 증가시킨다. 그러므로 우울증과 결합된 부정적 인지유형과 미숙한 대인간 문제해결 기술은 사회적 관계를 더 붕괴시키고, 아동의 능력을 더 손상시키고, 스트레스를 더 유발하며, 아동이 자기와 세상에 대해 갖는 부정적 신념을 더 확인시켜 준다.

발달이 진행되는 동안에 생활스트레스가 작용한다. 앞에서 말한 이러한 인지적 취약성과 대인간 취약성이 스트레스에 부정적인 방식으로 반응할 가능성을 증가시킨다. Hammen의 모델은 스트레스가 우울증에서 하는 세 가지 역할을 기술한다. 첫째, 앞에서 언급한 것처럼 대인관계로부터 물러섬으로써, 우울증에 취약한 사람들은 실제로 그들 자신의 스트레스 요인들을 만들 수 있다. 이런 식으로 그들은 자신의 사회적 환경을 나쁘게 만들며, 그들의 부정적 관점을 강화한다. 발달의 이후 시기에서 이런 종류의 과정을 보여주는 예는 "(그들의 특성과) 어울리는 결혼(assortative mating)"이다. 이것은 자신의 취약성을 반영해 주거나 취약성에 영향을 주는 배우자를 선택하는 경향성을 말한다. 예를 들면, Hammen과 동료들은 우울한 여자들은 진단 가능한 정신병리를 갖고 있는 남자와 결혼해서 다시 그들의 우울증을 악화시키는 결혼문제와 이혼을 겪을 가능성이 다른 사람보다 더 많다는 것을 발견했다

둘째, 스트레스와 우울증의 결합은 그 사람의 인지유형과 스트레스를 주는 사건에 대한 의미 해석에 의해서 매개된다. 생활스트레스는 전반적으로 정신병리의 가능성을 증가시키지만, 특히 우울증을 가져오는 것은 부정적 사건을 자기가치에 대한 불인정으로 해석하는 경향성이다. 셋째, 특정 아동집단은 우울증을 증가시키는 특수한 종류의 스트레스 요인들에 노출되어 있기 때문에 우울증이 될 위험이 크다. 이 집단은 학대받는 아동들을 포함하

는데, 부모가 정서장애인 아동, 부모가 부부갈등이 심한 아동, 가족의 전체적인 의욕이나 행복감을 감소시키는 고질적으로 불리한 상황에 살고 있는 아동들이다.

생물학적 요인들은 이 사이클의 어느 시점에서나 활동하기 시작할 수 있다. 예를 들면, 기질에서의 개인차는 아동이 부모나 다른 사람과 맺는 관계에서 문제를 일으킬 수 있다. 스트레스 때문에 우울증에 대한 취약성이 증가하는 것과 마찬가지로, 생물학적 요인들은 스트레스를 주는 상황에 대처하는 아동의 능력에 영향을 줄 수 있다.

발달적 영향들 또한 여러 방식으로 이 그림에 개입한다. 첫째, 발달의 초기에 일어나는 어려움들은 특히 해로운 효과를 가져와서, 아동들을 되돌아가기 어려운 일탈적 경로로 가게 만든다. 일단 일탈된 영역에 들어가면, 아동들은 발달시키지 못한 초기 단계의 중요한 능력을 보완할 가능성이 점차 작아지게 된다. 이러한 경로에 대한 경향성을 정착시키는 생물학적 뿌리가 있을 수 있다. 누적된 스트레스는 우울증의 기저에 있는 생물학적 과정을 바꿀 수 있다. 특히 신체체계들이 아직 충분히 성숙하지 못한 어린 아동들에게서 그렇다. 둘째, 인지발달요인이 우울증에 영향을 줄 수 있다. 우리가 보아온 바와 같이, 어린 아동들의 사고는 미분화되고 극단적이기 쉬워서 "전부 아니면 무(無)" 종류의 사고를 하게 한다. 그러므로 초기 연령에서 형성된 부정적인 인지유형은 일단 공고해지면 특히 바꾸기 어렵게 된다. 셋째, 발달의 조직화 관점은 인지, 정서, 행동, 맥락적 요인들 간의 연결이 시간이 흐를수록 강해진다고 주장한다. 그래서 전생애에 걸쳐서 우울한 패턴은 자기 체계(self system) 안에 통합되고, 점차 안정되며, 활성화되는 역치 수준이 더 낮아진다.

영아기에서부터 성인기까지의 발달경로를 추적하여 이 모델을 충분히 검증할 데이터를 얻으려면 수십년이 흘러야만 한다는 것이 발달정신병리학 연구의 특성이다. 지금까지 이 모델의 부분들을 경험적으로 타당한가를 알아보기 위해서 조사했다. 예를 들면, Rudolph, Hammen, Burge(1994)는 아동 우울증과 부정적 자기지각, 가족과 또래에 대한 부정적 표상, 사회적 정보처리에서의 편파, 미숙한 대인관계기술들 사이의 가설적 연결을 보여주었다. 그러나 성인 연구에서 Hammen과 동료들(1995)은 애착과 관련된 부정적 인지와 생활스트레스는 일년 후의 우울증을 예언하지만 그 결과들이 우울증상에만 특유한 것은 아니라는 것을 발견했다. 그러므로 Hammen의 모델은 실제로 우울증을 이해하는 데 적용될 수는 있지만 우울증에만 해당되는 것은 아닌, 정신병리의 발달에 대한 일반적 모델이다.

중재

약물치료

앞에서 언급한 바와 같이, 일부 연구들이 새로운 항우울제(SSRIs)가 아동에서 우울증상을 감소시키는 것을 보여주기는 하지만, 결과들은 혼합되어 있다. 예를 들면, Emslie와 동료들(1997)은 7~17세 사이의 아동 청소년 96명을 대상으로 이중맹목연구를 실시했다. 피험자 모두는 주요우울장애로 진단받았었고 fluoxetine(Prozac)이나 위약을 투여 받는 집단에 무작위로 할당되었다. 약을 투약한 후 8주 후에 자기보고와 임상적 평가 척도가 이루어졌다. fluoxetine 집단 피험자 중 56%가 임상가에 의해 많이 향상되거나 매우 많이 향상된 것으로 평가되었으나 위약을 받은 집단에서는 33%가 그런 평가를 받았다. 연구가 끝났을 때 다른 측정치에서 집단 간 차이가 없었다. 그러나 집단 간 차이를 찾아낸 연구자들의 능력은 위약조건의 피험자들에서 차별적 탈락이 있었다는 사실 때문에 위태로워진다. 더 좋게 느끼는 사람들은 자연히 연구에 남아 있는 경향이 더 많았다. 그래서 위약효과 평가가 부풀려진다. 결국 아동의 자기보고가 절단선 아래 점수인 것으로 정의되는 완전한 (증상의) 소실을 보인 사람은 fluoxetine 치료자의 31%와 위약을 복용한 사람의 23%로 밝혀졌다.

한층 더 많은 노력으로 Keller와 동료들(2001)은 주요우울장애인 275명의 청소년들을 대상으로 이중맹목연구를 실시했다. 청소년들을 fluoxetine, imipramine(더 오래된 삼환계 항우울제), 위약(비활성 물질)조건에 무작위로 할당했다. 청소년의 자기보고가 8주 동안의 치료과정 전후에 두 번 이루어졌고 부모보고와 임상가 평정도 마찬가지로 이루어졌다. 임상가의 보고에 의하면 결과는 모든 청소년들이 연구기간 동안 향상되었지만 fluoxetine을 투여 받은 청소년들이 imipramine이나 위약을 투여 받은 청소년들보다 훨씬 더 향상되었다는 것을 보여준다. 그러나 부모보고나 청소년 보고를 이용했을 때는 집단 간 차이가 없었다. 많은 참가자들이 약의 부작용 때문에 연구에서 빠졌는데 31.5%는 imipramine, 9.7%는 fluoxetine, 그리고 흥미롭게도 6.9%는 위약을 투여한 사람들이다. 다른 사람들이 지적한 바와 같이 위약에 대한 긍정적 효과와 부정적 효과 모두 놀라웠다. 그러나 소아 우울증에 대한 다른 연구들에서는 80%까지의 넓은 범위에 이르는 높은 위약반응률이 나타난다.

Wagner와 Ambrosini(2001)는 이러한 연구영역에 있는 방법론적 문제와 한계를 포괄적으로 개관했다. 방법론적 문제와 한계는 우울증을 확인하는 비일관적인 준거, 사용된 척도의 신뢰도나 민감성에 대한 주의의 결여, 연구기간과 증상소실이나 재발 같은 용어 정의에서의 차이, 발달 맥락이나 아동의 공병 같은 발달적 이슈의 간과를 포함한다. 항우울제 효과연구에서 또 다른 논쟁이 되는 방법론적 이슈는 많은 연구들이 실제로 조사하고 있는 바로 그 약의 제조회사들의 후원을 받는다는 점이다. 연구자들이 그들에게 돈을 준 곳(제약회사)의 이익을 모른 체할 수 있는 능력에 대해 윤리적 의문이 제기되며, 또한 이미 언급했던 연구에서 Keller와 동료(2001)가 한 것처럼, 과학 논문집들은 점차로 저자들에게 그런 관계 및 있을 수 있는 이익갈등을 공표하도록 요구하고 있다.

아동에게 SSRI를 사용하는 데에 대한 다른 우려는 안절부절, 성마름, 불면증, 위장관의 불편함, 조증, 심지어 정신병적 반응과 같은 달갑지 않은 부작용 발생에 대한 것이다(De-Vane & Sallee, 1996). 자살사고가 증가한다는 보고도 있는데, 항우울제를 복용하는 아동들의 2~3%에서 발생하는 것으로 추정된다(미국 식품의약국, 2004). 이 일에 대한 반응으로 미국 식품의약국(2004)은 최근에 제약회사들이 항우울제를 복용하는 아동들에서의 자살위험에 대한 "블랙박스" 경고*를 처방약 병에 부착하라고 결정했다. 영국의 의학 권위자들은 아동들에게 사용해서는 안 되는 여러 약을 발표하면서 이미 한 발 앞으로 나아갔

글상자 9.2 우울 스펙트럼장애의 치료에 "자연적" 대안들이 있는가?

대체의학에 대한 대중적 관심에 대한 반응과 항우울제의 해로운 부작용을 걱정하는 것에 대한 반응으로 연구자들은 우울증 치료를 위한 약초보충물(herbal supplements)의 효과를 과학적으로 조사하기 시작했다. 가장 널리 추천된 약초 중 하나가 St. John's Wort (Hypericum perforatum)이다. 이것은 작은 꽃이 피는 씨앗으로 특히 유럽에서 수세기 동안 "신경병(nervous disorders)" 치료에 사용되어 왔다(Linde et al., 1996). 아동에게 실시된 연구는 아직 없고 사용할 수 있는 연구들은 방법론적 약점 때문에 논란이 되고 있다(Linde et al., 1996; Shelton et al., 2001). 그러나 일부 연구자들은 위약, 고전적인 삼환계 항우울제, 심지어 SSRIs에 비교한 허브의 효과성에 대한 증거를 보고한다(Brenner et al., 2000; Gaster & Holroyd, 2000).

명확한 답을 제공하기 위한 시도로 국립정신건강연구소와 Pfizer(Zoloft 제조사)는 200명의 심하고 만성적인 주요우울장애를 가진 성인 외래환자들을 대상으로 실시된 큰 규모의 무선화된 통제연구를 후원했다(Shelton et al., 2001). 연구자들은 위약보다 St. John's Wort를 주었을 때 더 많은 참가자들이 증상의 소실을 경험했지만 효과 크기는 작았고 더 엄격한 통계적 검증을 통과하지 못했다고 보고했다. 대부분 측정에서 집단들 간에 차이가 없었다. 그래서 연구자들은 ST. John's Wort는 주요우울장애 치료에 효과가 없다고 결론 내렸다. 뒤따라 이루어진 성인 주요우울장애 연구도 같은 결론에 도달했다(Hypericum Depression Trial Study, 2002).

비판은 허브가 일반적으로 기분부전장애와 같은 좀 더 가벼운 형태의 우울증에 추천된다는 점을 지적한다(Cott et al., 2001). 왜냐하면 그것 자체가 도움이 되는 것을 입증했기 때문이다(Brenner, Madhusoodanan, Pawlowka, & Czobor, 2001). 오늘날까지 어떤 연구도 아동을 포함하지 않았다. 그러나 연구가 느리게 진전되는 것을 참지 못한 많은 부모들이 그들 자신의 사적인 "실험"을 실시하기 시작한 것으로 의심되었다.

대체치료는 또한 양극성 장애에도 제안되었다. 여기에는 오메가-3 지방산이 포함된다. 이런 것들은 성장에는 필수적이고, 자연적으로 생기는 것으로 기름이 많은 물고기, 잎이 푸른 채소, 호두, 아마 씨, 기타 식품에서 발견되지만, 오메가-3 지방산은 몸에서 만들어질 수 없고 먹어서 섭취해야만 한다. 오메가-3 지방산이 양극성 장애가 있는 성인의 기분을 진정시키는 데 위약보다 우수하다는 것을 보여준 한 이중맹목 통제 연구가 그랬던 것처럼, 양극성 장애 자녀를 가진 부모로부터 얻은 삽화적 보고들은 고무적이다(Fristad, Shaver, and Holderle, 2002). 그러나 다시 한 번 더 말하건대, 아동을 대상으로 한 통제된 연구는 아직 실시되지 않았다.

다. 이런 우려 때문에 우울증 치료에 대한 천연대체물에 관심이 증가하고 있다(**글상자 9.2** 참조).

성인 우울증에서와 같이, 아동 청소년 우울증 치료에 대해 전문가들의 통상적인 권고(통상적인 실제는 아니더라도)는 약만 단독으로 투약하기보다는 심리치료에 대한 보조치료로 항우울제를 투약하라는 것이다(Emslie, Maynes, & Hughes, 2000). 우울증을 가져오는 많은 요인들—스트레스를 주는 생활환경, 미숙한 부모-자녀 관계, 가족갈등과 가족붕괴, 낮

---

* 역자 주: 설명서의 가장 윗부분에 검정색 테두리를 두르고 부작용에 대한 내용을 표기하는 곳으로 미국식품의약국(FDA)이 의약품의 부작용을 환자와 의사, 약사에게 알리기 위해 내리는 가장 강력한 조치이다.

은 자존감, 부정적인 인지편파 등—은 정신약리학으로는 변화될 수 없고 아동이나 가족에 대한 심리치료에 의해서 더 잘 다루어질 수 있다(Dujovne, Barnard, & Rapoff, 1995).

정신역동적 심리치료

우울증에 대한 정신역동적 치료는 기저의 성격구조에 있는 문제에 광범위하게 초점을 두고, 그 문제들의 원인을 우울증이 나타난 부정적인 아동기 경험까지 더듬어 올라가 조사한다. 치료 목표는 자기비난과 부정적인 자기표상을 감소시키고, 아동이 건강한 정서발달의 경로를 지속할 수 있는 보다 더 적응적인 방어기제를 발달시키도록 돕는 것이다. 치료자는 이런 이슈를 치료실에서 다루기 위해 어린 아동에게 놀이를 사용할 수 있다. 아동들이 인지적으로 더 성숙하면 초점이 토론으로 옮겨진다(Speier et al., 1995).

정신역동적 접근은 개별사례 보고서 이상의 성과 연구는 거의 제공하지 않는다. 그러나 Fonage와 Target(1996)은 아동에 대한 발달적 지향을 갖는 정신분석적 접근의 효과성을 조사했다(이것은 17장에서 더 상세히 기술한다). 결과는 그 치료가 효과적이었는데, 특히 우울증과 불안과 같은 내면화 문제에 효과가 있었고 어린 아동들(예: 11세 이하)이 가장 잘 반응했다. 그러나 그 치료는 빠른 치료법이 아니다. 가장 좋은 결과는 치료회기가 주당 4번에서 5번씩 기간은 2년 이상 했을 때 발견되었다.

인지행동치료

아동 우울증에 대한 인지행동치료는 가장 광범위하게 연구되었고 전반적으로 효과에 대한 연구들은 긍정적이다(Stark et al., 2000, 참조). 인지행동 접근의 한 예는 청소년을 대상으로 한 우울경로 극복하기(Coping with Depression Course for Adolescence)이다(Clarke, DeBar, & Lewinsohn, 2003; Lewinsohn et al., 1996). 이것은 원래 성인을 위해 고안된 치료프로그램을 아래 연령으로 확장한 것이다. 이 중재는 대인관계기술과 문제해결기술을

그림 9.5 긍정적 인지의 재구조화

출처: Copyright © Zits Partnership. Reprinted with special permission of King Features Syndicate.

가르치는 역할 놀이, 부적응적 인지를 감소시키는 인지 재구조화(**그림 9.5** 참조), 자기강화 기법을 포함한다. 이 접근의 효과성 연구들은 향상이 일어난 청소년의 80%에서 치료성과가 지속된다는 것을 보여준다.

CBT에 대한 경험적 지지의 결함은 연구들이 완전히 진행된 우울장애인 아동들이 아닌 우울증상이 있는 아동들에 대한 것이고 대부분 연구가 나이 든 아동들만을 포함했다는 점이다. 게다가 효과기제가 제시되지 않았다. 그러므로 증상에서의 향상이 인지 자체의 변화와 관련되는지 여부는 아직 알 수 없다(Asarnow, Jaycox, & Tompson, 2001).

대인간 치료

대인간 접근은 관계의 역기능이 우울증의 핵심이라는 가정에 근거한 것이다. 그것은 많은 발달정신병리 연구들이 증명한다. 대인간 치료(IPT)의 목표는 짧고 집중적인 중재를 사용해 우울한 사람이 대인간 문제를 해석하고 대처하는 더 나은 기술을 기르도록 돕는 것이다. Mufson과 동료들(2003)은 청소년과 관련된 특정 사회적 발달이슈를 언급하는 데 대인간 치료를 적용했다. 이 사회적 발달이슈에는 역할변화, 대인간 갈등, 사회적 기술 결함, 슬픔, 가족문제 극복하기가 포함된다. 무선적으로 통제된 연구들은 주요우울장애를 가진 임상에 의뢰된 청소년 표본에서 치료효과를 보여준다. Rossello와 Bernal(1999)는 우울한 푸에르토리코 십대들을 치료하는 데 IPT 접근의 관련성을 증가시키기 위해서 IPT 접근을 더 수정했다. 그리고 IPT 접근이 자존감과 사회적 유능성을 증가시키는 데 성공적이라는 것을 발견했다.

Kaslow와 동료들(Kaslow et al., 2002; Schwartz, Kaslow, Racusin, & Carton, 1998)은 대인간 접근을 가족 맥락으로 확장했다. 대인간 가족치료는 가족관계에서의 문제를 직접 언급한다. 아동의 우울증을 발생시키거나 악화시키는 가족관계의 문제들은 가족에 만연된 우울인지패턴들과 불안정애착관계다. 이 프로그램의 강점은 아프리카계 미국인 가정의 문화적 맥락에 특수하게 적용되었다는 점이다(McClure et al., 출판중).

가족치료

Dujovne, Barnard와 Rapoff(1995)가 수행한 포괄적인 개관은 아동기 우울증에 대한 여러 치료들의 상대적 효과성을 알아보았다. 그들은 가족-중심치료(가족치료)들은 우울 스펙트럼장애 발달에서 가족상황의 역할, 부모-자녀 관계의 역할, 부모 우울증의 역할이 주는 가장 중요한 고려사항들을 확실히 포함한다고 결론 내렸다. 이것과 일치하게, Lewinsohn 학파(1996)는 우울한 아동에 대한 그들의 인지행동치료의 효과성이 부모에 대한 중재를 부가함으로써 보강되었음을 발견했다. 집단 회기들은 부모에게 우울증과 관련된 이슈를 토론할 기회와 자녀에게 가르친 것과 같은 대인간 의사소통기술과 갈등해결기술을 학습할 기회를 주었다.

가족 맥락에서 이루어지는 아동 우울증 치료에 대한 효과적 다면 접근법이 Stark와 동료들(2000)에 의해서 기술되었다. 아동에 대한 중재는 긍정적인 기분과 기대의 증가, 부적응적 도식의 재구성, 사회적 기술을 보강하기 위한 개별치료와 집단치료의 사용을 포함한다. 더 큰 체계를 목표로 한 중재는 우울증의 발달에 영향을 주는 환경적 스트레스 요인들을 감소시키기 위해서 부모훈련과 가족치료를 포함한다. 더 나아가 아동이 학교에서의 적응적 대처전략 사용을 촉진하고 강화하기 위해서 교사들에 대한 자문이 제공된다.

예방

아동기 우울증 발달을 예방하기 위한 노력은 가장 위기에 처한 아동들, 즉 우울한 어머니를 둔 아동들에 초점을 두었다. 예를 들면, Gelfand과 동료들(1996)은 우울한 어머니와 그의 영아 자녀들을 위한 중재프로그램을 개발했다. 훈련받은 간호사들이 가정방문을 하며, 이들의 목표는 더 긍정적인 어머니-영아 상호작용을 길러주는 것과 함께 우울한 어머니의 양육효율성을 증가시키는 것이다. 이 프로그램에 참여한 어머니들은 우울증과 지각된 스트레스가 감소하고 어머니 자신과 자녀들 모두 전반적인 적응이 향상되었다고 보고했다. 프로그램에 참여했던 어머니의 자녀들은 다른 아동들보다 애착에서 덜 회피적이나 더 저항적이었다.

Malphurs와 동료들(1996)이 행한 흥미 있는 연구는 위기에 처한 다른 표본인, 우울한 십대 모(母)들을 대상으로 이루어졌다. 어머니가 자신의 영아자녀와 상호작용하는 것을 관찰했고, 철회된 양육 스타일을 보이는지, 참견하는 양육 스타일을 보이는지의 여부에 따라 어머니를 나누었다. 이러한 문제 있는 양육패턴을 하지 않도록 돕기 위해서 특수한 유형의 상호작용을 계획했다. 예를 들면, 참견하는 어머니들은 자녀의 행동을 모방하도록 지도했다. 그렇게 함으로써 아동들에게 상호작용의 흐름을 주도하고 영향을 주는 기회를 더 많이 제공한다. 반대로 철회된 어머니는 영아자녀의 주의를 끌도록 지도하였다. 그렇게 함으로써 상호 흥미와 개입 수준을 증가시킨다. 각각의 특수한 지도 전략은 그 지도 전략의 개발 대상이었던 우울한 어머니의 상호작용 행동을 증진시키는 결과를 가져왔다.

Shochet, Dadds와 동료들(2001)은 오스트레일리아에서 청소년의 우울증을 예방하기 위한 매우 큰 규모의 시도를 했다. 연구자들은 RAP(Resourceful Adolescent Program)라고 하는 11회기의 중재를 개발했다. RAP는 대인간 위기, 가족위기와 예방요인들을 목표로 하면서 효과가 입증된 인지행동치료의 많은 요소(예: 긍정적 인지 재구조화, 청소년이 갖고 있는 강점의 승인)들도 포함한다. 3회기의 부모회기를 결합한 RAP의 두 번째 치료조건은 가족갈등을 줄이고 부모의 온정과 반응성을 늘리려는 것이다. 읽고 쓸 수 있는 학생들 중 88%가 연구에 참가했다. "오염"을 피하기 위해서 연구의 첫 해 동안에는 연구자들이 9학년 학생들 모두에게 측정만을 실시했다. 두 번째 해에 9학년 학생들 모두가 중재에 참가했다. 중재를 한 후에 10개월 동안의 추적 연구에서 두 치료조건의 청소년들은 다른 아이들보다 더 낮은 수준의 우울과 무망감을 보고했다.

표 9.5 조증삽화의 DSM-IV-TR 준거

A. 비정상적으로 계속해서 의기양양하거나, 과대하거나 과민한 기분이 적어도 1주일 정도(만약 입원이 필요하다면 기간과 상관없이) 지속되는 분명한 기간이 있다.
B. 기분장애의 기간에, 다음의 증상 가운데 세 가지 이상이 지속되며 심각한 정도로 나타난다.
   (1) 팽창된 자존감 또는 과장
   (2) 수면 욕구의 감소(예: 단 3시간의 수면으로도 쉬었다고 느낌)
   (3) 평소보다 말이 많아지거나 계속해서 말을 하려고 함.
   (4) 사고의 비약 또는 사고가 연달아 일어나는 주관적인 경험
   (5) 주의산만
   (6) 목표지향적 활동의 증가 또는 정신 운동성 초조
   (7) 고통스러움을 초래할 가능성이 높은 쾌락적인 활동에 지나치게 몰두(예: 흥청망청 물건 사들이기, 위험한 성행동)
C. 기분장애가 직업적이거나 학업적인 기능 또는 일상의 사회적 활동이나 다른 사람과의 관계에 뚜렷한 손상을 가져올 정도로 아주 심하다.
D. 증상이 물질(예: 약물) 또는 일반적인 의학적 상태(예: 갑상선 기능항진증)의 결과로 인한 것이 아니다.

출처: 미국정신의학협회의 허락하에 *Diagnostic and Statistical Manual of Mental Disorders*—Fourth Edition Text Revision(2000)에서 인용함.

2. 양극성 장애

정의와 특성

조울증으로 알려진 **양극성 장애**(bipolar disorder)는 우울한 기간이 조증삽화로 대체되는 심한 형태의 정신병리인데, 조증삽화에는 확장된 기분, 과잉활동성, 안절부절못함, 모험적 행동의 증가가 포함된다(**표 9.5** 참조).

양극성 장애는 유형에 따라 더 구분된다. 유형 I은 조증삽화가 있으며 우울한 기간은 있기도 하고 없기도 하다. 유형 II는 경조증의 기간이 군데군데 있는 우울증을 포함한다. 경조증은 조증으로 진단하기에는 역치가 낮은 가벼운 형태의 다행증이나 과잉활동성이다. 완전히 진행된 조증이 심한 기능손상을 보이는 것과는 반대로, 경조증은 강도 수준이 낮아서 기능에서의 변화를 일으키는 것으로 정의된다. 조울정신병(cyclothymia)이라 부르는 양극성 장애의 세 번째 유형은 경조증을 경험하고 있는 동안 우울증상이 경조증을 중간에 잠시 중단시키며 빠르게 바뀌는 작은 기분 변화가 특징이다(각각의 기분장애 진단의 그래프 비교를 보려면 **그림 9.6** 참조).

아동의 양극성 장애 연구는 비교적 새로운 것이지만 약간의 흥미를 끄는 결과를 보이고 있다(더 광범위한 범위를 알려면 Geller와 DelBello, 2003, 참조).

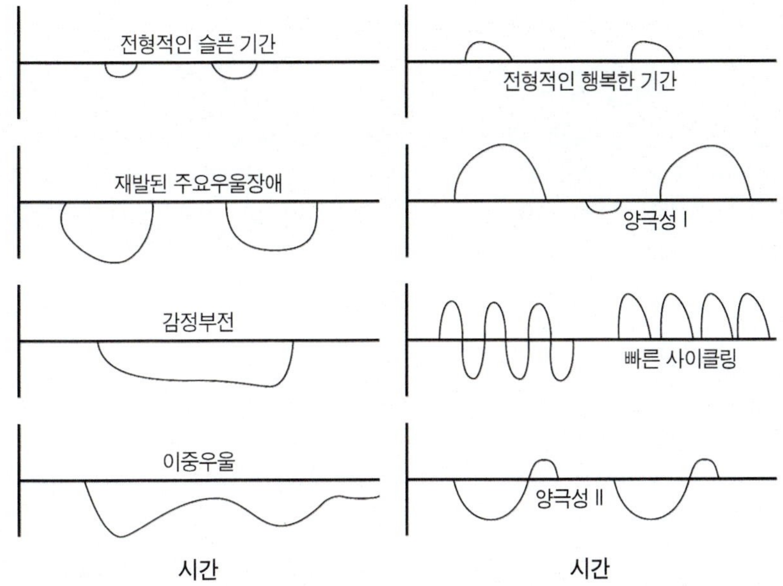

그림 9.6 기분장애 패턴

출처: S. R. Pliszka(2002).

유병률과 발병연령

진단적 딜레마 아동에서의 양극성 장애 진단은 드물다. 양극성 장애의 인식은 증가하고 있지만 연구자들은 이 장애의 유병률은 이전에 생각한 것보다 더 높다고 의심하기 시작하고 있다. 예를 들면, 조울증 자조조직의 구성원들이 작성한 과거추적 보고서는 양극성 장애가 있는 성인의 60%가 아동기와 청소년기에 양극성 장애 증상을 경험했던 것을 기억한다는 것을 발견했다(Lish et al., 1994)(**글상자 9.3**의 사례 참조).

Hammen과 Rudolph(2003)가 지적하듯이 아동의 양극성 장애 진단과 정확한 유병률 추정치들을 모아서 편집하는 것을 방해하는 세 개의 독특한 방해물이 있다. 첫째, 증상들이 쉽게 오인되고 심지어 청소년 침울함과 행동조절장애의 단순한 과장적 표현으로 과소평가되기도 한다. 특히 물질남용, 품행문제나 ADHD 같은 공병장애로 해서 분명치 않을 때 그렇게 된다. 둘째, 양극성 장애는 종종 우울증으로 자신을 먼저 보여준다. 그래서 청소년들은 그들의 장애의 진정한 본질이 무엇인지 밝혀질 수 있는 시간 동안 추적되어야만 한다. 셋째, 청소년 양극성 장애는 종종 때로 정신병적 특징을 수반하는 급성 조증을 보여준다. 그래서 정신분열증이나 다른 심한 형태의 정신병리와 혼동되기도 한다(Weller, Weller, & Fristad, 1995). 양극성 장애를 갖는 청소년의 30~60%는 두드러진 정신병 증상을 갖는다.

마지막으로 Carlson과 Kelley(1998)는 아동에게서 양극성 장애 진단을 받아들이는 것의 증가가 어떤 다른 진단분류에도 명확하게 들어맞지 않는 심한 파괴적 행동에 대한 포괄적 범주로 양극성 장애를 과도하게 사용하도록 만들지는 않을까 우려한다. 예를 들면, 아동들

글상자 9.3 양극성 장애 사례 연구: Kay Redfield-Jamison이 기술

Kay Redfield-Jamison은 존스 홉킨스 의과대학 정신과 교수로 양극성 장애에 대한 존경받는 권위자이다. 그럴 만한 이유가 있다. 그녀는 양극성 장애 연구를 천직으로 삼았을 뿐만 아니라 그 자신이 이 황폐시키는 장애를 갖고 살았다. 자서전에서 그녀는 아동기 동안의 압도적인 침울함과 들뜬 황홀감을 경험한 것을 회상하기는 하지만, 그녀가 전문적 도움을 구하고 제대로 된 진단과 치료를 받은 것은 UCLA 신경정신병 연구소의 교수가 되었을 때뿐이었다.

거기에는 특별한 종류의 고통이 있다. 의기양양, 고독, 두려움이 이런 종류의 광기에 포함된다. 당신이 황홀함을 느낄 때 이것은 엄청나다. 유성처럼 생각과 느낌들이 빠르고 자주 일어난다. 그리고 당신은 더 좋고 더 멋있는 것을 찾을 때까지 그것들을 따른다. 부끄러움은 가버리고 적절한 말과 몸짓이 갑자기 이루어지며, 다른 사람들이 확신을 느끼도록 현혹시킬 힘 … 편안함, 강렬함, 힘, 안녕, 무한한 재정적인 힘, 도취의 감정들이 사람의 힘에 스며든다. 그러나 어딘가에서 이것이 변한다. 빠른 생각들은 지나치게 빠르고 거기에 지나치게 많은 것이 있다. 압도하는 혼돈이 명료함을 대체한다. 기억은 가버린다. 친구 얼굴에 있던 유머와 열중은 공포와 근심으로 바뀐다. 이전에는 정상적이던 것이 지금은 거슬린다. 당신은 성마르고, 화나고, 두려워하며, 통제할 수 없으며, 마음의 검은 동굴 속에 완전히 빠져 있다. 당신은 그런 동굴들이 그곳에 있는 줄 전혀 몰랐다.

이것이 계속되고 마침내 조증으로 인한 당신의 행동—별나고, 열광적이고, 목표 없는 행동—에 대한 다른 사람들의 기억이 부분적으로 지워지는 최소한의 어떤 은총만 있을 뿐이다. 그렇다면 투약, 정신과 의사, 절망, 우울증, 과용량 다음에는 어떻게 되는가? 바로잡아야 할 그 모든 엄청난 감정들이 지나간다. 그것을 말할 수 없을 정도로 겸손한 사람은 누구인가? 내가 무슨 짓을 한 건가? 왜 그랬을까? 가장 자주 떠오르는 것은 그 일이 다시 일어날 것인가이다. 그리고 그것을 생각나게 하는 쓰라린 것들, 즉 먹고 후회하고 망각하고, 다시 먹고 후회하고 잊고, 그러나 항상 먹어야 하는 약이 있다. 해지된 신용카드, 막아야 할 수표, 일의 보수에 대한 설명, 해야 할 사과, 간헐적인 기억들(내가 무얼 했지?), 끝나거나 고갈된 우정, 무너진 결혼. 그리고 항상, 언제 그 일이 다시 일어나는가? 어떤 감정이 진짜인가? 어떤 것이 나인가? 거칠고 충동적이고 혼란되고 힘이 넘치고 미친 사람인가? 아니면 수줍고 위축되고 절망하고, 자살충동을 느끼고 불운하고 지친 사람인가? 아마도 둘 모두가 조금씩 있는 것이고 바라건대 많은 부분은 아니길….

내 존재는 이 시점에서 리튬을 먹고 심리치료의 도움을 받는 것, 둘 다 없는 정상적인 삶은 상상할 수 없다. 리튬은 매력적이지만 나를 황폐하게 만드는 황홀감을 막아주고, 우울증을 감소시키고, 나의 혼란스러운 사고로부터 털실과 거미줄을 청소하고, 나를 진정시키고, 나를 누그러뜨리고, 나의 경력과 관계를 망치지 않게 막아 주고, 입원하지 않고 살게 만들고, 심리치료를 할 수 있게 만든다. 그러나 심리치료는 고쳐준다. 심리치료는 혼돈을 이해하고, 엄청난 생각과 감정을 통제하고, 얼마간의 통제와 희망 그리고 그 모든 것으로부터 배울 수 있는 가능성을 돌려준다. 심리치료는 피난처이고, 전쟁터이며, 정신병적이고, 신경증적이며, 의기양양해 하고, 혼돈되고, 신념을 넘어 절망하는 곳이다. 그러나 항상 언젠가 내가 이 모든 것을 통제할 수 있게 될 것이라고 믿는 곳 또는 믿는 것을 배우는 곳이다.

출처: Redfield-Jamison(1995)에서 인용함.

이 양극성 장애 진단을 받을 수 있다고 의심은 되나 DSM 규준에 맞지는 않을 때는 양극성 장애 범주—NOS(달리 분류되지 않는)가 사용된다(사춘기 이전 양극성 장애의 정신건강 원탁회의 국립연구소 National Institute of Mental Health Roundtable on Prepubertal Bipolar Disorder, 2001). 진단은 임상가들이 이 새로운 안경을 통해 모든 아동들을 보게 만드는 유행이 될 수도 있다.

변별진단 양극성 장애의 오진은 심각한 일이다. 왜냐하면 부적절한 진단은 부적절하거나 심지어 해로운 치료를 하게 만들기 때문이다. ADHD를 치료하기 위해 사용된 약물들은 양극성 장애인 아동에서 성마름을 증가시키며, 정신흥분제와 항불안제 모두 조증을 더 심하게 만들 수 있다(Lombardo, 1997). 정신분열증을 치료하는 데 사용하는 주요 진정제들도 정확하게 진단되지 않은 아동들의 기능에 나쁜 영향을 줄 것이다. 그러므로 깊은 주의와 변별진단이 필요하다(Kim과 Miklowitz, 2002, 참조).

예를 들어, 양극성 장애인 아동들은 과잉활동성, 증대된 힘, 산만함, 충동성 같은 양극성 장애와 비슷한 증상들을 보이는 ADHD로 자주 잘못 진단된다(Hammen & Rudolph, 2003). 그러나 "순수한" ADHD는 지속적인 과잉활동성이나 산만함의 패턴을 보이기 때문에 이와는 반대로 일상적 행동의 변화가 특징인 양극성 장애와 구별될 수 있다(Weller et al., 1995).

양극성 장애 아동들은 종종 품행장애나 반항성 장애 진단도 받는다. 이 장애들은 성마름과 조절이 안 되는 행동이 공통 특징이다(Hammen & Rudolph, 2003). 그러나 "순수한" 품행장애의 나쁜 행동은 앙심을 품은, 의도적이며 죄의식이 없는 행동이기 쉬운 반면에 조증 상태의 아동들은 충동성과 전능감에서 나온 행동을 한다. "날 해칠 수 있는 것은 없어!" 더 나아가 품행장애나 ODD를 가진 아동은 환각, 압력을 주는 말, 생각의 비약 같은 정신병 증상을 보이지 않는다. 그런 증상들은 조증에서는 자주 보이는 것이다(Weller et al., 1995).

다음으로 조증이 급작스럽게 발병하는 것과 달리 정신분열증인 아동은 모르는 사이에 진행되어 발병한다. 그리고 양극성 장애에서 전형적으로 나타나는 언어압박과 생각의 비약을 덜 보이는 경향이 있다(Weller et al., 1995).

유병률 추정치 이러한 단서들을 명심하면서 이제 유병률에 대한 빈약한 자료를 살펴본다. 아동기 장애에 대한 유병률 연구들이 양극성 장애를 포함하는 일은 드물다. 그러나 하나의 예외는 Lewinsohn, Klein, Seeley(1995)가 오리건 주의 1,700명 청소년에게 실시한 학교를 통한 질문지 조사다. 그들은 일생유병률은 1%로 주로 양극성 II와 조울정신병으로 이루어진다는 것을 발견했다. 다른 5.7%의 청소년은 그들의 기능에 나쁜 영향을 주는 준임상적 경조증 수준으로 보고되었다. 계속된 연구에서 Lewinsohn과 동료들(1996)은 우울증 병력이 있는 청소년들에서는 경조증 증상이 장애를 악화시켰고, 더 높은 수준의 공병 그리고 더 잦은 자살시도와 관련된다는 것을 발견했다.

더 어린 아동들의 유병률은 결정하기 어렵다. 그렇지만 양극성 장애가 청소년기 이전에는 드문 것으로 나타난다(Fristad, Shaver, & Holderle, 2002).

양극성 장애의 유병률, 발병연령, 경로에서 성차는 나타나지 않는다(Lewinsohn et al., 1995). 민족이나 사회계층과 관련되어 사용할 수 있는 자료는 아직 없다.

공병

양극성 장애를 가진 아동들은 거의 항상 다른 진단을 적어도 하나는 갖거나 혹은 양극성 장애를 일생 동안 갖게 된다(Kessler et al., 2001). 아동의 양극성 장애의 진단에 대한 좋은 합의가 이루어지지 않았기 때문에 공병이 진짜인지 아니면 진단 범주들 사이의 중첩이 만든 가공품인지는 분명하지 않다. 그러나 잘못된 진단을 배제하기 위해 변별진단이 필요하다는 사실에도 불구하고 공병장애로 해서 아동들이 정말로 고통을 받을 수 있다. ADHD, 품행장애, 반항성 장애가 가장 자주 함께 진단되는 장애들이다. 양극성 장애와 전반적 발달장애가 공병되는 아이들도 있다(National Institute of Mental Health Roundtable on Prepubertal Bipolar Disorder, 2000). 양극성 장애인 아동들에게서 일반적으로 우울증과 불안도 나타난다(Hammen & Rudolp, 2003). 청소년에서 흔히 나타나는 물질남용의 공병은(Akiskal, 1995) 조증삽화에 수반되는 미숙한 판단과 모험을 나타내는 시도와 자기투약 시도를 포함한다. 이러한 공병장애들 때문에 정말로 고통을 받는 청소년들은 치료가 특히 어렵다.

발달 차원

앞부분에서 시사한 바와 같이 아동기와 성인기 양극성 장애 증상에 발달차이가 나타난다. 양극성 장애가 어린 청소년들에서 진단되어야 하는지, 그리고 어떻게 진단해야 하는지에 대해 많은 논쟁이 있으므로 이런 연구 보고서를 해석하는 데 조심해야 한다. 그러나 지금까지 가능한 증거들을 요약할 수는 있다.

첫째, 성인 양극성 장애와 달리 아동의 조증삽화는 보통 그렇게 독특하지도 않고 간헐적으로 잘 기능하는 기간을 보이는 급성 발병을 특징으로 하는 삽화도 아니다. 그 대신에 아동들은 만성적 기분 증상의 병력을 보이는 경향이 있다. 그 증상들은 빠른 순환(rapid cycling)이라고 알려진 매우 빠른 기분 변환을 포함한다. 예를 들면, Geller와 동료들(2000)은 양극성 장애를 가진 아동들과 초기 청소년들의 77.4%가 하루에도 여러 번 흔들리는 기분 주기를 나타낸다는 것을 발견했다. 반면에 양극성 장애를 가진 성인에서는 20%에서만 나타난다. 아동들은 또한 성인들보다 더 혼합된 삽화를 갖는 경향이 있는데, 우울과 조증 모두가 동시에 일어난다(National Institute of Mental Health Roundtable on Prepubertal Bipolar Disorder, 2000). 과장됨과 다행증 같은 다른 성인 증상들은 아동에서는 드물다. 대신에 아동, 청소년들의 조증삽화는 성마름과 분노를 더 자주 보인다.

병인론

생물학적 맥락

유전학 연구들은 양극성 장애의 유전 가능성이 높다고 추정한다. 추정치는 20~45% 범위다(Rutter et al., 1999, 참조). 많은 연구들이 부모들이 양극성 장애로 진단받은 높은 위험에 처한 아동들에 초점을 두었다. Lapalme, Hodgins, LaRoche(1997)는 가능한 연구들로 메타분석을 실시해서 양극성 장애 부모를 둔 아동들에서는 5.4%가 양극성 장애가 발생한다는 것을 발견했다. 반면에 건강한 부모의 자녀들은 아무도 양극성 장애의 진단준거를 충족시키지 못했다. 그러나 양극성 장애인 부모의 자녀들 중 94.6%가 잘하고 있다는 것을 의미하진 않는다. 52%는 적어도 한 가지의 정신과적 진단을 충족시켰다. 통제집단에서는 29%가 그러했다. 기분장애가 가장 흔한데, 양극성 장애 부모의 자녀 26.5%는 주요우울장애, 감정부전장애, 조증삽화, 경조증, 조울정신병을 가진다. 반면에 통제집단 아동들에서는 단지 8.3%만 이런 진단들을 보인다.

가족 맥락

우리가 본 바와 같이 양극성 장애 아동들은 적어도 한 사람의 부모가 양극성 장애를 앓고 있는 가족 출신인 경향이 높다. 그러나 유전 가능성 지수는 100% 미만이다. 그러므로 다른 가족환경 요인들도 아동의 발달에 영향을 줄 수 있다. Chang, Blasey, Ketter, Steiner(2001)는 양극성 장애로 진단된 56명 아동들의 가족관계를 조사했다. 정상 집단과 비교해 양극성 장애 아동들의 부모는 가족이 덜 밀착되어 있고, 덜 조직화되었으며 갈등이 많은 것으로 보고했다. 가족 역기능이 양극성 장애의 원인인지, 결과인지는 모르지만 혐오적인 교환패턴이 아동발달에 영향을 주게 된다. 예를 들면, Miklowitz와 동료들(1998)은 가족이 나타낸 정서—비난, 지나친 개입, 매우 부정적인 감정—가 양극성 장애를 갖는 청소년과 성인의 재발을 예언한다는 것을 발견했다.

덴마크에서 이루어진 큰 규모의 연구는 전국민 자료를 사용해서 양극성 장애를 가진 2,299명의 사람을 확인하고 양극성 장애 진단과 관련된 가족 요인들을 과거추적으로 알아보았다(Mortensen et al., 2003). 예측한 바와 같이 부모나 형제의 양극성 장애나 정신분열증은 양극성 장애가 될 위험을 13.63배 증가시켰다. 양극성 장애와 관련된 단 하나의 다른 요인은 예측하지 못한 한 쪽 부모상실, 특히 어머니의 상실이었다. 다섯 번째 생일이 되기 전에 어머니를 잃은 아동들은 양극성 장애를 발달시킬 위험이 4.05배였다. 어머니의 상실은 공유된 유전적 취약성을 반영할 수 있다. 이런 어머니들은 기분장애를 앓고 있었고 그것이 안전하지 않은 행동을 하게 하거나 자살하게 만들어서 죽게 되었을 수 있다. 그러나 심한 심리사회적 스트레스 요인들을 가졌을 수도 있다. 그 스트레스 요인들은 취약한 아동에게 영향을 주어 양극성 장애를 만든다.

발달경로

양극성 장애는 우울 스펙트럼에 있는 다른 장애들보다 더 일찍 나타난다. Lewinsohn과 동료들(1995)의 연구에서 청소년들은 주요우울장애의 평균 발생연령이 15세이고 양극성 장애인 청소년들은 평균 발생 연령이 11.8세인 것으로 보고했다.

아동에서 양극성 장애의 경로는 적어도 두 개인 것으로 나타난다. 첫 번째 경로는 많은 양극성 장애 아동들은 초기에 ADHD 증상을 나타낸다. 예를 들어, 한 추적 연구에서 Biederman과 동료들(1996)은 4년 동안 ADHD로 진단된 아동의 22.8%가 양극성 장애로 발전했음을 발견했다. Geller와 동료들(1998)은 ADHD가 양극성 장애의 발달적 선행요인이며 두 장애 모두 기저에 있는 과도한 에너지 수준으로 인해서 발생하는데, 진정한 양극성 장애 형태는 발달에서 나중에 표현된다고 추측했다.

두 번째 경로는 우울증을 통하는 것이다. 지적했듯이 단극성 우울증을 가진 아동 청소년은 양극성 장애를 발달시킬 위험이 크다. 예를 들면, 과거추적연구에서 Lewinsohn와 동료들(1995)이 면접했던 청소년의 61%가 우울증의 초기 삽화를 경험했었다고 보고했다. 250명의 심하게 우울한 청소년들을 대상으로 이루어진 7개 연구들을 개관한 미래추적연구는 2~4년 동안의 기간에 걸쳐서 25%가 우울증에서 양극성 장애로 바뀌었다고 보고했다(Faedda et al., 1995). 유사하게 Geller, Fox, Clark(1994)은 주요우울장애를 가진 아동들의 32%가 5년에 걸쳐서 양극성 장애로 발전한 것을 발견했다. 반면에 Weissman과 동료들(1999)은 우울한 청소년의 5.5%가 10년에 걸쳐서 양극성 장애를 발달시켰음을 발견했다. Akiskal(1995)은 많은 청소년들에게 우울증은 아직 밝혀지지 않은 양극성 주기 안에서 연장된 불쾌한 단계(dysphoric phase)를 나타내는 것일 수 있다고 이론화했다.

양극성 장애의 경로에 대한 자료는 거의 없지만 지금까지의 자료들은 경로가 연장되고 만성적임을 말해준다. Lewinsohn과 동료들(1995)의 연구에서 청소년들은 대체로 병을 앓은 기간이 48개월이고 가장 최근의 삽화는 0.2~96개월 동안 지속되었다고 보고했다. 한 미래추적연구는 6개월 동안 증상이 안정적이고 1년 동안 진단이 지속됨을 발견했다(Geller, Zimmerman, & Williams, 2000). 성인들이 한 과거추적 설명은 아동기의 조증 증상들이 90%의 사례에서 성인기까지 지속되었다는 것을 말해준다(Kessler, Avenevoli, & Merikangas, 2001). 그러므로 양극성 장애의 연속성에 대한 증거는 있다.

조기발병 양극성 장애는 더 심각하고, 더 지속적이며 치료가 더 잘 안 되는 것으로 보인다(Geller & Luby, 1997). 일단 청소년이 양극성 삽화를 경험하게 되면 뇌가 민감해져서 가벼운 스트레스의 증가에도 기분장애로 반응하기 쉬워지도록 변하는 것으로 추측된다. 이런 현상을 “점화(kindling)”라고 한다(Post, 1992). 결과적으로 생애에 걸쳐 이어지는 각각의 삽화는 더 쉽게 유발되나 잘 낫지 않고 치료하기 더 어려워질 것이다. 이러한 폭포효과(cascading effect)를 피하기 위해서 어떤 임상가들은 심지어 양극성 장애가 의심되면 곧 기분 안정제로 치료를 시작하라고 권고한다(Hammen & Rudolp, 2003).

양극성 장애를 가진 아동들은 학교, 또래, 가족관계를 포함하는 모든 기능 영역에서 부적응의 위험이 증가하며 단극성 우울증을 가진 아동들보다 더 많은 기능적 결함을 갖는다(Geller et al., 2000; Lewinsohn et al., 1995). 그들은 자살위험도 증가한다. 분명히 양극성 장애는 발달을 황폐하게 만드는 장애다.

중재

약물치료

양극성 장애가 생물학적 근거가 있는 장애라고 가정한다면 투약이 보통 첫 번째 치료다. 일반적으로 아동들은 성인에게 효과가 있는 lithium carbonate 같은 약을 처방받는다. 그 약은 천연소금에서 추출한다. 리튬의 효과나 안전성은 아동 청소년을 대상으로 신중하게 실시된 수많은 이중맹목 임상실험에서 보고되긴 하였지만 통제된 연구들은 극히 드물다(Kowatch, 2001).

Fristad와 동료들(2002)이 개관한 바와 같이 리튬대신 자주 처방되는 약들은 carbamazepine(Tegretol)과 valproic acid(Depakote) 같은 항경련제들이다. carbamazepine이 심한 장애가 있는 아동들의 품행문제를 감소시키는 데 효과가 있다는 증거가 있는 반면에, 양극성 장애의 치료효과성에 대한 통제된 연구는 없다. 6개의 표본크기로 실시한 공개임상시험은 급성 조증인 청소년에서 뛰어난 향상을 보고했다. Valproic acid는 적은 수의 공개 임상시험들에서 연구되었으며 불쾌한 부작용이 많이 있는 것으로 밝혀졌다. 부작용은 진정작용, 메스꺼움, 식욕증가와 체중증가, 잠재적으로 치명적인 간기능부전을 포함한다. 양극성 장애 아동에게 투여된 다른 약의 종류는 비전형적 항정신병약인 resperidone(Risoerdol), quetiapine(Seroquel), olanzapine(Zyprexa) 등이 포함된다. 아동 청소년을 대상으로 한 그 약들의 효과성 연구는 단 하나의 과거추적 차트 개관에 국한된다. 그 차트 개관은 risperidone이 대다수 아동에게서 조증, 공격성, 정신병 증상들을 통제하도록 해준다는 것을 발견했다.

한 연구는 8~18세까지의 아동 청소년 42명을 대상으로 양극성 장애 치료에서 세 가지의 다른 기분안정제가 갖는 효과성을 조사했다(Kowatch, 2001), 아동들은 6주간의 리튬치료, valproic acid 치료, carbomazepine 치료에 무작위 배정되었다. 반응률은 모든 조건에서 긍정적이었고 범위는 34~50%이다. 집단 간 의미 있는 차이는 없었다.

가족치료

양극성 장애 아동의 행동은 부모에게 혼란스럽고, 좌절스럽고, 놀라운 것일 수 있다. 결과적으로 가족치료가 도움이 된다. Fristad와 동료들(2002)은 기분장애가 있는 아동들을 위한 다중 가족심리교육 집단을 고안했다. 여기서 기분장애는 우울장애와 양극성 장애 둘 다 포함한다. 그 효과성에 대한 조사들이 아직 초기 단계에 있기는 하지만 8~11세 아동 35명으로 이루어진 표본에 대한 예비실험 결과는 치료 후 가족들이 지식, 기술, 지지를 얻고, 자녀의 장애에 대해 더 긍정적인 태도를 갖게 되었다고 보고했음을 보여준다.

Miklowitz와 동료들(2003)은 양극성 장애가 있는 성인을 위한 가족중재를 개발했다. 그들의 가족중심 치료는 가능한 모든 가족들(배우자, 부모, 형제)을 포함하며 양극성 장애에 대한 심리교육을 한다. 의사소통과 문제해결기술훈련도 함께 한다. 18세 이상 성인에 대한 결과는 가족중재가 가망이 있는 것으로 나타나며, 양극성 장애의 가족중재는 더 적은 재발, 더 적은 기분장애 증상, 더 나은 투약유지와 관련 있다. 연구자들은 현재 양극성 장애를 가진 청소년의 가족에게 치료를 확장하는 데 열중하고 있다.

3. 아동과 청소년 자살

정의와 유병률

자살에 대한 논의를 시작하기 위해서, 우리는 자살사고(suicidal thoughts), 자살의도(suicidal intent), 자살제스처(suicidal gestures), 자살시도(suicidal attempts), 완료된 자살(completed suicide)의 다섯 가지 범주를 구별해야 한다.

한때 아동기에는 드문 것으로 생각되었던 자살사고는 실제로는 당황스러울 정도로 많다. 청년기 위험행동 조사연구(질병통제센터[CDC], 2004)에 따르면, 고등학생 전국 대표 표본인 11,631명의 미국 고등학생 중에서 24.9%의 여학생과 13.7%의 남학생이 과거에 자살을 "심각하게 고려한 적이" 있다.

자살의도는 생각만 하는 것(예: "난 죽고 싶어")이 아닌 자살을 실행할 구체적 계획과 동기가 포함된 더 심각한 것이다. 청년기 위험행동 조사연구(질병통제센터[CDC], 2004)에 따르면, 고등학교 학생 중 18.3%의 여학생과 10.9%의 남학생이 지난해에 구체적인 자살계획을 세웠었다고 보고했다.

자살제스처는 일명 **준자살행동**(parasuicidal hehavior)으로 알려져 있는데, 팔이나 다리를 칼로 긋는 것 같은 치명적이지 않은 자기 손상 행위를 포함한다. 준자살행동은 흔히 자신의 고통을 다른 사람에게 알리고자 하는 욕구에 의해서 일어나며, 도움이 필요함을 알리는 붉은 깃발과 같은 행위이다. 그러나 자해는 또한 심한 정서적 어려움이 있는 청소년들의 특징으로 이런 청소년들은 신체적 고통을 정서조절의 방법으로 사용한다—우리는 15장에서 경계선 성격장애를 다룰 때 이런 사람들을 만날 것이다. 더구나 자살제스처는 "연습실행(practice run)"을 나타내는 것일 수 있다. 이것은 더 심각한 시도의 전조가 되고 그래서 걱정의 원인이 된다.

자살시도는 치명성에 따라서 다르다. 낮은-치명성 시도는 집에서 약을 먹는 청소년처럼 발견이 가능한 상황하에서 서서히 작용하는 방법을 사용하는 것을 포함한다. 효과가 나타나는 데 시간이 오래 걸리는 방법이기 때문에 소생시키기에 너무 늦기 전에 자살시도자를 발견할 가능성이 더 크다. 그 행동은 대인갈등이나 큰 스트레스 요인에 대한 반응으로 가장 잘 일어난다. 그 시도가 성공적이지 못하더라도 심각한 결과가 될 수 있다. 높은-치명성 시도는 잠재적으로 치명적인 방법(예: 총)을 포함하는 데 빨리 작용하고 다른 사람이 막기 어려운 상황, 즉 청소년이 혼자 있을 때와 같은 상황하에서 이루어진다. 미국 고등학교 여학생 10.9%와 남학생 5.7%가 지난해 자살을 시도했다고 보고하며(CDC, 2002), 드물긴 하지만 심지어 학령전 아동에게서조차 심각한 자살시도 보고가 있다(Rosenthal & Rosen-

글상자 9.4 청년 자살: 시간이 흐르면서 변화한 이유는 무엇인가?

전 세계의 자료는 지난 수십 년 간 청년 자살이 현저하게 증가하는 반면에 근년에는 비율이 현저히 감소했음을 보여준다. 질병통제예방센터(CDC)의 최근 통계치는 2001년 동안 미국 아동 청소년의 자살률이 25% 감소했음을 보여준다. 시간 흐름에 따른 이러한 변화를 무엇으로 설명하는가? 그들의 논문 개관에서 Gould와 동료들(2003)은 많은 요인들이 시사되지만 이것들 중 가장 중요한 것은 물질남용률과 총기 접근성에서의 변화라는 것을 발견했다. 예를 들면, 자살률이 증가하면서 총기를 사용한 자살이 불균형적 비율로 증가했다. 다른 종류의 정신과적 장애를 가진 청년의 가정과 비교해서 자살 희생자의 가정에서 총기가 발견될 가능성은 두 배였다. 과거 수년간 미국에서는 총기를 규제하려는 더 많은 노력이 있었고, CDC에 따르면 최근의 청년 자살 감소는 총기를 사용한 자살감소로 주로 설명되는 것으로 나타난다. 그러나 Gould와 동료들은 이런 설명은 많은 이유로 설득력이 없음을 발견했다. 그들은 청년 자살률이 최근에 총을 거의 사용하지 않는 영국, 독일, 스웨덴 같은 세계 다른 나라들에서 20~30% 감소했다고 지적한다. 더욱이 청년 자살 감소는 실제로 물질사용 감소에 따라 일어나지도 않는다. 그 대신에 Gould와 동료들은 더 가능한 설명은 우울증에 대한 치료 이용 가능성과 효과성의 향상이라고 제안한다. 예를 들면, 청년 자살이 감소하는 시기 동안에는 더 새로운 항우울제 종류의 처방이 증가했다. 이러한 치료 이용 가능성이 향상되지 않은 예외에는 정신건강 서비스에 접근하는 것이 더 어려운 아프리카계 미국인 공동체와 미국 원주민 공동체가 포함된다.

thal, 1984). 더 나아가 자살시도자의 2%만 의학적인 도움이나 심리학적인 도움을 구한다. 결과적으로 많은 자살시도가 보고되지 않기 때문에 유병률 통계치는 실제 유병률을 낮게 추정한 것이기 쉽다.

완료된 자살은 청소년에서 두드러지는 문제다. 미국에서 자살은 15~19세 사이 청소년에서 사고와 살인 다음의 세 번째 사망 원인이고, 10~14세 사이 청소년에서는 네 번째 원인이다(CDC, 2004). 더 나아가 이전 20년 동안에 젊은이들 사이에서의 자살은 일반 전집에서보다 더 극적으로 증가했다. 최근 수년간은 어느 정도 수평을 유지한다. 어린 아동들의 비율은 청소년보다 더 낮다. 예를 들어, 미국에서 1999년에는 10세 이하에서 단지 2명의 아동이 자살을 시도한 것으로 알려져 있다. 어린 아동들이 치명적인 수단에 접근하는 것이 더 어렵다는 점은 보호요인으로 작용한다. 그 결과로 10세 이하의 아동에서는 완료된 자살보다 자살시도가 더 많다(Pfeffer et al., 1994). 남자 여자 모두(59%)가 가장 많이 사용하는 방법은 총이며, 남자에서는 목매달기, 여자에서는 약물복용이 그 뒤를 따른다(**글상자 9.4** 참조).

성차

모든 연령 집단에서 자살시도는 여성이 남성보다 더 많이 하는 경향이 있는 반면에, 남성이 자살에 더 성공하는 경향이 있다. 여성들은 남성들보다 적어도 3배 더 자주 자살을 시도하는 반면에, 15~19세 남성들은 여성들의 거의 6배 정도로 자살을 완료한다(CDC, 2002). 청소년기 동안에 걸쳐서 남성 대 여성의 자살완료 비율이 꾸준히 증가한다. 이것에 대한 설명은 자살 방법의 선택에 있다. 2/3가 자기가 쏜 총의 상처로 죽는 남자의 자살과 대조적으로, 전형적인 어린 여성 자살시도자들은 다량의 약을 먹는 것과 같은 낮은-치명성 방법을 사용한다. 그렇다고 해서 어린 여자들의 자살 소망을 덜 심각한 것으로 추측해서는 안 된다. 여성들은 폭력적인 방법을 혐오하는 경향이 더 많으며 젊은 사람들은 약이 얼마나 치명적인지에 대한 이해가 단지 부정확한 것일 수 있다. 더 나아가 이러한 통계들은 정신건강 클리닉에서 나오는 것이며 매우 중요한 집단을 간과한다. 그 집단은 투옥된 남자들이다. 만약 우리가 소년원에 있는 남자들을 이 통계에 포함시킨다면, 자살시도에서의 성차는 그렇게 크지 않을 수 있다.

문화 간 차이

표 9.6은 전 세계 젊은이 자살에 대한 통계를 나타낸다. 이 자료가 말해주듯이 문화에 따른 자살률은 성비율만큼이나 크게 다르다. 세계보건기구(2002) 자료에 따르면 미국, 캐나다, 서부유럽, 오스트레일리아, 뉴질랜드에서는 남자 청소년들이 더 많이 자살시도를 하는 반면에, 일부 아시아 국가에서는 성비가 거의 같고(예: 싱가포르) 다른 나라에서는 성비가 역전된다. 예를 들면, 중국의 시골지역에서는 청소년 자살완료자의 대부분이 여자다. 이것은 현대적인 응급치료가 불가능한 시골에서는 여자들이 선호하는 약 복용 같은 방법이 치명성이 낮은 것이 아니기 때문이다(Gould, Shaffer, & Greenberg, 2003). 미국의 자료에서와 마찬가지로 전 세계 자살통계치들은 지난 수십 년 동안 증가했다. 예를 들어, 영국과 웨일즈에서는 1980년에서 1990년 사이에 청소년기 남성의 자살률이 78% 증가했다(Flisher, 1999, 참조).

인종적 다양성

최근까지도 통계치가 “백인”과 “비백인” 젊은이로만 이루어졌다는 사실 때문에 미국 내에서 민족의 유병률 추정치는 계산하기 어렵다. 나중에는 “기타” 범주를 포함하는 데까지 확장되었다. 게다가 대부분의 이런 자료는 신뢰할 수 없는 출처로부터 나온 정보를 조잡하게 주어 맞춘 것이다. 1999년부터는 미국 인구를 구성하는 많은 민족집단을 고려한 전국적인 자료에서 얻어진 완료된 자살에 대한 상세한 통계치를 갖고 있다(National Center for Health Statistics, 2002). **표 9.7**에서 보듯이 가장 높은 비율은 미국 원주민 젊은이에서 발견된다. 유럽계 미국인 남성은 다른 민족집단 출신의 남성보다 훨씬 많은 반면에, 여성들은 특히 아프리카계 미국인 여아들은 가장 낮은 비율을 보인다. 다른 하위집단 여아들에 대한 보고율은 매우 낮았기 때문에 그들을 분석에서 제외했다.

자료가 보여주듯이 아프리카계 미국인 젊은이의 자살완료 평균 유병률은 유럽계 미국인보다 낮다. 그럼에도 불구하고 아프리카계 미국인 남아들의 자살률은 빠른 속도로 증가하고 있다. 1980년과 19992년 사이에 10～14세 유럽계 미국인 남아들의 자살은 86% 증가한 반면, 동일연령 집단의 아프리카계 미국인 남아들이 자살률은 300% 증가했다. 비슷하게 15～19세 청소년에서는 유럽계 미국인 남아는 자살률이 22% 증가되었으나 아프리카계 미

표 9.6 인구 10만 명당 청년 자살률

Country	Year	5~14세			15~24세			15~24:5~14 비율	
		Males	Females	M:F	Males	Females	M:F	Males	Females
오스트레일리아	1997	0.5	0.5	1.0	30.0	6.6	4.5	60.0	13.2
오스트리아	1999	0.4	0.2	2.0	20.3	5.3	3.8	50.8	26.5
캐나다	1997	1.9	0.6	3.2	22.4	4.5	5.0	11.8	7.5
칠레	1994	0.1	0.3	0.3	10.9	1.5	7.3	109.0	5.0
중국(도시)	1998	0.3	0.4	0.8	3.4	4.4	0.8	11.3	11.0
중국(시골)	1998	0.9	1.0	0.9	8.4	15.2	0.6	9.3	15.2
핀란드	1998	0.9	0.6	1.5	29.5	7.9	3.7	32.8	13.2
프랑스	1997	0.3	0.3	1.0	13.4	4.3	3.1	44.7	14.3
독일	1998	0.7	0.4	1.8	12.7	3.5	3.6	18.1	8.8
헝가리	1999	1.8	0.2	9.0	19.1	3.9	4.9	10.6	19.5
아일랜드	1996	1.3	—	—	25.4	4.5	5.6	19.5	—
이스라엘	1997	0.4	—	—	12.6	1.6	7.9	31.5	—
이탈리아	1997	0.2	0.2	1.0	8.5	1.8	4.7	42.5	9.0
일본	1997	0.5	0.3	1.7	11.3	5.5	2.1	22.6	18.3
멕시코	1995	0.5	0.3	1.7	7.6	2.0	3.8	15.2	6.7
네덜란드	1997	1.1	—	—	11.3	4.4	2.6	10.3	—
뉴질랜드	1998	3.0	1.4	2.1	38.1	13.3	2.9	12.7	9.5
노르웨이	1997	1.0	—	—	20.2	4.7	4.3	20.2	—
폴란드	1996	1.6	0.4	4.0	17.2	2.9	5.9	10.8	7.3
대한민국	1997	0.9	1.1	0.8	12.5	8.0	1.6	13.9	7.3
러시아 연방	1998	3.0	0.7	4.3	51.9	8.6	6.0	17.3	12.3
스코틀랜드	1997	—	—	—	19.5	5.3	3.7	—	—
싱가포르	1998	1.2	—	—	13.4	10.9	1.2	11.2	—
스웨덴	1996	0.2	0.4	0.5	12.0	4.6	2.6	60.0	11.5
스위스	1998	0.9	—	—	24.8	5.6	4.4	27.6	—
영국(아일랜드 포함)	1998	0.1	0.1	1.0	10.4	2.9	3.6	104.0	29.0
미국	1998	1.2	0.4	3.0	18.5	3.3	5.6	15.4	8.3

출처: 세계보건기구(2001).

국인 남아는 164% 증가했다. 여성에서는 패턴이 다르다. 10~14세 집단에서는 유럽계 미국인 여아들이 233% 자살률이 증가하고 아프리카계 미국인 여아는 100% 증가한 반면에, 15~19세 집단에서는 유럽계 미국인 여아는 12%를 아프리카계 미국인 여아는 19%의 증가를 보였다(CDC, 1995).

자살완료에 대한 CDC 자료와 반대로 일부 개별 연구들은 히스패닉 가정 출신의 젊은이들은 다른 젊은이들보다 의학적인 관심이 필요할 정도로 심각한 자살시도가 두 배라는 것을 발견했다. 마지막으로 한 연구는 유럽인, 멕시코인, 베트남인, 파키스탄인에서 뽑은 5,000명의 더 다양한 청소년들을 대상으로 자살률을 조사했다(Roberts, Chen, & Roberts, 1997). 조사 전 2주 동안 파키스탄 젊은이들은 유럽계 미국인 젊은이보다 두 배 더 많이 자살사고를 하고, 자살계획을 세우고, 자살시도를 했다. 혼혈인 젊은이들은 자살사고와 계획

표 9.7 15세에서 19세까지 미국 청년의 인종과 성에 따른 자살률

인종	성별	연도	사망자 수	인구	자살률
백인	남자	1999	1,286	32,202,540	3.99
		2000	1,330	32,313,190	4.12
		2001	1,324	32,386,820	4.09
		2002	1,268	32,440,797	3.91
			5,208	**129,343,347**	**4.03**
	여자	1999	264	30,470,494	0.87
		2000	278	30,578,408	0.91
		2001	273	30,653,511	0.89
		2002	254	30,724,163	0.83
			1,069	**122,426,576**	**0.87**
흑인	남자	1999	177	6,562,663	2.70
		2000	185	6,608,630	2.80
		2001	148	6,652,216	2.22
		2002	140	6,685,362	2.09
			650	**26,508,871**	**2.45**
	여자	1999	31	6,375,857	0.49
		2000	27	6,415,686	0.42
		2001	29	6,443,355	0.45
		2002	23	6,472,958	0.36
			110	**25,707,856**	**0.43**
아메리카 인디언/ 알래스카 원주민	남자	1999	45	559,553	8.04
		2000	40	583,692	6.85
		2001	48	575,294	8.34
		2002	38	568,197	6.69
			171	**2,286,736**	**7.48**
	여자	1999	9	539,706	1.67
		2000	11	563,265	1.95
		2001	16	556,030	2.88
		2002	10	550,383	1.82
			46	**2,209,384**	**2.08**
아시아	남자	1999	33	1,699,627	1.94
		2000	40	1,739,699	2.30
		2001	39	1,776,275	2.20
		2002	33	1,805,784	1.83
			145	**7,021,385**	**2.07**
	여자	1999	14	1,629,532	0.86
		2000	17	1,670,695	1.02
		2001	13	1,702,315	0.76
		2002	11	1,729,747	0.64
			55	**6,732,289**	**0.82**
전체			7,454	322,236,444	2.31

출처: CDC(2002).

에서 높은 위험에 처해 있었다. 이런 연구결과들은 예측하지 못했던 것인데, 이런 민족차이가 나는 이유는 알 수 없다. 그러나 인종차별과 자살수용 가능성에 대한 문화적 신념 둘 모두 작용했을 것이다.

병인론

개인내 맥락

우울증 심리학적 부검은 자살한 청소년의 대다수인 90%가 진단 가능한 정신병리를 가지고 있다는 것을 보여준다(Gould et al., 2003; 놀라운 사례 연구는 Berman, 2003, 참조). 우울증은 자살완료자와 자살시도자 모두에서 가장 흔한 진단이며, 청소년 자살시도자의 20~30%가 우울증을 갖고 있다(Apter & Wasserman, 2003). 많은 우울한 아동과 청소년들은 자살관념화를 경험하며 일부 표본에서는 60%에 이른다. 더 나아가 자살시도는 우울한 성인들보다 우울한 청소년들에서 더 높은 비율로 일어난다(Mitchell et al., 1988)(사례 연구는 **글상자 9.5** 참조). 일부 연구들은 자살완료자들 중에서 남아들보다는 여아들이 기분장애 규준을 더 많이 충족시킨다는 것을 보여준다(Flisher, 1999).

공격성과 충동성 그러나 우울증 외에도 청년 자살에 대한 다른 중요한 예언요인들이 있다. 첫째, 분노와 공격성이 자살 별자리의 중요한 부분으로 출현한다(Apter & Wasserman, 2003; Wolfsdorf et al., 2003). 자살충동을 느끼는 청년의 약 70%가 품행장애와 반사회적 행동을 보인다(Berman & Jobes, 1991). 또한 아동기 품행장애는 우울증과는 관계없이 성인기의 자살을 예언했다(Harrington et al., 1994). 실제로 Achenbach와 동료들(1995)이 행한 6년 동안의 종단연구도 우울증이 아니라 외현화 장애의 조기 신호에 의해서 자살관념화가 예측된다는 것을 보여준다. 외현화 장애의 조기 신호는 남아에서는 공격성의 형태로 여아에서는 비행행동의 형태로 나타난다. 남아에서 품행장애와 자살이 가장 강하게 연결되며, 우울증과 품행장애의 결합은 특히 해롭다(Apter & Wasserman, 2003). Capaldi(1992)는 우울증과 공격성의 결합을 보여주는 남아들에서는 학교 실패, 부모와 또래와의 좋지 않은 관계, 낮은 자존감이 2년 후에 자살관념화를 가져온다는 것을 발견했다. 그러므로 품행문제—좋지 않은 관계, 정서조절 곤란, 공격성의 억제 곤란과 자주 관련되는—는 자살과 큰 관계가 있다.

품행문제는 종종 자살에 대한 기폭제가 되는 법적 문제(Gould et al., 2003)와 마찬가지로 또래거부, 반사회적 또래와의 연결, 물질남용을 증가시키기 때문에 자살성에 기여한다(Prinstein et al., 2000).

둘째, 충동성이 자살에서 시사된다(Esposito et al., 2003). 충동성은 좌절에 대한 낮은 인내심과 계획하기의 결여, 빈약한 자기통제, 훈육문제, 저조한 학업수행, 모험행동 같은 여러 측면에서 나타날 수 있다. 물질남용은 자살충동을 느끼는 젊은이들의 35% 내지 100%에서 발견되는데, 자살사고는 물질사용을 시작한 후에 증가한다(Mehlenbeck et al.,

글상자 9.5 자살시도

로드아일랜드 주의 브라운 의과대학 Anthony Spirito (2003) 박사와 동료들은 Amy의 사례를 제시했다. Amy는 13세 소녀로 집의 약장에 있던 의사처방 없이 팔리는 약 20개를 먹고 자살을 시도한 후 응급실에서 심리평가를 받았다. 면접시 Amy는 미리 계획하지 않고 갑자기 자살을 시도했다고 말했다. 약을 먹은 후 메스꺼워질 때까지 자기 방에 숨어 있다가 어머니에게 자기가 약을 먹은 것을 말했다. Amy는 정말 죽고 싶었고, 자기가 먹은 과도한 양이 정말로 치명적이라고 믿었다고 보고했다. 그녀는 자살을 시도하게 만든 스트레스 요인들은 어머니와의 논쟁이라고 말했다. 그들은 전반적으로 잘 지내고 있지만 최근 몇 주 동안은 논쟁을 더 많이 했다. 특히 Amy의 낮은 학업성적과 늘어난 성마름에 대해서 논쟁했다. 또한, 또래거부와 학교수행 저하를 포함하는 장기적인 스트레스를 받고 있다고 고백했다. 자살시도의 목적은 자기가 겪고 있는 스트레스 요인들로부터 도망가려는 것이라고 말했다.

Amy의 병력을 본 평가팀은 그녀가 전에 두 번의 자살시도를 했는데, 부모는 심각하게 생각하지 않아서 의학적 치료를 요구하지 않았다는 것을 알았다. 결과적으로 가족은 한 번도 전문적 도움을 구한 적이 없다. Amy는 자기 환경에서 작년에 자살을 시도했던 급우를 포함해 자살행동의 모델들을 본 적이 있다고 말했다. 아버지와 친할머니에게 우울증의 가족력이 있었다.

평가팀은 Amy에게 여러 가지 검사 척도를 완성하라고 했다. 이 척도들에는 자살의도를 재는 척도가 포함되는데, 그녀가 매긴 점수가 다른 자살시도자들의 규준보다 위면 그것은 죽고 싶은 진심을 나타낸다. 자살관념화 척도에서는 점수가 백분위수 85였는데 이것은 삶을 끝내는 것에 대한 생각을 매우 자주 한다는 것을 반영한다. 평가팀은 Amy의 우울한 기분과 무망감 척도 점수에도 놀랐는데, 그녀의 점수는 극도로 상승되어 있었다. 구조화된 임상 면접은 Amy가 주요우울장애 진단준거를 충족시킨다는 것을 보여주었는데, 불쾌한 기분과 성마름, 수면곤란, 식욕변화, 심리운동적 우둔함, 피곤함과 기운 없음, 무가치감의 증상들을 갖고 있었다. 그녀는 다른 정신과적 진단준거에는 맞지 않았고 불안, 분노, 물질남용 척도에서는 평균 범위의 점수였다.

평가팀은 Amy를 진단되지 않은 주요우울장애를 앓고 있던 청소년이라고 결론 내렸다. 그녀의 성마름과 증가된 부모와의 갈등은 그녀의 저변에 깊이 깔려 있는 불행을 가족이 인지하는 것을 어렵게 만들어서 그녀를 향한 가족들의 부정성을 가속시키고 있었다.

평가의 끝났을 때 Amy는 매우 우울하고 희망이 없었다. 그녀는 계속해서 죽고 싶다고 말해 자살시도를 다시 하지 않는다는 보장을 할 수 없었다. 비슷하게 자살관념화를 가져올 미래의 스트레스 요인들을 어떻게 다룰 것이냐고 물었을 때 그녀는 적응적인 대처기술을 보고하지 못했으며, 더 치명적인 방법을 사용할 것이라고 말했다. 결과적으로 입원이 권고되었다.

처음에 Amy는 병원에 있는 것에 부정적으로 반응했다. 수일이 지나 부모가 의학적 조언을 듣지 않고 그녀를 퇴원시켰다. 그러나 그녀는 항우울제 시도와 더불어 외래 치료를 받는 데 동의했다. 그럼에도 불구하고 한 달 안에 다시 자살을 시도했고 재입원했다. 이 두 번째 입원 동안 Amy는 치료를 더 잘 받아들이고 더 적극적으로 받았다. 항우울제의 투여량도 줄어들었다. 3개월 후의 추적에서 Amy의 기분은 더 긍정적이었다. 거기에다가 학교 수행이 향상되었고 이전에 즐겼던 활동을 하기 시작했으며 몇몇 동년배 또래들과 관계를 갖게 되었다. 그녀는 계속해서 외래로 다니면서 심리치료를 받고 투약을 주의 깊게 모니터링 받았다. 자살시도는 반복되지 않았다.

2003). 물질남용은 충동성, 판단 흐리기, 자기 파괴적 행동의 억제 곤란을 증가시킴으로써 자살을 돕는 역할을 한다.

다른 정신병리들 앞부분에서 말한 바와 같이 자살은 우울증, 품행장애, 물질남용뿐만 아니라 불안, 경계선 성격장애, 정신분열증, 섭식장애를 포함한 다른 많은 다른 형태의 정신병리와도 함께 일어난다(Apter & Wasserman, 2003). 이러한 진단들은 단독으로 위험을 증가시키는 것이 아니라 우울증이나 다른 장애와 결합해서 위험을 증가시키는 것으로 나타난다(Apter & Freudenstein, 2000).

인지적 요인 자살행동과 관련된 인지적 변인들 중에서 무망함과 빈약한 문제해결기술은 자살관념화와 자살시도 모두에 영향을 주는 주된 요인으로 나타난다(Esposito et al., 2003; Nock & Kazdin, 2002). 그러나 무망감은 우울증 없이 자살을 예언하지는 않는다(Gould et al., 2003). 무망함보다 젊은이가 살아야 할 이유에 대한 동의가 자살을 더 잘 예언하는 요인이다(Guiterrez et al., 2000).

자살행동의 억제 곤란 일단 젊은이가 자살사고/자살의도와 자살행동을 나누는 선을 넘어가면 자살 재시도에 대한 억제가 감소하는 것으로 나타난다. 결과적으로 이전의 자살시도는 미래의 자살에 대한 강력한 예측요인이다. 청년 자살완료자들의 1/4~1/3은 이전에 자살시도를 한 적이 있었다(Gould et al., 2003).

가족 맥락

많은 가족연구가 미래추적이기보다는 과거추적인 뚜렷한 약점을 갖고 있긴 하지만 가족 맥락도 중요하다. 자살시도를 한 뒤의 가족평가는 가족요인들이 자살을 가져왔다는 납득할 만한 증거를 제공하지 못한다.

부모의 정신병리는 청년의 자살관념화, 자살시도, 자살완료의 증가와 관련 있다. 부모의 물질남용과 우울증(Brent et al., 1994), 특히 어머니의 우울증(Klimes-Dougan et al., 1999)은 가장 강력한 위험요인들에 속한다.

자살충동을 느끼는 청년들은, 부모가 제대로 부모역할을 하지 못한 결과로 좋지 않은 부모-자녀 관계를 경험한다는 것을 많은 연구들이 확인했다(Gould et al., 2003; Hollenbeck, 2003). 미래추적연구들(prospective studies)은 자살관념화와 자살시도는 부모가 보이는 낮은 수준의 온정, 의사소통, 지원, 정서적 반응성과 높은 수준의 폭력, 불인정, 고된 훈육, 학대, 일반적인 가족갈등으로 예측할 수 있음을 보여준다. 과거추적연구(retrospective studies)들은 자살시도자들과 자살관념화를 하는 사람들, 그들의 부모는 자기 가족을 화합이 잘 안 되고 지원이 적으며 변화에 대한 적응성이 떨어지는, 전반적으로 역기능적인 가족으로 기술한다는 것을 보여준다(Prinstein et al., 2000).

부모로부터의 지원이 결핍되었다는 지각도 청소년 자살사고의 중요한 예언요인임이 시사되어 왔다(Harter & Marold, 1994). 더 나아가 Harter와 Whitesell(1996)은 자살관념화를 가장 덜 보이는 우울한 청년들은 자신이 부모와 더 긍정적인 관계를 가지며 더 많은 부모지지를 얻고 있는 것으로 지각하는 청년들이었음을 발견했다. 그러므로 지지적인 부모-자녀 관계는 위기에 처한 아동들의 자살성에 완충물이 될 수 있다. 12세 이전의 부모상실도 자살위험을 증가시킨다(Brent & Mann, 2003).

가족체계 내에서, 자살충동을 느끼는 아동들은 부모 간 갈등, 가족폭력, 학대에 노출되었을 가능성이 더 많다(Brent & mann, 2003; Pfeffer, 2000). 자살과 신체적 학대나 성적 학대와의 관련성은 다양한 민족표본을 사용한 수많은 연구에서 확인되었다(de Wilde, Kienhorst, & Diekstra, 2001). 자살충동을 느끼는 청년들은 온전하지 않은 가족출신인 경향이 높지만, 부모 우울증은 이혼과 청년 자살 사이에 존재하는 보통 정도의 관련성을 설명해준다(Brent et al., 1994).

마지막으로, 자살 특히 가까운 사회망에 있는 또래나 성인의 자살에 노출된 아동은 자살위험이 더 크다(Gould et al., 2003). 이것은 접촉효과(contagion effect)라고 불린다. 미국에서 매년 12,000명의 아동 청소년들이 가까운 가족의 자살을 경험하는 것으로 추정된다(Gallo & Pfeffer, 2003). 가족의 자살행동에 노출된 청년들은 자살을 자신에게 시도할 가능성이 더 많다는 것을 보여주는 연구들의 결과가 다소 비일관적이긴 해도(Brent & mann, 2003), 그 자료들은 자살노출의 매우 부정적인 심리적 효과를 보여준다는 점에서는 일치한다(Gallo & Pfeffer, 2003). 자살 노출은 자살에 대한 충분한 원인이라기보다는 기존의 위험요인의 진행을 가속시키는 것으로 간주되어야만 한다.

생물학적 맥락

자살이 가족내에서 일어난다는 사실은 부모-자녀 관계나 모방의 작용만은 아닐 수 있다. 어떤 사람들은 쌍생아, 입양, 가계연구에서의 높은 일치율을 보여주는 연구들을 근거로 자살은 유전적 뿌리가 있다고 제안했다(Brent & mann, 2003). 예를 들면, Statham과 동료들(1998)은 유전 가능성 지수가 55%인 쌍생아 연구결과를 보고한다. Schulsinger(1980)는 전통적인 입양연구를 실시해서 입양된 가족들보다 생물학적 친척 사이에서 더 높은 자살행동 일치율을 발견했다. 그러나 얼마 정도의 입양아동이 생물학적 가족이 자살을 실행한 것을 알았을까를 아는 것은 흥미로울 수 있다. 임상적 관찰은 접촉효과는 강력한 것이고 직접 보지 못했을 때조차도 소문을 통해서 영향을 줄 수 있다고 말한다. 유전자가 행동에 영향을 주는 기제를 확인하려는 시도들은 세로토닌 대사와 수용성에 초점을 두었다(Apter, 2003).

사회적 맥락

지각된 또래지지의 결핍(Harter & Marold, 1994)과 빈약한 대인기술(Asarnow et al., 1987)은 위험요인으로 확인되었다. 자살충동을 느끼는 청년들은 다른 사람들보다 또래에게서 무시당하고 거부당했다고 느끼고 괴롭힘을 당하기가 더 쉽다(Prinstein, 2003). 또한 그들은 친구 수가 더 적다고 보고하며, 우정이 조건적이어서 그들이 동년배에게 받아들여지기 위해서는 특정한 방식으로 행동해야 하는 것을 걱정한다. 또래한테 거부당하기나 남자 친구나 여자 친구와 헤어지는 것 같은 대인간 스트레스는 위험에 처한 청년들에게서 공통적인 자살의 기폭제들이다(Overholser, 2003). 지각된 사회적 실패, 거부, 비하, 실연은 청년 자살의 공통적인 시약이다. 실제로 또래와의 곤경은 청년 자살시도의 1/3을 일으키는 원인이다(Prinstein, 2003).

학교 맥락도 청년 자살을 재촉하는 스트레스를 주는 생활사건을 많이 제공한다. 여기에는 학업실패, 훈육문제와 같은 것이 포함된다.

문화적 맥락

사회경제적 지위 사회경제적 불리함도 자살과 관련되는데, 빈곤 속에서 성장하는 청년들은 자살사고, 자살시도, 자살완료에 대한 더 큰 위험에 처하게 된다(Kessler, Borges, & Walters, 2001).

민족성 앞에서 언급한 유병률은 자살위험에서 중요한 민족차이를 시사한다. 그것은 다른 발달영향의 결과일 수 있다. 아프리카계 미국인 청년들에서의 낮은 자살률을 설명하는데 문화적 요인들이 인용되었는데, 아프리카계 미국인 가족에서 늘어난 종교의 역할, 확대가족망이 제공하는 지지, 공격성을 자신보다는 밖으로 향하는 경향 같은 것이다(Gould et al., 2003). 동전의 다른 면으로 Zayas, Kaplan, Turner, Romano, Gonzalez-Ramos(2000)는 히스패닉 청년들 사이의 자살행동에 영향을 줄 수 있는 사회문화적 요인들을 강조한다. 이것에는 사회경제적 불리함, 전통적인 권위주의적 가족의 엄격함, 문화에 대한 아동의 순응과 관련된 부모와 자녀들 사이의 갈등, 이민으로 인한 확대가족이 주는 지지의 상실이 포함된다.

미국 원주민 청년들에서의 과도한 자살률은 큰 관심을 받으며 연구가 집중되었다(Chandler et al., 2003). 자살률은 종족과 지리적 위치에 따라 매우 다르나(CDC, 2004) 빈곤, 물질남용, 문화적 특권 박탈, 거주 지역 학교에 아동들을 강제로 유치하는 과거의 유산—높은 비율의 성적 신체적 학대를 수반하는—은 미국 원주민 아동들이 발달하고 있는 맥락의 이해에 모두 중요하다(Malley-Morrison & Hines, 2004). 일반적으로, Cicchetti와 Toth(1998)가 지적했듯이, 문화 간 자료는 전통적 가치와의 연결과 지지자원이 끊어진 소수민족 청년들은 더 큰 자살위험에 처해 있다고 말한다.

성적 지향 다른 성적 지향을 가진 청년들도 자살위험이 증가한다(Faulker & Cranston, 1998). 21년 동안 뉴질랜드의 크라이스트처치에서 실시된 미래추적 종단연구에서 Fergusson과 동료들(1999)은 게이, 레즈비언, 양성애적 청년들이 자살관념화와 자살시도 모두에서 더 높은 비율을 보인다는 것을 발견했다. 더 나아가 미국의 350명의 게이, 레즈비언, 양성애 청년들 표본에서 D'Augelli와 동료들(2001)은 거의 1/2이 자살사고를 경험하고 1/3은 적어도 한 번 자살시도를 했음을 발견했다. 그들 중 많은 사람이 그들의 자살성을 자신들의 성적 지향을 밝힌 후에 다른 사람들이 수용하지 않는 것 때문이라고 귀인했다. 다른 사람들의 반응은 거부에서부터 언어적 희롱과 심지어 폭력까지의 범위에 걸쳐 있다. 그러나 자살충동을 느끼는 사람들은 다른 게이나 레즈비언보다 정신건강문제도 더 많았다(Hersberger et al., 1997). 마찬가지로 더 높은 비율의 생활스트레스와 물질남용이 있다(Savin-Williams & Ream, 2003). 보호요인들 중에서 가족지지와 자기수용은 성적 지향과 관련된 괴롭힘의 부정적 효과로부터 청년을 보호할 수 있다(Hersberger et al., 1995).

대중매체 매체의 자살보도 후에 자살행동이 크게 급증한다는 증거, 특히 젊은이들에서 그렇다는 증거가 쌓였다(Stack,2000). 접촉효과와 청년들이 동일시하고 우상화하는 팝스타에 대한 매체 보도에서 있을 수 있는 자살 미화를 걱정하여 CDC(1994)는 전문가 위원회를 소집해서 자살 보도에서의 권장사항 목록을 만들게 했다. 첫째, 위원단은 지나치게 단순화한 자살설명은 판단을 그르치게 하고, 개인들이 이런 끔직한 선택을 하게 만든 심각하고 누적된 심리적·사회적 문제를 정확하게 표현하지 못한다고 지적한다. 둘째, 매체의 반복적이고 부풀린 자살보도는 청년들이 그 이슈에 몰두하게 만들 수 있다. 셋째, 선정적인 보도는 같은 이유로 피해야만 한다. 넷째, 보도는 자살을 문제해결전략으로 제시하는 것을 피해야 하고, 그 대신에 자살을 유발한 정신병리를 강조해야 한다. 다섯 번째 위험은 자살한 사람을 찬사와 공적 추도를 통해 찬미하는 것이다. 그런 것들은 그 행위가 존경할 만하고 훌륭하다고 암시한다. 여섯째, 자살완료자의 긍정적 특성에 대한 지나친 칭찬은, 만약 칭찬이 심리적 문제에 대한 묘사와 균형을 이루지 못한다면, 칭찬과 관심을 갈망하는 청년들에게 자살이 매력적이게 만들 수 있다.

현대화 더 큰 사회적 수준에서 보면 발전하고 있는 세상에서 자살률의 증가는 현대화를 암시하는 것이다. 현대화는 사회적 분열, 개인주의, 전통가치와 지지체계의 상실의 증가를 가져온다. 그러한 가치들은 청년의 소속감과 의미감을 손상시켜서 실존적 절망 상태에 이르게 한다(Kelleher & Chambers, 2003).

발달경로

자살시도를 하는 어린 아동들이 정말 자신을 죽이려 한 것인지 여부와 그들의 시도가 미래의 자살성에 대한 심각한 우려와 조짐을 보증하는지의 여부에 대한 질문들이 종종 제기된다. 그들이 정말 죽으려고 의도한 것인지가 의심스러운데, 그것은 자살충동을 느끼는 아동들이 죽음의 영속성에 대해 한정된 이해를 가진다는 것을 보여준 연구들뿐만 아니라, 아동들이 죽음 개념에 대해 한정된 이해를 갖는다는 인지발달적 연구들에 의해서도 지지된다(Cuddy-Casey & Orvaschel, 1997). 그러나 종단연구는 아동기 자살시도가 이후의 자살시도와 자살완료에 대한 강력한 예언요인이라는 것을 시종일관 보여준다. 예를 들면, 자살충동을 느끼는 아동들은, 처음 자살을 시도한 때로부터 8년 후에 다른 아동들보다 6배 더 많이 다른 자살시도를 하는 경향이 있었다(Pfeffer et al., 1994). 대부분의 이후 자살시도들은 초기 시도에서 2년 이내에 발생했다. 그리고 자살충동을 계속해서 느꼈던 아동들 중 반 이상이 여러 번의 시도를 했다. 그러므로 아동의 자살시도를 단순히 주의를 끌려는 행동으로 간단히 처리해서는 안 된다. 왜냐하면 자살시도를 했던 아동들은 미래에 더 심각한 자살시도와 자살완료를 할 수 있는 위험에 처해 있기 때문이다.

청소년 자살시도자들이 갖게 되는 장기간의 결과를 고려하는 것을 가능하게 해주는 미래추적연구들은 거의 없지만, Boergers와 Spirito(2003)의 논문 개관은 청소년 자살시도자들이 지속되는 심리적 문제들과 이후의 반복되는 자살시도의 위험에 처해 있음을 지적한다. 11년 후의 추적에서 청소년 자살시도자의 29%와 그들의 부모는 향상된 적응을 보고했으나 22%는 변화가 없었고, 33%는 자살시도가 있던 때보다 심리적으로 더 부적응적인 것으로 평가되었다는 것을 발견했다(Granboulan et al., 1995). 당연히 가장 큰 향상은 자살시도 후에 가족관계와 생활조건이 더 나아진 청년들에서 나타났다. 학교 탈락, 떠돌기(drifting). 폭력과 위험한 활동에 개입하는 일 또한 오랜 기간 동안 나타난다.

통합적 발달 모델

자살관념화

자살관념화 발달의 포괄적 설명은 Susan Harter가 제공한다(Harter, Marold, & Whitesell, 1922; Harter & Marold, 1991, 1994). 그녀는 자신의 연구와 다른 사람의 연구를 통합한다. Harter 모델은 12~15세 정상표본에서 결국은 자살관념화에 이르게 하는 연속적 단계들을 재구성한다(**그림 9.7** 참조).

자살관념화 직전에 이루어지고 자살관념화와 관련이 높은 것은 Harter가 우울증 복합체(depression composite)라고 부르는 것이다. 그것은 상호 관련된 3개의 변인인 낮은 전반적 자기가치, 부정적 정동, 무망함으로 이루어진다. 앞의 두 개는 높은 상관이 있다. 지각된 자기가치가 낮을수록 부정적 기분을 더 크게 느낀다.

더욱이 우울증 복합체는 청소년의 무능력감과 가족과 친구로부터의 지지결여 둘 다에 원인이 있다. 능력과 지지의 두 변인들은 특별한 방식으로 연결된다. 능력에서는 신체적 외모, 또래호감도, 운동능력들이 또래지지와 관련되는 반면에 학업성취와 품행 등은 부모지지와 관련된다. 마지막으로 청소년들은 또래와 관련된 능력을 더 강력하게 동일시하며, 다른 것들은 자신들보다 부모에게 더 중요한 것으로 간주한다.

자료의 분석 결과 부모 관련 능력과 지지보다 또래관련 능력들과 지지가 우울증 복합체와 더 강력한 관계가 있다는 것을 밝혀냈다. 아마도 후자가 청소년 자신의 자기개념과 더 밀접하게 관련되어 있기 때문으로 보인다. 그러나 부모지지는 우울하기만한 청소년과 우울하며 자살관념화를 가진 청소년을 변별하는 데 중요하다. 더욱이 지지의 질이 중요하다. 수준에 상관없이 만약 청소년들이 단지 부모나 또래를 즐겁게 하기 위해서 행동한다고 지각한다면, 청소년들의 자존감은 감소하고 우울증과 무망함은 증가했다. 이와 반대로 무조건적인 지지는 청소년이 우울증 복합체를 최소화하도록 도왔다.

낮아진 자존감이 먼저냐, 우울증이 먼저냐는 질문에 대해서 자료는 인과관계가 양방향

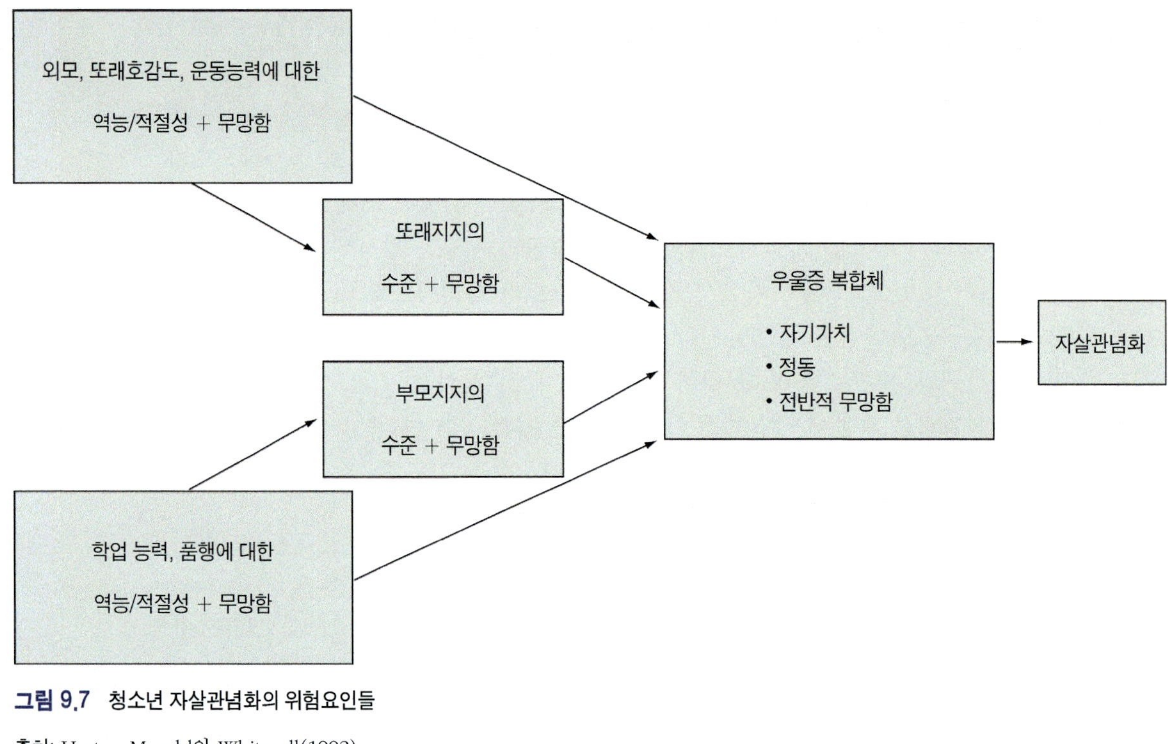

그림 9.7 청소년 자살관념화의 위험요인들

출처: Harter, Marold와 Whitesell(1992).

으로 이루어질 수 있다는 것을 보여준다. 어떤 청소년들은 낮은 자기가치를 경험할 때 우울해지는 반면 다른 청소년들은 거부나 갈등 같은 사건들에서 우울해지고 그런 뒤에 자기가치가 더 낮아진다.

'왜 청소년기인가?'라는 질문에 대해서 Harter와 동료들(1997)은 이 기간에 관한 많은 연구결과를 열거한다. 청소년기에는 자기인식, 자의식, 내성, 자기상에 대한 몰입이 극적으로 증가하는 반면에 자존감은 더 취약해진다. 청소년들이 부모와 연결되기 위해 여전히 애쓰고 있음에도 불구하고 또래지지가 훨씬 더 많이 중요해진다. 처음으로 청소년은 무망함의 인지적 의미를 충분히 파악할 수 있으며 정서적으로는 우울증후군이 증가한다. 자살관념화는 우울증 복합체의 고통스러운 인지와 감정에 대처하거나 그것으로부터 도망가려는 노력으로 보인다.

자살시도

Jacobs(1971)가 고전적 재구성 설명을 제공했다. 그는 자살을 시도한 14세에서 16세까지의 청소년들 40명을 조사했다. 연령, 인종, 성, 어머니의 교육 수준을 일치시킨 31명의 피험자로 이루어진 통제 표본은 지역 고등학교에서 표집했다. 집중적인 다중기법 조사를 통해서 Jacobs는 자살시도를 가져오는 요인들에 대한 5단계 모델을 재구성할 수 있었다:

1. 아동기 초기부터 오래 지속된 문제의 발달사. 그러한 문제들은 가족의 불안정성, 가족의 죽음, 심한 질병, 부모의 알코올 중독, 학교 실패를 포함했다. 후속 연구는 위험요인이 이혼이나 편부모와 같은 특정 가족형이 아니라, 아동에 대한 지지결핍을 가져오는 높은 수준의 가족내 갈등임을 보여주었다(Weiner, 1992).
2. 청소년기에서의 문제 가속화. 자살 청년들에게 아동기 초기 문제보다 더 중요한 것은 최근 5년 동안에 일어난 고통스런 사건들의 빈도이다. 예를 들면, 통제집단에서는 단지 6%인 것에 비해서 이 집단의 45%가 이전 5년 동안에 부모의 이혼을 경험했다. 체포와 높은 수감 판결과 마찬가지로 심각한 연애의 종결도 자살집단에서 훨씬 더 높았다.
3. 점진적인 대처 실패와 중요한 사회적 관계로부터의 고립. 자살집단과 통제집단은 권위에 대한 불복종, 무례함, 반항성에서는 같은 정도로 다루기 어려웠다. 그러나 자살충동을 느끼는 청소년의 대처전략은 다른 사람 피하기와 오랫동안 침묵하기 같은 더욱 철회된 행동 특성이 있었다(참조 Spirito et al., 1996). 부모에 대한 고립은 특히 충격적이었다. 예를 들면, 모든 자살시도의 70%가 집에서 일어나는 반면에 자살시도를 했었다고 보고한 사람의 단지 20%만이 자살에 대해 부모에게 알렸었다. 한 사례에서는 청소년이 멀리 떨어진 곳에 사는 친구에게 전화를 한 다음에 그 친구가 옆방에 있는 부모에게 전화를 해서 알렸다.
4. 사회적 관계의 붕괴. 자살시도 전의 수 일 또는 수 주 동안에 자살충동을 느낀 청소년들은 사회적 관계가 무너짐을 경험했고 그것이 무망감을 가져왔다.
5. 청소년에게 자살시도를 허락하는 자살행동의 정당화. 이 정당화는 자살을 시도하거나 완료한 청소년과 성인들이 쓴 112개의 자살노트에서 재구성되었다. 그 노트들에는 반복되는 특정 주제가 있었다. 예를 들면, 문제들이 지속되고 해결 불가능한 것으로 보이며, 따라서 죽음이 유일한 해결책으로 보인다. 그런 노트를 쓴 사람들은 그들이 무엇을 하고 있는지를 알고 있으며, 자기 행동에 대해 유감으로 생각하고, 관대하게 받아들여 달라고 말한다. 고립과 그 뒤에 오는 무망함의 주제가 우세하다. Overholser와 Spirito(2003)는 자살충동을 느끼는 대부분의 청소년들은 양가적이라는 것을 지적한다. 그들은 계속 살고 싶지만 그들이 겪고 있는 고통을 견디고 싶지 않거나 견딜 수 없다고 느낀다.

Jacobs의 모델은 Sweden에서 실시된 연구에서 반복되었다(Hulten & Wasserman, 1995). 장기간의 고통과 지지부족은 자살단계를 준비시키며 무망함과 비효과적인 대처전략을 만든다. 최근의 스트레스 요인들이 앞에 있었던 이러한 상실과 실망과 공명해서 자살을 가져온다.

중재

자살충동을 느끼는 청소년의 대다수는 그들의 급박한 행동에 대한 단서를 제공한다. 한 연구는 자살완료자의 83%가 그들이 죽기 1주 전에 다른 사람들에게 자신의 자살의도를 말했다는 것을 발견했다(Berman & Jobes, 1991). 대부분이 가족과 친구에게 죽겠다는 위협을 한다. 그들은 위협을 심각하게 받아들이지 않고 그것을 부정하려 하며, 또는 위협의 중요성을 이해하지 못한다. 예를 들면, 친구들은 위협을 다른 사람에게 알리는 것을 신뢰에 대한 배신으로 생각할 수 있다. 그래서 청소년들 자신이 전문적인 도움을 찾지 않을 뿐만 아니라, 비밀을 들은 청소년들이 도움을 지연시키거나 도움을 구하는 것을 방해하기 쉽다. 결과적으로 예방의 중요한 목표는 부모와 또래에게 위험신호와 관련된 교육을 하는 것이다.

청소년이 일단 전문적 도움을 받으러 오면, 즉각적인 치료과제는 자살행동에 대한 위험을 평가하고 위기중재(crisis intervention)를 통해서 자해하지 못하게 하는 일이다. 이 일은 자살을 수행하는 수단에 대한 접근을 제한하는 것을 포함한다. 여기엔 집에서 총을 없애기나 또는 의료상자에서 약을 없애기, 분명히 시간제한을 둔 기간 동안에 청소년이 자신을 해치지 않겠다고 동의하는 "자살 안하기 계약", 동정적인 가족이나 친구가 언제든지 그 청소년과 함께 있음으로써 고립을 감소시키기, 동요와 우울증을 감소시키는 약물 투약하기, 심한 경우에는 입원하기 같은 것이 포함된다.

심리치료

자살충동을 느끼는 청소년을 치료하기 위해서 많은 여러 유형의 중재가 개발되었다. 임상적 지지를 받는 중재는 인지행동치료(Harrington & Saleem, 2003)와 가족치료(Donaldson, Sprito, & Overholser, 2003)다. 인지적 접근은 파멸적 사고 같은 병리적 사고방식을 바꾸는 데 초점을 둔다. 반면에 가족치료는 가족의 의사소통과 지지를 증가시키려고 한다. 하나의 대안적 접근은 변증법적 행동치료(Dialectical Behavior Therapy; DBT)(Linehan, 1993b)다. 이것은 최근에 자살충동을 느끼고 준자살행동을 하는 청소년들에게 적용되었다(Rathus & Miller, 2002). DBT는 정서조절과 스트레스 내성, 대인문제해결, 충동조절과 같은 중요한 기술을 길러주는 것을 목표로 한다. 명상기법에서 나오는 마음챙김(mindfulness) 실천이 이 중재의 핵심이다.

자살예방

Garland와 Zigler(1993)의 개관으로 돌아가면, 가장 일반적으로 사용된 두 개의 자살예방 시도—자살 상담전화와 대중 캠페인—가 단지 최소한의 효과만 있다는 것을 발견한다. 자살 전화 상담을 하는 지역사회는 자살률이 약간 감소했다. 그러나 상담전화는 전체 인구의 일부인 카프카스 출신의 여성들만 이용하는 경향이 있다. 대중매체의 관심을 십대의 자살문제로 끌어오려는 선의의 시도들이 역효과를 가져 올 수도 있다. 여러 연구들은 TV나 신문의 자살에 대한 보도 후, 특히 십대에서 자살률이 증가함을 보여준다.

학교에서 이루어지는 자살예방프로그램은 매우 널리 보급되어 있어서 근년에 많은 학교가 그 프로그램들을 도입하여 200% 증가하고 있다. 이 프로그램의 목표는 청소년 자살문제에 대한 경각심을 높이고, 프로그램 참가자에게 위기에 처한 청소년을 확인하는 훈련을 시키고, 청년들에게 그들에게 활용 가능한 지역사회 자원들에 대해 교육하는 일이다. 그러나 학교에서 실시하는 자살예방프로그램에서 많은 문제가 확인되었다. 하나는, 그 프로그램들이 가장 위험에 처한 사람들에게는 전혀 도달하지 못한다는 것이다. 왜냐하면 투옥된 청년들, 가출한 청년들, 학교 자퇴자들은 그 수업에 절대로 참가하지 않기 때문이다. 학생들이 그 프로그램에 참석할 때조차도 그 프로그램이 이익을 주는지에 관한 몇 가지 의문이 있다. 그 프로그램은 십대 자살의 유병률을 과장하기 쉬운 반면에 대부분의 자살기도 청소년들이 정서장애가 있다는 사실은 강조하지 않는다. 그러므로 그들은 접촉효과에 대한 증거를 무시하며 제시된 사례 연구들을 청소년들이 동일시하도록 격려한다. 자살에 낙인을 찍지 않도록 노력함으로써 이 프로그램들은 무심코 자살행동을 정상화하고 자살에 대한 사회적 금기를 감소시킬 수도 있다.

큰 규모의 잘 통제된 연구들이 이러한 우려들에 대한 일부 근거를 제공한다. 예를 들면, 300명의 십대들에게 실시한 한 연구는 자살예방프로그램에의 참가가 자살에 대한 지식을 약간 증가시키긴 하지만 자살에 대한 태도를 변화시키는 데에는 효과가 없다는 것을 보여주었다. 특히 소년들은 바람직하지 않은 방향으로 변화하는 경향이 있다. 그들 중 많은 소년들은 자살 프로그램에 참가한 후 무망함과 부적응적 대처하기가 증가했음을 보고했다(Overholser et al., 1989). 1,000명의 청소년들을 대상으로 한 다른 연구는 자살에 대한 태도에서 긍정적 효과를 발견하지 못했다. 실제로, 현재 자살을 그럴듯한 문제해결이라고 생각하고 있는 소수의 학생들이 그 프로그램에 참가한다. 자살할 위험이 가장 큰 학생들(이전에 이미 자살시도를 한 적이 있는 학생들)은 그 프로그램이 괴롭다는 것을 발견할 가능성이 가장 높다(Shaffer et al., 1991).

만약 학교에서 실시하는 자살예방프로그램들이 해결책이 아니라면 무엇이 해결책이 될 수 있는가? 자살이 흔하지는 않은 반면에, 일부 청소년들을 자살에 이르게 할 수 있는 스트레스 요인들과 생활 문제들은 흔하다. 그러므로 성공적인 예방프로그램들은 불안정한 관계 작동모델, 자기정체성, 정서조절 불능, 자아 불안정성, 부적응적 대처하기 같은 중요한 기저의 발달적 역량 향상을 목표로 하는 것과 함께 물질남용, 충동적 행동, 우울증, 사회적 지지의 결핍, 가족 불화, 빈약한 대인간 문제해결기술, 사회적 고립, 낮은 자존감과 같은 자살의 위험요인들도 목표로 해야 한다.

앞의 두 장은 괴로움을 불안과 우울의 형태로 내면화한 아동들을 기술했다. 다음은 그들의 문제를 반사회적 행동으로 행동화한다는 의미에서 외현화자인 아동들을 만날 것이다. 우리는 이미 반항성 장애 및 ADHD와 관련된 앞의 장들에서 외현화자들을 논의했다. 다음 장에서는 반사회적 행동의 발달에 초점을 둘 것이다. 여기서 우리는 우울한 아동과 불안한 아동들의 과도한 자기통제와는 전혀 다른, 걸음마기-학령전기에서 보았던 이슈인 부적절한 자기통제가 아동기 중기에 다시 나타나는 것을 본다. 그것은 품행장애의 중심에 놓여 있다.

제 10 장

아동기 중기에서 청소년기: 품행장애와 발달적 반사회적 행동

개요

품행 장애는 정신병리 중 독특한 장애이다. 품행장애를 지닌 개인의 발달이 붕괴될 뿐 아니라 사회와 반사회적 행동의 희생자가 지불해야 하는 대가도 크다(**글상자 10.1** 참조). 따라서 어떤 아동기의 정신병리적 장애보다도 품행장애에 많은 관심을 갖는 것은 당연한 일이다. 이 장에서는 전 생애에 걸쳐서 나쁜 행실의 과장된 표현쯤으로 보이는 정상적인 수준부터 무자비한 살인과 폭력에 이르는 극단적인 품행장애를 개관할 것이다.

글상자 10.1 사례 연구: 콜롬바인 살인자

1999년 4월 20일 아침 11시 21분, 콜로라도의 리틀톤에 있는 콜롬바인 고등학교에서 두 명의 십대가 총신을 짧게 만든 산탄총을 꺼내들고 도서관에 있는 급우들을 향해 난사했다. 그들이 집에서 만든 파이프 폭탄이 식당에서 폭발하지 않았음에도 불구하고 15분 뒤에는 21명이 부상을 당했고 15명이 목숨을 잃었으며, 이들 중에는 자살한 총잡이, 에릭 해리스와 딜런 클레볼드도 포함되어 있었다.

이 참혹한 사건에 대해 어떤 사전 조짐도 없었지만 뒤에 생각해보면 아마도 작은 신호들은 있었을 것이다. 비디오를 되감아 본다면, 우리는 수많은 전조들을 볼 수 있을지도 모른다. 두 소년은 학교에 대한 앙심과 급우들로부터의 소외감을 표현한 것으로 널리 알려져 있었다. 에릭은 한 무리의 운동선수들이 사물함으로 자신을 밀치고 물건을 던지고 욕을 하며 괴롭힌다고 자주 불평했는데, 학교 당국자의 말은 달랐다. 에릭과 딜런은 군용 장화와 그런지(grunge) 풍의 옷을 입고 다니면서 사회 시스템에 대항하는 트렌치 코트 마피아라는 소년들의 집단을 추종했다. 그러나 스스로를 추방자라고 부르는 이 집단에서 에릭과 딜런은 주변인물로 남아 있었다. 총기난사 사건 1년 전에도 두 소년은 유리병을 깨고 화약을 폭발시키는 일상적인 소일거리에 지겨워져서 자동차를 털었고 훔친 물건을 팔다가 잡혔다. 두 소년은 45시간의 커뮤니티 봉사 활동과 분노-관리 교육, 그리고 주기적인 마약 점검의 형을 받았지만 청소년 상담가들에게 무척 좋은 인상을 주어서 1개월 일찍 풀려났다. 이는 절도 혐의에 대한 법원 심리 며칠 전에 한 급우의 부모가 에릭의 웹 로그로부터 그와 딜런이 사제 폭탄을 만들기 위해 밤에 집을 빠져 나갔다는 글을 형사에게 보여주었음에도 불구하고 이루어졌다. "당신들은 모두 집에 숨어 있는 것이 좋을 거야. 왜냐하면 내가 곧 무장을 하고 당신을 쏘아 죽일 테니까! 나는 모든 것을 죽일 것이다!"라고 에릭은 적었다. "나는 곧 법이다. 만약 당신이 좋아하지 않으면, 너는 죽을 거야. 만약 내가 당신을 좋아하지 않으면, 넌 죽어. 내가 사람들을 죽일 때까지 기다릴 수가 없네."

소년들의 아동기 역사에서 어떤 단서가 있는가? 그들은 심리적이거나 신체적인 학대를 받았는가? 혹은 가정폭력이나 커뮤니티 폭력의 목격자들인가? Bartels와 Crowder(1999)는 소년들에 대해 조사를 했고, 다음은 그들이 발견한 내용이다.

딜런은 조용한 주거도시인 리틀톤에서 자랐다. 그의 부모는 오하이오 출신이며 어머니는 상류층 가정에서 자랐고, 아버지는 6살에 어머니를 잃고 12살에 아버지를 잃는 비극적인 아동기를 보냈다. 이들은 대학에서 만나 사랑에 빠져 결혼했고, 두 아들을 비폭력적인 가정에서 기르기로 결정했다. 그들은 아들들이 장난감 총을 가지고 노는 것도 허락하지 않았다. 야생의 협곡 근처로 이사를 했을 때 어린 딜런은 늑대가 그의 고양이를 물어 갈까봐 걱정을 했다. 딜런의 가족은 하누카를 지키면서 외가의 전통을 준수했고, 크리스마스를 지키면서 친가 쪽 배경 역시 존중했지만, 그들 자신의 신념과 일치하는 조직된 종교를 찾으려고 노력했다. 어렸을 때 딜런은 수학에서 뛰어난 영재로 알려졌고, 이웃들은 그를 "숫기가 없고", "(똑똑하지만 세상물정 모르는) 얼간이"로 묘사했다. 고등학교 1학년 때는 몇 시간씩 폭력적인 컴퓨터 게임을 하고, 교묘하게 교사와 친구들을 조롱하는 것을 일삼는 친구들을 사귀게 된다. 딜런은 그의 컴퓨터 능력을 사용해서 학교 컴퓨터 시스템을 해킹한 뒤, 자신이 싫어하는 친구의 사물함 번호를 알아내어 사물함 속에 추잡한 메모를 남기기도 했다. 2학년 때에는 잠시 연극에 열정적으로 빠진 무리에 섞이기도 했다. 그러나 딜런은 우울한 면을 나타내었다. 그는 지속적으로 학교에 대한 반감을 표현했고 술에 관심을 가졌다. 그는 거의 데이트를 하지 않았다. 그때까지도 그는 "수줍어하지만 괜찮은" 아이로 묘사되었다. 고등학교 3학년 때 딜런은 자주 집에 일찍 돌아와서 아버지와 시간을 보냈으며, 아버지는 자신과 아들이 매우 가깝다고 여겼다. 딜런은 가을에 아리조나 대학 컴퓨터 과학과에 입학이 예정되어 있었다.

한편, 에릭은 대조적으로 군인가족에서 자랐으며 중학교 1학년 때 아버지가 은퇴하여 고향인 콜로라도에 돌아올 때까지 여러 번 이사를 했다. 많은 훈장을 받은 공군 조종사인 에릭의 아버지는 새로운 직장에 많은 시

글상자 10.1 사례 연구: 콜롬바인 살인자 (계속)

간을 쏟았고, 어머니는 케이터링 서비스를 하고 있었다. 부모 모두 아들들에게 노동과 교육의 가치를 강조했다. 어렸을 때 옆집의 소녀들은 에릭을 "촌뜨기 같고 어리숙하지만" 한편으로는 매우 예의바르다고 묘사했다. 에릭은 애완견을 매우 좋아했고 애완견이 아플 때는 돌보기 위해 다른 활동을 줄이기까지 했다. 고등학교 때부터 음울하고 폭력적인 가사의 음악을 좋아하기 시작했으며, 가사들을 베껴서 친구들에게 보내기도 했다. 또한, 친구들이 대부분 관심을 끊은 후에도 폭력적인 비디오 게임에 빠져서 벗어나지 못했다. 에릭은 주변 사람들에게 분노를 나타내기 시작해서 아무것도 아닌 일에 우정이 증오가 되기도 했으며, 검은색 옷을 입고 그것 때문에 핍박을 당한다고 불평했다. 심리학 수업에서, 그는 딜런과 자신을 비방하는 사람들에게 복수하기 위해 쇼핑몰에서 총을 발사했고 피를 흘리는 내용의 꿈 이야기를 했다. 경제학 수업에서는 "트렌치 코트 마피아 보호 서비스"라는 마케팅 비디오를 만들었는데, 이는 10달러에 살인을 대신해주는 것이었다. 걱정이 된 그의 부모는 에릭을 정신과 의사에게 보냈으며 의사는 항우울제를 처방하였다. 그럼에도 불구하고 패스트 푸드 식당에서 그의 상사는 에릭을 "매우 좋은 아이이며 조용하지만 누구와도 친해질 수 있다"고 평가했다. 에릭과 딜런이 절도죄로 법정에 간 뒤로부터 에릭은 부모 모르게 일기를 써 왔다. 에릭이 죽은 뒤 일기를 읽은 수사관들은 1년 전부터 에릭이 아돌프 히틀러의 생일인 4월 20일에 자신이 다니는 고등학교를 폭파할 계획을 세우고 있었다는 것을 알았다. 마침내 1999년 4월 15일, 대학살 5일 전에 에릭은 자신의 정신과 병력이 그의 일생의 소원이던 해군 입대에 걸림돌이 되었다는 것을 알았다. 그는 해군 선발에 낙방했으며, 미래에 대한 다른 계획이 없었다.

품행장애에 대한 우리의 발달정신병리학적인 이론들이 콜롬바인 총기난사 사건을 얼마나 잘 설명하고 있는가?

출처: Bartels와 Crowder(1999).

1. 정의와 특성

DSM-IV는 **품행장애**(conduct disorder; CD)를 "타인의 기본권이나 연령에 적합한 사회적 규준 혹은 규칙을 위반하는 반복적이고 지속적인 행동"이라고 정의하고 있다(**표 10.1** 참조). 품행장애는 타인과 동물에 대한 공격, 기물의 파괴, 사기(deceitfulness)나 절도, 그리고 심각한 규칙 파괴 등의 4개의 범주로 나뉜다.

정도에 따라서 경증(진단을 요하는 정도를 넘어서는 품행문제가 거의 없거나 있어도 타인에게 사소한 정도의 해를 주는 경우); 중증(中症, 문제의 정도나 수가 중간 정도인 경우); 중증(重症, 품행문제가 많거나 혹은 그 결과가 타인에게 상당한 해를 끼치는 경우)으로 분류된다. DSM-IV-TR은 나아가서 품행장애를 발생 시기에 따라 아동기 발병(10세 이전)과 청소년기 발병(10세 이전에는 CD의 준거적 특징이 나타나지 않는 경우)으로 나누는데, 앞으로 보겠지만 발병 시기는 매우 중요한 특성이다.

표 10.1 DSM-IV의 품행장애 분류

A. 타인의 기본권이나 연령에 적합한 사회적 규준 혹은 규칙을 위반하는 반복적이고 지속적인 행동이며 지난 12개월 동안 아래 중 3개 이상에 해당될 때.

타인과 동물에 대한 공격성

(1) 다른 사람을 위협하고 협박하며 못 살게 하는 행동을 자주 한다.
(2) 신체적인 싸움을 자주 시작한다.
(3) 타인에게 심각한 신체적 해를 끼칠 수 있는 무기를 이용한다(예: 야구 방망이, 벽돌, 깨진 병, 칼, 총).
(4) 희생자와 대면한 상황에서 금품을 훔친다(예: 노상강도, 소매치기, 무장강도, 금품강탈).
(5) 타인의 신체에 잔인한 행동을 한다.
(6) 동물에게 잔인한 행동을 한다.
(7) 타인에게 강압적인 방법으로 성적 행동을 강요한다.

재산의 파괴

(8) 심하게 손상시키려고 고의로 방화한다.
(9) 타인의 재산을 고의로 파괴한다(방화 이외의 방법으로).

사기나 절도

(10) 타인의 집, 건물, 차에 침입한 적이 있다.
(11) 금품을 얻기 위해, 혹은 책임을 회피하거나 자신에게 유리할 때 거짓말을 하거나 약속을 어긴다(즉, 다른 사람을 속인다).
(12) 희생자와 직면하지 않은 상태에서 소중한 금품을 훔친다(예: 가게에 무단침입하지 않고 도둑질, 사기).

심각한 규칙 파괴

(13) 13세 이전부터 시작하여 부모의 허락 없이 외박을 자주 한다.
(14) 부모 또는 부모의 대리인들과 살면서 최소한 2번 이상 가출하여 외박한 적이 있다(혹은 한 번이지만 오랜 기간 외박한 경우).
(15) 13세 이전부터 시작하여 학교에 자주 무단으로 결석한다.

B. 행동의 혼란이 사회적·학업적 또는 직업적인 기능에 임상적으로 상당한 손상을 초래한다.

출처: 미국정신의학협회의 허락하에 *Diagnostic and Statistical Manual of Mental Disorders*—Fourth Edition Text Revision(2000)에서 인용함. DSM-IV로부터 재인쇄, 2000년 미국 정신과협회 저작권.

문제행동과 품행장애

우리가 알고 있는 것처럼 문제행동은 정상발달의 일부이다. 따라서 우리의 첫 번째 과제는 언제 문제행동이 품행장애의 진단을 받게 되는가를 결정하는 것이다. DSM-IV는 직접적인 사회적 환경에 대한 반응이기보다 개인에게 내재된 기능장애의 증상일 때만 품행장애에 해당된다고 명시하고 있다. DSM-IV는 이러한 판단을 위해 임상가는 문제행동이 발생하는 사회적·경제적 맥락을 고려하도록 제안하고 있다. 예를 들어, 공격적 행동은 전쟁에 지친 나라에서 이민 온 젊은이들의 생존을 위한 행동일 수도 있고, 우범지역에서 자신을 보호하기 위한 행동일 수도 있다. 그러므로 어떤 문제행동은 정신장애라기보다 일탈적인 환경에 대한 적응을 반영할 수도 있다.

어떤 이들은 이러한 정도의 지침이, 다른 면에서는 정상이지만 행동적으로 문제가 있는 청소년들을 잘못 분류하는 것을 방지할 수 있는가를 걱정한다. 예를 들어, Richters와 Cicchetti(1993)는 규준에 일치하지 않는 아동들에게 CD의 준거가 쉽게 적용될 수 있다고 염려했다. 그들은 허클베리 핀과 같은 사랑받는 소설 속의 등장 인물들과 이 소설의 작가인 마크 트웨인 조차도 CD의 진단을 받을 만하다고 지적했다. 정서적으로 문제가 있고 그들의 행동이 미래의 더 큰 문제를 예언하는 청소년들을 선별하는 것은 분명히 매우 중요하다. 그러나 Richters와 Cicchetti는 독립적인 마음, 비협조, 장난스러운 행위와 같이 장기적으로는 탄력성의 잠재적 자원이 될 수 있는 특성들 때문에 문제가 된 청소년들을 병리화하지 않는 것 역시 똑같이 중요하다고 주장한다.

그러나 반사회적 행동에 가담했던 청소년들의 많은 수가 정신적 건강에 문제가 있다는 증거가 쌓이고 있다. 예를 들어, 국립약물중독·남용센터(National Center on Addition and Substance Abuse)(2004)는 투옥된 적이 있는 10~17세의 75%가 정신건강이상으로 진단받을 만하다고 보고했다(**글상자 10.2** 참조).

유병률

Lahey, Miller, Gordon, Riley(1999)는 미국에서 진행된 22개의 연구를 포함하여 전 세계적으로 39개의 모집단을 대상으로 유병률의 통계를 수집하는 인상적인 작업을 해냈다. 그들이 보고한 유병률은 0.0에서부터 11.9%까지 다양했으며 중앙값은 2.0%였다. CD의 진단을 위한 정의와 준거가 연구마다 달라서 자료를 해석하기가 쉽지 않다. 미국에서 진행된 보다 엄격하게 설계된 연구에서 Costello와 동료들은(2003) 대표적인 커뮤니티 표집으로부터 1,420명의 아동을 모았고, 표준화된 진단적 인터뷰를 통해 9세부터 16세까지 매년 평가했다. CD 진단의 유병률은 9세에 2.7%에서 13세에는 3.3%, 16세에는 1.6%였다. 연령을 통틀어 볼 때 전반적인 유병률은 소녀의 경우, 1.2%, 소년들의 경우는 4.2%였다.

CD는 임상적 표집에서는 더욱 많이 나타난다. 품행장애, 공격성, 반사회적 행동으로 위탁받는(referral) 비율은 치료를 받고 있는 아동과 청소년의 1/3에서 1/2에 달한다. Weisz와 Weiss(1991)에 의하면 품행문제는 관찰 가능하고 타인에게 방해가 되며 쉽게 무시할 수 없기 때문에 아동기 장애 중에 가장 “위탁이 많은” 문제 중 하나이다.

성차는 통계적으로 의미가 있다. 청소년기 후기에는 그 차이가 줄어들기는 하지만, 소년들이 소녀들에 비해 4배나 더 CD의 진단을 받는다(Zoccolillo, 1993). 예를 들어, 국립약물중독·남용센터(National Center on Addition and Substance Abuse)(2004)의 연구에 의하면 과거 수십 년 동안 남자 청소년들의 체포율은 거의 18.9%가 줄어들었지만, 여자 청소년들의 체포율은 7.4%가 증가하였다. 한편, 소년들과 소녀들은 다른 증상을 보인다. 소년들

글상자 10.2 발달적 딜레마: 언제부터 아동에게 법적인 책임을 물을 수 있는가?

과거 수십 년 동안 청소년 폭력의 염려에 자극을 받은 법적인 개혁은 청소년이 성인 형사법정에 설 수 있는 연령을 낮추었다. 미 법무부에 따르면 18세 이하 청소년 20만 명이 매년 성인 법정에 선다. 그러나 발달적으로 청소년들에게 성인과 같은 기준을 따르게 해도 되는가? 그들은 법적인 과정에 참여해 자신의 변호를 돕고 그들에게 부과된 혐의의 본질을 이해할 만한 능력이 있는가? 이 질문들에 답하기 위해 Steinberg와 Scott(2003)는 반은 투옥된 상태이고 반은 커뮤니티에서 선발된 11세부터 17세까지의 청소년 1,000여 명, 18세부터 24세까지의 성인 500명을 대상으로 구조화된 인터뷰를 했다. 그들의 결과는 아동들이 그들의 권리와 법정의 절차를 이해하고 자신을 위한 법적 변론에 관계되는 정보에 대해 사고하는 능력에서 유의한 연령 차이를 보여주었다. 11~13세의 1/3과 14~15세의 1/5은 이 변인들에서 능력이 손상된 범주에 속하였다. 더구나 어린 공격자들의 미성숙함은 그들의 행동에 영향을 주어서 법적 변론에 부정적인 영향을 미치고 있었다. 그들은 변호사의 충고를 기다리기보다는 경찰에게 고백하도록 충고 받았고, 법정에 서기보다는 유죄를 시인하고 형량을 감하는 협상을 하도록 제안 받았다. 결과적으로 연구자들은 청소년들이 법적인 절차에 참여하는 능력이 판단 능력의 결핍과 강요에 대한 취약함, 환경에 대한 반응 등에 의해 감소한다는 결론에 도달하였다. 저자들도 지적하듯이 연구의 결과는 입법자들이 "불편한 진실"을 직시하도록 하였다. 재판을 받을 만한 능력이 없는 사람에게 판결을 내릴 수 없다는 헌법제한에 따르면, 많은 어린 범법자들은 그들 자신의 변론에 효과적으로 참여할 만한 능력이 없다. 더구나 연구자들은 어린 범법자들의 성격은 아직도 형성되고 있다고 말한다. 성인 범죄자들과 달리 청소년의 반사회적 행동은 그 시기에 제한된 것일 수 있으며, 불변의 확정된 성격적 특성이라기보다는 환경적이고 발달적인 힘에 의해 형성된다. 따라서 성인과 청소년 범죄자들이 모두 미성숙함과 잘못된 의사결정이라는 특징을 가진다고 할지라도 청소년들은 발달적인 결핍으로부터 헤쳐 나올 수 있는 능력이 있다. 이러한 요인들을 감안할 때 연구자들은 청소년 범죄자에게 사형선고를 하는 것에 대해 심각한 우려를 표시한다. 이러한 우려에 대한 반응으로 2005년 3월 미국 대법원은 "잔인하고 비일상적인 처벌"을 금하는 헌법 8조의 수정조항이 18세 미만의 범죄자에게 사형을 금지한다는 판결을 내렸다. 이러한 판결로 미국도 다른 선진국들과 함께 아동에게 사형을 금지하는 나라가 되었다.

은 외현적인 공격에 더 가담하고 소녀들은 학교 결석, 가출, 약물남용과 같은 보다 내현적인 반사회적 행동으로 CD의 진단을 받는다(Loeber & Stouthamer-Loeber, 1998).

인종과 사회적 계층

CD가 경제적으로 박탈된 집단에서 더 자주 일어난다는 일관된 증거들이 있다(Lahey et al., 1999). 이 장의 뒷부분에서 문화적 맥락을 언급할 때, 궁핍한 이웃에서 성장하는 것과 관계되는 위험에 대해 더 많은 언급을 할 것이다. 사회적 계층을 통제하고 나면 CD의 유병률에 있어서 인종적 차이에 대한 일관된 증거는 없다.

2. 품행장애의 종류

아동기 발병 대 청소년기 발병

앞서 언급한 바와 같이 DSM-IV에서는 품행장애를 두 종류로 구분한다. 아동기 발병(childhood-onset) 품행장애는 "일생 지속적(life-course persistent)" 품행장애(Moffitt, 1993) 혹은 "다변적 공격성(aggressive-versatile)"(Loeber, 1988), "조기 발생 경로"(Shaw, Bell, & Gilliom, 2000)라고도 하는데, 10세 이전에 시작되고 외현적 공격성, 신체적 폭력과 관계되며 신경생리적인 결함, 주의집중 결함, 충동성 그리고 부진한 학업성적 등 다양한 문제행동들을 수반한다. 이는 남성에게서 주로 나타나며 부모의 반사회적 행동과 부모-자녀 관계의 붕괴에서 예언된다. 아동기 발병 품행장애는 일생을 통해 지속될 가능성이 높다.

청소년기 발병 품행장애(adolescence-onset CD)는 "청소년기-제한적"CD(Moffitt, 1993), "비공격적 반사회적" 품행장애(Loeber, 1988), 혹은 후기 발생 경로라고 하는데, 정상적인 초기 발달과 청소년기 타인에 대한 폭력에 있어서도 덜 심각한 문제행동이 특징이다. 남성에게 주로 나타나는 아동기-발병 품행장애와 달리 청소년기 발병 품행장애는 남성과 여성에게서 비슷하게 나타난다(Fergusson, Lynskey, & Horwood, 1996). 아동기 발병 품행장애에 비해 함께 나타나는 문제나 가족의 기능장애가 적다.

Moffitt과 동료들(Lahey, Moffitt, & Caspi, 2003)은 이상에서 언급한 두 품행장애의 발달적인 예언자이나 결과가 다르다는 것을 보여주었다. 뉴질랜드에서는 대표적인 남성표집을 3세부터 18세까지 2년마다 종단적으로 평가하였다(Moffitt et al., 1996). 이 자료에서 연구자들은 아동기 발병 집단이 청소년기 발병 집단과 다른 점들을 찾아낼 수 있었다. 공격성 및 반사회적 행동과 마찬가지로 3세 때의 까다로운 기질(difficult temperament)은 아동기 발병 품행장애를 예언하였다. 청소년기에 이들은 다른 청소년들보다 자신을 더욱 이기적이고 타인으로부터 분리되었으며 타인에게 무감각하고 가족들에게 애착이 형성되지 않는다고 기술하였다. 또한 그들은 폭력적인 범죄를 저지를 가능성이 더 높았다. 아동기 발병 품행장애자들은 공격, 강간과 치명적인 무기사용과 같은 범죄로 더 많이 기소되었다. 더구나 아동기 발병 품행장애자들의 회복률은 아주 낮아서 6% 이하만이 품행장애 청소년으로 자라는 것을 피할 수 있었다.

Patterson과 Yoerger(2002)는 후기 발생자들을 "주변적"이라는 용어가 가장 잘 설명한다고 주장한다. 즉, 그들은 심하게 부적응적인 조기발병 동료들과는 대조적으로 반사회적 행동의 수준이 높지만 유의 수준 정도로 높지 않고, 사회적 유능감이 낮지만 유의 수준 정도로 낮지는 않기 때문이다. 따라서 그들은 정상과 정신병질자의 연속체 상에서 중간 정도에 놓여 있다고 보인다. 그러나 Moffitt(1993)은 대부분의 청소년기 발병 품행장애자들의 진단조차도 필요하지 않다고 주장한다. 뉴질랜드 더니든(Dunedin)에서 진행되었고 여러 다른 문화권에서 반복 검증된 그들의 종단연구에서 Moffitt의 연구진은 심각한 정신병질적 혹은 폭력적 위반의 유무, 조기발병 CD를 예언하는 신경정신적·인지적·가정적·기질적 요인의 부재 등에 의해 후기 발병 청소년과 조기발병 청소년을 쉽게 구분할 수 있음을 발견했다(Moffitt & Caspi, 2001). 연구자들에 의하면 후기발병 청소년들의 행동은 또래 집단에서 지위를 차지하기 위해 타인의 반사회적 행위를 모방하는 "사회적인 흉내 내기"의 결과, 또는 반항과 독립을 추구하는 정상적인 청소년기의 발달의 "과장"으로 가장 잘 설명된다(Moffitt, 1993). 성인이 되어 합법적인 방법으로 지위를 획득할 기회가 더 많아지면 일반적으로 그들의 품행문제도 사라진다.

그러나 이제 26세가 된 남자들을 평정한 더니든 종단연구의 최근 자료는 그렇게 고무적이지 않다(Moffitt et al., 2002). 청소년기 발병 CD를 가진 성인 남자(조기발병 집단과 위반율이 유사한)들은 대체로 조기발병자들에 비해 실제로 살아나가는 데 있어 기능을 더 잘했다. 그들은 배우자 폭력, 아동학대를 포함하는 심각한 폭력 행동을 덜 했고, 정신병질적 특성을 덜 나타냈으며 전반적으로 적응을 더 잘했다. 그럼에도 불구하고 후기 발병자들은 품행장애가 아닌 또래들에 비해 높은 약물남용률, 충동성, 보잘것없는 취업사, 심리적 문제 등을 포함하는 몇 가지 변인에서 차이가 있었다. Rutter(1990)의 보호적 기제(1장 참조)의 개념을 사용한다면, 반사회적 생활스타일에 빠지는 것은 비록 청소년기에 늦게 시작했다하더라도 기회의 문을 닫고 부적응적인 영향이라는 그물망에서 청년이 빠져 나오지 못하게 하는 것 같다.

파괴적·비파괴적 품행장애와 외현적·내현적 품행장애

다른 연구들은 발생 연령 이외에 청소년들이 저지르는 행동의 유형에 근거해서 품행장애를 구분할 수 있음을 지적하였다. Frick과 동료들(1993)은 28,000명 이상의 아동들을 대상으로 한 60개의 요인분석 연구들의 자료들에 대해 메타분석을 실시하였다. 그들은 아동의 행동을 구분할 수 있는 두 차원을 확인하였다. 한 차원은 아동들의 나쁜 행동이 파괴적인가(타인에게 잔인한 행동, 공격) 혹은 비파괴적인가(거짓말, 규칙위반)하는 것이다. 두 번째 차원은 행동문제가 외현적인가(overt: 폭행, 싸움, 따돌림) 혹은 내현적인가(covert: 거짓말, 도벽, 기물 파괴)의 구분으로 여러 많은 연구들에서 지속적으로 사용해왔다.

이러한 2차원을 염두에 두면 아동들의 행동에 따라 그들을 네 집단으로 나눌 수 있다(**그림 10.1** 참조). 각 집단은 반항적(oppositional: 외현적이면서 비파괴적), 공격적(aggressive: 외현적이며 파괴적), 기물 파괴(property violation: 내현적이며 파괴적), 또는 지위 위반(status violation: 내현적이며 비파괴적) 집단들이다.

Frick과 동료들(1993)은 이러한 유형들이 발생 시기에서도 구분이 된다는 것을 발견하였다. 적대적인 아동들은 4세경에 부모들에 의해 확인된다. 반대로 공격적인 아동들은 6세 이후에 문제행동이 나타난다. 기물 파괴의 집단은 7.5세경에, 지위 위반집단은 9세경에 나타난다. 흥미롭게도 지위 위반은 소녀들이 CD의 진단을 받게 되는 종류의 행동을 상기시

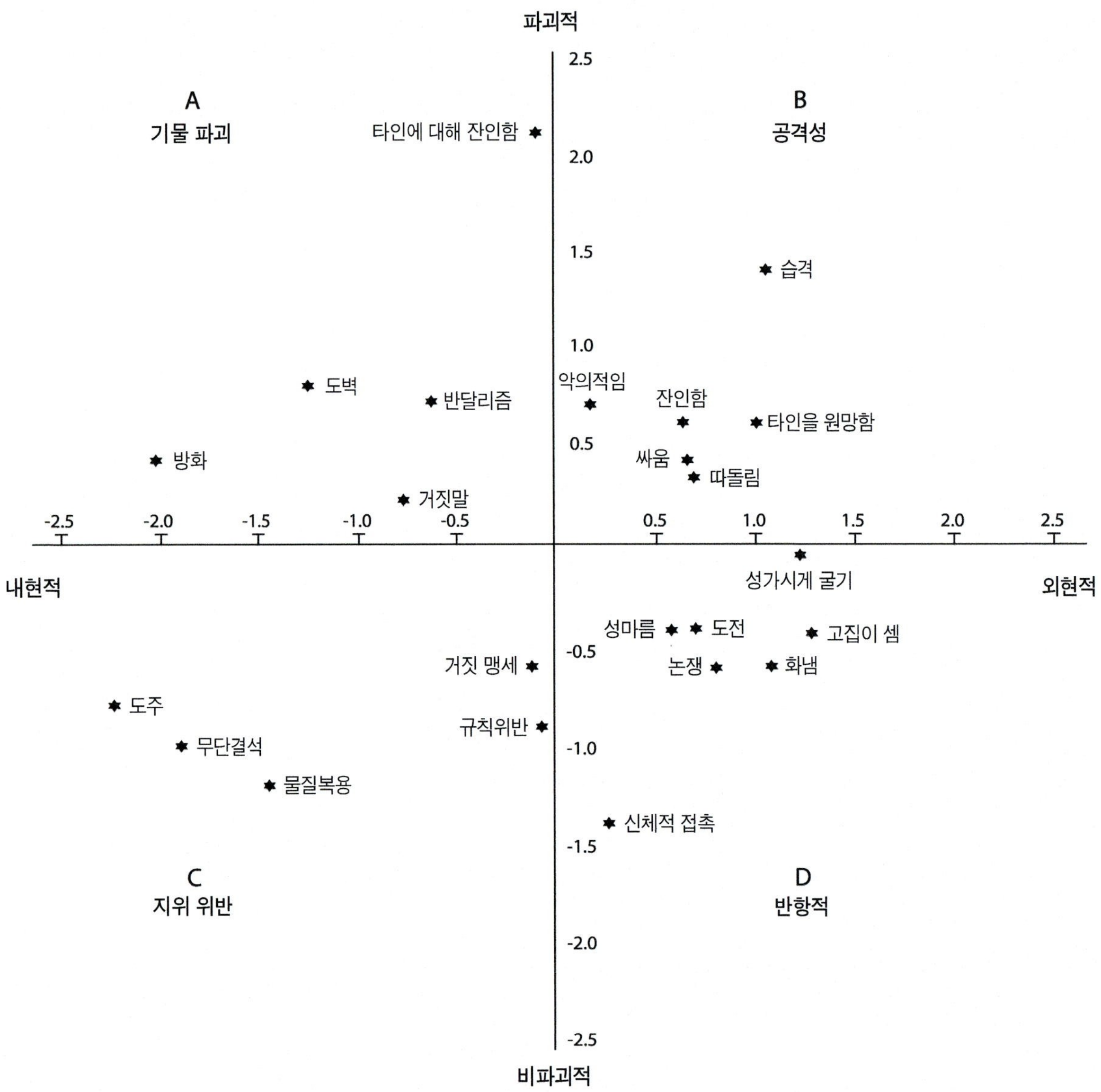

그림 10.1 아동기 품행문제에 대한 메타분석적인 요인분석

출처: Frick 등(1993).

킨다. 그리고 소녀들은 소년들에 비해 늦게 시작하는 경향이 있으므로 이상의 분류에 연구되지 않은 성의 차원이 있을 수도 있다.

순향성 대 반응성 공격

순향성과 반응성 공격의 구분이 진단적 준거의 일부는 아니지만 아동의 대인간 행동 연구들에서 매우 중요하게 부상되고 있다. 반응성(reactive) 혹은 보복적 공격성은 지각된 위협에 대한 방어적 반응이며 분노와 적개심이 수반된다. 순향성(proactive) 혹은 도구적 공격성은 정당한 이유가 없고 무감각적이며, 주로 개인적 이득을 취하거나 타인을 강요하고 영향을 주기 위해 사용된다(Dodge, Bates, & Petit, 1990). 연구들은 두 종류의 공격성에서 예언 인자와 결과가 다르다는 것을 보여준다. 반응성 공격성을 가진 아동들은 순향성 공격성을 가진 아동들에 비해 신체적으로 학대를 일삼는 가족 출신이며, 기질적으로 성마르고 조절이 잘 되지 않으며, 대인간 문제해결기술이 부족하고 타인의 동기를 적대적인 것으로 잘못 지각하는 사회적으로 거부된 아동들이다. 대조적으로 순향성 공격성을 가진 아동들은 자신들의 공격성에 대해 보다 긍정적인 결과를 기대하고 덜 불안해하며 비행청소년이 될 가능성이 높다.

집단 괴롭힘의 가해자

순향성 공격성에 대한 연구는 아동기 동안 많은 사람의 삶을 고달프게 만드는 악당 중의 하나인 집단 괴롭힘의 가해자들(bullies)의 발달을 이해하는 데 중요하다. 미국 아동의 15~20%는 학령기 동안 집단 괴롭힘을 경험하는 것으로 추정된다(Batsche, 1997). 피해자들은 감정이 상하는 것 이상으로 고통을 당한다. 상당한 불안, 신체화 문제(somatic problems), 낮은 자존감, 부주의, 그리고 자살에 이를 수도 있다(Olweus, Limber, Mihalic, 1999). 어떤 경우에는 사회적 기술과 언어적 기술이 부족하고 또래로부터 분리된(Crick & Dodge, 1999) "사회적인 멍청이"라는 외로운 가해자의 전형이 들어맞는 적도 있다. 그러나 그것만이 집단 괴롭힘 가해자의 유일한 종류는 아니다. 연구자들은 실제로 사회적·인지적으로 세련된 두 번째 종류의 가해자들을 선별해내었다(Kaukiainen et al., 2002). 사회적으로 적응적인 가해자들은 피해자들에 대한 그들의 잔인함이 또래 집단에서 자신들의 지위와 인기를 공고히 하는 두목들일 가능성이 높다(Sutton, Smith, & Swettenham, 2000). 실제로 아동들이 집단 괴롭힘을 하는 가장 흔한 이유 중 하나는 "멋있게 보인다"이며, 다른 하나는 "힘을 느낀다"이다(Farrington, 1992). 이 전략은 맞을 수 있다. 실제로 Rodkin과 동료들(2000)은 공격성이 매우 높은 소년들이 그들의 표집에서 가장 사회적 지위가 높은 아이들이었음을 발견했다. 이 자료는 또래 집단의 역학이 집단 괴롭힘의 발달에 중요한 역할을 한다는 것을 시사한다. 따라서 집단 괴롭힘을 단순히 개인 내적 변인의 함수로만 이해하기보다는 사회적 과정으로 이해해야 한다. 또래 집단이 집단 괴롭힘을 찬양으로 보상할 때, 피해자는 넘쳐날 것이다.

냉혈/무감각한 특성과 청소년 정신병질자

성인 **정신병질자**(psychopath)의 연구는 최근 아동기로 확장되어, 새로운 중요한 분류를 더하였다. 범죄자에 대한 연구에서 Hare(1996)는 반사회적 행동을 하는 사람들 중에 정신병적인 성격 특성을 가진 하위집단이 있음을 발견하였다. 이들은 무감각(후회, 죄의식, 감정이입의 결여)하고, 자기중심적이고, 겉으로 매력적이고, 충동적이고, 감정의 폭이 좁고, 타인을 조정하며 의미 있는 관계를 맺지 못한다. 정신이상자들은 타인을 상대로 반사회적 행동을 하는 사람들인데, 필요에 의해서가 아니고—그들은 가난해서 도둑질을 하거나 자신을 방어하기 위해 타인을 때리는 것이 아니다—타인을 조정하거나 다치게 하는 데에서 즐거움을 느끼기 때문이다. 그들은 타인을 동정이나 고려의 대상이 되는 동료 인간으로 보지 않는다. 한 마디로 그들은 "양심이 없다."(Hare, 1993)

예를 들어, 콜롬바인 총기난사 사건 후에 Robert Hare는 살인자들의 "심리적 부검"을 위해 FBI가 도움을 요청한 전문가 중의 한 명이었다(Cullen, 2004). 미디어는 재빨리 가해 소년들을 집단 괴롭힘의 희생자들로 정의했지만 에릭의 일기를 분석한 Hare는 에릭이 경멸한 대상이 운동선수들만이 아니었음을 보여주었다. "**내가 뭘 증오하는지 알아!!!? 멍청한 사람들!!!?** … 왜 그렇게 멍청한 사람들이 많은 거야!!!? … **내가 뭘 증오하는지 알아!!!?** … 사람들이 단어를 잘못 발음할 때. … 멍청이들아, 정확하게 발음하는 것을 배워. … **내가 뭘 증오하는지 알아!!!?** … **스타워즈 팬들!!! 외계에나 가서 살아, 이 진저리나는 얼간이들아!**" 희생자의 감정을 표현하는 것과는 거리가 먼 에릭의 일기는 섬뜩한 열등함 때문에 전 인류를 처벌하려는 과대망상을 보여준다.

정신병질자와 일치하는 또 다른 특성은 에릭의 기만이다. 그는 "나는 거짓말을 많이 한다."라고 일기에 적고 있다. "거의 일상적으로 모든 사람들에게 … 한 번 볼까? 가장 심각한 거짓말이 무엇이었는지? 아니오, 저는 폭탄을 더 만들지 않았어요. 아니오, 다시는 안 하겠어요. 그리고 셀 수 없는 다른 거짓말들." 타인을 조정하는 즐거움 때문에 거짓말을 하는 것은 정신병질자 프로파일의 핵심 특성이다.

또한 에릭은 감정이입이나 후회의 기색이 전혀 없었으며, 이는 정신병질자의 또 다른 특징이다. Hare와 그의 팀은 에릭이 밴을 털어서 처벌을 받은 것에 대한 반응을 읽은 뒤에 자신들의 진단을 확신할 수 있었다. 상담과 커뮤니티 서비스 등 다양한 전환프로그램에 참여한 뒤에 두 살인자들은 조기 석방을 위해 거짓으로 참회하는 모습을 보였다. 그러나 에릭은 수행의 기회를 즐기는 듯했다. 그는 희생자들에게 공감과 후회, 이해를 전달하는 편지를 쓰면서 동시에 자신의 일기에 자신의 실제 감정을 적었다. "미국은 자유의 나라가 아니야? 내가 자유라면 어째서 그 바보 같은 ****을 가질 수 없는 거야? 그것도 금요일 밤에 밴의 앞자리에 멀쩡히 보이도록 내어 놓은 것을 말이야. **자연선택.** ****은 죽어야만 해"

요약하면 에릭과 같은 과대망상, 경멸, 감정이입의 결여, 경박함, 우월감의 패턴이 Hare의 정신병질자 체크리스트에서 체크포인트가 된다.

Hare는 평범한 반사회적 행동과 정신병질자들은 발달의 원천이 다르다고 믿는다. 예를 들어, 정신병질자가 아닌 반사회적 행동자는 아동기의 어려움으로 예측이 가능하지만 정신병질자는 예측이 가능하지 않다. 이 때문에 Hare는 정신병질자가 선천적인 기질에서 오는 것이 아닌가 의심한다. 예를 들어, 뇌 스캔 이미지를 보면 정서를 처리하는 데 있어 정신병질자는 그렇지 않은 사람과 다르게 나타난다. 보통 사람들은 "사랑"처럼 정서적으로 의미 있는 정보를 처리할 때 전두엽이 활성화되고, 이는 정보가 깊은 수준에서 처리되며 다수의 복잡한 연결이 만들어 진다는 것을 보여준다. 반대로 "전등"과 같이 정서적 관련성이 거의 없는 단어들의 처리는 전두엽의 활성화와 관계가 없다. 그러나 정신병질자들은 정서적이거나 관계와 관련된 단어들을 처리할 때도 마치 무생물에 대한 단어를 처리할 때와 같이 얕은 수준에서 처리가 된다(Williamson, Harpur, & Hare, 1991). 결과적으로 Hare의 가설은 정신병질자의 경우, 뇌의 회로 형성에 그 원인이 있는 것이 아닌가하는 것이다.

아동들도 정신병질자가 될 수 있는가? 이 분야의 연구자들은 정신병질이라는 용어를 아동들에게 사용하는 것을 꺼린다. 알다시피 이 용어는 고정되고 변화하기 힘든 성격적 패턴을 시사하는 데 비해 아동들의 성격은 아직 형성 중이기 때문이다. 그러나 정신병질과 유사한 특성들이 Lynam(1997)이 "풋내기 정신병질자(fledging psychopaths)"라고 부른 일군의 청소년들에게서 발견된다는 증거들이 축적되고 있다(Lynam, 1997).

예를 들어, Frick과 동료들(2000)은 정신병질자 체크리스트라고 하는 정신병질자들의 특성을 밝혀내는 Hare의 도구의 아동판을 만들었다. Hare의 성인 연구에서처럼, Frick과 동료들도 두 개의 분리된 행동차원을 발견했으며 그 중 하나는 반사회적 행동과 관계되는 것으로 **충동적/품행문제**(impulsive/conduct problems)(예: "생각 없이 행동한다", "위험하거나 무모한 행동에 참여한다")이고 다른 하나는 **무감각-무정서 특성**(callousness-unemotionality, CU)(예: "감정을 보이지 않는다", "타인의 감정을 고려하지 않는다", "죄책감을 느끼거나 잘못했다고 생각하지 않는다")을 반영한다. 또한 그들은 **자아도취**(narcissism)(예: "과대하게 자랑한다", "자신이 다른 사람보다 더 중요하다고 생각한다")라고 명명한 세 번째 요인을 밝혀내었다. 이 중 CU 차원이 가장 안정적이고 심각한 위반행동을 예측하였다(Barry et al., 2000). 성인 연구들과 일관되게 아동과 청소년들에 있어 CU 특성은 위반행위의 폭력성과 관계되며 재발의 가능성을 예측한다(Forth, Hart, & Hare, 1990). 더구나 정신병질의 독특한 병인에 대한 Hare의 가설과 일치되게 아동에게서 나타나는 일상적인 품행문제들은 비효율적인 양육에 의해 예측되지만 무감각-무정서의 특성을 가진 아동들의 경우는 예측이 불가능하다(Wootton et al., 1997).

임상적 표집에서의 후속 연구들은 보통의 CD를 가진 아동들은 특히 언어적 지능과 같은 인지적 결함을 가지는 데 비해 CU 특성의 CD를 가진 아동들은 그렇지 않다는 것을 보여주었다. CU의 특성을 가진 아동들은 CU 특성을 가지지 않은 또래에 비해 위험과 감각 추구에서 더 높은 점수를 얻었으며, 덜 불안해하고 처벌에 대한 민감성이 낮았다(Barry et al., 2000; Frick et al., 1994). 그들은 공감 능력이 낮고 자신의 행동이 타인에게 주는 부정적인 결과에 스트레스를 덜 받았다. 그들은 더 낮은 수준의 도덕적 사고를 보였으며, 자신들의 공격적인 행동으로부터 더 큰 이득을 얻을 것을 기대했으며, 더 많은 순향적·약탈적 공격에 가담하였다(Frick et al., 2003). CD를 가진 모든 아동들이 정서 및 행동조절의 이상(dysregulation)이라는 특성을 갖지만 CU의 특성을 지닌 CD 아동을 또래들과 구별하는 것은 행동의 억제 불능(disinhibition)이라고 Frick과 동료들은 결론지었다.

이러한 연구들과 동일선상에서 Frick과 Ellis(1999)는 아동기 발병 CD를 CU의 특성을 가진 CD와 그렇지 않은 CD의 두 집단으로 구분해야 한다고 주장한다. 이들은 두 종류의 공격성에 내재하는 서로 다른 발달적인 경로가 그들이 서로 다른 이상임을 보증한다고 제안한다. 아동기 나쁜 품행의 대부분은 높은 정서적 반응성, 낮은 언어적 지능의 함수로 나타나며 비정상적인 양육의 맥락에서 발생하는 데 비해 무감각하고 비정서적인 아동의 나쁜 품행은 특히 타인의 고통에 대한 낮은 정서적 반응성의 함수로 발생한다. 아동의 CU 특성이 진실로 성인 정신병질 발달의 전조인가를 알기 위해서 이 연구들의 다음 단계는 CU 특성들이 일생을 통해 나타나는 경로를 연구하는 것이다.

3. 공병과 변별진단

품행장애는 자주 다른 장애들과 함께 발생한다(여기서는 다른 언급이 없다면 Hinshaw & Lee, 2003을 따른다). 주의력결핍-과잉활동장애(ADHD)와 반항성 장애(oppositional-defiant disorder)는 품행장애와 가장 일반적으로 연관되는 장애들이다. 그리고 ADHD와 품행장애를 함께 가진 청소년들이 가장 문제가 심하다. 그들은 품행장애만 가진 아동들보다 신체적 공격성을 보이는 비율이 높고 행동문제가 더 지속적이며 학업성적은 더 형편없고 또래집단으로부터 더 거부당한다. Schaeffer와 동료들(2003)이 대도시의 아프리카계 미국 아동들을 초등학교 1학년부터 중학교 1학년까지 종단적으로 연구한 결과에 의하면, 주의력 집중의 어려움이 지속적으로 공격성을 보이거나 공격성의 수준이 높아지는 것을 가장 잘 예언하는 예언 인자 중 하나였다. 이러한 자료들은 CD가 부주의를 일으키는 신경발달적인 결핍과 관계된다는 생각과 일치한다.

학습장애는 품행장애와 관련되며, 특히 읽기장애와 더 관계된다. 일부 청소년들에게 있어 학습문제는 학교에서 좌절감을 느끼게 하고, 적대적 태도와 나쁜 행동을 유발한다. 그러나 7장에서 보았듯이 증거들에 의하면 학습장애가 품행장애를 일으키는 것이 아니고, 오히려 제3의 변인이 이 둘 모두에 영향을 미친다. ADHD를 가진 청소년들은 품행장애와 학습장애를 가진 청소년들에서 많으며, 품행장애 혹은 학습장애와 ADHD의 결합이 이 장애들이 함께 일어나는 원인일 수 있다. 이들의 관계를 설명할 수 있는 제3의 변인은 사회경제적인 불리함이다. 또한 CD는 약물남용과 함께 일어나며 12장에서 논의할 것처럼 약물남용의 전조 역할을 할 수 있다.

내면화 장애는 외현화 문제들과는 매우 상반되는 것처럼 보이지만 우울증은 품행장애와 높은 상관이 있다. 9장에서 보았듯이 Capaldi(1992)의 종단연구에서 남자 아동들의 반사회적 행동은 학업실패와 또래 배척을 가져오고, 이는 다시 우울증을 일으킨다. 우울증과 품행장애가 함께 일어나는 것은 특히 염려되는 일인데, 이것이 청소년기 후기의 자살, 약물남용과 관계되기 때문이다(Loeber, Stouthamer-Loeber, & White, 1999).

CD와 불안의 관계는 복잡하다. 두려움/억제 유형의 불안은 외현화 문제로부터 아동들을 보호하는 역할을 하지만 사회적 분리와 위축의 특징을 갖는 불안은 공격적 행동의 위험과 관계된다.

공병에는 성차가 있어서 대부분 여자 아동에게 흔하게 나타난다. 여자 아동들의 경우는 남자들에 비해 품행장애의 발생빈도가 적지만, 발생하는 경우는 합병증이 있다(Loeber & Keenan, 1994). 특히 품행장애 청소년들에게 우울증과 불안이 가장 빈번하게 나타나지만 소녀들에게 있어서는 이러한 내면화 문제와의 공병률이 매우 높다(9장 참조). 우울증의 논의에서 보았듯이 상이한 공병의 형태는 실제로 서로 다른 종류의 품행장애를 반영하는 것일 수 있다.

4. 발달경로

연속성

품행장애의 행동은 매우 연속적이다. 미국과 기타 나라들에서 시행된 대규모의 역학적인 연구들은 학령전기부터 아동기 중기까지(Campbell, 1997), 아동기부터 청년기까지(Lahey et al., 1995), 청년기부터 성인기까지(Farrington, 1995), 그리고 가장 인상적으로는 영아기부터 성인기까지(Newman et al., 1997)의 안정성을 보여주었다. 따라서 발달적인 경로는 지속적이며, 예후는 별로 좋지 않다. 예를 들어, Fergusson, Horwood와 Lynskey(1995)의 연구에서는 품행장애로 진단받은 아동들의 14%만이 2년 후 그 징후가 완화되었다.

품행장애의 연속성에 대한 인상적인 결과는 대규모의 다양한 국가에서 수집된 자료로부터 나온다(Briody et al., 2003). 최근에 이 그룹이 캐나다의 퀘벡(1,037명의 남아들을 6세부터 17세까지 추적)과 몬트리올(1,000명의 남아들과 1,000명의 여아들을 6세부터 15세까지 추적), 뉴질랜드의 크라이스트처치(635명의 남아 630명의 여아를 출생부터 18세까지 추적)과 더니든(535명의 남아와 502명의 여아를 3세부터 26세까지 추적), 미국의 피츠버그(1,517명의 남아를 12년 동안 추적, 이들 중 반은 아프리카계 미국 아동)와 테네시와 인디애나(304명의 남아와 280명의 여아를 유치원에서 13세까지 추적)에 기지를 두고 여러 지역에서 참여하고 있는 아동발달 프로젝트(Child Development Project)(CDP)에서 자료를 수집하였다.

전반적으로 자료들은 지역과 발달적인 시기에 따라 공격적인 행동의 수준과 경로에 있

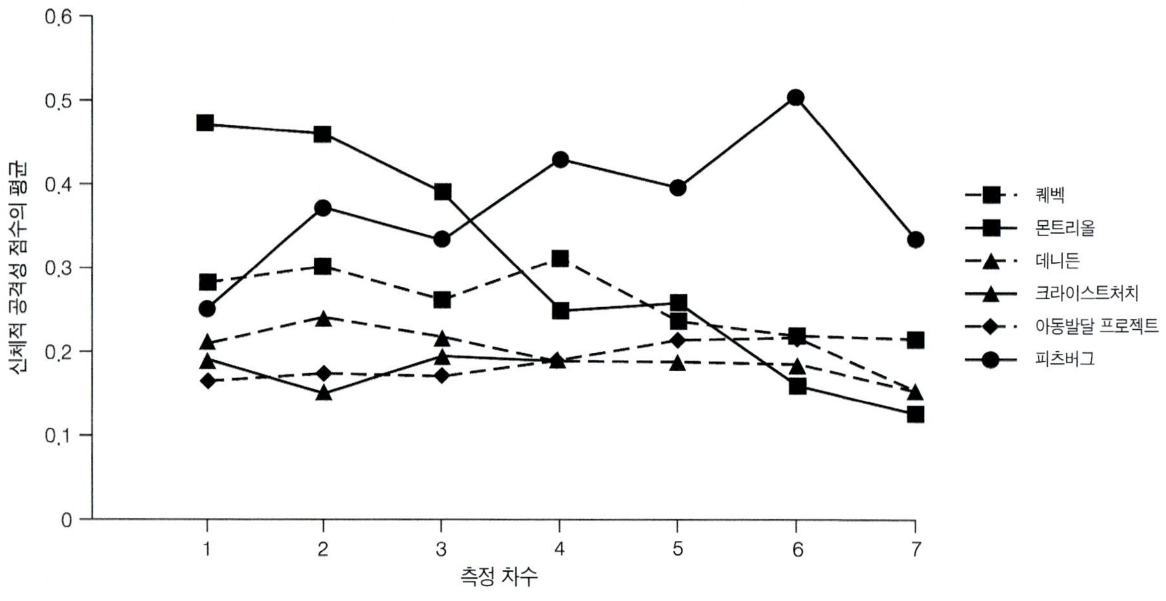

그림 10.2 남아의 공격성에 대한 다국적 자료

출처: Broidy, Nagin, Tremblay, Bates, Brame, Dodge 등(2003).

어 유의미한 차이를 보여주었다. 남아들에게 있어서, 미국의 표집에서는 공격성이 증가하고, 뉴질랜드에서는 안정적이고, 캐나다 표집에서는 공격성이 감소하는 경향을 보여주었다(**그림 10.2** 참조). 그러나 집단 내 변화의 유형에 있어서는 개인적 안정성이 있었다. 즉, 각 그룹 내에서의 절대적인 공격성 수준은 시간이 가면서 증가했지만, 각 개인의 상대적인 순위는 유지되었다(예를 들어, Jean Louis는 6세보다 16세에 신체적으로 덜 폭력적이었지만, 몬트리올 집단 내에서는 지속적으로 가장 공격적인 아동이었다). 또한 연구자들은 공격적인 행동의 개별적 경로를 밝혀낼 수 있었다. 어떤 청소년들은 보통 수준의 공격성을 보이다가 시간이 지나감에 따라 공격성이 없어졌고, 다른 청소년들−모든 집단에서 대부분−은 거의 공격적이지 않았다. 오직 미국의 집단에서만 10%의 하위집단의 소년들이 아동기 동안 공격성이 증가하였다. 마지막으로, 아동기의 공격성이 청소년기의 폭력적·비폭력적 비행에 대한 가장 강력한 예언 인자였다. 이러한 예언은 적대성, ADHD, 비공격적 품행문제와 같은 다른 종류의 문제행동들의 영향을 제거한 뒤에도 성립되었다. 따라서 아동기 공격성은 청소년기 폭력을 낳는다.

여아들에 대한 결과는 매우 다르다. 여아들의 경우는 남아에 비해 경로의 유형을 분간하기도 더욱 어렵고 표집에 따라 매우 다르다. 전반적으로 여아들의 신체적 공격성의 수준은 네 군데 모두에서 남아들보다 낮다(**그림 10.3** 참조). 그러나 세 개의 표집에서는 소수의 여아들이 발달경로 동안 만성적인 공격성을 보였다(퀘벡 표집의 3%, 크라이스트처치에서 10%, 아동발달 프로젝트 표집의 14%). 그리고 이 여아들 중의 일부는 남아들에 비해 더 높

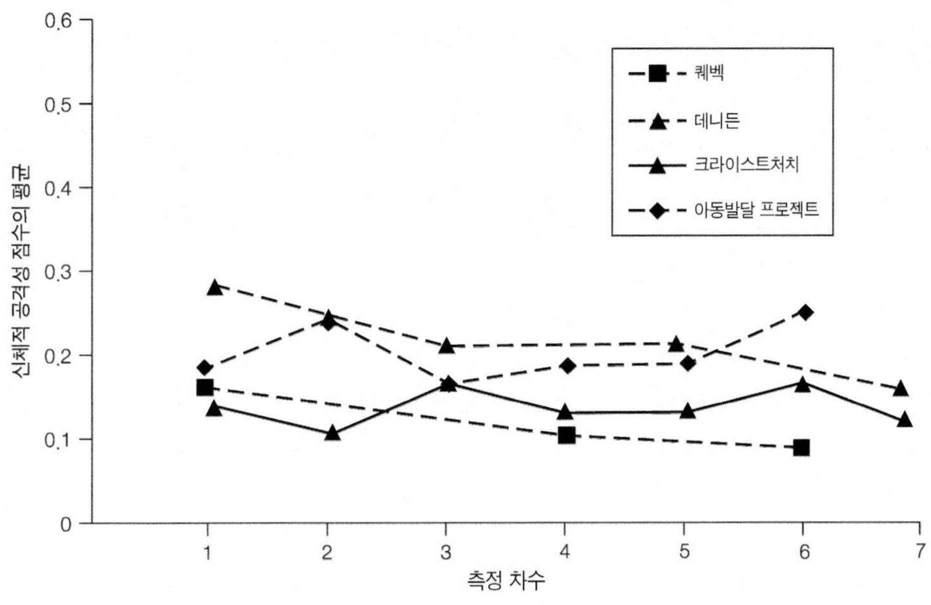

그림 10.3 여아의 공격성에 대한 다국적 자료

은 평균 수준의 공격성을 보였다. 그러나 남아들에 비해 여아들의 경우, 다른 형태의 혼란스러운 행동보다 아동기의 공격성이 청소년기의 비행을 더 잘 예언할 수 없었다. 따라서 남아에 있어서 신체적인 공격성과 이후의 범법 행동의 관계가 견고하고 일관된다면, 여아의 경우는 이들의 관계가 약하고 비일관적이다. 문제의 일부는 통계적인 것일지라도—여아들의 폭력적인 비행률이 너무 낮아서 예언을 위한 변산이 작음—이 자료들은 여자의 경우, 청소년기 범법에 이르는 다른 경로가 있음을 제안한다. 이 장의 뒷부분에서 보겠지만 다른 연구자들도 이에 동의한다.

흥미롭게도 신체적인 공격성에 대한 이러한 연구들에서 갑작스러운 후기 발생형에 대한 증거는 없었다. 이는 후기 발생형이 존재하지 않는다는 것을 의미하는가? 아마도 그렇지는 않는 것 같다. 다른 해석은 예를 들어, 도벽, 무단결석, 약물복용과 같은 일부의 비행은 지금까지 잘 적응하던 청소년들에게서 청소년기에만 발생할 수 있으나, 신체적으로 폭력적인 경향은 아동기 공격성에 뿌리를 두고 있다는 것이다.

발달경로

연구자들은 문제행동의 발달적 전개를 자세하게 연구하였다. 일반적으로 한 가지 형태의 행동 다음에는 꼭 특정한 다른 행동이 나타나는 순서적인 전개가 발견되었다. 자료들을 재구조화하여 Loeber와 동료들(1992)은 발달과정에 걸쳐 "불변의 순서"를 발견하였다. 즉, 과잉활동–부주의(hyperactivity–inattention)로부터 반항적 행동(oppositional behavior), 그 다

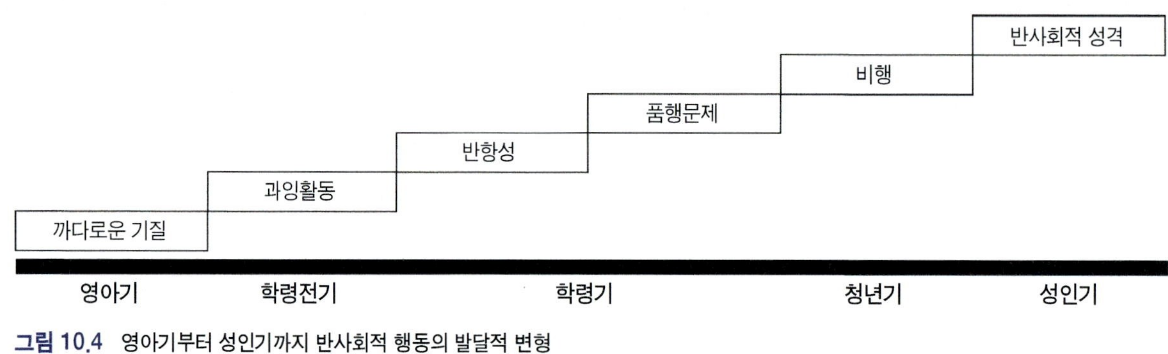

그림 10.4 영아기부터 성인기까지 반사회적 행동의 발달적 변형

음에는 품행문제로 이어져 갔다. 품행적 문제의 전조와 순서에 대해 Loeber의 연구들과 다른 연구들을 종합하여 보면, 어린 시절의 까다로운 기질로부터 성인기의 반사회적 성격에 이르기까지 연속적인 문제행동들이 이어지는 발달적인 모델을 만들 수 있다(**그림 10.4** 참조).

이 순서들을 따라가면서 아동들은 이전의 반사회적 행동들을 유지한다. 행동들이 대치되는 것이 아니라 유지되므로, 발달적인 진전은 순서대로 연결되기보다는 첨가된다고 기술하는 편이 더 정확하다. 그러나 이러한 순서가 존재한다고 해서 모든 사람이 모든 단계를 다 거친다는 것은 아니다. 반대로 대부분의 사람들이 서로 다른 단계의 반사회적 행동들을 점점 더 심한 정도로 경험하게 되며, 모든 단계를 거치는 사람은 매우 소수이다.

한편 Loeber와 Stoutthamer-Loeber(1998)는 품행장애에서 불연속적인 특징 역시 발견된다고 하였다. 예를 들어, 어떤 연구들은 학령전기로부터 아동기로 오면서 품행장애가 사라지는 비율이 25%라고 한다. 물론 이들은 가벼운 품행장애의 문제를 가진 아동들이었지만 그들의 반사회적 행동을 완화시키는 요인이 무엇인지는 거의 알려지지 않고 있다. 그러나 품행장애의 전조와 결과에 대한 종단연구로부터 일생에 걸친 분명한 발달경로가 확인되었으며, 그것을 다음에 기술하고자 한다.

아동기 초기: ADHD로부터 품행장애에 이르는 경로

위에서 언급한 바와 같이 많은 연구들이 품행장애와 ADHD 사이의 연계성에 대해 확인을 해주고 있다(Lahey et al., 1995). ADHD의 증상들은 아동기에 발병되는 품행장애의 가능성을 높여 주고 더 심각한 문제행동과 관계되며 따라서 더 변화가 어렵다. ADHD는 행동문제들이 더 일찍 시작되도록 아동들을 내몰며, 이는 다시 더 오래 반사회적 행동이 지속되도록 한다.

그러나 ADHD가 언제나 품행장애로 이어지는 것은 아니다. ADHD와 함께 공격성, 불복종과 같은 반사회적 행동을 보이는 아동만이 미래에 품행장애로 발전될 가능성이 있다(Loeber & Keenan, 1994). 이 경우에 ADHD는 초기 품행문제를 더 강화하고 완전한 품행장애로 이어지도록 돕는다.

아동기 중기: 반항성으로부터 품행장애로의 경로

6장에서 기술된 ODD는 연령에 적절하지 않은 지속적인 분노와 반항이 그 특징이다. ODD와 품행장애는 유사한 행동특성과 위험요인들을 공유하지만 둘은 서로 구별된다. **그림 10.1**에서 보듯이 아동기 문제행동에 대한 대규모의 메타분석은 ODD의 특징인 외현적이며 비파괴적인 행동을 구성하는 특징적인 요인을 보여준다. ODD는 평균 6세 정도에 시작되고 품행장애는 9세 정도에 시작되어, ODD가 품행장애보다 더 빨리 발병한다(Loeber et al., 1992).

Loeber와 동료들(1993)은 거의 대부분의 경우에 ODD 뒤에는 품행장애가 따른다는 것을 발견하였다. 게다가 장애가 가장 심각한 아동들은 품행장애의 증상 외에도 반항성의 증상들을 그대로 유지할 가능성이 높았다(Lahey et al., 1995). 따라서 ODD로부터 CD로의 발달적 진전에 대한 믿을 만한 증거가 있는 셈이다.

아동기 후기와 청소년기: 다양한 경로

Loeber와 동료들(1993)은 고위험군 소년들에 대한 종단연구의 자료를 이용하여 이후의 문제행동을 예언하는 발달경로를 조사하였다. 품행장애를 외현적·내현적 그리고 파괴적/비파괴적으로 구분하는 선행 연구들에 따라서, 그들은 세 개의 유형을 도출하였다(**그림 10.5** 참조).

첫 번째는 권위 갈등형(authority conflict) 경로이다. 이 범주에 속하는 청소년들의 행동은 반항, 고집, 적대적 행동, 그리고 무단결석과 도주와 같은 규칙위반이 특징이다. 이 행동들은 문제가 되기는 하지만 타인에게 직접적인 해를 주지 않으므로 덜 심각한 행동들이다. 권위 갈등형의 경로에서 행동이 더 심각해지는 경우에도 성인들과 지속적인 갈등을 겪지만 다른 형태의 공격적·반사회적 행동으로 발달할 가능성은 낮다. 또한 비행이라고 불릴 가능성도 가장 낮다.

두 번째는 내현적 경로이다. 이 범주의 청소년들은 만행, 과속 질주하기, 좀도둑질 같은 비파괴적인 행동들을 한다. 이 경로를 따라 올라가면 청소년기 후기에는 더 심각한 형태의 재산에 관계된 범죄나 도벽으로 발전하며 폭력이나 더 심각한 반사회적 행동과 관계되는 경우는 드물다.

세 번째의 외현적 경로는 아동기 초기부터 공격성을 나타내는 아동들로 구성된다. 이 경로를 따라 올라가면 공격성에서부터 싸움, 타인에 대한 더 심각한 공격과 같은 문제로 발전한다. 이 경로는 청소년기의 잦은 범죄적 위법행위와 관계되어 있다. 게다가 이들은 내현적인 형태의 공격성도 점차 더해간다. 외현적·내현적의 이중경로를 따르는 청소년들은 비행청소년이 될 가능성이 더 높다. 그러나 최악의 경우는 외현적·내현적일 뿐 아니라 권

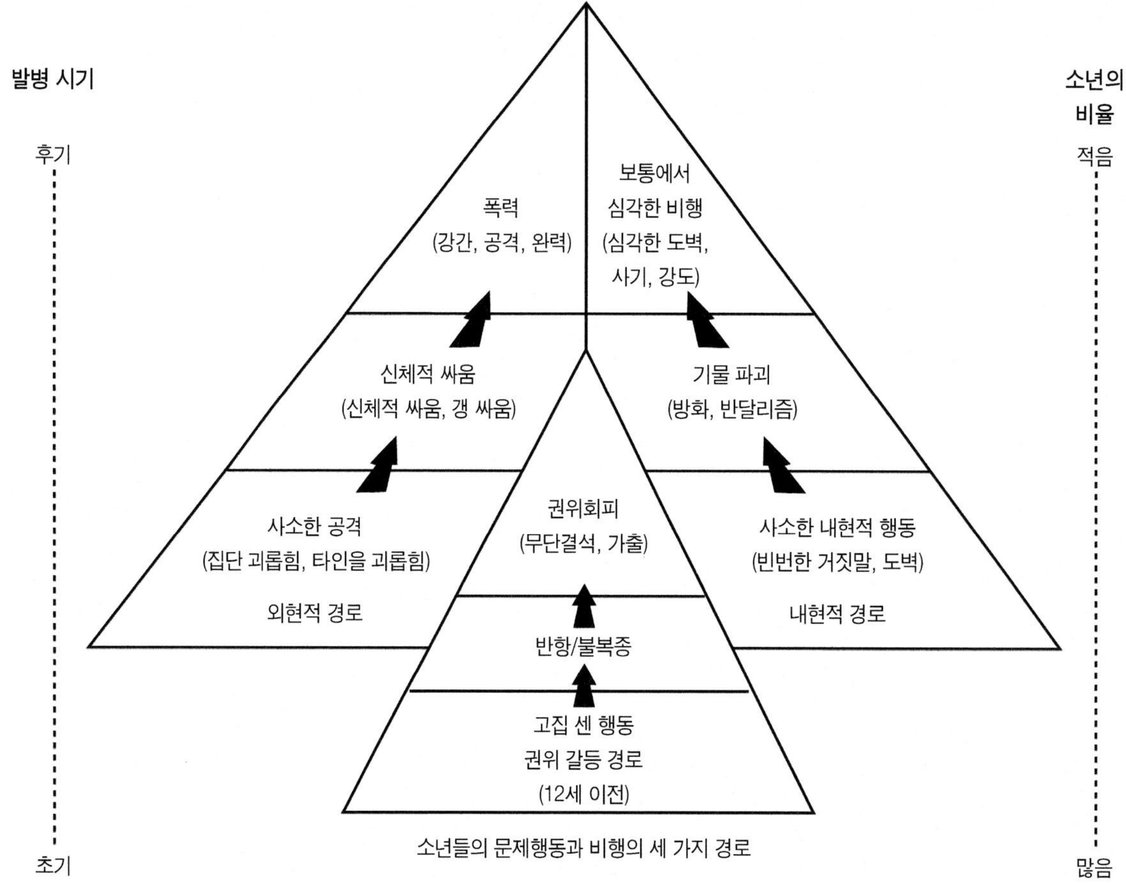

그림 10.5 품행장애에 이르는 발달경로

출처: Loeber와 Keenan(1994).

위 갈등을 함께 겪는 **삼중 경로**를 따르는 청소년들이다.

Patterson과 Yonger(2002)는 아동기 품행장애를 특징짓는 종류의 문제행동으로부터 청소년기의 경찰 리포트에 오르는 종류의 품행장애로 어떻게 변환이 일어나는가하는 흥미로운 질문을 제기했다. 마치 떼를 쓰는 것과 신체적인 공격이 다른 종류인 것처럼 가택침입은 어머니의 지갑에서 돈을 훔치는 것과는 다른 행동이라고 그들은 주장한다. 그렇다면 이러한 변환은 무엇으로 설명할 수 있는가? 그들은 아동기 후기에서 청소년기 초기 사이의 변환기 동안 또래관계의 중요성에 있어서 발달적인 이동이 일어난다고 설명한다. 비뚤어진 또래관계에 개입하는 것이 반사회적인 행동에 대한 강력한 예언 인자이며 대부분의 청소년 범죄가 집단으로 이루어진다는 점을 들어서, 저자들은 또래관계의 과정이 아동기의 문제행동으로부터 청소년기의 비행으로의 발달적인 변형에 공헌한다고 제안한다.

마지막으로 Loeber와 Stouthamer-Lober(1998)은 품행장애를 가진 모든 청소년들이 아동기에 공격성과 반사회적 행동을 보이는 것은 아님을 지적한다. 따라서 청소년기 발병 혹은 늦은 발병의 유형이 있다. 연구들에 의하면 또래의 영향이 늦은 발병의 청소년들을 정상 집단으로부터 반사회적인 생활로 유인하는 데 결정적이다(Simons et al., 1994; Patterson & Yonger, 2002). 이 주제는 이 장의 뒷부분에서 다시 살펴볼 것이다.

청소년기 후기: 반사회적 성격과 범죄에 이르는 경로

품행장애와 성인기의 반사회적 성격장애(antisocial personality disorder), 범죄행동의 관계에 대해 두 가지 결론을 내릴 수 있다. 첫째, 어린 시절을 뒤돌아보면 반사회적 성인들은 거의 예외 없이 어린 시절에 품행장애의 준거들을 만족시킨다. 그러나 반사회적 성격장애의 진단준거 중 하나가 15세 전에 문제행동이 개시되는 것이므로, 이는 진단준거로 인해 나타나는 구조화된 관련성이다. 둘째, 미래를 예견하면 품행장애 아동의 소수만이 성인기에 이르러 만성적이고 치유가 어려운 패턴으로 발달함을 발견한다.

반사회적 성격장애로 발달할 것을 예견하는 특징적인 예언 인자는 조기발병과 아동기의 공격성, 반사회적 행동을 포함하여 다양하고 지속적인 품행문제들을 포함한다. 앞서 본 것처럼 발병연령은 이어지는 반사회적 행동의 심각성 정도를 예측하는 가장 중요한 예언 인자이다. 조기발병의 경우에는 문제행동의 정도도 심각하고 더 빨리 진전된다(Loeber et al., 1992; Reid, Patterson, & Snyder, 2002). 십대가 되기 전에 반사회적 행동을 보이는 아동들은 오랜 기간 동안 지속적으로 높은 비율의 범죄를 저지른다는 분명한 증거가 있다. 더구나 반사회적인 또래들과의 관계는 청소년기 비행을 성인기로 지속시키는 데 공헌한다. 오리건 청소년 연구(Oregon Youth Study)의 종단적인 자료를 이용하여 Shortt와 동료들(2003)은 성인기 반사회적 행동은 청소년기에 비뚤어진 친구들뿐 아니라 반사회적인 형제, 자매, 애인과의 관계에 의해 예측된다는 것을 보여주었다.

불연속성과 보호요인

모든 공격적인 청소년들이 반사회적인 성인이 되는 것은 아니다. 대부분의 반사회적 행동이 아동기에 뿌리를 두고 있을지라도 위험군 아동의 반수만이 반사회적인 성인으로 성장한다(Loeber & Hay, 1997). 이 불연속성을 설명하는 요인들을 이해하는 것이 중요하다. 이를 염두에 두고 Kolvin과 동료들은(1989) 고위험군의 남아들이 비행 성인이 되지 않도록 보호해주는 보호요인(protective factors)을 찾기 위하여 종단연구를 실행했다. 그들은 여러 요인들이 중요하며 각 요인들이 서로 다른 발달적 시기마다 다른 역할을 한다는 것을 밝혀내었다. 처음 5년간은 좋은 양육적 보살핌, 긍정적인 사회적 분위기, 불리한 경험(예: 사고들)을 되도록 하지 않는 것이 보호적이었다. 청소년기 초기의 보호요인은 부모의 감독, 발달적 지연이 없는 것, 상대적으로 높은 지능과 학업적 성취, 순한 기질, 좋은 또래관계, 친사회적 활동들이 보호요인이 되었다. 이어서 Hoge, Andrews와 Leschied(1996)는 청소년기에도 거의 동일한 보호적 요인들의 리스트를 수집하였다.

더욱 최근에 Shaw와 동료들(2003)은 2세부터 8세 사이 아동의 공격성을 중지시키는 요인들을 밝혀내었다. 특별히, 아동의 두려움 수준이 높은 것과 어머니의 우울이 낮은 것이 공격성이 낮은 상태로 유지되거나 사라지는 아동들을 구별하였다. 두려움이 아동의 기질의 반영임을 주목하면서, 연구자들은 두려움을 측정할 때 고릴라의 위협적인 울음 소리가 들리는 캐비넷에 아동이 가까이 가기 싫어하는 정도와 두려움의 표현을 사용하였다. 낯선 상황(2장과 6장)에 대한 연구들의 개관을 기억한다면 어머니에게 매달려서 안심하고자 하는 2세 아동은 이 맥락에서 안정애착을 반영한다.

발달경로의 성차

지금까지 언급된 종단연구들이 모두 남성에만 국한된 것이라는 사실을 기억할 필요가 있다. 여성들의 경우 발달경로는 어떠한가? 대부분의 품행장애가 소년들에게 나타나기 때문에 남자들에게 더 많은 주의를 기울이는 것은 어느 정도 이해할 수 있다. 그러나 여성들을 포함한 연구를 통해서만 여자들의 경우 위험이 덜 한지 혹은 어떻게 다른 발달경로를 따르는지를 알 수 있다(Moffitt, Caspi, Rutter, & Silva, 2001).

대부분의 연구들이 남아에 비해 여아의 경우 CD가 더욱 이질적이라는 데 동의하지만, 일관적인 한 가지 결과는 여아들에게서는 청소년기 발병 유형의 CD가 더욱 많이 나타난다는 것이다(McCabe et al., 2004; Silverthorn & Frick, 1999). 남아와 여아들 모두에게 있어서 CD에 이르는 문제행동의 순서는 유사하지만 이 문제행동들이 남아보다 여아에게 있어서 더 늦게 나타난다. 반사회적 행동은 남아에게서는 8~10세에 시작되는 데 비해 여아에게서는 14~16세 이전에는 나타나지 않는다(Kazdin, 1997a). 한 가지 가능성은 지연된 발생 시점이 "잠재효과(sleeper effect)"를 반영한다는 것이다. CD를 가진 여아들은 남아들과 마찬가지로 기질적이고 인지적인 결함을 가지고 있으나 청소년기까지는 이러한 문제들을 나타내지 않는 것 같다(Silverthorn & Frick, 1999).

발달적인 요인들 역시 성별에 따라 다르게 작용을 한다. 예를 들어, 성적인 성숙은 소녀들에게 있어 반사회적 행동을 예언하는 강력한 예언 인자이다. 조숙한 소녀들은 부모의 동의 없이 밤늦게까지 들어오지 않거나 시험시 부정행위, 무단결석, 약물사용, 위험한 성관계를 갖는 것과 같은 규준에 어긋나는 행동을 더 많이 하는 경향이 있다(Simmons & Blyth, 1987). 그 이유는 조숙한 소녀들은 주로 더 나이 든 친구들과 어울리고, 이들은 소녀들을 위험한 행동에 개입시키기 때문인 것 같다.

그러나 Brody 등(2003)의 다국적 자료들에서 본 것과 같이, 거의 대부분의 연구들에서 소녀들은 낮은 수준의 공격성을 보이며 이를 설명할 수 있는 CD의 모델이 필요하다. 아마도 품행장애에 내재하는 발달적 기제로 설명이 가능할 것 같다. 흥미로운 것은 품행장애와 함께 혹은 먼저 발생하는 다른 장애들, 예를 들어, 적대적 반항, ADHD, 학습장애 등이 소녀들에게 발생하는 비율이 낮다는 것이다. 이러한 성차를 설명하기 위해 여러 가지 다른 이론적 관점들이 제안되었으며 Eme와 Kavanaugh(1995)가 요약하였다. 어떤 사람들은 이 모든 장애의 기저에 있는 신경심리학적 결함에 남성들이 생물학적으로 더 취약하다고 주장한다. 다른 사람들은 남자들에게는 공격성, 여자들에게는 양육적인 측면을 각각 강화하는 부모의 강화, 또 남자들에게는 주장적-지배적인 스타일과 같이 성 유형적인 행동을 강화하는 또래 집단의 영향을 포함하는 사회적인 요인들을 지적한다.

또 다른 사람들은 우리들이 소녀들의 문제행동을 잘 발견하지 못할 뿐이라고 한다. 소녀들은 일상적인 연구에서 사용하는 측정방법으로 발견할 수 없는, 보다 은밀한 문제행동을 한다. 예를 들어, 품행장애를 가진 소년과 소녀들은 서로 다른 종류의 문제행동으로 구별된다. 소년들의 경우는 싸움과 도둑질이 가장 흔하지만, 무단결석과 같이 내현적인 반사회적 행동이 소녀들에게서는 더 걱정거리이다(Zahn-Waxler, 1993). 또 다른 흥미로운 연구들은 공격성의 표현에서 나타나는 성차에 주목하였다. 소년들이 소녀들보다 더 신체적인 공격성을 보이지만 둘 다 관계적 공격성(relational aggression, 또는 사회적 공격성이라 함)을 보인다. 즉, 타인을 조롱하거나, 또래 집단에서 제외시키거나, 친구관계를 끊거나, 소문을 퍼뜨린다(Crick & Grotpeter, 1995; Underwood, 2003). 발달경로를 따라서 이러한 행동은 십대의 엄마가 집 안에서 자신의 자녀를 심리적으로 학대하는 것과 같이 숨겨진 잔인함의 형태를 갖게 되고, 이는 일상적인 반사회적 행동의 측정방법으로 측정되지 않는다.

유병률에서의 성차에도 불구하고 CD를 나타내는 여아들에게 있어 위험요인과 결과가 소년들과 유사하다는 증거들이 있다(McCabe et al., 2004). 예를 들어, Fergusson과 Woodward(2000)에 의하면 13세에 품행장애는 소녀들에게 있어 빗나간 또래들과 관계하고 약물남용, 학업적 문제, 위험한 성적인 행동을 예언하며, 이는 다시 성인기 초기의 반사회적 행동, 정신건강의 문제, 성적인 피해, 성취의 문제를 예언한다.

5. 병인론

생물학적 맥락

최근에는 CD의 발현에 관계되는 신경발달학적(neurodevelopmental) 요인을 밝히는 쪽으로 관심이 모아지고 있다. 이 연구들의 대부분이 진행 중이며 단정적인 것은 거의 없지만 몇 개의 제안적인 의견이 밝혀지고 있다.

기질은 CD의 생물학적인 토대를 반영할 수 있다. 예를 들어, Moffitt과 Lynam(1994)은 문제행동의 발달적 기저는 충동성, 성가심, 과잉활동성의 성향을 제공하는 까다로운 기질과 관계된 신경심리학적인 기능장애라고 주장한다. 이와 일관되게 Newman과 동료들(1997)은 3세에 까다롭고 통제가 어려운 기질을 가진 아동은 성인이 되었을 때 반사회적으로 평가될 가능성이 높음을 발견하였다. 그러나 다른 종단연구들은 공격성과 까다로운 기질의 관계는 직접적인 것이 아니며 가족 요인에 의해 매개된다고 제안한다(McMahon & Estes, 1997).

유전(genetics) 역시 고려되었다. 특히 아버지와 아들에게 주목한 연구들에서 아동의 품행장애를 예언하는 가장 강력한 예언 인자는 부모의 범죄 또는 반사회적 행동이었다. 이는 유전적인 요인에 기인할 가능성이 있다. 그러나 환경적인 설명을 배제할 수는 없다. 일반적으로 두 가지 모두에 대한 증거가 있다(Pike et al., 1996). 예를 들어, Ge와 동료들(1996)은 출생시 입양된 청소년들의 친부모와 입양한 부모에 대한 자료를 얻었다. 친아버지의 반사회적 행동이 입양된 아동의 공격적 행동과 유의하게 관계되어 유전적인 영향의 증거를 제공하였다. 반대로 양부모의 양육방법 역시 아동의 공격성을 예언하여 환경적인 영향도 존재함을 보여주었다. 그러나 유전적인 연구들의 제한점은 품행장애의 개관에서 매우 중요하게 나타난 품행장애의 세부유형들에 주의를 기울이지 않았다는 것이다. 청소년기에 시작되는 품행장애가 세대를 걸쳐 지속된다는 증거가 거의 없는 데 비해 아동기에 시작되는 품행장애에는 유전적인 영향의 증거가 있다(Frick & Jackson, 1993).

독소에 대한 노출 역시 품행장애의 발달에 관계된다. 태내에서 아편에 노출된 태아는 알코올, 마리화나, 담배, 납 중독에 노출된 태아들과 마찬가지로 10년 후 공격성을 보일 위험이 증가한다(Dodge & Petit, 2003).

생리심리적인 지표 역시 조기발병의 공격적이고 비사회화된 청소년들을 다른 또래들과 구분 짓는다. 이 아동들은 심장 박동이 느리고 전기 피부반응이 낮아서 전반적으로 자율신경계의 각성 수준이 낮았다. 심장 박동이 낮은 청소년들이 학교에서 싸우고 남을 따돌릴 가능성이 높으며 폭력적인 성인이 될 가능성이 높다. 자율신경계의 낮은 각성 수준은 자극추구와 행동적 통제 부족, 처벌에 대한 반응성의 감소를 초래한다. 무감각-무정서(callous-unemotional) 유형에 관심이 있는 연구자들은 이 유형이 환경적인 요인으로 잘 예언되지 않기 때문에 생리학적인 기초를 밝혀내는 데 관심이 있다. 예를 들어, Frick과 Ellis(1999)에 따르면 이 아동들에게서 관찰되는 행동적인 탈억제(disinhibition)는 교감신경계의 부족한 반응성(underreactive)에서 생기며, 이는 충동적인 행동을 이끌고 보상에 대한 강화된 반응(타인의 고통스러운 울음과 같이)과 공격적인 충동을 자제하는 부정적인 피드백(타인의 고통스러운 울음과 같이)에 대한 둔감함을 초래할 가능성이 있다.

다양한 생화학적인 상관 역시 연구되었다(Hinshaw, & Lee, 2003). 동물의 공격성과 관계가 있는 테스토스테론은 가능성 있는 후보이다. 그러나 인간에 대한 연구는 호르몬 수준이 환경에 대한 개인의 행동을 매개하는 역할을 할 수는 있어도 공격성이나 반사회적 행동을 설명하지는 않는다는 것을 발견하였다. 세로토닌과 코르티솔의 수준이 낮은 것이 아동의 공격성과 관계가 되는데, 이들의 부족은 전혀 다른 장애인 우울의 발달에도 중요한 역할을 하는 것으로 밝혀졌다.

생물학적 영역의 연구자들은 생물학적 요인의 존재가 사회적·심리적 영향을 감소시키거나 배제한다고 생각하지는 않는다. 사실상 일반적으로 심리적 요인과 생물학적 요인 사이의 복잡한 상호작용을 받아들이는 경향이 있다(Dodge & Petit, 2003). 예를 들어, Brennan과 동료들(2003)은 오스트레일리아의 370명 아동을 6개월부터 15세까지 추적하여 공격성의 발달에서 생물학적 과정과 사회적 과정의 복합적이고 상호작용적인 영향을 연구하였다. 다른 연구자들과 일관되게 이 연구자들은 조기발병 지속형, 청소년기 발병형, 그리고 비공격적인 유형의 3개의 경로를 밝혀내었다. 조기발병형의 남아들에게는 생물학적인 위험(태내와 출생시의 합병증, 임신 중 산모의 질병, 까다로운 기질, 실행기능의 부족과 같은 신경심리학적인 결함)이 높은 사회적 위험(부모의 거부, 거친 양육, 감독 소홀, 부모-자녀 갈등, 가정의 빈곤, 이혼)과 상호작용을 통해서만 공격성을 예언하였다. 차례로 청소년기 발병의 공격적 소년들은 많은 누적적인 사회적 위험에 노출되었다는 점에서 비공격적인 또래들과 달랐다. 생물학적인 위험요인들이 소녀들의 공격적인 행동을 구별하지 못한다는 점에서 다시 한 번 성차가 나타났다.

개인내 맥락

앞서 본 것과 같이 정상과 정신병리, 그리고 일탈은 기본적인 발달과정에 있어 연속선상에 있다. 실제로 공격성은 정상발달의 일부분이다. '다혈질적'이거나 '공격적'이더라도 성격의 다른 측면이 정상이라면, 품행장애라고 생각할 이유는 없다. 따라서 품행장애라고 이름 붙여진 아동의 발달을 더 잘 이해하기 위해서는 문제행동의 기저에 존재하는 자기조절(self-regulation), 정서조절(emotion regulation), 감정이입(empathy)과 사회적 인지와 같은 발달적 변인들을 알아보는 것이 유익하다.

자기조절

자기조절은 정상적인 기능을 위해 필수적이며, 사회적으로 연령이 증가할수록 자신의 충동을 통제할 것을 기대한다. 4세 아동이 아이스크림을 먹고 싶어서 가게 바닥에서 뒹굴며 기질 발작하는 것은 그리 놀랄 일이 아니지만, 14세가 그러한 행동을 할 때는 놀라운 일이다. 그러나 4세 아동도 화가 난다고 동생을 때릴 수 없으며, 식당에서 자위행위를 해서는 안 되며, 새로 산 장난감 망치로 컴퓨터 스크린을 두들겨서는 안 된다. 유아나 학령전기의 아동들은 자신의 공격성, 성적·탐색적 충동이 즉각적으로 만족되기를 강력하게 바라고 자기중심적이고 자기 추구적이므로 자기통제에 대한 초기 사회화가 매우 중요하다. 그러나 객관적인 연구들은 품행장애 아동들이 자신의 충동을 지연시키거나 좌절을 참는 능력이 매우 제한됨을 보고한다(Hinshaw & Lee, 2003).

Kochanska와 동료들(2001)은 부모의 가치관이 내면화된 것이 자기통제라고 보고 어린 아동에게 있어 자기통제의 근원을 밝히는 연구들을 시행하였다(2장을 참조). 연구자들은 어머니가 만지지 말라고 주의를 준 매력적인 장난감과 함께 어린 아동들을 연구실에 혼자 남겨 두었다. 자기통제는 유혹을 참는 능력으로 측정되었다. 단순한 복종보다 어머니의 가치관에 전적으로 동조하는 '헌신적인 복종'(committed compliance)을 하는 아동들은 모자

관계에서 상호 긍정적인(mutually positive) 정동을 경험한 아동들이었다(Kochanska & Askan, 1995).

Kochanska(1997b)의 후속 연구들은 서로 다른 기질의 아동들의 자기통제를 향상시키는 데 적합한 양육방법이 다르다는 것을 보여주었다. 종단적인 자료에 의하면 걸음마기에 두려움이 많은 아이들에게는 부드러운 훈육방법이 가장 효과적이었다. 그러나 두려움이 없는 아동들에게는 부드러운 방법은 적합하지 않았다. 그 대신 부모의 가치관을 아동들이 수용하고 내면화하려는 동기를 북돋우기 위해 자녀들과 정서적인 유대를 강화할 필요가 있었다. 따라서 품행장애의 위험이 높은, 기질적으로 까다로운 아동들의 양심 발달을 위해서는 이 아동들이 가장 받기 어려운 종류의 양육인, 강력하게 개입(intensely involved)하고 정서적으로 가용한(emotionally available) 양육 방법이 요구된다.

정서조절

정서조절(emotion regulation)은 품행장애의 발달에서 시사되는 자기통제의 특별한 측면이다(Cole et al., 1996). 가정의 어려움, 부모의 서툰 양육, 그리고 높은 갈등상황에 만성적으로 노출된 아동들은 강한 정서적 상태에 자주 휩싸이지만, 스트레스를 받고 이를 관리할 기술이 없는 부모들로부터 그러한 정서를 관리하는 법을 거의 배우지 못한다. 그러므로 이 아동들은 부적인 정서에 대처하고 그들의 표현을 조절하는 적절한 방략을 개발하는 데에 실패할 위험을 안고 있다. 이러한 생각과 일치하게 연구들은 품행장애 아동들이 강한 정동, 특히 분노를 조절하는 데 어려움을 느낀다는 것과 정서조절기술이 뒤떨어진 아동들이 대인간 문제에 공격적으로 대응할 가능성이 높다는 것을 보여주었다(Eisenberg et al., 1997).

그러나 2장에서 지적했듯이 정서조절은 조절을 못하는 것뿐 아니라 과잉조절도 포함한다. 이에 대한 좋은 예가 Cole, Zahn-Waxler와 Smith(1994)의 연구에서 발견된다. 그들은 품행장애로 발전할 가능성이 있는 학령전 아동의 표본을 얻기 위해 공격적이고 비복종적이며 다루기가 어려운 아동들을 연구하였다. 그 결과, 위험 집단의 남자 아동들은 좌절 시에 실험자에게 부정적인 감정을 나타내며 반응하였고 자신들의 분노를 다루기 어려워하였다. 정서통제의 실패는 반항적 행위와 파괴적인 행동의 증상과도 관련되어 있다. 그러나 여자 아동에게 있어서는 부정적인 정서의 과잉통제가 품행장애를 예언하였다. 분노를 너무 강력하게 조절하면 나중에 폭발하게 되는 것과 같다.

친사회성의 발달: 조망수용, 도덕성 발달과 감정이입

Piaget(1967)는 아동기 중기로의 진입에 가장 전환기적인 발달이 탈중심화라고 했다. 즉, 인지적으로 자아중심적인 관점—아동 자신의 관점에서 세상을 이해하는 것—에서 인지적 조망—동일한 상황을 개입된 다양한 사람들의 입장에서 볼 수 있으며, 그들의 권리와 감정들을 고려할 수 있는 것—으로 이동한다. 조망수용(perspective taking)은 타인의 관점에서 사물을 이해하는 능력으로, 반사회적이고 공격적인 방법으로 행동하는 경향을 억제하는 도덕적 사고와 감정이입(empathy)에 가장 기본적인 능력이다.

연구들에 의하면 공격적이고 품행장애를 가진 청소년들은 이러한 인지적이고 정동적인 능력의 발달이 지연되어 있다. 품행장애가 없는 다른 또래들에 비해 비행청소년들은 도덕적 사고에서 인지적으로 덜 성숙되어 있다(Smetana, 1990). 더구나 품행장애가 없는 또래들에 비해 타인의 감정을 읽는 것이 덜 정확할 뿐 아니라 **감정이입**이 잘 안 된다(Cohen & Strayer, 1996). Happé와 Frith(1996)는 더 나아가 품행장애 청소년들이 타인의 정신 상태를 이해하는 사회적인 통찰이 부족한 것이 마치 자폐아들에게서 **마음이론**이 결핍된 것과 유사하다고 주장하였다. 따라서 품행장애 청소년들은 타인의 동기를 잘못 지각하고 사회적 상황에 대한 이해가 왜곡되어 있으며, 이 모든 것이 그들로 하여금 공격적으로 반응하는 성향을 증가시킨다. 이제 문제행동의 기저에 깔린 이러한 사회인지적 차원을 알아보자.

사회인지

Eron과 Huesmann(1990)은 시간과 세대에 걸쳐 공격성이 안정적인 것에 착안하여 "이 놀랄 만한 일관성이 시사하는 바는 공격성이 상황 특정적이거나 오직 외부 조건의 근접성에 의해 결정되는 것이 아니라는 것이다. 사람들 내부의 어떤 것이 그를 공격적이거나 비공격적으로 행동하게 만든다"(pp. 152-153)고 하였다. 그들은 공격성의 기저에 **인지적 도식**(cognitive schemata)이 있다고 결론지었다. 즉, 과거의 경험으로부터 도출되어 미래의 행동을 인도하는 데 사용되는 스크립트가 있어서 외부의 사상을 어떻게 해석하고 반응하는지를 안내한다(Huesmann & Reynolds, 2001).

Selman과 Schultz(1988)는 공격적이지 않은 방법으로 대인간 문제를 해결하는 능력의 기초가 되는 인지발달적 모델을 제안하였다. Kohlberg의 도덕성 단계와 유사하게 **대인간 협상전략**(interpersonal negotiation strategies, INS)은 인지적 복잡성과 이해력이 낮은 수준에서 높은 수준으로 발달한다. Selman과 Shultz에 의하면 INS는 사고(인지)와 행동(행위)의 두 요소로 이루어지며 4단계를 거친다(**표 10.2** 참조). INS의 단계는 신체적인 공격이나 위축의 0단계로부터 자기주장적 지시하기(assertive ordering) 혹은 순종적인 복종(submissive obedience)의 1단계, 설득과 존경(persuasion and deference)의 2단계, 마지막으로 협동(collaboration)의 3단계로 진행된다. 품행장애를 가진 아동들은 미성숙한 INS 전략을 보이며 또래처럼 빠르게 단계들을 진행하지 못한다.

품행장애를 가진 아동들은 **사회-정보처리과정**에서 독특한 유형을 나타낸다는 증거들도 있다(Crick & Dodge, 1994). 예를 들어, 공격적인 아동들은 애매모호한 상황에서 타인에게 공격적인 의도를 잘못 귀인하며 이를 **적의적 귀인편파**(hostile attribution bias)라고 한다. 이들은 또한 타인의 의도를 보다 정확하게 해석하도록 돕는 사회적 단서에 둔감하고 잘못된 가정에 근거하여 충동적으로 반응한다. 그들은 오해하기 쉽고 사소한 무례로 보이는 것에도 과잉반응한다. 게다가 이들은 대인간 문제를 해결하는 데 있어 대안을 많이 만들어내지 못하고, 공격적 행동의 결과가 긍정적일 것이라는 기대를 가지고 있다. 그러므로 이들

표 10.2 Selman과 Shultz의 INS

0단계: 충동적(impulsive). 이 단계의 전략들은 싸우거나 도망치는 것처럼 초보적이며 조망수용 능력의 증거가 없다. 극단적으로 공격적이거나(예: 상사에게 "엿이나 먹어라."라고 말한다) 혹은 소극적이다(예: 상사가 시키는 대로 해야 된다).
1단계: 일방적(unilateral). 타인의 관점과 갈등을 이해하기는 하지만 전략은 아동 자신이 필요한 것이나 원하는 바를 말하거나(예: "상사에게 자기는 그렇게 할 수 없다고 이야기해야 된다.") 혹은 단순히 순응하는 것이다(예: "그 사람이 상사니까 시키는 대로 해야 된다.").
2단계: 자기반성적(self-reflective)이며 상호적(reciprocal). 타인의 관점을 이해하고 상호호혜적인 방법을 사용한다. 그러나 협상은 아동 자신의 이익을 보호하는 방향으로 고안된다. 예를 들어, "이번에 상사를 도와주면 다음엔 상사도 그를 도와줄 것이다."라는 반응이다.
3단계: 협동적(collaborative). 아동이나 청소년들은 상황을 객관적으로 직시하고 자신과 상대방의 입장을 모두 고려할 수 있으며, 관계의 지속을 위해서는 협상이 필요함을 인식한다. 예를 들어, "그는 상사와 대화를 통해서 서로의 관점을 이해하고 문제를 해결해야 한다."는 반응이 이 단계에 속한다.

출처: Selman과 Schultz(1988).

은 공격성을 선호하는 선택을 하게 된다.

이러한 사회-정보처리과정의 패턴은 초기 학대의 경험과 아동기 후기의 공격성 간의 관계를 설명해준다(Dodge et al., 1995). 모질게 학대를 받은 경험은 아동으로 하여금 타인들은 호전적이며 자신들에게 악의적인 의도를 가지고 있다는 신념을 갖게 하고, 이러한 가정은 부모나 또래 그리고 그 외의 타인들과 부정적인 경험을 할 때마다 강화된다. 그러므로 아동들은 가정폭력의 경험을 그들의 성격과 행동 목록 속에 내면화하고 복잡한 인지적 합리화 과정을 통해 행동의 일관성이 유지된다.

약물남용

약물남용(substance abuse) 또한 심각한 범죄행동의 시작에 공헌한다(12장 참조). 예를 들어, 국립약물중독·남용센터(National Center on Addiction and Substance Abuse, 2004)의 보고에 따르면, 현재 청소년 범죄에 연루된 5명 중의 4명은 이전에 약물남용의 경험이 있거나 범죄를 행할 당시에 약물을 복용하고 있었다. CD와 약물남용의 관계는 복잡하고 교류적이다. 한편, 행동적·정서적으로 조절이 되지 않는 청소년들은 약물을 사용할 때 느끼는 전율과 감각 경험에 더 끌릴 수 있다. 한 번 불법적인 약물을 경험하고 나면 그들은 점차 약물을 얻기 위해 불법적인 행동에 가담하게 되고 약물사용과 관계되는 반사회적인 하위문화의 일부가 된다. 더구나 알코올과 약물사용은 탈억제의 효과가 있어서 위험하고 불법적인 행동에 가담할 가능성을 증가시킨다.

가족 맥락

애착

영아기 부모와의 불안정애착이 적대성, 반항, 호전성과 같은 학령전기의 문제행동과 관계가 있다고 생각되어 왔다. 그러나 불안정애착은 여자 아동에서만 초등학교 시기의 공격성을 예언하는 것으로 나타났으며, 이러한 예언은 가족의 어려움, 환경적 스트레스와 같은 다른 요인들의 영향을 받는 것으로 나타났다. Greenberg, Speltz와 Deklyen(1993)은 일반적으로 부모-자녀의 적절치 못한 관계가 분명히 중요한 위험요인이 되기는 하지만 지금까지의 연구결과들은 애착이 반사회적 행동에 직접적인 영향을 준다는 증거를 보여주지 못하고 있다고 결론지었다.

가정불화

첫째, 가족 전체의 과정을 보면 가정불화가 특히 남자 아동들에게 있어서 반사회적 행동표출(acting out)의 토양이 됨을 발견하였다(Shaw et al., 1994). 특히 가정폭력에 노출된 아동들은 문제행동을 더 많이 나타내었다(Graham-Bermann & Edleson, 2001; Geffner et al., 2003). 가정에서 폭력에 노출된 아동들은 더 일찍 비행행동을 나타내고 더 심각한 위반행위들을 저지른다(Kruttschnitt & Dornfeld, 1993). 더구나 아동들은 자주 부모들의 공격대상이 되기도 한다. 예를 들어, 품행장애 청소년들이 아동학대(child maltreatment)의 희생자가 될 가능성이 더 높다(Dodge, Petit, & Bates, 1994).

품행장애는 비폭력적인 부부간의 갈등(Cummings & Davies, 1994b)과 이혼(Emery & Kitzmann, 1995)과도 관계된다. 특히 편모/부 가정에서 자라는 소년들이 위험하다. Vaden-Kierman과 동료들(1995)에 따르면 가정의 소득, 이웃, 초기의 공격적 행동들을 고려할 때, 집에 아버지나 그와 같은 인물이 없는 소년들은 부모 모두 존재하는 가정의 소년들에 비해 공격적이라고 평가될 가능성이 높다. 소녀들에게서는 가정의 유형과 공격성 간에 이러한 관계가 발견되지 않는다. 그러나 "파탄 가정"출신이라는 것 자체가 아동이 보이는 문제행동의 원인은 아니며, 오히려 가족관계의 정서적 질이 아동의 문제행동을 이끄는 것 같다. 예를 들어, 편모 가정에서도 어머니의 양육기술이 훌륭하고 부모-자녀의 관계가 지지적일 때는 그 아들이 비행 청소년이 되는 경우는 매우 드물다(McCord, 1990).

가족의 스트레스 역시 품행장애의 가능성을 증가시킨다. 부정적인 생활사, 일상의 문제들, 실업, 경제적인 어려움, 이사와 기타 혼란을 경험하는 가정에서 문제행동을 나타내는 아동들이 나올 가능성이 많다. 더구나 문제 아동을 가진 가족들은 사회적인 지원체계가 부족하며, 공동체 내의 다른 사람들과도 지속적인 갈등관계에 놓여 있다(McMahon & Estes, 1997). 그러나 가족의 스트레스는 반사회적 행동의 직접적인 원인이 아니며 부모-자녀 관계의 문제가 되는 과정을 증폭시키는 역할을 할 가능성이 있다(Dishion, French, & Patterson, 1995).

부모의 정신병리

부모 특히 아버지의 약물남용은 아동의 품행장애를 예언한다. 어머니의 우울 역시 아동의 품행문제와 여러 부적응행동과 관계된다(Cummings & Davies, 1994a).

품행장애에 있어서 가장 강력한 부모 관련 예언 인자는 부모의 **반사회적 성격장애**(antisocial personality disorder)로 품행장애의 빈도와 지속성을 증가시킨다. 예를 들어, Lahey와 동료들(1995)은 품행장애로 진단받은 아동 171명을 4년간 연구하였다. 부모의 반사회적 성격장애는 첫 진단에서 품행장애와 상관이 있었으며, 소년들의 언어적 지능점수와 함께 이후 품행문제의 지속 정도를 예언하였다. 부모의 성격이 아동의 행동문제로 어떻게 전달되는가? 이 질문에 대해 생각해본다.

난폭한 양육과 공격성의 대물림

공격성이 **세대간 대물림**(intergenerational transmission)을 한다는 강력한 증거가 있다. 공격성은 한 세대 내에서도 매우 안정적일 뿐 아니라 세대간에도 안정적이다. Eron과 Huesmann(1990)은 22년 후를 예측하고자 하는 예측 연구를 통해 82명의 피험자들로부터 그들이 8세와 30세일 때의 자료와 함께 그들의 부모와 8세 된 자녀의 정보를 함께 얻었다. 여기서 할아버지, 부모, 아동의 공격성 간의 강력한 관계가 나타났다. 부모가 8세였을 때의 공격성과 자녀의 공격성 사이의 상관은 상당히 높았으며(.65), 이는 일생에 걸쳐 나타난 부모 자신의 행동의 일관성보다도 더 높은 것이었다.

행동의 지속성을 설명하는 기제가 분명하지는 않지만 Eron과 Huesmann은 **모델링**을 통해 이러한 행동들이 학습된다고 생각한다. 위에서 언급한 바와 같이 반사회적 부모의 자녀들은 부부간 폭력과 아동학대를 포함한 공격적 행동의 모델에 노출된다. 그러나 모델 역할을 하는 공격적 행동들이 그렇게 극단적일 필요는 없다. 예를 들어, 성인의 반사회적 행동은 아동기의 **난폭한 벌주기**(harsh punishment)에 의해서도 예언된다(Eron & Huesmann, 1990). 아동기에 심한 벌을 받고 자란 성인들은 양육 시 심한 훈육을 더 찬성하는 경향이 있었고 사실상 양육 스타일 설문에 대한 그들의 반응은 22년 전 그들의 부모의 반응과 놀랄 만큼 유사하였다.

체벌(spanking)과 아동기 공격성 사이에도 유사한 관계가 성립된다. Straus, Suharman, Gile-Sims(1997)는 6세부터 9세 사이의 전국적인 대표 표집아동 800명 이상을 2년 동안 추적 연구하여, 체벌이 공격성의 증가와 반사회적 행동에 관계됨을 발견하였다. 체벌과 외현화 문제의 발달 간 관계는 임상 집단에서도 유사하게 얻어졌다(Mahoney et al., 2003). 아동기의 체벌은 성인기 남자가 배우자를 폭행할 위험성도 증가시킨다(Straus & Yodanis, 1996). 요약하면, 자신의 부모를 관찰하면서 아동들은 대인관계에서 "힘이 정의이다"라는 법칙을 배운다.

비일관적인 양육과 감독 소홀

다른 연구결과들은 부모의 난폭한 훈육뿐 아니라 **비일관적인 패턴**—엄격함과 유함이 일관적이지 않음—이 반사회적 행동표출과 관계됨을 보여준다. 엄격하지 않은 훈육은 특히 부모의 감독 소홀과 같은 여러 방법으로 나타난다. 예를 들어, 부모의 통제가 전혀 없든가 자녀의 행선지를 부모가 모르든가 혹은 자녀들이 가야 할 곳, 가지 말아야 할 곳, 함께 해도 좋은 사람, 그렇지 않은 사람에 대한 규칙이 없다. 이들은 연구자가 전화를 해서 "지금이 저녁 9시인데 아이가 어디 있는지 아세요?"하고 질문했을 때 대답을 할 수 없는 부모들이다. Patterson과 동료들(Reid, Patterson, & Synder, 2002)은 감독을 받지 않는 청소년들의 행동을 방랑(wandering)으로 묘사했고, 이는 비행 가담에 대한 강력한 예언 인자이다.

강압이론

Patterson과 동료들(1982; Reid et al., 2002)은 품행장애의 가족 원인에 대하여 중요한 연구를 진행하였다. 그들은 사회학습이론에 근거하여 아동에게 반사회적 행동을 학습시킬 수 있는 요인들을 탐색하였다. 그 결과, 반사회적 아동들의 부모는 다른 부모들에 비해 공격적 행동에 대해 재미있어 한다든지 하면서 공격적 행동을 **긍정적으로 강화**시킬 가능성이 더 높다는 것을 발견하였다. 또한 이 부모들은 일관성 없는 분노와 체벌 혹은 후속 조치가 없는 위협 등 아동의 부정적인 행동을 고치는 데 효과가 없는 방법을 사용하였다. 반대로 아동의 친사회적 행동은 무시되거나 비일관적인 방법으로 강화되었다. 따라서 연구자들은 품행장애가 부적응적인 부모-자녀 상호작용에 의해 가정에서 시작되며 유지되는 것으로 결론지었다.

Patterson의 가장 중요한 공헌은 반사회적인 아동과 그들의 부모 사이의 상호작용을 강압적인 가족 과정(coercive family process)으로 분석한 것이다. Patterson에 의하면 **강압**(coercion)은 상대방에 의해 직접적으로 강화되거나 혹은 지지되는 개인의 부정적인 행동으로 정의된다. 이러한 상호작용은 교류적이며(transactional) 호혜적이다. 이는 부모와 아동 모두를 포함하며 이들의 행동은 상대방의 행동에 영향을 미친다. 예를 들어, Patterson은 품행장애 아동의 가족과 정상 아동의 가족이 서로에게 반응하는 방법이 다르다는 것을 발견하였다. 부모에게서 벌을 받았을 때 부정적인 행동을 지속할 가능성은 정상 아동보다 품행장애 아동이 두 배나 더 높았다. 이는 품행장애 아동의 가족들이 **부적 강화**(negative reinforcement)를 사용하며 상호작용하는 경향이 있기 때문이다. 벌은 어떤 행동을 감소시키기 위해 불유쾌한 자극을 제공하는 경우이다. 이와는 달리 부적 강화는 불유쾌한 자극을 제거하는 것이 보상이 되어 특정 행동의 가능성을 증가시킨다.

이 개념의 이해를 돕기 위해 **그림 10.6**에 제시된 시나리오를 보자. 누가 누구를 강화하는가?

어머니가 "안 돼"라고 말했을 때, 어머니가 싫어하는 행동을 하면 원하는 것을 얻는다는 것을 아이들은 배웠다. 따라서 어머니는 모르는 사이에 아이들의 칭얼거림을 **정적으로 강화**하고 있었다. 반대로 아이들이 잘못된 행동을 했을 때, 그들이 원하는 것을 들어줌으로써 어머니는 **부적으로 강화**를 받는다. 즉, 어머니는 아이들이 칭얼거림을 그치게 되면서 보상을

그림 10.6 강압

출처: Copyright © Baby Blues Partnership. Reprinted with special permission of King Features Syndicate.

받는다.

이 만화의 어머니는 Patterson이 "강화의 덫(reinforcement trap)"이라고 부르는 상호작용 양식에 빠져 있다. 그녀는 단기적인 이득의 대가로 장기적으로 부정적인 결과를 지불한다. 아이들의 요구를 들어줌으로써 아이들의 즉각적인 부정적 행동은 멈췄지만 자기도 모르는 사이에 아이들이 나중에 똑같은 방법으로 행동할 가능성을 높이는 덫에 빠진 것이다. 강화의 덫을 통해 아동의 공격성이 강화되고 강압적인 행동이 상승되며 부모는 아동의 성화에서 벗어남으로써 보상을 받게 된다. 그러나 부모는 많은 대가를 치르게 된다. 자녀를 사회화시키려는 그들의 노력이 무산될 뿐 아니라 자녀들의 행동은 시간이 감에 따라 점점 더 강압적이 될 것이다.

교류과정

Patterson의 관찰에서 또 하나 의미 있는 측면은 부모와 자녀가 서로의 행동에 영향을 주며 서로의 행동을 조성하는 **교류과정**(transactional processes)이다. 많은 연구자들이 동의한다. 예를 들어, Campbell(1997)은 양육 스트레스와 학령전 아동의 공격성, 불복종성 간의 관계를 관찰하였다. Campbell은 부모와 자녀 사이의 양방향적인 과정을 추론한다. 즉, 스트레스를 받은 어머니가 충동적이고 불복종적인 아동을 다루기 위해 더 부정적이고 제한적이 되며, 이는 반대로 아동을 더 다루기 힘든 아이로 만든다.

유사하게 Dumas, LaFreniere와 Serketich(1995)도 어머니와 사회적으로 유능한 아동, 불안한 아동, 공격적인 아동들 사이의 상호작용을 연구하였다. 놀랍게도 그들은 공격적인 아동과 어머니가 전반적으로 긍정적인 정서적 톤을 유지하고 있음을 발견하였다. 그러나 다른 부모 자녀 쌍과 비교할 때 공격적인 아동은 혐오적인 통제기술을 더 사용하고 있었다. 그들의 어머니는 무차별적으로 반응하고 자녀의 극단적인 강압행동에도 한계설정에 실패하고 있었다. 결론적으로 부모와 자녀 모두 상호작용에 있어 적극적인 행위자이며, 서로에게 영향을 주고 있었다.

누가 더 중요한 역할을 하는지에 대해 다른 견해를 가지는 연구자들도 있다. Lytton (1990)은 문제 있는 양육은 아동의 행동에 달려 있다는 가설을 검증하기 위한 도발적인 실험을 하였다. 연구자들은 품행장애 아동의 어머니와 정상 아동의 어머니가 자신의 아들, 자신과 관계없는 품행장애 아동, 자신과 관계없는 정상 아동과 상호작용하는 것을 관찰하였다. 가설처럼 모든 어머니들이 품행장애 아동과 상호작용할 때 더 부정적이고 지시적이었으며, 품행장애 아동의 어머니가 자신의 아들과 상호작용할 때 가장 부정적이었다. 그러나 정상 아동과 상호작용할 때는 품행장애 아동의 어머니도 다른 어머니들과 마찬가지로 행동하였다. Lytton은 이 연구와 함께 어떤 아동들은 체질적으로 더 공격적이고 더 다루기 힘들고, 보상이나 처벌에 덜 반응적이라는 증거들을 언급하면서, 혐오적인 부모-자녀의 관계에서 아동의 역할을 과소평가하지 말아야 함을 지적한다.

일반적으로 아동의 공헌에 주의를 기울이는 것은 부모만을 비난하는 경우에 대해 균형을 유지하도록 해주며 전반적으로는 부모만 혹은 아동만을 강조하는 설명보다는 부모-자녀의 교류과정에 주의를 기울이는 것이 더 정확한 설명을 제공할 것이라 생각된다(Dodge, 1990).

양육과 품행장애에 대한 발달적 조망

Shaw와 Bell(1993)은 반사회적 행동의 발달에 부모의 다양한 양육이 어떠한 역할을 하는가에 대한 증거들을 개관하면서 발달의 경로를 따라 각각이 어떠한 영향을 미치는가에 대한 교류적인 설명을 제공한다. 특히 그들의 모델은 Patterson(1982)의 강압이론과 부모-자녀 간 애착의 연구들을 통합하였다(Greenberg, Speltz, & DeKlyen, 1993).

출생부터 2세까지 생의 첫 단계에서 애착에 주목하면서, Shaw와 Bell(1993; Shaw et al., 2000)은 **어머니의 반응성**(maternal responsiveness)이 가장 중요한 요인이라고 했다. 비반응적인 어머니는 비일관적이고 태만한 양육을 통해 불안정애착을 형성한다. 또한 아이들이 자신들의 혼란스러운 감정을 다루는 데 부모가 지지적이지 않고 도움이 되지 않는다고 생각하는 충동적이고 성마르고 다루기 힘든 영아로 발달하도록 한다. 이러한 조건은 2세가 되어 아동의 높은 부정적 정서성이 "끔찍한 2살"의 반항성에 대한 부모의 인내심을 자극하고 분노를 터뜨리게 한다. 3세에는 부모와 자녀의 관계가 내적인 작동모델로 연합되어 그들의 기대와 행동을 이끈다. 이 기간 동안 **부모의 주장**(parental insistence)은 중요성이 더 커진다고 생각된다. 상호 협상과 협조를 기반으로 한 "목표-지향적인 동반자 관계"를 형성하기보다 상대방에게서 부정성을 기대하는 부모와 아동은 강압적이고 처벌적인 교류의 패턴을 시작하고, 이는 아동의 미래 불복종과 부정주의에 공헌을 한다. 4세부터 5세까지의 세 번째 단계에서 가장 중요한 요인은 훈육에 있어 **부모의 비일관성**(parental inconsistency)이다. 이 단계에서는 아동이 자신과 타인에 대해 형성한 부정적인 모델을 또래관계와 학교생활에까지 적용하기 시작하면서 품행문제는 더 심화되고 결과는 더욱 심각해진다. 따라서 더 엄격하고 일관된 양육방식이 요구된다. 그러나 품행장애 아동의 부모는 반대로 아동의 잘못된 행동을 무시하거나 심한 처벌—혹은 단순한 협박—을 사용하는 사이를 오간다.

요약하면, Shaw와 Bell의 모델은 걸음마기의 부적절한 애착이 부모 자녀 간의 강압적인 교류발달의 기반을 제공하고, 이는 다시 난폭성, 갈등, 아동과 사회적 환경 사이의 정서적 불협화음을 증폭시킨다.

지난 10년 동안 Shaw와 동료들(1996)은 이러한 발달적 모델을 테스트하기 위한 연구프로그램을 시작했다. 처음에는 표집된 아동들을 영아기부터 5세까지 추적하였다. 그 결과, 모델에서 예언하는 바와 같이 구조화되지 않은 애착이 1세 영아의 파괴적인 행동을 예언하였으며, 2세부터는 어머니의 성격문제와 부모-자녀 간의 갈등이 역시 공헌을 하였다(Shaw et al., 1996). 두 번째 연구에서 그들은 24개월에 어머니의 거부(rejection)가 42개월의 외현화 문제와 관계된다는 것을 발견하였다. 부정적인 교류패턴에 아동도 공헌하였다. 즉, 아동의 불복종은 양육 스타일과 상호작용하여 품행장애 행동을 예언하는 가장 강력한 예언 인자가 되었다(Shaw et al., 1998). 이어서 이 아동들을 학령기까지 추적하여 2세의 위험요인들이 8세의 품행문제를 예언함을 발견하였다. 초기의 문제행동, 어머니의 우울, 낮은 사회적 지원, 부모의 거부가 가산적으로 상호작용하여 아동의 문제행동을 상승시키고 부정적인 양육, 부모-자녀 간의 갈등을 증폭시켰다(Shaw, Bell, & Gilliom, 2000).

양육효과의 특정성

Kim과 동료들(2003)은 부모의 양육이 어떻게 아동의 품행장애, 우울, 또는 이들의 공병에 각기 다르게 작용하는가 하는 **특정성**(specificity)의 문제를 다루는 드문 연구를 진행했다. 연구자들은 897명의 아프리카계 미국 아동을 표집하여 10세와 12세에 그들을 평가하였다. 결과에 의하면, CD와 CD/우울의 공병을 가진 아동들은 우울한 아동보다 부모의 양육적인 보살핌과 개입을 덜 받았다. 차례로 공병을 가진 아동들은 우울증만 가진 아동들보다 부모의 적대성 수준이 높았다. 그러나 우울 집단과 대조적으로 CD만을 가진 집단의 특성은 부모의 애정(parental warmth) 수준이 낮았다는 것이다.

사회적 맥락

또래들은 품행장애 아동을 쉽게 알아챈다. 그들은 논쟁적이고, 쉽게 화를 내며, 의도적으로 타인을 화나게 만든다(Kazdin, 1997a). 빠르면 학령전기부터 아동의 습관적인 공격성은 후속되는 또래의 거부(rejection)와 관계되며, 이는 다시 더 공격적인 행동으로 이어진다(Capaldi & Patterson, 1994; Coie et al., 1995). 또한 공격적인 아동은 또래들 사이에서 부정적인 평판을 얻게 되며, 이는 행동이 나아진 다음에도 그들을 쫓아다닌다. 따라서 품행장애 아동과 또래 사이의 교류는 이후의 공격성과 문제행동에 공헌한다.

Capara와 그의 이태리 동료들(2001)은 또래 평판과 이것이 왜 그렇게 안정적인 효과를 가져오는가에 대한 흥미로운 교류적 관점을 제시한다. 요약하면, 평판은 아동의 자기지각

문제 아동은 반사회적 또래 집단에서 소속감과 수용성을 찾는다.

을 변화시킨다. 이 연구들은 아동의 행동이 또래들과 교사들 사이에서 평판을 만들지만, 아동의 후속 행동은 그들의 기대에 의해 걸러진다고 제안한다. 또래와 교사들은 운동장에서 어떤 아동이 다른 아동과 부딪쳤다면 이를 일상적인 사고로 간주하지만, 그 아동이 집단 괴롭힘의 평판을 가진 아동이라면 의도적인 행동으로 간주하고 징계를 줄 것이다. 타인으로부터의 이러한 피드백은 아동의 자기상과 행동에 영향을 준다. 결과적으로 집단 괴롭힘의 가해자로 이름 붙여진 아동은 자신을 그렇게 생각할 가능성이 높고 걸맞게 행동할 것이다. 요약하면, 타인의 기대는 아동의 행동에 영향을 주고 아동은 점차 그 기대에 부응하는 행동을 하게 된다. 이 과정을 "공유된 합의 생성(shared consensus building)"이라고 했다.

아동기 중기에 이르면 공격적인 아동들은 친사회적인 또래들에게서는 거부되지만, 그들의 문제행동을 참을 수 있고 오히려 그것을 가치 있게 여기는 반사회적 또래 집단에서 인정받는다. 반사회적인 청소년들은 성인의 보호 없이 밤늦게까지 집에 들어가지 않고 길거리를 배회하며 위험한 행동을 즐긴다. 따라서 이들은 서로의 행동을 강화하며 더 심화시킨다.

이와 일관되게 Dishion, French와 Patterson(1995)은 10세 때 또래의 거부(학업실패와 함께)는 12세에 반사회적 또래와의 휩쓸림을 예언하였으며, 이는 부모의 훈육이나 감독보다 더 영향이 컸다. 반사회적 또래와 휩쓸려 다니는 것은 다시 문제행동의 심화를 예언하였다(Kupersmidt, Burchinal, & Patterson, 1995). 유사하게 Fergusson과 Horwood(1996)의 종단연구는 반사회적 또래와의 연관이 아동기부터 청소년기까지의 문제행동을 강화하고 유지시키는 효과를 발견하였다. 그들의 표집에서 12%의 문제 아동들은 청소년기 품행장애로 발전하지 않았는데, 그들의 특징 중 하나는 반사회적 또래들과 어울려 다니는 비율이 낮다는 것이었다.

소녀들에게 있어서도 아동기 후기와 청소년기의 품행장애의 발달에 또래 요인이 분명하게 드러난다. 앞서 언급한 바와 같이 소년들에게 있어서는 **성적 조숙**이 반사회적 행동의 강력한 예언 인자이다. 성적 성숙은 일차적으로 생물학적인 요인들과 관계가 되지만, 초경의 시작은 중요한 사회적 시사점을 갖는다. 사춘기에는 가슴의 발달과 같은 눈에 띄는 이차 성징이 나타나고, 학급에서 브래지어를 필요로 하는 첫 번째 소녀가 되는 것은 소녀들 사이에서는 놀림감이 되기도 하며 이성들로부터는 원치 않는 성적관심을 끌게 된다. 실제로 또래관계가 성적 성숙과 규준 위반 사이의 관계를 매개한다는 증거들이 있다. 조숙한 소녀들은 이미 규준을 위반하는 나이 많은 소년들의 관심을 끌고, 이는 다시 소녀들이 일찍 위험한 행동과 성적 행동에 관여하게 한다(Simmons & Blyth, 1987). 만숙한 소녀들은 그들이 생리적으로 조숙한 소녀들을 따라 잡을 때 유사한 행동문제들을 경험한다. 그러나 조숙은 남녀공학을 다니는 여학생들에게만 위험요인이 된다(Caspi et al., 1993). 여학교를 다니는 소녀들의 경우에는 조숙이 품행장애의 예언 인자가 되도록 만드는 사회적 압력에 노출되지 않았다.

그러나 모든 아동들과 청소년들이 또래의 영향을 동일하게 받는 것은 아니다. Vitaro와 동료들(1997)은 900명의 소년들을 11세부터 13세까지 추적하였다. 교사 보고에 근거하여 그들은 소년들과 친구들을 매우 파괴적(highly disruptive), 중간 정도로 파괴적(moderately disruptive), 동조적(conforming)으로 분류하였다. 시간이 지나면서 매우 파괴적인 친구를 가진 중간 정도로 파괴적인 아동들의 비행행동이 증가하였다. 그러나 매우 파괴적인 아동과 동조적인 아동들에게는 친구가 행동문제 발달에 영향을 주지 않았다. 이들은 친사회적 기술과 관련이 되면 정적인 방향으로 발달하고, 반사회적 특성들과 관련되면 반사회적 방향으로 발달하여서 마치 개인 내적인 특성이 발달의 방향을 조정하고 있는 듯하였다.

요약하면, 또래의 영향에 대한 연구들은 또래의 영향이 공헌요인은 되지만 결정요인은 아님을 보여준다. "밀고", "당기는" 두 과정이 작용하고 있는 것 같다. 초기의 공격성은 친사회적 또래들로부터 아동을 밀어내고, 반사회적 또래들로 당기면서 문제행동을 상승시킨다. 후자의 영향은 청소년기에 시작되는 품행장애를 이해하는 데 특별히 중요한 요인이 된다. 사실상 반사회적 또래와의 관계가 비행의 직접적인 영향을 주는 것은 청소년기에 시작되는 유형에서만 그렇고 아동기에 시작되는 품행장애에서는 부모의 사회화가 더욱 중요한 원인이 된다. 청소년기에 시작되는 품행장애에 있어서는 반사회적 또래의 영향이 중요하며 반대로 더 일찍 시작되는 품행장애는 더 복잡한 원인을 갖는다.

문화적 맥락

이웃

이웃의 많은 맥락들이 CD의 위험과 관계된다. 특히 가난과 폭력이 난무하는 지역사회에서 자라나는 아동들의 경우에는 반사회적 행동과 품행장애의 가능성이 더 높다(Osofsky, 1995). 지역사회의 폭력에 노출되는 것의 영향은 상당하다(Lynch, 2003). 예를 들어, Campbell과 동료들(2000)의 연구에서 CD로 발달하는 대부분의 아동들은 다양한 위험요인들을 경험했다. 그러나 상당한 크기의 한 동일 집단은 오직 한 가지 영역에서만 위험을 경험했는데, 그들은 위험한 이웃에 살고 있었다. 미국의 가난한 도시 빈민가에 사는 아동들은 일상적으로 상당한 수준의 폭력에 노출되어 있다. 예를 들어, 5세까지는 대부분의 아동들이 총격을 목격하고 청소년기에는 1/3이 살인을 목격한다(Bell & Jenkins, 1993). 폭력에 대한 만성적 노출은 아동들로 하여금 이러한 경험에 둔감하도록 만든다. Lorion과 Satzman(1993)은 우범지역에 사는 5, 6학년 아동들이 총격과 경찰의 추적, 시신을 "전혀 특별하지 않은 것"으로 여긴다는 것을 발견했다. 더 나아가 4,458명의 빈민가 아동들에 대한 연구에서 Guerra, Huesmann과 Spindler(2003)에 의하면 5세부터 12세까지 지역사회 폭력에 대한 노출은 공격적 행동의 증가, 공격적인 공상에 빠지는 정도, 공격성이 정상적인 것이며 정당하다는 신념의 수준 증가와 관계되었다.

이들은 또한 이웃을 통해 반사회적인 행동과 공격의 모델에 노출될 가능성이 높다(Ingoldsby & Shaw, 2002). 특히 도시 빈민가의 갱 문화는 아동들로 하여금 자신들도 살아남기 위해서는 갱단에 가담해야 하고 다른 대안이 없다고 느끼게 만든다. Tolan과 동료들(2003)은 지역사회의 특성(가난, 범죄, 가용한 자원의 부재, 사회적 지원과 이웃정신의 부재), 양육, 갱단 가담의 여부, 청소년 폭력과의 관계를 연구하였다. 연구자들은 294명의 아프리카계와 라틴계 미국 소년들을 6년 동안 매년 조사하였다. 결과에 따르면 좋은 양육은 지역사회의 혼란에서 아동들을 부분적으로 보호할 수 있었다. 그러나 양육이 좋지 못할 때 청소년들은 더욱 갱에 가담하였고, 이는 다시 청소년기 동안 폭력의 수준을 증가시켰다. 연구자들에 의하면 갱은 "탈선 훈련"을 위한 장을 마련하고, 이는 다른 영향과 확실히 구별되는 것이다. 따라서 도시 빈민가 청소년들을 위한 예방의 노력은 우선 청소년들이 갱에 합류하는 것을 막는 방법에 집중되어야 한다.

인종

유럽계 미국 청소년들에 비해 아프리카계 미국 청소년의 높은 CD 유병률을 해석할 때 사회경제적인 불일치를 고려해야만 한다. 도시 빈민가 아프리카계 미국 청소년들의 상당수가 우범지역의 값싼 집들에서 가난하게 살고 있다(Shaw et al., 2000). 많은 연구들에서 사회적 계층이 반사회적 행동의 유병률에 있어 민족적 차이를 설명하고 있지만(Hinshaw & Park, 1999), 그럼에도 불구하고 지속적인 인종적 차이가 있다. 예를 들어, 사회경제적 지위를 통제했을 때조차 아프리카계 미국 청소년들은 유럽계 미국 청소년에 비해 더 적대적인 귀인편파를 보인다(Dodge, Lochman, Harnish, Bates, & Petit, 1997b). 이러한 사고는 인지적 "오류"를 반영하기보다는 인종적으로 적대적인 환경에서 자라나는 경험을 반영할 수 있으며, 소수계 아동들이 또래들에게 취급되는 방법을 정확하게 반영한 것일 수 있다.

학교환경

학교는 사회적 환경이 반사회적 행동에 공헌하는 또 다른 측면이다. Kasen, Johnson과 Cohen(1990)은 갈등이 심한 학교환경(싸움, 만행, 반항적인 학생들, 질서유지에 실패한 교사들)이 2년 동안의 품행장애 증가와 관계가 있음을 보고하였다. 학교는 반사회적 행동의 발달을 더욱 교묘한 방법으로 조장할 수 있다. 아동들을 재빨리 교사들이 자신을 공부를 잘하는 아이라고 생각하는지, 아닌지를 알아차리고 교사들이 가진 생각을 유지하는 방향으로 학교에 대한 태도를 발달시킨다(Kuklinski & Weinstein, 2001). 일찌감치 학교에서의 실패를 경험한 아동들은 부정적인 자기지각을 발달시키고, 이는 다시 적대성과 공격성을 이끈다(Stipek, 2001). 더구나 청소년기가 되어가면서 학교에서 소외되었다고 생각하는 아동들은 점차 교육에 대해 부정적인 태도와 자신에 대해 낮은 기대 수준을 가지게 되며 이어서 더 일찍 학교를 떠나고 성공을 성취하려는 친사회적 기회를 차단하게 된다. 동시에 반사회적인 행동이 그럴듯한 선택지가 된다.

미디어의 영향

더 큰 맥락에서 미디어 역시 반사회적인 행동을 증가시키고 미화시키는 역할을 한다. 미국의 텔레비전 드라마와 영화에서 폭력은 주된 주제가 되고 있으며, 악당뿐 아니라 영웅들도 자주 폭력을 사용하고 그 결과가 부정적인 경우는 드물다(Eron, 2001). 오히려 폭력이 문제해결을 위한 효과적인 방법이며 보상을 받는다는 메시지가 전달된다. 연구들은 텔레비전 폭력과 아동의 행동 사이의 관계를 보고한다. 폭력물을 선호하는 아동들은 또래에 비해 더 공격적이고, 실험실 연구들도 폭력물의 시청시간 증가가 공격적 행동의 증가를 초래한다는 것을 보여주었다. 더구나 종단연구들 역시 초등학교 시기 동안 폭력물을 선호하는 아동들이 성인이 되어 더욱 폭력적이며 범죄적인 행동에 가담한다는 것을 보여준다(Huesmann et al., 2003). 이러한 효과는 아동이 TV 등장인물을 동일시하는 것과 TV의 폭력이 현실을 반영한다는 믿음에 의해 강화된다. 또한 이러한 효과는 성, 사회적 계층, 지적 수준과 무관하게 일관적이며 부모의 공격성, TV 시청 습관이나 태도에 의해 영향을 받지 않는다.

성 역할 사회화

남성의 공격성 발달에 있어서는, 특히 남성적 사회화의 역할을 강조하는 특정 문화의 영향도 제안되고 있다. 예를 들어, Cohen과 동료들(1996)은 미국 남부의 남성적 윤리를 "명예의 문화"라고 기술했는데, 이는 자신이나 가족의 명예를 지키기 위해 남성이 물리적인 힘을 사용할 것을 요구한다. 연구자들은 이를 경험적으로 보여주었는데, 연구 협조자들로 하여금 의도적으로 남성 피험자들에게 부딪친 후 욕설과 모욕적인 행동을 하도록 하였다. 북부 지역의 남성 피험자들은 상대적으로 모욕의 영향을 덜 받았는데 비해 남부의 피험자들은 자신들의 남성성이 위협을 받았다고 느꼈으며, 이는 생리적 각성상태와 고통의 증가, 인지적으로 공격성에 대한 점화, 공격적 행동으로 보복하려는 생각으로 나타났다. 연구자들은 이 반응이 사회적 학습의 결과라고 해석하였는데, 그들의 문화적인 양육방법이 남부 남자들로 하여금 대인간 문제를 남성의 명예에 대한 위협으로 여기고 물리적 공격을 통해 방어해야 한다고 가르쳤다는 것이다.

요약하면, 반사회적 행동을 학습하는 기회와 이를 유지하도록 하는 강화물은 학교, 이웃, 문화에 가득 차 있다.

6. 통합적 발달 모델

Patterson과 동료들은 20년 이상 아동기 품행장애의 기원에 대해 연구하고 이론화하였다. 그들은 부분적으로는 연구결과에 기초하고, 또 부분적으로는 그들 자신의 관찰과 경험에 기초하여 통합적인 발달 모델을 제시한다(이 부분은 Capaldi & Patterson, 1994; Dishion, French & Patterson, 1995; Patterson, DeBaryshe, & Ramsey, 1989; Patterson, Reid, & Dishion, 1992; Reid, Patterson, & Snyder, 2002에 기초하였다).

품행장애 청소년이 "자라나는" 과정은 발달정신병리의 구조적인 가설과 일치하며 상호 정교화시키고 기반이 되어주는 일련의 위계적인 단계들로 이루어진다(**그림 10.7** 참조). 이 과정의 일부는 아동이 출생하기 전부터 존재하는 여러 위험요인들과 함께 시작된다. 이는 낮은 사회경제적 지위, 우범지역에 거주, 가족 스트레스, 반사회적 부모, 그리고 양육기술이 없는 부모에게서 자라난 부모 등을 포함한다. 그러나 이러한 위험요인들이 반사회적 행동에 직접적으로 영향을 미치지는 않는다. 오히려 이들의 영향은 가족 변인에 의해 매개된다. 즉, 기본적으로 반사회적 행동을 훈련시키는 훈련캠프는 가정이다.

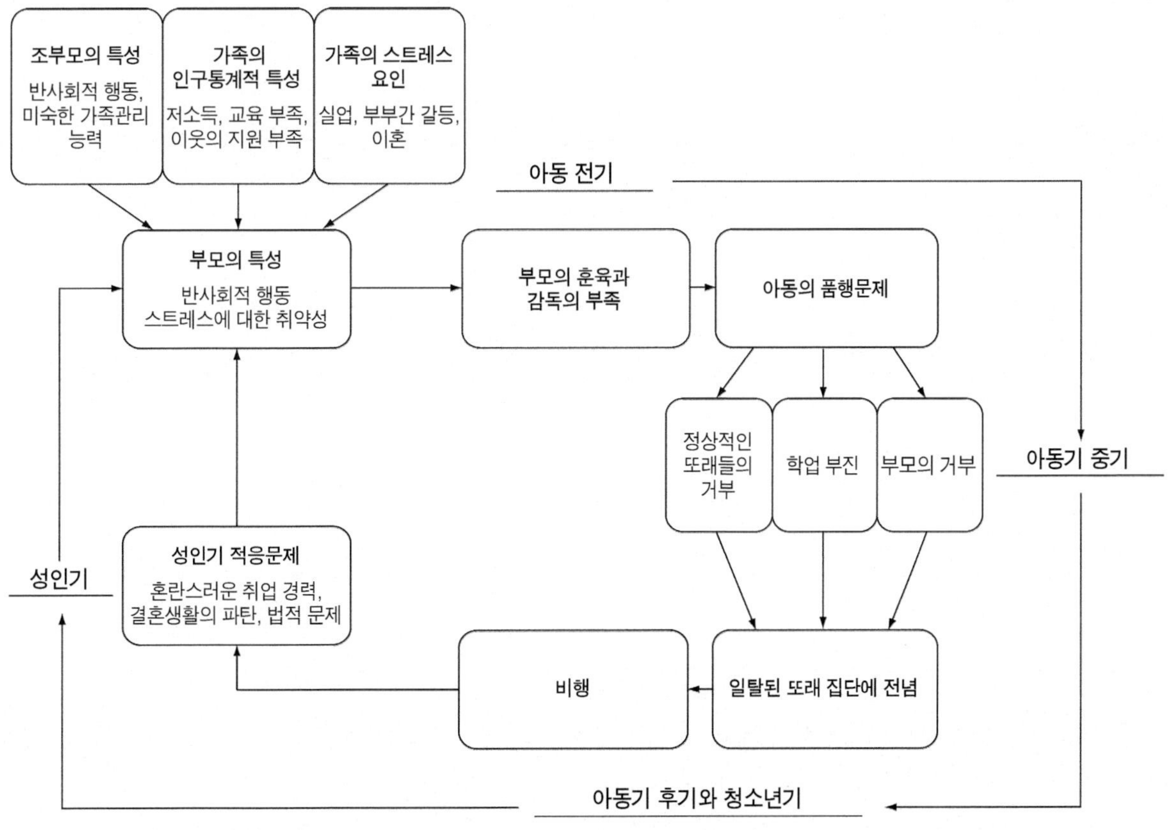

그림 10.7 품행장애의 발달에 대한 Patterson의 모델

첫 번째 단계는 아동기 전기에 시작되며, 적절치 못한 부모의 훈육전략(poor parental discipline strategies)을 포함하여 초기의 강압적인 상호작용이 처벌적인 교류로 상승된다. 이 밖에도 부모의 미숙한 관리기술에는 아동에 대한 개입과 통제의 부족, 비일관성, 정적 강화의 결여, 문제해결을 위한 효과적인 전략의 부재 등이 포함된다. 이러한 가족상호작용의 기능장애로부터 반사회적이고 자기존중감이 낮은 사회적으로 무능한 아동이 생겨난다.

다음 단계는 아동기 중기에 아동이 학교에 입학하면서 시작되며, 학교에서의 반사회적 행동과 사회적 무능의 결과는 또래의 거부와 낮은 학업성적이다. 이렇게 중요한 발달 과제에서의 실패는 우울한 기분을 초래한다. 더구나 항상 학교에서 나쁜 성적을 집으로 가지고 가는 아동은 부모들과 갈등을 경험하기 쉽고 부모들에 의해서도 거부된다.

청소년기에 이들은 학교와 권위에 대해 부정적인 태도를 가진 반사회적인 또래 집단에 이끌리며 비행과 약물남용을 경험한다. 이 반사회적 집단의 또래들은 미래의 문제행동을 지원한다. 발달이 진행됨에 따라 반사회적 생활양식을 가진 청소년들은 성인기에도 불안한 취업 경력, 결혼생활의 파탄, 정신병이나 범죄로 인한 시설수용 등의 비슷한 어려움을 겪게 된다. 청소년기 후기와 성인기에는 비슷한 사람끼리의 결혼과정(assortative mating)을 통해 비슷한 성격과 품행문제를 가진 파트너와 관계를 형성하기 쉽다. 스트레스를 받고 있으며 숙련된 기술이 없는 반사회적 성인이 가정을 이루고 아이를 갖게 되면 품행장애의 세대간의 순환(intergenerational cycle)이 반복된다.

7. 중재

아동기로부터 성인기까지의 연속성은 품행장애가 발달초기부터 확립되고 지속되는 결과를 초래하는 정신병리임을 보여준다. 게다가 타인과 사회는 개인적인 고통, 폭력, 기물 파괴, 도벽, 구금으로부터 생기는 막대한 금전적 피해를 지불해야 한다. 따라서 예방과 치료의 요구가 시급하다. 그러나 품행장애의 여러 기원—아동의 인지적 정서적 기능장애, 가족 내의 정신병리와 부조화, 비슷한 장애를 가진 또래들과 크게는 사회의 격려—은 예방과 치료 모두에 큰 장애물을 제공한다. Eron과 Huesmann(1990)이 말한 바처럼 품행장애의 중재를 위해서는 "우리가 사용할 수 있는 모든 지식과 재능과 끈기와 독창성을 모두 사용하여야 한다."(p. 154)

행동적 접근: 부모관리훈련

부모관리훈련(parent management training; PMT)은 최근 가장 성공적이고 잘 정리된 행동적 프로그램이다. PMT는 Patterson(Forgatch & Patterson, 1998 참조)이 개발하였으며 부적응적인 부모-자녀 관계를 품행장애의 병인으로 본 그의 모델에 근거하였다. PMT는 부모-자녀 사이의 상호작용을 변화시켜서 강압적인 행동보다 친사회적인 행동이 강화 받도록 한다. 이름에 나타나 있듯이 이 프로그램은 사회학습이론의 원리들을 이용하여 부모들이 아동과 더욱 효과적으로 상호작용할 수 있도록 훈련한다. 부모들은 친사회적 행동에 대해서는 정적 강화의 사용, "타임아웃" 의자의 사용과 같은 순한 처벌의 방법을 포함하여 다양한 행동수정의 기법들을 배운다. 이는 그 효과에 대한 방대한 경험적 증거가 있는 방법들이며 17장에서 중재에 대해 논의할 때 더 자세히 기술하기로 한다.

인지행동적 중재: 분노 대처 프로그램

Larson과 Lochman(2002)은 분노와 공격성을 줄이는 데 효과적인 집단 중재프로그램을 학령기 아동을 위해 개발했다. 공격성의 발달정신병리에 관한 경험적 문헌들에 기초하여 분노 조절, 조망수용, 사회적 문제해결, 정서 인식, 이완 훈련, 사회적 기술, 또래압력, 그리고 자기조절과 같은 주요 이슈들을 집단에서 다루었다(Lochman et al., 2003). 예를 들어, 집단 안에서 아동들은 차분한 혼잣말 같은 자기조절 기법을 학습하고, 실제로 집단 내의 다른 아동들이 그들을 약올리는 동안에 연습을 해본다. 이 중재는 학교 장면에서 실시되며 교사와 부모가 모두 참여하여 집단 밖에서도 아동이 새로운 기술을 연습하도록 강화할 수 있다. 추적 연구는 이 중재가 가정과 학교에서 공격성과 문제행동을 줄이고 과제 관련 행동과 지각된 자기효능감을 높이는 데 효과적이라는 것을 보여주었다. 아동이 집단에 참여한 후 3년 동안 효과가 유지되었다.

체계적 가족 처치

Minuchin이 도시 빈민가 아프리카계 미국인 가족들과 함께 개발한 체계적 가족치료의 기원을 유지하면서 다민족집단의 특별한 문제들을 해결하기 위해 체계적 접근이 사용되었다. 가족치료의 문화적으로 민감한 한 예가 *Familias Unidas*인데, 이는 히스패닉 이민가정 청소년들의 문제행동 위험을 줄이고자 개발되었다(Coatsworth, Pantin, & Szapocznik, 2002). 간단히 말하면, 이 중재는 부모들을 참여과정에 개입시켜 이민과 새로운 사회에 대한 문화적 적응의 스트레스를 극복하는 데 도움을 준다. 또한 이 중재는 부모로 하여금 아동의 사회적 세계에 존재하는 보호요인과 위험요인을 이해하게 하고 그들이 새로운 문화적 환경에 효과적으로 적응하는 데 필요한 기술들을 발달시키도록 돕는다. 주변인으로서의 감정을 이야기하고 부모에게 능력을 부여하기 위해 주된 중재는 부모지원 네트워크라고 부르는 작고 지원적인 다양한 부모들의 집단을 사용했다. 이 집단의 목표 중 하나는 "양문화 효율성 훈련"인데 이는 모국 문화의 장점을 강화시키고 존경하면서 주류 문화에 대해 부모를 교육시키고 아동들이 직면할 사회적 맥락을 잘 이해하고 대응할 수 있도록 돕는다. 가족을 하나의 체계로 보면서 임상가들은 갈등을 줄이고 응집력을 증가시키고 부모-자녀 관계의 구조와 온정을 모두 향상시키기 위해 노력한다. 이 중재에서는 부모들을 격려하여 학교에 적극적으로 개입하고 또래 활동을 감독하고 아동을 위해 친사회적인 모델이 되도록 한다. 이 중재의 효과에 대한 초기 연구는 희망적이며 1년 동안 문제행동이 감소하고 부모의 개입이 증가하였다.

다중체계적 치료

다중체계적 치료(multisystematic therapy; MST)는 품행장애의 치료 중에서 지원이 가장 잘 되는 중재로 알려져 있으며, 가장 심각한 반사회적 청소년들의 일부를 대상으로 인상적인 성공률을 보였다(Henggeler et al., 2002). MST는 반사회적 행동의 원인은 여러 가지라는 선행 연구자들의 교훈을 명심한다. 가족체계와 가족체계이론에 중심을 두면서, 치료는 개별 아동의 요구에 따라 개별화되고 유연하다. 따라서 어떤 경우에는 가족의 부조화와 학업부진에 치료가 집중되기도 하고, 또 어떤 경우에는 사회적 기술의 부족과 부모의 실업이 중심이 되기도 한다. 치료자의 모델은 활동적이고 실제적이며 해결책 중심의 접근이다. 예를 들어, "당신은 Casey의 성적표에 적힌 교사의 의견을 이해 못한다고 했지요. 그럼 선생님에게 전화를 걸어서 더 자세히 물어봅시다."와 같은 식이다.

경험적인 연구들은 만성적으로 폭력적인 청소년과 성 범죄자를 포함한 심한 품행장애를 가진 청소년들에게 다중체계적 접근이 효과적임을 보여준다(Bourdin et al., 1995). 가족 간의 의사소통이 활성화되고 부모-자녀 간, 부모 간의 갈등이 줄어든다. 추후 연구들은 치료 5년 후에도 MST를 받은 청소년들이 다른 치료를 받은 청소년들에 비해 체포되는 비율이 낮음을 보여주었다.

문화적으로 고지된 중재

젊은 아프리카계 미국 심리학자인 Jamie Berry가 구금되는 많은 아프리카계 미국 청소년들을 위한 중재를 개발하였다. MALE(더욱 효과적인 삶을 살기 위한 남성의 태도적응, Male Attitude Adjustments in Order to Lead More Effective Lives)이라고 부르는 이 프로그램은 남성성에 대한 문제가 되는 생각들을 직접적으로 다룬다. 예를 들어, 폭력이 "더 남성스럽다"는 과도한 남성성에 대한 생각들을 다룬다. 중재는 청소년들의 집단 세션으로 진행되며 랩이나 힙합, 영화, 전기, 시에 나타난 남자들의 초상에 대해 토론한다. 목표는 청소년들로 하여금 선택의 대가를 고려하고 생각해보도록 하는 것이다. 추가하여 청소년들에게 "진정한 남자"가 되는 것이 무자비하고 폭력적이고, 여성을 비하하는 것인지에 대한 질문으로 도전한다. 자신의 박사학위 논문에서 Berry(2001)는 중재에 대한 경험적인 검사를 실시하여 통제집단에 비해 참여 청소년들의 과도한 남성적인 태도가 감소하고 긍정적인 민족적 주체성이 증가하고 사회적 문제해결기술이 나아지는 결과를 얻었다.

예방

Kazdin(1997b)이 언급한 바와 같이 품행장애의 위험요인들이 다차원적이고 광범위한 것처럼 예방의 노력도 그러해야 한다. 부모들에게는 가족 관리 훈련을, 아동들에게는 대인간 문제해결기술훈련을 함께 시키는 방법이 유치원과 학령기의 위험 집단 아동들에게 예방의 효과가 있었다(McCord et al., 1994; Tremblay et al., 1995). 5년 혹은 10년 후에도 이러한 프로그램에 참여했던 아동들이 그렇지 않은 아동들에 비해 학교에서 더 좋은 성적을 얻고 반사회적 행동을 덜 나타낸다.

학교폭력의 예방

예방의 노력에서 특별히 중요한 관심의 영역은 이 장의 처음에서 소개했던 끔직한 학살뿐 아니라, 이러한 폭발을 점화시키는 일상적인 집단 괴롭힘을 포함하는 학교폭력의 예방이다(U.S. Department of Education, 2002). 1990년대 말까지 노르웨이, 핀란드, 영국, 아일랜드, 네덜란드에서 국가적인 반집단폭력 프로그램이 실시되었으나(Smith & Brain, 2000), 미국에서의 노력은 지역단위로 머물고 있었다. Flannery와 동료들(2003)은 PeaceBuilders의 개발을 기술한다. 이는 초등학교 아동을 위한 폭력 예방프로그램으로 아동의 사회적 능력을 향상시키고 대인간 문제를 해결하는 데 있어 폭력 이외의 방법을 제공하여 학교의 분위기를 바꾸고자 하는 목표를 가진다. 연구자들은 사회적 계층과 민족 구성을 맞추어서 8개의 학교를 선발하였고, 무선적으로 그들 중 절반의 학생들에게 중재를 실시하였다. 이 연구에 포함된 4,000명 이상의 아동들 중에서 PeaceBuilders에 포함된 아동들은 그 후 2년 동안 지속적으로 친사회적 행동에서 높은 평가를 받았고 공격성에서 낮게 평가되었다. 뉴욕시 공립학교의 11,160명의 1학년부터 6학년들에게 Resolving Conflicts Creatively Program을 제공하여 긍정적인 결과를 얻은 Aber와 동료들(2003)의 노력은 더 대규모이다. 이 프로그램의 장점은 교사들을 훈련시켜서 프로그램을 실시했으며, 따라서 교실과 운동장에서 즉각적으로 프로그램의 가르침을 강화할 수 있다는 것이다.

이전의 다섯 장을 통해 우리는 정상과 비정상의 연속선상에 있는 장애를 살펴보았다. 우울한 기분, 나쁜 행실, 불안, 반항성과 부주의는 모두 정상적인 개인의 일생에서도 발견된다. 이제부터 다섯 장은 자폐증과 같이 연속선상의 극단에 존재하는 장애들을 다루고자 한다. 정신분열의 지속적이고 이상한 증상들은 정상발달의 경계를 넘어서 존재하며, 따라서 장애를 이해하고 치료하려는 우리들에게 중요한 도전거리를 제공한다.

제 11 장

아동기 후기와 청소년기의 심각한 일탈 — 정신분열증

개 요

정신분열증은 자폐증처럼 극단적인 경우 모든 능력을 잃어버리는 심각하고 전반적인 정신병리이다. 그러나 여러 측면에서 자폐증과는 크게 다르다. 이 장에서는 먼저 정신분열증의 특징을 기술하고 많은 부분을 보호요인과 위험요인 등을 포함한 발달경로에 대해 다루려고 한다.

1. 정의와 특성

정의

정신분열증과 관련된 DSM-IV 기준은 **표 11.1**에 제시되어 있다. 정신분열증의 증후는 양성

표 11.1 정신분열증의 DSM-IV 기준

A. 특징적 증상: 다음의 증상 중 2개 이상, 각 증상이 1달 중 반 이상 나타남.
   (1) 망상
   (2) 환각
   (3) 비구조화된 언어(예: 잦은 이탈과 비일관성)
   (4) 전반적으로 비구조화되고 강직적인 행동
   (5) 음성적인 증상(무딘 정서, 함묵, 무의지)
B. 사회적/직업적 장애: 아동기에 시작된 경우 대인간, 학업적 또는 직업적 성취에서 기대 수준에 이르지 못함.
C. 지속기간: 6개월 이상 지속적으로 장애가 나타남.
D. 전반적 발달장애와의 관계: 만일 자폐증 또는 다른 전반적 발달장애의 과거력이 있는 경우, 현저한 망상 또는 환각이 적어도 1개월 이상 나타날 때에만 추가적으로 정신분열증으로 진단한다.

출처: 미국정신의학협회의 허락하에 *Diagnostic and Statistical Manual of Mental Disorders*—Fourth Edition Text Revision(2000)에서 인용함.

(positive), 음성(negative), 비조직적 유형의 세 가지로 나눠진다. 양성 증상은 사고장애, 망각, 환각의 출현이다. 음성 증상은 사회성, 기쁨, 에너지와 감정의 결핍을 포함한다. 세 번째 유형의 증상은 비조직적인 행동, 비조직적인 언어, 기괴한 행동, 낮은 주의를 포함한다. 이어서 여러 가지 정신병적 증상을 정의하고 설명한다.

환각(hallucinations)은 해당하는 외부자극이 없는데 발생하는 감각지각이다. "너는 악하기 때문에 죽어야 한다."라고 말하는 목소리를 듣는 것과 같은 청각적 환각이 불에 그슬리고 흉터 있는 얼굴의 유령을 보는 것과 같은 시각적 환각보다 더 빈번하다. 연령의 증가함에 따라 환각의 구조는 복잡해지며, 내용도 연령에 해당하는 문제를 반영한다. 예를 들면, 어린 아동은 괴물이나 애완동물에 대한 환각을 경험하는 반면, 나이가 많은 아동의 환각은 성 문제에 관한 것이 될 수도 있다(Russell, Bott, & Samons, 1989 참조).

환각은 약물남용의 반응일 수 있으며, 다양한 의학적 상태나 정신증적 장애에서도 발견될 수 있다. 예를 들어, Altman, Collins와 Muddy(1997)는 정신분열증이 아닌 다른 정신장애를 가진 사람 중 33%가 환각을 보고했다고 밝혔다. 환각은 외상후 스트레스장애를 지닌 사람들에게서 특히 자주 일어났다. 환각은 정상적으로 발달하는 집단에서도 나타날 수 있다. 유아들은 급작스러운 스트레스 상황에 대한 반응으로 일시적인 환각을 경험할 수 있다; 구체적으로 유아들은 자신의 피부에 벌레가 기어가는 것을 느끼거나 자신의 침대에서 벌레를 보기도 한다(Volkmae et al., 1995).

망상(delusion)은 현실과 다르고 이치에 맞지 않지만 확고한 신념이다. 환각과 마찬가지로 망상은 연령에 따라 더 복잡해지고 연령에 부합되는 내용을 지니게 된다. 예를 들어, 어린 소년은 양아버지가 자신을 독살하려고 한다는 망상을 하는 반면, 나이 든 소녀는 학교 친구들이 자신을 유괴해서 성적 학대를 하려고 꾸미고 있다고 생각한다. 이 두 가지 예는 피해망상을 나타낸다. 몸에서 오물냄새가 난다거나 말을 하면 입에서 배설물이 나올 것을 믿는 것과 같은 신체망상이 있으며, 본 적이 없는 책을 한 번 들쳐본 후 그 책의 내용을 모두 안다고 주장하는 소년의 예와 같은 과대망상이 있다. 환각에서와 같이 망상은 정신분열증이 아닌 장애를 가진 사람에게서도 나타날 수 있다. 예를 들어, Altman, Collins와 Muddy(1997)는 정신분열증이 아닌 장애를 가진 사람 중 24%가 망상을 경험한다고 밝혔다.

비조직적 언어(disorganized speech)는 아동의 언어가 연결되지 못하고 분열되며 괴이해지는 것과 같은 연상문제나 비논리적 추론을 의미한다. 예를 들면:

> 앞에서는 열려 있지만 뒤에서는 닫혀 있다. 나는 앞에서는 열려 있지만 뒤에서는 닫혀 있다. 오늘 나를 봤니? 나는 여기 있었다고 생각하지만 엄마는 없었어. 그들이 엄마한테서 그것을 뺏어가지 않았어. 내 인형은 신경 안 써. 나는 신경 안 써(가족 모두를 일일이 열거하며 신경 안 쓴다고 한다). 나는 어제 여기에 있었어. 나는 오늘 여기에 있었을까?

정신분열증 환자 언어의 주된 문제는 화용론, 즉 언어의 사회적 기능, 음성론, 즉 언어의 멜로디, 청각적 처리, 즉 관계없는 정보를 무시하면서 다른 사람이 말하는 것에 주의하는 것, 그리고 추상적인 언어 등이 있다. 그러나 이런 장애는 정신분열증 아동뿐 아니라 자폐아에게서도 발견된다는 것을 주목하는 것이 중요하다(Baltaxe & Simmons III, 1995 참조).

비조직적 행동(disorganized behavior)은 찡그린 얼굴에 의해 표현될 수 있다; 앉거나 서 있으면서 끊임없이 흔드는 것처럼 이상한 자세와 움직임, 더운 날에 여러 코트와 스카프, 모자를 쓰는 것처럼 흐트러지거나 기괴한 옷차림, 예측할 수 없는 뒤흔들기와 끊임없이 이마를 문지르거나 손목을 치거나 출혈될 때까지 피부를 긁는 것과 같은 기괴하고 반복적인 행동으로 표현될 수 있다. 강직적 행동(catatonic behavior)은 장기적 부동성(강직성 마비)과 같은 환경에 대한 반응결핍; 부적절하고 기이한 자세(강직성 자세); 또는 무의미한 과도한 활동(강직성 흥분). 사회적 역기능(social dysfunction)은 다양한 형태를 가진다. 자신의 생각에 과도하게 몰두하고, 다른 사람을 의식하지 못하고 자신의 주변에서 일어나는 일에 의아하게 생각하는 등의 위축이 흔하다. 사회적 기술의 결핍은 특히 또래관계와 관련된 사회적 고립의 원인이 된다.

정신분열증의 하위 유형

하위 유형은 두드러지게 나타나는 증상들에 근거를 둔다. 망상형은 심각한 망상의 출현으로 특징지어지고, 때때로 피해망상과 황당한 특성의 청각적인 환각도 보인다. 이 유형은 예후가 가장 좋지만(Walker et al., 2004), 아동기에는 드물게 나타난다. 반면 해체형은 예후가 가장 나쁘며, 아동에게 자주 보인다. 이것은 무감정이나 말하는 내용에 적절하지 않은 감정이 특징이고(예로, 애완동물을 잃어버린 것에 대한 이야기를 하는 동안 웃음을 보임), 비조직적인 행동과 비조직적인 언어(목표와 별로 관계가 없고 이상한)를 보인다. 강직성 유형은 과도한 경직, 부동성, 무언증, 반향어(단지 다른 사람이 말한 단어를 앵무새와 같이 반복), 또는 반향동작(다른 사람의 움직임을 반복적으로 모방)을 포함하는 정신운동 장애를 주로 나타낸다. 미분화형은 앞의 특징을 나타내지 않는다. 잔류형은 과거에 적어도 한 번은 정신분열증의 발병이 있었으나 현재는 증상이 없는 상태를 말하며, 장애의 징후(적절하지 않은 감정, 비조직적인 언어, 이상한 믿음)를 보인다.

특성

발생 연령

정신분열증의 가장 중요한 특징은 초기 발생(아동기 발생), 즉 14~15세에 미만에 발생하는 경우와 청소년기 발생, 즉 14~15세부터 성인 초기 사이에 발생하는 경우 등 두 가지 발생 시기가 있다는 것이다.

유병률

아동기에 정신분열증이 나타나는 것은 매우 드물다. 정신분열증은 10,000명 중 1명의 아동에게 나타나는 것으로 추정된다(Rosendschimidt et al., 1994). 이렇듯 이 유형은 드물기 때문에 연구하기가 어려워 연구로부터 얻은 결론이 잠정적일 수밖에 없다. 아동기 이후 정신분열증은 급격하게 증가하며, 한 연구에 따르면 12세와 15세 사이에는 거의 10배로 증가한다고 한다. 이러한 급격한 증가는 우울증이나 다른 아동기 정신병과 같은 정동장애에서는 발견되지 않아, 정신분열증에만 독특한 것이다(Häfner & Nowotny, 1995)(**그림 11.1** 참조).

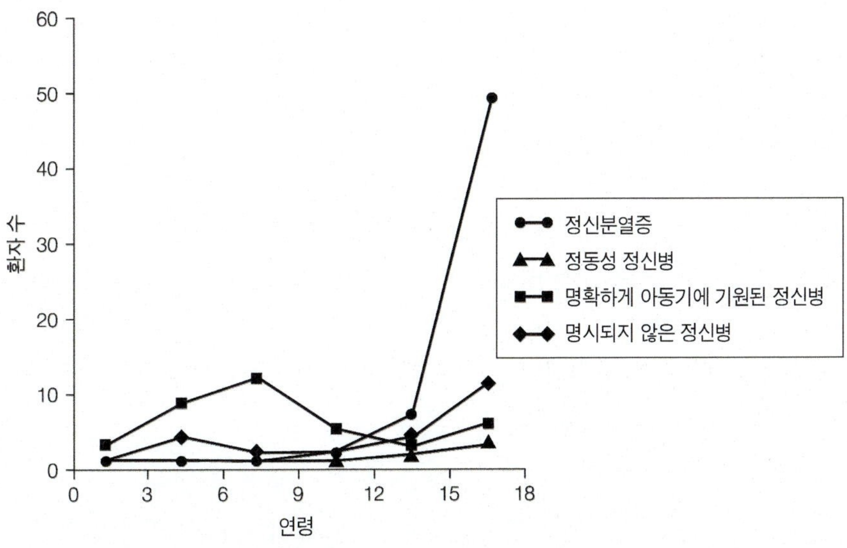

그림 11.1 청소년기의 정신분열증 증가

출처: Remschmidt 등(1994).

성차

연령에 따른 성별 변화가 흥미로운데, 초기 발생의 경우 남자가 여자에 비해 더 많으며 남자와 여자의 비율은 2:1에서 5:1 사이인데, 청소년기에는 남녀 비율이 비슷해진다(Asarnow & Asarnow, 2003). 이러한 변화의 이유에 관해서는 알려진 것이 없지만, 성에 따라 병인이 다르거나 남아의 경우 어렸을 때 나타나는 일반적 성숙과정의 결과임을 반영하는 것 같다(Spauwen, Krabbendam et al., 2003).

사회경제적 지위, 민족성, 문화적 차이

정신분열증에 관한 성인 연구에서는 사회경제적으로 낮은 집단에서 높게 나타났지만 아동과 청소년의 연구에서는 뚜렷한 결과가 나타나지 않았다(Asarnow & Asarnow, 2003). 인종에 따른 아동과 청소년의 유병률에 대한 증거도 존재하지 않는다(Yee & Sigman, 1998). 세계보건기구(WHO) 공동연구에서 성인기 정신분열증의 증상과 발생 정도는 국가와 문화 간 매우 유사했지만 아동 자료는 없다.

공병

아동기와 사춘기 정신분열증 모두 공병률이 매우 높다. 예로, Russell, Bott와 Sammons(1989)는 68%가 다른 증상을 가지고 있었으며, 우울증이 가장 많아 37%이고 이와 근접하게 품행장애 또는 반항장애를 가지고 있다고 밝혔다.

강박장애는 일반적으로 청소년기에 함께 나타난다. Nechmad와 동료들(2003)은 정신분열증이 있는 50명의 청소년을 표집했는데, 26%가 강박장애의 DSM-IV 기준에 부합했다는 것을 밝혔다.

게다가, 청년 정신분열증은 종종 자살의 사고와 행동을 보인다(Asarnow, Neuchterlein, et al., 2001). 자살에 대한 최고위험은 첫 정신증적 발병 후 2년 뒤에 나타난다. 이 기간 동안 자살은 자해행동, 정신병의 기간, 악화과정과 약물남용 등의 과거력에 의해 예측된다. 예를 들어, Verdoux와 동료들(2001)은 정신병 발작 후 첫 2년 동안 약물남용을 한 청년은 7배 이상 자살을 시도했다는 것을 알아냈다. Aguilar와 동료들(2003)은 자살을 시도하는 정신분열증 청소년과 성인은 주요 원인에 따라 두 가지 임상 유형, 즉 정신병적 유형(망상에서 나오는 이유 들기)과 우울증 유형으로 구별될 수 있다는 것을 발견했다. 정신병이 자살을 이끌어낼 수 있음을 이해하기 위해서는 정신병 발작이 얼마나 두렵고 당황스러운지, 또 이와 같은 사건이 재발할 수 있는 만성 정신병을 앓고 있다는 사실을 직면하는 것이 얼마나 괴로울지를 이해하는 것이 중요하다(**글상자 11.1** 참조).

변별진단

이 장의 초두에 언급했던 것과 같이, 정신분열증은 자폐증과 구별되어야 한다. 과거 정신분열증과 자폐증은 같은 정신병리에 의한 두 가지 표현이라고 여겨져야 한다는 주장이 있었다. 그러나 연구결과, 이 주장은 더 이상 정당하다고 인정되지 않는다. 일부의 자폐아가 후

글상자 11.1 사례 연구: 청소년기에 발병한 정신분열증 환자의 직접 증언

"내가 졸업하던 해, South Side 고등학교에서 2학기 동안 3시간짜리 목공 과목만 들었기 때문에, 오후에는 피자전문점에서 요리사로 일했다. 어느 날 피자전문점에서 요리와 일 등을 준비할 때, Pat, Kelly 그리고 사장님이 둥글게 모여 이야기를 하고 있었다. 그들이 나에게 이야기를 할 때 그들의 신체가 마치 악마에게 지배당하고 있는 것처럼 보였다. Kelly가 전화로 말하기 시작했을 때, 그의 목소리는 남의 목소리를 사용하는 듯 했다. 그것은 나에게 매우 혼란스러운 일이었다. 그가 나에게 오늘은 더 이상 일을 할 필요가 없다고 말했을 때 더욱 큰 혼란을 느꼈다.

내가 집까지 운전해 갔을 때 집에 아무도 없어서 소파에서 자려고 했지만, 그럴 수 없었다. 나는 일어나 차로 갔다. 그리고 시동을 걸어 학교로 갔다. 친구 Scott를 만나 나를 괴롭히는 것을 이야기했지만, 그는 수업이 있어 나와 이야기할 시간이 많지 않았다. 나는 도서관으로 가 Bill을 찾았다. 그러나 그의 도움을 받을 수 없었다. 결국 나는 학교 사무실로 가서 경찰에 전화하고 이상한 목소리를 듣는 나의 문제에 대해 이야기하기로 결심했다. 나는 경찰서장에게 와서 내 이야기를 들어달라고 했다.

그는 학교에 나를 데리러 와서 내 이야기를 들었다. 결국 나는 차를 몰아 경찰서로 가서 다른 경찰이 있는 경찰서로 갔으며 다른 경찰관과 이야기했다. 그는 나의 부모님을 불렀다. 나의 아버지는 나를 이해하는 듯 보였고, 어머니와 경찰 그리고 나는 이야기했다. 그러나 아버지는 마음으로 그들을 속이는 것처럼 보였다.

집에서도 나의 형인 Alex와 우리의 강아지가 달려진 것 같았는데, 아버지가 두뇌를 써서 조종하는 것 같았다. 아버지는 뇌파를 이용해 사람들의 마음과 신체를 조종할 수 있다. 아버지와 나는 함께 TV를 보면서 말없이 의사소통했다. 아버지와 함께 일하는 직장동료들은 다른 사람들을 세뇌시키는 클럽을 가지고 있었다. 그들은 나에게 실습해보길 원했다. 그들은 나와 나의 아버지를 제외한 가족을 점령했다. 아버지와 나는 다른 사람이나 사물을 생각했다. 우리는 그들이 우리 마음과 몸을 점령하지 못하도록 마음을 차단하기 위해서 그랬다. 그들은 다음 날 포기했다.

부모님은 Lake City 병원으로 나를 데리고 갔다. 나에게 일어나는 일을 알아내기 위해 병원에서 우리는 주치의와 다른 사람들을 만났으나, 아무도 나에게 일어난 일을 설명하지 못했다. 그들은 나에게 질문을 하고, 혈압을 측정하고, 혈액을 검사했다. 나는 그날 밤 그곳을 떠나려고 노력했다. 나는 ABBA의 노래를 부르고 싶었으나, 흰 옷을 입은 두 명의 큰 남자들이 나를 방으로 데려갔다. 다음날 아침 나에게 아침이 제공되었을 때, 그것을 다 먹기 전에 맛을 보고 냄새를 맡았다."

출처: Emmons, Geiser, Kaplan과 Harrow(1997).

에 정신분열증이 되는 것이 사실이지만, 그런 아동의 비율은 일반 아동이 정신분열증을 나타낼 비율과는 다르지 않다(Klinger & Dawson, 1996). 이 두 질환의 임상적 특징도 달라서 자폐증에는 정신분열증을 특징짓는 망상, 환각, 흐트러진 연상과 정서장애가 없다. 시작 시기와 발달경로도 다르다. 정신분열증이 아동기와 청소년기에 시작되는 반면에 자폐증은 생애 첫 30개월 내에 나타난다. 또한 정신분열증은 점증적으로 악화되지만 자폐증은 매우 안정적이다(**표 11.2** 참조).

정신분열증만이 정신병 증후를 보이지는 않는다. 그러므로 정신분열증과 극심한 정동장애, 정신병적 특성을 지닌 주요우울증과 조울증을 구분하는 것이 중요한데(9장 참조), 이 둘은 극적인 감정변화로 인한 정신병적 특성을 보인다. 그러나 종단연구에 따르면 정신분열증

표 11.2 정신분열증 병 이전 발달 예측요인 요약

	발달단계			
발달장애	**영아기**	**걸음마~학령전기**	**아동기 중기**	**청소년기**
동작·감각	대소 근육 협응 지체; 동작 이상	대소 근육 협응 지체	일탈적이지만 정신분열증에만 특정적이거나 예언적이지 않음	어설프지만 더 이상 이탈되지 않음
수동성	저각성, 저반응; 낮은 근육 탄력	낮은 에너지 수준		
언어	옹알이와 모방의 결핍	지연; 의사소통 결핍	모호, 혼란스러운, 불명확한	
사회적응	사회적으로 특이, 무반응, 무딘 감정, 눈 맞춤 결함	외톨이, 과잉활동; 불안하고 또래와 적대적	남아에게만 장애가 증가됨	
주의			주의 결핍	산만
인지·성취 수준			평균 이하	상당한 저하

이 있는 일부 젊은이들이 후에 조울증을 나타내는 현상이 있기 때문에 이들 간에 관계가 있는 것으로 보인다(McClellan et al., 2001).

DSM-IV-TR에서는 정신병과 정동장애 각각의 특징을 모두 포함하지 않지만, 두 질병의 경계에 있는 분열적 정동장애를 포함하고 있다. 이러한 분열적 정동장애에 대한 예후는 단순 정동장애보다는 더 나쁘고 정신분열증보다는 좋아서 중간 정도이다(Walker et al., 2004).

최근 발견된 아동들에서 다차원적 손상장애(multidimensionally impaired disorder; MDI)라는 특이 정신병이 진단되었다(Jacobsen & Rapoport, 1998). 이 아이들은 정신분열증의 모든 기준을 충족하지는 않지만, 망상, 환각, 감정조절부전, 충동조절부전 그리고 부주의 등의 증후를 나타내었다. 종단연구는 MDI를 가진 아이들이 정신분열 아이들보다 더 어린 나이에 시작되며 더 심각한 인지와 행동문제를 나타낸다고 보고하였다. 추가로 장기 추적 연구결과, 절반의 아이들은 정신병 증후와 상관없이 극심한 정동장애를 나타냈으며, 나머지 절반은 정신병 증후 없이도 행동장애를 나타내었다. 이러한 발견은 MDI가 정신분열증과는 원인과 결과가 다른 질병이라는 것을 시사한다.

발달 차원

모든 정신분열증은 하나인가? 현재까지 아동과 청소년의 정신분열은 성인과 근본적으로 같은 특징을 가지고 있으며, 같은 기준으로 진단된다는 것을 시사한다(Asarnow, Tompson, & McGrath, 2004). 이러한 유사성은 특징적인 증상뿐만 아니라 유전, 자율 기능, 뇌의 구조 등에 관한 결과에서도 나타난다. 그러나 아동기 정신분열증은 비록 적지만 다양한 발달차이를 드러내고 있다(Asarnow & Asarnow, 2003 참조).

시작

먼저, 아동기 정신분열증은 일반적으로 급성보다는 천천히 그리고 만성적으로 나타난다. 그러므로 아이들은 장애 진단 전에 만성적인 장애를 보이며, 전조 혹은 합병증상과 구별하기가 힘들 뿐만 아니라 장애가 시작되는 정확한 연령을 알기가 어렵다. 예를 들면, 아이들은 종종 정신병 발병시 ADHD 증상이 나타내기도 한다. 이는 ADHD가 정신분열증의 전구체, 질병의 초기 발현, 합병장애, 또는 정신분열증의 비구조화된 사고와 행동 특징에 대한 명명 오류임을 뜻하는가? 아직까지는 답을 알 수 없으며 더 오랜 종단연구만이 이러한 질문에 답할 수 있을 것이라 전망한다.

증상

임상적 증후에 있어서, 성인과 아동기 초기 정신분열증의 증후 간에는 차이가 있다. 망상, 환각 그리고 사고장애는 7세 이전에는 거의 나타나지 않는다. 특히 망상은 어른보다 아이들에게 더 적게 나타난다. 청소년기에는 모든 유형의 정신분열 증상이 나타나지만, 이들에게는 해체형 또는 미분화 유형이 더 많이 나타나고 피해망상형은 더 적게 나타난다.

이러한 증상과 사회적 손상은 어른보다 아이들에게서 더 심각하며 결과도 더 부정적이다. 성별의 차이를 살펴보면, 청소년기에는 남녀비율이 유사하나 성인기에는 남자가 여자보다 많다.

증후와 증상은 발달에 따라 다르기 때문에, 진단학자들은 성인의 모든 기준을 충족시키지 않으면 장애의 초기 징후를 보이는 아이들을 간과할 수 있다는 우려를 제기하고 있다. 이상적으로는 진단기준은 발달에 따른 임상증후에 맞게 조정되어야 한다.

규범적 발달과정

어린 아이들의 정신분열증 진단도 미숙한 언어와 인지기술로 인해 어렵다. 아이들은 내적 경험을 묘사하는 것이 불가능하기 때문에, 임상가들이 유아의 내적 상태와 지각을 평가하기가 어렵다. 게다가 잘 알다시피, 어린 아이들은 전조작기 단계에서 있어 마법적 믿음이 많고, 현실과 공상의 경계가 모호하다(예로, 1장의 세 번째 시나리오를 참고하라). 결과적으로 유아기의 마법 같은 생각과 망상 혹은 정신병적 사고를 신중하게 구분해야 한다. 마찬가지로 아이들이 언어발달지체로 인해 비논리적이고 해체적으로 의사소통하는 것을 진정한 사고장애로 혼돈해서는 안 된다.

2. 정신분열증 발달경로

정신분열증의 전조 발견

정신분열증의 발달과정은 세 과정으로 나누어진다: 장애가 시작되는 전인 병 이전(premorbid) 단계, 초기 장애 증상이 드러나는 전구(prodromal) 단계, 그리고 증상의 모든 단계가 완전히 드러나는 급성(acute) 단계. 그 뒤에 회복, 잔여, 만성적 증후 단계 등이 나타날 수 있다(**그림 11.2** 참조). 이 장애의 전구체의 발견은 장애의 본질을 이해하고 발생을 예방하기 위한 프로그램을 개발하기 위해 중요하다. 전망적 종단연구 자료가 원인을 밝히기 위한 최상의 증거를 제공할 수 있지만, 그러한 자료를 얻는 것은 어려운 일이다. 왜 그런지 살펴보자.

방법론적 문제

첫째, 어린 시기부터 아동을 추적하여 발병 시작까지 따라가는 종단연구가 거의 없고, 그 또한 간헐적으로 수행되었다—그 이유는 이렇게 드문 장애를 지닌 사례를 찾는 것이 방법적으로 어렵기 때문이다. 정신분열증은 인구 중 1% 이하로 발생하는 드문 질환이라, 정신분열을 가진 청소년 10명을 선별하기 위해서는 10,000명의 아이들을 무작위로 선택해야 한다. 이러한 연구는 매우 드물지만, 몇 개의 괄목할 만한 연구사례를 발견하였다. 예를 들면, 1958년 3월에서 9월까지 전국아동발달연구(NCDS)는 영국, 스코틀랜드, 웨일즈에서 태어난 모든 아이들을 조사하고, 7, 11, 16, 23세에 재평가를 실시하였다(Crow, Done, & Sacker, 1995). 이와 관련된 많은 노력과 비용이 소모되었다. 12,537명의 아이들 중 57명은

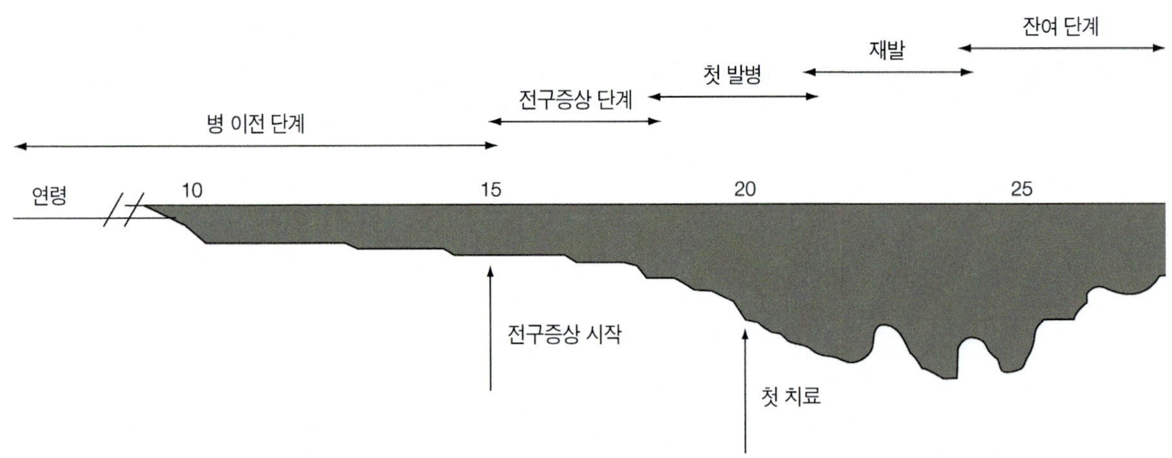

그림 11.2 정신분열증의 주요 단계를 보여주는 정신분열증의 자연과정

가로선은 시간의 흐름을, 세로선은 기능저하를 나타냄.

출처: Keshavan(2003).

정신분열증이었다.

이러한 엄청난 전망적 종단자료에도 불구하고, 병 이전 단계와 전구증상적 단계를 구분하는 것은 어렵다. 장애의 시작 전에 장기간의 행동문제가 선행하지만, 어떤 문제는 생의 아주 초기부터 시작하고 어떤 문제는 감지하는 것조차 매우 힘들다. 유아기의 어떠한 문제가 어느 정도 진정한 병 이전 단계인지, 또 이것들이 어느 정도 진정한 장애의 전구증상인지 알 수 없다. 이 문제는 논쟁거리이며, 더 많은 연구가 필요하다.

정신분열증의 다양성

정신분열증은 그 자체의 특성이 하나의 장애가 아니라, 여러 하위 유형을 지닌 장애군이라는 점이 문제를 더욱 복잡하게 만든다. 이는 연구에 딜레마를 가져온다: 하위 유형을 연구하여 일반적으로도 적은 사례를 더욱 적게 만들거나, 아니면 하위 유형 간의 차이를 간과하는 위험을 감수하고 전체 집단으로 자료를 합쳐 분석하여야 한다. 게다가 정신분열증의 정의와 증상은 시간이 지날수록 변하여, 연구대상이 늘 변동하게 된다. 모든 종단연구에 피험자 탈락이 있지만 장애가 심한 집단일수록 더 크다. 이는 비협조적이고 찾기 불가능하게 이동해 버리기 때문이다.

마지막으로, 모든 아이들이 같은 정신분열증 경로를 보이지는 않는다; 오히려 뚜렷이 다른 경로를 보인다. 그러므로 이러한 다른 경로를 조사할 필요가 있다.

이러한 도전과 제약을 염두에 두고, 이제 유용한 연구결과들을 검토해보자.

병 이전의 발달

영아기

동작과 감각 이상 수동성과 비정상적 언어발달을 동반한 동작과 감각발달의 이상은 정신분열증을 발달시킬 위험이 있는 영아의 특징이다(Gooding & Incono, 1995). 더 구체적으로는 동작과 감각의 발달이 지연되고 대근육, 소근육 운동협응이 결핍되어 있다. Walker, Savole와 Davis(1994)도 무도병(불수의적으로, 천천히, 불규칙하게 뱀처럼 몸이 틀어지는 움직임) 같은 사지자세와 동작의 이상을 발견하였다. 이러한 운동 이상은 생후 2년에 최고조에 달하며 그 후에는 감소한다. 위험 영아의 경우 낮은 각성 지향성, 그리고 낮은 근육긴장 등으로 외부 자극에 각성되지 않고 무반응적이며 수동성을 나타낸다. 수동성이 성인 정신분열증을 예언할 수 있다는 증거가 있다(Gooding & lacono, 1995).

언어지연 끝으로, 옹알이가 없거나 소리 모방이 더디게 나타나는 비정상적인 언어발달도 나타난다(Cantor, 1988; Watkins, Asarnow, & Tanguay, 1988).

애착 이상 애착에 관해 2개의 연구만이 수행되었으며, 연구결과도 비일관적이다. 위험군 신생아의 일부 집단의 경우 덜 귀엽고 달래기도 어려운 것으로 밝혀졌으나, 전체 아동에게 해당하는 것은 아니다(Watt et al., 1984). 그러나 생후 1년 안에 어머니로부터 분리되는 것이 정신분열증의 위험을 증가시킨다는 증거가 있으나, 이는 오직 어머니가 정신분열증인 경우와 같이 영아가 이미 유전적으로 위험한 경우에 한정된다(Oline & Mednick, 1996).

걸음마기와 학령전기

운동과 언어 결함 많은 영아기 이상은 걸음마기, 학령전기까지 계속된다: 대근육, 소근육 운동 이상, 수동성, 낮은 에너지 수준, 심각한 언어지체로 인한 의사소통 문제. 정신병을 일찍 시작한 아이들이 가장 심각한 장애를 보인다. 예를 들면, Nicholson과 동료들(2000)은 12세까지 정신분열증을 발달시킨 아이들의 50%는 병 이전에 의사소통과 말, 운동발달 결함을 나타낸 것으로 보고하였다.

사회정서적 이상 Cantor(1988)와 Watkins, Asarnow와 Tanguay(1988)는 사회적 환경에 이상하게 반응할 뿐 아니라 혼자인 것을 선호하고, 반복적인 놀이, 친구와 있을 때 "흥분하는" 등의 일탈을 발견했다. 아동들은 타인에 대해 불안해하고, 적대적이며 또한 어머니와는 감정 둔화와 위축, 고립등을 나타냈다. 정신분열증인 어머니의 양육에 관한 소수 자료에 따르면, 이들은 통제집단의 어머니들보다 정서적으로 덜 몰입되고, 더 적대적이며 자극을 덜 제공한다고 한다.

Walker와 Lewine(1990)의 독창적인 연구에서는, 성인기에 발병한 정신분열증 환자들과 그들의 건강한 형제들의 영아기와 유아기 동안 촬영한 5개의 홈 무비를 얻었다. 그 비디오를 환자가 누구인지 모르는 19명의 심사위원에게 보여주었다. 비록 나중에 환자가 된 사람이 아동기에는 아무도 정신분열적 장애를 나타내지 않았음에도 불구하고, 이들은 반응성 부족, 눈 맞춤 결함, 무딘 정서, 그리고 미세운동과 대근육운동협응 부족 등의 문제로 신뢰롭게 확인되었다.

아동기 중기

운동 결함 유아기와 마찬가지로 정신분열증의 위험군 아동들은 더 많은 운동신경의 결함을 나타내었는데, 특히 "과잉"을 보인다(예를 들면, 떨림, 무의식적인 반복운동). 게다가 정신분열증에 대한 위험이 높은 6세 아동들의 연구에서 McNeil과 동료들(2003)은 운동신경의 결핍이 있는 아동들이 또래들보다 다른 정신과 장애, 불안, 대인관계의 어려움과 일반적인 기능 결함을 더 많이 보인다는 것을 발견했다. 따라서 운동신경 장애는 잠재적으로 정신분열증과 다른 장애의 발달에 취약한 집단을 확인해준다.

주의 결함 주의력결핍은 안정적이며 미래의 정신분열증을 예측할 수 있다. 주의력결핍은 숫자 따라 하기 또는 거꾸로 따라 하기, 문자 삭제, 매우 짧은 시간에 제시된 문자 배열들에서 주어진 문자를 인식하는 능력 등 많은 과제들에서 나타난다(Gooding & Iacono, 1995).

사회성 결함 아동기와 청소년기에 발생한 정신분열증은 성인기에 발병한 경우보다 사회성 결함이 전반적이고 심각하다(Hollis, 2003). 사실, 이 아동들의 대부분은 병전 단계에 아스퍼거 증후군, 자폐증, 또는 전반적 발달장애와 일치하는 증상을 보인다.

병 이전의 사회적 위축, 대인관계 결함, 사회적 기술결함은 무딘 정서, 비사회성, 언어문제 등의 조기 발현 정신분열증의 음성 증상과 분명한 상관이 있다(McClellan et al., 2003). 정신분열증의 양성 증상에 대한 결과는 비일관적이어서 한 연구에서는 정신분열증이 아동기에 있어서의 흥분성, 공격, 장애행동과 관계가 있음을 밝혔으나 2개의 연구에서는 상관을 밝히지 못했다. 따라서 음성 증상은 지속적인 경향을 반영하고 장애의 전조기에 뿌리를 두고 있는 반면, 양성 증상은 그러한 뿌리가 없는 것 같다(Walker et al., 1996).

인지와 성취 결함 전반적인 IQ 및 학업성취와 관련하여, Crow, Done와 Sacker(1995)는 NCDS에서 광범위한 손상을 밝혔다. 보통의 통제집단을 포함한 다른 집단보다 전반적으로 지능이 낮을 뿐 아니라 읽기와 수학 성취도도 유의미하게 지체되었다. 게다가, 연구들은 병 이전의 지능, 언어, 읽기와 철자장애는 성인기에 발병한 환자보다 조기발병 정신분열증 아동들에게 더 심각하게 손상된다는 것을 보여주었다(Hollis, 2004; Vourdas et al., 2003). 이 장 뒤에서 정신분열증이 있는 아동의 뇌 발달 연구를 살펴보면 그 이유가 밝혀질 것이다.

일반적 정신병리 정신분열증을 나타낼 아동들은 또래들과 달리 정신건강전문가의 주목을 받게 된다. Rolf와 Fultz(2003)는 분열증이 발병하기 전에 정신건강 클리닉을 다녀간 148명의 남아들에 관한 연구를 했다. 나중에 정신분열증 진단을 받게 되는 아동들은 주의, 기억, 운동협응력의 측면에서 더 많은 문제를 보여 클리닉을 방문한 다른 남아들과 구별되었다. 그들은 또한 다른 소년들보다 전반적으로 더 장애가 많았다. 저자들은 낮은 운동협응력과 주의는 충동적이고 부적절한 행동과 연관되어 있고, 결과적으로 청소년기에 있어 은둔과 또래 배척 등을 경험하게 된다고 설명했다.

정신분열증인 부모의 자녀들에 대한 종단연구인 New York High-Risk Project로부터 수집한 자료를 사용하여, Ott와 동료들(2002)은 아동들이 약 9세였을 때 찍은 비디오테이프를 분석하여 정신분열증과 관련된 장애의 미세한 징후들이 있는지 살펴보았다. 정신분열증 진단을 받게 된 아동들은 확실히 사고장애와 양성, 음성 증상을 보였다. 여기서도 병 이전기와 전구증상적 단계 구분은 모호하였다. 정신분열증 진단을 결정짓는 증상이 분명하기 훨씬 전부터 정신분열증을 나타낼 아동들은 발달과정에서 벗어난 경로를 밟고 있었다.

청소년기

부주의 선택적 주의 결함과 주의산만은 청소년기에 나타난다. 또한 이것은 예후에 있어서도 중요하다(Harvey, 1991).

운동 장애 운동발달과 관련하여, Crow, Done와 Sacker(1995)의 NCDS는 이상발달의 이전 징후들은 사라지고 동작 협응은 나이에 적합했다고 보고하였다. 그러나 위험 집단은 다른 집단에 비해서는 서투르다고 평가된다.

인지결함 끝으로, 지능점수는 우울증 어머니의 자녀들보다 더 하락이 크다. 정신분열증의 진단을 받게 되는 청소년은 성취도검사 점수도 13세와 16세 사이에 상당히 감소한다(Fuller et al., 2002). Vourdas와 동료들(2004)은 초기 발병 정신분열증과 후기 발병 정신분열증을 비교한 연구에서 청소년 특히 소년들은 전반적으로 기능 감소가 증가하는 것을 발견하였다.

병 이전 단계 요약

유용한 증거에 의하면, 정신분열증이 아동기에 시작할 때에는 정서, 인지, 사회성, 학업발달을 포함한 모든 영역의 초기 능력의 발달에 지대한 영향을 미치는 것을 알 수 있다. 또한 병 이전 아동기 발병 정신분열증과 청소년기 발병 정신분열증은 성인기 발병 정신분열증에 비해 광범위하고 심각한 발달장애라는 특징을 가진다(Hollis, 2004). 언어와 의사소통 장애는 생애 내내 중요한 것 같지만, 운동 장애는 영아기부터 나타나 청소년기까지는 사라지는 경향이 있다. 수동성(정신분열증의 음성적 하위 유형의 전조가 될 수 있음)은 영아기부터 취학 전기까지는 확인되지만, 그 이후의 결과는 밝혀져 있지 않다. 사회적이고 전반적인 적응문제는 걸음마기 이후부터 나타나 아동기 중기까지 계속되는데, 특히 남아에게서 그러하다. 정신분열증의 전조가 되는 다른 인지적 결함과 마찬가지로 주의력결핍은 아동기 중기부터 나타난다. 광범위한 발달지체와 일반적인 적응 부족, 정신분열증 스펙트럼 특성의 존재는 향후 정신분열증 진단을 받게 될 아동들의 특징이다.

이 같은 병 이전의 변수들은 정신분열증 진행에 대한 위험 요소인가, 아니면 전조인가? 일부의 경우에서 이와 같은 초기의 인지장애와 사회장애 없이도 정신분열증이 나타난다는 사실은 발달장애는 동반요인이지만, 장애와 인과적 관계가 있거나 또는 장애의 출현에 필요조건은 아니라는 것을 시사한다(Hollis, 2004).

전구 단계

아동기 발병 정신분열증은 전형적으로 정신병이 발병하기 전에 점진적이며 잠행성의 기능 저하로 시작된다. 사회적 고립, 이상 집착, 자조 기술 저하, 정신불안, 그리고 수면과 식욕의 변화가 있다(McClellan et al., 2001). 병 이전의 단계는 수일, 수주일에서 수개월 및 수년 동안 지속될 수 있다.

예를 들면, Hollis(2000)는 청소년의 정신이상에 대한 모즐리 연구를 보고하고 있는데, 이 연구는 10~17세의 약 100명의 청소년을 대상으로 11년에 걸쳐 평가하였다. 회상적 방법을 통해 첫 번째 정신병이 발병했을 때의 환자 일지를 조사한 결과, 연구자들은 양성 증상이 발병하기 전의 전구 단계는 평균 1년이라는 것을 밝혔다. 전구 단계 중에 청소년들은 사회적 철회의 증가, 학업성적 감소, 이상행동을 보였는데, 연구자들은 이것이 정신분열증의 초기 음성 증상을 암시하고 있음을 인식하였다. 전구 단계는 비교적 보다 미묘한 이러한 음성 증상에 의해 시작이 되고, 그리고 이것은 나중에 가서야 환각과 망상 같은 보다 양성적인 정신이상행동으로 서서히 바뀌기 때문에, 이 장애의 초기 인식은 아주 어렵다.

게다가—진단 의사를 더욱 힘들게 하는데—아동의 양성 정신증 증상이 반드시 정신분열증을 예언하는 것은 아니며, 수많은 장애들과 관련이 있다. 이와 대조적으로, 음성 증상은 기분장애 관련 정신증적 반응 및 정신분열증과 직접적인 관련이 있다. 음성 증상은 또한 보다 심각한 발달장애를 예견하기도 하고, 보다 병리적인 질병의 진행을 예언하며 정신분열증의 가족력과 관련이 있는데, 이것은 근본적인 유전적·발달적 기제를 시사하는 것이다(Hollis, 2004).

급성 단계

잘 알고 있듯이, 급성 단계는 양성적 정신증 행동과 증상으로 특징지어지지만, 아동-청소년 발병 정신분열증은 성인 발병 정신분열증과는 다르게 나타난다. 아동 발병 정신분열증의 특징은 보다 분명한 음성 증상(예를 들면, 무딘 정서나 부적합 정동, 철회, 특이한 매너리즘)과 보다 와해된 행동이다. 비록 사고장애(연상이완, 비논리적 사고)의 다른 특질들이 일반적으로 나타나기는 하지만 어린 아동에게는 학대에 대한 믿음과 같이 잘 형성된 망상은 드물다(McClellan et al., 2001). 급성 단계는 일반적으로 1~6개월 정도 지속되거나, 치료에 대한 아동의 반응에 따라 더 오래 지속된다.

회복 단계

급성 단계 후에 몇 개월 동안에는 정도가 덜 심각한 지속적인 장애가 있는데, 에너지 부족과 사회적 철회와 같은 음성증상이 특징이다(McClellan et al., 2001). 일부 사람들에게는 정신불안과 무딘 감정과 같은 정신분열증후 우울증(post-schizophrenic depression)이 생긴다.

후유증이나 만성적 단계

정신분열증의 이 단계는 다양한 경로를 보인다. 비록 여전히 음성증상에 영향을 받지만 많은 아동들이 외현적으로는 정신증이 아닌 수개월 이상의 기간을 경험하게 될 것이다. 반면에 다른 아동들은 치료에 효과를 보이지 못하고 여전히 만성적인 증후가 남아 있을 것이다. 일반적으로, 만성적 정신분열증은 위의 단계들을 순환적으로 나타내며, 매 급성 단계 후 더 심각한 악화를 보이게 될 것이다(McClellan et al., 2001).

정신분열증에 이르는 다양한 경로

지금까지 아동기와 청소년기에 나타나는 정신분열증의 전조는 무엇인지 알아보았다. 가장 좋은 답은 정상적인 통제집단뿐만 아니라 정서장애의 위험이 있는 집단과 정신분열증의 위험이 있는 사람들과 비교하기 위해 고안된 연구로부터 나올 수 있다. 그러나 또 다른 질문이 있다. 위험 아동은 궁극적으로 정신병리에 이르는 한 경로를 따르는가? 아니면 동일한 마지막 지점에 이르는 여러 다른 방법이 있는가? 이 문제에 답하기 위해서는 위험 아동으로부터 자료를 얻는 집단 내 분석을 필요로 한다.

Walker와 동료들(1996)은 군집분석이라 불리는 통계기법을 사용해 집단 내 분석을 수행하였다. 그들은 과거추적 자료가 두 개의 군집으로 묶이는 것을 확인했다. 군집 I의 아동은 군집 II의 아동보다 행동적, 주의력 문제가 좀 더 많았으며 문제가 좀 더 급격히 확대되었다. 예를 들면, 군집 I의 아동은 군집 II의 아동보다 좀 더 위축되고 비행적이며 사회적 문제가 많았다. 게다가 군집 I의 아동에 비해 모든 행동적, 주의력 문제에서 건강한 형제자매와는 의미 있게 달랐다.

군집 I의 아동은 동작 이상이 더 많았으며 출산 합병증의 비율이 더 높았다. 이 후자의 결과는 Crow, Done과 Saker(1995) 등과 같은 연구자들은 출산 합병증에서 차이를 발견하지 못한 반면, 어떤 연구에서는 차이를 발견하는 이유를 설명하는 데 도움을 준다. 즉, 연구 표본에 군집 I과 군집 II가 포함된 비율에 따라 결과가 달라진다.

Walker와 동료들(1996)은 초기부터 지속적으로, 점층적으로 확대되는 이상유형과 건강한 아동과 다른 점이 없는 유형의 두 가지 하위 전조유형이 있다고 결론 내렸다. 이 두 유형은 부모로부터 얻은 두 가지 종류의 일화적 정보와 일치한다. 어떤 부모는 정신분열증을 가진 아동에 대해 시작부터가 달랐다고 말하지만, 어떤 부모들은 아동이 완벽하게 정상이었기 때문에 증상이 시작되었을 때 특히 낙담을 했다는 것이다. 양쪽 모두 옳은 말일 것이다. 따라서 아동임상심리학자는 정신분열증이라 진단된 아동이 아동기에 잘 적응했다고 말하는 부모가 장애를 왜곡한다고 의심해서는 안 된다는 것을 인지하는 것이 중요하다.

다음으로 Walker와 동료들(1996)은 성차와 관련된 전조에 관한 자료를 분석해 중요한 또 다른 결과를 얻었다. 다른 연구자들과 마찬가지로 이들은 여자들이 주로 내면화된 문제(즉, 불안, 우울)를 가진 반면에, 남자들은 외현화된 문제(즉, 방해 행동)와 내면화된 문제(즉, 사회적 고립) 모두 많이 나타냄을 발견했다. 따라서 소녀들만이 위축이라고 하는 정신분열증의 전조에 관한 고정관념을 따르게 된다. 소년들은 좀 더 정서적으로 불안정하고 격랑의 시기를 보낸 것으로 묘사되는 경향이 있다.

요약

요약하면 정신분열증으로 이끄는 단일한 경로는 없다. 근본적으로 동일한 증상에 이르는 경로는 다양하다. 일부 아동들은 초기부터 여러 기능면에서 장애가 있지만 다른 아동들은 정신분열증이 출현하기 전에는 근본적으로 정상적이다. 마찬가지로 여자와 남자의 경로가 달라서 남아는 외현화된 문제와 내면화된 문제 모두 지니지만 여아는 주로 내면화된 문제를 지닌다. 다른 문제들이 같은 결과를 가져올 수 있다는 결과는 동일 종결(equi-finality)의 예이다.

3. 병인론

정신분열증의 병인에 대한 주된 이론들은 **특이체질 스트레스**(diathesis-stress) 모델에 의존한다. "특이체질"은 정신분열증을 발달시키는 취약성 또는 경향에 대한 다른 용어이다. 스트레스는 정신분열이 실제로 나타날 수 있는 가능성을 증가시킨다. 특이체질 중 생물학적 요인이 가장 중요하다.

생물학적 맥락

정신분열증의 기질적 병인론과 관련하여 네 가지의 증거 자료가 있다: 유전연구, 신경생물학적 연구(뇌 연구와 자율신경계 연구를 포함한 신경생물학적 연구), 부주의와 불협응과 같은 신경 정신병리학적 변인에 관한 연구, 그리고 태내기와 출산문제 연구가 있다.

유전적 요인

가족력 정신분열증에서 유전적 요인이 병인론적 역할을 하는 것은 확실하다. 40 가족 이상을 대상으로 한 수십 년간에 걸친 연구에서, 정신분열증 환자의 여러 친척의 위험은 정상적인 사람의 위험도보다 상당히 높았다. 게다가, 위험도는 환자와의 유전적 관계의 정도에 비례하여 높아졌다. 따라서 100%의 유전자를 공유한 일란성 쌍생아들은 가장 높은 상관을 보였다. 일란성 쌍생아의 위험도는 48%로 14%의 공유율을 보이는 이란성 쌍생아의 거의 3배에 이른다(Moldin & Gottesman, 1997).

예를 들어, UCLA가족 연구(Asarnow et al., 2001)에서는 정신분열증인 148명의 아이들의 직계 가족에서의 정신분열증군 장애 가능성을 368명의 ADHD 아동 및 206명의 같은 지역의 통제집단 아동과 비교하였다. 연구자는 엄격한 방법론을 사용하였는데, 환자의 진단명에 대하여 모르는 임상의학자들이 구조화된 진단면접법을 이용하였다. 그 결과, 장애를 가진 아동의 부모에게서 정신분열증이 현저하게 높았고 그 부모들은 대개 이른 나이에 발병하였다. 상대적 유전의 위험률(같은 지역 아동들 부모의 정신분열증 비율에 대비한 정신분열증 환자 아동 부모들의 위험 비율)은 17인데, 이는 정신분열증을 가진 성인의 부모들에게서 나타나는 비율보다 3배에서 6배 정도나 증가한 것이다. 이와 유사하게, Nicolson과 동료들(2003)은 아동기 발병 정신분열증을 가진 아동의 부모 중 24.74%가 정신분열증 스펙트럼을 지니고 있는데, 이는 성인기발병 환자의 부모 중 11.35%, 그리고 정상적으로 발달하고 있는 아동의 부모 중 1.55%만이 보이는 것과는 대조적이다. 종합해 볼 때, 이러한 발견은 아동기 발병 정신분열증은 성인기 발병 정신분열증보다 좀 더 가족력이 있으며 유전적으로 결정된다는 것을 시사하였다.

전파의 기제 정확하게 정신분열증의 전파에 관련된 유전자는 현재까지는 알려져 있지 않다. 가장 유력한 현존 증거는 22q11 염색체의 미세탈락과 관련 있다는 것인데, 정신분열증 환자, 특히 아동기발병 정신분열증 환자 중에 자주 나타난다(Usiskin et al., 1999).

하지만 질환 유전자를 확인해서 추출해내는 과제는 상당히 어렵다. 예를 들면, 허친슨병에 대한 정확한 유전자 확인과 유전연쇄 확인까지는 10년이 걸렸다(Moldin & Gottesman, 1997). 더구나 유전자의 영향은 "단일한 결정적 유전자의 강력한 효과보다는 작은 확률적 효과를 지닌 많은 유전자"의 영향을 반영할 수 있다(Rende & Plomin, 1995, p. 302). 또한 그들은 유전자에 의해 영향을 받는 증상이 장애를 정의하는 증상과 반드시 일치하지 않는다고 경고했다. 유전적 영향은 우울과 불안과 같은 다른 장애에도 영향을 미칠 수 있으며, 주의력 같은 중심적 기능으로서 고려되지 않는 기능들에 영향을 줄 수 있다. 정신병리의 정의와 관련된 임상 특징 자체와 정신병리를 전파시키는 유전자 간의 정확한 일치가 부족하다는 사실은 유전적 병인론 연구에 또 하나의 복잡한 문제를 첨가시켜 주고 있다.

유전자-환경의 상호작용 유전자의 역할에도 불구하고 여전히 정신분열증의 궁극적 출현에는 환경적 요인이 중요한 역할을 한다. 유전자와 환경적 요인의 상호작용에 대한 한 예는 핀란드 연구(Tie-nari et al., 1983)로, 정신분열증 어머니와 정상 어머니를 가진 92명의 아동이 건강하거나 문제가 있는 가정환경에 입양된 경우이다. 결과적으로 정신분열증을 가진 모든 아동들은 정신분열증 어머니의 자녀이며 장애 가족 집단이었다. 정상 어머니의 아동은 장애 가족에게 입양되어도 정신분열증은 발생하지 않았다. 따라서 정신병리는 유전적으로 유약한 아동이 장애 가족 환경에서 성장하게 된 조합의 결과였다. 이와 마찬가지로, 중요한 점은 정신장애가 없는 가족은 위험요인을 가진 아동을 정신분열증으로부터 보호했다.

유전-환경의 상호작용에 관한 또 다른 예는, 런던으로 부모들이 이민 온 아프리카계 카리브인 아동이 7배 높게 정신분열증을 나타낸다는 결과였다(Hutchisom et al., 1996). 가능한 환경적 위험요인에는 태내기의 풍진 감염, 약물남용, 동화와 관련된 요인들이 있다. 그러나 환경적 변수 중 결정적인 요인을 확인하는 것은 정신분열증의 발생에 결정적인 유전자를 발견하는 일만큼 어려운 일이다.

중추신경계의 기능장애

중추신경계의 기능장애에 관한 가장 많은 연구는 정신분열증을 가진 성인에 대해 이뤄졌다. 뇌의 몇몇 영역, 특히 해마, 전두엽, 기타 좌반구의 일부 구조가 관련된다. 그러나 활발한 연구 노력에도 불구하고, 구체적인 병리원인적 뇌 기제는 아직 정확히 밝혀지지 않았다. 모든 정신분열증 환자에게서 확인되는 단일한 뇌손상부위는 발견되지 않았고, 발견된

손상부위는 정신분열증에만 국한된 것이 아니다(Asarnow & Asarnow, 2003). 더구나 성인 연구와 대조적으로 정신분열증을 가진 아동에 대한 연구는 부족하고 많은 경우가 한 개인을 연구한 것이다(Jacobsen & Rapoport, 1998).

대뇌의 양 오늘날 매우 일관적인 연구결과는 정신분열증을 가진 아동과 성인의 전체 대뇌의 양이 적다는 것을 보고하고 있다. 아동에게 이러한 감소는 성인에게 발견되는 것보다 더 심하며 음성적 증상과 강하게 상관을 보인다. 특히 소뇌와 전두부 영역의 회백질 감소로 귀추된다. Tomson과 동료들(2001)은 조기발병 정신분열증 청소년의 MRI를 얻어 정상적으로 발달하고 있는 청소년과 비교하는 종단연구를 실시하였다. 2년 간격으로 3번 반복적인 정밀검사를 실시하였다. 그 결과, 5년 동안 조기발병 청소년의 회백질에 역동적인 감소변화가 있었는데, 후두엽에서 측두엽으로 진행되어 감각운동영역과 전전두엽 영역, 그리고 전두엽의 시각부위를 잠식했다. 측두엽은 장애의 발병 시에는 거의 영향을 받지 않았는데, 5년의 기간 동안 전반적인 회백질 감소가 일어났다(**그림 11.3** 참조). 이러한 변화유형은 정신증 증후의 심각성과 관련이 있으며 젊은이들이 보이는 청각, 시각, 그리고 실행상의 기능 등의 신경심리학적인 손상을 반영한다. 회백질의 손실은 다차원적 손상장애와 비전형적인 정신병을 지닌 아동에게서는 나타나지 않기 때문에 정신분열증에 특징적인 것 같다(Gogtay et al., 2004).

회백질이 줄어들면 부수적으로 뇌실의 크기가 증가하고 뇌실 공간에 액체가 가득 차게 된다(Kumra et al., 2000; Sowell et al., 2000). 예를 들어, 한 연구에서는 2년의 기간 동안 정상적으로 발달한 아이들보다 정신분열증을 가진 아동의 뇌실의 크기가 급격히 증가하였음을 보고하였다(Sporn et al., 2003).

최근의 자료에서는 회백질 감소에 있어서 성차를 시사하였다. Collinson와 동료(2003)는

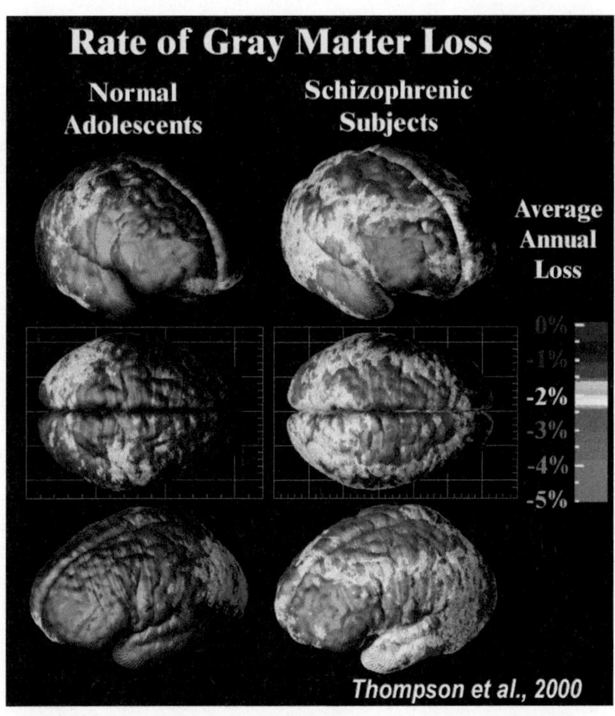

그림 11.3 정상적인 청소년에 대비한 조기발병 정신분열증 환자의 회백질 감소비율

출처: Thompson, Vidal, Giedd, Gochman, Blumenthal, Nicolson 등(2001).

조기발병 정신분열증을 가진 여성은 정상 여성보다 오른쪽 대뇌 반구가 더 작다는 것을 밝혔는데, 조기발병 정신분열증을 가진 남성은 왼쪽 대뇌 반구에 비대칭이 나타났다.

더구나 Lenane과 동료들(2003)은 아동기 발병 정신분열증 환자의 건강한 형제에게도 회백질 감소와 대뇌 감소를 발견하였다. 따라서 뇌의 이상이 이 장애의 중요한 유전 표지임을 시사한다.

회백질의 변화가 정신분열증의 원인인가, 아니면 결과인가? Pantelis와 동료들(2003)은 중요한 종단연구를 통해 몇몇의 통찰을 제공한다. 전구증상을 보이는 사람들에게 MRI 정밀검사를 실시하고 12개월 후에 추적 검사를 하였다. 정신분열증을 발달시킨 사람들은 초기 검사에서 오른쪽 중심측두엽, 측두엽후측, 전두엽하측, 그리고 대상회피질(cingulate cortex)에서 회백질 손실을 지녀 또래와는 차이를 보였다. 또한 추적 평가시 이들은 대상회(cingulate gyrus)뿐 아니라 좌측 준시상하부, 방추상회(fusiform), 안와전두피질(orbito-frontal), 소뇌 핵 등에서 회백질 손실이 있었다. 이러한 자료는 정신분열증과 관련된 회백질 변화의 일부가 장애 전에 나타나며, 다른 것들은 장애 발병시에 나타나고 질병이 진행되면서 점진적으로 악화된다는 것을 시사한다.

Jacobsen과 Rapoport(1998)는 정신분열증의 출현 전후에 모두 지적인 퇴화가 계속된다는 사실과 함께 정신분열증이 나타난 후에는 뇌실의 크기가 점진적으로 확대되는 것은 아동기 정신분열증에 관한 병리적 기저는 단일하고, 정적인 손상이나 사건에 의한 것이 아니라 지속적이고 다양한 과정임을 의미하는 것이라고 결론지었다. 이러한 광범위한 중추신경계의 변화는 조기발병 정신분열증의 진행과정에서 인지와 학업수행이 저하되는 것을 잘 설명한다.

뇌 형태학 또 다른 MRI 연구에서 White와 동료(2003)들은 정신분열증을 지닌 아동 및 청소년 42명의 뇌 표면을 24명의 건강한 통제집단의 자료와 비교하였다. 연구자들은 이들의 피질의 두께가 감소하는 것을 발견하였는데, 특히 피질의 골과 대뇌구의 조직에서 발견했다. 게다가 정신분열증을 가진 아동 및 청소년의 대뇌구는 평평해지고 대뇌회는 더 날카롭게 도드라졌다. 이들은 이러한 뇌의 형태상의 이상은 뇌 부분 간의 상호 연결성과 소통에 영향을 미칠 수 있다고 지적하였다.

뇌량 또 다른 발달적 뇌 스캔 연구에서 아동기 발병 정신분열증을 가진 사람들은 2개의 대뇌 반구를 연결하는 구조인 뇌량에 점진적인 변화가 있음을 보고하였다. Keller와 동료들(2003)은 55명의 아동이 발병하였을 때부터 2년 간격으로 청소년기와 성인 초기까지 MRI 정밀검사를 수행하였다. 이 검사 결과를 113명의 연령과 성을 맞춘 정상 아동의 자료와 비교하였다. 첫 검사에서는 차이가 없었으나 종단적 자료에 따르면 뇌량 팽대의 발달적 변화가 달랐다. 아동기 발병 정신분열증 환자의 경우 전체 대뇌 양의 감소를 감안하더라도 이 부위가 더 작아졌다.

신경화학

신경전달물질 정상적 신경활동에 필수적인 단일 아미노계 신경전달물질(화학적 전달자)인 도파민은 치료에 효과적임이 증명되어 있기 때문에, 정신분열증 변인연구와 관련된 신경화학연구에 중요한 역할을 하고 있다. 구체적으로 도파민 전달을 억제하는 약물은 정신증적 증상을 통제하며 도파민을 과도히 방출하는 약물은 정신증적 증상을 강화시키는 경향이 있다. 그러나 그 효과는 특별히 정신분열증에만 있는 것이 아니라 많은 정신병에 적용된다. 게다가 증상을 억제하는 치료 효력은 필연적으로 원인과 관련된 것은 아니기 때문에 변인학적 가설에 관한 증명이 되지 못한다(Haefner, 1995). 최근의 연구에서는 자극적인 신경전달물질인 글루타메이드를 포함한 다른 신경화학물질과 억제적 신경전달물질인 GABA를 조사하기 시작하였다(Walker et al., 2004).

신경호르몬 Walker와 Walder(2003)은 정신분열증 발달에 있어서 cortisol과 시상하부-갑상선-부신(HPA)체계의 역할을 연구하였다. 그들은 스트레스의 결과, 코르티솔 방출이 높아지며 이는 도파민의 활동 증가를 가져옴으로써 정신병 증상을 악화시킨다고 주장하였다. 청소년기와 관련된 호르몬의 변화는 취약한 뇌에 작동하여 정신분열증의 위험성을 강화시키는지도 모른다. 흥미롭게도, 저자들은 정신증 질환을 가지는 것에 내재하는 만성적 스트레스가 뇌의 퇴행에 더욱 기여하게 된다는 것을 시사했다.

심리학적 장애신경

뇌 영상기술은 뇌의 구조 변화를 확인하는 데 도움이 되는 반면, 신경정신학적 측정은 정신분열증을 가진 아동의 뇌의 기능이 다른지 확인하는 것을 돕는다. 연구결과들은 그러한 차이를 일관되게 보여준다. 신경인지적인 업무를 수행해야 할 때 정신분열증을 가진 청소년들은 정상적으로 발달하고 있는 또래보다 전반적으로 더 취약한 기능을 보인다는 것을 발견하였다(Kravariti et al., 2003). 결과는 다음과 같이 요약될 수 있다.

주의 아동, 청소년 및 성인에 대한 정신분열증에 관한 가장 확실한 연구결과는 이들 모두 주의장애를 가지고 있다는 것이다. 이런 기능장애는 피험자가 0.05초 동안 제시되는 문자 배열 속에 목표 문자(T 또는 F)를 확인하는 것과 같은 주의의 폭에 관한 연구들에 의해 입증되었다. 특히 1~3개가 아니라 5~10개와 같이 식별해야 하는 문자열이 많을 때 정신분열증을 가진 사람의 수행은 정상인이나 주의장애(ADHD) 경우보다 더 나빴다. 따라서 정신분열증을 가진 사람의 기능장애는 정보를 처리하는 데 큰 부담이 있는 과제일 때 나타난다. 끝으로 과제를 수행하는 동안 실험 대상의 뇌 활동에 대한 직접적인 평가결과, 뇌의 전기적 활동을 측정하는 ERP(event-related potential)에서 상당한 이상이 발견되었다(Asarnow et al., 1994).

처리속도 연구결과들은 정신분열증이 있는 청소년은 정보의 처리속도와 효율성에 있어 어려움을 겪고 있다는 것을 일관성 있게 보여준다(Asarnow et al., 1994).

시각적 운동 신경과 운동 신경의 작용 정신분열증이 있는 환자들은 시각–운동협응과 미세 운동 속도 모두 손상되어 있다(Niendam et al., 2003). 또한 연령에 따라 통제집단에서는 이러한 영역의 수행은 증진되지만, 정신분열증을 가진 아동에서는 발달되지 않는다. 이렇듯 발달이 나타나지 않는 것은 정상적인 뇌의 성숙이 지연되거나 실패한 것으로 간주된다(Jacobsen & Rapoport, 1998).

실행기능 정신분열증 성인에서와 마찬가지로 정신분열증을 가진 아동과 청소년 모두 유연하고 목표지향적 행동 같은 실행기능이 손상되어 있다(실행기능에 대한 보다 자세한 내용은 7장 참조). 예를 들어, 정신분열증이 있는 사람은 이상한 사고시 고착적인데, 이는 고차원적인 실행적 처리를 수행하는 전두엽 손상과 관련된 결손이다. 앞에서 설명된 수많은 연구들도 작업 기억(working memory)의 실행적 기능, 즉 과제를 수행하는 동안 정보를 저장하는 능력에 있어 결손이 있음을 시사하였다. 실제로 Niendam과 동료들(2003)은 정신분열증을 발달시키거나 그렇지 않은 사람들의 아동기 검사를 비교하였는데, 작업기억 문제가 정신분열증을 발달시킬 사람들에게만 독특한 결함의 하나임을 발견했다.

복잡한 정보를 처리하는 장애와 관련해서 볼 때 정신분열증 환자에게는 과제를 수행하는 것에 관한 정보나 전략을 제공하는 것이 수행을 방해할 수 있다는 것은 역설적인 발견이다. 추가된 정보는 도움이 되는 대신에 너무 많이 몰입시킨다. 이 결과를 뇌 기능에 관한 결과와 관련해 볼 때, 정신분열증이 있는 아동과 청소년은 과제에 의해 측정되는 기능과 관련된 뇌반구와 관계없이 복잡한 정보처리에 있어 어려움을 겪는다. 즉, 기능장애가 한쪽 뇌반구에만 국한되지 않는다.

태아기와 출산 합병증

태아기와 출산 합병증의 영향에 관한 연구는 일관적이지 않고 다양한 견해가 있다. 어떤 연구자들은 임신과 출산 합병증이 정신분열증과 강하게 연결되어 있으나, 오직 아동기 발병 유형에만 해당한다고 결론을 내렸다(Rosso & Cannon, 2003). 고위험군 아동(예를 들어, 정신분열증 어머니의 아동)의 태내기 위험이 장애 발병의 증가를 가져오는 증거를 발견하였다(Brown & Susser, 2003). 태내기 바이러스 감염 또한 시사되었다. 예를 들어, Mednick와 동료들(1988)은 정신분열증이 있는 성인은 임신 4개월과 6개월 사이에 인플루엔자에 더 노출되었다는 것을 발견하였는데, 1~3개월과 7~9개월 사이는 그렇지 않았기 때문에 바이러스가 이 결정적 시기에 국한된 신경발달을 방해한 것을 시사한다. 그러나 다른 대단위 연구는 태내기와 출산 합병증과의 연관은 약하거나 전혀 없다고 보고했다(Nicholson, Giedd, & Lenane, 1999). 더욱이 결과의 방향은 반대가 될 수 있다. 태아의 비정상적 신경발달은 정신분열증의 태내기와 출산 합병증의 결과라기보다 원인이 될 수 있다(Hollis, 2004).

사춘기

비록 사춘기의 시작과 정신분열증 발생의 급증 간 일치는 일부 사람들에서 이들 간 인과관계를 의심하게 했지만, 연구에서는 이러한 관계를 밝히지 못했다. NIMH에 의해 실시된 대규모 연구에서, 사춘기의 시작과 아동기 발병 정신분열증 사이에 어떤 관계도 발견되지 않았다(Frazier, Alabhband-Rad & Jacobsen, 1997).

약물남용

비록 정신분열증이 있는 청소년이 약물을 남용할 수는 있지만, 정신분열증과 약물남용 간의 인과관계에 관한 증거는 찾기 어렵다. Pillips와 동료들(2002)은 고위험군 청소년(정신병에 가까운 증상을 보이거나, 정신병에 걸린 사람의 친척이고, 최근 기능 쇠퇴를 나타내는)을 12개월 동안 연구하였다. 32%의 청소년은 1년 내에 급성 정신병이 발병했지만, 정신병의 확률은 대마초 사용에 의해 예측되지 않았다. 이와 유사하게 Arseneault와 동료들(2002)은 청소년기의 대마초 사용과 정신분열증의 관계에 대한 추적 종단연구를 실시하였는데, 15세 이전에 대마초를 사용한 사람은 성인기 정신병을 나타내게 될 확률이 4배라는 것을 발견했으나 이 효과는 아동기의 정신병의 증상을 고려하면 더 이상 유의하지 않았다. 따라서 조기발병 증상을 지닌 청소년이 자기도취를 위해 약물을 복용하지만 약물이 정신병을 일으키는 요인은 아닌 것이다.

생물학적 요인의 통합

비록 각각 독립적으로 생물학적 요인들을 살펴보았지만, 사실 이들은 서로 연결되어 있을 것이다. 예를 들어, 학계를 지배하는 영향 모델은 정신분열증에 관한 Weinberger의 신경발달학적 모델(1987)이다. Weinberger는 대뇌변연계와 전두엽 뇌손상은 생의 초기에 발달하지만 임상적으로는 뇌가 성숙하고 정신분열증과 관련된 신경 체계가 적절히 발달할 때까지 잠복한다. 특히, Weinberger에 따르면 정신분열증이 스트레스에 대한 반응에서 주요한 역할을 하는 신경전달물질인 도파민에 관련된 기제의 결함을 포함한다고 생각한다.

수많은 연구결과 신경발달학적 가설(neurodevelopmental hypothesis)을 간접적으로 지지한다(McGrath et al., 2003). 예를 들면, 과거추적연구에 따르면 장애가 드러나기 오래전부터 정신분열증을 나타내게 될 아동들은 전두엽에 관련된 모든 능력－표현언어, 동작기술, 대인관계－에 부정적인 영향을 받는데, 이는 질병의 본질은 추후에 나타나지만 기본적인 장애가 있다는 이론과 일치한다. 도파민-스트레스 관련설에 대한 지지는 스트레스가 정신분열증을 지닌 개인에게 정신병 증상의 악화를 가져온다는 사실과 도파민을 목표로 하는 약물 투여가 정신병에 획기적인 완화를 초래한다는 사실에 의해 지지된다.

조기발병 정신분열증 환자에 있어 비정상적인 뇌 발달과 신경심리학적 결함은 정적인 개념이 아니라 행동과 환경 간에 상호작용을 한다. 예를 들면, Hollis(2004)는 전정신분열증 증상이 나오기 시작하는 발달단계인 사춘기 이전의 기간(대략 8~15세) 동안 실행기능의 중요성에 주목하였다. 이 시기 동안 실행기능은 많은 주요 발달 능력의 핵심이 된다. 예를 들면, 사회적인 관계를 위해서는 청소년들은 서로 다른 정보원을 통합하고, 타인의 관점을 이해하며, 부적절한 반응을 억제하고, 변화하는 환경에 반응하기 위해 주의와 정신상태를 전환해야 한다. 이 영역에서 발달장애가 있는 청소년들은 사춘기에 증가하는 사회적·학업적인 요구에 대처할 수 없다. 그리고 해당 청소년이 유전적으로 정신분열증에 취약하면, 사회적·학업적인 실패에 의한 스트레스가 정신분열증 경계를 넘게 하는 촉매 역할을 할 수 있다. 실행기능 위험 모델(executive functioning risk model)은 실행기능의 결핍이 클수록 정신병 증상의 시작이 빨라진다는 것을 예언한다. 따라서 정신분열증 발달에 있어 위험요인, 취약성 및 강화요인 사이에 상호작용이 있다.

가족력 정신분열증 아동의 부모는 장애 진단을 받지 않았지만 아동과 같은 신경심리학적 결손의 일부를 나타낸다. Asarnow와 동료들(2002)은 과잉행동장애(ADHD)나 통제집단 아동의 부모와 비교하여 보았을 때, 정신분열증 아동의 부모는 주의와 실행기능검사에서 유의하게 떨어짐을 알아냈다. 이와 비슷하게 정신분열증 아동의 형제나 자매는 똑같이 심하지는 않지만 신경인지학적 과제에서 유사한 결함을 보였으며(Niendam et al., 2003), 회백질에서 유사한 감소유형을 보였다(Gogtay et al., 2003). 이 연구결과는 다시 한 번 가족간에 전반적이지만 미묘한 방법으로 나타나는 정신분열증의 기저적인 유전취약성이 있음을 나타내었다.

개인 맥락

사고장애

정신분열증 환자를 특징짓는 비구조적 언어는 사고장애를 반영한다. 사고장애는 정신분열증의 진단적 자료가 될 뿐 아니라 예후에도 불길한 징조가 된다. 그러나 이러한 장애의 일부는 정상적인 어린 아동집단에서도 발견되기도 한다. 예로 그 이후에는 드물지만 7세까지는 흐트러진 연상작용이 나타날 수 있다. 비논리적 사고 또한 이 이후로 눈에 띄게 감소한다. 따라서 정신분열증에서 나타나는 흐트러진 연상과 비논리적 사고는 발달적 지체, 고착, 퇴행에 기인한 것일 수도 있다. 그러나 이러한 추론은 아직은 잠정적이다(망상, 환각, 기타 사고장애에 관한 보다 자세한 문헌 연구는 Volkmar et al., 1996을 참조).

비조직화된 언어를 가져오는 흐트러지고 비논리적 사고에 관한 통제연구가 수행되었다. 흐트러진 사고란 "왜 Tim을 좋아하나요?"라는 질문에 "나는 엄마를 내 사랑이라고 불러요"라고 답하는 것과 같이 예측할 수 없는 방향으로 주제로 바꾸는 것을 말한다. 비논리적 사고란 "나는 그녀의 이름이 Mary이기 때문에 내 모자를 집에 두고 왔어요."라고 말하는 경우처럼 모순되거나 적절하지 않은 인과관계를 나타내는 것을 말한다. 이러한 사고는 주의력결핍장애, 행동장애, 반항장애 아동으로 진단된 아동에서는 나타나지 않아 정신분열증에 특징적인 것 같다.

두 종류의 사고장애는 서로 상관이 없다. 흐트러진 사고는 산만성과 상관이 있으나 비논리적 사고는 짧은 주의집중력과 상관이 있다(Caplan & Sherman, 1990). 짧은 주의집중은 일관적인 대화에 필요한 단기 주의 처리능력이 결핍되기 때문에 정신분열증 아동의 탈선적 언어를 가져올 수 있다. 요약하면, 흐트러지고 비논리적인 사고의 원인에 대한 두 가지 가설, 즉 고착/퇴행 가설과 주의 결함 가설이 가능하다(아동기 정신분열증 환자의 사고장애에 관한 보다 자세한 논의는 Caplan와 Sherman, 1990 참조).

가족 맥락

비록 한때 가족 역기능이 정신분열증의 원인으로 여겨졌지만 가족 역기능은 이미 유약한 개인이 정신분열증을 일으킬 확률을 증가시키는 스트레스원임이 분명히 밝혀졌다. 왜냐하면 역기능적 가족이 유약하지 않은 아동에게 정신분열증을 일으킬 수 있다는 증거는 없기 때문이다. 가족관계의 세 가지 양상—의사소통 이탈, 정서의 질, 양육문제—에 대한 연구가 있다.

의사소통 이탈

의사소통의 이탈은 투사검사에서 나타난 불분명하거나 방해적이며, 조각난 진술의 수로 측정하는데, 친척들의 의사소통에서의 불명확성의 정도를 나타낸다. Lyman Wynne(1984)는 모호하고 조각난 가족 구조(diffuse or fragmented family structure)의 결과로 정신분열증이 된다고 주장한다. 엉망인 가족상호작용은 모호한 사고 및 의사소통, 그리고 비관련성들로 점철된다. 정신분열증 환자의 표류하거나 흩어진 사고는 그러한 가족 구조를 내면화한 것을 반영한다. 비조직적인 사고의 예로 정신분열증 아동의 성장력에 대해 면담한 어머니의 다음의 반응을 살펴보자.

심리학자: 난산이었어요? 순조로웠어요?

어머니: 뭘 말하는지 알겠어요. 그리고 매우 용감해서 자연 분만이 평생에서 가장 위대한 일이라고 말하는 여자들과는 난 확실히 달라요. (웃으며) 정말인데요. 때가 되어 고통이 오면, 난 일하고 싶어요.

심리학자: 그런데 모든 것이 좋았죠?

어머니: 글쎄, Wisekoff라는 의사가 있었는데 난 그를 별로 좋아하지 않았지요. 여러 문제의 가능성에 대해서 말을 했어요. 그러나 나는 남편에게 아기를 가진 사람은 나고, 또 내가 다 안다고 말했어요. 그래서 제 남편이 한바탕 싸우고 1년 동안이나 치료비를 안 냈어요. 그래서 의사는 해결사를 고용하겠다고 위협하고, 말도 못해요. 묻지도 마세요. 그리고 그 의사는 수금회사 하나를 고용해서 위협했어요.

심리학자: 예, 그렇군요. 그런데 저는 아직도 출산이 어땠는지 …

어머니: (말을 끊으며) 글쎄 그게 바로 제가 말하려는 거예요.

후에 이제 막 훈련의를 시작했던 그 심리학자는 지도교수에게 어머니를 잡고 흔들며 "그런데 도대체 분만은 순산이었나요, 난산이었나요?"라고 묻고 싶었다고 털어 놓았다. 아동이 위와 같은 혼란된 대화 속에서, 또한 이러한 혼란됨을 전혀 모르는 부모 밑에서 성장하는 것이 얼마나 어려운 일일 것인지는 상상만 할 수 있을 뿐이다.

산만한 가족 구조에서 파생한 아동의 무정형적 사고와 마찬가지로, Wynne의 관점에서 분절된 사고는 분절된(fragmented) 가족 의사소통에서 기인될 수 있다. 이 경우 의사소통은 주제에서 벗어나기, 비논리적인 추리, 관계가 없거나 모순된 주장으로 가득 차 있다. 비록 주의가 잠시 집중될 수 있으나 기억의 조각은 현재의 사고 흐름에 뒤섞이게 된다. 한 생각으로부터 다른 생각으로 급격히 이동하는 것을 전문적인 용어로는 과포화(overinclusive) 사고, 또는 **과포화성**(overinclusiveness)이라 부른다.

Wynne는 가족 구조상의 다른 문제점들도 서술하고 있다. 매우 개인적인 비난이나 지적과 소원한 비인격성이 매우 불규칙적으로 번갈아 가며 나타나기 때문에, 가족 구성원들은 적당한 심리적 **거리**(boundaries)를 유지할 수 없다. 그러나 가족 모두 표면적으로는 강한 유대감이 있는 것처럼 노력하는데, Wynne는 이를 허위 상호성(pseudo-mutuality)이라고 부른다. 이처럼 가장된 조화를 유지하려는 압력이 매우 강해 아동은 이의를 제기할 수도 없다. 그러나 이러한 표면적인 모습 밑에는 허무함과 무의미함이 만연해 있다.

의사소통 이탈은 정신분열증이 없는 사람의 부모와 정신분열증 환자의 부모를 신뢰롭게 구분할 수 있으나, 조울증 환자의 부모와는 구분되지 않는다(Miklowitz, 1994). 감정양식과 마찬가지로 의사소통 이탈 또한 정신분열증 장애군 성인기 발생을 예언할 수 있다. 예로 경도에서 중등도 장애 청소년의 64 가족을 15년간 추적한 연구결과, 높은 의사소통 이탈로 분류된 가족 중 정신분열증 또는 정신분열증군의 발생률이 가장 높았으며, 의사소통 이탈이 낮았던 가족에서는 정신분열증이 나타나지 않았다. 또한 감정양식 측정 결과를 첨가했을 때 예언력은 증가하였다(Goldstein, 1990). 이상의 결과는 유약한 아동에 있어서 불분명하거나 부정적 정서의 의사소통을 지닌 가족 분위기의 문제는 성인기에 정신분열증이나 유사한 장애를 가져올 수 있다는 것을 시사한다.

다음으로는 부모의 의사소통 이탈이 아동의 주의집중과 논리적 사고의 발달을 방해한다는 Wynne의 주장을 지지하는 증거가 있다. 높은 의사소통 이탈을 하는 어머니와 정신분열증인 자녀는 주의 과제와 감시 과제 및 복잡한 사회적 정보를 일관성 있게 통합하고 조직화하는 능력을 측정하는 과제에서 낮은 수행을 나타내었다. 끝으로 부모의 의사소통 이탈 문제는 정신병리의 심각도와 상관이 있었다. 의사소통 이탈은 우울증 환자의 부모에서도 나타나지만 주의장애나 우울증의 심각도와는 상관이 없기 때문에 의사소통 이탈은 특히 정신분열증의 발달에 중요한 것 같다(Asarnow & Asarnow, 2003).

정서의 질

가족상호작용의 공유된 정서 중 가장 광범위하게 연구된 측면은 표현 정서(EE)로 과잉개입과 비난의 차원을 포함한 정서 표현이다. 성인에 대한 연구는 높은 표현 정서가 정신분열 발작

후 재발의 정도를 잘 예언한다는 것을 보여주었다. 예로, 입원 후 표현 정서가 높은 가족에게 되돌아간 정신분열증 환자의 경우, 9~12개월 사이에 재발한 정도는 표현 정서가 낮은 가족에게 되돌아간 정신분열증 환자의 경우보다 2~3배 높았다(Miklowitz, 1994). 정신분열증의 아이들에 대한 가족 표현 정서의 역할에 대한 증거는 다소 혼합되어 있지만 과잉개입과는 대조적으로 비난의 효과는 더 강력하다(Asarnow et al., 1994). 상호작용 관찰시 정신분열증군 장애 아동의 부모는 아동에게 보다 거친 비판을 표현하는 경향이 높으며, 아동의 부정적 언어 반응에 대해 상응하는 반응을 한다. 더구나 청소년기 동안 관찰된 표현 정서는 성인기 초기 정신분열증과 연관된 장애 발달에 높은 영향을 미친다(Goldstein, 1987). 그러나 높은 표현 정서는 우울증을 겪고 있는 아동 또는 정신분열증군 장애 아동이 아닌 아동의 부모들 중에도 있으므로 정신분열증에 특정적이지 않다.

양육문제

정신분열증을 발달시킨 아동은 주양육자의 상실이나 붕괴와 같은 양육환경에 있어서 더 많은 문제를 경험하였다는 것을 암시하는 증거가 있다(Niemi, 2003). 이것이 장애에 선행하는 스트레스를 구성하는지, 아니면 유전과 연관된 것—양육문제가 장애 성향을 지닌 부모의 빈약한 양육 기능의 결과임—인지 알려져 있지 않다.

교류

가족상호작용 연구에서 원인과 결과를 구분하기는 어렵다. 예로, 관찰된 가족의 상호작용에서 정신분열증이나 정신분열증군 장애의 아동은 우울증 아동보다 사고장애와 주의산만(과제에 주의를 집중하지 못함)이 높다(Asarnow, 1994). 이 결과는 다음과 같은 의문을 제기한다. 표현 정서가 높은 부모가 하는 거칠고 비판적인 언급이 자녀의 장애에 원인이 되는 요소의 하나인가, 아니면 그러한 아동을 둔 좌절감에 의해 그러한 언급이 나오는가? 또는 두 과정이 상보적 효과의 교류 모델로 일어나는가? 이 질문들은 현재는 존재하지 않는 종단적 연구 자료를 통해서 가장 잘 해결될 수 있을 것이다.

그러나 King과 동료들(2003)은 보다 더 교류적인 방식으로 정신분열증의 가족관계에 대해 조사를 시도하였다. 비록 환자들은 성인(31세의 평균 연령을 가진 41명의 외래환자)이었으나 결과를 통해 아동과 청소년기 정신분열증의 가족관계를 이해할 수 있었다. 연구자들은 어머니의 표현 정서가 상황에 가져온 문제와 관련된 정도 및 어머니의 표현 정서와 정신분열증 자녀의 특성과의 상관 정도를 비교하는 조사를 시작하였다. 연구자들은 어머니의 비난이 아동으로 하여금 흥분 증상을 증가시키고 낮은 수준의 신경증적 증상을 예언하며, 어머니로 하여금 주관적 부담감을 크게 만든다는 것을 발견하였다. 반면 어머니의 과잉개입은 결국 어머니가 느끼는 양심과 부담감에 의해 예견되었으며, 간접적으로 아동의 우울 수준에 의해 예견되었다. 따라서 아동의 특성은 어머니의 특성과 상호작용하여 가족의 부정적인 정서를 일으키는 것으로 볼 수 있다.

심한 정신적 질환을 가진 아동을 양육한다는 것이 힘들다는 사실은 부정하기 힘들 것이다. 정신분열증은 가족에게 정서적·경제적으로 부담을 주는 만성적이고 쇠약하게 하는 장애로 양육자의 부담을 증가시킨다. 정신분열증 자녀를 둔 부모들은 음성적 증후(냉담, 비사회성, 감정의 결핍)들이 가장 대처하기 어렵다고 보고하였다. 더구나 정신분열증은 사회적으로 낙인이 되어 양육자의 부담을 증가시키는 장애이다. 예를 들어, 부모들이 정신건강체계로부터 부족한 지원을 받을 뿐 아니라 자신들의 사회적 네트워크로부터 지원을 받지 못한다고 보고하였다(Knudson & Coyle, 2002).

문화적 맥락

환경적 스트레스

앞서 유병률을 논의할 때 언급한 대로, 낮은 사회경제적 지위와 성인 정신분열증 간에는 연관성이 있지만 아이들의 경우는 명확하게 밝히지 못했다. 추후의 연구에서도 이러한 결과가 예상된다. 빈곤과 동반된 무수히 많은 정서적·도구적 스트레스 요인들은 이미 취약한 개인에게 장애를 촉진하는 역할을 할 것이다. 성인 정신분열증 환자에게 생활스트레스의 증가가 정신병적 증상의 발생 및 재발을 일으킨다는 것은 잘 알려져 있지만(Walker et al., 2004) 아동기 환자에 대한 연구는 아직 수행되지 않았다.

낙인

앞에서 언급된 대로 정신분열증은 세계적으로 모든 나라에서 일어난다. 그럼에도 불구하고 이 장애를 수용하거나 이 장애를 가진 사람들에게 주어지는 부정적인 낙인의 정도에는 문화적 차이가 있다. 예를 들어, 몇몇 전통적인 사회에서는 정신분열증을 가진 개인의 이상한 행동을 너그럽게 봐주거나, 심지어 선한 영혼의 접촉을 받은 증표로서 숭배된다(정신분열증의 인식에 대한 더 자세한 비교문화 차이에 대해서는 Jenkins & Barrett, 2004 참조). '낙인' 대 '문화적 포용력' 관련 문제는 정신분열증 환자가 산업화된 국가에서보다 개발도상국에서 더 긍정적인 결과를 나타낸다는 WHO 연구의 결과를 설명한다(Jablensky et al., 1992).

4. 통합적 발달 모형

Asarnow와 Asarnow(2003)는 발달적 정신분열증의 정신병리에 대해 다요인적 교류 모형을 개발하였다(**그림 11.4** 참조). 모형은 세 가지 원인적 요인–취약성, 스트레스 요인 및 보호요인–과 요인 간 역동적인 관계를 제시한다.

이 모형에서는 정신분열증의 뿌리는 중추신경의 역기능과 이에 따른 주의와 정보처리장애를 이끄는 유전적 위험 요소에 있다고 본다. 이러한 결손은 장애를 강화하게 하는 환경적 스트레스 요인 및 장애의 발달을 완화시키는 보호요인과 상호작용한다. 이러한 요인들

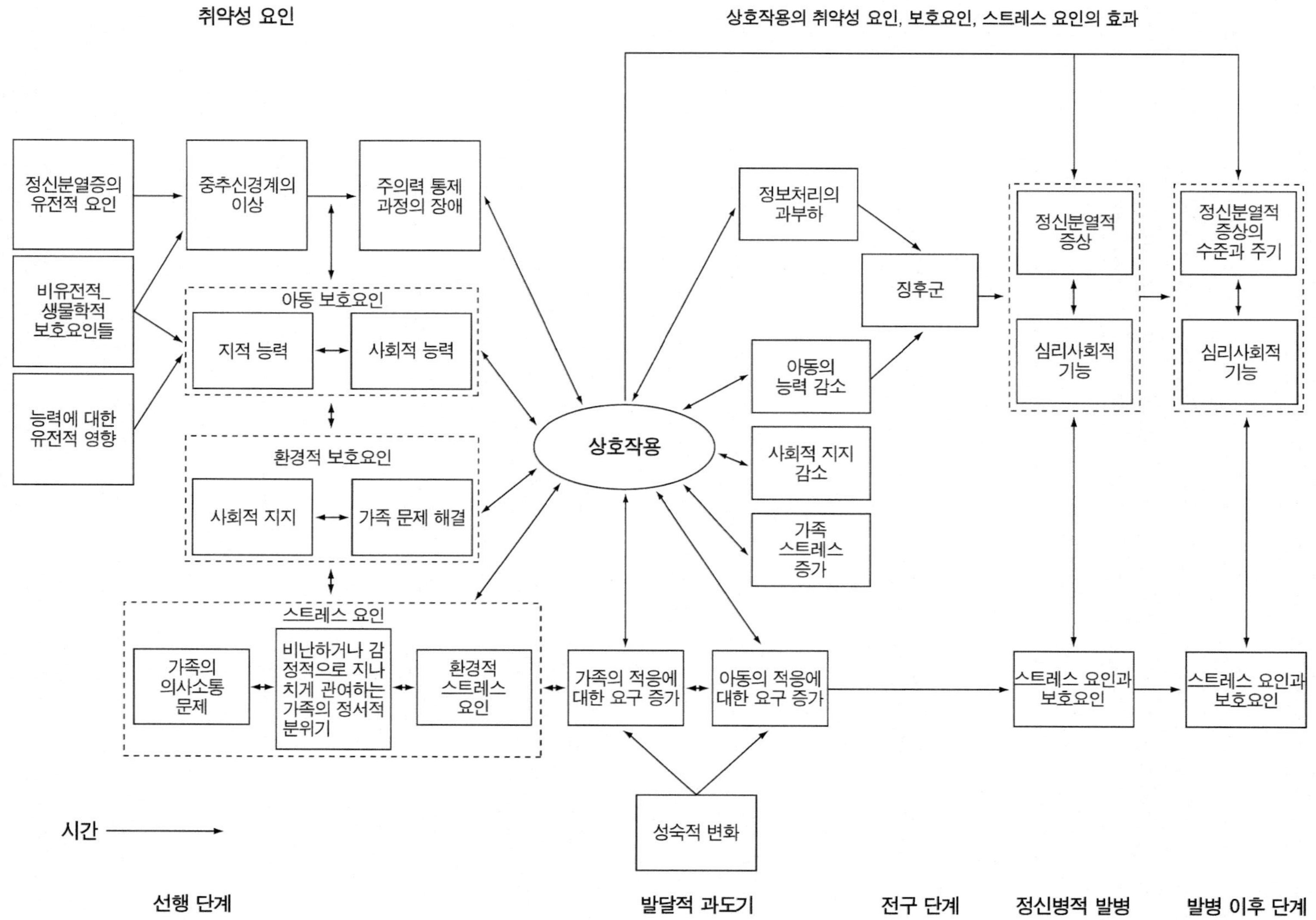

그림 11.4 아동기 정신분열증의 취약성-스트레스 모델

출처: Asarnow와 Asarnow(2000).

은 서로 연합하여 개인이 발달하는 동안 정신분열증을 나타낼 확률에 영향을 미친다.

정신분열증의 취약성은 장애 발달이 나타나기 쉬운 영속적인 개인의 특성이다. 현존 연구들은 내재적 요인과 환경적 요인 모두를 강조한다. 이 중에는 유전인자, 태아기부터 존재하거나 출생 합병증에 의해 야기된 중추신경계의 이상, 정서와 의사소통상 비정상적인 가족유형 등이 있다. 장애에 대한 유전적 소인과 같은 취약성은 정신분열증의 발달에 특정적인 것이지만 가족 불화와 같은 다른 취약성은 모든 일반적인 정신병리의 증가를 예견할 뿐이다.

스트레스는 개인의 역량을 초과하는 내적·환경적 요구와 관련된다. 이 중에는 부모의 죽음과 같은 외상적 생활사건뿐만 아니라 빈곤한 삶과 관련된 보다 만성적인 스트레스 및 긴장을 포함할 수 있다. 게다가 스트레스는 취약성과 상호작용하는데, 어떤 아동에게는 감당할 수 있는 사건이 정신분열증의 위험에 있는 다른 아동에게는 치명적인 것일 수 있다. 예로 실행기능의 발달을 저해하는 중추신경계의 결함을 가진 청소년은 청소년기의 정상적인 학업적·사회적 요구에 의한 스트레스에 대해 준비되지 않았을 것이다.

반면 보호요인은 정신분열증의 위험성을 감소시키는 환경 또는 사람의 특성을 말한다. 문헌에 따르면 지능, 사회적 능력, 사회적 지원, 그리고 건강한 가족 의사소통 유형 등이다. 보호요인을 확인하는 것에 대한 도전의 하나는, 만약 개인이 장애를 발달시키지 않는다면 그들이 보호되었다는 것을 알기 어렵다는 점이다. 그런데 보호요인을 확인하는 것은 그것이 예방 및 중재프로그램의 발달을 이끌 수 있기 때문에 매우 중요하다.

발달정신병리 교류 모형에서 지적하였듯이 취약성, 스트레스 및 보호요인은 발달과정에서 서로 상호작용한다. 정신분열증 성향이 유전적으로 전이되지만, 이 장애는 스트레스 한계에 노출된 사람들에게만 나타난다고 가정되었다. 또한 생물학적인 취약성과 환경적인 스트레스 간의 상호작용은 개인역량(예: 지능과 사회기술)과 가족반응(예: 지원과 긍정적인 정서)에 의해 중재된다.

Asarnow와 Asarnow(2003)는 이 분야의 지식 수준은 정신분열증에 특정적인 취약성과 보호요인을 명확하게 확인할 정도로 충분히 발달되지 않았음을 언급했다. 그러므로 이 모형은 정신분열증의 기원에 대한 정확한 이론을 제공하기보다는 기존의 연구결과들을 통합하고 체계화하는 유용한 틀로써 제안되었다.

5. 발달과정

단기적 결과

단기적 결과로, 첫 번째 정신병 발병의 예후는 좋지 않다. 사실 성인보다 아동과 청소년의 경우 더 나쁜 결과가 기대된다. Maudsley 연구(Hollis, 2000)에서는 기분장애와 관련된 정신병적 증상을 겪고 있는 사람들의 50%가 치료된 반면, 오직 12%의 청소년만 퇴원시 완전한 회복을 나타냈다. 정신분열증 청소년은 증상 발병 후 3개월 안에 완전한 회복 가능성이 가장 높다. 그러나 6개월간 증상이 지속되면 약 15% 정도만이 완전히 회복될 수 있었다.

종단연구결과

종단연구도 아동기에 나타난 정신분열증은 예후가 나쁘고 연속성이 높다는 것을 보고하고 있다. 61~90%가 재발을 거듭하는 만성 정신분열증이 되는 반면에, 회복률은 연구에 따라 3~27%로 보고된다. Maudsley 연구에서 Hollis(2000)도 정신분열증 진단 아동과 청소년들의 안정성이 높음을 보고했는데, 80%가 성인기까지 정신분열증으로 진단되었다. 더 나아가 정신분열증으로 진단된 청소년들은 성인기 사회적 관계, 독립적인 생계 능력, 학업성취 및 직업기능에 있어서 가장 많은 장애를 나타냈다. Eggers, Bunk와 Ropcke (2002)는 14세 이전에 정신분열증으로 진단되었던 57명의 환자를 추적하였다. 약 16년 후, 27%는 회복되었으며, 24%는 약간 회복되었고, 49%는 취약한 상태였다. 유사한 결과로, 7세~14세에 정신분열증으로 첫 진단된 아동들을 3~7년 추적해 본 결과, 67%의 아이들이 청소년기에 정신분열증군 장애로 나타났다(Asarnow et al., 1994). 전반적 기능에 관한 측정에서, 56%가 시간에 따라 회복을 보였지만 44%는 회복이 거의 없거나 악화되었다.

아동기와 청소년기 정신분열증은 발달 후 직장, 독립적인 생활, 이성관계 등에 부정적인 영향을 미친다는 증거가 있다(Hafner & Nowotny, 1995). Eggers 등(2002)의 종단연구를 예를 들면, 초기 측정 이후 42년이 지났을 때 조기발병 환자들 중 1/3은 심각한 정신분열증에 직면해 있었으며 많은 환자들이 사회적·직업적 영역에서 충분히 기능을 하지 못하고 있었다: 그 중 27%는 일을 하기 불가능한 상태였고, 59%는 미혼자로서 혼자 살고 있었으며, 오직 7%만이 안정적인 관계를 맺고 있었다. 아동기와 청소년기 동안 이성친구 및 독립적인 생활과 관련된 사회적 역할을 형성한다는 사실을 고려한다면, 왜 이러한 역할들이 조기발병 정신분열증 환자에게 더 취약한지 이해하기 쉽다.

마지막으로, 폭력적인 죽음, 경련발작과 같은 약물부작용 반응(Hollis 2004), 그리고 자살 등의 여러 원인에 의한 사망률이 증가하는데, 초기 정신분열증 환자 중 약 10% 정도에 이른다.

보호요인

문헌에서 확인된 보호요인에는 발병 전의 높은 사회인지적 기능, 조기 중재, 짧은 첫 발병 기간, 적은 음성 증상이 등이 있다(Hollis, 2004). 성인기 정신분열증과 같이, 늦은 발병 시기, 급성 병리는 좋은 예후를 나타낸다. 예를 들어, Eggers와 Bunk(1997)는 42년간의 종단연구에서, 만성적 정신분열증을 가진 환자 중에서는 완전히 증상이 없어진 사람이 하나도 없었으나 급성 환자들 중에서는 33%가 완벽하게 회복했다(**그림 11.5** 참조). 급성은 12세 이상의 청년에게 더 많이 나타나며, 어린 아이들은 만성적인 발병을 시작하기 때문에 더 부정

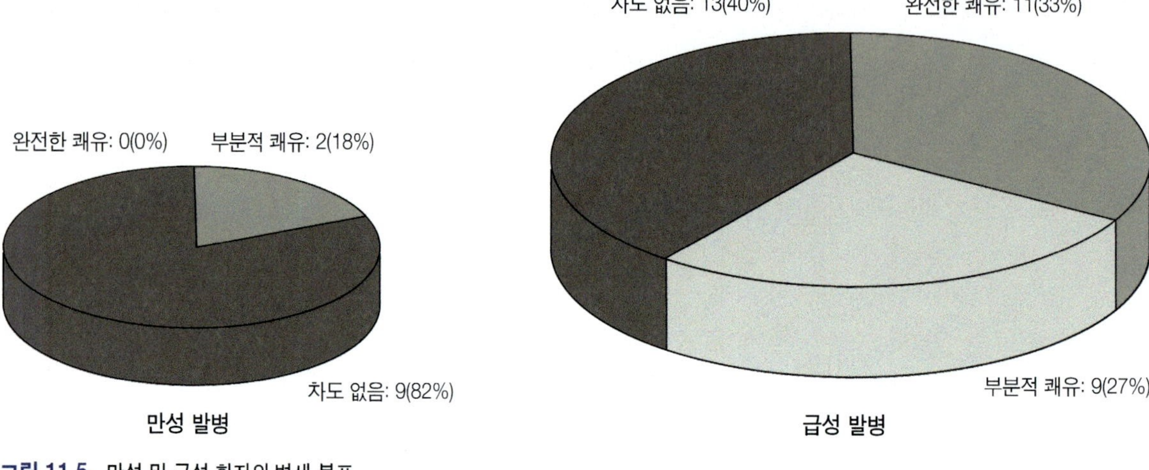

그림 11.5 만성 및 급성 환자의 병세 분포

출처: Eggers와 Bunk(1997).

적인 예후를 지닌다. 그럼에도 불구하고 조기 치료 및 좋은 예후와 관련된 증상을 가진 어린 정신분열증 환자들은 생산적이고 창조적인 삶을 영위할 수도 있다(**그림 11.6** 참조).

6. 중재

잘 설계된 객관적 연구가 부족하여 아동기 및 청소년기 정신분열증의 특징과 원인에 대해 이해하는 데 문제가 되었던 점은 중재에 관한 연구에도 적용된다. 예로 아동의 치료에 도파민 수용기 차단제인 신경약이 광범위하게 사용되고 있고, 심각하며 때론 독성의 부작용이 보고되고 있지만 약물치료에 대한 통제된 연구는 거의 없다. 심리사회적 중재에 대한 문헌 중 통제된 연구는 없으며 주로 임상적 보고가 있을 뿐이다(Asarnow & Asarnow, 2003).

항정신성 약물치료

항정신성 약물치료는 성인에게 사용되나 아동에게 신경이완제를 사용하여 효과성을 검증한 통제 연구는 제한적이다(McClellan et al., 2001). 2개의 무선적 이중차폐 연구에서 정신분열증 아동 및 청소년에게 Haloperidol(Haldol)을 사용한 후 위약보다 증상이 더 완화되었다고 보고되었다(Hollis, 2004). 또 다른 연구에서는 비전형적 항정신성 약물인 Clozapine(Clozaril)을 사용하는 것을 지지하였으나 방법론적으로 문제가 있었다. 그러나 초보적인 연구결과에 따르면 Clozapine은 Haloperidol에 비해 마취, 파킨슨증, 경련과 같은 부작용이 없어 안전하면서도 효과적인 것으로 보고되었다(Jacobsen & Rapoport, 1998).

그림 11.6 정신분열증을 가진 아동 및 청소년의 그림

화가이자 음악가인 M. Ramell은 노스캐롤라이나 대학교 정신의학부의 "정신분열증 치료와 평가프로그램(STEP)"에 의해 설립된 "예술, 예술가, 정신 질환 화랑(Art, Artists and Mental Illness gallery)"의 "생명을 지닌 붓(Brushes with Life)" 전시회에 등장한 예술가이다.

개별 심리치료

정신분열증은 개인과 가족에게 매우 광범위한 영향을 미치기 때문에 약물치료 외에 다양한 치료와 재활적 조치가 보완되어야 한다. Weiner(1992)는 관계형성과 현실검증을 통해 정신분열증 환자에게 나타나는 사회적 고립과 손상된 현실 접촉을 치료하기 위해 개발된 개별 심리치료프로그램을 설명하고 있다. 자신의 공격성을 조절할 수 없는 사람들에게는 분노나 처벌 없이 강건할 수 있는 방법, 사랑을 받지 못한 사람들에게는 애정과 양육의 경험을 제공하였다. 치료자는 환각과 망상을 교정하기 위해 환각과 망상은 현실이 아니며 환자에게만 나타난다는 것을 지적해야 한다. 다음으로는 인지적 왜곡을 일으키는 욕구를 확인하고 이를 건설적으로 대처하는 것이다. 보다 현실적인 수준에서 사회적인 고립을 극복하기 위해, 치료자는 보다 효과적인 사회기술을 발달시킬 수 있도록 돕는다.

최근에는 인지행동 모델에 기초한 치료가 행해지고 있다. 치료의 주요 특징은 증상을 완화하고 비합리적인 신념을 수정하는 인지적 전략을 사용하며 정상적인 대인관계를 위한 사회기술을 훈련시킨다.

인지행동 접근의 효과를 입증한 다수의 연구가 성인에게 시행되었다(Bustillo et al., 2001). 주목할 만한 예외는 Power와 동료들(2003)의 LifeSPAN으로, 조기발병한 정신병 아동 및 청소년들의 자살을 막기 위해 특별히 고안된 프로그램이다. 이것은 젊은이들의 자살과 관련된 요인을 이해하기 위해 청소년과 의사가 함께 참여한 협력적 위험 평가로 시작한다. 다음은 자살의 근거, 절망, 삶의 이유 등을 탐색하게 된다. 이후 청년은 자살이 유일한 해결책이라는 신념을 극복하는 특별한 기술을 기르도록 지도된다. 이러한 것에는 문제해결훈련, 정서적인 고통을 참는 전략, 스트레스 관리, 자존감, 도움 청하기, 사회적 기술, 정신증과 관련된 심리교육 등이 포함된다. 효과 검증을 위해 21명을 실험 집단에 무작위로 할당하고, 21명은 표준 임상 치료를 받게 했다. 연구가 끝난 후, 두 집단 모두 개선되었지만 특히 실험 집단에 있던 아동 및 청소년은 절망과 자살관념에서 더 많이 개선되었다. 불행히도 연구에 참여한 사람 중 2명이 자살했는데, 그 중 한명은 실험 집단이었다.

가족치료

정신분열증의 가족치료와 관련된 광범위한 연구가 있지만 — 실제 초기 가족체계 모델은 "정신분열증을 유발하는 가족"의 맥락에서 비롯되었다(Bateson, Jackson, Haley, & Weakland, 1956) — 아동 및 청소년을 무선 배정하여 통제한 실증적 연구는 거의 없다(Wright, Casswell, White, & Partridge, 2004). 그러나 재발을 일으킬 수 있는 가족 구성원의 의사소통이나 감정적 방식을 교정하기 위해 가족을 치료과정에 참여시키는 것이 중요하다는 점은 명확하다. 가족 중재를 통하여 정신증의 재발을 막고, 약물치료를 지속시킬 수 있었던 성인 연구로부터 증거가 있다(Pilling et al., 2002). Linszen과 동료들(1998)은 청소년 치료기관에서 가족치료를 포함시켰을 때 집중적인 약물치료 및 개인 치료의 효과가 증가되는지 연구하였다. 가족의 효과는 첫 1년 동안 매우 고무적이어서 청소년의 16%만이 재발하였지만, 17~55개월 사이에 64%가 재발하여 시간이 흐름에 따라 그 효과가 약화되었다. 재발의 중요한 예측변수는 가족에서의 높은 정서 표현(EE: Expressed Emotion)과 대마초 중독이었는데, 이러한 결과는 아동 및 청소년 환자를 위한 지속적인 가족 중재와 부모 교육의 필요성을 나타낸다.

예방

발병 전에 위험 요소를 가진 아동을 미리 가려내는 것은 어렵기 때문에 예방 또한 쉽지 않다. 예로 지금까지는 전구증상적 단계에 있는 아동 및 청소년을 파악하기 위해 노력하였지만, 정신분열증의 조기발병이 의심되는 사람들의 1/5만이 장애를 나타냈다(Hollis, 2004). 따라서 급성 단계에서 조기 발견과 중재가 가능한 것으로 예상된다. 조기 중재에서는 치료를 받지 않은 채 오래 방치되는 것을 예방하고, 따라서 보다 좋은 예후를 이끈다(**글상자 11.2**에 있는 정신분열증 치료에 관한 포괄적 접근 참조).

예방의 대안적인 접근으로는 정신분열증과 관련된 부정적인 낙인을 줄이는 데 초점을 둔다. Schulze와 동료들(2003)은 14~18세의 중등학교 학생들을 대상으로 연구를 수행하였는데, 정신분열증을 앓는 아동 및 청소년을 직접 만나게 함으로써 정신분열증에 대한 부정적인 고정관념(낙인)을 줄이고자 하였다. 90명의 학생에게 프로그램 전과 후의 태도를 측정하였고, 처치를 받지 않은 60명의 통제집단과도 비교하였다. 프로그램을 실시한 후 정

글상자 11.2 정신분열증 치료에 관한 포괄적 접근

모든 기능적 측면에서 정신분열증의 점진적이고 더 악화되는 영향을 고려했을 때, 치료 현장에 있는 임상학자들은 조기 발견과 중재가 필수라고 주장한다(McGorry & Yung, 2003). Malla와 동료들(2003)은 캐나다에서 개발된 시범 프로그램을 소개한다. 이는 처음으로 정신병이 발병된 아동 및 청소년의 평가, 치료, 감금 및 추적 연구를 위한 적극적 프로그램이다.

1단계에서는 정신병과 관련된 증상과 징후에 관한 정보를 지역사회에까지 널리 홍보함으로써 치료가 지연되는 것을 줄인다. 일단 확인되면 아동 및 청소년은 평가 및 진단, 약물관리, 개인 지지요법, 가족지원 및 지역사회 연락망을 포함한 포괄적 치료를 받는다. 또한 청소년들은 회복 단계를 위한 심리사회적 집단 중재를 받게 된다.

여전히 정신병 증상을 보이는 아동 및 청소년은 요리, 게임, 운동, 미술, 지역 현장견학과 같이 정상적인 활동을 하는 RAP(Recovery through Activity and Participation) 집단에 참여하게 된다. 다음의 회복 단계에서 청소년들은 YES(Youth Education and Support) 집단에서 정신병, 자아정체성, 또래관계 대처법, 약 복용 이행, 사회적 기술 및 낙인에 대처하는 방법에 관한 심리교육 등 조금 더 강도 높은 중재를 받게 된다. 마지막으로 COST(Cognitively Oriented Skills Training)에서는 주의, 집중, 기억, 학습 전략과 같이 정신분열증의 기능을 방해하는 인지적 결함을 다루게 된다. 회복기 동안 불안 및 억압을 보이는 아동·청소년에게는 개별 인지행동치료가 시행된다. 이 프로그램의 궁극적인 목표는 가능한 빨리 지역사회로 복귀하고, 또래관계를 재형성하며 직업 및 학업 활동을 재개하게 하여 기능을 정상화시키는 것이다.

프로그램을 시행한 처음 2년 반 동안의 결과는 좋았다. 시간이 흐름에 따라 치료 사례가 크게 증가하였고 치료 대기 인원의 50%가 줄어 구제활동이 성공적임을 보여주었다. 아동 및 청소년의 대부분이 항정신성 약물을 적게 투여 받으면서 치료를 받았으며 유지와 치료 준수도가 높았다. 추적 연구결과, 치료를 받은 아동 및 청소년의 3/4이 호전되었으며, 나머지 중 대다수가 중간 정도의 증상을 보였다.

신분열증에 대한 부정적인 고정관념은 유의하게 감소되었고, 그 효과는 한 달 후에도 지속되었다. 연구 제목("미쳤다? 그래서 뭐!")은 태도의 변화를 잘 요약한다. 현재 세계정신의학협회에서는 정신분열증에 대한 부정적인 고정관념을 줄이기 위한 전 세계적 방안을 강구하고 있다(Thompson et al., 2002 참조).

앞서 언급했듯이 아동 및 청소년의 정신분열증에 관한 연구는 거의 없으며, 발달 차원과 관련된 많은 문제들이 여전히 풀리지 않은 채로 남아 있다. 반면 다음에 언급할 약물남용과 섭식장애는 많이 연구되었으며 청소년기의 발달과 밀접한 관계가 있다.

제 12 장

청소년기 이행에서의 정신병리: 섭식장애와 물질남용

개 요

1. 표준적 청소년 발달

청소년기는 인생에서 주요한 변환기이다. 아동기에서 성인기로의 이행에는 개인 발달의 모든 측면과 모든 사회적 맥락에서의 변화가 수반된다. 또한 청소년기는 두 가지 이행을 포함하고 있다는 점에서 독특하다. 즉, 아동기에서 나와서 청소년기로 진입하고, 또 청소년기에서 나와서 성인기로 진입하게 되는 단계이다(Ebata, Peterson, & Conger, 1990). 그러므로 청소년기의 발달적 그림은 복잡하다.

신체적 측면에서 청소년기는 영아기를 제외한 다른 어떤 발달기간보다 신체적 변화가 빠르게 진행되는 시기가 되는데, 이 시기에 성숙한 신체 크기와 모습을 가지게 되고, 사춘기와 관련된 호르몬 변화가 일어나 성인과 같은 성욕이 나타나게 된다. 사회는 청소년들에게 가족에 의존하는 것에서 벗어나서, 성인기의 두 가지 중요한 과제인 사랑과 일에 관해서 스스로 결정하는 책임을 가질 것을 요구한다. 이 이행은 점차 더 중요한 역할을 하게 되는 또래관계와 미래의 가능성을 생각하도록 하고 아동기 중기의 상황 특정적인 자기 성찰을 확장하여 "나는 누구인가?"라는 커다란 문제를 생각하도록 하는 인지적 발달에 의해 촉진된다.

청소년기는 우리가 사용해온 성격변인의 대부분에 특별한 의미가 주어지는 때이다. 자기 통제는 지나친 억제나 충동성을 피하면서 새로운 경험을 실험해보도록 한다. 애착의 친밀성은 성적 충동으로 바뀌고, 또래와의 사회적 관계는 새로운 중요성을 가지게 된다. 생리적 변화로 인하여 신체와 신체상(body image)에 대한 관심은 그 어느 때보다 두드러지게 된다. 또 인지적 복잡성이 증가하면서 청소년들은 가설적 가능성을 즐기고, 자신과 미래에 대한 추상적인 문제에 몰두하게 된다. 인지능력이 발달함으로써 청소년들은 보다 정교하게 자기 탐색을 하게 되며, 사회가 제공하는 옵션을 보다 현실적으로 이해하게 된다. 마지막으로 청소년 자녀에게 독립성과 자율성을 허용하는 방향으로 자신의 기대와 양육방식을 바꾸어 나가는 과정에서 가족 맥락도 변화하게 된다.

2. 청소년기의 발달정신병리

전통적으로 서구 사회에서 청소년기 이행은 "폭풍과 스트레스"라는 용어로 요약되듯이 혼란의 시기로 간주된다. 정신분석학자들은 청소년기를 본능적인 충동과 심리성적 발달의 초기 단계부터 해결되지 않았던 갈등이 다시 나타나는 시기로 보았다. 또 Erikson은 청소년기를 역할 혼미를 극복하고 정체성을 형성하기 위해 약해진 자아가 투쟁하는 시기로 보았다. 그러나 청소년기의 혼란은 주로 소수의 불안한 청소년들에게만 해당되는 것임이 점차 밝혀지고 있다. 대부분의 청소년들은 심각한 정서적 문제를 겪지 않으면서 이 이행기를 보낸다. 또, 부모-청소년의 관계는 일반적으로 조화롭고, 대부분의 청소년들에게 있어서 정체성을 찾아가는 과정은 위기가 되지 않는다.

그러나 이와 같은 청소년에 대한 새로운 관점은 청소년기가 모든 경우에 평온하다는 것을 의미하지는 않는다. 기분 변화, 우울성향, 그리고 자기비하는 청소년기에 최고에 달하며 자살, 정신분열증, 알코올 중독, 약물남용 그리고 섭식장애를 포함하는 기타 정신병리도 급증한다. 다른 장애가 감소하기 때문에 정신병리의 전체적 발생률은 약간만 증가하는 것으로 나타나지만, 새로 나타나는 장애들은 그 이전 단계의 장애보다 훨씬 심각한 형태를 가진다.

Ebata, Peterson과 Conger(1990)가 지적하였듯이, 청소년기에 대한 발달정신병리적 관점은 다음과 같은 점에 주의할 필요가 있다. (1) 개인에게 위험이 되거나 또는 보호적 기제가 될 수 있는 표준적 발달 역량, (2) 개인의 발달이 진행되고 있는 사회적 맥락, (3) 개인과 사회적 맥락 간의 관계를 특징짓는 역동적이고 교류적인 과정. 예를 들어, 또래관계와 학업에 대한 기대가 청소년기에 더욱 도전적인 일이 될 수 있으나, 적응을 손상할 수 있는 스트레스의 근원이 되기도 한다. 그러나 청소년은 점차 자신의 사회적 맥락을 선택하고 영향을 줄 수 있게 되면서 자신의 발달을 통제할 수 있게 된다. 뿐만 아니라, 청소년들은 적응하기 위해서, 환경에 있는 자원뿐만 아니라 자신의 자원을 끌어오는 데 상당한 능력을 가지고 있다(Zahn-Waxler, 1996).

Erikson의 **정체성**(identity) 개념은 청소년기 이행의 보호요인과 취약성 요인을 제공할 뿐만 아니라 다양한 변화들을 통합한다. 정체성은 내적 영속성과 개인간의 상호성을 모두 포함한다. 그것은 자기 자신을 찾으며 또한 사회 속에서 자신의 자리를 찾는 것이다. 청소년기는 청소년들이 침체되거나 퇴행하게 될 위험을 피하기 위해서, 자신에게 맞는 직업, 성 역할, 이념을 찾아내야 하는 도적적인 일을 해내야만 하는 "이행점, 결정적인 시점"(Erikson, 1968, p. 16)이므로 정체성 위기의 시기가 된다. 청소년들이 정체성을 성취해야 하는 과업에 접근하는 방식은 그들이 그 이전까지의 심리성적 발달단계의 위기를 어떻게 해결했는지에 따라 달라진다. 신뢰, 자율성, 주도성, 그리고 근면성은 보호요인으로 작용하나, 불신, 수치심, 회의, 죄의식, 열등감은 취약성으로 작용하게 된다.

이제부터 살펴볼 두 가지 정신병리는 청소년기 발달의 중요한 변인들이 어떻게 어긋날 수 있는지를 보여준다. 날씬함을 지나치게 추구하는 섭식장애에서는 신체상이 파괴적인 폭군이 되며, 자율성에 대한 자멸적인 요구는 걸음마기의 반항적 행동을 생각나게 한다. 물질남용에서는 조숙함이 청소년들로 하여금 아직 준비되지 않은 성인의 역할과 자유까지도 자신들에게 허용된다고 가정하게 만드는 것을 볼 수 있다.

3. 섭식장애: 신경성 식욕부진증

정의와 특성

신경성 식욕부진증(anorexia nervosa)은 날씬함을 추구할 뿐만 아니라 스스로 음식 섭취를 제한하거나 하제를 사용함으로써 체중이 최소 15% 감소하게 되는 것이다. DSM-IV는 날씬해지기 위해 사용되는 방법을 근거로 신경성 식욕부진증을 두 가지 유형으로 구분하고 있다. 한 유형은 엄격한 다이어트만을 사용하는데, 이를 제한형(restricting type)이라고 한다. 다른 유형은 다이어트와 폭식이 교대로 나타나는 유형으로, 다이어트를 하다가 폭식을 한 후 스스로 구토하거나 하제를 사용하는데, 이를 폭식/하제 사용형(binge-eating/purging type)이라 한다(**표 12.1** 참조).

식욕부진증을 가진 청소년들은 배고픔을 정상적으로 느끼나, 먹고 싶은 충동에 굴복하게 될까 두려움을 느낀다. 정상적으로 다이어트를 하는 사람들과는 달리, 이상적인 수준의 날씬함을 추구하다가 위험할 정도로 쇠약해진다. 체중 감소가 진행되면서, 다이어트는 점점 더 제한적이 된다. 예를 들어, 한 소녀는 하루에 닭의 간을 2개만 먹었으며, 또 다른 소

표 12.1 섭식장애에 대한 DSM-IV-TR 기준

신경성 식욕부진증

A. 연령과 키에 적합한 최소 수준 또는 그 이상으로 체중이 증가하는 것을 거부함(예: 정상 체중의 85% 이하로 체중을 유지하려고 체중을 감소시키거나, 성장기 동안 기대되는 만큼 체중을 증가시키지 못하여 정상 체중의 85% 이하 수준 체중을 갖게 되는 것).

B. 체중 미달임에도 불구하고 체중 증가나 뚱뚱해지는 것에 대한 강한 두려움을 가짐.

C. 체중이나 외모를 경험하는 방식에서의 혼란, 체중이나 외모가 과도하게 자기 평가에 영향 미침, 현재의 저체중 상태의 심각성을 인정하지 않으려 함.

D. 생리가 시작된 여성이라면, 무월경(적어도 세 번 연속적으로 생리가 없음).

유형:

제한형: 신경성 식욕부진증 에피소드 기간 중에 규칙적으로 폭식행동을 하거나, 하제 사용 행동(스스로 구토를 유발하거나 하제·이뇨제·관장제를 남용하는 것)을 하지 않는다.

폭식/하제 사용형: 신경성 식욕부진증 에피소드 기간 중에 폭식행동이나 하제 사용 행동이 규칙적으로 나타난다.

신경성 폭식증

A. 다음과 같은 특징을 가진 폭식행동 에피소드의 반복

(1) 일정 시간 동안에(예: 2시간 내에) 대부분의 사람들이 유사한 상황과 기간 동안 먹는 것보다 훨씬 더 많은 양의 음식을 먹는다.

(2) 에피소드 기간에 먹는 것에 대한 통제감이 결여된다(예: 먹는 것을 멈추지 못한다고 느끼거나, 무엇을 얼마나 먹어야 하는지를 통제할 수 없다고 느낀다).

B. 체중이 증가하는 것을 방지하기 위해서 부적절한 보상행동을 반복적으로 한다. 예를 들어, 스스로 구토를 유발하거나, 하제·이뇨제·관장약 또는 다른 약물을 남용하거나, 단식하거나, 지나친 운동을 한다.

C. 폭식행동과 부적절한 보상행동이 3개월 동안, 평균적으로 적어도 1주일에 두 번 일어난다.

D. 자기 평가가 몸매와 체중에 지나치게 영향을 받는다.

E. 이러한 행동들이 신경성 식욕부진증 에피소드 기간에만 일어나는 것이 아니다.

유형:

하제 사용형: 신경성 폭식증 에피소드 기간에 규칙적으로 스스로 구토를 유발하거나, 하제·이뇨제·관장제를 남용한다.

하제 비사용형: 신경성 폭식증 에피소드 기간에 단식이나 지나친 운동과 같은 부적절한 보상행동이 나타나나, 규칙적으로 스스로 구토를 유발하거나, 하제·이뇨제·관장제를 남용하지는 않는다.

출처: 미국정신의학협회(2000).

녀는 사망 전 1년 동안 껌과 샐러리 줄기만 먹었다(Bruch, 1973). 식욕부진증을 가진 사람들은 종종 자신이 음식 섭취를 통제할 수 있는 것을 매우 자랑스러워한다.

신경성 식욕부진증의 2차적 증상 중 가장 흔한 것은 지나치게 활동하는 것이다(이하의 개관은 명시되지 않은 한, Foreyt & Mikhail, 1997, Wilson, Heffernan, & Blak, 1996에 기초한 것임). 종종 지나친 활동은 운동을 하는 것과 같이 사회적으로 용인된 형태로 가장되기도 한다. 무월경은 또 다른 2차적 증상으로 나타나는데, 흔히 체중 감소가 일어나기 전에 월경이 멈춘다.

식욕부진증은 죽음까지도 갈 수 있는 몇몇 정신병리 중 하나이다. 약 5% 정도가 장애에 수반되는 합병증이나 자살로 인하여 사망하는 것으로 추정된다. 굶는 것은 대부분의 주요

한 신체기관에 영향을 줄 수 있어서, 빈혈, 신장 기관 손상, 그리고 심장혈관의 문제, 골다공증과 회복 불가능한 단신증을 초래할 수 있다. 심각한 탈수와 칼륨의 결핍은 심장기능에 중요한 전해질 시스템의 불균형을 초래하여 심장 부정맥이나 갑작스런 죽음을 초래할 수도 있다.

유병률과 시작

발병이 가장 흔히 시작되는 두 시기는 14세와 18세로, 이는 청소년기로 전입하는 시기와 청소년기에서 벗어나는 시기에 해당한다.

학교에서 표집된 아동과 청소년 모집단 내에서의 유병률은 약 0.2~0.58%로 추정된다(Doyle & Bryant-Waugh, 2000). 그러나 섭식장애를 가지고 있는 사람들이 유병률 연구에 참여하는 정도가 상당히 낮은 만큼, 이러한 추정치는 과소평가됐을 가능성이 있다(Seison, Becker, & Heffernan, 2003).

질환의 사례를 어떻게 확인하는가 하는 문제는 역학 연구에서 일반적인 문제이다. 대규모 식욕부진증 역학연구에서는 일반적으로 건강기록을 조사하여 사례를 확인하는데, 이는 급격한 체중 감소가 발생할 경우 의료 전문가나 정신건강전문가를 찾게 될 가능성이 높을 것이기 때문이다. 보고된 유병률의 범위는 넓다. 예를 들어, Joergensen(1992)은 한 지역에서 과거 10년간 정신과적 치료나 의학적 치료를 받은 모든 여성들에서 사례를 확인하였는데, 식욕부진증의 발생률은 10~14세 여아 100,000명당 9.2명, 15~19세 여아 100,000명당 11.9명이었다. 다른 대규모 연구에서는 지난 50년간 로체스터와 미네소타에 거주하고 있는 모든 사람들의 건강기록을 조사하였다(Lucas et al., 1991). 10~14세에서는 100,000명당 25.7명의 여아와 3.7명의 남아가 식욕부진증의 기준에 부합하였다. 15~19세 집단에서는 69.4명의 여성과 7.3명의 남성이 식욕부진증으로 확인되었다.

이러한 자료가 보여주듯이 유병률에 성차가 있는데, 남녀의 성비는 1:29에서 1:10 사이이다(Doyle & Bryant-Waugh, 2000). 그러나 이러한 자료는 전체 연령 범위를 포함하는 것이며, 아동만을 본다면 성비의 불균형이 그 정도로 크지는 않다. 임상 집단의 아동만을 대상으로 한 소규모 연구에서는 19~30%가 남아인 것으로 보고되고 있다.

마지막으로 식욕부진증의 발생률이 증가하고 있다고 일반적으로 생각하고 있으나 이에 대한 증거는 거의 없는데, 이는 좋은 아동 자료가 거의 없기 때문이다. 발생률의 증가는 섭식장애에 대한 지식이 증가하고 치료법이 향상된 것으로 설명될 수도 있다.

인종과 사회계층

식욕부진증에 대한 초기 증거들은 식욕부진증이 중상위계층의 젊은이들 사이에서 더 흔하게 발생함을 시사하였다(Doyle & Bryant-Waugh, 2000). 그러나 발생률 자료는 임상 표집에서 나온 것이며, 사회의 특권적 구성원들이 더 좋은 치료기관에 접근할 수 있음을 기억해야 한다. 영국과 노르웨이의 규준적 아동 표본을 대상으로 한 연구에서는 사회계층과 섭식장애 발달 간의 관계가 나타나지 않았다.

미국에서 소수민족집단을 포함하고 있는 연구가 부족하긴 하나(Smolak & Striegel-Moore, 2001), 섭식장애가 여러 인종과 민족에서 발생함을 보여주는 증거가 증가하고 있다. 그러나 문화 간 차이는 존재한다. 스페인계 미국 젊은이들은 유럽계 미국 젊은이와 유사한 정도의 유병률을 보이지만, 아시아계 미국 젊은이와 아프리카계 미국 젊은이들은 섭식장애를 덜 보인다(Crago, Shisslak, & Estes, 1996).

섭식장애가 서방의 유럽계 미국인에만 제한적으로 발생한다는 가정도 비교문화적으로 지지받지 못한다. 예를 들어, 사회주의 시절, 서유럽과 동유럽의 섭식장애 발생률은 비슷한 수준이었다. 그러나 섭식장애는 개발도상국가보다 산업화된 국가에서 더 많이 발병하며, 그 발생률은 외모의 중요성과 날씬함에 대한 서구적 이상에 노출될수록 더 증가한다(Lake, Staiger, & Glowinski, 2000).

공병

식욕부진증을 가진 청소년들에서 우울이 흔히 나타나는데, 한 연구에서는 우울과의 공병률을 73%로 보고하였다(Herzog et al., 1992). 이처럼 높은 공병률은 식욕부진증과 우울이 공통의 병인을 가지고 있을 가능성을 제기한다. 그러나 연구들은 식욕부진증과 우울이 함께 나타나지만 독립적인 질병임을 보여준다. 예를 들어, 섭식장애의 개선이 반드시 우울을 완화하지는 않는다. 또한 우울한 기분은 어떤 형태로든 단식하도록 하는 경향이 있다.

불안장애, 특히 강박장애가 흔히 나타난다. 한 종단연구는 강박적 사고 경향이 식욕부진 증상의 발전보다 먼저 나타난다는 것을 보여주었다(Rastam, 1992). 사회불안장애를 포함한 다른 불안장애도 흔히 나타난다. 물질장애는 폭식-하제 사용형에서 흔히 나타난다(Wilson, Becker, & Jeffernan, 2003). 성격장애도 식욕부진증을 가진 사람, 특히 폭식하고 하제를 사용하는 하위 유형의 74% 정도(Skodol et al., 1993)에서 함께 나타난다.

병인론

생물학적 맥락

유전적 특질 신경성 식욕부진증은 가계에 내재하는 경향이 있다. 예를 들어, Strober와 동료들은(2000) 정상 통제집단과 비교하였을 때, 신경성 식욕부진증을 가진 사람들은 식욕부진증을 가진 가족이 있을 확률이 11.3배 더 높고, 신경성 폭식증을 가진 가족이 있을 확률도 4.2배 더 높다는 사실을 발견하였다. 쌍생아 연구도 신경성 식욕부진증의 유전적 요인의 증거를 보여주고 있다. 예를 들어, 일란성 쌍생아의 일치율은 이란성 쌍생아 일치율의 10배에 달하는 것으로 나타났다(Lask, 2000). 그러나 쌍생아 연구결과가 일관적이지 않아서 유전도 추정치가 0~70%에까지 다양하게 나타났다(Fairburn, Cowen, Harrison, 1999). 병을 전도하는 정확한 유전적 기제는 아직 밝혀지지 않았다.

신경화학 식욕부진증이 시상하부-뇌하수체-성선에 영향을 미치는 내분비체계의 장애와 관련된 것으로 보는 관점이 있다. 그러나 식욕부진증의 많은 생물학적 요인들은 체중 감소에 의해 발생한 이차적인 것으로 보이며, 체중회복으로 다시 원상태로 되돌아온다. 따라서 이러한 비정상성이 식욕부진증의 원인이 되는지 아니면 단식, 폭식, 하제 사용에 의해 이차적으로 나타난 것인지 불분명하다(Lask, 2000).

Kaye와 동료들은(2003) 신경성 식욕부진증에서 세로토닌의 기능에 주목하였다. 이들은 발병 이전의 세로토닌 불균형이 불쾌한 기분을 일으키고, 이후 불안, 강박적 사고, 완벽주의가 나타나게 되는 것으로 보았다. 식욕부진증을 가지고 있는 사람들이 발견하게 되듯이, 단식은 뇌에서 세로토닌의 과잉활동성을 감소시키고 기분을 고조시킴으로써 단식행동을 강화하게 되는 것으로 보인다.

뇌 영상 연구 뇌 구조와 기능의 비정상성이 일부 식욕부진증을 가지고 있는 사람에게서 발견되나, 이러한 비정상성은 일반적으로 단식의 결과로 보여지며 정상 체중을 회복하면 정상으로 되돌아오는 것으로 보인다(Lask, 2000). 그러나 식욕부진증을 가진 아동이나 청소년에서 전측두엽 혈액양의 비대칭적 감소가 발견되는데(Gordon et al., 1997), 이는 다른 증거와는 달리 예외적으로 변연계의 비정상성을 시사한다(Christie et al., 1998).

개인적 맥락

신체상 소녀들은 사춘기에 초경의 시작 및 가슴의 발달과 함께 지방이 갑자기 증가하거나 지방이 피하조직에 축적되어서 체중이 24파운드 정도 증가하게 된다. 사춘기와 관련된 신체적 변화는 청소년들로 하여금 자신의 신체상에 대해 재개념화하도록 하는데, 자신에 대해 생각하는 능력이 발달하면서 청소년들은 결과적으로 자신의 신체와 자신의 신체에 대한 타인의 반응에 집착하게 된다. 실제로 이러한 사춘기 변화가 정상 집단에서 체중과 다이어트에 몰두하는 것과 관련된다는 증거가 있다(Howard & Porzelius, 1999). 게다가, 일찍 성숙한 소녀들은 신체적으로 더 늦게 발달하기 시작하는 소녀들보다 섭식장애를 더 발달시키는 경향이 있다(Swarr & Richards, 1996).

식욕부진증을 가진 사람들에 관한 연구들에 의하면 신체 불만이 일상적인 다이어트를 시도하게 하는데, 다이어트 시도는 순차적으로 음식, 체중, 그리고 후에는 체중 조절을 위한 많은 부적절한 방법의 사용에 몰두하게 되는 발달순서를 보인다. 따라서 일상적인 다이어트는, 다른 심리적 위험요인들과의 관계에서 볼 때, 정신병리로 가는 첫 단계라 할 수 있다(Wilson, 2002).

Bruch(1973)의 임상 관찰은 또한 식욕부진증을 가진 소녀들이 신체에 대한 부정확한 지각을 보인다고 제안한다. 식욕부진증을 가진 소녀들은 자신이 얼마나 말랐는지를 지각하지 못한다. 한 환자는 체중이 30kg이나 차이 나는 자신의 두 장의 사진을 잘 구별하지 못했다. 또 다른 환자는 자신이 얼마나 쇠약해졌는지를 거울을 보면 알 수 있지만, 돌아서기만 하면 다시 자신이 뚱뚱하다는 생각을 한다고 말했다. 따라서 정상발달에서는 신체상이 비교적 정확하게 신체를 반영하지만, 식욕부진증 환자에서는 신체적 망상의 경계에 있다. 즉, 지각이 사실에 의해 결정되지 않고 자신의 정서적 갈등에 의해 결정되는 것이다. Bruch의 이론(1973)에 의하면, 식욕부진증 환자들은 음식 거부를 통해 자기존중을 얻고자 하여, 자신이 충분히 말랐다는 생각을 결코 할 수 없을 정도로 신체에 집착하게 된다는 것이다. 보다 최근의 연구들은 섭식장애 증후군과 신체상 왜곡 간의 관계를 입증하고 있다(Foreyt & Mithail, 1997).

식욕부진증은 신체상을 왜곡한다.

Bruch(1973)는 또한 식욕부진증 소녀들은 배고픔, 포만, 화, 그리고 슬픔과 같은 자기수용적인 내적 신체 상태를 정확하게 인식하거나 구별할 수 없다고 제안한다. 따라서 그들은 감정을 잘못 이름 붙이거나 화와 같은 정서를 식욕과 혼동하기 쉽다. 최근에는 낮은 자기수용 각성이 식욕부진증 감별 평가에 포함되고 있으며, 연구결과 낮은 자기수용 각성은 장애와 관련될 위험을 증가시키는 것으로 밝혀졌다(Lyon et al., 1997).

성격 특성 낮은 자존감은 식욕부진증을 가진 젊은이들 사이에서 흔히 나타나는데, 이들은 자신을 '나쁘다' 또는 '가치 없다'와 같은 용어로 기술한다(**글상자 12.1** 참조). 불안, 강박적 사고, 완벽주의가 특히 두드러진 특성인데, 이러한 특성은 섭식장애 시작 이전부터 나타날 뿐만 아니라 회복 후에서도 마찬가지이다(Deep et al., 1995).

식욕부진증의 두 유형은 날씬함을 추구한다는 면에서는 동일하나, 제한형은 더 경직되어 있고, 순응적이고, 사회적으로 불안정하고, 강박적이고 통찰력이 부족한 경향이 있다.

식욕부진증의 절반을 차지하는 폭식/하제 사용형은 더 외향적이고 사교적이지만 정서적으로 더 불안정하고 배고픔을 더 강하게 느낀다. 또한 충동 통제에 문제가 있어서 물질남용이나 자살시도를 포함하는 자해행위와 같은 부적응적 전략으로 불쾌한 정서에 대처하는 경향이 있다(Garner, 1993). 전반적으로, 폭식-하제 사용형이 더 극단적이며 정신병리적이

글상자 12.1 식욕부진증 사례

나는 다섯 살 때부터 강박행동을 하기 시작했다. 양말을 네다섯 번씩 신었다, 벗었다 해야 만족할 수 있었다. 또한 보도블록을 따라 걸을 때는 블록들 사이의 틈을 반드시 피해야만 했다. 이러한 강박적인 일상 습관으로 인해 나는 모든 일에서 늦게 되었으며, 그 벌로 부모님은 내가 뒤떨어져도 나를 버려두고 떠나시곤 했었다. 정신과 의사가 부모님에게 나의 '부정적 행동'을 무시하고 오직 '바람직한 행동'만 강화하라고 조언하였다. 그래서 나는 거부당하는 것으로 느꼈고, 오직 바람직할 때만 사랑받고 있는 것으로 느끼곤 했다.

여덟 살 때, 우리는 토스카나에 계신 할아버지 댁을 방문하였는데 나에게 커다란 영향을 주는 경험을 하게 되었다. 나는 잔디 위에 앉아서 빛나는 바다를 보고 있었는데, 그 옆을 할아버지가 아버지와 함께 지나가면서 "타라는 귀여운 아이지. 그렇지만 살이 조금만 더 빠지면 정말 예뻐질 거야"라고 말씀하셨다. 할아버지는 좋은 뜻으로 말씀하셨겠지만 자신의 독설적인 말이 얼마나 위력을 발휘할 것인지는 모르셨다. 나는 민감했었고, 모든 측면에서 완벽해지기를 절실히 원하고 있었다.

아홉 살이 되기 전에 나는 다이어트를 하기 시작했다. 음식 섭취량이 현격하게 줄면서 이상한 습관이 생겼다. 나는 젖병으로 마시기 시작했고 아기용 포트와 나이프를 사용하기 시작하였다. 장롱에서 어린 시절에 입었던 옷을 꺼내어 입기 시작했다. 이 '아기 증후군'은 두 살 된 내 동생이 모든 사람으로부터 사랑받는 것처럼 나도 사랑스런 아기로 되돌아가고픈 바람이었다.

학교에서 점심시간에 한 아이는 "한 입을 더 먹을 때마다 넌 더 뚱뚱해진다."고 나를 놀리고 괴롭혔다. 다이어트하는 취미는 운동장에서 하는 모든 활동을 막았다. 체중을 감량한 부모들은 '날씬한 것이 최고'라는 메시지를 아이들에게 전달했고 미디어도 이를 강조했다. 체중감량을 하고 있을 때 학교 연극에서 주연을 맡게 된 것은 결코 우연의 일치가 아니었다. 식욕부진증이 더 심해질수록 나는 더 최고가 되었다. …

나는 내가 마를수록 더 사랑스러워지게 된다고 확신하였다. 내 침실 벽이 패션 광고지로 가득 도배되었고 패션모델은 내가 숭배하는 신이 되었다. … 나는 먹고 있다고 주장하면서, 내가 먹을 때 우연히도 아무도 없었을 뿐이라고 고집 부렸다. 교내 의사가 내 체중을 잴 때는 나는 몇 kg 정도 나가는 물건을 몰래 주머니에 넣었다….

결국 나는 장기 치료를 받게 되었고 그곳에서 10개월을 보냈다. 부모님도 식사와 가족치료를 위해서 치료기관에 오셨다. 식사시간에 부모님께서는 함께 어울렸다. 이는 커다란 변화였는데, 전에는 식사시간이 언쟁과 불안으로 가득하였었다. 부모님은 긴장 상황에서 어떻게 상대방의 이야기를 듣고 의사소통하는지를 배우셨다. 주말에는 주중에 배운 기술을 집에서 연습해봤다. … 목표 치료는 효과적이었다. 내가 올바르게 행동하고 먹으면 목표를 달성하게 되는 것이다. 입원 기간의 초기부터 나는 개인 치료를 일정 시간 받았다. … 치료는 점차 내 인생의 고정적인 한 부분이 되었다….

무엇이 아동의 신경성 식욕부진증을 초래할까? 내 생각으로는 다양한 요인이 있는 것 같다. 부모-자녀 관계, 학업에 대한 기대와 다른 아동과의 관계와 같은 학교에서 받는 압박, 무의식적으로 받아들이게 되는 미디어가 제공하는 이미지, 그리고 심각하게 부정적인 자아상 등이다. 식욕부진증 아동으로서 나는 자신이 무가치하다는 것을 확인해주는 부정적 감정과 매일 싸웠다. 적절하게 섭식하는 것이 나에게는 가치 있는 일이 아니었다. 내 경험으로 미루어보아 식욕부진증을 겪고 있는 시기에 가장 필요한 것은 식욕부진증으로 고통 받고 있는 사람이 사랑받을 만하고 가치 있는 사람임을 지속적으로 확인해주고 확신하는 것이라고 생각한다.

출처: Haggiag(2000).

다. 예를 들어, 식욕부진증으로 입원한 50명의 여성을 대상으로 한 Casper, Hedeker와 McClough(1992)의 연구에서 제한형은 자기통제, 정서 억제, 그리고 신중함을 보였다. 이에 반해, 폭식/하제 사용형은 제한형과 같이 도덕적 가족 가치를 중시하긴 하지만, 더 충동적이고 정서적으로 더 모험적이고 더 많은 성격 문제를 가지고 있었다.

남성 식욕부진증을 다룬 한 연구에서 Carlat, Camargo와 Herzog(1997)은 지난 14년간 Massachusette General Hospital에서 섭식장애 치료를 받았던 모든 남성의 자료를 조사하였다. 135개 사례 중 22%가 식욕부진증이었다. 이들의 반 이상은 주요우울증이었으며, 성격장애와 물질남용도 일반적으로 나타났다.

인지 Fairburn, Shafran과 Cooper(1999)는 식욕부진증에서 인지가 중요한 역할을 한다는 이론을 주장하였는데, 특히 지나친 통제 요구가 중요한 역할을 한다고 주장하였다. 자신이 쓸모없고 부적절하다는 자기지각에서 벗어나기 위해 음식 섭취량 및 체중 조절이 필수적이 된다는 것이다. 그러나 단식 후에 나타나는 먹고 싶은 강한 욕구는 무력하다는 자기지각을 유발할 수 있는 만큼 더욱 다이어트를 하게 되는 것이다. 완벽주의, 재앙화, 과잉일반화와 같은 다른 인지적 왜곡은 강박적 사고와 부정적인 자기 판단과 같은 또 다른 역기능적인 인지스타일과 같이, 정상 통제집단보다 식욕부진증 집단에서 훨씬 더 크다(Foreyt & Mikhail, 1997).

다이어트를 하는 정상인에 대한 연구에서 나타났듯이 섭식행동을 조절하는 데에 인지적 요인도 중요하다. 다이어트에 대한 집착은 종종 음식 섭취량을 정해놓는 식으로 인지적으로 통제된다. 그러나 상습적으로 다이어트 하는 정상인들은 종종 반(反) 제한적으로 먹거나 또는 고칼로리 음식을 폭식하기 쉽다. 예를 들어, 자신이 다이어트를 어겼다는 생각이 다이어트에 대한 결심을 포기하고 더 많은 양의 음식을 섭취하도록 한다(Foreyt & Mikhail, 1997). 이와 같은 정상 집단에서의 결과들은 폭식하고 토하는 순환적 행동 주기를 이해하는 데 도움이 된다.

식욕부진증을 치료하기 힘들게 만드는 인지적 요인의 하나는 자아 동조(ego syntonic)인데, 이는 자신의 증상이 자신의 자아상 및 개인적 목표와 일치한다고 간주하는 것이다. 자신이 가지고 있는 증상에 대해 불행하게 생각하며 증상에서 벗어나려고 하는 다른 종류의 장애와는 달리, 식욕부진증을 가지고 있는 사람들은 극심한 저체중을 가지게 되는 것을 "자존심이 달려 있는 자제력의 승리"로 간주한다(Wilson, Becker, & Heffernan, 2003). 결과적으로 변화하려는 동기가 약하거나 거의 없어진다.

가족 맥락

가족체계이론 Minuchin, Rosman과 Baker(1978)의 "식욕부진증 가족" 연구는 정신병리에 미치는 가족체계의 영향을 이론화하는 데에 기초를 제공하였다. 이들은 식욕부진증 청소년 자녀를 가진 가족의 네 가지 특징적인 상호작용 패턴에 대해 기술하였다.

1. 뒤엉킴. 병리적으로 뒤엉킨 가족 구성원들은 서로의 일에 끼어들어서 영향을 주고 또 반응한다. 1장에서 본 것처럼, 뒤엉킨 가족 구성원들은 서로를 개별화하여 지각하지 못하고, 각자의 역할과 권위의 선이 애매하다(예를 들어, 자녀들은 부모의 역할을 추정할 뿐이다).
2. 과잉보호. 정신-신체적 병을 가진 아동의 가족 구성원들은 서로의 안녕에 지나치게 관심을 가진다. 재채기 한 번 했다고 여러 사람이 동시에 손수건을 꺼내들거나, 비난을 받았다고 곧 위로를 한다. 가족의 과잉보호와 병을 앓고 있는 자녀에 대한 지나친 염려가 자녀의 자율성을 방해하며, 또 자녀는 가족을 고통으로부터 보호해야 할 책임이 자신에게 있다고 느낀다.
3. 경직성. 병리적 가족들은 변화를 거부한다. 특히 청소년기와 같은 성장 기간에 습관적인 패턴을 유지하기 위하여 매우 노력한다. 그 결과, 자녀의 병을 변화에 수반되는 문제를 회피하기 위한 변명으로 사용한다.
4. 갈등해결의 부족. 어떤 가족들은 갈등을 부정하려 한다. 또 어떤 가족은 장황하고 산만하고 비효율적으로 언쟁한다. 또 다른 어떤 가정의 부모는 갈등이 생길 것 같기만 하면 집을 떠나는 회피자인 경우도 있다.

Minuchin, Rosman과 Baker(1978)는 후에 식욕부진증으로 발달될 가능성이 있는 아동의 가족은 다이어트, 외모, 통제에 대해 지나치게 관심을 가진다고 기술하였다. 가족의 간섭은 아동의 자율성을 훼손하며, 아동의 심리적·육체적 기능은 지속적으로 감시받는다. 특히 청소년기는 이들 가족에게는 긴장된 시기로, 분리해야 하는 발달과업을 수행할 수 없다. 스트레스를 느끼는 청소년들은 스스로 단식하는 문제행동으로 반응한다. 이보다 훨씬 더 중요한 것은, 이러한 징후를 보임으로써 청소년들은 부모와의 관계에서 표면적으로는 의존적인 역할을 유지하면서 동시에 음식을 거부함으로써 은밀하게 반항한다는 것이다.

이러한 가족모형을 지지하는 경험적 증거들이 있다. 예를 들어, Fosson과 동료들(1987)은 식욕부진증을 가진 소녀의 가족들이 과잉관여하고 갈등해결에 실패하며 상호작용을 적게 한다고 보고하였으며, Kog와 동료들(1985)은 식욕부진증 환자와 신경성 폭식증 환자 가족 모두 높은 수준으로 뒤엉켜 있다는 증거를 보고하였다. 유사하게 Rowa, Kerig과 Geller (2001)는 식욕부진증 소녀와 이들 부모 간의 관계가 뒤엉켜 있음을 보고하였다. Humphrey(1989)는 정상적인 여자 청소년의 가족간 상호작용 특징과 제한형 식욕부진증, 폭식/하제 사용형 식욕부진증, 신경성 폭식증 소녀들의 가족간 상호작용 특징을 비교했다. 이 연구는 Minuchin 등의 견해를 지지하였는데, 식욕부진증 딸을 가진 부모들은 자신의 애정에 대해서 이중적으로 이야기하였으며, 또 자신의 감정을 표현하려는 딸의 욕구를 무시하였다. 또 딸들은 자신의 감정을 주장해야 할지, 부모를 따라야 할지 망설였다.

다른 연구들은 Minuchin의 가설을 지지하는 증거를 제시하지 못하였으나, 식욕부진증 환자 가족은 가족내, 특히 부부간의 갈등과 역기능적 의사소통 패턴을 보인다는 증거가 있다(Kog & Vandereycken, 1988). 그러나 이러한 문제가 장애를 예언하는 것인지 아니면 결과인지는 분명하지 않다. 더구나 이러한 가족의 병리적 역학은 식욕부진증 발달에만 독특한 것이 아니어서 다른 형태의 정신병리를 가진 아동의 가족에서도 나타난다. 예를 들어, 우울증 경력이 있는 가족—특히, 어머니의 우울증—은 식욕부진증의 위험이 더 높을 뿐만 아니라(Lyon et al., 1997), 몇 가지 다른 장애들과 관련되기도 한다(9장 참조). 따라서 많은 연구자들은 하나의 "식욕부진증" 가족유형이 존재한다는 개념을 부정한다(Rastam & Gillberg, 1991).

아동학대 연구자들은 가족체계를 넘어서 부모-자녀 관계의 다른 요인들이 식욕부진증 발달과 관련되는지 연구하였다. 예를 들어, 섭식장애를 가진 사람 중에서 성학대 발생은 성학대의 정의와 방법에 따라 34%에서 85%에 이르는 것으로 나타났다(Bryant-Waugh & Lask, 1995). 그러나 이러한 연구들은 일반적으로 학대 발생률이 높은 임상 집단 자료를 사용한 것이다. 보다 정교하게 계획된 연구들은 성학대가 정신병리의 일반적인 위험요인이지 식욕부진증에 특정적인 위험요인이 아님을 보여주고 있다(Fairburn et al., 1999). 그렇지만 일부 여성에게 있어서는 원하지 않았던 성경험이 식욕부진증을 발달시키는 요인이 되었을 가능성이 있다(Lask, 2000).

Roman과 동료들(2001)은 아동기 성학대 경험이 있는 여성 중 식욕부진증을 가지게 된 여성과 그렇지 않은 여성을 구별하는 요인에 대해 연구하였다. 섭식장애를 가지게 된 여성은 일찍 월경을 시작하였고 자신의 아버지를 지나치게 통제하는 사람으로 묘사하는 경향이 있었다. 성학대와 관련된 어떤 변인(예를 들어, 빈도, 기간, 유형)도 섭식장애 행동을 예측하지는 못하였다.

사회적 맥락

식욕부진증 여성들은 종종 자신이 아동이었을 때 과도하게 부끄러워했다거나, 심지어는 친구가 한 명도 없었다고 보고한다. 또한 청소년기에 그들은 가족 이외의 친밀한 관계 형태를 싫어하여, 청소년기에 중요한 성장 촉진 기능을 하는 또래관계로부터 고립된다. 특히 성적 관계를 회피한다. 예를 들어, Leon과 동료들(1985)은 제한형과 폭식/하제 사용형 모두 성에 대해 매우 부정적인 평가를 하며 성적 관계에 대해 관심이 부족하다고 보고했다. 그리고 Carlat, Camargo와 Herzog(1997)는 식욕부진증을 가진 남자의 58%가 성적 관심을 보이지 않으며 스스로를 "성적이지 않다"라고 기술한다고 보고했다.

한 최근 연구는 섭식장애 소녀들의 성행동에 발달적 이행이 있음을 보여주고 있다. Cauffman과 Sternberg(1996)는 섭식장애를 가진 소녀들이 다른 소녀들보다 더 조숙하고 더 일찍부터 성행동을 한다는 사실을 발견했다. 비록 이 소녀들이 나이에 비해 더 성숙해 보인다 하더라도, 이 소녀들은 정서적으로 성 행위와 관련된 사회적 제약을 감당할 준비가 되어 있지 않다. 시간이 지나면서 외모에 대한 불만, 성 만족도의 부족, 그리고 단식과 관련된 위축은 청소년들로 하여금 초기에 장애의 원인이 되었던 성적 활동에서 멀어지도록 한다.

식욕부진증에 관한 연구결과를 복잡하게 만드는 것은 단식 자체가 행동에 크게 영향을 미쳐서 우울, 과민성, 사회적 고립, 그리고 성적 관심의 감퇴를 일으킬 수 있다는 사실이다. 또한 단식은 심각한 쇠약이나 죽음까지 초래할 수 있는 섭식패턴을 바꾸어 보고자 하는 가족들의 노력을 무력하게 하므로, 가족관계도 크게 변화시킬 수 있다. 따라서 다른 심각한 장애의 경우와 같이 원인과 결과를 분리하는 것이 매우 어렵다.

문화적 맥락

여성다움과 이상적 신체 우리 사회에서 이상적인 아름다움에 대한 생각은 마릴린 먼로로 전형화되는 풍만한 육체로부터 오늘날의 야위고 날씬한 외모로 바뀌어 왔다. 예를 들어, 미스 아메리카 대회 참가자들의 체중이 과거에 비해 꾸준히 감소하고 있다. 현재 평균 체중은 정상 체중보다 13~19% 낮다. 다른 말로 하면, “이상적인” 여성은 섭식장애 진단의 첫 번째 준거를 만족시키는 여성이다(Attie & Brooks-Gunn, 1995).

대회 참가자들과 패션모델에 의해 예시되는 지나치게 키가 크고 마른 신체특성 기준을 만족시킬 수 있는 젊은 여성은 거의 없다. 그러나 문화적 기준은 “뚱뚱한 것”은 추한 것이고 추한 것은 나쁜 것이며, 반면에 날씬한 것은 아름다운 것이고 아름다운 것은 선한 것으로 본다. 더욱이 이런 기준은 특정 집단이나 맥락에서 더 강하게 작용한다. 아름다움과 이성교제가 강조되는 대학과 기숙사제 학교, 일정한 몸무게를 강조하는 댄서나 모델 같은 직업은 식욕부진증의 온상이다.

게다가 신체적 매력이 여성의 성 역할 고정관념에 중심적이나 남성의 성 역할 고정관념에는 지엽적이라는 증거가 있는데, 이는 식욕부진증 남성이 훨씬 더 소수인 사실을 설명해줄 수 있다. 이러한 경향에 예외가 되는 두 가지 경우가 있다. 첫째, 여성의 성 역할을 받아들이는 남성은 여성만큼이나 섭식과 관련된 혼란된 태도를 가지게 될 가능성이 높은 것으로 보인다(Meyer, Blissett, & Oldfield, 2001). 또 다른 예외는 남성 동성애자(게이) 공동체에서 볼 수 있는데, 외모에 더 신경을 쓰는 것은 동성애 남성의 섭식장애 위험요인으로 작용한다(Carlat, Camargo, & Herzog, 1997).

민족과 문화 일부 증거에 의하면 미국에서 소수민족 지위는 섭식장애의 보호요인이 될 수 있다. 아프리카계 미국인과 스페인계 미국인은 유럽계 미국인에 비해 신체에 대한 불만을 덜 표현하며 신체에 대한 이상이 더 관용적이고 유동적이다(Smolak & Striegel-Moore, 2001). 반면, 비교문화적으로 살펴보면, 섭식장애는 서구의 가치가 영향을 미치는 다양한 사회계층과 민족에서 더욱 많이 발견된다(Nasser, Katzman, & Gordon, 2001).

이에 반대되는 관점을 Doyle과 Bryant-Waugh(2000)가 제안하였는데, 이들의 임상연구에서 섭식장애를 발달시킬 가능성이 가장 높은 소수민족 젊은이들은 서구 문화에 더 노출된 사람들이 아니었으며, 그보다는 가정의 가치관과 자신이 속한 더 넓은 문화의 가치관 사이에서 더 많은 갈등을 겪는 사람들이었다. 전통적인 문화적 관습을 엄격하게 따르는 부모를 가지고 있으며 자신이 속한 소수민족집단의 사람들에게만 사회화하는 아동들은 집안 내에서의 삶과 또래 집단이나 학교의 규준 간의 괴리를 잘 해결하지 못하는 것으로 나타났다. Doyle과 Bryant-Waugh는 이러한 내적 갈등이 섭식장애을 발달시키는 위험요인이 될 수 있다고 시사하였다.

발달과정

추적 연구에 의하면 식욕부진증을 가진 사람들의 약 25% 정도만 완전히 회복되는 것으로 나타났다(Neiderman, 2000). 따라서 식욕부진증은 치료에 저항하는 상당히 치료하기 힘든 장애로 간주된다(Garner, Vitousek, & Pike, 1997). 약 반 정도가 부분적으로 회복되나, 많은 경우는 심각하게 손상된 상태가 지속된다(Herzog et al., 1992). 치료를 받은 집단에서조차도, 우울, 불안, 강박장애, 물질남용이 지속되는 경향이 있다(Niederman, 2000). 우울과 불안 증상은 일반적으로 섭식장애 발병 이전부터 나타나지만, 식욕부진증이 발달하기 전에 불안 수준이 더 높은 경우는 예후가 더 나쁜 것으로 추적 연구에서 나타났다(Toner, Garfinkel, & Garnerm, 1988). 식욕부진증은 일부 여성에서는 신경성 폭식증의 전조가 될 수 있는데, Strober와 동료(1997)의 연구에서 95명의 식욕부진증 청소년의 약 1/3은 5년 이내에 신경성 폭식증을 가지게 된 것으로 나타났다.

장기 추적 연구들에서 식욕부진증 청소년들이 회복 후에도 가정 밖의 사회적 관계 특히 이성 또래와의 관계에 여전히 문제가 있는 것으로 나타났지만, 교육적·직업적 성취는 일반적으로 큰 영향을 받지 않는 것으로 나타났다. 특히 가족으로부터 개별화되는 것이 이 젊은이들이 갈등하고 염려하는 영역이다(Neiderman, 2000).

초기 발병(16세 이전)은 증상이 아직 만성적이지 않고 덜 뒤엉킨 행동을 한다는 점에서 예후가 덜 부정적이다(Lock et al., 2002).

회복 가능성을 높이는 보호요인은 좋은 가족 기능과 초기의 집중적인 중재이다(Neiderman, 2000).

4. 섭식장애: 신경성 폭식증

정의와 특성

신경성 폭식증(bulimia nervosa)의 특징은 폭식행동이 종종 재발하거나, 또는 짧은 시간 동안에 상당히 많은 양의 음식을 재빨리 섭취하는 것이다. 또 폭식행동 후에는 스스로 구토를 하거나 하제나 이뇨제를 사용하거나(하제 사용형), 단식하거나 빠르고 과격한 운동을 하여(하제 비사용형) 체중을 줄이려는 시도를 반복하는 것이다. 신경성 폭식증을 가진 사람이 과체중일 수도 있고 과소체중일 수도 있으나, 체중은 대개 정상 범위 내에 있다(**표 12.1** 참조).

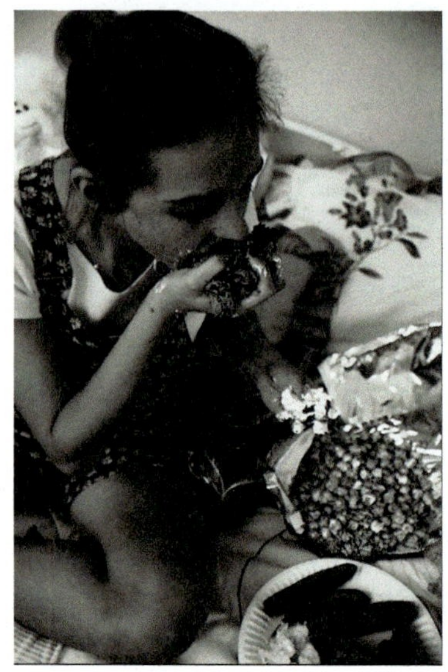
폭식

폭식은 일반적인 과식과 구별되어야 한다. 순수한 폭식은 실제 배고픔과는 상관없이 상당한 양의 음식을 섭취하고 불편할 정도로, 심지어는 죽을 정도로 먹고 난 후, 결국 자기혐오 또는 우울을 경험하는 것이다. 한동안 폭식이란 많은 양의 음식을 섭취하는 것으로 잘못 생각했었으며, 이러한 오해는 DSM-IV-TR 규준에도 남아 있었는데, 이후의 연구에서 부정되었다(Guertin, 1999). 그보다는 신경성 폭식증을 가진 사람들은 먹는 것을 통제하지 못하게 되는 것을 두려워하는데, 소비한 음식의 양보다 통제력 상실감이 바로 신경성 폭식증과 보통의 음식 탐닉을 구별해주는 특성이다. 이들은 "모두 아니면 전혀" 식의 흑백논리적인 사고를 하므로, 금지된 음식을 아주 조금만 먹고 난 후에도 파멸적인 섭식을 하게 된다. 덜 극단적인 경우에는 식욕부진증 환자와 같이 비만이 될까 두려워하며 정상 체중인데도 불구하고 자신을 뚱뚱하다고 지각한다. 따라서 폭식하고 싶은 욕구는 한편에서는 통제하지 못하게 되고 비만이 되는 것에 대한 불안과 다른 한편에서는 폭식행동 후에 나타나는 죄책감, 수치심, 자기경멸 사이에서 청소년을 갈등하게 만든다.

하제 사용은 단식보다 죽음과 덜 관련되긴 하지만, 신체건강에 심각한 위험을 초래한다. 폭식과 구토는 위와 식도를 손상시키고, 반복되는 구토로 인한 위산 세척은 치아를 부식시키고 영구적인 손상을 초래할 수 있다(**글상자 12.2** 참조). 하제를 과용하는 것은 영구적인 장 손상을 초래할 뿐만 아니라 하제에 대한 의존성을 초래하여 하제를 사용하지 않았을 때 변비가 된다. 빈번한 하제 사용은 전해질과 체액의 불균형을 초래하여, 쇠약, 무기력, 우울뿐만 아니라 불규칙적인 맥박, 신장 질환 그리고 갑작스런 사망까지 초래할 수 있다. 습관적인 구토 또한 안면 혈관 파열, 건성 피부, 그리고 침샘 확장과 관련되어서 얼굴 모습을 이상하게 만들게 된다. 또 항상 구토 냄새가 날 수 있다. 결국, 신체적으로 매력적이 되고자 하였던 목표는 그것을 추구하기 위해 사용한 부적합한 방법으로 인해 좌절되는 것이다.

유병률과 시작

신경성 폭식증은 식욕부진증에 비해 늦게 시작된다. 신경성 폭식증은 청소년기 또는 초기 성인기에 시작되는데, 평균 시작 연령은 18세이다(Lewinsohn, Striegel-Moore, & Seeley, 2000). 여자 청소년과 젊은 성인들 중 신경성 폭식증 유병률은 약 1% 정도이지만, 여대생만 놓고 보면 4%로 상승한다. DSM 기준을 참조하지 않고 신경성 폭식증에 대해 조사했을 때는 그 비율이 증가한다. 예를 들어, 대학생 집단의 거의 20%가 그런 행동을 하고 있음을 인

글상자 12.2 신경성 폭식증 사례

내가 처음으로 토했던 때를 이제는 분명하게 기억하지 못한다. 내가 기억하고 있는 것은 내가 얼마나 능숙하지 못했었는가와 헛구역질만 하지 않고 실제로 토하게 되기까지 오래 걸렸었다는 사실뿐이다. … 십대 중반인 나는 죽을 수도 있다는 것을 알기에 너무 어렸다. 내가 하고 있는 일이 얼마나 위험한 것인가 하는 생각은 떠오르지 않았으며, 그것은 사물에 직면하기 위한 현명하고 실제적인 방식으로 생각되었다. 나는 수개월 동안 하루에 1, 2회씩 토하다가, 그 후 잠시 동안은 전혀 토하지 않았다. 이것은 내가 잘 통제하고 있음을 의미한다. 그러나 18세가 되기까지 토하지 않는 기간은 수주로 감소하였으며, 토할 때는 하루에 4, 5, 6번 하였다. 나는 점차 그 감각에 중독되어 갔다. 먹은 후에 후회할 필요가 없어졌고, 폭식행동 후에 보상이 생긴 것이다. 토한 후의 느낌, 잘 닦여진 기계의 깨끗하고 반짝이는 내부와 같은 느낌을 나는 좋아하게 되었다. 나는 욕실 바닥에서 일어나서 차가운 물로 얼굴을 닦았고, 입에 묻는 위산을 맹렬하게 닦았다. 나는 젖은 수건을 가지고 토한 것을 닦아내고, 낮잠을 한숨 자고 일어난 사람이나 기운을 돋우는 운동을 하고 돌아온 사람처럼 에너지가 넘치는 것을 느꼈다. 나의 내부에 있는 모든 것들이 쏟아져서 이제는 밖에 있는 것처럼 느껴졌다. 내가 먹은 모든 음식뿐만 아니라 나의 전 과거를 토한 것이었다. 그 누구도 나에게 그만하라고 말할 수 없었다. 심지어는 내가 뭘 하고 있는지 알게 된 친구들도 나에게 그만하라고 말하지 못했다. 친구들은 내 삶의 이 부분을 통제할 수 없었다. 이 부분은 오로지 나 자신의 것이었다.

나는 마침내 약 2년 전, 22살이 되었을 때 신경성 폭식증에서 회복되었다. 그것은 의지에 의해 종료된 것이 아니었다. 토할 때의 고통이 기쁨을 감소시키기 때문에 토하지 않게 된 것이다. 나의 부드러워진 치아는 음식을 제대로 씹을 수 없게 되었고, 밤에 수차례나 위경련이 일어났기 때문에 토하지 않게 된 것이다. 내 발의 감각을 더 이상 느낄 수 없게 되었을 때 토하는 행동을 중단한 것이다. 몇 개월 후 의사를 찾아갔을 때 의사는 많은 비타민과 무기질을 토해 버렸기 때문에 전해질 불균형이 되었다고 진단하였다. 그때까지 나는 탈장, 즉 위의 일부가 식도로 삐져나오는 증상까지 가지게 되었으며, 치아의 한 개는 손상되어서 결국 압박에 의해서 부서졌다….

내가 마지막으로 토했을 때는 마치 뱃속을 수술 받고 있는 것 같았다. 슬픔, 사랑, 분노, 고통이 한꺼번에 터져 나왔으나, 그 후에도 그것은 여전히 내 속에 존재하였다. 나는 8년 동안 차례로 폭식을 했다가 하지 않았다가 하였으며, 토할 때 나를 아프게 만들었던 어떤 것도 토해버리지 않았다.

출처: Lau(1995).

정했다.

식욕부진증의 경우와 같이, 이러한 통계 측정치는 실제 유병률을 과소추정하는 것이다. 신경성 폭식증의 특징이나 관련 요인뿐만 아니라 신경성 폭식증의 유병률에 관한 자료는 대부분 임상 집단에서 나온 것임을 고려해야 한다. 옥스퍼드대학 연구진(Fairburn, Cooper, Welch, & Doll, 1999)이 수행한 정교하게 설계된 연구에서는 통제집단 사례를 포함하여 102명의 신경성 폭식증과 204명의 대응 통제집단, 그리고 102명의 정신과적 통제집단을 연구하였는데, 그 결과 신경성 폭식증을 가지고 있는 사람들의 75%가 전혀 치료를 받은 적이 없다는 사실이 밝혀졌다.

신경성 폭식증에서의 성차는 식욕부진증에서만큼 심하지 않다. 대부분의 신경성 폭식증이 여성에게 나타나지만 남성이 드문 것은 아니다. 신경성 폭식증을 가진 사람 중 10~15%가 남성이다. 여성과 비교했을 때, 남성은 발병 시기가 더 늦고(18세에서 26세 사이), 소아 비만이었을 확률이 더 높고, 다이어트를 덜 한다는 증거들이 있다(Carlat, Camargo, & Herzog, 1997).

사회계층과 민족에 따라 유병률의 차이가 있다. 신경성 폭식증은 높은 사회경제적 지위와 유럽계 미국 소녀에서 더 많이 진단되고 있다(Attie & Brooks-Gunn, 1995). 비교문화적으로 보면 신경성 폭식증은 미국, 캐나다, 유럽, 호주 및 일본과 같이 보다 산업화된 사회에서 가장 많이 발생한다(미국정신과학회, 2000).

공병

임상 집단의 경우 신경성 폭식증을 가진 여성의 80% 정도에서 불안장애가 발견되었으며(Wonderlich & Mitchell, 1997), 비임상 집단의 경우에는 58%가 불안장애를 보였다(Garfinkel et al., 1995). 공병되는 불안장애는 강박장애, 사회 공포증, 일반화된 불안장애, 외상후 스트레스장애이다. 우울증상이 자주 나타나는데 25~80%가 정동장애 기준에 부합한다(Wonderlich & Mitchell, 1997). 물질남용도 자주 나타난다. 예를 들어, 신경성 폭식증 치료를 받고 있는 사람의 1/3 정도는 알코올남용이다(Dansky, Brewerton, & Kilpatrick, 2000). 이 두 가지 장애는 공통적으로 부정적인 감정을 잘 조절하지 못하고, 즉각적인 만족을 얻으려 하고, 자기개념이 약하다는 등의 성격요인과 관련된다. 신경성 폭식증을 가진 사람의 21~77% 정도가 하나나 그 이상의 성격장애 기준에 부합된다(Skodol et al., 1993).

변별진단

신경성 폭식증과 식욕부진증 모두 폭식하고 하제를 사용하거나 구토하는 특징을 보인다. 그러나 식욕부진증에서만 극단적으로 낮은 체중이 유지된다는 점에서 신경성 폭식증은 식욕부진증과 구별된다.

폭식은 신경성 폭식증의 핵심 특징이나 폭식하는 사람들이 모두 신경성 폭식증 진단준거에 부합하는 것은 아니다. DSM-IV-TR은 폭식장애(binge eating disorder; BED)라는 또 다른 범주를 포함하고 있는데, 이는 앞으로 연구되어야 할 범주의 목록에 들어 있어 아마도 새로운 판의 DSM에 포함될 가능성이 있다. BED는 짧은 시간 내에 많은 양의 음식을 섭취한 후 주관적 고통과 자기비난뿐만 아니라 자제하지 못했다는 감정이 뒤따르는 특징이 있다. 그러나 신경성 폭식증과는 달리 BED를 가지고 있는 사람들은 자신이 섭취한 칼로리를 제거하기 위해 부적절한 보상 기제(예를 들어, 구토, 하제 사용, 과도한 운동)를 사용하지는 않는다.

하제 사용이 수반되건 되지 않건 폭식은 체중 증가, 심지어는 비만을 초래한다. 그러나 비만이 심리적 문제를 나타내는 신호라는 일반적인 개념이 있긴 하지만, 비만 그 자체를 정신병리나 섭식장애로 생각해서는 안 된다는 것에 주의해야 한다(Wilson, Becker, & Heffernan, 2003). 괴로운 사람들은 자신을 달래기 위해 과식할 수 있고, 또 비만인 사람이 섭식장애가 될 수도 있으나, 비만 그 자체는 신지대사의 문제로 생각하는 것이 가장 적합하다.

병인론

생물학적 맥락

유전적 특질 신경성 식욕부진증과 같이 신경성 폭식증도 가계에 내재한다. 예를 들어, Strober와 동료들(2000)은 정상 통제집단에 비해서 신경성 폭식증을 가지고 있는 사람의 여성 친척들은 신경성 폭식증을 가질 확률이 4.4배 더 높고, 식욕부진증을 가질 확률은 12.3배 더 높다는 것을 발견하였다. 일란성 쌍생아와 이란성 쌍생아 간의 일치율을 비교한 유전연구는 상당히 일관적이지 않은 결과를 보고하고 있는데, 유전도 추정치가 0~83%까지 다양하다(Fairburn, Cowen, & Harrison, 1999).

신경성 폭식증으로 진단된 청소년들의 가족에서는 어머니의 비만력이 있을 가능성이 높다. 따라서 체질적 소인이 이들의 체중감량을 어렵게 만드는 것이 아닌가 추측되기도 한다. 과체중 성향은 외모에 불만을 가지게 하고 하제와 같은 과도한 체중감량 방법을 사용하게 할 가능성을 증가시킨다(Stice & Whitenton, 2002). 그러나 극단적인 다이어트는 반대로 작용하여 체중 감소가 아닌 체중 증가를 초래하여 문제를 더 악화시키는 경향이 있다.

신경화학 신경성 폭식증은 노르아드레날린과 세로토닌 체계의 혼란과 관련된다. 특히 세로토닌은 섭식과 비만에 중요한 역할을 하므로 신경성 폭식증을 예측할 수 있는 요인이 된다. 세로토닌 효능제가 포만감을 야기하고 음식 섭취량을 줄이는 데 반하여 세로토닌 길항제는 음식 섭취를 증가시킨다(Wilson, Becker, & Heffernan, 2003). 몇몇 연구에서 신경성 폭식증을 가진 사람들은 세로토닌 활동 수준이 낮은 것으로 나타났다. 그러나 이러한 불균형이 섭식장애의 원인인지 결과인지 불분명하다. 예를 들어, Jimerson과 동료들(1997)은 신경성 폭식증 환자의 낮은 세로토닌 수준은 신경성 폭식증 환자가 이전에 가졌었다고 보고한 폭식 에피소드의 수와 관련됨을 지적하였다. 따라서 무엇이 원인이고 결과인지는 여전히 문제로 남아 있다. 폭식의 횟수가 증가하면 세로토닌 수준이 감소하며, 신경성 폭식증에서 회복하면 세로토닌 대사활동이 증가된다.

9장의 우울증에 대한 논의에서 보았듯이 세로토닌은 기분장애 발달에 관여하는 것으로 보인다. 폭식한 후 토하거나 하제를 사용하고 다시 음식 섭취를 제한하는 것은 세로토닌 감소와 관련된 기분을 조절하려는 시도일 수 있다(Ferguson & Pigott, 2000; Kaye et al., 1998; **글상자 12.3** 참조).

다이어트는 심리적으로 또 생리적으로 영향을 미쳐서, 음식 갈망과 폭식 가능성을 높인다는 것에 주목해야 한다(Leon, Fulkerson, Perry, & Early-Zald, 1995). 음식 제한은 혈장 트

글상자 12.3 섭식장애에서 세로토닌의 역할: 조절 곤란으로 인한 과잉 대 부족

세로토닌(5-HT) 신경전달물질 체계는 9장에서 보았듯이 우울증 발달에 기여하는 것으로 생각되는 것이다. 그밖에 세로토닌은 식욕 조절에 중요한 역할을 한다. 따라서 세로토닌은 섭식장애 유발요인으로 고려된다. 만약 섭식장애에서 세로토닌 조절의 문제가 있다면, 그것은 과잉일까 아니면 부족일까?

과잉하다는 측면에서 Kaye와 동료들(2003)은 식욕부진증을 가지고 있는 사람들이 뇌의 세로토닌 체계 활동성이 높은 수준이라는 이론을 제안하였다. 세로토닌 활동성의 증가는 일반적으로 포만감을 유발하고 섭식 행위를 중단하도록 하는데, 이는 식욕부진증 환자의 음식 섭취 회피를 설명할 수 있을 것이다. 그러나 세로토닌 과잉이 불쾌한 기분 상태 특히 불안을 유발하기는 하지만, 섭식장애를 가지고 있는 사람들은 장애가 시작되기 이전부터 불안을 보고한다. 단식이 5-HT 활동성의 감소와 관련된다는 사실에 주목하여 Kay와 동료들은 급성 식욕부진증 환자의 극단적인 다이어트는 뇌의 세로토닌 수준을 낮춰서 불안과 불쾌한 기분을 감소시키는 기능을 하게 된다고 제안하였다. 이 이론을 검증하기 위해 연구자들은 트립토판(세로토닌 기능에 직접적으로 영향을 주는 세로토닌 전구 물질)이 제거된 아미노산 혼합물을 연구 참가자에게 투여하여 뇌의 세로토닌 수준을 감소시켰다. 이 이론을 지지하는 연구결과가 나타났는데, 심한 식욕부진증 여성과 식욕부진증에서 회복된 여성들은 트립토판을 감소시키는 처치를 받은 후에 불안이 유의미하게 감소되었다고 보고하였으나 식욕부진증이 아닌 통제집단에서는 그러한 보고를 하지 않았다. 따라서 연구자들은 식욕부진증 환자가 선천적인 세로토닌 장애로 인해 불쾌한 기분을 조절하기 위해 음식 섭취를 제한하게 되는 것이라고 제안하였다. 그러나 뇌의 보상기제가 불균형을 조절하기 시작함에 따라 그 효과가 빨라 사라지며 섭식의 시작과 함께 다시 불쾌한 기분이 나타나게 되는 것이다.

요약하면 식욕부진증에서는 반응식은 다음과 같다.

> 선천적인 세로토닌 과잉 → 불안 → 다이어트 → 세로토닌 감소 → 일시적인 불쾌한 기분의 감소

신경성 폭식증에서는 이러한 이야기가 반대방향으로 작용한다. 낮은 세로토닌 수준은 우울한 기분뿐만 아니라 과식, 포만 기제의 기능장애를 일으킨다는 것이 실험적으로 밝혀졌다. 또한 다이어트는 혈장 트립토판을 낮추며, 대부분의 경우 다이어트가 신경성 폭식증의 전조가 된다. 이러한 사실에 주목하여 Smith, Fairburn과 Cowen (1999)은 세로토닌의 부족이 신경성 폭식증에 중요한 역할을 한다고 제안하였다. 이러한 주장을 검증하기 위해 Kaye와 동료들(2003)이 사용했던 트립토판 고갈 절차를 사용하여 신경성 폭식증으로부터 회복된 여성과 비임상 통제집단 여성의 세로토닌 혈장 수준을 낮추었다. 신경성 폭식증이었던 여성들은 통제집단 여성에 비해 트립토판 고갈에 더 반응하였다. 즉, 우울증상과 신체상에 대한 염려, 그리고 먹는 것을 통제하지 못하게 될까 하는 두려움을 더 많이 보고하였다. Smith 등은 주요우울장애와 공병된 역사가 있는 신경성 폭식증 환자에서 우울증상이 최고로 증가하는 것을 보고, 이러한 집단은 세로토닌 신경전달물질 수준이 낮아질 때 재발 가능성이 특히 높다고 제안하였다.

요약하면 신경성 폭식증에서의 반응식은 다음과 같다.

> 다이어트 → 세로토닌 부족 → 우울한 기분과 과식 충동 → 폭식/하제 사용

립토판의 감소를 초래하는데, 이는 뇌의 세로토닌 수준, 기분, 그리고 포만감을 감소시킨다(Anderson et al., 1990). 따라서 음식 섭취를 줄이는 것은 오히려 체중 증가와 혼란된 섭식행동을 초래한다. 다이어트와 신경성 폭식증 발달 간의 관계는 분명하다. 실제로 대부분의 경우, 다이어트 기간 이후에 장애가 시작된다(Wilson, 2002). 예를 들어, 호주 사람을

대상으로 한 연구에서 Patton과 동료들은 6개월 이상 심하게 다이어트한 사람은 다이어트 하지 않는 사람에 비해 섭식장애를 가지게 될 가능성이 18배가 되며, 약한 정도의 다이어트도 위험을 증가시킨다는 것을 보여주었다.

종합하면, 이러한 연구들은 다이어트가 신경성 폭식증의 생물학적 기초가 된다고 제안한다. 즉, 다이어트가 세로토닌 활동을 감소시키는데, 이는 다시 불균형을 수정하기 위한 혼란된 섭식을 하도록 만든다는 것이다(Wilson, Becker, & Heffernan, 2003).

개인적 맥락

성격 특성 신경성 폭식증적 "성격"이란 것은 없지만, 신경성 폭식증과 관련된 개인 요인으로는 완벽주의, 자기비판, 인정받고자 하는 욕구, 그리고 낮은 자아존중감 등이 있다. 특히 완벽주의는 신경성 폭식증 발달에 위험요인일 수 있으며, 자신이 부적절하다는 느낌과 낮은 자기가치감은 6학년과 중학교 1학년부터 혼란된 섭식행동과 관련된다(Killen et al., 1994). 신경성 폭식증을 가진 사춘기 소년·소녀의 자아존중감은 다른 사람의 의견에 의해 좌우된다. 이들은 다른 사람의 인정을 받기 위해서 자신의 욕구와 감정을 기꺼이 무시하는 것으로 보인다. 또한 불안은 신경성 폭식증의 일반적인 특징이며, 일부 연구들은 불안이 신경성 폭식증의 발병에 선행하고 섭식문제를 예측할 수도 있음을 보여주고 있다(Schwalberg et al., 1992).

신경성 폭식증을 가진 청소년들은 거부되는 것에 민감하고, 날씬해지기 위해 끊임없이 노력한다는 점에서 고(高) 성취자로 묘사된다. 신경성 폭식증 청소년들은 아동기 부적응 경험을 가지고 있을 가능성이 있으며 정서적으로 불안정한 경향이 있다(Rodin, Striegel-Moore, & Silberstein, 1990).

신경성 폭식증 남성의 경우, Carlat과 동료들(1997)의 연구에 의하면 신경성 폭식증 치료 중인 남자 청소년의 42%가 자신이 동성애자 또는 양성애자라고 보고하였다. 또한 반 이상은 주요우울과 물질남용으로 고통 받고 있었으며 일반적으로 성격장애와 불안도 나타났다.

정서조절 여러 측면에서, 신경성 폭식증을 가지고 있는 사람의 행동은 이들의 섭식패턴과 같이 자기조절에 문제가 있음을 시사한다. 정서조절의 곤란이 문제 있는 섭식행동, 특히 하제 사용 행동을 일으키는 요인임을 보여주는 연구들이 최근 수행되기 시작하였다.

예를 들어, 먹고 토하는 행동과 관련된 심리적 과정을 연구하기 위해, Johnson과 Larson(1982)은 독창적인 전략을 사용하였다. 이들은 신경성 폭식증을 가진 여성들에게 하루 중 아무 때나 자신의 생각이나 느낌, 행동들을 기록하라고 연구자가 신호를 보낼 수 있게 이들에게 무선호출기를 가지고 다니도록 했다. 신경성 폭식증을 가진 여성들은 폭식 에피소드가 나타나기 2시간 전에 분노와 죄책감을 보고 하였으며, 자기통제와 자기적절성의 지각이 낮았다. 폭식행동 기간에는 분노와 죄책감, 그리고 통제력의 상실이 증가하였다. 폭식행동 후에는, 우울감, 혐오감, 그리고 자기비하가 두드러졌다. 토하는 것은 "깨끗한",

"빈", "멍한" 그리고 "잘 준비가 된"과 같은 말로 표현되는 평온함, 자기통제 및 적절함의 회복과 관련되었다. 이러한 특징은 신경성 폭식증 환자였던 Evelyn Lau가 8년간의 신경성 폭식증 투병에 대해 기술한 **글상자 12.2**에서도 볼 수 있다.

토하는 것은 그 자체로 어떤 강력한 특성을 가지는 것으로 보인다. 실제로, 어떤 연구자는 신경성 폭식증을 가진 사람들은 토하기 위해서 폭식을 한다고 주장한다(Heatherton & Baumeister, 1991). 토하는 것은 청소년들이 부정적인 정서에서 탈피하고 감정을 조절하도록 해주는 하나의 자기 위안처럼 보인다(Stice et al., 1996).

Stice, Burton과 Shaw(2004)는 496명의 여아를 2년간 추적하여 신경성 폭식증과 우울 간의 관계를 살펴보았다. 우울증이 신경성 폭식증의 발병을 예측하였으나, 신경성 폭식증 또한 우울증의 위험을 증가시켰다. 그러므로 폭식행위는 자기를 위안하고 부정적 정서를 조절하기 위한 행동으로 보인다. 그러나 폭식 및 토하는 행동과 관련된 생물학적 변화(세로토닌 고갈)와 심리적 결과(수치심, 죄의식, 좋지 않은 자기상)가 궁극적으로는 우울한 기분을 더 악화시킨다.

인지 신경성 폭식증을 가지고 있는 젊은 여성은 식욕부진증인 사람처럼 흑백사고와 같이 완고한 인지스타일을 가지고 있는 경향이 있다. 따라서 자신을 완벽하게 통제하는 사람으로 보거나 아니면 희망 없는 사람으로, 또는 절대적으로 고결한 사람으로 보거나 멋대로인 사람으로 본다(Wilson, Becker, & Heffernan, 2003).

신경성 폭식증을 가지고 있는 소녀는 식욕부진증 소녀처럼, 날씬함에 대한 문화적 이상을 받아들이며 자신의 신체를 불만족스럽게 생각한다(Stice, 1999). 신경성 폭식증 환자의 인지적 특징은 다음과 같은 세 가지 영역에서의 완고하고 부적응적인 신념으로 개념화할 수 있다. 자신의 체중과 외모에 대한 비현실적 기대(체중 감량을 하면 슈퍼모델 같이 될 것이다), 체중과 외모에 대한 왜곡된 믿음(목표 체중으로 감량하는 것은 인생에서 성공하고 자존심을 가지는데 필수적이라고 믿는 것), 그리고 음식과 섭식에 대한 잘못된 개념(소화계, 특정 음식물의 칼로리 값, 체중 감소에 관여하는 생물학적 기제에 대한 잘못된 생각)이다(Spangler, 1999). 이러한 왜곡된 인지는 좋지 않은 신체상과 날씬해지겠다는 압박감과 함께 소녀들이 체중 조절하기 위해 노력하도록 만드는데, 이는 다시 신경성 폭식증과 관련된 부적응적인 생물학적 과정과 심리적 과정이 작동하도록 만드는 것이다.

그러나 식욕부진증과는 달리, 신경성 폭식증은 더 자아 불일치적(ego-dystonic)이어서 자신의 목표와 자기지각이 일치하지 않는 경향이 있다. 신경성 폭식증을 가진 사람들은 자신이 장애를 가지고 있다는 것을 더 쉽게 인정하며, 자신의 부적응적인 섭식패턴을 포기하는 것에 대한 두려움이 있음에도 불구하고 자신의 행동을 변화시키려고 더 애쓴다(Wilson, Becker, & Heffernan, 2003).

사회적 맥락

또래가 영향을 미치는 한 가지 방법은 청소년에게 폭식행동을 시작하도록 영향을 주는 것이다. 많은 청소년들이 친구로부터 체중 조절을 하는 방법으로써 설사약을 사용하거나 토하는 것에 대해 알게 된다. (한 여성은 같은 학교 학생이 토하는 방법을 배우는 데에만 관심이 있다는 것을 알게 된 후, 자신이 어떻게 해서 신경성 폭식증에서 회복되었는지에 대한 감동적인 이야기를 하지 않게 되었다!) 대부분의 젊은 여성들은 결국 부적절한 방법들을 그만두게 되나, 일부 여성들은 주기적으로 폭식하고 토하는 행동에 몰두하게 된다.

또래관계의 질은 식욕부진증과 신경성 폭식증을 구별해준다. 신경성 폭식증을 가진 청소년들이 더 사회적으로 외향적이어서, 식욕부진증을 가진 청소년들보다 표면적으로 학업과 사회 장면에서 적절하게 기능하는 것처럼 보이는 경향이 있다. 게다가 신경성 폭식증을 가진 청소년들은 식욕부진증을 가진 사람들보다 성적으로 더 적극적인 경향이 있으며, 심지어 일부는 문란하다(Garfinkel & Garner, 1986). 그러나 이들이 다른 청소년들보다 성을 덜 즐긴다는 증거도 있다. 신경성 폭식증을 가진 청소년들은 자기만족을 위해서 성을 추구하기보다 사회적으로 인정받고자 하는 욕구가 강하고, 자신의 욕구가 무엇인지 알고 이를 주장하는 데 어려움이 있기에 성행동에 대한 사회적 압력을 따르는 것으로 보인다.

장기적으로 보면, 폭식하고 토하는 주기가 확고하게 정립되면, 이러한 행동과 연합된 수치심이 동료(또래)로부터 청소년들을 고립시키는 경향이 있다. 신경성 폭식증 청소년들은 음식, 먹기, 토하기에 대한 생각에 사로잡혀 있어서, 다른 모든 문제들은 주변적인 것이 되어 버린다. 이러한 청소년들은 정상 통제집단 청소년들에 비해, 타인과 보내는 시간이 적고 혼자 보내는 시간이 많다. 많은 신경성 폭식증 청소년들은 대부분의 시간과 에너지를 토하기 위한 은밀한 장소를 찾기 위해서, 또 폭식할 계획을 세우고 폭식할 음식을 모으는 데 쓴다고 스스로 기술하였는데, 한 청소년은 "음식이 가장 가까운 친구가 되었다"고까지 표현하였다(Johnson & Larson, 1982).

가족 맥락

"환자로 확인되었다"는 문제를 제외하고는 자신들에게 아무 문제가 없다고 생각하는 식욕부진증 청소년의 가족과는 달리, 신경성 폭식증을 가진 청소년들의 가족은 더 심하게 혼란되어 있는 경향이 있다. 부모의 정신병리가 종종 관찰되는데, 특히 우울과 물질남용이 흔히 관찰된다(Fairburn et al., 1997).

식욕부진증에서처럼 신경성 폭식증의 경우, 가족관계는 뒤엉키고 경직되어 있다(Leon et al., 1994). 그러나 신경성 폭식증 가족에서 더 특징적인 것은 부모-자녀 갈등과 공공연한 적개심이 포함된 가족 불화이다(Fairburn et al., 1997). Humphrey(1989)의 관찰에 의하면 정상의 여자 청소년 자녀를 둔 가족이나 식욕부진증 자녀를 둔 가족과는 달리 신경성 폭식증 자녀의 가족은 상호작용할 때 애정을 덜 표현하였다. 이 가족들은 서로 불평하고 상대방을 통제하려 하며, 서로 "적대적으로 뒤엉킨다." 신경성 폭식증 딸이 자신의 개성을 주장하고자 할 때 어머니가 그러한 노력을 방해하면, 딸은 화를 내면서 수동-공격적인 방식으로 복종한다. 신경성 폭식증에 특정적인 위험요인으로 작용하는 그밖의 가족 특징은 부모의 빈번한 부재, 무관심, 높은 기대, 비난 그리고 부부간의 불화이다(Fairburn et al., 1997).

체중과 다이어트에 대한 가족의 태도도 섭식장애에 영향을 미치는 것으로 보인다. 딸이 5세가 되었을 때부터 딸의 체중에 관심을 가지고 음식을 제한하는 것은 딸이 자신의 유능성에 대해 낮게 평가하는 것과 관련된다(Davison & Birch, 2001). 결과적으로 섭식장애는 딸의 체중과 외모, 섭식습관에 대해 비판적으로 말하는 부모의 자녀에서(Fairburn et al., 1997), 또 부모가 다이어트 하는 가정에서(Pike & Rodin, 1991) 더 많이 나타난다.

문화적 맥락

식욕부진증의 발달에 영향을 미치는 사회적 요인들이 동일하게 신경성 폭식증의 발달에도 영향을 미치는데, 이러한 요인에는 날씬함을 강조하고 신체적 외모를 바탕으로 여성을 판단하는 서구 문화의 경향이 포함된다. Striegel-Moore(1993)는 신경성 폭식증이 될 위험성을 증가시키는 서구 여성의 성 역할 사회화의 두 가지 측면을 강조하였는데, 그것은 여성다움의 필수요소로서의 아름다움과 소녀들이 다른 사람의 의견과 지각에 근거하여 자신을 평가하는 공동체 지향성이라고 하였다.

이 견해를 지지하는 경험적 연구 증거가 있다. 남성과는 반대로 여아와 여성의 자기 평가는 신체상에 기초하며 다른 사람의 의견에 영향을 받는다. 체중에 대한 불만과 부적합한 섭식행동은 북미의 젊은 여성들, 심지어 청소년기 이전의 여성들 사이에서도 만연되었다. 놀라운 것은 5세 정도의 어린 나이에도 평균 이상의 체중인 소녀들은 자신의 신체뿐만 아니라 인지적 능력에 대해서도 부정적인 자아상을 가지고 있다(Davison & Birch, 2001). 9세 소녀의 31~46%와 10세 소녀의 46~81%에서 다이어트, 뚱뚱해지는 것에 대한 두려움, 그리고 폭식행동이 발견되었다(Mellin, Irwin, & Scully, 1992). Rodin, Striegel-Moore와 Silberstein(1990)이 주장한 것처럼, 우리는 "섭식장애의 시대"(p. 361)에 살고 있으며, 외모에 대한 불만(**그림 12.1** 참조)이 여성의 "정상적인 불만"(p. 362)인 시대에 살고 있는 것이다.

그러나 이러한 사회적 압력에 노출된 사람들이 모두 섭식장애가 되는 것은 아니다. 따라서 사회문화적 요인과 개인적 요인 간의 상호작용이 분명 작용하는 것이다. 예를 들어, 신경성 폭식증인 사람들은 날씬해지라는 압력을 동료나 부모로부터 더 크게 받고 있다고 보고하며, 이들은 일반적으로 사회가 날씬해지길 요구한다고 더 믿는 경향이 있다(Stice et al., 1996). 이러한 방식으로 신경성 폭식증 소녀들은 다른 소녀들에 비해 외모에 대한 사회의 지시를 더 내면화하는 것처럼 보인다.

발달과정

식욕부진증과 비교하면, 신경성 폭식증의 회복률은 비교적 높다. Herzog와 동료들(1993)은 신경성 폭식증으로 치료를 받은 젊은 여성의 56%가 이후 1년 동안 증상을 보이지 않았다고 보고했다. 그러나 보다 장기적인 연구에서 Keel과 동료들(1999)은 섭식장애 클리닉에

그림 12.1 체중과 다이어트에 대한 여성의 관심은 아주 일찍 시작된다.

서 치료받은 177명의 여성을 10년 이상 지난 후에 추적하였는데, 거의 30%가 여전히 폭식과 토하기를 하고 있는 것으로 나타났다. 불행히도 장기적으로 보면 회복했다가 다시 재발한다. 따라서 신경성 폭식증이 치료 가능성이 더 높긴 하지만(Keller et al., 1992), 식욕부진증처럼 만성적인 장애로 되는 경향이 있다(Keller et al., 1992).

Fairburn과 동료들(2000)은 신경성 폭식증인 여성 집단을 5년에 걸쳐 추적하였다. 16세에서 35세 사이의 참가자들은 15개월마다 평가를 받았다. 처음 15개월 후의 추적에서 참가자들은 전체적으로 신경성 폭식증상이 개선되었으며, 그 이후에도 지속적으로 조금씩 개선되었다. 그러나 증상 그림은 상당히 불안정하였는데, 매년 약 1/3은 증상이 완화되고 약 1/3은 재발하였다. 5년 후에 실시한 마지막 검사에서 15%는 여전히 신경성 폭식증 DSM 준거에, 2%는 신경성 식욕부진증 준거에, 그리고 35%는 특정적이지 않은 섭식장애 준거에 부합하였다. 놀랍게도 참가자의 41%는 주요우울장애 준거에도 일치하였다.

그러므로 신경성 폭식증상이 완화되어도, 초기 청소년기의 문제 있는 섭식행동과 신체

표 12.2 섭식장애의 비교

<table>
<tr><th>식욕부진증: 제한형</th><th>식욕부진증: 폭식/하제 사용형</th><th>신경성 폭식증</th></tr>
<tr><td colspan="2">14세 발병</td><td>18세 발병</td></tr>
<tr><td colspan="2">지나친 마름</td><td>정상 또는 과체중</td></tr>
<tr><td colspan="2">체중증가에 대한 강한 두려움</td><td>섭식 통제 상실에 대한 두려움</td></tr>
<tr><td colspan="2">신체상 혼란(스스로 뚱뚱하다고 지각)</td><td>자기 평가가 체중에 의해 과도하게 영향 받음</td></tr>
<tr><td colspan="2">무월경</td><td>정상적인 월경</td></tr>
<tr><td>자발적인 음식 제한</td><td colspan="2">폭식과 토하기</td></tr>
<tr><td colspan="2">가족의 뒤엉킴, 과잉보호, 엄격함, 낮은 갈등해결</td><td>심리적 문제와 물질남용의 가계력;
가족 불화, 과도한 적대감</td></tr>
<tr><td>사회적으로 고립</td><td>사회적으로 불안전</td><td>낮은 자기존중감; 거부에 민감</td></tr>
<tr><td colspan="2">성에 무관심</td><td>적극적이나 즐거움 없는 성행동</td></tr>
<tr><td>과잉통제</td><td colspan="2">정서적으로 불안정</td></tr>
<tr><td>우울, 사회 공포증과
강박장애를 포함하는
불안장애와의 공병</td><td colspan="2">우울, 강박, 물질남용과 공병</td></tr>
<tr><td>어머니의 식욕부진증 내력</td><td colspan="2">비만의 가족력과 소인</td></tr>
<tr><td colspan="2">동조적 자아(치료에 무관심)</td><td>변화하려는 동기</td></tr>
</table>

에 대한 불만은 여아들에서 우울을 예측하는 요인이 되는 것이다(Stice & Bearman, 2001). 날씬하게 되어서 인생 문제를 해결하려는 시도는 실패할 수밖에 없는 것이다.

섭식장애의 비교

표 12.2는 식욕부진증과 신경성 폭식증에 관한 실험 결과와 진단기준을 비교한 것이다. 음식 섭취를 제한하는 사람들을 비교했을 때, 폭식하고 토하는 식욕부진증 청소년은 가족이나 개인의 비만 이력이 있으며, 정서적으로 더 불안전하고, 충동적이며, 물질남용을 하는데, 신경성 폭식증의 특징도 마찬가지다. 그러나 식욕부진증을 가진 청소년의 가족들은 경직성과 뒤엉킴으로 특징지어지는 반면에, 신경성 폭식증의 가족들은 더 적대적이고, 응집력이 없으며, 양육적이지 않다.

일반적으로, 신경성 폭식증과 폭식/하제 사용형 식욕부진증은 제한형 식욕부진증보다 공통점이 서로 더 있을 수도 있다. 실제로, 폭식/하제 사용형 식욕부진증을 식욕부진증의 하위 유형으로 보기보다는 신경성 폭식증의 하위 유형으로 보는 것이 더 낫다는 제안도 있다. 그러나 이러한 분류의 문제가 해결되기 위해서는 더 많은 연구가 이루어져야 한다.

통합적 발달 모델

섭식장애에 대한 보다 종합적인 설명 두 가지는 Rodin, Striegel-Moore와 Silberstein (1990)과 Attie와 Brooks-Gunn(1995)에 의해 제안되었다. 위에서 설명한 것처럼 Rodin, Striegel-Moore와 Silberstein은 사회가 아름다움의 지표로 날씬함을 강조하는 것과 아름다움이 이상적인 여성형에 필수적이라고 보는 사회문화적 요인을 강조한다. 그러나 분명 모든 여성이 이러한 압력에 노출되어 섭식장애를 발달시키는 것은 아니다. 따라서 병에 걸리기 쉽게 하는 요인, 급격하게 병을 일으키는 요인, 그리고 병을 유지시키는 요인 등 다른 많은 요인들이 서로 상호작용하면서 다양한 발달영역에서 작용하는 것으로 볼 수 있다.

첫째, 생물학 영역에서는 기질적 요인이 작용한다. 강박적 사고, 경직성, 변화에 대한 낮은 적응력 등의 기질적 성향은 젊은 여성들이 청소년기 스트레스에 대처하기 위해 준비하는 데 방해가 될 수 있다(Strober, 1995). 게다가, 섭식장애 경로에 있는 여아들은 대개 또래에 비해 더 일찍 사춘기가 시작되므로(Fairburn et al., 1997), 월경의 시작과 함께 체중이 증가하여 자신의 신체에 대해 더 불행하게 생각하게 된다. 특히 신경성 폭식증의 경우는, 유전적으로 적정 수준의 체중이 이상적인 날씬함 수준보다 더 높게 프로그램되었을 수 있다. 따라서 섭식장애의 소인이 있는 젊은 여성들은 이상적인 수준으로 날씬해진다는 것이 얼마나 어려운 일인가를 발견하게 되면서 더욱 취약해진다. 더욱이 이러한 여성은 자신의 외모가 인생에서 얼마나 성공할 것인지를 결정한다는 생각을 이미 내면화하였을 것이므로, 이상 수준에 못 미치는 자신의 외모를 받아들이기 힘들게 된다.

가족 영역에서, 부모는 더 갈등적이고 불안전하기 쉽다. 식욕부진증의 경우 부모가 완벽주의적이고 비판적인 반면에, 신경성 폭식증의 경우는 정서적으로 혼란스럽고 충동적이다. 식욕부진증 청소년의 부모는 자녀를 돌보는 양식에서도 표면적으로는 헌신적이고 주의 깊은 것으로 보이나, 실제로는 지나치게 과잉보호하거나 또는 과도하게 통제하는 무감각성을 보인다. 이런 경우 아동은 결국, 어머니가 자신을 혼자 남겨 두거나 도움을 주지 않을 것이라는 두려움 때문에 자신의 욕구를 표현할 수 없게 되므로 적대적-의존적인 관계가 된다. 감정상태가 아동에게 정확한 것이 아니라 부모에게 수용될 만한 것이기 때문에, 아동은 감정을 재인하는 능력이 낮고, 감정을 조절하고 표현하는 데 어려움을 가지게 된다.

Strober와 Humphrey(1987)는 이러한 가족상호작용이 딸들의 자기효능감 발달을 훼손시키며 부정적인 정서에 대처하는 전략의 발달을 방해한다고 제안하였다. 따라서 부모가 딸을 과잉통제하고 딸의 자기표현을 부인하고 무시하는 것은 개별화하려는 딸의 노력을 훼손시켜서 의존적인 상태가 유지되도록 만든다. 건강한 주도성과 자기주장의 정상적인 발달이 차단될 때(6장 참조), 유일한 대안은 자기 파괴적인 반항뿐이다. 개인 영역에 포함되는 또 다른 요인들은 숙달감과 자율성의 결여인데 이는 성숙하고 성인이 되는 것에 대한 두려움을 가지게 한다. 다른 성격 특징으로는 사회적 승인에 대한 강한 욕구, 즉각적인 만족

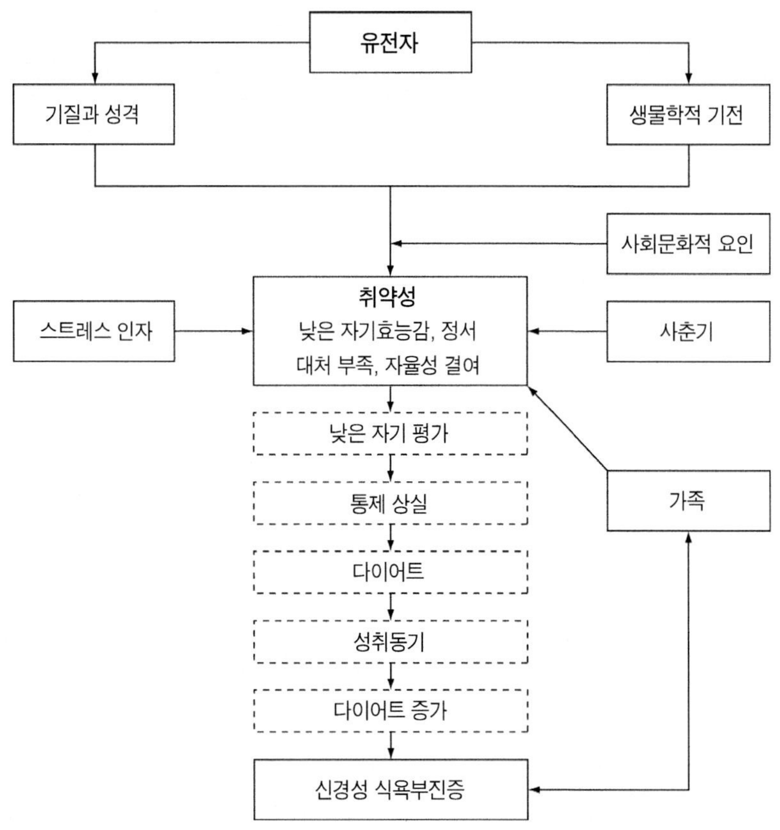

그림 12.2 섭식장애에 대한 발달적 모형

출처: Lask(2000).

추구, 낮은 충동 통제, 경직된 사고, 강박적 사고, 우울, 그리고 약한 자기개념 등이 포함된다.

Lask(2000)가 기술하였듯이 다이어트도 중요한 역할을 하는데, 이는 다이어트를 통해서 청소년이 자신의 인생과 신체를 통제할 수 있기 때문이다. 그러나 섭식을 엄격하게 통제하는 것은 통제감, 성취감, 자아존중감을 회복하도록 해주지만 그 결과는 일시적일 뿐이며 더 극단적이고 처절한 다이어트를 하도록 만든다(**그림 12.2** 참조).

발달은 특정한 방식으로 작용한다. Attie와 Brooks-Gunn(1995)는 섭식장애가 두 가지 발달이행기, 즉 청소년기로 진입하는 시기, 그리고 청소년기와 초기 성인기의 경계선 시기에 발생하는 경향이 있다는 사실이 중요하다고 강조한다. 청소년기의 단계과제(stage-salient tasks)에는 다양한 도전적 과제가 포함된다. 초기 청소년기의 과제에는 안정된 자기구조를 확립하는 것, 감정, 충동 및 자기존중감을 조절하는 것, 자아정체성의 문제를 해결하는 것, 성적 관계를 발달시키는 것과 생식 능력이 의미하는 바에 대처하는 것, 부모와 서로 관련을 가지면서 동시에 자율성을 발달시키기 위해 부모와의 관계를 재정립하는 것, 인생의 목표를 정하고 목표성취를 위해 나아가야 할 방향을 정하는 것 등이 포함된다. 성인기로 이행하는 시기에는 친밀한 관계를 확립하는 것, 자신의 가치와 목표를 결정하고 추구해 나아가는 것, 그리고 독립적인 자아정체성을 발달시키는 것 등이 주요한 과제에 포함된다.

그러나 특히 여성의 경우에는, 몇몇 요인들이 성 정체성, 자아정체성, 그리고 성취와 관련된 문제의 해결을 어렵게 한다. 아동기 중기 무렵이 되면, 소녀들의 자아존중감은 자신에 대한 다른 사람의 견해에 좌우되기 시작한다. 게다가, 자신의 매력, 인기, 성공에 대한 지각은 흔히 날씬한 신체상과 관련된다. 그러나 사춘기의 체중 급등은, 이 시기에 사회 민감도가 증가하고, 외모와 자기가치를 동등하게 보는 경향으로 인하여, 소녀들에게 스트레스가 되며 소녀들이 체중과 다이어트에 몰두하도록 만들 수 있다.

섭식장애에 취약한 젊은 여성들은 자신의 과거력과 그 심리적 특성으로 인하여, 청소년기에 일반적으로 요구되는 도전에 대처하기 위한 준비가 부족하게 된다. 자신의 신체에서 또는 대인관계 속에서 발생하는 변화들을 멈출 수는 없다 하더라도, 음식은 젊은 여성이 통제력을 일부 발휘할 수 있는 한 영역이 되는 것이다. 한편으로 식욕부진증은 사춘기 시작과 연합된 통제할 수 없는 빠른 변화 속에서 질서와 예측 가능성을 찾아야 하는 갈등적 문제를 해결하기 위한 왜곡된 시도라고 하겠다(Strober,1995).

중재

섭식장애를 가진 청소년들은 성공적으로 치료되기 힘들다. 치료받은 사람 중 절반은 섭식 문제와 심리적 문제를 계속 보인다. 심지어 회복된 경우에도 사회적 관계가 만족스럽지 못하며 우울하며 섭식과 체중에 대한 왜곡된 태도가 지속된다. 따라서 장기적이고 집중적인 치료를 하더라도 만성적으로 되는 경향이 있다(이하 내용은 참조가 명시된 경우를 제외하고는 Johnson, Tosh, & Varnado, 1996에 기초한 것이다).

약물 중재

신경성 폭식증의 치료에는 항우울제, 특히 새로운 형태의 항우울제인 SSRI의 효과가 유망한 것으로 나타났다(9장 참조). 약물치료가 불안이나 우울과 같은 공병된 정신병리를 완화시키는 데는 도움이 될 수 있으나, 섭식행동이나 체중 증가에는 거의 효과가 없다(Lock et al., 2002). 그러므로 약물치료는 일반적으로 다른 형태의 치료와 함께 보조적으로 사용된다.

정신역동적 심리치료

섭식장애에 대한 정신역동적 관점의 핵심은 빈약한 자아 기능이다. 적절한 방어기제가 없고 자아가 약하면 청소년은 내면의 정서상태를 알아내고 정서를 표현하고 조절할 수 없으며, 정서상태를 "참을 수 없고 위험하고 당혹스런"(Fallon & Bunce, 2000, p. 6) 것으로 경험한다. 정신역동적 심리치료의 목표는 자아 기능을 강화하고, 수용될 수 없는 이러한 감정에 대해 이해하고 참고 표현할 수 있도록 하는 것이다. 가족관계와 관련된 갈등 또한 장애의 핵심으로 본다. 예를 들어, 섭식장애 증상을 자신의 개성을 찾고 자율성을 표현하려는 동기와 어린 아이처럼 행동하고 기능을 잘 하지 못함으로써 부모의 요구에 맞추려는 욕구 간의 타협으로 간주한다. 이러한 관점에서는 치료 목표는 증상의 기능에 대한 인식을 높이고 자기 평가와 자기 분리를 증가시키는 것이다. 정신역동적 접근의 효과에 대한 경험적 연구는 거의 없다. 이 중재는 장기간에 걸쳐 실시해야 하며, 다루기 힘든 장애이므로 도전해볼 만하다.

행동수정

입원한 식욕부진증 청소년은 체중을 빨리 회복하여 생명을 구해야만 하는 급박한 상황에 처해 있으므로, 이들을 위한 치료로 행동수정이 가장 일반적으로 사용된다. 조작적 조건형성 기법에는 TV를 보게 하거나 친구의 방문을 허락하는 것과 같은 강화물을 사용하여서 음식을 먹으면 보상을 주고, 음식을 먹지 않으면 보상을 주지 않는 기법 등이 포함된다. 신경성 폭식증의 경우, 행동수정은 감정조절을 위해 보다 적합한 전략, 예를 들어, 신체 운동과 같은 전략을 사용하도록 하는 것뿐만 아니라, 음식을 갈망하도록 만들고 혼란된 섭식행동을 일으킨 다이어트 행동을 중단시키는 데 중점을 둔다. 그러나 식욕부진증의 경우에는 행동 접근이 청소년의 체중을 즉각적으로 회복시키는 목표를 달성하는 데에는 효과적이나 지속적인 효과가 없다는 증거가 있다. 행동수정 기법은 섭식에 대한 잘못된 생각을 다루지는 않으며, 성격과 대인관계 문제를 해결하도록 청소년들을 돕지도 않는다. 이러한 문제는 인지치료로 다룬다.

인지치료

인지치료는 인지적 왜곡, 과잉일반화, 부정적 자기지각, 그리고 “내가 날씬하기만 하면, 완벽할 텐데”와 같은 자신과 섭식에 대한 비합리적인 생각을 변화시키는 데에 그 목적이 있다(Spangler, 1999). 이 기법은 치료과정에 청소년을 “과학자”로 참여시키는데, 자동적 사고와 비합리적인 신념을 밝혀내고, 이에 대해 논의하는 과정에서 청소년은 치료자와 협동한다(Williamson & Netemeyer, 2000). 인지치료 기법 중에서 자기 모니터링은 혼란된 섭식행동을 야기하는 상황, 사고, 그리고 정서에 대한 인식을 높이기 위해 사용한다. 행동계약은 섭식행동을 정상화하는 큰 목표에 도달하기 위한 작은 단계들을 조정하고 강화하는 데 사용된다. 인지 재구조화는 섭식에 관한 생각을 넘어서, 청소년이 숨기고 있는 일반적인 부적응적 도식들, 즉 자신, 다른 사람과의 관계, 그리고 완벽하겠다는 욕구 등과 관련된 부적응적인 도식을 다룬다. 신경성 폭식증에 대한 인지적 접근은 사례의 50~90%가 완전 회복되고 1년간 재발률이 낮은 것으로 보고되는 등 일반적으로 성공적인 것으로 입증되었다(Lewandowski et al., 1997). 다른 접근들도 폭식행동을 감소시키고 일반적인 심리적 안녕을 강화시키는 데 효과적이나, 인지적 접근은 신체와 부적응적인 다이어트 행동에 대한 태도를 변화시키는 데 더 효과적이다(Fairburn et al., 1995).

가족치료

가족치료는 뒤엉키고 경직된 패턴을 제거하기 위하여 가족상호작용을 재구조화하는 데 그 목적이 있다. 전통적으로 사용되는 기법은 가족들의 상호작용을 관찰하기 위하여 치료자가 가족 전체가 식사하는 자리에 함께하는 "가족 점심 모임"이다(Minuchin, 1974). 예를 들어, 과잉보호하는 부모가 머리를 끄덕여서 딸에게 먹도록 지시하였을 때, 딸이 즉시 그러길 거부하면 치료자는 부모에게 종교적인 식사 규칙이나 요리법에 대한 이야기를 하도록 함으로써 그들의 주의를 돌리는 것이다. 부모가 치료자에게 이러한 흥미로운 정보를 열심히 주고 있는 사이에, 딸은 점심을 먹기 시작하게 된다.

최근에는 가족 접근에 행동 기법을 통합함으로써, 치료자는 부모가 딸의 문제 있는 섭식행동을 변화시키는 데 효과적이 되도록 하고, 더 나은 부모 관리기술을 발달시킬 수 있도록 부모를 돕는다. 또, 치료자는 가족체계가 변화되도록 자극하여서, 가족이 갈등회피나 과잉보호 또는 뒤엉킴과 같은 부적응적인 전략에 대항할 수 있도록 돕는다. 경험적 연구에 의하면 이 방법은 상당히 효과적이어서 치료 직후와 1년 후에 68%가 긍정적 결과를 보여주었다(Robin et al., 1999). Lock과 동료들에 의해 개발된 가족치료는 상당히 효과적인 것으로 보이며, 통제집단을 포함한 평가연구가 현재 미국에서 진행 중에 있다.

5. 물질남용

우리는 이제 청소년기 동안 일어나는 매우 다른 정신병리를 살펴볼 것이다. 그러나 이 정신병리와 앞서 살펴보았던 정신병리 간에는 몇 가지 대응되는 점이 있다. 섭식장애가 음식섭취의 조절에 문제를 보이는 것인 반면에, 물질남용은 술과 불법적인 약물에 대한 갈망을 통제하는 데에 문제가 있는 것이다.

역사적 맥락에서 보면, 물질남용은 유사 이래 인간 사회의 한 부분임을 알 수 있다. 대부분의 문화권에서 술을 사용해왔는데, 벌꿀술은 아마도 구석기 시대인 약 B.C 8000년경부터 사용되었다. 성경에 나오는 노아는 술 취했으며, 콜럼부스가 신대륙에서 인디언을 처음 보았을 때 이들도 자신들이 만든 술을 가지고 있었다. 약물은 즐겁게 하기 위해서뿐만 아니라, 종교의식, 치료, 피로방지를 위해, 그리고 전쟁 때 용감해지도록 하기 위해서도 사용되었다. 문화마다 약물에 각기 다른 제재를 가해왔는데, 어떤 약물은 다양하게 사용된 반면에 또 어떤 약물은 강력하게 금지되었다.

현대에 와서는 미국의 경우 현재보다 20세기로 진입하였던 시기에 더 많은 아편 중독자가 있었는데, 이들의 상당수는 신체적 통증을 치료하기 위해 아편 성분이 포함된 약물을 사용한 여성들이었다. 어떤 의사들은 알코올 중독에 대한 치료로 아편을 생각했었고, 또 의학 학술지들은 헤로인이 중독성이 없다고 보고했으므로 헤로인이 덜 해롭다고 생각했었다. 1914년에 아편제를 금지하는 Harrson 마취제 법령이 제정된 이후에야 여성 중독자 수가 감소하기 시작했으며, 반면 불법화된 약을 얻기 위해 남성 중독자들이 범죄를 저지르기 시작하였다.

1960년대 후반과 1970년대에 전통적인 약물인 니코틴, 알코올, 카페인과 함께 마리화나와 같은 자극제, 진정제, 마취제 등의 불법 약물사용이 증가하였는데, 어떤 사람은 이런 약물증가 현상을 약물 전염병이라고 묘사하기도 하였다(Johnson, 1985). 1970년대 초기부터는 대부분의 청소년들이 고등학교를 마칠 때까지 이러한 불법적인 약물을 하나 또는 둘 이상 시도해본 경험을 가지고 있는 실정이다. 이러한 현상에 대한 염려로 인해 "약물과의 전쟁"이 시작되어서 많은 약물들이 연방정부의 통제를 받게 되었고 약물 거래에 대한 감시와 처벌이 강화되었다. 전염이 주로 청소년과 젊은 성인 사이에 퍼진다는 것은 십대와 20대 초반이 약물행동이 확립되는 데 특히 중요한 발달단계임을 시사한다.

전반적으로 대부분의 약물사용이 1970년대 중반부터 1981년까지 증가하였으나, 청소년의 약물사용은 1981년부터 1992년까지 꾸준히 감소하였다(Johnson, O'Malley, & Bachman, 1995, 1996). 그러나 최근 청소년의 약물사용이 다시 증가하면서 이러한 긍정적인 추세는 바뀌었다(Johnson et al., 2001). 미국에서의 약물사용 수준은 다른 어떤 산업화된 나라보다도 높다. 1992년부터 1995년까지 지난 30일 동안 마리화나 사용을 보고한 고등학교 상급생의 수는 78%(11.9에서 21%) 증가하였으며, 고등학교 1학년생의 경우는 2배 이상(8.1에서 17.2%) 증가하였다. 상승추세는 LSD와 코카인과 같은 다른 약물사용에서도 나타나고 있다. 여러 약물을 복합적으로 사용하는 것도 증가하여 다양한 향정신성 약물들을 정기적으로 사용하는 것이 물질남용의 전형이 되고 있다.

정의와 특성

DSM-IV는 직장생활이나 학교생활, 그리고 대인관계를 방해할 정도의 과도한 물질사용을 나타내는 한 가지 또는 그 이상의 증상을 보이면 **물질남용**(substance abuse, 또는 약물남용)으로 정의한다(**표 12.3** 참조). **물질의존**(substance dependence)은 원하는 효과를 얻기 위해서 점점 더 많은 양이 요구되는, 약물에 대한 내성이 나타나는 상황에서 약물을 남용하는 것으로 정의한다. 이 경우 약물을 사용하지 않았을 때 금단증상이 나타나고, 약물을 사용하지 않으려고 해도 약물사용을 거부하지 못하고, 다른 일을 위해서 사용할 시간과 에너지가 거의 없을 정도로 약물을 구하는 데 몰두한다(**글상자 12.4** 참조).

발달 차원

DSM 준거는 청소년 물질남용장애의 본질을 정확하게 반영하지 못하고 있다(Chassin et al., 2003). 예를 들어, 많은 연구들은 물질을 사용하는 방식에 분명 문제가 있지만 물질남용이나 물질의존의 일부 증상만을 보이므로 진단준거를 충족하지는 못하는 "진단적 고아(diagnostic orphans)"의 비율이 상당히 많은 것으로 보고하고 있다.

진단준거가 청소년의 문제 있는 물질사용의 특징을 찾으려는 시도를 하지 않는 데에는

표 12.3 물질장애에 대한 DSM-IV-TR 준거

물질남용

임상적으로 중요한 손상이나 고통을 일으키게 하는 부적응적인 물질사용 방식으로, 12개월 동안에 아래에 언급한 사건이 한 가지 이상 나타난다.

(1) 물질사용으로 인하여, 직장, 학교, 집에서 의무적으로 수행해야 하는 중요한 역할을 제대로 하지 못하게 되는 일이 되풀이된다(예: 물질사용으로 인하여 결근이나 저조한 작업 수행, 약물과 관련된 결석, 정학, 또는 퇴학, 자녀와 가족의 무시 등이 반복적으로 발생).
(2) 신체적으로 위험한 상황에서 물질사용이 되풀이된다(예: 물질사용하고 기계 조작이나 자동차 운전하기).
(3) 물질 관련 법적 문제를 반복적으로 일으킨다(예: 물질과 관련된 무질서한 행동으로 체포됨).
(4) 물질의 효과로 인해 사회적 문제 또는 대인관계 문제(예: 중독의 결과에 대해 배우자와 언쟁, 신체적 싸움하기)가 악화되거나 문제가 일관되게 되풀이됨에도 불구하고 지속적으로 물질을 사용한다.

물질의존

임상적으로 중요한 손상이나 고통을 일으키게 하는 부적응적인 물질사용 방식으로, 12개월 동안에 아래에 언급한 사건이 세 가지 이상 나타난다.

(1) 아래와 같이 정의되는 내성
  a. 바라는 효과를 얻기 위해서 훨씬 더 많은 양의 물질이 요구됨.
  b. 동일한 양을 반복적으로 사용하게 됨에 따라 그 효과가 급격하게 감소됨.
(2) 아래와 같이 정의되는 금단증상
  a. 특정 물질에 대한 특징적인 금단 현상.
  b. 고통을 완화하거나 금단증상을 피하기 위해 동일한(또는 관련된) 물질을 사용.
(3) 의도했던 것보다 더 많은 양의 물질을 사용하거나 더 오랫동안 사용.
(4) 지속적으로 물질사용을 끊거나, 통제하려고 하거나 통제하려고 시도하지만 실패함.
(5) 물질을 구하거나(여러 의사를 방문하거나 먼 곳까지 가는 것), 사용하거나(연속적으로 피우는 것), 물질의 효과에서 회복하는 데 많은 시간을 씀.
(6) 물질사용으로 인해 중요한 사회적·직업적 또는 여가 활동을 포기하거나 줄임.
(7) 물질사용에 의해 발생했거나 악화된 것 같은 신체적·심리적 문제가 지속적이고 반복적으로 나타나고 있음을 알면서도 물질사용이 계속됨(코카인-유발 우울증에도 불구하고 코카인을 계속 사용함, 알코올에 의해 악화된 궤양에도 불구하고 지속적으로 알코올 사용).

특정 유형

신체적 의존: 내성 또는 금단 현상의 증거가 있음.
심리적 의존: 내성 또는 금단 현상의 증거가 없음.

출처: 미국정신과학회(2000)에서 인용함.

몇 가지 이유가 있다. 첫째, 일반적으로 청소년들은 성인에 비해 직업기능과 이성관계에서 어려움을 더 보이는데, 이는 물질남용과 무관한 것으로 보인다. 둘째, 젊은이들은 성인에 비해 내성, 금단 현상을 수반하는 신체적 의존의 증거를 덜 보인다는 증거가 있다. 더구나 청소년들, 특히 소녀들은 성인에 비해 불법적 약물과 관련되어 법적 문제에 봉착하게 되는 경우가 더 적다. 그러나 그것은 시간의 문제일 수 있다. 장기적으로 사용하게 되면서 신체적 결과와 법적 결과가 나타날 수 있다.

젊은이에서 더 일반적으로 일관되게 나타나는 증상은, 특히 알코올남용문제에서는 일시적인 의식상실, 기분문제, 활동 수준의 감소, 위험한 성적 행동을 갈망하고 실제로 하는 것 등이 있다.

글상자 12.4 물질의존 사례

로버트는 1965년에 영화제작자와 여배우의 아들로 태어났다. 로버트는 누나와 함께 그리니지 빌리지에서 자랐는데, 다섯 살 때 아버지가 감독한 영화로, 배우들이 강아지 역할을 하는 ≪Pound≫라는 영화에서 강아지 역할을 하여 영화에 데뷔했었다. 로버트가 13살 때 부모들이 이혼했으며 로스앤젤레스에서 아버지와 함께 살게 되었다. 로버트는 연기를 계속하기 위해서 학교를 그만두었고, 16살 때는 어머니와 함께 살기 위해 뉴욕으로 돌아갔다.

로버트는 몇 개의 장편영화에서 좋은 역할을 맡았으며, 인기 있는 코미디 프로그램인 ≪Saturday Night Live≫에 1년 동안 고정 배역으로 출연하였다. 그리고 곧 대중적이고 비판적인 관심을 끌고 있던 영화에서 주연을 맡게 되었다. 로버트가 연기해야 하는 것은 코카인 중독자로서의 역할이었다.

그러나 인생은 예술을 모방하고 있었다. 이 역할을 하게 되었을 때 로버트는 이미 심각한 약물 문제를 가지고 있었다. 소문에 의하면 그는 아버지가 마리화나를 처음 주었던 6살 때부터 물질을 사용하기 시작하였다 한다. 1987년에 약물 재활프로그램을 마쳤으나 계속 중독으로 고통 받았다. 1980년대 후반에 몇몇 대수롭지 않은 영화에 출연한 후, 유명한 감독이 연출한 몇몇 영화에서 좋은 평을 받은 연기를 하면서 연기자로서의 그의 경력은 크게 발전하였다. 1992년에는 영화 ≪Chaplin≫에서 했던 뛰어난 연기로 아카데미상의 최고 남자배우 상 후보로 지명되었다. 그 해에 로버트는 6주간의 짧은 데이트 후에 데보라와 결혼을 하였으며 1년 후에 아들 인디오가 태어났다.

이때까지 27세의 로버트는 그 시대의 가장 뛰어난 연기자의 한 명으로 인정받게 되었으나, 할리우드에서 불안하고 물의를 일으키는 인물이라는 평도 가지게 되었다. 배우로서 착실하게 일하였으나, 영화 밖에서의 그의 인생은 점차 엉망이 되어가고 있었다.

1996년 4월에 로버트는 부인 데보라와 별거하였다. 그 해 6월에 과속질주로 걸렸는데, 차안을 검사하던 경찰은 차 안에서 탄알이 없는 권총과 함께 헤로인, 크랙, 코카인을 발견하였다. 한 달 후, 로버트는 규제 약물을 사용한 후 이웃집의 잔디 위에 쓰러졌는데, 이로 인해 체포되었다. 또, 로버트는 가서는 안 되는 약물 거래센터에 나간 것으로 인해 두 번째로 체포된 지 3일만에 다시 체포되었다. 1996년 11월 재판관은 로버트에게 3년간의 보호관찰을 선고하였다. 그러나 1997년 12월 로

유병률과 시작

물질사용의 발생에 관한 자료는 최근 미래추적하기(Monitoring the Future; MTF) 연구(ohnson, O'Malley, & Bachman, 2003)에 의해 수집되었는데, 미국 전역의 392개의 학교에 재학 중인 48,500명의 중2, 고1, 고3 학생들에게 설문지를 주어서 자료를 수집하였다. (연구가 광범위한 것은 인상적이나 학교에서 탈락했거나 구속된 학생들, 물질과 관련될 가능성이 훨씬 더 높은 젊은이들을 연구에 포함시키지 못했다는 것에 주목하라.) 1991년부터 2003년까지의 자료에 대한 가장 최근의 보고에 의하면, 고등학교를 마칠 때까지 70.1%의 젊은이들이 술을 먹은 경험이 있으며, 고1과 중2 때까지 술 먹은 경험이 있는 비율은 각각 59.3%와 37.2%였다. 또 고3의 48%, 고1의 34.7%, 중2의 14.5%는 적어도 한 번은 술에 취한 경험이 있었다. 또 고3 학생의 41.4%와 중2 학생의 22.8%가 불법적인 약물을 사용해 본 경험이 있다고 인정하였다. 더구나 고등학교 3학년의 24.1%는 지난 30일 동안 약물을 사용했다고 보고했다. 마리화나가 가장 흔히 사용되는 물질이었으며, 10년 전에 비해 젊은

글상자 12.4 물질의존 사례 (계속)

버트가 약물을 사용한 것이 발견되면서 그의 보호관찰은 무효가 되었고, 재판관은 6개월 형을 선고하였다.

교도소에 있는 동안 로버트는 영화를 완성하기 위해 몇 번 출감하는 것이 허용되었다. 그는 약물 재활프로그램에 다시 등록하였지만 1999년 자신이 또 다시 약물을 사용하고 있음을 인정하였다. 그는 재판관에게 "마치 제 입안에 총이 있는 것 같아요. 손가락을 방아쇠에 올려놓았어요. 전 총의 금속 감각을 좋아합니다"라고 말하였다. 재판관은 이러한 증언에 흔들리지 않고 로버트에게 주 교도소에서의 3년 형을 선고하였다. 1996년 말부터 이 시기까지 로버트는 일곱 가지의 재활프로그램에 들어갔다 나왔다 하였으며 의무적인 약물검사는 계속 빼먹었다.

교도소에서 로버트는 심한 우울증으로 고통 받았으며 양극성 장애로 진단받게 되었는데, 이로 인해 그의 친구들과 동료들은 로버트가 감옥이 아닌 심리치료기관에 있어야 한다는 것을 공개적으로 여론에 알렸다. 로버트는 2000년 8월에 출감하였으며 곧 재활약물기관에 들어갔다. TV 쇼인 ≪Ally McBeal≫에 특별출연하고 무대설치를 관리하여 좋은 평가를 받게 되면서 로버트의 커리어는 다시 제자리로 돌아온 것 같이 보였다.

그러나 2000년 12월에 로버트는 또 다시 체포되었는데, 이번에는 팜 스프링의 호텔방에서 체포되었다. 그의 방에서 코카인, 발륨, 필로폰이 발견된 후 중죄 약물소지로 기소되었다. 이러한 인생의 우여곡절은 로버트가 ≪Ally McBeal≫에서 했던 연기로 골든글로브상과 배우조합상을 받았던 무렵에 부인 데보라가 이혼소송을 걸었을 때까지 지속되었다.

재판을 기다리는 동안에도 로버트는 각성제 사용으로 체포되었다. 경찰은 그가 가석방을 어겼으므로 6개월간 약물 재활기관에 감금시켰다. 이때 그는 ≪Ally Mcbeal≫ 프로그램에서도 잘렸다. 로버트의 변호사는 검사와의 합의하에 코카인 관련 죄목에 관해서는 로버트가 이의를 제기하지 않겠다고 맹세하도록 하였다. 그리하여 로버트는 3년 보호관찰을 선고받았으며, 교도소로 돌아가는 대신 입원하여 약물치료를 계속할 수 있게 되었다.

2003년에 로버트는 자신의 새로운 영화 ≪Gothica≫의 무대에서 만난 프로듀서와 약혼하게 되었다. 그는 절제를 잘 하고 있다. 그는 "마침내 맑은 정신으로 있게 되니 아주 많은 숨겨진 재능을 발견할 수 있었습니다. 그것은 마치 계시 같습니다."라고 말하였다.

이들이 물질사용의 위험에 대한 염려와 물질사용에 대해 반대하는 정도가 더 감소하였으며, 물질을 구하기 쉽다고 보고한 정도는 더 높았다(**그림 12.3** 참조). 연구자들은 2003년 자료가 MDMA(엑스터시)와 같은 물질의 사용은 감소하였음을 보여주고 있으나, 물질남용이 감소하는 과거의 경향이 특히 가장 어린 집단에서 멈췄음을 보여주고 있다는 것에 주목하였다.

성별

유병률 자료는 일관되게 성차를 보여주고 있는데, 물질사용은 일반적으로 여성보다 남성에서 더 많다. 예를 들어, 2000년도 MTF 자료에서 마리화나, 알코올, 헤로인, 스테로이드, 씹는담배를 사용하는 고3 남학생은 여학생보다 1.5배 더 많았다. 그러나 더 어린 집단에서는 성비가 더 균형적이거나 여아가 남아보다 더 많은 경우도 있는데, 진정제나 암페타민 같은 일부 약물사용에서 그러하였다(Johnston, O'Malley, & Bachman, 2001). 이러한 경향이 진정한 발달적 변화인지 아니면 어린 여아들이 소년들과 비슷한 속도로 불법적인 물질사용

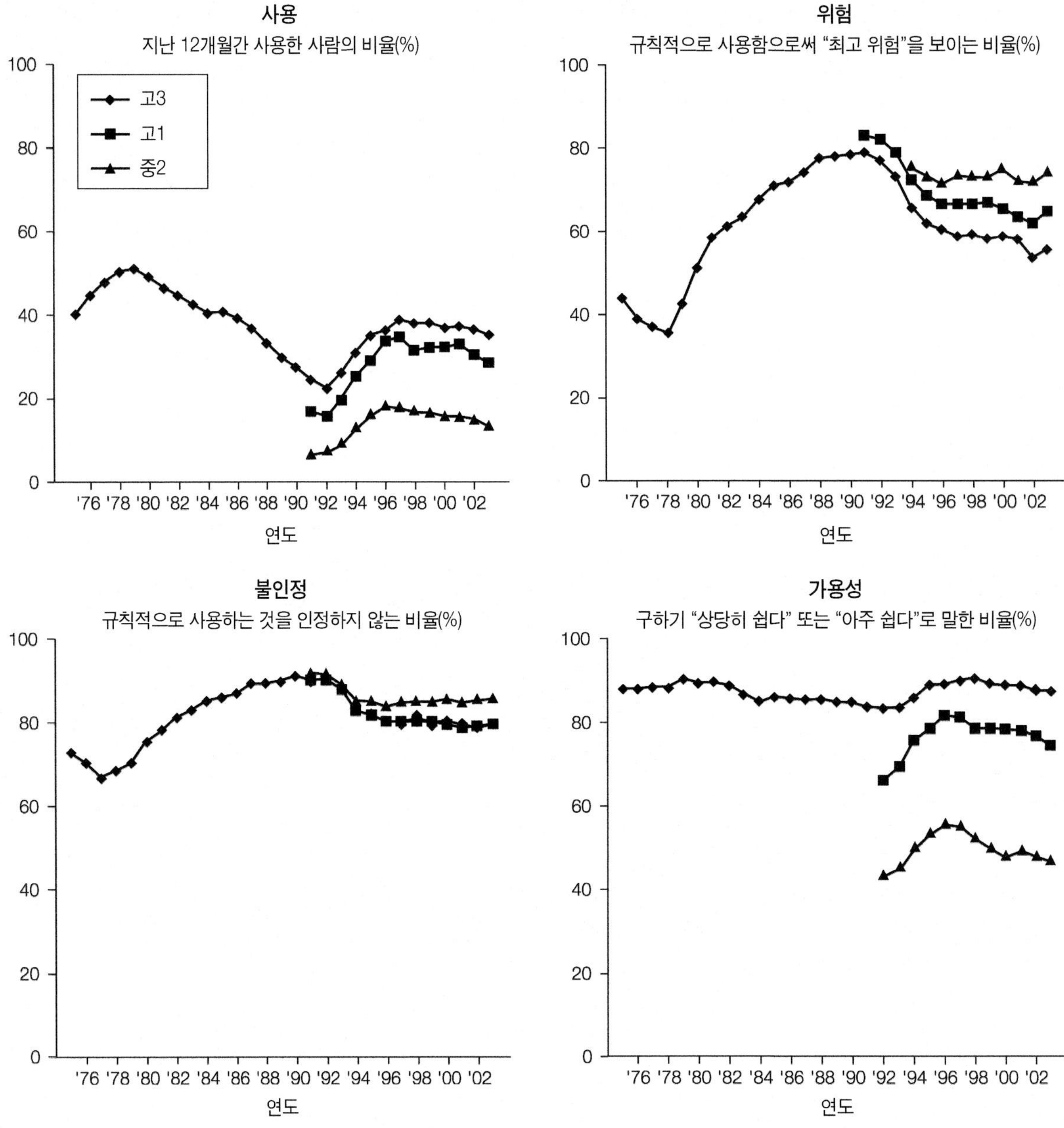

그림 12.3 MTF 연구에서 마리화나 사용 유병률과 마리화나 사용에 대한 태도

출처: Johnston, O'malley와 Bachman(2003).

에 진입하기 시작한 것인지는 불분명하다(Chassin et al., 2003).

물질남용에서도 동일한 성차가 있는데, 그 차는 연령이 증가함에 따라 더 커진다. 예를 들어, Cohen과 동료들(1993)은 약 500명의 청소년 집단을 대상으로 진단면접을 실시하였다. 실제로 10세부터 13세의 아동 중에서는 물질남용이 발견되지 않았다. 연구결과, 14세에서 16세 사이의 청소년 중 4%의 소년과 3%의 소녀가 알코올남용장애 기준을 충족시켰으나, 17세에서 20세의 알코올남용 비율은 소년이 20%였고 소녀는 9%였으며, 다른 형태의 물질남용의 경우는 소년이 5% 이상이었고 소녀는 3% 미만이었다.

민족

MTF 자료에서 아프리카계 미국 젊은이는 유럽계 미국 청소년과 스페인계 미국 청소년보다 모든 종류의 물질사용 비율이 낮은 것으로 나타났다. 가장 큰 세 민족집단 중에서 유럽계 미국인의 비율이 가장 높았으며 스페인계 젊은이의 비율은 이보다 약간 낮은 두 번째였다. 스페인계 젊은이들은 어린 나이에 가장 심각하게 물질과 관련된다. 그 비율이 후에 같아진다는 것은 유럽계 미국 젊은이들이 고등학교 고학년까지 스페인계 학생을 따라 잡았거나, 또는 물질을 남용하는 스페인계 학생들이 학교에서 자퇴하여 조사대상에 들어가지 못했기 때문임을 시사한다.

물질사용의 비율 또한 아메리카 원주민에서 높다. 예를 들어, Plunkett과 Mitchell(2000)은 몇몇 미국 인디안 공동체의 고등학교 3학년 학생의 물질남용 비율을 MTF 연구에서 얻은 물질남용 비율과 비교하였다. 또한 이 연구자들은 학교에서 자퇴했을 사람을 파악하기 위해 지역사회에서 학생들을 표집함으로써 MTF 연구의 방법론을 개선하였다. 전체적으로 Plunkett과 Mitchell의 표본에 들어 있는 아메리카 원주민 학생들은 MTF의 학생에 비해 지난 30일간 불법적 물질을 사용했을 가능성이 더 높았다. 그러나 연구자는 그 비율이 지역이나 부족에 따라 크게 다르다는 것을 지적하였다.

마지막으로 사용하는 물질의 종류에서도 민족 간의 차이가 나타났다. 유럽계 미국 청소년들은 바비추레이트(진정제), 환각제와 알코올남용 비율이 가장 높았으나(아메리카 원주민은 알코올남용 비율이 2위), 스페인계 청소년들은 헤로인, 코카인, 그리고 크랙을 더 자주 사용했다(Vik, Brown, & Myers, 1997). 아메리카 원주민 청소년들은 다른 민족의 청소년에 비해 마리화나와 코카인 사용 비율은 더 높으나 흡입제와 담배 사용 비율은 더 낮았다(Plunkett & Mitchell, 2000).

사회계층

물질사용과 사회계층 간에 관계가 있다. 예를 들어, MTF 연구에서 가장 낮은 사회경제적 지위 범주에 속하는 중2 학생의 21%는 지난 한 달 동안 불법적 약물을 사용한 적이 있었으나, 가장 높은 사회경제적 지위 범주에 속하는 학생의 경우는 9%에 지나지 않았다(Johnston, O'Malley, & Becker, 2001). 그러나 더 나이 많은 학생들의 경우에는 약물사용과 사회계층 간의 관련성이 크지 않았다(여기서도 역시 낮은 사회경제적 지위 학생들의 자퇴 비율이 다른 것은 결과에 영향을 미칠 가능성이 있다). 전반적으로 사회계층이 약물사용에 미치는 영향은 크지 않으며, 종종 역전되어서 어떤 연구(Luthar & Becker, 2002)에서는 풍요로운 학생들의 약물사용 비율이 더 높게 나오기도 한다. 사회계층과 물질남용장애 간의 관계는 극심한 빈곤, 부모의 감시 부족, 아동기 파괴적 행동과 같은 다른 위험요인과 연계되어서만 나타날 수 있다(Hawkins, Catalano, & Miller, 1992).

성적 지향

성적으로 소수집단에 속하는 젊은이들은 그들의 성적 지향을 받아들이지 않는 가족이나 또래 집단, 문화의 맥락에서 커밍아웃해야 하는 스트레스와 관련하여 물질을 남용할 위험이 더 높다는 증거가 있다(Jordan, 2000). 그러나 앞서 보았듯이, 이러한 연구는 보다 큰 모집단을 대표하는 표본에 기초하지 않고 고통 받는 일부 젊은이 표본에 기초한 만큼, 그 결과를 해석할 때 주의해야만 한다(Rotheram-Borus & Langabeer, 2001).

공병

한 가지 물질을 남용하는 젊은이는 다른 물질도 남용할 가능성이 매우 높은데, 이를 **다약물남용**(polydrug abuse)이라고 한다. 쉽게 구할 수 있는 물질—알코올, 담배와 같이 미성년자가 구입할 때만 불법적인 것—은 대개 마리화나나 코카인과 같이 더 강한 물질사용으로 이끄는 통로 약물로 기능한다(Kandel, Yamaguchi, & Chen, 1992).

가장 높은 수준의 합병은 물질남용과 품행장애 간에 나타나는데, 특히 소년들에게서 두드러지며, 어떤 연구에서는 95%의 공병률이 보고되었다(Brown, Gleghorn, Shuckit, Myers, & Mott, 1996). 이러한 관계는 불가피한 것인데, 왜냐하면 불법적인 물질을 사용하는 것이 바로 품행장애 진단에 요구되는 규범 위반과 위법 행동이 되기 때문이다. 물질을 남용하는 젊은이들은 정상에서 벗어난 또래와 어울릴 가능성이 높으며(Hawkins, Catalano, & Miller, 1992), 품행장애 젊은이에서 볼 수 있는 여러 기능의 결함, 예를 들어, 학습장애와 사회기술 부족을 보일 수 있다(Tarter et al., 1999, 10장 참조). 물질사용과 비행은 서로 영향을 미치며, 서로 장애의 위험성을 증가시킨다. 예를 들어, Loeber와 Keenan (1994)은 물질사용이 반사회적 행동을 야기하는지, 아니면 역으로 반사회적 행동이 물질사용을 유도하는지 알아보기 위해 여러 종단연구를 개관하였다. 영향의 방향이 분명하지는 않았으나, 품행장애의 시작이 물질사용과 남용에 선행한다는 증거가 우세하였다.

주의력결핍 또한 물질을 남용하는 젊은이에서 흔히 볼 수 있다. 그러나 이는 품행장애, 물질남용 및 ADHD 간의 연결로 설명될 수 있다(Costello et al., 1999; **글상자 12.5** 참조).

불안장애(Kaplow et al., 2001)와 우울(Castello et al., 1999)은 모두 물질남용과 관련된다. 게다가 이러한 내면화 문제는 약물복용의 시작에 선행하는 것으로 보인다(Wilens et al., 1997). 약물과 우울의 조합은 특히 유해하다. Windle과 Windle(1997)은 975명의 청소년 집단을 추적 연구하여 물질남용과 우울증의 결합이 시간이 지나면서 자살위험을 증가시킨

글상자 12.5 아동기의 약 처방이 청소년의 물질남용 위험을 증가시키는가?

아동에게 향정신성 약을 처방하는 것에 대한 염려는 문제가 되는 메시지, 즉 약을 먹는 것은 심리적 문제를 해결하는 방법이라는 메시지를 전달할 수 있다는 것이다. 만약 이것이 사실이라면 아동기에 정신활성 약물을 복용한 사람들은 청소년기에 물질남용문제를 가지게 될 수 있을 것이다. 이러한 관심은 특히 ADHD를 치료하기 위해 사용되는 흥분제(7장 참조)와 관련하여 나타나기 시작하였는데, 이는 흥분제가 필로폰과 같은 불법 물질과 상당히 가깝게 연결되어 있기 때문이다. 민감화 가설은 아동기에 흥분제에 노출되었던 생물학적 토대가 약물의 흥분적 효과에 대한 민감성을 증가시켜서 결국 불법 약물의 사용과 남용을 동기화한다는 것이다. 세 가지 종단연구가 이 이론을 다루었다.

Mannuza, Klein과 Moulton(2003)은 다른 정신과적 진단이 없는 발달적 읽기장애를 가진 학령기 아동에 대한 조사를 보고하였다. 이 아동들을 12~18주 동안 무선적으로 필로폰 치료 집단 또는 위약 집단에 할당하였다. 16년 후에 참가자와 비임상 통제집단을 이들이 받았던 처치에 대해 알지 못하는 임상가가 인터뷰하였다. 유병률, 발병연령, 물질남용 또는 물질의존 기간에 있어서 유의미한 집단 간 차이가 나타나지 않았다. 더구나 흥분제를 사용한 적이 있는 사람은 흥분제 처방을 받은 집단(46%)과 위약 처방을 받은 집단(41%)에서보다 비임상 통제집단(60%)에서 더 많았다. 이 연구의 단점은 참가자들이 흥분제를 처방 받는 ADHD 아동이 아니었다는 것이다. 즉, ADHD 아동은 전형적으로 수년 동안 흥분제를 처방 받지만, 이 연구의 참가자들은 아주 짧은 기간 흥분제에 노출되었을 뿐이었다.

보다 자연스러운 종단연구도 최근에 발표되었다. 예를 들어, Fischer와 Barkley(2003)는 아동기 초기에 ADHD 진단을 받은 147명을 성인기까지 추적하여 청소년기와 성인기의 물질사용에 대해 인터뷰하였다. 연구자들은 아동기의 흥분제 처방이 물질사용해보기, 사용빈도 및 남용의 위험 증가와 관련되지 않는다는 것을 발견하였다. 사실, 고등학교 시절에 처방 받은 흥분제는 성인기의 환각제 남용을 막는 보호적인 역할을 하는 것으로 보였다. 유사한 결과를 Biederman (2003)도 보고하였는데, 그는 140명의 ADHD 청소년과 ADHD가 아닌 120명의 청소년을 비교하는 종단적 연구를 수행하였다. 흥분제 치료를 받은 청소년들이 물질남용장애를 더 보인다는 증거가 나타나지 않았을 뿐만 아니라 아동기에 흥분제 치료를 받지 않았던 ADHD 젊은이들은 흥분제 치료를 받았던 ADHD 젊은이에 비해 3~4배 더 물질남용문제를 가지고 있었다.

요약하면, 심리장애로 적절한 약물치료를 받는 것은 젊은이가 물질남용과 같은 부적응인 자가 투약을 하지 않도록 보호하는 것으로 보인다.

다는 사실을 발견하였다. 자살시도자의 42%가 약물 문제를 가지고 있다고 보고하였는데, 특히 치명적인 방법을 사용한 사람들이 그러하였다(Mehlenbeck et al., 2003). 신경성 폭식증에서의 토하기와 같이 물질사용은 정서적 고통에 대처하기 위해 스스로를 치료하려는 "자기 치료적" 시도일 수 있다. 흥미롭게도, 물질남용과 우울 간의 관계는 남아보다 여아에서 더 강하다(Tarter, Kirisci, & Mezzich, 1997; Zilberman, Tavares, Blume, & el-Guabaly, 2003).

병인론

18세까지 대부분의 청소년들이 물질사용에 노출된다. 물질사용이 상당히 일반적이고 표준적이기까지 하므로, 물질남용의 병인에 대한 첫 번째 질문은 "무엇이 청소년들을 물질사용에서 남용의 경로로 가게 하는가?" 그리고 "왜 그것이 청소년기에 발생하는가?" 하는 것이다. 해답을 찾기 위해서 물질사용과 함께 발생할 수 있고, 물질사용의 문제를 악화시키는 데에 결정적인 역할을 할 수 있는 정신병리인 품행장애(10장 참조)에 대해 다시 살펴볼 것이다. 그리고 청소년기의 약물남용이 초기 성인기 적응에 미치는 영향을 살펴봄으로써 물질남용의 발달적 그림을 마무리할 것이다.

생물학적 맥락

유전 환경적 요인들이 물질남용에 지배적인 역할을 하지만, 어떤 사람의 경우에는 유전적 요인이 중요한 역할을 하기도 한다. 예를 들어, 알코올 중독자의 십대 자녀가 알코올남용이 될 위험은 2~9배로 증가한다(Chassing et al., 2003). 그러나 가족 구성원들은 우울과 반사회적 성격장애와 같은 다른 종류의 정신병리도 더 자주 보인다. 따라서 가족의 혈연이 물질남용에 특정적인 것인지 아닌지는 분명하지 않다.

쌍생아 연구는 유전의 증거를 보여주며 유전의 영향은 물질의 유형에 따라 달라진다는 것을 시사해주고 있다. 예를 들어, McGue, Elkins와 Iacono(2000)는 626명의 17세 쌍생아를 연구하였는데, 불법 약물에서의 추정된 유전율은 10~25%이며, 흡연과 니코틴 의존은 40~60%인 것으로 나타났다. 공유된 환경 효과(약물을 구하 수 있고 물질사용에 빠져 있는 사람들을 친구로 두고 있는 환경에서 사는 것)가 청소년의 물질 관련 행동에 가장 중요한 영향을 미쳤는데, 변량의 41~66%를 설명할 수 있었다. 그러나 연구자들은 참가자들이 성인으로 성장해가면서 추정된 유전율의 크기가 커지는 것에 주목하였다. 예를 들어, 남성의 경우 불법적인 약물의존의 유전율은 성인기에 52%로 증가하였다.

태내에서의 노출 알코올과 담배에 태내 노출되는 것도 청소년의 물질사용 위험을 증가시킨다. 한 가지 가설은 태내 노출로 인해 뇌 수용기가 더 민감해져서 아동이 물질에 더욱 반응적이 되고 물질의 효과를 갈망하게 만든다는 것이다. 아니면 태내 노출이 과민성과 조절장애를 증가시켜서 그로 인해 물질남용의 위험이 증가될 가능성도 있다(Chassin et al., 2003).

기질 일반적인 생물행동조절 곤란(biobehavioral dysregulation) 성향이 특정 환경조건에서 청소년을 물질남용으로 가는 통로로 이동시킬 수 있다(Tarter, Moss, & Banukov, 1996). 조절 곤란의 한 가지 지표는 까다로운 기질인데, 이에는 변화에 적응하지 못하고, 부정적인 기분상태이고, 사회적으로 위축되고, 또 정서반응의 강도가 강한 것 등이 포함된다(2장 참조). 물질남용과의 고리는 예를 들어, 성인의 코카인 남용이 청소년기에 평가한 까다로운 기질의 정도로 예측된다는 연구결과(Kagan, Reznick, & Snidman, 1988)에서 볼 수 있다.

행동조절 곤란과 관련된 뇌 기제에 대한 증거는 사건관련 전위(event-related potential, ERP)의 P3 요소에 대한 뇌파 연구에서 찾을 수 있다(Chassin et al., 2003). 새로운 자극이나 과제 관련 자극에 노출되었을 때, 공격성, ADHD 및 물질남용과 같이 행동조절 곤란을 포함하는 다양한 장애를 가지고 있는 사람들은 통제집단에 비해 P3파의 진폭이 감소된다.

이러한 P3 반응의 감소는 알코올 중독 부모의 어린 자녀에서도 나타나며, 이 아동이 후에 알코올을 남용하게 될 가능성을 예측한다.

따라서 생물행동조절 곤란은 약물 습관을 발달시킬 가능성 또는 약물을 시도해보려는 성향의 기초가 될 수도 있다. 그러나 유전연구들은 이러한 성향이 실제로 나타나기 위해서는 물질남용을 허용하거나 조장하는 환경에 노출되는 것이 필요함을 보여주고 있다.

가족 맥락

부모의 물질남용 약물을 사용하는 부모를 모델링하는 것과 부모의 약물사용에 아동이 직접 참여하는 것은 물질남용을 예언해주는 강력한 예언변인이며, 특히 어린 나이에 중요하다. 따라서 성인 가족이 알코올이나 마리화나를 더 많이 사용할수록 그 자녀들도 사용할 가능성이 높아지는데, 부모-자녀 관계가 친밀할 때 특히 그렇다. 따라서 청소년들은 부모와의 관계가 좋지 않을 때 부모의 물질남용을 덜 모델링한다(Adrews, Hops, & Duncan, 1997).

그러나 부모가 약물과 알코올을 사용하는 가족에서는 다른 몇몇 부정적인 지표들이 함께 나타나는데, 각각의 영향을 분리해내기는 힘들다. 물질을 남용하는 부모들은 부적응적인 약물사용의 모델이 될 뿐만 아니라, 전반적으로 더 반사회적인 행동을 하며, 배우자와 아동을 신체적·정서적으로 더 학대하고, 경제적인 문제를 더 많이 가지며, 이혼하기 쉽다. 따라서 물질남용에 노출된 아동들은 여러 가지 면에서 고통스러운 환경 속에서 성장하게 된다.

부모의 물질사용 모델링

부모의 우울 일반적으로 부모의 정신병리는 자녀의 물질남용 위험을 증가시킨다(Mowbray & Oysterman, 2003). 흥미롭게도, Luthar, Cushing과 McMahon(1997)은 어머니의 알코올 중독은 청소년의 물질남용을 예측하지 못하나, 어머니의 우울은 예측할 수 있음을 입증하였다. 대부분의 경우 어머니가 주 양육자이기 때문에, 어머니가 정서적으로 가용적이지 못하고 부정적인 양육을 하는 것과 관련된 부정적 효과는 문제행동의 발달에 중요한 역할을 할 수 있다. 이에 반해, 아버지의 우울은 청소년들의 물질남용을 예측하지 못하나 아버지의 알코올 중독은, 특히 아프리카계 청소년들의 물질사용을 예측한다. 성별과 민족 간의 차이를 설명하기 위해서는 더 많은 연구가 필요하다.

아동학대 Ballon과 동료들(2001)은 물질남용문제로 치료를 받고 있는 287명의 14~24세 청소년을 임상적 면담한 결과를 보고하였다. 놀랍게도 50%의 여성이 성학대를 보고하였고 50.5%는 신체적 학대를 보고하였으나, 남성의 경우는 10.4%가 성학대를 보고하였고 26%가 신체적 학대를 보고하였다. 아동기의 학대와 물질사용의 시작시기 간의 관계에서도 유사한 성차가 있다. 64.7%의 여성이 외상적 경험을 극복하기 위해 약물을 사용했다고 보고하였으나 남성의 경우는 37.9%만 그러하였다.

양육방식 보호적인 측면에서, 몇몇 연구들이 긍정적인 부모-자녀 관계가 젊은이들의 물질남용 위험을 감소시킬 수 있음을 보여주고 있다. 예를 들어, Baumrind(1991b)는 따뜻함과 구조적인 것을 특징으로 하는 권위 있는 양육(2장 참조)이 자녀의 물질사용 가능성이 낮은 것과 관련됨을 발견하였다. 유사하게, 부모-자녀 관계가 정서적으로 지지적이고, 따뜻하고, 자녀를 의사결정에 참여하도록 허용해줄 때, 그리고 부모가 물질을 사용하지 않을 때 자녀의 약물사용 비율이 더 낮다(Hundleby & Mercer, 1987).

또한 물질사용에 관한 부모의 사회화 훈련은 젊은이가 약물에 관련되지 않도록 보호한다. 예를 들어, 담배를 피우지 않아야 하는 이유에 대해 부모가 자녀와 이야기를 하고, 담배나 그밖의 다른 물질사용에 대한 규칙을 정하고, 이를 지키지 않았을 때 책임을 지도록 하여 그 규칙을 지키도록 한다면 젊은이들이 담배를 사용할 가능성이 더 낮다(Chassin et al., 1998).

한편 자녀에 대한 부모의 지원, 훈육 및 감시의 부족은 심한 가족갈등과 혼란처럼 청소년의 물질남용을 예언한다(Ary et al., 1999; Reid, Patterson, & Snyder, 2002). 한 부모 가정의 아이들도 물질사용 문제를 가지게 될 위험이 높은데, 이는 한 부모 가정이 빈곤, 범죄와 약물이 가득한 이웃의 부정적 영향에 더 많이 노출되기 때문일 수 있다. 그러나 집에 한 명의 부모만 있으므로 청소년 자녀를 돌보고 감시하기 힘들기 때문일 수도 있다(Hops et al., 2000).

그러나 위에서 기술한 연구들에서 십대의 약물사용을 예측하는 데 있어서 가족변인이 예측하는 정도가 또래 변인이 예측하는 정도에 비해 약하다는 점에 주의를 기울여야 한다. 동일한 연구결과가 물질남용 소년들을 대상으로 한 O'Donnell, Hawkins와 Abbott(1995)의 종단연구에서도 보고되었다. 따라서 다음 절에서는 또래관계 변인의 영향에 대해 살펴보자.

사회적 맥락

또래관계 또래관계는 종단적 연구와 횡단적 연구 모두에서 청소년의 약물사용을 예측하는 가장 강력한 변인인 것으로 나타났다(Catalano & Hawkins, 1995). 예를 들어, 폭음하는 사람들은 술을 마시는 친구, 특히 절친한 친구를 많이 가지고 있는 경향이 있다. 또, 또래관계 변인이 위에서 언급한 위험요인이나 다른 변인들과 상호작용하기도 한다. 낮은 자기존중감을 가진 청소년들은 또래집단에서 지위를 얻고 자기상을 증대시키기 위한 방법으로 약물사용에 더 끌리기도 한다(Maggs & Galambos, 1993). 또, 한 부모 가정에서 살고 있고 어머니와 갈등관계일 때 청소년들은 약물사용에 대한 또래의 압력에 더 취약하다(Farrell & White, 1998).

또래 모델링은 약물사용에 있어서 위험요인의 하나이다.

종단연구 자료들은 또래관계가 물질사용에 영향을 미치는 두 가지 기제가 있음을 보여주고 있다(Curran, Stice, & Chassin, 1997). 하나는 **또래 영향**인데, 친구가 약물을 알려주고, 물질사용을 익숙하게 하고, 지속적으로 사용할 기회와 모델을 제공하는 것이다. 다른 기제는 **또래 선택**인데, 물질을 남용하는 청소년이 자신과 유사한 삶의 방식을 가지고 있는 친구를 찾는 것이다. 또래 선택에 관한 아이디어는 Scarr (1992)의 **적소 찾기**(niche picking) 개념과 관련된다. 즉, 아동이 청소년기로 진입하면서 점차 자신의 발달에 대한 적극적인 주체로서 행동하여 자신의 환경을 자신의 개인적 특성에 맞는 방향으로 선택하고 영향을 가한다는 것이다.

예를 들어, 오리건 청소년 연구에서 Dishion과 Owen(2002)은 초기 청소년기부터 젊은 성인기까지 206명의 젊은이를 추적하였다. 연구자들은 시간이 지남에 따라 또래 선택과 또래 영향이 성인의 물질사용을 예언할 수 있는 것을 발견하였다. 또한 **양방향적인 효과**가 있었다. 젊은이들은 약물과 관련된 활동과 대화를 부추기고 강화하는 또래와 점차 더 많이 어울린다는 점에서 물질사용은 친구 선택에도 영향을 미쳤다.

성적 성숙 소녀들의 물질남용과 관련된 또 다른 변인은 **성적 성숙**이다. 품행장애와 관련해서 우리가 살펴본 자료에 따르면(10장 참조), 음주와 물질남용은 늦게 성숙한 소녀들에서

보다 일찍 성숙한 소녀들에게서 더 자주 발견되는 두 가지 형태의 문제행동이다(Simmons & Blyth, 1987). 일찍 성숙한 소녀들은 나이 많은 또래와 시간을 더 많이 보내는데, 나이 많은 또래는 소녀에게 약물사용과 같은 규범위반 행동을 알려준다.

개인적 맥락

대부분의 약물사용이 중학교 시절에 시작되므로 초등학교 시기에서 전조를 찾아낼 필요가 있다. 개인내 변인들 가운데, 아동기 초기의 품행문제와 공격성은 청소년기의 약물 시험, 약물사용 증가, 그리고 심각한 물질남용장애로 넘어가는 것을 강력하게 예언한다(Chassin et al., 1999; Costello et al., 1999; Hill et al., 2000). 10장에서 보았던 조기발병 품행장애 아동은 성인기에 물질의존이 될 가능성이 특히 크다(Mottfit et al., 2002). 놀랍게도 Block, Block과 Keyes(1988)의 종단적 연구 표집에서는 십대의 물질남용을 예측해주는 요인을 찾았는데, 이 요인들은 3세 정도의 어린 시절부터 있었다. 이러한 성격 특성에는 반사회적 행동, 반항성, 좌절을 참는 능력의 부족, 동기와 목표지향성의 부족, 타인에 대한 배려 부족, 그리고 비관습적인 것 등이 포함되었다.

이러한 효과에는 성차가 있는 것으로 보인다. 아동기 행동문제는 청소년기의 물질사용 확률을 높이지만, 4년간의 전망적 연구에서 볼 수 있듯이 그 효과가 여아에서 더 높다. 여아에게 있어서 공격성은 덜 흔하고 사회적으로 덜 용인되므로, 사회규범을 위반한 소녀들은 물질남용과 같이 점차 더 심각한 결과를 초래하는 행동문제를 더 많이 하게 될 위험이 있다(Hops et al., 2000).

품행문제가 물질남용을 초래하는가, 아니면 물질남용이 품행문제를 초래하는가? 앞서 지적했듯이 조기발병 품행문제는 물질남용을 예측한다. 그러나 반대 방향의 효과에 대한 증거도 있다. 최근에 국립약물중독·남용센터(2004)는 청소년 사법체계에 있는 젊은이 5명 중 4명은 물질 위반의 내력을 가지고 있거나 범죄 행위를 할 때 약물이나 알코올을 섭취한 상태였음을 보고하였다. 지난 1년간 체포되지 않은 젊은이에 비해서 체포된 경험이 있는 사람은 마리화나를 사용했을 가능성이 3.5배 더 높고 불법적인 처방약을 사용했을 가능성이 3배 더 높으며, 엑스터시를 사용해봤을 가능성이 7배 더 높고, 코카인을 사용해봤을 가능성이 9배 더 높으며, 헤로인을 사용해봤을 가능성은 20배 이상 더 높았다. 게다가 미국에서 체포된 240만 명의 젊은이 중 거의 200만 명은 물질남용문제를 가지고 있으나, 겨우 68,600명만 치료를 받고 있다. 불법적인 물질에 관련되는 것은 기본적으로 불법 행위이며 더구나 물질사용은 젊은이의 행동과 판단에 탈억제적 영향을 미칠 수 있다.

비관습성 Jessor와 Jessor(1977)의 종단적 연구는 4년에 걸쳐 고등학생과 대학생의 약물사용과 관련된 성격 특성에 대해 조사하였다. 약물을 사용하지 않은 청소년들은 학업성취를 중요시하며, 가족으로부터의 독립에 무관심하고, 현재의 사회적 지위를 받아들이고, 종교적 활동에 참여하고, 규칙위반이 긍정적인 결과보다는 부정적인 결과를 초래한다고 생각하는 경향이 있었다. 약물을 사용하기 쉬운 청소년들은 반대의 특성을 보였는데, 즉 일탈에 대해 관용적이고, 종교적이지 않고, 성취보다 독립을 중요시하며, 사회에 대해 비판적인 태도를 가지고 있는 경향이 있었다. Jessor와 Jessor는 자신들의 연구결과를 관습성 대 비관습성 성격 차원으로 기술하였다.

그러나 비관습적 행위가 항상 부정적인 결과와 관련되는 것은 아니다. Shedler와 Block(1990)의 종단연구는 학령전기부터 광범위하게 평가된 101명의 18세 청소년들의 물질사용에 대해 조사하였다. 청소년들은 세 집단으로 나뉘어졌다. 절제자는 마리화나나 다른 어떤 약물도 전혀 시도해보지 않은 집단이고, 시험적 사용자는 마리화나를 몇 번 정도 사용해봤으며, 마리화나 이외에 한 가지 이상의 약물을 시도해본 경험은 없는 집단이다. 상습적 사용자는 마리화나를 일주일에 적어도 한 번 이상 사용하고 마리화나 이외에 다른 약물을 시도해본 집단이다.

상습적 사용자는 대인관계에서 소외되어 있고, 정서적으로 위축되었으며, 자신의 문제를 지나치게 반사회적인 행동으로 표현하는, 불안하고 불행한 성격 특징을 가지고 있었다. 우리의 성격변인으로 본다면 이들 청소년들은 또래관계에 결함이 있고, 의심이 많고, 적대적이며 위축되어 있었다. 숙달 영역에서는 학교생활에 신경을 쓰지 않으며 의미 있는 학업적 목표를 위해 노력하려고 하지도 않았다. 마지막으로, 자기통제가 약해서 결과적으로 반사회적 행동을 하게 되었다.

절제자들의 특성은 놀라운 바가 있었다. 잘 적응하는 것이 아니라, 비교적 긴장되어 있고, 정서적으로 억제되어 있어서 불필요하게 만족을 지연시키는 경향이 있었다. 그들은 친밀한 대인관계를 회피했고 다른 사람들로부터 받아들여지지도 않고, 다른 사람들이 좋아하지도 않는 사람들이었다. 상습적 사용자만큼 문제가 있는 것은 아니지만, 이들도 사회적으로 고립되어 있으며, 충동적이기보다는 지나치게 억제되어 있었다.

사교적이고 따뜻하며, 고통이 적고, 안정된 자기통제를 가진다는 점에서 시험적 사용자가 가장 잘 적응한 사람들이었다. 또 이들은 새로운 정체성을 확립하는 과정으로 자유롭게 가치, 믿음, 역할을 시험해보았다. 따라서 연구자들은 청소년기에 사회가 문제시하는 행동을 어느 정도 보이는 것이 정상적인 성장 과정의 한 부분일 수 있다고 결론을 내렸다. 또한 연구자들은 통계적으로나 심리적으로나, 이 시기에 절제자들을 "정상" 집단으로 간주해서는 안 된다는 것을 보여주었다.

Shedler와 Block(1990)은 종단적 자료를 분석하여 세 집단의 성격 특성이 아동기 초기부터 나타났다는 것을 보여주었다. 상습적 사용자는 7세 무렵부터 불안정하였고, 정서적으로 고통 받았으며, 좋은 대인관계를 형성하지 못하였다. 절제자는 비교적 과잉통제되었고, 소심하고, 겁 많고, 침울하였다. 이 두 아동집단의 어머니들은 냉정하고 잘 반응하지 않았으며, 자녀를 격려하지 않고 강요하는 형이었다. 이상의 결과를 토대로 연구자들은 절제, 시험적 사용, 상습적 사용은 생의 초기부터 나타나는 서로 다른 성격 유형이라고 결론 내렸다.

그러나 이러한 결론에는 주의가 요구된다. Luther, Cushing과 McMahon(1997)은 Shelder와 Block의 자료가 물질남용이나 물질의존을 보이는 청소년에서 얻은 것이 아니고 정상적인 청소년들로부터 얻은 것이며, 그 시대의 십대 문화에서 비교적 사회적으로 용인되는 마리화나의 사용에 초점을 맞추었다는 점을 지적하였다. 아편 중독에 관한 연구에서는 이와는 반대로, 청소년기에 약물을 시험해보는 것은 이후의 물질남용장애를 강력하게 예측하는 것으로 나타났다.

자극추구 물질사용을 설명하는 것으로 제안된 또 다른 성격변인은 자극추구이다(Zukerman, 1994). 자극추구 성향이 강한 젊은이들은 스릴과 스릴이 주는 자극에 끌리기 때문에 물질남용과 같은 위험 행동을 하기 쉽다(Pilgrim et al., 1999).

인지기술 여러 이론적 모형에서 인지기술의 결함이 물질남용의 위험을 높이는 것으로 제안되었다. 이러한 영향에 작용하는 기제가 몇 가지 있다. 예를 들어, 학교에서의 낙오는 스트레스와 부정적 기분, 주류 사회제도에서의 소외, 반사회적 또래와 어울리는 경향을 증가시키는데, 이는 모두 물질남용과 관련된다(Chassin et al., 2003).

그러나 학교에서의 낮은 수행은 여러 요인과 관련되므로, 물질남용과 관련될 수 있는 인지기술을 살펴보아야 한다. 물질남용에 내재하는 것이 행동조절 곤란 성향이라는 이론에 비추어본다면, 물질문제를 가진 젊은이들은 억제적 통제, 계획하기, 유연성, 마음 갖춤새 바꾸기와 같은 자기조절 과정, 즉 집행기능을 측정하는 인지과제에서 낮은 수행을 보일 것으로 기대된다. 실제로 집행기능이 낮은 것은 청소년과 대학생 집단에서의 빠른 음주 시작과 빈번한 과음을 예측한다.

그밖에 집행기능 결함은 알코올 중독자의 자녀들이 음주를 시작하기 이전부터 나타나며 알코올남용 정도를 예측한다. 예를 들어, Atyaclar와 동료들(1999)은 물질을 남용할 위험이 높은(아버지가 물질남용장애를 가지고 있는 경우) 집단과 낮은 집단(아버지가 어떤 정신과 진단도 받지 않은 경우)의 10~12세 아동의 집행기능과 행동 활동성 수준을 측정하였고, 이후 2년간 추적하였다. 고위험 아동은 첫 진단에서 행동문제와 집행기능 결함 수준이 더 높았으며, 초기 청소년기에 저위험 아동집단보다 더 약물에 관련되었다. 그러나 놀라운 것은 집행기능 결함은 행동문제나 부모의 물질사용보다 훨씬 더 청소년의 담배와 마리화나 사용, 수집한 약물의 수, 그리고 물질남용을 예측했다는 것이다.

인지도식: 기대와 동기 젊은이들의 물질남용 충동은 물질이 긍정적인 결과를 가져올 것이라는 기대로 인해 유발될 수 있다. Cox와 Klinger(1990)는 성인의 알코올 사용에는 다음과 같은 네 가지 동기와 기대가 내재한다고 보았다: (1) 고양: 긍정적 기분이나 행복감, (2) 사회적: "파티의 꽃"과 같은 긍정적인 사회적 보상을 얻기 위해서, (3) 대처: 부정적 정서를 줄이고 조절하기 위해서, (4) 동조: 또래의 압력이나 사회적 거부를 피하기 위해서. Cooper(1994)는 이 모형을 2,544명의 청소년(약 반이 아프리카계 미국인임)에게 적용되는지 검증하였다. 연구결과, 고양, 대처 및 사회적 동기는 청소년의 민족이나 성별과는 무관하게 청

소년의 알코올 소비량과 빈도를 예측하는 강력한 예측요인인 것으로 나타났다. 대처와 고양 동기는 알코올남용과 문제 있는 음주를 가장 잘 예측하는 요인이었다.

후속 연구에서 Cooper와 동료들(1995)은 다른 예측요인을 제시하고, 또 고양과 대처 동기의 결과를 제시함으로써 모형을 더 정교하게 수정하였다. 음주가 기쁨을 증가시킬 것이라는 기대는 자극추구 정도와 관련되었으며, 음주가 부정적 정서에 대처하는 데 도움이 될 것이라는 기대는 우울과 부적응적 대처와 관련되었다. 이 두 종류의 기대는 모두 알코올 사용을 예측하였으며, 대처 동기는 문제 있는 음주를 더 강하게 예측하였다.

요약하면 물질남용문제를 가지게 될 위험이 가장 큰 청소년들은 물질이 불편한 감정이나 정서적 고통을 경감시켜 줄 것이라고 믿는 사람들이었다. 사회적인 이유로 물질을 사용하는 청소년은 물질사용을 특정 사회적 맥락에서만 하는 것으로 더 잘 제한하며, 일상적인 하루를 보내기 위해 음주나 약물에 의존하는 정도는 더 적었다.

또한 청소년의 물질사용에 관한 청소년 자신과 부모의 기대가 상호작용한다. 예를 들어, Simon-Morton(2004)는 일찍 시작되는 알코올 사용의 위험요인을 찾기 위해 1,009명의 6학년 아동을 1년 동안 추적하였다. 알코올에 대해 긍정적인 기대를 가지고 있는 아이들 중, 부모가 아이의 행동에 대해 낮은 수준의 기대를 가지고 있는 경우는 아이의 행동에 대해 높은 기대를 가지고 있는 경우보다 음주를 시작할 가능성이 2.6배 더 높았다.

정서조절 폭식하고 토하는 행위의 자기 치료적 특성은 즉각적으로 나타나지 않지만 물질남용에서는 이러한 기능이 보다 분명하다. 불법적 물질이 어떻게 정신활성 약물의 대용으로 사용되는지는 쉽게 알 수 있다. 그런데 왜 젊은이들은 자기 치료 욕구를 느끼는가? 앞서 기술한 Cooper의 연구가 시사하듯이, 물질남용에 대한 중요한 발달정신병리 이론은 부정적 정서상태에서 회피하거나 조절하기 위해서 물질을 남용하게 된다는 것이다.

불안은 그러한 부정적 기분상태의 한 종류이다. 불안은 청소년들 사이에서 물질남용장애와 흔하게 공병하며, 물질남용장애보다 먼저 나타난다(Christie et al., 1988). 흥미로운 연구를 통해서, Kendall과 동료들(2004)은 아동기에 불안장애를 성공적으로 치료하는 것은 청소년기의 물질남용의 위험 감소와 관련됨을 보고하였다. 그러나 일부 추적 연구에서는 불안이 미래의 물질사용을 예측할 수 있음을 보여주는 데 실패하여서, 연구결과들이 일치되지 않고 있다.

반면, 우울은 물질남용 발달을 더 잘 예측해주는 요인이다(Newcomb & Bentler, 1988; Hussong & Chassin, 1994). 그러나 결과가 분명하지만은 않다. 예를 들어, Stice, Burton과 Shaw(2004)는 496명의 청소년 소녀를 2년 넘게 추적하였다. 우울증상이 물질남용의 시작을 예측한다는 가설이 일변량 분석에서는 지지되었으나, 보다 엄격한 다변량 분석에서는 지지되지 않아서 혼란된 결과를 보여주였다. 이에 반해 물질남용이 우울 증가를 예측한다는 가설은 강하게 지지되었다. 따라서 혼란된 섭식과 같이 약물남용은 감소시키려고 했던 부정적인 기분상태를 악화시키게 됨으로써, 목적달성에 실패하게 되는 것이다.

정서조절 가설에 대한 결과가 일치하지 않는 한 가지 이유는 이 가설이 약물을 남용하는 일부 청소년에게만 적용되기 때문일 수 있다. 부정적인 정서상태는 생리적·심리적 고통을 조절하는 데 어려움이 있는 사람들에게만(Chassin et al., 2003), 또는 앞서 인지에 관한 연구에서 보았듯이 물질이 이러한 기분을 회복시켜 줄 것이라는 믿음을 가지고 있는 사람에게만 약 또는 알코올 복용을 촉진할 가능성이 있다.

둘째로, 정서조절은 물질남용에 관한 보다 복잡한 발달정신병리 모형에서 여러 요인의 하나일 뿐일 수 있다. 예를 들어, Brody와 Ge(2001)는 120명의 12세 청소년을 3년간 연구한 종단연구결과를 보고하였는데, 가혹하고 갈등적인 부모-자녀 관계는 자녀의 자기조절 곤란의 증가와 관련되었으며, 자기조절 곤란 증가는 알코올 사용의 증가를 예측하였다.

셋째, Hussong과 동료들(2001)은 총체적 불안과 우울에 관한 연구들이 정교하지 못하여 정서조절 가설을 검증하기 힘들다고 주장하였다. 이들은 매순간 기분과 행동을 측정하는 경험 샘플링 방법을 사용할 것을 주장한다. 폭식행동과 일상의 기분을 다룬 Johnson과 Larson(1982)의 연구와 같이, 경험 샘플링 방법은 젊은이들을 물질남용이나 물질의존으로 이끄는 동기가 무엇인지를 파악하는 데 도움이 될 것이다.

정서와 물질남용의 관계에 있어서 중요한 성차가 있다. 앞서 지적했듯이, 학대는 남아보아 여아에서 물질남용을 예언하는 예측요인이다. 더 나아가, 십대 소녀에서는 물질사용과 불쾌한 기분 간의 관계가 유의미하였으나 남아에서는 유의미하지 않았다(국립약물중독·남용센터, 2003). 소년들은 스릴 때문에 흡연, 음주, 물질사용을 시작하는 것으로 보이나, 여아는 스트레스와 우울을 없애기 위해서 물질을 사용하는 것으로 보인다.

문화적 맥락

사회계층 청소년 물질남용자의 전형은 우범지역과 빈민지역에 살고 있는 경제적으로 열악한 청소년들이다. 이러한 부정적 이웃과 사회적 변인이 비행과 다른 형태의 문제행동을 예측하나, 사회경제적 지위와 물질남용 간의 관계에서는 그 반대가 적용되는 것으로 보인다. 물질사용과 남용의 비율은 보다 여유 있는 환경의 젊은이들에서 더 높은 것으로 나타났다(Luthar & Becker, 2002). 여유 있는 젊은이의 약물사용과 관련된 요인은 성취 압력과 부모로부터의 소외이다(Luthar & Latendresse, 2002).

그러나 빈곤, 편견, 실업, 비정상적 역할 모델과 같은 낮은 사회경제적 지위 특징과 작은 무리(gang)는 청소년이 약물에 관련되고 약물 거래에 참여하게 만드는 위험요인이다. 약물 거래는 아마도 열악한 청소년들이 빈곤에서 벗어날 수 있는 가장 쉬운—아마도 유일한—길일 것이다(Feigelman, Stanton, & Ricardo, 1993). 약물 거래의 부정적 결과는 폭력에의 노출, 법적 분규 및 구속 등 심각하다.

미디어 미디어는 사람들에게 물질사용에 대한 허용적 태도를 전달하거나, 물질을 사용하는 멋진 모델을 제시하거나, 또는 물질사용의 좋은 점을 강조함으로써 영향을 미칠 수 있다. 결과적으로 담배와 알코올에 대한 광고를 제한하고 판매를 제한함으로써 십대의 물질

남용을 감소시키려는 사회 전체의 노력이 필요하다(Institute of Medicine, 1994)

비교문화적·민족적 차이 비교문화 연구들은 물질남용의 발달정신병리는 여러 다른 사회에서도 유사하다는 것을 보여주고 있다. 예를 들어, Pilgrim과 동료들(1999)은 미국과 중국의 청소년을 대상으로 성격 특성, 양육, 또래관계가 약물사용에 미치는 영향을 연구하였다. 두 문화에서 모두, 1년 이상 물질을 사용할 가능성이 가장 높은 청소년들은 자극추구 성향이 높고 부모의 권위주의적 성향이 낮은 청소년들이었다. 민족차이가 한 가지 나타났는데, 그것은 중국과 유럽계 미국 청소년에서는 물질을 남용하는 친구와의 관계가 물질사용과 관련되었지만, 아프리카계 미국 젊은이들은 또래의 행동에 영향을 덜 받았다는 것이다.

6,522명의 유럽계, 멕시코계 및 아프리카계 미국 청소년을 3년간 연구한 Bray와 동료들(2001)의 연구에서도 유사한 결과가 나타났다. 아프리카계 미국 청소년에서 알코올 사용 비율이 더 천천히 증가하였으나, 모든 민족집단에서 가족갈등과 단결 부족은 알코올 사용의 증가와 관련되었고 청소년의 개별화 정도와 발달적으로 적합한 정체성의 성취는 보호요인으로 작용하였다.

그러나 물질남용에 대한 일부 위험요인은 특정 소수집단에서만 작용한다. 예를 들어, 가족의 뿌리가 되는 문화 가치와 현재 살고 있는 사회의 주류 문화 가치의 차이를 지각함으로써 가지게 되는 문화 수용 스트레스는 스페인계 청소년의 약물사용 증가와 관련되는 것으로 나타났다(Vega et al., 1993).

발달과정

초기 청소년기: 조기 시작자, 조기 상승 경로

우리가 논의했던 다른 문제행동과 같이 일찍 물질사용을 시작하는 것은 보다 부정적인 발달과정을 예측한다. 일찍(14세 이전) 물질사용을 시작하는 것은 물질사용이 급격하게 증가하는 것과 물질남용이나 물질의존장애와 같이 더 문제가 되는 결과와 관련된다(Chassin, Pitts, & Prost, 2002; Hill et al., 2000). 조기 시작 경로의 장기적 결과는 명백하다. 청소년기부터 성인기까지의 종단연구에서 Hops와 동료들(2000)은 일찍 시작한 사람들이 성인기에 담배, 알코올, 그리고 마리화나 사용자가 될 가능성이 더 높다는 것을 발견하였다. 또 일찍 시작한 젊은이들이 건강문제를 더 많이 가지고 있으며, 공격을 더 많이 경험하고, 배우자 및 친구와의 관계에서 갈등을 더 겪었다.

일찍 시작한 사람들은 대개 남자였으며, 반사회적 행동을 더 많이 보였고, 물질문제 내력이 있는 가정출신인 경우가 많았다(Chassin, Pitts, & Prost, 2002; Hill et al., 2000).

전형적인 발달단계는 고등학교 초기에 알코올을 시작하고, 그 다음 담배와 마리화나를 사용하고, 이후에 다른 불법적 물질을 사용하게 되는 것이다(Hops et al., 2000).

초기 청소년기의 발달경로: 위험과 보호

Jessor와 동료들(1995)은 청소년기에 알코올과 약물남용을 예측하는 요인들에 대한 다차원 모형을 검증하였다. Jessor 등은 3년에 걸쳐 중학교 1, 2, 3학년 학생 2,000명을 3년간에 걸쳐 추적 조사하였다. 발달의 세 가지 체계인 성격, 환경, 행동에서 각각 위험요인과 보호요인을 포함시켰다.

위험요인 성격 영역에서 위험요인으로 포함된 것은 성공에 대한 낮은 기대, 낮은 자기 평가, 희망상실, 그리고 소외였다. 환경영역에서 위험요인으로 포함된 것은 문제행동을 하는 또래 모델이 있는 것과 인생의 선택과 행동의 안내자로 부모보다는 또래를 지향하는 것이었다. 행동영역에서 위험요인으로 포함된 것은 저조한 학업수행이었다.

연구결과, 물질남용을 가장 강력하게 예측하는 요인은 반사회적인 또래 모델의 존재이고, 다음으로 성공에 대한 낮은 기대, 낮은 자기 평가, 그리고 희망상실이라는 성격변인인 것으로 나타났다.

보호요인 성격 영역에서 보호요인으로 포함된 것은 학교에 대한 긍정적 성향, 자신의 건강에 대한 관심, 그리고 일탈을 관용하지 않는 것이었다. 환경영역에서 보호요인으로 포함된 것은 성인과의 긍정적인 관계, 청소년의 행동을 성인이 관리 통제하는 것, 그리고 친사회적 행동을 하는 또래 모델이 있는 것이었다. 행동영역에서 보호요인으로 포함된 것은 친사회적 활동에 참여하는 것이다.

물질남용을 감소시키는 데 가장 큰 영향을 미치는 보호요인은 일탈을 관용하지 않는 것과 학교에 대한 긍정적인 성향이었다. 3년에 걸친 연구에서 시간 경과에 따라 문제행동이 감소한 사람들은 위험요인에 덜 노출하게 된 사람이 아니라 오히려 발달의 초기 단계에서 더 많은 보호요인을 활용할 수 있었던 사람들이었다. 따라서 연구자들은 "앞선 보호요인이 위험요인보다 변화와 더 강한 관계를 가진다"(p. 931)라고 결론 내렸다. 이것은 중재에 대해 논의를 할 때 청소년들이 약물사용에 대한 유혹에 저항할 수 있도록 하는 것이 가장 효과적일 것임을 시사한다.

청소년기 중기의 발달경로: 사용에서 남용으로

654명의 청소년들을 9년 동안 추적한 Newcomb과 Bentler(1988)의 연구는 청소년이 성인이 되었을 때의 인생의 다양성을 보여준다. 그 연구결과를 청소년들이 성인기로 이행할 때 직면하게 되는 발달과업을 중심으로 살펴보자.

1. 사회적 통합. 약물사용은 사회지원을 감소시키고 외로움을 증가시킴으로써 사회적 통합을 방해한다.
2. 직업. 십대의 약물사용은 청소년을 취업 전선에 빨리 뛰어 들도록 하지만, 이들이 직장에서 성공적으로 기능할 가능성은 줄어든다. 전통적인 교육목표를 포기할 수밖에 없으며, 따라서 직업의 기회가 제한된다.

3. 가족관계와 이성관계. 약물사용은 가족관계에 점차 더 강하게 악영향을 미쳐서 청소년들은 일찍 결혼하고 일찍 자녀를 가지게 되지만, 그만큼 이혼도 더 빨리 하게 된다.
4. 범죄행동. 젊은이들의 약물사용은 여러 범죄행동에 차별적으로 관련된다. 여러 물질을 사용하는 것은 취한 상태에서 운전하거나, 약물 판매 등의 약물관련 법 위반과 절도를 증가시키지만 강력범죄는 감소시킨다.
5. 정신건강. 여러 약물을 사용하는 것은 정신병을 증가시키며 행동을 계획, 조직, 실행하는 능력을 감소시킨다. 습관성 약물의 사용은 젊은 성인들에게 자살 생각을 증가시키지만 술은 우울을 감소시킨다.

Newcomb과 Bentler(1988)는 그들의 연구결과를 조숙한 발달(precocious development)로 개념화하였다. 조숙은 일반적으로 긍정적인 것으로 간주되나—예를 들어, 또래에 비해 높은 수준의 음악 재능, 운동능력, 또는 인적 능력을 가지고 있는 아동의 경우—발달 수준과 포부의 상당한 차이는 건강한 발달을 위협할 수 있다. 아직 준비되지 않은 성인의 기능을 받아들임으로써 청소년 약물남용자는 필요한 경험과 기술을 쌓을 시간이 부족하여 효과적으로 잘 수행할 수 없는 성숙의 방향으로 자신을 떠밀게 된다. 그러나 이러한 도전을 감당할 수 있는 역량을 갖추기 전에 성인 역할을 하는 것이므로, 실패할 가능성이 높다. 또한 약물사용은 사회적 통합을 방해하고, 성인 시민으로서의 책임과 사회의 책임을 받아들이지 못하게 직접적으로 방해하는 동시에 또래로부터의 사회적 고립감을 증가시킨다. 마지막으로, 약물사용은 더 혼란되고 기이한 사고를 하게 함으로써 인지에 영향을 줄 수 있으며, 그 결과 자살 생각이 증가하게 된다. 요약하면, 물질사용은 성인기의 건강한 적응에 결정적으로 영향을 미치는 발달과업의 숙달로부터 청소년들을 멀어지게 한다.

그러나 긍정적인 것은, 1,725명의 청소년의 약물사용에 대해 종단연구를 한 Eliott, Huizinga와 Menard(1989)의 연구에서 덜 심각한 행동으로 돌아갈 가능성이 더 심각한 행동으로 발달할 가능성보다 큰 것으로 밝혀졌다는 것이다. 물질사용은 일반적으로 젊은 성인기에 안정상태가 되고, 비행은 보통 청소년기 중기 이후에 감소한다.

젊은 성인기로의 이행: 늦게 시작한 사람의 경로

마지막으로 고등학교를 마치고서야 물질사용을 시작하는 집단이 있다(Chassin et al., 2002). 대학이나 직업세계로 이행하면서 청소년은 통과의례로 음주와 약물을 사용할 수 있으며, 성인의 감독으로부터 독립하고 자유롭게 될 수 있다. Chassin 등(2003)이 지적했듯이 일반적으로 알코올과 물질의 사용은 18~25세에 최고에 달하는데, 이 시기는 물질남용과 의존이 가장 빈번한 때이다. 그러나 대부분의 젊은 성인에게 있어서 약물을 시험해보는 이 시기 이후에는 직업, 결혼, 부모 되기와 관련된 책임이 증가하게 되면서 약물사용이 감소한다. 그러므로 대부분의 젊은 사람에게 있어서 물질 복용은 발달적으로 일시적인 현상이다.

실제로 성공적으로 성인 역할로 이행한 사람들은 물질문제를 가지게 될 가능성이 가장 적은 사람이다(Chilcoat & Breslau, 1996). 이에 반해, 늦게 물질의존적이 된 사람들은 전반적으로 정신병리와 부정적 정서를 더 보이며 직장생활 및 배우자와의 만족스러운 관계를 유지하는 데 더 어려움을 가진다. 여기서 다시 한 번 우리는 발달적 준비성의 문제에 마주치게 되는데, 이번에는 다른 측면에서 마주친다. 일부 젊은이들은 일찍 자신을 성인의 역할로 밀어내며, 그렇게 하는 과정에서 물질남용의 위험이 증가하는 것과 같이, 성인기 준비가 되지 않았고 행복한 결혼을 유지하고 자녀를 양육하고 생산적인 직업 활동을 하는 데 필요한 단계특징적 기술을 습득하지 못한 젊은 성인도 위험에 처하게 된다.

통합적 발달 모형

물질남용을 예측하는 데 관련되는 요인들의 복잡성을 설명하기 위해서, Fitzgerald와 동료들(1994)은 여러 연구에서 도출된 위험요인들을 하나의 목록으로 만들었다(**그림 12.4** 참조). 이들이 주장하듯이 물질남용은 그 기원이 최소한 취학 전까지 거슬러 올라갈 수 있을 만큼 인생주기의 문제로 가장 잘 개념화된다. 그들은 위험을 개인내, 개인간, 가족, 또래, 학교와 문화(culture)와 같은 더 큰 맥락의 다섯 가지 차원으로 개념화하였다. 이 모형에 의하면 약물사용은 단일 변인이 아니라 여러 변인으로 인하여 생긴다. 또한 이들 변인들은 서로 상호작용하여 복잡한 방식으로 물질 관련 문제의 발달에 작용한다.

우리가 이 장의 도입부에서 제안한 '왜 청소년인가?'라는 중요한 문제가 여전히 남아 있다. Jessor와 Jessor(1977)는 이 문제를 설명할 수 있는 발달적 틀을 제시하였다. 이들의 모형은 행동을 성격과 지각된 환경 간의 상호작용결과로 간주한다. Jessor와 Jessor에 따르면, 청소년기로의 이행은 개인마다 다르게 영향을 미치는 사회적 맥락에서 발생한다. 청소년기, 특히 초기 청소년기는 성인에게 높이 평가되는 목표인 자율성, 권위, 성, 그리고 기동성(mobility)에 가까이 할 수 없다. 또 사회적 기대와 역할은 실제 생활연령에만 기초하므로, 청소년이 성인의 목표를 추구할 수 있을 정도로 성숙되었는지에 대한 개인차를 무시한다. "늦은 성숙자들(late bloomers)"은 준비가 되지 않았는데도 책임을 강요받는다고 느끼는 반면에, 성인기로 이행할 준비가 된 청소년들은 성인기의 지위가 더 좋아 보이는 만큼 계속 좌절하고 애먹게 된다. 그 결과 알코올 사용, 흡연, 물질사용, 성 행위, 비행 등의 성인지향 활동에 일찍 참여하게 된다.

Jessor와 Jessor에 의하면, 덜 성숙한 청소년에서 성숙한 성인 지위로의 이행은 문제행동들에 의해 특징지어진다. 청소년기는 자아정체성 형성과 성인 역할의 인수와 관련된 단계 특정적인 문제들이 표면화되는 이행기이다. 청소년기는 또한 실험, 탐색과 모험이 증가하는 시기이다. 따라서 일부 약물에 대한 실험이 대다수 청소년들에게 비교적 표준적인 것이다. 일반적으로. Jessor, Donovan과 Costa(1991)는 청소년기에서 초기 성인기로 발달이 진행되면서, 이러한 종류의 문제행동들이 대부분 젊은이들의 경우 감소하게 된다고 보았다.

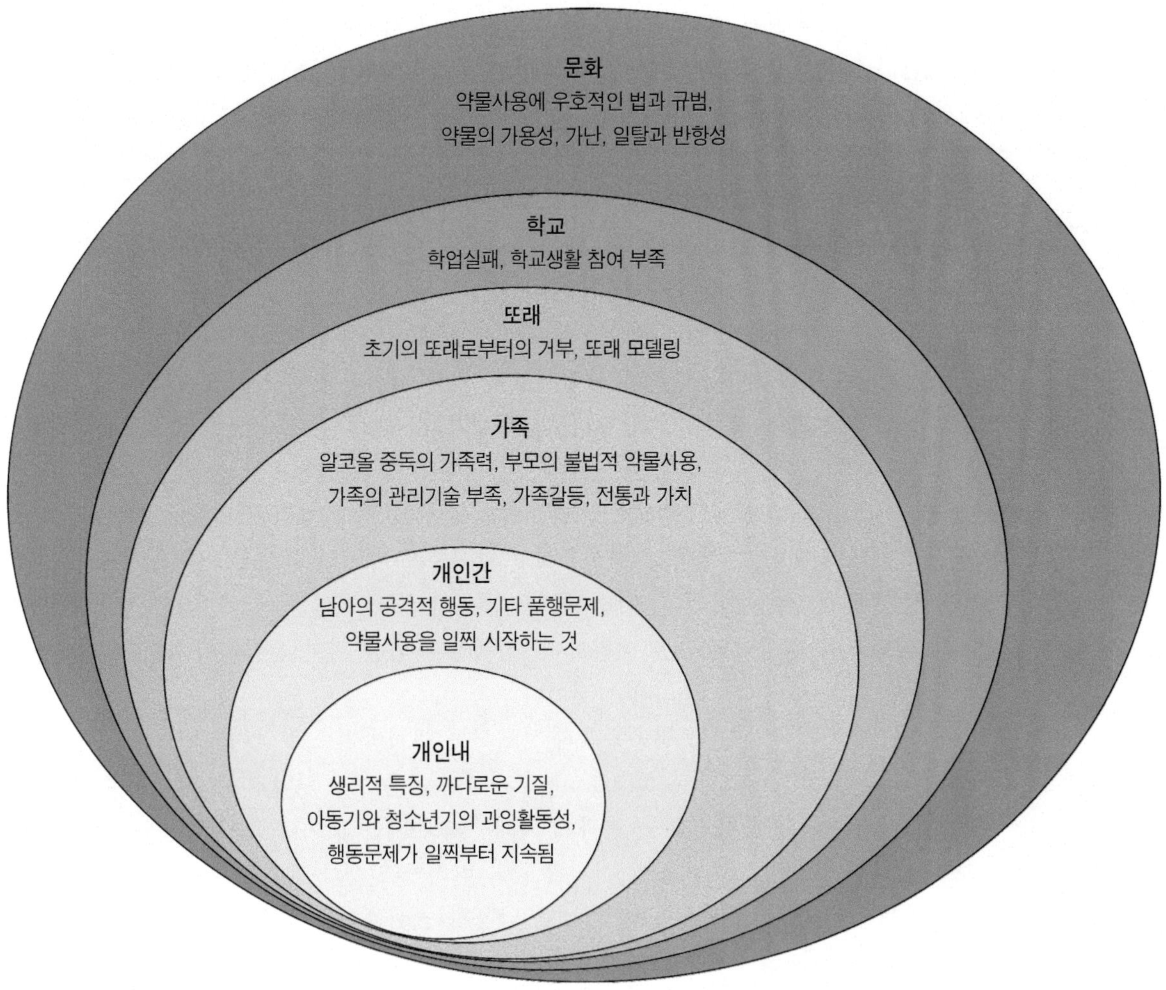

그림 12.4 청소년 물질남용에 선행하는 특징들

출처: Fitzgerald 등(1994)에서 인용함.

그러므로 발달적 맥락에서 볼 때, 문제행동은 반드시 일탈적이거나 정신병리적인 것은 아니다. 음주와 성행동과 같은 많은 문제행동들이 수용할 만한 것으로 간주되며, 심지어 청소년이 성인으로 여겨질 만큼 나이가 들었을 때는 사회가 장려하기도 한다. 본질적으로, Jessor와 Jessor는 청소년기를 사회규범으로부터의 일탈이 기대되는 시기일 뿐만 아니라 사회규범으로부터 일탈하는 것이 건강한 발달을 신호하는 것이 되는 시기라고 보았다. 즉, "문제행동이 적어도 어떤 면에서는 성장의 한 측면이다"(p. 238)는 것이다.

약물남용과 의존성이 함께 나타나는 청소년들은 어떻게 보아야 할까? 거부증(negativism)에 대해 논의할 때(5장), 성장을 위태롭게 할 정도로 정상적인 문제행동이 과장되면 정신병리적이라고 볼 수 있다고 하였다. 같은 원리가 여기에서도 적용된다. 반항, 도전, 반사회적 행동이 자율성을 얻기 위한 수단이 아니고 그 자체가 목적이 되면, 청소년들은 더 이상 성인기로의 이행상태에 있는 것이 아니고 침체상태에 있는 것이다. 부모를 거역하고 화나게 하기 위해서 마음대로 행동하는 것과 같은 문제행동이 주로 부모에 대해 나타나며, 아동으로서의 지위를 더 연장시키기 위해서 무의식적으로 "나쁜 아이"처럼 행동한다면, 이행보다는 고착이 일어나고 있지 않나 의심해볼 필요가 있다.

이 문제에 있어서 Erikson(1968)의 정체성에 대한 연구가 유용하다. Erikson은 젊은이들이 특정 방식으로 인생을 살아가기 전에 "가장 기본이 되는 진리"를 시험해보기 위해서 극단적이 된다고 하였다(p. 236). 이러한 극단적인 것에는 반항뿐만 아니라 비행적이고 자기파괴적인 행동도 포함된다. 그러나 시험해보기 위해 시작한 반항적이고 비행적인 행동이 지나쳐서 고착이 되면 정신병리가 된다. 걸음마기의 거부증과 유사한 것으로 볼 수 있는 청소년기의 **부정적 정체성**을 예로 들어 보자. 부정적 정체성을 가진 청소년들은 바람직하지 않고 위험하다고 익히 알고 있는 모든 역할에 동일시한다. 긍정적인 역할을 획득할 수 없다는 것을 깨닫게 되어 그 절망감으로 부정적 정체성을 가지게 된 청소년들은 부모가 가장 바라지 않는 방향으로 나아간다. 따라서 물질남용의 기저에 있는 정신병리는 청소년 반항의 보다 극단적인 형태일 뿐만 아니라, 자아정체성 확립을 위한 전진이라기보다는 자아정체성 확립을 위한 노력에서 물러나는 것이다.

또한, 물질남용이 청소년의 행동목록과 선호하는 대처방법으로 굳어지면, Caspi와 Elder(1988)의 **누적 연속성**(cumulative continuity) 개념이 유용하게 된다. 기본적으로 이 개념은 행동이나 사건은 그것이 초래하는 결과에 의해 지속된다는 것이다. 물질남용의 경우, 인생을 보다 건강한 발달경로로 이동할 기회를 막아 버리는 인생 선택과 효과가 단계적으로 상승하는 것을 볼 수 있다. 예를 들어, 물질을 남용하는 젊은이는 일이나 학교에서 성공하기 점차 어려워지고, 물질사용과 관련된 일탈된 사회망에 속하게 되고, 친밀한 관계에서 갈등과 불만을 경험하게 되고, 법적 어려움에 직면하게 되는데, 이 모든 것은 물질사용을 증가하도록 만드는 스트레스인으로 작용한다.

마지막으로, 물질사용과 물질남용이 주로 남성과 관련이 있다는 사실은 고려해볼 가치가 있다. 여자 청소년들이 여성다움의 전형이 되기 위해 압력을 느끼고, 그래서 신체상과 다이어트에 대한 관심이 증가하는 것처럼, 남자들은 대담하고 모험적이고 겁 없는 남성다움의 원형이 되기 위해 부담을 느낄 수 있다. 불법적 물질사용에 부착된 봉인, 즉 극단적인 경우 두려움의 존재인 동시에 선망의 존재인 과잉된 남성다움의 이미지인 '양아치'는 남성 정체성을 보다 더 친사회적인 방식으로 획득하려는 시도가 제대로 되지 않았던 청소년들에게는 유혹적인 것이 될 것이다.

여아를 위한 다른 모형?

앞서 보았듯이, 물질남용장애는 여성보다 남성에서 더 흔하기 때문에, 여아를 고려해야 할 또 다른 집단으로 간주하는 경우가 상당히 드물다. 그러나 물질남용을 시작하게 될 때는 여아가 남아 또래를 따라잡기 시작한다는 것을 보여주는 증거들이 있다. 최근의 자료는 물질남용을 악화시키는 것과 결과에서 중요한 성차가 있음을 시사하고 있다. 최근 국립약물중독·남용센터(2004)는 8~22세의 여성 1,200명을 대상으로 한 3년간의 연구 자료를 출판하였다. 동년배의 남성에 비해 물질을 사용한 여성들은 사춘기가 더 빨랐고, 우울증이었고, 섭식장애가 있었으며, 성학대와 신체학대 경험을 가지고 있었다. 그 외에 여아가 남아보다 더 적은 양의 물질을 복용하더라도 중독에 더 잘 빠지며, 흡연관련 폐 손상, 알코올이 유발하는 뇌손상과 간 손상과 같은 유해한 결과를 더 많이 보였다. 특히 남아와 여아는 서로 다른 이유로 흡연, 음주, 물질사용을 하는 것으로 보인다. 남아는 스릴과 상승된 또래 지위를 얻기 위해, 여아는 스트레스는 줄이고 우울을 완화시키기 위해 하였다.

이러한 자료는 여성과 남성의 물질남용의 발달정신병리를 설명하기 위해서는 서로 다른 모형이 필요함을 시사한다. 특히 정서조절에 초점을 맞춘 모형은 여성에서 특별히 잘 적용될 것이다. 또 여아가 불법적 물질에 관련되면 신체적·정서적 건강의 결과는 더 심각하다. 따라서 원인과 치료에 대한 모형은 성차를 고려할 때 더 충실해 질 것이다.

중재

비록 대부분의 연구들이 청소년보다 성인 물질남용자를 위한 중재에 초점을 맞춘 것이긴 하나, 이러한 연구들의 일반적인 결론은 심리역동적 치료가 비교적 효과적이라는 것이다. 이 접근에서는 환자의 변화하려는 의지와 환자-치료자 간의 긍정적인 관계 형성이 필요하나, 이 두 가지 모두가 약물남용자에서는 존재하지 않고 잘 되지도 않는다(Copans & Kinney, 1996). 행동치료(behavioal therapies)는 종종 구역질을 동반하는 약물이나 고통스러운 전기 쇼크와 같은 불쾌한 자극과 약물을 짝짓는데, 그 효과가 입증되지는 않았다.

가족체계 접근

청소년을 위한 중재는 물질남용이 생겨난 가족 맥락을 고려해야 할 필요가 있다(Thomas & Schandler, 1996). 따라서 청소년의 물질남용에 대한 치료법으로 가족치료가 권장되는데, 경험적 연구들이 가족치료의 효과를 확인해주고 있다. 다른 형태의 중재를 가족치료와 비교한 8개의 연구 중 7개의 연구에서 가족치료가 물질남용을 감소시키는 데 가장 효과적인 것으로 밝혀졌다(Waldron, 1997). 다른 중재에 참가한 사람들보다 가족치료에 참가한 참가자들이 치료에 더 적극적으로 참여했으며, 더 오래 치료를 지속했다(Stanton & Shadish, 1997).

Santisteban과 동료들(2003)은 스페인계 청소년에서 짧은 전략적 가족치료가 물질사용과 다른 문제행동을 감소시키는 데 효과적임을 경험적으로 제시하였다. 이들은 Minuchin의 구조적 가족체계를 토대로 부모와 자녀 간의 부적응적 상호작용 패턴을 재구조화하는 데 중점을 두었다. 치료 후 참가자에게 물질사용에 대한 자기보고를 하도록 하였으며, 그 결과를 소변 독성검사를 통해 확인하였다. 참가자들은 무선적으로 가족치료조건이나 학교 상황에서 일반적으로 제공되는 청소년만 참가하는 집단치료조건에 할당되었다. 문제의 심각성에 따라 4~20주의 치료를 하였는데, 치료 후 마리화나 사용이 가족치료를 받은 집단에서 더 크게 감소하였다. 그러나 알코올 사용은 유의미한 감소를 보이지 않았다. 가족치료조건에서 치료 후 41%가 약물을 사용하지 않았으나, 집단치료를 받은 집단에서는 13%만 약물사용을 중단하였다.

10장에서 본 다중체계치료(Henggeler et al., 2002)는 가족을 넘어서 물질남용이 일어난 학교와 지역사회 맥락까지 치료를 확장한다. 이 치료법은 가장 치료하기 힘든 물질남용 청소년과 물질의존 청소년에게서도 그 효과가 입증되었다(Randall & Cunningham, 2003).

자조집단

다른 형태의 중재는 **자조집단**(self-help group)이다. 단주동맹(Alcoholic Anonymous), 코카인근절동맹(Cocaine Anonymous), 마약근절동맹(Narcotics Anonymous)과 같은 12단계 프로그램이 청소년들을 위해 널리 사용된다. 실제로, Brown(1993)은 이러한 모임들이 물질남용으로부터 벗어나는 길을 찾은 청소년들이 가장 널리 사용한 방법임을 발견하였다.

예방

학교 기반의 노력 예방은 일반적으로 치료보다 비용이 더 적게 드는데, 물질남용의 경우에는 예방이 특히 중요하다. 연구의 개관이 보여주듯이, 발달의 초기에 보호요인을 제공하는 것은 나중에 위험요인을 감소시키는 것보다 더 효과적이다. 일단 물질사용을 시작하게 되면, 6학년 이전이라 할지라도 호전되기 어렵다(Perry et al., 1996). 또한, 약물사용이 경미한 수준에서 심각한 수준으로 점진적으로 발달한다면, 물질사용을 예방하기 위한 노력은 더 가치가 있다(Durlak, 1997).

학교 기반의 다양한 예방 노력의 공통적인 특징은 **저항기술**(resistance skills) 훈련으로, 또래가 물질사용을 유발하는 가장 강력한 영향 요인 중 하나라는 사실에서 출발한다. 따라서 프로그램은 또래들이 흡연, 음주, 약물사용을 하도록 압력을 주는 상황이 어떤 상황인지 알도록 하고, 이러한 상황에서 대처하는 방법과 회피하는 방법을 가르친다. 또한 학생들이 사회 집단에서 상호작용은 계속하면서도 물질사용에 참여하는 요구는 거절할 수 있는 사회적 기술을 발달시키도록 한다. 학생들은 역할 놀이와 거절 메시지를 효과적으로 전달하는 연습을 한다. 많은 프로그램들이 성인 대신 청소년들이 더 잘 믿는 또래 지도자를 활용한다. 프로그램의 효과를 평가한 연구들은 저항기술훈련이 흡연, 음주 및 마리화나 사용을 감소시키는 데 효과적이며, 마리화나 사용을 35~45%까지 감소시킬 수 있다는 것을 보여주었다.

심리교육(psychoeducation)도 학교 기반의 예방프로그램의 특징인데, 이는 학생들이 다른 사람에 의해 쉽게 영향 받도록 만드는 잘못된 정보와 신념을 고치는 것을 목표로 한다. 예를 들어, 학생들에게 흡연의 발생률, 수용성, 흡연이 초래하는 건강문제에 대한 정확한 정보를 제공함으로써, 흡연에 대한 우호적인 태도와 행동을 요구하는 또래의 압력에 학생이 저항할 수 있도록 하는 것이다.

세 번째 특징은 어려운 상황에 대처할 수 있도록 좀 더 광범위하고 일반적인 기술을 가르치는 **생활기술훈련**(life skills training)이다. 훈련에 포함되는 것으로는 일반적인 문제해결기술과 의사결정기술, 자기통제와 자기존중감 강화, 일반적인 대인관계기술, 주장훈련이 있다. 이러한 기술들은 설명, 시범, 피드백, 강화, 연습을 통해 가르친다. 생활기술훈련은 초등학교에서 실시되었으며 긍정적인 효과가 입증되었다(Botvin et al., 2003).

Skara와 Sussman(2003)은 중학교와 고등학교의 물질사용을 예방하기 위해 고안된 스물다섯 가지의 학교 기반 및 지역사회 기반 프로그램의 결과를 평가하였다. 전반적으로 대부분의 연구들이 담배 또는 다른 약물의 남용을 감소시키는 데 유의한 효과를 거두었다. 어떤 연구에서는 그 효과가 15년간이나 유지되었다. 프로그램 내용을 주기적으로 다시 제공하는 것이 장기적으로 효과를 유지하는 데 특히 도움이 되는 것으로 나타났다. 그러나 Skara와 Sussman은 수행된 연구들이 방법론상 문제가 있음을 지적하면서 그 결과의 신뢰성을 제한하였다.

종합적 예방프로그램 종합적 예방프로그램은 다양한 위험요인이 물질사용의 병인에 포함됨을 시사한 연구들의 결과를 고려하여 만들어졌으므로, 몇 개 영역에서의 중재를 목표로 한다. 가장 좋은 예는 **약물 없는 시대 준비하기 프로그램**(Preparing for the Drug Free Years Program)인데(Kosterman et al., 1997), 이 프로그램은 가족내의 긍정적인 상호작용을 늘림으로써 어린 시절의 물질남용 위험을 줄이는 것을 목표로 한다. 가족들 간의 친사회적 행동 늘리기, 양육기술 향상시키기, 자녀에게 또래 저항기술을 가르칠 수 있도록 부모 돕기, 가족갈등 줄이기, 긍정적 정서 표현 늘리기 등의 내용이 포함된다. 또 다른 종합적인 가족중심의 예방 노력은 **아이오와 가족 강화 프로그램**(Iowa Strengthening Families Program)이다(Kumpfer, Molgaard, & Spoth, 1996). 이 프로그램 역시 부모-자녀 관계의 질을 높이고 부모가 좋은 훈육기술을 가질 수 있도록 도움으로써 가족의 보호요인을 증가시키는 것을 목표로 하는데, 아동의 대처기술과 문제해결기술도 함께 다룬다. 한 시간의 가족기술발달 세션 후에 배운 기술을 한 시간 동안 부모와 자녀가 함께 연습하도록 한다. 연구에 의하면 두 프로그램이 모두 아동기와 청소년기의 알코올 사용을 감소시키는 데 효과적인 것으로 나타났다(Guyll et al., 2004).

문화적 지식에 기반한 예방 예방적 노력은 그것이 문화적 지식에 기반하고 또 정당할 때 가장 성공적이다(Loue, 2003). 예를 들어, 기술훈련은 소수민족 청소년이 생활하고 있는 상황과 이들이 발달시킬 필요가 있는 **두 문화적 능력**에 맞추어져야 한다(Hawkins, Cummins, & Marlatt, 2004). 이러한 능력의 하나는 절망감이나 무망감에 압도되지 않고 인종차별을 하는 현실에 대처할 수 있는 능력인데, 이 능력은 물질남용장애의 발달에 기여한다(Gibbons, Gerrard, & Lane, 2003; Gibbons et al., 2004). 이런 이유로 Brody와 동료들

(2004)은 농촌지역의 아프리카계 미국인 가정의 물질사용 예방을 위해 만든 강한 아프리카계 미국인 가정프로그램(Strong African American Families Program)의 양육 변인에 적응적 인종 사회화를 포함시켰다.

프로그램에 공동체가 포함되는 것은 프로그램이 받아들여지고 또 성공하는 데 필수적이다(Hawkins, Cummins, & Marlatt, 2004). 예를 들어, Hawlins와 동료들(2004)은 Canoe Family 원리에 기초한 중재를 개발하기 위해 북서 태평양 부족과 협동하였다. Canoe Family는 전통적인 통과의례로, 부족의 연장자들이 이웃 부족마을에 카누 여행을 가는 동안 젊은이들이 부족의 대표로서 행동할 수 있도록 1년에 걸쳐서 준비시키는데, 이러한 특권을 위해서 젊은이들은 그 기간 동안 정결하고 맑은 정신으로 있어야만 한다. Canoe Family와 같이 예방프로그램은 청소년에게 인생 문제에 대처하기 위한 전략을 제공해, 그 전략이 개인의 노력과 공동체의 힘에 의해 지켜지도록 함으로써 부족 전체가 안정하게 목표에 도달할 수 있게 된다.

발달적 지식에 기반한 프로그램 물질사용에 특정적인 예방프로그램이 일반적으로 건강한 생활양식을 촉진하기 위해 광범위하게 사용되는 예방프로그램보다 더 효과적이다. Johnson, Mackinnon과 Pentz(1996)는 아동기 중기에 운동과 다이어트를, 아동기 후기에는 흡연을, 청소년기 중기에는 음주와 마리화나 사용을, 청소년기 후기에는 코카인과 습관성 마약 사용을 목표로 하는 것 같이 발달의 단계 특정적 문제(stage-salient issue)에 민감한 예방법을 제안했다(Hall & Zigler, 1997).

일반적으로 정신병리에 관한 논의는 발달하고 있는 아동이 지적으로 또는 생물학적으로 정상에서 벗어나지 않았다고 가정한다. 그러나 이 가정이 항상 옳은 것은 아니다. 예를 들어, 자폐의 경우 정신지체와 기질적인 뇌 병리가 함께 나타난다. 이 가정은 다음 두 주제인 뇌손상과 만성질환에서는 적용되지 않는다.

제 13 장

뇌손상과 만성질환의 발달 결과

개요

앞 장에서 정신지체를 다루면서 뇌의 손상이 다양한 인지결함과 정신병리를 가져올 수 있음을 배웠다. 이 장에서는 보다 세부적으로 뇌손상이 발달에 미치는 영향에 대해 알아볼 것이다. 또한 소아심리학 분야를 살펴볼 것인데, 이는 아동의 발달과 정신병리학에 미치는 만성질환의 영향을 다룬다.

1. 뇌손상

정의

뇌손상(brain damage)은 세 가지의 다른 방법으로 정의될 수 있다. 엄격한 신경학적 정의는 두뇌에 가해진 손상의 성질, 위치 및 크기에 관심을 둔다. 행동적 정의는 운동과 의사소통의 장애, 감각과 지각 능력의 결함, 지적 손상 등 뇌손상의 결과로 해를 입은 기능에 관심을 둔다. 또한 뇌손상은 외상성 부상, 산소 결핍, 뇌염, 간질, 뇌성마비, 납 중독 등과 같이 다양한 병인 요인의 견지에서 개념화될 수 있다. 위에 열거한 접근들 각각이 모두 타당하지만, 이 접근들 간의 복잡한 상호 관련성에 대한 연구가 더 필요하다. 따라서 "뇌손상 아동"

이란 현재 매우 다른 범주에 속한 아동을 망라하는 추상적 개념이라는 것을 인식하는 것이 중요하다.

평가

뇌 해부가 뇌손상 여부를 알아낼 수 있는 가장 확실한 기술이긴 하지만, 이는 물론 살아 있는 아동의 진단에는 아무런 도움이 되지 않는다. 뇌손상의 진단은 태내기와 출산시의 문제, 앉기, 서기, 걷기 그리고 말하기와 같은 발달의 이정표, 그리고 질환과 같은 아동의 과거 기록에 의존한다. 그러나 이러한 정보는 종종 신뢰할 수 없다는 증거가 있고, 뇌손상과 직접적인 관련이 없다. 역설적이게도, 발달력은 유용하지 않은 정보임에도 불구하고 모든 진단 기법에 가장 자주 쓰인다.

신경학적 검사

신경학적 검사는 반사 장애, 시야 제한, 신체 부위의 감각 및 기능 손실과 같은 기본적인 징후들을 포함한다. 신경학적 검사의 중요한 부분은 뇌신경 12쌍의 감각과 동작 기능의 평가이다(Kolb & Whishaw, 2003년). 일반적으로, 머리에서 발까지 몸의 모든 근육이 평가되어 각각의 상태가 도표에 기록된다. 몸 양쪽의 신경 긴장도와 강도가 평가되고 떨림이나 기타 비자발적인 움직임도 평가된다. 검사자는 아이를 직선 위에서 발뒤꿈치로부터 발끝으로 걷게 하거나 손가락으로 코를 만지기 등을 통해 협응을 검사한다. 감각기관의 이상을 확인하기 위해서는 물질의 냄새를 맡거나 맛을 보고, 핀으로 팔을 찔러 위치를 찾도록 하며 아이가 눈을 감은 상태에서 손에 있는 사물을 알아맞히도록 한다. 이러한 검사는 대략의 신경학적 장애를 확인하는 데는 유용하지만 뇌손상이나 기타 뇌장애를 지닌 아동의 미묘한 장애를 찾아내기에는 충분하지 못하다.

뇌 영상화

최근 뇌 구조와 기능을 시각화하는 기법에 주목할 말한 발전이 있었다(Kolb & Whishaw, 2003). 전통적인 **EEG**(electroencephalogram)는 뇌의 전기적 활동을 측정함으로써 전반적 손상을 탐지할 수 있으나, 결정적이지 않으며 오류가 많다. 실제로, 정상 아동들의 10~20%가 비정상적인 전기 활동을 보인다.

하지만 뇌 전기활동 기록 기법에서 두 가지 진보는 뇌손상에 대한 민감도를 증가시켰다. 첫 번째는 **사건관련 전위**(event-related potential; ERP)이다. 빛이나 소리 같은 자극이 제시될 때 뇌는 ERP라는 특징적인 반응을 보인다. 정상적인 뇌의 ERP에 대한 이해는 매우 어린 아동들과 정신지체 아동들처럼 언어를 사용하는 보통의 기법으로 검사할 수 없는 아동들의 시각, 청각장애를 찾아내는 데 도움을 준다. 다음으로, **컴퓨터 분석**과 **컴퓨터 그래픽**의 발달로 인하여 전통적인 EEG 기법과는 달리 많은 뇌 부분들을 동시에 기록하는 것이 가능하게 되었다. 따라서 컴퓨터가 자세한 뇌의 그림을 그리는 것이 가능하다.

이와 더불어, X선 기법을 이용해 뇌의 구조를 시각화하는 영상기법에도 진보가 있었다. 전통적인 X선은 광범위한 이상을 탐지할 수 있다는 점에서 제한되어 있었다. **전산화 단층촬영**(computerized axial tomography; CAT)은 컴퓨터로 조절되는 X선 기계들을 사용해서, 뇌의 표면과 내부구조들을 매우 자세하게 영상화해, 모든 수준의 뇌손상을 찾아낼 수 있게 되었다. **자기공명화상법**(magnetic resonance imaging; MRI)이라 불리는 화상법은 더 명확한 영상을 만들어낸다. 뇌의 각 단층 영상을 이용하여 뇌의 각 구조에 대한 3차원 영상을 만들 수 있다.

기능적 자기공명화상법(functional magnetic resonance imaging; fMRI)은 살아 있는 뇌를 영상화하는 기법 중 가장 빠르게 발전하는 것 중 하나이다. 이것은 시각적 자극에 주의를 주는 것과 같은 과제를 수행하는 동안 순간순간마다 산소의 미묘한 증감을 추적한다. 다음, 여러 각도에서 뇌의 연속적 층을 채취함으로써 MRI 스캐너는 가장 큰 활동이 일어나는 부위를 재구성할 수 있다. 예를 들어, fMRI는 시각체제화, 작업기억, 학습, 문제해결 등에 사용되는 부위를 밝히는 데 사용되어 왔다.

양전자 방출 단층촬영(positron-emission tomography; PET 검사)은 정적인 영상을 통해 구조나 해부학적 결함만 밝힐 수 있는 영상기법과 달리, 구조적으로는 완전하게 보일지 모르지만 기능적으로 비정상적인 뇌의 부분을 탐지할 수 있다. 뇌 세포가 포도당을 신진대사에 쓰므로, 방사성 포도당을 뇌 혈관에 주입하여 뇌의 각 부분에서 신진대사되는 속도를 기록한다. 결과적으로 얻어진 PET 영상들을 정상적으로 기능하는 뇌의 PET 영상들과 비교한다. **그림 13.1**에 다양한 기법을 통한 영상을 비교하였다.

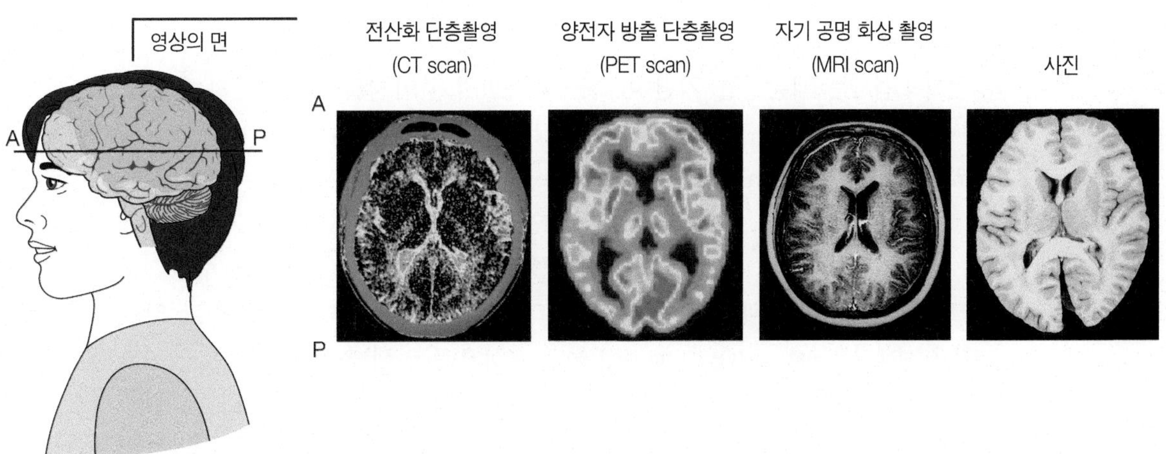

그림 13.1 다양한 영상 기술을 통한 뇌의 모습

여기 제시된 CT, PET, 그리고 MRI 사진은 각 영상기술을 통한 뇌의 단면 사진을 보여준다. 네 번째 사진은 시체로부터 추출된 뇌의 사진이다(Posner & Raichle, 1994).

출처: Kolb와 Whishaw(2003).

글상자 13.1 사례 연구: 외상적 뇌손상

Gordon은 심각한 차 사고로 인해 심한 외상성 뇌손상을 입은 아홉 살 소년이었다. 응급실에 실려 갔을 때, 의료진은 그의 머리에 큰 열상이 있고, 오른쪽 동공이 팽창하고 반응이 없는 것을 발견했다. 그는 왼쪽 두개골이 움푹 들어가는 부상을 입어 긴급 수술을 받았다. 그는 몇 주 동안 병원에 있었다. 입원하고 있는 동안 일련의 CT 검사를 받아 두개골－특히 전두엽－의 다중골절과 타박상을 확인할 수 있었다. 상처로부터의 출혈이 방출될 수 없는 두개 안에 갇혀 있기 때문에 뇌압을 증가시켰다. 이 압력 때문에 뇌실의 확장과 뇌 조직의 위축이 나타났다. 또한 Gordon은 경련을 시사하는 비정상적인 EEG를 보여 경련을 통제하는 약을 먹기 시작했다.

Gordon은 과거 행복하고 영리한 눈빛을 지닌 사교적인 아이였지만, 사고 후 그의 행동은 전혀 달랐다. 그의 부모님은 마치 "다른 아이" 같다고 말했고, 새로 알아갈 필요가 있는 것처럼 느꼈다. 부모들은 Gordon은 시무룩하고, 성급하고, 쉽게 좌절하고, 쉽게 화를 낸다고 보고하였다. 그의 사회적·정서적 기능은 부모와 교사가 작성한 행동 관찰 및 평정 척도를 사용하여 공식적으로 평가되었다. 부모들은 두 번의 행동 평가를 요청받았는데, 한 번은 상해를 입기 전에 대한 행동 평가, 한 번은 사고 이후 나타나는 행동 평가였다. 부모 모두 상해 전에 대해서는 평균 범위 내로 평가하였으나, 상해 후의 행동에 대해서는 행동문제, 과잉행동, 비조직성 그리고 심인적 신체증상 등에서 임상범위라고 평가했다. 부모들과 일치하게 교사 또한 Gordon이 교실에서 과잉행동, 행동문제, 그리고 정서 통제 결함을 보인다고 평가하였다.

과거의 인지발달 측면에서는 정상적이었으며 학업적 문제가 없는 건강한 아동으로 묘사되었다. Gordon의 전반적인 기능이 좋아서 검사를 받은 적이 없기 때문에 비교할 수 있는 사고 전의 IQ 점수는 없었다. 사고 6달 후 인지검사에서 모든 지적 능력이 평균보다 낮게 나타났다. 그는 비록 언어추론 평가에서 비교적 온전한 기술을 나타냈으나 주의, 집중, 시각적으로 제시된 정보의 조직화, 표현 언어 등의 많은 영역에서 약점을 나타냈다. 그의 학업성취검사 결과도 읽기에서는 강하지

신경심리적 검사

신경심리적 검사는 뇌손상을 지닌 아이들의 특징적인 인지결함을 정확하게 찾고 기술하기 위하여 이용된다. 아동용 종합검사로 가장 흔히 사용되는 두 가지 방법은 NEPSY(Developmental Neuropsychological Assessment) 발달신경심리평가(Psychological Corporation, 1998)와 Woodcock-Johnson-III의 인지능력 평가이다(Riverside Publishing, 2001). 비록 인지기능에 대해 다른 모형에 기초를 두고 있지만 이 평가들은 주의, 기억, 속도와 능숙도(fluency), 청각과 시각 정보처리, 그리고 조직화, 계획, 자기 점검, 인지적 융통성과 같은 **실행기능**(executive function) 등 뇌손상으로 인해 손상된 중요한 인지과정을 평가한다.

전형적으로, 신경심리적 상태는 전반적인 인지능력을 평가하는 표준화 지능검사와 학업 관련 과제의 수행을 평가하는 교육검사들과 함께 평가된다. 이러한 검사는 기능 변화를 추적하고 아동의 각 발달단계의 요구에 더 부합하도록 중재를 수정하기 위해 아동기 동안 일정한 간격으로 반복된다(**글상자 13.1** 참조).

글상자 13.1 사례 연구: 외상적 뇌손상 (계속)

만 수학과 표현 능력은 낮았다. 기억에 대한 신경심리학적 검사에서 이전에 배운 정보를 기억하는 능력은 손상되지 않았지만, 새로운 정보를 기억하는 능력은 현저하게 낮음이 밝혀졌다. 실행기능 검사 결과 유연성, 계획성, 그리고 정신처리속도에 심한 장애가 있음이 드러났다. 이러한 결함을 가진 아이가 과거 학교에서 Gordon이 보였던 수행을 나타낼 수 없기 때문에 임상가들은 이러한 문제가 외상적 뇌 부상에 기인한다고 생각했다. 더구나 그의 수행양상은 전반적인 뇌손상유형과 일치하지 않아 전두엽에 국한된 손상을 시사한다.

또한 의사는 가족을 전체로 평가했을 때, 비록 Gordon만이 신체적인 부상을 입었지만 가족 모두 큰 외상을 입었음을 발견했다. 그의 형은 최근 행동문제를 보이기 시작했고, 그의 어머니는 급성 우울증으로 개별치료를 찾고 있었다.

시간이 지나면서, Gordon은 부상으로부터 회복되어 일반적 인지능력과 과거 기억의 회복을 입증하였다. 그러나 학습과 새로운 정보 기억, 주의와 집중, 시각적인 정보의 처리 및 조직화, 그리고 문제해결에는 계속 문제를 보였다. 또한 집과 학교에서 낮은 자아통제와 행동문제가 지속되었다.

치료 팀은 Gordon이 일반 학교에 적응하는 것을 돕기 위해 여러 방법을 제안했다. 교사들에게는 Gordon의 기억, 새로운 것의 학습, 그리고 시각적 정보처리에서의 어려움에 대처하도록 보완적 전략을 사용할 것을 제안했다—모든 지시를 말과 글 모두로 제공하기, 짧은 지시를 과제 내내 가시적으로 만들기, 그리고 Gordon에게 필요한 만큼 반복해서 지시하기 등과 같은 전략이 포함되었다. 또한 Gordon의 약한 정신적 유연성과 조직화 기능에 대처하기 위해서, 교사는 Gordon에게 모든 새로운 활동 전에 준비시간을 제공하고, 일일 활동의 개요와 같은 조직화 도구를 제공하도록 조언 받았다. 그의 행동과 정서 문제를 돕기 위해서는 행동조절 전략에 관한 부모 교육과 이 '새로운 아이'의 존재와 외상에 대해 모든 가족원이 적응할 수 있도록 가족치료가 추천되었다.

출처: Snow와 Hooper(1994)에서 인용함.

정신병리학에서의 뇌손상

뇌손상이 심리적 장애의 위험을 증가시킨다는 증거가 있다. Rutter(1977, 1981)는 고전적인 2개의 연구를 통해 뇌성마비, 간질 또는 다른 종류의 뇌장애가 있다고 확실히 알려진 5~14세 사이의 아동 99명, 10~11세 사이의 189명의 일반 아동, 그리고 천식, 당뇨병, 심장질환 같이 뇌와 관계없는 신체장애를 가진 139명의 10~12세 아동을 비교하였다. 뇌장애 집단 중 심리적 장애를 나타낸 아동들의 비율이 34.3%이었는데 비하여, 신체장애 집단에서는 11.5%—이 또한 정상 집단의 비율과 비교해서는 2배가 많다—였다.

Rutter의 결과는 모든 뇌손상 아동들이 위험에 처해 있음을 의미하지는 않는다; 그러나 생물학적 요인이 주요 뇌장애를 일으킬 때 정신병리의 위험은 유의미하게 증가한다. 비록 이 경우조차도 정신병리가 꼭 불가피한 것은 아니다. 이러한 특별 집단을 제외하고는 정신병리의 위험은 최소한이며 탐지하기가 어렵다. 뇌손상으로 인하여 가장 심하게 영향을 받는 기능은 인지, 감각과 운동기능, 그리고 간질의 역치이다(더 자세한 연구는 Max, Sharma, and Qurashi, 1997 참조).

뇌의 중요성에 비추어 볼 때, 위에 제시한 결과들은 너무 뜻밖에 경미한 것으로 보일 수도 있다. 하지만 뇌가 상처, 뇌일혈, 감염증으로부터 회복되는 놀랄 만한 힘이 있다는 것을 명심해야 한다. 뇌의 회복을 도와주는 두 기제는 발아와 대리기능화이다. 발아란 손상되지 않은 신경이 손상 부위 외의 신경과 시냅스를 형성하는 것이며, 대리기능화란 손상된 부위가 관장하던 기능을 다른 부위가 대신하는 것이다(좌뇌에서 담당하는 언어가 좌뇌에서 우뇌로 전이되는 경우). 또한 곧 살펴보게 될 사회적 환경의 증상 완화 잠재력 역시 비교적 최근까지 과소평가되어 왔다.

뇌손상이 "뇌손상 아동"이라는 명칭을 붙일 수 있는 특징 있는 임상적 형태를 가져온다는 증거는 없다는 것을 명심해야 한다. 다른 문제집단에서도 그러하듯이, 뇌손상 집단에서도 다양한 정신병리가 나타나며 비특정적이다.

이제 외상적 뇌 부상이라고 불리는 특정 뇌손상을 논의하겠다.

외상적 뇌 부상

정의와 특성

외상적 뇌 부상(Traumatic Brain Injury, TBI)은 "외부의 물리적 힘에 의해 야기된 뇌손상으로, 모든 또는 부분적인 기능의 결함이나 심리사회적인 장애"로 정의된다(U.S. Office of Education, 1992, p. 44842). 최근 TBI를 지닌 아동은 특수 아동의 명칭하에 특수교육 서비스를 받도록 연방정부에 의해 규정된 아동집단에 첨가되었다.

뇌 부상에는 두 종류가 있다: 머리 관통 부상(penetrating head injury)과 비관통 부상(closed head injury)이다. 전자의 경우 두개골, 뇌막, 뇌세포가 관통된 것이다. 관통은 총알과 같이 빨리 움직이는 작은 것이나 혹은 큰 야구방망이와 같은 둔기에 의해 발생될 수 있다. 비관통 부상은 자동차 사고시 아이가 앞으로 쏠리면서 단단한 것에 부딪히는 경우와 같이 뇌에 대한 충격이 뇌막을 통과하지는 않은 경우에 발생한다. 일반적으로 TBI 아동의 90% 이상은 비관통 부상에 해당된다(Snow & Hooper, 1994).

이 두 부상은 뇌에 다른 영향을 미친다. 관통 뇌 부상은 특정적이고 초점적인 손상을 가져오는 반면, 같은 수준의 비관통 뇌 부상은 전반적인 신경학적 장애를 가져오며 결과적으로 더 심각하다. 이 널리 퍼진 손상은 일반적으로 뇌 섬유조직의 파열, 비틀림, 마모 등에 기인한다. 비관통 뇌 부상의 또 다른 일반적인 특성은 타격의 반대편에 손상이 온다는 것인데, 이는 격렬한 타격에 의해 머리가 타격과 같은 방향으로 움직여 뇌가 반대편의 두개골에 부딪혀 발생하기 때문에 역충격 손상(contra coup injury)이라 불린다. 뇌 전면 두개골의 내부에 많은 뼈 돌출이 있기 때문에, 뇌가 전면 두개골에 부딪힐 때 전두엽이 많이 손상되며 특히 비관통 뇌 부상에 취약하다.

뇌 부상의 심각함은 의식불명 정도와 기억 손실의 정도에 정비례한다. 소아 혼수상태 척도(Simpson & Reilly, 1982)는 세 가지 의식 수준(자극에 반응하여 눈 뜨기, 언어적 반응성, 그리고 운동 반응)의 측정에 일반적으로 자주 사용된다. 깊고 긴 혼수상태는 더 심한 머리 부상의 지표이다. 기억상실증과 관련해서 외상 후 1주 이상의 심각한 기억상실증(학습과 새로운 정보 습득의 어려움)은 좋지 않은 결과를 예언한다.

발생률 미국에서는 1년 동안 100만 명 정도의 아이들이 뇌손상을 나타낸다고 추정된다(Teeter & Semrud-Clikeman, 1997). 더 나아가 TBI는 아동과 청년에 있어 사망과 영구적 장애의 제1 원인이다(Snow & Hooper, 1994).

성, 인종, 사회경제적 수준 뇌 부상은 남아가 여아보다 2배 이상 많으며 이러한 성차는 청년기에 훨씬 더 뚜렷하다(**그림 13.2** 참조). 또한 남아는 사망도 더 많다. 인종과 사회계층의 역할에 대한 소수 정보에 따르면 소수 인종과 낮은 사회경제적 지위 아동은 TBI에 더 취약하다.

나이 뇌 부상의 발생은 3~8세 사이에 증가하는데, 15~16세 사이의 청소년이 운전을 하거나 다른 청소년 운전자의 차를 타게 되기 때문에 다시 한 번 극적으로 증가한다. 유아에게는 추락 부상이 많다. 학령기 아동에게 가장 많은 위험은 걷거나 자전거를 타다가 차에 치이거나 운동 중 다치는 것이다. 16세 이상 청소년에서는 자동차 사고가 TBI의 주원인이다. 운전을 하기 이전에 아동이 심각한 머리 부상을 당할 확률은 1/30이다(Kolb & Whi-

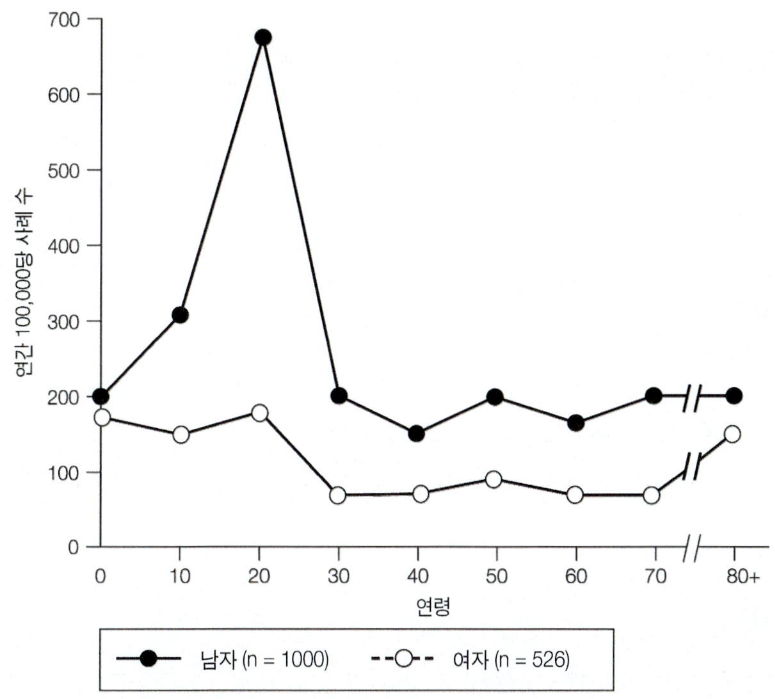

그림 13.2 Minnesota 주의 한 카운티에서의 TBI 발생빈도(1964~1971)

출처: Annegers, Grabow, Kurland and Laws(1980).

shaw, 2003).

TBI와 정신병리학

외상 전 기능

TBI는 인구 중 무선적으로 발생하지 않는다. 그러므로 부상 전 아동과 가족의 특징(또는 병전 기능)을 살펴보아야 한다.

뇌 부상 위험에 처해 있는 아동들은 활동적이고 위험을 추구하며 학업문제와 기타 여러 생활스트레스를 지닌다. 게다가 선행 정신병리율도 높다: 52% 정도의 아동은 뇌 부상 전에 정신의학적 장애 기준에 부합되는데, ADHD는 가장 자주 보이는 것이다(Bloom et al., 2001).

게다가, TBI 위험 아동의 가정은 잘 기능하지 못하는 경향이 있으며, 부모는 종종 적절한 감독을 제공하지 못한다. 심각한 뇌 부상은 양육자가 없거나 방임하여 아동을 지켜보지 않을 때 일어난다. 끝으로 부모들은 정신병과 결혼문제를 가지는 경향이 높다(Boll & Stanford, 1997).

마지막으로 TBI의 중요한 위험요인은 이전의 TBI이다. 아마도 판단과 기능에 대한 뇌 부상의 부정적 영향 때문에 TBI를 가진 아동들은 또 다른 뇌 부상을 경험할 가능성이 3배이다(Snow & Hooper, 1994).

정신병리학에 대한 지식을 바탕으로 볼 때, 이러한 아동은 뇌 부상이 있든 없든 정신병리학적 장애를 나타낼 위험에 놓여 있음을 추론할 수 있다. 실제 아동의 부상 전 행동과 이후의 정신의학적 문제 간에 높은 상관을 보여준 연구가 있다. 그러므로 머리의 타격만이 TBI의 결과를 결정하는 유일한 요인이 아니다; 개인내, 대인간 요인을 포함한 모든 발달 맥락이 역할을 한다.

손상 전 정신병리학

여러 연구에서 아동기 TBI에 따라 새로운 정신의학적 진단이 높아짐을 보여준다. 정신병리는 손상의 심각도와 관계가 있다: 새로운 정신의학적 진단은 가벼운 머리 손상 아동(20~24%)보다 심한 머리 손상 아동에서 3배(62~69%) 더 일어난다. 우울과 ADHD는 가장 자주 진단되는 것이며(Bloom et al., 2001), 이 장애들은 시간이 경과해도 지속되는 경향이 있다.

생물학적 맥락

TBI가 부정적인 영향을 미치는 것은 주로 세 가지 물리적 힘, 즉 긴장(조직의 파열), 압축(조직들을 압축하기), 그리고 마찰(조직 간 마찰)(Snow & Hooper, 1994에 따름) 때문이다. 또 다른 차원은 머리의 가속(자동차 사고에서 앞 유리창에 머리를 치이는 것과 같이 정지된 물체에 움직이는 머리를 치이는 것), 감속(움직이는 않는 머리가 야구배트와 같은 움직이는 물건에 맞음), 회전(머리의 회전), 또는 압궤(crushing)에 관련된다. 놀랍게도 압궤 손상은 가장 드물고 가장 덜 심각한데, 두개골의 골절이 꼭 뇌의 손상을 가져오지는 않기 때문이다. 더 큰 문제는 비틀기, 파열 또는 신경세포의 연결섬유를 절단하는 확산적 축색 부상이다.

이외에도 뇌의 특정 부위는 충격의 위치나 강도와 무관하게 손상에 더 민감하다. 즉, 뇌 영역별로 선택적 유약성이 있다. 유약한 영역의 하나는 기억기능에 결정적 변연체인 시상하부다. 이 사실은 뇌 부상의 가장 흔한 증상의 하나가 기억기능의 장애라는 것을 설명하는데 도움을 준다.

또한 외상은 세포액에 칼륨(신경 전달에 결정적인 이온)의 과도한 분비와 같은 생화학적 변화를 초래할 수 있다. 한편 과다한 분비는 연장된 과흥분을 가져오는데, 이는 세포 대사 기능을 손상시키고 세포의 괴멸을 가져올 수 있다.

끝으로, 2차적 뇌 부상 영향이 초기 부상에 더 가해질 수 있다. 이러한 2차적 효과에는 부종과 뇌출혈이 있는데, 둘 다 뇌를 두개에 밀어서 뇌에 압력을 가할 수 있고 따라서 더 큰 손상을 야기한다. 무산소증 또는 국소빈혈(혈관 막힘) 또한 세포의 필수 영양소 박탈을 통해 뇌를 손상시킬 수 있다. 대뇌의 위축증은 뇌 조직이 죽을 때 확장되었던 심실 체계(액체로 채워진 뇌의 공간)가 남은 것이다. 이외에도 아동들은 특히 부상 후 경련발생에 취약하며, 이는 기능을 방해한다.

개인 맥락

심각한 뇌 부상은 광범위한 효과를 가져올 수 있다. 개인내 변인에 미치는 영향은 다음과 같이 요약될 수 있다(다른 표시가 없으면 Snow & Hooper, 1994에 따름).

인지발달

지능 일반적으로 머리 부상 아동은 부상도와 비례하여 지능수행이 낮아진다. 또한 특정한 결함유형을 나타내 비언어적 능력이 언어적 능력보다 더 영향을 받는다. 이 사실은 지능검사의 언어성 검사가 오래 되고 잘 연습된 지식(결정성 지능)을 측정하고, 비언어성 검사는 새로운 문제를 해결할 때 필요한 속도와 정확성(유동성 지능)을 요구한다는 점에 의해 설명될 수 있다. 새로운 학습이 TBI에 의해 가장 많이 손상된다. 또한 TBI 아동은 느린 인지처리속도를 보이는 경향이 있는데, 이는 지능검사의 속도 과제 수행력에 부정적 영향을 준다. 비록 IQ 점수는 시간에 따라 개선될 수 있지만, 부상 전 수준으로 돌아오는 경우는 거의 없다. 아이들은 부상 후 5년까지도 계속해서 결함을 보인다.

주의 많은 연구에서 부상 후 아동은 주의의 지속과 집중에 어려움이 있음이 밝혀졌다. 이 결함 또한 부상 후 수년간 지속되며 학교에서 상당한 어려움을 가져올 수 있다.

언어 TBI 아동은 종종 구어와 언어의 전반적 장애를 보이며 특정한 문제도 자주 보인다.

이 중에는 명명, 언어 유창성, 단어와 문장 반복 및 쓰기 문제가 포함된다. 발달단계가 역할을 하는 데 언어 손상의 유형은 손상시 발달 중인 아동의 언어기술과 관련된다.

기억 특히 최근 학습된 정보를 위한 기억문제는 TBI의 가장 흔한 영향 중의 하나이다. 주의가 낮아 정보를 기억으로 부호화하는 것을 방해하는 것 같다(Walker, 1997).

동작 및 감각 영향 TBI의 흔한 영향은 대근육과 소근육 협응의 피로 및 감소, 시각과 촉각 문제들로 문제해결, 학교수행, 기분에 영향을 줄 수 있다(Walker, 1997).

실행기능 조직화, 판단, 의사 결정, 계획과 충동 통제 결함은 TBI 아동에게 자주 보이는 장애인데, 종종 전두엽의 손상 결과이다(Walker, 1997).

바로 앞서 기술된 모든 인지변화는 학업수행에 부정적인 영향을 미친다. 새로운 정보획득 손상, 구체적 사고, 언어장애 등은 학업적 향상을 방해하며 산만성 증가 및 충동 통제력과 판단력 저하는 교실에서의 문제행동을 증가시킨다.

정서발달

가벼운 TBI도 아동의 정서적인 변화를 동반한다. 아동들은 흔히 머리 부상 직후 짜증을 보이고 좌절에 대한 인내심이 저하된다. 심하게 부상을 입은 아이들은 더 심하고 지속적인 부정적인 정서와 행동장애를 보이는데, 결과적으로 행동장애 진단을 받게 된다. 아주 심하게 부상을 입은 아동들은 자기조절과 판단의 수행에 결정적인 전두엽 손상과 관련된 전반적인 정서와 행동의 비억제성을 나타낸다.

TBI를 겪은 아동은 또한 우울한 감정, 위축 및 무감각을 자주 보인다. 이 부정적인 정서는 부상에 의해 야기된 결함에 대한 자의식과 관련되어 있을 수도 있지만, 손상된 부위 자체와 관련이 있을 수 있다. 우반구가 손상된 아동은 부상 후 우울증에 걸릴 확률이 매우 높다(Walker, 1997).

자아

부상에 대한 아동의 인식과 그것이 자아개념에 미치는 영향은 연령에 따라 달라진다. 일반적으로 유아는 부상을 부정하고 기능에 미치는 영향에 대한 걱정을 보이지 않으나, 9세 이상의 아동은 자신들의 기능이 부상으로 인해 영향을 받았다고 보고하고 부정적인 생활 방식과 자기개념을 보고한다.

가족 맥락

가족은 아동의 이탈된 행동에 대처하는 새롭고 어려운 문제를 처리하는 가운데 스트레스가 증가할 수 있다. 예로, 집의 일부를 휴게실대신 재활환경으로 변경한다거나, 휴가 대신 치료비로 수입을 사용해야 하는 등 생활방식을 바꾸어야 할 수도 있다. 적응적이고 애정적인 가족은 이러한 스트레스를 감당할 수 있다. 하지만 경직되어 있고 거부적인 가족은 아동의 회복이나 재활을 방해하면서 점차 역기능화되는 위기에 처하게 된다(회복 및 재활에 있어서 가족의 중요성에 대한 개관 문헌은 Taylor et al., 1995 참조).

사회적 맥락

아동의 충동성, 짜증과 공격성의 증가는 또래관계를 위태롭게 할 수 있다. 오랜 친구도 인내심을 잃게 되고 새로운 친구를 만드는 것은 어려워진다. 따라서 사회적 고립이 증가될 위험이 있다. 더구나 TBI는 사회적 상호작용에 중요한 화용론적 의사소통과 같은 인지기능을 방해할 수 있다. 예를 들어, 한 연구는 중증 이상의 뇌손상 이후 청소년들이 정서를 인식하고 사회단서를 이해하기 어려워 사회관계에 어려움을 갖게 된다고 보고했다(Kersel et al., 2001).

발달과정

뇌 부상에 따른 결과는 여러 영향요인에 따라 다양하다. 이미 부상의 유형과 정도라는 두 요인은 살펴보았다. 부상의 유형에 관해서는 이미 살펴본 바와 같이, 관통 부상은 비관통 부상과는 다른 영향을 미친다. 또한 머리 부상에 대한 예후는 부상의 심각성과 직접적인 관련이 있다. 이미 알고 있듯이, 혼수상태 기간은 부상 정도의 중요한 지표이다; 혼수상태가 짧을수록 회복이 좋다. 하지만 신체적·심리적 요인에 따라 달라진다.

부상 당시 아동의 나이는 또 다른 중요한 요인이다. 특히, 영유아는 심각하며 오래 지속되는 위험에 놓인다. 왜 그럴까? TBI는 새로운 학습에 더 많은 영향을 미치는데, 발달의 초기 단계에 있는 아동에게 학습은 사실 모두 새롭다는 것을 회상해보면 된다. 더 나이 든 아동들은 TBI로 인한 도전에 대처하기 위해 새로운 방법들을 개발할 수 있는 광범위한 인지적·적응적 능력이 있으며, 결함을 보완하기 위해 예전의 학습에 의지할 수 있다. 손상된 기능의 발달단계 또한 중요하다. 획득과정에 있는 기술은 완전히 발달된 기술에 비해 더 손상되기 쉽다.

고려해야 할 또 다른 요소는 회복의 정도이다. 대부분의 회복은 부상 후 1년 동안 나타난다. 그러므로 기능이 가능한 빨리 향상되기 시작할수록 부상 전과 가깝게 회복될 것이라는 희망을 가질 수 있다.

최근에는 개인내, 대인간의 변인도 고려되고 있다. 아동의 개인적 특성과 가족 및 또래와의 대인관계에 따라 뇌 부상의 효과가 달라진다. 따라서 아동과 가족의 적응도는 부상의 영향에 대처하는 효율성에 지대한 영향을 미친다.

한편, 다수의 위험요인과 보호요인도 확인되었다(Walker, 1997을 따름). 예로 부상을 부정하는 것은 아동에게 좋지 않으나, 아동이나 다른 사람이 부상에 지나치게 집중하고 이전 기능과 비교할 때도 좋지 않다. 정보의 부족은 또 다른 중요한 요인이다. 아동과 그의 가족은 종종 TBI 또는 정상적인 회복 과정에 대해 정확히 알고 있지 않다—사실 많은 사람들은 그들의 부상에 대해 설명을 듣지 못했으며, 기능의 회복에 대해 현실적인 기대 수준을 모른다고 밝혔다. 정확한 정보 없이는, 가족들이 비현실적으로 높은 기대를 갖기 쉽다. 교사들과 학교 직원들도 종종 TBI와 그 예후에 대해 잘 모르며, 이는 아동의 좌절과 낮은 자아상 및 비행에 영향을 미친다.

또한 부상 직후 위기 단계에서는 사회 지원 네트워크가 줄을 서는 것이 일반적이지만 시간이 흐르면서 사라지며 가족을 홀로 지원 없이 남겨 둔다. 부상이 심하여 아동의 외모, 성격 및 인지 수준이 상당히 변화하면서 전혀 다른 사람이 되는 경우 또래관계는 특히 손상받는다.

끝으로 TBI를 겪는 청소년은 약물남용의 위험에 처한다. 어떤 경우에는 부상 전에 약물남용이 있었을 수도 있다: 예를 들어, 약물에 취해 운전한 결과로 TBI를 겪는 청소년의 경우. 그러나 TBI의 여파도 또한 판단 및 충동 억제력의 저하와 같은 장애를 가져와 청소년들이 부정적 또래관계의 영향에 유약하도록 이끈다. 또한 일부 TBI를 겪은 환자는 그들의 우울증과 낮은 자존감 때문에 불법 약물을 복용한다.

중재

외상성 뇌손상의 어린 환자에 대한 중재는 부상의 영향과 같이 다양하고 다면적이다. 중재는 아동의 강점, 결손 및 특별한 문제를 밝히는 세심한 평가로 시작된다. 아동이 다시 학급으로 돌아가는 과정을 쉽게 하고, 교육과정에 대해 계속적인 성공과 긍정적인 태도를 확보하도록 교사가 보충 학습전략을 세우는 것을 돕기 위한 학교에서의 중재는 특히 중요하다(Walker, 1997). 부모와 가족을 위한 심리교육, 상담 및 사회복지 사업 지원이 권장된다. 아동의 개별 중재는 아동이 부상을 정서적으로 극복하거나 부상이 가져온 변화를 극복하는 실제적 전략을 배우도록 돕는 데 초점을 맞춘다(Hooper & Baglio, 2001). 예로 인지 재활은 (1) 좌절과 실패를 최소화하기 위해 아동의 하루 일과를 분석하고 조정하기; (2) 아동이 조직적이고 과제를 지속하도록 활동사진과 같은 시각적인 단서 제공; (3) 일과를 각 단계별로 연습해보고 아동의 수행을 검토하는 것을 포함한다. 그러한 지원이 있을 때, 임상의는 공격성과 다른 문제행동을 줄이는 동시에 아이들의 과제 수행을 유의하게 향상시킬 수 있음을 발견하였다(Feeney & Ylvisaker, 1995).

2. 만성질환

미국 전체 아동의 10%인 약 1,000만 명의 아동들이 만성질환을 지니고 있다고 추정된다(Melamed, 2002). 심각한 질환을 가진 아동과 가족의 스트레스 원인은 다양하다; 질환과 치료과정의 통증; 입원; 가족생활, 교우관계 및 학교생활의 붕괴 등이 그 일부이다. 과거에는 이러한 부정적 측면이 아동의 심리적 복지에 미칠 수 있는 영향에 관한 연구에 집중되었다. 이러한 부정적 영향이 종종 일어나지 않는다는 사실로 인해, 연구자들은 아동의 탄력성, 가족 구성원들의 자원과 적응성, 건강관리 전문가의 지원 같은 보호적 요소에 주의를 기울이게 되었다.

아동과 청소년에 관련된 만성질환의 영향에 대한 연구는 **소아심리학**(pediatric psychology, 또는 행동의학) 분야의 소관 하에 있다(Ollendick & Schroeder, 2003; Ammerman & Campo, 1998 참조).

소아심리학의 기본 가정은 병과 건강이 생물학적 요인과 심리, 사회, 문화적 요인 간의 상호작용에서 비롯된다는 것이다. 따라서 소아심리학은 잘 알려진 상호작용 모델과 일치하고 있다. 이러한 요인 간 상호작용은 시점에 따라 각기 다른 요인이 지배적일 수는 있지만 질환의 확인과 치료의 모든 과정에서 나타난다. 또한 이 분야는 예방과 건강유지에 관련된 심리, 사회적 변인들도 포함한다. 마지막으로, 소아심리학은 생명을 위협하는 질환들이 점증적으로 극복되고 통제됨에 따라 일차적으로 만성질환의 아동에게 관심을 두고 있다.

정의와 특성

만성질환의 차원

일반적으로, 병(질병, 장애, 건강상태)이 3개월 이상 지속될 때에 만성질환이라고 간주된다(Fritz & McQuaid, 2000 참조). 만성질환은 급성질환과는 여러 면에서 다르다. 급성질환은 치료될 수 있지만, 만성질환은 몇 달, 몇 년 혹은 전 생애에 걸쳐 치료를 필요로 한다. 게다가, 급성질환의 아동은 병원에서 치료가 되지만, 만성질환은 부모 그리고 나이가 들면 아동 자신이 질병을 관리하는 대부분의 책임을 져야 한다.

만성질환은 다양한 질환들로 구성되어 있으며 심리적 발달에 다양한 영향을 준다. **표 13.1**은 병을 분류할 수 있는 차원들을 제시하고 있는데, 각각은 아동에게 다른 영향을 미칠 수 있다. 예로 뇌성마비로 인해 외모가 비뚤어져 매일 교실에 들어서면서 눈에 띄는 소년과 질병이 외모를 손상하지 않은 소년을 생각해보라; 또는 또래로부터 동정과 지원을 받는 암에 걸린 소녀에 비해 AIDS와 같은 크게 낙인찍힌 질병을 가진 소녀를 비교해보라.

만성질환의 유병률

아동기 만성질환의 유병률은 지역사회 또는 의료기관의 표집, 부모보고, 의학 기록, 그리고 정의에 따라 크게 달라진다(Fritz & Mcquaid, 2000). 방법의 차이 때문에 유병률은 5~30%에 이른다. 그러나 주목해야 할 점은 만성질환의 비율은 증가하고 있다는 것인데, 이것은 역설적이게도 과거에는 생존하기 어려웠을 의학적으로 아픈 아동들이 의료지원을 통해 수명을 연장하고 있기 때문이다. 또한 유병률을 증가하는 이유는 정상출산 아동보다 출생 시 결함을 지니기 쉬운 조산아의 생존율이 증가하기 때문이다.

미국의 대규모 국가건강설문조사에서 아동기의 많은 만성질환 유병률에 대한 개관을 제

표 13.1 아동기 만성질환의 차원들

기간	단기간	………	장기간
시작 연령	선천적	………	후천적
활동의 제한	없음	………	장애
가시성	낮음	………	높음
생존 가능성	평균 수명	………	생명의 위험
이동성	손상되지 않음	………	심하게 손상
생리적 기능	손상되지 않음	………	심하게 손상
인지	영향을 받지 않음	………	심각한 영향
정서/사회	영향을 받지 않음	………	심각한 영향
감각기능	손상되지 않음	………	심하게 손상
의사소통	손상되지 않음	………	심하게 손상
과정	안정됨	………	점진적임
불확실성	가끔씩 발생	………	예측 가능
낙인	없음	………	심한 낙인
통증	통증 없음	………	심한 통증

출처: Perrin 등(1993).

공하였다(Newacheck & Taylor, 1992). 18세 미만의 아동 17,100명에 대한 조사 결과, 31%가 만성질환을 가지고 있었다(**표 13.2** 참조). 20%는 일상생활에 거의 방해를 받지 않는 가벼운 질환을 앓고 있었지만, 9%는 보통의 불편함을 경험하며, 2%의 아이들은 생활기능을 크게 방해하는 중증 질환을 앓고 있었다.

흔한 아동기 만성질환

천식 호흡기관의 장애인 천식(asthma)은 미국에서 가장 흔한 아동기 만성질환이다; 약 4~9% 정도가 천식의 영향으로 고통 받고 있다(Melamed, 2002 참조). 천식시 기관, 기관지, 세기관지의 과민성 또는 과반응성은 기도를 협소하게 하여 폐의 기능을 감소시킨다. 이에 따라 간헐적으로 숨을 색색거리고 호흡이 짧아지는 호흡곤란(dyspnea)을 경험하게 된다. 천식발작으로 알려진 극심한 발작은 생명을 위협할 수 있으며 응급치료를 필요로 할 수 있다. 천식은 응급실 방문과 입원의 가장 빈번한 원인이며, 아동기 학교 결석의 주원인이기도 하다.

낭포성 섬유증 낭포성 섬유증(cystic fibrosis, CF)은 유럽계 미국 아동에게 흔한 유전질환이며, 아일랜드에서는 1,700명 출산당 1명, 스웨덴에서는 7,000명 중 1명에게서 발생한다. 낭포성 섬유증은 폐와 위장 장애 때문에 수명이 단축되는 치명적인 질병이다. 그러나 치료가 개선되어서 생존율이 좋아져서, 낭포성 섬유증을 앓고 있는 많은 아이들이 성인이 될 때까지 살 수 있다고 기대할 수 있다. 낭포성 섬유증을 앓고 있는 아동을 지키기 위해 가족

표 13.2 아동기 만성질환의 유병률(1,000명당 사례)

질환	전체수	연령		성별	
	N=5,332	10세 미만	10~17세	남아	여아
만성질환 아동	307.60	302.20	315.00	326.20	288.20
장애					
근골격장애	15.20	10.90	20.90	16.70	13.60
청각장애 및 난청	15.30	14.10	17.00	18.30	12.30
맹인 및 시각장애	12.70	10.30	16.00	11.40	14.20
언어장애	26.20	31.60	18.90	35.30	16.70
뇌성마비	1.80	2.20	1.2*	2.00	1.5*
질병					
당뇨병	1.00	0.6*	1.5*	1.50	0.5*
겸상적혈구 질환	1.20	1.3*	0.9*	0.9*	1.40
빈혈	8.80	11.00	5.80	8.40	9.10
천식	42.50	39.30	46.80	50.70	33.90
인공호흡 알레르기	96.80	71.80	130.30	196.50	86.70
습진과 피부 알레르기	32.90	31.10	35.20	30.10	35.80
간질과 발작	2.40	1.7*	3.30	1.7*	3.10
관절염	4.60	1.5*	8.70	4.20	4.90
심장병	15.20	13.60	17.40	16.40	13.90
잦은 혹은 반복되는 중이염	83.40	120.60	33.60	88.50	79.10
잦은 설사/장 문제	17.10	22.60	9.60	13.10	15.90
소화질환	22.30	23.20	21.10	25.60	18.90
잦은 혹은 반복되는 두통	25.30	9.90	45.80	22.80	27.90
기타	19.80	12.10	30.00	19.30	20.30

*표준오차가 추정치의 30% 이상.

출처: National Health Interview Survey(1988)의 원저를 Newacheck과 Taylor가 개정함(1992).

들은 큰 부담을 지게 되는데, 먹는 음식을 세밀히 관찰해야 하고, 약 복용 특히 효소 교체를 준수하도록 해야 한다. 매일 과도한 액체를 배출하기 위해 아동의 가슴을 두드리는 집중적 물리치료시 아동의 협조를 얻는 것은 부모님으로서는 특히 힘든 일이다.

뇌성마비 뇌성마비(cerebral palsy, CP)는 일반적으로 태내기 또는 출산과정에서 뇌 발달에 손상을 입어 야기되는 장애 집단을 포함한다. 뇌성마비 아동은 어색하고 잘 통제되지 못하는 움직임, 자율운동의 어려움 또는 경직성을 겪는다. 언어도 종종 손상되며, 전부는 아니지만 일부는 정신지체를 겪을 수도 있다. 지난 20년 동안 뇌성마비의 유병률이 15% 증가했는데, 이는 극심한 조산영아의 생존율 증가와 일치한다. 이 장애가 야기하는 도전은 장애 정도에 따라 다르다. 일부 사람들은 자기발로 걷는 반면, 다른 사람들은 휠체어가 필요할 수 있고, 일부 사람들은 구두로 의사소통이 가능한 반면, 일부는 음성합성기 같은 전

자기기 사용을 필요로 할 수 있다.

당뇨병 유형 1(인슐린 의존) 당뇨병(diabetes mellitus)은 미국에서 18세 미만의 아동 800명 중 1명에게 영향을 미치는 가장 흔한 아동기 내분비장애이다. 어떤 나이에도 발병할 수 있지만 사춘기 때가 가장 높다. 당뇨병은 췌장이 탄수화물의 대사 작용을 위한 필수적인 인슐린을 충분히 생산하지 못할 때 나타나는 만성적이고 평생에 걸친 장애이다. 췌장 안에서 인슐린을 생산하는 세포들이 파괴되는 것은 자가 면역 과정인 것 같다; 그러나 자가 면역 과정의 촉발 원인은 알 수 없다. 결과는 매우 치명적일 수 있다. 당뇨병을 제대로 치료하지 않으면 실명, 신장 손상, 신경 손상, 심장병의 위험이 있으며, 괴저로 다리를 절단할 수도 있으며, 심지어 혼수와 죽음에 이를 수도 있다. 따라서 약물요법을 준수하는 것은 매우 중요하다.

아동의 치료에는 부모의 큰 역할이 필요하다. 저혈당(너무 적은 혈당)이나 고혈당(너무 많은 혈당)을 예방하기 위해 혈중포도당을 매일 점검해야 한다. 그에 따라 인슐린 투약을 조절해야 한다. 점검시 손가락에서 피를 뽑아 색깔이 변하는 종이 위에 놓고 포도당 수준을 보여주는 차트와 색깔을 비교한다. 인슐린에 의존하는 아이들은 하루에 3회 이상의 주사를 맞아야 하며 식습관과 신체활동을 세심히 준수해야 한다.

겸상적혈구 질환 겸상적혈구 질환(sickle cell disease, SCD)은 겸상적혈구 빈혈이라고도 알려져 있는데, 병명을 정하게 한 불규칙한 혈소판의 모양 등 여러 혈액장애를 일으키는 상염색체의 열성 장애이다. 겸상적혈구 질환은 아프리카계 미국인(흑인)에게 치중되어 500명 중 1명이 걸린다. 겸상적혈구 질환은 생후 초반에 발견할 수 있으며, 진행시 감염에 대해 취약하고 모세혈관의 폐색 때문에 뼈와 관절에 극심한 통증이 재발된다.

청소년 류마티스 관절염 청소년 관절염은 만성적인 고통을 포함하는 질환이다. 아이들은 관절의 붓기, 연약, 열, 그리고 심한 통증을 겪을 수 있다. 이것은 유전율이 높은 질환이다. 발병연령은 16세 이하이며 학교, 또래, 그리고 가족관계를 포함한 발달에 엄청난 영향을 줄 수 있다.

암 소아암은 단일한 것이 아니라 유해한 세포증식(proliferation of malignant cells)이라는 공통적인 특성만 가진 다양한 상태의 집합이다. 혈액 형성 조직에 관한 악성 혈액(백혈병과 임파종) 문제가 암의 반 정도를 차지한다. 뇌와 중추신경 조직의 종양은 두 번째로 많다. 뼈나 신장과 같은 특정한 조직과 장기에 영향을 미치는 종양이 세 번째이다. 급성 임파성 백혈병(ALL)이 아동에서는 가장 흔하다. 전반적으로 낮은 발병률임에도 불구하고, 암은 16세 이하의 질환 사망의 가장 많은 부분을 차지한다. 그러나 많은 효과적인 치료가 발달하면서 생존율이 급격히 증가하고 있다.

하지만 암 치료는 보통 고통스럽고, 침해적이고, 장기적이다. 예를 들어, 급성 임파성 백혈병의 치료는 4단계를 걸치는 힘든 과정이다. 첫 번째 단계는 모든 백혈병의 세포를 제거하기 위해 기획된다. 두 번째 단계는 중추신경계로의 전파를 예방하기 위한 방사선 치료이다. 세 번째 단계는 약물 저항을 발달시켰을 수 있는 백혈병 세포를 제거하는 공고화 단계이고, 마지막은 2~3년간 지속되는 유지 단계이다. 이런 많은 과정은 채혈, 정맥주사(IV), 주사, 척추주사, 뼈골수 흡입(엉덩이에 큰 바늘을 끼우고 골수를 추출하는 절차) 등을 포함하여 고통스럽다. 게다가 치료의 부작용(구토, 설사, 통증) 자체가 혐오스럽고 사회적으로 창피(머리가 빠지고, 살이 찌는 등)하다.

정신병리학적 위험

많은 인구학적 연구결과에 따르면 만성질환을 가진 아이들은 정신병리의 위험이 증가한다(Fritz & McQuaid, 2000). 연구의 개관 결과, 정신병리의 범위는 내면화와 외면화 장애 전 범위에 걸쳐 있음을 보여준다. 특히 우울증과 불안이 흔하다. 또한, 만성질환을 가지고 있는 아동은 신체적으로 건강한 또래보다 사회적·학업적 문제를 더 많이 나타내며, 낮은 자기개념을 가지고 있어 발달과정에서 좀 더 심각한 정신병리를 나타낼 위험에 놓여 있다.

DSM-IV-TR 진단

모든 만성질환 아동이 정신병리를 발달시키지는 않지만, 위험은 있다. 건강하지 못한 아동이 의뢰되면 정신건강전문가는 DSM-IV 중다축 체계로 의학 상태와 정신병리 간의 관계에 대해 세 가지 방법을 고려한다.

첫째로, 질병 자체가 제3축에 일반적인 의학적 상태로 분류되어 있어 심리적 기능 및 치료에 대한 반응이 어떠할지 예상할 수 있다.

둘째로, 임상가는 아동이 신체적 질병의 영향을 넘어 공병장애의 기준에 부합하는지 평가하여야 한다. 어떤 경우에는 정신병리가 질병보다 앞선다. 예를 들어, 품행장애 아동이 관절염을 발달시킨다. 다른 경우에는, 정신병리가 의학적 문제에 의해 발생하는 데 인과적으로 관련되어 있을 수 있다. 예를 들어, 낭포성 섬유증에 의한 수명 단축의 슬픔이 주된 우울증을 가져왔는가? 암을 가진 아이들의 주사바늘에 대한 공포가 공포증으로 변형되는가? 당뇨병을 가진 아동의 불이행이 반항적 저항장애로 일반화되는가? 각각의 경우, 임상가는 아이들의 행동이 임상적으로 유의하게 아동의 기능을 방해하는지 등 공병 진단의 모든 기준을 충족시키는지 결정해야만 한다.

셋째로, 임상의는 의학 상태에 영향을 미치는 심리적 요인에 관한 축 I 진단을 내릴 것인지 고려해야 할 것이다(**표 13.3** 참조). 이 진단은 의학적 질환의 경과나 예후에 유의하게 부정적인 영향을 미치는 심리적 행동적 요인의 존재를 반영한다. 예를 들어, 우울증 또는 불안 같은 공병적인 정서적 문제는 의학 상태에 부정적인 영향을 미치거나 치료를 준수하는 것을 방해할 수 있다. 심리적인 문제들은 축 I 또는 축 II 진단의 형태를 취할 수도 있고, 준임상적 증상, 성격 특성, 부적응 대처전략, 또는 의학적 질환을 악화시키는 정서적 스트레스에 대한 유약성을 나타낼 수도 있다. 또한 진단은 임상의가 인종 또는 종교 같은 사회

표 13.3 의학 상태에 영향을 미치는 심리적 요인의 DSM-IV-TR 기준

A. 일반적인 의학 상태(축 III에 기록)가 있다.
B. 다음 중에 하나로 일반적인 의학 상태에 악영향을 미칠 심리적 요인들.
   (1) 일반적인 의학 상태의 발달 및 악화 또는 회복 지연과 심리적 요인 간의 밀접한 시간적 연합에서 나타나는 일반적인 의학 상태의 경과에 영향을 주는 요인
   (2) 일반적인 의학 상태의 치료를 방해하는 요인.
   (3) 개인의 부가적인 건강 위험을 구성하는 요인.
   (4) 스트레스와 정신적으로 관련된 침전반응을 보이거나 일반적인 의학 상태의 증상들이 악화된다.

심리적 요인의 특성에 따라 이름을 선택한다:

[일반 의학 상태]에 영향을 주는 정신장애(즉, 겸상적혈구 질환의 간헐적 고통의 회복을 지연하는 주우울증 장애 같은 축 1 장애)

[일반 의학 상태]에 영향을 주는 심리적 증상(즉, 수술 후 회복을 지연하는 우울증상; 천식을 악화하는 불안)

[일반 의학 상태]에 영향을 주는 성격 특성 또는 대처 방식(즉, 당뇨병 환자가 인슐린 필요성을 거부하는 병적인 부정)

[일반 의학 상태]에 영향을 주는 부적응적 건강 행동(즉, 과식, 운동 부족, 위험행동)

[일반 의학 상태]에 영향을 주는 스트레스 관련 생리 반응(즉, 스트레스 관련 악화 고혈압, 부정맥, 또는 긴장성 두통)

[일반 의학 상태]에 영향을 주는 기타 또는 비특정 심리 요인(즉, 대인관계, 문화, 또는 종교적 요인들)

출처: DSM-IV-TP(American Psychiatric Association, 2000)에서 인용함.

문화적 요인이 의학 조건의 경과와 치료에 영향을 미치는지에 대해 임상가가 결정할 수 있게 한다.

만성질환에서 정신병리의 발달과정

소수의 종단연구는 전반적으로 만성질환 아동의 부적응도가 중간 정도로 안정적이라고 보고하였다. 이것의 일반화에 대한 예외는 중추신경계에 관한 장애로 높은 안정성을 보인다.

만성질환은 또한 연령단계에 따라 다른 영향을 미치는데, 질환에 따른 문제가 발달단계별로 두드러진 문제와 상호작용하기 때문이다(Fritz & McQuaid, 2000).

발달 차원

소아과 환자를 돕는 것에 관심이 있는 아동임상심리학자들은 임상가처럼 질문을 하는 경향이 있다: 신체적 질병이 불안장애, 우울, 그리고 행동장애 같은 전통적 장애들과 어떤 관계인가? 어떤 전통적 치료가 이러한 아동에게 도움이 될까? 이러한 질문들을 합리적이긴 하지만 아동의 신체적 질병의 중요 특징을 포착하기에는 너무 좁다. 우리는 발달정신병리학자의 질문을 선호한다. 각 발달단계에서 아동의 경험과 질병에 대한 이해는 무엇인가? 이것들은 이제까지 계속 관심을 주었던 개인내, 대인(특히 가족) 관계 변인에 어떻게 영향을 미치는가? 간단히 말해서, 우리가 찾고 있는 것은 질병의 발달정신병리학이다.

예로, **그림 1.2**로 돌아가서 건강한 아동을 가운데에 배치하는 대신 신체적으로 아픈 아동

을 대체하여 상상해보라. 모든 맥락에서 신체적 질병이 어떻게 파문을 일으킬까? 개인적인 맥락에서 아동은 이를 어떻게 이해하고 대처할까? 그리고 아동의 성격과 적응에는 어떻게 영향을 미칠까? 대인간 맥락에서, 질병은 어떻게 부모 및 또래관계를 바꿀 것인가? 사회문화적인 수준에서, 어떻게 아픈 아이가 학교와 직장에서 공평하게 될지, 그리고 어떻게 문화적 가치가 질병의 지각과 관리에 영향을 미치는가? 병원을 사회 기관목록에 첨가하듯이 소아과 의사, 간호사, 그리고 치료사 등과 같은 보건 의료 전문가를 기존의 대인간 변수에 추가해야 한다.

마지막으로 그리고 가장 중요한 것으로, 이러한 모든 변수가 어떻게 시간에 따라 달라지는가를 알아야 한다. 또한 정상적인 과정으로 발달하는 것에서 이탈하도록 하는 어떤 위험요인들이 있는지, 그리고 어떤 보호요인이 이러한 이탈을 억제할 수 있는지 알아야만 한다.

영아기 그리고 걸음마기 만성질환의 의료 관리는 종종 안정애착, 대인간 신뢰, 자기통제 등의 발달을 방해하는 침해적이고 고통스러운 부모와의 격리와 의학적 절차들을 포함한다 (Fritz & McQuaid, 2000). 1세에서 4세 사이의 아동은 입원에 가장 민감한 반응을 보여 달랠 수 없는 울음, 근심, 신체적 증상, 그리고 배변훈련 등 이미 획득한 발달과업의 상실 같은 퇴행을 보인다.

걸음마기에 들어서면서 만성질환은 가족을 넘어선 사회화에 장애를 가져올 수 있다. 아동의 활동 제한과 반복적인 입원은 초기 친구관계를 만드는 데 필요한 기술을 발달시킬 기회와 경험을 제한할 수 있다. 잘 알려진 "끔찍한 두 살 시기" 동안 부정이 증가함에 따라 아동은 필요한 치료 절차들에 점점 불응할 수도 있다. 이 단계에서 부모님들은 적절한 제한을 설정하기에 아동이 너무 연약하고 아픈 것처럼 보인다는 것을 극복하기 힘들다.

아동기 중기 만성질환 학령기 아동은 특히 학업과 또래관계에 있어 부정적인 영향에 취약하다. 중추신경계의 장애를 가진 아동을 제외하고는 의학적으로 아픈 아동의 대부분은 지적 장애를 가지고 있지 않지만, 질병과 관계 있으나 감지하기 힘든 신경생리학적 영향이 있을 수 있다. 게다가, 방사선과 같은 치료들은 인지과정과 학습에 지속적인 영향을 미칠 수도 있다.

질병 또는 치료 때문에 학교에 자주 결석하는 것은 사회적·학업적 능력의 발달에 방해가 될 수도 있다. 아동은 일상적인 또래활동에 참여하지 못할 수도 있다; 예를 들어, 친구의 생일 파티에서 케익을 먹을 수 없거나 할로윈파티에서 단 것을 먹을 수 없는 당뇨병 아동을 생각해보라. 그러나 이 기간 중 중요한 변수는 아픈 자녀의 친구들 반응이다. 친구들이 지지적이고 수용적이면, 만성질환 아동은 친구 부족 문제를 경험하지 않는다.

인지발달 수준은 학령기 아동에게 흥미 있는 보호요인이 될 수 있다. 학령기의 구체적·규칙 지향적인 사고는 의료 요법을 엄격히 고수해야 회복된다는 신념을 조장하며, 이러한 신념은 다시 치료 준수를 증진시킨다.

청소년기 만성질환은 자율성 발달, 긍정적 자기상, 그리고 또래와 이성관계 등과 같은 중요한 발달과제에 관심 있는 청소년에게 도전을 제시한다. 외모에 대한 자의식과 친구들과 다르다는 것 또한 만성질환 청소년에게 두드러지고, 신체상에 대한 염려가 이성관계의 발전에 방해가 될 수 있다.

자신의 독립성을 병의 부정이나 의학 요법에 대한 저항으로 표현하는 청소년은 특히 위험하다. 예를 들어, 당뇨병 연구에 따르면 부모는 대개 십대 자녀에게 질병 관리의 책임을 넘기기 시작하지만, 청소년들은 책임감을 받아 수행하는 데 실패한다. 청소년기의 불복종 증가는 암 그리고 천식을 포함한 다른 많은 만성질환들에서도 발견된다. Murphy, Thomson 및 Morris(1997)가 당뇨병을 가진 청소년의 낮은 준수는 (1) 신체에 대한 부정적 지각, (2) 무슨 일을 해도 건강 상태가 바뀌지 않는다는 인식, (3) 부정적인 사건이 자신이 아닌 외적 힘에 기인했다는 믿음 등과 관계 있다고 밝혔다.

보호요인 측면으로, 청소년기의 인지발달은 만성질환에 대처하기 위해 더 효과적이고 세련된 전략을 제공할 수 있다. 예를 들어, 십대들은 어린 아동보다 통제 가능한 것과 통제 불가능한 스트레스 요인 간의 차이를 이해하며, 질환에 적응하기 위해 적합한 종류의 전략(즉, 상황을 변화시키는 것 또는 현재의 환경에 적응하는 것)을 사용할 수 있다.

생물학적 맥락

질환의 특성

일반적으로, 병의 유형과 심리적 적응 간에 일관된 관계는 없다. 한 가지 예외는 중추신경장애나 뇌손상을 포함하는 경우에는 또래관계, 학교문제, 행동문제 등이 증가한다는 증거가 있다.

놀랍게도, 보통 질환의 심각도는 행동문제의 증가와 관련이 없다; 그러나 예외가 있다. 중추신경장애의 심각도는 어떻게 심각도를 정의(의학적 중재가 필요한 정도, 보행 가능성 유무와 같은 기능상의 손상도, 정신신경 손상도, 또는 일반 또는 주류화, 학급의 학교 배치 등)하든지 상관없이 또래관계에 영향을 미친다. 게다가 세 개 이상의 심각한 손상을 가지는 청소년은 심하게 비만하거나, 걷는 데 문제가 있고, 85 이하의 지능까지 결합되어 사회생활이 매우 제약되기 쉽다(Nassau & Drotar, 1997 참조). 게다가 아이들이 더 오래 아플수록 적응문제를 가지기가 더 쉽기 때문에, 병의 지속도와 적응 사이의 정적인 상관에 대한 증거가 있다.

개인 맥락

자신의 질환에 대한 아동의 반응은 치료 과정에 중요한 영향을 끼칠 수 있다. 질환에 대한 아동의 지각(perception)은 병 자체의 특징보다 적응과 더 강하게 상관이 있다. 지각된 스트레스는 낮은 자아존중감뿐만 아니라 불안 및 우울과 정적으로 상관이 있다. 또한 자아존중감은 적응과 상관이 있어, 낮은 존중감은 우울과 문제행동의 증가와 상관이 있다. 아동의 불안 수준은 특히 중요하다. 예를 들어, 불안과 스트레스는 천식 발작을 빈번하거나 강하게 만들 수 있어 특정 질환의 증상을 악화시킬 수도 있다.

아동의 발달 수준도 질환에 대한 아동의 이해와 반응에 주요한 영향을 미친다. 우리는 질환 그 자체의 특성 이해와 통증 이해라는 만성질환의 두 가지 인지적 측면을 탐구해야 한다.

인지발달: 질환에 대한 아동의 이해

질환에 대한 아동의 적응은 원인이 무엇이고, 때때로 고통스럽고 불쾌한 치료 방법이 실제 도움이 된다는 질환의 이해에 의해 영향을 받는 것처럼 보인다. 알다시피, 아동의 인지발달은 연령에 따라 변한다. 몇 가지 예외를 제외하고는 질환의 이해와 설명은 Piaget의 인지 발달단계를 따르고 있다는 것이 연구에서 밝혀졌다(본 논의는 별도의 언급이 없는 한 Harbeck-Weber와 Peterson, 1993 그리고 Thompson과 Gustafson, 1996을 참조한다).

전조작기 이 시기의 사고는 지각에 기초를 두고 있다. 문자 그대로 보는 것을 믿는 것이다. 그리하여 학령전 아동이 경험을 통해 병과 연관시킨 사람이나 사물, 외부의 사건(external events)이 질환의 원인이 되는 경향이 있다. 이러한 요인은 아이들로부터 먼 거리에 있을 수 있고("감기는 나무에 의해 야기된다."), 또는 신체적으로 근접해 있을 수 있다("누가 네 근처에 오면, 감기에 걸린다."). 후자의 예에서처럼 학령전기 아동은 전염(contagion)의 개념을 파악하기 시작한다. 하지만 왜 근접이 병과 상관있는지 이유를 이해하지 못하기 때문에 그들의 사고는 아직 정확하지 않다.

끝으로 구체적인 관련성을 찾는 이 시기에는 원인(causes)과 결과(consequence)가 혼돈되기도 한다. 예를 들어, 학령전기 아동은 화장실 가는 것이 대변을 보게 한다든가, 토하면 배가 아프게 된다고 생각할 수도 있다.

구체적 조작기 비록 학령기 아동들도 여전히 외부 사건에 주의집중을 하지만, 이들은 병을 야기시키는 해로운 것이 있다는 감염(contamination)에 대한 이해를 할 수 있다. 예를 들어, 더러운 장난감을 가지고 놀아서 감기에 걸린다. 구체적 조작기 후기에 아동들은 섭식이나 호흡을 통해 내면화된 것(internalization)으로 질환을 설명한다. 게다가 내면화는 바로 내부 장기에 영향을 미친다. 요약하면, 이제 아동들은 추론을 할 수 있다. 질환을 야기하는 것은 지각된 사물 자체가 아니라 사물의 해로운 특징이다. 게다가 눈에 보이지 않는 장기가 질환에 중요한 역할을 한다.

형식적 조작기 청소년은 내적(internal) 원인을 두 수준에서 이해한다. 우선 그들은 장기의 기능과 관련해서 생리적(physiological) 인과관계를 이해할 수 있다. 다음으로, 그들은 두려움과 같은 심리상태를 원인으로 이해할 수 있다. 그리하여 병은 많은 외부, 내부 요인의 역할로 다중결정(multidetermined) 된다. 끝으로 청소년은 "영양부족"과 같은 추상적인(abstract) 원인을 이해할 수 있다.

그러나 형식적 조작이 청소년기에 나타나기 때문에 모든 청소년이 병의 요인에 대해 발달된, 추상적인 개념을 가진다고 가정하는 것은 옳지 않다. 절대 그렇지 않다. 예를 들어, Crisp, Ungerer와 Goodnow(1996)는 질환의 원인을 이해하는 수준에 영향을 미치는 경험의 효과에 관심을 가졌다. 그들은 질환의 경험이 풍부한 아이를 "질환 전문가", 경험이 거의 없는 아동은 "질환 초보자"로 칭했다. 그 다음 어린 집단(7~10세)에서의 초보자와 전문가를 나이 든 집단(10.7~14세)의 초보자 및 전문가와 비교하여 그들의 인과관계 설명이 전조작기, 구체적 조작기, 형식적 조작기 단계로 나뉘는지 분석하였다. 자료 분석 결과, 경험은 이해에 영향을 미쳤다. 그러나 흥미로운 것은 청소년기 동안 구체적 조작에서 형식적 조작으로 모두 이동하지 않았다는 것이다. 비록 통계적으로 유의하게 형식적 조작이 증가하였으나, 아직도 구체적 조작 사고가 지배적이다. 의학적 치료에 대한 순응을 논의할 때, 청소년을 실제보다 더 발달된 것으로 추측하는 위험을 살펴볼 것이다.

인지발달: 통증에 대한 아동의 이해

영아기와 걸음마기 한때 소아과 의사들 사이에서의 보편적인 견해는, 신생아는 통증을 경험할 수 없다는 것이었다; 따라서 포경수술 같은 과정이 마취 없이 종종 수행되어 왔다. 그러나 그 견해는 틀리다. 건강한 신생아는 크게 울고, 얼굴을 찡그리고, 주먹을 꽉 쥐고, 사지를 움직이고, 몸이 경직되는 등의 방식으로 통증 자극에 반응한다. 잘못된 견해의 결과는 소아과 의사들이 진통제 사용을 유보하게 만들었고, 신생아에게 필요 없는 통증을 겪도록 하는 결과를 초래했다(이 글은 다른 언급이 없으면 Craig와 Grunau, 1991를 따른다).

예로 피하주사와 같은 고통스러운 자극에 대한 반응은 전반적이고, 확산되어 있고, 지속적이다. 게다가 신생아는 통증 부분을 찾지 못하고 자기 방어의 행동을 하지 못한다. 그러나 다음에 제시하겠지만 인지적 요소가 곧 관여된다. 예를 들어, 6~8개월 사이의 영아는 주사바늘을 보았을 때 예측된 공포를 나타내기 시작한다. 따라서 학습과 기억이 통증 반응에 대한 기대를 더하게 된다. 게다가 영아는 위협적 자극을 피하고자 하는 초보적인 행동을 한다.

1세 이후 걸음마기 아기는 주사에 대한 반응에 있어 통제력을 지닌다. 그들은 더 짧은 기간 동안 소리를 지르고, 주사한 쪽을 보며, 스스로를 보호하려고 하고 그들의 감정을 말하기 위해 언어를 사용한다. 또한 엄마의 얼굴을 훑어보며 통증의 경험과 사회적 환경을 통합했음을 나타낸다. 단계가 발달함에 따라 통증에 대한 반응은 신체의 고통스런 부분으로 더 지엽화되며, 통증을 완화하기 위한 노력도 도움을 위한 언어적 요구와 분노의 증가에 대한 표현이 증가하면서 더 의도적이고 융통성 있게 된다.

학령전기 질환의 이해에서와 마찬가지로 아동의 통증의 이해에 대한 연구도 Piaget 인지발달이론에 크게 영향을 받았다(이 글은 다른 언급이 없으면 Thompson와 Gustafson, 1996을 따른다). 학령전기 동안 통증은 다친 것이나 아픈 것, 즉 불쾌한 신체적 실체로서 더 많이 여겨진다. 통증은 사고를 당하는 것과 같은 외부 사건에 의해 야기된다. 통증에 대처하기 위해서, 아동은 약이나 음식과 같이 통증에서 구해줄 수 있는 구체적인 방법에 의존하거나 부모에게 돌봐 달라고 의지하므로 수동적이다.

아동기 중기 학령기에 통증은 사람이 가진 어떤 것이 아니라 감정으로 여겨진다. 아동의 이해는 두 가지 측면에서 더 분화된다. 첫째, 통증은 정도, 질, 지속도에 따라 분화된다. 둘째, 신체 내 통증의 부위는 더 분화된다. 비록 아동은 두 요인 모두보다는 하나 아니면 다른 하나를 언급하지만, 이제 신체적·심리적 요인을 모두 인식한다. 끝으로 아동은 친구들과 운동하거나 이야기하기 등의 전환하는 식으로 통증에 대처하는 것에 좀 더 주도적이다. 그러나 이해의 정도는 통증의 종류에 따라 다르다. 예를 들어, 아동은 두통의 원인을 가장 이해하지 못하며 주사에 의해 야기되는 통증은 가장 정확하고 높은 수준의 이해를 나타낸다.

청소년기 인지적으로, 청소년은 통증과 그 원인에 대해 정밀한 묘사와 설명이 가능하다(이 글은 다른 언급이 없으면 McGrath와 Pisterman, 1991을 따른다). "나의 속을 날카로운 칼로 베는 것 같다."는 것처럼 신체적인 비유를 사용할 수도 있다. 원인은 생리적인 요인과 심리적인 요인 모두를 포함하고, 불안과 같은 심리적 요인이 순수한 신체적 반응을 강화시킬 수도 있다는 것을 인식한다. 끝으로 청소년은 질환의 유무를 신호하는 것으로 통증의 가치를 이해하는 것이 가능하다.

요약 통증 개념(concept of pain)은 학령전기 동안의 신체적 실체로부터, 학령기 동안의 요소와 위치에 따라 분화된 느낌, 청소년기의 정밀한 설명으로 발달한다. 통증의 원인에 대한 이해(understanding of the cause of pain)는 학령전기에는 외부의 사건에서부터 학령기에 신체적 또는 심리적 요인으로, 그리고 청소년기에 신체적·심리적 요인 둘 다로 변화된다. 통증에 대처하는 방법(coping with pain)은 학령전기에 약이나 부모에 수동적으로 의지하는 것에서부터 학령기에는 자신의 관심을 전환시키는 등 주도적이 된다. 통증의 가치는 청소년기가 되어야 인식된다.

가족 맥락

만성적 질환은 가족에게 많은 도전과 문제에 직면하게 한다(이 글은 Melamed, 2002를 따른다). 부모, 특히 어머니는 의료 요원과의 관계형성, 질환의 특성과 치료에 관한 정보 이해, 의학적 처방의 준수 등에 책임을 진다. 가족의 일상생활은 특별한 식이요법의 제공과 같은 사소한 것에서 아동이 병원에서 길게 머무는 동안 함께 있어야 하거나 학교대신 집에서 아동을 돌보아야 하는 등 대대적인 변화가 필요하다. 부모는 아동이 건강한 대처 기제를 사용하고 나이에 맞는 행동을 하도록 하는 것과 아동의 스트레스에 동정하는 것 간에서 적절한 균형을 맞추어야 한다. 또한 부모는 자신의 불안, 좌절, 두통뿐 아니라 가중된 경제적 부담을 해결하는 방법을 찾아야 한다.

대부분의 아동과 마찬가지로 대부분의 가족도 이러한 도전을 성공적으로 극복한다. 어떤 경우에는 이 경험이 새로운 의미의 친밀감을 불러오기도 한다. 그러나 아동과 마찬가지로 가족도 상처를 입지 않을 수가 없다(Kazak, Segal-Andrews, & Johnson, 1995).

아동의 적응에 대한 부모의 역할

천식은 부모의 반응이 질환을 악화시키거나 완화하도록 도울 수 있는 좋은 예이다. 천식 아동은 종종 발작이 예상될 때나 발작 동안에 불안을 느낀다; 그리고 부모의 관심은 자연스럽게 과도한 불안과 과잉보호가 될 수 있다. 그리고 이러한 부모의 행동은 나이에 맞지 않는 부모에의 의존, 또래로부터 소외, 행동문제의 증가를 이끌 수 있다. 과잉의존, 사회적 소외, 행동문제로부터 오는 아동의 정서적 흥분이 천식 발작을 이끄는 기제가 될 때, 이 인과고리는 완성된다. **그림 13.3**은 천식에서 기질적, 개인내, 개인간 맥락의 복잡한 상호작용을 묘사한다.

양육 스트레스

아동뿐 아니라 부모의 복지도 영향을 받기 때문에 양육 스트레스의 중요성이 간과되어서는 안 된다. 전망적 종단연구는 만성질환 아동이 있는 가정의 양육 스트레스가 질환의 심각성 또는 부모-자녀 관계의 질을 포함하여, 다른 변하기 쉬운 아동행동문제의 발달의 더 좋은 예언인임을 보여준다. 의학적인 질환에 대처하기 위해 부모는 많은 요구를 받으며, 스트레스 받고 압도된 부모는 이러한 요구를 극복하는 것이 어려울 것이다(Melamed, 2002).

부모 적응

일반적으로 만성질환 아동의 가족과 비교 가족간에 부모 적응은 여러 차원상에서 거의 차이가 없다. 예외는 어머니의 적응이다. 아마 어머니는 아동 양육의 주책임을 지고 있기 때문에 높은 스트레스를 경험하고 우울을 느끼기 쉽고, 정서적·실질적 지원 요구가 더 높은 것 같다(Kazak, Segal-Andrews. & Johnson. 1995).

위험요인에 관해 살펴보면, 어머니의 적응은 입원, 매일의 일과 등 질환과 관련된 스트레스에 반비례한다. 보호요인을 보면, 문제해결에 있어서 자신을 유능하다고 지각하는 것, 가족과 친구로부터의 사회적 지지, 희망 등이 있다(Wallandcr & Varni, 1998 참조).

사회적 지지

일반적으로 사회적 고립은 만성질환 아동의 가족에게 심리적 장애의 위협을 증가시킨다는 증거가 있다. 반면에 사회적 지지는 보호적인 요소로서 기능한다(Kazak,1992).

불행하게도 좋은 관계나 친구는 그것이 가장 필요할 때 지원을 제공하지 않을 지도 모른다. 만성질환을 진단받았을 때, 가족은 흔히 폭주하는 동정과 지원을 받는다. 그러나 만성질환의 진행과정에서 가족의 불안, 긴장과 실제적인 어려움이 증가하게 됨에도 불구하고

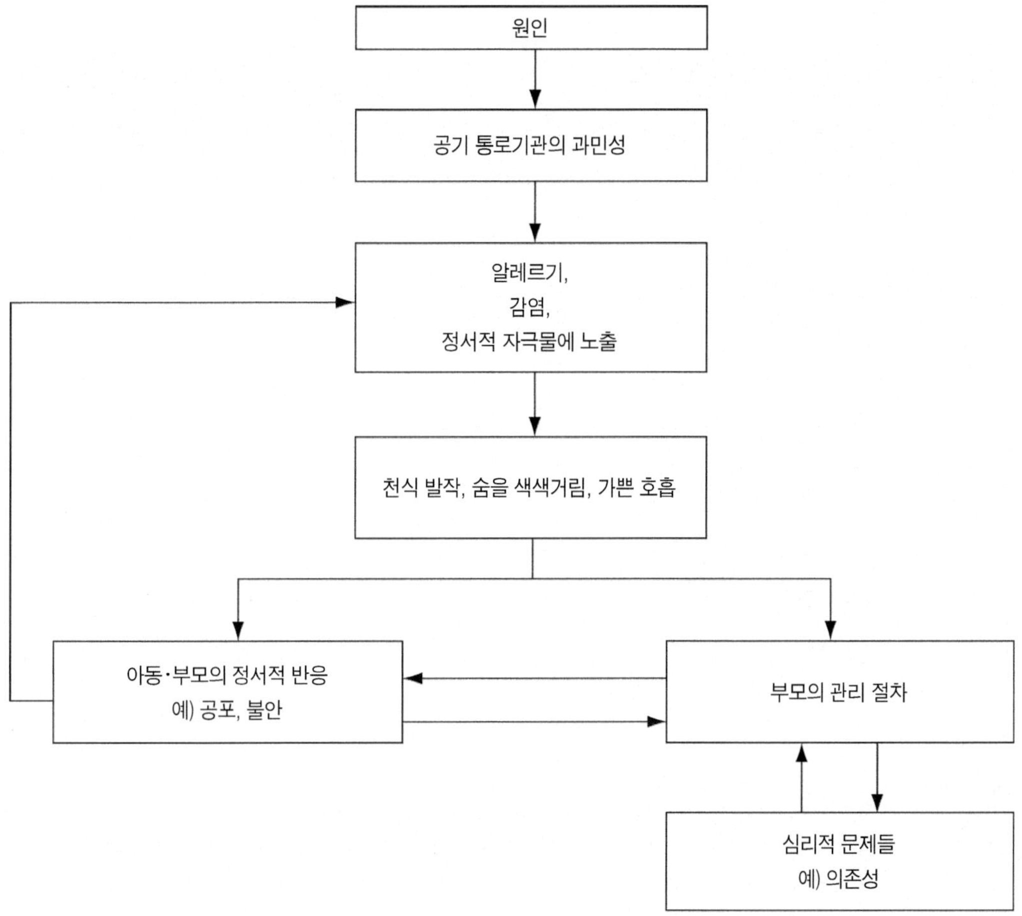

그림 13.3 천식 발달의 교류 모형

출처: Wicks-Nelson과 Israel(1997).

제공되는 지원의 양은 시간이 지남에 따라 줄어들 수 있다(Melamed, 2002).

또한 가족의 적응에 사회적 지지가 공헌하는 방법에 있어 민족 간에 흥미로운 차이가 있다. 예를 들면, Williams, Lorenzo와 Borja(1993)는 사회적 지지가 아이의 암을 극복하게 해 가족에게 도움이 되었다는 것을 발견했다. 그러나 유럽계 미국인 부모는 다른 사람으로부터의 정서적 지지에 가치를 두는 반면, 아프리카계 미국인 가족은 **도구적** 지지(예를 들어, 부모가 병원에 갔을 때 학교에서 형제를 데려오기와 같은 실제적인 것)에 가치를 두고 있다. 흥미롭게도 비록 유럽계 미국인 가족이 두 배만큼 더 많은 사회적 지지망을 가지고 있다고 보고하지만, 아프리카계 미국인 가족은 자신들의 지지망이 더 지지적이라고 지각한다.

사회적 맥락

만성질환은 또래관계에 악영향을 미칠 수 있다. 특히, 심한 질병적 증세는 아동의 삶을 방해하고 사회적 상호작용의 기회를 제한시킬 수 있다. 예를 들어, 잦은 병원 입원은 외로움, 예민함, 그리고 고립과 연관성이 있을 수 있다. 남자 아이들은 여자 아이들에 비해 또래관계에서의 부정적 효과에 더욱 많은 영향을 받을 수 있다. 긍정적 측면으로는, 가족 응집성, 지지, 그리고 표현성이 보호요인으로 작용한다.

중재

만성질환이 있는 아동을 위한 정신치료적 중재 방법은 장애와 장애에 동반되는 공병 정신병리의 효과들만큼이나 다양할 것이다. 앞에서 살펴보았듯이, 이러한 효과들은 내면화 장애(불안, 우울증)에서 외현화 장애(행동장애, 반항)까지 전체 스펙트럼을 모두 포함한다. 몇몇의 중재는 아동에 집중하는 데 반해 다른 중재 방식은 부모, 전체 가족체계, 그리고 의료진까지 연관시킨다. 다른 장에서 공병 정신병리의 치료 방법에 대해 논의할 것이므로, 이 장에서는 만성질환이 있는 아동과 가족들에게 한정적인 두 가지 중재 방법인 가족체계 소아과 중재와 통증 관리기술훈련을 집중적으로 조명할 것이다(좀 더 광범위한 설명은 Varni, La Greca와 Spirito, 2000 참조).

가족체계 소아과 중재

Kazac, Simms, 그리고 Rourke(2002)는 아동 암 환자를 조사한 그들의 연구에 기반하여 가족체계 중재를 위한 연구 모델을 개발하였다. 그들의 치료는 가족들이 세 가지 주요 과제를 완벽히 수행할 수 있도록 도와주는 것을 목적으로 했다. 그 세 가지 주요 과제는 장애가 제시하는 난제 앞에서 분노의 감정을 조절하는 것, 치료 과정에서 상호협동을 가능하게 하는 신뢰 관계를 발전시키는 것, 그리고 가족 구성원 간의 갈등과 가족 대 의료진 간의 갈등을 관리하는 것이다.

치료의 첫 번째 단계는 **동참**(joining)이다. 동참은 임상의가 가족에 감정이입하고 존중감, 호기심, 그리고 정직한 태도로 그들의 관점을 이해하려고 노력하는 것을 요구한다. 둘째로 임상의는 그 가족에게서 총체적으로 발견되는 구체적 문제를 해결하는 데 연구를 집중해야 한다. 셋째로 이 중재 방법은 능력 기반 접근을 강조한다. 능력 기반 접근은 장애의 증상을 발달과정의 요구들을 충족하기 위해 다른 보다 적응된 방법들이 좌절되었을 때 시도된, 잘못 유도되었지만 이해할 수 있는 시도로 본다. 그렇다면 여기서 과제는 좀 더 적응된 반응을 발달시키기 위하여 아동과 가족의 힘을 조절하는 것이다. 마지막으로, 모델은 아동, 가족, 그리고 임상가뿐만 아니라 의료진 내의 다른 구성원들을 포함시킨다는 점에서 협력적이다(실제 사용된 이 접근의 예는 **글상자 13.2** 참조).

글상자 13.2 사례 연구: 소아과 만성질환의 가족체계 소아과 중재

Kwame는 재발하는 백혈병에 의해 만성피로와 또래에 비해 작은 키를 가진 11세 아프리카계의 소년이다. 종양 전문의의 방문에서 그의 어머니는 또래를 신체적으로 공격하여 두 번의 체포로 이어진, 그의 증가하는 공격성에 대한 걱정을 표현했다. 소아과 심리상담 팀은 Kwame의 행동을 가장 잘 이해할 수 있는 방법을 고려했다. 행동을 정신병리학적 관점에서 바라보는 전통적 방법론과는 달리, 그들의 능력 기반 접근 방법은 Kwame의 증상을 장애 때문에 좌절된 적응적 기능을 위한 시도로 추측하게 하였다. 발달 주제들에 대한 임상가들의 민감성은 생태학에 대한 인식이 심리학자들에게 이웃과 민족성 문제를 고려할 것을 제기한 것처럼, 사춘기에 접어든 소년이 맞닥뜨리는 난제들을 살펴볼 것을 제시했다. 가정생활 상황에 관한 임상가들의 질문에 Kwame의 어머니는, 폭력이 만연하며 남성들이 물리적 힘을 과시하면서 존중을 얻는 거친 도심부 지역사회에 살고 있다고 설명했다.

임상가의 처방은 폭력적 문화 내에서 남자 청소년으로 거듭나는 것과 관련된 발달과업에 초점을 두었다. 임상학자들은 크기와 힘을 우상화하는 맥락 속에서 긍정적인 남성적 정체성을 과시하고자 하는 목적을 충족시키기에 Kwame의 신체적 제한이 커다란 발달단계의 난제를 제시하고 있다고 추론했다. 결과적으로 Kwame는 발달과정에서 문제를 해결하기 위해 그가 아는 가장 좋은 방법으로 주먹을 사용할 수밖에 없었던 것이다.

이에 따라 임상가들은 ARCH(Acceptance, Respect, Curiosity, Honesty) 기법을 사용했는데, 먼저 Kwame와 그의 어머니에게 Kwame가 작은 신체 구조에 대한 고통을 감당하기 위해 그에게 가능했던 가장 좋은 방법들을 사용하고 있었다는 믿음을 이야기하여, Kwame와 그의 어머니에게 관심과 존중을 보여주는 것으로 **수용**(acceptance)을 전달했다. 임상학자들은 Kwame가 마주한 문제들에 대한 해결책을 열심히 찾아내려는 그의 의지를 포함하여 Kwame가 가진 힘을 밝혀냄으로써 **존중**(respect)을 전달했다. 임상가들은 Kwame의 이웃 관계와 그의 어머니가 어떻게 과거에 Kwame를 그가 가진 문제들에 대처할 수 있도록 도와주려 시도했는지에 대해 질문하는 데에서 **호기심**(curiosity) 요소를 보여주었다. **정직**(honesty)의 요소는 임상가들이 Kwame의 행동에 대한 그들의 심려와 그들이 Kwame가 남성적 정체성을 추구하는 데 좀 더 적응적인 전략들을 찾을 수 있도록 돕는 것으로, Kwame를 도울 수 있으리라는 그들의 진실한 믿음과 관심을 포함한 그들의 반응과 감정을 공개적으로 가족 구성원들과 공유함으로써 전달되었다.

출처: Kazak, Simms와 Rourke(2002).

통증 관리

고통은 만성질환에 직면하는 아동에게 종종 매우 중요하다. 통증의 원인에는 두 가지가 있다. 하나는 질환 그 자체이다. 예를 들어, 류머티스성 관절염을 동반하는 관절 통증이 심신을 약화시키는 경우가 있다. 또 다른 통증의 근원은 치료일 수 있다. 예로서 백혈병 아동 환자들이 겪어야 하는 반복적인 골수천자(bone marrow aspiration; BMA)가 있다. BMA의 절차가 어떤 과정을 수반하는지 고려해보라. 아이의 골반 뼈에 바늘을 깊이 주입하고 주사기로 골수를 채취한다.

그 다음, 이전의 치료가 성공적으로 암세포를 파괴했는지 여부를 확인하기 위해 골수를 검사한다. 비록 몇 분 동안만 지속되는 것임에도 불구하고, BMA는 고통스럽고 불안을 불러일으키는 절차다. 예상되는 불안은 예정된 치료일보다 훨씬 전부터 구역질, 구토, 불면증, 울음을 야기한다. 특히 어린 아동은 종종 발로 차고 소리 지르며, 치료실에 들려 가서 절차 동안 가만히 유지시키기 위해 인디언식 아기 주머니인 papoose와 같은 것에 속박되어야 할 정도로 신체적으로 저항한다. 치료과정의 외상적인 성격 때문에 아동이 그 과정에 적응하는 데 2, 3년까지 걸릴 수 있다.

치료 절차와 연관된 통증 Powers(1999년)는 소아심리학에 있는 치료 절차와 연관된 통증 치료에 관한 문헌을 검토했다. 여러 가지의 인지행동 기법(CBT)들이 시도되어 큰 성공적 결과를 낳았다. 흔한 전략들로, 아동에게 스스로를 공기가 새는 타이어가 된 것처럼 상상하게 하여 숨을 들이마실 때는 타이어를 공기로 채우도록 하고 공기가 새는 것처럼 쉬익 소리를 내며 천천히 숨을 내쉬게 하는 심호흡 운동(breathing exercise)이 포함된다. 좀 더 어린 아이들을 위해서는, 파티용 풍선에 숨을 불어넣으면서 심호흡을 연습시키는 것이 약간의 즐거움을 더한다. 이완 훈련(relaxation training)은 일반적으로 계속적인 근육 이완과 결합된 호흡 운동을 포함한다. 심상(imagery) 방식의 예는, 아동이 의료적 절차를 견디는 데 도움을 주기 위해 가장 좋아하는 영웅이나 특별한 능력이 있는 만화 캐릭터에 대한 이야기를 지어내게 하는 것이다. 다르게는 불안 및 통증과는 함께할 수 없는 해변을 걷는 장면이나 놀이 공원에 가는 장면과 같이 즐거운 이미지를 떠올리고 깊고 천천히 숨을 쉬면서 그 이미지를 마음에 간직하게 하는 방식으로 심상을 사용할 수 있다. 더욱 효과적이기 위해서 심상은 각 아동이 자신의 마음속에서 긴장 완화와 연관된 고유한 이미지를 선택할 정도로 매우 개별화되어야 한다. 그 결과는 매우 놀라울 수 있다. 어른들이 해변에 누워 있는 것과 같은 수동적인 시나리오를 떠올리는 경향이 많은 데 반해, 아이들의 긴장 완화 이미지는 크리스마스 아침에 일어난다든지 재밌는 미식축구를 보러 가는 것, 혹은 Sea World에서 돌고래와 함께 헤엄치는 것 등일 수 있다.

다른 CBT 기술은 아이가 게임을 하거나 퍼즐을 하는 것 또는 그들의 예측 가능한 불안에서 생각을 멀리할 수 있는 유머를 사용하는 것과 같은 분산(distraction)을 포함한다. 때때로 아동에게 행해질 치료 절차의 각 단계를 설명하고 적응할 수 있는 대응 방식을 구축하여 영상물로 보여주는 것과 같은 극복 모델(coping model)이 사용되기도 한다. 인지적인 극복 기술(cognitive coping skill)들은 "나는 이것을 할 수 있어.", "나는 용감한 소년이야.", "이것은 빨리 끝날 거야." 등과 같은 긍정적인 자기 기술을 포함한다. 순종에 대한 강화(reinforcement for compliance) 방식은 치료 절차 동안 가만히 누워 심호흡 기술을 사용할 수 있는 용기를 가진 것에 대한 상으로, 자신의 이름이 새겨진 상패를 주는 것을 포함할 수 있다. 가르쳐 준 극복 기술들을 완전히 체득하고 활용하는 아동의 능력은 치료 절차 이전의 행동 예행연습과 역할 놀이, 그리고 절차 도중에 임상의나 부모의 직접적 지도로 증대된다.

이러한 절차들을 포함하는 잘 설계되고 관리된 치료 패키지들은 보고된 통증, 관찰된 괴로움, 그리고 불안의 생리적 지표를 줄이는 데 CBT가 약물만을 사용한 것보다 일반적으로 우수하다는 것을 보여준다.

질환과 관련된 통증 아이가 통증 관리 계획을 준비하고 실행할 수 있는 의료과정은 일반적으로 시간 제약적이고 계획적인 반면, 질환과 관련된 통증은 종종 예측할 수 없고 재발된다. 더군다나 고통은 의사의 의료실에서만으로 제한되지 않기 때문에, 아이와 가족은 집으로 가져가서 필요할 때 쓸 수 있는 도구를 필요로 한다. 겸상적혈구장애(SCD)는 이러한 통증의 좋은 예를 제공한다. 비록 아동의 경험은 다양하지만, SCD를 가진 아이는 평균적으로 한 달에 한두 번 고통을 경험할 것으로 예상할 수 있고, 이 고통은 매우 극심하여 일년에 1~2회 입원이 필요할 수 있다(Powers et al., 2002). 이러한 고통은 학교와 사회활동에 방해되고 우울증과 불안의 증상과 연관될 수 있다.

Gil과 동료들(2001)은 SCD 아동의 통증을 위한 CBT 중재법을 개발하고 아프리카계 미국인의 학령기 아동집단에게 그 효과를 측정했다. 첫째, 아동을 실험실로 데려가 세 가지 극복 전략을 사용할 수 있도록 훈련하였다; 깊은 호흡/숫자를 세며 긴장 완화, 진정하는 자기 진술, 긍정적 심상 떠올리기. 각 전략을 설명하고, 모델을 보여주면서 아이가 연습하게 하였다. 다음, 아동은 2분까지 가벼운 추를 올려놓아 통증을 모사하는 2회의 시행 동안 전략을 사용하는 연습을 하였다. 아동이 실험실의 밖에서 극복 전략을 일반화하는 것을 돕기 위해 각 아이에게 매일 연습해야 하는 과제, 녹음된 지시문, 녹음기를 주었다. 준수하는 것을 격려하기 위해 연구자는 아동에게 매주 집으로 전화하여 연습을 상기시켜 주었다. 첫 훈련기간이 지난 1주일 후 공고화를 위한 복습기간이 제공되었다.

연구결과, 치료 전보다 치료 후 아동의 부정적 대처전략의 사용과 고통에 대한 민감성이 감소하였다. 4주의 치료가 끝난 후 처치 받지 않은 통제집단과 비교해서 CBT 훈련을 받은 아동은 보다 능동적인 대처를 시도했고, 결석과 건강관리 기관 접촉이 적었으며, 심지어 통증을 경험하는 날에도 일상 활동을 더 많이 하였다.

부모의 포함 이미 살펴보았듯이, 만성질환은 모든 가족체계에 부담을 주어 스트레스를 대처하는 부모의 능력은 아동의 행동적·정서적·신체적 복지에까지 중요한 영향을 미친다. **그림 13.4**는 아동, 부모 및 가족의 특성이 아동의 고통스러운 의료 과정에서 겪는 스트레스와 적응적 대처에 미칠 수 있는 영향에 대한 포괄적인 모형을 나타낸다. 이를 고려해볼 때, 많은 임상가는 심리적 문제의 발달을 예방하기 위해 모든 가족을 함께 하는 것이 중요함을 강조해왔다.

예를 들어, Powers와 동료들(2002)은 SCD를 위한 CBT 중재 방법을 확장해 치료시 가족을 포함하였다. 아동과 부모는 각 집단으로 나누어 6주 동안 일주일에 한 번씩 만나 통증과 통증 관리에 대한 심리교육을 받았다: 진통제의 부작용; 통증을 측정하고 재는 방법에 대한 교육; 심호흡, 분산, 긍정적인 독백과 같은 기술훈련; 열 패드와 따뜻한 목욕 같이 통증 감소를 위한 기타 방법의 사용 등. 아프리카계 미국인 세 가족에 기초한 예비연구에서 대처와 일상기능의 향상이 나타났다.

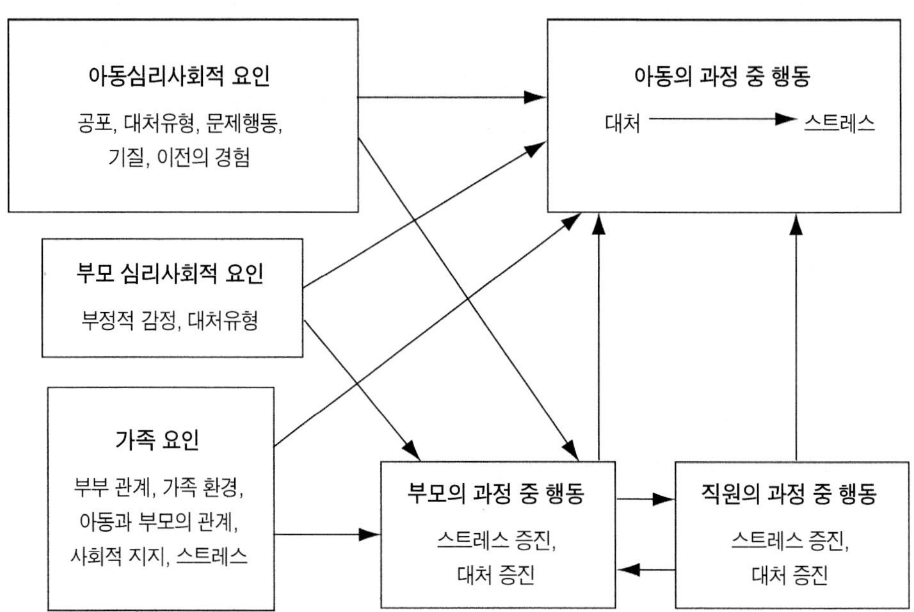

그림 13.4 고통스런 의료처치과정 동안 아동 대처와 스트레스에 영향을 미치는 요인

출처: Varni 등(1995).

이제 신체로부터 대인간 맥락으로 관심을 돌려 아동학대와 부부간의 폭력이라는 가족상호작용에서 일어나는 두 가지 위험조건을 살펴볼 것이다.

제 14 장 가족 맥락의 위험: 아동학대와 가정폭력

개 요

유엔아동권리위원회(1989; Limber & Wilcox, 1996)에 따르면, 전 세계의 모든 아동은 "신체적·정신적·영적·도덕적·사회적 발달을 위해 적절한 삶의 수준"을 누릴 권리가 있다(p. 6). 발달정신병리학 문헌에서는 이러한 안녕을 위한 기본적인 필요조건을 **평균기대 환경**(average expectable environment)이라고 언급한다(Cicchetti & Lynch, 1995). 이와 같은 기회를 제공해야 할 사회적 환경의 가장 심각한 실패는 가정이 아동에게 위안의 장소라기보다는 공포의 원천이 될 때 일어난다. 다른 사람도 아동을 학대하기는 하지만, 부모에 의해서 일어나는 학대는 아동의 발달에 있어 가장 전반적이고 장기적인 영향을 미친다. 이는 부모가 아동의 평안과 보호를 위해 존재하는 바로 그 사람이기 때문이다. 따라서 이 장에서 우리는 가정 맥락에서의 학대에 초점을 둘 것이다.

아동학대〔child maltreatment(abuse)〕의 '발견'은 아동심리학의 역사에서 가장 떠들썩한 사건 중 하나로 대표된다. 아동에 대한 신체적 학대와 성학대의 존재는 C. Henry Kempe와 동료들이 "피학대아증후군(battered child syndrome)"이라는 문제로 1960년대 초에 전국가적 관심을 끌기 전까지 거의 부인되어 왔다(Helfer, Kempe, & Krugman, 1997).

Kempe는 대부분의 의사와 정신건강전문가들은 아동학대의 사례를 단 한 건도 본 적이 없다고 믿고 있었지만, 이는 단지 그들이 그런 일이 벌어지고 있다는 것을 인식하지 못했기 때문이라는 것을 알게 되었다.

미국의 아동학대 비율은 1986년부터 1993년까지 두 배가 되었지만, 지표들은 지난 10년간 그 비율이 다소 감소하고 있음을 제안한다. 그럼에도 불구하고 학대는 매우 만연해 있다. 각 주의 아동 보호 시설에서 집계한 가장 최근의 미국 국가자료에서는 1999년에 300만 명의 아동이 학대가 의심되는 것으로 보고되었으며, 이 사례 중 826,000명은 학대가 입증되었다(National Center on Child Abuse and Neglect, 2001). 학대가 확인된 아동 중 58.4%는 방임, 21.3%는 신체적 학대, 11.3%는 성학대, 1% 미만이 심리적 학대, 35.9% 이상은 유기, 위협, 혹은 약물 중독 상태로 출생된 것과 같은 기타 다른 방식의 학대로 나타났다(**그림 14.1** 참조). 사망률은 100,000명의 아동 중 1.6명이며, 심각한 방임으로 고통 받는 영아가 대부분을 차지한다. Finkelhor, Ormond, Turner, Hamby(2005)는 최근 미국의 2,030 가구를 대상으로 한 전화 조사에서 8명의 아동 중 1명(1,000명 중 136명)이 학대를 경험하고 있음을 밝혔다.

아동학대 발생률의 점진적인 보고는 국가적으로 큰 충격을 가져왔다. 전문가들은 학대로부터 아동을 보호하기 위한 방법을 찾는 것뿐만 아니라 중재와 예방의 기초를 제공하기 위하여 학대의 원인을 찾는 데도 심혈을 기울였다. 이러한 연구들은 실시하기 어려운 것으로 알려졌다. 학대하는 부모는 심리적으로 정상이 아닐 것이라는 가정은 지나치게 단순한 것으로, 결국 옳지 않았다. 아동학대는 중다결정적인 것으로 여겨져 왔으며, 우리가 관심을 갖고 있는 모든 맥락의 변인들 간의 상호작용에 영향을 받는다. 아동학대의 결정적 요인에 대한 우리의 이해가 더 복잡해지고 다차원적으로 될수록 학대를 구성하는 요소에 대한 견해도 복잡해지고 다차원적이 되었다. 학대는 다양한 형태로 나타나며, 그것들 모두가 타박상이나 골절과 같은 명백한 흔적을 남기는 것은 아니다. 이와 같이 학대에 대한 보다 넓은 정의와 함께 아동에 대한 특정 학대 행위의 영향을 결정하는 발달적, 대인간, 사회문화적 변인의 중요성에 대한 인식이 증가해왔다. 최근 아동학대에 대한 관점이 다시 나뉘어졌는데, 그중 일부는 실제로 그것이 존재하는 현상인지를 의문시하였다. 이러한 의심은 학대에 대한 잘못된 진술과 허위의 "회복된 기억(recovered memories)" 등 선풍적 사례들에 의해 더욱 박차가 가해졌다. 그러나 아동기 학대의 억압된 기억들이 꼭 삶의 모든 문제들 아래에 숨어 있는 것이 아닌 것처럼, 모든 아동학대의 보고를 꾸며진 것으로 생각하는 것 또한 무책임한 것이다. 우리는 이러한 분야를 탐구하기 위하여 경험적 연구를 개관할 것이며, 이는 불행하게도 일부 아동의 삶에서 발생하는 다양한 형태의 학대에 대한 진실과 그 함축된 의미를 평가하는 기준을 제공해줄 것이다.

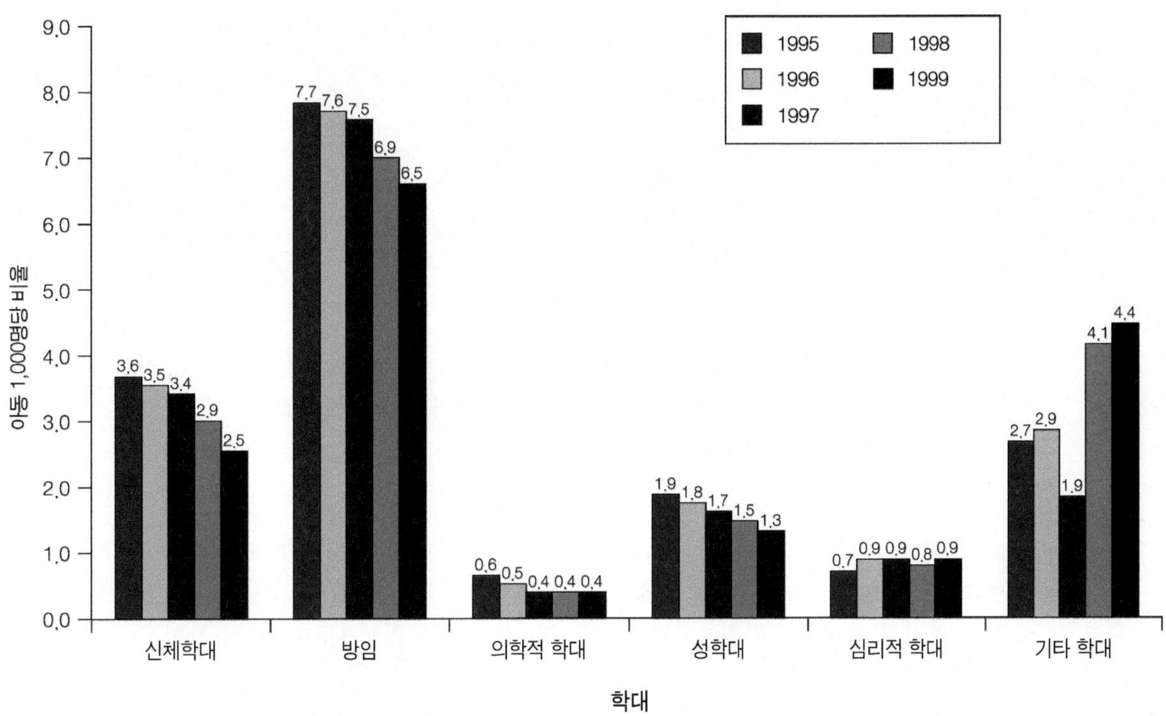

그림 14.1 미국의 아동학대 발생률(1995~1999).

출처: 미국 보건복지부(DHHS, 2001).

1. 학대의 정의

우리가 넘어야 할 관문 중 하나는 학대를 정의하는 것이다. 불행하게도 학대에 대해 보편적으로 수용되는 정의는 존재하지 않는다. 실제 장면에서 대부분의 전문가들은 학대의 정의를 그 지역 관할의 아동학대 보고와 관련된 지역 법률 지침에 기반을 두고 있다. 그러나 지역 법률은 지역마다 상당히 다르기 때문에 그런 법률들은 만족스러운 정의를 제공하지 못한다. 게다가 일부 유형의 학대는 즉각적으로 알아차릴 수 있는 것(예: 빨갛고 심하게 부어오른 자국이 남은 신체적 구타)과 같이 겉으로 드러날 수도 있지만, 일부 유형은 일정 시간이 지난 후에야 나타나는 잠재적인 것(예: 자기존중감의 상실을 가져오는 만성적인 부모의 무관심)이다. 또한 아동 양육의 태도와 규준이 문화적으로 다름을 인정한다면, 어떤 부모의 "거친 사랑"은 다른 부모에게는 "학대 행위"가 될 수도 있다.

The World Health Organization Consultation on Child Abuse Prevention(1999)에서는 학대에 대해 다음과 같은 정의를 내렸다.

아동학대는 아동의 양육에 책임을 지고 있거나, 신뢰 관계에 있거나, 권위를 가진 사람에 의한 모든 형태의 신체적 혹은 정서적 학대, 성학대, 방임 혹은 무관심한 처우, 상업적 착취나 다른 형태의 착취로서, 아동의 건강, 생존, 발달 혹은 존엄성에 실제적인 또는 잠재적인 위협을 초래하는 것(p. 5).

학대의 유형

학대의 정의와 관련된 또 다른 어려움은 아동의 발달에 서로 다른 영향을 미치는 상이한 종류의 학대가 있다는 것이다(Cicchetti & Olsen, 1990). 부모에게 정서적으로 거부당한 아동이 습관적으로 구타를 당한 아동과 똑같은 방식으로 영향을 받을 가능성은 거의 없다. 따라서 학대 유형을 구분해야 할 필요성에 많은 관심이 기울여졌다.

포괄적인 학대 분류법은 Barnett, Manly, Cicchetti(1993)에 의해 제안되었다. 이들은 **신체학대**(예: 구타, 화상 입히기, 때리기, 주먹질, 발차기)와 **성학대**(예: 애무, 성교, 성 행위 노출, 음란물 관여)로 구분한다. 또 다른 범주는 **방임**인데, 이것은 기본적으로 필요한 조건을 제공하지 못하는 것(예: 적절한 음식, 의료적 치료, 혹은 주거의 이용을 보장하지 않는 것) 혹은 관리의 부족(예: 어린 아동에게 주의를 기울이지 않고 내버려두거나 믿을 수 없는 사람에게 보호를 맡기는 것)과 같은 형태를 띤다. 네 번째 범주는 **심리적 혹은 정서적 학대**(예: 아동을 조롱, 위협, 과도하게 통제함으로써 정서적 안정, 수용, 자율성에 대한 아동의 욕구를 만족시키지 못하는 것)이다. 심리적 학대는 가장 최근에 제안된 범주이며, 이는 그 정의에 관하여 일치된 합의가 가장 부족한 유형이다(Cicchetti, 1991a 참조).

최근의 연구들은 이와 같은 유형에 다섯 번째 범주로서 **가정폭력**에의 **노출**을 추가시켜야 할 필요성을 제안한다(McGee, Wolfe, & Wilson, 1997). 특히 아동이 그들이 사랑하고 의존하는 부모 중 하나에게 폭력이 가해지는 것을 목격할 때 아동은 자신이 직접 구타를 당하지 않아도 외상을 입을 수 있다.

아동이 경험한 학대의 유형을 구별하는 작업(예를 들어, 신체적 학대 혹은 성학대)은 다른 유형의 학대가 종종 동시에 발생한다는 사실 때문에 복잡해진다. 이것은 **다중 희생**(multiple victimization)으로 알려져 있다(Rossman & Rosenberg, 1997). 예를 들면, Barnett, Manly, Cicchetti(1993)는 그들 표본의 1/3이 중다적인 유형, 특히 신체학대, 방임, 심리적 학대의 조합을 보였다고 밝혔다. 따라서 다중 희생은 학대당한 한 유형으로 아동의 표준이 될 수도 있다.

학대의 평가

학대의 정의가 사법권 관할에 따라 다르기 때문에, 주와 국가 간의 비교를 가능하게 할 정확한 통계치를 집계하기가 어렵다. 게다가 발생률 자료에 기술된 것처럼 우리는 그 자료들이 상당히 다양한 출처에서 수집됐다는 것을 명심할 필요가 있다. 그것은 아동 기관에 보고된 사례, 당국에 의해 입증된 사례로 보고된 사례보다 적거나 보통 1/3에 달하는 수준이며,

부모나 아동에 의해 자기보고된 사례로 종종 소수의 표본에 기초한 것이다. 가장 신뢰로운 자료는 국가적으로 대표적인 표본으로부터 온 것이며 본 장에서 우리는 가능한 한 이러한 자료를 근거로 논의할 것이다. 가장 최근에야 학대에 관한 국가적 데이터베이스가 확립되었는데, 이것은 보고된 사례와 입증된 사례 모두에 대한 포괄적인 정보를 제공한다.

발달 차원

Cicchetti와 Toth(1995b)는 학대를 정의하기 위해서는 학대의 발달적 맥락을 함께 고려할 필요가 있음을 주장한다. 발달정신병리의 관점은 각 발달단계에서 필요로 하는 아동의 요구뿐만 아니라 이런 요구를 충족시켜 주지 못하는 부모의 실패와 관련된 위해의 잠재적 효과에 대해서도 주의를 기울이도록 한다. Barnett, Manly, Cicchetti(1993)은 다음과 같이 말했다.

> 사회에서 수용될 수 없다고 여겨지는 부모의 행위는 아동의 연령에 따라 달라진다. 게다가 발달을 증진시키거나 아동에게 심리적 위해를 가져올 수 있는 부모의 행위 유형 또한 발달 과정에 따라서 변화할 수 있다. 따라서 걸음마기 아동에게는 학대였을 수 있는 행위가 청소년에게서는 아닐 수 있고, 청소년에게 학대인 행위가 학령전기 아동에게는 그렇지 않을 수도 있다(p. 24).

예를 들면, 어린 아동은 그들의 신체적·정서적 복지를 양육자에게 완전히 의존하기 때문에 부주의하고, 느슨하고, 무관심한 양육은 영아기에 가장 심각한 결과를 가져올 수 있다. 이와는 대조적으로 과보호, 침투적·통제적 양육은 청소년의 발달에 더 파괴적일 수 있다. 그러므로 발달적 관점은 특정 연령과 단계에서 아동의 적응에 미치는 부모의 행동의 잠재적인 영향의 관점에서 학대를 정의해야 할 필요성을 경각시켜 준다.

나아가 아동학대의 가장 중요한 측면은 학대가 가족 환경에서 자주 발생한다는 것이며, 아동이 보호 받기 위해 의존하는 바로 그 성인에 의해 학대가 일어난다는 사실일 것이다(Trickett & McBride-Chang, 1995). 결과적으로 학대에 관한 문헌들은 부모-자녀의 관계적 맥락에서 드러나는 주요 발달적 역량(정서조절, 대인간 신뢰, 자기존중감)에 초점을 맞추고 있다. 이러한 발달적 역량은 발달의 각 단계에서 달성해야 하는 능력과 다음 단계로의 진전에 깊은 관련을 맺는다.

비교문화적 및 민족적 차이

전반적 관점

아동학대에 관한 국제적 자료 집계는 세계 여러 지역에서 학대를 정의하고 인식하는 방식이 상당히 달라 쉽지 않다. 예를 들어, 체벌(예: 찰싹 때리기)이 서구의 여러 국가에서는 신체학대로 정의되지만, 미국과 캐나다에서는 그렇지 않다. 실제로 체벌은 23개 주의 공립학교 체계에서는 허용되고 있다(National Coalition to Abolish Corporal Punishment in Schools, 2003). 매(Beating)는 스리랑카, 케냐, 루마니아, 인도를 포함한 많은 나라에서 아동을 훈육하는 한 가지 방식으로 수용되고 있다(Schwarz-Kenney & McCauley, 2003). 반면에 서구 문화에서 보편적인 것으로 여겨지는 행동이 다른 사회에서는 학대로 여겨질 수도 있다. 예를 들면, 어린 아동이 따로 떨어진 방에서 혼자 자는 것이 가족 침대를 사용하는 관습을 가진 사회에서는 정서적 학대의 한 유형으로 여겨질 수도 있다.

표 14.1 세계의 여러 지역에서 보고된 학대 비율

	국가		
학대 유형	**호주**	**아일랜드**	**미국**
신체적	28%	11%	25%
성적	16%	34%	16%
방임	24%	47%	45%
심리적	31%	8%	6%

출처: Schwartz-Kenney와 McCauley(2003).

세계보건기구(WHO, 1999)에서는 아동학대와 관련된 자료 수집을 전 세계에 요구하여 여러 국가들로부터 이용 가능한 통계치를 집계하기 시작했다. WHO(1999)는 전 세계에서 4천만 명의 아동이 학대와 방임으로 고통 받고 있다고 추정하였다. 이번에는 국제연합아동기금(UNICEF, 2003)에서 산업화된 국가에서 학대로 인한 아동의 사망률에 대한 자료를 보고했는데, 스페인에서는 100,000명 중 0.1명이, 멕시코와 미국에서는 100,000명 중 2.2명의 아동이 이에 해당된다고 밝혔다. 그들의 추정에 따르면 학대와 방임으로 독일과 영국에서는 매주 2명이, 일본에서는 4명이, 그리고 미국에서는 27명의 아동이 죽어가고 있다. 가난과 아동학대 간의 관련성은 미국, 멕시코, 인도, 방글라데시, 영국을 포함한 많은 나라에서 입증되어 왔다(WHO, 2002).

표 14.1에 제시한 예처럼 당국에 보고된 비율은 문화마다 매우 다르다(Schwartz-Kenney & McCauley, 2003). 이러한 차이가 서로 다른 정의와 용인 수준(tolerance levels)에 인한 것인지, 실제 빈도의 차이를 반영하는 것인지, 지금으로서는 아직 알 수 없다. 그러나 한 가지 심각하게 고려할 점은 문화적 관습은 아동학대가 보고될 것인지의 여부에 영향을 미칠 수 있다는 것이다. 예를 들어, 성인에게 복종할 것을 강조하는 문화에서는 아동이 앞으로 나서는 것이 억제될 수 있으며, 가족의 사생활을 강조하는 문화에서는 당국에 보고하는 것이 배신으로 여겨질 수도 있다(Comas-Diaz, 1995). 어떤 사례에서는, 아동학대 보고의 대가가 커서 이에 대하여 아무런 언급을 하지 않는 경우도 있다. 성적으로 학대받은 여자 아동은 그것이 자기 가족에게 되돌이킬 수 없는 수치심을 가져오게 한 죄로 추방되거나 혹은 일부 사회의 경우엔 죽음의 두려움까지도 불러일으킬 수 있다(Shaloub-Kevorkian, 1999).

그러므로 공식적으로 보고된 빈도에 대한 신뢰는 실제로 아동의 가정에서 이루어지는 행태에 대하여 그릇된 인상을 줄 수 있다. 부모와 아동의 자기보고가 편향이 없을 수는 없지만 보고를 누가 하느냐에 따라 다르게 비출 수 있다. 칠레, 이집트, 인도, 필리핀, 미국에서 지난 6개월 동안 어머니의 훈육 방침 보고에 기초한 비교 국가적 자료를 **표 14.2**에 제시

표 14.2 5개국에서의 부모 훈육 방침

	빈도				
	칠레	이집트	인도	필리핀	미국
심각한 체벌					
물건으로 때리기(엉덩이 제외)	4	26	36	21	4
발로 차기	0	2	10	6	0
화상 입히기	0	2	1	0	0
때리기	0	25	—[a]	3	0
총이나 칼로 위협하기	0	0	1	1	0
목조르기	0	1	2	1	0
경미한 체벌					
엉덩이 찰싹 때리기(손으로)	51	29	58	75	47
엉덩이 때리기(물건으로)	18	28	23	51	21
얼굴이나 머리 때리기	13	41	58	21	4
아동의 머리카락 당기기	24	29	29	23	—[a]
아동을 잡고 흔들기	39	59	12	20	9
손가락관절 때리기	12	25	28	8	—[a]
꼬집기	3	45	17	60	5
언어적/심리적 처벌					
아동에게 소리 지르고 고함치기	84	72	70	82	85
아동에게 욕하기	15	44	29	24	17
아동을 저주하기	3	51	—[a]	0	24
아동에게 말하는 것을 거부하기	17	48	31	15	—[a]
집에서 내쫓겠다고 위협하기	5	0	—[a]	26	6
유기하겠다고 위협하기	8	10	20	48	—[a]
아동을 집 밖으로 내쫓고 문을 잠그기	2	1	—[a]	12	—[a]

[a] 조사에서 제외된 항목.

출처: World Health Organization(2002).

하였다(WHO, 2002). 이 연구의 강점은 연구자들이 문항 안에 "학대"라고 명명하지 않고 중립적인 용어로 제시했다는 것이다. 많은 부모들은 물건으로 아동을 때린다고 보고했으며, 구타를 주로 사용되는 "적절한" 형태의 체벌이라고 정의하였다.

민족적 차이

한 국가 내에서도 하위 민족에 따른 차이 또한 존재한다. 예를 들어, 미국의 아동보호기관(Child Protective Services)의 보고에 따르면 아시아계 미국 아동은 1,000명 중 4.4명으로 가장 낮은, 아프리카계 미국 아동은 1,000명 중 25.2명으로 가장 높은 학대율을 갖는다(DHHS, 2001)(**그림 14.2** 참조). 사회계층과 인종 간의 일치는 학대 발생률에 있어서 민족

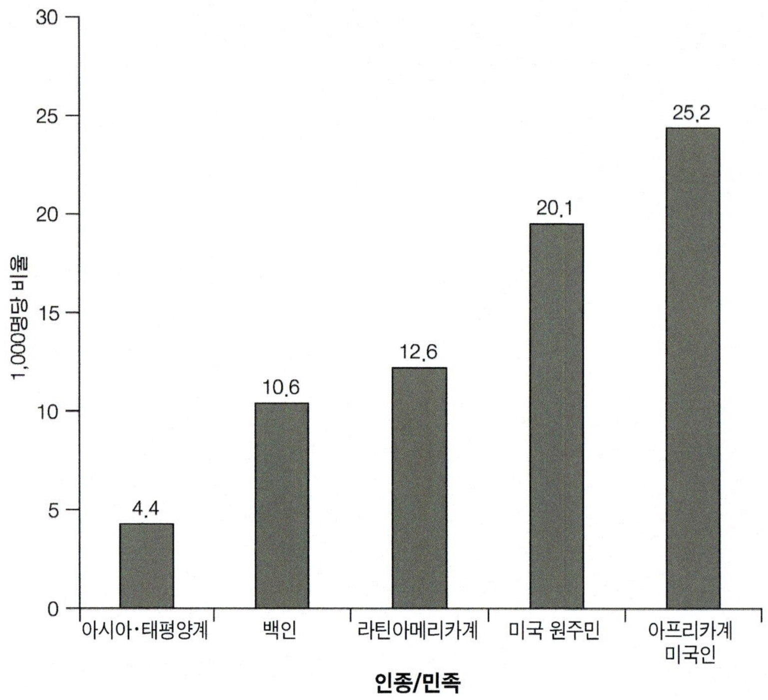

그림 14.2 미국 아동학대의 민족적 차이(1999)

출처: 미국 보건복지부(DHHS, 2001).

적 차이를 설명해줄 수 있다(Morton, 1999). 가난과 관련된 모든 것(한 부모의 양육, 부모의 청년기와 교육의 부족, 생활스트레스, 제한된 자원, 가정에 아주 많은 어린 아동) 들은 학대의 가능성을 증가시킨다. 그리고 이것은 바로 미국의 많은 소수민족의 가정생활의 상황이다. 예를 들면, 아프리카계 미국인 중 30%는 학대 발생률이 가장 높은 최하위 저소득층으로 분류된다(1,000명 중 47명). 나아가 또 다른 아동학대 위험요인인 편모 가정 비율은 유럽계 미국 아동의 경우 18%이며, 아프리카계 미국 아동의 경우 52%가 해당된다(Morton, 1999). 미국－원주민, 아프리카계, 히스패닉계/라틴계, 아시아계 미국인－의 다문화적 맥락에 있어서의 아동학대에 대한 자세한 논의를 위해서는 Malley-Morrison과 Hines (2004)를 참조하라.

소수민족에 대한 학대 비율의 차이는 차별적 보고의 결과일 수 있다. Zellman(1992)은 학대가 의심되면 보고해야 할 법적 의무가 있는 2,000명의 전문가에게 가설적 삽화를 제시하고, 삽화 내의 가족이 아프리카계 미국인이며 낮은 사회경제적 계층으로 묘사됐을 때 학대 보고가 그 가족에게 이득이 될 거라는 신념이 학대 사례를 보고할 가능성이 증가한다는 것을 밝혔다.

이런 불일치에 대한 또 다른 설명은 문화적 편견으로 학대적 행동이 그들의 맥락 안에서는 용납되며 심지어는 기능적인 양육 방침으로 여기게 할 수 있다는 것이다. 백인 중산층 심리학자들에게는 부정적인 것으로 여겨지는 양육행동이 소외된 지역사회에서는 적응적인 것으로 여겨질 수도 있다.

예를 들어, 사회경제적 지위가 낮은 아프리카계 미국인 가정에서는 온정보다 통제를 강조하는 양육이 위태롭고, 높은 위험의 환경에서 성장하는 아동들에게는 적절한 것이며, 그들이 앞으로 살아가야 하는 가혹한 세상에 적응하기 위해서 아동은 "강인"해지도록 도와주는 기능을 하는 것일 수도 있다. 또 다른 예를 들면, 미국 원주민 사회에서 양육은 허용적이며 느슨하게 구조화된 경향이 있으며, 다수의 양육자가 아동의 신체적 보호를 맡도록 되어 있다. 이것은 지배적인 문화의 관찰자에게 방임하는 것으로 인식될 수 있지만, 원주민에게 그런 양육은 아동의 자율성에 대한 존중이며 확장된 가족에 대한 신뢰라는 문화적 가치를 반영하는 것이다(Malley-Morrison & Hines, 2004). 그러므로 연구자들은 아동의 다양한 양육 관습의 의미와 영향을 정확하게 판단하기 위해서 문화적으로 충분한 지식을 반드시 갖추고 있어야 한다(Korbin, 2002).

Deater-Deckard와 동료들(1996)의 연구에서 문화적 상대주의를 지지하는 증거로 체벌이 유럽계 미국인 표본에서는 아동의 높은 공격성과 관련되지만 아프리카계 미국인 표본에서는 그렇지 않다는 연구결과를 제시하였다. 그들은 이러한 결과가 문화적으로 구성된 부모 행동의 의미(meaning)가 중요함을 제안하는 것으로 해석하였다. 특히 그들은 훈육이 정서적으로 강렬한 방식으로 이뤄지는지 아니면 통제된 방식으로 이뤄지는지에 따라 그 결과가 다를 수 있음을 주장하며 체벌의 정서적 맥락이 중요하다고 제안한다(Deater-Deckard & Dodge, 1997). 그들의 관점에 따르면 "유럽계 미국인 가정에서의 혹독한 훈육의 존재는 종종 통제 불능 자녀 또는 부모 중심적인 가족임을 암시하지만, 아프리카계 미국인 부모의 부족한 훈육은 부모역할의 포기를 의미할 수도 있다"(p. 170). 그러나 Deater-Deckard 등의 연구는 경미한 체벌을 다룬 것이라는 것을 고려해야 한다. 이후 연구에서 그들은 신체적 학대의 영향이 유럽계 미국 아동과 아프리카계 미국 아동 모두에게 동일하게 부정적인 것이라고 밝혔다(Deater-Deckard, Dodge, & Sorbring, 인용).

다음으로 우리는 학대의 유형들을 개관하고, 아동발달에 미치는 영향을 기술하겠다.

2. 신체학대

정의 및 특성

정의

신체학대(physical abuse)는 실제로 혹은 잠재적으로 아동에게 신체적 손상을 가져오며, 그런 행동을 이성적으로 통제할 수 있을 것으로 여겨지는 양육자에 의해 가해지는 행위를 포함한다(World Health Organization [WHO], 1999). 신체학대는 지속적인 신체적 손상을 이

글상자 14.1 사례 연구: 대리인에 의한 뮌하우젠 증후군

뮌하우젠 증후군은 17세기에 엽기적 이야기의 작가로 알려진 뮌하우젠 귀족의 이름을 딴 것이다. 이는 성인이 가짜 질병을 가장해 의료적 관심을 반복적으로 추구하는 장애이다. 대리인을 활용한 뮌하우젠 증후군(Munchausen by proxy syndrome)은 의료 전문가의 주의를 끌기 위해 부모가 아동의 질병을 꾸며내는 것을 의미한다(Meadow, 1993). 이러한 증후군은 인자한 부모역할과는 아주 거리가 멀다. 아동은 고통스럽고 침투적인 의료 절차를 겪고 반복적으로 입원하는 등의 정서적 스트레스로 고통을 받는다. 또한 아주 극단적인 형태로는 실제로 병을 만들기 위하여 부모가 아동에게 의도적으로 상처를 입히기도 한다.

8세 여아의 사례에서, 부모는 일련의 모호한 신체적 문제로 도움을 반복적으로 요청하였다. 의사들은 원인을 찾으려고 노력했지만 여아의 건강은 급격히 악화되었다. 이전에는 날씬하고 활기찬 아이였지만, 엄청나게 살이 찌고 무감각해졌다. 검진 결과 아동은 미세 골절이 전신에 걸쳐 진행 중일 정도로 심각한 고통을 받고 있었다. 분명 무언가 심각하게 잘못되었으므로 아이는 입원하였다. 어머니와 아이를 관찰할 기회가 많아지면서 의료진은 다른 특이점을 알아차리기 시작했다. 이전의 보고는 아이가 발달적으로 잘 성장하고 있다고 했었지만, 이제 그 아이는 미숙하게 행동하며, 학교나 또래관계에 관심이 전혀 없었다. 그 아이와 어머니는 밀착되어 있었고, 의료진이 당황스러워할 정도로 서로의 눈을 사랑스러운 듯이 주시하는 데 오랜 시간을 보냈다. 어머니는 초기에는 조언을 주려는 임상심리학자들에게 협조하는 것을 꺼려했지만 점차 신뢰를 갖게 되었다. 어머니가 자신에 대한 정보를 더 드러내기 시작하며 심리학자들은 수없이 많은 특이한 사실들을 알게 되었다. 예를 들어, 어머니는 자신의 젖이 아이에게 유일한 최적의 자양분이라고 수년 동안 믿어 왔으며, 젖이 나올 때 엄청나게 많은 양의 젖을 얼려서 "아이스캔디"로 만들었다. 이것이 이제 학령기인 아이의 주식의 일부가

끄는 심각성과 잠재성에 따라 그 범위가 넓다. 상처는 타박상이나 자상과 같이 상대적으로 미약한 것일 수도 있고, 뇌손상, 내장 상해, 화상, 열상과 같이 심각한 것일 수도 있다. 신체학대의 희귀한 형태 중 하나는 뮌하우젠 증후군(Munchausen by proxy syndrome)인데, 이는 부모가 아동의 신체적 질병을 꾸미거나 심지어는 만들어내서 아동이 반복적이고 불필요한 의료 절차를 받게 함으로써 심리적 혹은 신체적 손상에 이르게 하는 것을 의미한다 (**글상자 14.1** 참조).

유병률

아동학대 유병률은 연구마다 다른 정의와 이에 대한 측정치가 다르기 때문에 다양하게 나타난다. 2~17세 미국 아동 2,030명의 전화조사는 지난 해 동안 약 3%의 아동이 양육자에게 신체적 학대를 당했다고 보고했다(Finkelhor et al., 2005). 신체학대는 학대가 입증된 모든 사례의 23%에 달한다(DHHS, 2001). 그러나 실제 비율은 아마도 더 높을 것으로 여겨진다. 매년 미국에서 1,200건의 학대 관련 사망 사건이 일어나지만 많은 아동의 죽음이 "사고" 혹은 "영아 돌연사 증후군"으로 돌려지기 때문에 이것은 과소추정된 것으로 여겨진다.

아동의 특징

신체학대의 빈도는 아동의 연령에 따라 다르다. 학대 아동의 대부분은 어린 아동이다. 학대

글상자 14.1 사례 연구: 대리인에 의한 뮌하우젠 증후군 (계속)

되었다. 동생에 대한 의심이 생긴 심리학자들은 그에 대해 탐문을 했고 그 아이가 2년 전 병명을 알 수 없는 원인으로 죽었고, 그 아이 역시 같은 병원에서 장기적인 치료를 받았었다는 사실을 알았다.

이런 미스테리에 대한 해답은 방문 시간에 어머니가 아이에게 어떤 알약을 주는 것을 한 의료진이 발견하면서 얻게 되었다. 그녀의 지갑을 뒤졌더니 스테로이드가 발견되었다. 엄청난 양의 스테로이드를 아이에게 먹여 심각하고 쇠약한 질병을 만들어냈다.

부모가 이런 방식으로 아이를 학대한 원인은 무엇일까? 이 증후군이 원래 생각했던 것처럼 드문 것은 아니라는 것을 인식하게 되면서 관심은 증가하고 있지만 이 분야의 연구는 거의 이루어지지 않았다. 예를 들어, 316명의 소아과 의사에 대한 조사에서 273건의 사례가 확인되었고, 192건이 의심되는 사례였다(Schreier & libow, 1993). 더 최근에 Sheridan(2003)의 재조사는 경험적인 문헌에서 밝혀진 451 사례를 기술하였다. 이 중 7%는 장기적인 장애로 고통 받는 것으로 간주됐으며, 6% 이상은 사망하였다. 희생자는 영아와 걸음마기 아동이 대부분이지만 남아와 여아의 비율은 비슷하였다. 증상의 발현과 진단 간에는 평균적으로 21개월이 걸리며, 사례의 60% 이상이 형제에게도 의심되는 증상이 있다. 가해 부모는 보통 어머니였으며(사례의 76%), 아버지는 때론 어머니의 수단이 되는 정도의 역할을 하는 것으로 보인다. 가해자 정신병리 관점에서 29%는 뮌하우젠 증후군을 암시하는 특징을 보이며, 22%는 다른 정신과적 진단(보통 우울증 혹은 성격장애)을 받았으며, 22%는 아동기에 자신이 학대로 고통을 받았었다. 나아가 심리검사에서 이들은 어머니와의 관계에서 거리감이 있는 그림을 그린다(Bools, Neale, & Meadow, 1994). 때때로 나이 든 아동에게는 자신의 증상을 속이고 왜곡시키도록 하여 문제를 감지하고 치료받기 어렵게 만들게 하기도 한다(Parnell, 2002).

의 51%가 7세 이하이며, 26%는 3세 이하이다. 청소년은 표본의 20%에 달하며 세 번째로 큰 집단이다. 심각한 상처는 연령이 높은 아동에게서 더 흔하지만, 대부분의 아동의 사망은 2세가 안 된 영아에게서 발생한다. 게다가 연령은 성별과 상호작용한다. 남아의 경우 4세와 8세 사이에 신체적 학대를 받을 가능성이 가장 높지만, 여아의 경우 12세와 15세 사이 학대받을 가능성이 가장 높다(DHHS, 2001). 학대받은 아동 중에서 민족과 관련해서는 유럽계 미국 아동이 아프리카계 미국 아동에 비해 신체학대의 피해자가 될 가능성이 더 높은 것으로 나타났다(Office of Juvenile Justice, 2000).

학대에 대해 더 큰 위험이 있는 아동은 미숙하거나 정신적으로 지체된 아동, 혹은 까다롭거나 특별한 결함이 있는 아동들이다. 예를 들어, Sullivan과 Knutson(1998)은 장애 아동의 경우 신체적으로 학대받는 아동이 학대받지 않은 아동의 두 배나 되는 것을 밝혔다. 반항성 장애와 같은 행동장애를 겪는 아동 또한 신체학대의 위험이 높다(Ford, Racusin, Ellis, Davis, Reiser, Fleischer, et al., 1999). 행동적으로 혹은 발달적으로 어려움이 있는 아동은 부모가 가진 자원에 지나친 부담을 줄 수 있고, 이는 부모역할을 미흡하게 만듦으로써 자신의 어려움을 증가시킨다. 게다가 부모를 더 큰 스트레스에 노출시키며, 이와 같은 이후의 악순환은 궁극적으로 폭력을 초래하기도 한다.

발달경로

이 장의 개관은 특별히 다른 언급을 하지 않은 한 Kolko(2002), Trickett과 McBride-Chang (1995), Wekerle와 Wolfe(2003)에 의한 광범위한 개관에서 얻은 정보를 통합한 것이다.

생물학적 맥락

신경심리학의 최근 연구들은 아동학대가 뇌 발달에 상당한 영향과 역효과를 끼친다는 것을 증명하였다. 자기공명영상법(MRI)은 학대받은 아동의 경우 보다 작은 크기의 뇌, 뇌량, 오른쪽 측두엽뿐 아니라 전두피질 내의 적은 양의 백질을 갖게 됨을 밝혔다(Beers & De Bellis, 2002). 이러한 결함은 뇌의 각 영역 간의 효율적인 소통과 실행기능에 영향을 미칠 수 있으며, 정서조절, 충동 통제, 추론과 같은 중요한 역량의 발달을 방해할 수 있다. 게다가 이런 구조적 결함은 학대가 발생하는 당시의 아동 연령과 관련된다. 외상이 발달의 초기에 일어났을 때 가장 심각한 문제를 일으킨다.

이러한 결과에 대한 한 가지 설명은 지속적인 외상적 스트레스가 카테콜아민(노르에피네프린, 에피네프린, 도파민을 포함한 신경전달물질)의 생성을 자극하고 뇌의 시상하부-뇌하수체-아드레날 분비 계열(limbic-hypothalamic-pituitary-adrenal, LHPA)을 활성화시킨다는 것이다. 이는 부신에서 코르티솔의 과잉분비를 초래하고 자율신경계를 자극하여 행동을 활성화시키며 강렬한 각성을 일으킨다. 이런 활성화가 오랜 기간 동안 줄어들지 않고 지속될 때, 과도한 양의 코르티솔은 어김없이 뇌 발달에 치명적인 영향을 미치게 된다(De Bellis, 2001)(**그림 14.3** 참조).

한 가지 희망은 학대 환경으로부터 구조된 아동들이 회복되는 것으로 보이며 정상적 인지발달이 이루어질 수 있다는 증거들 또한 제안되고 있다는 것이다.

신경심리학적 연구들은 일반적으로 서로 다른 유형의 학대를 같은 집단으로 범주화하도록 하였다. 그러므로 이런 연구결과들은 신체학대에만 국한된 것은 아니며 이후의 다른 유형의 학대에 대한 논의와 관련될 것이다.

인지발달

학대받은 어린 아동은 인지발달과 언어발달, 특히 표현언어 면에서 심각한 지연을 보인다. 아동기 중기에 들어서면서 신체적으로 학대를 받은 아동은 모든 영역에서 인지적 지연을 지속적으로 보이는데, 표준화된 IQ 검사에서 비학대 아동보다 20점이나 낮은 점수를 얻었다. 비슷하게 학업성취검사에서 신체적으로 학대를 받은 아동은 언어와 수학 능력에서 두 학년 수준 밑의 저조한 수행을 보였으며, 그들 중 1/3은 특수 교육이 필요했다. 또한 학습장애가 있는 아동들 사이에서도 학대받는 아동들이 많이 나타난다. 청소년기에는 낮은 성취와 더 잦은 유급이 나타나기도 한다.

정서발달

개인 내적 맥락과 대인간 맥락은 영아기의 주요 단계 특정적 과업, 즉 안정적 애착관계의

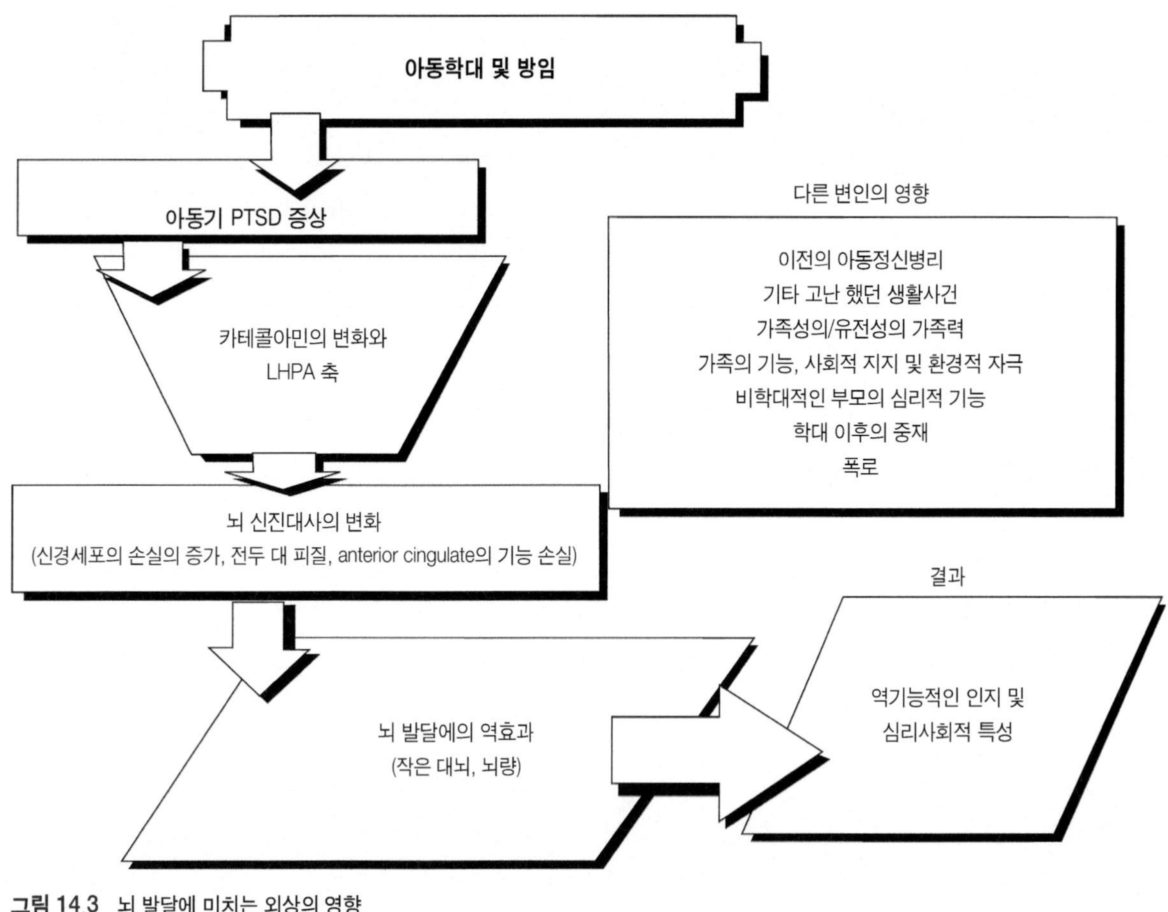

그림 14.3 뇌 발달에 미치는 외상의 영향

출처: D. De Bellis(2001).

형성과 관련을 맺는데, 이는 아동의 안전감, 상호감, 자기존중감을 발달시키는 데 필수적이다. 학대받은 영아의 70~100%는 양육자와의 현저한 불안정애착을 보인다. 신체적으로 학대받은 아동은 회피애착 패턴을 보일 가능성이 높으며, 스트레스를 받을 때 주의를 끌거나 접촉하는 것을 자제한다(Crittenden, 1992). 이러한 행동은 주목을 끌려는 노력을 최소화하고 자제함으로써 어머니의 분노 가능성을 줄인다는 점에서는 적응적일 수 있다. 그러나 회피 아동의 안전감과 위안의 욕구는 충족되지 않으므로, 향후 그들의 발달은 부정적인 영향을 받는다.

공격성, 비순응, 품행장애와 같은 외현화 문제도 학대받은 남아에게서 자주 나타난다. 우울증과 낮은 자기존중감과 같은 내면화 문제는 주로 학령기에 나타나며, 여아에게서만 나타나는 것은 아니다. Toth, Manly, Cicchetti(1992)는 신체적으로 학대받은 아동의 22%가 임상 수준의 우울증을 가진 것으로 밝혀졌는데, 이것은 방임된 아동의 3%, 비학대 아동의

6%와 대조적이다. 학대의 시작이 11세 이전이었다면 우울한 인지 양식을 발달시킬 가능성이 특히 높은데, 이 시기의 어린 아동은 대인간 신뢰감과 개인의 효능감을 키우기 위해 부모에게 의존한다.

신체학대가 초기에 정상적인 자기(self)의 발달을 방해한다는 증거도 있다. 독립된 존재로서의 자기의 초기 발달을 보여주는 검사 중 한 가지는, 걸음마기 아동이 거울에 비친 자기상을 인식하는 능력을 측정하는 것이다. 이러한 시각적 자기인식이 학대받은 아동에게서는 지연되어 나타난다. 나아가 그들은 거울에 비친 자신의 얼굴을 탐색할 때, 비학대 아동이 긍정적인 감정을 보이는 것과는 달리 중립적이거나 부정적인 감정으로 반응하였다. 대부분 경우 학대받은 아동의 자기존중감의 문제는 자기 능력을 과소평가하는 형태로 나타나지만, 일부 학대 아동의 경우는 비현실적으로 과장된 자기존중감을 보이기도 한다. "나는 모든 면에서 최고야!"라는 단호한 주장은 무력감과 부적절감이라는 깊은 감정에 대한 원시적인 방어기제의 기능을 한다(Vondra, Barnett, & Cicchetti, 1989). 그러나 이것은 실제 능력에 기초한 것이 아니기 때문에 자기의 방어적인 과대평가는 깨지기 쉬우며 쉽게 흐트러진다. 따라서 자기에 대한 과대평가는 방어기제라기보다는 오히려 취약성의 새로운 원천으로 작용할 수 있다(Cicchetti & Howes, 1991).

초기 자기발달 또한 자신과 타인의 정서에 대해 인식하고 이야기하는 능력과도 높은 관련을 맺는다. Beeghly와 Cicchetti(1994)는 학대받은 걸음마기 아동은 빈약한 내적 상태 어휘록을 가지고 있다는 사실, 즉 부정적인 정서상태를 기술할 어휘가 부족하다는 것을 발견했다. 장기적으로는 정서에 접근하여 이를 통제하는 능력의 부족이라는 결과를 초래한다. 따라서 학령기에 신체적으로 학대받은 아동은 타인의 정서를 탐지하고 그것에 반응하는 능력에 계속적인 결함을 보인다. 게다가 그들은 빈약한 정서조절을 보이는데, 이것은 정서를 과도하게 통제하거나 혹은 거의 통제하지 않는 결과를 초래한다. 예를 들어, 325명의 중국 아동과 그들의 가족을 표본으로 한 Chang과 동료들(2003)의 연구에서 가혹한 양육과 아동의 또래 공격성 간에 역기능적 정서조절(dysregulation)이 매개한다는 것을 밝혔다. 연구자들의 주장에 따르면, 부모의 분노 표현은 아동의 정서 교환을 부정적인 패턴으로 사회화시키고, 화난 감정을 관리하는 아동의 능력을 파괴하는 감정적 의사소통의 한 가지 유형이며, "부모의 공격적인 신체적 표현과 수반되는 분노, 냉담함, 증오의 표현은 행위 그 자체보다 더 해로울 수 있다"(p. 603).

학대받은 아동의 정서 및 행동적 문제는 결코 줄어들지 않으며 청소년기에는 더욱 심각해진다. 아동기 학대는 청소년기의 우울증, 낮은 자기존중감, 품행장애, 반사회적 행동에 대한 주요 예언변인이다.

사회적 발달

학대받은 걸음마기 아동은 부모의 행동과 같은 방식으로 또래들에게 반응한다. 예를 들어, 친구가 고통을 드러내고 있을 때 학대받은 걸음마기 아동은 다른 아동에 비해 공감적이거나 염려스러운 반응을 보일 가능성이 더 적으며, 두려움과 신체적 공격성으로 반응할 가능성이 더 높다. 비슷하게 Egeland(1991)의 종단연구는 신체적으로 학대받은 아동이 방임이나 심리적 학대를 받은 아동 및 비학대 아동과 비교했을 때 학령전기에 더 공격적이라는 것을 밝혔다.

또래관계는 학령기에 점차 더 중요해진다. 그러므로 신체학대의 가장 일관된 결과 중 하나가 타인에 대한 높은 적대감과 공격성이라는 사실은 주요하게 다뤄져야 한다. 학대받은 아동은 다른 아동에 비해 사소한 약올림에도 민감하게 반응하고, 무시하는 것으로 인식되어 공격적으로 보복할 가능성이 더 높다. 품행장애 아동과 마찬가지로(10장 참조), 그들은 빈약한 대인간 문제해결기술을 갖고 있으며, 적대적 귀인 편향을 보인다. 학대받은 아동은 타인이 자신에게 부정적 의도를 숨기고 있다고 가정하여 이를 동일하게 돌려줘야 한다고 생각한다. 학대받은 아동의 문제행동은 또래 집단에서 자신에 대한 부정적 평판을 키우는 데 한몫을 한다. 그들은 또래거부를 경험할 가능성이 높다. 예를 들어, 놀이친구로 지명될 가능성이 아주 적고, 급우들로부터 사회적 지지를 적게 받는다(Salzinger et al., 1993). 10장에서 보았듯이 또래거부는 더 큰 공격성을 야기한다.

청소년기는 젊은이들이 중요한 낭만적 관계를 발달시키기 시작하는 시기이며, 종종 그들의 가족은 그들에게 친밀감에 대한 청사진을 제공한다. Wolfe와 동료들(1998)은 청소년의 데이트 관계에 미치는 아동기 학대의 영향을 연구했다. 부모에게 직접 학대를 받은 젊은이들은 데이트 상대에 대해 언어적·신체적으로 학대할 가능성이 더 높다는 것을 발견하였다. 신체적으로 학대를 받은 청소년이 부모에 대해 부정적인 태도를 가지고 있고 학대를 가한 부모를 비난함에도 불구하고 부모의 행동을 모방하는 것이다. 그러므로 아동기의 학대 경험은 이후의 친밀한 관계에 전달되어 폭력과 학대의 세대간 전이의 기반을 마련하는 것으로 보인다.

요약

이 교재에서 사용하고 있는 성격변인들의 관점에서 신체적 학대와 관련한 발견들을 다시 정리하자면, 학대는 아동의 애착, 정서발달, 인지, 대인관계 모두에 부정적인 영향을 준다는 것을 알게 되었다. 회피애착은 아동이 안전감의 욕구를 충족시키고자 하는 욕구와 자기와 타인에 대한 긍정적 작동모델을 발달시킬 기회를 부인하게 함으로써 그러한 부정적 발달의 장을 마련한다. 신체학대는 역기능적 정서조절 발달의 특별 위험요인인데, 빈약한 정서조절은 또래와 가족 구성원에 대한 공격성과 같은 외현화 문제 형태로 나타나거나 철수 및 우울과 같은 내면화된 문제 형태로도 나타난다. 학대받은 아동은 인지적으로도 우울한 사고 양식과 적대적 귀인 편향을 보인다. 학대받은 아동은 대인관계적 발달의 측면에서도 빈약한 사회적 기술, 적은 수의 친구, 타인에 대한 정서적 민감성의 결핍을 보인다.

병인론: 신체적으로 학대하는 부모

아동학대의 77%는 부모에 의한 것이며, 다른 가족 성원들은 아동학대의 12%를 차지한다(Wolfe & McEachran, 1997). 아동을 돌보는 일차적 존재는 어머니이므로, 어머니는 학대의 가장 잦은 가해자가 된다. 그러나 아동 치사의 대부분은 아버지와 남성 양육자에게 책임이 있다(National Center on Child Abuse and Neglect, 2001). 아동 사망의 원인은 아동의 머리를 때리는 것 혹은 격렬히 흔드는 것, 질식시키는 것, 화상을 입히는 것과 같은 극단적인 형태의 공격이다.

개인적 맥락

어떤 부모가 아동을 학대하는가? 가장 단순한 설명은 학대적 부모가 정신적으로 건강하지 않을 수 있다는 것이다. 그렇지만 이것 또한 단순하지만은 않다. 학대하는 남성들에 대해 알려진 것은 거의 아무것도 없다. 그러나 학대하는 전형적 어머니에 대해 말할 수 있는 것은, 이들이 대부분 십대에 첫 아이를 가졌다는 정도이다. 그녀의 삶은 스트레스 투성이다. 집안엔 어린 아이들이 많이 있고, 어떤 혜택도 받지 못하고, 사회적 지지는 거의 없으며 가난하다. 그녀는 우울증 혹은 약물남용과 투쟁하고 있을 수도 있으며, 짜증스럽고 분노에 차 있을 수 있다(Black, Heyman, & Smith-Slep, 2001).

가난은 위험요인이며, 스트레스를 일으키는 생활사건이 이런 위험을 증가시키기는 하지만, 가난하고 스트레스 받는 대부분의 어머니가 자녀를 학대하는 것은 아니다. 오히려 스트레스에 대한 부모의 취약성에서 개인차가 문제이다. 예를 들어, Pianta, Egeland, Sroufe (1990)는 스트레스의 절대적 양이 아니라 특정한 성격 특성과 능력이 어머니의 학대를 예언한다는 것을 밝혔다. 학대하지 않는 어머니들이 스트레스를 잘 이겨내는 것에 비해 학대하는 어머니들은 매우 불안하고 화가 나 있으며 방어적이다. 어머니의 정서적 불안정성은 학령전기 학대에 영향을 주는 가장 중요한 요인이며, 스트레스와 사회적 지지는 이차적으로 중요한 요인들이다.

학대하는 어머니들은 여러 가지 면에서 부모역할에 대해 미흡하게 준비된 것으로 보인다. Dukewich, Borkowski, Whitman(1996)은 **양육 준비도**(preparation for parenting)—아동발달에 대한 지식, 아동중심성, 양육 역할에 대한 적절한 기대—의 부족이 청소년기에 어머니가 된 사람의 가장 강력한 특징이라는 것을 밝혔다. 신체학대자는 충동을 통제하고 좌절을 인내하는 정도가 낮은 경향이 있다. 이런 어머니들은 아동을 양육하는 데 있어서 일상적인 요구조차 견딜 수 없을 것이다. 나아가 그들은 아동 양육 전략을 선택하는 데 있어 경직되어 있으며, 그들은 체벌을 대신할 만한 양육 방침이 거의 없다(Black, Heyman, & Smith-Slep, 2001).

학대하는 부모는 아동의 행동을 인지적으로 처리하는 과정에도 문제가 있다. 예를 들어, 학대하는 부모는 자녀와 관련하여 인지적 왜곡에 빠진다. 이들은 아동의 문제행동을 아동의 의도성(예: "그는 미리 알고 있었어") 혹은 내적이고 안정적인 부정적 특질(예: "그녀는 교활해"), 때문이라고 생각할 수 있으며, 혹은 아동을 자신이 부정적인 감정을 갖는 타인과 구분하는 것을 실패(discrimination failures)(예: "그는 자기 아빠랑 똑같아—나빠!") 할 수도 있다(Azar, 1997). 아동의 잘못을 의도적이고 사악한 것으로 지각하는 부모는 아동의 잘못으로 더 큰 고통을 받아 매우 처벌적인 방식으로 반응하게 되며, 위와 같은 부정적 귀인으로 자기 정당화를 하게 된다. 부모의 우울증은 스트레스에 대한 부모의 저항력을 감소시켜 부정적인 방식으로 사건을 평가하는 경향을 증가시키기도 하며, 위와 같은 잘못된 귀인의 원인이 되기도 하다.

학대하는 부모는 자신이 어렸을 때 학대받았었다는 주장을 많이 한다. 학대자가 학대받았었다는 것은 종종 사실이기도 하지만, 아동기에 학대받은 사람들이 학대를 "반복하도록 운명 지어져" 있는 것은 아니다. 학대의 세대간 전달의 추정치에 따르면 학대받은 아동의 약 30%가 학대의 순환을 반복하게 된다(Egeland, 1988). 보호요인들 또한 밝혀졌다. 학대받은 아동 중 학대자가 되지 않은 사람들은 자신을 학대하지 않은 부모와는 더욱 지지적인 관계를 가졌을 가능성이 높다. 이들은 성인기에도 지지적인 사람들과 관계를 유지하며, 더 적은 스트레스 사건을 경험한다. 게다가 이들은 자신이 받은 학대에 대해 더욱 공개적으로 분노를 표현하여 과거의 학대를 반복하지 않겠다는 결심을 하는 데 있어서 더 명시적이다(Egeland et al., 2000).

문화적 맥락

물론 모든 계층에서 학대는 일어나지만 대부분의 학대 가정은 수입과 고용과 같은 몇 가지 사회경제적 지표면에서 국가적 규준에 미치지 못한다. 가난, 가족 와해, 밀집 거주, 생활면에서의 잦은 붕괴와 해체는 부모-자녀 간 폭력의 가능성을 높이며, 이러한 지표가 많아질수록 위험은 증가한다(Kolko, 2002). 또한 학대는 부모의 약물 중독, 이혼과 별거, 잦은 이사, 부부간 폭력과 같은 가족의 역기능적 요인들과 동시에 발생하는 경향이 있다. 이런 가족내에서 동시에 작용하는 수많은 부정적인 영향들이 있다는 사실은 학대와 관련된 고유 요인들을 분리해내는 것을 어렵게 만든다. 일찍이 알려진 것처럼 학대 비율은 민족마다 다르지만, 이런 발견들은 사회계층의 영향으로부터 분리시키기 어려운 문제이며, 이들의 해석 또한 논쟁의 여지가 많다(Malley-Morrison & Hines, 2004).

더 넓은 관점을 취하는 일부 연구자들은 미국이 그 어떤 서구 사회 중에서도 가장 높은 폭력 수준을 보인다고 지적하는데, 그것은 범죄와 살인의 통계치를 통해 드러난다. 나아가 폭력의 비율은 다른 어떤 사회 집단보다 가족 구성원 간에 더 높다. 아동의 신체학대가 충격적이지만, 이것이 단지 우리 사회에 폭력으로 정의된 공격의 일면일 뿐이라는 것은 더욱 더 충격적일 것이다.

통합적 모델

Wolfe(1999)는 신체적으로 학대하는 부모에 대한 연구결과들을 권위적인 양육이라는 정상적인 양육패턴에서 일탈된 정도를 근거로 하여 개념화하였다. 신체학대 그 자체는 피할

단계	불안정(위험) 요인	보완적(보호) 요인
I. 스트레스에 대한 감소된 인내와 공격성의 탈억제	• 미흡한 양육 준비도 • 낮은 통제력과 대처전략의 부족 • 스트레스적 생활사건	• 사회적 지지 • 경제적 안정성, 직업이나 학업에서의 성공 • 성공적인 대처 모델
II. 갑작스런 위기와 도발에 대한 빈약한 관리	• 조건화된 정서적 각성 • 위협, 손상, 상실의 평가 • 아동에 대한 의도성 귀인	• 개선된 아동행동 • 스트레스로부터의 위안 • 더 좋은 대처 반응
III. 각성과 공격성의 습관화된 패턴	• 단기: 아동의 순응에 의해 학대 행위를 강화받는 부모 • 장기: 처벌에 습관화된 아동; 부모의 처벌성 때문에 아동의 잘못된 행동은 증가한다.	• 부모는 자신의 역할에 대한 통찰을 얻는다. • 아동은 비강압적 수단에 반응한다. • 위기 중재

그림 14.3 Wolfe의 아동학대 발달 모형

출처: Wolfe(1987).

수 없는 폭발적 행동이 아니라, 분노와 통제 간의 미묘한 균형의 역동을 자극한 결과로 여겨진다. 이러한 과정은 아래와 같은 일련의 단계들로 개념화될 수 있으며, 부모들은 단계들 사이에서 때로는 앞으로 나아가기도 하고 때로는 뒤로 되돌아오기를 반복한다(**그림 14.4** 참조).

첫 단계는 스트레스에 대한 낮은 내성(tolerance)과 공격성의 탈억제(disinhibiiton)가 특징이다. 이런 사태에 기여하는 세 가지 불안정요인 혹은 위험요인이 있다. 첫째는 미흡한 양육 준비도이다. 이것은 부모 자신의 아동기 경험과 관련될 수 있는데, 자신의 부모가 처벌적이고 권위적 훈육에 의존했으며 공감, 추리, 문제해결과 사회적 기술을 키워주지 못한 것과 관련이 있다. 따라서 이들은 좌절에 대처하는 주요 방식이 공격이라고 배웠다. 두 번째 요소는 낮은 통제인데, 이것은 처벌적이고 권위적인 양육의 또 다른 부정적 결과이기도하다. 대처전략의 빈약한 레퍼토리는 통제력을 상실할 것이라는 취약한 느낌을 일으킨다: "그러면 안돼"라고 말하는 것이 효과가 없다면 그 다음에 무엇을 할 수 있을까? 이 단계와 관련된 마지막 요소는 스트레스적인 생활사건인데, 대개 일상적 양육, 결혼, 직업 문제 등이 누적된 것이다.

세 가지 불안정요인들을 상쇄시키는 것은 보완적 혹은 보호요인이다. 즉, 지지적인 배우자, 친구 혹은 조직, 사회경제적 안정성, 직업이나 학업에서의 성공, 효율적인 대처 모델이 될 수 있는 사람들이다.

두 번째 단계는 갑작스런 위기와 도발에 대한 빈약한 관리가 특징이다. 처벌적이고 권위적인 부모는 과도한 알코올 혹은 약물 섭취, 채무자로부터의 도주, 가혹한 처벌과 같은 단기적이고 아마도 자기 패배적인 문제해결책을 사용한다.

처벌이 학대가 되도록 하는 것에는 다음과 같은 세 가지 파괴적 요인이 있다. 첫째는 조건화된 정서적 각성이다. 학대적 부모가 될 가능성이 있는 사람들은 아동으로 인해 화가 나는 경험이 많다. 고전적 조건형성 과정에 의해서 얼굴 표정이나 칭얼대는 소리 같은 아동의 행동이나 외양적 특징은 짜증 혹은 격분과 연합될 수 있다. 따라서 미래에 아동이 이와 유사한 행동을 보일 때 부모에게는 이전과 비슷한 감정이 일어난다. 두 번째 파괴적 요인은 귀인과 관련이 있는데, 부모는 일상적인 생활의 짜증으로 일어난 것을 아동의 분노에 잘못 귀인하기도 한다. 이것은 치환이라는 방어기제와 유사하다. 예를 들어, 직장에서 고단한 하루를 보내고 짜증을 느낀 남자는 아이가 자전거를 거리에 내버려뒀다며 아이를 때린다. 세 번째 파괴적 요인은 아동의 의도성을 이유로 하여 공격의 강도를 높이는 것이다. 부모는 아동의 행동을 의도적으로 적대적이거나 도발적인 것으로 보기 때문에 과도한 처벌을 정당화한다.

두 번째 단계의 보완적 요인은 아동의 행동 개선을 포함하는데, 이는 아동의 성숙 혹은 학교나 또래와 긍정적인 경험을 통한 것이다. 주간 보육시설과 같이 가정의 상황으로부터 벗어날 수 있도록 도와주는 지역사회 자원이 있을 수 있다. 마지막으로, 부모의 대처 자원이 주변의 사려 깊은 사람들이나 전문가들의 중재를 통해 증가되어 부모가 스트레스를 덜 압도적인 것으로 인식할 수 있게 도와줄 수 있다.

세 번째 단계는 각성과 공격성의 습관화된 패턴으로 특징지어진다. 증가된 스트레스, 각성, 아동에 대해 과도하게 일반화된 반응 패턴은 습관화된다. 일부 아동은 처벌 강도에 쉽게 습관화되기 때문에 부분적으로 이런 변화가 발생하며, 일정한 수준의 순응을 유지하기 위해서는 더 가혹한 수단이 필요하게 된다. 게다가 화의 분출은 자녀를 부모에게 순응하도록 만들어 이러한 부모의 행위를 즉각적으로 강화한다(10장의 강압적인 가족의 과정에 대한 논의를 떠올려보라). 그러나 결국에 그들은 더 심한 처벌로 나아가는 길을 닦게 되는데, 그 사이 아동은 처벌의 필요성을 감소시키거나 제거시킬만한 대안적 행동 양식을 찾지 못하게 한다. 그러므로 "내가 뭐라고 하든 그는 듣지를 않아", 그리고 "내가 미쳐 버릴 때만 그 애는 말을 들어"와 같은 부모의 불평은 어느 정도 정당화된다. 부모는 이런 난국에서 그들 자신의 역할을 깨닫지 못하는 것이다.

마지막 단계의 보완적 요인은 불행하게도 미미하다. 스스로 혹은 타인의 도움을 통해서든 부모는 자신의 행동이 자기 패배적임을 깨닫게 될 수 있다. 그러면 아이는 강압적이지 않은 훈육에도 긍정적으로 반응할 수 있게 된다. 마지막으로는 위기중재센터와 같은 지역사회 서비스가 부모의 행동 패턴을 변화시키는 데 도움을 줄 수도 있다.

3. 방임

정의 및 특성

정의

방치는 신체학대보다 더 해로울 수 있다.

방임(neglect)의 정의는 양육자가 제공해야 하는 아동의 신체적·정신적 건강, 교육, 영양, 주거(shelter), 안전한 생활 조건들을 보장하지 못하는 것을 포함한다(WHO, 1999). 방임은 가해행위(commission)라기보다는 태만행위이며, 따라서 감지되기 어려울 수 있다. 가령, 수많은 "사고"에 따른 사망과 상처는 아동을 보호하지 않고 방치하였기 때문에 발생하는데, 이것이 방임의 결과일 수 있다. 2세 이하의 어린 영아에게서 가장 빈번하게 탐지되는 유형의 방임을 성장 실패(failure to thrive)라고 부르는데, 이것은 부적절한 열량 섭취로부터 초래되는 심각한 성장의 지연이다(Wren & Tarbell, 1998).

유병률 및 아동의 특징

방임은 미국에서 가장 흔한 유형의 학대이며, 보고된 모든 사례의 58%에 달한다(National Center on Child Abuse and Neglect, 2001). 최근 국가적 조사에서 Finkelhor 등(2005)은 미국 아동의 약 2%가 지난 해 방임을 경험했다고 밝혔다. 연령차 또한 중요하다. 방임은 영아기와 걸음마기에 가장 흔하며 아동의 나이가 들수록 실질적으로 감소한다. 성차는 발견되지 않았다. 민족성과 관련해서 나타난 것은 학대받은 아동 중에서 아프리카계 미국 아동이 유럽계 미국 아동에 비해 방임의 피해자가 될 확률이 높다는 것이다(Office of Juvenile Justice, 2000).

발달경로

다른 언급이 없는 한, 이런 논의를 위해서 우리는 Erickson과 Egeland(2002), Trickett과

McBride-Chang(1995), Wekerle와 Wolfe(2003)의 광범위한 개관에서 얻은 정보를 통합할 것이다.

생물학적 맥락

앞에서 학대 아동에 대한 신경생물학적 역기능을 인용한 연구결과들은 방임된 아동에게도 적용된다(De Bellis, 2001).

인지발달

인지발달과 언어발달은 다른 유형의 학대보다 방임에 의해서 보다 심각하게 영향을 받는다. 이것은 놀랄 만한 것이 아닌데, 일반적으로 방임은 생애 초기부터 자극과 반응성이 낮은 환경에서 일어나고 부모들은 아동의 성취에 거의 관심을 두지 않기 때문이다. 인지능력의 결함은 아동기 초기부터 학령기까지 지속되며, 방임된 아동은 다른 유형의 학대를 당한 아동이나 비학대 아동들에 비해 더 해로운 문제를 나타낸다. 방임된 아동은 입학 당시에 기본적인 기술을 더 적게 가지고 있으며, 학령기에 걸쳐 언어, 읽기, 수학의 성취에서 두 학년 아래 수준의 수행을 보인다. 이와 유사하게 방임된 청소년들은 학대받은 모든 아동 중에서도 가장 낮은 성취를 보이며 유급될 가능성이 가장 높다(Veltman & Browne, 2001). 방임된 아동은 청소년기에 접근하면서 성취동기와 주도성에서의 역기능이 나타난다. 예를 들어, Steinberg와 동료들(1994)은 1년 내내 방임된 청소년은 일이나 학업에 대한 관심이 감소하고 비행과 약물남용에 대한 관여가 증가했다고 밝혔다.

정서발달

방임된 아동은 정서와 관련된 정보를 처리하는 데 결함을 보인다. 이들은 정서적 표현(예: 행복한 얼굴과 슬픈 얼굴)들을 구별하는 데 있어서 덜 정확하였는데, 이는 아마도 부모-자녀 관계에서 노출된 정서의 범위가 제한적인 것과 관련이 있을 것이다(Pollak et al., 2000).

불안정애착 또한 방임의 주요 결과이다. 방임된 영아는 불안정함을 분명하게 표현하는 방식으로 어머니와 관계를 맺는데, 이들은 자신이 어머니가 신뢰롭지도, 이용 가능하지도 않다는 시각을 갖는다. 이러한 아동들은 분리로 인한 스트레스를 잘 견디지 못하고, 자신의 감정과 고통을 잘 조절하지 못하며, 새로운 상황에 잘 대처하지 못한다. 어머니의 수동성(passivity)은 신체적으로 학대당한 아동에 비해 방임된 아동에게서 더욱 많이 나타나지만, 걸음마기에는 두 집단의 아동 모두 분노와 저항이 증가하는 것으로 보인다. 방임된 학령전기 및 학령기 아동은 다른 학대 아동에 비해 불안, 슬픔, 사회적 철수와 같은 내면화된 문제와 관련된 어려움을 많이 나타낸다(Manly et al., 2001).

사회적 발달

방임된 아동의 어머니와 관련된 소극적인 수동성은 학령전기 또래관계로 확장된다. 이들은 일반적으로 회피적이고 위축되어 있으며, 주장을 잘 하지 못하고 사회적 능력의 결함이 있으며, 도전적인 대인간 상황을 잘 대처하지 못하는 것으로 보고된다. 방임된 학령전기 아동에 대한 관찰 연구의 결과들은 이들이 인내와 열정이 부족하며 부정적 감정을 보이고 양육자와 교사에게 지지와 보호를 얻기 위해 매우 의존하는 것을 보여준다. 방임된 학령기 아동도 학령전기 아동과 마찬가지로 비학대 아동이나 신체적으로 학대를 받은 아동에 비해 더 고립되고 또래관계에서 수동적이며 사회적 상호작용에서 철수하며, 놀이에서 낮은 주도성을 발휘한다(Erickson et al., 1989).

종단적 관점

미네소타 어머니-자녀 프로젝트의 자료는 앞에서 보고된 발견들을 통합적으로 요약해준다. 연구자들은 267명의 위험에 처한 임산부를 찾아냈고, 그들의 자녀를 성인기까지 추적했다(Egeland, 1997; Erickson & Egeland, 2002 참조). 방임된 아동의 2/3는 영아기에 어머니와 회피적 불안 애착을 보였다. 그들은 2세가 됐을 때 문제해결 과제 동안에 열정이 부족하였고, 좌절에 대한 인내가 낮았으며, 비순응적이었다. 이들이 4세가 됐을 때는 충동 통제가 저조하고, 경직되어 있으며, 부정적 감정 등이 관찰되었다. 1학년이 됐을 때는 미흡한 자기통제와 교사에 대한 의존을 보였으며, 일반적 학급 적응 면에서 저조하였다. 학령전기 동안의 방임은 다른 유형의 학대에 비해 더 해로운 영향을 미쳐 아동기 부주의, 학습에서의 철수, 불안, 공격성, 또래거부, 지능검사와 학업성취검사에서의 저조한 점수와 관련이 있었다. 1, 2, 3학년과 6학년 아동에 대한 후속 연구는 생후 2년 동안 방임된 아동은 전반적 정신건강 수준이 다른 아동에 비해 더 낮다는 것을 보여주었다. 교사들은 이러한 아동들이 규준이 되는 또래 아동들에 비해 친구들과 어울리지 못하고 인기가 없으며, 신체적으로 학대받은 아동에 비해서도 더 사회적 관계에서 후퇴하며 부주의하다고 기술했다. 또한 방임된 아동은 내면화된 문제와 외현화된 문제 모두에서 더 높은 수준을 보인 것으로 평가되었으며 그들의 성취 점수는 또래의 점수에 비해서 더 낮았다. 예를 들어, 방임된 아동 13명 중 한 명만이 1~3학년 동안 특별 보강 교육을 받지 않았다.

아동기 초기에 방임된 아동이 청소년기가 되었을 때는 무수히 많은 학업적·사회적·행동적·정서적 문제를 보이는 것으로 밝혀졌다. 그들은 성취검사에서 낮은 점수를 받았으며 비행행동, 약물남용, 학교 중퇴를 더 많이 보이는 것으로 평가되었으며, 더 공격적이고 또래보다 자살시도를 할 가능성이 더 높은 것으로 밝혀졌다. 학대받은 아동은 전반적으로 17세경 정신과적 진단의 기준에 부합될 가능성이 많지만, 가장 높은 비율로 임상 진단을 받은 아동들은 정서적으로 학대를 당한 자녀들이었다. 또한 이들의 부모 중 하나는 대부분이 정신과적 진단을 받았다.

요약

방임에 의해 영향을 받는 발달 영역은 여러 면에서 신체학대와 유사다. 그러나 애착은 회피 형태를 보이며 정서발달과 대인관계 발달은 수동성과 회피가 특징이다. 인지발달은 다른 어떤 유형의 학대보다 방임에 의해 더 부정적으로 영향을 받는다. Erickson과 Egeland (2002)가

설명한 것처럼 방임된 아동은 자신의 욕구가 관계에서 충족될 것이라 기대하지 않으며, 그렇기 때문에 돌봄이나 애정을 구하려는 노력조차 하지 않는다. 그들은 그런 노력을 효율적인 것으로 기대하지 않으며, 그렇기 때문에 성공하려는 시도조차 하지 않는 것이다. 중요한 것은 방임의 영향이 신체학대의 유무에 의해 중재되는 것으로는 보이지 않지만 어쨌건 방임은 아동의 발달을 좌절시키는 것이다. 폭력이라는 각본도 많은 주의를 끌지만, 무관심한 양육의 영향이 아직까지는 가장 파괴적인 것이다.

병인론: 방임하는 부모

발생률과 역기능에도 불구하고 방임은 아동학대 유형 중에서 거의 연구되지 못한 분야 중 하나이다. 그러므로 다른 유형의 학대에 비해 방임의 가해자에 대해 알려진 바가 거의 없다(Schumacher, Smith-Slep, & Heyman, 2001). 이는 여성이 어린 아동의 일차적인 양육자가 될 가능성이 높아 연구에서 아버지는 배제되고 방임하는 어머니에게만 집중하였기 때문일 것이다.

개인적 맥락

신체적 학대자와 마찬가지로 방임하는 부모는 스트레스가 높고 사회적 지지가 적으며, 약물남용과 관련된 어려움을 가지며 충동적인 것이 특징이다. 어머니들은 신체적 가해자와 마찬가지로 아동에 대한 일차적 양육자로서의 역할을 갖기 때문에 가장 흔한 가해자이다. 그러나 신체적으로 학대하는 부모와는 달리 아동을 방임하는 방식은 다양하다. 학대하는 부모는 상당한 정도의 전반적인 고통을 겪는 경향이 있는데, 이것은 복합적인 정신과적 증상과 관련되어 있기도 하다. 또한 충동적이고 간헐적으로 나타나는 신체학대와는 대조적으로 방임은 만성적으로 부적절한(inadequacy) 형태의 학대이다. 방임하는 어머니들은 삶의 모든 측면에서 스트레스, 실패, 만족되지 못한 욕구, 외로움, 불만족을 더 많이 경험한다. 그들은 친구가 적고 사회적 지지가 부족한 경향이 있다. 덧붙여서 학대적인 어머니들은 생활문제를 대처하는 데 있어 철수, 소극적임(passivitiy), 정신적 무관여와 같이 자기 스스로가 이용 가능하지 않도록 만드는 대처 양식을 가지고 있기도 하다(Shumacher et al., 2001).

방임하는 어머니들은 관계에 대해 부정적인 견해를 가지며 그것의 중요성을 무시할 가능성이 높다. 그러므로 그들은 자신의 양육행동에 대한 중요성을 거의 알아보지 못하며 그것을 변화시키려는 동기도 거의 없다. 나아가 이런 어머니들은 낮은 자기효능감, 자기 몰두, 우울, 아동과 관련해 발달적으로 부적절한 기대 같은 성격적 특징을 가지고 있을 가능성이 높으며, 이는 아동의 신호나 정서적 고통에 대한 민감성을 저해한다(Crittenden, 1993). 이에 대한 한 가지 설명은 부모 자신의 발달사와 관련되어 있을 수 있는데, 그들 중 많은 수가 아동기에 학대를 받았다는 것이다. 타인으로부터 보호를 끌어내는 데 무력했던 사람들은 자기 자신도 이를 제공하는 능력이 부족할 것이다. 그들은 자신의 아동기 불행에 대해 단련되었던 것처럼, 심지어는 자녀의 고통에 대한 자각을 방어적으로 차단하기도 한다.

문화적 맥락

가난은 모든 유형의 학대에 대한 증가된 위험과 관련되지만, 방임은 경제적 고통에 의해서 가장 강력하게 예언된다(Erickson & Egeland, 2002). 예를 들어, Drake와 Pandy(1996)는 방임의 빈도는 가난이 적게 보고된 사회(1,000가구 당 5건)에서보다는 가난이 많게 보고된 사회(1,000가구 당 88건)에서 18배나 더 빈번하다고 밝혔다. 앞서 알려진 것처럼 가난과의 영향은 방임 비율에서의 민족적 차이를 평가할 때도 고려되어야 한다. 일부 자료들은 아동보호기관에 보고된 아동 중에서 유럽계 미국 아동의 58%가 방임된 것으로 보고된 것과는 대조적으로 아프리카계 미국 아동의 70%가 방임된 것으로 보고되었다고 밝혔다(Office of Juvenile Justice. 2000).

4. 심리적 학대

정의 및 특성

정의

널리 인용되는 심리적 학대(정서적 학대라고 불리기도 하는)의 정의 중 하나는 Hart, Germain과 Brassard(1987)가 제안한 것이다.

> 사회 공동체의 기준과 전문적인 의견의 조합에 기초하여 심리적으로 위험하다고 판단되는 가해행위와 태만행위. 이러한 행위들은 아동을 취약하게 하는 지배적 위치에 있는 사람에 의해 일어난다. 결과적으로 행위들은 아동의 행동적·인지적·정서적·신체적 기능을 즉각적으로 혹은 궁극적으로 손상시킨다(p. 6).

심리적으로 손상을 입히는 행위는 그 아동이 가치 없고 부적절하고 사랑받지 못하고 위험에 처해 있으며, 누군가의 욕구를 충족시킬 때에만 오직 가치가 있다는 메시지를 전달하는 것이다(Hart, Binggeli, & Brassard, 1998). 그런 행위는 거부하기(예: 거부, 비난, 적대감), 비하하기(예: 아동을 공개적으로 모욕하거나 창피를 주는 것), 위협하기(예: 아동이나 아동이 사랑하는 사람들에 대한 위협적인 폭력, 아이를 위험한 상황에 두는 것), 격리시키기(예: 아이를 집에 가두고, 가족 이외의 타인과 상호작용하는 것을 허용하지 않는 것), 탈선이나 타락시키기(예: 범죄나 발달적으로 부적절한 행동을 모델로 삼게 하고 부추기는 것), 착취하기(예: 아동을 하인으로 부리는 것, 음란물이나 매춘에 관련시키기, 아동이 부모의 역할을 하고 부모의 정서적 욕구를 만족시키게 강요하는 것), 정서적 반응을 부인하기(예: 필요할 때에만 상호작용하고 감정, 돌봄, 사랑을 표현하지 않는 것)를 포함한다.

유병률 및 특성

심리적 학대는 탐지하고 입증해내기 어렵기 때문에 그 비율은 상대적으로 낮아 입증된 학대의 사례 중 1% 미만이다(DHHS, 2001). 그러나 국립아동학대 및 방임센터(NCCAN)의 데이터베이스에 보고된 것 중에서 1/3 이상에 달하는 "기타 학대" 범주를 살펴보면, 이는 심리적 학대에 대한 Hart와 동료들(1987)의 정의에 해당되는 "유기", "손상의 위협"과 같은 행동을 포함한다. Finkelhor 등(2005)의 국가적 조사에서는 작년 한 해 동안 미국 아동의 10%가 심리적 학대를 당했다.

나아가 심리적 학대는 모든 유형의 학대에 내재되어 있는 것으로 알려져 있다. 신체학대, 방임, 성적 괴롭힘 모두 부모-자녀 관계에서의 두드러진 와해를 가져오는데, 이것은 아동에게서 정서적 안정감을 박탈시키며, 심리적 손상을 가져온다. 그러나 심리적 학대가 다른 유형의 학대와 동시에 발생한다는 사실에도 불구하고, 공존하는 학대 유형들과 관련된 것 이상으로 고유하고 독립적인 결과가 있다는 증거들이 밝혀졌다(Hart, Binggeli, & Brassard, 1998).

발달경로

달리 언급하지 않으면, 우리의 개관은 Hart, Binggeli와 Brassard(1998)의 정보를 통합할 것이다.

인지발달

아동기 초기 심리적 학대와 인지적 지연 사이에는 높은 관련이 있다. 예를 들어, Erickson과 동료들(1989)은 심리적으로 이용할 수 없는 어머니를 가진 아동의 인지적 기술이 9~24개월까지 지연되었다는 것을 밝혔다. 다른 유형의 학대를 받은 아동과 마찬가지로 심리적으로 학대받은 학령기 아동은 비학대 아동과 비교했을 때 성취검사에서 더 낮은 점수를 받았으며, 학업수행이 더 저조한 것으로 밝혀졌다(Crittenden, Claussen, & Sugarman, 1994).

정서발달

Egeland와 동료들(1990)의 종단연구는 심리적 학대라는 표제로 두 가지 양육방식, 즉 언어적 학대와 심리적 비가용성(unavailability)을 측정했다. 걸음마기와 학령전기 동안 이런 유형의 심리적 학대는 신체적 학대 및 방임과는 다른 영향을 미쳤다. 학대받은 모든 아동은 비순응적이고, 자기통제력이 낮고 과제에 대한 지속력과 노력이 부족한 반면, 심리적으로 이용 가능하지 않는 어머니의 행동은 생애 초기 가장 파괴적인 발달적 결과를 낳는다. 여기에는 유능감의 감소, 심각한 유형의 정신병리 그리고 자기 학대적 행동의 증가가 포함된다.

수많은 연구들은 심리적 학대가 아동기 중기 우울증과 관련된 인지 양식의 발달과 관련된다고 주장하는데, 이는 낮은 자기존중감, 절망감, 통재의 외적 소재, 삶에 대한 비관적 전망을 포함한다. 나아가 Stone(1993)은 우울증이 다른 유형의 학대보다 심리적 학대와 더 강력하게 연관된다는 것을 밝혔다. 외현화 문제 역시 나타날 수 있다. Herrenkohl, Egolf, Herrenkohl(1997)은 부모의 비난, 거부, 위협에 민감한 아동은 학령전기에 자기존중감이 낮고 공격성이 높아졌다는 것을 보여준다.

이와 유사하게 청소년기에 심리적으로 학대를 당한 청소년은 우울증, 학습된 무기력, 낮은 자기존중감과 같은 내면화 문제뿐만 아니라 품행장애, 공격성, 청소년 비행과 같은 외현화 문제의 위험이 높다. 게다가 정서적 불안정성은 심리적 학대의 결과로 나타난다. 따라서 약물남용과 섭식장애 같은 충동 통제와 정서조절에서의 문제, 기타 장애들이 심리적으로 학대받은 청소년에게 나타나는 것은 놀랄 만한 것은 아니다.

청소년 후기에 심리적으로 학대받은 여성은 잦은 입원, 신체적 통증 호소, 전반적으로 낮은 안녕감을 보고했다. 아동기 정서적 학대는 대학생 시기에 섭식장애(Rorty et al., 1994)와 성격장애(Braver et al., 1992)를 예언하기도 했다.

사회적 발달

심리적으로 학대받은 아동은 낮은 수준의 사회적 유능감을 보인다. 그들은 사회적 상호작용을 피하거나 타인에 대해 적대감을 가지고 반응할 가능성이 높다(Crittenden et al., 1994). 예를 들어, 한 종단연구 자료는 심리적으로 학대받은 학령전기 아동이 초등학생 시기에 또래 아동보다 공격적이며, 청소년기에는 폭력적인 행동에 관여할 가능성이 높다고 밝혔다(Herrenkohl et al., 1997).

요약

아동 보호자와 심리학 연구자들에 의해 자주 간과되고 있기는 하지만, 심리적 학대는 모든 유형의 학대 경험에 내포되어 있으며 학대의 영향을 설명하는 기제이기도 하다(Hart, Binggeli, & Brassard, 1998). 그러나 심리적 학대는 그 고유 영향력을 가지고도 있는데, 그것은 발달에 대해 만연하고 해로운 결과를 낳기도 한다. 공격성이 발달과정에 걸쳐 점차 증가하는 것으로 보이지만, 우울증과 내면화 장애가 심리적 학대와 가장 강력하게 관련되는 것으로 나타난다. 심리적 학대로 인하여 갖게 되는 자신과 타인에 대한 부정적인 관점, 즉 무가치감, 자기 증오, 불안전감은 현재와 미래의 관계에서 정서적 욕구를 충족시키는 능력을 손상시킨다.

5. 성학대

정의 및 특성

정의

성학대(sexual abuse)는 아동이 충분히 이해하지 못한 상태에서, 성 행위에 대하여 동의를 표현할 수도 없는 상태, 또는 동의할 만큼 충분히 발달하지 않았거나, 불법적이고 사회적으로 금기시되는 상황에서 이루어지는 성적 활동에 아동이 관여되어 있는 것으로 정의된다(WHO, 1999). 성적 행위 자체는 실제 성교에서부터 음란물을 보는 것과 같이 어떠한 신체 접촉도 포함하지 않는 행위에 이르기까지 범위가 다양하다. 그 맥락은 강간의 경우에서처럼 갑작스럽고 폭력적이기도 하고, 장기간의 유혹과 "돌봐 주고 친해지려는 노력"을 포함할 수도 있다. 학대는 갑자기 이루어지거나 몇 년에 걸쳐 만성적으로 일어날 수도 있으며, 가해자는 낯선 사람이거나 근친상간에서처럼 가족 구성원일 수도 있다. 성학대가 성립되는 것은 소재지에 따라 다른데, 그것은 어린 아동이 동의할 수 있다고 법이 명시한 연령에 달려 있다(Berliner & Elliott, 2002 참조)

유병률 및 아동의 특성

성학대는 미국에서 아동학대로 입증된 사례의 11%에 달한다(National Center on Child Abuse and Neglect, 2001). 성학대의 보고는 1976~1993년 사이에 다른 어떤 범주의 학대보다 급격하게 증가하여 300% 증가율을 보인다(National Center on Child Abuse and Neglect, 1995). 그러나 그 수가 최근 몇 년간 적어졌다는 몇몇 지표도 있다.

이러한 비율들이 실제 발생률보다 적다는 주장에 대한 증거가 강력하다. 2,626명의 미국인 남성과 여성에 대한 국가적 조사에서 Finkelhor와 동료들(1990)은 여성의 27%와 남성의 16%가 적어도 네 가지 유형의 아동기 성학대 중 한 가지를 보고했는데, 그것은 성교, 신체 접촉과 키스, 알몸 사진 찍기와 노출증, 구강 섹스 혹은 수간을 포함한다. 남성 피해자의 62%와 여성 피해자의 49%가 실제 혹은 시도된 성교를 경험했다. 접촉자의 대다수는 남녀 모두에게서 일회성 사건들이었다. 그 중 극소수는 1년 이상 지속되는 성학대의 경험을 했다. 학대자의 대다수는 남성이었으며, 이들은 여성을 학대한 사람의 98%를 차지했고 소년을 학대한 자들의 83%를 차지했는데, 소년들의 경우 더 나이 많은 청소년들에 의해 학대받을 가능성이 더 높았다. 놀랍게도 학대받은 남성의 42%와 여성의 33%는 아무에게도 학대 사실을 이야기하지 않았으며, 이는 공식적인 발생률 자료를 신뢰할 수 없음을 다시 한번 지적하는 것이다. Finkelhor 등(2005)은 최근 전화조사에서 2~17세 아동 12명 중 한 명이 작년 한 해 동안 성적 학대를 경험했다고 밝혔다.

Finelhor의 자료에서 주장하듯이 성학대에는 명백한 성차가 존재한다. 일반적으로 여아는 피해자가 될 가능성이 압도적으로 높다. 1999년 자료(DHHS, 2001)에 따르면 성학대 비율은 남자 아이 1,000명 중 0.4%, 여자 아이에게서는 1.6%에 달했다. 연령에 따른 차이를 살펴보면, 연령이 높은 아동과 청소년에게서 더 위험한 것으로 나타났으며, 여아 대 남아의 비율은 연령에 따라 증가하여 영아의 경우에는 2:1, 학령기 아동의 경우에는 3:1, 청소년의 경우에는 6:1이다(Sedlak, 1997).

사회계층도 발생률에서 조사되었다. 폭력적이고 소외된 사회에서 성장한 아동은 성학대 피해자 중에서 더 많은 비율을 차지하고 있는 것으로 나타났다(Boney-McCoy & Finkelhor, 1995). 민족성과 관련하여 유럽계 미국 아동은 아프리카계 미국 아동에 비해 성학대 피해자가 될 가능성이 더 높았으며(Office of Juvenile Justice, 2000), 다른 연구에서는 미국 원주민 아동이 성학대 면에서 가장 높은 위험에 처한 민족임을 밝혔다(Malley-Morrison & Hines, 2004). 그러나 다시 말하지만 자료들은 비일관적이다.

발달경로

다른 언급이 없다면 우리의 논의를 위해서는 Berliner와 Elliott(2002), Trickett과 McBride-Chang(1995), Werkerle와 Wolfe(2003)의 정보를 종합하였다.

인지발달

성적으로 학대받은 아동은 과제에 대한 저조한 관심, 학업 회피, 주의산만을 포함하여 전반적으로 빈약한 학업 능력을 가지고 있다고 교사에 의해 평가된다. 성적으로 학대받은 십대는 더 많은 학습장애뿐 아니라 더 낮은 학업수행을 보인다(Trickett, McBride-Chang, & Putnam, 1994).

성학대에 대한 아동의 인지적 귀인은 발달에 대한 매우 중요한 함의를 가진다. 학대받은 아동은 자신과 타인에 관한 도식에 자신이 경험한 학대를 이해하고 통합시키는 방식으로 상황을 처리해야 하는 어려운 과제에 직면한다. 그 경험을 적절하게 이해하는 과제는 학대자가 제공한 왜곡된 논리로 인해 더 복잡해질 수 있는데, 성 폭력은 "사랑"이고, 학대는 "정상적"이며, 고통스럽고 저질스러운 행동은 "즐거운" 것이고, 비밀을 발설하여 배신하는 것은 아동을 "나쁜" 아이가 되게 하는 논리를 주장한다. 결과적으로 나타나는 아동의 무력감, 통제의 외적 소재, 자기비난이라는 귀인 양식은 성적으로 학대받은 여아에게서 심각한 증상(Cohen, Berliner, & Mannarino, 2000), 특히 외상후 스트레스장애(PTSD)를 예언한다(Deblinger, Steer, & Lippmann, 1999).

정서발달

대부분의 연구들은 성적으로 학대받은 아동은 두려움, 불안, 우울, 낮은 자기존중감, 과도한 수치심과 같은 내면화 문제를 보인다고 밝혔다. 학령전기에 가장 흔한 증상은 불안과 철수이다. 어린 아동의 경우에 다른 정서 문제는 퇴행과 발달적 성취의 실패(예: 야뇨증, 집착하기, 성마름, 두려움), 수면장애를 포함한다. 성적으로 학대받은 많은 아동은 아동기 중기 무렵에 우울증의 진단기준에 부합된다. 청소년기에는 거의 반 정도가 자살 생각을 밝혔으며, 자살시도와 자해는 비학대 집단에 비해 성학대 집단에서 더 흔했다(Wagner, 1997). 청소년기에 성학대와 관련된 심각한 장애의 다른 징후는 섭식장애와 약물남용(12장 참조), 가출을 포함한다.

성학대에서 자주 나타나는 급작스러운 증상은 일반적 스트레스 반응과 유사하다. 징후들은 두통, 위통, 식욕 감퇴, 야뇨증, 구토, 신체 접촉에 대한 민감함, 코르티솔의 과잉분비를 포함한다(9장 참조). 나아가 성학대 아동의 1/3 이상은 외상후 스트레스장애 기준에 부합되며(Cohen et al., 2000; 8장 참조), 다른 유형의 학대로 고통 받은 아동들에 비해 성학대 아동에게서 PTSD는 더 자주 나타난다(Dubner & Motta, 1999). PTSD와 관련된 특징 중 한 가지는 성학대와 관련하여 분노의 사고 과정과 이에 대한 정서적 자각을 차단시키는 해리라는 방어기제이다(Trickett et al., 2001). 결과적으로 나타나는 자기 분열은 발달의 모든 영역과 관련하여 부정적 함의를 가진다(Fischer & Ayoub, 1994).

사회적 발달

성학대에 상당히 고유한 행동적 징후는 과도한 자위, 강박적인 성 유희, 성인에 대한 유혹적 행위, 다른 아동을 피해자로 만드는 것을 포함한 **부적절한 성행동**이다. McClellan과 동료들(1996)은 성적으로 학대받은 학령전기 아동의 70% 이상이 그런 행동을 보이는데, 발생률은 학대의 시작 연령과 관련된다. 부적절한 성행동은 학령전기에 가장 일반적이며 아동기 중기에는 다소 감소한다. 성적으로 부적절한 행동은 여아에게서 청소년기에 문란한 성행동의 형태로 다시 나타나며, 소년에 대한 강압적 성 행위, 비보호적이고 위험한 섹스에 관여될 가능성을 높인다(Elze et al., 2001).

성적으로 학대적인 관계의 역동 중 한 가지는 교묘한 조정이나 두려움을 이용해 아동을 강요하는 심리적 통제이다. 그러므로 성적으로 학대받은 아동은 타인을 신뢰할 수 없고, 자기는 수치스럽고 나쁘다는 **내적작동모델**을 발달시킬 가능성이 높다. 예를 들어, 성학대의 피해자들은 성인은 일반적으로 아동을 착취한다고 믿는 경향이 있다(Wolfe, 1998). 이것은 자기존중감과 만족스러운 관계를 형성하는 능력에 부정적인 영향을 미친다. 결과적으로 타인에 대한 신뢰와 또래 집단에 대한 소속감과 더불어 그들의 사회적 유능감은 제대로 발달하기 어렵다(Mannarino & Cohen, 1996).

덧붙여 이런 학대가 불가피한 것이라는 믿음은 성학대 아동이 미래에 위험한 상황을 정확하게 알아차리고 반응할 가능성을 낮추며, 그들도 부당한 성적 관심에 대해 스스로를 방어할 권리가 없다고 느낄 가능성을 높인다. 이러한 주장은 성학대 아동이 발달과정에서 다시 피해자가 될 가능성이 매우 높다는 사실에 의해 재확인되었다(Boney-McCoy & Finkelhor, 1995; Irwin, 1999).

장기적 과정

성학대를 받는 모든 개인들을 어떤 하나의 증상으로 특징지을 수 없으며, "성학대 증후군"을 정의할 수 있는 증상들의 패턴도 없다. 일반적으로 아동 피해자의 약 1/3은 장기간에 걸친 **자각증상이 없다**. 어떤 증상도 보이지 않거나 회복된 아동의 수는 그 경험의 추론된 외상적 본질을 고려하면 놀라울 정도로 높은 것으로 보인다. 주목할 만한 것은 Rind, Tromovitch와 Bauseman(1998)의 메타분석 실시였는데, 모든 다른 변인들이 통제된 경우 아동기에 성적으로 학대를 받은 대학생들은 또래와 거의 차이가 나지 않았다. 이 메타분석의 문제는 그것이 학대 생존자라는 전체 집단보다는 전반적으로 더 잘 기능할 수 있는 대학생만을 대상으로 했다는 것이다.

한편, 성학대에 의한 결과의 다양함은 성학대 경험 자체가 다양한 유형을 갖는 것과 관련될 수 있는데, 애무와 같은 일회성 경험에서부터 반복되고 폭력적인 성 폭력에 걸친 다양한 유형이 성폭력의 이름하에 포함된다. 예측했듯이 가장 많은 증상을 초래하는 것은 매우 빈번하고 장기적으로 지속된 성적 접촉, 완력의 사용, 가해자와의 밀접한 관계, 구강·항문·질 성교 등이다(Kendall-Tackett, Williams, & Finkelhor, 1993).

게다가 성학대는 "수면자 효과(sleeper-effect)"로 불리는 현상이 나타나는데, 이것은 사건의 영향이 경험 후에 즉각적이라기보다는 오히려 다소 늦게 출현한다는 것이다(Beitchman, Zucker, Hood, & DaCosta, 1992). 예를 들어, 아동기 초기의 성학대 영향이 청소년기에 나타나기도 하는데, 이 시기는 젊은이들이 성과 친밀한 관계라는 단계 특정적인 쟁점들에 대처하기 시작하는 시기이다.

한편, 성학대의 장기적인 영향을 보여주는 증거도 있다. 성적으로 학대받은 아동의 10~24%는 시간이 지나면서 개선되지 않거나 더 나빠진다(Berliner & Ellior, 2002). 성학대 아동을 5년 동안 추적한 한 연구에서는 전반적으로 우울, 낮은 자기존중감, 문제행동이라는 증상에 있어서 아무 변화가 없다고 밝혔다(Tebbutt et al., 1977). 그러나 그 자료의 면밀한 검토를 통해 이 평균치가 잘못 산출됐다는 사실이 밝혀졌다. 실제로는 향상된 아동의 수만큼이나 악화된 아동들이 있었다. 나아가 아동기에 성학대를 받은 성인 여성에 대한 회상 연구는 우울증, 약물남용, 외상후 스트레스장애뿐 아니라(Duncan et al., 1996) 자살, 불안, 품행장애와 관련된 전 생애적 일화를 드러냈다(Fergusson & Horwood, 1996). Rodriguez와 동료들(1997)의 발견에 따르면, 놀랍게도 임상적 치료를 받은 여성 중에서 아동기 성적으로 학대를 받지 않은 여성의 19%가 외상후 스트레스장애의 진단기준에 부합된 반면, 아동기에 성학대를 경험한 여성의 87%는 외상후 스트레스장애 진단기준에 부합되었다. 마찬가지로 아동기에 성적으로 학대받은 남아는 성년이 되었을 때 약물남용, 품행문제, 자살행동에 대한 위험이 있었다(Garnefski & Arends, 1998).

통합적 모델

Finkelhor와 Browne(1998)은 성학대의 영향을 외상 유발 조건 또는 외상적 역동의 측면에 의해 다음과 같이 네 가지로 개념화하였다.

1. 외상적 성 유형화(traumatic sexualization). 성학대는 아동의 성이 부적절하고 대인관계적 측면에서 역기능적으로 기능하도록 발달시킨다. 아동은 성 행위의 보상으로 애정이나, 특권, 그리고 선물들을 반복적으로 받을 수 있었을 것이며, 성교가 부적절한 욕구를 만족시키기 위하여 타인을 조정하는 수단이 될 수 있다는 것을 배우게 된다. 외상적 성 유형화는 아동의 신체의 특정 부분이 중요한 것으로 왜곡될 때, 그리고 가해자가 성적 행위에 대한 오해와 잘못된 성적 도덕성을 전할 때 일어나기도 한다.

   외상적 성 유형화는 심리적으로는 아동이 성적인 문제에 대한 특별한 관심을 갖고 돌봄과 성교를 구별하지 못하며, 성교나 친밀감에 대한 부정적 연합들을 갖게 하는 것을 포함한다. 행동적인 측면에서 성 유형화는 성적 집착, 조숙하거나 공격적인 성 행위, 혹은 문란한 성 행위를 포함할 수 있으며, 다른 한편으로는 성적인 역기능과 성적 친밀감의 회피를 포함한다.

2. 배신. 배신은 아동이 자기가 의존하고 신뢰하는 사람이 자기에게 해를 입혔다는 것을 아동이 인식하게 되는 것과 관련된다. 예를 들어, 아동은 학대가 일어나는 동안이나 그 후에 다른 사람이 행동에 대한 거짓된 규정으로 자신을 조정했다는 사실이나, 자기가 사랑했던 어른이 자신을 차갑고 함부로 다뤘다는 것을 깨닫게 될 수도 있다. 또한 아동은 자신을 보호해주지 않았거나 믿어주지 않았던 다른 가족 구성원이나, 폭로된 이후에도 지지해주지 않는 다른 가족 구성원에 대해 배신감을 느낄 수 있다. 배신감은 우울과 탄식, 분노와 적대감과 같은 수많은 정서적 반응을 초래할 수 있다. 특히 어린 아동은 신뢰와 안전감을 다시 얻기 위한 강렬한 욕구에 매달리게 될 수도 있다. 배신은 타인에 대한 불신감을 가져올 수 있고 이후 타인의 진정성을 판단하는 능력을 손상시킬 수도 있다.
3. 무력감. 아동의 의지, 소망, 주도성이 지속적으로 저지당하거나 무시되고 비하될 때, 그 결과는 무력감이다. 성학대에서 무력감은 아동의 신체가 자신의 의지에 반하여 반복적으로 침해당하고, 학대 과정이 강압적이고 가해자의 조정과 관련될 때 나타날 수 있다. 무력감은 학대를 중지시키려는 시도가 좌절되고 일어나고 있는 일을 성인에게 이해시키려는 노력이 무시될 때 보다 강력하게 된다. 게다가 자신을 학대하고 무시한 바로 그 어른에게 아동이 의존할 수 없는 경우 아동은 덫에 걸린 듯한 느낌을 갖게 된다.

   무력감은 두 가지 상반된 결과를 가져온다. 아동은 불안해하거나 무기력하게 느낄 수 있으며, 스스로를 피해자로 인식할 수도 있다. 그 두려운 느낌에 대한 보호 행위로 이들은 공격적인 학대자와 동일시하는 것과 정반대로 행동하기도 하며, 덜 극단적으로는 모든 상황을 통제하고자 하는 과장된 욕구를 가지기도 한다. 무력감의 행동적 표현은 악몽, 공포증, 섭식장애와 같은 증상들을 포함할 수도 있으며, 가출이나 무단 결석이 나타나기도 한다. 피해자는 일상적 삶의 문제에 대처할 수 없기 때문에 학습과 업무에 있어 어려움을 보이기도 한다. 반면 아동은 "수동성을 능동성으로 바꾸어" 불안을 다루려는 시도를 하기도 하는데, 공격적이고 반사회적인 행동을 통해 가해자의 역할을 하기도 하며 심지어는 다른 아동들에 대한 성학대자가 되기도 한다.
4. 낙인(stigmatization). 낙인은 나쁜 것, 수치심, 죄책감과 같은 부정적 의미를 내포하는 것으로 아동에게 전달되어 아동의 자기상에 통합된다. 그러한 부정적인 의미들은 가해자로부터 직접 전달되기도 하는데, 학대자는 피해자를 비난하거나 모욕하기도 하고 무언가 수치스러운 일이 벌어졌다는 암시와 함께 비밀을 지켜야 한다는 압력을 전하기도 한다. 학대행위와 관련하여 아동이 경험한 긍정적 감정들(특별히 주목 받는 즐거움, 보상, 성적 자극)은 자신이 나쁘고 비난 받을 만하다고 느끼게 하기도 한다. 이러한 낙인은 성 행위는 일탈적이고 금기시되어야 하는 것이라는 아동 스스로의 생각으로부터 초래되기도 하며, 성학대가 아동에게도 책임이 있는 것으로 여기며,

아동을 성적 희롱으로 인해 "손상된 상품"으로 간주하는 타인의 반응에 의해서 초래되기도 한다.

심리적으로 낙인은 아동이 죄책감, 수치심, 낮은 자기존중감을 느끼게 한다. 행동적으로 낙인은 고립이나, 극단적인 경우에는 자살행동을 일으키기도 한다. 아동은 자기 사회의 더 낮은 수준의 낙인으로 추락하며 약물남용, 범죄 행위, 매춘에 연루되기도 한다. 또한 낙인은 자신이 타인과는 다르다는 느낌과 진실이 밝혀지면 거부될 것이라는 끝없는 염려를 초래하기도 한다.

보호요인

성학대 아동에 대해 가장 일관되게 확인된 보호요인은 공격적이지 않은 어머니와의 지지적 관계이다(Kendall-Tackett, Williams, & Finkelfor, 1993). 성학대가 폭로된 경우 아이가 공감과 염려로 감싸지는 경험과, 불신당하며 책임이 부과되고 가족을 곤란에 빠뜨렸다고 비난 받는 경우를 비교해보라. 따라서 어머니로부터 지지를 받는다는 느낌은 시간이 지나면서 아동의 적응에 영향을 미치는 성학대의 가장 중요한 중재요인인 것으로 밝혀졌다.

성학대 연구의 논쟁들

허위 진술

성학대가 만연되었다는 인식이 증가하면서 법률기관은 아동에게 "변론할 기회"를 부여하는 등 수많은 방식으로 이에 반응하였다(우리의 개관은 Brunk, Ceci, Hembrooke, 1998). 과거 이십년 동안 법정은 유일한 증거가 아동의 보고뿐이었기 때문에 확증할 수 없는 아동의 성학대 증언을 하도록 허용하기 시작했다. 그러나 아동 증언의 활용이 증가하면서 이에 대한 신뢰와 타당성에 대한 염려가 증가하였다.

가장 큰 문제는 허위 진술, 즉 성학대에 대해 꾸며진 보고이다. 허위 보고 발생률에 대한 전반적 추정치는 5%에서 35%까지 다양하다. 허위 진술은 갈등적인 이혼과정에서 잘 나타나는데, 부모 중 하나는 다른 부모로부터 양육권을 얻어내기 위하여 허위 진술을 하도록 아동을 가르치기도 한다. 또 다른 사례에서 허위 보고는 질문자의 유도 질문으로부터 발생하기도 하기도 한다.

아동 증언의 피암시성(suggestibility)에 관하여 연구하기 위하여, 연구자들은 아동에게 한 사건을 목격하도록 하고 이후 질문에서 아동에게 실제 목격한 것과는 다른 것을 암시해준다. 연구의 결과는 다음과 같이 요약된다. 기억 연구로부터 예측할 수 있듯이, 사건의 목격과 면담 간의 지연시간이 길어질수록 면접관의 암시는 보다 효과적으로 작용한다. 3~5세 사이의 아동은 연령이 더 많은 아동에 비해 타인의 암시에 더 취약하다. 아동이 면접관에 의해 위협받고 있다고 느낄 때 면접관의 암시는 더욱 강력하게 효과를 발휘하며, 자주 반복될 때 그리고 한 사람 이상의 면접관이 동일한 암시를 줄 때 암시의 효과가 더 큰 경향이 있었다(Brunk & Ceci, 1999).

아동의 피암시성에 대한 초기의 수많은 연구들은 생태학적 타당성 면에서 문제가 있었다. 그 연구들은 실험실이라는 인공적 환경에서 실시되었고, 캐비닛 문이 열려 있었는지의 여부와 같이 종종 성학대의 경험과는 전혀 다른 질문들을 포함하였다. 최근 연구자들은 보다 자연스러운 연구를 실시함으로써 이런 문제들을 개선하였다. 예를 들어, Saywitz와 동료들(1991)은 의료검진을 받은 72명의 5~7세 여아들을 면접했는데, 그들 중 절반은 외부 생식기 검사를 받았다. 먼저, 있는데 없다고 보고하는 것, 즉 **잘못된 부정**(false negatives)과 관련하여서는 "일어난 모든 일을 얘기해줄래."와 같은 개방형 질문을 받았을 때 생식기 접촉이 있었던 아동의 40%만이 이를 언급했다. 그러나 구체적인 질문을 받았을 때는 접촉이 있었다고 대답한 확률이 더 높았다. 둘째로, 가해행위에 대한 오류, 즉 **잘못된 긍정**(false positives)과 관련해서는 생식기 검진을 받지 않은 3명의 여아만이 유도 질문을 받았을 때 그렇다고 잘못 대답했다. Ornstein과 동료들(1995)은 소아과를 방문한 3~5세 아동을 평가함으로써 유사한 연구를 수행했다. 일반적으로 학령전기 아동은 신체 접촉에 대해서 꽤 정확한 정보를 제공할 수 있었다. 그러나 학령전기 아동은 연령이 높은 아동에 비해 유도 질문을 받았을 때는 발생하지 않았던, 사건을 잘못 보고할 가능성이 더 높았다(예: "의사가 네 무릎을 핥았니?", "간호사가 네 무릎에 앉았니?")

요약하면 이 연구는 임상가들에게 딜레마를 제공한다. 구체적인 질문은 거짓된 긍정의 가능성을 높일 수 있고, 개방형 질문에 의한 제한된 면접은 많은 수의 성학대가 탐지되지 않게 할 수 있다. 그러므로 학대 보고를 조작하는 것과 아동학대를 조작된 것으로 무시해 버리는 것의 두 가지 유형의 오류 사이에서 중심을 잡는 것은 무엇보다 중요하다.

병인론: 성적 학대자

앞에서도 언급되었듯이 다른 유형의 학대와는 다르게 성학대자의 압도적 다수는 남성이다(입증된 사례의 82%). 그러나 신체학대에서와 마찬가지로 아동을 성적으로 학대하는 특정 유형의 사람이 있는 것도 아니며, 그 원인이 단순한 것도 아니다. 우선 아동 성학대는 아동에 의해서 성적으로 각성되는 상태, 즉 **소아애호증**(pedophilia)의 한 가지 징후일 뿐일 수도 있다. 소아성애자(pedophiles)는 아동과의 관계에서만 성적 흥분을 경험하기도 한다. 일부는 아동의 잡지광고로 자위하는 것으로 만족하기도 하지만 일부는 성적 약탈자가 되기도 한다. 다른 성학대자들은 성인 여성과의 관계에도 관여한다.

성학대 가해자의 상당한 비율이 청소년이라는 것은 잘 알려져 있지 않았다. 실제로 성학대자의 40%가 십대의 청소년들이다(Berliner & Elliott, 2002). 청소년 가해자는 가장 어린 아동을 대상으로 범죄를 저지르는데, 6세 이하 아동 성추행의 43%가 청소년에 의해 일어났다(National Center for Juvenile Justice, 1999). (성학대를 또래들 사이의 정상적인 아동기 성 탐색과 구별 짓는 일반적인 기준은 가해자와 피해자 사이에 5년 이상의 연령차이다.) 많은 경우(어떤 연구에서는 반 이상)에 피해자는 형제자매이다. 청소년 성 가해자의 남성 대 여성 비율은 약 20:1이다.

개인적 맥락

현재까지 성학대자를 신뢰롭게 특징짓는 정신과적 프로파일이 확립되지 못했다(Black, Heyman, & Smith-Slep, 2001). Chaffin, Letourneau, Silovsky(2002)는 광범위한 문헌의 개관에서 일부 학대자들은 매력적이고, 자신의 생각을 명확하게 표현하며, 사회적으로 능숙하다고 묘사되지만 일부 학대자들은 소심하고 비주장적인 것으로 묘사된다고 언급했다. 아동 성추행자가 형법체계의 다른 가해자들에 비해 정신병적 특질을 두드러지게 더 많이 보이는 것은 아니지만(10장 참조), 정신병을 겪는 가해자들이 재범을 저지를 가능성은 높다. 아동을 성적으로 학대하는 남성은 약물남용문제를 보이며, 범죄를 저지르기 직전에 알코올을 섭취한다는 주장이 제기되었지만, 그 자료가 일관되지는 않았다.

청소년 성 가해자는 성인과 마찬가지로 동질적이지 않다(Chaffin, Letourneau, & Silovsky, 2002). 그러나 그들은 범죄를 저지르지 않은 또래와는 달리 공통적으로 빈약한 사회적 기술과 낮은 충동조절을 보일 가능성이 높다. 언어문제와 학습문제도 일반적인데, 아마도 이는 그들을 사회적으로 고립되도록 했을 것이다(Becker, 1998). 이들 중 다수가 높은 수준의 우울을 드러내는데, 이는 종종 자신의 성적 학대 혹은 신체학대의 역사와 관련되기도 한다. 가족폭력과 어린 시기 성적 피해는 성적 공격성의 강력한 예언요인이다(Vizard, Monch, & Misch, 1995).

가족 맥락

성적으로 학대받은 아동의 가족은 거리감이 큰 부모-자녀 관계, 생물학적으로 관련이 없는 부모의 존재, 응집성의 부족, 일반적 역기능을 포함하는 특징을 갖는다(Berliner & Elliott, 2002). Madonna, Van Scoyk, Jones(1991)는 아버지-딸 간의 근친상간이 발생한 가족에 대한 관찰연구를 수행했다. 가족의 특징은 취약한 부부 관계, 낮은 자율성, 경직된 가족 신념 체계 등을 포함한다. 부모는 정서적으로 가용될 수 없는 존재이며, 부모의 욕구와는 다른 아동의 욕구를 인식하는 데 무능력함을 보인다고 묘사되었다.

통합적 모델

Finkelhor(1984)는 성인이 아동을 성적으로 폭행할 가능성을 증가시키는 네 가지 요인을 밝히고 개인내 맥락, 대인간 맥락, 사회문화적 맥락을 다음과 같이 통합하였다.

1. 성 학대의 동기. 성적으로 학대할 가능성이 높은 성인은 아동에 의해 성적으로 흥분하며 더 적절한 다른 성적 욕구의 분출 대상으로부터 차단되어 있는 사람들이다. 게다가 오로지 성적 만족을 통해 사랑, 돌봄, 주의를 끄는 것과 같이 그들의 정서적 욕구는 성적으로 편향되어 있다. 다른 정서적 욕구는 학대와 외상에 대한 자신의 경험을 재현하려는 욕구뿐만 아니라 다른 사람에 대한 지배와 통제에 대한 욕구를 포함하기도 한다. 사회문화적 수준에서 광고와 음란물에 나와 있는 아동의 선정적인 사진은

이러한 이들의 충동을 조장할 수 있다.

2. 내적 통제의 탈억제. 내적인 억압을 이길 수 있는 특징으로는 정신지체, 충동성과 공감의 부족, 알코올 사용, 성적인 목적을 위해 아동을 강간하거나 이용하는 것을 합리화하는 가족 신념 체계가 포함된다. 나아가 가해자는 학대를 자기에게 유리하게 합리화시키기 위하여 원인과 결과를 인지적으로 왜곡하기도 한다. 가령, 이들은 아동이 주도한 행동에 의한 반응이라고 자신의 행동을 왜곡한다. 이와 관련된 상위 요인으로는 성범죄자에 대한 미약한 법적 제재, 아동에 대한 성인의 절대적인 권리를 지지하는 사회이념이 포함된다.
3. 외적 통제의 탈억제. 이 점에서의 주요 요인은 학대자에 대한 아동의 접근성이다. 성폭력의 가장 취약한 희생자는 부모의 스트레스, 질병, 의도적 무관심 등에 의해서 부적절하게 보호 받는 아이들이다. 학대자 홀로 아동과 함께 있을 가능성을 제공하는 생활 장면 또한 이에 기여한다(예: 아동을 부주의하게 방치하고, 아동의 방에서 성인이 같이 있도록 잠자리를 마련하는 것). 상위 요인으로는 미혼모에 대한 미약한 사회적 지지망이 포함된다.
4. 아동 저항의 압도. 성인은 아동이 성 행위에 관여되도록 신체적으로 압력을 가할 수 있다. 하지만 많은 학대자들은 아동의 저항 의지를 이기기 위하여 신체적 행사보다 끈질기고 정교한 심리적 전략들을 사용한다. 종종 학대는 장기간의 "꼬드김"과 점진적인 세뇌 이후에 일어난다. 학대자의 아동에 대한 지배력은 가해자가 운동 코치, 보육자, 또는 계부와 같이 아동을 책임지고 있는 경우에 더욱 강화된다.

6. 가정폭력에의 노출

앞서 거론했듯이, 아동은 신체적인 학대를 받지 않으면서도 가정폭력에 의해 부정적 영향을 받을 수 있다. 특히 폭력이 어머니에게 가해졌을 때 가정폭력을 목격하는 것은 그 자체가 외상적 경험이며, 이에 따른 아동발달 악영향은 연구자들에 의해 점점 더 인식되고 있다(Geffner, Igelman, & Zellner, 2003; Graham-Bermann & Edleson, 2001; Jaffe, Wolfe, & Wilson, 1990; Rossman, Hughes, & Rosenberg, 1999).

정의 및 특성

정의

가정폭력에의 노출에 대해 보편적으로 수용된 정의는 아직까지 없으며, 연구마다 다양한 용어와 서로 다른 유형론에 근거한다. 게다가 다른 유형의 아동학대와는 달리 가정폭력에의 노출은 아동학대 유형으로서 아직은 보편적으로 인식되어 있지 않다(Graham-Bermann, 2002). 유타 주를 포함한 일부 주에서는 아동에게 일어나는 가정폭력을 별개의 범죄로 분류된다. 아동학대가 여러 가지 유형으로 나타나는 것과 마찬가지로 가정폭력도 신체적 공격, 언어적 위협, 성폭력, 심리적 학대 등을 포함할 수 있고, 이것 모두 아동이 가정에서 목격할 수 있는 것들이다. 아동은 폭력을 시각적으로 목격하지 않고도 그것에 의해 영향을 받을 수 있다. 울음소리를 듣는 것, 심지어는 청각장애 아동의 경우에 아동이 숨어 있는 방의 문에 어머니가 던져질 때 느껴지는 감각에도 공포는 느껴지게 된다(Kerig, 2003b).

유병률 및 아동의 특성

유병률 측면에서 볼 때, 그 비율은 전 세계적으로 높게 나타난다. UNICEF(2000)는 아동의 안녕을 위해서 여성학대의 중요성을 인식하면서 남성 파트너에 의한 여성의 신체적 폭력의 비율과 관련된 전반적 자료를 보고했는데, 우간다의 58%라는 깜짝 놀랄 만한 수치에서부터 필리핀의 5%에까지 다양한 비율이 드러났다(**그림 14.5** 참조). 미국에서 이루어진 국가적 조사에서는 28명의 아동 중 한 명이 가정폭력을 목격한 것으로 밝혀졌다(Finkelhor et al., 2005). 민족적 차이 또한 확인됐다. 50만 가구를 대상으로 한 국가적 조사에서 아프리카계 미국 여성이 자신의 파트너에 의해 학대받는 비율이 35%(1,000명당 11.1명)로 높은 반면, 유럽계 미국 여성과 라틴 아메리카계 여성의 학대 비율은 1,000명당 약 8명의 비율임이 밝혀졌다. 아시아계 미국인 가정에서 여성의 학대가 가장 낮게(1,000명당 2명) 보고

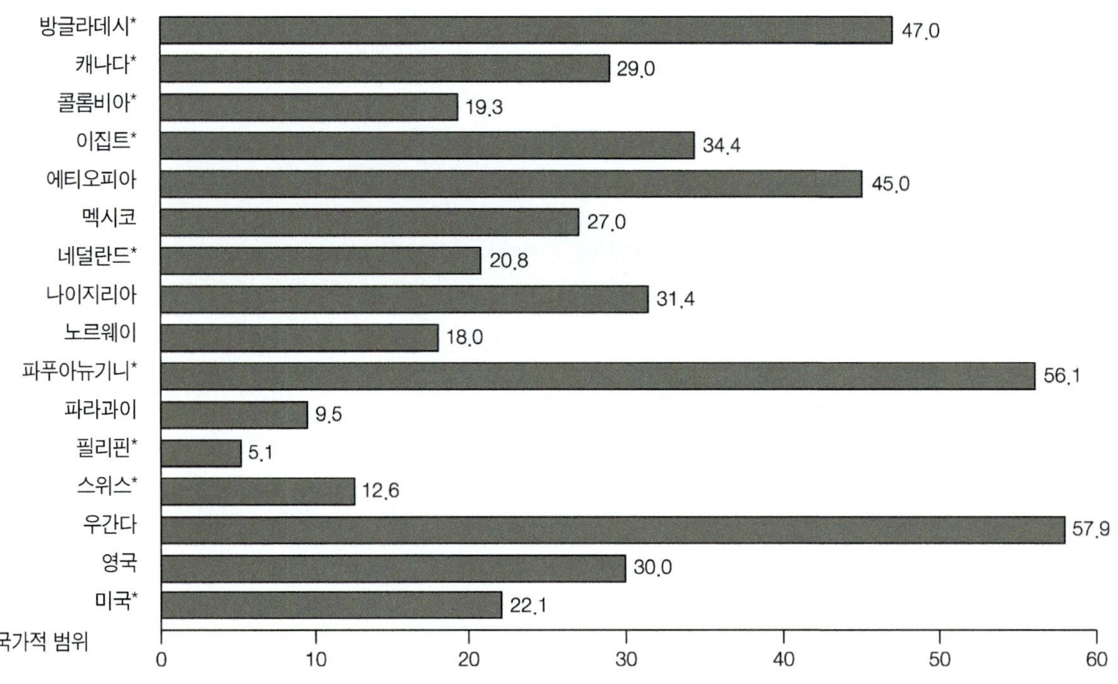

그림 14.5 친밀한 남성 파트너에 의한 여성의 폭력 발생률

출처: 여성 폭력에 대한 WHO 자료(1948, 1998).

부부간 갈등의 노출

된 반면, 미국 원주민 여성은 가장 높게(1,000명당 23명) 경험했다(Rennison, 2001).

이 자료들은 아동이 목격자로 존재했었는지의 여부를 고려하지 않았지만, 다른 연구들은 그랬을 것으로 추정한다. Fantzuzzo와 동료들(1997)은 미국 5개 도시에서 가정폭력으로 신고된 경찰 보고들을 조사하여 이런 가구들이 5세 이하의 아동을 포함하는 비율이 전체 가구에 비해서 두 배가량 된다고 밝혔다. 전반적으로 미국에서는 매년 약 1,000만 명의 아동이 가정폭력을 목격하는 것으로 추정된다(Straus, 1992).

아동의 연령의 효과는 두 가지 방식으로 작용한다. 어린 아동은 어머니가 학대받았을 때 노출될 가능성이 더 높을 뿐 아니라, 노출에 의해서도 보다 더 크게 영향을 받을 가능성이 있다(Rossman, Hughes, & Rosenberg, 1999). 어린 아동은 부모에게 가장 많이 의존한다. 이들이 정보를 처리하고, 정서를 조절하고, 대처 자원을 모으는 능력이 가장 최소로 갖춰져 있다는 점에서 이것은 당연하다. 남아 혹은 여아 중 누가 더 위험한지에 대해서 이 자료들은 결론을 내리지 못하고 있다.

가정폭력에의 노출과 다른 유형의 학대는 공존하며, 가정에서 폭력을 관찰한 아동과 피해를 당한 아동 모두 부정적으로 영향을 받는다(Osofsky, 2003; Wolfe et al., 2003). 그러나 가정폭력에의 노출과 아동학대 간에 중복은 연구마다 많이 다르다. 부인의 학대와 아동학대의 동시 발생률이 임상표본에서는 30~60%에 달하는 반면(Edelson, 1999), 지역 표본에서는 6%로 낮다(Appel & Holden, 1998). 아동이 목격하는 것과 피해를 입는 것이 동시에 일어났을 때 일부 자료들은 남아가 더 위험하다고 주장한다. 남아는 가정폭력에 의해 외현화의 행동 반응을 나타내는 경향이 있으며, 이는 부모가 아동에게 더 많은 짜증과 학대 행동을 분출하게 할 수 있다(Jouriles & Norwood, 1995).

발달경로

우리의 개관은 Graham-Bermann(2002), Jouriles 등(2001), Rossman, Hughes와 Rosenberg(1999의) 광범위한 문헌으로부터 정보를 통합한 것이다.

인지발달

폭력적인 가정에서 자란 아동이 인지적 결함을 지속적으로 나타내는 것은 아니지만 그들은 종종 학업 문제를 보인다(Hughes & Graham-Berman, 1998). 학교에서의 주의산만과 부주의는 폭력에의 노출과 관련된 외상의 결과로 나타날 수 있다.

폭력에 대한 아동의 인지적 처리 또한 그들이 폭력에 의해 영향을 받는 방식에 영향을 준다. 폭력에 대한 아동의 인식에 대한 연구들은 부모 사이에서 폭력을 빈번하고, 강렬하고, 위협적인 것으로 지각한 아동은 자기비난적인 사람 못지않게 자신이 고통 받을 가능성이 높다고 생각한다(Grych et al., 2001). 이와 유사하게 아동은 부모의 불화를 통제하는 자신의 능력에 대한 비현실적 기대를 발전시킬 수 있다(Rossman, & Rosenberg, 1992). 지각된 통제감은 아동이 그 싸움을 신체적으로 중재하려고 시도함으로써 자신을 손상시키는 방식을 취하거나(Kerig, 2001), 아동이 그 상황을 실제로 통제할 수 없다는 것을 알았을 때 죄책감과 부적절한 느낌을 남길 수 있는 위험을 갖는다(Osofsky & Scheeringa, 1997). 아동만이 갖는 딜레마는 높은 자기비난과 낮은 통제감의 역설, 즉 폭력에 대해서 책임이 있었지만 아무것도 할 수 없었다는 인식일 것이다(Kerig, 1998a).

정서발달

연구자들은 가정폭력에 노출된 아동이 수많은 정서적 행동적 문제를 보인다고 주장한다. 이런 문제는 어린 아동에게서는 불안정애착, 학령기 우울, 불안, 공격성을 포함한 외현화 및 내면화 문제들을 포함한다. 청소년기에 이런 행동적 문제는 강화되고 비행행동, 자살사고를 수반한다. 지금까지 가장 정교한 연구 중 하나는 Yates 등(2003)에 의해 수행된 것으로, 이들은 가정폭력에의 노출 여부가 신체적 학대, 방임, 사회경제적 지위, 일반적인 생활스트레스 이외에 아동에게 어떤 영향을 미치는지를 조사했다. 이들은 출생부터 청소년기까지 추적한 155명의 표본에 대한 종단적 연구의 자료를 활용하여, 가정에서 폭력에의 노출이 남아에게서는 외현화 문제, 여아에게서는 내면화 문제의 독립적 예언변인임을 밝혔다. 이는 경험의 시기에 의해서도 영향을 받는다. 학령전기 동안의 가정폭력에의 노출은 청소년기의 남아와 여아의 부적응에 대한 최고의 예언변인이지만, 아동기 중기 동안 남아의 비행은 같은 시기 가정폭력에 의해 가장 잘 예언된다. 나아가 종단연구들은 장기적 관점에서 볼 때 아동기에 가정폭력에의 노출이 남성의 성인 범죄행동에 대한 가장 강력한 요인 중 하나라는 것을 보여준다(McCord, 1979).

가정에서 만성적인 폭력에 노출된 아동은 폭력에 단련될 것이라고 가정할 수 있지만, 실제적 증거는 이들이 더욱 민감해진다는 것을 제안한다(Cumming, 1998). 예를 들어, Hennessy 등(1994)은 폭력에 노출된 아동은 성인들이 서로 화내는 것을 녹화한 장면에 대해 또래에 비해서 더 많이 두려워하고 정서적으로 강하게 반응한다고 밝혔다. 이러한 민감화는 과잉경계와 관련되기도 하는데, 이는 외상 후 스트레스의 특징 중 하나로 환경 내 잠재적 위협을 탐색하는 데 있어 보다 큰 걱정과 불안을 갖는 경향성을 의미한다. 그리고 실제로 폭력적 가정의 아동은 악몽, 과장된 놀람 반응, 침투적 사고, 해리를 포함하는 PTSD 증상을 보이며, 50% 정도가 PTSD 진단의 모든 기준에 부합된다(Rossman & Ho, 2000).

아동이 위안과 위로를 위해 바라보는 바로 그 대상에게서 통제되지 않은 분노와 고통을 목격했을 때, 아동의 정서조절능력에 결함이 관찰되는 것은 놀라운 일이 아닐 것이다(Graham-Bermann & Levendosky, 1998).

사회적 발달

발달의 과정에서 폭력의 노출은 아동의 대인관계에 부정적 영향을 미친다. 가정에서 폭력에 노출된 학령전기 아동은 타인과의 상호작용에서 공격성과 부정적 감정을 드러낸다(Graham-Bermann & Levendosky, 1998). 학령기에 그들은 다른 아동에 비해 대인간 불신이 높고 빈약한 사회적 기술을 보였으며, 여성에 대한 폭력은 정상적이며 정당하다는 신념을 가질 비율이 더 높았다(Jaffe et al., 1986; Kerig, 1999). 결과적으로 청소년기에는 폭력적 가정의 십대가 폭력적인 데이트 관계를 갖으며, 따라서 이들이 가정에서 목격한 바로 그 학대적 양상을 반복할 가능성이 높다는 것은 놀랄 만한 것이 아니다(Wolfe et al., 1998).

탄력성과 보호요인

비록 연구들은 아동이 가정폭력의 노출에 의해 전반적으로 부정적인 영향을 받는다고 제안하지만 아동의 반응은 상당히 다르게 나타난다. 예를 들어, Hughes와 Luke(1998)는 매맞은 여성의 집에서 살고 있는 58명의 아동을 연구하여 그들 사이의 상당한 큰 차이를 밝혔다. 연구에서 절반 이상의 아동들은 "잘 지낸다" 혹은 "잘 버티고 있다"로 분류되었다. "버티고 있다(hanging in there)"는 아동들의 문제행동과 자기비난은 평균 수준이었지만, 일부 불안 증상을 보이는 것으로 밝혀졌다. 연구의 나머지 아동은 부적응을 나타냈다. 9명은 "높은 행동문제"를 보이고, 다른 9명은 "높은 수준의 일반적 고통"을, 4명은 "우울한 아이"로 분류되었다.

Grych와 동료들(2000)의 대규모 연구에서는 아동의 내면화 및 외현화 증상에 대한 부모와 아동의 보고를 수집하였다. 연구자들은 쉼터(shleter)에 살고 있는 228명의 아동 중 31%가 유의미한 행동적 혹은 정서적 문제를 보이지 않으므로 "아무 문제도 보고되지 않는" 아동으로 분류하였다. 18% 이상의 아동이 낮은 자기존중감, 약간의 행동화 문제, 경미한 우울과 불안을 보이므로 "경미한 고통"이라고 정의되었다. 다른 21%는 임상적으로 높은 수준의 행동화(acting-out) 특징을 보였으나 자기존중감이나 내면화 장애와 관련된 어려움은 없는 "외현화"로 기술되었다. 표본의 19%를 포함하는 다른 집단의 아동들은 "다중 문제 외현화"로 이름 붙여졌다. 이들은 어느 정도의 우울, 불안, 낮은 자기존중감뿐 아니라 심각한 품행문제로 특징지어졌다. 이와는 대조적으로 높은 수준의 우울증상, 낮은 자기존중감과 일부의 품행문제를 보여준 아동들은 "다중 문제 내면화"로 분류되었다.

부모 사이의 폭력 안에서도 탄력적으로 드러난 상당수의 아동을 설명하는 보호요인은 무엇일까? Grych와 동료들(2000)의 연구에 따르면, 문제의 증상을 전혀 혹은 거의 보이지 않는 아동들은 덜 심각한 부모 간 폭력과 더 약한 아버지와 어머니의 아동학대에 노출되었다는 점에서 달랐다. 부모 간 갈등에 대한 아동의 평가 또한 복잡하긴 하지만 집단 간 차이를 설명한다. "경미한 고통" 혹은 "다중 문제 내면화" 집단의 아동들은 다른 아동에 비해 부모 간의 다툼을 더 위협적인 것으로 인식하지만, "문제 없음"과 "외현화" 집단의 아동들은 폭력에 대해 자신을 비난할 가능성이 거의 없었다. 이것은 자기비난을 하지 않는 것이 아동의 내면화 문제를 일으키지 않도록 보호할 수는 있지만 외현화 문제를 일으키지 않도록 보호할 수는 없다는 것을 보여준다.

가정폭력에 노출된 아동에 대한 또 다른 중요한 보호요인은 어머니와의 관계의 질, 외상과 가정의 붕괴에 직면했을 때 아동에게 가족체계, 온정성 그리고 친사회적인 관계의 모델을 제공하는 어머니의 능력이다(Kerig, 2003).

병인론: 학대자

Dutton(2000)은 학대하는 남성의 임상적 프로파일이 아동기 외상 피해자의 임상적 프로파일과 매우 유사하다는 것을 주목하였다. 친밀한 파트너를 학대하는 남성은 PTSD의 여러 가지 증상을 보이며 신체적 학대, 부모에 의한 수치심, 심리적 학대—현재 우리의 논의에서 중요한—가정폭력에의 노출 등을 포함하는 아동기 역사를 가지고 있다. 결과적으로 우리가 예상한 것처럼 발달정신병리와 아동학대에 대한 문헌들에 따르면 이러한 남성들은 정서조절, 대인간 문제해결, 부적응적 인식과 기대, 공격성과 관련된 어려움을 가진다(Dutton, 1999).

아동기의 학대와 성인기의 친밀한 상대에 대한 폭력의 내면에는 Dutton(2000)이 제안한 불안정애착이 기저한다. 안정애착이 결여된 아동은 위협에 직면했을 때 스스로를 달랠 수 없고, 정서를 조절할 수 없어 공격적으로 되기 쉽다. 이와 일관되는 것으로서 배우자 폭행에 대하여 애착과 관련된 위험요인은 거부 민감성인데, 이것은 다른 사람이 수용되고 소속되고자 하는 자신의 욕구를 충족시키지 못할 것이라는 불안한 기대를 의미한다(Downey, Khouri, & Feldman, 1997). Downey와 그녀의 동료들(2000)은 거부 민감성이 높은 남성은 타인의 행동이 자신을 거부하는 것으로 오인할 가능성이 더 크며, 거부되었음을 인식했을 때 더욱 적대적으로 반응하고, 친밀한 파트너에 대해서 신체적인 공격을 가할 가능성이 더 크다고 밝혔다.

Emery와 Laumann-Billings(1998)는 개인적 요인에 가정폭력을 포함한 네 개의 상호작용하는 변인의 집합으로 제안하여 기존의 틀을 더욱 확장시켰다. 그들의 모델은 폭력을 다음의 네 가지 요인들의 산물로 제안하였다: (1) 애착의 내적작동모델과 같은 개인의 성격적 특징, (2) 가족의 구조와 직장 상실 또는 죽음과 같은 급작스러운 스트레스 요인을 포함한 근접적 사회 맥락, (3) 가난, 부적절한 주거 상황, 사회적 고립, 이웃의 폭력을 포함한 지역사회의 특징, (4) 친밀한 관계에서 공격성의 사용을 조장하는 미디어 폭력의 만연과 같이 문화적 신념을 포함한 사회적 요인.

7. 학대 유형의 비교

다양한 유형의 학대의 영향을 구별하는 데에는 두 가지 종류의 자료가 유용하다. 지금까지 인용된 대부분의 연구들은 서로 비교하여 분석한 것이 아니다. 즉, 그 연구들은 하나 혹은 서로 다른 형태의 학대를 경험한 아동의 표본에 기초한 것이다. 그러나 이 연구의 중요한 약점은 단지 특별한 유형의 학대에 대해서만 질문하고 있다는 것이다. 아동이 여러 유형의 학대를 경험했을 수 있지만, 연구자들은 그것을 질문하지 못했기 때문에 우리는 정확히 알 수 없다. 예를 들어, 실제로 성적 학대를 받은 것으로 밝혀진 표본의 아동들이 방임이나 신체적 학대를 받은 아동에도 포함되어 있다면, 이는 연구의 정확성이 떨어지게 될 것이다. 이러한 연구에서는 나타난 결과들이 성학대에 의한 것인지 아닌지를 결정하는 것을 어렵게 만들 것이다.

이러한 한계에도 불구하고 **표 14.3**에 제시한 연구의 요약에서처럼 특정 유형의 학대는

표 14.3 다양한 학대 유형의 영향에 대한 발달적 요약

	신체학대	방임	심리적 학대	성학대	가정폭력에의 노출
			영아기 및 아동기 초기		
인지	인지적 지연	가장 심각한 인지적 및 언어적 지연	인지적 지연	인지적 지연	인지적 지연
정서	회피애착, 제한된 정서 이해	양가적 애착	분노 및 회피, 심각한 정신병리	불안, 철수	불안, 분리불안
사회	두려움, 공격성	회피, 의존	철수, 공격성	부적절한 성행동	공격성
			아동기 중기		
인지	인지적 및 언어적 지연, 학습장애	가장 심각한 인지적 결함	낮은 성취, 저조한 학업수행	학교 회피, 학습문제	저조한 학업수행
정서	메마른 감정 인식, 외현화(남아), 내면화(특히 여아)	의존, 최하의 자기존중감	우울, 공격성	PTSD, 공포, 낮은 자기존중감, 우울, 퇴행	우울, 불안, 외현화, PTSD
사회	공격성, 또래거부	고립, 수동성	저조한 사회적 유능감, 공격성, 철수	부적절한 성행동, 재피해	공격성
			청소년기		
인지	낮은 학업성취	최하의 성적, 가장 높은 지속성	낮은 성취	저조한 학업수행	가출, 저조한 학업수행
정서	우울, 낮은 자기존중감, 품행장애, 폭력	내면화, 외현화, 낮은 주도성	비행, 우울, 저조한 정서조절, 섭식장애, 성격장애	우울, 자살, 약물남용, 가출	우울, 자살사고, 비행
사회	공격성	저조한 사회적 기술	비관주의	재피해	데이트 관계에서의 폭력

각각의 고유한 문제를 일으키는 것을 주장하는 것이 최근의 추세이다. 신체학대는 공격성과 관련이 있지만, 방임은 사회적 철수와 관련 있을 가능성이 크다. 또한 방임된 아동은 가장 심각한 발달적·인지적 지연을 보인다. 다음 성학대는 성행동 및 내면화 장애, 특히 우울증과 관련된다. 일반적으로 성학대와 관련된 증상들은 신체학대 및 방임에 의해 나타나는 인지적, 대인간 문제보다는 외상과 관련된 정서적·행동적 문제의 중심이 된다. 심리적 학대는 발달과정에 걸친 공격성의 증가뿐 아니라 가장 심각한 수준의 우울증과 관련된다. 마지막으로 가정폭력에의 노출은 친밀한 상대방과의 관계에 있어서 폭력의 세대간 전달과 관련된다.

아동이 다양한 유형의 학대에 노출된 정도를 직접 측정하여 비교한 연구는 드물다. 나아가 그런 연구는 종종 적은 표본과 고유한 측정법에 기초한다. 따라서 결과들이 항상 일관적이지 않다는 것은 놀랄 일이 아니다. 예를 들어, Manly, Cicchetti와 Barnett(1994)은 아동 방임이 신체적 학대 혹은 성학대보다 더 치명적인 결과를 가져온다는 것을 밝혔다. Kaufman과 동료들(1994)은 성학대를 포함하지는 않았지만 다양한 유형의 학대를 직접적으로 비교한 연구를 수행했다. 이들은 연구결과를 다음과 같이 요약하고 있다: (1) 방임은 지적 기능의 가장 큰 결함과 관련된다. (2) 신체학대는 공격적 행동과 관련된다. (3) 심리적 학대는 우울증의 가장 좋은 예언변인이다.

지금까지의 가장 광범위한 연구는 McGee, Wolfe, Wilson(1997)에 의해 수행된 것인데, 그들은 심리적 학대가 방임, 성학대, 신체학대 혹은 가정폭력에의 노출보다 청소년의 정신건강에 전반적으로 더 나쁜 영향을 미친다고 밝혔다. 게다가 심리적 학대는 다른 유형의 학대의 영향력을 강화시킨다. 또한 그들의 연구는 학대의 영향력에 있어서 발달적 차이와 성차의 중요성을 명백하게 알려준다. 남아의 경우 학대의 경험이 아동기 초기에 일어났을 때, 그들의 적응 수준은 신체적 학대와 심리적 학대의 상호작용과 방임과 가정폭력 목격의 상호작용에 의해 예측된다. 반면, 여아의 경우에는 청소년기의 안녕감은 아동기 초기에서 아동기 중기까지의 방임 혹은 심리적 학대의 증가에 의해 강하게 영향 받는다. 남아가 신체학대 및 가정에서의 폭력과 같은 구체적 학대에 의해 더 큰 영향을 받는 반면, 여아는 온정적이지 않은 양육이나 심리적으로 학대하는 양육 같은 부모-자녀 관계에서의 손상에 의해 더 큰 영향을 받는 것으로 나타났다.

8. 중재 및 예방

신체학대, 방임, 심리적 학대

학대 및 방임된 아동을 위한 중재

Friedrich(1996)는 학대받은 아동의 중재를 위한 통합 모델을 개발하였는데, 이것은 학대에 의해 영향을 받는 세 가지 발달 영역(애착, 정서조절, 자기인식)에 초점이 맞추어진 것이다. 애착 영역에 있어서 중재의 대상은 자기와 타인에 대한 구별의 미흡함, 피해자와 가해자의 역할을 반복하는 경향성, 타인에 대한 불신과 왜곡된 인식을 포함한다. 이런 문제점들은 치료에서 치료자의 일관적인 친절함과 신뢰뿐 아니라 아동과 치료자 간의 분명하고 적절한 경계를 설정함으로써 다루어질 수 있다.

정서조절능력은 압도적인 부정적 정서의 경험이 위안을 주는 양육자의 도움 없이 반복될 때 손상된다. 결과적으로 강한 정서를 견딜 수 없는 아동은 학대와 관련된 사고와 감정을 밝히는 것을 회피할 가능성이 높으며, 이는 치료를 통해 풀어낼 문제이다. 이런 문제를 다루는 기법들은 학대에 대한 이야기를 언제 그리고 얼마나 오랫동안 할지 계획을 세우는 과정에 대한 통제권을 아동에게 부여하는 것과 이완 훈련 같은 불안 감소 전략을 활용하는 것을 포함한다.

마지막으로 학대는 자기에 대한 정확한 인식의 발달을 위협한다. 이것을 다루는 전략은 아동 자신의 내적 세계에 대한 이해의 발달을 촉진시키는 것을 포함한다. 이것은 무조건 덮어주는 위로나 넘쳐흐르는 칭찬을 제공하는 것을 제한하도록 할 것이다. 비록 좋은 의도였지만 이런 것들이 자신을 멋지고, 똑똑하고, 재밌는 아이라는 경험을 하지 못한 아이에게는 거짓으로 들릴 수도 있다. 아동은 자신에 대한 모든 나쁜 관점으로부터 벗어나 진정한 유능감과 숙달을 개발하기 위한 발걸음을 내디딜 수 있도록 격려되어야 한다.

학대받은 아동에 대한 중재의 효과성에 대한 연구는 아주 드물다. 그간 시도된 많은 접근법들은 "한사코 달려들어" 노력한 것인데, 적절하게 평가되지 못했다. 그러나 학령기 아동을 상담하고 문제해결기술과 자기존중감을 향상시키고 학령전기 아동을 일일 치료프로그램에 참여시켜 다양한 영역의 기능이 개선되었다(Mannarino & Cohen, 1999).

학대하는 부모를 위한 중재

대부분의 중재 노력은 학대받은 아동보다는 신체적 학대를 가하는 부모에 관한 것이었다. 여기에는 육아 교육, 문제해결기술훈련, 스트레스 해소, 집단 토론 및 지원, 개인 정신역동 치료를 포함한 다양한 전략들이 포함되었다. Azar(1997)는 부모가 자녀를 학대하도록 이끄는 왜곡된 인지를 재구조화할 목적으로 고안된 인지행동적 접근을 제안하였다. 이러한 중재는 매우 성공적이었다. 1년의 추후연구에서 통찰 지향적 치료를 받은 부모의 21%는 자녀를 학대한 반면, 인지행동 집단에서는 아무도 학대를 하지 않았다.

학대 예방

학대 예방프로그램은 학대가 결코 일어나지 않게 하는 것을 목표로 한다는 점에서 가장 희망적이다. 일차적인 예방은 학대적인 양육이 일어나고 있는 가족과 지역사회의 맥락을 다루는 것뿐 아니라 부적응적인 부모-자녀 상호작용 양식을 바꾸기 위해 전념하는 것을 포함한다(Guterman, 1997). 학대의 위험이 있는 부모는 임신 중 혹은 출산 시에 프로그램의 대상이 된다. 예방프로그램은 그들에게 다양한 차원의 지원을 제공하는데, 그것은 음식물, 기저귀, 육아, 직업 기술훈련과 같은 구체적인 욕구를 충족시키는 것, 육아 교육과 지지를 통해 양육기술과 효율을 향상시키는 것, 관계 지향적 중재를 통해 부모-자녀 관계의 질을 향상시키는 것, 그리고 경우에 따라서는 영아를 위한 인지적 자극이나 어머니를 위한 개인 치료를 제공하는 것 등을 의미한다.

가장 성공적인 프로그램은 가정에 기반한 중재를 제공하는 것이다(Emery & Laumann-Billings, 1998). 최고의 예는 출생 전과 영아기의 가정방문 프로그램이다(Olds, 1997). 이들은 400명의 저소득층, 청소년, 독신녀가 첫 자녀를 임신했을 때 접촉하였다. 가정 기반 지지는 간호사에 의해 수행되었는데, 그들은 아동발달과 관련된 육아 교육을 제공하고 도움 및 지원망을 제공하는 데 있어서 이들의 가족과 친구들을 참여시켰으며 의학적·사회적 서비스 기관을 각 가정과 연결시켜 주었다. 2년, 심지어는 10~15년 후의 추수 연구에 따르면, 가정방문을 받은 어머니들은 통제집단의 어머니에 비해서 아동보호기관에 보고될 가능성이 적었고, 이후 자녀를 적게 출산하였으며, 체포되거나 약물남용에 관련될 가능성이 적었다. 이런 프로그램의 성공에 감명을 받은 아동학대방지국가위원회는 '행복한 가정의 미국(Healthy Families America)'이라고 명명한 프로그램을 시작했는데, 이 프로그램의 목적은 모든 새로운 부모들에게 가정방문을 하도록 하는 시스템을 만드는 것이었다. 현재 이 프로그램은 미국의 240개 지역사회에서 실시되고 있다.

성학대

성적으로 학대받은 아동의 중재

성학대의 본질적인 문제 때문에 그것을 다루는 우리의 능력은 도전을 받는다. 성학대가 정신병리를 초래할 수도 있지만 그것 자체가 장애는 아니다. 성적으로 학대받은 아동은 다양한 종류의 경험을 겪었을 것이고, 다양한 종류의 문제들을 위한 치료를 받기도 하였을 것이다. 또한 일부는 어떠한 증상도 나타내지 않을 수 있다. 성적으로 학대받은 아동의 대다수가 여성이지만 많은 수의 남성들도 특이한 증상과 경험에 대한 정교한 치료를 필요로 한다(Friedrich,1997). 이러한 다양성의 문제는 한 가지의 올바른 중재적 접근을 정의하는 것을 어렵게 만든다. 그러나 Finkelhor와 Berliner(1995)는 성적으로 학대받은 아동을 위해 고안된 중재에 공통적 요소들의 윤곽을 다음과 같이 잡았다. (1) 그 경험에 대한 느낌을 표현하도록 격려하기, (2) 자기비난과 같은 잘못된 신념과 부정적인 귀인 양식을 변화시키기, (3) 학대 예방 기술을 가르치기, (4) 고립과 낙인(stigmatization)의 느낌을 감소시키기.

메타분석 연구는 구체적 학대에 대한 평가를 대상으로 하는 인지행동적 치료(CBT)의 효과를 비롯해서 성적으로 학대받은 아동을 위한 처치들이 그 증상을 감소시키는 데 유용하다는 것을 확인시켜 주었다(Saywitz et al., 2000). 예를 들어, Celano와 동료들(1996)은 성적으로 학대받은 아동의 "외상적 신념"(자기비난과 무력감)을 감소시키도록 고안된 중재 방법을 개발하였다. 8~13세의 저소득 아프리카계 미국 여아 32명 표본이 실험 처치 혹은 비구조화된 통제 프로그램에 무선적으로 할당되었다. 두 가지 중재 방법 모두 PTSD 증상을 감소시키는 데 성공적이었지만, 외상적 신념을 감소시키고 전반적인 적응을 향상시키는 데 있어서는 실험 처치가 더 효과적이었다. 이 연구의 또 다른 독특한 측면은 어머니들도 같은 중재를 받았다는 것이다. 처치를 받은 어머니들은 자녀를 보다 더 많이 지원했으며, 자기비난을 덜 하는 경향이 있었고, 학대의 영향력에 대한 비합리적 두려움을 더 적게 보였다. 다른 연구자들은 부모 중 학대하지 않는 사람(가령, 아버지가 학대자라면 어머니를)을 프로그램에 포함시키는 것이 CBT의 치료효과를 증가시킨다는 것을 밝혔다(Deblinger, Stauffer, & Steer, 2001).

성학대자들을 위한 중재

Chaffin 등(2002)은 성학대 가해자들의 중재와 관련된 연구들을 개관했다. 한 조사에서는 338개의 서로 다른 치료들이 미국 전역의 다양한 교정시설에서 사용되었다는 것을 밝히고 있다. 치료 목적에 관하여 나타난 몇 가지 일관된 주제들이 다음과 같다. (1) 부인하지 않기, (2) 위험요인을 확인하기, (3) 인지적 왜곡 줄이기, (4) 피해자에 대한 공감을 늘리기, (5) 사회적 유능감 증가시키기, (6) 일탈적인 각성을 감소시키기, (7) 가해자 자신의 피해 역사를 다루기(Vizard, Monch, & Mish, 1995). 대부분의 경우 동료들과 한 목소리로 토로될 때 직면이 더 강력하다는 가정 하에 집단 형식을 사용한다. 그러나 집단치료와 개인 치료의 상대적 유효성은 아직 입증되지 않았다.

중재 연구에 관한 문헌 개관은 성인 성 가해자를 위한 치료의 유효성에 대해 혼합된 결론을 내리고 있다. 치료프로그램을 마친 아동 성추행자들 일부의 재범 가능성이 감소되었다고 결론을 내리는 것이 가장 최선으로 보인다. 전반적으로 치료를 받지 않은 성추행자들의 재범률은 12~57%인 것에 비하여, 치료를 받은 성추행자들의 재범률은 3~39%이다(Chaffin et al., 2002).

발표된 연구 중 청소년을 처치 조건 대 비처치 조건에 무선적으로 할당한 연구가 없다는 것을 통해 청소년 범죄자의 치료효과에 대한 경험적인 증거 또한 부족하다는 것을 알 수 있다. 그럼에도 불구하고 한 가지 효과적인 중재는 다중 체계 치료(MST: Multisystem Therapy)인데, 이것은 학업, 가족, 또래관계를 포함한 청소년의 사회적 환경의 다중적 측면을 대상으로 한다(10장 참조). 10년 후의 추수 연구에서 십대 성 범죄자와 관련된 MST의 유효성을 제안하였다(Bourdin et al., 1990; Henggerler et al., 2002).

성학대 예방

대부분의 예방프로그램은 아동을 포함하며, 어떤 생각과 기술을 가르치는 것을 목표로 한다. 아동에게 자기가 자기 몸의 주인이며 이에 대한 접근을 자신이 스스로 통제할 수 있다는 개념을 가르치는 것도 포함된다. 몸의 접촉은 나쁜 것에서부터 좋은 것까지 다양한 것이 있으며, 어떤 사람이 아동을 불편하게 만들거나 이상하다고 느끼게 하면 믿을 만한 사람에게 알려야 한다는 것도 가르친다. 또한 아동들은 잠재적 가해자가 낯선 사람이기보다는 친숙한 사람일 가능성이 있다는 것과 "안 돼요"라고 말하거나 도망가는 것 같이 성추행에 대처하는 방법들을 배운다(Wurtele, 1997).

예방프로그램은 아동의 성학대에 대한 지식과 자기보호 기술에 대한 지식을 증가시키는 데 효과적이다(Rispens, Aleman, & Goudena, 1997). 특히 5세 이하의 어린 아동에게 유용하다. 그러나 그런 지식이 성학대를 예방하거나 학대 보고를 증가시키는 데 효과적이라는 증거는 아직까지는 부족하다. 이러한 예방적 노력에 대해 지적하는 비판 중 하나는 예방프로그램에 참여한 아동들이 학대 가능성에 대해 더 많이 염려하고 두려워할 수 있게 된다는 것이다(Melton, 1992). 반면에 아동들은 프로그램에서 많은 것을 얻는 것으로도 보인다. 따라서 그들의 걱정은 기능적인 것일 수도 있다(Finkelhor & Dziuba-Leatherman, 1995). 또 다른 긍정적 측면은 성학대자가 아동이 폭력행동을 한 특정 인물을 지목할 수 있다는 사실에 의해 학대의 시도를 단념한다는 증거가 있다. 그러므로 아동, 특히 수동적이고, 외롭고, 문제가 있는 아동에게 성학대를 시도한 성인을 지목하는 전략을 가르치는 것은 상당히 이롭다.

가정폭력에의 노출

학대받는 어머니와 자녀의 중재

발달적으로 민감하고 경험적으로 지지적인 중재 방법들이 폭력 가정의 아동을 위해 개발되었다(Graham-Bermann & Hughes, 2003). 대인간 폭력에 노출된 사람 중 5세 이하의 아동이 가장 많은 것으로 나타나면서, Jouriles와 동료들(1998)은 가정 기반 중재 방법을 개발하였으며, 이것은 어머니에 대한 지지와 양육 훈련을 제공하는 데 초점을 두고 있다. 8개월 후 아동의 문제행동이 감소하는 동시에 어머니들은 더 나은 대처전략과 더 효율적인 양육기술을 보였다(Jouriles et al., 2001). 학령기 아동을 위한 긍정적 지원 프로그램으로는 ' the Kids Club'이 있는데, 이는 아동과 어머니 모두에게 중재를 제공한다. 아동에게는 가정폭력에 대한 정보를 제공하고 부적응적 신념과 태도를 설명하며 정서적·행동적, 대인간 문제에 대한 친사회적 대처전략을 가르친다. 어머니에 대한 중재는 아동의 발달에 대한 폭력의 영향에 대한 교육 및 양육기술훈련, 어머니의 권한과 자기존중감을 증가시키기 위한 지원 등을 포함한다. 연구자들은 이러한 그들의 프로그램에 아동만 참여하는 조건, 어머니와 아동이 함께 참여하는 조건, 그리고 "일상적인 처치"만을 포함하는 비교 조건에 무선적으로 할당하여, 프로그램에 대한 경험적 연구를 왕성하게 실시하였다. 200 가구 이상의 표본에서 나온 자료에 따르면 10주 간의 Kids Club에 참여한 아동들은 비교 집단에 비해 사회적 기술, 안전한 계획세우기, 정서조절, 내면화 및 외현화 증상과 같은 변인에 있어서 긍정적으로 변화되었으며, 이러한 효과는 어머니의 참여에 의해 보다 증진되었다.

학대자의 중재

학대받은 여성이 참여한 치료 집단에, 그것이 안전하다고 여겨질 때, 종종 아버지도 포함된다. 그 목적은 아버지에게 자신의 폭력이 아동에게 미치는 영향력에 대한 이해를 증가시키고, 아내에 대한 학대를 줄이는 태도를 촉구하며, 양육기술을 훈련하는 것을 포함한다

(Peled & edleson, 1995). 아버지를 다룰 때 핵심적인 이슈는 (1) 저항과 부인, (2) 아동발달에 대한 지식, (3) 수치심의 인식과 그것을 다루는 방식, (4) 아동에 대한 공감, (5) 계부 역할에 대한 문제, (6) 비폭력적 양육에 기꺼이 참여하고자 하는 동기 등을 포함한다(Matthews, 1995).

가정폭력의 예방

집단치료가 전 생애에 걸친 대인간 폭력 예방에 있어서 강력한 도구라는 것이 밝혀졌다(Rossman, Hughes, & Rosenberg, 1999). 예를 들어, Wolfe와 동료들(1997)은 십대들의 폭력적인 데이트 관계의 발전을 막기 위해 청년기 관계 프로젝트를 개발하였다. 파트너를 학대해 온 수많은 십대들의 특징인 가정폭력에의 노출과 친밀한 관계에서 무력의 사용을 정당화시키는 부적응적 신념을 다루기 위하여 또래 집단이 사용되었다. 가정폭력에 노출되어 사회 서비스 기관에 의뢰된 14~17세의 십대들을 대상으로 이러한 프로그램의 효과가 검증되었다. 집단에 참여한 여자 친구 혹은 남자 친구와의 관계에서 폭력의 사용에 대한 태도, 지식, 그리고 실제 사용 측면에서 긍정적인 변화를 보았다(Wekerle & Wolfe, 1999).

문제행동을 발달시키는 위험에 있어서 지금까지 우리는 아동기와 청소년기에 존재하는 생물학적, 개인 내적, 대인간 맥락의 요인들을 탐색하였고, 이제 발달적인 시간 축에서 전진하여 청소년 후기에서 성인기까지를 탐색하고자 한다. 15장에서 우리의 관심은 자기의 발달에 있어서의 극심한 장애, 즉 성격장애의 출현과 관련될 것이다.

제 15 장

아동기 후기부터 성인 초기: 성격장애의 발현

개요

1. 성격장애의 진단이 청소년에게도 적용되어야 하는가?
2. 정의와 특성
   - DSM-IV-TR 준거
   - 유병률
   - 아동과 청소년에 대한 특별한 준거
   - 공병과 변별진단
   - 성차
3. 병인론
   - 개인 맥락
   - 가족 맥락
   - 생물학적 맥락
4. 통합적 발달 모형
   - 생물학적·환경적 공헌
   - 불안정애착과 정신적 외상
   - 인지적 기능장애
   - 정서적·행동적 조절장애
   - 긴장되고 불안정한 개인적 관계
5. 발달경로
6. 중재
   - 심리역동적 관점
   - 인지행동적 접근
   - 가족치료

우리의 다음 주제는 극적인 반전이 있다. 마치 약물사용이 정상적인 십대들의 탐험인데 약물남용이 연속선상의 극단에 있는 것처럼 **성격장애**(personality disorder)도 정상발달로부터 현격한 이탈을 반영한다. DSM-IV-TR(2000)에서는 성격장애를 "개인이 속한 문화로부터 현저하게 일탈된 행동과 내적 경험이 지속되는 유형"(p. 686)이라고 정의하고 있다. 이 장애는 인지, 정동(affectivity), 대인간 기능 또는 충동조절의 영역 중 적어도 두 영역에서 나타나야만 한다. 더구나 이 유형은 다양한 개인적·사회적 상황에서 유연하지 못하고 전반적이며, 따라서 상당한 고통과 기능적 손상이 따르며 청소년기 혹은 성인 초기에 시작된다.

DSM-IV-TR에서 성격장애는 특성에 따라 세 개의 클러스터로 나뉜다. A클러스터는 사람들이 이상하고 기괴하게 보이는 장애들을 포함한다. 즉, 전반적인 불신과 타인에 대한 의심이 특징인 편집증(paranoid), 사회적 관계로부터 분리되고 정서적 표현이 제한된 분열성 장애(schizoid), 전반적인 대인적 결함, 사회적 불안, 인지적·지각적 왜곡, 기괴한 행동을 나타내는 분열형 장애(shizotypal)를 포함한다. B클러스터는 극적이고 정서적으로 보이는 장애를 포함한다. 즉, 극적인 정서성과 남의 주의를 갈망하는 행동이 특징인 히스테리성 장애(histronic), 과장, 남의 칭찬을 필요로 하며 감정이입의 결여가 특징인 자기애적 장애(narcissistic), 10장에서 언급한 바와 같이 전반적으로 타인의 권리를 무시하는 반사회적 장애(antisocial), 그리고 자기상, 정서, 관계에서 불안정한 것이 특징인 경계선(borderline) 장애로 이루어진다. C클러스터는 불안이나 두려움이 특징이다. 이 클러스터에는 정돈이나 완벽함, 개인적 통제에 몰두하는 강박장애(obsessive-compulsive), 사회적 억제, 부적절감, 비난에 대한 과민반응이 특징인 회피장애(avoidant), 분리에 대한 두려움, 복종적인 행동패턴이 특징인 의존적 장애(dependent)가 속한다. 그러나 이 장에서의 논의는 지금까지 가장 많은 발달적 이론과 연구가 집중되었던 정신병리적 장애인 경계선 성격장애(borderline personality disorder)에 집중하려 한다.

1. 성격장애의 진단이 청소년에게도 적용되어야 하는가?

우리가 더 진행하기 전에 DSM의 준거에서 "지속적인 유형", "안정성", "비유연성"의 특성을 강조하는 것을 고려할 때, 발달에 대한 우리의 지식으로는 "성격장애가 청소년기에도 적용이 될 수 있는가? 적용되어야만 하는가?"를 질문하게 된다. 우리가 보아온 것과 같이 아동과 청소년은 정상발달의 경로를 거치면서 극적인 변화를 경험한다. 그들의 기능수준은 시간이 가면서 증가와 감소를 반복한다. 특히 청소년기는 발달적으로 비일관성, 일탈적 행동, 변덕스러운 정서가 특징이며, 이는 성격장애에 대해 "거짓 양성(false positive)" 진단을 내리게 할 수도 있다(Geiger & Crick, 2001). 더구나 아동기 동안에 많은 요인들이 끼어들어서 아동의 발달경로를 변화시킨다. 따라서 아동의 성격이 고정되거나 변화할 수 없는 "유형"이라고 결론짓기 전에 상당한 망설임이 필요하다. 예를 들어, 한 연구에 의하면 성격장애로 진단된 청소년들 중에 절반 이하만이 2년 동안 진단대로 유지되었다(Bernstein et al., 1993). 성격장애 진단의 부정적인 낙인과 비관적인 징후를 고려할 때, 일부 임상가들 중에는 진단이 득이 되기보다는 실이 많다고 생각하는 사람들도 있다.

이러한 모든 이유로 오직 예외적인 경우에만 18세 이하 아동에게 성격장애의 진단이 내려져야 한다. DSM-IV-TR에 따르면 성격장애는 부적응적인 성격적 특성이 전반적이고 지속적이며(적어도 1년 동안), 발달적인 기간 동안 지속될 가능성이 높다.

이러한 주의를 명심하면서, 우리가 청소년기의 마지막 전환점을 이야기할 때 성격장애를 언급하는 것이 적절한 데에는 몇 가지 이유가 있다. 첫째, 청소년기 동안 정서, 태도, 행동에서 예언력과 응집력이 증가하며, 따라서 성격에서 안정성이 증가한다. 추가적으로 청소년기의 단계적 특성 중의 하나는 정체성의 발달이다. 따라서 우리는 경계선 성격의 경우처럼 일관된 자아의 발달에 실패한 경우를 고려해야만 한다.

2. 정의와 특성

DSM-IV-TR 준거

경계선 성격장애(borderline personality disorder, BPD)와 관계된 모든 특성의 공통점은 대인관계, 정서, 행동, 자기상(self-image)에서의 비일관성(inconsistency)이다. DSM-IV-TR에 적힌 9개의 특징들을 제시한다(**표 15.1** 참조). 예를 들어, BPD 증상을 가진 사람들은 전반적인 공허감, 손상감, 또는 무가치함과 함께 불안정한 자기감(unstable sense of self)을 가진다. 충동성(impulsivity)과 함께 극단적으로는 자해(self-mutilation)를 포함하는 자기 파괴적인 행동을 자주 보인다. 추가하여 BPD를 가진 사람은 버림받을까 극단적으로 두려워하고 대인관계에서는 타인에 대한 이상화(idealization)와 평가절하의 양극 사이를 오간다. 감정은 강하고 조절되지 않으며, 특히 불안과 분노의 극한 감정을 경험하고 이것이 정상적 기능의 혼란을 가져온다. 불안은 곧 공포로, 분노는 조절되지 않는 격노로 상승된다.

이러한 기술은 왜 BPD를 자기(self)장애라고 부르는지 분명하게 해줄 것이다. 자신과 타인에 대한 지각과 기분에서의 극적이고 즉각적인 변화는 자신의 정체성을 일관되게 유지하는 것을 방해한다. **글상자 15.1**에 BPD의 진단을 받은 청소년에 사례를 제시하였다.

표 15.1 경계선 성격장애의 DSM-IV-TR 진단준거

대인간 관계, 자기상, 정동에서의 만성적 비일관성과 청소년기 초기에 시작되는 극적인 충동성이 다음의 경우 중 다섯 가지 혹은 그 이상의 맥락에서 존재한다.

(1) 실제 혹은 상상으로 버림받는 것을 피하려는 광적인 노력
(2) 이상화와 평가절하의 극단을 오가는 불안정하고 격렬한 대인관계
(3) 정체성 혼란: 극단적이고 지속적으로 불안정한 자아상
(4) 적어도 두 영역에서 잠재적으로 자기 손상적일 수 있는 충동성(예: 과소비, 성, 약물남용, 난폭운전, 과식)
(5) 반복적인 자살행동, 시늉, 위협, 또는 자해적 행동
(6) 기분의 반응성에 기인한 정서의 심한 불안정성(예: 권태감, 성마름, 몇 시간씩 지속되거나 드물게는 며칠씩 지속되는 불안)
(7) 만성적 공허감
(8) 부적절한 강한 분노 또는 분노 조절의 어려움(예: 자주 성질을 부리거나 지속적인 분노, 빈번한 신체적인 싸움)
(9) 일시적인, 스트레스와 관련된 망상적 사고 또는 심각한 해리 증상

출처: DSM-IV-TR(2000)에서 인용함.

글상자 15.1 경계선 성격장애의 사례 연구

웬디는 체스트넛 로지 병원에 들어오기 전까지는 매력적이고 수줍은 17세 소녀였다. 그녀는 사립 정신치료기관에서 자신의 치료자의 목을 조르려는 시도를 한 뒤에 이 병원으로 오게 되었다. 입원하기 전 3년 동안은 자살시도와 타인에 대한 공격으로 여러 명의 치료자들을 지치게 만들었고, 모든 치료적 중재는 실패하였다. 웬디는 의사들을 하나씩 해고한 뒤에 병원 스텝들의 심리적인 약점을 하나씩 들추어내고 이용하는 데 천재적인 재능을 발휘했으며, 직원들이 서로 반목하게 만들었다. 웬디와의 싸움에 지친 치료기관은 그녀에게 장기 입원 치료기관인 체스트넛 로지로 옮길 것을 권유했다.

웬디의 발달이력은 문제가 많았다. 그녀는 유복한 가정의 4형제 중 셋째였다. 아버지는 엔지니어였지만 웬디의 어머니가 자신과 함께 집에 있기를 원했기 때문에 일을 하지 않았다. 그러나 그들의 결혼생활은 잦은 다툼과 과도한 음주, 피까지 흘리는 신체적인 싸움, 타인과의 혼잡한 성 생활로 얼룩졌다. 술이 취했을 때 아버지는 신체적·정서적 학대를 일삼았으며, 어머니는 개인 간호사의 도움을 받으며 침대로 숨었고, 아이들은 스스로를 방어해야만 했다. 어머니는 아이들에게 정서적으로 자주 부재 상태였으며, 있을 때에는 비난하고 심술궂고 잘 싸우고 성적으로 유혹적으로 행동하며 웬디와 그녀의 오빠들을 부적절한 방법으로 대하였다.

4살 이후에 웬디는 자주 캠프로 보내졌는데, 캠프만 가면 아팠고 사고도 많았다. 웬디의 행동문제는 초등학교에 가서 나타나기 시작했으며, 기질 발작(temper tantrum)의 형태로 나타났고 화가 날 때는 거의 숨이 넘어갈 지경이었다. 행동문제에도 불구하고 웬디의 성적은 평균 혹은 평균 이상의 좋은 성적을 유지할 수 있었다. 방과 후 웬디의 놀이친구는 오빠인 에릭이었는데, 그는 거의 죽기 직전까지 새의 목을 조른 뒤에 소생시키는 놀이를 즐겨하였다. 동네의 다른 가족들은 자녀들이 웬디와 그녀의 오빠들과 함께 놀지 못하게 하였다.

10살이 되었을 때 웬디는 분노와 모멸감에 자해를 했다. 사춘기가 되었을 때 저택 내에서 있었던 술 파티에서 아버지의 친구가 웬디를 성적으로 유혹했다. 13살이 되었을 때에는 술에 취한 상태로 던진 담배꽁초에서 불이 나서 어머니가 죽고, 그나마 남아 있던 가족의 생활이라는 것이 박살났다. 어머니의 장례식 후에 웬디의 행동은 훨씬 더 혼란스러웠으며 다루기 힘들어졌다. 그녀는 집안의 가구를 모조리 부수고 등교를 거부했으며 급우를 공격하였다. 아버지는 정신분석학자의 치료를 주선했으며 그는 기숙학교를 추천하였다. 기숙학교에 간 뒤에는 사소한 문제로 하급생들을 때려 눕혔다. 어떤 형태든 교사들의 질책은 웬디를 더 화나게 만들었다. 1년 뒤 웬디는 재혼한 아버지에게 돌아와서 함께 살도록 허락을 받았다. 그러나 몇 주가 되지 않아서 웬디는 새로운 가족을 증오하게 되었고, 기회가 있을 때마다 의붓동생들을 때렸다.

이때가 14살 때인데 웬디의 아버지는 그녀를 정서적으로 문제가 있는 아동들을 위한 기관에 보냈다. 기관에 들어가자마자 웬디는 의도적으로 자신의 다리를 베었다. 상처가 오염되어 다리는 견인용품의 도움을 받아야 했다. 부목을 잘못 사용하여 발꿈치에 조직의 괴사가 생겼다. 더구나 부목을 사용하고 있을 때에 맹장염까지 생겼다. 회복이 된 뒤에는 테니스를 치면서 네트를 향해 점프하고 넘어져서 손목이 부러졌다. 아버지는 웬디가 일부러 손목을 부러뜨렸다고 비난했으며 이에 대한 보복으로 웬디는 발바닥을 베었다. 기관에 들어간 지 2개월 만에 기관장은 더 이상 웬디를 보살필 수 없다고 알렸고, 그 이후 처음으로 정신과 병원에 입원하게 되었다.

출처: Judd와 McGlashan(2003)에서 인용함.

유병률

최근 연구들은 성격장애가 성인기에 발생하는 만큼 청소년기에도 발생한다고 보고한다(Johnson, Cohen, Skodol, Oldham, Kasen, & Brook, 1999). BPD는 전체 모집단의 2%, 정신건강 센터의 외래 환자 중에서는 10%, 정신과 입원환자 중에서는 20%에서 발생한다고 추정된다. 성격장애로 진단받은 사람들 중에서 30~60%는 경계선 장애를 갖는다. 경계선 장애는 주로 여성에게서 많다(75%). 인종과 사회계층에 관련한 유병률의 차이에 대한 정보들은 아직 없다.

아동과 청소년에 대한 특별한 준거

임상가들은 젊은이들에게 매우 조심해서 BPD의 진단을 내리지만, 임상적 상황에서 극도로 혼란스러운 아동을 관찰한 사람들은 그들 중의 일부는 성인 BPD와 일관된 특성을 보인다고 주장한다. 그러나 DSM의 진단이 성인 지향이기 때문에 다른 사람들은 경계선 장애를 가진 청소년들을 밝혀내는 특별한 준거를 제안한다(Cicchetti & Olsen, 1990; Goldman et al., 1992).

예를 들어, Bemporad 등(1982)은 경계선 성격을 가진 아동들의 공통점 다섯 가지를 기술한다. 첫째는 기능수준의 변화가 빠르다는 것이다. BPD를 가진 아동들의 발달 수준은 고르지 않고 예측 불가능이어서 연령에 적합한 발달을 하다가도 어떤 때는 미숙하고 때로는 조숙하기도 하다. 둘째, 정서조절능력이 없을 뿐 아니라 만성적 불안감이 존재한다. 이 아동들은 지속적인 스트레스의 상태에 있으며 강박증, 공포증과 정동 조절을 위한 시도로 소위 말하는 "신경증적" 행동을 발달시킨다. 그러나 그들은 효과적인 방어기제와 자신을 안정시킬 수 있는 대응 전략을 가지고 있지 않다. 따라서 그들은 부정적인 기분에 쉽게 휩싸이고 거의 정신병과 유사한 공포와 혼란의 에피소드를 경험한다. 셋째, 그들이 생각하는 내용과 과정은 현실과 환상 사이를 오가는 극도의 유동성을 보인다. BDP를 가진 아동이 정신분열증은 아니지만 그들의 환각은 현실감각을 저해한다. 경계선 장애 아동이 내적인 세계에 빠지지 않을 수 없는 한 가지 이유는 환각이 극도의 불안을 야기시키고 자기 소멸, 신체 절단, 그리고 파국에 관계되기 때문이다. 넷째, 타인과의 관계는 애착대상뿐 아니라 모든 상호작용에서 극도의 지원(excessive need for support)과 확신을 필요로 한다. Bemporad와 동료들은 이 아동들이 고립감과 외로움을 피하기 위해 타인과 섞이려고 노력하지만 타인을 과도하게 동일시(overidentify)하는 가상의('as-if') 성격을 가졌다고 기술한다. 다섯째, BPD를 가진 아동들은 충동조절능력(control over impulse)이 결여되어 있다. 그들은 만족을 지연시키지 못하고 좌절을 참지 못하며, 이는 발달 수준에 적절치 않게 과도한 분노나 기질 발작(temper tantrum)으로 나타난다.

Vera, Gotlieb와 Gotlieb(1983)도 아동에게 BPD의 진단을 내리는 데 있어 다음과 같은 유사한 준거를 제안하였다. (1) 혼란된 대인관계, (2) 현실검증(reality-testing)의 왜곡, (3)

과도한 불안, (4) 충동적인 행동, (5) 신경증적인 증후, (6) 고르지 않은 혹은 왜곡된 발달.

다중 복합 발달장애

이러한 특징을 가진 아동들을 성격장애보다 전반적 발달장애(pervasive developmental disorder)의 스펙트럼으로 보려는 대안적 견해가 있다. Towbin과 동료들(1993)은 아동기에 시작되는 증상들이 성인의 경계선 성격장애로 이어진다는 충분한 증거들이 아직 없다고 주장한다. 더구나 그들은 아동기의 성격은 역동적이고 유동적이어서 성격장애의 진단은 적절치 않다고 지적한다. 증상의 조기발병과 심각한 사회적 결함은 전반적 발달장애가 긴 시간 동안 발달에 악영향을 미친 것이라고 제안한다. 결과적으로 그들은 아동을 대상으로는 다중 복합 발달장애(multiple complex developmental disorder; MCDD)라는 이름을 제안한다.

DSM-V에 포함시킬 것을 제안한 이 장애의 진단적 주요 증거는 **표 15.2**에 제시되었다. MCDD는 일관적이고 지속적인 유형의 결함을 반영하는 심각한 기능적 손상이 5세 전에 나타나는 것으로 정의된다. 특징은 **정서조절의 실패**(dysregulated emotion)(강한 불안, 극도의 정서적 가변성, 우발성 행동적 혼란), **대인간 결함**(interpersonal deficits)(성인에 대한 혼란된 애착, 또래와의 관계 시작이나 유지 곤란), **인지기능의 손상**(비합리성, 주변적 사고, 현실의 혼동, 환각)이다.

그들의 경험적 연구에서 보여준 것처럼, Towbin과 동료들(1993)에 의하면 MCDD의 명칭에 적합한 아동들은 다른 진단명의 아동들과 쉽게 구별된다. 더구나 MCDD 아동들은 다른 심리적 문제를 가진 아동들에 비해 증상이 더 일찍 시작되고, 전반적으로 적응이 떨어지며, 또래관계에 문제가 더 있고, 어머니들의 정신병리적 수준이 더 심하다. 이어서 Van der Gaag와 동료들(1995)은 이 준거들을 사용하여 MCDD 아동과 자폐증, 외현화 문제(품행장애, ADHD), 내면화 문제(우울, 불안장애)를 가진 아동들을 구별할 수 있음을 보여주었다. MCDD를 구별하는 가장 효과적인 증상은 **기능수준의 변동**(fluctuations in level of functioning), **사고장애**(thought disorder)와 **근원적인 불안**(primitive anxiety)이었다.

공병과 변별진단

성격장애 진단을 받고 치료기관에 오는 많은 청소년들은 **공격성**과 **품행장애**의 문제를 함께 가지고 있다. 특히 외상후 스트레스장애(posttraumatic stress disorder; PTSD)처럼 불안장애와 일치되는 증상들이 BPD에서도 나타난다. 그러나 증상이 충분히 구별되기 때문에 BPD 아동들이 품행장애나 PTSD로 진단될 정도는 아니다(Guzder et al., 1996; Paris, 1994).

정동장애(mood disorder)는 BPD에서 자주 나타난다. 장애들은 실제로 함께 일어나지만 "자살극(parasuicidal)"성 자해행위(Linehan et al., 1991; 9장 참조)의 자기 연출 수준은 단순한 우울증의 전형적인 자살관념화와는 다르다. BPD와 유사하게 양극성 장애는 함께 발

표 15.2 다중 복합 발달장애의 진단을 위하여 제안된 준거

A. 정동상태와 불안조절이 정신연령이 비슷한 또래의 다른 아동들에 비해 손상되었으며, 아래의 두 가지 이상에 해당된다.
   1. 강하고 일반화된 불안, 긴장의 확산 또는 성급함
   2. 내용이나 강도에서 특이한 비정상적인 공포나 두려움
   3. 공황 삽화의 재발, 심한 공포나 불안의 범람
   4. 행동적 비조직화나, 현저하게 미성숙하거나, 원시적이거나, 자해적인 행동으로의 퇴행 삽화가 수분에서 수일간 지속됨
   5. 환경적인 촉발자가 존재하거나 혹은 존재하지 않는 상황에서도 상당하고 광범위한 정서적 변이성
   6. 조절되지 않는 낄낄거림, 웃음, 경솔한 행동 또는 상황의 맥락에 적절치 않는 "분별없는" 정동이 지속되는 것과 같은 특이한 불안 반응이 자주 발생함

B. 다음의 하나 이상에 해당되는 (비슷한 정신연령의 또래와 비교하여) 사회적 행동과 민감성에서의 일관된 손상
   1. 특히 성인과의 관계에서 분명히 사회적 관계 형성의 능력이 있음에도 불구하고 사회적 무관심, 초연, 회피 또는 위축
   2. 또래관계의 시작 또는 유지의 어려움
   3. 매달리기, 과잉통제, 도움이 필요한 행동과/또는 공격적·적대적 행동으로 나타나는 성인, 특히 부모/양육자에 대한 과도한 양가성을 보이는 혼란된 애착. 부모, 교사, 또는 치료자에 대한 애증의 행동을 오가는 것으로 나타나는 분열된 정동이 일반적이다.
   4. 타인의 정동을 정확하게 이해하거나 읽는 능력의 심한 손상

C. 다음의 하나에 해당하는 손상된 인지적 처리(사고 결함)
   1. 불합리함, 정상적 사고과정에 갑작스런 침입, 마술적 사고, 반복되는 무의미한 단어 또는 신조어, 일관성 없는 사고, 노골적으로 비논리적이고 이상한 생각들처럼 정신연령이 비슷한 또래와는 매우 다른 사고의 문제들
   2. 현실과 환상의 혼동
   3. 당황스러움과 쉽게 혼동함(진행되고 있는 사회적 관계를 이해하는 데 어려움, 자신의 생각을 '올바르게' 유지하는 데 어려움)
   4. 개인적 전능함에 대한 환상, 편집증적 열중, 환상적 인물에 대한 과잉심취, 특별한 힘에 대한 과장스러운 환상과 참조적 생각

D. 자폐증으로 진단받지 않음

E. 6개월 이상 증상이 지속됨

출처: Towbin 등(1993)에서 인용함.

생하지만 BPD에서 보이는 무분별함과 충동적인 행동은 조증(mania)의 짧은 에피소드에서보다는 더욱 습관적이고 만성적이다. ADHD도 젊은이들에게서 BPD와 함께 나타난다(Greenman et al., 1896; Wenning, 1990). 경계선 장애는 섭식장애에서도 발견된다(12장 참조). 과식이 DSM-IV에서 BPD 진단의 준거로 포함되는 충동적인 행동의 한 가지 예라는 점은 그리 놀라운 사실이 아니다. 추가적으로 두 장애는 혼란된 부모-자녀 관계와 같은 공통되는 병인적 요인을 공유하며 왜곡된 자기지각과 자기학대적 행동의 증상을 공유한다. 그러나 BPD는 섭식과 체중의 관계에 제한되거나 초점이 맞추어지기보다 대인관계의 모든 측면을 포함한 전반적인 효과를 보인다는 점에서 구별된다.

한편으로 경계선 장애와 비슷하게 보이는 몇몇 발달 현상도 경계선 성격장애와 구별될 필요가 있다. DSM-IV-TR은 정체성 형성을 위해 애쓰고 있는 청소년과 성인 초기에는 특히

약물사용이 개입되어 있을 때 일시적으로 정서적 불안정성, 불안, 정체성 혼동, "실존적 딜레마"와 같은 BPD의 증상을 보일 수 있다고 경고한다. 여기서 앞에 제시한 바와 같이 성격장애의 진단에 필수적인 두 번째 준거를 상기하라. 즉, 증상이 특정 발달시기에 국한되지 않아야 한다. 특히 청소년기와 같이 자신과 의미를 찾는 발달적 시기에 제한되지 않아야 한다.

성차

BPD로 진단받는 여성이 더 많은 것 외에 중요한 **성차**가 발견되었다. BPD로 진단받는 여아들은 남아에 비해 증상이 더 심하고 더 오래 지속된다는 것이다. 결과적으로 아동기에서 청소년기, 청소년기에서 성인기로의 전환하는 동안에 여아의 BPD는 더 많이 지속된다. 반대로 비슷한 증상을 보이는 남자 아이들은 **반사회적 성격장애**(anitsocial personality disorder)로 이 경로를 종료하게 되는데, 반사회적 성격장애는 대부분이 남자들이다(Guzder et al., 1996).

Bradley, Conklin과 Westen(출판중)은 BPD를 가진 청소년들의 증상에서의 성차를 연구하였다. 연구자들은 BPD 진단을 받은 14세에서 18세까지 청소년 81명(여자 55명, 남자 26명)을 선별하여 그들의 치료자들에게 BPD 청소년들을 청소년기의 심리적 혼란과 관계되는 성격적 특성을 기술하는 200개의 진술(예: "정서적으로 중요한 사람들로부터 거부되거나 버림받을까 두려워한다.", "감정을 과장되고 극화된 방법으로 표현한다.", "인생이 무의미하다고 느끼는 경향이 있다.", "강한 감정이 생기면 비이성적이 되는 경향이 있다.")에 대해 평정하도록 하였다. 증상들을 군집화하여 분석한 뒤, Bradley와 동료들은 BPD를 가진 여자 청소년들에게서 네 종류의 하위범주를 발견하였다. 첫 번째 범주는 **고기능 내면화**(high-functioning internalizing)라고 부르는데, 창의성과 통찰력을 발휘하면서도 자기비판, 불안, 죄책감, 자기비난, 자기 처벌의 경향을 보인다. 두 번째 범주는 **히스테리성**(histrionic)으로 관계에 있어 이상적이고 비현실적인 기대를 갖는 것과 함께 자극적이고, 과도하게 연극적이고, 조작적이며 주의를 끄는 행동을 보인다. 세 번째 범주는 **우울증적 내면화**(depressive internalizing)라고 하며 외로움, 배척 받는 느낌, 인생에서의 즐거움과 의미를 느끼지 못함, 타인들로부터 학대를 기대하는 특성을 가진다. 네 번째 범주는 **분노 외면화**(angry externalizing)로 반항, 적대성, 타인에 대한 수용 불가능한 충동과 감정의 투사, 감각-추구와 폭발적인 분노가 특징이다.

하위범주를 자세히 구분하기에는 소년들의 수가 너무 적었지만, Bradley와 동료들은 소년들이 높은 점수를 보인 증상들이 소녀들과는 매우 다르다는 것을 발견했으며, 심지어 이들을 분류하는 데 사용되었던 DSM-IV의 준거와도 많이 달랐다. 소년과 소녀들 모두가 정서조절의 실패와 불안정한 정체성이라는 공통된 특징을 보였지만, 소년들은 소녀들에 비해 **훨씬 더 공격적이고 파괴적이며 반사회적**이었다. 예를 들어, 소년들은 공격성, 가학적인 행동, 집단 괴롭힘, 타인을 이용함에서 즐거움을 얻고 자신의 중요함에 대한 과장과 권리부여 특징을 보이지만 소녀들은 그렇지 않다. 자료가 예비적이고 작은 표집수에 근거했다는 점을 지적하면서, Bradley와 동료들은 향후 연구들이 BPD에서의 성차가 동일한 장애의 두 가지 표현인지, 혹은 BPD의 DSM-IV 준거가 정확하지 않아서 반사회적 스펙트럼으로 분류될 남자들을 잘못 분류하고 있는 것인지를 밝혀내어야 한다고 제안했다. 어떤 경우라도 여성에 있어 분명한 하위범주들을 구별해낸 것은 치료에 중요한 시사점을 제공한다고 그들은 주장한다. 즉, 중재가 각 경계선 성격장애에 맞게 특정 취약점을 다룰 수 있도록 수정된다면 더욱 효과적일 것이기 때문이다.

3. 병인론

경계선 성격장애의 병인뿐 아니라 이 장애를 특징짓는 핵심적인 결함을 개념화하는 것—소위 "근본적인 결함"(Balint, 1968)—에도 아직 동의된 바가 거의 없다. 정상적인 자기의 개념에서 어떤 발달이 잘못되어 이러한 극단적인 일탈이 생겼을까? 여기에는 이론가들이 서로 다른 입장을 가지는 두 가지 주제가 있다. 첫째는 BPD의 가장 중심적인 특징이 무엇인가에 관한 것이다. 다시 말해서 이 장애의 정의적 특징(defining feature)은 무엇이며 우리는 그것을 어떻게 인지할 것인가? 두 번째 주제는 이 장애가 어떻게 해서 생기는가하는 것이다. 즉, 병인은 무엇이며, 문제가 되는 발달과정은 무엇인가 하는 것이다. 이제 살펴보겠지만 이론가들마다 DSM-IV에 있는 특성의 목록 중에서 서로 다른 특성에 주목하여 결과적으로는 이 장애를 상당히 다르게 특징짓는다. 더구나 장애가 발달하는 경로에 대한 생각은 그들이 생각하는 정의적 특성과 관계되므로 경계선 성격장애를 설명하는 다양한 모형들이 존재한다. 역사적으로 정신역동적 전통에서 경계선 성격장애에 대해 오랫동안 관심을 가지고 있었지만 최근에는 인지행동적 모형도 크게 부상하고 있다.

개인 맥락

정신역동적 관점

BPD의 기원에 대한 정신역동적인 사고의 기반은 Mahler(1975)의 분리-개별화 이론(separation-individuation theory)(11장 참조)이 제공한다. Mahler는 아동이 양육자와의 경험을 통해 자신의 정체성을 발달시키는 생의 초기 3년을 강조한다(Mahler, Pine, & Bergman, 1975). 온정적이고 민감한 양육을 경험한 아동은 사랑하는 부모—즉, "좋은 대상"—의 이미지를 내면화하고, 따라서 자신들도 사랑스러운 존재로 내면화한다. 반대로 형편없는 양육을 경험한 아동은 양육자를 화내고 거부하는 이미지로 내면화하고 자신들은 보잘것없고 사랑을 받을 수 없는 존재로 본다.

모든 아동이 때로는 양육자에게 화가 나고 좌절을 경험하며, 모든 부모가 때로 자녀를 낙심시키는 "나쁜 대상"이 된다. 따라서 발달하는 가운데 어느 정도의 부정적인 감정을 느끼는 것은 불가피하다. 그러나 전조작기 아동들의 마술적 사고는 그들의 부정적인 사고와 감정이 실제 결과를 초래할 것이라는 잘못된 믿음을 갖게 만든다. 예를 들어, 어린 아동은 그들이 화를 내면, 그 결과 실제로 다른 사람들에게 해가 되고 사랑하는 어머니를 파괴하거나 공포의 대상으로 전환시킬 것이라고 믿는다. 아동들은 어머니가 안 보일 때 안전감을 유지하는 데 어려움이 있기 때문에 어머니에 대한 격노는 그들 자신을 놀라게 만든다. "엄마가 없어져 버렸으면 좋겠어."라고 생각하는 아동은 "정말 엄마가 없어지면 어떻게 하지?" 하고 걱정하게 된다. 이런 경우, 어머니를 향한 분노의 감정은 아동의 마음속에서 어머니에 대한 긍정적인 이미지를 유지하기 어렵게 만들고, 좋은 어머니의 내적 이미지를 위협하며, 이와 함께 아동 자신의 긍정적인 이미지와 안전감을 유지하기 어렵게 만든다.

이러한 강한 부정적인 감정으로부터 긍정적인 내적 표상들을 보호하기 위해서, 아동은 양육자의 경험을 선과 악의 이미지로 분리한다. 마치 아동의 정서세계에 두 명의 양육자가 존재해서 하나는 위로와 좋은 기분을 주는 대상이고 다른 하나는 좌절과 박탈감을 느끼게 하는 대상으로 존재한다고 Mahler는 주장한다. 유사하게 자기개념도 두 개로 나뉜다. 하나는 선하고 사랑스러운 존재이며, 다른 하나는 악하고 양육자를 화나게 하는 존재이다. 따라서 **분열**(splitting)이 분노와 공격성으로부터 영아가 긍정적인 내적 이미지를 보호하는 방어기제인 셈이다. 사랑받는 존재와 사랑하는 양육자—그리고 사랑스러운 자기—에 대한 생각은 부정적인 감정으로부터 안전하게 가두어져 있는 것이다(**그림 15.1** 참조).

분열이 어린 아동의 발달에 있어 정상적인 일부이긴 하지만 우리 자신과 타인을 육체가

그림 15.1 타인을 "모두 선"하거나 "모두 악"하게 지각하는 분열은 실제의 모습을 보지 못하게 한다.

출처: Marian Nenley의 허락하에 인용함.

있는 인간으로 완전히 경험하는 것을 허락하지 않는 유치한 방어기제이다. 따라서 분리-개별화의 마지막 단계에서는 부정적인 감정과 긍정적인 감정을 하나의 표상으로 통합하는 능력인 정서적인 **대상항상성**(object constancy)을 습득하기 위해서는 분열을 극복해야 한다. 따라서 양육자에게 화를 내면서도 그/그녀를 여전히 사랑하고, 자신에 대해 낙심을 하면서도 자신이 가치 있는 인간이라고 믿는 것이 가능하다. 마치 Piaget의 대상영속성의 개념과도 같이 대상항상성은 눈에 보이지 않는 대상이 존재한다는 것을 인정하는 인지적 능력에 달려 있다. 그러나 대상항상성은 현재 경험하고 있지 않은 정서—예를 들어, 우리를 화나게 했던 사람에 대한 감정—가 그래도 존재한다는 것을 인정할 수 있어야 한다.

Mahler가 이론화하듯이 어린 아동들은 사랑하는 부모의 내적 이미지—와 사랑받는 자기—를 부정적인 감정으로부터 보호하기 위해 분열이라는 방어기제를 사용한다. 발달의 경로를 통해 대부분의 아동들은 부정적인 경험과 긍정적인 경험을 분리할 필요를 극복하고 정서적인 대상항상성을 획득하게 되며, 자신과 타인에 대해 사랑과 적의의 감정을 통합할 수 있게 된다. 그러나 정신역동적 이론가들은 BPD 아동의 발달은 이 과정 중에 정지되어 있다고 믿는다. BPD 아동은 정서적 대상항상성을 발달시키지 못하고 인정하기 어려운 정서를 다룰 때 방어기제를 계속 사용하게 된다(Mahler, 1971)

BPD 아동들은 왜 이 과정에 머무르고 있는가? Kernberg(1967)에 의하면 어떤 아동들은 기질적으로 **과도한 격노**(excessive rage)를 경험하기 쉽기 때문에 정서적 대상항상성을 습득하기 어렵다고 한다. 이러한 강한 정서적 경험은 안정적인 내적 세계의 발달을 방해한다. 그 이유는 그들의 부정적인 정서가 너무 강해서 부정적인 정서가 존재할 때 긍정적인 내적 이미지를 유지하는 것이 너무 어렵기 때문이다. 화가 나면 그들은 안전감의 획득에 매우 중요한 긍정적인 자기상과 사랑하는 양육자에 대한 상을 잃어버리게 된다. 이러한 위협적인 감정들로부터 생겨난 불안을 줄이기 위해 이 아동들은 분열의 방어기제를 병리적인 수준까지 사용하게 되는 것이다.

Pine(1974)은 BPD에 대한 다른 관점을 가지고 있다. 그는 BPD의 다른 정의적 특성을 강조하는데, 이들은 **불안조절능력**과 같은 자기 기능(ego functioning)의 실패, **자기와 타인의 경계 구분**(boundary between self and other)이 명확하지 않은 것 같은 대상관계(object relation)에서의 실패들이다. Kernberg와 같이 Pine도 경계선 장애에서 분열이 중요한 역할을 한다고 믿는다. 그러나 Pine은 격노보다는 불안이 더 촉매자의 역할을 한다고 생각한다. 부모의 소홀한 양육으로 인해 BPD 아동들은 정서적인 고통의 상태에 자주 홀로 남겨진다. 따라서 그들은 압도할 만한 공황으로 경험하게 되는 불안감에 대처하는 효과적인 방어기제를 발달시키는 데 실패한다. 이러한 강하고 조절되지 않은 정서는 차례로 긍정적 경험과 부정적 경험을 통합하는 능력을 방해하고 자신과 양육자에 대한 안정적인 내적 표상을 유지하는 것을 방해한다(Pine, 1986). 따라서 고통스럽거나 혼자 있을 때 사랑받고 있다거나 보살핌을 받고 있다는 느낌을 유지할 수 없기 때문에, 그들은 양육자로부터 분리되는 것이나 자신에 대한 부정적인 감정을 인정하지 못한다.

그러나 Pine(1974)의 견해로는 이 아동들이 현재에 발달적으로 적절하지 않는 분열이라는 방어기제를 사용하고 있을 뿐 아니라, 그들이 공황상태에 있을 때는 양육자와 분리되지 않거나 밀착된 발달의 초기 상태로 퇴행한다. 따라서 Pine은 BPD 아동들이 분리-개별화 과정 중 자신과 타인이 분명히 구별되지 않는 매우 초기 상태에 억류되어 있다고 믿는다. Pine은 경계선 성격이 긍정적인 내적 경험과 부정적인 경험들을 통합하는 데 실패했을 뿐 아니라 자신과 타인의 구분을 유지하는 데 근본적인 어려움을 갖는다고 믿는다.

Pine(1979)에 의하면, 타인과의 경험은 무서운 결과들이 가득한 것으로 지각된다. 경계선 아동이 분리시 불안을 느끼지만, 타인과 병합되고 개별적인 자기를 잃어버리는 것도 무서운 일이다. 따라서 Pine은 BPD 아동이 딜레마에 사로잡혀 있다고 한다. 즉, 한편으로는 버림받을지 모른다(abandonment)는 두려움, 참을 수 없는 고독감과 다른 한편으로는 타인과의 밀착(enmeshment)과 자기감(sense of self)의 손실에 대한 투쟁 사이에서 동요하고 있다.

왜곡된 자아와 타인에 대한 지각을 설명하기 위해 발달 동안에 어떤 일들이 일어날까? Pine과 같은 대상관계이론가들은 BPD 아동들이 건강한 대상관계의 발달을 방해하는 학대적이고 외상적인 양육의 결과물이라고 믿는다. 더욱 구체적으로 Masterson과 Rinsley (1975)는 BPD 아동들이 자녀의 자율적인 자아상 발달을 참을 수 없는 부모들에 의해 양육된다는 가설을 제안했다. 정상발달의 과정에서 공격적이고 좌절하며 자신의 의지를 갖는 유아들에게 정서적으로 가용한(emotionally available) 자원이 되기보다, 이 부모들은 자녀가 부정적 감정을 표현하거나 독립적인 마음을 가졌을 때 정서적으로 배척한다. 대상관계이론에 따르면, 이는 "내가 엄마에게 화를 내면, 엄마는 가 버릴거야"에서처럼 화난 감정이 사랑하는 부모를 실제로 파괴할 것이라고 믿는 전조작기 아동들에게 가장 최악의 두려움이다.

이 이론에 따르면, BPD 아동의 부모는 아동들이 자신을 거울처럼 따를 것을 요구하며 부모의 요구에 언제나 맞출 것을 원한다. 마치 부모가 자녀에게 "내가 원하는 대로 하지 않는다면, 너는 존재하지 않아"(Ogden, 1982, p. 16)라고 말하는 것과 같다. Masterson (1976)은 그 이유로 이 양육자들 자신이 분리를 힘들어 하고, 자녀들이 자신에게 안전감을 제공하고, 버림받을지 모른다는 그들 자신의 두려움을 진정시켜 주기를 원한다는 것을 들었다. 여기서 자녀의 성장을 자신이 버림받는 것으로 해석하고, 따라서 자녀의 독립을 위한 시도를 참을 수 없는 성인의 그림이 드러났다. Masterson의 임상적 관찰에 의하면 BPD 아동의 부모들 자신이 경계선 장애의 특성들을 지니고 있다는 것은 놀라운 일이 아니다.

정신역동적 이론가들은 순전히 사변적이며 증거가 될 수 있는 연구의 필요성을 간과하는 우를 범한다. 그러나 Westen과 동료들(Westen et al., 1990; Westen & Cohen, 1993)이 진행한 흥미로운 연구 시리즈가 대상 이론가들이 제시한 경계선 장애의 그림에 대한 일부 증거를 제시한다. 정신역동적 이론과 자아발달의 인지적 측면의 개관에 근거하여 그들은 투사검사에 대한 BPD 청소년들의 반응을 코딩하는 체계를 만들었다(16장 참조). 예를 들어, 분열의 현상은 이들이 '모두 악'하거나 '모두 선'하게 반응하는 데서 잘 드러난다(예: "나는 언제나 모든 것을 할 수 있는 사람이었는데 이제는 아무것도 하지 못한다"). 연구자들은 이 청소년들의 자기 표상이 불안정적이며 심하게 부정적이고 자기와 타인의 명백한 구별이 결여되어 있음을 발견했다. 그들은 또한 자아를 잃고 순간의 정서와 극적 상태에 사로잡힌다고 묘사된다. 또한 대상관계이론에서 주장하는 바와 같이 타인과의 관계는 악의적이고 희생당하며 감정이입이 없는 것으로 나타난다.

경계선 성격장애의 원인에 대한 정신역동적인 사고의 대부분은 부모-자녀 관계의 질에 관한 것이다. 이는 이 장의 뒷부분에서 다시 다룰 가족 요인에 관계되는 병인과도 중복된다.

인지행동적 이론

Linehan(1993a)의 인지행동적 모형은 BPD의 이해에 중요한 공헌을 한다. Linehan은 경계선 장애로 진단받은 사람들 중에서 그녀가 준자살 행위(parasuicidal)라고 명명한 "자해, 혹은 자기 손상, 자살을 여러 번 시도한 적이 있는" 특정 집단에 주목한다. 이들에게서 관찰되는 핵심특징은 **표 15.3**에 제시되어 있으며 (1) 높은 정서적 긴장, 반응성과 낮은 정동 조절을 포함하는 정서적 취약성(emotional vulnerability); (2) 자기 무효화(self-invalidation); (3) 끊임없는 위기(perpetual crises); (4) 슬픔과 손실을 참지 못함; (5) 인생의 문제에 직면했을 때의 소극성; (6) 표면 밑의 기능적 결함과 일치하지 않는 유능해 보이는 외관(appearance of competence)을 포함한다.

Linehan은 기질적 요인과 부정적인 사건과 자기가 생성한 비기능적인 신념이 함께 경계선 장애가 자라날 수 있는 토양을 만든다고 믿는다. 특히 BPD에 취약한 사람들은 기질적으로 고통에 대한 내성이 낮고 따라서 자신의 강한 정서상태를 매우 불편하게 여긴다. 더구나 그들은 정서조절에서의 결함, 대인관계 문제해결, 자기관리기술에서 부적절한 대응 전략을 가지고 있다. 마지막으로 인생의 스트레스는 참을 수도 없고, 피할 수도 없다는 것과 자신의 문제를 해결하는 유일한 수단은 자해(self-mutilation)와 같은 비기능적인 행동이라는 것을 포함한 비이성적인 신념을 가지고 있다.

대상관계이론가들과 유사하게 Linehan은 BPD가 병리적인 부모-자녀 관계에서 발생한다고 본다. Linehan이 발견한 양육에서의 가장 근본적인 결함은 환경의 무력화(invalidating environment)이다. 즉, "그 속에서는 사적인 경험이 오류적이고 부적절하고 극단적인 반응을 만난다."(p. 49) Linehan에 의하면 BPD로 발전하는 아동들의 부모들은 두려움이나 불안과 같은 부정적인 정서의 표현을 참지 못하며, 따라서 아동의 정서적 경험을 무효화하거나 무시하고 사소하게 여긴다. 무력화는 외현적인 행동의 맥락에서도 나타나지만 외현적인 정신병리적 행동 없이 미묘한 형태로 가정에서 나타난다. 예를 들어, 가족 중 한 사람이 BPD를 가진 사람의 조바심을 "단지 자신을 조절하지 못하는 것"이라고 표현할 수 있다.

환경 무력화의 첫 번째 결과는 아동들이 자신의 내적인 상태를 인지하거나 이해하는 것

표 15.3 BPD의 행동적 패턴

1. 정서적 취약성: 정서적 취약성의 경험과 인식뿐 아니라 부정적인 정서 자극에 대한 높은 민감성, 강한 정서적 긴장감, 그리고 정서적 기저선으로의 느린 회복을 포함하는 부적 정서조절의 어려움. 비현실적인 기대와 요구에 대해서 사회적 환경을 비난하는 경향이 있을 수 있다.
2. 자기 무효화: 자신의 정서적 반응, 사고, 신념과 행동을 인지하는 데 실패하거나 무효화하는 경향이 있음. 자신에 대하여 비현실적으로 높은 기준과 기대를 가짐. 심한 수치심, 자기혐오, 자신에 대한 분노를 느낄 수도 있다.
3. 끊임없는 위기들: 개인의 기능장애적 생활양식이나 부적절한 사회적 환경, 또는 불운에 의해서 스트레스를 주는 부정적인 환경적 사건이나 혼란, 장애가 자주 일어난다.
4. 억제된 슬픔: 슬픔, 분노, 죄책감, 수치심, 불안, 극심한 공포를 포함해서 특히 상실과 비탄에 관계되는 부정적인 정서적 반응을 억제하고 과도하게 통제하는 경향이 있다.
5. 활동적 소극성: 때로 타인이 문제를 해결해주도록 적극적으로 구하며, 스스로는 적극적으로 자신의 생활 문제를 해결하려는 활동을 하지 않는, 소극적인 대인간 문제해결 양식을 가진다; 학습된 무력감, 무기력감.
6. 외현적 능력: 실제보다 더욱 능력 있게 보이는 경향; 정서적 고통을 나타내는 적절한 비언어적 단서를 표현하지 못하고, 기대되는 기분, 상황, 시간에 걸쳐 일반화하는 능력의 결함으로 인해 발생한다.

출처: Linehan(1993).

을 학습하지 못한다는 것이다. 두 번째는 부모들이 아동을 위로해주거나 진정시켜 주지 못하므로 이 어린 아동들은 자신을 진정시키는 능력을 배우지 못하고, 따라서 정서를 조절하거나 스트레스를 참는 능력을 발달시킬 수 없다. 세 번째, 일상적인 정서 표현이 무시당하면 아동들은 극한 정서만이 양육자들의 반응을 이끌어내는 유일한 방법이라는 것을 학습한다. 네 번째, 환경 무력화는 아동들에게 자신의 감정과 인지적인 반응을 믿으라는 것을 가르치지 못한다. 오히려 아동들은 자신의 경험을 무효화하는 것을 학습하고, 어떻게 느끼고 생각하고 행동해야 하는지를 학습하기 위해 주변의 사회적 단서를 찾는다. 환경 무력화가 아무리 혐오스러울지라도 아동은 그것에 사로잡혀 있다. 즉, 아동은 가족을 떠날 능력을 갖고 있지 못하다. 자신의 환경을 바꿀 수 없기 때문에 아동은 요구에 부응하기 위해 자신의 내적 경험을 바꾸는 노력 이외에 다른 것을 할 수 없다.

Linehan의 주장에 따르면 경계선 장애의 가장 핵심은 변증법(dialectics)의 실패이다. 즉, 정상적인 관계의 주고받기에 참여하고 인내하는 능력과 현실에 존재하는 다양한 차이와 모순을 통합하고 온전성과 균형을 이루는 능력을 갖지 못한다. BPD를 가진 사람은 현실과 관계들을 현실적이고 원만하게 하나로 통합하는 능력이 없으므로 현실을 "흑백"의 범주로 양극화하고 융통성 없는 관점 사이에서 망설인다.

Linehan의 관점을 지지하는 연구결과들은 주로 그녀가 제안한 모형에 따라서 효과적인 처치를 제공한 중재 연구들에서 나온다. 이 결과들은 뒤의 중재 부분에서 개관할 것이다.

정서조절과 의도적인 자해

지금까지 논의한 경계선 성격장애의 모형들 모두에서 가장 주된 특징은 정서조절능력의 결여이다. 정동을 다루는 데 있어서의 어려움은 이 장애의 가장 일반적이고 문제되는 증상 중 하나인 의도적 자해의 발달에 중요한 역할을 한다. 간단한 자살의 '제스처'와는 달리 BPD 청소년들의 준자살 행위는 매우 심각하고 신체를 손상시킨다. 신체의 절단이 습관화되는 것이 일상적이며, 팔이나 손의 동일 부위를 연속적으로 베어서 자국이 영구적으로 남기도 한다. BPD를 가진 청소년과 성인들은 자해가 긴장을 경감시키는 자신들이 아는 유일한 방법이라고 자주 보고한다.

임상적인 문헌에서는 이러한 종류의 자기 절단이 중독적인 특성이 있다고 제안한다. Nixon, Cloutier와 Aggarwal(2002)은 4개월 동안 자해로 병원에 입원한 42명을 대상으로 이 가설을 경험적으로 검증하였다. 이 청소년들의 거의 79%가 일상적으로 자해의 욕구를 느낀다고 보고했으며, 83%는 주 1회 이상 이를 행동으로 옮긴다고 보고하였다. 자해의 가장 일반적인 형태는 절단, 긁힘, 자기 때리기, 머리카락 뜯기, 물기와 상처부위의 회복을 방해하는 것이다. 자해의 가장 대표적인 이유는 "우울감에 대처하기 위해"와 "참을 수 없는 긴장감을 줄이기 위해"였다. 더구나 이 집단의 청소년들 중에 98%는 자해와 관계하여 DSM-IV에 정의된 중독행동의 특징(예: 행동이 유해하며, 지속하지 않을 때는 불편한 증상들이 생기며, 행동이 사회적 문제를 유발하고, 기대하는 효과를 얻기 위해서는 강도와 빈도가 더 커져야 하고, 시간 낭비이며 정상적인 활동을 저해한다는 것을 아는 데도 불구하고 계속함)을 3개 혹은 그 이상 나타내었다.

12장에서 일부 청소년들이 약물남용 또는 폭식 후 구토를 정서조절의 방법으로 사용한다는 것을 배웠지만 자해도 병리적 중독이 되어가고 있다.

가족 맥락

아동기의 외상과 학대

경계선 성격장애의 주된 위험요인은 부모-자녀 관계의 문제이다. BPD의 발달에 아동학대(child maltreatment)가 관계된다는 것을 많은 연구들이 보여주고 있다. 경계선 장애로 진단된 성인들의 91%가 아동기에 학대를 받았으며(Zanarini et al., 1997), 특히 성적 학대(Ogata et al., 1990; Wagner & Linehan, 1994)의 경험을 보고한다.

최근에는 강력한 자료가 BPD를 포함한 성격장애의 발달적 병리에 아동기 학대가 중요하다는 것을 보여주기 시작했다. 성격장애의 협동적 종단연구(Collaborative Longitudinal Personality Disorders Study, Gunderson et al., 2000)는 1996년에 시작하여 여러 지역에서 18세부터 45세까지 회피성 성격장애(avaoidant), 강박장애(obsessive-compulsive), 분열형 장애(schizotypal), 또는 경계선 성격장애를 가진 사람들을 연구하였다. 이 연구에서 출판된 한 논문에서 아동기 외상에 대한 회고적(retrospective) 인터뷰에 의하면 성격장애 증상의 심각도는 아동기 외상의 빈도와 심각도와 관계되었다(Yen et al., 2002). BPD와 관련하여 특히 충격적인 것은 이들이 외상을 경험한 비율이 가장 높고, 노출을 경험한 연령이 가장 낮으며 PTSD의 증상을 가장 많이 보인다는 것이다. BPD를 가진 사람들 중에서 91.6%는 심각한 외상의 경험이 있으며 55.1%는 초기에 일종의 성적 학대를 경험했으며 36.5%는 강간을 당한 경험이 있다.

동시 발생적(concurrent) 자료 또한 아동기 BPD에서 학대의 심각성을 보여준다. 다른 정신적 장애와 비교하여 BPD 아동은 신체적 학대, 성적 학대, 심각한 방치, 부모의 기능장애의 비율이 훨씬 높다(Guzder, Paris, & Zelkowitz, 1999). 이 아동들은 생의 매우 초기에 학대를 경험하기 시작해서 발달하는 동안 그 경험이 축적된다.

물론 회고적 자료와 동시 발생적 자료의 제한점은 성격장애가 학대의 결과로 발생하는가에 대해서는 말할 수 없다는 것이다. 심지어 인과관계의 방향이 바뀔 수도 있다. 즉, 기질 특성적인(characterological) 문제들로 인해 이 청소년들이 학대의 희생자가 되었을 가능성도 있다. 그러나 장래를 예견할 수 있게 해주는 또 다른 자료들이 있다. Johnson과 동료들(1999)은 639명의 뉴욕 주에 거주하는 가족과 그들의 자녀들을 20년 동안 추적하였다. 초기 연구에서는 학대의 경험이 있는 아동들이 성인기 초기까지 성격장애의 발병률이 4배 이상 높았다(Johnson et al., 1999). 이제 793 가족이 포함된 후속 연구에서 연구자들은 심리적 학대(psychological abuse)에 집중하였다. 즉, 엄마가 자녀들에게 소리를 지르는지, 자녀들을 사랑하지 않는다고 말하는지, 혹은 아이들을 보내버리겠다고 위협하는지를 알아보았다. 아동기에 이러한 심리적 학대를 경험한 아동들은 다른 아동들보다 심리적 장애를 가질 가능성이 3배 이상 높았다. 아동의 기질, 신체적 학대, 성적 학대, 방치, 부모의 정신병리, 다른 장애의 영향을 고려한 뒤에도 심리적 학대의 효과는 유의미하였다.

신체적·성적·심리적 학대 외에도 BPD 청소년들은 다른 형태의 외상적인 가족 경험을 경험할 가능성이 매우 높다. 이 경험들은 혼란스럽고 불안정하고 폭력적인 가정환경, 아동기 초기의 분리와 붕괴된 애착, 부모의 거부를 포함한다(Bemporad et al., 1982; Ludolph et al., 1990). Guzder와 동료들(1996)은 BPD 청소년들의 "총체적으로 부적절한" 양육행동을 다음과 같이 묘사한다. 예를 들어, 한 아버지와 딸은 각자 더블데이트를 하며 상대방의 성 행위를 보았고, 어떤 부모는 가족의 애완동물에게 상해를 입히겠다고 위협을 했다. 또 어떤 어머니는 딸에게 총을 주며 "네가 나를 그 정도로 미워하면 죽여라"라고 말했다.

가족의 위험요인은 BPD로 진단받은 성인 358명을 연구한 Zanarini와 동료들(1997)의 연구에서도 입증되고 있다. 4개의 위험요인이 밝혀졌는데, 첫 번째는 여성이라는 성별이다. BPD를 가진 사람들을 다른 사람들과 구별하는 나머지 3개의 중요한 아동기 경험은 성적 학대, 남자 양육자의 정서적 방치, 여자 양육자의 비일관적인 양육이다. 경계선 장애를 가진 참여자들 또한 그들의 양육자가 정서적으로 위축되었으며, 자신들의 생각과 감정을 무효화하고, 자신들을 양육자의 위치에 두고 그들에게 안정과 안전감을 제공하는 데 실패했다고 기술하는 경향이 있다.

부모의 정신병리

BPD 아동들의 부모 자신이 경계선 장애를 가졌다는 Masterson의 가정은 일부 지지를 얻고 있으나(Links, Steiner, & Huxley, 1988) 증거가 일관되지 않는다. 더 일반적인 것은 BPD 아동들의 가족 구성원들이 전반적으로 심각한 정신병리를 가지는 비율이 더 높다는 결과이다(Feldman et al., 1995; Guzder et al., 1996). 예를 들어, Goldman과 동료들(1993)은 BPD 아동들 중 71%의 부모는 약물남용, 우울, 반사회적 성격장애(흥미롭게도 연구자들은 가족 구성원의 BPD 유병률을 보고하지 않았다)와 같이 DSM 준거에서 정신장애에 해당하는 증상들을 가지고 있었다.

가족체계

가족 구성원 전체를 들여다보면, **경계선**(borderline)과 **밀착**(enmeshment)이라는 용어를 사용하는 경계선 성격장애에 대한 심리역동적 이론은 정신병리의 기저에 체계적인 가족 과정이 내재한다는 Minuchin(1974)의 아이디어를 연상시킨다(11장 참조). 대상관계이론과 유사하게 가족체계의 모형은 가족내 개인들 간의 건강한 심리적 경계가 유지되는 것이 중요함을 강조한다. 따라서 BPD와 관계되는 가족관계는 아동이 분리되고 응집된 정체성(Combrinck-Graham, 1989; Slipp, 1991)을 획득하는 것을 방해하는 것이라고 생각할 수 있다. Shapiro, Zinner, Shapiro와 Berkowitz(1975)는 BPD로 진단받은 아동의 가족간 상호작용을 관찰하여 체계적인 가족 가설을 검증하였다. 연구자들은 가족체계이론과 대상관계이론 모두와 일치하게 아동의 독립적인 주장이 가족의 정서적 위축으로 반응됨을 발견하였다. 그러나 이는 단지 어머니만의 반응이 아니라 가족 구성원 전체의 특성이었다.

사회적 맥락

경계선 성격을 가진 청소년들은 사회적 관계를 형성하기 어렵다. 그들은 높은 불안과 극적인 감정 변화, 훌륭한 현실검증과 비조직화 사이를 오가거나, 타인에 대한 긍정적인 태도나 부정적인 태도를 번갈아 나타내기 때문에 타인들에게 불편한 감정을 초래한다. 이러한 예측이 불가능하고 극단적인 행동들은 타인이 참기 힘들기 때문에 그들의 대인관계는 자주 순간적이고 일시적이다.

이러한 현상을 더 잘 설명하자면 BPD를 가진 개인의 특징은 타인을 **투사적 동일시**(projective identification)의 과정에 개입시키는 것이라고 이론가들은 제안한다(Ogden, 1982; 2장 참조). 투사적 동일시는 두 사람 사이의 상호작용이 필요한 복잡한 방어기제이다. 이 과정은 3단계를 거쳐서 진행된다(Liberman, 1992). 첫째, 원하지 않는 생각이나 감정이 타인에게 귀인 또는 투사된다. 예를 들어, 자기 자신의 분노를 방어하기 위해 이를 타인에게 투사한다. 둘째, 타인은 이 투사에 동조하도록 압력을 받는다(예: 교묘하게 화를 돋우거나 성가시게 행동하여 타인이 화가 나거나 성가시게 느끼기 시작한다). 마지막으로 투사의 대상이 되는 사람이 이러한 감정과 생각이 실제로 자신의 것이었다고 느끼는 동일시가 일어난다. 투사적 동일시의 과정을 통해서 BPD를 가진 사람은 타인에게 가장 참을 수 없고 스트레스가 되는 감정들, 즉 무가치함, 비현실성, 테러, 격노, 그리고 황폐함의 감정들을 초래한다(**글상자 15.2** 참조).

따라서 교류적으로(transactionally) 본다면 경계선 성격장애를 가진 청소년들이 타인과 상호작용하는 방법은 그들이 두려워하는 거부와 버림받을 가능성을 증가시킨다. 또래관계는 대부분 거의 없는데, 이는 또래들이 그들의 이상하고 요구적인 행동을 참지 못하기 때문이다. 또한 그들이 정상적인 학교환경에서 요구하는 바에 대응을 할 능력이 없기 때문에 BPD를 가진 청소년들은 입원 혹은 외래치료를 받게 되고, 이는 정상적인 또래와의 관계에서 이들을 더 고립시키는 결과를 초래한다.

생물학적 맥락

앞서 언급한 바처럼 정신역동적 관점을 가진 치료자들을 포함하여 많은 이론가들은 경계선 성격장애에 생물학적인 경향성이 있다고 믿는다. 생물학적인 기초의 정확한 근본은 아직 더 연구되어야 하지만 제안적인 자료들이 쌓이고 있다.

유전학

성인 쌍생아 연구에서 BPD의 유전적 요인에 대한 증거가 발견되었다(Torgerson et al., 2000). 유전성의 비율은 BPD에게서 0.69였고 일반적인 성격장애에서는 0.60이었다(BPD에 있어 유전적 공헌에 대한 연구로는 Posner et al., 2003 참조).

신경화학

가능한 연구들을 개관한 다음 Figueroa와 Silk(1997)은 BPD의 발달에 적어도 두 개의 신경화학적 체계가 관계될 수 있다는 가설을 제안했다. 경계선 장애의 한 가지 차원은 충동성인데 이는 세로토닌이라는 신경전달물질 조절의 이상과 관계될 수 있다(Siever, Koenignsberg, & Reynolds, 2003). 두 번째로 생물학적으로 매개된 경계선적 특징은 환경에 대한 과잉행동으로 시상하부-뇌하수체-아드레날린 체계(hypothalamic-pituitary-adrenal system; HPA)의 비정상성과 연관된다. 이 체계는 "싸우거나 도망치거나(flight or fight)"의 반응과 관계되며, 스트레스와 관계되는 장애, 특히 PTSD의 발달과 관계된다. 그러므로 Figueroa와 Silk에 의하면 경계선 장애는 선천적·생리적 취약성과 개인의 생물학적인 기능에 작용을 해서 장애를 유발하는 외상적 스트레스의 경험, 이 두 가지 요인의 함수이다.

신경심리학

BPD 성인에 대한 많은 연구들은 신경심리학적인 결함을 제안한다(Judd & McGlashan, 2003). 이들은 신경학적인 가벼운 증상들, 청각-시각 통합의 어려움과 학습장애를 포함한다. 예를 들어, Kimble과 동료들(1997)은 BPD를 가진 성인 환자의 이력 중 87.5%에서 아동기 언어문제, 학습장애, ADHD, 태내기와 출산 후 합병증 등 다양한 형태의 신경학적인 어려움을 발견하였다.

글상자 15.2 경계선 성격장애에서 투사적 동일시

심리치료사인 Mark Rhine(Adler & Rhine, 1988)은 그의 에세이에서 경계선 성격장애를 가진 젊은 여성과의 오랜 작업에 대해 쓰고 있다. "다음해에 나는 왜 이 환자를 치료하기로 선택했는지, 내가 그녀를 치료할 능력이 있는지, 그녀가 치료 가능한지에 대해 여러 번 의문을 가졌고 마치 서로 상대방으로 인해 미쳐버릴 것 같이 느끼면서 혼돈스럽고, 분노하고, 상처 받고, 당황하고, 절망하는 것으로 끝나는 긴 치료시간에 그녀를 보는 것을 두려워하였다."(p. 476).

환자는 문서 정리 일을 하는 22세의 여자 대학생이었는데, 그녀는 만성적으로 무가치하게 느끼고, 삶의 즐거움이 없고, 거부에 대한 두려움과 자살시도에 대한 생각 때문에 치료를 받고자 했다. 그녀는 치료자를 "게스타포"(치료자가 유대인이었으므로 치료자에게는 특별히 더 상처를 주는)로 부르며 그의 해석을 비판했고, 증상이 나아지지 않는다고 치료자를 돌팔이라고 부르면서 치료자와 적대적인 애착을 형성하였다.

Rhine 박사는 자신이 환자에 대해 느끼는 부정적 감정과 분노로 인하여 죄책감을 느꼈고, 그것을 억압하기 위해 노력했다. 환자가 박사를 모욕하면 Rhine 박사는 "당신이 내게 그런 모욕감을 주다니 정말 유감이다"라고며 부드럽고 상투적인 태도로 말하곤 했다. 실제로 그는 상당히 감정을 상했지만 환자가 자신의 부정적인 전이를 표현하도록 수용하는 "치료적인" 입장을 견지하려고 애를 썼다. 그녀가 치료를 그만 두겠다고 위협을 했을 때도 그는 가능한 한 중립적인 입장을 견지하면서 "나는 당신이 계속 하길 바라지만, 당신의 결정을 존중합니다."라고 말하는 식이다. 그에 대한 반응으로 그녀는 박사에게 "정말 어떤 느낌이 들어요?"라고 물으며 그를 압박하곤 했다.

그녀의 공격은 박사가 절망에 굴복하게 될 때까지 상승되었으며, 마침내 하루는 Rhine 박사가 그의 진실한 감정을 보이게 되었다. 그는 환자가 자신에게 공평하지 않았으며 그렇게 지속적으로 질책을 당하는 것은 그에게 매우 고통스러운 일이라고 불평했다. 그녀의 반응이 박사를 놀라게 했다. 매우 조용하고 분명한 목소리로 그녀는 말했다 "내가 질책하는 것은 당신이 아니라 내 자신이에요. 나는 그런 공격을 당했을 때 인간이 어떻게 느끼고 반응하는지를 알고 싶었어요." 그녀가 원했던 것은 부모로부터 굴욕을 당하고 맞으면서도 침묵했던 그녀의 고통스러운 일부, "단 한 번도 목소리를 내지 못했고, 공포에 질리고, 어떻게 인간처럼 되는지를 알지 못했던"(p. 479) 그녀의 일부를 치료자가 대신 말해 주는 것이었다는 것을 그들은 함께 알아내었다. 요약하면, 투사적인 동일시를 통해서 환자는 치료자에게 자기 자신의 감정을 느끼게 했고, 자신이 더 학습할 필요가 있던 자신의 일부를 치료자가 경험하도록 자극했다.

투사적 동일시는 어떤 관계에서도 일어날 수 있는 과정이다. 건강한 사람과의 차이는 현실검증 능력과 그들이 투사를 할 때 그것을 인지하는 능력이다. 가장 고도화된 상태에서 투사적 동일시는 감정이입과 타인을 대신해서, 혹은 타인과 함께 느끼는 능력과도 관계가 된다.

BPD에서 관찰되는 자기통제력(self-control)의 저하나 비조직화(dysregulation)는 실행기능의 결함(executive functioning deficit)도 제안한다. Posner와 동료들(2003)은 인지와 정서가 서로 충돌하는 문제의 해결력을 보여주는 실행적인 주의력 통제의 측정치에서 일관적인 결함을 발견했다. 뇌 스캔 연구들은 BPD를 가진 성인들이 실행적 통제의 결함과 자기조절능력의 결함과 일치되는 구조적인 비정상성을 보인다는 것을 확인했다. 예를 들어, 부정적이거나 심지어는 중성적인 사상을 반영하는 자극에 노출되었을 때 BPD 성인들의 뇌는 정서조절에 중요한 역할을 하는 부위인 아미그달라가 과잉반응한다.

뇌 연구는 발달적인 성격이 아니기 때문에 신경심리학적인 결함이 장애보다 먼저 발생한 것인지, 혹은 장애에 중요한 역할을 하는 부정적인 환경적 요인의 결과물인지 분명하지 않다. 예를 들어, BPD뿐 아니라 PTSD 환자들의 경우에도 해마의 크기가 줄어들어 있는 것이 특징이다(Driessen et al., 2000). 아동기 학대의 외상과 관계되는 것으로 알려진 HPA 체계와 세로토닌 체계의 결함이 BPD 연구에서도 발견된다(Beers & DeBellis, 2002; Cicchetti & Rogosch, 2001).

4. 통합적 발달 모형

Chestnut Lodge Follow-up 연구의 일부로서의 연구 경험과 30년의 임상적 경험을 바탕으로 Judd와 McGlashan(2003)은 BPD에 대한 통합적인 발달정신병리적 모형을 제안한다(**그림 15.2** 참조). 발달정신병리의 틀에 부합하게 그들의 모델은 정서적·사회적·인지적 능력이 분화되고 위계적으로 조직화되는 과정을 통해 아동의 발달이 진행된다는 조직적인 관점(organizational perspective)을 기초로 하고 있다. 각각의 연속되는 적응은 새로운 경험과 과거 발달의 통합적인 결과물이다. 경계선 성격장애는 생의 매우 초기단계에 그 기원을 두고 있다고 그들은 주장한다. 결과적으로 발달은 영아기에 시작되는 과정이며, 발달의 전 영역에 걸쳐서 아동기와 청소년기를 거쳐 성인기까지 그 효과는 단계적이며 누적적이다.

그들의 모형은 경계선 장애의 네 가지 주요 현상적 특징을 강조한다. 첫째, 불안정하고 비조직화된 애착이 불안정하고 강한 대인관계, 정체성 혼란, 대인간 친밀감 습득에 대한 장애를 초래한다. 둘째, 인지 처리적 기능장애는 해리(dissociation), 상위 인지적 기능의 결함, 분리, 스트레스와 관계된 심리상태의 형태로 나타난다. 셋째, 정서적 기능장애는 정동의 불안정성, 과민성, 무감각함, 만성적 공허감, 부적절하고 강한 분노로 나타난다. 네 번째, 행동적 기능장애는 외상적 경험의 재연, 충동성, 빈번한 자살시도, 제스춰 또는 위협, 그리고 자기 절단 행동 등으로 나타난다.

생물학적·환경적 공헌

처음에 Judd와 McGlashan은 아동들이 유전적으로 BPD로 발달하는 신경발달적 경향성(neurodevelopmental predisposition)을 가지고 태어났다고 주장했다. 충동성과 정동적 불안정성과 같은 기질적 특성은 아동이 스트레스에 잘 대응하지 못하도록 한다. Zanarini와 Frankenburg(1997)는 이를 “과장된(hyperbolic)” 기질이라고 이름 붙였는데, 이는 과잉활동적이고 관심 끄는 것을 좋아하며 조절이 되지 않는 기질을 의미한다. 가족, 친구, 공동체를 포함한 환경이 이러한 취약성에 작용하고 아동이 다양한 학대의 대상이 될 가능성을 높인다. 더 나아가 가정의 기능 결함과 부정적인 사건들은 환경이 아동을 지원하고 구조화하

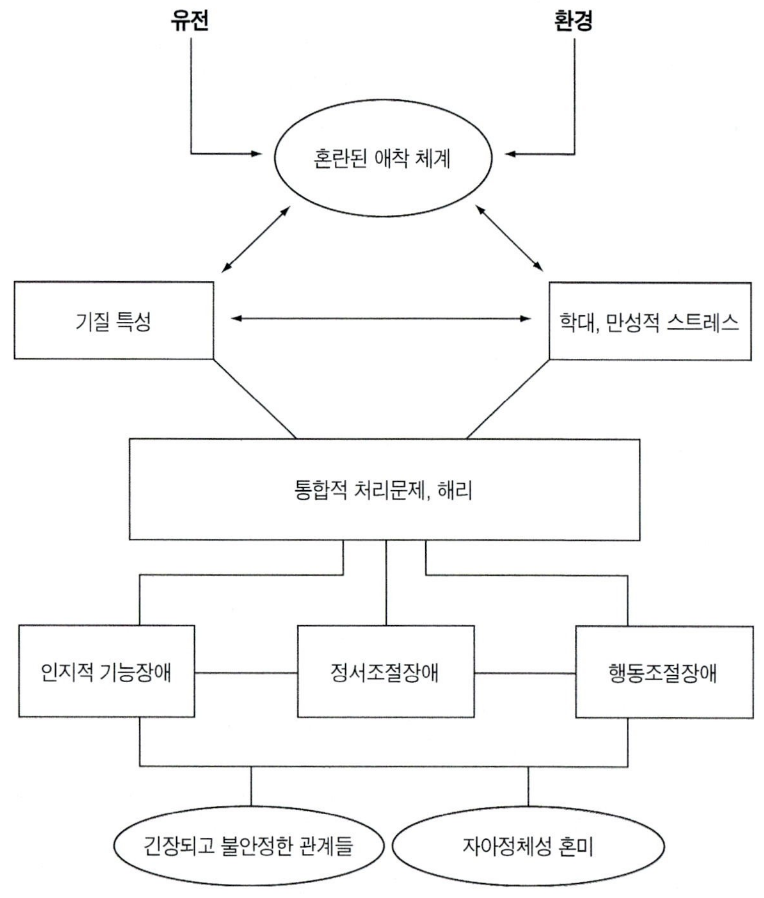

그림 15.2 경계선 성격장애의 통합적 모형

출처: Judd와 McGlashan(2003).

고 양육하여 보호요인이나 완충물의 역할을 하는 것을 방해한다.

불안정애착과 정신적 외상

생물학적인 취약성과 불리한 생애 경험이 Judd와 McGlashan이 BPD가 발달하는 주된 경로라고 말했던 불안정애착의 관계에 공헌한다. 초기 애착형성을 통해서 아동들은 잘 적응하기 위해 필요한 다양한 능력들을 발달시킨다. 예를 들어, 자기 위로, 정서조절, 긍정적 자기 평가, 그리고 관계 속에서 자신의 요구를 소통하는 능력과 자신의 요구가 충족될 것이라는 믿음이 그것이다(Carlson & Sroufe, 1995; 2장 참조). 그러나 병리적인 가족관계는 안정적인 자아, 정서조절능력, 타인을 불신하여 왜곡되게 보지 않는 능력의 발달을 방해한다(Linehan, 1991; Sabo, 1997). BPD 아동의 경우에는 양육의 환경이 끔찍하고 예측 불가하다. 즉, 아동에게 안정감을 주는 대상이 아동을 위협하는 대상이 되기도 한다. 그 결과는 Judd와 McGlashan이 제안했듯이 불가능한 역설이 되어, 아동은 관계에 대한 두 개의 분리된 도식을 가지는 방법으로만 해결될 수 있다. 하나는 부모는 안전하다는 것이고, 다른 하나는 부모가 두렵고 학대를 가하는 존재라는 것이다. 이 결과는 **혼란된 애착**(disorganized attachment)으로 위협의 존재 하에서 근접성을 유지하려는 일관된 전략의 붕괴로 개념화된다. BPD와 혼란된 애착의 관계에 대한 증거는 극단적인 형태의 아동학대와 혼란된 애착의 관계에서 시사된다. 아동의 부모화(parentification)와 같은 부모-영아 관계의 왜곡(van IJzendoorn et al., 1999), 아동기 중기와 청소년기의 해리(dissociation)의 발달(Carlson, 1998) 등은 모두 경계선 장애의 특징이며, 종합하면 BPD로 발달하는 아동들의 혼란된 애착이다. 결과적으로 불안정하고 혼란스러우며 잘 통합되지 않는 내적작동모델이 차례로 불안정한 대인관계, 정체성 혼미, 인지, 정서, 행동 발달에서의 일탈을 초래한다.

Judd와 McGlashan(2003)은 BPD를 일종의 "발달적으로 내면화된 PTSD"라고 보았다. 심리적 외상이 특정 사건의 기억과 연결되어 있는 다른 형태의 PTSD와는 달리, BPD 아동의 외상은 양육적 관계 전체와 연결되어 있다. 그 이유는 외현적인 학대와 드러나지 않는 전체적인 부적절한 양육, 타인에 대한 친밀함이 지각된 혹은 실제적인 정서적 무시, 학대, 혹은 유기(abandonment)의 위협을 동반하기 때문이다. 이 외상은 특별한 외상적 단서를 접했을 때 아동이 기억하는 그것만이 아니라 아동이 살아온 하루하루의 경험이다.

만성적인 심리적 그리고 생리적 스트레스의 상태는 아동의 특성적 반응의 일부가 되고 성격 특성의 핵심을 형성한다. 더 나아가 외상적 스트레스는 인지와 정서발달을 방해하여 정보처리과정의 상당한 결함을 초래한다. 특히 이러한 결함은 개인이 복잡한 정서적·감각적·운동적 정보를 처리하도록 요구되었을 때, 비언어적 단서를 언어적 양식으로 전환할 때, 다양한 시각적이고 언어적인 대인관계의 반응을 분별하고 우선순위를 매길 때 발생한다. 이러한 인지적 기술은 관계에 대한 안정적이고 일관된 표상적 도식을 형성하는 데 핵심이 된다. 그러나 그 대신에 경계선적인 생각의 특성은 이상하고 단편적이며 마술적인 생각, 미신적·흑백주의적 사고, 해리, 경과적인 심리적 상태 등과 같은 발달적으로 미성숙한 형태의 사고를 초래한다.

인지적 기능장애

인지와 정서적 일관성의 붕괴로 초래되는 또 한 가지의 중요한 발달적 실패는 대인관계에서의 상위 인지적 감찰 능력의 결여이다. **상위 인지적 감찰**(metacognitive monitoring)이란 반성적 기능(reflective functioning)이라고도 하는데, 자신을 관찰하고 자신의 사고나 말에서의 비일관성을 탐지하고 타인의 관점에서는 사물이 달라 보일 수도 있다는 것을 이해하는 능력, 다시 말하면 "사고에 대해 사고하는" 능력을 말한다. BPD를 가진 사람들은 상위 인지와 사고와 감정, 타인과의 관계에서 관점에 대한 통합 능력이 없어서 부인, 분리 그리고 투사처럼 현실을 왜곡하고 파편화하는 방어기제를 사용하는 방법으로써 발달적으로 원시적인 인지과정에 의존할 수밖에 없다.

정서적·행동적 조절장애

정서조절장애는 BPD의 핵심특징이며 모든 영역의 기능에 침투되어 있다. BPD 아동들은 정서 이해와 자기조절능력의 발달을 돕는 부모의 감정이입적 조율을 경험하지 못하고 자랐기 때문에 발달의 초기부터 근본적으로 경로에서 이탈된다. 내적인 세계에서의 일관성, 통합, 안정성이 결여되어 있으므로 이들은 정서발달을 이룰 수 없다. 이들은 정서를 구별하는 능력이나 한 가지 사건에서 복잡하고 혼합된 정서를 경험하는 능력을 발달시킬 수 없으며, 강한 정서 경험에 충동적으로 행동하지 않고 대응하거나 조절할 수 없다. 그들은 미묘한 정서적 단서를 정확하게 읽는 능력과 정서적인 상황에서 적응적으로 반응하는 기술을 가지고 있지 않다. 간단히 말하면, "그들은 성인의 상황에 아동의 정서적 목록을 가지고 대응한다."(p. 30)

상황을 잘 못 읽는 일이 자주 있기 때문에 BPD를 가진 사람들은 그들의 오해에 기초하여 과잉행동하거나 과소행동하는 경향이 있으며 과각성과 저각성의 상태를 오간다. "공허감", 정서적인 무감각 상태, "비참한" 감정과 격노의 상태를 오가는 데에서 그들의 정동적 불안정성을 볼 수 있다. 일단 정동이 각성되고 나면 아주 느리게 기저선으로 돌아오는데, 이는 특히 분노의 감정에서 더 그러하다. 그 이유는 아동기 동안의 좌절과 무력감의 경험 때문에 BPD를 가진 개인들은 쉽게 유발되는, 형언할 수 없고 상처 받으며 분리할 수 없는 깊은 분노의 전류를 숨기고 있기 때문이다. 그러나 이러한 분노를 표현하는 것에 대한 지각된 위험—양육자의 거부, 유기, 혹은 공격—은 강한 불안과 수치심, 신체위화감(dysphoria), 인간 이하라는 기분을 느끼게 한다.

이러한 강하고 불안정한 정서적 상태에 반응하려는 충동은 행동적 조절장애에 기여하고 이는 과잉행동, 무분별한 행동, 기이한 행동의 형태로 나타난다. 특히 외상적 기억은 스트레스와 혼란을 촉발한다. 정서에 휩싸일 때 건강한 대응전략이 결여되어 있으므로 BPD를 가진 사람들은 위험한 성적 행동, 약물 오용, 자살, 자기 절단과 같이 자신이나 타인의 안전을 위협할 수 있는 행동으로 외상에 반응한다.

긴장되고 불안정한 인간관계

앞서 언급한 모든 요인들—혼란된 애착유형, 인지적 기능장애, 정서적·행동적 불안정성—이 안정되고 긴밀한 관계를 형성하는 능력을 파괴한다. BPD를 가진 사람들의 마음의 변동성은 너무 극단적이고 절대적이다. Judd와 McGlashan은 이러한 사람들은 적어도 어렴풋이 의식적으로 자신들의 감정과 지각이 매순간 극적으로 변화한다는 것을 알고 있다고 믿는다. 세상과 자신에 대한 그들의 경험은 파편적이며 구획화되어 있다. 각각의 마음 상태는 그 순간의 실제이며, 기억은 기분 의존적이고 마음은 한 번 바뀌면 다시 되돌릴 수 없다. 타인에 대한 경험만 이동하고 혼란되는 비일관적인 것이 아니며, 자기에 대한 경험도 마찬가지이다. 다양한 상황과 사회적 맥락에 걸쳐 일관적인 "나"는 없다. 따라서 타인과 함께 관계를 형성할 지속적인 내가 없는 것이다.

Judd와 McGlashan에 따르면 이러한 다중적인 발달적 결함의 누적적 결과로 타인과 의미 있는 관계를 유지하는 능력이 결여된다. 서로 상호적이며 감정이입의 관계를 필요로 하는, 진실로 긴밀하고 깊은 애착을 형성하는 능력은 앞서 말한 모든 발달적 결여로 인해 손상된다.

BPD 아동은 살아가면서 부정적인 정서에 대처하지 못하게 되어 새로운 발달적 도전을 숙달하지 못하게 한다(Pine, 1983). 아주 작은 불안도 공황으로 발전하여 아동이 휩싸이게 된다면, 환경의 탐색은 방해받고 새로운 학습의 경험은 일어날 수 없다. 새로운 발달적 도전이 생길 때, 자기 개별화와 기본적인 신뢰와 관계되는 발달의 더 전 단계에서의 주제들에 있어서의 실패는 다른 영역에서의 능력이 발달하는 것을 저해한다. 예를 들어, 사회적 영역에서는 또래와 관계를 형성하는 데 필요한 기술들이 결핍되고 주도의 영역에서는 자신의 내적 세계에 대한 몰입은 교실 상황과 같은 수행의 맥락에서 그들의 기능을 방해한다.

그러므로 경계선 성격의 조직화는 청소년기 동안 취약성의 극단적인 원천이 된다. 발달적으로 이 시기에 일어나는 도전들—가족으로부터의 분리, 개별 정체성의 습득, 자율적 기능—은 발달의 정상적인 스트레스조차도 대응할 수 없을 정도로 심리적 구성이 취약한 이 청소년들의 위기감을 재촉한다.

5. 발달경로

청소년기에 발병하는 성격장애가 일반적으로 성인기 동안의 주된 정신 질환과 병리적 성격장애를 예언한다는 증거들이 축적되고 있다(Johnson et al., 1999, 2000). 그러나 특별히 BPD를 가진 아동과 청소년들을 추적한 연구들은 거의 없다. 존재하는 증거들은 BPD가 발달에서 심각한 일탈이며 다른 모든 성격장애들처럼 변화에 매우 저항적이라는 것을 보여준다. Wenning(1990)은 BPD로 인해 입원 치료를 받았던 28명의 아동들을 추적하여 인터뷰하였다. 10년이 지난 후에는 반사회적(antisocial) 성격장애와 정신분열증적(schizotypal) 성격장애 역시 많았지만, 이들 중 많은 수가 BPD의 진단과 일치하는 증상을 나타내었다. 일반화된 불안장애의 준거에 일치하는 사람이 1/3 정도였으며, 2/3가 우울의 증상을 보였고 1/2은 주요우울증 에피소드를 경험하고 있었다. 대조적으로 Lofgren과 동료들(1991)은 경계선의 이름 붙여진 아동들이 성인기에 성격장애로 발달할 가능성이 높지만 경계선 성격의 형태여야 할 필요는 없다. 또한 Thomsen(1996)은 BPD 아동에 대한 다양한 성인기 진단은 반사회적 성격장애와 정신분열증(schozophrenia)을 포함한다고 보고하였다.

성인과 청소년에 집중되기는 했어도 가장 풍부한 자료는 Rockville에 있었던 정신분석적 접근으로 유명한 장기 치료센터인 Chestnut Lodge Hospital에서 환자들을 추적했던 Chestnut Lodge 추적 연구일 것이다(Judd & McGlashan, 2003; McGlashan, 1992). BPD로 진단을 받았던 81명의 환자들 중 대부분은 독신 여성이었다. BPD의 발병은 보통 청소년 후기였으며, 처음으로 치료를 시작한 것은 20대였다. 그러나 대부분이 적응의 모든 면에서 오래된 기능장애의 역사를 가지고 있었다. 병원에서의 치료는 짧게는 2년부터 길게는 32년까지 지속되었다. 퇴원 15년 후 2시간 길이의 전화 인터뷰로 구성된 추적 조사가 실시되었다. BPD 환자의 대부분은 치료의 결과가 긍정적이라고 평가하였으며 "좋음"의 평정을 하였다. 그들은 대부분의 시간 동안 증상으로 인해 기능장애를 경험하지 않았으며, Chestnut Lodge에서 퇴원한 이후에 짧은 기간 동안 재입원을 한 적이 드물게 있었으며, 직업을 가지고 있었고 사회적으로도 활동적이었다. 그들의 결과는 정신분열증이나 단극성(unipolar) 우울증으로 치료받은 환자들에 비해 좋았다(**그림 15.3** 참조). 따라서 BPD가 늦게 시작되고(late-starter pathway) 장기간의 집중적인 치료를 받은 경우에 결과는 나쁘지 않았다.

그러나 BPD로 치료를 받은 사람들에게는 특히 우울증과 약물 중독의 형태로 나타나는 임상적 증상들이 지속된다는 증거가 있다. 더구나 BPD의 정신병리에서 불안정한 관계가 매우 중요한 것을 고려하여 연구자들은 연구에 참여한 개인들의 대인관계의 기능을 더 자세히 살펴보았다. 한 집단은 오랜 시간에 걸쳐 의미 있는 관계를 형성하고 유지할 수 있었

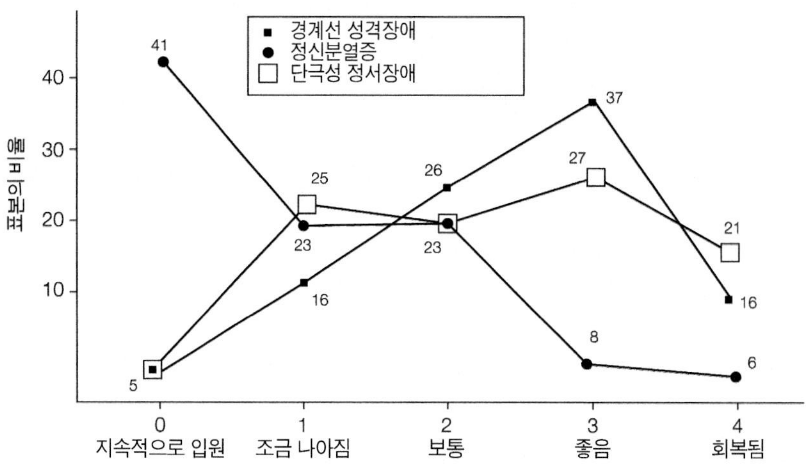

그림 15.3 Chestnut Lodge 추적 연구의 15년 후 결과

주: 경계선 성격장애와 비교 집단의 환자들의 퇴원 후 전반적·임상적 기능 평가의 빈도분포.

출처: Judd와 McGlashan(2003).

다. 일부는 친구들과 그러한 관계를 맺었으며 친밀한 상대는 있으나 자녀는 없는 경우도 있었고, 배우자와 가정을 형성하고 있는 경우도 있었다. 그러나 또 다른 많은 비율의 사람들은 대인간 관계에서 오는 문제를 열심히 피하면서 살고 있었다. 그들의 관계는 더 이상 강하고 격렬하지는 않았지만 그들은 피상적이고 고립되거나 또는 회피적으로 남아 있음으로써 정서적인 균형을 유지하고 있었다.

6. 중재

심리역동적 관점

경계선 아동과 청소년에 대한 정신분석학적 심리치료는 장애를 일으킨 것과 다른 종류의 관계, 즉 "교정적인 정서적 경험(corrective emotional experience)"을 제공하는 것에 집중한다(A. Freud, 1964). 특별히 치료자는 아동들이 분노, 투사적 동일시, 그리고 행동화 등으로 파괴되지 않는 긍정적인 관계의 수준을 유지하기 위해 자신을 분리하지 않아도 되도록 장려한다. Pine(1983)은 이 접근법이 치료자가 "아동의 분노 공격을 흡수하고 애정적인 작업 관계 속에서 '유지'하는 것을 필요로 한다."고 적고 있다(p. 97). 추가해서 치료자는 아동이 자신의 감정과 사고를 인지하고 표현하며 치료자의 감정과 사고로부터 구별하는 것을 도와서 더 나은 대인관계의 경계를 형성하도록 돕는다. 감정의 표현을 장려하면서 정서조절 또한 강화하여 아동이 자신의 강한 감정에 휩싸이지 않도록 한다(Bleiberg, 2001).

그러나 Goldstein(1997)은 정통 정신분석학적인 접근은 비구조화된 상황으로 퇴행하는 경향이 있으며, 긴장된 관계를 견디지 못하는 경계선 장애를 가진 아동들이 자주 견뎌내지 못한다고 주의를 준다. 그러므로 그는 경계선 장애 아동의 내적인 세계와 외적인 세계를 안정화시키기 위해서는 보다 지지적인 접근법을 추천한다.

이 목적을 위해서 Westen(1991)은 BPD를 가진 청소년들을 치료하기 위해 인지행동적인 접근과 정신분석적인 접근을 통합하였다. 예를 들어, 그는 충동조절 전략을 아동들에게 가르쳐서 자기조절력을 기르는 것을 제안한다. 그는 또한 왜곡된 사고에 맞서는 인지전략을 사용했다. 예를 들어, Westen은 BPD 청소년들에게 자신이 병리적인 사고과정에 빠져 있다는 것을 알려주는 일련의 "빨간 신호"를 개발하도록 가르쳤다. 만약 정서적인 스트레스를 상승시키는 단어나 "완벽한"과 "전적으로" 등 흑백 사고를 반영하는 단어를 사용하게 되면 빨간 신호가 켜진다. Westen이 제안한 다른 전략은 청소년이 자신과 타인의 표상을 분리하는 것을 돕는 그림그리기 과제와 치료자가 정서조절과 자기인식의 모델을 제공하는 것을 포함한다.

인지행동적 접근

Linehan(1993b)은 병인에 대한 자신의 이론에 근거하여 BPD에 대한 체계적인 인지행동적 접근을 개발하였다. 변증법적인 행동치료(Dialectical Behavior Therapy; DBT)는 인지행동적인 기법과 선(禪) 철학 및 명상의 기법을 결합한 방법이다. DBT에서는 치료자가 경계선 장애 환자의 왜곡된 신념과 엉뚱한 행동을 수용하는 태도를 취하도록 요구하며, 자살의 제스처나 다른 기이한 행동에 대해서도 사무적으로 반응하는 한편, 건강한 행동은 지지하고 모델링하도록 한다. 이 접근법은 개인이 자신을 믿고 자신의 내적인 경험을 확인하고 그들의 정서를 조정하고 대인간 문제들을 해결하는 더욱 적응적인 방법을 배울 수 있도록 하는 데 초점을 두고 있다. 주 단위의 개인치료와 함께 집단치료가 실시되며, 여기서는 대인간 문제해결, 고통 참기, 현실수용, 그리고 정서조절과 같은 영역을 가르친다. 이러한 전략에 대한 주된 열쇠는 마음챙김(mindfulness)의 연습, 즉 관계 맺는 능력을 고양하면서 지금, 여기에 있는, 현재 존재하는 것과 냉정하게 존재하는 것이다.

Linehan의 성공적인 결과는 성인들에 대한 잘 통제된 실증적 연구에서 보고되고 있다(Koerner & Linehan, 2000). 최근에 Linehan과 함께 훈련받은 임상가 팀들이 DBT를 확장하여 자살을 시도하는 청소년들에게 적용하고 있다. Rathus와 Miller(2002)에 따르면 DBT가 목표로 하는 주요한 주제는 정서조절, 대인간 효과성, 충동조절, 자기검증(self-validation)과 같은 청소년기의 주된 발달과업과 일치하므로 이 중재가 매우 적절하다. 그러나 저자들은 Linehan의 중재를 청소년의 발달적 요구에 맞추어 두 가지 측면에서 수정하였다. 첫째, 마음챙김, 고통인내, 정서조절과 대인간 효과성이라는 치료의 네 가지 기술에 중심을 두면서 DBT 모듈의 언어와 내용을 발달적으로 적합하게 단순화하였다. 둘째, 장애의 병인에서 시사되듯이 청소년들이 매우 문제가 많은 부모-자녀 관계에 살고 있다는 사실을 염두에 둔 중요한 혁신은 부모나 다른 가족 구성원을 치료에 포함하는 것이다. 개인치료와 함께 청소년과 가족 구성원이 다중 가족 기술훈련 집단(multifamily skills training group)에 참석한다.

자살을 시도한 적이 있는 청소년들의 부모와 함께 일하면서 Rathus와 Miller(2000)는 가족치료에서 언급할 필요가 있는 4개의 "변증법적 딜레마"를 확인하였다(**표 15.4** 참조).

첫 번째 딜레마는 **과도한 관용 대 전제적인 통제**(excessive leniency versus authoritarian control) 사이의 딜레마이다. Patterson의 반사회적 행동에 대한 모델(1982)에서와 마찬가지로 자살을 시도한 적이 있는 아동들의 많은 부모들이 아동에 의해 강압적으로 통제되고 있는 기분을 보고했다. 즉, 한계설정에 대한 자녀들의 과도한 정서적 반응이 부모들로 하여금 권위를 포기하고 관용적이고 방임적인 양육을 채택하게 한다. 그러나 청소년들의 통제되지 않고 자기 파괴적인 행동은 이어서 부모들로 하여금 과잉반응하게 하고 비현실적인 기준이나 과도하게 엄격한 규칙을 부과하는 것과 같이 제한적이 되도록 한다. "여기서 부모의 변증법적인 딜레마는 한편으로는 과도하게 허용적이며 비효과적이라는 느낌과 강

표 15.4 청소년과 가족을 위한 DBT의 변증법적 딜레마

딜레마	목표
과도한 관대함 대 독재적인 통제	민주적인 훈육의 증가; 과도한 관대함의 감소 청소년의 자기 결정성 증가; 독재적인 통제의 감소
병리적인 행동의 정상화 대 정상적인 행동의 병리화	병리적 행동의 식별증가; 병리적 행동의 정상화 감소 정상적 행동의 식별증가; 정상적 행동의 병리화 감소
자율성의 강요 대 의존성의 육성	타인에게 효과적으로 의존하는 것이 증가; 과도한 자율성 감소 개별화 증가: 과도한 의존성의 감소

출처: Miller와 Rathus(2000).

요당하는 느낌, 자녀의 지속적인 어려움에 부분적으로 책임이 있다는 생각과, 다른 한편으로는 지각된 과잉허용의 기간을 보상하기 위해 비현실적이고 과도하게 제한적인 기준을 설정하는 양 극단을 오가는 것이다"(p. 428). 차례로 치료자의 변증법적인 딜레마는 청소년에게 합리적인 수준의 자유를 허용하면서 부모의 적절한 한계설정을 지원하는 것 사이의 균형을 찾는 것이다.

두 번째 딜레마는 병리적인 것을 정상적으로 생각하는 것 대 정상적인 것을 병리적으로 대하는 것에 관한 것이다. 자살을 시도하는 청소년들의 부모는 위험한 행동에 대해 둔감해져서 안도 속에서 더 위험한 행동을 하고 있는 것을 간과하거나 부모 자신의 불안과 죄책감으로 인해 그런 행동을 무시할 수 있다. 자녀의 거듭되는 자살시도와 입원, 자기 절단으로 인해 무엇이 정말 위험한지에 대한 부모의 관점이 지쳐가는 동안 불안정한 자아정체성, 위험한 행동 실험하기, 기분의 가변성은 정상적인 청소년의 발달적 특징이므로 부모의 역할은 더욱 힘들어진다. "이 경우에 부모가 경험하는 변증법적인 딜레마는 심각한 부정적 결과를 초래하는 행동을 알아내어 적절하게 대처하면서 동시에 정상적인 청소년기의 행동을 인지하고 이에 대해서는 비현실적인 기대나 제한을 가하지 않는 것이다"(p. 429). 치료자는 부모와 동일한 딜레마를 공유하며 정상과 병리적인 행동의 연속선상에서 어떤 행동이 어디에 놓이는지를 부모와 청소년이 구별하도록 도와야 한다.

세 번째 딜레마는 자율성의 강요 대 독립심의 강화(forcing autonomy versus fostering dependence)에 관한 것이며, 관계 맺음과 독립적인 기능 두 가지 모두를 허용하기 위해 청소년과 정서적인 거리를 조절하는 것을 포함한다. 경계선 장애 청소년의 부모들은 자주 아동과 극도로 긴밀하고 의존적인 관계를 형성하고 있으며, 이 관계는 매우 강하고 특별한 유대의 특징을 갖는다. 분리에 대한 양가성과 이것을 건강한 방법으로 어떻게 육성해야 하는지에 대한 혼동으로 인해 부모들은 독립을 향해 청소년들을 내몰기도 하는데, 종종 자녀들의 발달적 능력을 넘어서는 책임감을 부과하는 부적절한 방법을 쓰기도 한다. "부모들의 변증법적 딜레마는 경솔하게 자녀를 밀어내거나 떠나보내는 것과 자녀의 분리와 개별화

과정을 말살할 만큼 매달리거나 양육하는 것 사이에서 중간점을 찾는 것이다"(p. 430). 치료자의 딜레마는 부모와 자녀가 모두 자율과 관계맺기 사이의 균형을 찾도록 돕는 것이다.

Rathus와 Miller(2002)는 자살시도를 하는 청소년들 대상의 입원 치료프로그램에 연속적으로 등록한 110명에 대한 중재에서 효과성을 경험적으로 검증하였다. 29명의 청소년들에게 매주 개인 세션과 다중 가족 기술 집단을 포함한 12주의 DBT를 제공했으며, 나머지 82명은 12주의 지지적·정신역동적 "일상적 치료"를 받았다. DBT 집단의 청소년들이 다른 조건의 청소년들에 비해 치료 전 증상의 수준이 더 높았음에도 불구하고 치료 후에는 정신과 입원이 더 적었으며 치료를 마치는 비율이 더 높았다. 더구나 DBT를 받은 청소년들은 치료 후에 자살을 위한 생각, 경계선 장애의 증상, 일반적인 정신과적 증상이 유의미하게 감소하였다.

가족치료

가족체계 내에서 경계선 장애를 치료하는 기법도 있다. 예를 들어, Slipp(1991)의 대상관계 가족체계 접근(object relations family systems approach)은 가족 전체를 대상으로 가족 구성원 간의 경계를 강화하고 서로의 구별을 증가시켜서 청소년의 자율적인 자기의 발달을 방해하는 가족의 역동을 변화시키고자 한다. 특히 부모를 대상으로 자녀의 개별화를 희생시키지 않으면서 부모의 정서적 요구가 충족될 수 있도록 돕는다.

우리는 지금까지 영아기부터 성인기 초기의 생애에 걸쳐 정신병리가 발생하는 과정을 탐구하였다. 이제 우리가 이러한 장애의 특성과 결과를 알았으므로 다음 관심은 어떤 아동이 장애를 가졌는지를 아동임상심리학자는 어떻게 알게 되며, 만약 장애가 있다면 어떻게 재 중재(remediate)할 것인가에 있다. 이것들이 평가와 중재에 대한 다음 장에서 우리가 논의할 주제들이다.

제 16 장

심리평가

개 요

1. 발달정신병리학적 관점에서의 평가
2. 평가과정
   - 평가의 목적
   - 자료의 초기 출처
   - 아동 면접
3. 심리검사
   - 영아기에서 청소년기까지의 인지검사
   - 사회정서적 평가
   - 투사기법
4. 행동 평가
   - 행동 평가 척도
   - 행동 관찰
5. 임상적 평가: 예술과 과학

이제까지 목표는 발달정신병리학을 이해하는 데 도움이 되는 요인들을 과학적으로 검증하는 데 있었다. 임상적 평가는 과학적 원리를 따르는 한편 경험적인 연구와는 다소 다르게 실질적인 면에도 초점을 맞추었다. 임상가는 근본적으로 도와주는 역할을 해야 한다. 그러므로 아동평가의 최종 목표는 효과적인 치료계획을 수립하는 데 있다.

우리는 아동정신병리학의 포괄적인 이해를 추구하는 임상가의 입장에서, 이론적 방향들이 어떻게 다르고, 행동이론이나 정신역동이론과 같은 이론들이 평가과정에 얼마나 영향을 미치는지 살펴볼 것이다. 덧붙여 이러한 개념들을 받아들이기 위해서, 루디라는 아동의 평가 가설을 예로 들어가며 설명할 것이다. 특정 평가기법이 선택되어 소개될 것이다. 독자들이 타당도와 신뢰도, 검사구조에 대한 이해를 심리학 개론 단계에서 습득했다고 가정하겠다(좀 더 자세한 내용은 Sattler, 2001, 2002 참조).

1. 발달정신병리학적 관점에서의 평가

임상가는 평가를 할 때 아동발달을 설명하는 과정과 아동 문제 특성에 대한 다양한 가설을 지지하거나 기각하는 자료들을 찾게 된다. 그러므로 평가는 이론과 별개의 것이 될 수 없다. 임상가의 이론적 관점은 어떤 가설이 가장 쉽게 와 닿는지, 어떤 자료들이 그것들을 검증하는 데 유용할 수 있을지에 영향을 미치게 된다. 예를 들어, 행동주의 관점을 취하는 임상가들은 정신병리학이 사회학습 원리라는 용어로 이해될 수 있다고 믿는다. 그러므로 그들은 주로 환경 가운데에서 그것들을 강화시킬 수 있는 것이 무엇인지 결정하기 위해 아동 문제행동의 전제 조건들과 결과를 연구한다. 인지주의 관점의 임상가들은 아동의 추론과정과 비적응적으로 반응하게 하는 평가에 좀 더 흥미를 갖고 있다. 정신분석주의 임상가들은 직접적으로 관찰될 수는 없지만 아동의 투사나 환상으로 추론될 수 있는 증상의 무의식적인 결정 요인들에 초점을 맞춘다. 체계주의 임상가들은 아동의 문제는 가족체계의 맥락 내에서 발생한다고 믿고, 따라서 모든 가족 구성원들이 지금 여기에서(here and now)다른 사람들과 상호작용하는 방식을 평가하기를 원한다. 반대로 인본주의적 임상가들은 아동에 대한 그들의 해석을 강조하게 되므로 자아발견을 방해하지 않기 위해서 평가를 축소시켜 최소화한다.

그러나 발달정신병리학자들은 이런 임상가들이 단지 한 조각의 퍼즐을 얻으려는 것으로 본다. 구조적 관점(1장)은 아동에 대한 완전한 평가는 행동, 인지, 정서, 정신역동, 대인관계 그리고 조직체계 등을 포함하는 다양한 측면으로부터 얻은 정보를 통합할 필요가 있음을 시사한다(Achenbach, 1995). 더욱이, 발달정신병리학자들은 아동을 개별화된 부분의 총합체로서가 아니라 통합되고 조직화된 역동적 체계로 본다(Cicchetti & Wagner, 1990).

예를 들어, 아동이 수학문제와 같은 인지적 과제를 수행하고 있을 때조차도, 그들은 정서적·행동적·대인관계적으로 구속을 받는다. 예를 들어, 그들은 도전을 받을 때도 행복해하고, 검사자를 기쁘게 하려고 마음을 쓰고, 실패로 인해 좌절하거나 과제의 어려움 때문에 조바심 내는지, 똑똑하지만 반항적인지, 검사자를 약올리기 위해 문제를 틀리는지, 또래들과 경쟁하기 위해 노력하는지, 혹은 정반대로 비행소년 집단의 일원으로서 취급당하기 위해 낮은 성적을 받는지? 만약 그들이 너무 잘해나가는 것에 불안해하거나 혹은 그들이 실패할 것이라는 부모의 반응에 대해 걱정하는지 등을 통해 알아볼 수 있다.

평가에서 또 다른 통합이 요구되는 사항은 다양한 관점에서 수집된 아동의 행동 기록을 취합해야 할 필요성에 있다. 3장에서 논의했던 것처럼, 다양한 출처의 정보는 검사자가 취하는 대부분의 방식을 삼각화 관점에서 보면서 아동에 대한 보다 정확한 사실들을 얻을 수 있도록 도움을 준다(Cowan, 1978). 교사들은 교실에서의 아동행동에 대한 독특한 사항들을 알고 있고, 부모들은 오랜 기간에 걸쳐 아동의 교실에서의 행동에 대한 독특한 사항들을 알고 있어서, 그에 대한 매우 중요한 의견들을 갖고 있다. 그리고 아동들은 자기 자신의 가장 깊은 생각과 감정을 의식할 수 있다. 그러므로 각각의 관점은 기여할 무엇인가를 갖고 있는 것이다. 부모와 교사들은 과잉활동성이나 품행문제와 같은 관찰 가능한 행동에 관한 훌륭한 정보원일 수 있었고, 아동의 기록은 불안이나 우울과 같은 주관적인 증상에 관해 좀 더 유익할 수 있다(Cantwell, 1996).

마지막으로, 우리의 목적이 완전한 인간으로서 아동을 이해하는 것이기 때문에, 우리는 약점뿐만 아니라 강점과 어떤 불리한 조건도 극복할 수 있도록 아동을 돕는 데 사용될 수 있는 능력들도 확인해야만 한다. 따라서 다양한 측면의 기능에 대한 포괄적인 평가가 요구된다.

발달적 차원은 아동평가에서 중요한 역할을 한다. 첫째, 친밀한 관계를 형성할 필요가 있고 다른 연령대의 아동들과 분명하게 의사소통을 할 필요가 있다. 또한, 표준화된 검사는 평가기법 자체에 발달을 포함하고 있다. 이와 같은 검사들은 고등학교 성취검사나 유아인지검사 등으로 연령 집단을 정하고 있다. 단지 연령에 적절한 문항이 포함되고, 연령에 따라서 문항 난이도가 달라진다. 따라서 임상가는 아동 연령대의 집단에서 정해진 규준을 가지고 대상아동의 발달적 상태를 비교할 수 있다. 투사적 기법과 같은 비표준화된 검사까지도 다양한 연령대의 아동에게 무엇이 적절한지에 대한 규준적 정보를 제공하고자 한다. 요컨대, 어떤 평가 측면의 결과라도 "이 발달적 수준에 있는 아동은" 이라는 암시적인 단서를 붙인다.

2. 평가과정

평가는 가설을 검증하는 과정이다. 그들이 수집한 수많은 자료를 해석하고 통합하고 융화시키기 위해, 임상가들은 다른 과학자들과 똑같은 과정을 거친다(Johnson & Goldman, 1990). 하나의 행동이 단정적인 것은 아니지만 각각의 암시적인 단서를 지닌다. 이 단서들이 모여서, 어떤 직감이 형성되고 그렇지 않은 것들은 버려진다. 평가과정의 끝부분에서, 임상가는 적당한 확신을 가지고 아동의 문제에 관한 진술을 할 수 있다. 어떤 진술들은 불확실하고 제한적일 수 있고, 많은 의문들이 답변 없이 남게 될 수 있다.

임상가들은 그들의 주의를 끄는 특정 아동의 문제 출처와 특성을 단시간 내에 완전히 파악할 수 있을 것이라고 생각하지 않는다. 그들은 자기들이 얻을 수 있는 편향되고 제한된 특별한 환경 하에서 아동과 부모를 관찰하고 있다는 것을 알고 있다. 검사실에서 놀란 아동은 대개 겁 많은 아동이 아닐 수 있고, 단지 학교에서 과잉활동적인 아동으로서 지능검사를 받을 때 도리어 협조적인 모델이 될 수도 있다. 부모들은 잘못된 지각을 하고 있을 수 있고, 그들 자신에 대한 정보가 드러나는 정도에 따라서 아동의 행동에 대한 맹점을 가질 수 있다. 사실상 임상가들은 아동과 가족에 대해 이해하려는 쪽으로 노력하고 있고, 그들은 또한 그들이 사용하는 평가기법의 제한점을 충분히 염두에 두고 있다(American Psychological Association, 2002).

평가의 목적

의학적 모델은 정적인, 한 가지 차원에서 진단된 최종산물을 얻고자 노력하지만(3장 참조), 발달정신병리학적 평가의 목적은 **사례 형식화**(case formulation)이다. 사례 형식화는 아동의 문제가 어떻게 비롯되었고 어떻게 치료될 수 있는지에 대한 임상가의 해석을 통합

표 16.1 사례 형식화의 요소

1. 현재의 문제: 아동과 가족의 고유한 상황을 반영하는 방식으로 정의
   a. 생리
   b. 감정
   c. 행동
   d. 인지
   e. 대인관계
2. 검사 자료
3. 문화적 맥락 변인
   a. 인종적 정체성
   b. 문화적응 수준
   c. 민족문화적 신념, 가치, 경험
   d. 편견과 소외의 경험
4. 역사와 발달적 이정표
   a. 기질, 정서적·행동적 조절 불능
   b. 발달지연과 일탈
   c. 가족관계와 애착과정
      i. 부모 간의 관계: 갈등, 공동양육, 협동
      ii. 이원 부모–자녀 관계: 밀접, 역할 명료성, 경계성 용해
      iii. 개인 양육방식: 온정, 구조, 과보호, 부담, 지각된 양육 유능감/불안, 양육 스트레스
      iv. 애착
      v. 전체 가족과정: 혼입–거리, 삼각형 구도, 연합, 책임 전가
   d. 가족외 환경(예: 학교, 또래관계)에서의 기능
   e. 장점, 기술, 능력
5. 인지적 변인
   a. 자동적 사고
   b. 도식
   c. 인지적 왜곡
6. 행동적 선행요건과 결과
7. 잠정적 의견
   a. 역동적이고 상호 관련된 방식에서 요소들의 조직
   b. 아동 환경과 내적 세계의 상 그리기
   c. 장애를 가져온 병리적 과정과 중재에 사용될 수 있는 변화과정을 연결시키기
8. 처치계획
9. 처치에 대한 예상되는 방해물과 장애

출처: Friedberg와 McClure(2002)에서 인용함.

시킨 간결한 설명을 담은 기술이다(Shirk & Russell, 1996). 사례 형식화는 임상가들이 얻은 정보를 모두 통합하고 평가를 요청했던 사람들에게 유용한 형식이 된다. 효과적인 평가 보고서는 아동을 이해하려는 사람들에게 도움이 되고 어떻게 효과적으로 중재를 할 것인지 생각할 수 있게 해준다(Friedberg & McClure, 2002). (사례 형식화가 처치에 어떻게 정보를 주는지에 대해서는 17장에서 더 언급할 것이다.) **표 16.1**에는 포괄적인 사례 형식화에 포함되어야 할 요소들이 나열되었다. 사례 형식화는 평가과정 동안 수집된 수많은 정보로부터 한 가닥의 줄기를 찾아내려는 임상가에게 도움이 되는 한편 융통성도 있어야 한다. 모든 가설처럼, 사례 형식화에는 새로운 정보가 추가될 수 있으며 지지되지 않는 자료는 수정될 수 있는 것이다.

자료의 초기 출처

의뢰

아동과 관련된 첫 번째 자료는 교사나 부모, 의사들과 같은 성인에 의해 지각된 문제에 관한 정보 제공을 통해 이루어지고, 문제의 지속기간이나 개시, 아동과 타인에게 미치는 영

향, 그리고 치료를 받은 적이 있다면 무엇을 측정했는지 등의 정보를 얻을 수 있다. 부모와 교사들은 의뢰사항의 주요 출처가 된다.

성인들과 달리, 아동들은 자신을 치료하기 위해 스스로 의뢰하지 않는데, 사실 그것은 중요한 심리학적 의미를 담고 있다. 도움을 구하는 것은 도움이 필요하다고 이야기하는 것과 아주 다르다. 아동들은 변화할 필요를 느끼지 못하고, 왜 평가를 받기 위해 왔는지조차 이해하지 못한다. 때때로 부모들은 아동에게 동의를 구하기도 하지만, 그들이 왜 검사를 받으러 가야만 하는지 말하지 않을 수도 있다. 그러므로 먼저 전화 상담을 통해 부모들이 아동에게 평가에 대한 이야기를 어떻게 해야 할지 의논하는 것이 크게 도움이 될 수 있다.

당신은 8세 남아인 루디의 평가를 의뢰 받은 아동임상심리학자이다. 담임선생님은 교실에서의 학업과 행동문제로 평가를 받아봤으면 하고 제안했다. 특히, 루디의 어머니는 루디가 일부 학과목과 읽기를 못한다고 하고, 그의 담임선생님은 루디가 교실에서 비협조적이고 딴 짓을 하고 게으르다고 기술하고 있다. 주변 사람들은 루디가 주의력결핍/과잉활동으로 진단받은 자기 아들과 유사한 것 같다고 하였다. 제일 먼저 떠오른 의문은 의뢰사유에 관한 것이고, 이 사항들은 루디 자신과 교사 및 어머니에 의해서 확인되었다. 이것은 학습문제인가, 품행문제인가, 주의력결핍인가, 아니면 학교와 가족간의 부정적인 상호작용의 결과인가? 루디를 평가하는 동안 교사와 부모는 지지적이었는가, 아니면 당신의 수행을 어렵게 하는 비난하는 태도를 취했는가? 루디는 기꺼이 상담소에 오려고 하는가, 아니면 당신을 적대시하고 화를 내는가? 우리는 이 장에서 어떻게 평가가 이루어질 것인지 알아보기 위해 루디의 평가를 따라가 볼 것이다.

부모 면접

아동과 가족에 대한 정보는 통상적으로 부모 면접을 통해서 제일 먼저 얻어진다. 면접은 전형적으로 드러난 문제에 대한 설명으로부터 시작한다. 다음으로 아동의 현재 어려움에 도움이 될 수 있는 이전의 상태를 알아보기 위해 상세한 발달력을 알아보게 되는데, 이 가운데는 아동의 태아기와 출산력 그리고 초기 발달에 관한 것들이 포함된다. 사회성 및 학업적응과 함께 가족내에서 그리고 또래 내에서의 아동의 적응 과정을 알아본다. 십대들의 경우는 성적 발달, 일한 경력과 더불어 약물이나 음주 경험, 그리고 비행에 관한 정보까지도 얻는다. 또한 임상가는 가족과 아동이 경험한 스트레스나 상해, 주요 병력에 관해 질문한다. 사실을 보다 확실하게 알기 위해, 부모의 결혼생활이나 직업, 적응, 그들만의 목표와 만족, 불만족, 그리고 과거에 문제를 해결하기 위해 시도했던 사항들에 관한 질문을 하기도 한다.

어떤 연구들이 회상적 보고를 신뢰할 수 없다고 하는가? 부모가 아동과 가족의 다양한 측면에 대해 언제나 정확한 정보를 이야기한다고 볼 수는 없지만 임상가가 이러한 사실에 대한 부모의 지각을 아는 것은 그 나름대로 중요하다. 아동이 힘든 유아기와 평탄치 않은 걸음마기를 보냈는지 아동이 힘들고 쉽지 않은 아이였다는 부모의 기억이나 지각이 매우 중요할 수 있다.

면접과정을 통해 임상가는 부모에 대해 좀 더 알게 되고, 부모 또한 임상가를 알게 된다. 평가와 치료 간에는 확실하면서 빠른 방도가 없기 때문에, 숙련된 면접자는 지속적으로 결정적일 수 있는 믿음과 존중의 기반을 마련하기 위해 이 초기 면접을 이용한다. 면접과정에서 부모와 임상가 사이의 라포(rapport) 형성은 중요하다. 부모는 평가를 위해 자기의 아이를 데려오는 것을 부끄러워하거나 양육이 잘못되지나 않았는지, 또는 임상가가 문제의 원인에 대해 그들을 비난하지 않을지 염려할 수도 있다. 그러므로 면접자는 부모와 평가자가 같은 배를 탄 사람이라는 사실을 확인시켜 주고 아동에 대한 그들의 분명한 관심을 지지해 그들이 마음을 편안하게 갖도록 해준다.

이밖에 부모 면접은 임상가에게 현재의 가족체계에 대한 정보와 더불어 부모들 자신의 가족력이 아동과 함께 어려운 사항에서 어떤 힘을 발휘할 수도 있다는 사실을 알려준다. 이러한 점을 달성하기 위해, Mcgoldrick과 Gerson과 Shellenberger(1985)는 평가의 일부분으로서 가족도(genogram)를 완성할 것을 부모에게 요구하라고 제안한다. 가족도는 가족에 포함되는 사람들 사이의 관계를 그림으로 나타낸 것이고, 통상적으로 아동을 포함해서 부모와 조부모 삼대가 여기에 해당한다. 먼저, 생일과 사망일, 본적지와 직업경로 같은 것이 기록된다. 두 번째는 이혼이나, 이사 또는 외상 경험 같은 중요한 사건들을 표시한다. 세 번째는 다양한 가족 구성원들 간의 특별한 관계를 나타내는 상호작용 패턴을 선으로 표시한다. 예를 들어, 선들은 단절되거나 갈등적이고, 멀거나 가까운 정도를 나타낼 수 있다(**그림 16.1** 참조). 가족도는 세대간의 갈등패턴과 불화, 역할전도와 더불어 아동의 발달적 요구에 적절하게 반응하는 부모의 능력을 방해하는 것 등을 포함하여 가족내에서의 삼각구도와 연합을 확인할 수 있게 해준다(Sigmund Freud 가족의 가족도를 포함한 많은 아주 흥미로운 가족도를 보려면 Mcgoldrick & Gerson, 1985, 참조).

루디의 어머니 크리스티나는 첫 번째 면접에 20분이나 늦게 도착했고 몹시 당황한 듯 보였으며, 옷차림은 흐트러져 있었다. 그녀는 편모로서 막내아들인 에디를 탁아소에 맡기고 일을 일찍 마치는 복잡한 일을 해결하느라 어려움이 있었다고 설명했다. 그녀는 2년 전에 소년의 아버지인 루돌포와 이혼을 했고, 그가 고향인 아르헨티나로 돌아간 이후에는 그에 대해 어떤 소식도 듣지 못했다고 했다. "그때까지 루디와는 모든 것이 좋았어요. 가끔 우리가 아이들과 함께 있지 않았으면 어땠을까 생각해 봐요. 그러나 루돌포는 술 취한 짐승에 불과할 만큼 좋지 않은 사람이었고, 다행이도 루디는 그를 닮지 않았어요. 그는 나의 작은 신사이고 대단한 아이예요."라고 했다. 반대로 그녀는 어린 에디에 대해서는 거의 아무 말도 하고 싶어 하지 않았다. 그를 귀찮은 아이로 묘사했고, 막내아들의 행동을 조절하는 데 루디의 도움을 받는 것이 기쁘다고 했다.

루디의 어린 시절에 대한 크리스티나의 기술은 두드러진 것이 별로 없었다. 이혼은 루디가 일학년에 입학한 첫 해에 하게 되었고, 이혼하기까지 예상되는 전개 사항에서부터 일탈

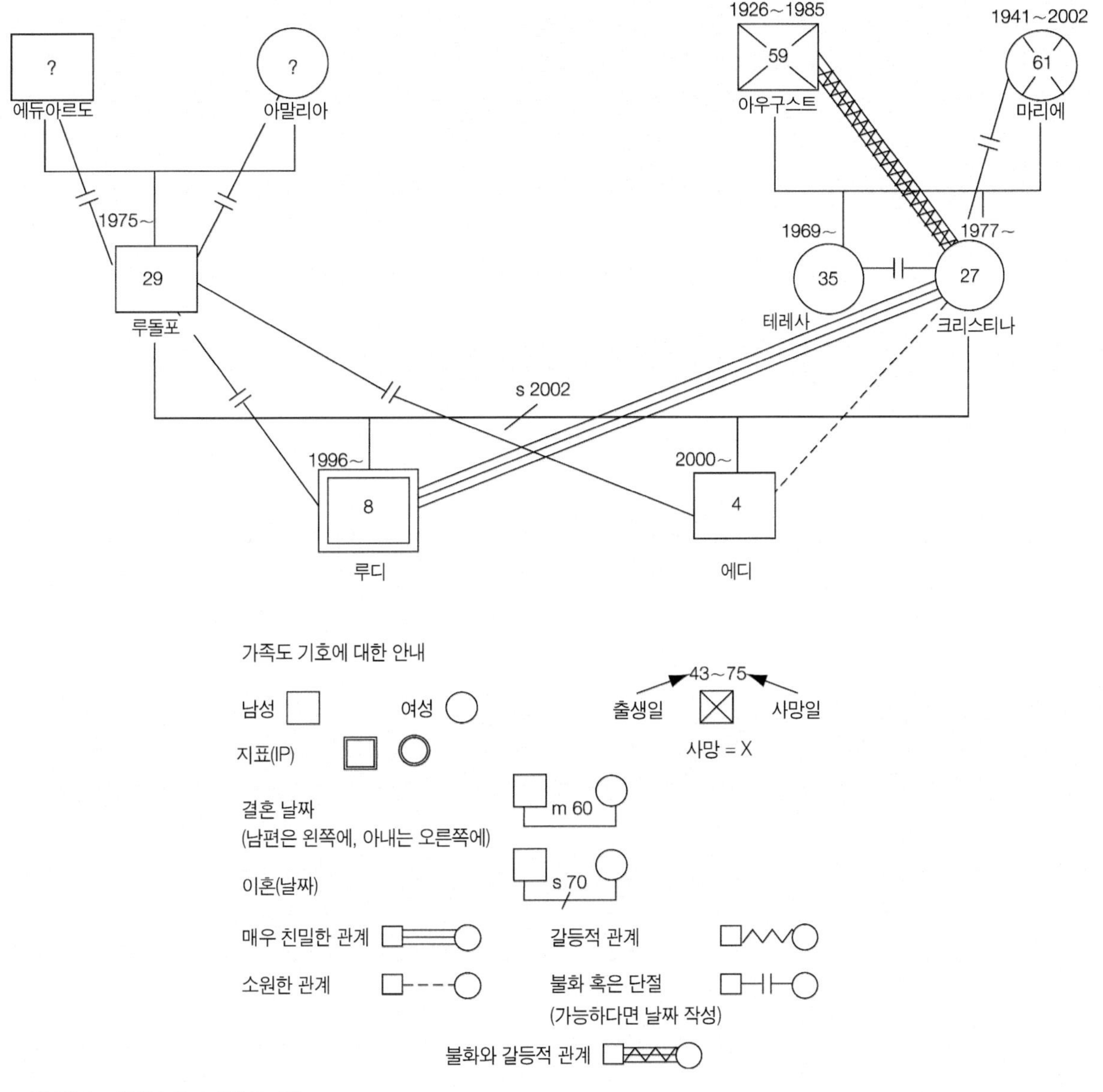

그림 16.1 가족도: 루디 가족의 삼대

이나 주요 질병에 대해서는 전혀 기록하지 않았다. 그녀는 루디에게 어떤 잘못된 점이 있으리라고 믿지 않았고, 교사가 단지 어떤 이유 때문에 루디를 잘 대해주지 않는 것이라고 의심했다. 그녀는 교사와 특별히 좋은 관계는 아니라고 했다. 그녀 자신 역시 학교에서 많은 문제가 있었다고 했고, 농담 비슷하게 교사를 "고문하는 사람"으로 회고했다.

크리스티나는 먼저 가족도를 완성하라는 요구에 이런 것을 가지고 무엇을 하려는지 이해할 수 없다고 하면서 불편해 했다. 그러나 라포가 형성되면서 그녀는 요구를 받아들였다.

가족간의 파괴된 관계의 역사가 무엇인가를 말해준다(**그림 16.1 참조**). 루디의 아버지는 자신의 가족과 관계가 단절되었고, 그들에 관해서는 거의 알려진 것이 없다. 크리스티나 또한 자신의 가족 기원에 대해 아무것도 갖고 있지 않았다. 그녀의 아버지는 폭력배였지만 그녀가 루디의 나이쯤 되었을 때 간경화로 죽은 매력적인 남자였다. 술이 그를 자애롭게 만들 때는 크리스티나를 귀여워했고, 그가 비열한 술꾼이 되었을 때는 욕설의 대상이 되고는 했다. 그녀는 아버지를 증오한 만큼 사랑했다고 말했다. 아버지가 죽고 나자 크리스티나의 어머니는 크리스티나를 이모에게 맡겨 돌보게 하였고 아이들 양육을 모두 포기했다. 두 자매는 가족간에 있음직한 애정이 거의 없는 경쟁 관계였고, 2년 전에 어머니의 유산을 나누어 가진 후 관계가 끊어져 버렸다. 생활 속에서 그녀를 지지하는 출처에 대해서 묻자 크리스티나는 멈칫했고, 잠시 후 AA 모임에 참석하고 있다고 말했다. 그녀의 아버지와 루디의 아버지처럼 그녀는 음주문제를 갖고 있었다.

비공식적 관찰

임상가의 평가는 먼저 아동과 부모를 만남으로써 시작된다. 그들의 외모와 상호작용은 가족의 특징과 구성원들 간의 관계와 같은 단서를 제공한다. 첫인상은 가족의 사회적 위치와 조화나 부조화의 정도, 겸손한 감정 표현, 권위적이거나 지적인 측면에 관한 정보를 준다. 아동임상심리학자는 언제나 연령에 따라 적절하거나 부적절한 행동을 평가하고, 전자는 자원으로서의 단서를 제공하고 후자는 있음직한 문제의 원인에 대한 단서를 제공한다.

일단 임상가는 아동으로부터 체계적으로 모든 확실한 정보를 모은다. 아동의 성격에 대한 종합적인 느낌은 항상 주목할 만하다: 재미있고, 장난기 있는 아이; 그는 벌써 어른을 두려워하는 모습을 보인다; 소녀는 싸움에서 망가진 것처럼 침울해 보인다; 지나치게 대접받기를 원하지 않는 직설적이고 정직하며 허튼소리를 하지 않는 사춘기 청소년 이전 시기의 소녀. 초기의 인상을 가지고 아동을 미리 판단하지 말아야 하지만, 이 첫 번째 반응은 다른 사람으로부터 부정적이거나 긍정적인 반응을 이끌어내는 잠재적인 유인행위로서, 이것은 임상가에게 아동의 사회적 자극 가치에 대한 단서를 제공할 수 있다.

아동이 임상가와 관계하는 방식은 아동의 성인 지각에 대한 정보를 준다. 임상가가 낯선 사람이기 때문에 아동이 초기에 겸손하게 보이는 것은 자연스러운 일이다. 임상가가 흥미있고 친절한 성인이라는 것을 알게 되면서, 그들은 좀 더 편안해하고 많은 이야기를 하게 된다. 그러나 어떤 아동들은 전혀 다르게, 가능한 의자 깊숙이 앉아서 거의 알아들을 수 없는 정도로 작은 소리로 이야기를 하고, 검사자가 언제 때릴지 모르는 괴물인 것처럼 뚫어지게 쳐다보거나 거의 쳐다보지 않는 행동을 하기도 한다. 도발적인 아동들은 눈을 감으라고 했을 때 장난스럽게 눈을 살짝 뜨거나, 퍼즐을 그대로 두라고 하는 데도 불구하고 흐트러뜨리면서 검사자의 한계를 시험하기도 한다.

일반적으로 말해서, 임상가의 관찰은 절차가 표준화되지 않았고 목표행동이 너무 광범위하기 때문에, 과학적이라기보다는 예술에 가깝다. 그러나 관찰 그 자체가 비과학적일 수는 없다. 뒤에서 보게 되겠지만 행동주의 임상가는 개방적인 접근일수록 부족한 구조와 신뢰도를 평가에 첨가하였다.

> 대기실에서 기다리고 있는 루디에 대한 첫 번째 인상은, 비록 그와 같은 연령대의 어린 아이보다는 좀 더 말끔하고 조심스럽게 차려입었기 때문이기도 했지만 잘 생기고 건강한 소년으로 보였다. 대기실에 들어가자 그는 잡지를 너무 난폭하게 다루지 말라고 동생에게 주의를 주면서 타이르고 있었다. 검사자를 반갑게 맞았지만 검사실로 가기 전에 어머니를 돌아다보면서 그녀의 동의를 구했다.

아동 면접

구조화된·반구조화된·비구조화된 면접

임상가는 아동이 보는 시각을 통해서 무엇인가를 알게 되기를 바라고, 면접과정에서 이러한 일들이 쉽게 이루어질 수 있다. 면접은 아동으로 하여금 문제에 대한 그들 자신의 관점을 표현할 수 있는 기회를 주고, 면접자가 다른 방법을 통해서는 접근할 수 없는 기능 영역에 접근할 수 있도록 해주며, 문제에 대한 아동의 태도와 행동을 관찰할 수 있고, 치료적 관계로 발전하는 데 필요할 수 있는 라포를 형성할 수 있는 기회를 제공해준다(McConaughy & Achenbach, 1994). 그밖에 면접은 임상가로 하여금 아동이 왜 거기에 있는지 확실하게 알려줄 기회를 주고 평가과정이 어떻게 이루어지는지 설명할 기회를 준다.

면접은 그것이 어떻게 구조화되는지에 따라서 개념화될 수 있다. **비구조화된 면접**의 경우, 임상가는 소년기 동안의 약물이나 음주 경험, 장래포부, 그리고 자기 내념, 두려움, 희망, 흥미 등에 대한 그들의 관점을 자신의 말로 설명하도록 한다.

면접자로 하여금 즉흥적으로 기대하지 않는 방향으로 이끌어 가는 것을 상당히 허용하는 비구조화된 면접과는 달리 **반구조화된 면접**은 진단적 증상의 유무를 결정할 수 있도록 면접자가 특정한 시도를 할 수 있는 일련의 개방형 질문으로 구성된다. 아동과 청소년을 위한 반구조화된 임상적 면접(SCICA: McConaughy & Achenbach, 1994)의 경우는 6세에서 18세 사이의 아동을 위해 개발되었다. 일련의 개방형 질문들은 검사자와의 상호작용을 통해 행동과 느낌, 그들의 생각을 드러내도록 하고 아동이 쉽게 시작할 수 있게 고안된 행동이나 그림 그리기 같은 비언어적 과제를 통해 해석하게 된다. 면접자는 정신병리 정도를 판단하기 위해 아동에 대한 자신의 관찰과 아동의 자기보고 두 가지를 모두 사용한다.

구조화된 면접은 일련의 특이한 질문이나 진술로 구성되기도 하지만, 아동의 반응을 구조화하고, '예-아니오'를 선택하거나 '아주 동의함'에서 '동의하지 않음'까지의 평정척도에 표시하게 한다. 구조화된 면접을 위해 『아동을 위한 진단적 면접(DICA-IV)』(Reich, Welner, & Herjanic, 1997)을 포함하여, 『학령기 아동의 정신분열증과 정서장애 일람표(K-SADS-IVR)』(Ambrosini & Dixon, 1996)와 『아동을 위한 진단적 면접 일람표(DISC-2)』(Fisher et al., 1991) 등이 고안되었다. 이러한 각각의 면접도구들은 아동과 부모 면접 양식을 모두 가지고 있으며, 아동기에 나타나는 대부분의 장애를 위한 DSM 진단기준을 담고 있다(개관을 위해서 Hodges, 1963, Kamphaus & Frick, 2002 참조). **그림 16.2**에는 충동적/부주의한 행동에 대한 명백한 정보를 바탕으로 해서 질문하는 DISC와 K-SADS에서 발췌한 인용문이 제시되어 있다.

라포 형성

어떤 평가기법을 인용하더라도 아동은 적어도 최소한의 협조를 해야 하고, 가장 이상적인 것은 아동이 성심 성의껏 참여하는 것이다. 그러므로 평가절차의 핵심은 적절한 라포 형성에 있다. 라포 형성은 임상적 기술과 민감성 그리고 경험을 요구한다. 더욱이 임상가는 우는 영아, 엄마 곁을 떠나는 것을 두려워하는 걸음마기 아동, 도발적이고 반항적인 학령기 아동, 어른이 묻는 말에 시큰둥하게 대답하는 십대 등 다양한 연령대의 다양한 장애사항들을 다룰 준비가 되어 있어야 한다. 이러한 극적인 도전과제들 외에, 임상가들은 다른 연령대의 아동들에게 언제나 재미있고 친절한 성인으로서 어떻게 자기 자신을 보여주어야 할지 생각해야 한다. 예를 들어, 놀이실에서는 생각과 느낌을 표현하기 위해 그림을 그리거나 인형을 사용하여 아동과 쉽게 만날 수 있는 반면에, 청소년들은 이와 같은 장면에서 면접을 하는 것을 모욕이라고 느낄 수 있다. 나이 든 청소년들은 평가과정에 능동적으로 참여하는 유능한 젊은이로 대해 주고, 면접자가 솔직하고 공정하다면 좀 더 빠르게 가까워질 수 있다.

Barker(1990)는 아동과의 라포 형성을 높이는 데 도움이 되는 많은 유익한 제언들을 하고 있다. 그는 임상가가 지나치게 형식적인 것을 피하여 아동과 관계를 맺고, 따뜻하고 재미있고 정중한 태도로 임할 것을 권고한다. 그는 또한 면접자가 부드럽고 천천히 말함으로써 좀 더 편안함을 느낄 수 있고, 거칠고 수선스럽고 세상물정에 밝은 아동은 빠른 속도로 이루어지는 면접에 활기차게 반응할 것이다. 아동이 입고 있는 티셔츠에 대해 이야기하거나 녹음기가 어떻게 작동되는지에 대한 아동의 궁금증을 해결하는 것과 같은, 면접자와 아동 간의 상호적인 흥미나 공통점을 확인하는 대화를 함으로써 면접을 쉽게 시작할 수 있다. 또한, Barker는 면접자들이 아동과 눈높이를 맞추어서 최근의 비디오 게임이나 텔레비전 쇼, 음악 등에 관한 주제를 통해 아동들이 전문가로서의 역할을 하도록 허용할 것을 제안한다(Garbarino, Stott, & Erikson 연구소 연구원, 1992; Greenspan, 2003 참조).

발달적 고려사항

어떤 면접이든 타당성을 확보하기 위해서는 아동의 이해 수준에 맞추어져야 한다. 면접이 자연스럽게 이루어지고 아동을 이해시키기 위해 면접자는 어휘 수준을 아동에게 맞추는 것이 중요하다(Barker, 1990). 그러나 아동의 발달 수준은 면접과정에서 다른 여러 측면에 영향을 미친다.

학령전기 아동의 자기이해 능력은 일차적으로 신체적인 특징과 행위로서 표현된다("나는 갈색 머리를 갖고 있어요", "나는 공놀이를 해요", "나는 개를 갖고 있어요").(Harter, 1988;

<table>
<tr><th colspan="2">K-SADS</th></tr>
<tr><td colspan="2">충동성: 결과를 생각하기에 앞서서 행동을 먼저 하는 아동의 특징적인 패턴을 말한다. 나쁜 행위를 일컫는 것은 아니지만 도덕적으로 중요한 모든 독립된 행동의 광범위한 행동 특징을 말한다.</td></tr>
<tr><td>당신은 무슨 일이 일어날지 생각하지 않고 일을 서두르기 때문에 상처를 입거나 벌을 받는 경향이 있습니까?
당신은 학교에서 먼저 여러 번 생각하는 대신에 머릿속에 떠오르는 대로 대답하기 때문에 틀리는 일이 있습니까?
학교에서 조용히 해야 되는데 큰소리로 떠들기 때문에 벌을 받습니까?
당신의 선생님은 교실에서 쉬는 시간에 당신에게 무엇인가 할 일이 있다고 자주 말합니까?
학과공부를 하는 데 문제가 있습니까?
당신의 머릿속에서 번득이는 생각이나 터무니없는 생각 때문에 그냥 또는 도전을 위해 그런 일들을 자주 저지릅니까?</td><td>0 아는 것이 없다
1 그런 일이 없다
2 약간: 흥분할 경우 가끔 일어나지만 늘 그렇지는 않고 나쁜 결과도 없다.
3 가벼운: 분명히 있다. 적어도 두 가지 경우 일주일에 3번은 충동적으로 행동한다.
4 보통: 모든 경우에 충동적이다.
5 심한: 몇 가지 경우(1년에 3번 이상)에 사려 깊지 못해 위험한 상황에 빠졌거나 모든 경우에 충동적이다.
6 극도로 심한: 매우 충동적이고, 아동의 행동 특징들이 모든 경우에 나타난다. 적어도 일주일에 한 번은 위험에 처한다.</td></tr>
</table>

DISC			
충동성	아니오	이따금	예
당신의 선생님은 당신에게 자주 귀 기울여 듣지 않는다고 말합니까?	0		2
(만약 예라면) 대부분의 아이들에게보다 당신에게 더 말합니까?	0	1	2
(만약 예라면) 이런 일들이 얼마나 오랫동안 있었습니까?	개월:		
(만약 예라면) 학업을 시작한 이후로 계속 똑같았습니까?	0		2
당신의 선생님은 당신이 공부를 할 때 주의를 기울이지 않는다고 자주 말합니까?	0		2
(만약 예라면) 대부분의 아이들에게보다 당신에게 더 많이 말합니까?	0		2
(만약 예라면) 이런 일들이 얼마나 오랫동안 있었습니까?	개월:		
(만약 예라면) 학업을 시작한 이후로 계속 똑같았습니까?	0		2
때때로 아이들은 무슨 일이 일어날지 생각하지 않고 일들을 저지릅니다. 당신도 그렇습니까?	0	1	2
(만약 예라면) 당신은 언제나 그랬습니까?	0		2
(만약 예라면) 얼마나 오랫동안 그랬습니까?	개월:		
몇몇 아이들은 학업수행 중에 문제를 갖고 있습니다. 그들은 무엇이 필요한지 결정할 수 없습니다. 그들은 먼저 무슨 일을 해야 하고 다음에는 어떻게 해야 하는지 계획을 세울 수 없습니다. 당신도 그렇습니까?	0	1	2
(만약 예라면) 얼마나 오랫동안 그랬습니까?	개월:		
당신은 공부를 시작하고 그것을 끝마치지 못했습니까?	0	1	2
(만약 예라면) 이런 일이 얼마나 오랫동안 있었습니까?	개월:		
(만약 예라면) 언제나 그것을 끝마치는 데 문제가 있었습니까?	0		2
(만약 예라면) 그것은 당신이 공부를 어떻게 하는지 모르기 때문입니까?	0	1	2

그림 16.2 구조화되면 면접과 반구조화된 면접에서 사용되는 질문의 예

출처: K-SADS(Puig-Antich & Chambers, 1978), DISC(Costello et al., 1984).

Steward et al., 1993; Stone & Lemanek, 1990를 따랐음). 결과적으로 심리학자가 알고자 하는 문제의 특성에 대한 질문들은 내적인 경험보다는 독특한 행동(내가 동생을 때렸어요)에 대해 말로 표현하도록 반응을 이끌어낸다고 볼 수 있다. 이것은 달리 말하면, 부모나 다른 성인들이 "나쁜 짓"이라고 말했던 것을 흉내 내는 것일 수 있다. 어린 아동들은 결코 자기 자신을 의뢰하거나 흔히 갖고 있는 문제점을 알지 못한다는 것을 기억해야 한다. 동일한 맥락에서 문제의 원인이 되는 아동의 관점은 독특하고 외적인 것으로 볼 수 있다(동생이 내 것을 가져갔기 때문에 때렸어요).

평가에 있어서 적절한 라포 형성의 중요성: 이 아동은 자신이 보일 수 있는 최고의 수행을 보일 것인가?

학령전기 아동의 다른 사람이나 그들 자신의 정서에 대한 평가는 구체적이면서도 상황에 관련지어 이루어진다. 예를 들어, 행복한 일은 생일 파티를 하는 것이다. 결과적으로 면접 질문들은 구체적이고 행동 지향적이어야 한다("너 슬프니?"보다는 "너 우니?"). 면접자는 그들이 어떻게 느끼거나 무엇을 생각하는지에 대해 묻기보다는 그들이 무엇을 하는지에 대해서 물어야 한다.

아동기 중기에 있는 아동들은 심리학적으로 그리고 좀 더 차별화된 자기개념에 대하여 생각을 표현할 수 있다; 예를 들어, 똑똑하거나 둔하다고 평가하는 대신에 그 아동은 어떤 일에는 똑똑하지만 다른 일에는 둔하다고 할 수 있다. 이 시기의 아동들은 내적이면서 심리학적인 단서를 사용하여 그들 자신의 정서를 정확하게 기록할 수 있다. 그들은 다른 사람들이 자신과는 다른 관점을 갖고 있다는 것을 이해하고 다른 사람들에게 심리적 속성들을 드러내기 시작하고, 인지가 향상됨에 따라서 일탈행동을 깨닫는 능력이 생긴다. 그러나 초기 청소년기에는 가족간의 다툼이나 갈등과 사회적인 사건을 외적으로 귀인하는 경향이 있다.

인지발달은 아동으로 하여금 도움을 받는 것에 대한 개념과 더불어, 심리학자가 도움을 주는 사람이라는 것을 포함하여 어떻게 도움을 주고받는 관계인가를 이해할 수 있게 한다.

학령전기 아동은 게임을 하면서 나타나는 심리학자의 행동에서 "멋지다"거나 "친절하다"는 일반적인 특성밖에는 파악하지 못한다. 아동기 중기에는 "그녀는 자기가 무엇을 하고 있는지 안다"와 같은 능력을 참조하기 시작하고, 초기 청소년기에는 공감의 내적 특성으로서의 역할 그리고 도와주려고 하는 욕구를 알게 된다. 초기 청소년기에 간접적인 도움이나 배려, 확인,지지 등이 도와주는 중요함을 인식하는 것이고 학령전기에는 어떤 직접적인 행동의 형태로 표시되면서, 도움 받는 일 자체가 변한다(예를 들어, 새로운 장난감을 사 주세요. 그리고 내 동생이 나를 찌르지 않도록 말해주세요).

인종적 다양성

심리학자의 문화적 이해 능력, 윤리적 권한(APA 2003; Sue, 1998)은 아동과 가족 대상으로 라포를 형성하고 효과적으로 면접하는 데 중요한 부분이다(Gibbs and Huang, 2003; McGoldrick, 2002; and Sattler, 1998 참조). 문화적 가치와 규범에 대한 이해는 면접자를 가족에 참여할 수 있게 하며, 그들이 다르다는 것을 병리적으로 보기보다는 이해할 수 있게 한다. 예를 들어, 대화에서는 공손하고 관습적인 것이 중요하다(Tharp, 1991). 심리학자가 비공식적 접근에서 이름으로 부모에게 인사하는 것이 중류층 유럽계 미국인 가족에서는 쉽게 이루어질 수 있으나, 전통적인 아시아계 가족에서는 이러한 접근이 무례한 것으로 지각될 수 있는 것이다(Ho, 1992). 또 다른 예를 들면, 미국 원주민 아이들은 질문에 대답하기 전에 조금 기다리는 것을 선호하므로 임상가는 오랜 시간의 지연이 불안이나 저항을 나타내는 지표가 아니라는 것을 아는 것이 중요하다(Tharp, 1989).

그러나 아동임상심리학자가 모든 문화집단과 그 집단의 규범에 대한 전문가가 되어야 하는 것은 아니다. 개인의 문화적 가치를 인식하고 이것이 보편적이 아니라는 것을 인정하는 '열린 마음'을 갖고, 존경심을 가지면서 비판적인 마음을 갖는 것이 지름길이다(McIntosh, 1998). 덧붙여 가족의 문화적 믿음과 경험에 대해서 임상가는 민감하고 진정한 관심어린 질문을 또한 잘 받아들일 것이다(Ho, 1992).

Sue와 Sue(1999)는 소수인종집단 가족을 평가할 때 중요한 세 요인을 밝혔다: 문화에 얽매인(예: 문화적 신념과 경험), 언어에 얽매인(면접자 언어에서의 어휘와 언어적 관례에 대한 능력) 그리고 계층에 얽매인(예: 가족의 생활방식에 미치는 사회경제적 수준 효과). 인종적 소수집단 아동과 그 가족과의 면접에서 탐구해야 할 주제는 전체적인 가족의 문화적 적응 수준과 관계되는데, 여기에는 각 가족 구성원 간의 차이, 특히 세대간의 차이가 있을 수 있는 것이다. 예를 들어, 이민 온 아동의 부모들은 모국에서의 전통적인 가치에 계속 매여 있더라도, 아동들은 흔히 학교생활에서 또래들에게 노출됨으로써 미국 문화에 빨리 동화된다. 문화적 압력은 아동이 구문화와 신문화의 요구가 상충되어 갈등을 경험하게 될 때 두드러질 수 있다. 인종적 정체성은 아동의 특정한 문화집단 소속감이 내면화된 것이다. 안정된 이중문화 정체성(예: 아동의 다수 문화에서의 구성원이라는 느낌과 마찬가지로 자신의 인종적 집단에 대한 동일시)을 발달시키는 것이 긍정적인 적응이라고 믿어지지만(Ogbu,

1999), 이중문화 정체성을 발달시키는 데 편견, 인종주의, 소외를 포함한 여러 요인들이 간섭하게 될 수 있다. 마지막으로 인종적 소수집단 가정의 사회계층 차이는 매우 크기 때문에 소수집단 상태를 자동적으로 특권 결여와 같은 것으로 여기는 고정관념이 거짓인 것으로 보이게도 한다. 중류계층의 아프리카계 미국인 가정이, 빈곤으로 허덕이는 아프리카계 미국인보다는 아동발달을 위해 다른 여건을 만들어 주듯이, 지식계층의 이민자는 같은 나라의 빈곤한 난민자와는 공유하는 것이 거의 없는 것이다.

Ho(1992)는 다양한 문화적 배경을 가진 아동을 측정하기 위한 문화 간 틀을 제시하였다(**표 16.2** 참조). 그의 모델은 개인, 가족, 학교, 또래, 지역사회에서의 영향을 통합하였다. 각 기능 영역에서 임상가가 핵심적으로 해야 할 일 중의 하나는 아동의 적응이 어느 정도까지 자신의 주관적인 규준과 갈등이 되는 문화적으로 적절한 규준을 반영해야 하는지를 결정하는 것이다.

루디는 아동기 중기에 속하기 때문에, 그가 쉽게 시작하는 데 도움이 되도록 면접실에 몇 가지 게임과 바둑판, 찰흙, 종이와 색연필을 준비해 두는 것도 좋다. 첫 번째 관찰 내용은 루디가 당신의 모든 질문에 대답하려고 노력하고, 당신에게 주의를 기울이고, 모든 장난감을 무시하는 모습이었다. 대부분의 아동이 초기에는 조심스러워하고 너무 정확하게 하려고 하지만 면접 초기부터 루디는 개방적이고 말하기를 좋아했다. 면접이 진행되면서, 그는 명랑하고 민첩하고 개방된 아동이라는 인상을 당신에게 주고 있다. 당신은 머릿속으로 루디의 행동과 무엇이 그것을 표현하도록 하는지 기록한다. 아마 이것은 문제가 과장된 어떤 소년이 기능을 잘하고 있는 것처럼 보일 수도 있고, 적절한 또래관계를 발전시킴으로써 얻은 결과로 성인과 너무 닮은 것일 수 있고, 매력 있는 정신 질환자일 수도 있고, 그의 사회적 기술은 어떤 알 수 없는 두려움에 대한 방어일 수도 있다.

루디는 문제에 대해 "나는 학교를 좋아하지 않아요."라는 자신의 관점을 이야기한다. "어떤 점이 싫은데?"라고 물으면 풀 죽은 얼굴로 "학교 공부가 지겨워요. 그리고 다른 아이들이 놀려요. 나는 그들 중 누구도 좋아하지 않아요."라고 대답한다. 그는 방과 후 대부분의 시간을 동생을 돌보는 일이나 집 근처에서 어머니를 돕는 일로 보낸다. "나는 도와주는 것이 좋아요"라고 말한다. 그는 세 가지 소원이 있는데 "하나는 학교에 가는 대신 집에 있는 것이고, 다른 하나는 우리가 살 수 있는 큰 집을 사는 것이고, 또 다른 하나는 엄마가 더 이상 일하러 나가지 않아도 될 만큼 많은 돈을 갖는 것"이라고 하였다.

루디에게 그의 아버지에 대해서 물었을 때 그의 첫 반응은 맥 빠지고 별로 고려할 만하지 못했다. 그는 놀랍게 엄마의 말이나 감정을 반복하듯이 '좋지 않아요'라고 기술하였다. 그러나 아버지가 남미 고향으로 돌아간 것에 대해서 더 자세히 물었을 때 루디는 아버지 가족의 고향을 보고 싶다는 소망을 표현하였다. 그는 도서관에서 빌려온 책에서 아르헨티나 문화에 대해서 알게 된 물건에 관한 만화에 대해서 말하기 시작했다. 처음에 루디는 다소 놀라지만 그 자신의 인종적 정체성에 대해서 물었을 때 당황해 하였다. "모르겠어요. 결코 그것

표 16.2 아동과 가족의 측정을 위한 문화 간 지침서

개별 아동의 적응이 어느 정도까지 다음 내용에 따르는가?

개인의 심리사회적 적응 수준

1. 신체적 외양은 영양실조, 부적절한 다이어트, 키, 몸무게, 피부색, 머릿결, 선호되는 백인 규준과 비우호적으로 비교되는 것에 의해서 영향을 받을 수 있다.
2. 정서 표현은 문화적으로 적절할 수 있지만 단순 명쾌하고 외적 자기주장을 강조하는 주류의 기준과 직접적으로 갈등이 될 수 있다.
3. 자아개념과 자존감은 아동의 모국 문화와 밀접하게 관련되며 자기 평가의 기준에도 적절하지만 자아개념과 자기존중감에 대한 주류의 기준과 갈등이 될 수 있다.
4. 대인관계 능력은 상이한 사회문화적 환경에 따라 달라질 수 있는 것이다.
5. 자율성에 대한 정의와 태도는 아동의 학교나 지역사회 환경의 기준과 갈등적일 수 있으며, 혹은 아동의 전반적인 생활환경에서 부적응적일 수 있는 것이다.
6. 성취에 대한 태도는 문화적으로 적절하지만 공교육 체계에서 강화 받은 교육성취의 전통적인 방식과는 갈등적일 수 있다.
7. 공격성의 조정과 충동억제는 학교수행과 대인관계 능력을 향상시키거나 방해할 수 있다.
8. 대처하기와 방어기제는 어떤 사회문화적 맥락과 환경에서는 역기능일 수 있다.

가족과의 관계

9. 가족의 구조는 이민, 문화적 적응, 생활주기 과정 때문에 이행시기에 있을 수 있다.
10. 가족의 역할이 연장자와 남성위계를 선호하는 전통적인 구소와 갈등 속에 있을 수 있다.
11. 가족 의사소통이 문화적 적응과 가족의 생활주기 과정에 의해서 위계로부터 평등으로 갈등하게 된다.
12. 부모의 규율 사용은 아동의 가정에서 혹은 학교에서의 수행을 향상시키거나 방해할 수 있다.
13. 문화적으로 정해진 우세한 쌍이, 이것은 아버지-어머니를 우세한 쌍으로 규정하는 앵글로계 미국인 핵가족의 생각과 갈등에 놓이게 된다.
14. 문화적으로 정해진 자율성이, 자율성을 원가정으로부터의 물리적 분리 혹은 경제적 독립으로 여기는 앵글로계 미국인 핵가족의 생각과 갈등에 놓이게 된다.

학교 적응과 성취

15. 심리적 적응은 부모의 교육 부족, 학교에 대한 부모의 부정적 태도, 아동의 교실 및 학교 환경의 규준과 기대에 대한 비친숙성, 사회계층의 차이, 그리고/혹은 언어적 어려움에 기인할 수 있다.
16. 사회적 적응은 익숙한 이웃학교로부터 보다 커다란 문화적·인종적·경제적 차이가 있는 큰 학교로 나아가는 것을 요구할 수 있다.
17. 행동적 적응은 불안정한 가정상황, 나쁜 영양상태, 좋지 않은 신체건강, 압도하는 불안이나 스트레스를 다루는 능력 부족 등과 관련될 수 있다.
18. 학업성취는 문화적으로 편협한 성취검사, 그리고/혹은 언어 능력, 학습동기, 특정 수업 혹은 학교 일반에 대한 태도, 학습 습관, 가족의 지지에 의해서 측정된다.

또래와의 관계

19. 공감 표현 능력, 친구를 사귀는 능력, 협동이나 경쟁 활동에 참여하기 위한 능력, 공격성과 성적 충동을 조정하는 능력
20. 학교와 지역사회에서 또래관계를 형성하는 사회적 기술과 이 또래관계가 전반적인 심리사회적 기능에 미치는 영향

지역사회 적응

21. 교회 활동, 청년 집단, 언어 관련 집단, 인종 관련 집단에서의 질적 참여
22. 운동 조직, 예술 활동, 자원봉사 활동 혹은 시간제 일에서의 질적 참여
23. 비행, 약물남용, 낮은 학업수행과 같은 가족간의 갈등 혹은 역기능적 행동을 가져오는 부적절하거나 과도한 활동

출처: Ho(1992).

에 대해서 생각해보지 않았어요. 우리 아버지는 아르헨티나 사람이에요. 그러나 나는 우리 엄마처럼 그냥 미국인일 거예요"

3. 심리검사

문제아동을 다루는 전문가 중 임상심리학자들은 신뢰도와 타당도가 확실하고, 명백하게 정해진 모집단을 토대로 객관적으로 실시되고 채점할 수 있는 평가 기법을 개발하는 데 심혈을 기울여 왔다. 많은 상이한 검사들이 개발되었지만, 우리는 좀 더 광범위하게 사용되는 몇 가지에만 초점을 맞추려고 한다(다양한 아동심리검사에 대한 폭넓고 자세한 내용은 Sattler, 2001, 2002, 참조).

영아기에서 청소년기까지의 인지검사

영아 인지검사

영아용 검사는 검사자가 아동의 최적 수행을 이끌어내도록 조절할 수 있는 특별한 기술을 요구한다. 검사자는 먼저 아동이 검사에 흥미를 갖도록 하고, 너무 힘들어 하면 잠시 뒤로 미루거나, 초조해 하는 반응을 보이면 아동을 편안하게 해주고 기분전환을 시켜 준다. 즉, 훌륭한 검사자는 좋은 부모처럼 따뜻하고, 융통성 있고 민감해야 한다.

표준화된 영아용 검사 중 가장 잘 구조화된 것 중의 하나가 『베일리 영아발달검사-2판(Bayler Scales of Infant development-Second Edition)』(1993)이고, 이것은 1~42개월 사이 아동의 인지, 언어, 운동 및 사회적 기능을 평가한다. 지적 척도는 유아의 개념적 정확성, 대상영속성, 기억, 학습, 문제해결력 그리고 언어적 의사소통 등을 평가하고 정상분포의 규준화된 표준점수를 산출하여 지적 발달 지표를 얻는다. 운동 척도는 소근육과 대근육 협응운동, 신체 통제 능력을 측정하고 표준점수를 산출하여 정신운동발달 지표를 얻는다. 행동척도는 유아의 주의집중과 각성, 타인과의 사회적 연대감, 그리고 정서적 조절을 평가한다.

베일리 검사는 지연되거나 손상된 발달영역을 확인하는 데 도움이 되고, 문제를 제기하고 중재하는 데 사용될 수 있다. 그러나 베일리 검사상에서의 점수는 극히 낮지 않는 한, 미래의 지능에 대한 강력한 예언요인은 될 수 없다(Nellis & Gridley, 1994). 그러므로 아동기의 아주 초기에 정신지체 가능성이나 자폐 또는 발달장애와 같은 문제점이 드러나지 않는 한, 학령전기나 학령기에 이러한 일은 인지검사에서 흔히 있는 일이다(영아 평가에 대한 보다 자세한 것은 Wyly, 1997 참조).

웩슬러 검사

『웩슬러 아동용 지능 척도-제4판(Wechsler Intelligence Scale for Children-Forth Edition,

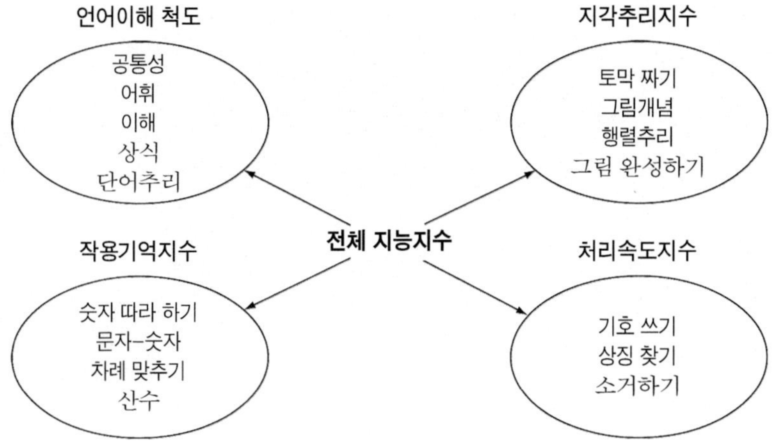

그림 16.3 WISC-IV의 구조

주: 보충 하위검사는 명조체.

출처: Wechsler 아동용 지능검사-4판(2003).

WISC-IV)』(Wechsler, 2003)는 6~16세까지의 아동에게 가장 폭넓게 사용되는 지능검사이다. 『웩슬러 유아용 지능 척도-개정판(Wechsler Preschool and Primary Scale of Intelligence-Revised)』(Wechsler, 1989)는 3~7세 아동에게 사용된다.

WISC-IV는 10개의 하위 소검사와 5개의 보충 검사로 구성되었고, 각 소검사의 문항들은 난이도가 점차 높아지도록 배열되었다. 각 하위 검사는 4개의 지수로 구성되어 있다(**그림 16.3** 참조). 『언어이해 척도(Verbal Comprehension Index)』는 언어적 상징의 사용 능력을 요구하며, 3개의 기본 소검사(공통성, 어휘, 이해)와 두 개의 보충 검사(숫자와 단어추리)로 구성되어 있다. 『지각추리지수(Perceptional Reasoning Index)』는 그림이나 토막, 퍼즐조각 같은 구체적인 자료들을 포함하고 있고, 3개의 기본적인 소검사(토막 짜기, 그림개념, 행렬추리) 그리고 1개의 보충 검사(그림 완성)로 구성되었다. 『작용기억지수(Working Memory Index)』는 숫자 따라 외우기와 문자-숫자 순서와 산수 보충 검사로 구성되어 있다. 마지막으로 『처리속도지수(Processing Speed Index)』는 2개의 하위 검사(기호 쓰기와 상징 찾기)와 1개의 보충 검사(소거하기)로 구성되어 있다(WISC-IV 문항의 예는 **그림 16.4** 참조). 더욱이 채점은 평균은 100이고 표준편차는 15인 『전체 IQ(Full-Scale IQ)』를 내게 된다. 예를 들어, 115의 전체 점수를 얻은 아동은 평균보다 한 표준편차 위이고 백분위로는 84번째에 속한다.

IQ 점수가 중요하지만, 이것은 지능검사에서 얻은 많은 정보 중 한 조각에 불과하다. 첫째, 평가자는 WISC-IV의 구성지수 점수 간의 차이가 통계적으로 의미가 있는지의 여부를 검토한다. 이 차이는 아동이 다양한 과제를 다루는 차별적인 능력에 대한 단서를 제공한다. 예를 들어, 전체 지능 100, 언어이해지수 120, 지각추리지수 80인 아동은 동일한 전체

상식
새의 날개는 몇 개인가요?
1다임은 몇 니켈인가요?
스팀은 무엇으로 만들어지나요?
『톰 소여』는 누가 썼나요?

이해
어떤 ★★★ 식당을 나가면서 책을 두고 나가는 것을 보았다면 당신은 어떻게 해야 할까요?
은행에 예금을 하면 무슨 이득이 있을까요?
전기선에는 왜 구리가 사용될까요?

산수
샘은 사탕 3개를 가지고 있는데 죠가 4개를 더 주었습니다. 샘은 모두 몇 개의 사탕을 가지고 있을까요?
세 여자가 18개의 골프공을 똑같이 나누어 가졌습니다. 한 사람당 몇 개의 골프공을 가지고 있을까요?
2개의 단추 가격이 15달러라면 단축 12개의 가격은 얼마나 될까요?

공통성
사자와 호랑이는 어떤 점이 비슷할까요?
톱과 망치는 어떤 점이 비슷할까요?
1시간과 1주일은 어떤 점이 비슷할까요?
원과 삼각형은 어떤 점이 비슷할까요?

어휘
이 검사는 "_______은 무엇입니까?" 또는 "_______은 무엇을 의미합니까?"와 같은 단순한 질문으로 구성되어 있다.

숫자
1. 3개에서 9개까지의 숫자를 바로 따라 하기(예: 1-8-9)
2. 2개에서 8개까지의 숫자를 거꾸로 따라 하기 (예: 5-8-1-9)

그림 완성(26문항)
그림에서 중요한 빠진 부분을 확인한다.
바퀴가 없는 차
다리 하나가 없는 개
숫자판에서 번호가 빠진 전화기
예는 다음과 같다.

차례 맞추기(12문항)
일련의 그림을 의미 있는 순서로 배열한다.

토막 짜기(11문항)
4개나 9개의 토막을 사용하여 소책자의 그림을 보고 그대로 재구성한다. 예는 다음과 같다.

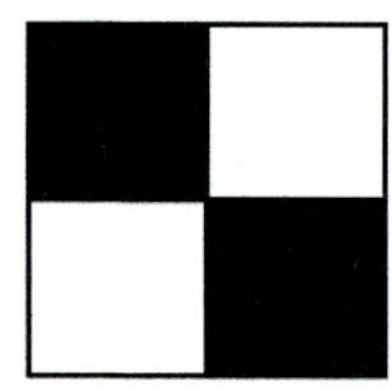

모양 맞추기(4문항)
조각들을 의미 있는 모양으로 배열한다.
예는 다음과 같다.

기호 쓰기
표적 부분을 보고 그대로 그린다. 예는 다음과 같다.

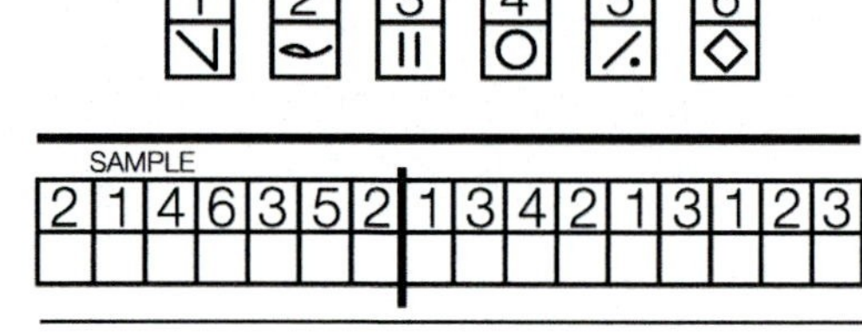

미로
일련의 미로를 완성한다.

주: 이 질문들은 WISC-IV 내용과 비슷하지만 정확하게 같지는 않다.

그림 16.4 WISC-IV와 비슷한 문항들

출처: Wechsler 아동용 지능검사-4판(2003).

지능을 가졌지만 언어이해지수 80, 지각추리지수 120을 가진 아동과는 매우 다르다. 둘째, 아동은 언어적 상징의 조작이 점차적으로 중요해지는 학교에서 야단을 맞을 수 있지만, 언어적 능력이 최소한으로 요구되는 과제에서는 대단한 능력을 보일 것이다.

각 문항의 실패와 성공에 대한 분석은 지적 강점과 약점에 대한 더 좋은 단서를 제공할 수 있다. 어떤 아동은 기계적 기억 학습과 누적된 지식을 요구하는 과제는 잘할 수 있지만 추론과 판단을 요구하는 과제는 잘하지 못할 수 있다. 또 다른 경우, 총명한 아동이지만 시각운동협응력이 빈약하거나 쓰기 학습에서 어려움을 겪을 수 있다(Sattler, 2001).

스탠포드-비네 지능 척도-제5판

『스탠포드-비네 지능 척도-제5판(Stanford-Binet Intelligence Scales-Fifth Edition, SB5)』(Roid, 2003)은 2세에서 85세 혹은 그 이상의 연령 범위를 검사하고 있다. 이것은 Cattell-Horn-Carroll의 지능 이론에서 나오는 5개의 광범위한 인지능력으로 조직화되는 10개의 검사로 구성되어 있다(Carroll, 1993). 더욱이 각 요인은 언어성과 비언어성 영역에서 평가된다(**그림 16.5** 참조). 유동적 추리요인은 학교에서 배운 지식이나 이전 경험과 비교적 무관

		영역: 비언어성(NV)	영역: 언어성(V)
요인	유동적 추리(FR)	**비언어적인 유동적 추리*** 활동: 대상 차례 맞추기/행렬	**언어적인 유동적 추리** 활동: 초기 추리(2~3) 언어적으로 이상한 점 찾기(4) 언어적 유추(5~6)
요인	지식(KN)	**비언어적 지식** 활동: 절차 지식(2~3) 그림에서 이상한 점 찾기(4~6)	**언어적 지식*** 활동: 어휘
요인	양적 추리(QR)	**비언어적인 양적 추리** 활동: 양적 추리	**언어적인 양적 추리** 활동: 양적 추리(2~6)
요인	시공간적 처리(VS)	**비언어적인 시공간적 처리** 활동: 형태판(1~2) 형태 패턴(3~6)	**언어적인 시공간적 처리** 활동: 위치와 방향(2~6)
요인	작용기억(WM)	**비언어적 작용기억** 활동: 지연된 반응(1) 블럭 토막 수(2~6)	**언어적 작용기억** 활동: 문장기억(2~3) 마지막 단어(4~6)

그림 16.5 Stanford-Binet-5판 체계

주: 10개의 하위 검사 이름은 **굵은 글씨**임, 활동은 그것이 출현하는 수준을 포함함.
* = routing subsets
출처: Riod(2003).

한 새로운 과제를 포함한다. 예를 들어, 초기의 추리 하위과제는 아동에게 어떤 행동을 하는 사람의 그림을 하나 고르도록 한 다음, 이야기 꾸미기로 기저에 깔려 있는 문제나 상황을 추론하도록 한다. 반면에 Matrix 하위과제에서는 일련의 시각적 자극의 모양 변화에서 기저가 되는 규칙이나 관련성을 결정하도록 한다. 반대로 지식 혹은 결정적 지능은 학교나 일반적인 생활 경험을 통해서 축적된 상식을 포함한다. 하위 검사에는 어휘(예를 들어, 봉투가 뭐니?)와 같이 일상의 문제를 해결하는 데 관여되는 단계를 기술하도록 하는 절차의 이해가 포함된다. 양적 추리에는 언어적으로 혹은 그림으로 그려진 자극을 사용하여 아동의 수와 수리적 문제해결 능력을 측정한다. 시공간적 처리는 아동의 패턴, 공간적 관계 또는 분리된 요소로부터 전체적인 형태를 파악하는 능력을 측정한다. 예를 들어, 형태판(Form Board) 검사는 아동으로 하여금 퍼즐조각을 이용하여 친숙한 패턴을 복사하도록 하며, 위치와 방향(Position and Direction) 검사는 뒤, 아래와 같은 공간적 개념에 대한 이해를 요구한다. 작용기억(Working Memory) 과제는 아동이 단기기억에서 인지적 조작을 수행하면서 언어적 혹은 공간적 정보를 저장하는 능력을 측정한다.

각 검사의 문항들은 난이도에 따라서 배열되었고, 따라서 더 많은 문항을 성공적으로 완성한 아동들은 같은 연령대의 아동들과 비교된다. WISC-IV처럼 지수요인은 합하여 평균 100, 표준편차 15의 전체 지능지수를 구성한다. 더욱이 언어성 지능과 비언어성 지능으로 분리되어 두 지능 양상에서의 기능을 비교할 수 있다.

인지검사 상황에서의 관찰

인지검사의 목적은 단순히 IQ 점수를 얻는 데 있는 것은 아니다. 검사 상황은 아동의 사고 스타일에 대한 중요한 단서를 제공한다. 두 명의 똑똑한 8세 아동의 질문에 대한 반응을 주의해서 살펴보면, "친구의 공을 잃어버렸다면 어떻게 해야 합니까?"에 한 아동이 대답했다. "그 아이에게 다른 공을 사 줘요." 다른 아동이 말했다. "공을 찾아볼 거예요, 나는 돈으로 줄 거예요. 나는 그 애에게 다른 공을 줄 거예요. 공을 찾아보려고 하겠지만, 만약 찾지 못하면 그에게 돈을 줄 거예요. 왜냐하면 그 애가 다른 공은 마음에 들어 하지 않을 것 같아서요." 이 두 개의 대답들은 똑같이 높은 점수를 얻지만, 하나는 분명하고 단순하고 요점만을 말하지만, 다른 아이의 답변은 쓸데없이 장황하기만 하다.

사고의 스타일은 심리적 건강이나 장애와 밀접하게 관련되어 있다. 지능은 아동의 성격과 따로 떨어져 존재하는 분리된 기능이 아니다. 반대로 심리적으로 잘 기능하는 아동은 분명하게 생각하는 경향이 있고, 자기통제 능력이 약한 아동은 충동적으로 생각하는 경향이 있으며, 강박적인 아동(위에 언급한 아동 같은)은 어떤 것을 골라서 결정해야 할지 몰라 가능한 모든 대안들을 생각하는 경향이 있다. 정신분열증 아동은 기괴하게 생각하는 경향이 있다. 예를 들어, "우리가 왜 진실을 이야기해야 합니까?" 라는 단순한 질문에 앞뒤가 안 맞는, 환상으로 가득 찬 다음과 같은 대답을 한다: 만약 진실을 말하지 않는다면 문제가 생길 것이다; 진실을 말하지 않는 십대들처럼 법정에 갈 수 있고, 그들은 무장되어 있고 언제나 숲이나 집 근처의 나무 주변에서 어슬렁거린다. 우리는 개구리를 잡으러 거기에 가고, 언제나 어른들하고 함께 가야 한다. 왜냐하면 십대들이 갖고 있는 총과 칼들 때문에. 얼마 전에 한 아이가 거기에 빠졌다. 당신이 진실을 말하지 않는다면 그들 패거리들이 당신을 빠트릴 것이다.

지능검사는 임상가들에게 아동의 수행 습관을 평가할 수 있도록 해준다. 어떤 아동은 과제 지향적이고 자기 동기화되고, 검사자로부터의 격려나 도움을 거의 필요로 하지 않는다. 그러나 어떤 아동들은 불확실하거나 불안정하고, 격려나 자극을 주지 않으면 바로 포기하기 쉽고, 결국 그들의 반응에서 어느 것이 옳거나 그른지 재확인해야 한다.

끝으로, 검사들은 아동의 반응에 대한 질을 평가하는 능력인 자기 감시 능력에 관한 정보를 제공한다. 어떤 아동들은 "정말로 맞게 했나요?" 또는 "내가 할 수 있는 최선의 것 중 제일 잘한 것이지요?"라고 은근히 묻기도 한다. 어떤 아동들은 대답이 옳은지 그른지 판단할 능력을 거의 갖고 있지 않고, 틀린 답변을 올바른 답변이라고 밀고 나간다.

인지검사의 강점과 제한점

지능검사는 아동을 평가하는 데 중요한 역할을 한다. IQ 점수 그 자체는 또래관계, 진로 선택, 학업 성공 등의 여러 측면에서 아동의 생활과 관련되어 있고, 어떤 성격검사 점수보다 미래의 적응에 대한 보다 나은 예언요인이다. 또한 검사는 강점이나 약점과 같은 일반적인 영역 외에, 구체적인 지적 기능의 손상 종류와 정도, 즉각적인 회상이나 추상적 추론, 아동의 복사 기법, 작업 습관, 동기, 성격적 변인들과 관련될 수 있는 사고 양식의 특징, 그리고 정신 질환이나 기질적 뇌 질환을 의미하는 왜곡된 사고의 존재 유무 등에 관한 자료를 제공한다(Sattler, 2001).

그럼에도 불구하고 지능검사가 적절하게 사용되었는지에 관심을 가져야 하고, 그 결과는 적절하게 이해되어야 한다. IQ가 귀에 익은 용어가 됨으로써, 점수가 배경이나 경험과는 별개로 존재하는 불변의 지적 잠재력을 나타내는 것으로 잘못 개념화되기도 했다. 특히, 이 검사가 비주류 문화집단의 아동 능력을 평가절하함으로써 유익하기보다는 해가 될 수 있다는 것에 관심이 표명되고 있다(두 주제에 대해서 Bender et al., 1995와 Kaminer & Vig, 1995를 참조). 이런 이유에서 미국심리학회(2002)의 윤리적인 지침은 임상가들이 아동에게 영향을 미치는 독특한 문화와 환경적인 요인에 비추어서 검사 자료를 해석하고 문화적 요인을 다룰 능력을 개발시킬 것을 요구하였다(또한 Valencia & Suzuki, 2000 참조).

면접을 하는 동안의 친절하고 개방된 태도와는 반대로, 루디의 행동은 지능검사를 하는 동안 두드러지게 변하였다. 그의 이마에는 그늘이 졌고, 마치 과제들이 그를 괴롭히거나 긴장되게 한다는 듯이 대답하였다. 게다가 그는 새로운 과제를 시작할 때마다 자신을 경멸하는 경향이 있었다. 문항이 어려워지면 재빠르게 "몰라요"라고 말하고, 마치 자신의 잘못을 만회하려는 듯 잘못 놓은 퍼즐 조각들을 빠르게 흐트러트린다. 그는 매번 검사 자료로부터 주의를 돌리기 위해 유창한 말솜씨를 사용하는 것 같다. 맞는 답변이라는 확신이 들거나 쉬운 첫 번째 산수문제는 기꺼이 풀려고 한다. 그러나 문제가 점점 어려워지자 시도하는 것조차 거부하여 "이 검사는 싫어요"라고 하였다. 어려운 문항에서 응답할 것을 격려해보지만 그는 정확한 답변을 모르는 것이 분명하다.

검사 점수는 자료의 중요한 부분들을 추가해준다: 자신에 대해서 높은 기대치를 갖고 있지만, 루디는 단지 평범한 지능을 갖고 있다. 이제 당신은 추론을 시작한다. "만약 그의 사회성이 그가 지적으로 총명하다고 잘못 생각하게 한다면, 어머니와 교사는 그의 목표를 비현실적인 쪽으로 몰아가고 그것들을 성취하도록 그를 압박할 것이다" 사실 이러한 가설들은 부모와 교사를 면접하는 과정에서 확인될 수 있다. 분명한 것은 학교에서의 루디의 성취능력과 다른 사람이 갖고 있는 그에 대한 기대와 자기 자신이 갖고 있는 기대를 어떻게 맞물려 나갈 것인지를 이해하는 것이다.

성취검사

학업성취평가는 치료프로그램의 효율성을 평가하고 아동이 학습장애가 있는지 결정하는 데 중요한 역할을 한다. 낮은 학업성취는 행동문제로 발전할 가능성이 있다. 지능검사와 함께 개별적으로 실시되는 **성취검사**는 임상가에게 아동의 행동을 관찰하게 하고 아동이 실패했을 때 그 실패의 본질을 분석하는 데 도움을 준다. 이 자료들은 동기나 학업문제에 대한 단서를 제공할 수 있다; 예를 들어, 실패한 후에 최선을 다하는 아동과 시도도 하지 않고 포기하는 아동은 다르고, 부주의한 실수로 곱셈문제에 실패한 아동과 곱셈에 대한 기본 과정을 이해하지 못했기 때문에 실패한 아동은 다르다. *Woodcock-Johnson III Test of Achievement*(WJ-III; Woodcoke, McGrew, & Mather, 2001a)는 포괄적인 종합검사이다. 이 검사는 아동의 읽기와 수학, 문어 등의 숙달된 등급과 사회적 사실이나 과학에 대한 지식, 사람의 속성을 포함하는 10여 개의 영역으로 구성되어 있다.

루디가 학습문제를 갖고 있을 가능성을 평가하기 위해, 당신은 WJ III을 실시한다. 루디의 점수는 대부분의 성취 영역에서 평균 수준으로 나왔고, 그의 수학 능력은 같은 또래 아동의 평균 능력보다 훨씬 낮았다. 그러므로 분명히 루디가 수학을 "싫어한다"고 기록한 이유가 있다. 그러나 그의 읽기 능력이 평균 수준이라는 것을 기억한다면, 읽기 등급에서의 그의 실패에 대한 설명으로 루디를 학습장애로 몰고 가지는 않을 것이다. IQ 검사 결과와 앞서 질문에서 얻은 자기상의 "게으름"과 같은 자료들을 모두 함께 놓고 본다. 루디라는 아이에 대해 좀 더 알아야 할 것들이 있고, 또 학습문제의 어떤 측면은 그에게 정서적으로 영향을 미칠 수도 있다.

신경심리학적 평가

신경심리학적 평가는 언제나 지능 및 성취검사와 함께 시작한다. 이 검사들은 아동의 지적 수준이나 학업 향상에 대한 정도를 제공해줄 뿐만 아니라, 보다 중요한 것은 어떤 심리적인 문제가 뇌 기관 손상의 영향을 받는지에 대한 단서를 제공해준다는 데 있다. 우리가 알고 있는 것처럼, 뇌손상 징후는 사소한 감각운동능력의 결핍에서부터 아동의 지능과 성격 기능의 모든 측면에서 다양한 장애를 포함할 수 있다. 단순히 기질적인 것만을 진단하는 검사는 없다.

만약 뇌손상이 다양한 기능에 잠재적으로 영향을 미친다면, 폭넓은 심리학적 근거를 담고 있는 종합검사가 어려운 진단을 하는 데 합리적인 전략을 제공해줄 수 있을 것이다. 가장 폭넓게 사용되는 검사 중의 하나가 NEPSY로, 이 검사는 특히 3세에서 12세 사이 아동의 신경심리학적 기능 평가를 위한 것이다. 러시아 심리학자인 Luria(1980)의 인지이론에 기초한 것으로 5개 핵심 영역의 기능을 평가한다: 주의/실행기능, 언어, 감각운동, 시공간, 기억/학습. 각 영역은 핵심 하위 검사 세트로 평가되며 추가적으로 확장된 하위 검사는 의뢰된 의문을 더욱 명백히 하기 위해서 추가될 수 있다.

검사의 다양성은 아래의 예를 통해 알 수 있다. 주의/실행기능(Attention/Executive Function) 과제로 *Tower*가 있는데, 이것은 색이 다른 일련의 구슬이 있는 세 개의 말뚝판이다. 아동은 모델이 제시한 배열과 똑같이 구슬을 옮겨야 하는데, 더 많이도 적게도 아닌 지시한 수만큼의 움직임으로 옮겨야 한다. 따라서 아동은 계획을 세우고 비언어적 문제해결기술을 사용해야 할 뿐 아니라, 너무 빨리 문제를 해결하려는 충동을 억제해야만 한다. 그 다음, 청각적 주의와 반응세트(Auditory Attention and Response Set) 하위 검사는 아동에게 색깔 타일 상자와 '빨강'과 같은 무작위 단어를 읽어주는 녹음된 목소리를 제시한다. 처음에 아동은 매번 빨강이라는 단어를 듣고 상자에서 붉은 타일을 꺼내는 것이다. 두 번째 국면에서는 이 과정을 지나기 더 어려운데, 이제는 아동이 매번 '빨강'이라고 들으면 상자에서 노랑타일을 꺼내고, '노랑'이라는 단어를 들으면 붉은 타일을 꺼내야 하며, '파랑'이라는 단어를 들으면 파란 타일을 꺼내는 것이다. 이 과제는 수행오류(거짓 긍정: 즉, 빨강이라고 부르지 않았는데 빨간 타일을 가져다 놓은 경우)와 누락(거짓 부정: 즉, 빨강이라고 했는데 타일 놓기를 실패한 경우)을 관찰할 수 있다. 수행은 일반적으로 충동성을 나타내며 누락은 부주의한 것과 관련된다.

언어(Language) 하위 검사 중, 지시이해(Comprehension of Instructions)는 아동에게 검사자의 지시에 따라 수용언어 능력을 보여주도록 하며, 언어 유창성(Verbal Fluency)에서는 주어진 의미 범주나 음운 범주(예를 들어, 음식의 종류 혹은 'J'로 시작하는 단어)에 들어맞는 대상을 가능한 한 많이 빨리 말하도록 한다. 감각운동 기능은 손 위치 모방(Imitating Hand Position)과 같은 하위 검사로 측정되는데, 이 과제에서 아동은 운동협응과 모방 능력을 보여주어야 하며 기억 과제에는 얼굴, 이름, 문장, 목록의 기억을 포함한다. 시공간 처리(Visuospatial Processing) 과제 중, 길 찾기(Route Finding)에서 아동은 한 지점에서 다른 지점으로 갈 수 있는 길을 추적함으로써 방향, 위치, 공간 관계 능력을 보여주어야 한다.

신경심리학자의 추가적인 또 다른 도구는 *Delis-Kaplan Executive Function System* (D-KEFS)이다(Delis, Kaplan, & Kramer, 2001). 이 검사는 8~89세 연령의 개인을 대상으

로 우리가 논의해왔던, 많은 정신병리에 포함되어 있던 사고유연성, 문제해결력, 계획성, 충동 통제, 억제, 개념 형성, 창의성의 중요한 실행기능을 측정하도록 되어 있다. 예를 들어, 잘 알려진 Wisconsin Card Sorting Test(Heaton, Chelune, Talley, Kay, & Curtiss, 1993)와 유사하게 D-KEFS의 *Card Sort*는 아동에게 지각적 자극과 인쇄된 단어가 함께 있는 일련의 카드를 제시한다. 첫 번째, 아동은 카드를 가능한 한 많은 다른 개념이나 규칙을 사용하여 두 집단으로 나누도록 한다. 그 다음 검사자가 카드를 나누고 아동에게 사용된 규칙이나 개념을 찾아서 기술하도록 한다. 흔적 만들기 검사(Trail Making Test)는 아동에게 규칙 전이(예를 들어, 문자만 혹은 숫자만 연결하기, 혹은 문자와 숫자를 교환하기)에 따라서 특정 페이지에 있는 표시를 연결하게 하여 사고의 유연성을 측정한다. 한편 속담검사(Proverb Test)는 아동에게 익숙한 말의 의미를 추상화하는 능력을 측정한다. 또한 D-KEFS는 NEPSY와 유사한 *Tower Test*를 포함한다.

Woodcock Johnson III Tests of Cognitive Abilities(Woodcock, McGrew, & Mather, 2001b)는 또한 언어적 이해, 단기기억력, 장기기억력과 인출, 시공간적 사고, 청각처리, 청각적 주의력, 유동적 추리, 처리속도, 작용기억, 이해와 지식, 실행처리를 포함하는 신경심리학자들에게 흥미 있는 많은 인지기능을 측정한다.

주의력 검사 대부분의 포괄적인 신경심리학적 종합검사에는 주의력 검사가 포함되어 있지만, ADHD 진단을 요구하는 심리학자가 흔히 사용하는, 주의과정을 측정하는 독립된 검사가 여러 가지 있다. Conner의 *Continuous Performance Test*(CPT II; Conners, 2000)는 컴퓨터에 기반을 둔 도구로서 아동에게 화면에 "X"가 나타날 때마다 마우스를 누르게 한다. 부주의(예: 생략오류, 느린 반응시간), 충동성(예: 수행오류, 빠른 반응시간), 경계심 부족(예: 검사가 진행되면서 점차적으로 느려지는 반응시간)에 관계되는 지표가 채점된다. *Test of Variables of Attention-Auditory*(Greenberg & Waldman, 1993)는 컴퓨터에 기반을 둔 또 다른 도구로서 아동에게 특정 음이 들릴 때마다 반응하도록 요구함으로써 청각적 주의력을 측정한다.

WISC-IV로 상이한 영역의 지능을 측정한 루디의 수행 간의 괴리가 주어졌을 때, 당신은 신경학적 선별검사를 해야겠다고 결정하였다. Christina는 이웃이 ADHD가 교실에서 루디의 행동문제에 대한 설명이라고 말한 것이 옳았는지 어떤지를 알고자 한다면, 그의 주의력을 측정할 수 있는 도구를 선택해야 한다. NEPSY에서 그녀는 전반적으로 평균 범위에 있다는 것을 알았다. 그러나 점수의 양상이 흥미롭다. 평균 범위이기는 하지만 실행기능검사에서 루디의 점수는 언어와 감각운동 과제에서의 강점과 비교해서 비교적 약하였다. 그러나 그의 가장 유의미한 결손은 청각적 주의력이었다. 단순하고 모호하지 않은 자극이 제시되면 청각적 정보에 주의하는 능력은 적절하였지만, 자극이 좀 더 복잡해지면 주의효율성은 두드러지게 줄어들었다. 그의 오류는 일반적으로 수행오류였으며(거짓 긍정으로 반응) 이는 일반적으로 충동성의 신호로 여겨졌다.

사회정서적 평가

부모와 교사 보고 척도

가장 널리 사용되는 성인 보고용 도구 중 하나는 『아동행동 체크리스트(Child Behavior Checklist; CBCL)』(Achenbach & Rescolar, 2001)로, 3장에서 기술하였다. 부모용(CBCL)과 교사용(Teacher Report Form)의 두 양식이 있고, 4~16세 연령 아동의 규준이 제공되어 있다. **그림 16.6**은 CBCL의 부모용 보고서의 일부분을 제시한 것이다.

『아동용 행동 평가 체계(Behavior Assessment System for Children; BASC)』(Reynold & Kamphaus, 1992)는 CBCL과 유사하게 부모와 교사용 형태가 있다. 『부모평정척도(Parent

아래에는 아동과 청소년에 관한 여러 문항들이 적혀 있습니다. 각 문항을 하나씩 읽어가면서, 만약 **현재나 지난 6개월 내에** 자녀가 그 문항이 '매우 그렇다'거나 '자주 그렇다'라면 2에 표시해주십시오. 만약 '가끔 그렇거나 약간 그렇다'면 1에, '전혀 그렇지 않다'면 0에 표시해주십시오. 만약 당신의 자녀에게 해당하지 않는 문항이 있더라도 가능한 모든 문항에 답해주시기 바랍니다.

0= 전혀 그렇지 않다(당신이 알고 있는 한) **1= 때때로 혹은 약간 그렇다** **2= 매우 혹은 자주 그렇다**

0 1 2 1. 나이에 비해 어리게 행동한다.
0 1 2 2. 부모의 허락 없이 술을 마신다(기술): ____________ ____________
0 1 2 3. 말다툼을 자주한다.
0 1 2 4 시작한 일을 끝내지 못한다.
0 1 2 5. 즐거워하는 것이 거의 없다.
0 1 2 6. 화장실 밖에서 변을 본다.
0 1 2 7. 허풍을 떨고 자랑을 많이 한다.
0 1 2 8. 오랫동안 집중하여 주의를 기울이지 못한다.
0 1 2 9. 마음속으로 어떤 생각을 떨쳐 내지 못하고 강박적으로 생각한다(기술): ____________ ____________
0 1 2 10. 가만히 앉아 있지 못하고 안절부절하거나 지나치게 움직인다.
0 1 2 11. 어른에게 매달리거나 지나치게 의존한다.
0 1 2 12. 외로움을 호소한다.
0 1 2 13. 정신이 헷갈리거나 혼미할 때가 있다.
0 1 2 14. 많이 운다.

0 1 2 32. 완벽해야 한다고 느낀다.
0 1 2 33. 아무도 자기를 사랑하지 않는다고 느끼거나 불평한다.
0 1 2 34. 누군가 자기로부터 빠져나갔다고 느낀다.
0 1 2 35. 무가치하거나 열등하다고 느낀다.
0 1 2 36. 많이 다치고 사고인 척한다.
0 1 2 37. 자주 싸운다.
0 1 2 38. 동물을 못살게 군다.
0 1 2 39. 문제가 있는 사람과 잘 어울린다.
0 1 2 40. 실제하지 않은 목소리나 소리를 듣는다(기술): ____________ ____________ ____________
0 1 2 41. 생각 없이 충동적으로 행동한다.
0 1 2 42. 타인과 있기보다는 혼자 있는다.
0 1 2 43. 거짓말을 하거니 속인다.
0 1 2 44. 손톱을 물어뜯는다.
0 1 2 45. 신경질적이며 극도로 예민하며 긴장한다.
0 1 2 46. 신경성 움직임 또는 경련이 있다.

그림 16.6 부모용 아동행동 체크리스트에서 발췌

출처: Achenbach와 Rescorla(2001).

표 16.3 BASC 부모평정척도

	척도와 주요 증상
적응성	일상생활이나 계획의 변화에 적응하기, 새 교사 또는 타인과 장난감이나 다른 소유물을 공유하는 것에 적응하기.
공격성	논쟁하기, 괴롭히기, 못살게 굴기, 때리기, 위협하기, 타인 야단치기.
불안	신경질내기, 걱정, 죄의식, 두려움, 공포, 비판에 민감함.
주의력 문제	과제를 마치지 못함, 주목하거나 주의하기 어려움, 잘 잊어버림, 지시를 듣지 않음.
이례성	자해하기, 혼자 있을 때 소리듣기, 생각을 통제할 수 없음, 목소리 듣기.
품행문제	술 마시기, 불법적인 약물복용, 담배 피기, 훔치고 거짓말하기, 학교에서 정학 받거나 경찰과의 문제.
우울	아무도 자기 말을 듣거나 이해하지 않는다고 호소, 울음, 슬프고 시무룩해 있음, 애처롭게 징징거림, 외로움 호소.
과잉행동	충동적 행동, 타인의 말을 가로막기, 성질부리기, 안절부절못하기, 자리 떠나기, 사물에 기어오르기.
지도력	창의적이고, 열정적이며, 타인의 작업수행을 잘 촉진한다, 클럽에 가입하며 과외의 활동에 참가한다.
사회적 기술	타인을 도와주고 격려하기, 눈치껏 타인에게 제안하기, 타인에게 좋은 태도와 미소 짓기.
신체화	건강, 어지러움, 심장박동, 아픔, 숨이 가쁘고, 춥고, 두통과 위장 문제.
위축	타인과 경쟁 피하기, 극도로 수줍고 집단 활동에 참여 거부.

출처: Reynold와 Kamphaus(1992)에서 인용함.

Ratting Scale, PRS)』는 적응, 불안, 공격성, 주의 문제, 이례성(atypicality), 행동문제, 우울, 과잉행동, 지도력, 사회적 기술, 신체화, 철회의 척도를 포함한다. 학령기 이전용, 학령기용, 청소년용 양식이 있다(각 척도가 측정하고 있는 항목에 대한 기술은 **표 16.3** 참조). BASC 교사평정척도(TRS)는 외현화 문제(공격성, 과잉행동, 품행장애), 내면화 문제(불안, 우울, 신체화), 학교문제(부주의, 학습장애), 다른 문제(이례성, 철회), 그리고 적응기술(적응, 지도력, 사회적 기술, 학습기술)을 포함한다. 학령기 이전용, 초등생용, 중고등학생용의 형태가 있으며 각각 109, 149, 138개의 문항으로 되어 있다. PRS와 TRS는 좋은 심리측정적 특성 도구로서 다른 아동행동 평가도구에서 빠져 있는 적응기능(예: 사회적 기술) 자료를 포함하고 있다(Kamphaus & Frick, 2002).

교사 보고나 부모보고에서 동일하게 사용되는 대안적인 평가 척도는 *Devereuz Scales of Mental Disorders*(Naglieri, LeBuffe, & Pfeiffer, 1994)이다. 여기에는 두 개의 버전이 있는데, 하나는 5~15세용이고 다른 하나는 13~18세용으로, 각각의 버전은 110개의 문항으로 이루어져 있다. 세 개의 구성 척도는 내향성(불안, 우울), 외향성(품행문제, 비행, 주의력 문제), 그리고 병리적 증상(자기학대, 물질남용, 방화, 환각)으로 나뉘어져 있다.

『아동용 성격검사-개정판(Personality Inventory for Children-Revised, PIC-R)』(Wirt et al., 1990)는 3~6세까지의 아동을 위하여 만들어졌는데, 부모가 420개 문항에 대해서 있음(유)과 없음(무)을 평가하게 된다(더 적은 문항의 단축형도 가능하다). 이 척도는 우울과 낮은 자아개념, 걱정과 불안, 현실 왜곡, 또래관계, 비사회적인 공격성, 양심 발달, 빈약한 판단력, 비정상적 발달, 주의산만, 활동 수준, 협응, 말과 언어, 신체적 호소, 학교 적응, 가족 해체가 포함된다. 요인분석을 통하여 광범위한 4개의 척도가 추려졌다: 훈련받지 못한/빈약한 자기통제, 사회적 무능력, 내면화/신체화 증상, 인지발달.

CBCL에서 루디 어머니의 응답은 그를 "나쁜 아이"로 기술한 것과 마찬가지로 파괴적인 행동척도에서 임상적으로 유의미한 수준 바로 아래의 점수가 나왔다. 그러나 CBCL 프로파일에서 드러난 것에는 그녀와의 면접에서 드러나지 않았던 중요한 내면화 증상들이 있다: 그녀는 루디가 자주 걱정하고, 긴장하고 불안해하며, 수면 문제와 두통과 위통을 호소한다고 했다. 어머니가 이러한 문제를 알고 있다는 사실은 그녀가 아들에게 민감하고 공감할 수 있는 능력을 갖고 있는 것으로 하나의 강점이 될 수 있다는 사실을 나타낸다.

교사 보고 양식에서의 교사 응답은 루디에 대한 다른 측면을 나타내고 있다. 교사는 그를 취약한 대인관계 능력을 갖고 있는 것으로 기술하고, 반항성에 높은 점수를 주었다. 분명한 것은 루디의 행동 혹은 이에 대한 성인의 지각은 집보다는 교실에서 현저하게 다르다는 것이다.

아동 자기보고 척도

증세-특정적 측정 흔히 사용되는 아동 보고로 측정되는 것은 특정 증상이다. 아동 보고는 내면화 증상을 측정하는 데 유용한데, 이에 대해서는 아동의 보고가 가장 유익하다. 가장 널리 사용되고 있는 *Children's Depression Inventory*(CDI)(Kovacs, 1992)는 6세에서 17세 아동들에게 실시되는 지필검사로 27개의 문항으로 되어 있고, 슬픔, 우울의 인지적 증상, 신체적 불만, 사회적 문제, 표출되는 행동 등을 평가한다. 6세에서 17세까지의 아동에게 사용되는 *Revised Children's Manifest Anxiety Scale*(RCMAS)(Reynolds & Richmon, 1985)은 37문항으로 되어 있고 심리적 불안, 사회적 관심, 걱정, 과민성, 방어적 반응 등을 측정한다. *Multidimensional Anxiety Scale for Children*(MASC) (March, Parker, Sullivan, Stallings, & Conners, 1997)은 신체적 증세, 사회적 불안, 완벽주의, 공황을 포함하여 불안 평가를 더 확장하고 있다.

다차원적 측정 다면적인 아동용 자기보고서로는 *Personality Inventory for Youth*(PIY) (Lacher & Gruber, 1994)가 있다. PIY는 부모보고서와 비슷하고, 9~19세 아동의 학업, 정서, 행동, 대인관계 적응 등을 평가하도록 설계되었다. 4개의 주요 요인들은 외현화·내면화, 인지적 손상, 사회적 철회, 사회적 능력 결핍의 유무를 알아낸다. 이외에 방어적이거나 불일치되는 반응과 부주의하거나 도발적인 반응, 그리고 아동 반응의 유효성을 평가하는 세 개의 척도가 개발되었다. 여기에서 제시하는 평가는 어떤 면에서는 새로울 수 있고, 아직 그 유용성은 검증되지 않고 있다.

Self-Report of Personality(SRP)는 아동용 다면적 평가 척도(BASC: Reynolds & Kamphaus, 1992)이다. SRP는 아동의 학교와 부모, 또래와 자신에 대한 지각을 평가하도록 설계

되었다. 요인분석 결과 4개의 요인으로 구성된다. 즉, 임상적 부적응은 불안과 비정상적인 느낌과 행동, 사회적 스트레스, 통제와 신체화의 근원을 평가하도록 설계되었다. 개인적 적응은 자기존중감, 자기신뢰, 또래관계와 긍정적인 부모-자녀 관계를 평가하는 척도로 구성되었다. 또 다른 척도는 학교 부적응을 평가하는 데 학교나 교사에 대한 부정적 태도, 청소년의 감각 추구와 같은 학업기능을 방해할 수 있는 문제를 가려내는 문항을 포함한다. 정서적 증상은 일반적 정신병리의 징후를 지닌 혼합 점수이다. 거짓말 척도에서는 "나는 결코 화를 내지 않는다"와 같은 가장 평범한 것조차도 부인하는지 평가함으로써 "잘 꾸며진" 반응들을 찾아낸다. 이러한 양식들은 12세에서 18세까지의 아동뿐만 아니라 8세에서 11세까지의 아동에게도 유용하다.

SRP의 장점은 1990년 미국의 인구조사를 바탕으로 해서 인구학적으로 잘 짜여진 대규모의 표준화 표본과 높은 신뢰도, 유사하지만 좀 더 잘 만들어진 평가지와 비교함으로써 얻은 타당도에 대한 증거를 모두 포함하고 있다는 데 있다. 어느 정도의 읽기 능력이 요구되기 때문에 이 평가지는 학습장애나 정신지체 아동들에게는 적절하지 않고, 현재까지 폭넓게 사용되지는 않고 있다.

다른 평가지들은 특별히 청소년을 위해서 개발되었다. 『미네소타 다면적 인성검사-청소년용(Minnesota Multiphasic Personality Inventory; MMPI-A)』(Butcher et al., 1992)는 우울, 정신병, 편집증, 정신분열증, 불안, 강박, 품행문제, 낮은 자기 자존감, 음주와 약물남용 경향, 학교와 가족문제 같은 여러 증상을 평가하는 성인용 인성검사로 잘 알려진 MMPI-2의 축소판이다. 타당도 척도는 방어적인 것과 반응의 불일치 이외에 자신을 좋게 혹은 나쁘게 나타내려는 것을 평가한다. 원래의 성인용 버전처럼 MMPI-A는 영어 읽고 쓰기 능력을 요구하고 청소년들이 한번에 그것을 완성하기에는 너무 길었다.

『청소년 자기보고서(Youth Self-Report; YSR)』(Achenbach & Edelbrock, 2001)는 11세에서 18세까지 아동의 내면적·외현적 증상에 대한 자기보고 평정치를 얻어 이것이 CBCL의 부모보고와 일치하는지 알아보기 위해서 사용된다. 이 척도는 철회, 신체적 불만, 불안/우울, 사회적 문제, 사고문제, 주의력 문제, 비행행동과 공격적 행동 등을 포함하고 있다. 한편, 사회적 능력 척도는 사회적 행동과 또래관계에 관여하는 정도를 평가한다.

투사기법

지금까지 논의된 평가도구들은 자극이 분명하여 모호한 것은 아니었다. **투사기법**(projective technique)은 모호하거나 비구조화된 자료를 사용하는데, 이 자극들은 잉크 반점이나 잠정적인 의미의 숫자, 어떤 이야기들을 토대로 해서 사용하도록 만들어진 그림과 같은 원래 아무런 의미가 없는 자극들을 사용한다. 이론상으로 비구조화된 자료가 내포한 의미는 개인의 독특한 성격을 반영한다. 개인이 직접적으로 이야기하기에는 너무 두려운 생각을 위장된 반응을 통하여 표현할 수 있게 된다. 예를 들어, 어머니를 향한 분노를 이야기하는 것이 너무 두려운 소녀는 부모를 무시하고 부모에게 화를 내는 어떤 딸에 대한 이야기를 하면서 자유를 느낄 수 있다.

로샤검사

로샤검사는 10개의 잉크 반점 카드로 되어 있고, 한 번에 하나씩 제시하면서 "이것이 무엇으로 보입니까?"라고 질문한다. 아동의 반응은 말 그대로 기록되고, 검사자는 각각의 카드를 다시 보여주면서 사용된 반점의 각 부분을 가리키며 설명하게 하고(어디가 그렇게 보이나?) 각각의 특별한 반응은 무엇을 암시(어떤 점에서 그것이 그렇게 보이나?)하는지 묻는다.

로샤의 타당도는 많은 논쟁의 주제가 되기는 했지만, 최근에 Exner(1993)는 로샤를 분석하는 데 중요한 세 측면에서 기여를 하였다. 첫째, 하나의 포괄적인 체계로 사용 가능한 통합된 다양한 채점 체계를 만들었고, 둘째, 경험에 근거한 해석 도식을 개발하기 위해 수없이 부가적인 연구를 실시하였다. 셋째, 같은 또래와의 비교를 통해서 정해진 아동 반응의 일탈 정도를 평가할 수 있도록 5~16세까지의 아동과 성인에 대한 규준을 따로 만들었다.

Exner 체계는 검사자가 각각의 반응을 7개의 다른 준거로 부호화하도록 한다. 첫 번째 준거는 위치로서, 어디에 있는 반점을 지각하는가이다. 예를 들어, 아주 세밀한 부분을 근거로 하거나("이 작은 얼룩은 구멍 같이 보여요"), 반점 전체를 종합적이고 정교화된 반응으로 만드는 데 사용할 수 있다("이것은 물고기들이 수영하고 있고 수많은 외래 식물들이 있는 수족관이예요"). 두 번째 준거는 각각의 반응으로 묘사된 지각을 돕는 형태나 결정요인이라는 용어로 점수화된다. 이것은 반점의 형태("이것은 모양으로 볼 때, 박쥐에요")나 색이나 음영("이 회색 부분은 곰 가죽으로 된 융단처럼, 부드러운 잔털과 보풀로 되어 있어요")을 포함한다. 세 번째 준거는 형태의 질로, 지각체가 반점에 얼마나 잘 맞는지 평가한다. 예를 들어, 낮은 형태의 질은 제시된 반점의 형태나 외곽선을 따르지 않는 반응일 수 있다. 또한 지각된 내용이 기록되는데, 즉 인간, 동물, 혹은 대상 등인지 기록한다. 평범 반응은 지각체가 다른 사람들에서도 흔히 나타나는 것인지를 기록한다. 조직화 활동은 잉크 반점이 응집 반응으로 통합하고 조직화하는 데 요구되는 인지적 노력의 정도와 관련된다. 예를 들어, 수족관 반응은 조직화에서 높은 점수를 받는다. 끝으로, 특수 점수는 잔혹하거나 병적인 주제("두 명의 식인종이 희생자의 뇌를 꺼내서 먹고 있다")를 포함하는 반응들이 주어진다.

아동의 반응을 채점한 후, 검사자는 먼저 아동 반응의 발달적 적절성을 측정하기 위해 동일한 연령의 아동으로부터 얻은 규준을 사용한다. 로샤 반응의 어떤 면은 청소년과 나이 든 아동의 정신병리를 나타내지만, 어린 아동들에게는 정상일 수 있다. 예를 들어, 어린 아동은 잉크 반점의 색에 과도하게 반응하고 반응의 결정요인으로서 형태보다는 색을 사용하는 경향이 있다. 이 색에 대한 반응은 정서적인 부담을 표현하는 것으로 보이고, 성인의 경우 이것은 미성숙함을 상징하지만, 아동의 경우는 전혀 놀랄 일이 아니다. 사실, 색을 토대로 한 반응이 많지 않은 아동은 정서의 과도한 통제나 가장된 성숙을 나타낸다고 볼 수 있다(Exner, 1994).

Exner는 아동의 로샤 반응이 정신분열 불안이나 품행장애, 우울 등과 같은 특별한 정신병리 징후의 가능성을 측정하는 평가요인이 될 수 있는 여러 개의 척도를 만들었다. 예를 들어, 우울한 아동의 반응 특성은 많은 병적 반응(슬픔이나 손상된 이미지－예를 들면, "아무도 더 이상 돌보지 않기 때문에 무너져가고 있는 버려진 집")과 음영이나 채색된 부분보다는 잉크 반점의 흰 공간을 토대로 한 반응들, 그리고 흰색 형태와 검은색과 반대되는 색을 토대로 한 반응의 낮은 비율 등을 포함하고 있다. 정신병적 사고과정의 특징들은 빈약한 형태의 질, 모순된 결합("농구공을 잡고 있는 새" 또는 "세 개의 머리를 가진 남자"), 그리고 기괴하고 무시무시한 내용을 포함하고 있다.

Exner의 노력에도 불구하고 모든 심리측정가들은 로샤가 제공한 타당도와 유용성에 만족하지 않는다. 로샤의 주장을 재확인하기 위한 충분하고 수많은 긍정적인 연구결과가 있었지만(Bornstein & Masling, 2005), 이를 믿지 않는 사람들의 주장을 뒷받침하는 부정적인 연구결과도 상당히 많이 있다(Garb, Wood, Cilienfeld, & Nezworski, 2005 참조).

루디는 서슴없이 로샤검사를 받겠다고 했고, 그의 반응은 잘 정교화되었으며 상상력이 풍부하였다. 그러나 각 잉크 반점의 세세한 부분까지 자신의 반응으로 통합하려고 너무 애를 썼기 때문에, 때때로 과도한 정확성과 지각체의 주제가 의도했던 것만큼 크게 세련되지 못했다. 그의 반응은 흰 공간을 유의미하게 사용했고 채색을 토대로 한 반응은 거의 없었다. 또한 많은 부분에서 병적인 주제들이 등장했고, "저주받은", "쓰러진", "짓눌린" 슬픈 괴물 또는 무력한 희생자라는 표현을 하기도 했다. 당신은 이러한 반응들이 자신의 능력 이상을 성취하려고 애쓰는 아동을 암시하고, 중요한 우울의 징후와 일치한다는 것을 유념해야 한다.

투사적 그림검사

『인물화 검사(Draw-A-Person; DAP)』는 가장 널리 사용되는 투사적 그림 기법의 하나이다. Machover(1949)에 따르면, 아동은 먼저 사람을 그리고 나서, 그린 그림의 성과 다른 성의 사람을 그릴 것을 요구받는다. 그러고 나서 임상가들 간에 표준화된 질문은 아니지만 "이 사람은 무엇을 하고 있지요?", "몇 살이지요?", "이 사람은 무엇을 좋아하고, 무엇을 싫어하지요?"라는 일련의 질문을 받는다.

이론상으로 볼 때, 그림검사는 아동의 자기상과 신체상을 투사하는 것으로 본다. 그림의 다양한 특징 가운데 작은 그림은 열등감을 나타내고, 희미한 선은 불안이나 확립되지 않은 정체성을 암시하고, 너무 큰 머리는 지나친 사색을 나타내는 심리학적 변인으로 해석되고, 평가자에 대한 아동의 답변은 주제별로 해석되는데, 예를 들어, "단지 서 있는" 사람은 수동성을 암시하고, 치어리더는 힘과 외향성을 암시한다. 인물화는 "현실적인" 자아나 이상적인 자아를 표현하는 것일 수 있다.

『집-나무-사람(House-Tree-Person; HTP)』 그림검사는 보다 풍부한 자료의 출처를 제공하기 위해 세 개의 그림을 완성하도록 구성되어 있다. 이론상으로, 집은 개인의 가정생활과 가족상황을 나타내고, 사람은 자기상을 나타내며, 나무는 덜 의식적으로 접근할 수 있는 자기개념의 여러 측면을 나타낸다(Hammer, 1958).

그밖에 투사적 그림검사로는 『운동성 가족화(Kinetic Family Drawing; KFD)』(Bums, 1982) 검사가 있다. 이 검사에서 아동은 무언가를 하고 있는 가족을 그릴 것을 요구받는다. 활동적이거나 동적인 그림의 형태는 가족 구성원들 간의 관계의 정서적 질과 관련된 정보를 인출하도록 구성되었다. 아동의 그림들은 행동 용어(예: 협동, 양육, 긴장, 또는 가학성)와 위치(예: 가족들이 서로 마주하고 있는지), 신체적 특성(예: 가족들이 칸으로 나뉘어져 있거나, 아래나 위로 줄을 그어 놓았는지), 가족 구성원들이 멀리 떨어져 있는지, 또는 서로의 접촉을 막기 위해 칸을 막아놨는지 등으로 채점하게 된다.

그림 해석의 타당도 직관에 의존하는 그림검사가 널리 사용되고는 있지만, DAP, HTP, KFT와 같은 검사는 경험적인 연구가 거의 이루어지지 않았다. 일반적으로 채점방식은 빈약한 규준으로 만들어 졌고 검사의 타당도는 적당하다고 인정되지 않았다. 어떤 경우는 간단한 연구조차 실행되지 못했고, 실행되었던 다른 연구는 비지지적이었다(Handler & Habenicht, 1994).

특히 많은 연구들이 수렴하는 한 가지가 있다. DAP와 KFD에 관한 연구에서는 대부분의 채점방식에서 해석의 토대가 되는 아동 그림의 개별적인 세부 묘사는 특정한 정신병리와는 관련이 없고 행동을 예측하지도 않는다는 것을 지적했다. 그러므로 그림에서 "큰 눈은 의심스러움"을 나타내고, 나무의 구멍은 학대의 경험을 나타낸다거나 종이의 상단에 위치한 가족 구성원은 좀 더 의미가 있다는 등의 해석은 타당하지 않은 것으로 밝혀졌다.

그러나 경험적 연구에서 아동 그림에 대한 좀 더 포괄적인 선별을 토대로 한 채점방식은 몇 가지 성공 사례를 남겼다. 예를 들어, Naglieri와 Pfeiffer(1992)는 사람그림 절차의 채점절차(DAP Screening Procedure for Emotional Disturbance; DAP: SPED)가 정신병리의 가능한 징후들을 배열해 놓았고 정상 아동과 정서장애 아동을 잘 변별하였다. 그림에서 투명화, 신체 일부의 누락, 그림자, 빈 눈, 나체상, 공격적인 상징에는 특별히 의미 있는 점수가 주어졌다.

요컨대, 아동의 그림은 자신에 대한 결정적인 자료를 제공한다기보다 추후의 탐색을 위한 의견을 제공한다는 데 그 의의를 둔다. Knoff(1990)는 "투사적 그림은 가설을 타당화하기보다는 의뢰상황에 대한 가설을 생성하는 데 사용되는 것이 좋다"라고 했다(p. 101).

아동의 투사적 그림검사는 그림의 내용보다는 과정에 초점을 맞추는 것이 좋을 수 있다. 그림 그리기는 원래 즐거운 활동으로, 수줍어하거나 말이 없는 아동과 라포를 형성하는 데 도움이 될 수 있다. 또한 임상가는 아동이 흥미 있게 그림을 그리는 것을 보면서(예: 가족 그림에 대해 이야기 좀 해줄래? 모두 무엇을 하고 있지?), 직접적으로 질문하는 것보다는 덜 위협적인 방법으로 그들의 사적인 세계를 그리도록 아동을 격려한다.

DAP: SPED 절차를 사용하여 루디에게 세 그림—사람, 여자, 자기 자신—을 차례로 그리도록 하였다. 처음에 루디는 "난 훌륭한 화가가 아니에요." 그리고 "꼭 바보 같이 보여요."라고 불평하면서 사람 그리는 것을 꺼려했다. 그는 먼저 소년을 그렸는데, 비록 그림의 질은 연령에 적절했지만 다소 엉성하고 세부적인 묘사가 부족했고, 그림이 작고 지운 자국이 많이 보였다. 그는 소년의 오른손을 그리려고 애썼지만 결국 포기하면서 "손은 주머니 안에 있어요"라고 말하며 개의치 않았다. 그의 여성상 그림은 속눈썹, 장신구, 머리장식과 같은 많은 세부 묘사를 포함하여 보다 크고 정교하였다. 자기 자신에 대한 그림을 완성하도록 하였을 때, 루디는 '너무 어려워요'하면서 머뭇거리며 항의하였다, 마지막에 종이의 아래쪽에 거의 알아볼 수 없는 구불구불한 선을 그려 넣고 반항하는 억양의 목소리로 '저기'라고 소리쳤다. 이것은 루디의 선생님이 호소하였던 루디의 반대적인 면모를 처음으로 보인 것이다.

다음 방문에서 라포가 좀 더 잘 형성되었고 루디가 훨씬 자의식이 덜한 것으로 보였을 때, 가족 그림을 그려보도록 하였다, 그의 가족 그림은 스케치하듯이 억지로 완성되었다. 루디는 관람차의 꼭대기에 동생을 그렸고, 그와 그의 엄마는 동생에게 손을 흔들면서 땅 위에 서 있었다. 그는 "오래 전에" 박람회에 함께 갔던 즐거운 날을 표현하는 것이라고 하면서 그림을 그렸다.

그림을 그리는 가운데 다양한 관찰이 이루어졌다. 예를 들면, 우리는 과제를 대하는 루디의 태도에 주목해야 하는데, 그림 그리기를 꺼려했던 것은 무엇을 그릴 것인지 과도하게 고민했기 때문으로 보인다. 더욱이 그림의 내용과 진행과정은 역할을 수행하는 데 있어서의 무능력감과 걱정거리가 없는 소년이 되기를 원하는 심정을 반영한 것이다.

통각검사

『주제통각검사(Thematic Apperception Test; TAT)』는 아동에게 이야기를 만들어 보도록 제시하는 그림들로 구성되어 있다. 각 그림들은 가지고 의도적으로 모호하게 구성되어 의미나 구조를 구성하고 부여할 수 있다는 가정하에 아동은 그림 속에 자신의 욕구와 바람, 갈등을 투사하게 된다. 예를 들어, 의자 뒤에 기대어 있는 사람 그림은 남자나 여자일 수 있고, 지쳤거나 편안해 보일 수 있고, 몹시 우울하거나, 천국에 있거나 단지 휴식을 취하고 있는 것일 수 있다. 이러한 반응 중 어떤 것은 그럴듯할 수 있기 때문에, 아동 자신의 지각에 대한 결정요인은 그들의 사고방식이다. 이러한 경우, 검사 기법은 표현되는 성격의 무의식적인 측면을 허용하도록 설계된다. 특정 아동을 위해서 10개 정도의 그림이 선택된다. 구체적인 카드는 여성이나 남성, 아동, 청소년이나 성인을 위해 설계된다. 아동은 그림 속의 사람이 무엇을 생각하고 느끼는지 시작과 중간 그리고 마지막에 관여되는 이야기를 해보도록 지시 받는다. 검사자는 말 그대로 이야기를 기록하고 빠트린 부분이 있다면 무엇이든지 질문을 한다.

TAT를 해석할 때, 대부분의 임상가는 실제의 장면에서 표준화된 절차를 따르지 않는다는 사실을 보고하였다(Rossini & Moretti, 1997). TAT 해석은 이야기의 주인공들이 개인의 자기개념에 대한 다양한 측면을 의식적이거나 무의식적으로 표현한다고 가정한다. 따라서 주인공의 요구나 흥미, 특질, 노력, 역량 등에 대한 특별한 주의를 요구한다. 대인관계의 활동범위, 부모-자녀와 가족관계에 관한 주제는 양육, 믿음, 적대감, 또는 불신과 같은 다른 요소들이 등장하면서 이야기가 분석되므로 특히 흥미가 있다. 이야기를 통해 생성된 문제를 다루기 위해 사용된 대처전략의 효율성에 따라서 그들의 전반적인 정서적 경향이 검토된다.

Westen(1990)은 경험적으로 유용한 TAT 해석방식을 만들었다. 사회인지와 대상관계척도(Social Cognition and Object Relations Scale, SCORS)는 대인관계에 대한 개인의 표현을 평가하기 위해 사회-인지발달에 대한 지식과 정신역동 이론을 통합시킨 것이다. 4개의 차원으로 평가되는데, 첫 번째는 사람들의 표현의 복잡성에 관한 것으로, 낮은 점수는 자신과 타인을 구별하는 데 어려움이 있다는 것을 나타내고, 높은 점수는 타인들을 복잡하고 다차원적인 방식으로 본다는 것을 나타낸다. 두 번째로 관계의 정서적 상태가 평가되는데, 낮은 점수는 사회적 세계를 적대적이고 박탈당하는 곳으로 지각한다는 것을 나타내고, 높은 점수는 어느 정도의 영향력을 미치기는 하지만 균형을 이루고 있고 타인을 긍정적이고 믿을 수 있는 대상으로 보는 반응으로 해석한다. 세 번째로 관계에서의 정서적인 관여와 도덕적 기준이 평가되는데, 낮은 점수는 사람들을 이기심에 의해 동기화되고 관계를 자기의 이익을 추구하기 위한 수단으로 표현하고 있음을 나타내며, 높은 점수는 타인과의 관계가 가치 있고 상호 호혜적이라는 것을 나타낸다. 네 번째 차원은 사회적 인과관계의 이해에 관한 것으로, 낮은 점수는 타인의 행동을 토대로 내적 동기를 해석하는 데 명확한 흥미가 없다는 것을 나타내고, 반면에 높은 점수는 사람의 행동 기저에 있는 무의식적인 갈등이나 느낌, 생각에 대한 이해를 나타낸다. SCORS는 성적 남용의 기록이 있거나 경계선 성격장애, 비행, 정신병을 앓는 젊은이 등을 포함하는 다양한 정신병리 집단을 나누어서 신뢰도와 타당도 연구를 실시했다(더 많은 정보를 위해서는 Alvarado, 1994 참조).

아동에게 통각검사 접근을 적용하기 위한 노력의 성과가 Roberts Apperception Test for Children(RATC; McArthur & Roberts, 1982)이다. 이 검사는 예를 들면, 부모들의 다툼이나 아동의 나쁜 행동, 자매간의 경쟁, 또래 갈등과 같은 아동의 생활상 스트레스와 갈등에 대한 평범한 상황을 묘사하는 16개의 자극 카드로 구성되어 있다. RATC는 타인에 대한 신뢰, 타인에게 제공하는 지지, 자기 충족과 성숙, 부모와 권위 있는 대상에 의해 금지된 장면, 문제 상황에 대한 개념을 명확히 하는 능력, 갈등을 긍정적이면서 현실적으로 해결하는 능력 같은 차원들을 포함하는 6개의 적응 척도에 대한 이야기가 채점을 위한 보기와 준거로서 제공된다. 5개의 임상적 척도가 평가되는데, 여기에는 불안, 공격성, 우울, 거부, 결단력 부족 등이 포함된다. 카드 거부와 부적합한 결과, 이상한 반응을 포함하는 임상적 징후들이 평가된다. RATC의 장점은 평가자들의 높은 동의와 개별적으로 아동의 적응을 평가하는 임상가에게 도움이 되도록 6~15세 사이의 아동을 위한 규준이 있다는 데 있다.

자신의 앞에 놓인 탁자 위의 바이올린을 쳐다보면서 모호한 표정을 짓고 있는 소년을 그린 TAT 카드에 대해 반응할 것을 루디에게 요구한다. 루디의 이야기는 다음과 같다. "글쎄요, 작은 소년이 하나 있고 그의 선생님은 그에게 바이올린을 연습하라고 말했고, 그는 바이올린을 연습하고 싶지 않고, 그래서 그는 그것을 바라보면서 거기에 앉아 있어요. 그는 잠이 든 후에 꿈을 꾸어요—지금 나는 꿈을 생각해내야 해요. 그는 세계에서 가장 훌륭한 바이올린 연주자가 되었고, 명성과 성공은 그에게 부와 행복을 가져다주는 꿈이에요. 그의 어머니는 그에게 아름다운 것들을 사주었고, 그는 호화로운 곳에서 살아요. 음. … 이것들은 이해하기 힘들어요. 그는 특이한 바이올린을 갖고 있고, 이것은 지금까지 그가 연주해왔고, 정확한 음율로 연주할 수 있는 단 하나의 바이올린이기 때문에 다른 바이올린으로는 연주할 수가 없어요. 그는 바이올린을 잃어버리면 부와 모든 것을 잃어버릴 수 있기 때문에 그것을 옆에다 두어요. 그것은 거의 마술과 같아요. 마침내, 최악의 경쟁자가 단 하나의 바이올린으로만 연주할 수 있다는 사실을 알게 되죠. 그리고 그의 명성을 무너뜨리고 그의 바이올린을 망가뜨리도록 그에게 악당을 보냅니다. 악당들이 막 바이올린을 망가뜨리려고 할 때, 그는 꿈에서 깨어났습니다."

루디의 이야기를 우리는 어떻게 해야 할까요? 첫째, 이야기가 루디 자신에 대한 것이 아니라, 단지 암시적이라는 사실에 주목하는 것이 중요하다. 단지 주제들이 반복적으로 드러나면서 임상가가 자료를 해석하는 데 신뢰를 갖도록 함께 짜 맞출 수 있을 뿐이다. 이 그림들을 통해 루디의 생활에서 중요한 주제가 될 수 있는 시작과 성취에 관한 이야기를 이끌어내는 것이 유용한 일이라고 생각해본다. 루디의 이야기는 어떤 아동이나 해보고 싶은 비슷한 주제를 담고 있고, 어른들이 반드시 그렇게 해야 된다고 말하기 때문에 그는 하고 싶지 않을 뿐이다. 이와 같은 갈등에 대한 루디의 대처방법은 꿈속으로 도망가는 것이다. 나중에, 꿈속에서 세계적으로 유명하다고 뽐내는 대연주가와 소년을 하나로 보던 처음의 그림과는 반대의 상황이 떠오른다. 드디어, 성공은 안전함 대신에 그 취약성을 드러내게 되고, 경쟁적인 라이벌을 파괴할 계획을 세운다. 이 이야기의 주제는 우리가 다른 자료로부터 얻어낸 몇 가지 공식에 맞추어져 있다. 우리는 가능한 학업적 목적을 달성하면서 "가장"으로서 행동하기를 바라는 비형실적인 장래 희망을 이루어 보려는 루디의 노력들이 부적당하다는 결론을 내렸다. 루디는 성취를 이루기 위해서 공격적이고 적대적인 경쟁심을 가져야 한다고 생각하는 것으로 보인다. 그의 능력은 장래 희망을 이루기에 적당하지 않기 때문에, 그는 즐거운 일로부터 철회당하고 또래들이 적개심을 갖고 거부할 것을 두려워한다. 긍정적인 면에서 볼 때, 루디의 자산은 직접적으로 부닥치는 고통스러운 일을 위장된 느낌과 사고로 표현하는 능력 및 활발한 상상력을 갖고 있다는 것이다. 이러한 특징들은 심리치료를 위한 훌륭한 지원요소가 될 수 있다는 것을 암시한다.

4. 행동 평가

우리가 언급했던 것처럼, 임상적 평가의 주요 목적은 임상가가 효과적인 중재를 설계할 수 있도록 아동의 정신병리에 대한 근거를 충분히 이해하는 데 있다. 치료 절차 연구에서 가장 우선적인 것이 행동 평가이다. **행동 평가**(behavioral assessment)는 현재의 상황과 관련되어 있기 때문에, 평가는 바로 직적의 행동과 이어지는 행동에 따라서 아동의 문제행동을 통해 자세한 전망을 아는 것이 목적이다.

행동 평가는 대부분의 전통적인 진단 절차에서 유용하지만, 그 중요성은 다르다. 의뢰정보를 얻는 과정에서, 임상가는 누가 어떤 상황에서 어떤 행동을 보았는지에 질문의 초점을 맞추어야 한다. 유사하게, 행동 면접은 행동을 유지하고 끄집어낼 수 있는 환경적인 요인과 문제의 전망을 알 수 있는 독특한 행동을 유지하고, 인출해낼 수 있는 환경적인 요인과 문제의 전망을 알 수 있는 독특한 행동을 이해하는 데 우선적인 목적을 둔다. 행동주의 임상가는 얻는 결과와 문제가 되는 행동을 변화시킬 것을 요구한다. 부모와 교사 그리고 친척과 같은 성인들은 아동 문제에 직접적으로 연루되기 때문에 면접을 하게 된다. 일반적으로 말하면, 임상가들은 부수적으로 인과관계를 재구성하는 데 흥미를 갖고 있기 때문에, 과거에 대한 정보는 축소된다.

몇 가지 중요한 점에서 행동 면접은 실시될 만하다. 제일 먼저 면접자는 아동에 대한 일반적인 기술을 "비협조적", "철회", 또는 "게으름"과 같은 구체적인 행동으로 바꾸어서 기술한다. 구체성이 가장 중요하다. "교실에서 루디의 잘못된 행동"보다는 "루디는 창밖을 멍하니 응시하고 있고, 부르는 소리에도 응답하지 않고, 다른 친구와 논쟁을 하고 있다."가 더 유용하다. 다음으로,면접자는 바로 전에 일에 대해서 묻는다(문제행동이 일어난 상황에 대한 기술). 다음에, 임상가는 문제행동에 이어서 바로 그 다음에 일어난 사건, 즉 결과에 대해서 묻는다. "루디가 대답을 안 하기 때문에 나는 그를 교실 앞으로 불러내고, 그는 두 번째 줄에 앉아 있는 소년에게 무언가 듣기 싫은 소리를 한다."와 같이 면접의 모든 측면에서 할 수 있는, 누구와 무슨 일을 했는지에 대한 행동적인 특성을 알아낸다.

어떤 부수적인 정보도 유용할 수 있다. 임상가는 처음에 아동이 좋아하는 음식이나 오락 활동, 또는 취미가 무엇인지 아동이 즐기는 것을 물어봄으로써 치료에 유용하게 사용될 수 있는 잠재적인 강화요인을 얻을 수 있다. 부모나 교사들은 어떤 행동이 현재의 거부적인 행동을 대체할 수 있을지에 대해서 질문을 받을 수 있다. 임상가는 부모가 치료프로그램에 참가하는 데 걸릴 시간과 그렇게 하고자 하는 부모의 의지가 있는지 등에 대해 알아본다. 끝으로, 좋아하는 것과 싫어하는 것이 무엇인지와 문제를 어떻게 지각하는지 알아보기 위해 아동과의 면접이 이루어질 수 있다. 부모와 교사들은 객관적인 보고자라기보다는 개별적인 보고자이다. 예를 들어, 앞에서 설명한 대로 교사는 편견이나 정직성을 잃어버리고 다른 아동의 도발적인 행동은 빼놓고 루디의 행동만을 이야기했다. 그러므로 행동주의 임상가들은 정보의 정확성을 판단해야 하고, 그것이 의심스러우면 부모를 멀리하거나 적대하지 않으면서 실제 상황을 알아내기 위한 방법을 강구해야 하며, 또 부정적 감정을 건설적으로 다루면서 라포를 형성하는 기술을 갖고 있어야만 한다.

행동 평가 척도

관찰된 아동행동을 평가하기 위해 많은 척도들이 개발되었다. 이 척도들은 신뢰할 수 있고 확실하며, 이 도구를 사용하기 위한 훈련에 많은 시간과 노력이 필요하다.

한 예가 *Behavioral Coding System*(BCS; Reid, 1978)으로, 이것은 아동이 집과 학교에서의 행동을 평가하도록 설계되었다. 특별히 긍정적이거나 부정적인 언어적 행동(소리 내어 웃기, 넋두리, 괴롭히기)과 비언어적 행동(파괴적이거나 무시하거나 다른 사람을 건드리기)이 평가된다. 평정자 간의 높은 신뢰도를 갖고 있으며, BCS는 행동치료 이전과 이후에 부적 행동 비율이 유의미하게 변화되는 것을 보여주는 것 이외에 임상 표현과 정상 표본이 아주 다르다는 것을 잘 드러내 준다.

Child Behavior Checklist *Direct Observation Form*(DOF; Achenbach, 1991)은 부모용 CBCL 및 교사용 CBCL과 전적으로 같다는 장점이 있다. 96개의 행동 문항들이 평정되고, 이 중 86개는 부모-보고 양식과 겹쳐지고 73개는 교사-보고 양식과 겹쳐진다. DOF는 10분씩 6회기에 걸쳐서 아동을 관찰하고, 관찰하는 동안 사건의 발생과 기간, 문제행동의 강도 등 아동의 행동에 대한 내용을 기록하도록 평가자에게 요구한다. 각 회기가 끝날 때마다 각각의 행동은 4점 척도로 평가된다. 다른 관찰자의 보고와 교사 및 부모 간의 일치와 함께 훌륭한 평정자 간 신뢰도를 보여주고 있다.

행동 관찰

행동 접근법은 연구 목적을 위해서 앞에서 사용했던 자연적인 관찰 기법을 받아들임으로써 나름대로의 특유한 기여를 했다. 이상행동은 환경적인 자극에 의해서 유지되거나 발달된다고 가정되기 때문에 직접적인 관찰은 중요성을 이해하기 쉽고, 한편으로 행동수정법은 그것을 유지하고 있는 환경적인 조건을 개선함으로써 문제행동을 교정할 수 있다.

먼저, 임상가는 관찰되어야 할 목표행동을 명백히 해야 한다. 이것은 의뢰인이나 평가 척도, 면접을 통해서 얻은 정보로부터 나오게 되지만, 또한 특정한 처치목표가 세분화될 수 있는 그런 행동이어야 한다. 이러한 행동들은 결국, 아동의 문제행동에 대한 조작적 정의를 의미한다. 예를 들어, “비협조적” 이라는 용어는 “교사가 불렀을 때 응답하지 않는다”라는 말로 고칠 수 있다. 교실에서의 여러 가지 난폭한 행동들은 허락 없이 타인의 의지를 가져가거나, 건드리기, 빼앗기, 다른 아동의 물건들은 파괴하기, 허락 없이 떠들거나 말하고, 소리 내기, 다른 아동들을 때리기, 숙제 안 하기 같은 일련의 행동이라고 말할 수 있다.

행동주의 임상가의 다음 임무는 치료적 중재의 효과를 평가하는 자연적인 발생에 대한 기저선을 확실히 하기 위해 목표행동의 빈도를 결정하는 일이다. 문제행동이 발생하기 쉬운 정해진 기간에 맞추어서 관찰이 이루어져야 한다. 목표행동의 자연적 발생에 따라서, 그 기간은 하루에 30분이 될 수 있고, 특별한 날에만 이루어지거나 매일 이루어질 수 있다. 예를 들어, 루디는 교실에서 단 30분만 관찰될 수 있다.

행동 관찰을 수량화하는 데 여러 가지 다양한 방법이 있다. **빈도**는 특별한 기간 내에 발생한 목표행동의 횟수를 말한다. 시간에 따라 나누어진 빈도는 **반응률**이라고 불리는 측정치로 산출된다. 예를 들어, 파괴적인 소년은 교실에 있는 50분 동안 5번이나 허락 없이 자리를 떴는데, 그의 반응률은 5/50이나, 10으로 기록된다. 관찰자가 자료 용지에 **기록하는** 간격은 20초 간격의 작은 시간 단위로 나누어진다. 시간을 재는 초시계를 필기판에 고정시키고, 관찰자는 목표행동이 주어진 시간 내에 발생하는지 살펴본다. 흔히, 시간 표집방법(time-sampling method)은 10초 단위로 아동의 행동을 관찰하는 데 사용되고, 예를 들어, 15초 간격으로 볼 때, 발생한 목표행동을 기록하는 데 5초 정도가 걸린다고 보면 된다. 이러한 차례는 관찰 기간 내내 반복된다. 통상적으로 나타나거나 나타나지 않는 목표행동이 기록된다. 몇 가지 자료는 한 가지 행동이 한 간격에 한 번이나 그 이상 일어나 기록한 것을 잃어버리기도 하지만, 이렇게 잃어버린 것은 그리 중요하지 않다. 간격기록은 관찰자가 수많은 행동을 기록하고 싶을 때 사용하는 빈도 방법보다 좀 더 실용적일 수 있다. 끝으로, 기간(duration)은 목표행동의 시작과 끝 사이에 걸린 시간에 대한 측정으로 구성된다. 이 방법은 치료의 목적인 머리 돌리기 같은 특별한 행동에 걸린 시간이 증가할 경우에 적절하다.

이밖에, 관찰은 목표행동의 **기능적 분석**을 수행하는 데 사용된다. 이것을 완성하기 위한 공통 전략에는 A-B-C 방법이 있는데, 이 방법은 지속적인 문제행동이 될 수 있는 선행요건 전의 상황이나 행동, 결과에 주목할 것을 요구한다(**그림 16.7**의 예 참조). 이 자료들은 이야기 형식으로 제공된 아동의 행동에 관한 기술보다 더 많은 양이다. 관찰자는 항상 관계의 특별한 상황 특성에 주의를 기울여야 하고, 장면이 행동의 기능적 의미를 유의미하게 바꿀 수 있다는 가능성을 경계해야 한다. 예를 들어, 교사와 아동이 혼자 있을 경우 교사의 질책은 도발적인 행동을 증가시키는 것 외에 다른 아동의 행동, 특히 목표 아동에게 달걀을 던지거나 놀리는 행동을 증가시킬 수도 있다.

이론상으로, 기저선 단계는 목표행동이 안정될 때까지 계속되어야 한다. 인간 행동의 타당성 때문에, 이와 같은 생각이 이루어지는 데 어려움이 있다. 일반적인 의견은 자료 수집이 이루어지는 일주일 동안 최소한의 기저선은 유지되어야 한다고 본다.

신뢰도

신뢰도를 확보하기 위해, 연구자들이 사용하는 자연적 관찰은 관찰자들이 훈련을 받을 필요가 있다는 결론을 내렸다. 통상적으로 두 명이나 그 이상의 훈련생들은 관찰하고, 기록하여 동일한 아동의 행동을 채점한다. 불일치하는 점은 논의되고 조정된다. 관찰자들 간에 적어도 80~85% 정도의 동의가 이루어질 때까지 부가적인 관찰이 이루어지고 채점된다.

시간/장면	사전 사건	행동	결과
8:30/ 수학시간– 칠판에 적힌 것을 필기하기		B가 다른 아동의 연필을 가져간다	아동이 그를 무시한다
	아동이 그를 무시한다	B가 아동의 책상 위에 있는 종이를 찢는다.	아동이 교사에게 말하고 교사는 B를 꾸짖는다
	교사가 B를 꾸짖는다	B가 토라진다	교사가 B에게 칠판을 지우게 한다
8:35/ 수학시간– 앉아서 수업하기		B가 연필을 깎기 위해 자리를 뜬다	교사는 B에게 자리를 뜨기 전에 손을 들라고 요구한다
		B가 손을 든다	교사는 다른 학생들과 수업을 계속한다
	교사가 B를 무시한다	B는 자리에서 일어나 교사의 주의를 끌기 위해 교사의 옷을 잡아당긴다	교사는 B가 자리를 떠났다고 꾸짖고 칠판에 그의 이름을 적는다
	교사가 B의 이름을 칠판에 적는다	B가 울기 시작한다	다른 아동이 B를 놀린다
	다른 아동이 B를 놀린다	B가 다른 아동을 치려고 한다	B가 교무실로 불려간다
8:55/ 수학시간– 자리에서 과제를 완성하기	B가 교실로 돌아온다	B가 과제를 거부하고 토라진다	교사가 B에게 과제물을 걷으라고 시킨다

그림 16.7 8세 소년(B)의 단순 A–B–C 관찰 시스템의 가설적인 예

출처: Kamphaus와 Frick(1996).

훈련을 끝마친 후에도, 훈련 절차를 반복하면서 정기적으로 관찰자들이 "재충전"하는 것이 바람직하다.

행동주의 임상가들은 정확한 관찰을 위해 훈련시킬 시간이나 사람이 거의 없다. 결국, 그들은 부모나 교사와 같은 훈련받지 않은 성인에게 의존할 수밖에 없고, 그들의 신뢰도는 예상했던 대로 유의미하게 낮다(Achenbach & McConaughy, 1997): 일반적으로 개인은 일주일에서 한 달까지의 기간에서도 일치를 보이며, 6개월 후까지도 일관성은 최저이지만 부족하지 않다. 부모들 그리고 교사들과 같은 비슷한 관찰자들 사이의 신뢰도는 만족스럽지만 어머니와 아버지 간의, 또는 교사들 간의 일치를 유지할 만큼 높지는 않다. 이 마지막 연구결과는 많은 문제행동들이 특이한 상황에서 따른 것일 수 있다고 본다. 그러므로 신뢰도는 그들이 갖고 있는 상황에 관찰한 아동의 각기 다른 정보를 입력하는 관찰자의 편향과 암묵적인 정의에 의해 영향을 받는다.

행동 평가의 발달적 차원

흔히 소홀하게 취급되는 발달적 고려사항을 행동 평가과정에 통합시킬 필요가 있다(Ollendick & King, 1991). 같은 연령의 아동에게서 기대되는 정상적인 정보를 아동의 행동과 비교할 수 있다는 것은 중요하다. 예를 들어, 교사는 자리에 가만히 앉아 있지 못하는 학령기 아동을 과잉활동적이거나 파괴적이라고 지각할 수 있고, 발달 규준에 대한 지식은 아동의

행동이 일탈된 것인지, 또는 성인이 예상했던 행동인지 알 수 있도록 행동 평가자를 도울 수 있다. 행동의 발달적 규준을 이해할 필요가 있는 두 번째 이유는 행동의 패턴에 관한 것이다. 똑같이 잘못된 것으로 보이는 행동들은 성별과 연령에 따라서 다를 수 있다. 예를 들어, 나이 든 남자 아이의 우울은 "말이 없음"과 연관되고, 우울한 여자 아이는 좀 더 그럴듯하게 "사회적 철회"로 나타날 수 있다. 유사하게 분리불안이 있는 나이 든 아동들은 신체적 불만과 학교 거부로 특정화되고, 좀 더 어린 아동은 그들의 애착대상에 대한 과도한 불안과 수면장애 같은 행동을 보인다. 그러므로 행동 평가자들은 연령이나 성별 그리고 발달과 관련된 증상이나 징후에 대해 민감해야 한다. 끝으로 아동과의 라포 형성은 발달적으로 적절한 지식과 기술을 요구하는 평가의 보편적인 형태이다.

루디의 선생님은 기꺼이 행동 평가를 돕고 동료가 행동 평가를 실시하기 위해 교실에 있는 루디를 관찰할 수 있도록 허용한다. 그녀는 루디의 행동을 과제 수행 중의 행동(정해진 일하기, 토론에 참여하며 손들기, 과제에 대해 적절히 질문하기), 과제가 끝난 후의 행동(멍하니 쳐다보기, 교사가 내준 활동과는 다른 활동에 정신팔기), 반항(교사가 부를 때 대답하지 않기), 또래 갈등(다른 아동과의 부정적인 거래, 언어적 신체적 공격을 포함하여 루디가 시작하거나 희생자가 되는 사건) 등의 4개의 독특한 범주로 나누어서 사전 사건과 결과에 대해 기록한다. 한 시간 반 동안, 그녀는 과제 수행 중의 행동에서 하나의 간단한 사건과 과제가 끝난 후 행동에서 6개의 사건, 세 번의 반항과 3번의 또래 갈등을 관찰한다. 과제가 끝난 후 각각의 사건은 다른 학생들이 교사의 질문에 대답하는 과정에서 발생했고, 어떤 것도 루디가 자발적으로 한 것이 아니었다. 앞쪽에 있는 특정 소년 옆을 지날 때 선생님은 그 소년이 욕을 중얼거리고 루디의 다리를 걸면서 은근히 약올리는 행동을 관찰한다. 이러한 욕설에 대한 루디의 앙갚음은 은근하지도 조용하지도 않는다. 말로 하는 공격은 교사의 주의를 끌었고 루디는 더 큰 곤란함에 처하게 된다. 다른 아동들은 이 작은 드라마를 좋아라 하면서 지켜보고 기다리기까지 했다.

5. 임상적 평가: 예술과 과학

평가 절차상의 차이는 임상가들의 서로 다른 이론적, 치료적 믿음에 대한 것으로 제일 먼저 이해될 수 있고, 거기에는 불일치의 출처와 관련된 또 다른 것이 있다. 과학자로서, 심리학자들도 객관성과 정확성을 추구하고, 이러한 것들은 과학계에서도 이용할 수 있는 분명하게 기술된 절차를 요구한다. 과거에는 심리학자들이 인상적인 평가 이상으로 표준화된 평가 기법을 사용하는 데 앞장섰던 것은 우연한 일이 아니다. 행동 평가는 우연히 이루어지는 것이 아니라, 명백한 관찰 절차와 성격 특성 및 동기에 대한 추론을 하지 않으려는 방식으로 이루어지고 있다. 부수적으로, 임상가들은 처음으로 논의에서 기술되었던 가설 검증에 대한 불신을 갖고 있다. 이론적인 유용성과 경험적인 지침, 임상가가 만들어내고 검사하고 받아들이고 버린 생각들은 과학이라기보다는 예술에 더 가깝다. 그들은 정말로 인상적인 통찰을 할 수 있지만 중대한 실수를 할 수도 있고, 보다 중요한 것은 좀 더 나은 결과를 보장할 수 있는 절차가 마련되지 않았다는 것이다.

어떤 임상가는 점수란 검사에서 얻게 되는 하나의 정보에 불과하다고 말하기도 한다. 평가를 이렇게 점수에 제한시키는 것은 개별 아동을 이해하는 데 유용한 추가적 행동자료를 제거하는 것이다. 만약 이와 같은 자료들이 아직 표준화되고 있고 신뢰도는 알려지지 않았다 하더라도, 그런 자료들의 임상적 유용성을 현재 사용되고 있다는 것으로도 충분히 정당화된다. 임상가들은 현존하는 임상적으로 유용하고 표준화되지 않은 수많은 도구들이 있다고 주장한다. 그러므로 그들은 할 수 있는 한 모든 평가자료를 함께 모아 놓은 일밖에 할 수가 없다. 더욱이, 그것은 객관적 평가 기법을 토대로 제공될 수밖에 없는, 지금까지 체계화되지 않은 자료들을 종합적으로 이해하려는 노력에 불과할 뿐이다.

기법과 목적은 다양하고, 모든 임상적 평가는 높은 수준의 전문적인 능력을 요구한다. 임상가들은 부모-자녀 간 문제를 다루기 위해 특정 대인간 문제를 해결하는 기술을 지니고 있고 민감해야 한다. 그들이 평가해야 할 문제와 사용해야 할 절차에 대한 지식을 갖추어야 하고, 그들의 직업적 윤리관을 잘 알고 지켜야 하며, 또한 아동임상심리학자로서 대학에서 철학박사 학위(Ph.D) 또는 심리학 박사학위(Psy.D)를 받고 적어도 2년간의 수련 등 적절한 수준의 교육과 전문적인 준비를 갖추어야 한다(American Psychological Association, 1985).

과학적이기보다는 좀 더 예술에 가까운 평가의 다른 측면은 의미 있는 전체로부터 분리된 여러 가지의 것들을 통합하는 것이다. 루디의 경우로 돌아가서 볼 때, 우리가 모은 자료는 아동의 정서적이고 행동적인 문제가 다양한 차원으로 되어 있다는 사실을 말해준다. 그러므로 풍부한 자료를 모두 담을 간단명료한 진술은 없다. 거기에는 루디가 수학을 학습하는 데 어려움을 갖고 있다는 인지적인 요소, 공격성과 지나친 성취에 대한 갈등과 함께 고민거리를 내면화하는 경향 같은 정서적이거나 심리역동적 요소, 어머니와 함께 돌보는 사람으로서의 역할과 같은 가족체계 요소, 교사 및 또래와의 상호작용에 어려움을 보여주는 행동적인 요소들이 있다.

이러한 것들 중에 어느 것이 "올바른" 가설을 제공하는가? 다른 이론적 관점을 지닌 임상가들은 가장 그럴듯한 사례 양식과 아동의 치료계획을 제시하는 자료에 초점을 맞출 것이다. 그러나 발달정신병리학적 관점을 갖고 있는 임상가는 어떤 증거를 수집해야 하며, 주의하지 않아도 될지를 정하게 하는 어떤 이론도 없다는 이점을 갖고 있다. 대신 발달정신병리학자들은 어떤 이론적인 방향으로 유도되거나 지지되는지에 상관없이 흥미 있고 복잡한 어린 아동을 가장 잘 묘사하는 모자이크를 만들기 위해 증거와 자료의 각 부분을 평가할 것이다. 나중에, 이 각각의 방향들은 루디와 그의 가족, 학교의 중재를 위한 효과적인 다면적 치료계획을 통합시킨 특별한 방안을 제시한다. 이 다른 중재법에 대한 루디의 반응은 임상가에게 그의 문제 형식화가 정확했다는 것과 추후 심리검사가 더 필요하다는 피드백을 제공해줄 것이다. 그러므로 평가는 중재에 대한 정보를 제공하고, 중재는 평가에 대한 정보를 제공한다.

이 장에서 내내 강조하였던 평가와 심리치료의 궁합은 주요 중재 기법을 탐색한 후에 더욱 명백해질 것이다. 이것은 마지막 장의 주제이다.

제 17 장

중재와 예방

개 요

1. 아동 중재의 개념과 평가

근래에는 아동과 청소년을 대상으로 200가지 이상의 심리치료가 사용되고 있는 것으로 추정된다(Kazdin & Weisz, 1998). (광범위한 개관을 하려면 Burns, Hoagwood, & Mrazek, 1999 참조.) 이 중재법들은 정신병리의 본질과 정신병리를 약화시키는 데 필요한 방법에 대해 서로 다른 가정에서 나오게 된다. 임상가들은 가장 좋은 치료과정을 어떻게 선택할까? 중재라는 주제를 생각한다면, 처음 1장에서 소개했던 정신병리에 대한 다양한 이론에 대한 충분한 검토가 있어야 한다. 이론이란 임상가로 하여금 아동의 정신건강문제를 발생시키는 것이 무엇이고, 또한 이를 약화시키는 것이 무엇인지에 대해 이해하도록 하는 것이다.

과거에는 치료자들이 흔히 정신분석이든, 행동 이론이든 혹은 체계적 이론이든 어느 하나의 이론적 입장을 엄격하게 고수하였다. 어느 한 이론을 고수하게 되면 임상가로 하여금 모든 사례를 한 종류의 렌즈를 끼고 보게 하며, 또한 대부분의 경우 모두에게 동일한 형태의 치료를 권하게 하였다(Matarazzo, 1990). 이러한 생각을 한 후에 임상연구자들은 여러 종류의 중재법을 서로 다른 것들과 대응시키는 연구를 통하여 전반적으로 가장 좋은 치료법을 선택하고자 하였다. 전체적으로 볼 때, 이러한 '경마'(horse race)와 같은 모든 기법에 대한 연구결과는 그리 변별적이지 못하였다. 처치를 받으면 일관되게 향상이 있고 참여자는 무처치 집단보다 훨씬 좋아졌지만, 치료들 간에는 별 차이가 없었다. Dodo는 모두 승자이며, 따라서 모두 상을 받아야 한다고 했다(Luborsky, Singer, & Luborsky, 1975).

이러한 초기 연구들은 어떠한 형태의 치료든 어떤 정신병리를 위한 처치로도 선택될 수 있다는 '동질성 신화'라는 가정을 예언하게 하였다. 그러나 점차로 어떤 치료기법이 누구에게, 그리고 어느 때 가장 효과적인지 궁금해 하게 되었다(Roth & Fonagy, 1996). 그러므로 보다 나은 접근법이란 아동의 발달단계, 정신병리, 개인 내적 특성, 가족특성 등에 따라서 개개 아동에게 최적으로 맞추는 것이다. 동일한 맥락에서, 근자에 실제 심리치료 장면에서 나타나는 또 다른 추세는 점차적으로 아동과 가족의 문제를 해결하기 위해서 다측면적인 접근을 취하는 통합적 모델로 되어간다는 것이다. 통합이란 개인과 가족 처치를 결합하거나 정신역동 이론, 인지이론, 행동 이론 등에서 나오는 다양한 기법을 함께 활용하는 것이다.

마지막으로, 경험적으로 지지되거나 증거에 기반을 둔 처치의 사용을 장려하는 움직임이 일어나고 있다(Chambless & Ollendick, 2001). 특히 임상심리학 영역에서 그러한데, 이 영역에서는 '심리학자 윤리강령'(미국심리학회, 2002)이 심리학자들로 하여금 명백하게 효율성에 대한 증거가 있는 중재법을 사용하도록 종용하고 있다.

이 장에서는 아동기 정신병리를 개선하거나 나아가 예방하는 방법에 대해서 논하고자 한다. 그러나 현재 사용되고 있는 200여 가지의 처치기법 중에서 단지 몇 가지만을 선별하여 제시한다(보다 광범위한 개관을 위해서는 Kazdin & Weisz, 2003; Mash & Barkley, 1998; Steiner, 2004 참조). 중재 영역에서는 다섯 가지 주요한 치료접근법－정신분석적 접근, 인본주의적 접근, 행동주의적 접근, 인지적 접근 그리고 체계적 접근－을 제시하며 이와 함께 각 접근법들이 수용하고 있는 치료기법의 원리를 가져온 정신병리학에 대한 개념화도 제시한다. 예방 부분에서는 정신병리로 발전되는 것을 막기 위해서 위기에 처한 집단을 목표로 하는 프로그램을 논하고자 한다. 증거에 기초한 처치를 사용하려는 움직임에 따라서 아동에게 사용되는 주요 중재 형태에 관한 연구들을 검토하고 경험적 지지를 받고 있는 중재에 초점을 두고자 한다. 그러나 먼저 주어진 처치가 효과적인지의 여부를 어떻게 결정할 수 있는지 생각해보아야 한다.

경험적 타당성: 방법과 도전

어떤 중재법이 '작용'하는 것을 보여주는 것은 단순한 문제인 것처럼 보이겠지만, 실제로 여기에는 생각해 봐야 할 것들이 많다. 예를 들어, 동일한 진단을 받은 아동들이 모집되면 부모님들이 아동을 처치 집단이나 통제집단으로 배정하는 것을 허락해야 한다. 아동을 각 조건에 무선적으로 할당하지만 이 집단들은 장애의 심각성이나 연령, 종족, 가족응집력, 사회계층 등과 같은 다양한 특성에서 집단 간 유의미한 차이가 없어야 한다. 중재 기법의 선택에서 많은 치료 전문가들이 참여할 수 있어야 하며, 모든 치료자들이 기술된 처치를 동일한 방식으로 수행할 수 있도록 처치 프로토콜도 상세화되어야만 한다. 결과는 명백하고 신뢰할 수 있으며 타당하게 조작적으로 정의되어야 하며, 이 처치가 지속적으로 또 실제로 유용한 차이를 낸다는 것을 보여주어야 한다.

Kazdin(1997c)은 많은 아동치료 결과에 대한 연구들이 이 지침을 충족하지 못하고 있다는 것을 보여주었다. 대부분의 아동 중재 연구들은 심리치료가 오로지 실제로 행해지는 방식과 비슷하게 하려는 유사 연구(analogue study)로 구성되어 있다. 일반적으로 유사 연구는 대개 석사 연구보조원인 비전문 치료자가 비임상적인 표본 중재를 관여하고 있다. 따라서 이 치료법들은 훈련된 전문가에 의해 실행되는 것과는 거리가 멀고, 아동들도 실제 임상장면 표집에서의 특징인 장애의 심각성 수준과 공병이 두드러지지 않았으며, 심리치료의 적합성에 대한 문제가 존재한다. 치료 집단에 기꺼이 남으려는 의도는 또 다른 중요한 요인이며, 장애가 더 심하고 와해된 아동과 가족들은 그 과정에 남아 있지 못할 것이다: 탈락 또는 처치 탈락은 실제 임상표본에서 중요한 문제이다. 덧붙여 대부분의 연구들은 증세 완화와 같은 협의의 결과기준을 사용하는데, 이는 통계적으로는 유의하지만 아동이 치료를 떠나서 실제 삶에 영향을 주느냐의 임상적 중요성 측면에서는 미흡하다. 일반적으로 추적 연구는 치료 종료 후 평균 다섯 달이라는 짧은 기간 동안 이루어져서 장기간에 걸친 치료의 효과에 대한 증거는 거의 없는 실정이다.

더욱이 중재과정 자체가 치료에 따른 변화를 어떻게 설명하는지를 밝히려는 연구는 거의 없었다. 중재가 어떤 기술이나 내적 갈등, 부적응적 인지의 변화에 대한 통찰 획득을 목표로 하든 아니든, 연구라는 것은 이러한 과정상의 변화가 향상이라는 것을 확실히 보장해주어야 한다. 이러한 증거가 없다면 중재 연구는 성인이 돌봐 준다는 것에서 오는 관심 같은 비특정적 효과, 또는 정신분석가의 미소나 끄덕거림에 의한 우연한 긍정적인 강화 같은 비의도적 효과가 가져다 준 긍정적인 결과일 수 있다는 반박에 대항할 길이 없이 취약하게 된다. 마지막으로 대부분의 연구들은 각 아동의 처치효과에 영향을 줄 수도 있는 많은 매개요인, 예를 들어, 연령, 가족응집력, 치료 관계의 질에 별로 주목하지 못했다.

이러한 제한점에도 불구하고 심리치료에 대한 연구결과들은 일반적으로 고무적인 모습으로 비쳐지고 있다. 아동을 위한 효과적인 중재는 발전하고 있으며, 특정한 문제와 집단 따른 처치효과에 대한 자료가 필요하다는 것에 지속적인 관심이 주어지고 있다. 사실,

Kazdin(1997c)은 다음과 같은 과감한 주장을 하고 있다: 심리치료가 기능을 하는가의 기본 물음에 대한 답변은 긍정적이며 검증될 수 있다(p. 115). 아동 중재의 효율성에 대한 가장 강력한 증거는 많은 연구로부터 수집된 자료에 대한 메타분석에서 나오게 된다. 메타분석의 결과는 효과 크기의 추정치이다: 즉 전반적으로 연구된 모든 상황에서, 다른 표집의 처치가 얼마나 큰 차이를 가져오는가이다.

보다 광범위한 아동 중재 연구의 메타분석에는 2세에서 18세까지 연령의 아동을 대상으로 한, 1967년부터 1993년 사이에 발표된 150편 정도의 연구가 포함되었다(Weisz et al., 1995). 추후 관리시 처치를 받은 아동들의 증세 평균이 76%의 비처치 아동들보다 증세가 낮았다는 것이 효과의 크기이다. 이것은 성인을 대상으로 수행된 정신치료 결과 연구에서 나온 것과 비교해서 넓은 범위의 중앙치로서 유의미한 효과라고 볼 수 있다.

한편 Weisz와 동료들은 성인에서의 'Dodo 결정'과는 반대로, 아동을 대상으로는 행동치료가 가장 효과적이라는 것을 일관되게 발견하였다. 반면에 그들은 개관한 연구에서 오직 10%만이 비행동적 중재를 포함하였다. 그러므로 다른 형태의 치료에 대한 경험적인 연구가 부족한 상황에서 판단은 아직 보류상태라고 할 수 있다. 일반적으로 청소년은 어린 아동들보다 더 잘 향상되는 경향이 있었다. 특이하게도 여자 청소년은 중재에 의해서 가장 큰 이득을 얻게 되었다. 불안이나 우울과 같은 지나치게 통제된 행동의 치료에 있어서 유경험 치료자는 잘 훈련된 조수(비전문가)보다 훨씬 효과적이었다. 그러나 비전문가도 행동장애와 같은 통제 부족 문제의 치료에 있어서는 효과가 동일하였다. 더욱이 실생활 장면에서 수행되기보다는 실험실에 근거를 둔 중재에서 효과가 압도적으로 강하였다. 마지막으로 어떤 한 가지 처치기법에 특정하게 대응된 결과 측정치에서 효과가 가장 컸다는 것이 아동치료의 효과가 비특정적 효과로도 설명될 수 있다는 생각을 부정하게 하는 것이다.

APA 과제 중심 규준(APA Task Force Criteria)

경험적으로 지지되는 치료법을 사용하려는 방향으로의 움직임과 함께, APA 12 분과(임상심리학)는 과학적 기준을 충족하는 심리적 처치를 정의하고 홍보하며 널리 보급하고자 과제추진팀을 발족하였다. 후에 Chambless과 Hollon(1998)에 의해서 수정된 기준이 **표 17.1**에 나와 있다. 경험적으로 입증된 것으로 받아들여지기 위해서는 치료법이 몇몇 과학적 탐구의 기준에 맞는 연구들에서 검증되어야 한다. 첫째, 실험적 처치가 통제집단과 비교되어야 하는데, 이는 무처치, 위약조건, 또는 대안적 처치들이다. 두 번째, 연구는 집단선정의 편파가 결과를 흐리게 하지 않도록 참여자를 처치 집단에 무선 할당하여야 한다. 세 번째, 중재는 각 치료자가 절차와 연구 중인 특정 처치의 원리를 고수한다는 것을 보장하도록 처치 매뉴얼을 사용하면서 실시되어야 한다. 네 번째, 명백한 집단 선정기준과 함께 연구에서 대상으로 하고 있는 집단이 정의되어야만 연구자로 하여금 처치가 특히 어느 집단에 효과적인지를 알 수 있게 해야 한다. 다섯째, 결과 측정치는 주관적이거나 인상에 의한 평가에 기반을 두기보다는 믿을 만하고 타당해야 한다. 여섯 번째, 자료 분석은 적절해야 하며 타당한

표 17.1 경험적으로 지지된 심리치료(Empirically Supported Psychological Therapies, EST) 기준 요약

1. 비처치 집단, 대안적 치료 집단, 또는 위약 집단과 비교가 a) 무선적 통제 시행에서 통제된 단일 사례실험 또는 동등한 시간표집 설계에서, b) EST가 통계적으로 유의미하게 무처치 집단, 위약 집단, 대안처치 집단보다 우수하거나 또는 EST가 효율성과 효력이 입증된 처치와 동등하다면 적절한 차이를 찾아내기에 충분하다.
2. 이 연구들은 a) 처치 실시 매뉴얼 혹은 이와 논리적으로 유사한 것을 가지고; b) 특정한 문제를 치료받기 위한 집단으로, 포함 기준이 신뢰할 수 있고 타당한 방식으로 상술되어야 하며; c) 변화 목표가 된 문제를 최소한 이용하여 신뢰할 수 있고 타당한 결과의 평가 측정치로; d) 적절한 자료 분석이 수행되어야 한다.
3. 효율성이 있다고 규정하는 데 있어서, EST의 우수성은 적어도 2개의 독립적인 연구에서 밝혀져야 한다(단일 사례 실험의 경우에는 적어도 3명의 사례). 갈등적인 증거가 있다면 잘 통제된 자료의 우세함이 EST의 효율성을 지지할 수 있다.
4. 효율성이 있을 수 있다는 것을 규정하는 데는, 하나의 연구(단일 사례 연구의 경우 3명 이상의 사례)에서 갈등적인 증거가 없어야 한다.
5. 효율성 있고 또한 특수하다고 규정하기 위해서는 EST가 약물이나 심리적 위약 또는 진실 된 대안적 처치보다 통계적으로 유의미하게 우수하다는 것이 적어도 2편의 독립적인 연구에서 갈등적인 증거가 있다면 잘 통제된 자료의 우세함이 EST의 효율성과 특수성을 지지할 수 있다.

출처: Chambless와 Hollon(1998).

방식으로 수행되어야 한다. 간단히 말해서, 각 절차는 의문스러운 연구가 경험적으로 단단한 방식으로 수행되고 있으며, 관찰된 효과는 우연이나 혼입 요인에 의한 것이 아니고 처치에 기인했다는 것을 보장하도록 고안되고, 그 방법이 다른 연구자의 상황에서 용이하게 반복될 수 있도록 잘 설계되고 기술되어 있어야 한다.

더욱이 과제 팀은 세 수준의 경험적 지지를 구축하였다: 효과가 있을 수 있고, 효과적이고, 효과가 특정적이다. 효과가 있을 수 있기 위해서는 다른 통제조건과 비교하여 특정 처치가 우월하다는 것을 명백하게 보여주도록 설계된 하나의 연구가 있어야 한다. 보다 높은 효율성 기준에 부합하기 위해서는 적어도 두 개의 독립적인 연구에서 처치의 우월성이 증명되어야 한다. 가장 높은 수준의 효율성 기준에 맞추기 위해서는 중재법이 적어도 두 개의 독립적인 연구 상황에서 대안적 중재보다 정말로 훨씬 효과적이라는 것이 증명되어야 한다.

비록 이 기준이 상당히 많은 논쟁을 일으켰지만(Chambless & Ollendick, 2001; Fonagy & Target, 1996a; Garfield, 1996), 그들은 심리치료의 효과에 관한 문헌에서 점차적으로 채택되고 있으며 언급되고 있다.

2. 인종 다양성과 아동 중재

Vargas와 Willis(1994)가 지적하길 정신건강 제공자를 위한 훈련 집단에 소수민족 인종집단의 대표성을 증가시키려는 노력에도 불구하고, 대부분의 소수민족 아동과 가족들은 이 연구에 관여하는 구성원이 아닌 임상가에 의해서 치료를 받게 된다. 그러므로 문화적으로 민감하고 반응적인 특정 처치가 필요하다(미국심리학회(APA), 2003).

덧붙여서 처치의 효율성과 수용성은 다양한 인종집단의 요구와 경험에 적합할 때 증가될 수 있다. 물질남용을 한 히스패닉계 청년을 대상으로 전통적인 가족치료(12장)를 한 Santisteban과 동료들(2003), 아프리카계 미국인인 비행 청소년(10장)에 대한 Berry의 MALE 중재, Bernal의 우울한 푸에르토리코계 십대의 수정된 대인관계 치료(8장)를 포함한 많은 훌륭한 사례들을 접하게 된다.

Tharp(1991)가 지적했듯이 문화적 이슈는 다양한 수준에서 아동치료에 적절할 수 있다. 이들 중 하나가 병리학에서 문화 간 차이이다: 그 원인이 사회적 문제의 특성, 사회문화적 훈련, 또는 정상과 정신병리에 대한 문화적으로 특수한 정의 때문이든 아니든 특정 질병이 특정 인종집단에서 보다 더 발생한다는 것이다. 예를 들어, 인종주의와 연관된 공격성과 편견은 아프리카계 미국 아동에서 행동장애의 위험을 증가시킬 수 있다. 이민과 연관된 스트레스는 인도네시아 난민 아동의 불안 위험을 더 증가시킬 수 있다: 미국 원주민 청소년에서는 높은 사망률과 가족의 분리, 연관된 반복적인 상실이 우울을 가져올 수 있다. 반면에 사회화와 아동행동에 대한 특정한 신념이 장애율에서의 문화 간 차이를 가져올 수 있다. 예를 들어, 태국에서는 아동에게 억제와 존경, 평화를 격려하므로 아동들은 내면화 장애로 의뢰되기 쉬우며, 미국에서는 독립과 경쟁이 조성되므로 외현화 장애로 의뢰되는 아동이 보다 흔하다.

처치에서의 문화적 차이는 접근성과 효율성 모두에 관련된다. 예를 들어, 낮은 수입의 소수민족 가족은 정신건강전문가의 도움을 찾기 어려울 것이며, 특히 익숙하지 않고 다수 문화 우위인 기관과 전문가에게는 더욱 그러하다. 더욱이 연구들은 인종적 소수집단의 가족은 일단 처치에 들어가더라도 중간에 탈락되기가 더 쉬우며, 흔히 첫 회기 이후에 그러하다는 것을 보여주고 있다. 그러므로 소수 인종 내담자에게 유용하고 호응적인 처치가 필수적이다. 더욱이, 한 문화에 효과적인 기법이 다른 문화에는 그렇지 않을 수 있다. 예를 들어, 중국계 가족 대상의 행동치료자는 양육과 가족 구조에 대한 문화적 신념이 중국인 부모들로 하여금 자기의 아이들과 놀아주거나 유관되게 무시하라는 것에 상당한 저항을 낳게 한다고 보고하였다. 반대 입장이 Webster-Stratton과 Taylor(1998)에 의해서 발표되었는데, 이들은 미국에서 낮은 사회경제적 수준이면서 소수민족인 가족의 부모 양육프로그램에서 문화에 기인한 저항을 극복하는 데 성공적이었다는 것을 보고하였다.

지식에서의 문화적 차이는 임상가와 내담자가 상이한 문화적 배경 출신일 때 그 역할을 한다. 그러한 지식 결핍이 야기될 가능성은 다수의 사람들이 대부분의 건강보건 전문가일 뿐 아니라 임상이나 연구문헌에서 다양한 아동과 가족에 대한 주의 부족의 함수로 초래된다. 결과적으로 자기 자신의 문화적 이해만 가진 치료자는 문화적으로 표준적인 아동 양육훈련과 가치를 오해하거나 혹은 병리적인 것으로 대하기가 매우 쉽다. 예를 들어, 아프리카계 미국인과 유럽계 미국인 가정에서의 신체적 양육과 학대 연구에서 이 문제를 접하게 되었다. 그러한 문화적 지식을 얻는 것은 인종집단 내, 인종집단 간의 다양성에 의해서 복잡해진다. 예를 들어, '미국 원주민'이란 용어는 각자의 역사와 훈련법을 가진 다수의 서로 다른 종족을 포함하는데, 다양한 문화 속에서 쿠바, 멕시코, 푸에르토리코와 같이 히스패닉계(라틴아메리카계) 가족이라고 오직 소수에게만 이름이 붙여진다.

문화적 다양성의 주제를 강조하기 위해서 몇몇 임상가들은 개별 문화의 독특한 요구와 관점을 강조하는 문화특정적인 중재를 주장한다. 그러한 문화특정적인 접근의 좋은 예는 Hawkin과 동료들(2004)에 의해서 개발된 북유럽 부족집단을 위한 Canoe Family 약물남용 중재프로그램으로 12장에 소개하였다. 그러나 문화적으로 호환되는 처치 개발의 요지는 아동과 가족의 문화적 패턴에 보다 잘 맞게 하는 방안이 창출되는 방식이 수정될 수 있다는 것이다. (다양한 인종적·문화적 집단의 아동과 가족을 위한 중재에 대해서 더 읽고자 하면 Boyd-Franklin과 Bry, 2000; Fong, 2003; Gibbs & Huang, 2003; Ho, 1992; Sue & Sue, 1999; Webb, 2001 참조.)

3. 발달정신병리학적 접근

많은 저자들은 발달정신병리학에 대한 이해가 아동 대상의 중재 분야에 활기를 넣어 줄 것을 시사하고 있다(Cicchetti & Toth, 1992; Shirk, 1999; Steiner, 2004). 기본적으로 정상발달에 대한 지식이 핵심이다(Holmbeck, Greenley, & Franks, 2003). 우선, 특정 연령대 아동의 전형적인 모습에 대해 익숙하다는 것이 임상가로 하여금 정상 행동과 병리적 행동을 구분할 수 있게 한다(Forehand & Wierson, 1993). 두 번째, 아동이 직면한 발달과제에 대한 이해는 그 행동을 전체 맥락에서 보고 원인을 설명할 수 있게 한다. 더욱이 아동의 인지적·정서적 발달 수준은 적절한 중재 기법을 선택할 때 반드시 고려되어야 한다(Shirk, 1988). 아동의 발달 수준에 맞추어야 할 필요성이 명백함에도 불구하고, 실제로 학령전 또는 학령기 아동 간의 인지적·언어적 차이에 주목하고 있는 치료는 거의 없는 실정이다.

발달정신병리학의 다른 원리 역시 중재에 대해서 함축적인 의미를 가지고 있다. 단계특징적 주제에 대해 주목하는 것은 특정 발달시기에 있는 아동에게 최대로 효과적인 처치를 할 수 있게 한다(Cicchetti와 동료들, 1988). 예를 들어, 첫 학교 입학이나 청년기의 정점에서 균형을 유지하려고 할 때와 같이 발달적 이행 시기에는 변화에 더욱 취약할 수 있다. 그러므로 이러한 이행시기를 고려한다면 중재는 더욱 효과적일 것이다. Rutter(1990)는 "개인의 일생에서 전환점이 되는 시기에 작동하는 기제에 특별한 주의를 할 필요가 있는데, 이때의 위기 경로는 보다 적응적인 길로 재설정될 수 있다."(p. 210)고 하였다.

마지막으로, 문제는 이행과정의 함수로 출현하기 때문에, 이 과정에서 중재는 변화를 야기할 수 있는 막강한 방법이다. 따라서 발달정신병리학적 관점에서 대인관계는 치료적 변화의 비결이 되는 것 같다.

중재에 대한 통합적 발달정신병리학적 중재 모형

Shirk와 Russell(1966)은 아동심리치료에 대한 매우 고무적인 새로운 개념화를 시도하고 있다. 발달정신병리학적 관점의 영향을 받은 이들은 치료자들이 심리치료의 대표적인 기법의 명칭에 집착하는 것을 버려야 하며, 대신 중재계획을 **발병과정**에 대한 이해와 연결시켜야 한다고 주장한다. 이 용어는 아동의 문제에 깔려 있는 발달상의 문제에 대해서 임상가가 이론적으로 형식화하는 것을 말하는데, 이것은 사례 형식으로서 16장에서 접했던 것이다. 이 사례 형식화는 단순한 진단을 넘어선 어떤 것이다. 왜냐하면 특정 정신병리에 도달하는 다양한 경로들이 있기 때문에 동일한 진단명을 가진 아동이라도 같은 방식을 통해서 치료자의 치료과정에 도달하는 것이 아니며, 따라서 동일한 발병과정을 공유하는 것도 아니다.

Shirk와 Russell(1966)은 발달상의 세 가지 주요문제에 초점을 두었다: 인지, 정서, 대인관계. 인지 영역에서 발병과정은 대인관계의 문제를 푸는 방법에 대한 이해와 같은 지식이나 기술의 결손형태, 자신이나 타인에 대한 인지적 왜곡과 부적응적인 도식 또는 단순히 자기 자신의 동기와 행동에 대한 통찰부족의 형태를 취할 것이다. 정서 영역에서의 발병과정은 감정에 대한 접근이 차단되고 정서에 대한 이해가 부족하거나, 혹은 감정 상태를 조절하고 대처하는 능력 부재 등을 포함하게 될 것이다. 대인관계 영역에서 발병과정은 아동의 자아존중감을 인정하지 못하는 양육자가 불안전한 애착관계 모델을 형성하게 하는 것이 포함될 것이다.

장애를 가져오는 발병과정에 대해서 보다 명확하게 이해를 하는 것은 임상가의 치료계획 수립에 도움이 될 것이다. 전략이란 병리과정과 가장 적절한 **변화과정**을 대응시키는 것이다. 이러한 변화과정은 우리에게 익숙한 주요 이론적 시각에서 나오게 된다(**표 17.2** 참조). 예를 들어, 공격적인 아동의 어려움이 부적절한 애착의 산물이라는 형식화는 치료자로 하여금 정신역동적인 양육관계를 통해서 "교정적인 정서적 경험"을 하도록 노력할 것을 제안한다. 이와 반대로 아동의 어려움이 사회적 기술의 부족에서 온 것이라고 형식화되면 치료자로 하여금 교육적인 기능을 하도록 하며 아동이 그러한 기술들을 학습할 수 있도록 도와주어야 한다는 것을 제시할 것이다.

Shirk와 Russell은 **심리치료**란 환경과 아동행동 사이에 관여되는 변화하는 내적 요인에 집중되어야 한다고 규정하면서 심리치료에 대한 그들의 논의를 국한시켰다. 따라서 그들은 심리치료를 환경 자체의 변화를 목적으로 하는 **행동치료**와 **가족체계** 치료를 구분하였다. 그러나 이들의 도식은 행동 지향적이며 체계적인 중재를 포함하도록 쉽게 확대될 수 있을 것이다. 그러므로 **표 17.2**에 이 두 가지 개념화를 첨가하였다. 예를 들어, 아동의 공격성이 빈약한 부모훈련에 의해서 긍정적으로 강화 받은 것이라는 형식화는, 중재가 행동적인 경향성을 취해야만 한다는 것을 시사한다. 반대로 아동의 행동이 부모 결혼생활의 어려움에서 벗어나게 하려는 시도라는 형식화는 가족체계적인 방향을 시사한다.

표 17.2 아동심리치료에서 통합이론, 사례 형식화 그리고 변화과정

이론	모델	발병과정	변화과정
정신분석 이론	내적 갈등	증세는 수용될 수 없는 충동과 그 표출에 대한 방어 간의 타협이다.	해석과 통찰
	자아결손	발달적 결손은 아동의 정서적 요구와 이에 따른 환경 대응이 실패했을 때 야기된다.	교정적 정서 경험
인본주의 이론	낮은 자존감	정신병리는 부적절감, 낮은 자존감, 자기수용 부족의 함수로 나타난다.	인정과 정서적 지지
	정서적 방해	정신병리는 표현되지 못하거나 수용되지 못하는 감정의 함수로 일어난다.	정서 표현의 격려
행동주의 이론	부적응적 조건화	문제행동은 자극과 반응 간의 부적응적인 연결이 이루어졌을 때 발생한다.	보다 적응적인 반응을 촉발하는 고전적 조건화
	부적절한 유관성	문제행동은 강화, 처벌 그리고/혹은 모방에 의해서 야기된다.	환경상의 유관성 변화를 위한 조작적 조건형성
인지이론	인지적 결손	정신병리는 아동이 문제에 대처하기 위해 필요한 인지적 기술의 부족에서 온다.	기술발달
	인지적 왜곡	정신병리는 왜곡된, 부적응적인 또는 비합리적인 해석에서 발생한다.	도식 변형
체계적 이론	관계망 해체	지나치게 엄격하거나 애매한 경계는 가족 구성원이 타인과 밀접해지거나 개별화되는 것을 방해한다.	경계 강화 혹은 경계 이완의 재구조화
	삼각화	아동이 발달상 적절하지 못한 역할을 하도록 삼각화와 세대간 제휴가 형성된다.	탈삼각화 아동, 부부간의 제휴 강화

출처: Shirk와 Russell(1996)에서 인용함.

Shirk와 Russell은 그들의 처치 형식화에 대한 접근을 구체적으로 설명하기 위해서 단기 발작과 좌절을 참지 못하는 편모슬하의 10살 된 소년 Jack의 사례를 제시하였다. 집에서의 투쟁은 늘 그가 일상적인 일에 대한 마무리를 거부하는 데에서 생기며, 교사는 Jack이 높은 지능에도 불구하고 가끔 학교 과제를 끝맺지 않는다고 하소연하였다. Jack은 점차적으로 또래들과의 공격적인 행동을 통해 타박상과 열상을 입어서 집에 돌아오게 되었다. Jack은 모든 반항장애의 증상을 보였으며, 좀 더 심각한 행동장애로 될 수 있는 경사진 곳에서 슬라이딩하는 위험한 모습을 보였다.

처치계획으로서 경험에 기초한 접근법은 Jack이 대인관계 문제해결기술훈련(10장 참조)의 가장 적절한 후보자임을 시사하였는데, 이 훈련은 아동의 좋지 못한 행동을 억제하는

데 가장 효과적인 몇 가지 기법 중의 하나이다. 그러나 이런 종류의 치료 시도는 별로 진척을 보지 못하였다. Jack은 필요한 개념을 빨리 파악하게 되었으며, 필수적인 사회적 문제행동 기술을 실행할 수 있는 능력을 보여주었다. 그러나 치료실 밖에서는 행동상 드러나는 변화가 거의 없었다.

치료자는 전반적인 측면으로 볼 때 Jack의 발달적 내력을 고려하였으며, 그의 행동문제를 야기시킨 병리과정에 대한 대안적인 형식화를 제시하였다. Jack의 생후 첫 2년 동안 그의 어머니는 아버지의 신체적 폭력 대상이었으며, 결과적으로 불안, 우울 그리고 여유가 없었다. 그러므로 Jack의 어린 시절은 격동과 예측 불가능, 그리고 폭력으로 특징 지워졌다. 따라서 그는 타인에 대한 믿음이 없으며 자기중심적이고 배려 없는 부정적인 기대 상태를 가지게 되었다. 이런 내용에 민감한 치료자는 Jack의 다른 인지적 왜곡에 대한 증거들에 주목하기 시작했다: Jack의 학교에서의 문제는 선생님에 대한 불공평성 때문이다. Jack의 어머니는 아들을 그의 남자 친구들에게 좋게 보이게 하고픈 동기를 가지고 있다. 치료자는 오직 소년이 주목을 받고 있다는 이유만으로 그 소년을 만났다. 새로운 형식화는 Jack의 적응적인 사회적 기술의 활용 능력을 간섭하는 부정적인 도식에 초점을 맞추어 발전시켰다. 따라서 처치계획의 목표는 그의 부적응적인 인지 변화의 필요성으로 옮겨졌다.

Shirk와 Russell의 관점은 고무적인 것이다. 단기간에 그들은 아동심리치료에 있어서 사례를 형식화하고 처치를 계획하는 데 유용한 길잡이를 제공하였다. 앞으로 그들의 작업은 병리과정과 이를 다루는 데 사용되는 중재 간의 연결 부분에 관한 명백하고 검증 가능한 가설을 발달시키는 데 기여함으로써 아동 대상의 심리치료에 관한 연구를 재활성화시킬 것이다. 이러한 형식화가 어떻게 작동하는지는 다음에 보다 자세히 살펴보도록 한다.

4. 정신분석적 접근

고전적 정신분석

개념적 모델

정신분석 이론은 본질적으로 성숙하는 과정에서 해결되어야 할 핵심적인 갈등을 나타내는 심리성적 단계를 가진 발달적 모델이라고 할 수 있다(우리는 1995년 Anna Freud의 논문에 기초하여 제시한다). 결국 치료의 초점은 정신병의 원인이라고 여겨지는 특정한 심리성적 단계에 맞추어지게 된다(1장 참조).

고전적 정신분석은 신경증에 대한 정신분석 이론에서 직접 발전된 것이다. 이 이론에 따르면 정신병리는 심리성적 단계에 뿌리를 두고 있으며, 여기에서는 심리성적 불안을 다루지 못하는 아동이 이에 대항하여 자신들을 방어하게 된다. 정신분석의 핵심은 방어과정을 되돌려 원래의 깊은 상처에 직면하게 함으로써 늦게나마 문제를 해결할 수 있게 하는 것이다. 성공적인 정신분석이란 "초자아가 있던 곳에 자아가 갈 것이다"라는 Freud의 경구로

놀이치료회기

요약될 수 있다. 한때는 저항할 수 없었던 증오, 질투, 공포 등이 이제 다시 되살아나고 그것을 보다 성숙된 관점에서 볼 수 있게 되는 것이다. 문제의 근원에 대해 파고드는 통찰은 문제를 연습하게 한다. 그 결과는 두 가지 의미에서 '의식의 확장'이다. 즉, 자기의 성격에서 이전에는 수용할 수 없었던 측면에 직면할 수 있으며, 방어전략에 낭비하던 에너지를 이제는 성장 촉진 활동에 사용할 수 있게 된다.

치료과정

정신분석의 일반적인 특징은 정신분석을 하는 동안에 표현을 최대로 자유롭게 하는 것이다. 이것은 성인 환자를 대상으로 할 때는 마음에 떠오르는 무엇이든 자유롭게 말하도록 하는 **자유연상**(free association)을 통해서 이루어진다. 그러나 아동 대상의 고전적 정신분석은 절차와 기법에서는 많은 변화를 요한다. 특히 아동들은 언어적으로 자유연상을 할 수 없으므로 놀이로 대치된다.

놀이의 사용은 치료자들에게 특별한 도전이다. 성인은 언어적 연상을 통해서 사건이나 꿈이 갖는 특유한 의미에 대한 단서를 제공하지만, 아동은 그러한 단서를 제공하지 못하므로 분석가에게는 아동의 공상이 주는 의미를 해석해야 하는 과제가 남게 된다. 놀이가 분석가에게 유용한 자료로써 의미 있게 하기 위해, 분석가는 아동들에게 가족 인형, 크레용, 찰흙과 같은 **투사적인** 장난감을 가지고 놀도록 해야 할 것이다. 이러한 장난감은 기술이기보다는 공상을 통해서 정보를 얻게 한다. 분석가는 특별히 중요한 주제인 단서—반복, 지나친 정서, 한층 유아스러운 놀이나 언어로의 퇴행, 장난감을 주변에 흩트려 놓은 것과 같은 통제력 상실, '그들은 그 후 행복하게 살았다'와 같은 갈등상황으로부터의 해방과 같은 단서–에 주목한다.

성인 대상 정신분석과 같이 아동 대상 정신분석의 주요 목표는 자기인식과 정서적 성장을 억제하는 방어기제를 작동하지 못하게 하는 데 있다. 방어를 극복하기 위한 한 가지 기법이 **전이**(transference)를 분석하는 것이다. 이 용어는 환자의 부모에 대한 느낌이 치료자에게 대치되거나 전이되는 것을 말한다. 분석가는 전이에 주목하고 이를 탐색해서 환자로 하여금 그의 신경증에서 결정적인 역할을 했던 불쾌한 관계에 접근할 수 있게 한다. 그러나 아동의 전이는 성인과는 달리 지난 과거로 되돌아가서 그림자 같은 부모상을 향한 느낌을 포함하지 않는다. 대신 현재 부모와의 관계가 분석가와 함께하는 행동에서 직접적·즉각적인 방식으로 나타나게 된다.

방어를 다루는 두 번째 기법은 저항을 분석하는 것이다. 방어는 환자를 불안으로부터 보호하기 때문에, 환자는 방어를 유지하기 위한 다양한 길을 모색하게 될 것이다. 분석가는 조용히 지속적으로 그러한 전략에 주목하여 환자로 하여금 전략을 유발하게 하는 위협적인 자료에 초점을 맞추도록 하는 **해석**(interpretation)을 한다. 흔히 이것은 아동이 직접 자신의 감정과 직면하기보다는 은유적으로 아동 놀이를 통해서 행해진다(예를 들면, "나는 허리케인이 우리 집 쪽으로 몰려오기 시작했을 때 가족들이 정말로 두려워했다고 생각했다", "나쁜 행동을 해서 2년 동안 옷장에 갇혀 있었던 것은 긴 시간으로 여겨졌다", "소녀 인형이 엄마에게 화를 내더니 갑자기 달아나 버렸다. 나는 소녀가 분노를 느끼는 것이 두려운 일인지 궁금하다"). 치료가 진행되면서 분석가는 안전하게 위장된 속임수와 아동 자신의 감정을 연결할 수 있다. 예를 들어, "그 허리케인은 항상 싸우는 너의 엄마와 아빠에 대해 네가 나에게 말했던 내용처럼 들리는구나." 이러한 해석은 아동으로 하여금 원래의 상처 입은 상황으로 돌아가서 그것을 인식하고 재평가해서 해결하도록 돕는다.

적절한 시간에 이루어진 해석은 **통찰**(insights)을 가져다주지만 시간이 적절하지 못하면 해석이 부인되고 환자의 저항을 부추기게 된다. 그러나 치료적 교정은 일순간의 현혹적인 섬광 같은 통찰로 오는 것은 아니다. 대신에 확고하게 자리 잡고 있는 것에 대한 통찰을 위해서는 동일한 자료에 대해 여러 번의 다른 지시를 반복하고, 많은 상이한 경험을 접해야 한다–이 과정을 훈습이라 한다. 그러나 아동들은 이러한 과정에 대한 인내력 면에서 성인과 다르다. 성인들에서의 반응을 관찰하면서 동시에 강한 정서적 경험에 참여할 수 있는 자기 관찰 혹은 자기 검색 역량이 아동의 경우는 부족하다. 마지막으로 청년기와 같은 발달상 스트레스 시기의 아동들은 그들의 불안에 직면함으로써 정서적인 짐을 오히려 추가하기 쉽다. 따라서 아동 대상의 정신분석은 도전해볼 만한 모험적인 일이다.

자아심리학

발달정신병리 이론의 발달에서 다음 단계는 Erik Erikson의 업적과 관계된 자아심리학이다

(1950). Erikson의 관점은 Freud가 성과 공격성 같은 원초적인 본능을 강조한 것과는 반대로 자아와 발달상의 건강하고 현실지향적인 측면을 강조한다. 여기서는 자아심리학에 대해서만 간략하게 소개하고자 한다.

개념적 모델

발달에 관한 Erikson의 이론은 우리에게 매우 익숙하다(1장 참조). 그는 유아기부터 성인기까지의 자아발달단계와 발달의 진행을 위해서 각 단계에서 해결해야만 하는 주제들을 제시하였다(**표 3.5** 참조). 정신병리는 주어진 단계에서의 과제가 숙달되지 않아서 발달상 다음 단계로 나아갈 수 없을 때, 혹은 그 개인이 부정적인 방식으로 갈등을 해결하고자 할 때 나타난다. 예를 들어, 위에 제시되었던 Jack의 경우처럼 생의 초기에 신뢰할 수 없는 양육을 경험한 소년은 자신의 미래에 관계형성을 통제하는 기본적 불신감을 발달시킬 것이다.

Erikson의 모델은 발달정신병리학에서 보면 **단계특징적** 접근이라고 할 수 있다. 이 접근법이 가진 의미 중의 하나는 아동의 문제행동을 진단에 의해서가 아니라 문제행동의 기저에 있는 단계특징적 주제에서 생각한다는 것이다. 그러므로 학령기 아동이 우울 혹은 행동장애로 진단되면 Erikson은 이 행동문제에 대해서 열등감과 근면성 부족에 대한 투쟁이라고 가정하며, 동일한 집단의 청소년의 경우에는 정체성 혼미에 대한 투쟁으로 가정한다.

치료과정

자아 기능과 적응을 위한 노력을 강조하는 것과 마찬가지로, Erikson은 아동심리치료에서 변화의 열쇠는 갈등을 극복하는 **숙달감**을 획득하는 기회이며, 놀이는 이 숙달감을 얻기 위한 매개로 보았다. 놀이는 아동으로 하여금 통제할 수 있는 물건들이 있는 안전한 환경에서 간섭하는 사태와 감정을 행동으로 드러낼 수 있는 기회를 제공한다. Erikson (1950)은 말하길 "놀이는 아동으로 하여금 상황 모델을 만들어서 경험을 다루고 실험하고 계획하는 것으로써 현실에 숙달되도록 한다—'놀이로 발생시킨다'는 것은 아동기 동안 가장 자연적인 자가 치유방법이다."(p. 222)

치료자의 역할은 건강한 자아 기능을 촉진하는 것이다. 가끔 이 역할은 아동에게 강요하지 않고 정서를 받아들여 아동의 자연적인 자아 치유과정이 전개되게 함으로써 이루어진다. 치료자의 수용과 이해는 아동에게 내적 평화를 얻기 위해서 숨겨진 공포나 미움을 놀이에서 들어내게 하는 기회를 제공한다. 그러나 궁극적으로는 고전적 정신분석처럼 자아심리학자는 해석의 과정을 통해서 아동의 억눌린 감정에 대해 인식하는 것을 촉진하도록 노력한다.

Erikson은 놀이행동 관찰을 통해서 아동에 대한 정신역동적 이해에 중요한 기여를 하였다(Erikson, 1964a). 예를 들어, 그의 통찰 중의 하나는 아동이 갑자기 놀이의 주제를 바꾸거나 함께 놀던 놀이를 중단하는 **놀이 와해**의 중요성이다(Erikson, 1964b). 놀이 와해의 전과 후에 일어나는 일들에 주의하면서 이 회기과정에 조심스럽게 참가한 치료자는 아동의 내적 세계에 있는 갈등의 근원에 대한 통찰을 얻게 된다.

대상관계이론

세 번째 파장에서는 정신분석의 전통적인 관심에 대인관계를 강조하는 내적 정신 변인(원초아, 자아, 초자아)을 추가하였다. 이것이 대상관계이론이며 여기서 간략하게 기술하고자 한다.

개념적 모델

1장에서 접했던 것처럼 대상관계 모델은 정신병리가 양육자와의 부정적인 경험에 기인한 분리-개별화 과정의 방해에서 초래된다고 가정한다(Masterson, Tolpin 그리고 Sifneos, 1991 참조). 보다 심각한 형태의 정신병리라면 부적절한 양육이 자율적인 자아의 발달을 방해하였을 것이다. 안전하고 안정된 개별적 자아감이 없는 아동은 분리와 같은 원초적인 방어기제를 사용할 필요성 이상으로 나아가지 못한다. 더욱이 분리-개별화 과정상에서 아동이 자기와 타인 간의 경계에 대한 변별학습 후에 건강한 발달을 위협하는 것은 자기와 타인에 대한 내적 표상의 유인가나 정서적 색채에 달려 있다. 무감동, 학대, 혹은 일관성 없는 양육은 아동으로부터 대인간 신뢰를 위한 역량뿐 아니라 적절한 자존심을 빼앗아간다. 그 결과는 신뢰와 사랑 없는 타인에 대한 내적 모델과 사랑받지 못할 자신에 대한 내적 모델이다. 그러므로 치료자의 과제는 저지되고 있는 아동의 발달시점을 평가하고 발달을 다시 정상적인 과정으로 되돌리는 교정적 정서 경험을 제공하는 것이다.

치료과정

고전적 정신분석과 같이 치료자는 전이를 통해서 아동의 내적 세계를 이해하는 것이다. 아동은 치료회기 동안에 치료자와 상호반응하면서 자신이 가진 관계에 대한 감정과 기대가 현실적으로 되어간다. 그러나 정신병리의 원인론에서 관계의 역할이 결정적인 것처럼 치료관계는 대상관계 치료의 효율성에서도 결정적이다. Freud의 모델과는 달리 정신분석가는 한층 더 초연한 관찰자와 해석가가 된다. 치료자의 실제적인 인간으로서의 존재는 대상관계 치료의 치료력에서 중요한 부분이다; 정신분석적 해석은 치료 그 자체가 아니며, 단지 개인적인 이해관계를 나타낼 뿐이다(Guntrip, 1986).

이 접근법을 요약한 대상관계 치료자는 D. W. Winnicott(1975)이다. Winnicott는 아동을 대상으로 많은 일을 했지만, 그의 치료 스타일의 전체적인 모습은 그에게 정신분석을 받았던 성인 중의 한 사람인 Guntrip(1986)에 의해서 제시되었다. Guntrip은 이전의 보다 고전적인 정신분석가들의 스타일인 빈 화면(blank screen)과 따뜻하고 개인적인 태도를 가진 Winnicott를 대비시켰다.

Winnicott의 기법은 요약하기가 어려운데, 여기서는 그 기법의 맛만을 보여줄 수 있다. 치료 관계에 있는 아동을 참여하게 하는 Winnicott의 기법 중 하나는 '구불구불 곡선놀이'였는데, 이 놀이에서 아동과 치료자는 차례로 구불구불한 곡선을 그린 후 그로부터 무엇이 보이는지 서로 묻는 것이다. 구불구불한 곡선과 그 변형은 상호작용 속에 놀이스러움을 도입시키고 치료자에게 아동의 관심에 관한 투사적 자료를 제공하는 것이다. 진행 중인 치료 과정의 일부분으로서 '구불구불 곡선놀이'는 치료자가 비언어적 수준에서 무의식적 자료를 갖고 작업하게 하며, 이것은 고전적 정신분석에서 인지적·언어적 부담을 주는 '대화치유'(talking cure)보다 어린 아동에게 더 적절하다.

또한 고전적 정신분석과는 대조적으로, 치료자 자신의 정서적 반응을 치료과정에서 간섭의 근원으로 여기기보다는 오히려 의미 있는 자료로 여긴다. 여기서 투사적 동일시(2장 참조)라는 개념이 놀이에 등장한다(Ogden, 1979; Silberman & Lieberman, 1999 참조). 아동은 자신의 감정을 마음대로 다루어서 치료자에게 참을 수 없는 감정을 드러내게 된다. 그러므로 불안한 아동을 치료하는 동안에 치료자 자신이 스트레스를 받으며 혼란스럽다는 것을 느끼게 되거나 혹은 행동장애 아동의 우롱과 모욕에 의해서 상처 받고 화가 났다는 것을 알게 된 대상관계 치료자는 '이러한 감정들이 아동의 내적 세계에 관해서 나에게 무엇을 말하는 것일까?' 하는 의문을 가질 것이다. 치료가 진행되면서 아동의 부정적인 정서에 대해서 인내하기 위한 치료자의 능력은 아동으로 하여금 의식으로부터 이러한 느낌을 지키기 위해서 분리라는 방어기제를 사용하려는 것을 극복하게 한다.

가족 맥락에서의 대상관계

Selma Fraiberg(1980)은 대상관계 접근에 대한 예를 보여주는 또 다른 정신분석가이다. 그녀는 관계란 정신병리의 발달상에서 인과적이며 정신병리를 개선하게 하는 열쇠를 제공한다는 생각을 핵심으로 하고 있다. 따라서 Fraiberg는 개인보다는 위협적인 관계를 언급하였다. 부모-유아 심리치료(Lieberman & Pawl, 1993)에서는 유아로부터 엄마의 문제 있는 아동기 망령을 떨쳐버림으로써 어린 아동의 정신병리를 예방하고자 노력한다. 아동기 상처를 기억하고 해결함으로써 성인은 자기의 아이들과 함께 아동기의 상처에 반응하는 것을 피할 수 있다. "매 사례에서 우리의 치료는 부모로 하여금 아동기 불안과 고통을 상기하게 하고 재경험하게 할 때 그 망령은 분리되어 나가고, 괴롭히던 부모는 자신의 갈등적인 과거의 반복에 대항하여 아이들의 방어자가 된다."(p. 196)(**글상자 17.1** 참조)

Erickson과 동료들(Erikson, Korfmacher, & Egeland, 1992; Erikson & Kurtz-Reimer, 2002)은 위기에 처한 엄마와 어린 아동에게 가정 중심 중재(home-based intervention)를 제공함으로써 이 계통의 치료를 계속하였다. *STEEP*(Steps Toward Effective, Enjoyable, Parenting) 프로그램은 불안정한 애착의 위험을 상쇄하도록 고안되어 있다. 목표 집단은 빈곤, 젊음, 교육 결여, 사회적 고립, 그리고 스트레스 쌓이는 생활환경에 기인한 양육문제에 위기가 있는 첫 아이를 가진 임산부였다. 개별적 회기는 이 엄마들로 하여금 최근의 슬픔, 상실감, 분노를 야기한 부적절하게 돌봐진 자신의 초기 경험에 대한 통찰을 얻도록 하고, 엄마가 이러한 감정을 처리하도록 돕는 것을 목표로 한다. 또한 치료자는 아동 양육에 대한 정보를 제공하며 개인적 성장, 교육, 일, 그리고 일반적인 생활 관리를 도와줌으로써 교육의 기능도 한다. 또한 집단 회기도 있어서 어머니들로 하여금 자신들의 방어기제, 공

글상자 17.1 정신분석적 유아-부모 심리치료회기

16세인 Annie는 그녀의 아기인 Greg을 돌보는 것을 거부하면서 Infant Mental Health Program 측으로부터 관심을 받게 되었다. 그녀는 Greg과의 신체적 접촉도 싫어했고, 우유를 사는 것도 자주 잊어버리며, 알코올음료를 먹이기도 하였다. Annie 자신도 학대받으면서 자랐는데, 그녀에게 일어났던 사실들이 기억나면 자신의 신체적 고통을 감정적으로 받아들일 수 없을 것 같았던 그녀는 겪었던 감정에 대한 모든 인식이 차단되었다. Annie의 학대적인 양육은 공격자와의 동일시와 같은 방어기제로부터 나온 것으로, 이것은 그녀의 불안과 공포의 아동기 감정이 떠오르는 것으로부터 그녀를 지켜주는 것으로 보였다. 그녀의 치료자인 Shapiro는 그녀의 집을 방문하였다.

17개월 된 Greg은 높은 의자에 앉아서 아침을 먹고 있었다. 엄마는 아기가 먹는 동안 "그렇게 하지 마, 음식을 떨어뜨리지 마."와 같은 일련의 훈계를 지속했다. Annie는 높은 의자에서 아기의 아주 사소한 실수에 갑작스런 반응으로 "그만 먹어!"라고 하면서 비명을 질렀다. Greg과 Shapiro는 갑자기 일어섰다. Annie는 치료자에게 "제가 당신을 놀래켰군요, 그렇지요?"라고 말했다. 깜짝 놀란 Shapiro는 이것이 그녀가 기다렸던 순간이라고 판단했다. Shapiro는 "Annie, 가끔 당신 입에서 나오는 말이나 소리는 당신이 내는 소리 같지 않군요. 누가 내는 소리인지 궁금한데요."라고 말했다. 그러자 Annie는 즉시 말하길 "나는 알아요. 그것은 우리 엄마가 내는 것 같아요. 우리 엄마는 자주 나를 겁주곤 했어요." 라고 했다. "어떻게 느꼈어요?"라고 묻자, "만일 당신이 옆 사람에게 방해되는 것을 생각하지 않는 난폭자와 같이 있다면 어떤 느낌이겠어요? 게다가 나는 그것에 대해서 말하고 싶지 않아요. 나는 충분히 고생했고 그것이 내 뒤에 도사리고 있어요."라고 Annie는 말했다.

그러나 Shapiro는 공손함을 유지하면서 결정적인 해석을 하였다. 그녀는 말하길 "나는 당신이 아주 작은 소녀로서 조금이라도 덜 두렵기 위해서 당신의 엄마처럼 말하고 소리치기 시작했다는 것을 상상할 수 있습니다." Annie는 다시 말하길 "나는 지금 그것에 대해서 말하고 싶지 않아요." 그러나 그녀는 Shapiro의 말에 크게 영향을 받았다.

나머지 시간 동안에 기묘한 변화가 일어났다. Annie는 Shapiro의 눈앞에서 무너지기 시작하였다. 그녀는 거칠고 반항적이며 공격적인 소녀의 모습 대신에 거의 모든 시간 동안 무력하고 화난 작은 소녀가 되었다. 그녀에게 떠오른 심각한 불안에 대해서 할 말을 찾을 수 없었기 때문에, 그녀는 현재 생활에서 두렵고 무력하고 외롭게 느끼게 하는 모든 것을 말하기 시작하였다.

이런 식으로 많은 시간 동안 Shapiro는 Annie의 어린 시절의 무력하고 두려운 경험으로 되돌아가고 또 Annie가 자신의 경험을 Greg을 양육하는 데 가져오는 방식, 즉 아동기에 두려웠던 사람에 대한 동일시가 Greg에 대한 무서운 엄마가 될 때 어떻게 기억되는지를 규명하고자 현재에서 과거로 왔다 갔다 하도록 하였다. Annie가 "나는 내 아이가 나를 무서워하는 것을 원하지 않아요."라고 말했을 때가 바로 치료적 기쁨을 느끼는 순간이었다.

출처: Fraiberg(1980).

해 문제에 직면하게 하고 상호 지지를 통해서 신뢰감을 얻도록 한다.

정신역동적 발달치료

가장 최근에 발달한 정신분석적 심리치료의 하나는 Fonagy와 Target(1996b)의 정신역동적 발달치료(Psychodynamic Developmental Therapy for Children, PDTC)이다. 그들의 작업은 런던에 있는 Anna Freud 센터에서 수행되었는데, 이름이 의미하듯이 Anna Freud의 생각을 반영하고 있다. Fonagy와 동료는 특히 경험적 연구가 필요한 처치 모델을 발달시키는 데 관심을 두었다. 그들의 연구 프로그램은 기저 이론의 명료화, 파악하기 어려운 정신분석 개념의 조직화, 이론과 중재 기법 간의 명백한 관련성이라는 단계로 진행된다는 것을 제시하였다.

개념적 모델

John Bowlby의 작업에 영향을 받아서 Fonagy와 동료들은 불안한 자아발달이 아동기 정신병리의 핵심부에 자리 잡고 있다고 본다. 부모와 초기 애착관계의 실패는 그 아동으로 하여금 자아와의 관계에 대한 긍정적이고 왜곡되지 않은 시각으로 이끄는 사회적 경험을 결핍되게 한다.

더욱이 Fonagy와 Target(1996)은 아동 자신과 타인에 대한 아동의 가설이 내적으로 표상되는 방식을 기술하기 위해서 사회인지 영역의 개념을 사용하였다. 예를 들어, 그들은 마음이론이라는 용어를 사용하였으며(5장 참조), 이것은 자폐증에서 자신과 타인의 정신 상태를 이해하려는 아동의 능력에 대해서 말한다. 이 능력은 동정심과 정서적 반응이 부족한 부모의 아동들에게 결여되어 있다. 정신병리에서 와해된 또 다른 중요한 정신기능은 정서나 충동에 압도당하기보다는 정서를 인내하고 충동을 통제하는 능력과 아동이 세상을 탐색하고 행동하도록 하는 현실의 체제화, 그리고 자기와 타인에 대한 안정적 표상을 포함한다.

치료과정

PDTC의 초점은 아동으로 하여금 건강한 발달경로의 진행을 방해하는 장애물을 제거하는 데 있다. 이것은 교정적 경험을 통해서 아동에게 자기와 타인에 대한 보다 완전하고 정확한 표상을 발달시킴으로써 이루어진다. 치료자는 아동들이 자신의 감정과 행동을 의식적인 통제 하에 두고, 자신의 사고과정에 대해서 생각할 수 있는 초인지적 양식을 발달시키기 위해서 자기와 타인에 대한 의식 상태를 반성하는 능력을 증진시키도록 노력한다. 이제 이러한 목적이 어떻게 달성되는지를 기술하고자 한다.

반성적 과정을 향상시키기 위해서 치료자는 아동이 자기 자신의 감정을 관찰하고 이해하고 명명하며, 그들의 행동과 느낌 간의 관계를 인식하도록 돕는다. 그 다음 충동 통제를 강화하기 위해서 치료자는 여러 가지 기법을 도입할 수 있다. 그러한 기법 중 하나가 은유를 사용하는 것이다. 예를 들어, 한 아동은 "세상에서 가장 막강한 힘을 가진 기차 엔진"의 부분으로 행동하였는데, 이것은 이제까지 자신의 불멸성을 증명하기 위해서 창문으로부터 뛰쳐나오도록 위협해왔었다. 치료자는 실제로 가장 막강한 기차는 좋은 제동기를 가진 것이라고 제시하고 아동으로 하여금 자신을 발견하고자 노력하는 흥미를 두었다.

다음으로 정신분석적 관계는 PDTC 치료자에게 아동이 사람들의 행동에 깔려 있는 동기에 대한 이해 같은 타인에 대한 인식을 발달시킬 수 있는 기회를 제공한다. 불안한 애착관계를 경험한 아동들은 혼란스럽거나 싸워야 하는 성인의 정신 상태를 찾으려고 할 것이다. 지지적이고 수용적인 분위기의 치료 관계는 아동들로 하여금 대인관계에 대한 그들의 생각을 탐색하도록 하며, 그들의 잘못된 내적 모델을 수정할 수 있게 하는 안전한 장소를 제공한다. 마지막으로 PDTC는 아동으로 하여금 놀 수 있는 역량을 발달시키도록 도와주는 것을 목적으로 한다. 놀이는 가상과 현실의 두 가지 상이한 현실을 마음에 담아두는 것을 필요로 하기 때문에, 놀이할 수 있는 역량은 초인지 역량을 획득하는 데 핵심이 된다. 치료자는 행동이 단지 척하는 것임을 나타내기 위해서 과장된 행위로서 놀이다움을 부추기고, 실제 세계의 관심을 언급하지 않도록 놀이도구(예를 들어, 나무블록)의 사용을 격려한다.

경험적 지지

정신분석적 시각을 가진 심리치료사는 쉽게 경험적 연구를 하지 못한다. 또한, 달성하고자 하는 기법이나 결과가 쉽게 표준화되지 않는다. 예를 들어, 변화의 기제는 환자와 치료자 간의 강렬한 관계의 산물이다; 해석은 아주 알맞은 시기에 이루어져야 하며 그래야 환자가 쉽게 그 해석을 받아드릴 수 있다. 이 기법의 미묘함은 치료자들이 단일한 방식에 따르도록 처치 지침서로 만드는 것을 용이하지 않게 한다. 더욱이 정신분석의 성공 결과의 여부는 관찰이나 정량화하기가 어려운 방어기제, 자아강도, 그리고 내적 표상과 같은 가설적인 구성체에 따라서 달라진다. 따라서 아동을 대상으로 한 정신분석의 효과를 실험적으로 검증하기 위한 노력은 거의 없으며, 정신분석과 실험적 검증 간의 괴리가 크다는 것은 놀라운 일이 아니다. 마찬가지로 아동 대상의 정신분석에 대한 연구에 본래부터 존재하는 어려움은 이러한 노력들을 한층 더 현저하게 만든다.

정신역동적 발달치료만이 엄격하게 프로그램화된 연구가 될 수 있는 유일한 정신분석학적인 아동치료가 된다. 지금까지 Fonagy와 동료들(1996)은 우울, 불안, 공포증, 외상후 스트레스장애, 반항성 장애, 행동장애, 주의력결핍-과잉활동장애를 포함한 광범위한 장애를 대상으로 한 이 접근법의 성공에 대해서 상술하였다. 10장에서 기술했듯이 내면화 장애를 가진 아동과 청소년들은 외현화 장애 아동이나 청소년보다 정신역동적 발달적 치료에 반응하기가 용이하다. 예를 들어, Fonagy와 Target(1994)은 불안과 우울로 진단받은 아동의 85% 이상에서 더 이상 그러한 진단을 받지 않은 반면에, 행동장애 아동에서는 오직 69%만이, 그리고 강박충동성 신경증 아동에서는 30%만이 동일한 진단을 받지 않았다. 더 어린 아동들(12세 이하)은 집중 치료(한 주에 4~5번)시에 가장 효과적이었다.

다음으로 애착장애를 예방하기 위한 *STEEP* 프로그램(Erickson, Korfmacher, & Egeland, 1992)에 대한 연구는 대상관계 모델을 검증하는 것에 가깝기 때문에 살펴볼 필요가 있다. 중재가 끝난 1년 뒤인 아이가 2세가 되는 때에 수행된 추후 평가는 처치 받은 엄마가 통제집단에 있었던 엄마보다 자녀를 위해서 더욱 적절한 자극을 주고 조직화된 가정환경을 제공하였다는 것을 보여주었다. 덧붙여서, 이 엄마들은 우울이나 불안의 증세가 적었고 보다 나은 생활관리기술을 가지고 있었다. 첫 해 동안은 애착안전이 증가하지 않았지만 두 번째 해에는 애착안전 방향으로의 경향성이 감지되었다. 마지막으로 Van Iizendoom,

Juffer와 Duyvesteyn(1995)은 엄마와 어린 아동의 애착에 근거를 둔 많은 중재에 대해 메타 분석을 실시하였다. 결과적으로 이 중재는 효과적인데, 특히 처치가 강력하고 지속적인 경우에 더욱 그러하였다.

5. 인본주의적 접근

내담자 중심 또는 비지시적 접근이라고도 불리는 **인본주의적 치료**(humanistic therapy) 접근은 분석적 치료, 행동적 치료와 완전히 구분된다. 인본주의적 치료자는 분석자처럼 끼어들지 않으며 행동치료자 같이 문제해결 방안에 관해 알려주지 않는다. 대신, 치료사는 내담자에 관해 판단을 내리지 않으면서 그들이 성장할 수 있는 분위기를 조성하기 위해 노력한다. 인본주의적 접근은 간단한 것으로 보일 수 있으나 이 치료법은 명백하게 발달정신병리학의 발달 모델에 기초하고 있으며 가장 노력이 요구되는 작업 중 하나이다.

개념적 모델

우리는 인본주의적 치료의 창시자, Carl Rogers(1959)의 개념에 기초하여 논하고자 한다. Rogers는 개인 자신의 중요성, 다시 말해서, 자신이 누구이며 다른 사람과의 관계에 대한 개념을 강조한다. 자신에 대한 인식은 걸음마시기에 출현하며 사랑, 존중, 공감, 인정에 대한 욕구를 발전시켜 나간다. 아이들이 사랑하고 소중하게 생각하는 사람은 아이들에게 자신들을 위해서 경험하고 결정하고자 하는 욕구를 촉진시킨다는 것이 핵심적이다. 이것은 아이들이 **무조건적인 긍정적 존중**(unconditional positive regard)을 받았을 경우에만 충족된다. 여기서, 아동의 어떠한 면도 긍정적 존중을 받을 가치가 있는 것으로 받아들여진다. 아동은 본질적으로 가치 있는 존재이며, 그들이 경험하는 것은 성인의 기준에 의해 "착하다" 또는 "나쁘다"로 판단되어지지 않는다.

정상적 발달은 Roger가 말하는 **가치 조건**(conditions of worth)이라 불리는 것에 의해 왜곡된다. 아이들에게 중요한 사람인 부모나 선생님들은 본질적으로 무조건적인 긍정적 존중 대신 "내가 원하는 대로 행동해야지 너를 사랑할 거야"라고 말한다. 긍정적 존중에 대한 강한 욕구로 인해, 아이들은 자신의 가치 속에 부모의 가치를 집어넣게 된다. 이 시점에 이르면 아이는 진정한 자신이 될 수 없으며. 폭넓은 경험에서 배제되고, 어떠한 경험이 자신의 성장을 촉진시키는지 혹은 방해하는지 판단할 수 없게 된다. 이질적 가치와 협력함으로써 아이들은 진정한 자신으로부터 소외된다. 이러한 소외로 인해 아이들은 착한 아이라는 주어진 틀에 자신을 맞추기 위하여 경험을 왜곡시킨다. 아마 미적 감각이 있는 남아는 아빠의 이상 때문에 자신이 경쟁적으로 성공하려고 작정한 자가 되어야 한다고 믿을 것이다. 또한 똑똑한 여아는 지적 성취를 얕보는 엄마로 인해 부정적 감정에 계속 시달릴 수 있다.

치료과정

앞선 논의에서 밝혀 보았던 것에 비추어 보면, 우리는 인본주의적 치료자가 아동에게 무조건적으로 긍정적 존중을 제공함으로써 조건부의 사랑이 가져온 손상을 원상태로 회복할 수 있다. 초점은 지속적으로 감정에 맞춰져야 하는데, 왜냐하면 감정이 성숙으로 나아가는 열쇠를 쥐고 있기 때문이다. 게다가 치료과정은 내담자 중심이므로 주제의 선택권은 아동에게 주어지게 된다.

Virginia Axline(1969)은 Roger의 원리를 아동치료법에 가장 근접하게 접목시킨 사람이다. 내담자 중심의 치료과정에서 주요한 변화는 사춘기 이전 아동을 위하여 장난감을 도입시켰다는 점이다. 장난감으로는 단순하면서도 자신을 표현할 수 있는 인형, 동물, 찰흙, 모래 쌓기 재료 등이 사용된다. 구조화된 장난감이나 기술이 필요한 게임은 아동의 다양한 개별적 행동들을 표현하기에 너무나 구조적이라 사용을 피하게 된다. 형식적 장치는 정신분석가의 장치와 비슷하지만 그 목적에 있어서는 상당히 다르다. 놀이를 해석의 기초로 사용하기보다는 치료자는 아동에게 도입하는 주제와 정서를 반영시키는 활동으로 제한시킨다(Axline의 기법 예는 **글상자 17.2** 참조).

아동의 정서 반영이라는 기술은 인본주의 접근의 핵심이다. 다른 사람이 말한 것을 아무 생각 없이 앵무새처럼 반복하는 것과는 달리, 반영/반사는 특히 아동과의 치료에서 효력 있는 기술이다. 아동은 종종 바쁘고 주위가 산만하며 자신의 말을 듣는 둥 마는 둥 하는 어른들과 대화한 경험을 가지고 있다. 아동의 생각과 감정을 반영하는 기법은 치료자가 적극적으로 경청하며 아동의 관심사를 진지하게 받아들이고 있음을 전달하는 것이다. 더욱이, 치료회기의 허용적 분위기 속에서 아동은 이전에 의식하기를 꺼려했던 감정의 세계를 탐험하기 시작한다. 사실상, 이러한 감정 중 일부분은 그것이 무엇인지 정확하게 인식되지 못할 수도 있다. 그러므로 반영은 단순히 아동이 이미 아는 것에 대한 메아리가 아니라 정의내리는 역할을 한다.

치료자의 비판단적 반영은 이전에 소외된 감정을 받아들인다는 수용의 뜻을 전달하며 이는 아동으로 하여금 자신을 수용하도록 격려한다. 감정이 뚜렷하게 정의되고 받아들여지면 이것이 조화를 이루게 된다. 남아는 경쟁적인 성공 갈망자라는 이질적 역할을 하도록 강요되어진 것에 분개하고, 여아의 경우에는 무지한 엄마의 거부에서 비롯된 공포심에 직면할 때 이러한 감정들이 자신의 일부분이 된다. 한때 분리된 자신이 다시 하나의 전체가 되는 것이다.

치료자는 최종 지시를 하며 내담자가 자신의 문제를 해결하는 능력에 대해 자신감을 갖도록 한다. 그러므로 인본주의적 아동 치료자는 비지시적이라 불린다. 치료자는 치료시간에 관한 기본적인 규칙과 치료과정에 대한 설명을 마친 후 치료 방향을 아동에게 넘긴다. 앞에서 살펴보았듯이, 치료자는 아동의 행동을 해석하지 않으며 아동의 과거나 현재 상황, 또는 과거 치료 상황으로부터의 어떠한 자료도 받아들이지 않는다. 만약 예를 들어, 아이

글상자 17.2 인본주의적 놀이치료회기

6세인 Joannne이 놀이치료방에 들어왔다. 테이블에 조용히 앉아 매 치료회기마다 찰흙으로 만들었던 동일한 것을 다시 만들기 시작한다. 그것은 바로 지팡이를 들고 있는 남자의 형상이다.(Joannne 엄마의 새 애인도 지팡이를 든다.) 매 시간마다 남자 형상을 한 찰흙이 다 만들어지면 무시무시한 일이 일어난다.

치료사: 다시 그 남자를 만들었구나.
Joannne: 예(목소리에 긴장과 단호함이 깃들어 있다).
치료사: 지팡이를 들고 있는 남자구나.
Joannne: 예(남자 형상 전체에 구멍을 뚫기 시작한다).
치료사: 찰흙 남자 아저씨한테 구멍을 뚫는구나.
Joannne: 찔러! 찔러! 찔러!
치료사: 네가 아저씨 형상을 찌르는 구나.
Joannne: (작은 목소리로)아야, 네가 나를 해쳤어.(목소리가 변한다) 상관없어. 나는 널 해치고 싶어.
치료사: 네가 해쳐서 찰흙 아저씨가 우는 구나.
Joannne: (저지하고는) 해치고 싶어요.
치료사: 너는 해치고 싶어 하는구나.
Joannne: 이 아저씨 싫거든요.
치료사: 아저씨를 싫어하는구나.
Joannne: 싫어요. 정말 싫어서 미치겠어요. 관통한 이 구멍들 좀 보세요. 아저씨 등의 앞뒤를 지나가죠.
치료사: 아저씨한테서 정확히 관통한 구멍이 보이는구나, 너는 아저씨를 움직이지 못하게 하려는구나.
Joannne: 예. 머리를 떼어내버릴 거예요.
치료사: 너는 심지어 머리까지 떼어내버릴 거구나.
Joannne: 알아요, 알아. 아저씨를 항아리 바닥에 깔고 찰흙을 위에 쌓아 버릴 거예요. 그럼 숨이 막히겠죠.
치료사: (아동의 행동을 따라간다) 너는 아저씨 찰흙을 조각조각 내어 항아리 바닥에 묻었었지.

Joannne는 고개를 끄덕이며 치료사에게 미소를 짓는다. 그리고 나서 아기 인형에게 음식을 주는 행동을 한다. 그리고 인형을 팔로 부드럽게 안는다. 인형을 침대에 놓은 후, 매우 빨리 집 놀이를 하기 시작한다.

출처: Axline(1969).

가 불장난을 친다는 사실을 알게 되면 치료자는 아이가 이러한 행동을 치료회기 동안 드러낼 때까지 기다릴 것이다. 따라서 책임감은 항상 아이에게 주어진다. 치료자가 아동에게 암시적으로 전달하는 바는 바로 아동이 자신의 성장에 가장 도움이 되는 것을 결정하는 능력을 신뢰한다는 것이다.

짐작하는 바처럼, 비지시적 치료자가 되기 위해서는 상당한 노력이 필요하다. 첫째, 이것은 성인이 더 잘 안다는 권위적 역할을 포기하는 것을 의미한다. 더욱이, 아동에 대한 존중과 수긍은 반드시 순수해야 한다. 그러나 아동에게 자신이 좋아하는 것을 할 수 있는 자유가 주어졌을 경우, 그들은 파괴적 행동 표출에 이끌리기 시작한다. 뿐만 아니라, 아동은 어른을 놀리고 시험하고 자극하는 방법을 귀신 같이 찾아낸다. 치료자에게는 자기 방어와 앙갚음 대신 인정과 이해의 태도를 유지하기 위해서는 참을성 있는 기질과 자기원칙이 요구된다.

놀이치료

Landreth(2002)는 아동 대상의 내담자 중심 접근법을 놀이치료로 정교화하였다. 놀이는 아동발달에서 구체적인 경험과 추상적 사고를 연결하고(Piaget, 1962), 경험을 조직화하기 위해서 안정시키고 자기지시적 방법을 허용하며, 아동이 자신의 내적 세계를 표현하고 또 알 수 있게 하는 자연스런 방법을 제공함으로써 중요한 역할을 한다. 예를 들어, Landreth는 2001년 9월 테러리스트의 공격을 당한 후 성인은 그들의 경험을 말하고 재차 또 말하면서 자신의 충격과 불안을 언어적으로 공유한다고 기술하였다. 그러나 아이들은 그들의 경험에 대해서 거의 말하지 않았으며, 대신 놀면서 자신의 느낌에 대해서 행동으로 나타냈다. 탑은 단지 비행기가 부딪혀서 무너지게 하려고 쌓았으며, 건물은 불타고 사람들은 다쳤으며, 앰뷸런스와 불자동차가 그들을 구조하러 올 때 사이렌이 요란하게 울렸다. Landreth는 3세 환자가 헬리콥터를 반복적으로 벽에 부딪히면서 '나는 너, 헬리콥터 미워해'라고 격렬하게 말하는 것을 목격했다.

아동이 내적 경험에 관해서 대화하게 하기 위해서 아동중심 치료자는 아동이 자신의 세계를 공유하는 과정에 들어가도록 한다. 이 치료자는 놀면서 드러낸다는 것이 자가 치유과정이라는 기대를 가지고, 아동으로 하여금 놀이라는 상징적 매개체를 통해서 감정, 사고, 행동, 그리고 경험을 충분히 표현하고 탐색하게 하므로 비지시적이다. 아동중심 놀이치료는 아동의 성장과 성숙을 향해 투쟁하는 본유적인 인간 역량의 기본 철학과 아동의 건설적인 자기지시 능력(p. 65)에 대한 깊고 확고한 신념이다.

Rogers와 맥을 같이하여 Landreth는 치료적 성장을 위한 세 가지 핵심적인 조건을 기술하였다. 첫째는 치료자는 현실적이다: 진실성은 치료자가 행동하기보다는 존재하는 기초적이고 기본적인 태도이다(p. 70). 두 번째, 치료자는 아동의 가치를 무조건 존중하고 존경하면서 대화함으로써 아동을 온정적으로 돌보고 수용을 해야 한다. 세 번째, 치료자는 아동의 내적 세계와 참조의 주관적 틀에 대해서 이해하는 데 민감해야 한다. 이 아동이 이러한 치료적 관계를 경험하게 되면 점차적으로 그들 자신이 되어야 하는 것에서 자유로워지고 그들에게 가치를 두게 된다.

이 접근법이 앞으로 논의하게 될 인지적 접근과 행동적 접근과 구분 짓게 되는 한 가지 특성은 주의의 관심이 문제보다는 아동에 있다는 것이다. 진단에는 관심이 없는데, 왜냐하면 치료자는 현재의 문제에 대한 정의에 따라 접근법이 변하지 않기 때문이다. 그 대신, 조건은 아동 내부에서 스스로 성장하고 변화하는 과정을 생성하게 하는 것이다. 자가 치료가 효과를 보게 되면서 아동을 치료받게 하였던 행동이나 증세가 자연스럽게 떨어져 나간다.

경험적 지지

Rogers는 치료적 접근법에 대한 효과를 평가하는 데 관심이 있었으나, 아동과 관련된 인본주의적 접근에 관한 연구는 거의 없었다. 그러나 정신치료 방법에 관한 연구는 치료자에 의해 제공되는 사랑, 공감, 인정이 아동의 긍정적 결과와 관련이 있다는 것을 증명하는 것이다(이 연구에 관한 재검토는 Shirk & Russell, 1996 참조).

6. 행동치료

개념적 모델

행동치료(behavior therapy)는 환자의 고유한 현재의 관찰 가능한 행동에 주의를 기울이고 중재 후 결과에 대한 객관적 측정치에 관심을 두며, 행동 변화의 일반적 원리를 제공하기 위한 실험연구실에 의존하는 특징을 지니게 되는데, 이것은 치료적 중재의 기본이며 임상적 결과에 대한 엄격한 실험실 검증을 하는 것이다. 행동치료는 특수한 기법 세트라기보다는 "이상행동에 대한 하나의 접근법으로 … 경험적 방법론이 특징이다(Ross & Nelson, 1979, p. 303)."

좀 더 구체적으로 설명하자면 현재의 행동에 초점을 맞춘다는 것이 실용적이다. 왜냐하면 현재 행동이 가장 변할 수 있는 여지가 크기 때문이다. 행동치료자들은 이러한 행동들이 과거에 뿌리를 두고 있다는 사실을 부정하지는 않지만, 과거는 변화될 수 없는 반면 현재와 미래는 변할 수 있다. 현재 진행되는 행동 가운데, 치료자들은 세 가지 반응 체계를 다룬다: 외현적 운동 체계, 생리적 정서 체계, 그리고 인지적 언어 체계, 이 세 가지는 필연적으로 서로 연관되어 있지 않기 때문에 치료프로그램 속에서 이 세 가지가 복합적으로 고려되어야 한다. 예를 들어, 학교에서 계속 싸우는 남자 아이가 치료자한테는 "별 문제 없어요"라고 말한 뒤 때때로 싸울 수 있다는 것이다.

임상장면과 실험실 간의 지속적인 상호작용 속에서 학습 원리는 치료 절차를 만들어내는 데 광범위하게 사용되어 온 반면 사회심리학과 발달심리학은 비록 미약하지만 치료 기법의 개념적 뒷받침을 해왔다. 아마도 실험적 발견을 적용하는 것보다 더 중요한 것은 경험적 절차를 심리치료 기법 속에 통합시키는 것이다. 행동치료자들은 자기들의 실험적 상응물과 매우 흡사한 추론을 내린다: 만약 행동 X가 선행사건 Y와 후속사건 Z 때문이라면, Y와 Z가 변화되면 X도 변화되어야 한다. 치료적 중재는 실험처럼 가설을 검증하고, 목표행동 X가 원하는 방향으로 변하는 기저율상의 변화를 나타내는 결정적 측정들로 구성된다.

치료적 효과를 평가하는 가장 간단한 설계는 A-B 설계로 종속 측정은 중재 전(기저율 또는 A)과 중재(B) 중간에 평가된다. 만약 치료자가 3살 아이의 분노폭발이 엄마의 관심에 의해 유지된다고 가정했다면, 치료자는 엄마에게 울화통을 부려도 무시하라고 할 것이다. 만약 기저율이 내려갔다면, 치료자는 자신의 가정이 정확했음을 입증하는 증거를 획득하게 된다. 이러한 설계는 행동상 변화가 일어났느냐, 그렇지 않았느냐를 입증하므로 임상작업에는 충분하다. 그러나 변화가 다른 변인이 아닌 중재에 의해 야기되었다는 가설을 엄격하게 검증하기 위해서는 치료 절차가 반복적으로 적용되고 철회되는 역전 A-B-A-B 설계가 가용된다. 만약 치료가 개입될 때만 목표한 행동의 변화가 일어난다면, 인과관계는 쉽게 추측될 수 있다(그림 17.1 참조).

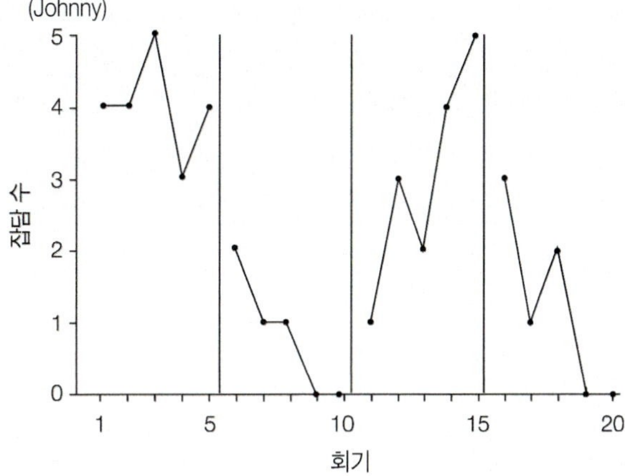

그림 17.1 교육 가능한 정신지체 아동의 집단행동에 대한 기록

기저율1: 실험조건 이전
교사의 유관적 주의: 교사가 체계적으로 잡담에 대해서는 무시하고 적절한 행동에 대해서는 교사가 주의함
기저율2: 잡담행동에 대해 교사가 주의를 다시 줌

출처: Hall 등(1971).

발달적 차원

우리는 발달적 주제에 대한 논의를 다른 치료 형태에 대한 설명 속에 통합해왔다. 그러나 행동적 사고란 역사와 무관하게 정의된다—모든 관심사의 초점은 오직 현재 진행되고 있는 행동이며 과거는 관련되지 않는다. 그렇다면 발달적 고려사항들이 행동치료와는 관계가 없는 것인가? 비록 행동학자들이 정신병리의 개념화와 치료법 속에 발달상의 주제들을 민감하게 다루지 못해서 호되게 비판을 받고는 있으나, 이 분야에서 두각을 나타내는 치료자들은 이러한 틈새를 메우는 작업을 해왔다. 예를 들어, Forehand와 Wierson(1993)은 아동을 대상으로 행동적 개입을 하고자 할 때 고려되어야 하는 발달적 요인에 관한 개관을 하였다. 그들은 신생아에서 사춘기에 이르는 환경적 맥락에 대한 고려뿐 아니라 단계특징적인 주제와 정서적·인지적 사회성, 도덕성 발달에 관한 자료를 검토하였다.

다양한 자료를 검토한 결과, 그들은 행동치료자들이 고려해야 하는 세 가지 주요한 영역을 끌어냈다. 그 첫 번째는 아동의 인지능력이다. 예를 들어, 어린 아동에게는 구체적이며 현재 지향적 언어가 요구되며, 그들은 그림이나 놀이와 같은 비언어적 상호작용 양상에 가장 잘 대응한다. 더욱 정교한 인지능력이 생기면서 나이가 든 아동은 문제해결기술과 같은 보다 정교한 언어에 기초한 통제 기법의 학습에서 효과를 얻을 수 있다.

두 번째 영역은 아동의 발달과제와 관계된다. 행동치료의 효과가 극대화되기 위해서는, 변화를 목표로 설정된 행동이 아동이 직면하고 있는 발달과업과 일치되어야만 한다. 아동 중반기에는 전문적 지식을 습득하는 것, 사춘기에는 개별성을 획득하는 것이 발달과업이 된다. 덧붙여서 중재의 목표는 아동이 이전의 발달 이행기에 이뤄내지 못했던 과제가 되어야 한다. 즉, 아동 치료자가 아동의 이전 발달시기에 무엇이 정상발달 진로를 벗어났는지를 결정하기 위해서는 단순히 현재의 문제를 넘어서야 할 필요가 잇다.

세 번째는 발달적 맥락이다. 전반적 발달과정에서 단순히 아동만 변하는 것은 아니다. 사회적 세계가 가족에서 또래 친구, 학교, 그리고 더 큰 사회로 확장되면서 아동의 환경 또한 변한다. 변화되는 환경 속에 포함되는 사람들은 강화자, 처벌자, 또는 아동의 모델 역할을 하면서 아동에게 행동상의 유관성을 제공한다. 가족외의 사람들도 지속적으로 문제행동에 기여하거나 그 행동을 감소시키는 데 도움이 되는 역할을 한다. 그러므로 행동치료자들은 발달과정 전반에 걸쳐 또래와 선생님을 중재계획에 통합시키기 위해서, 부모-아동 관계에만 집중된 좁은 범위의 중재를 넓힐 필요가 있다.

치료과정

학습의 원리—특히, 고전적 조건형성, 조작적 학습, 모방 행동—는 행동치료 절차의 기본을 이룬다. 여기서 우리는 각각의 원리를 적용시킨 사례들에 관해서 살펴볼 것이다(어떻게 행동치료가 다양한 정신병리에 적용되는지에 관한 설명은 Morris & Kratochwill, 1998을 참고하라).

고전적 조건형성

Wolpe(1973)에 의해 발전된 **체계적 둔감화**(systematic desensitization)는 불안과 연관된 문제를 제거하는 일련의 절차이다. 이러한 문제들은 초기에 중립적이었던 자극이 고전적 조건형성의 결과로 강력한 불안 반응을 유도한다. 조건화된 자극과 불안 반응 사이의 결속은 **상호 억제**(reciprocal inhibition)에 의해 깨질 수 있는데, 상호 억제는 양립할 수 없는 두 가지 반응 중 강한 반응이 약한 반응을 억제하는 작용이다. 그러므로 치료자의 과제는 불안을 야기하는 자극과 더 강하고 양립할 수 없는 반응을 짝짓는 일이다. Wolpe가 사용한 반응은 강한 근육 이완이다. 왜냐하면 사람은 불안과 이완 상태를 동시에 누릴 수 없기 때문이다.

치료의 효과를 위해 두 가지 사전 단계가 요구된다. 첫째, 아동은 전반적으로 다양한 몸의 근육들을 이완시키는 기술에 정통해야만 한다. 또한 불안을 유발하는 자극들을 가장 약한 불안 자극에서 가장 강한 불안 자극에 이르는 것까지 단계적으로 구성해야 한다. 예를 들어, 학교 공포증을 가진 여아를 살펴보자. 여자 아이는 일어나서 옷을 입을 때까지는 걱정이라는 감정을 느끼지 않을 것이다. 그러나 밥을 먹으면서 미미한 불안이 일어날 것이고, 버스를 기다리고 학교에 가까워지면서 불안의 강도가 세어진다. 그리고 수업이 시작하기 전 쉬는 시간에 가장 강한 불안감을 느낄 것이다.

치료과정 내에서 아동은 각 단계를 머릿속에 그려볼 것이며, 각 단계를 이완 반응과 함께 짝지을 것이다. 만약 특정 단계에서 불안이 너무 강하게 몰려와 아동이 긴장을 풀지 못한다면, 아동은 이전 단계로 돌아간다. 치료회기가 진행되면서 아동은 점차적으로 긴장을 이완시키는 것이 가능해지며 심지어는 가장 강도 높은 불안 유발 자극에도 편안하게 대응할 수 있게 된다. 비록 Wople의 이론적 해석에 많은 의문점들이 던져지고 증상 향상과 관련된 특정 변인들이 만족스럽게 분리되지는 못했지만, 치료법 그 자체는 많은 문제를 다루는데 성공적이었다. 체계적 둔감화는 공포, 사회적 불안과 일반화된 불안, 외상 후 장애, 분리불안을 포함하는 아동 불안장애에 대해서 경험적으로 많이 지지받고 있는 중심적인 중재이다(Amaya-Jackson et al., 2002; Kendall et al., 2004; Morris & March, 2004).

조작적 조건형성

행동치료자들은 행동이 특정한 선행사건과 후속사건에 의해 통제된다는 조작 원리를 광범위하게 사용해왔다. 반응에 뒤따르거나 반응에 유관된 보상과 처벌의 조작 또는 유관된 처치는 부적절한 행동을 줄이거나 바람직한 행동의 강도를 증가시키는 데 유력한 구실을 한다. 두 가지 긍정적인 결과는 보상 또는 **정적 강화**(positive reinforcement)와 혐오 자극 또는 **부적 강화**(negative reinforcement)의 제거이다. 또한 두 가지 대표적인 부정적인 결과로는 정적 처벌 또는 혐오 자극의 제시, 부적 처벌 또는 유쾌 자극의 제거가 포함된다.

조작 원리를 적용한 예로서, 치료자와 부모를 포함한 사람들로 구성된 한 집단을 들 수 있다. 그들은 치료프로그램을 쉽게 이행하는 방법을 교육받을 뿐 아니라, 치료 환경에서 유도당하는 입장이 아닌 넓은 범위의 행동들을 통제하는 입장에 놓인다(이 예는 Ross와 Nelson, 1979에서 근거한다). 2~3세 아동의 언어 기술은 엄마가 칭찬이나 먹을 것을 제공하면서 물체에 이름 붙이는 활동을 강화할 때 향상되었다. 반면 21개월 된 아이의 분노폭발은 엄마가 이를 무시할 때 소멸되었다. 무시를 통해서 분노폭발을 지속시켰던 관심의 철회가 일어난 것이다.

직접적 강화 대신, 아동에게 토큰을 제공할 수도 있다. **토큰**은 칭찬과 특권 같은 보상으로 후에 다시 되찾을 수 있다. 또 다른 치료프로그램에서 아동은 협조적 행동과 잡일을 거들어주면서 토큰을 다시 찾을 수 있으며, 바람직하지 않는 사회적 행동으로 인해 토큰을 잃어버릴 수도 있다. **타임아웃**(time out)은 아동들을 짧은 시간 동안 격리시키는 것으로, 아동들은 강화물 제공자로부터 격리되는 처벌을 받게 된다. 어떤 혼합 프로그램에서는 과도하게 활동적인 남아가 과격하게 행동하거나 불복종했을 경우에 2분 동안 격리시킨다. 반면 약한 강도의 잘못된 행동을 보인 아동은 무시되고, 협동적인 아동은 특별한 관심과 대우로서 보상을 받는다.

관찰학습

관찰학습이나 **모방학습**(modeling learning)은 일차적 치료 기술로 광범위하게 사용되지는 않는다. 그러나 용감한 아동이 공포심을 자극하는 뱀이나 개와 상호작용하는 모습을 겁이 많은 아동에게 관찰하도록 권하는 것은 몇 가지 종류의 공포심을 제거하는 데 효과적이었다. 이러한 모방학습은 실제 생활이나 영화 속에서 볼 수 있을 것이다. 모델링은 종종 바람직한 행동의 강화물과 혼합된다. 예를 들어, 자폐성향을 지닌 아동을 가르칠 경우, 아동이 치료자의 발성법을 성공적으로 모방할 때마다 음식이 즉시 상으로 주어진다. 이러한 기법의 다른 예로는 13장에서 설명된 고통관리 모델링이다.

가족 맥락에서의 행동치료

행동치료자들은 가족, 학교, 또래와 같은 다양한 환경을 포함하기 위해 중재의 범위를 확대시켰다. 아동을 부조화롭거나 역기능적 상황에 남겨 두고서 아동의 이상행동을 변화시키는 것은 이치에 맞지 않는다.

10장에 제시된 **부모관리훈련**(Parent Management Training; PMT)은 사회학습 원리에 기초한 최고의 프로그램이자 가장 성공적인 프로그램이다. PMT는 Patterson(1982)에 의해 개발된 것으로, 그는 부적응적인 부모-자녀 관계를 행동장애의 핵심적인 발병 원인이라고 보았다. PMT는 부모와 자식 간의 상호작용을 수정하는 데 초점을 두기 때문에 교정적인 행동보다는 친사회적 행동이 강화된다. PMT란 명칭이 암시하듯이, 이 프로그램은 부모를 훈련함으로써 아동에게 효과적으로 대응하게 한다. 조작적 조건형성원리는 아동이 행동문제를 보이는 가정에 일차적으로 사용되는 부모훈련 치료의 중심이다(Kazin, 2003; Webster-Stratton & Hancock, 1998).

첫 번째, 부모는 아동 양육문제에 대해서 **행동적 측면**에서 생각하는 법을 배운다. 그들은 문제행동의 전제요건과 결과뿐 아니라 이를 규정짓고 정의내리고 관찰하도록 훈련을 받는다. 이러한 훈련방법을 통해, 부모는 자녀의 잘못된 행동을 지속시키는 데 일조한 자신의 역할을 깨닫게 되며 문제를 개인화하거나("나는 부모로써 별로야") 또는 자신의 자녀를 정신병리학적으로 분석하는 것("내 아들은 잘못된 종자야")와 같은 도움이 되지 않는 귀인을 버리게 된다.

두 번째, 부모는 **정적 강화**의 사용을 포함하는 일련의 행동수정 기술들을 배우게 된다. 흔히 강압적 상호작용을 계속적으로 반복하는 부모는 자녀에게 어떤 종류의 긍정적 피드백을 제공해야 한다는 사실을 소홀히 하며, 그들은 자녀와 함께 기분 좋은 시간을 거의 보내지 않는다. 행동수정의 근본적인 목표는 문제의 행동을 줄이는 것뿐 아니라 친사회적 행동을 늘리는 것이다. 그러므로 부모들은 아동이 긍정적 행동을 보일 경우에 주어질 수 있는 사회적 칭찬("잘했다!")과 토큰 사용법을 배우게 된다. 바람직한 행동에 대한 강화물(자녀가 잘하고 있는 것을 찾으려고 노력해라)은 신병 훈련소로서 아동의 가족 경험을 상쇄시킨다.

긍정적 강화물이 증가되면서 부모는 **미약한 처벌**의 사용법을 배우게 된다. 문제를 악화시키는 소리 지르기, 때리기, 지껄이기(결말도 없이 계속적으로 반복되는 잔소리)를 사용하는 대신, 부모는 자녀에게 강화물로부터의 타임아웃을 제공하거나 아동의 잘못된 행동에 대하여 **특권을 빼앗는** 처벌의 사용을 권유 받는다. 전형적으로 이러한 기술들은 간단하고 쉽게 관찰되는 일련의 행동에 적용된다. 부모가 숙련될수록 더 어려운 행동으로 초점이 옮겨 간다. 아동의 행동이 개선되면 부모는 협상 및 공동 문제해결처럼 더 높은 단계의 기술을 배운다. 이러한 방법을 통해 가족은 아동이 행동을 잘 통제할 수 있도록 지지해줄 뿐 아니라, 가족관계의 전반적 분위기는 더욱 긍정적이고 협조적으로 된다.

경험적 지지

행동치료자들은 이 접근법의 효과를 증명하는 데 가장 적극적으로 활동해왔다. 그들은 아동의 공포증에서 오줌 싸기, 행동장애까지 다양한 행동문제를 성공적으로 다룬 사례들을 보고해왔다.

예를 들어, 지난 20년간에 걸쳐 이뤄진 수많은 연구결과에 의해 PMT의 효능이 증명되었다(Kazdin, 1997c; Webster-Stratton & Reid. 2004). 눈에 띄는 치료효과는 행동장애 아동의 행동에서 나타나는데, 이 치료효과는 치료가 끝난 후 최고 4년 반 동안 유지되었다. 더욱이, PMT의 효과는 광범위하다. 치료를 목표로 한 특정한 행동뿐 아니라 많은 다른 문제의 행동들도 개선되었다. 형제행동 또한 개선되었으며 엄마가 정신병을 앓는 비율, 특히 우울증은 PMT 적용 후 감소하였다. 전반적으로 가족 구성원들은 다른 가족 구성원들에게 더 긍정적인 느낌을 갖는다고 보고했다. 그러므로 PMT는 역기능적인 가족관계의 다양한 면들을 수정하는 것으로 보인다.

한편, PMT는 검증된 효과에도 불구하고 PMT 프로그램에도 한계가 있다(Patterson, 1982). 그 한 가지로 치료에 요구되는 시간 소비를 들 수 있다: 50~60시간이 최적인 것 같다. 게다가, 모든 사람이 동일하게 치료의 이득을 보지는 못한다. Patterson은 그를 찾아오는 가족들 가운데 1/3 이상이 그에게 도움을 받지 못한다는 사실을 발견했다. 종종 그들은 아주 심각한 정신병을 지닌 부모이거나 위기에 처한 가족들이었다. 또한 PMT는 비교적 벅찬 작업이다: 부모는 광범위한 훈련에 몰두할 수 있어야 하며, 일관된 과정을 실행하고 행동치료사와 강도 높은 상호작용을 이행할 의지가 있어야 한다. 마지막으로 PMT 치료의 효과를 증명하는 데 실패한 몇몇 연구들은 PMT가 학업문제나 인지기술의 결손을 다루는 다른 기법에 의해 보완되어야 한다고 제안하였다(Vuchinich, Wood, & Angelelli, 1996을 참조, 부모훈련에 접근하는 Patterson의 접근을 인지적 문제해결기술훈련과 통합한 혁신적인 중재프로그램이 제시된다). 이어서 인지적 모델에 의해 고무된 치료법들을 보게 된다.

7. 인지치료

개념적 모델

인지치료는 자극과 반응 사이를 매개하는 정신과정에 초점을 둔다는 점에서 행동치료와 구별된다. 인지치료자들은 아동의 문제행동을 강화시키는 환경적 유관성을 변화시키기보다는 그 행동으로 이끄는 역기능적이고 부적응적인 믿음을 목표로 한다. 그들의 근본적 목표는 아동이 생각하는 방식을 변화시키는 것이다. 이 목표가 완수될 때에 행동 또한 변화될 것이기 때문이다.

사실 행동치료와 인지치료 사이의 엄격한 구분은 없다. 행동치료자들은 행동적 변화를 성취하기 위한 수단으로써 인지적 요소를 사용한다. 예를 들어, 둔감화 기법에서 아동은 다양한 상황을 상상하게 되고 자기 자신에게 평온해지라고 명령한다. 이러한 것들이 바로 인지적 활동이다. 인지치료의 입장에서는 인지치료가 행동주의자 뿌리와 연관되어 있으므로 변화하는 특정한 관찰 가능한 행동에 관심을 가지며, 중재와 행동적 변화 간의 관계를 조직적으로 감시하고, 과학적 방법에 대한 믿음을 경시하지 않는다. 많은 치료자들이 인지행동적 치료라는 이름 아래 치료를 결합시킨다. 그러나 명료성을 위해서 앞으로 전개될 논의는 이러한 치료들의 인지적 차원에 국한시키고자 한다.

인지치료는 우울증, 약물남용, 과잉행동장애, 불안, 성적 남용, 행동장애, 자폐 아동을 포함한 아동기 정신병리의 광범위한 범위에 걸쳐 발전되어 왔다. 우리는 여기서 세 가지 치료프로그램을 소개하고자 한다. 둘은 내면화 문제(불안, 강박장애), 다른 하나는 외현적인 문제와 행동장애를 다룬 프로그램이다(다양한 아동 장애에 적용된 인지기법에 관한 소개는 Reinecke, Dattilo, & Freeman, 2003 참조).

치료과정

불안장애를 위한 인지치료

Kendall과 동료(Kendall, 2000; Kendall et al. 2004)들은 아동의 불안장애를 치료하기 위해 Coping Cat이라는 인지적 중재프로그램을 개발하였다. 이 프로그램의 핵심적 원리는 환경에 대한 인지적 표상이 아동의 반응을 결정한다는 것이다. 불안장애의 경우, 절망적 손실에 대한 두려움, 신랄한 비평, 자연재해 같은 위협들에 대한 과장된 지각이 사건에 대한 아동의 반응을 지배한다. 치료자가 해야 할 일은 새로운 학습 경험을 설계하여 부적절한 인지에 뒤따르는 행동적 패턴과 정서적 반응뿐 아니라 잘못된 인지 자체를 수정하는 것이다. 치료자의 목표는 아동이 불안이라는 느낌을 정의하도록 가르치고 불안이 일어날 때 이를 다스리도록 가르치며, 아동이 사고를 수정하고 불안을 일으키는 상황에 잘 대처할 수 있도록 계획을 발전시키고, 잘 대처했을 경우 아동이 스스로 자신에게 상을 주도록 가르친다. 두문자어 *FEAR*라고 간주되는 일련의 단계들 내에서, 아동은 앞에서 언급한 목표를 성취하도록 배운다.

FEAR의 첫 번째 단계는 놀란 감정을 느끼기(Feeling Frightened)이다. 이 단계는 아동이 불안을 경험할 때 그 감정을 인식하는 데 주안점을 둔다(**글상자 17.3**의 예 참조). 아동은 종종 주어진 상황 속에서 심하게 떨기, 위통 등과 같은 신체적 감각과 그들의 감정적 고통 간의 관계를 지각하지 못한다. 아동 자신이 불안에 떨고 있음을 지각하는 일은 문제해결기술을 발휘할 시기라는 사실을 아동에게 신호하는 역할을 한다.

두 번째 단계는 앞으로 일어날 나쁜 일 예측하기(Expecting Bad Things to Happen)이다. 이 단계에서 치료자는 아동이 공포를 일으키는 부정적 예측을 발견하도록 도와준다. 예를 들

글상자 17.3 아동기 불안에 대한 인지치료회기

Allison은 9살 된 아동으로 분리불안장애 치료법을 권유 받았다. 이번 치료회기 동안 Allison과 치료자는 Allison이 학교에 숙제를 가져가는 것을 깜빡했을 때 불안을 일으키는 상황에서 어떻게 대처할 것인가를 의논하였다. 아래는 FEAR 단계를 묘사한다.

치료사: 네가 깜짝 놀랐다는 느낌을 어떻게 알 수 있었는지 말해주겠니?(놀란 감정을 느끼기)

Allison: 심장이 마구 뛰기 시작했어요.

치료사: 그 외에 다른 반응은 없었니?

Allison: 음… 글쎄요, 제가 손톱을 물어뜯기 시작했어요.

치료사: 아, 그랬구나. 그게 바로 신호지?

Allison: 예.

치료사: 그 뒤에 무엇을 감지할 수 있었니? 무슨 생각을 했지?(앞으로 일어날 나쁜 일 예측하기)

Allison: 문제가 될 거라고 생각했어요. 뭐 처벌을 받는다든지.

치료사: 그게 네가 생각한 것이구나. 네게 일어날 수 있는 나쁜 일은 무엇이었니? 무엇에 관해서 걱정했지?

Allison: 선생님이 소리를 지를 거라고 생각했어요.

치료사: 선생님이 소리를 지른다, 그리고 그 뒤에는?

Allison: 아마 구석에 서 있어야 했겠죠.

치료사: 알겠다. 그럼 선생님은 어땠을까? 네가 체육 숙제를 잃어버린다면 선생님이 뭐라고 생각할까?

Allison: 맙소사. 선생님은 우선 "왜 숙제를 집에 두고 왔니?"라고 말할 거예요.

치료사: 선생님은 네가 잘 잊어버린다고 생각하겠지?

Allison: 예. 그리고 소리를 지르겠죠. 아마 선생님 목소리를 복도 끝에서도 들을 수 있을 걸요.

치료사: 선생님이 네게 소리 지르면 다른 친구들이 이 사실을 알게 되겠구나.

Allison: 애들은 내가 이상하다고 생각할 거예요.

치료사: 친구들이 너를 이상하게 생각할거야. 그럼 너는 분명히 조금이라도 두려웠겠구나? 그래. 그래서 그 상황에서 넌 뭘 했니? 그것 말고 생각할 수 있는 다른 것은 무엇일까?(도움이 될 수 있는 태도와 행동을 생각하기)

Allison: 뭐 '선생님이 숙제를 확인하지 않을 거야'라고 생각할 수 있죠. 왜냐면 잘 안 하셨거든요. 제가 점심시간에 선생님께 물어봤었는데, 내일까지 검사하지 않을 거라고 하셨어요.

치료사: 아, 그것이 바로 너 자신을 구하기 위해 한 행동이었어. 넌 선생님에게 찾아가서 질문을 했어! 그밖에 또 생각할 수 있는 다른 것은 없었을까?

Allison: 모르겠어요. 뭐 선생님이 검사하는 것을 잊어버리실 거나, 아니면 그런 비슷한 일이 있을 수 있겠죠. 선생님이 검사하지 않으시면 소리 지르시지 않겠죠.

치료사: 나는 네가 취한 행동이 칭찬 받을 만하다고 생각한다. 네가 직접 가서 무슨 일이 일어날지 알아내는 것은 참 괜찮은 생각인 것 같다(결과와 보상).

Allison: 미친 듯이 걱정하기 전에요.

치료사: 네가 침울해 하고 걱정하기 전에 말이지. 그래, 잘했다!

출처: Levin 등(1996).

어, 아동은 엘리베이터 타는 것을 무서워할 수 있다. 왜냐하면 나쁜 사람이 탈 수도 있고 엘리베이터에 있을 때 엄마 아빠가 사라질 수도 있기 때문이다. 그러나 상당수의 어린 아동들이 이 단계를 어려워한다. 그들의 인지능력은 한정되어 있으므로 자신의 사고 과정을 관찰하는 것은 무리이다. 치료자들은 아동 스스로 생각해내기보다는 가능한 예측들을 제안하여 이 과정을 도와준다(예: "어떤 아이가 엘리베이터 안에 갇힐까봐 걱정하고 있어"). 치료자는 빈 '사고 풍선'이 있는 만화를 사용하여 아동이 다양한 상황에서 불안한 생각과 다른 대안을 찾아내도록 한다(**그림 17.2** 참조).

세 번째 단계는 도움이 될 수 있는 태도와 행동을 생각하기(Attitudes and Actions That Can Help)이다. 이 단계에서 치료자들은 아동이 공포심을 일으키는 상황에서 이에 잘 대처하는 행동뿐 아니라 현실적인 태도를 갖추도록 도와준다. 예를 들어, 치료자는 엘리베이터 안에 갇힐 가능성을 생각해보도록 요구할 수 있으며, 다른 사람들이 아무 사고 없이 엘리베이터를 탄 횟수를 조사해보도록 요구할 수 있다. 그 후, 치료자는 아동에게 문제에 대한 가능한 해결책을 마련하도록 격려한다. 예를 들어, 아동에게 어떻게 나쁜 아저씨를 착한 아저씨와 구별할 수 있는지 이야기해보라고 할 수 있다. 대안책으로써 아동은 도움을 요청하기 위해 긴급전화 사용법을 배울 수 있으며, 새로운 문제 대처전략들을 편안한 분위기에서 실험해볼 것이다.

독백 1: 거리에서 큰 개를 본다.

독백 2: 엄마는 집에 늦을 것이다.

그림 17.3 불안한 생각과 대안적 생각 찾기

출처: R. M. Rapee, A. Wignall, J. L. Hudson와 C. A. Schniering의 *Children and Adolescents: An Evidence-Based Approach*(2000, Oakland, CA: New Harbinger).

네 번째 단계는 결과와 보상(Results and Rewards)의 단계이다. 여기서 아동은 그들의 문제해결 시도의 성공에 대해 평가하고 불안을 일으키는 상황에서 잘 대처했을 경우에 받을 보상들을 생각해본다. 보상으로는 과자 먹기, 부모님들한테 자신의 성공담 말하기, 또는 스스로 "잘했어!"라고 칭찬하기 등이 포함될 수 있다.

FEAR 프로그램 단계를 배운 뒤, 아동은 자신이 배운 새로운 기술을 가상적인 상황과 실제 상황에 적용하는 단계로 들어간다. 여기서 행해지는 연습들은 '*Show That I Can* 과제'라 불리는 것으로, 아동이 지닌 특정한 공포에 맞춰 만들어진다. 예를 들어, 엘리베이터 공포증을 가진 아동은 점차적으로 그 상황과 가장 근접한 단계에 노출된다. 또한 걱정하는 건 자신뿐이라고 생각하는 아동은 다른 친구들을 인터뷰하고 친구들이 무슨 걱정을 하는지 보고하는 과제를 부여받게 된다. 강화는 과제를 완수한 아동에게만 주어진다. 치료의 종결은 아동이 배운 FEAR 단계를 아동과 치료자가 함께 비디오테이프에 녹화하여 제작하고 축하하면서 끝이 난다. 이러한 활동은 재미와 창조성을 더할 뿐 아니라 치료의 장면에서 필수적으로 요구되는 협조적이고 긍정적인 관계를 강화시킨다.

비록 중재의 중심은 아동에게 놓여 있지만 **부모** 또한 중요한 역할을 한다. 부모는 종종 자기도 모르게 두려움에 대응함으로써 불안을 유발하는 상황으로부터 아이들을 떼어놓는다. 치료자들은 부모가 아동의 독립을 지지할 수 있도록 도와주고, 아동이 공포를 일으키는 상황에서 표출하는 순간적 불안감에 부모가 견딜 수 있는 능력을 증가하는 데 도움을 준다. 치료자들은 아동 문제에 영향을 줄 수 있는 부모의 고유한 불안 또는 결혼생활의 어려움을 포함하는 부모 관심사에 민감하다. 결과적으로 Kendall은 인지행동적 가족치료 형태로서 자신의 접근법의 범위를 넓혔다.

강박적 충동성 장애를 위한 인지치료

인지적 기법은 아동기 강박적 충동성 장애(obsessive-compulsive disorder, OCD)에 대한 경험적으로 입증된 처치의 핵심에 있다(March & Mulle, 1998). 신중한 진단 후에 치료는 OCD에 대한 정신교육(psychoeducation)을 시작하는데, 이것은 아동으로 하여금 이 장애가 뇌의 딸꾹질과 같은 것이며, 원하지 않는 일이 일어나지만 치유될 수 있는 문제라는 것을 이해하도록 하는 것이다. 또한 장애를 외현화하고 외견상의 힘을 최소화하기 위해서 이 아동에게 장애에 대한 코믹한 이름(예를 들어, Germy씨)을 붙이도록 한다. 그 다음, 치료자와 아이는 함께 OCD를 형상화하는 작업을 한다. 즉, OCD가 이길 때, 아동이 이길 때 혹은 상당히 비등할 경우의 시간과 장소를 규명하는 것이다. 형상화 작업에서의 세 번째 지점은 이행지대(transition zone)라 불리는데, 치료자와 아동이 그들의 일에 몰두하고 점차적으로 장애 영역보다는 아동 영역을 확대시켜 나가야 하는 곳이다. 더욱이 불안의 위계 순으로 상황과 자극의 순서를 매겨 치료자가 위협적이지 않으면서 도전해볼 만한 과제를 찾는 것을 시작할 수 있게 한다.

처치에서의 다음 단계는 인지 훈련을 포함하는데, 여기서 아동은 긍정적인 자기 대화를 함으로써 OCD에게 어떻게 말 대응(talk back)하는지를 배우게 된다(**글상자 17.4**의 예 참조). 예를 들어, 세균 오염이 두려워 의례적인 행위의 충동을 느끼는 어떤 소년은 스스로

글상자 17.4 강박적 충동성 장애를 위한 인지치료

Kristine은 6세 된 여아로 자기에게, 가족에게 혹은 지구에 해로운 일이 일어날 것이라는 생각을 많이 한다. 이러한 두려움이 현실화되는 것을 막기 위해서 그녀는 엄마에게 충동적으로 말해야 하며 반복해서 안심시키는 말을 찾아야 한다고 믿는다. 긍정적인 자기 말과 같은 그녀의 인지적 대응전략 발달을 돕기 위해서 치료자는 생각과 현실을 구분하는 데 그녀의 경험상의 연습을 택하기로 하였다.

치료자: 그래, Kristine, 오늘 네 머릿속에 떠오른 무서운 그림을 가지고 일해 보자고 말했던 거 기억하지?

Kristine: 어떻게 그렇게 해요?

치료자: 그래, 우선 너에게 마술을 보여줄게. 지난번에 여기서 너는 'Timmy Tickle'(OCD)이 너에게 머릿속에 그 무서운 그림이 있으면서도 엄마에게 이것이 일어날 것이며 그것은 너의 실수라는 것을 말하지 않았다고 말했다.

Kristine: 나는 아직도 그렇게 생각해요.

치료자: 그래, 우리가 그것에 조금만 관계할 수 있을까? 우선, 나는 네가 내 책상 위의 소다수 병을 쳐다보길 바란다. 저기 보이니?

Kristine: 네, 보고 있어요.

치료자: 그래, 네 머릿속에 그것의 그림을 그리도록 해라. 그러고 나서 눈을 감고 머릿속으로 상상해봐라. 그렇게 할 수 있겠니?

Kristine: 예.

치료자: 그래, 좋다. 이제, 니 머릿속에 있는 소다수 병을 책상의 한 쪽에서 다른 쪽으로 움직이길 바란다.

Kristine: 제가 실제의 병도 움직여야 해요?

치료자: 아니, 오직 니 머릿속에 있는 것만.

Kristine: 네, 했어요.

치료자: 잘했어. 이제 나비처럼 날개를 자라게 해서 그것이 방 안을 날아다니게 해보자.

Kristine: 날개는 무슨 색으로 할까요?

치료자: 니가 좋아하는 어떤 색이든.

Kristine: 네, 이제 날아요.

치료자: 그것이 미소 짓게 할 수 있니?

Kristine: 얼굴이 없는데요.

치료자: 그래, 얼굴을 만들고 미소 짓게 하자.

Kristine: 이제 웃어요.

치료자: 이제 그것을 분명하고 명확하게 볼 수 있니?

'너는 내 주인이 아니야'라고 말할 수 있다. 유머 또한 도움이 되는 전략이다. 예를 들어, 악마에 대한 두려움에 사로잡혀 있는 어떤 소년은 노출된 상황에서 자기만의 리듬을 만들었다; "내가 한때 두려워했던 것은 지루하게 될 것이다. 악마는 단지 은유적인 것이다." (Franklin et al., 2003, p. 173)

이 대응전략이 손 안에 있는 한, 이 소년은 치료자의 도움으로 점차적으로 또한 조심스럽게 노출과 반응예방에 참여함으로써 두려움의 위계를 높이기 시작한다. 노출에서는 아동으로 하여금 두려운 자극과 접촉하고 있는 상태로 있는 것을 격려한다—처음에는 이것은 원거리 노출, 즉 뱀이라는 단어를 듣거나 뱀 그림을 보는 것과 같은 것이 포함될 필요가 있다. 반응예방에서는 아동으로 하여금 불안과 연결되어 있었던 과거의 강박적 충동성 의례행위에서 벗어나기 위해서 대응기술을 사용하게 하는 것이다. 이 사례의 목표는 불안하면서도 오랫동안 그 상황에 노출될 수 있고, OCD 장애를 가진 많은 아동들이 그 자극은 결국 지루한 것이 되었다는 것을 드러내는 것이다. 치료자는 아동에게 실생활 장면상의 두려운 자극을 접하게 되는 '현장 순방'을 하게 함으로써, 노출은 점점 생생해지고 현장에서 일어

글상자 17.4 강박적 충동성 장애를 위한 인지치료 (계속)

Kristine: 네, 나는 그것의 밝은 파란색 날개와 커다랗고 행복한 이를 볼 수 있어요,

치료자: 대단해, 이제 네 눈을 떠라. 이제 소다수 병이 어디 있지?

Kristine: (웃으며) 여전히 책상 위에 있지요, 바보 같아요!

치료자: 웃는 나비처럼 이 방안을 돌아다닌다고 생각하는데?

Kristine: 아니에요, 그것은 단지 머릿속에 있을 뿐이에요.

치료자: 무언가 네 머릿속에 있는 것을 분명하게 보았다 하더라도, 그것이 실재하는 것을 의미하지는 않는단 말이지, 맞아?

Kristine: 네.

치료자: 이제 다시 돌아가자. 눈을 감고 소다수 병을 그 입 안에 옮겨봐.

Kristine: 네.

치료자: 내 손을 물게 할 수 있을까?

Kristine: 그것은 좋지 않아요.

치료자: 아주 조금인데?

Kristine: 네, 그렇게 하지요.

치료자: 그게 나를 물었니?

Kristine: 예, 손가락의 오른쪽.

치료자: 어느 손가락?

Kristine: 작은 손가락.

치료자: 엄지손가락을 물지 않도록 했지?

Kristine: 예.

치료자: 자, 이제 다시 눈을 뜨고, 이빨자국을 볼 수 있니?

Kristine: 아니오.

치료자: 왜?

Kristine: 그것은 단지 가상적인 것이예요.

치료자: 이것이 오늘 부모님과 차를 운전하면서 가졌었던 것 같은 너의 머릿속에 떠오르는 무서운 그림에 대해서 무얼 말할까?

치료자: 음, 그것도 역시 가상적인 것일 수 있고, 나는 더 이상 그것들이 없어지도록 할 필요가 없어요.

출처: Franklin, Rynn, Foa와 March(2001).

나게 된다. 처치의 마지막 단계는 재발방지로, 아동은 미래에 자신에게 있을 수 있는 도전을 예상하고 대처하는 방식을 기술하도록 한다.

대인간 문제해결기술훈련(IPS)

IPS는 행동장애를 다루는 선택적 치료법으로 앞서 10장에서 소개되었다. 기술된 바와 같이 Shure와 Spivack(1988)은 공격적인 아동에게서 결손된 것으로 보이는 다섯 가지 기술을 확립하는 데 초점을 두었다. 첫 번째는 문제에 대해 대안적인 해결책을 제시하는 것이다. 치료자는 아동들에게 검열에 대한 공포나 조기 종결에 대한 공포를 무시한 채 다른 생각이나 엉뚱한 생각을 하라고 격려한다. 목표는 아동이 이끌어낸 해결책들을 모으고 행동하기 전에 생각하는 습관을 발전시키는 것이다. IPS 훈련의 특징은 아동이 무엇을 생각하느냐에 주안점을 두는 것이 아니라 어떻게 생각하느냐에 초점을 두는 것이다. 치료자는 아동으로 하여금 대인간의 문제를 생각하도록 하고 스스로 해결책에 이르도록 하며, 아동은 외적 지지에 의지하기보다는 자기가 스스로를 통제하여 행동하게 된다.

두 번째, 아동은 사회적 행동에 대한 결과를 고려하도록 훈련받는다. 공격적인 아동은 일반적으로 현재를 넘어서서 일어날 수 있는 잘못된 행동의 부정적 결과나 친사회적 행동의 긍정적 결과에 대하여 생각하지 않는다. 그러므로 타인과 자신의 행동 결과를 생각하고 좀 덜 충동적인 반응 양상을 발전시키는 법을 배운다. 세 번째 목표는 수단-결과 사고를 발전시켜 특정한 해결책을 수행하는 데 요구되는 단계별 과정의 이행법을 배우는 것이다. 이 과정에서는 몇 가지 가능한 행동과 그 행동의 결과에 대해 생각하는 것이 요구된다. 다음 단계에 사회 인과적 사고를 발전시키기, 문제 상황에 있는 사람들이 어떻게 느끼는지 이해하기, 사람들이 그렇게 행동하도록 자극하는 원인이 무엇인지 이해하기 등이 포함된다. 예를 들어, 이 단계에서는 공격적인 행동이 다른 친구들을 화나게 만들어 보복을 유발한다는 사실을 인식하는 것을 포함한다.

네 번째로, 치료자는 아동이 대인간의 문제에 대한 민감성을 키울 수 있도록 도와준다. 낮은 사회기술을 지닌 아동은 자신과 다른 사람 사이에 서로 연관된 갈등이 있음을 알려주는 단서에 둔감하여 종종 문제가 대인간의 문제라는 사실을 인식하지 못한다.

마지막으로 IPS 기술훈련의 가장 높은 단계에서 아동은 역동적 시각을 발달시킨다. 이것은 인간 행동의 표면적 차원을 넘어선 입장에서, 개인의 경험을 토대로 형성된 고유의 시각에서 비롯된 내적 동기가 있음을 인식하는 능력이다. 예를 들어, 깡패는 다른 사람 해치는 것을 즐기는 나쁜 사람, 또는 불안정적이고 자신이 괜찮은 사람임을 증명하려고 노력하는 사람, 또는 가정에서 잘 대우 받지 못해 타인에게 자신의 절망을 표출하는 사람 등으로 해석될 것이다. 여기서 우리의 관심은 깡패에 대한 해석의 타당성에 있다기보다, 깡패에 대한 이러한 해석들은 표면적 행동이 종종 내면에 깔린 관심사와 동기를 가린다는 사실을 보여주는 능력에 있으며, 이러한 것에 대한 이해는 더 효과적인 반응으로 인도할 수 있다는 것이다.

아동의 공격성과 행동문제에 대한 인지적 근거의 이해에 기여한 또 다른 사람들이 Shure와 Spivck(1988)이다. 그들은 다음과 같은 대인간 문제해결의 인지적요소를 상술하였다: 인간 문제에 대한 민감성, 대안적 행동 상상하기, 주어진 결말을 달성하기 위한 방법의 개념화 능력, 결과 고려하기, 그리고 인간관계에서 원인과 결과 이해하기(**글상자 17.5** 참조).

대인간 문제해결과 관련되는 요소는 발달적으로 전개된다. 학령기 이전에는 자신이 원하는 장난감을 동생이 가지고 놀 때 너는 무엇을 할 수 있을까와 같은 문제에 대한 대안적 해결책을 생성하는 것이 교실상황에서 가장 중요한 단일 대인관계 행동 예측치이다. 선생님들은 대안이 적은 아동을 파괴적이고 무례하고 반항적이며 차례를 기다리지 못하는 아이로 평가하였다. 학령기 중기에도 대안적 사고가 여전히 교실적응에 관계되지만 수단-목표 사고가 똑같이 중요하게 관련되는 것으로 나타난다. 예를 들어, 새 이웃에 이사한 후에 소년이 외로운 감정 문제를 가졌을 때, 적응을 잘하는 아동은 다른 대안책뿐 아니라 대안을 실행에 옮기는 방법도 생각할 수 있으며, '그 아이처럼 닌텐도를 가지고 노는 것을 좋아하는 아이를 찾을 수 있을 거야. 그러나 저녁시간에는 그 아이 집에 가지 않는 게 좋을 거야.

글상자 17.5 개인간 문제해결기술훈련 회기

다음 대화는 유아와 IPS 훈련을 받은 선생님과의 대화이다. 주석은 대화과정 중간 단계에서 사용되는 IPS 기법을 보여준다.

선생님: 뭐가 문제니? 무슨 일 있었니?
(유아의 문제를 보는 관점을 이끌어낸다.)

유아: 로버트가 찰흙을 주지 않아요!

선생님: 네가 로버트로부터 찰흙을 얻기 위해서 무슨 말이나 행동을 할 수 있을까?
(문제해결 방안을 이끌어낸다.)

유아: 달라고 부탁할 수 있어요.

선생님: 그것도 하나의 방법이지. 그럼 네가 달라고 부탁하면 무슨 일이 일어날까?
(수단-목표 사고로 유도한다.)

유아: 아마 싫다고 말할 것 같아요.

선생님: 싫다고 말할 수 있지. 그럼 어떻게 할 거니?
(유아가 대안적 해결책을 생각하도록 유도한다.)

유아: 제가 빼앗을 거예요.

선생님: 그것도 또 다른 방법이 될 수 있겠구나. 네가 그렇게 하면 무슨 일이 일어날까?
(해결법을 비난하지 않고 계속적으로 생각하도록 유도한다.)

유아: 아마 저를 때리겠죠.

선생님: 그럼 네 기분이 어떻겠니?
(사회 인과적 사고를 격려한다.)

유아: 화나요.

선생님: 네가 찰흙을 빼앗으면 로버트의 기분이 어떻겠니?
(사회 인과적 사고를 격려한다.)

유아: 화나겠죠.

선생님: 로버트가 너를 때리지 않으면서도 너희 둘 다 화나지 않는 다른 방법을 생각할 수 있을까?
(더 나은 해결방법을 생각하도록 유도한다.)

유아: "네가 가진 것 조금만 줘"라고 말할 수 있어요.

선생님: 그건 다른 방법이구나.
('좋은'이란 말 대신 '다른'이란 말을 사용하여 어른 같은 판단을 피하면서 그 방법을 강화시킨다.)

출처: Spivack와 Shire(1982).

그렇지 않으면 그 아이 엄마가 화낼 거야!'라는 말을 하면서 방해물을 극복할 수 있다. 충동적이며 억제를 못하는 아동은 이러한 인지기술이 부족하다.

청소년에 관한 자료는 별로 없지만 수단-결과 사고와 대안적 사고가 지속적으로 적응을 잘하는 것과 연관된다. IPS에는 결과 고려하기 또는 잠재적으로 가능한 행동에 찬반의 무게 부여하기가 포함된다: "내가 X를 한다면 누군가 Y를 하고 그것은 좋다(혹은 나쁘다)." 따라서 발달해 가는 아동은 대인간 문제를 해결하기 위해서 점차적으로 향상된 인지적 기술을 활용할 수 있게 된다.

창의적이고 융통적이며 발달상 적절할 매뉴얼 사용하기

지금까지 인지적 중재의 내용을 기술하였고, 이제는 인지치료의 과정을 면밀히 살펴보고 다른 비구조화된 접근들과 어떻게 다른지 혹은 다르지 않는지 살펴보자. 인지행동치료의 장점 중 하나이자 경험적으로 타당화하기에 용이한 이유 중 하나는 이것이 매뉴얼화되어 있다는 것이다. 처치 매뉴얼은 치료자에게 명확한 안내를 하며 다양한 치료자와 환자들에게 표준화된 방식으로 처치가 이루어지도록 한다는 것이다. 그러나 정신역동 지향이나 인본주의 지향 치료자자들의 매뉴얼화된 처치에 대한 거부 중 하나는 융통성이 없고 개인적이지 못하며 내담자 요구에 개별적으로 맞추어지지 못할 위험이 있다는 것이다. 그러나 Kendal과 동료들(1999)은 마음속에 개별 아동의 요구, 흥미, 문화, 발달 상태를 염두에 둠으로써 융통적이고 창의적으로 사용될 수 있으며, 효율적이기 위해서 매뉴얼화되어야 한다고 주장하면서 매뉴얼화된 처치의 'cookbook' 정형화를 떨쳐버렸다.

예를 들어, Kendal과 동료들(1998)은 Kendal의 매뉴얼화된 처치를 미국, 네덜란드, 아일랜드, 호주에 있는 불안장애인 치료로 '살아 있는 고양이에 대처하기'를 위한 사용법을 기술하였다. 그들은 치료자가 개개 아동의 중재를 개별화하기 위해서 어떻게 자신들의 창의성, 임상적 기술, 전혀 우스개가 아닌 것을 끄집어내는지 많은 예를 들었다. 예를 들어, 인지행동 절차 단계를 나타내는 두문자어인 FEAR에 지루하다고 호소했던 한 소녀를 보자. 치료자는 아동의 동기와 흥미 상실의 위험을 감수하기보다는 그 절차를 재명명하도록 하여, 아동이 "The Happy Helper Steps"라고 부르도록 선택하게 하였다. 그러나 치료자와 아동이 모두 그 단계가 무엇이었는지 기억하기가 어렵다는 것을 알게 되자, 치료자는 그 아동에게 새로운 두문자어 "THHS"에 정의를 만들도록 하였다. 아동은 고무되고 흥분되어서 자신만의 새 단계를 만들어냈고("Thou art feeling frightened?", "Hey! Expecting bad things to happen?", "Happy actions and attitudes that can help", "So? Results and rewards"), 치료자에게 그것을 가르치면서 새로운 흥분과 숙달의 수준을 발견하였다.

아동의 적극적인 흥미와 동기를 유지하는 것은 실시요강에 따른 처치의 성공여부에 결정적이다. 특히 아동들이 안전한 실외 지역에 나가서 그들이 가장 두려워하는 것을 직면하게 하라는 고양이 대처하기(Coping Cat) 같은 것에서 그러하다. 치료자는 과제가 적절하며 흥미롭고 언제나 재미있을 수 있다는 것을 확신하게 함으로써 도와줄 수 있는 것이다. 이 저자는 '두려움과 어리석음은 치명적인 조합이다'라고 말하였다(p. 88).

요약하면 인지적 중재는 변화해야 할 주요 여정으로서의 관계에 초점을 두지 않고 다른 치료의 성공에 기여하였던 것과 동일한 관계 요소에 의존한다: 온정, 참여, 내담자와 치료자의 치료적 관계.

경험적 지지

앞에서 기술한 인지치료는 경험적 지지를 받아왔다. 예를 들어, Kendall과 동료들(1997)은 불안장애를 지닌 47명의 아동을 인지치료 또는 대기자 통제집단에 무작위로 배정하였다. 부모나 선생님, 관찰자에게서 얻은 평가뿐만 아니라 자기보고 평가에서도 치료를 받은 아동은 불안을 느끼는 정도가 상당히 줄어들었음을 보여준다. 치료받은 아동의 2/3가 치료 후 더 이상 동일 진단을 받지 않았으며, 1년과 3년 반 후에 실시한 추적 연구에서도 치료효과는 유지되고 있었다. 더욱이 불안장애에 대한 성공적인 인지치료를 받았던 아동은 7년 뒤인 청년기에 물질남용의 위험률이 감소하였다(Kendal, et al., 2004).

더 놀라운 사실은 인지적 문제해결기술훈련에 관한 Kazdin(1996)의 연구가 치료적 효과를 다룬 연구모델로서 선발되었다는 것이다. 그와 동료들은 행동장애를 지닌 학령기 남아들을 세 가지 치료 중 하나에 배정하였다. 첫 번째 그룹은 문제해결기술훈련을 받았다. 두 번째 그룹은 같은 훈련을 받았으나 실행연습도 함께 받았다. 예를 들어, 아동은 자신이 치료 상황에서 배운 것을 부모, 친구, 선생님이 포함된 상황에 적용시키는 과제를 이행했다. 세 번째 그룹은 공감대, 사랑, 치료자로부터의 조건 없는 긍정적 관심을 강조하는 관계 치료를 받고 자신의 감정을 표현하고 대인간의 문제를 토론하는 활동도 가졌다.

인지적 문제해결기술훈련을 받은 두 그룹의 아동들은 반사회적 행동과 전반적인 문제행동에서 상당한 감소를 보였으며, 관계 그룹에 있던 아동보다 친사회적 행동 면에서 더 큰 향상을 보였다. 이런 효과는 집과 가정 내에서 아동을 1년 동안 추적한 연구에서도 나타났다. 이러한 문제행동의 향상에도 불구하고 아동은 여전히 정상 범위의 반사회적 행동에서 벗어나 있었다. 더욱이, 치료적 중재로 인해 얻은 효과가 치료 상황 밖에서 항상 나타나는 것도 아니었다(Southam-Gerow et al., 1997).

메타분석에 따르면 아동을 대상으로 한 다양한 인지치료가 효과적이었다. 그러나 이러한 효과가 어떻게 나타나는지는 아직 의문이다. 예를 들어, Durlak, Fuhrman, 그리고 Lampman(1991)은 다양한 종류의 인지치료에 관한 64가지 연구를 분석하였다. 대부분의 연구는 간단한 처치상황에서 문제를 외현화하는 9살 된 남아들을 포함하였다. 결과에 따르면 치료받은 아동들은 여전히 정상 범주에 속하지는 못했으나 치료받지 않은 아동들과 비교했을 때 상당히 변화되었다. 치료효과는 4개월간의 추적 연구를 넘어선 기간까지 지속되었다. 형식적 조작 단계(11~13세)에 있는 아동이 그 전 단계(5~10세) 아동보다 2배나 더 변화된 사실은 치료의 효과가 아동의 인지 수준에 따라 달라진다는 것을 나타냈다. 그러나 인지행동치료의 이론적 근거에서 예상하는 바와는 대조적으로 향상은 인지상의 변화와 관련되어 있지 않았다. 그러므로 변화와 관계된 기저 메커니즘은 밝혀지지 못한 채 남아 있는 것이다.

더욱이, 일반적으로 인지치료는 어린 아동보다 사춘기 아동에게 더 효과적이다. 아마도 인지치료가 성인을 위해 개발된 치료를 모방한 까닭일 수도 있다. 실제로, Weisz와 동료들(1995)은 인지치료의 효과가 아동발달에 관해 알려진 지식과 좀 더 잘 융합되었을 때 향상될 수 있을 것이라고 주장한다. 예를 들어, 아동의 인지와 언어발달에 대한 관심은 아동이 치료기간에 배우는 기술을 활용하고 이해하는 능력을 증가시키는 데 도움이 될 수도 있는 것이다.

8. 가족체계 접근법

정신병리학적 병인론에 있어서 가족체계의 중요성을 고려하면 행동주의자, 인지치료사,

정신분석가와 같이 다양한 정신치료 학파 출신의 치료사들이 그들의 기술을 가족치료에 적용시키는 것은 놀라운 일이 아니다. 그러나 가족 맥락 속에 있는 개인을 치료하는 접근은 가족 전체를 하나의 체계로 간주하는 접근과 구별될 수 있다. 신경성 식욕부진증(12장)과 정신분열증(11장)에 관한 논의에서는 가족체계적 접근에 관련된 기본 가설과 몇몇 개념을 소개하였다. 여기서는 신경성 식욕부진증과 정신분열증에 관하여 자세히 살펴보겠다.

개념적 모델

가족에 관한 기본적 전제는 가족은 가족 구성원들의 상호작용 이상의 실체인 역동적 체계라는 것이다. 더욱이, 가족체계는 이 체계가 효율적으로 기능을 잘하고 있는지, 그렇지 않은지를 규정짓는 특정한 특성을 지니고 있다. 1장에서 논의했듯이 Minuchin의 구조적 접근(1974; Minuchin, Lee, & Simon, 1996)은 경계와 삼각화라는 두 가지 중요한 개념들을 소개한다. 예를 들어, 기능적이지 못한 가족내에서 경계는 무너져 있을 것이며, 가족 구성원들이 다른 구성원들과 너무 지나치게 밀착되어 방해가 되는 뒤엉킨 구조를 보인다. 또는 삼각화라는 결과를 초래할 수 있는데, 이는 특정 가족 구성원들이 몇몇 가족 구성원들과 협력하여 나머지 가족 구성원들을 제외시킬 때 나타난다.

이러한 양상은 한번 성립되면 변화되기 힘들다. 이 변화에 대한 저항이 정신병리학의 체계적인 이론의 핵심에 놓여 있기 때문이다. 문제 패턴은 가족체계 내에서 하나의 기능을 수행한다. 좀 더 구체적인 예를 들어, 우회적 공격성을 지닌 가족의 아동을 생각해보자(1장 참조). 이 아동의 잘못된 행동은 부모가 부부문제에 주의를 기울이지 못하게 한다. 아동의 문제행동은 가족들이 서로 상처 주는 것을 막는 결정적인 역할을 하여, 가족들의 입장에서는 아동의 문제행동을 포기하는 것을 주저하게 된다.

장애 아동은 단지 정의된 환자일 뿐이다. 말하자면 뭔가가 잘못되어 나타난 증상이라는 것이다. 병리학 그 자체는 체계 내에서 존재한다. 결과적으로 가족체계 내에서 개인을 치료하는 것은 변화를 일으키는 데 효과적이지 않을 것이다. 왜냐하면 가족이란 구조는 옛 패턴을 되살리기 위해 재편성을 시도하는 경향이 있기 때문이다. 그러므로 치료의 초점은 가족 전체에 맞추어져야 한다.

치료과정

치료자들은 변화를 어떻게 촉진시킬까? 첫째, 치료자는 구조를 변화시키기 위해 구조의 일부분이 되어야 한다. 치료 체계를 만들기 위한 첫 번째 과정은 참여하기이다. Minuchin은 자기 자신을 가족내부에 참여시켰다. 그는 치료 가족과 연관된 자신의 경험 및 성격적 측면들을 강조했는데, 미국의 삶에 적응하기 위해 자신도 한때 힘겨운 자기와의 싸움을 한 사실을 치료 가족인 이민 가족들과 나눈 것이 그 예가 된다. 그는 가족의 구조와 방식을 받아들이고 이에 순응했으며 일을 처리하는 가족 고유의 방식에 대해 존중을 표했다. 가족치료자인 Minuchin은 마치 인류학자와 흡사했다. 그는 참여하는 관찰자 역할을 수행했으며, 사람들이 문제를 정의하는 방식을 받아들였고, 그들의 언어를 사용했으며, 그들의 유머를 흔쾌히 즐겼다.

다음 단계의 과정은 상호교류 양상을 실행하는 것이다. 여기서 가족치료자는 가족들에게 말하기보다는 행동하는 것을 보여 달라고 부탁하여 가족들의 상호교류를 직접적으로 관찰할 수 있게 된다. 이것은 문제를 진단하는 데 유익하다. 예를 들어, 치료자는 행동장애자인 남자 아이가 아빠의 짓궂은 농담을 재현할 때 그의 아빠가 보이는 부끄러운 미소, 또는 불안해하는 딸아이를 진정시키기 위해 항상 간섭하는 엄마의 방식을 기록할 것이다. 치료자는 가족 구성원에게 치료회기 동안 가족 시나리오대로 연기하라고 가르치면서 문제 가족의 시나리오를 수정할 것이다. 예를 들어, 만약에 한 아동이 아빠가 자신과 놀아주지 않는다고 불평한다면 Minuchin은 아동에게 아빠가 있는 쪽으로 몸을 돌려 아빠와 그 문제에 관해서 이야기해보라고 권유할 것이다. 치료회기 동안 이루어지는 역할 연기는 치료자가 가족 구성원들의 행동을 관찰할 수 있게 할 뿐 아니라, 가족 구성원들이 자신의 상호작용을 자각하는 경험을 하게 한다. 이런 기술의 전형적 예는 12장에서 언급한 식욕부진의 문제를 지닌 청소년 가족을 치료하는 데 사용한 가족 점심 회기이다.

치료자가 가족내에 속하는 것이 허락되면 문제를 형식화시키는 데 요구되는 충분한 관찰이 이루어지고, 치료자는 드디어 본격적으로 치료를 진행시킨다. **재구조화 기법**(restructuring techniques)은 가족의 상호작용 패턴을 고치기 위해 사용되는 기법이다. 예를 들어, 다른 가족 구성원과 직접 대화하지 않으려고 하면서 자신의 의견을 치료자를 통해서만 전달하려는 구성원이 있다면, 치료자는 이들의 대화 경로를 재구조화하려 할 것이다. 치료자는 눈 맞춤을 피할 것이며 말을 걸면 대답하기를 거절할 것이다. 대신 가족 구성원들에게 서로 대화하라고 강요하거나, 심지어 방을 떠나 일방향 거울을 통해 관찰할 것이다. 오케스트라 지휘자처럼, 치료자는 가족들에게 언제 말해야 하고 언제 조용히 해야 할지를 지시한다. 또한 가족치료자는 위치 재배치 기법을 사용한다. 이것은 가족 구성원들의 상호작용 방식을 고치기 위해 물리적인 공간을 조작하는 것으로, 정신적 독립이 필요한 한 명의 구성원을 다른 구성원으로부터 분리시키기 위해 의자 위치를 옮기는 것도 한 방법이다. 예를 들어, 치료자는 엄마와 양육되는 아동 사이에 앉아 엄마와 문제를 가진 가족 구성원이 대화를 나눌 때 아동이 방해하는 것을 막는다(Minuchin의 구조적 기법의 예는 **글상자 17.6** 참조).

재구조화 기법의 한 종류로 경계선 만들기 기법이 있다. 여기서 치료자는 나머지 가족 구성원들이 서로를 위해 말을 삼가도록 하여 개인간에 확실한 경계를 만든다. 또한 치료자는 개개인의 연령대와 발달 수준에 맞춰 가족 구성원과 서로 다르게 상호작용함으로써 개인적 차이를 격려한다. 또한 치료사들은 부부 사이, 자녀 관계와 같은 하위조직들 간의 경계선을 강조하는 역할을 한다. 예를 들어, 집 밖을 못나갈 정도의 심각한 개 공포증을 지닌 소년이 치료를 받으러 왔다고 하자. 이 소년의 가족들과 상호작용 한 뒤, 치료사의 형식화

글상자 17.6 가족치료회기

MacLean 가족이 두 학교에서 퇴학당한 두려운 존재이자 다루기 어려운 아이 때문에 도움을 청하였을 때, Minuchin 박사는 부모들 간의 숨겨진 분열을 알아내고 그에 대해 언급하지 않음으로써 균형을 유지하였다. 10세 소년의 비행은 극적으로 눈에 보였다; 그의 아버지는 소년을 상담실로 질질 끌었고, 아이는 발로 차고 소리 질렀다. 그러는 동안 그의 7세 동생은 호감가게 웃으면서 조용히 앉아 있었다. 좋은 아이였다.

불가능한 아동으로부터 부모 통제와 협동의 주제로 초점을 넓히기 위해서 Minuchin은 드러나지 않게 나쁜 행동을 하는 7세 소년 Kevin에게 물었다. 그는 목욕탕 바닥에 오줌을 눴다. 그의 아버지에 따르면 Kevin이 바닥에 오줌을 눈 것은 부주의 때문이라는 것이다. Minuchin이 "어떤 사람도 그렇게 어리석은 목적을 가지지는 않는다."라고 말했을 때 그의 엄마는 웃었다.

Minuchin은 어떻게 늑대가 영역을 표시하는지에 대해서 이야기하고, 그가 가족방의 모든 네 영역에 오줌을 눔으로써 자신의 영역을 넓혔다는 것을 시사하였다.

Minuchin: 너 강아지 있니?
Kevin: 아니오.
Minuchin: 응, 그러면 네가 가족의 강아지구나.

소년이 오줌을 누는 것과 부모의 반응에 대해 논의하는 과정에서, Minuchin은 부모들이 어떻게 서로를 양분화하는지 생생하게 드러나 보이게 하였다.

Minuchin: 왜 그가 그런 일을 할까요?
아버지: 그가 목적이 있어 그런 것은 아닙니다.
Minuchin: 그가 의식이 없는 상태였나요?
아버지: 아니요, 부주의 때문이라고 생각합니다.
Minuchin: 그의 목적은 가공할 만큼 무서운 것입니다.

아버지는 소년의 행동을 우연한 사고라고 하였다. 엄마는 그것을 반항으로 여겼다. 어린 아들을 통제하에 두지 못하는 한 가지 이유는 그들이 서로의 차이를 맞부딪히는 것을 피하기 때문이다. 차이는 정상적인데 한쪽 부모가 다른 쪽 부모가 아동을 다루는 것을 약화시키면 서로가 독같이 된다(알 수 없는 불만에 대한 비겁한 복수이다).

Minuchin은 점잖으면서도 일관된 압력으로 이 부부에게 아동이 어떻게 행동했는지에 대한 초점의 변화 없

는 엄마와 아들은 지나치게 밀착되어 있고, 아빠는 이 친밀한 두 사람에게서 배제되어 있었다는 것이다. 치료사는 아버지와 아들 사이의 친밀도를 높여 가족상호작용 패턴을 재형성시키기로 결정하였다. 이 소년이 개 공포증이 있음을 다시 한 번 상기시켜 보자. 우연히도 남자 아이의 아버지는 집배원이므로 개를 다루는 데는 기술자나 다름없었다. 그래서 치료사는 아버지에게 개 다루는 방법을 아들에게 가르쳐 주라고 지시했다. 이러한 상호작용은 성공적이었다. 나중에 그 입양아였던 남자 아이는 개를 자신처럼 입양하자고 권했으며, 개를 훈련시키면서 아버지와 함께 시간을 보내게 되었다. 아버지와 아들의 유대관계가 긴밀해지면서 엄마와 아들의 지나치게 밀착된 관계는 자연스럽게 분리가 촉진되었으며, 그 후 아이의 부모는 부부 치료를 받았다.

또한 치료자는 **긍정적 재구성**이란 기법을 통해 가족 구성원들에게 문제에 대한 새로운 관점을 갖도록 하고 가족들이 자기 자신을 새롭게 볼 수 있는 눈을 제공할 수 있다. 예를 들어, 치료자는 과잉부모의 잘못된 점을 지적하지 않고 오히려 아이들을 키우고 지지하고자 하는 그들의 바람을 칭찬하면서 긍정적 말투로 그들의 행동을 재구성하려고 할 것이다.

글상자 17.6 가족치료회기 (계속)

이 그들이 어떻게 반응했는지에 대해서 이야기하여 부모들이 오랫동안 유지해온, 그러나 거의 드러내지 않았던 분노에 직면하게 하였다.

어머니: Bob은 아이의 행동에 대해서 이유를 댔어요. 왜냐하면 그는 원인 찾기를 원하지 않았고, 내가 그 문제에 대해 해결책을 찾도록 했어요.

아버지: 예, 그러나 내가 도우려고 하면 당신은 언제나 나를 비판해지요. 그래서 얼마 후 나는 포기했지요.

만들어지고 있는 서류의 사진 인쇄물처럼 부부의 갈등은 점점 가시화되었다. Minuchin은 부모들의 당황스러움을 보호하기 위해서 아동을 방 밖으로 내보냈다. 양육문제에 몰두하지 않고 부부는 서로 얼굴을 보고 그들의 상처와 불만을 이야기할 수 있었다. 이것은 외로운 자유의 슬픈 이야기로 판명 났다.

Minuchin: 당신들 두 사람은 동의하는 면이 있습니까?

그는 예, 그녀는 아니오라고 말했다. 그는 최소화하는 사람이며, 그녀는 비판적이었다.

Minuchin: 언제 Bob과 이혼하고 이 아이와 결혼했나요?

그녀는 조용해졌다. 그는 얼굴에서 눈을 뗐다. 그녀는 부드럽게 말하길, "아마도 10년 전이에요"

뒤이어진 것은 고통스럽지만 어떻게 결혼이 양육과 그 갈등에 압도당하게 되었는지에 대한 익숙한 이야기였다. 그 갈등은 표면화되지 않기 때문에 결코 해결되지 않았다. 그래서 갈라진 틈은 결코 아물 수 없었고 단지 확장되었다.

Minuchin의 도움으로 이 부부는 그들이 고통에 대해서 이야기하게 되었고 경청하는 것도 배우게 되었다. 불균형 때문에 Minuchin은 이 부부가 그들의 차이를 극복해 나가는 것을 돕기 위해 많은 압력을 가해서 서로에게 마음을 열고 원하는 것이 무엇인지 싸우고 마침내 남편과 아내로서, 부모로서 함께 하게 되었다.

출처: Nichols와 Schwartz(2004)에서 발췌함.

치료자는 이러한 방식으로 문제가 되는 상호방식 패턴 뒤의 긍정적 의지를 강화할 것이고, 문제를 해결하기 위해 요구되는 새롭고 더 나은 방법에 대한 가족들의 저항을 줄일 것이다.

경험적 지지

Robbins와 동료들(2003, 2004; Santisteban et al., 2003)은 구조적 가족치료의 효과를 다양한 문화권 내에서 검증하는 연구를 시작하였다. 특히, 그들의 연구는 마약 과다 복용 청소년의 히스패닉계 가족의 치료에 중점을 두었다. 한 연구에서, 가족들을 무작위로 나눠 구조적 가족치료 또는 일상적으로 처치를 받는 통제조건에 할당하였다. 결과적으로 중재의 종류와 관계없이 청소년은 두 치료 상황에서 상당히 개선되었으며, 두 치료 간의 다른 차이점은 발견되지 않았다.

그러나 치료 유지 비율에서 상당한 차이를 발견할 수 있었다. 가족치료를 받은 가족들은 치료를 끝낼 가능성이 압도적으로 높았다. 통제집단 가족의 44%가 도중에 하차하는 반면, 가족치료를 받은 가족은 17%만이 도중에 하차하였다.

전반적인 가족치료효과에 관하여 Hazelrigg, Cooper와 Borduin(1987)이 행한 연구에 따르면 치료하지 않는 집단, 대안적 처치통제집단과 비교했을 때 가족치료가 긍정적 효과를 보였다. 치료효과에 대한 추적 연구에 따르면 긍정적 효과는 시간이 지나도 지속이 되지만 효과는 점점 약해지고 치료가 끝날 때쯤이면 변질될 소지가 높았다. 그러나 다시 한 번 더 언급하지만, 가족치료는 다른 대안적 치료보다 상습적 범행을 줄이는 데 보다 효과적이었다.

9. 예방

정의

첫째, 우선 **예방**(prevention)에 대한 정의를 내려 보자. 예방효과는 연속선상에서 개념화될 수 있다(**그림 17.3** 참조). 한쪽 끝에는 문제가 전개되기 전에 적용되며 일차적으로 문제가 시작되는 것 자체를 막도록 설계된 프로그램이다. 이 프로그램은 1차 예방법으로 알려져 있다. 처음으로 엄마가 되는 여성들을 위한 가정방문 프로그램을 예로 들 수 있으며, 이것은 아동학대를 방지하기 위해 고안되었다. 대조적으로, 2차 예방법은 초기 문제 규명에 초점을 두어 문제가 진행되어 완전히 자리 잡는 것을 막기 위한 것이다. 이 예로는 빈약한 부모 기술을 지닌, 스트레스 받는 부모를 위한 위기노선(crisis line)이라 불리는 치료법을 들 수 있다. 마지막으로 3차 예방법은 이미 시작된 문제가 더 심각해지거나 또 재발하는 것을 막기 위해 다소 뒤에 개입된다. 사실상 삼차 예방법과 치료개입 사이의 경계는 분명하지 않다. 왜냐하면 대부분의 아동 치료법 또한 문제가 심각해지거나 재발하는 것을 막는 목적을 갖고 있기 때문이다.

1장에서 처음으로 논의된 발달정신병리학을 상기해보자. 우리는 위험과 발달경로에 관한 개념들이 발달장애를 미리 예방하는 지침서 역할을 한다는 사실을 지적했다. 발달적 시각의 많은 연구들이 이제 지침서로서 유용할 만큼 과학적으로 충분해졌다. 우리는 불안전 애착을 막는 STEEP라는 예방프로그램에 관해 이미 살펴보았다(Erickson, Korfmacher, & Egeland, 1992). 여기서 우리는 행동장애의 발달정신병리학에 관한 연구에 의해 알려진 또

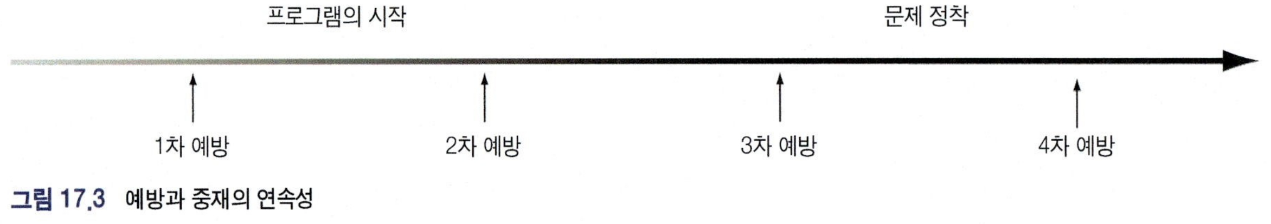

그림 17.3 예방과 중재의 연속성

글상자 17.7 중재가 해로울 수 있나요?

의사들의 히포크라테스 선서처럼 미국심리학회의 윤리 강령(2002)에서 우세한 원칙은 해가 없어야 한다는 것이다. 선의의 치료가 실제로 아동을 나빠지게 할 수 있을까? 우리는 이제까지 학교 단위의 자살예방프로그램에서 한 예를 보았는데, 이것은 가장 취약한 학생들이 자살하도록 괴로움을 증가시키는 유감스러운 결과를 가져왔다(9장 참조). 이와 같은 처치의 의도하지 않은 부정적 결과는 **의원성**〔치료자에게 원인이 있는(iatrogenic effect)〕 **효과**라고 한다. Dishion, McCord와 Poulin (1999)은 또 다른 두 가지 예를 보여주었는데, 이들은 청소년의 문제행동 감소를 위한 또래 집단 중재의 의원성 효과를 밝혔다. 청년기 이행시기 연구에서 Dishion과 동료들(1988)은 119명의 고위험 청소년을 네 가지 처치조건에 무선적으로 할당하였다: 부모 단독, 십대 단독, 부모와 십대, 그리고 주의만 주는 집단. 십대 단독 집단 처치는 문제행동을 가진 청소년들이 함께 모여서 친사회적 행동 목표를 세우고 자기조절하는 것과 같은 주제에 대해서 논하는 집단 회기로 구성되었다. 부모 단독, 십대 단독 집단이 처음에는 유익하게 보였지만 장기간의 결과는 당황스러웠다. 1년 후 담배 사용과 교사의 외현화 행동 보고의 증가가 이 십대 집단에서 보였다. 3년 후에도 이러한 의원성 효과는 지속되어서, 부모가 포함되든 안 되든 십대 중재 조건에서 다른 조건보다도 담배 사용과 비행에서 일관되게 높았다. 보다 나이 많은 청소년들이 반사회적 또래의 부정적인 영향을 가장 많이 받았다.

유사한 결과를 Cambridge-Somerville Youth Study (McCord, 1978)에서 찾아볼 수 있다. 이 연구에서는 비행 고위험 소년을 통제집단과 중재 집단으로 무선 할당하였다. 이 중재에는 여러 요소가 포함되었는데, 이 중에서 집단 활동과 여름캠프 참여가 핵심적인 것이었다. 그 소년들이 10세일 때 시작되어 16세에 끝난 처치는 당황스런 의원성 효과를 보였다: 처치에서 가장 주목받던 소년은 가장 나쁜 결과를 보였다. Dishion과 동료들(1999)은 이 소년의 프로그램 참여에 대해서 면밀히 검토하였고, 중재의 해로운 효과는 여름캠프에 한 번 이상 보내졌던 소년들 때문이었다.

이러한 자료에 기초하여 Dishion과 동료들은 중재가 연구 중인 장애의 발달정신병리에 의해서 영향을 받았다고 주장한다. 예를 들어, 빗나간 또래와 연합은 청소년 비행행동의 막강한 예측치이고, 따라서 위에 기술한 처치는 득보다는 더 많은 해를 가져온 것이다. 반면에 반사회적 청소년을 위한 성공적인 처치 집단은 앞서 기술한 집단과 한 가지에서 달랐다. 즉, 친사회적 청소년과 반사회적 청소년을 혼합 조건을 포함하였는데, 여기서는 문제행동의 기세가 꺾이는 효과가 나타났다.

다른 예방프로그램을 다룰 것이다.

Fast Track Program

Fast Track Program(행동문제 예방 연구팀, 1992)은 행동장애의 초기 신호와 문제행동에 대한 부모, 학교, 친구들이 관여하는 바를 밝히는 발달경로에 기초한다(10장 참조). 목표 집단은 반항, 공격성, 충동성, 미성숙과 같은 파괴적 행동을 드러내는 일학년 아동이다. 사용되는 기법은 이전에 사용되어 어느 정도 성공을 보장받은 것이다. 그러나 이 프로그램의 독특한 특성은 이러한 기법들을 통합했다는 사실이다. 부모, 선생님을 상대하는 활동과 같이 서로 분리된 요소들이 통합될 수 있으며, 각각의 요소들이 다른 요소들을 강화할 수 있고 다양한 치료 상황에서 일반화의 가능성이 최대화될 수 있다.

우리는 앞서서 부모의 비효율적 훈육 태도를 변화시키는 기법과 또래 투사를 극복하기 위해서 아동의 사회적 기술을 증진시키는 두 종류의 중재법을 제시하였다(10장 참조). 그러므로 여기서는 학교 적응에 실패하는 것을 예방하는 데 목표를 둔 프로그램에 치중할 것이다. 가족치료회기 동안 치료자는 집안 내에 구조적 학습 환경을 마련하고 부모가 아동의 학교뿐 아니라 학습에도 관심을 가지고 참여하도록 고무시키는 데 초점을 두었다. 특히 아동이 선생님과 긍정적 관계를 형성하는 것이 강조된다. 선생님은 파괴적 행동을 효과적으로 관리하는 전략을 Fast Track 기법 스텝들에 의해 훈련받았다. 이 전략에는 정확한 규칙 정하기, 적합한 행동에 대해 상 주기, 또는 부적합한 행동에 대해 처벌하기 또는 상 주지 않기가 포함된다. 또한 선생님들은 아동의 자기통제를 강화시키고, 교우관계를 형성하고 유지하며, 문제해결 능력을 향상시키도록 고안된 특수 학급 프로그램을 수행하였다. 마지막으로, 이 프로그램이 필요한 아동은 읽기 영역의 개인교습을 받았다.

Fast Track 기법은 행동장애가 다양한 요인에 의해서 결정된다는 본질에 대한 인식과 더불어 연구에 기초한 통합적이며 안정적인 것이다. 그러므로 Fast Track은 이전에 예방차원에서 시도된 단편적이고 즉흥적인 성격을 갖지는 않는다. 비록 현재는 이 기법의 효과에 대한 연구가 검증되지 않은 상태이지만, 발달정신병리학을 실제적으로 적용시킨 최초의 예라고 할 수 있다.

용어 해설

[가]

가족성 또는 가족문화적 지체(familial or familial cultural retardation) 분명한 기질적 원인이 없는 가벼운 정도의 지체가 특징인 지체로 낮은 사회경제적 지위에 있는 소수민족과 사람들에 많으며 학교졸업 후에는 일반인들과 조화를 이루는 경향이 있다.

가지치기(pruning) 뇌에서 불필요한 여분의 신경세포를 제거하는 과정

가치 조건(conditions of worth) 당연히 자녀를 사랑하고 존중하기 위해 부모가 설정한 조건을 말하는 Carl Rogers의 용어

감각운동기(sensorimotor stage) 영아와 유아들이 환경을 이해하기 위한 수단으로 운동과 감각에 의존하는 단계

강박(compulsion) 하지 않을 수 없는 비합리적 행동

강박장애(obsessive-compulsive disorder) 강박적 사고(obsession)와 강박적 행동(compulsion) 참조

강박적 사고(obsession) 통제할 수 없이 반복적으로 나타나는 비합리적 사고

강압(coersion) 부모-자녀 상호작용에서 상대방의 행동에 영향을 주기 위한 부적강화의 사용; 예, 부모가 자기의 요구에 일단 항복하면 분노발작을 멈추는 아이

동시대효과(cohort effect) 다른 시대에 태어나서 다른 경험을 했기 때문에 아동행동이 다를 수 있는 가능성

격차모델(discrepancy model) 학습장애를 학생들이 성취해야 하는 것 및 그들의 능력과 실제 성취와의 차이로 정의하는 것

경계(boundaries) 개인들이나 가족내의 체계들 사이에 있는 분리로 부부관계와 부모-자녀 관계 사이의 경계가 있다.

경계선 성격장애(borderline personality disorder) 대인관계, 자기상, 정동이 전반적으로 불안정한 패턴을 보이는 장애

경직성(rigidity) 변화에 대한 과도하고 비현실적인 저항

고착(fixation) 정상행동이 그것이 발달적으로 적절한 시점을 지나서도 지속되는 것. 이러한 발달 정지는 그것의 정도와 강도에 따라 정신병리적일 수 있다.

공병(comorbidity) 두 가지 이상의 발달정신병리가 동시에 발생하는 것

공포증(phobia) 생물이나 무생물, 상황에 대한 강하고 지속적이며 비합리적인 두려움

과거추적전략(follow-back strategy) 학교기록이나 법원기록 같은 이전 시기 동안에 만들어진 기록에서 얻은 자료를 가지고 정신병리의 기원을 재구성하는 조사기법

과잉포함(overinclusiveness) 하나의 연상에서 다른 연상으로 생각이 날아가는 사고장애

교류(transaction) 아동, 가족, 사회적 맥락 사이에서 이루어지는 일련의 역동적·호혜적 상호작용

구강기(oral stage) Freud의 심리성적이론의 첫 번째 단계로 빨기와 물기에서 쾌감을 느끼며 양육자에 대한 애착이 이루어진다.

구체적 조작기(concrete-operational stage) 보이는 것보다는 이성에 의해 세상을 이해하는 능력이 나타나는 아동기 중기의 시기

독재적 양육(authoritarian parenting) 절대적인 복종을 요구하는 엄격한 훈육

권위 있는 양육(authoritative parenting) 자녀에 대한 사랑과 소통, 그리고 존중을 수반하면서 성숙한 행동기준에 따를 것을 요구하는 훈육

기능성 자기공명영상(functional magnetic resonance imaging; fMRI) 주어진 과제를 수행할 때 뇌에서의 산소 증가와 감소를 추적하는 뇌영상기법으로 가장 크게 활성화되는 뇌영역이 어디인지를 확인할 수 있다.

기분부전장애(dysthymic disorder) 우울한 기분이나 아동의 과민성과 우울증의 증상 중 적어도 2개 이상이 함께 나타나는 특징을 가진다. 이 장애는 적어도 1년 동안 지속된다.

기질적 정신지체(organic MR) 적응기능의 결함이 있고 평균보다 현저히 낮은 지적능력이 특징인 정신지체로 18세 이전에 생물학적 요인에 의해 발생한다.

[나]

남근기(phallic stage) Freud의 심리성적이론에서 세 번째 단계로 이 시기에 학령전기 아동들은 대범하고 주장적이며 이성부모에 대한 배타적인 애정대상이 되고 싶어 한다.

내면화(internalization) 환경적 요인에 의해 유지되었던 행동이 개인내적 요인에 의해 유지되어지는 과정

내면화자(internalizer) 사건이나 자극에 대한 반응을 내면화하는 사람. 내면화-외현화 참조

내면화-외현화(internalizing-externalizing) 아동이 고통스러운지(내재화) 외부 환경이 고통을 받는지(외현화)에 따라 정신병리를 분류하는 분류체계

뇌손상(brain damage) 뇌의 손상은 손상의 특징, 위치, 크기 측면에서 신경학적으로, 손상된 기능측면에서 행동적으로, 손상의 기원 측면에서 병인론적으로 정의될 수 있다.

[다]

다운증후군(Down syndrome) 21번째 염색체가 2개인 것이 정상인데 3개가 되어서 발생하는 정신지체의 한 형태

다중결과(multifinality) 맥락요인과 개인내 요인에 따라 하나의 위험요인이 여러 개의 다른 결과를 가져올 수 있다는 개념

다중결정(multideterminism) 정신병리가 단일 원인이 아니라 많은 원인에 의해 결정된다는 개념

다축진단체계(multiaxial classification) 개인을 한 가지 분류체계로만 분류하는 대신 다양한 차원으로 평가하는 진단 체계

단계특징적 주제(stage salient issues) 발달을 위해 각 연령시기에서 아동이 달성해야만 하는 핵심적인 발달과업

단기 종단적 접근(accelerated longitudinal approach) (종단-횡단적 접근으로도 알려져 있음) 정신병리의 기원에 대한 자료가 서로 나이가 다른 여러 집단에서 얻어지는데 어린 연령집단의 아동들을 다음번 연령 집단의 나이가 될 때까지 추적한다.

대상영속성(object permanence) Piaget의 인지발달 이론에서 우리가 직접적으로 접촉을 하거나 관찰하지 못해도 물리적 대상들은 존재하고 있다는 것에 대한 이해

대상항상성(object constancy) 대상관계이론에서 자신이나 타인에 대한 하나의 표상에 대해 긍정적 감정과 부정적 감정을 통합하는 능력

도식(schema, **복수형은** schemata) Piaget에서 환경경험과 자신에 대한 아동의 이해를 구성하는 인지구조

동화(assimilation) Piaget 이론에서 정보를 기존 인지 도식에 맞도록 변형하는 과정

DSM(Diagnostic and Statistical Manual of Mental Disorders) 미국정신의학협회에서 출간하는 정신적 장애의 진단적 통계적 편람으로 정신장애의 진단 기준을 제공한다. 최근판은 DSM-IV-TR이다.

[마]

마음이론(theory of mind) 다른 사람들이 자기와는 다른 의도, 동기, 관점을 갖는다는 것을 아동이 이해하는 것

망상(delusion) 현실 또는 그 개인이 속한 문화나 하위문화와 상충하면서 강하게 유지되는 비합리적인 신념

매개변인(mediator) 한 변인이 다른 변인에 주는 영향을 설명하는 변인

모방(imitation) (모델링이라고도 부른다) 다른 사람(모델)의 행동을 관찰하여 학습하는 것

무조건적 긍정적 존중(unconditional positive regard) Carl Rogers 이론에서 부모가 자녀를 본능적으로 소중하게 여기고 수용하는 것

물질남용(substance abuse) 직장이나 학교와 대인관계에 문제가 될 정도로 화학물질을 과도하게 사용하는 패턴

물질의존(substance dependence) 물질과 관련된 심각한 문제가 있음에도 불구하고 지속적으로 화학물질을 사용하는 것인데, 관련문제들에는 내성과 금단현상, 물질사용과 관련된 활동에 사로잡힌 라이프스타일이 포함된다.

미래추적전략(follow-up strategy) 다양한 정신병리의 선행요인에 대한 자료를 얻기 위해 상당한 기간 동안 아동을 추적하는 것을 포함하는 조사기법

[바]

반동형성(reaction formation) 방어기제 중 하나로 불안을 야기시키는 충동과 완전히 극적으로 다르게 생각하고 느낀다.

반응성 애착장애(reactive attachment disorder) 생의 초기 3년 동안에 이루어진 정신병리적 양육으로 인해 사회적 관계에서 혼란이 생기는 것이 특징인 장애

반응조건화(respondent conditioning) (고전적 조건화라고도 부름) 이전에는 반응에 대해 중립적이었던 자극이 반응을 원래 야기하는 자극의 속성을 갖게 되는 것

반항성 장애(oppositional defiant disorder) 성인의 요구에 의도적으로 반항하며 작은 규칙들을 어기는 결과를 가져온다

발달경로(developmental pathway) 위험요인과 보호요인들이 발달을 정상경로에서 벗어나게 하고, 일탈을 유지하고, 정상경로로 발달을 되돌리는 것

발달적 변형(developmental transformation) 사람이나 그 사람의 환경에서 일어난 연령관련 변화에 의해서 생긴 장애의 외적표현의 변화

발달적 일탈(developmental deviation) 규준적 발달과 질적으로 많이 달라서 발달의 연령단계에 부적절한 것으로 간주되는 행동의 출현

발달정신병리학(developmental psychopathology) 정신병리를 발생시키거나 또는 발생시키지 않는데 기여하는 발달과정의 연구

발달지체(developmental delay) 정상보다 현저하게 느린 속도로 진행되는 발달

방임적 양육(neglectful parenting) 자녀에게 무관심하고 자기 중심적인 훈육

병인론(etiology) 다양한 정신병리를 발생시키는 원인이나 필요충분 조건들의 연구

보호기제(protective mechanism) 보호요인의 긍정적 효과를 설명해주는 기저의 발달적 과정

보호요인(protective factor) 건강한 발달을 촉진하고 위험요인의 부정적 효과를 상쇄시키는 요인들

부모관리훈련(Parent Management Training) 친사회적인 방향으로 부모-자녀의 상호작용을 변화시키기 위해 정적 강화와 유연한 처벌 같은 사회적 학습의

원리를 사용하는 방법

부적 정동성(negative affectivity) 공포, 슬픔, 죄의식 같은 부적 정동을 공유하면서 불안과 우울을 포함

분리-개별화(seperation-individuation) 대상관계이론에서 양육자와 분리된 것으로서의 자기감과 고유성 성취의 발달

분리불안장애(seperation anxiety disorder) 아동이 애착대상에게서 분리될 때 과도한 불안을 보이는 장애

불안장애(anxiety disorder) 강하고 만성적인 불안을 특징으로 하는 일단의 장애들로 공식적으로는 정신신경학적 장애라고 부른다.

불안전 애착(insecure attachment) 세 유형이 있다. 저항애착에는 어머니의 관심에 대한 요구와 거부가 양가적으로 혼합되어 나타난다. 회피애착에서는 아동은 어머니를 무시한다. 혼란된/비지향적 애착에서는 우울하거나 쌀쌀한 감정을 가지고 어머니에게 접근하는 것 같은 반대되는 반응을 보인다.

비동시성(asynchrony) 발달 변인들 간의 진전 속도가 뒤죽박죽이거나 현저하게 고르지 않은 것

비연속성(discontinuity) 하나의 발달기간에서 다른 발달기간까지 장애가 존재하거나 존재하지 않는 것에서의 비일관성

[사]

사건관련 전위(event-related potential; ERP) 주어진 자극에 대한 뇌반응을 기록하는 뇌파기법으로 반응이 정상인지 정상을 벗어나 있는지를 알 수 있다.

사회 공포증(social phobia) (사회적 불안장애라고도 한다) 사회적인 상황을 회피하고 과도하게 불안해 하는 것이 특징인 장애

삼각화(triangulation) Salvador Minuchin의 용어로 아동이 부모 중 한 쪽편이 되도록 강요하는 가족패턴을 말함

상호결정론(reciprocal determinism) 사회학습이론에서 개인이 환경영향의 수동적 수용자라기보다는 개인과 환경 둘 다 서로에게 영향을 준다는 개념

상호억제(reciprocal inhibition) 양립 불가능한 두 개의 반응들 중에서 약한 반응이 강한반응에 의해서 억제되는 것. 체계적 둔감화에서 이용됨

성격장애(personality disorder) 불안장애보다 더 전반적이며 비적응적인 행동이 몸에 배었으나 현실적 감각은 심각하게 손상되지 않은 장애

성기기(genital stage) Freud 심리성적단계의 마지막 단계로 이 단계 동안 자연스러운 성욕과 진정한 친밀함이 이루어진다.

성 역할(gender role) 남아와 여아에게 각각 적절한 행동과 감정을 사회가 규정해 놓은 것

성적 지향(sexual orientation) 동성이나 이성 파트너에 끌림

성적 학대(sexual abuse) 아동이 근친상간, 성폭행, 애무, 성행위나 포르노그라피(외설물)에 노출되는 것

성 정체성(gender identity) 남성이나 여성으로 자신을 분류하는 것

성 정체성 장애(gender identity disorder) 자신이 다른 성의 일원이라는 신념이나 다른 성의 일원이 되고 싶다는 지속적이고 강한 욕구가 특징인 장애

성 항상성(gender constancy) 성이 영속적이며 변하지 않는다는 것에 대한 인식

소거(extinction) 강화제거로 인해서 학습된 행동이 점진적으로 사라지는 것

소아성애(pedophilia) 아동에 대해 성적 각성이 일어나는 상태

소아심리학(pediatric psychology) 질병의 병인, 경로, 치료에서 일어나는 기질적 요인과 심리적·사회적·문화적 요인들 사이의 상호작용에 대한 연구. 소아심리학은 예방과 건강유지에도 관심이 있다.

수초화(myelination) 신경세포의 축색돌기를 감싸고 있는 백질이라는 절연물질의 형성

숙달동기(mastery motivation) 학습 그 자체에 대한 본유적인 만족을 위해 환경과 상호작용하려는 동기

신경내분비(neuroendocrines) 신경계와 호르몬(내분

비)계 간의 상호작용에 관계되는 과정

신경성 식욕부진증(anorexia nervosa) 적극적으로 날씬해지기 위해 의도적으로 음식을 제한하거나 하제를 사용하는 것으로 적어도 15%의 체중감소를 가져온다. 제한유형은 체중을 빼기 위해서 엄격한 다이어트만 하는 것이다. 폭식—하제사용 유형은 다이어트와 폭식을 번갈아하며 일부러 토하거나 하제를 사용한다.

신경성 폭식증(bulimia nervosa) 폭식(짧은 기간 동안 많은 음식을 빠르게 섭취)의 에피소드가 반복적으로 나타나는 것이 특징인 섭식장애. 스스로 구토를 하거나 하제를 사용하여 체중감소를 시도하는 하제사용 유형이나 굶거나 과도한 운동을 통해 체중증가를 막는 하제비사용 유형이 있다.

신경전달물질(neurotransmitters) 신경세포들 간의 의사소통을 담당하는 "화학적 전달자"

신뢰도(reliability) 진단 도구를 사용하여 나온 결과의 일관성

집행기능(executive functions) 특히 계획하기, 작업기억, 경쟁 행동의 억제 등과 같이 유연하고 목표지향적인 행동에 내재되는 기능

[아]

양극성 장애(bipolar disorder) (조울증이라고도 한다) 우울증이 과잉행동이나 극도로 행복한 상태와 번갈아 나타나는 심각한 정신병리

양전자방사 단층촬영(positron emission tomography; PET scan) 구조적인 비활동을 보여주는 뇌의 비정상적 기능을 찾는 뇌스캔 기법으로 뇌동맥에 주입된 방사능 동위 글루코스의 대사율을 기록하여 찾아낸다.

억압(repression) 기본적인 방어기제 중 하나로 위협한 충동과 환상과 아이디어를 의식으로부터 사라지게 하는 것

연속성(continuity) 하나의 발달기간에서 다른 발달기간까지 장애가 존재하거나 존재하지 않는 것의 일관성

와해된 언어(disorganized speech) 정신분열증에서 연결이 안 되고, 비논리적 추론, 분절, 지리멸렬함의 특징을 갖는 말

외상후 스트레스장애(posttraumatic stress disorder) 자신이나 타인이 다치거나 죽거나 혹은 죽음의 공포로 위협받은 사건을 경험한 이후에 나타나는 장애

외현화(externalizing) 내면화-외현화 참조

우회하기(detouring) 자녀를 그들의 유일한 문제로 간주함으로써 부모가 자신들의 갈등을 회피하는 것을 나타내는 Salvador Minuchin의 용어

원초아(id) Freud구조이론에서 모든 정신적 에너지의 쾌락추구 원천으로 생물학적 기초를 갖는다.

위험(risks) 발달을 정상경로에서 벗어나서 임상적으로 중요한 문제 행동이나 정신병리를 가져올 가능성을 증가시키는 요인들

위험기제(risk mechanism) 위험변인의 부정적인 효과를 설명해 주는 기저의 발달기제

유기(neglect) 아동의 신체적 또는 심리적 건강을 손상시키는 양육제공의 결핍

유뇨증(enuresis) (기능적인 유뇨증이라고도 불린다) 5세 혹은 그 이상의 아동이 낮이나 밤에 자기도 모르게 오줌을 싸는 증상

유분증(encopresis) 5세 혹은 그 이상의 아동이 자기도 모르게 배변을 하는 증상

음소(phonemes) 말소리의 최소단위

음운인식(phonological awareness) 단어가 개별 음절, 음소로 이루어진다는 사실을 인식하는 것으로 읽기 능력의 바탕이 되는 중요한 기능

의존우울증(anaclitic depression) 자신이 필요로 하는 사랑하는 양육자를 잃은 뒤에 오는 실망으로 인한 영아의 반응

인과귀인(casual attribution) 사건이 자기 안에 있는 요인들로 인한 결과인지 여부(내적 대 외적)에 대한 신념은 지속적(안정적 대 불안정적)이거나 모든 상황에 널리 미치는(보편적 대 특정적) 경향이 있다.

인지삼제(cognitive triad) Beck의 우울증의 인지이론

에서 자기에 대한 귀인으로 무가치감, 무력감, 무망감을 포함한다.

일반화된 불안장애(generalized anxiety disorder) 다양한 상황과 자극에 대해 통제 불가능하고 전반적이며 과도한 걱정과 긴장이 특징인 장애

[자]

자기공명영상(magnatic resonance imaging; MRI) 뇌의 층들을 찍은 연속적인 영상을 사용해서 다양한 뇌 구조의 삼차원 영상을 만들어 내는 뇌영상 기법

자기조절(self-regulation) 자신의 행동을 주도적이고 자율적으로 통제하는 것

자기항상성(self-constancy) 기분이나 환경이 변화하여도 자기는 조직화된 전체로 유지된다는 것을 인식하는 것

자기효능감(self-efficacy) 주어진 과제를 성취할 가능성에 대한 개인의 평가

자아(ego) Freud의 구조이론의 정신적 요소로 한편으로는 원초아의 최대 쾌락에 대한 요구를 충족시키고 다른 한편으로는 초자아의 고통스러운 비난을 피하기 위해 현실의 본질을 배운다.

자아중심성(egocentrism) Piaget의 이론에서 오로지 자신만의 관점에서 물리적·사회적 세계를 해석하는 경향

자아탄력성(ego resilience) 환경변화에 전략적으로 적응하는 능력

자아통제(ego control) 개인이 자신의 충동을 자유롭게 표현 또는 억제하는 정도

자유연상(free association) 환자로 하여금 마음에 떠오르는 것이 무엇이든 말하도록 격려하여 밝혀지지 않은 무의식적 자료를 찾는 기본적 정신분석적 기법

자폐증(autism) 영아기와 걸음마기에 나타나는 심각한 장애로 극도의 고립, 동일성에 대한 병리적 요구, 함묵증이나 비의사소통적 말이 특징이다.

잠재기(latency stage) Freud의 심리성적이론에서 4번째 발달단계로 성에 대한 관심이 줄어들고 아동의 관심이 사회적 학업적 환경의 숙달로 향한다.

재구조화 기법(restructuring techniques) 잘못된 가족 상호작용 패턴을 바꾸는 기법

저항애착(resistant attachment) 불안정 애착의 일종으로 영아가 양육자에게 몰두하면서도 양가적인 반응을 보인다

적응실패(adaptational failure) 정신병리를 아동이 환경의 기대에 적응하는 능력이 없어서 생기는 것으로 보는 개념화

적응장애(ajustment disorder) 부모의 죽음이나 이혼 등과 같은 특정 사건에 대한 반응으로 나타나는 일탈된 행동

적응행동(adaptive behavior) 환경의 요구에 대처하는 능력으로 공동체 안에서 나이에 맞는 수준으로 자조, 관습적 사회적 상호작용, 독립적 기능을 하는 능력과 같은 것이다.

전능적 사고(omnipotent thinking) 실제로 자신의 능력 밖의 사상을 통제할 수 있다는 믿음

전이(transference) 정신분석치료에서 이전에 중요한 인물(전형적으로 부모)에게 향했던 강한 감정을 치료자에게 투사하는 것

전조작기(preoperational stage) 학령전기에 나타나는 보이는 것에 대한 믿음, 즉, 다르게 보이는 것은 실제로 다르다는 믿음을 갖는 시기

정서조절(emotion regulation) 목표를 달성하기 위해 자신의 정서적 반응을 조정하고 평가하고 수정하는 능력

정신병질(psychopathy) 무감각(후회, 죄의식, 감정이입의 결여)하고, 자기중심적이며, 겉으로는 매력적이고, 충동적이고, 감정의 폭이 좁으며, 타인을 조정하며 의미 있는 관계를 맺지 못하는 특징을 가진 정신병리

정신분열증(schizophrenia) 망상, 환각, 구조화되지 않는 말, 기이한 행동과 강직된 정서의 부정적인 증후, 즉 감정 둔화, 무욕증, 무논리증의 증상들을 보이는 심각하고 전반적인 장애

정신지체(mental retardation) 18세 이하에서 시작되고 적응적인 행동이 결여되며 정상이하의 지적능력이 특징인 상태

정체성(identity) Erikson의 이론에서 정체감은 내적 영속성과 대인간의 상호성을 추구하는 것을 의미한다. 청소년기에 시작되며 직업 선택과정에서 나타난다.

조숙(precocity) 정신병리학에서 조숙은 아동이 성공적으로 수행할 준비가 되기 전에 성인역할을 하고 책임을 지려는 시도를 하게 만드는 가속된 발달속도이다.

조절(accommodation) Piaget 이론에서 환경으로부터의 새로운 정보를 설명하기 위해서 기존의 인지도식을 바꾸는 과정

조절변인(moderator) 한 변인과 다른 변인 사이의 관계의 강도나 방향에 영향을 주는 변인

조화의 적합성(goodness of fit) 아동의 기질과 환경이 아동에게 부과하는 요구사이의 최적의 조화

주요우울장애(major depression) 성인의 우울한 기분이나 아동의 과민성을 포함한 다섯 개 혹은 그 이상의 증상이 특징인 급성 장애

주의력결핍/과잉활동장애(attention-deficit/hyperactivity disorder; ADHD) 끊임없는 움직임과 충동성을 동반하는 발달적으로 부적절한 주의집중의 문제

주의유지(sustained attention) 과제가 완수될 때까지 과제를 지속하는 능력

증강요인(potentiating factor) 위험요인의 효과를 증가시키는 변인

[차]

차폐우울증(masked depression) 아동기 중기의 아동이 갖는 기저의 우울증은 매우 다양하게 일탈된 비우울적 행동으로 차폐되어 있다.

처벌(punishment) 반응이 발생할 가능성을 감소시키는 혐오자극의 제시

체계적 둔감화(systematic desensitization) 등급을 매긴 불안들을 양립불가능한 이완 반응과 짝지어서 불안을 제거하는 행동치료

초자아(superego) Freud이론의 도덕적 요소 또는 양심. 초기에는 완벽주의적이어서 절대적 복종을 요구하고 위반하면 죄책감으로 처벌한다.

취약성(vulnerability) 아동이 위험에 굴복할 가능성을 증가시키는 요인

치환(displacement) 방어기제 중 하나로 본래 대상보다 더 안전한 다른 대상에게로 충동을 표현한다.

[카]

컴퓨터 단층촬영(computerized axial tomography; CAT scan) (컴퓨터 활용 촬영이라고도 부른다) 뇌표면과 그보다 아래 수준 둘 다의 자세한 영상을 만들기 위해 컴퓨터로 조작되는 X-ray기계를 사용하는 것으로 뇌의 어떠한 수준에서든 병변부위를 찾아낼 수 있다.

[타]

타임아웃(time out) 행동치료에서 바람직하지 않은 행동을 소거하기 위해서 짧은 시간동안 아동을 강화로부터 고립시키는 것

타당도(validity) 도구가 측정하려는 것을 얼마나 정확하게 측정하였는가의 정도

탈락(attrition) 종단적 연구에서 피험자가 줄어드는 것

탄력성(resilience) 장애를 초래하는 높은 위험에 처하는 대신 건강한 발달을 하게 만드는 아동의 능력

퇴행(regression) 한 때는 발달적으로 적절했으나 더 이상 적절하지 않은 행동으로 되돌아가는 것. 그 행동들이 정신병리적인지 아닌지는 퇴행의 정도에 달려 있다.

투사(projection) 방어기제 중 하나로 금지된 충동을 억압하고 타인에게로 돌린다.

[파]

평형화(equilibration) Piaget의 이론에서 동화와 조절 간의 균형

품행장애(conduct disorder) 반사회적이거나 파괴적인 방법으로 자신의 기분이나 충동을 나타내는 장애

[하]

학습장애 〔learning disabilities(or learning disorder)〕 구어나 문어를 사용하거나 이해하는데 관계되는 기본적인 심리적 과정에서 하나 혹은 그 이상의 장애에 기인한 학습문제이며 정신지체, 정서적 혼란, 환경적 약점, 혹은 특정한 지각적 혹은 운동적 결함에 의한 것이 아니다

항문기(anal stage) Freud 심리성적이론의 두 번째 단계로 대변을 보유하고 배출하는 일에서 쾌감을 느끼며 걸음마기 아동은 자율 대 복종의 문제에 직면하게 된다.

행동결손 또는 행동과다(behavior deficit or excess) 정신병리를 주어진 사회에서 기대하는 것보다 더 낮은 빈도나 더 높은 빈도 또는 더 낮은 강도나 더 높은 강도로 일어나는 행동으로 보는 행동주의자의 개념화

행동억제(behavioral inhibition) 새로운 것을 회피하고 고통스러워하며, 부끄러워하고 두려워하는 반응을 보이는 아동들의 기질적 성향

행동치료(behavior therapies) 현재 일어나는 구체적 행동, 객관적 측정, 실험실에서 도출된 행동원리의 신뢰에 관심을 두는 일단의 치료들

행동평가(behavioral assessment) 행동기법을 사용해 수정할 목표행동이 되는 구체적 행동을 정하기 위해 고안된 절차

허용적/관대한 양육(permissive/indulgent parenting) 자녀 중심적이며 수용적이고 요구하지 않으며 통제가 거의 없는 훈육

형식적 조작기(formal operational stage) 청소년기에 일반적인 생각과 추상적인 개념을 생각하는 능력이 생기는 시기

혼란된 또는 긴장성 운동 행동(disorganized or catatonic behavior) 정신분열증에서 얼굴 찡그림, 이상한 자세, 오랜 동안 움직이지 않음, 또는 자해 같은 극단적인 일탈 특징을 갖는 행동

혼란된/비지향적 애착(disorganized/disoriented attachment) 불안정 애착의 일종으로 비일관적이고 이상한 행동을 보이는 것이 특징이다

환각(hallucination) 어떠한 적절한 외적 자극이 없을 때에 생기는 감각지각

회상전략(retrospective strategy) 장애가 있는 아동의 과거력에 대해 조사해서 정신병리의 기원을 재조직화하는 것을 포함하는 조사기법

회피애착(avoidant attachment) 불안정 애착의 일종으로 양육자로부터의 조숙한 독립이 특징이다

회피학습(avoidance learning) 혐오자극을 경험하는 유기체가 그 자극을 만나는 걸 피하기 위한 행동을 하는 학습의 한 형태

참고 문헌

Abela, J. R. Z., & Seligman, M. E. P. (2000). The hopelessness theory of depression: A test of the diathesis-stress component in the interpersonal and achievement domains. *Cognitive Therapy & Research, 24*, 361-378.

Aber, J. L., Brown, J., & Jones, S. (2003). Developmental trajectories toward violence in middle childhood: Course, demographic differences, and response to school-based intervention. *Developmental Psychology, 39*, 324-348.

Aboud, F. E. (1987). The development of ethnic self-identification and attitudes. In J. S. Phinney & M. J. Rotheram (Eds.), *Children's ethnic socialization: Pluralism and development* (pp. 32-55). Newbury Park, CA: Sage Publications.

Abramson, L. Y., Seligman, M. E. P., & Teasdale, J. D. (1978). Learned helplessness in humans: Critique and reformulation. *Journal of Abnormal Psychology, 87*, 49-74.

Achenbach, T. M. (1990). Conceptualization of developmental psychopathology. In M. Lewis & S. M. Miller (Eds.), *Handbook of developmental psychopathology* (pp. 3-14). New York: Plenum.

Achenbach, T. M. (1991). *Manual for the Child Behavior Checklist/4-18 and 1991 Profile.* Burlington: University of Vermont Department of Psychiatry.

Achenbach, T. M. (1995). Developmental issues in assessment, taxonomy, and diagnosis of child and adolescent psychopathology. In D. Cicchetti & D. J. Cohen (Eds.), *Developmental psychopathology, Vol. I: Theory and methods* (pp. 57-80). New York: Wiley.

Achenbach, T. M. (2000). Assessment of psychopathology. In A. J. Sameroff, M. Lewis, & S. M. Miller (Eds.), *Handbook of developmental psychopathology* (pp. 41-56). New York: Kluwer Academic. Achenbach, T. M., Howell,

C. T., McConaughy, S. H., & Stanger, C. (1995). Six-year predictors of problems in a national sample of children and youth, Vol. II: Signs of disturbance. *Journal of the American Academy of Child and Adolescent Psychiatry, 34*, 488-498.

Achenbach, T. M., & McConaughy, S. H. (1997). *Empirically based assessment of child and adolescent psychopathology: Practical applications.* Newbury Park, CA: Sage.

Achenbach, T. M., & Rescorla, L. A. (2001). *Manual for the ASEBA school-age forms and profiles.* Burlington: ASEBA.

Adler, G., & Rhine, M. W. (1988). The self object function of projective identification. Bulletin of the Menninger Clinic, 52, 473-491.

Agbayani-Siewert, P., & Enrile, A. V. (2003). Filipino American children and adolescents. In J. T. Gibbs & L. N. Huang (Eds.), *Children of color: Psychological interventions with culturally diverse youth* (2nd ed., pp. 229-264). San Francisco: Jossey-Bass. Aguilar, E. J., Leal, C., Acosta,

F. J., Cejas, M. R., Fernandez, L., & Gracia, R. (2003). A psychopathological study of a group of schizophrenic patients after attempting suicide. Are there two different clinical subtypes? *European Psychiatry, 18*, 190-192.

Ahrons, C. R., & Wallisch, L. S. (1987). The relationship between former spouses. In D. Perlman & S. Duck (Eds.), *Intimate relationships: Development, dynamics, and deterioration* (pp. 269-296). Newbury Park, CA: Sage.

Ainsworth, M. D. S., Blehar, M., Waters, E., & Wall, S. (1978). *Patterns of attachment.* Hillsdale, NJ: Erlbaum.

Akiskal, H. S. (1995). Developmental pathways to bipolarity: Are juvenile-onset depressions pre-bipolar? *Journal of the American Academy of Child and Adolescent Psychiatry, 34*, 754-763.

Albano, A. M., Chorpita, B. F., & Barlow, D. H. (1996). Childhood anxiety disorders. In E. J. Mash & R. A. Barkley (Eds.), *Child psychopathology* (pp. 196-241). New York: Guilford.

Allen, J. P., & Hauser, S. T. (1996). Autonomy and relatedness in adolescent-family interactions as predictors of young adults' states of mind regarding attachment. *Development and Psychopathology, 8*, 793-809.

Altman, H., Collins, M., & Mundy, P. (1997). Subclinical hallucinations and delusions in nonpsychotic adolescents. *Journal of Child Psychology and Psychiatry, 38*, 413-420.

Altmann, E. O., & Gotlib, I. H. (1988). The social behavior of depressed children: An observational study. *Journal of Abnormal Child Psychology, 16*, 29-44.

Alvarado, N. (1994). Empirical validity of the Thematic Apperception Test. *Journal of Personality Assessment, 63*, 59-79.

Amato, P. R. (2001). Children of divorce in the 1900s: An update of the Amato and Keith (1991) meta-analysis. *Journal of Family Psychology, 15*, 355-370.

Amato, P. R., & Keith, B. (1991). Parental divorce and well-being of children: A meta-analysis. *Psychological Bulletin, 110*, 26-46.

Amaya-Jackson, L., & March, J. (1995). Posttraumatic stress disorder. In J. March (Ed.), *Anxiety disorders in children and adolescents* (pp. 276-300). New York: Guilford.

Amaya-Jackson, L., Reynolds, V., Murray, M., C., McCarthy, G., Nelson, A., Cherney, M. S., et al. (2003). Cognitive-behavioral treatment for pediatric posttraumatic stress disorder: Protocol and application in school and community settings. *Journal of Cognitive Behavioral Practice, 10*(3), 204-213.

American Academy of Pediatrics. (2000). Diagnosis and evaluation of the child with Attention-Deficit/Hyperactivity Disorder. *Pediatrics, 105*, 1158-1170.

American Associative of Child and Adolescent Psychiatry (AACAP) Official Action. (1997). Practice parameters for assessment and treatment of children, adolescents and adults with attention-deficit/hyperactivity disorder. *Journal of the American Academy of Child and Adolescent Psychiatry, 36*(Suppl. 10), 85S-114S.

American Association on Mental Retardation. (1992). *Mental retardation: Definition classification and systems of support* (9th ed.). Washington, DC: Author.

American Psychiatric Association. (1968). *Diagnostic and statistical manual of mental disorders* (2nd ed.). Washington, DC.

American Psychiatric Association. (1994). *Diagnostic and statistical manual of mental disorders*. 4th ed.-Text Revision. Washington, DC: Author.

American Psychiatric Association. (2000). *Diagnostic and statistical manual of mental disorders* (4th ed.). Washington, DC: Author.

American Psychological Association. (1985). *Standards for educational and psychological testing*. Washington, DC: Author.

American Psychological Association. (2002). Ethical principles of psychologists and code of conduct. *American Psychologist, 57*, 1060-1073.

American Psychological Association. (2003). Guidelines on multicultural education, training, research, practice, and organizational change for psychologists. *American Psychologist, 58*, 377-402.

Ammerman, R. T., & Campo, J. V. (1998). *Handbook of pediatric psychology and psychiatry, Vol II: Disease, injury, and illness*. Boston: Allyn & Bacon.

Anastopoulos, A. D. (1998). A training program for parents of children with Attention-Deficit/Hyper-activity Disorder. In J. M. Briesmeister & C. E. Schaefer (Eds.), *Handbook of parent training* (pp. 27-60). New York: Wiley.

Anderson, C. A., & Hammen, C. (1993). Psychosocial outcomes of children of unipolar depressed, bipolar, medically ill, and normal women: A longitudinal study. *Journal of Consulting and Clinical Psychology, 61*, 448-454.

Anderson, I. M., Parry-Billings, M., Newsholme, E. A., Fairburn, C. G., & Cowen, P. J. (1990). Dieting reduces plasma tryptophan and alters brain 5-HT function in women. *Psychological Medicine, 20*, 785-791.

Andrews, J. A., Hops, H., & Duncan, S. C. (1997). Adolescent modeling of parent substance use: The moderating effect of the relationship with the parent. *Journal of Family Psychology, 11*, 259-270.

Andrews, T. K., Rose, F. D., & Johnson, D. A. (1998). Social and behavioural effects of traumatic brain injury in children. *Brain Injury, 12*, 133-138.

Annegers, J. F., Grabow, J. D., Kurland, L. T., & Laws, E. R. (1980). The incidence, causes, and secular trends of head trauma in Olmsted County, Minnesota, 1935-1974. *Neurology, 30*, 912-919.

Appel, A. E., & Holden, G. W. (1998). The co-occurrence of spouse and physical child abuse: A review and appraisal. *Journal of Family Psychology, 12*, 578-599.

Applegate, B., Lahey, B. B., Hart, E. L., Waldman, I., Biederman, J., Hynd, G. W., Barkley, R. A., Ollendick, T., Frick, P. J., Greenhill, L., McBurnett, K., Newcoren, J., Kerdyk, L., Garfinkel, B., & Shaffer, D. (1997). Validity of the age-of-onset criterion for ADHD: A report of the DSM-IV field trials. *Journal of the American Academy of Child and Adolescent Psychiatry, 36*, 1211-1221.

Apter, A., & Freudenstein, O. (2000). Adolescent suicidal behaviour: Psychiatric populations. In K. Hawton & K. van Heeringen (Eds.), *The international handbook of suicide and attempted suicide* (pp. 261-273). Chichester, UK: Wiley.

Apter, A., & Wasserman, D. (2003). Adolescent attempted suicide. In R. A. King & A. Apter (Eds.), *Suicide in children and adolescents* (pp. 63-85). Cambridge, MA: Cambridge, University Press.

Arseneault, L., Cannon, M., Poulton, R., Murray, R., Caspi, A., & Moffitt, T. E. (2002). Cannabis use in adolescence and risk for adult psychosis: Longitudinal prospective study. *British Medical Journal, 325*, 1212-1213.

Ary, D. V., Duncan, T. E., Duncan, S. C., & Hops, H. (1999). Adolescent problem behavior: The influence of parents and peers. *Behavior Research and Therapy, 37*, 217-230.

Asarnow, J. R., & Asarnow, R. F. (2003). Childhood-onset schizophrenia. In E. J. Mash & R. A. Barkley (Eds.), *Child psychopathology* (2nd ed., pp. 455-485). New York: Guilford.

Asarnow, J. R., Carlson, G. A., & Guthrie, D. (1987). Coping strategies, self-perceptions, hopelessness, and perceived family environments in depressed and suicidal children. *Journal of Consulting & Clinical Psychology, 55*, 361-366.

Asarnow, J. R., Goldstein, M., Carlson, G., Perdue, S., Bates, S., & Keller, J. (1988). Childhood-onset depressive disorders: A follow-up study of rates of rehospitalization and outof-home placement among child psychiatric inpatients. *Journal of Affective Disorders, 15*, 245-253.

Asarnow, J. R., Jaycox, L. H., & Tompson, M. C. (2001). Depression in youth: Psychosocial interventions. *Journal of Clinical Child Psychology, 30*, 33-47.

Asarnow, J. R., Tompson, M., Hamilton, E. B., Goldstein, M. J., & Guthrie, D. (1994). Family-expressed emotion, childhood-onset depression, and childhood-onset schizophrenia spectrum disorders: Is expressed emotion a nonspecific correlate of child psychopathology or a specific risk factor for depression? *Journal of Abnormal Child Psychology, 22*, 129-146.

Asarnow, J. R., Tompson, M. C., & McGrath, E. P. (2004). Childhood-onset schizophrenia: Clinical and treatment issues. *Journal of Child Psychology and Psychiatry, 45*, 180-194.

Asarnow, R. F., Nuechterlein, K. H., Fogelson, D., Subotnik, K. L., Payne, D. A., Russell, A. T., et al. (2001). Schizophrenia and schizophrenia-spectrum personality disorders in the first-degree relatives of children with schizophrenia: The UCLA Family Study. *Archives of General Psychiatry, 58*, 581-588.

Asperger, H. (1944). Die autistichen Psychopathen in Kindesalter. *Archiv fur Psychatirie und Nervenkrankheiten, 117*, 76-136.

Attie, I., & Brooks-Gunn, J. (1995). The development of eating regulation across the life span. In D. Cicchetti & D. J. Cohen (Eds.), *Developmental psychopathology: Vol. 2. Risk, disorder and adaptation* (pp. 332-368). New York: Wiley.

Attwood, A., Frith, U., & Hermelin, B. (1988). The understanding and use of interpersonal gestures by Down's syndrome children. *Journal of Autism and Developmental Disorders, 18*, 241-257.

Aube, J., Fichman, L., Saltaris, C., & Koestner, R. (2000). Gender difference in adolescent depressive symptomatology: Towards an integrated social-developmental model. *Journal of Social and Clinical Psychology, 19*, 297-313.

Avenevoli, S., Stolar, M., Li, J., Dierker, L., & Merikangas, K. R. (2001). Comorbidity of depression in children and adolescents: Models and evidence from a prospective high-risk family study. *Biological Psychiatry, 49*, 1071-1081.

Axline, V. (1969). *Play therapy.* New York: Ballantine.

Aytaclar, S., Tarter, R. E., Kirisci, L., & Lu, S. (1999). Association between hyperactivity and executive cognitive functioning in childhood and substance use in early adolescence. *Journal of the American Academy of Child & Adolescent Psychiatry, 38*(2), 172-178.

Azar, S. T. (1997). A cognitive behavioral approach to understanding and treating parents who physically abuse their children. In D. A. Wolfe, R. J. McMahon, & R. D. Peters (Eds.), *Child abuse: New directions in prevention and treatment across the lifespan* (pp. 79-101). Thousand Oaks, CA: Sage.

Bailey, D. S. (2003). Who is learning disabled? Psychologists and educators debate over how to identify students with learning disabilities. *Monitor on Psychology, 34*, 58.

Baird, G., Charman, T., & Baron-Cohen, S. (2000). A screening instrument for autism at 18 months of age: A 6-year follow-up study. *Journal of the American Academy of Child and Adolescent Psychiatry, 39*, 694-702.

Bakan, D. (1966). *The duality of human existence: Isolation and communion in Western man.* Boston: Beacon Press.

Bakermans-Kranenburg, M. J., van IJzendoorn, M. H., & Juffer, F. (2003). Therapy: Parent-child relationships. In J. Ponzetti (Eds.), *International encyclopedia of marriage and family* (pp. 1642-1645). New York: Macmillan.

Balint, M. (1968). *The basic fault: Therapeutic aspects of regression.* London: Tavistock.

Ballaban-Gil, K., & Tuchman, R. (2000). Epilepsy and epileptiform EEG: Association with autism and language disorders. *Mental Retardation & Developmental Disabilities Research Reviews, 6*, 300-308.

Ballon, B. C., Courbasson, C. M., & Smith, P. D. (2001). Physical and sexual abuse issues among youths with substance use problems. *Canadian Journal of Psychiatry, 46*, 617-621.

Baltaxe, C. A. M., & Simmons, J. Q., III. (1995). Speech and language disorders in children and adolescents with schizophrenia. *Schizophrenia Bulletin, 21*, 677-687.

Bandura, A. (1977). *Social learning theory.* New York: Holt, Rinehart & Winston.

Bandura, A. (1986). *Social foundations of thought and action: A social cognitive theory.* Englewood Cliffs, NJ: Prentice-Hall.

Bandura, A., Pastorelli, C., Barbaranelli, C., & Caprara, G. V. (1999). Self-efficacy pathways to childhood depression. *Journal of Personality and Social Psychology, 76*, 258-269.

Barber, B. K. (Ed.) (2002). *Intrusive parenting: How psychological control affects children and adolescents.* Washington, DC: American Psychological Association.

Bardone, A. M., Moffitt, T. E., Avshalom, C., Dickson, N., & Silva, P. A. (1996). Adult mental health and social outcomes of adolescent girls with depression and conduct disorder. *Development and Psychopathology, 8*, 811-829.

Barker, P. (1990). *Clinical interviews with children and adolescents.* New York: Norton.

Barkley, R. A. (1990). *Attention-deficit hyperactivity disorder: A handbook for diagnosis and treatment.* New York: Guilford.

Barkley, R. A. (1997). *ADHD and the nature of self-control.* New York: Guilford.

Barkley, R. A. (1998). Attention-deficit/hyperactivity disorder. In E. J. Mash & R. A. Barkley (Eds.), *Treatment of childhood disorders* (pp. 55-110). New York: Guilford.

Barkley, R. A. (2002). International consensus statement on ADHD. *Clinical Child and Family Psychology Review, 5*, 89-114.

Barkley, R. A. (2003). Attention-Deficit/Hyperactivity Disorder. In E. J. Mash & R. A. Barkley (Eds.), *Child psychopathology* (2nd ed., pp. 75-143). New York: Guilford.

Barkley, R. A., Fischer, M., Smallish, L., & Fletcher, K. (2002). The persistence of attention-deficit/hyperactivity disorder into young adulthood as a function of reporting source and definition of disorder. *Journal of Abnormal Psychology, III*, 279-289.

Barkley, R. A., Fischer, M., Smallish, L., & Fletcher, K. (2004). Young adult follow-up of hyperactive children: Antisocial activities and drug use. *Journal of Child Psychology and Psychiatry and Allied Disciplines, 45*, 195-211.

Barnett, D., Manly, J. T., & Cicchetti, D. (1993). Defining child maltreatment: The interface between policy and research. In D. Cicchetti, S. L. Toth, & I. E. Sigel (Eds.), *Child abuse, child development, and social policy: Advances in applied developmental psychology* (pp. 7-73). Norwood, NJ: Ablex.

Baron-Cohen, S. (2001). The Autism-Spectrum Quotient (AQ): Evidence from Asperger Syndrome/high-functioning autism, males and females, scientists and mathematicians. *Journal of Autism and Developmental Disorders, 31*(1), 5-17.

Baron-Cohen, S. (2003). *The essential difference: The truth about the male and female brain.* New York: Basic Books.

Baron-Cohen, S., Wheel-wright, S., Spong, A., Scahill, V., & Lawson, J. (2001). Are intuitive physics and intuitive psychology independent? *Journal of Developmental and Learning Disorders, 5*, 47-78.

Barry, C. T., Frick, P. J., Deshazo, T. M., McCoy, M. G., Ellis, M., & Loney, B. R. (2000). The importance of callous-unemotional traits for extending the concept of psychopathy to children. *Journal of Abnormal Psychology, 109*, 335-340.

Bartels, L., & Crowder, D. (1999, August 22). *Fatal friendship: How two boys traded baseball and bowling for murder and madness.* Rocky Mountain News; http://denver.rockymountainnews.com/shooting/0822fata1.shtm

Bateson, G., Jackson, D., Haley, J., & Weakland, J. (1956). Toward a theory of schizophrenia. *Behavioral Science, 1*, 251-264.

Batsche, G. M. (1998). Bullying. In G. G. Bear, K. M. Minke, & A. Thomas (Eds.), *Children's needs II: Development, problems, and alternatives* (pp. 171-179). Bethesda, MD: National Association of School Psychologists.

Baumeister, R. F., Bushman, B. J., & Campbell, W. K. (2000). Self-esteem, narcissism, and aggression: Does violence result from low self-esteem or threatened egotism? *Current Directions in Psychological Science, 9*, 26-29.

Baumrind, D. (1991a). Effective parenting during the early adolescent transition. In P. A. Cowan & E. M. Hetherington (Eds.), Family transitions (pp. 111-163). Hillsdale, NJ: Erlbaum. Baumrind, D. (1991b). The influences of parenting style on adolescent competence and substance use. Journal of Early Adolescence, 11, 56-95. Bauserman, R. (2002). Child adjustment in joint-custody versus sole-custody arrangements: A meta-analytic review. *Journal of Family Psychology, 16*, 91-102.

Bayley, N. (1993). *Bayley Scales of Infant Development* (2nd ed.). San Antonio, TX: Psychological Corporation.

Beck, A. T. (1987). Cognitive models of depression. *Journal of Cognitive Psychotherapy, 1*, 5-37.

Beck, A. T. (2002). *Cognitive models of depression. In Clinical advances in cognitive psychotherapy: Theory and Application* (pp. 29-61). New York: Springer Publishing Co.

Becker, J. V. (1998). What we know about the characteristics and treatment of adolescents who have committed sexual offenses. *Child Maltreatment, 3*, 317-329.

Beeghly, M., & Cicchetti, D. (1994). Child maltreatment, attachment, and the self system: Emergence of an internal state lexicon in toddlers at high social risk. *Development and Psychopathology, 6*, 5-30.

Beers, S. R., & De Bellis, M. D. (2002). Neuropsychological function in children with maltreatment-related posttraumatic stress disorder. *American Journal of Psychiatry, 159*, 483-486.

Beidel, D. C., & Turner, S. M. (1998). *Shy children, phobic adults: Nature and treatment of social phobia.* Washington, DC: American Psychiatric Association.

Beidel, D. C., Turner, S. M., & Morris, T. L. (1999). The psychopathology of childhood social phobia. *Journal of the American Academy of Child and Adolescent Psychiatry, 38*, 643-650.

Beidel, D. C., Turner, S. M., & Morris, T. L. (2000). Behavioral treatment of childhood social phobia. *Journal of Consulting and Clinical Psychology, 68*, 1072-2080.

Beitchman, J. H., Zucker, K. J., Hood, J. E., & DaCosta, G. A. (1992). A review of the long-term effects of child sexual abuse. *Child Abuse & Neglect, 16*(1), 101-118.

Bell, C., & Jenkins, E. (1993). Community violence and children on Chicago's southside. *Psychiatry, 56*, 46-53.

Bell-Dolan, D. J., Reaven, N. M., & Peterson, L. (1993). Depression and social functioning: A multidimensional study of the linkages. *Journal of Clinical Child Psychology, 22*, 306-315.

Bemporad, J. R., & Schwab, M. E. (1986). The DSM-III and clinical child psychiatry. In T. Millon & G. L. Klerman (Eds.), *Contemporary directions in psychopathology: Toward the DSM-IV* (pp. 135-151). New York: Guilford.

Bemporad, J. R., Smith, H. F., Hanson, G., & Cicchetti, D. (1982). Borderline syndromes in childhood: Criteria for diagnosis. *American Journal of Psychiatry, 139*, 596-602.

Bender, S. L., Ponton, L. E., Crittenden, M. R., & Word, C. O. (1995). For underprivileged children, standardized intelligence testing can do more harm than good: Reply. *Journal of Developmental and Behavioral Pediatrics, 16*, 428-430.

Benoit, D., & Parker, K. C. (1994). Stability and transmission of attachment across three generations. *Child Development, 65*, 1444-1456.

Bennett, D. S., & Bates, J. E. (1995). Prospective models of depressive symptoms in early adolescence: Attributional style, stress, and support. *Journal of Early Adolescence, 15*, 299-315.

Berliner, L., & Elliott, D. M. (2002). Sexual abuse of children. In J. E. B. Myers, L. Berliner, J. Briere, C. T. Hendrix, C. Jenny, & T. A. Reid (Eds.), *The APSAC handbook on child maltreatment* (2nd ed., pp. 55-78). Thousand Oaks, CA: Sage.

Berman, A. L. (2003). An idiographic approach to understanding suicide in the young. In R. A. King & A. Apter (Eds.), *Suicide in children and adolescents* (pp. 198-210). Cambridge, England: Cambridge University Press.

Berman, A. L., & Jobes, D. A. (1991). *Adolescent suicide: Assessment and intervention.* Washington, DC: American Psychological Association.

Bernstein, A. C., & Cowan, P. A. (1975). Children's concepts of how people get babies. *Child Development, 46*, 77-91.

Bernstein, D. P., Cohen, P., Velez, C. N., Schwab-Stone, M., Siever, L. J., & Shinsato, L. (1993). Prevalence and stability of the DSM-III-R personality disorders in a community-based survey of adolescents. *American Journal of Psychiatry, 150*, 1237-1243.

Berry, J. D. (2001). An outcome evaluation of the Making Atttitude Adjustments in order to Lead more Effective lives (MALE) program. *Dissertation Abstracts International, 61*, 6124.

Bettelheim, B. (1967). *The empty fortress: Infantile autism and the birth of the self.* Oxford, England: Free Press.

Bettelheim, B. (1983). *Freud and man's soul.* New York: Knopf.

Beyer, H. A. (1991). Litigation involving people with mental retardation. In J. L. Matson & J. A. Mulick (Eds.),

Handbook of mental retardation (pp. 451-467). New York: Pergamon.

Biederman, J. (2003). Pharmacotherapy for attention-deficit/hyperactivity disorder (ADHD) decreases the risk for substance abuse: Findings from a longitudinal follow-up of youths with and without ADHD. *Journal of Clinical Psychiatry, 64*, 3-8.

Biederman, J., Faraone, S. V., Milberger, S., Jetton, J. G., Chen, L., Mick, E., et al. (1996). Is childhood oppositional defiant disorder a precursor to adolescent conduct disorder? Findings from a four-year follow-up study of children with ADHD. *Journal of the American Academy of Child and Adolescent Psychiatry, 35*, 1193-1204.

Biederman, J., Rosenbaum, J. F., Chaloff, J., & Kagan, J. (1995). Behavioral inhibition as a risk factor for anxiety disorders. In *Anxiety disorders in children and adolescents* (pp. 61-81). New York: Guilford Press.

Biederman, J., Santangelo, S. L., Faraone, S. V., Kiely, K., Guite, J., Mick, E., et al. (1995). Clinical correlates of enuresis in ADHD and non-ADHD children. *Journal of Child Psychology and Psychiatry, 36*, 865-877.

Bifulco, A., Harris, T., & Brown, G. W. (1992). Mourning or early inadequate care? Reexamination of the relation of maternal loss in childhood with adult depression and anxiety. *Development and Psychopathology, 4*, 433-449.

Black, D. A., Heyman, R. E., & Smith-Slep, A. M. (2001). Risk factors for child sexual abuse. *Aggression and Violent Behavior, 6*, 121-188, 203-229.

Blagg, N., & Yule, W. (1994). School phobia. In T. H. Ollendick, N. J. King, & W. Yule (Eds.), *International handbook of phobia and anxiety disorders in children and adolescents* (pp. 169-186). New York: Plenum.

Blanck, R., & Blanck, G. (1986). *Beyond ego psychology: Developmental object relations theory*. New York: Columbia University Press.

Blatt, S. J. (2004). *Experiences of depression: Theoretical, clinical and research perspectives*. Washington, DC: American Psychological Association.

Blatt, S. J., & Homann, E. (1992). Parent-child interaction in the etiology of dependent and self-critical depression. *Clinical Psychology Review, 12*, 47-91.

Blatt, S. J., Zohar, A., Quinlan, D. M., & Luthar, S. (1996). Levels of relatedness within the dependency factor of the Depression Experience Questionnaire for Adolescents. *Journal of Personality Assessment, 67*, 52-71.

Blazer, D. G., Kessler, R. C., McGonagle, K. A., & Swartz, M. S. (1994). The prevalence and distribtuion of major depression in a national community sample. *American Journal of Psychiatry, 151*, 979-986.

Block, J., Block, J. H., & Keyes, S. (1988). Longitudinally foretelling drug usage in adolescence: Early childhood personality and environmental processes. *Child Development, 59*, 336-355.

Block, J., & Gjerde, P. F. (1990). Depressive symptoms in late adolescence: A longitudinal perspective on personality antecedents. In J. Rolf, A. S. Masten, D. Cicchetti, K. H. Nuechterlein, & S. Weintraub (Eds.), *Risk and protective factors in the development of psychopathology* (pp. 334-360). Cambridge, England: Cambridge University Press.

Block, J. H. (1973). Conceptions of sex role: Some cross-cultural and longitudinal perspectives. *American Psychologist, 28*, 512-526.

Block, J. H. (1983). Differential premises arising from differential socialization of the sexes: Some conjectures. *Child Development, 54*, 1335-1354.

Block, J. H., & Block, J. (1980). The role of ego-control and ego-resiliency in the organization of behavior. In W. A. Collins (Ed.), *Minnesota symposia on child psychology* (pp. 39-101). Hillsdale, NJ: Erlbaum.

Bloom, D. R., Levin, H. S., Ewing-Cobbs, L., Saunders, A. E., Song, J., Fletcher, J. M., et al. (2001). Lifetime and novel psychiatric disorders after pediatric traumatic brain injury. *Journal of the American Academy of Child and Adolescent Psychiatry, 40*, 572-579.

Boergers, J., & Spirito, A. (2003). Follow-up studies of child and adolescent suicide attempters. In R. A. King & A. Apter (Eds.), *Suicide in children and adolescents* (pp. 271-294). Cambridge, England: Cambridge University Press.

Bohart, A. C., & Stipek, D. J. (2001). *Constructive and destructive behavior: Implications for family, school, and society*. Washington, DC: American Psychological Association.

Bolger, K. E., Patterson, C. J., & Thompson, W. W. (1995). Psychosocial adjustment among children experiencing persistent and intermittent family economic hardship. *Child Development, 66*, 1107-1129.

Boll, T. J., & Stanford, L. D. (1997). Pediatric brain injury. In C. R. Reynolds & E. F. Fletcher-Janzen (Eds.), *Handbook of clinical child neuropsychology* (2nd ed., pp. 140-157). New York: Plenum.

Bolton, D., Luckie, M., & Steinberg, D. (1995). Long-term course of obsessive-compulsive disorder treated in adolescence. *Journal of the American Academy of Child and Adolescent Psychiatry, 34*, 1441-1450.

Bond, M. P. (1995). The development and properties of the Defense Style Questionnaire. In H. R. Conte & R. Plutchik (Eds.), *Ego defenses: Theory and measurement* (pp. 202-220). New York: John Wiley & Sons.

Boney-McCoy, S., & Finkelhor, D. (1995). Prior victimization: A risk factor for child sexual abuse and for PTSD-related symptomatology among sexually abused youth. *Child Abuse and Neglect, 19*, 1401-1421.

Bools, C. N., Neale, B. A., & Meadow, S. R. (1994). Munchausen syndrome by proxy: A study of psychopathology. *Child Abuse and Neglect, 18*, 773-788. Bornstein, M. H., & Bradley,

R. H. (2004). *Socioeconomic status, parenting, and child development*. Mahwah, NJ: Erlbaum. Bornstein, M. H., & Cote, L. R.

(2004). Mothers' parenting cognitions in cultures of origin, acculturating cultures, and cultures of destination. *Child Development, 75*, 221-235.

Bornstein, R. F., & Masling, J. M. (Eds.). (2005), *Scoring the Rorschach: Seven validated systems*. Mahwah, NJ: Erlbaum.

Botvin, G. J., Griffin, K. W., Pul, E., & Macaulay, A. P. (2003). Preventing alcohol use among elementary school students through life skills training. *Journal of Child and*

Adolescent Substance Abuse, 12, 1-17.

Bourdin, C. M., Henggeler, S. W., Blaske, D. M., & Stein, R. (1990). Multisystemic treatment of adolescent sex offenders. *International Journal of Offender Therapy and Comparative Criminology, 33*, 161-172.

Bourdin, C. M., Mann, B. J., Cone, L. T., Henggeler, S. W., Fucci, B. R., Blaske, D. M., et al. (1995). Multisystemic treatment of serious juvenile offenders: Long-term prevention of criminality and violence. *Journal of Consulting and Clinical Psychology, 63*, 569-578.

Bowlby, J. (1960). *The psychoanalytic study of the child. Vol. 15: Grief and mourning in infancy and early childhood.* New York: International Universities Press.

Bowlby, J. (1982). *Attachment and loss. Vol 1: Attachment* (2nd ed.). New York: Basic Books.

Bowlby, J. (1988). Developmental psychiatry comes of age. *American Journal of Psychiatry, 145*, 1-10.

Boyd-Franklin, N., & Bry, B. H. (2000). *Reaching out in family therapy: Home-based, school, and community interventions.* New York: Guilford.

Bradley, R., Conklin, C. Z., & Westen, D. (2005). The borderline personality diagnosis in adolescents: Gender differences and subtypes. *Journal of Child Psychology and Psychiatry.*

Bradley, R. H., & Corwyn, R. F. (2002). Socioeconomic status and child development. *Annual Review of Psychology, 53*, 371-399.

Bradley, R. H., Corwyn, R. F., Burchinal, M., McAdoo, H. P., & Coll, C. G. (2001). The home environments of children in the United States part II: Relations with behavioral development through age thirteen. *Child Development, 72*, 1868-1886.

Bradley, S. J. (2000). *Affect regulation and the development of psychopathology.* New York: Guilford.

Braver, M., Bumberry, J., Green, K., & Rawson, R. (1992). Childhood abuse and current psychological functioning in a university counseling center population. *Journal of Counseling Psychology, 39*, 252-257.

Bray, J. H., Adams, G. J., Getz, G., & Baer, P. E. (2001). Developmental, family, and ethnic influences on adolescent alcohol usage: A growth curve approach. *Journal of Family Psychology, 15*, 301-314.

Brennan, P. A., Hall, J. A., Bor, W., Najman, J. M., & Williams, G. M. (2003). Integrating biological and social processes in relation to early-onset persistant aggression in boys and girls. *Developmental Psychology, 39*, 309-323.

Brenner, R., Azbel, V., Madhusoodanan, S., & Pawlowka, M. (2000). Comparison of an extract of hypericum (LI 160) and sertraline in the treatment of depression: A double-blind, randomized trial. *Clinical Therapeutics, 22*, 411-318.

Brenner, R., Madhusoodanan, S., Pawlowka, M., & Czobor, P. (2001). *Journal of the American Medical Association, 286*, 1988.

Brent, D. A., & Mann, J. J. (2003). Familial factors in adolescent suicidal behavior. In R. A. King & A. Apter (Eds.), *Suicide in children and adolescents* (pp. 86-117). Cambridge, England: Cambridge University Press.

Brent, D. A., Perper, J. A., Moritz, G., & Liotus, L. (1994). Familial risk factors for adolescent suicide: A case-control study. *Acta Psychiatrica Scandinavica, 89*, 52-58.

Bretherton, I. (1996). Internal working models of attachment relationships as related to resilient coping. In G. G. Noam & K. W. Fischer (Eds.), *Development and vulnerability in close relationships* (pp. 3-27) Hillsdale, NJ: Erlbaum.

Brisch, K. H. (2002). Treating attachment disorders: From theory to therapy. New York: Guilford. Brodsky, A. E. (1999). "Making it": The components and process of resilience among urban, African-American, single mothers. *American Journal of Orthopsychiatry, 69*, 148-160.

Brody, G. H., Dorsey, S., Forehand, R., & Armistead, L. (2002). Unique and protective contributions of parenting and classroom processes to the adjustment of African American children living in single-parent families. *Child Development, 73*, 274-286.

Brody, G. H., & Ge, X. (2001). Linking parenting processes and self-regulation to psychological functioning and alcohol use during early adolescence. *Journal of Family Psychology, 15*, 82-94.

Brody, G. H., Murry, V. M., Gerrard, M., Gibbons, F. X., Molgaard, V., McNair, et al. (2004). The Strong African American Families Program: Translating research into prevention programming. *Child Development, 75*, 900-917.

Broidy, L. M., Nagin, D. S., Tremblay, R. E., Bates, J. E., Brame, B., Dodge, K. A., et al. (2003). Developmental trajectories of childhood disruptive behaviors and adolescent delinquency: A six-site, cross-national study. *Developmental Psychology, 39*, 222-245.

Brooks-Gunn, J., Klebanov, P. K., Smith, J., Duncan, G. J., & Lee, K. (2003). The Black-White test score gap in young children: Contributions of test and family characteristics. *Applied Developmental Science, 7*, 239-252.

Brown, A. S., & Susser, E. S. (2003). Prenatal risk factors for schizophrenia. In D. Cicchetti & E. Walker (Eds.), *Neurodevelopmental mechanisms in psychopathology* (pp. 84-110). New York: Cambridge University Press.

Brown, G. W., Bifulco, A., & Harris, T. O. (1987). Life events, vulnerability and onset of depression: Some refinements. *British Journal of Psychiatry, 150*, 30-42.

Brown, G. W., Harris, T. O., & Bifulco, A. (1986). Long-term effects of early loss of parent. In M. Rutter, C. E. Izard, & P. B. Read (Eds.), *Depression in young people: Developmental and clinical perspectives* (pp. 251-296). New York: Guilford.

Brown, L. M., & Gilligan, C. (1992). *Meeting at the crossroads: Women's psychology and girls' development.* Cambridge, MA: Harvard University Press.

Brown, S. A. (1993). Recovery patterns in adolescent substance abusers. In J. S. Baer, G. A. Marlatt, & R. J. McMahon (Eds.), *Addictive behaviors across the lifespan: Prevention, treatment and policy issues* (pp. 161-183). Newbury Park, CA: Sage. Bruch, H. (1973). Eating disorders: Obesity, anorexia nervosa, and the person within. New York: Basic Books.

Bruck, M., & Ceci, S. J. (1999). The suggestibility of children's memory. *Annual Review of Psychology, 50*, 419-439.

Bruck, M., Ceci, S. J., & Hembroke, H. (1998). Reliability

and credibility of young children's reports: From research to policy and practice. *American Psychologist, 53,* 136-151.

Bryant-Waugh, R., & Lask, B. (1995). Annotation: Eating disorders in children. *Journal of Child Psychology and Psychiatry, 36,* 191-202.

Buchanan, C. M., & Heiges, K. L. (2001). When conflict continues after the marriage ends: Effects of postdivorce conflict on children. In J. H. Grych & F. D. Fincham (Eds.), *Interparental conflict and child development* (pp. 337-362). Cambridge, England: Cambridge University Press.

Buchanan, C. M., Maccoby, E. E., & Dornbusch, S. M. (1991). Caught between parents: Adolescents' experience in divorced homes. *Child Development, 62,* 1008-1029.

Bukowski, W. M., & Cillessen, A. (1998) Sociometry, then and now. *New directions for child development,* No. *80.* San Francisco, Jossey-Bass.

Burns, B. J., Hoagwood, K., & Mrazek, P. J. (1999). Effective treatment for mental disorders in children and adolescents. *Clinical Child and Family Psychology Review, 2,* 199-254.

Burns, R. C. (1982). *Self-growth in families: Kinetic Family Drawings, research and application.* New York: Brunner/Mazel.

Bustillo, J. R., Lauriello, J., Horan, W. P., & Keith, S. J. (2001). The psychosocial treatment of schizophrenia: An update. *American Journal of Psychiatry, 158,* 163-175.

Butcher, J. N., Williams, C. L., Graham, J. R., Archer, R. P., Tellegen, A., Ben-Porath, Y. S., et al. (1992). *Minnesota Multi-phasic Personality Inventory—Adolescent: Manual for administration, scoring, and interpretation.* Minneapolis: University of Minnesota Press.

Butler, R. J. (1993). Establishing a dry run: A case study in securing bladder control. *British Psychological Society, 32,* 215-217.

Cahill, B. M., & Glidden, L. M. (1996). Influence of child diagnosis on family and parental functioning: Down syndrome versus other disabilities. *American Journal of Mental Retardation, 101,* 149-160.

Calkins, S. D. (1994) Origins and outcomes of individual differences in emotion regulation. *Monographs of the Society for Research in Child Development, 59,* 53-72.

Campbell, F. A., Ramey, C. T., Pungello, E. P., Sparling, J., & Miller-Johnson, S. (2002). Early childhood education: Young adult outcomes from the Abecedarian Project. *Applied Developmental Science, 6,* 42-57.

Campbell, S. B. (1989). Developmental perspectives. In T. H. Ollendick & M. Hersen (Eds.), *Handbook of child psychopathology* (2nd ed., pp. 5-25). New York: Plenum.

Campbell, S. B. (1997). Behavior problems in preschool children: Developmental and family issues. In T. H. Ollendick & R. J. Prinz (Eds.), *Advances in clinical child psychology: Vol. 9* (pp. 1-26). New York: Plenum.

Campbell, S. B. (2002). *Behavior problems in preschool children: Clinical and developmental issues* (2nd ed.). New York: Guilford.

Campbell, S. B., March, C. L., Pierce, E. W., Ewing, L. J., & Szumowski, E. K. (1991). Hard-to-manage preschool boys: Family context and the stability of externalizing behavior. *Journal of Abnormal Child Psychology, 19,* 301-318.

Campbell, S. B., Shaw, D. S., & Gilliom, M. (2000). Early externalizing behavior problems: Toddlers and preschoolers at risk for later maladjustment. *Development and Psychopathology, 12,* 467-488.

Cantor, S. (1988). *Childhood schizophrenia.* New York: Guilford.

Cantwell, D. P. (1996). Attention deficit disorder: A review of the past 10 years. *Journal of the American Academy of Child and Adolescent Psychiatry, 35,* 978-987.

Capaldi, D. M. (1991). Co-occurrence of conduct problems and depressive symptoms in early adolescent boys: Part I. Familial factors and general adjustment at Grade 6. *Development and Psychopathology, 3,* 277-300.

Capaldi, D. M. (1992). Co-occurrence of conduct problems and depressive symptoms in early adolescent boys: Part II. A 2-year follow-up at Grade 8. *Development and Psychopathology, 4,* 125-144.

Capaldi, D. M., & Patterson, G. R. (1994). Interrelated influences of contextual factors on antisocial behavior in childhood and adolescence for males. In D. C. Fowles, P. Sutker, & S. H. Goodman (Eds.), *Progress in experimental personality and psychopathology research* (pp. 165-198). New York: Springer.

Caplan, R., & Sherman, T. (1990). Thought disorder in the childhood psychoses. In B. B. Lahey & A. E. Kazdin (Eds.), *Advances in clincal child psychology* (Vol. 13, pp. 175-206). New York: Plenum.

Capps, L., Sigman, M., & Mundy, P. (1994). Attachment security in children with autism. *Development and Psychopathology 6,* 249-262.

Caprara, G. V., Barbarnelli, C., & Pastorelli, C. (2001). Prosocial behavior and aggression in childhood and preadolescence. In A. C. Bohart & D. J. Stipek (Eds.), *Constructive and destructive behavior: Implications for family, school, and society* (pp. 187-204). Washington, DC: American Psychological Association.

Carey, W. B., & McDevitt, S. C. (1995). Coping with children's temperament. New York: Basic Books. Carlat, D. J., Camargo, C. A., Jr., & Herzog, D. B. (1997). Eating disorders in males: A report on 135 patients. *American Journal of Psychiatry, 154,* 1127-1132.

Carlson, C. I. (1990). Assessing the family context. In C. Reynolds & R. Kamphaus (Eds.), *Handbook of psychological and educational assessment of children* (pp. 546-575). New York: Guilford.

Carlson, C. L., & Mann, M. (2002). Sluggish cognitive tempo predicts a different pattern of impairment in the attention deficit hyperactivity disorder, predominantly inattentive type. Journal of Clinical Child & Adolescent Psychology, 31, 123-129.

Carlson, E., & Sroufe, L. A. (1995). Contribution of attachment theory to developmental psychopathology. In D. Cicchetti & D. J. Cohen (Eds.), *Developmental psychopathology: Vol. I. Theory and methods* (pp. 581-617). New York: Wiley.

Carlson, E. A. (1998). A prospective longitudinal study of attachment disorganization/disorientation. *Child Development, 69,* 1107-1128.

Carlson, G. A., & Garber, J. (1986). Developmental issues in the classification of depression in children. In M. Rutter, C. E. Izard, & P. B. Read (Eds.), *Depression in young people* (pp. 399-434). New York: Guilford.

Carlson, G. A., & Kelley, K. L. (1998). Manic symptoms in children: What do they mean? *Journal of Affective Disorders, 51*, 123-135.

Carr, E. G., Horner, R. H., Turnbull, A. P., Marquis, J. G., McLaughlin, D. M., McAtee, M. L., et al. (1999). *Positive behavior support for people with developmental disabilities: A research synthesis.* Washington, DC, American Association on Mental Retardation.

Carroll, J. B. (1993). *Human cognitive abilities: A survey of factor-analytic studies.* New York: Cambridge University Press.

Case, R. (1988). The whole child: Toward an integrated view of young children's cognitive, social, and emotional development. In A. Pellegrini (Ed.), *The psychological bases for early education* (pp. 155-184). Chichester, England: Wiley.

Casper, R. C., Hedeker, D., & McClough, J. F. (1992). Personality dimensions in eating disorders and their relevance for subtyping. *Journal of the American Academy of Child and Adolescent Psychiatry, 31*, 830-840.

Caspi, A. (1987). Personality in the life course. *Journal of Personality and Social Psychology, 53*, 1203-1213.

Caspi, A., & Elder, G. H. (1988). Emergent family patterns: The intergenerational construction of problem behavior and relationships. In R. A. Hinde & J. Stevenson-Hinde (Eds.), *Relationships within families: Mutual influences* (pp. 218-240). Oxford, England: Clarendon Press.

Caspi, A., Elder, G. H., & Bem, D. J. (1987). Moving against the world: Life-course patterns of explosive children. *Developmental Psychology, 23*, 308-313.

Caspi, A., Elder, G. H., & Bem, D. J. (1988). Moving away from the world: Life-course patterns of shy children. *Developmental Psychology, 24*, 824-831.

Caspi, A., Lynam, D., Moffitt, T. E., & Silva, P. A. (1993). Unraveling girls' delinquency: Biological, dispositional, and contextual contributions to adolescent misbehavior. *Developmental Psychology, 29*, 19-30.

Cassidy, J., & Shaver, P. R. (1999). Handbook of attachment: Theory, research, and clinical applications. New York: Guilford Publications. Castillo, R. J. (1997). *Culture and mental illness.* Pacific Grove, CA: Brooks/Cole.

Cauffman, E., & Steinberg, L. (1996). Interactive effects of menarcheal status and dating on dieting and disordered eating among adolescent girls. *Developmental Psychology, 32*, 631-635.

Celano, M., Hazzard, A., Webb, C., & McCall, C. (1996). Treatment of traumagenic beliefs among sexually abused girls and their mothers: An evaluation study. *Journal of Abnormal Child Psychology, 24*, 1-17.

Centers for Disease Control. (1995). Suicide among children, adolescents, and young adults—United States, 1980-1992. *Morbidity and Mortality Weekly Report, 44*, 289-291.

Centers for Disease Control. (2004). Youth Risk Behavior Surveillance—United States, 2003. *Morbidity and Mortality Weekly Report, 2*, 1-98.

Chaffin, M., Letourneau, E., & Silovsky, J. F. (2002). Adults, adolescents, and children who sexually abuse children: A developmental perspective. In J. E. B. Myers, L. Berliner, J. Briere, C. T. Hendrix, C. Jenny, & T. A. Reid (Eds.), *The APSAC handbook on child mal treatment* (2nd ed., pp. 205-232). Thousand Oaks, CA: Sage.

Chambless, D. L., & Hollon, S. D. (1998). Defining empirically supported therapies. *Journal of Consulting and Clinical Psychology, 66*, 7-18.

Chambless, D. L., & Ollendick, T. H. (2001). Empirically supported psychological interventions: Controversies and evidence. *Annual Review of Psychology, 52*, 685-716.

Chandler, M. J., LaLonde, C. E., Sokol, B. W., & Hallett, D. (2003) *Personal persistence, identity development, and suicide* (Monographs of the Society for Research in Child Development. No. 68).

Chang, K. D., Blasey, C., Ketter, T. A., & Steiner, H. (2001). Family environment of children and adolescents with bipolar parents. *Bipolar Disorders, 3*, 73-78.

Chang, L., Schwartz, D., Dodge, K. A., & McBride-Chang, C. (2003). Harsh parenting in relation to child emotion regulation and aggression. *Journal of Family Psychology, 17*, 598-606.

Chang, S., & Piacentini, J. (2002). Childhood obsessive-compulsive and tic disorders. In D. T. Marsh & M. A. Fristad (Eds.), *Serious emotional disturbance in children and adolescents* (pp. 175-203). New York: Wiley.

Chao, R. K. (2001). Extending research on the consequences of parenting style for Chinese Americans and European Americans. *Child Development, 72*, 1832-1843.

Chao, R. K., & Tseng, V. (2002). Parenting of Asians. In M. H. Bornstein (Ed.), *Handbook of parenting, Vol. 5: Practical issues in parenting* (pp. 59-93). Mahwah, NJ: Erlbaum.

Charman, R., & Baron-Cohen, S. (1997). Brief report: Prompted pretend play in autism. *Journal of Autism and Developmental Disorders, 27*, 325-335.

Chase, N. D. (1999). Parentification: An overview of theory, research, and societal issues. In N. D. Chase (Ed.), *Burdened children* (pp. 3-33). Thousand Oaks, CA: Sage.

Chase-Lansdale, L. C., Cherlin, A. J., & Kiernan, K. E. (1995). The long-term effects of parental divorce on the mental health of young adults: A developmental perspective. *Child Development, 66*, 1614-1634.

Chassin, L., Pitts, S., & Prost, J. (2002). Heavy drinking trajectories from adolescence to young adulthood in a high risk sample: Predictors and substance abuse outcomes. *Journal of Consulting and Clinical Psychology, 70*, 67-78.

Chassin, L., Pitts, S. C., DeLucia, C., & Todd, M. (1999). A longitudinal study of children of alcoholics: Predicting young adult substance use disorders, anxiety, and depression. *Journal of Abnormal Psychology, 108*, 106-119.

Chassin, L., Presson, C. C., Todd, M., Rose, J., & Sherman, S. J. (1998). Maternal socialization of adolescent smoking: The intergenerational transmission of parenting and smoking. *Developmental Psychology, 34*, 1189-1201.

Chassin, L., Ritter, J., Trim, R. S., & King, K. M. (2003). Adolescent substance abuse disorders. In E. J. Mash & R. A. Barkley (Eds.), *Child psychopathology* (2nd ed., pp. 199-231). New York: Guilford.

Chess, S., & Thomas, A. (1990). Continuities and discontinuities in temperament. In L. Robins & M. Rutter (Eds.), *Straight and devious pathways from childhood to adulthood* (pp. 205-220). Cambridge: Cambridge University Press.

Chess, S., & Thomas, A. (1999). *Goodness of fit: Clinical applications from infancy through adult life.* New York: Brunner/Mazel.

Chilcoat, H. D., & Breslau, N. (1996). Alcohol disorders in young adulthood: Effects of transitions into adult roles. *Journal of Health and Social Behavior, 37*, 339-349.

Chisholm, K. C., Carter, M. C., Ames, E. W., & Morison, S. J. (1995). Attachment security and indiscriminately friendly behavior in children adopted from Romanian orphanages. *Development and Psychopathology, 7*(2), 283-294.

Chodorow, N. J. (1978). *The reproduction of mothering. Berkeley: University of California Press.* Chodorow, N. J. (1989).

Feminism and psychoanalytic theory. New Haven: Yale University Press. Christakis, D. M., Zimmerman, F. J., DiGiuseppe, D. L., & McCarty, C. A. (2004). Early television exposure and subsequent attentional problems in children. *Pediatrics, 113*, 708-713.

Christenson, S. L., & Buerkle, K. (1999). Families as educational partners for children's school success: Suggestions for school psychologists. In C. R. Reynolds & T. B. Gutkin (Eds.), *The handbook of school psychology* (pp. 707-744). New York: Wiley.

Christie, D., Bryant-Waugh, R., Lask, B., & Gordon, I. (1998). Neurobiological aspects of early onset eating disorders. In H. Hoek, J. Treasure, & M. Katzman (Eds.), *The neurobiology of eating disorders* (pp. 255-270).

Chicester, England: John Wiley. Cicchetti, D. (1991a). Defining psychological mal-treatment: Reflections and future directions. Development and Psychopathology, 3, 1-2. Cicchetti, D. (1991b). Fractures in the crystal: Developmental psychopathology and the emergence of self. *Developmental Review, 11*, 271-287.

Cicchetti, D. (1993). Developmental psychopathology: Reaction, reflections, projections. *Developmental Review, 13*, 471-502.

Cicchetti, D., Ackerman, B. P., & Izard, C. E. (1995). Emotions and emotion regulation in developmental psychopathology. *Development and Psychopathology, 7*, 1-10.

Cicchetti, D., & Bukowski, W. M. E. (1995) Special issue: Developmental processes in peer relations and psychopathology. *Development and Psychopathology 7*(4), 587-874.

Cicchetti, D., & Cohen, D. J. (1995). Perspectives on developmental psychopathology. In D. Cicchetti & D. J. Cohen (Eds.), *Developmental psychopathology: Vol. I. Theory and methods* (pp. 3-20). New York: Wiley.

Cicchetti, D., & Garmezy, N. (1993). Editorial: Prospects and promises in the study of resilience. *Development and Psychopathology, 5*(4), 497-502.

Cicchetti, D., & Howes, P. W. (1991). Developmental psychopathology in the context of the family: Illustrations from the study of child maltreatment. *Canadian Journal of Behavioural Science, 23*, 257-281.

Cicchetti, D., & Izard, C. E. (1995). Special issue: Emotions in developmental psychopathology. *Development and Psychopathology, 7*(1), 1-226. Cicchetti, D., & Lynch, M.

(1995). Failures in the expectable environment and their impact on individual development: The case of child maltreatment. In D. Cicchetti & D. J. Cohen (Eds.), *Developmental psychopathology: Vol. 2. Risk, disorder, and adaptation* (pp. 32-71). New York: Wiley.

Cicchetti, D., & Olsen, K. (1990). The developmental psychopathology of child maltreatment. In M. Lewis & S. M. Miller (Eds.), *Handbook of developmental psychopathology* (pp. 261-279). New York: Plenum.

Cicchetti, D., & Rogosch, F. A. (1996). Editorial: Equifinality and multifinality in developmental psychopathology. *Development and Psychopathology, 8*(4), 597-600.

Cicchetti, D., & Rogosch, F. A. (2001). The impact of child maltreatment and psychopathology on neuroendocrine functioning. *Development & Psychopathology, 13*, 783-804.

Cicchetti, D., Rogosch, F. A., & Toth, S. L. (1997). Ontogenesis, depressotypic organization, and the depressive spectrum. In S. S. Luthar, J. A. Burack, D. Cicchetti, & J. R. Weisz (Eds.), *Developmental psychopathology: Perspectives on adjustment, risk, and disorder* (pp. 273-315). Cambridge, MA: Cambridge University Press.

Cicchetti, D., & Toth, S. L. (1992). Editorial: The role of developmental theory in prevention and intervention. *Development and Psychopathology, 4*, 489-494.

Cicchetti, D., & Toth, S. L. (1995a). A developmental psychopathology perspective on child abuse and neglect. *Journal of the American Academy of Child and Adolescent Psychiatry, 34*, 541-565.

Cicchetti, D., & Toth, S. L. (1995b). Developmental psychopathology and disorders of affect. In D. Cicchetti & D. J. Cohen (Eds.), *Developmental psychopathology: Vol. 2. Risk, disorder, and adaptation* (pp. 369-420). New York: Wiley.

Cicchetti, D., & Toth, S. L. (1998). The development of depression in children and adolescents. *American Psychologist, 53*, 221-241.

Cicchetti, D., Toth, S. L., Bush, M. A., & Gillespie, J. F. (1988). Stage-salient issues: A transactional model of intervention. In E. D. Nannis & P. A. Cowan (Eds.), *Developmental psychopathology and its treatment* (pp. 123-146). San Francisco: Jossey-Bass.

Cicchetti, D., & Wagner, S. (1990). Alternative assessment strategies for the evaluation of infants and toddlers: An organizational perspective. In S. J. Meisels & J. P. Shonkoff (Eds.), *Handbook of early childhood intervention* (pp. 246-277). Cambridge, MA: Cambridge University Press.

Cicchetti, D., & Walker, E. (2003). *Neurodevelopmental mechanisms in psychopathology.* New York: Cambridge.

Clark, D. M. (2001). A cognitive perspective on social phobia. In W. Crozier & L. E. Alden (Eds.), *International handbook of social anxiety: Concepts, research and interventions relating to the self and shyness* (pp. 405-430). New York: Wiley.

Clark, R., Anderson, N. B., Clarke, V. R., & Williams, D. R. (1999). Racism as a stressor for African Americans: A biopsy-chosocial model. *American Psychologist, 54*,

805-816.

Clarke, G. N., DeBar, L. L., & Lewinsohn, P. M. (2003). Cognitive-behavioral group treatment for adolescent depression. In A. E. Kazdin & J. R. Weisz (Eds.), *Evidence-based psychotherapies for children and adolescents* (pp. 120-134). New York: Guilford.

Coatsworth, D. J., Pantin, H., & Szapocznik, J. (2002). Familias Unidas: A family-centered ecodevelopmental intervention to reduce risk for problem behavior among Hispanic adolescents. *Clinical Child and Family Psychology Review, 5,* 113-132.

Cobham, V. E., Dadds, M. R., & Spence, S. H. (1998). The role of parental anxiety in the treatment of childhood anxiety. *Journal of Consulting & Clinical Psychology, 66,* 893-905.

Cohen, D., Nisbett, R. E., Bowdle, B. F., & Schwarz, N. (1996). Insult, aggression, and the Southern culture of honor: An "experimental ethnography." *Journal of Personality and Social Psychology, 70,* 945-960.

Cohen, D., & Strayer, J. (1996). Empathy in conduct-disordered and comparison youth. *Developmental Psychology, 32,* 988-998.

Cohen, J. A., Berliner, L., & Mannarino, A. P. (2000). Treating traumatized children: A research review and synthesis. *Trauma, Violence, and Abuse: A Review Journal, 1,* 29-46.

Cohen, P., Cohen, J., Kasen, S., Velez, C. N., Hartmark, C., Johnson, J., et al. (1993). An epidemiological study of disorders in late childhood and adolescence—I: Age-and gender-specific prevalence. *Journal of Child Psychology and Psychiatry, 34,* 851-867.

Cohen, P., Slomkowski, C., & Robins, L. N. (1999). *Historical and geographical influences on psychopathology.* Mahwah, NJ: Lawrence Erlbaum Associates.

Coie, J., Terry, R., Lenox, K., Lochman, J., & Hyman, C. (1995). Childhood peer rejection and aggression as predictors of stable patterns of adolescent disorder. *Development and Psychopathology, 7,* 697-714.

Cole, D. A., Martin, J. M., Powers, B., & Truglio, R. (1996). Modeling casual relations between academic and social competence and depression: A multitrait-multimethod longitudinal study of children. *Journal of Abnormal Psychology, 105,* 258-270.

Cole, D. A., Peeke, L. G., Martin, J. M., & Truglio, R. (1998). A longitudinal look at the relation between depression and anxiety in children and adolescents. *Journal of Consulting and Clinical Psychology, 66,* 451-460.

Cole, P. M., Michel, M. K., & Teti, L. O. (1994). The development of emotion regulation and dysregulation: A clinical perspective. In N. A. Fox (Ed.), *Monographs of the Society for Research in Child Development, 59,* 73-102.

Cole, P. M., Zahn-Waxler, C., Fox, N. A., Usher, B. A., & Welsh, J. D. (1996). Individual differences in emotion regulation and behavior problems in preschool children. *Journal of Abnormal Psychology, 105,* 518-529.

Cole, P. M., Zahn-Waxler, C., & Smith, K. D. (1994). Expressive control during a disappointment: Variations related to preschoolers' behavior problems. *Developmental Psychology, 30,* 835-846.

Coll, C. G., Akerman, A., & Cicchetti, D. (2000). Cultural influences on developmental processes and outcomes: Implications for the study of development and psychopathology. *Development and Psychopathology, 12,* 333-356.

Coll, C. G., & Garrido, M. (2000). Minorities in the United States: Sociocultural context for mental health and developmental psychopathology. In A. J. Sameroff, M. Lewis, & S. M. Miller (Eds.), *Handbook of developmental psychopathology* (pp. 177-196). New York: Kluwer Academic.

Coll, C. G., & Pachter, L. M. (2002). Ethnic and minority parenting. In M. H. Bornstein (Ed.), *Handbook of parenting: Vol. 4. Social conditions and applied parenting* (2nd ed., pp. 1-20). Mahwah, NJ: Erlbaum.

Collinson, S. L., Mackay, C. E., James, A. C., Quested, D. J., Phillips, T., Roberts, N., & Crow, T. J. (2003). Brain volume, asymmetry and intellectual impairment in relation to sex in early-onset schizophrenia. *British Journal of Psychiatry, 183,* 114-120.

Comas-Diaz, L. (1995). Puerto Ricans and child sexual abuse. In L. A. Fontes (Ed.), *Child abuse in nine North American cultures: Treatment and prevention* (pp. 31-66). Thousand Oaks, CA: Sage.

Combrinck-Graham, L. (1989). Family models of childhood psychopathology. In L. Combrinck-Graham (Ed.), *Children in family contexts: Perspectives on treatment.* New York: Guilford.

Compas, B. E. (1997). Depression in children and adolescents. In E. J. Mash & L. G. Terdal (Eds.), *Assessment of childhood disorders* (pp. 197-229). New York: Guilford. Compton, S. N., Nelson,

A. H., & March, J. S. (2000). Social phobia and separation anxiety symptoms in community and clinical samples of children and adolescents. *Journal of the American Academy of Child and Adolescent Psychiatry, 39,* 1040-1046.

Conduct Problems Prevention Research Group. (1992). A developmental and clinical model for the prevention of conduct disorder: The FAST Track Program. *Development and Psychopathology, 4,* 509-528.

Conger, J. J., & Galambos, N. L. (1997). *Adolescence and youth* (5th ed.). New York: Longman.

Conger, R. D., Ge, X., Elder, G. H., & Lorenz, F. O. (1994). Economic stress, coercive family process, and developmental problems of adolescents. Child Development, 65, 541-561.

Conger, R. D., Patterson, G. R., & Ge, X. (1995). It takes two to replicate: A mediational model for the impact of parents' stress on adolescent adjustment. *Child Development, 66,* 80-97.

Conger, R. D., Wallance, L. E., Sun, Y., Simons, R. L., McLoyd, V. C., & Brody, G. H. (2002). Economic pressure in African American families: A replication and extention of the family stress model. *Developmental Psychology, 38,* 179-193.

Conners, C. K. (2000). *Conners' Continuous Performance Test (CPT II).* Toronto, Ontario, Canada: MHS.

Cooper, M. L. (1994). Motivations for alcohol use among adolescents: Development and validation of a four-factor model. *Psychological Assessment, 6*, 117-128.

Cooper, M. L., Frone, M. R., Russell, M., & Mudar, P. (1995). Drinking to regulate positive and negative emotions: A motivational model of alcohol use. *Journal of Personality and Social Psychology, 69*, 990-1005.

Copans, S. A., & Kinney, J. (1996). Adolescents. In J. Kinney (Ed.), *Clinical manual of substance abuse* (pp. 288-300). St. Louis, MO: Mosby.

Costello, E. J., Angold, A., Burns, B. J., Erkanli, A., Stangl, D. K., & Tweed, D. L. (1996a). The Great Smoky Mountains Study of youth: Functional impairment and serious emotional disturbance. *Archives of General Psychiatry, 53*, 1137-1143.

Costello, E. J., Angold, A., Burns, B. J., Stangl, D. K., Tweed, D. L., Erklani, A., et al. (1996b). The Great Smoky Mountains Study of Youth: Goals, design, methods, and the prevalence of DSM-III-R disorders. *Archives of General Psychiatry, 53*, 1129-1136.

Costello, E. J., Angold, A., & Keeler, G. P. (1999). Adolescent outcomes of childhood disorders: The consequences of severity and impairment. *Journal of the American Academy of Child and Adolescent Psychiatry, 38*, 121-129.

Costello, E. J., Edelbrock, L. S., Dulcan, M. K., Kalas, R., & Klaric, S. H. (1984). *Report on the NIMH Diagnostic Interview Schedule for Children (DISC).* Washington, DC: National Institute of Mental Heath.

Costello, E. J., Erkanli, A., Federman, E., & Angold, A. (1999). Development of psychiatric comorbidity with substance abuse in adolescents: Effects of timing and sex. *Journal of Clinical Child Psychology, 28*, 298-311.

Costello, E. J., Farmer, E. M. Z., Angold, A., Burns, B. J., & Erkanli, A. (1997). Psychiatric disorders among American Indian and White youth in Appalachia: The Great Smoky Mountains study. *American Journal of Public Health, 87*, 827-832.

Costello, E. J., Loeber, R., & Stouthamer-Loeber, M. (1991). Pervasive and situational hyperactivity: Confounding effect of informant. *Journal of Child Psychology and Psychiatry, 32*, 367-376.

Costello, E. J., Mustillo, S., Erklani, A., Keeler, G., & Angold, A. (2003). Prevalence and development of psychiatric disorders in childhood and adolescence. *Archives of General Psychiatry, 60*, 837-844.

Cott, J. M., Rosenthal, N., Blumenthal, M., Fomous, C. M., Cardelina, J. H., Cohen, H. W., et al. (2001). St. John's wort and major depression. *JAMA: Journal of the American Medical Association, 286.*

Cowan, P. A. (1978). *Piaget with feeling.* New York: Holt, Rinehart, and Winston.

Cox, M., & Klinger, E. (1990). Incentive motivation, affective change, and alcohol use: A model. In M. Cox (Ed.), *Why people drink* (pp. 291-311). New York: Gardner Press.

Crago, M., Shisslak, C., & Estes, L. (1996). Eating disturbances among minority groups: A review. *International Journal of Eating Disorders, 19*, 239-248.

Craig, K. D., & Grunau, R. V. E. (1991). Developmental issues: Infants and toddlers. In J. P. Bush & S. W. Harkins (Eds.), *Children in pain: Clinical and research issues from a developmental perspective* (pp. 171-193). New York: Springer-Verlag.

Cramer, P. (2000). Defense mechanisms in psychology today: Further processes for adaptation. *American Psychologist, 55*, 637-646.

Cramer, P., & Block, J. (1998). Preschool antecedents of defense mechanism use in young adults: A longitudinal study. *Journal of Personality and Social Psychology, 74*, 159-169.

Crawford, T. N., Cohen, P., Midlarsky, E., & Brook, J. S. (2001). Internalizing symptoms in children and adolescents: Gender differences in vulnerability to parental distress and discord. *Journal of Research on Adolescence, 11*, 95-118.

Crick, N. R., & Dodge, K. A. (1994). A review and reformulation of social information-processing mechanisms in children's social adjustment. *Psychological Bulletin, 115*, 74-101.

Crick, N. R., & Dodge, K. A. (1999). "Superiority" is in the eye of the beholder: A comment on Sutton, Smith, and Swettenham. *Social Development, 8*, 128-131.

Crick, N. R., & Grotpeter, J. K. (1995). Relational aggression, gender, and social-psychological adjustment. *Child Development, 66*, 710-722.

Crisp, J., Ungerer, J. A., & Goodnow, J. J. (1996). The impact of experience on children's understanding of illness. *Journal of Pediatric Psychology, 21*, 57-72.

Crittenden, P. M. (1988). Relationships at risk. In J. Belsky, & T. Nezworski, *Clinical implications of attachment* (pp. 136-174). Hillsdale, NJ, Erlbaum.

Crittenden, P. M. (1992). Treatment of anxious attachment in infancy and early childhood. Development and Psychopathology, 4, 575-602. Crittenden, P. M. (1993). An information-processing perspective on the behavior of neglectful parents. *Criminal Justice and Behavior, 20*, 27-48.

Crittenden, P. M., Claussen, A. H., & Sugarman, D. B. (1994). Physical and psychological maltreatment in middle childhood and adolescence. *Development and Psychopathology, 6*, 145-164.

Crow, T. J., Done, D. J., & Sacker, A. (1995). Childhood precursors of psychosis as clues to its evolutionary origins. *European Archives of Psychiatry and Clinical Neurology, 245*, 61-69.

Crowell, J. A., Treboux, D., Gao, Y., Fyffe, C., Pan, H., & Waters, E. (2002). Assessing secure base behavior in adulthood: Development of a measure, links to adult attachment representations, and relations to couples' communication and reports of relationships. *Developmental Psychology, 38*, 679-693.

Crowell, J. A., & Waters, E. (1990). Separation anxiety. In M. Lewis & S. M. Miller (Eds.), *Handbook of developmental psychopathology* (pp. 209-218). New York: Plenum.

Crowley-Jack, D. (1999). Silencing the self: Inner dialogues and outer realities. In T. Joiner & J. C. Coyne (Eds.), The interactional nature of depression: Advances in interpersonal approaches. Washington, DC: American Psychological Association.

Cuddy-Casey, M., & Orvaschel, H. (1997). Children's understanding of death in relation to child suicidality and homicidality. *Clinical Psychology Review, 17*, 33-45.

Cullen, D. (2004). The depressive and the psychopath: At last we know why the Columbine killers did it. *Slate, http://slate.msn.com/id/2099203/.*

Cummings, E. M. (1998). Children exposed to marital conflict and violence: Conceptual and theoretical directions. In G. W. Holden, R. A. Geffner, & E. N. Jouriles (Eds.), *Children exposed to marital violence: Theory, research and applied issues* (pp. 55-93). Washington, DC: American Psychological Association.

Cummings, E. M., & Cummings, J. S. (2002). Parenting and attachment. In M. H. Bornstein (Ed.), *Handbook of parenting Vol. 5: Practical issues in parenting* (pp. 35-58). Mahwah, NJ: Erlbaum.

Cummings, E. M., & Davies, P. T. (1994). *Children and marital conflict: The impact of family dispute and resolution.* New York: Guilford.

Cummings, E. M., & Davies, P. T. (1994). Maternal depression and child development. *Journal of Child Psychology and Psychiatry, 35*, 73-112.

Cummings, E. M., DeArth-Pendley, G., Schudlick, T. D., & Smith, D. A. (1999). Parental depression and family functioning: Towards a process-oriented model of children's adjustment. In S. R. H. Beach (Ed.), *Marital and family processes in depression* (pp. 89-110). Washington, DC: American Psychological Association.

Curran, P. J., & Hussong, A. M. (2002). Structural equation modeling of repeated measures data: Latent curve analysis. In D. S. Moskowitz & S. L. Hershberger (Eds.), *Modeling intraindividual variability with repeated measures data: Methods and applications* (pp. 59-85). Mahway, NJ: Erlbaum.

Curran, P. J., Stice, E., & Chassin, L. (1997). The relation between adolescent alcohol use and peer alcohol use: A longitudinal random coefficients model. *Journal of Consulting and Clinical Psychology, 65*, 130-140.

Dadds, M. R., Barrett, P. M., & Rapee, R. M. (1996). Family process and child anxiety and aggression: An observational analysis. *Journal of Abnormal Child Psychology, 24*, 715-734.

Dadds, M. R., & Roth, J. H. (2001). Family processes in the development of anxiety problems. In M. W. Vasey & M. R. Dadds (Eds.), *The developmental psychopathology of anxiety* (pp. 278-303). New York: Oxford University Press.

Dadds, M. R., Ryan, S., Barrett, P. M., & Rapee, R. M. (1993). *Family anxiety coding schedule procedures manual.* Brisbane, University of Queensland.

Dansky, B. S., Brewerton, T. D., & Kilpatrick, D. G. (2000). Comorbidity of bulimia nervosa and alcohol use disorders: Results from the National Women's Study. *International Journal of Eating Disorders, 27*, 180-190.

D'Augelli, A. R., Hershberger, S. L., & Pilkington, N. W. (1998). Lesbian, gay, and bisexual youth and their families: Disclosure of sexual orientation and its consequences. *American Journal of Orthopsychiatry, 68*, 361-371.

D'Augelli, A. R., Hershberger, S. L., & Pilkington, N. W. (2001). Suicidality patterns and sexual orientation-related factors among lesbian, gay, and bisexual youth. *Suicide and Life-Threatening Behavior, 31*, 250-265.

Davies, M., and Cunningham, G. (1999). Adolescent parasuicide in the Foyle area. *Irish Journal of Psychological Medicine, 16*, 9-12.

Davies, P. T., Dumenci, L., & Windle, M. (1999). The interplay between maternal depressive symptoms and marital distress in the prediction of adolescent adjustment. *Journal of Marriage and the Family, 61*, 238-254.

Davies, P. T., Harold, G. T., Goeke-Morey, M. C., & Cummings, E. M. (2003). Child emotional security and interparental conflict. *Monographs of the Society for Research in Child Development*, No. *67*, 1-131.

Davies, P. T., & Windle, M. (1997). Gender-specific pathways between maternal depressive symptoms, family discord, and adolescent adjustment. *Developmental Psychology, 33*, 657-668.

Davison, K. K., & Birch, L. L. (2001). Weight staus, parent reaction, and self-concept in five-year-old girls. *Pediatrics, 107*, 46-53.

Dawson, G. (1991). A psychobiological perspective on the early social-emotional development of children with autism. In D. Cicchetti, & S. L. Toth, *Rochester symposium on developmental psycho-pathology* (pp. 207-234). Rochester, NY: University of Rochester.

Dawson, G., Frey, K., Panagiotides, H., & Osterling, J. (1997). Infants of depressed mothers exhibit atypical frontal brain activity: A replication and extension of previous findings. *Journal of Child Psychology & Psychiatry, 38*, 179-186.

Dawson, G., & Osterling, J. (1997). Early intervention in autism. In M. J. Guralnick (Ed.), *The effectiveness of early intervention* (pp. 307-326). Baltimore: Brookes.

Dawson, G., Webb, S., Schellenberg, G. D., Dager, S., Friedman, S., Aylward, E., et al. (2002). Defining the broader phenotype of autism: Genetic, brain, and behavioral perspectives. *Development and Psychopathology, 14*(3), 581-611.

De Bellis, M. D. (2001). Developmental traumatology: The psychobiological development of maltreated children and its implications for research, treatment, and policy. Development and Psychopathology, 13, 539-564.

de Wilde, E. J., Kienhorst, I. C. W. M., & Diekstra, R. F. W. (2001). Suicidal behavior in adolescents. In I. M. Goodyer (Ed.), *The depressed child and adolescent*, 2nd ed. (pp. 267-291). New York: Cambridge University Press.

De Wolff, M. S., & Van IJzendoorn, M. H. (1997). Sensitivity and attachment: A meta-analysis on parental antecedents of infant attachment. *Child Development, 68*, 571-591.

Deater-Deckard, K., & Dodge, K. A. (1997). Externalizing behavior problems and discipline revisited: Nonlinear effects and variation by culture, context, and gender. *Psychological Inquiry, 8*, 161-175.

Deater-Deckard, K., Dodge, K. A., Bates, J. E., & Pettit, G. S. (1996). Physical discipline among African American and European American mothers: Links to children's externalizing behaviors. *Developmental Psychology, 32*, 1065-1072.

Deblinger, E., Stauffer, L., & Steer, R. (2001). Comparative efficacy of supportive and cognitive behavioral group therapies for young children who have been sexually abused and their nonoffending mothers. *Child Maltreatment, 6*, 332-343.

Deblinger, E., Steer, R. A., & Lippmann, J. (1999). Two-year follow-up study of cognitive behavioral therapy for sexually abused children suffering post-traumatic stress symptoms. *Child Abuse & Neglect, 23*, 1371-1378.

Deep, A. L., Nagy, L. M., Weltzin, T. E., Rao, R., & Kaye, W. H. (1995). Pre-morbid onset of psychopathology in long-term recovered anorexia nervosa. *International Journal of Eating Disorders, 17*, 291-297.

DeKlyen, M. (1996). Disruptive behavior disorder and intergenerational attachment patterns: A comparison of clinic-referred and normally functioning preschoolers and their mothers. *Journal of Consulting & Clinical Psychology, 64*(2), 357-365.

Delis, D. C., Kaplan, E., & Kramer, J. H. (2001). *Delis-Kaplan Executive Function System*. San Antonio, TX: The Psychological Corporation.

Denham, S. A., Mason, T., & Couchoud, E. A. (1995). Scaffolding young children's prosocial responsiveness: Preschoolers; responses to adult sadness, anger, and pain. *International Journal of Behavioral Development, 18*, 489-504.

Dennis, T. A., Cole, P. M., Zahn-Waxler, C., & Mizuta, I. (2002). Self in context: Autonomy and relatedness in Japanese and US mother-preschooler dyads. *Child Development, 73*, 1803-1817.

DeVane, C. L., & Sallee, F. R. (1996). Serotonin selective reuptake inhibitors in child and adolescent psychopharmacology: A review of published experience. *Journal of Clinical Psychiatry, 57*, 55-66.

Didden, R., Duker, P. C., & Korzilius, H. (1997). Meta-analytic study on treatment effectiveness for problem behaviors with individuals who have mental retardation. *American Journal of Mental Retardation, 101*, 387-399.

Dishion, T. J., French, D. C., & Patterson, G. R. (1995). The development and ecology of antisocial behavior. In D. Cicchetti & D. J. Cohen (Eds.), *Developmental psychopathology, Vol. 2. Risk, disorder, and adaptation* (pp. 421-471). New York: Wiley.

Dishion, T. J., McCord, J., & Poulin, F. (1999). When interventions harm: Peer groups and problem behavior. *American Psychologist, 54*, 755-764.

Dishion, T. J., & McMahon, R. J. (1998). Parental monitoring and the prevention of child and adolescent problem behavior: A conceptual and empirical formulation. *Clinical Child & Family Psychology Review, 1*, 61-75.

Dishion, T. J., & Owen, L. D. (2002). A longitudinal analysis of friendships and substance use: Bidirectional influence from adolescence to adulthood. *Developmental Psychology, 35*, 480-491.

Dissanayake, C., & Sigman, M. (2001). Attachment and emotional responsiveness in children with autism. *International Review of Research in Mental Retardation, 23*, 239-266.

Dodge, K. (1990). Developmental psychopathology in children of depressed mothers. *Developmental Psychology, 26*, 3-6.

Dodge, K. (1993). Social-cognitive mechanisms in the development of conduct disorder and depression. *Annual Review of Psychology, 44*, 559-584.

Dodge, K. A., Bates, J. E., & Pettit, G. S. (1990). Mechanisms in the cycle of violence. *Science, 250*, 1678-1683.

Dodge, K. A., Lochman, J. E., Harnish, J. D., & Bates, J. E. (1997). Reactive and proactive aggression in school children and psychiatrically impaired chronically assaultive youth. *Journal of Abnormal Psychology, 106*, 37-51.

Dodge, K. A., & Petit, G. S. (2003). A biopsychosocial model of the development of chronic conduct problems in adolescence. *Developmental Psychology, 39*, 349-371.

Dodge, K. A., Pettit, G. S., & Bates, J. E. (1994). Effects of physical maltreatment on the development of peer relations. *Development and Psychopathology, 6*, 43-56.

Dodge, K. A., Pettit, G. S., Bates, J. E., & Valente, E. (1995). Social information-processing patterns partially mediate the effect of early physical abuse on later conduct problems. *Journal of Abnormal Psychology, 104*, 632-643.

Donahue, K. M., Perry, K. E., & Weinstein, R. S. (2003). Teachers' classroom practices and children's rejection by their peers. *Journal of Applied Developmental Psychology, 24*, 91-118.

Donaldson, D., Spirito, A., & Overholser, J. (2003). Treatment of adolescent suicide attempters. In *Evaluating and treating adolescent suicide attempters: From research to practice* (pp. 295-321). San Diego, CA: Academic Press.

Douglas, V. I. (1983). Attention and cognitive problems. In M. Rutter (Ed.), *Developmental neuropsychiatry* (pp. 280-329). New York: Guilford.

Douglass, H. M., Moffitt, T. E., Dar, R., McGee, R., & Silva, P. (1995). Obsessive-compulsive disorder in a birth cohort of 18-year-olds: Prevalence and prediction. *Journal of the American Academy of Child and Adolescent Psychiatry, 34*, 1424-1430.

Doussard-Roosevelt, J. A., Joe, C. M., Bazhenova, O. V., & Porges, S. W. (2003). Mother-child interaction in autistic and nonautistic children: Characteristics of maternal approach behaviors and child social responses. Development and Psychopathology, 15(2), 277-296.
Downey, G. (2000). Rejection sensitivity and male violence in romantic relationships. *Personal Relationships, 7*, 45-61.

Downey, G., & Coyne, J. C. (1990). Children of depressed parents: An integrative review. *Psychological Bulletin, 108*, 50-76.

Downey, G., Khouri, H., & Feldman, S. I. (1997). Early interpersonal trauma and later adjustment: The mediational role of rejection sensitivity. In D. Cicchetti & S. L. Toth (Eds.), *Developmental perspectives on trauma: Theory, research, and intervention* (pp. 85-114). Rochester, NY: University of Rochester Press.

Doyle, J., & Bryant-Waugh, R. (2000). Epidemiology. In B. Lask & R. Bryant-Wauch (Eds.), *Anorexia nervosa and related eating disorders in childhood and adolescence* (pp. 41-61). Philadelphia: Psychology Press.

Drake, B., & Pandey, S. (1996). Understanding the relationship between neighborhood poverty and specific types of child mal-treatment. *Child Abuse and Neglect, 20*, 1003-1018.

Driessen, M., Herrmann, J., & Stahl, K. (2000). Magnetic resonance imaging volumes of the hippocampus amygdala in women with borderline personality disorder and early traumatization. *Archives of General Psychiatry, 57*, 1115-1122.

Drotar, D., Stein, R. E. K., & Perrin, E. C. (1995). Methodological issues in using the Child Behavior Checklist and its related instruments in clinical child psychology research. *Journal of Clinical Child Psychology, 24*(2), 184-192.

Dube, E. M., Savin-Williams, R. C., & Diamond, L. M. (2001). Intimacy development, gender, and ethnicity among sexual-minority youth. In A. R. D'Augelli & C. Patterson (Eds.), *Lesbian, gay and bisexual identities among youth: Psychological perspectives* (pp. 129-152). New York: Oxford University Press.

Dubner, A. E., & Motta, R. W. (1999). Sexually and physically abused foster care children and posttraumatic stress disorder. *Journal of Consulting and Clinical Psychology, 67*, 367-373.

Dujovne, V. F., Barnard, M. U., & Rapoff, M. A. (1995). Pharmacological and cognitive-behavioral approaches in the treatment of childhood depression: A review and critique. *Clinical Psychology Review, 15*, 589-611.

Dukewich, T. L., Borkowski, J. G., & Whitman, T. L. (1996). Adolescent mothers and child abuse potential: An evaluation of risk factors. *Child Abuse and Neglect, 20*, 1031-1047.

Dumas, J. E., LaFreniere, P. J., & Serketich, W. J. (1995). "Balance of power": A transactional analysis of control in mother-child dyads involving socially competent, aggressive, and anxious children. *Journal of Abnormal Psychology, 104*, 104-113.

Duncan, R. D., Saunders, B. E., Kilpatrick, D. G., Rochelle, F., & Resnick, H. S. (1996). Childhood physical assault as a risk factor for PTSD, depression, and substance abuse: Findings from a national survey. *American Journal of Orthopsychiatry, 66*, 437-448.

DuPaul, G. J., Barkely, R. A., & Connor, D. F. (1998). Stimulants. In R. A. Barkley (Ed.), *Attention deficit hyperactivity disorder: A handbook for diagnosis and treatment* (2nd ed., pp. 510-551). New York: Guilford.

DuPaul, G. J., McGoey, K. E., Eckert, T. L., & VanBrakle, J. (2001). Preschool children with attention-deficit/hyperactivity disorder: Impairments in behavioral, social, and school functioning. *Journal of the American Academy of Child and Adolescent Psychiatry, 40*, 508-515.

Durlak, J. A. (1997). Primary prevention programs in the schools. In T. H. Ollendick & R. J. Prinz (Eds.), *Advances in clinical child psychology Vol. 19* (pp. 283-318). New York: Plenum.

Durlak, J. A., Fuhrman, T., & Lampman, C. (1991). Effectiveness of cognitive-behavior therapy for maladapting children: A meta-analysis. *Psychological Bulletin, 110*, 204-214.

Dutton, D. (1999). Traumatic origins of intimate rage. *Aggression and Violent Behavior, 4*, 431-447.

Dutton, D. G. (2000). Witnessing parental violence as a traumatic experience shaping the abusive personality. *Journal of Aggression, Maltreatment, and Trauma, 3*, 59-67.

Dykens, E. M. (2002). Are jigsaw puzzle skills "spared" in persons with PraderWilli syndrome? *Journal of Child Psychology and Psychiatry, 43*, 343-352.

Dykens, E. M., Leckman, J. F., & Cassidy, S. B. (1996). Obsessions and compulsions in PraderWilli syndrome. *Journal of Child Psychology and Psychiatry, 37*, 995-1002.

Eaves, L. J., Silberg, J. L., & Meyer, J. M. (1997). Genetics and developmental psychopathology: 2. The main effects of genes and environment on behavioral problems in the Virginia Twin Study of Adolescent Behavioral Development. *Journal of Child Psychology and Psychiatry, 38*, 965-980.

Ebata, A. T., Peterson, A. C., & Conger, J. J. (1990). The development of psychopathology in adolescence. In J. Rolf, A. S. Masten, D. Cicchetti, K. H. Nuechterlein, & S. Weintraub (Eds.), *Risk and protective factors in the development of psychopathology* (pp. 308-333). Cambridge, England: Cambridge University Press.

Edleson, J. L. (1999). Interventions and issues in the co-occurrence of child abuse and domestic violence. *Child Maltreatment, 4*(2), 91-182.

Egeland, B. (1988). Breaking the cycle of abuse: Implications for prediction and intervention. In K. D. Browne, C. Davies, & P. Stratton (Eds.), *Early prediction and prevention of child abuse* (pp. 87-99). New York: Wiley.

Egeland, B. (1991). A longitudinal study of high-risk families. In R. Starr & D. Wolfe (Eds.), *The effects of child abuse and neglect: Issues and research* (pp. 43-46). New York: Guilford.

Egeland, B. (1997). Mediators of the effects of child mal-treatment on developmental adaptation in adolescence. In D. Cicchetti & S. L. Toth (Eds.), *Developmental perspectives on trauma: Theory, research, and intervention* (pp. 403-434). Rochester, NY: University of Rochester Press.

Egeland, B. R., Pianta, R. C., & O'Brien, M. A. (1993). Maternal intrusiveness in infancy and child maladaptation in early school years. *Development and Psychopathology, 5*, 359-370.

Egeland, B. R., Weinfield, N. S., Bosquet, M., & Cheng, V. K. (2000). Remembering, repeating, and working through: Lessons from attachment-based interventions. In J. D. Osofsky & H. E. Fitzgerald (Eds.), *Handbook of infant mental health, Vol. 4: Infant mental health in groups at high risk* (pp. 35-89). New York: Wiley.

Eggers, C., & Bunk, D. (1997). The long-term course of childhood-onset schizophrenia: A 42-year followup. *Schizophrenia Bulletin, 23*, 105-116.

Eggers, C., Bunk, D., & Ropcke, B. (2002). Childhood and adolescent onset schizophrenia: Results from two long-term follow-up studies. *Neurology, Psychiatry, and Brain Research, 9*, 183-190.

Einfeld, S. L., & Aman, M. (1995). Issues in the taxonomy of psychopathology in mental retardation. *Journal of Autism & Developmental Disorders, 25*(2), 143-167.

Einfeld, S. L., & Tonge, B. J. (1996). Population prevalence of psychopathology in children and adolescents with intellectual disability. II: Epidemiological findings. *Journal of Intellectual Disability Research, 40*, 99-109.

Eisenberg, N., Fabes, R. A., Shepard, S. A., Murphy, B. C., Guthrie, I. K., Jones, S., Friedman, J., Poulin, R., &

Maszk, P. (1997). Contemporaneous and longitudinal prediction of children's social functioning from regulation and emotionality. *Child Development, 68*, 642-664.

Eisenberg, N., & Strayer, J. (1987). *Empathy and its development.* New York: Cambridge University Press.

Eisenberg, N., Valiente, C., Fabes, R. A., Smith, C. L., Reiser, M., Shepard, S. A., et al. (2003). The relations of effortful control and ego control to children's resiliency and social functioning. *Developmental Psychology, 39*, 761-776.

Eley, T. C. (2001). Contributions of behavioral genetics research: Quantifying genetic, shared environmental and nonshared environmental influences. In M. W. Vasey & M. R. Dadds (Eds.), *The developmental psychopathology of anxiety* (pp. 45-59). New York: Oxford University Press.

Eley, T. C., Deater-Deckard, K., Fombonne, E., & Fulker, D. W. (1998). An adoption study of depressive symptoms in middle childhood. *Journal of Child Psychology and Psychiatry and Allied Disciplines, 39*, 337-345.

Elkind, D. (1981). The hurried child. Reading, MA: Addison-Wesley. Elliot, D. S., Huizinga, D., & Menard, S. (1989). *Multiple problem youth: Delinquency, substance use, and mental health problems.* New York: Springer-Verlag.

Elliott, S. N., Busse, R. T., & Shapiro, E. S. (1999). Intervention techniques for academic performance problems. In T. B. Gutkin & C. R. Reynolds (Eds.), *The handbook of school psychology* (2nd ed., pp. 664-685). New York: Wiley.

Elze, D. E., Auslander, W., McMillen, C., Edmond, T., & Thompson, R. (2001). Untangling the impact of sexual abuse on HIV risk behaviors among youths in foster care. *AIDS Prevention and Education, 13*, 377-389.

Eme, R. F., & Kavanaugh, L. (1995). Sex differences in conduct disorder. *Journal of Clinical Child Psychology, 24*, 406-426.

Emery, N. J. (2000). The eyes have it: The neuroethology, function and evolution of social gaze. *Neuroscience and Biobehavioral Review, 24*, 581-604.

Emery, R. E., & Kitzmann, K. M. (1995). The child in the family: Disruptions in family functions. In D. Cicchetti & D. J. Cohen (Eds.), *Developmental psychopathology: Vol. I. Theory and methods* (pp. 3-31). New York: Wiley.

Emery, R. E., & Laumann-Billings, L. (1998). An overview of the nature, causes, and consequences of abusive family relationships: Toward differentiating maltreatment and violence. *American Psychologist, 53*, 121-135.

Emmons, S., Geiser, C., Kaplan, K., & Harrow, M. (1997). *Living with schizophrenia.* Washington, DC: Accelerated Development.

Emslie, G. J., Mayes, T. L., & Hughes, C. W. (2000). Updates in the pharmacologic treatment of childhood depression. *Psychiatric Clinics of North America, 23*, 813-835.

Emslie, G. J., Rush, J., Weinberg, W. A., Kowatch, R. A., Hughes, C. W., Carmody, T., et al. (1997). A double-blind, randomized, placebo-controlled trial of fluoxetine in children and adolescents with depression. *Archives of General Psychiatry, 54*, 1031-1037.

Endresen, I. M., & Olweus, D. (2001). Self-reported empathy in Norwegian adolescents: Sex differences, age trends, and relationship to bullying. In A. C. Bohart & D. J. Stipek (Eds.), *Constructive and destructive behavior: Implications for family, school, and society* (pp. 147-185). Washington, DC: American Psychological Association.

Epstein, J. N., March, J. S., Conners, C. K., & Jackson, D. L. (1998). Racial differences on the Conners Teacher Rating Scale. *Journal of Abnormal Child Psychology, 26*, 109-118.

Erickson, M. F., & Egeland, B. (2002). Child neglect. In J. E. B. Myers, L. Berliner, J. Briere, C. T. Hendrix, C. Jenny, & T. A. Reid (Eds.), *The APSAC handbook on child maltreatment* (2nd ed., pp. 3-20). Thousand Oaks, CA: Sage.

Erickson, M. F., Egeland, B., & Pianta, R. (1989). The effects of maltreatment on the development of young children. In D. Cicchetti & V. Carlson (Eds.), *Child maltreatment: Theory and research on the causes and consequences of child abuse and neglect* (pp. 647-684). New York: Cambridge University Press.

Erickson, M. F., Korfmacher, J., & Egeland, B. R. (1992). Attachments past and present: Implications for therapeutic intervention with mother-infant dyads. *Development and Psychopathology, 4*, 495-508.

Erickson, M. F., & KurzRiemer, K. (2002). *Infants, toddlers, and families: A framework for support and intervention.* New York: Guilford.

Erikson, E. H. (1950). *Childhood and society.* New York: Norton.

Erikson, E. H. (1964a). Clinical observation of play disruption in young children. In M. R. Haworth (Ed.), *Child psychotherapy* (pp. 264-276). New York: Basic Books.

Erikson, E. H. (1964b). Play and cure. In M. R. Haworth (Ed.), *Child psychotherapy* (pp. 475-485). New York: Basic Books.

Erikson, E. H. (1968). *Identity: Youth and crisis.* New York: Norton.

Eron, L. D. (2001). Seeing is believing: How viewing violence alters attitudes and aggressive behavior. In *Constructive & destructive behavior: Implications for family, school, & society* (pp. 49-60). Washington, DC: American Psychological Association.

Eron, L. D., & Huesmann, L. R. (1990). The stability of aggressive behavior—Even unto the third generation. In M. Lewis & S. M. Miller (Eds.), *Handbook of developmental psychopathology* (pp. 147-155). New York: Plenum.

Esposito, C., Spirito, A., & Overholser, J. (2003). Behavioral factors: Impulsive and aggressive behavior. In A. Spirito & J. C. Overholser (Eds.), *Evaluating and treating adolescent suicide attempters: From research to practice* (pp. 147-160). New York: Academic Press.

Evans, B., & Lee, B. K. (1998). Culture and child psychopathology. In S. S. Kazarian & D. R. Evans (Eds.), *Cultural clinical psychology: Theory, research, and practice* (pp. 289-315). New York: Oxford University Press.

Evans, G. W. (2004). The environment of childhood poverty. *American Psychologist, 59*, 77-92.

Exner, J. E. (1993). *The Rorschach: A comprehensive system: Vol: 1. Basic foundations* (3rd ed.). New York: Wiley.

Exner, J. E. (1994). *The Rorschach: A comprehensive sys-*

tem: Vol. 3. Assessment of children and adolescents (2nd ed.). New York: Wiley.

Faedda, G. L., Baldessarini, R. J., Suppes, T., Tondo, L., Becker, I., & Lipschitz, D. S. (1995). Pediatric-onset bipolar disorder: A neglected clinical and public health problem. *Harvard Review of Psychiatry, 3*, 171-195.

Fairburn, C. G., Cooper, Z., Doll, H. A., Norman, P., & O'Connor, M. (2000). The natural course of bulimia nervosa and binge eating disorder in young women. *Archives of General Psychiatry, 56*, 468-476.

Fairburn, C. G., Cowen, P. J., & Harrison, R. J. (1999). Twin studies and the etiology of eating disorders. *International Journal of Eating Disorders, 26*, 349-358.

Fairburn, C. G., Norman, P. A., Welch, S. L., O'Connor, M. E., Doll, H. A., & Peveler, R. C. (1995). Aprospective study of outcome in bulimia nervosa and the long-term effects of three psychological treatments. *Archives of General Psychiatry, 52*, 304-312.

Fairburn, C. G., Shafran, R., & Cooper, Z. (1999). A cognitive behavioral theory of anorexia nervosa. *Behaviour Research and Therapy, 37*, 1-13.

Fairburn, C. G., Welch, S. L., Doll, H. A., Davies, B. A., & O'Connor, M. E. (1997). Risk factors for bulimia nervosa: A community-based case-control study. *Archives of General Psychiatry, 54*, 509-517.

Fallon, A., & Bunce, S. (2000). The psychoanalytic perspective. In K. J. Miller & J. S. Mizes (Eds.), *Comparative treatments for eating disorders* (pp. 82-127). New York: Springer.

Fantuzzo, J. W., Boruch, R., Beriana, A., Atkins, M., & Marcus, S. (1997). Domestic violence and children: Prevalence and risk in five major US cities. *Journal of the American Academy of Child and Adolescent Psychiatry, 36*, 116-122.

Farrell, A. D., & White, K. S. (1998). Peer influences and drug use among urban adolescents: Family structure and parent-adolescent relationship as protective factors. *Journal of Consulting and Clinical Psychology, 66*, 248-258.

Farrington, D. P. (1992). Understanding and preventing bullying. In M. Tonry & N. Morris (Eds.), *Crime and justice: An annual review of research: Volume 17* (pp. 381-458). Chicago: University of Chicago Press.

Farrington, D. P. (1995). The development of offending and antisocial behavior from childhood: Key findings from the Cambridge study in delinquent development. *Journal of Child Psychology and Psychiatry, 360*, 929-964.

Faulkner, A. H., & Cranston, K. (1998). Correlates of same-sex sexual behavior in a random sample of Massachusetts high school students. *American Journal of Public Health, 88*, 262-266.

Federal Interagency Forum on Child and Family Statistics. (2002). *America's children: Key national indicators of well-being.* Washington, DC: U.S. Government Printing Office.

Feeney, T., & Ylvisaker, M. (1995). Choice and routine: Antecedent behavioral interventions for adolescents with severe traumatic brain injury. *Journal of Head Trauma Rehabilitation, 10*, 67-86.

Feigelman, S., Stanton, B. F., & Ricardo, I. (1993). Perceptions of drug selling and drug use among urban youths. *Journal of Early Adolescence, 13*, 267-284.

Feldman, R. B., Zelkowitz, P., Weiss, M., Heyman, M., Vogel, J., & Paris, J. (1995). A comparison of the families of borderline personality disorder mothers and the families of other personality disorder mothers. *Comprehensive Psychiatry, 36*, 1-8.

Ferguson, C. P., & Pigott, T. A. (2000). Anorexia and bulimia nervosa: Neurobiology and pharmacotherapy. *Behavior Therapy, 31*, 237-263.

Fergusson, D. M., & Horwood, L. J. (1996). The role of adolescent peer affiliations in the continuity between childhood behavioral adjustment and juvenile offending. *Journal of Abnormal Child Psychology, 24*, 205-221.

Fergusson, D. M., Horwood, L. J., & Beautrais, A. L. (1999). Is sexual orientation related to mental health problems and suicidality in young people? *Archives of General Psychiatry, 56*, 876-880.

Fergusson, D. M., Horwood, L. J., & Lynskey, M. T. (1995). The stability of disruptive childhood behaviors. *Journal of Abnormal Child Psychology, 23*, 379-396.

Fergusson, D. M., Horwood, L. J., & Lynskey, M. T. (1996). Childhood sexual abuse and psychiatric disorder in young adulthood II: Psychiatric outcomes of childhood sexual abuse. *Journal of the American Academy of Child and Adolescent Psychiatry, 34*, 1365-1374.

Fergusson, D. M., & Lynskey, M. T. (1996). Adolescent resiliency to family adversity. *Journal of Child Psychology and Psychiatry and Allied Disciplines, 37*, 281-292.

Fergusson, D. M., Lynskey, M. T., & Horwood, L. J. (1996). Factors associated with continuity and changes in disruptive behavior patterns between childhood and adolescence. *Journal of Abnormal Child Psychology, 24*, 533-553.

Fergusson, D. M. & Woodward, L. J. (2000). Educational, psychosocial, and sexual outcomes of girls with conduct problems in early adolescence. *Journal of Child Psychology & Psychiatry, 41*, 779-792.

Fergusson, D. M., Fergusson, I. E., Horwood, L. J., & Kinzett, N. G. (1988). A longitudinal study of detine lead levels, intelligence, school performance, and behavior. *Journal of Child Psychology and Psychiatry, 29*, 811-824.

Field, T. (1992). Infants of depressed mothers. *Development and Psychopathology, 4*, 49-66.

Figueroa, E., & Silk, K. R. (1997). Biological implications of childhood sexual abuse in borderline personality disorder. *Journal of Personality Disorders, 11*, 71-92.

Filipek, P. A., Accardo, P. J., Baranek, G. T., Cook, E. H., Dawson, G., Gordon, B., et al. (1999). The screening and diagnosis of autistic spectrum disorders. Journal of Autism and Developmental Disorders, 29(6), 439-484. Finkelhor, D. (1984). Child sexual abuse: New theories and research. New York: Free Press. Finkelhor, D. (1994). Current information on the scope and nature of child sexual abuse. *Future of Children, 4*, 31-53.

Finkelhor, D., & Berliner, L. (1995). Research on the treatment of sexually abused children: A review and recommendations. *Journal of the American Academy of Child and Adolescent Psychiatry, 34*, 1408-1423.

Finkelhor, D., & Browne, A. (1988). Assessing the long-term

impact of child sexual abuse: A review and reconceptualization. In L. Walker (Ed.), *Handbook on sexual abuse of children* (pp. 55-71). New York: Springer.

Finkelhor, D., & DziubaLeatherman, J. (1995). Victimization prevention programs: A national survey of children's exposure and reactions. *Child Abuse and Neglect, 19*, 129-140.

Finkelhor, D., Hotaling, G. T., Lewis, I. A., & Smith, C. (1990). Sexual abuse in anational survey of adult men and women: Prevalence, characteristics, and risk factors. *Child Abuse and Neglect, 14*, 19-28.

Finkelhor, D., Ormrod, R., Turner, H., & Hamby, S. L. (2005). The victimization of children and youth: A comprehensive, national survey. *Child Maltreatment, 10*, 5-25.

First, M. B., Frances, A., & Pincus, H. A. (2002). *DSMIV-TR handbook of differential diagnosis*. Washington, DC, American Psychiatric Press.

Fischel, J. E., & Liebert, R. M. (2000). Disorders of elimination. In A. J. Sameroff, M. Lewis, & S. M. Miller (Eds.), *Handbook of developmental psychopathology* (pp. 625-640). New York, Kluwer Academic.

Fischer, K. W., & Ayoub, C. (1994). Affective splitting and dissociation in normal and maltreated children: Developmental pathways for self in relationships. In D. Cicchetti & S. L. Toth (Eds.), *Rochester symposium on developmental psychopathology: Disorders and dysfunctions of the self* (pp. 149-222). New York: Rochester.

Fischer, M., & Barkley, R. A. (2003). Childhood stimulant treatment and risk for later substance abuse. *Journal of Clinical Psychiatry, 64*, 19-23.

Fischer, M., Barkley, R. A., Smallish, L., & Fletcher, K. R. (2002). Young adult outcome of hyperactive children as a function of severity of childhood conduct problems: Comorbid psychiatric disorders and interim mental health treatment. *Journal of Abnormal Child Psychology, 30*(5), 463-475.

Fitzgerald, H. E., Davies, W. H., Zucker, R. A., & Klinger, M. T. (1994). Developmental systems theory and substance abuse: A conceptual and methodological framework for analyzing patterns of variation in families. In L. L'Abate (Ed.), *Handbook of developmental family psychology and psychopathology* (pp. 350-372). New York: Wiley.

Flament, M. F., Whitaker, A., Rapoport, J. L., & Davies, M. (1988). Obsessive compulsive disorder in adolescence: An epidemiological study. *Journal of the American Academy of Child & Adolescent Psychiatry, 27*, 764-771.

Flannery, D. J., Vazsonyi, A. T., Liau, A. K., Guo, M. S., Powell, K. E., Atha, H., et al. (2003). Initial behavior outcomes for the PeaceBuilders Universal School-Based Violence Prevention Program. *Developmental Psychology, 39*, 292-308.

Flisher, A. J. (1999). Mood disorder in suicidal children and adolescents: Recent developments. *Journal of Child Psychology & Psychiatry, 40*, 315-324.

Folstein, S. E., & Santangelo, S. L. (2000). Does Asperger syndrome aggregate in families? In A. Klin & F. R. Volkmar (Eds.), *Asperger syndrome* (pp. 159-171). New York: Guilford Press.

Fombonne, E., & Chakrabarti, S. (2001). No evidence for a new variant of measles-mumps-rubella induced autism. *Pediatrics, 108*, 56.

Fonagy, P., Gergely, G., Jurist, E., & Target, M. (2003). *Affect regulation, mentalization, and the development of the self*. New York: Other Press.

Fonagy, P., & Target, M. (1994). The efficacy of psychoanalysis for children with disruptive disorders. *Journal of the American Academy of Child and Adolescent Psychiatry, 33*, 45-55.

Fonagy, P., & Target, M. (1996a). Should we allow psychotherapy research to determine clinical practice? *Clinical Psychology: Science and Practice, 3*, 245-250.

Fonagy, P., & Target, M. (1996b). A contemporary psychoanalytical perspective: Psychodynamic developmental therapy. In E. D. Hibbs & P. S. Jensen (Eds.), *Psychosocial treatments for child and adolescent disorders: Empirically based strategies for clinical practice* (pp. 619-638). Washington, DC: American Psychological Association.

Fonagy, P., & Target, M. (2000). Attachment and borderline personality disorder. *Journal of the American Psychoanalytic Association, 48*, 1129-1146.

Fonagy, P., Target, M., Steele, M., & Gerber, A. (1995). Psychoanalytic perspectives on developmental psychopathology. In D. Cicchetti & D. J. Cohen (Eds.), *Developmental psychopathology: Vol. I. Theory and methods* (pp. 504-554). New York: Wiley.

Fong, R. (2003). *Culturally competent practice with immigrant and refugee children and families*. New York: Guilford.

Foorman, B. R., Francis, D. J., Beeler, T., Winikates, D., & Fletcher, J. M. (1997). Early interventions for children with reading problems: Study designs and preliminary findings. *Learning Disabilities: A Multidisciplinary Journal, 8*, 63-72.

Ford, J. D., Racusin, R., Ellis, C. G., Davis, W. B., Reiser, J., Fleischer, A., et al. (2000). Child maltreatment, other trauma exposure, and posttraumatic symptomatology among children with oppositional defiant and attention deficit hyperactivity disorders. *Child Maltreatment, 5*, 205-217.

Forehand, R., & Wierson, M. (1993). The role of developmental factors in planning behavioral interventions for children: Disruptive behavior as an example. *Behavior Therapy, 24*, 117-141.

Foreyt, J. P., & Mikhail, C. (1997). Anorexia nervosa and bulimia nervosa. In E. J. Mash & L. G. Terdal (Eds.), *Assessment of childhood disorders* (pp. 683-716). New York: Guilford.

Forgatch, M. S., & Patterson, G. R. (1998). Behavioral family therapy. In F. M. Dattilio (Ed.), *Case studies in couple and family therapy: Systemic and cognitive perspectives* (pp. 85-107). New York: Guilford.

Forth, A. E., Hart, S. D., & Hare, R. D. (1990). Assessment of psychopathy in male young offenders. *Psychological Assessment, 3*, 342-344.

Fosson, A., Knibbs, J., Bryant-Waugh, R., & Lask, B. (1987). Early onset anorexia nervosa. *Archives of Disease in Childhood, 62*, 114-118.

Fraiberg, S. (1980). *Clinical studies in infant mental health: The first year of life*. New York: Basic Books.

Franklin, M. E., Rynn, M., Foa, E. B., & March, J. S. (2003). Treatment of obsessive-compulsive disorder. In M. A. Reinecke, F. M. Dattilio, & A. Freeman (Eds.), *Cognitive therapy with children and adolescents: A case-book for clinical practice* (2nd ed., pp. 162-188). New York: Guilford. Frazier, J. A., Alaghband-Rad,

J., & Jacobsen, L. (1997). Pubertal development and the onset of psychosis in childhood onset schizophrenia. *Psychiatry Research, 70*, 1-7.

Freud, A. (1964). *The psychoanalytical treatment of children.* New York: Schocken.

Freud, A. (1965). *Normality and pathology in childhood.* New York: International Universities Press.

Frick, P. J., Bodin, S. D., & Barry, C. T. (2000). Psychopathic traits and conduct problems in community and clinic-referred samples of children: Further development of the Psychopathy Screening Device. *Psychological Assessment, 12*, 382-393.

Frick, P. J., Cornell, A., Bodin, D., Dane, H., Barry, C. T., & Loney, B. R. (2003). Callous-unemotional traits and developmental pathways to severe conduct problems. *Developmental Psychology, 39*, 246-260.

Frick, P. J., & Ellis, M. (1999). Callous-unemotional traits and subtypes of conduct disorder. *Clinical Child and Family Psychology Review, 2*, 149-168.

Frick, P. J., & Jackson, Y. K. (1993). Family functioning and childhood antisocial behavior: Yet another reinterpretation. *Journal of Clinical Child Psychology, 22*, 410-419.

Frick, P. J., Lahey, B. B., Loeber, R., Tannenbaum, L., Van Horn, Y., Christ, M. A., et al. (1993). Oppositional defiant disorder and conduct disorder: A meta-analytic review of factor analyses and cross-validation in a clinic sample. *Clinical Psychology Review, 13*, 319-340.

Frick, P. J., O'Brien, B. S., Wootton, J. M., & McBurnett, K. (1994). Psychopathy and conduct problems in children. *Journal of Abnormal Psychology, 103*, 700-707.

Friedberg, R. D., & McClure, J. M. (2002). *Clinical practice of cognitive therapy with children and adolescents: The nuts and bolts.* New York: Guilford.

Friedrich, W. (1997). Psychotherapy with sexually abused boys. In D. A. Wolfe, R. J. McMahon, & R. D. Peters (Eds.), *Child abuse: New directions in prevention and treatment across the lifespan* (pp. 205-222). Thousand Oaks, CA: Sage.

Friedrich, W. N. (2002). An integrated model of psychotherapy for abused children. In J. E. B. Myers, L. Berliner, J. Briere, C. T. Hendrix, C. Jenny, & T. A. Reid (Eds.), *The APSAC handbook on child mal-treatment* (2nd ed., pp. 139-140). Thousand Oaks, CA: Sage.

Fristad, M. A. (2002). *Assessing and treating early-onset bipolar disorder.* Chicago: American Psychological Association.

Fristad, M. A., Shaver, A. E., & Holderle, K. E. (2002). Mood disorders in childhood and adolescence. In D. T. Marsh & M. A. Fristad (Eds.), *Handbook of serious emotional disturbance in children and adolescents* (pp. 228-265). New York: Wiley.

Frith, U. (1989). *Autism: Explaining the enigma.* Oxford: Blackwell.

Frith, U. (2003). *Autism: Explaining the enigma* (2nd ed.) Malden, MA: Blackwell.

Fritz, G. K., & McQuaid, E. L. (2000). Chronic medical conditions: Impact on development. In A. J. Sameroff, M. Lewis, & S. M. Miller (Eds.), *Handbook of developmental psychopathology* (pp. 277-292). New York: Kluwer Academic.

Fuller, R., Nopoulos, P., Arndt, S., O'Leary, D., Ho, B. C., & Andreasen, N. C. (2002). Longitudinal assessment of premorbid cognitive functioning in patients with schizophrenia through examination of standardized scholastic test performance. *American Journal of Psychiatry, 159*, 1183-1189.

Gabel S. (1997). Oppositional defiant disorder. In J. Noshpitz (Ed.), *Handbook of child and adolescent psychiatry* (pp. 351-359). New York: Wiley.

Gaensbauer, T. J., Chatoor, I., Drell, M., Siegel, D., & Zeanah, C. H. (1995). Traumatic loss in a one-year-old girl. *Journal of the American Academy of Child and Adolescent Psychiatry, 34*, 94-102.

Gallo, C. L., & Pfeffer, C. R. (2003). Children and adolescents bereaved by a suicidal death: Implications for psychosocial outcomes and interventions. In R. A. King & A. Apter (Eds.), *Suicide in children and adolescents* (pp. 294-312.). Cambridge, England: Cambridge University Press.

Garb, H. N., Wood, J. M., Lilienfeld, S. O., & Nezworski, M. T. (2005). Roots of the Rorschach controversy. *Clinical Psychology Review, 25*(1), 97-118.

Garbarino, J., Stott, F. M., & Faculty of the Erikson Institute. (1992). *What children can tell us: Eliciting, interpreting, and evaluating information from children.* San Francisco: Jossey-Bass.

Garber, J. (1984.) Classification of childhood psychopathology: A developmental perspective. *Child Development, 55*, 30-48.

Garber, J., Braafladt, N., & Weiss, B. (1995). Affect regulation in depressed and nondepressed children and young adolescents. *Development and Psychopathology, 7*, 93-116.

Garfield, S. L. (1996). Some problems associated with "validated" forms of psychotherapy. *Clinical Psychology: Science and Practice, 3*, 218-229.

Garfinkel, P. E., & Garner, D. M. (1986). Anorexia nervosa and adolescent mental health. In R. A. Feldman & A. R. Stiffman (Eds.), *Advances in adolescent mental health* (Vol. 1, pp. 163-204). Greenwich, CT: JAI Press.

Garfinkel, P. E., Lin, E., Goering, P., Spegg, C., Goldbloom, D. S., Kennedy, S., et al. (1995). Bulimia nervosa in a Canadian community sample: Prevalence and comparison of subgroups. *American Journal of Psychiatry, 152*, 1052-1058.

Garland, A. F., & Zigler, E. (1993). Adolescent suicide prevention: Current research and social policy implications. *American Psychologist, 48*, 169-182.

Garland, E. J., & Weiss, M. (1996). Case study: Obsessive difficult temperament and its response to serotonergic medication. *Journal of the American Academy of Child & Adolescent Psychiatry, 35*, 916-920.

Garnefski, N., & Arends, E. (1998). Sexual abuse and adolescent maladjustment: Differences between male and female victims. *Journal of Adolescence, 21*, 99-107.

Garner, D. M. (1993). Binge eating in anorexia nervosa. In C. G. Fairburn & G. T. Wilson (Eds.), *Binge eating: Nature, assessment, and treatment* (pp. 50-76). New York: Guilford.

Garner, D. M., Vitousek, K. B., & Pike, K. M. (1997). Cognitive-behavioral therapy for anorexia nervosa. In D. M. Garner & P. E. Garfinkel (Eds.), *Handbook of treatment for eating disorders* (2nd ed., pp. 94-144). New York: Guilford.

Garrido, M. (2000). Minorities in the United States: Sociocultural context for mental health and developmental psychopathology. In A. J. Sameroff, M. Lewis, & S. M. Miller (Eds.), *Handbook of developmental psychopathology* (pp. 177-196). New York: Kluwer Academic.

Garrison, C. Z., Jackson, K. L., Marsteller, F., McKeown, R., & Addy, C. (1990). Alongitudinal study of depressive symptomatology in young adolescents. *Journal of the American Academy of Child and Adolescent Psychiatry, 29*, 581-585.

Gaster, B., & Holroyd, J. (2000). St. John's Wort for depression. *Archives of Internal Medicine, 160*, 152-156.

Ge, X., Conger, R., Lorenz, F., & Simons, R. (1994). Parents' stressful life events and adolescent depressed mood. *Journal of Health and Social Behavior, 35*, 28-44.

Ge, X., Conger, R. D., Cadoret, R. J., Nedierhiser, J. M., Yates, W., Troughton, E., et al. (1996). The developmental interface between nature and nurture: A mutual influence model of child antisocial behavior and parent behaviors. *Developmental Psychology, 32*, 574-589.

Geffner, R. A., Igelman, R. S., & Zellner, J. (2003). *The effects of intimate partner violence on children.* New York: Haworth.

Geiger, T., & Crick, N. R. (2001). Childhood features of personality disorders. In R. Ingram & J. Price (Eds.), *Handbook of vulnerability to psychopathology: Risks across the lifespan* (pp. 57-102). New York: Guilford.

Gelfand, D. M., Teti, D. M., Seiner, S. A., & Jameson, P. B. (1996). Helping mothers fight depression: Evaluation of a homebased intervention program for depressed mothers and their infants. *Journal of Clinical Child Psychology, 25*, 406-422.

Geller, B., Bolhofner, K., Craney, J. L., Williams, M., DelBello, M. P., & Gunderson, K. (2000). Psychosocial functioning in a prepubertal and early adolescent bipolar disorder phenotype. *Journal of the American Academy of Child and Adolescent Psychiatry, 39*, 1543-1548.

Geller, B., & DelBello, M. P. (2003). *Bipolar disorder in childhood and early adolescence.* New York: Guilford. Geller, B., Fox, L. W., & Clark,

K. A. (1994). Rate and predictors of prepubertal biopolarity during follow-up of 6-to 12-year-old depressed children. *Journal of the American Academy of Child and Adolescent Psychiatry, 33*, 461-468.

Geller, B., & Luby, J. (1997). Child and adolescent bipolar disorder: A review of the past 10 years. *Journal of the American Academy of Child and Adolescent Psychiatry.*

Geller, B., Williams, M., Zimmerman, B., Frazier, J., Beringer, L., & Warner, K. (1998). Prepubertal and early adolescent bipolarity differentiated from ADHD by manic symptoms, grandiose delusions, utra-rapid or ultradian cycling. *Journal of Affective Disorders, 51*, 81-91.

Geller, B., Zimmerman, B., Williams, M., Bolhofner, K., Craney, J, L., Del Bello, M. P., et al. (2000). Six-month stability and outcome of a prepubertal and early adolescent bipolar disorder phenotype. *Journal of Child and Adolescent Psychopharmacology, 10*, 157-164.

Geller, J., & Johnston, C. (1995). Predictors of mothers' responses to child noncompliance: Attributions and attitudes. *Journal of Clinical Child Psychology, 24*(3), 272-278.

Gershon, J. (2002). A meta-analytic review of gender differences in ADHD. *Journal of Attention Disorders, 5*, 143-154.

Gibbons, F. X., Gerrard, M., Cleveland, M. J., Wills, T. A., & Brody, G. (2004). Perceived discrimination and substance use in African American parents and their children. *Journal of Personality and Social Psychology, 86*, 517-529.

Gibbons, F. X., Gerrard, M., & Lane, D. (2003). A social

reaction model of adolescent health risk. In J. M. Suls & K. Wallston (Eds.), *Social psychological foundations of health and illness* (pp. 107-136).

Malden, MA: Blackwell. Gibbs, J. T., (2003). Biracial and bicultural children and adolescents. In J. T. Gibbs & L. N. Huang (Eds.), *Children of color: Psychological interventions with culturally diverse youth* (2nd ed., pp. 145-182). San Francisco: Jossey-Bass.

Gibbs, J. T., & Huang, L. N. (2003). *Children of color: Psychological interventions with culturally diverse youth* (2nd ed.). San Francisco: Jossey-Bass.

Giedd, J. N. (2003). The anatomy of mentalization: A view from developmental neuroimaging. *Bulletin of the Menninger Clinic, 67*, 132-142.

Gil, K. M., Anthony, K. K., Carson, J. W., ReddingLallinger, R., Daeschner, C. W., & Ware, R. E. (2001). Daily coping practice predicts treatment effects in children with sickle cell disease. *Journal of Pediatric Psychology, 26*, 163-173.

Gillberg, C. (1991). Outcome in autism and autistic-like conditions. *Journal of the American Academy of Child and Adolescent Psychiatry, 30*, 375-382.

Gjerde, P. F. (1995). Alternative pathways to chronic depressive symptoms in young adults: Gender differences in developmental trajectories. *Child Development, 66*, 1277-1300.

Gjerde, P. F., & Block, J. (1991). Preadolescent antecedents of depressive symptomatology at age 18: A prospective study. *Journal of Youth and Adolescence, 20*, 217-231.

Gladstone, T. R., & Kaslow, N. J. (1995). Depression and attributions in children and adolescents: A meta-analytic review. *Journal of Abnormal Child Psychology, 23*, 597-606.

Gogtay, N., Sporn, A., Clasen, L. S., Greenstein, D., Giedd, J. N., Lenane, M., et al. (2003). Structural brain MRI abnormalities in healthy siblings of patients with childhood-onset schizophrenia. *American Journal of Psychiatry, 160*, 569-571.

Goldberg, S. (1997). Attachment and childhood behavior problems in normal, at-risk, and clinical samples. In L. R. Atkinson, & K. J. Zucker, *Attachment and psychopathology.* New York: Guilford.

Goldman, S. J., D'Angelo, E. J., & DeMaso, D. R. (1993). Psychopathology in the families of children and adolescents with borderline personality disorder. *American Journal of Psychiatry, 150*, 1832-1835.

Goldman, S. J., D'Angelo, E. J., DeMaso, D. R., & Mezzacappa, E. (1992). Physical and sexual abuse histories among children with borderline personality disorder. *American Journal of Psychiatry, 149*, 1723-1726.

Goldstein, M. J. (1987). The UCLA High-Risk Project. *Schizophrenia Bulletin, 13*, 505-514.

Goldstein, M. J. (1990). Family relations as risk factors for the onset and course of schizophrenia. In J. Rolf, A. S. Masten, D. Cicchetti, K. H. Nuechterlein, & S. Weintraub (Eds.), *Risk and protective factors in the development of psychopathology* (pp. 408-423). Cambridge, England: Cambridge University Press.

Goldstein, W. N. (1997). Dynamically-oriented psychotherapy with borderline patients. *American Journal of Psychotherapy, 51*, 14-30.

Golombok, S., & Fivush, R. (1994). *Gender development.* Cambridge, UK: Cambridge University Press.

Gooding, D. C., & Iacono, W. G. (1995). Schizophrenia through the lens of a developmental psychopathology perspective. In D. Cicchetti & D. J. Cohen (Eds.), *Developmental psychopathology, Vol. I: Theory and methods* (pp. 535-580). New York: Wiley.

Goodman, S. H. (2003). Genesis and epigenesis of psychopathology in children with depressed mothers: Toward an integrative bipsychosocial perspective. In D. Cicchetti & E. Walker (Eds.), *Neurodevelopmental mechanisms in psychopathology* (pp. 428-460). New York: Cambridge.

Goodman, S. H., & Gotlib, I. H. (1999). Risk for psychopathology in the children of depressed mothers: A developmental model for understanding mechanisms of transmission. *Psychological Review, 106*, 458-490.

Goodman, S. H., & Gotlib, I. H. (2002). *Children of depressed parents: Mechanisms of risk and implications for treatment.* Washington, DC: American Psychological Association.

Goodman, S. H., Schwab-Stone, M., Lahey, B., Shaffer, D., & Jensen, P. (2000). Major depression and dysthymia in children and adolescents: Discriminant validity and differential consequences in a community sample. *Journal of the American Academy of Child and Adolescent Psychiatry, 39*, 761-770.

Goodyer, I. M., Herbert, J., Tamplin, A., & Altham, P. M. E. (2000). Recent life events, cortisol, dehydroepiandrosterone and the onset of major depression in high-risk adolescents. *British Journal of Psychiatry, 177*, 499-504.

Gordon, I., Lask, B., Bryant-Waugh, R., Christie, D., & Timimi, S. (1997). Childhood onset anorexia nervosa: Toward identifying a biological substrate. *International Journal of Eating Disorders, 22*, 159-166.

Gould, M. S., Shaffer, D., & Greenberg, T. (2003). The epidemiology of youth suicide. In R. A. King & A. Apter (Eds.), *Suicide in children and adolescents* (pp. 1-40). Cambridge, MA: Cambridge University Press.

Grados, M., Scahill, L., & Riddle, M. A. (1999). Pharmacotherapy in children and adolescents with obsessive-compulsive disorder. *Child & Adolescent Psychiatric Clinics of North America, 8*, 617-634.

Graham-Bermann, S. A. (2000). Evaluating interventions for children exposed to family violence. *Journal of Aggression, Maltreatment, and Trauma, 4*, 191-216.

Graham-Bermann, S. A. (2002). Child maltreatment in the context of domestic violence. In J. E. B. Myers, L. Berliner, J. Briere, C. T. Hendrix, C. Jenny, & T. A. Reid (Eds.), *The APSAC handbook on child maltreatment* (2nd ed., pp. 119-130). Thousand Oaks, CA: Sage.

Graham-Bermann, S. A., & Edleson, J. L. (2001). *Domestic violence in the lives of children: The future of research, intervention, and social policy.* Washington, DC: American Psychological Association.

Graham-Bermann, S. A., & Hughes, H. M. (2003). Intervention for children exposed to interparental violence: Assessment of needs and research priorities. *Clinical Child and Family Psychology Review, 6*, 189-204.

Graham-Bermann, S. A., & Levendosky, A. (1998). The social functioning of preschool-age children whose mothers are emotionally and physically abused. *Journal of Emotional Abuse, 1*, 57-82.

Granboulan, V., Rabain, D., & Basquin, M. (1995). The outcome of adolescent suicide attempts. *Acta Psychiatrica Scandinavica, 91*, 265-270.

Grandin, T. (1996). *Thinking in pictures.* New York: Vintage.

Green, J., Gilchrist, A., Burton, D., & Cox, A. (2000). Social and psychiatric functioning in adolescents with Asperger syndrome compared with conduct disorder. *Journal of Autism and Developmental Disorders, 30*, 279-293.

Greenberg, L. M., & Waldman, I. D. (1993). Developmental normative data on the Test of Variables of Attention (T. O. V. A.). *Journal of Child Psychology and Psychiatry, 34*(6), 1019-1030.

Greenberg, M. T., DeKlyen, M., Speltz, M. L., & Endriga, M. C. (1997). The role of attachment processes in externalizing psychopathology in young children. In L. R. Atkinson & K. J. Zucker (Eds.), *Attachment and psychopathology.* New York: Guilford.

Greenberg, M. T., Speltz, M. L., & DeKlyen, M. (1993). The role of attachment in the early development of disruptive behavior problems. *Development and Psychopathology, 5*, 191-214.

Greenberg, R. P., & Fisher, S. (1996). *Freud scientifically reappraised.* New York: Wiley.

Greene, R. W., & Doyle, A. E. (1999). Toward a transactional conceptualization of oppositional defiant disorder: Implications for assessment and treatment. *Clinical Child and Family Psychology Review, 2*(3), 129-148.

Greening, L., & Dollinger, S. J. (1989). Treatment of a child's sleep disturbance and related phobias in the family. In M. C. Roberts & C. E. Walker (Eds.), *Case-book of child and pediatric psychology* (pp. 94-111). New York: Guilford.

Greenman, D. A., Gunderson, J. G., Cane, M., & Saltzman, P. R. (1986). An examination of the borderline diagnosis in children. *American Journal of Psychiatry, 143*, 998-1003.

Greenspan, S. I. (2003). *The clinical interview of the child* (3rd ed.). Washington, DC: American Psychiatric Press.

Grigorenko, E. L. (2001). Developmental dyslexia: An update on genes, brains, and environments. *Journal of Child Psychology and Psychiatry, 42,* 91-125.

Grolnick, W. S., & Farkas, M. (2002). Parenting and the development of children's self-regulation. In M. H. Bornstein (Ed.), *Handbook of parenting: Vol. 5. Practical issues in parenting* (pp. 89-110). Mahwah, NJ: Erlbaum.

Group for the Advancement of Psychiatry Committee on the Family (1996). Global Assessment of Relational Functioning scale (GARF): I. Background and rationale. *Family Process, 35*(2), 155-172.

Grych, J. H., & Fincham, F. (2001). *Child development and interparental conflict.* New York: Cambridge University Press.

Grych, J. H., Fincham, F. D., Jouriles, E. N., & McDonald, R. (2001). Interparental conflict and child adjustment: Testing the mediational role of appraisals in the cognitive-contextual framework. *Child Development, 71,* 1648-1661.

Grych, J. H., Jouriles, E. N., Swank, P. R., McDonald, R., & Norwood, W. D. (2000). Patterns of adjustment among children of battered women. *Journal of Consulting and Clinical Psychology, 68,* 84-94.

Guerra, N. G., Huesmann, L. R., & Spindler, A. (2003). Community violence exposure, social cognition, and aggression among urban elementary-school children. *Child Development, 74,* 1561-1576.

Guerrero, A. P. S., Hishinuma, E. S., Andrade, N. N., Bell, C. K., Kurahar, D. K., Lee, T. G., et al. (2003). Demographic and clinical characteristics of adolescents in Hawaii with obsessive-compulsive disorder. *Archives of Pediatrics and Adolescent Medicine, 157,* 665-670.

Guertin, T. L. (1999). Eating behavior of bulimics, self-identified binge eaters, and non-eating-disordered individuals: What differentiates these populations? *Clinical Psychology Review, 19,* 1-23.

Gunderson, J. G., Shea, M. T., Skodol, A. E., McGlashan, T. H., Morey, L. C., Stout, R. I., et al. (2000). The Collaborative Longitudinal Personality Disorders Study: Development, aims, design, and sample characteristics. *Journal of Personality Disorders, 14,* 300-315.

Gunnar, M. R., Bruce, J., & Donzella, B. (2001). Stress physiology, health, and behavioral development. In *The well-being of children and families: Research and data needs* (pp. 188-212). Ann Arbor: The University of Michigan Press.

Guntrip, H. (1986). My experience of analysis with Fairbairn and Winnicott (How complete a result does psychoanalytic therapy achieve?). In P. Buckley (Ed.), *Essential papers on object relations* (2nd ed., pp. 447-468). New York: New York University Press.

Gustafsson, P., Thernlund, G., Ryding, E., Rosen, I., & Cederblad, M. (2000). Associations between cerebral blood flow measured by single photon emission computed tomography (SPECT), electroencephalogram (EEG), behavior symptoms, cognition and neurological soft signs in children with attention-deficit/hyperactivity disorder (ADHD). *Acta Paediatrica, 89,* 830-835.

Guterman, N. B. (1997). Early prevention of physical child abuse and neglect: Existing evidence and future directions. *Child Mal-treatment, 2,* 12-34.

Gutierrez, P. M., Osman, A., Kopper, B. A., & Barrios, F. X. (2000). Why young people do not kill themselves: The Reasons for Living Inventory for Adolescents. *Journal of Clinical Child Psychology, 29,* 177-187.

Guyll, M., Spoth, R. L., Chao, W.,Wichrama, K. A. S., & Russell, D. (2004). Family-focused preventive interventions: Evaluating parental risk moderation of substance use trajectories. *Journal of Family Psychology, 18,* 293-301.

Guzder, J., Paris, J., & Zelkowitz, P. (1999). Psychological risk factors for borderline pathology in school-age children. *Journal of the American Academy of Child and Adolescent Psychiatry, 38,* 206-212.

Guzder, J., Paris, J., Zelkowitz, P., & Marchessault, K. (1996). Risk factors for borderline pathology in children. *Journal of the American Academy of Child and Adolescent Psychiatry, 35,* 26-33.

Häfner, H., & Nowotny, B. (1995). Epidemiology of early-onset schizophrenia. *European Archives of Psychiatry and Clinical Neuroscience, 245,* 80-92.

Haggiag, T. (2000). The broken jigsaw: A child's perspective. In B. Lask & R. Bryant-Wauch (Eds.), *Anorexia nervosa and related eating disorders in childhood and adolescence* (pp. 3-10). Philadelphia: Psychology Press.

Hale, C. A., & Borkowski, J. G. (1991). Attention, memory, and cognition. In J. L. Matson & J. A. Mulick (Eds.), *Handbook of mental retardation* (pp. 505-528). New York: Pergamon.

Hall, N. W., & Zigler, E. (1997). Drug-abuse prevention efforts for young children: A review and critique of existing programs. *American Journal of Orthopsychiatry, 67,* 134-143.

Hall, R. V., Fox, R., Willard, D., Goldsmith, L., Emerson, M., Owen, M., et al. (1971). The teacher as observer and experimenter in the modification of disputing and talking-out behaviors. *Journal of Applied Behavioral Analysis, 4,* 141-149.

Hallowell, E., & Ratey, J. (1994). *Driven to distraction: Recognizing and coping with Attention Deficit Disorder from childhood through adulthood.* New York: Simon and Schuster.

Hammen, C. (1991). The family-environmental context of depression: A perspective on children's risk. In D. Cicchetti & S. L. Toth (Eds.), *Rochester symposium on developmental psychopathology* (Vol. 4, pp. 251-281). Rochester: University of Rochester Press.

Hammen, C. (1992). Cognitive, life stress, and interpersonal approaches to adevelopmental psychopathology model of depression. *Development and Psychopathology, 4,* 189-206.

Hammen, C. (1999). Children of affectively ill parents. In H. C. Steinhausen & F. Verhulst (Eds.), *Risks and outcomes in developmental psychopathology* (pp. 38-53). Oxford: Oxford University Press.

Hammen, C., Burge, D., & Adrian, C. (1991). Timing of mother and child depression in a longitudinal study of children at risk. *Journal of Consulting and Clinical Psychology, 59,* 341-345.

Hammen, C., Burge, D., Daley, S. E., Davila, J., Paley, B., & Rudolph, K. D. (1995). Interpersonal attachment cognitions and prediction of symptomatic responses to interpersonal stress. *Journal of Abnormal Psychology, 104*, 436-443.

Hammen, C., Burge, D., & Stansbury, K. (1990). Relationship of mother and child variables to child outcomes in a high-risk sample: A casual modeling analysis. *Developmental Psychology, 26*, 24-30.

Hammen, C., & Compas, B. E. (1994). Unmasking unmasked depression in children and adolescents: The problem of comorbidity. *Clinical Psychology Review, 14*, 585-603.

Hammen, C., & Rudolph, K. D. (1996). Childhood depression. In E. J. Mash & R. A. Barkley (Eds.), *Child psychopathology* (pp. 153-195). New York: Guilford.

Hammen, C., & Rudolph, K. D. (2003). Childhood mood disorders. In E. J. Mash & R. A. Barkley (Eds.), *Child psychopathology* (2nd ed., pp. 233-279). New York: Guilford.

Hammer, E. F. (1958). The clinical application of projective drawings. Springfield, IL: Charles C. Thomas. Handler, L., & Habenicht, D. (1994). The Kinetic Family Drawing Technique: A review of the literature. *Journal of Personality Assessment*, 62, 440-464.

Hankin, B. L., & Abramson, L. Y. (2002). Measuring cognitive vulnerability to depression in adolescence: Reliability, validity, and gender differences. *Journal of Clinical Child and Adolescent Psychology, 31*, 491-504.

Hankin, B. L., Abramson, L. Y., Moffitt, T. E., Silva, P. A., McGee, R., & Angell, K. E. (1998). Development of depression from preadolescence to young adulthood: Emerging gender differences in a 10-year longitudinal study. *Journal of Abnormal Psychology, 107*, 128-140.

Hanson, R. F., & Spratt, E. G. (2000). Reactive attachment disorder: What we know about the disorder and implications for treatment. *Child Maltreatment, 5*(2), 137-145.

Happé, F., & Frith, U. (1996). Theory of mind and social impairment in children with conduct disorder. British Journal of Developmental Psychology, 14, 385-398.

Happé, F. G. (1994). An advanced test of theory of mind: Understanding of story characters' thoughts and feelings by able autistic, mentally handicapped, and normal children and adults. *Journal of Autism and Developmental Disorders, 24*(2), 129-154.

Happé, F. G. (1999). Autism: Cognitive deficit or cognitive style. *Trends in Cognitive Science, 3*, 216-222. Harbeck-Weber, C., &

Peterson, L. (1992). Elephants dancing in my head: A developmental approach to children's concepts of specific pains. *Child Development, 63*, 138-149.

Harbeck-Weber, C., & Peterson, L. (1993). Children's conceptions of illness and pain. *Annals of Child Development, 9*, 133-161.

Harbeck-Weber, C., & Peterson, L. (1996). Health-related disorders. In E. J. Mash & R. A. Barkley (Eds.), *Child psychopathology* (pp. 572-601). New York: Guilford.

Hare, R. D. (1993). *Without conscience: The disturbing world of the psychopaths among us*. New York: Pocket Books.

Hare, R. D. (1996). Psychopathy: A clinical construct whose time has come. *Criminal Justice and Behavior, 23*, 25-54.

Harkness, S., & Super, C. M. (2000). Culture and psychopathology. In A. J. Sameroff, M. Lewis, & S. M. Miller (Eds.), *Handbook of developmental psychopathology* (pp. 197-216). New York: Kluwer Academic.

Harlow, H. F. (1958). The nature of love. *American Psychologist, 13*, 673-685.

Harrington, R., Bredenkamp, D., Groothues, C., Rutter, M., Fudge, H., & Pickles, A. (1994). Adult outcomes of childhood and adolescent depression: III. Links with suicidal behaviours. *Journal of Child Psychology and Psychiatry, 35*, 1309-1319.

Harrington, R., Fudge, H., Rutter, M., Pickles, A., & Hill, J. (1991). Adult outcomes of childhood and adolescent depression: II. Links with antisocial disorders. *Journal of the American Academy of Child Psychiatry, 30*, 434-439.

Harrington, R., Rutter, M., & Fombonne, E. (1996). Developmental pathways in depression: Multiple meanings, antecedents, and endpoints. *Development and Psychopathology, 8*, 601-616.

Harrington, R., & Saleem, Y. (2003). Cognitive behavioral therapy after deliberate self-harm in adolescence. In R. A. King & A. Apter (Eds.), *Suicide in children and adolescents* (pp. 251-270). Cambridge: England: Cambridge University Press.

Hart, B. I., & Thompson, J. M. (1996). Gender role characteristics and depressive symptomatology among adolescents. *Journal of Early Adolescence, 16*, 407-426.

Hart, C. H., Germain, R., & Brassard, M. (1987). The challenge: To better understand and combat psychological maltreatment of children and youth. In M. Brassard, R. Germain, & S. Hart (Eds.), *Psychological maltreatment of children and youth* (pp. 3-24). New York: Pergammon Press.

Hart, E. L., Lahey, B. B., Loeber, R., Applegate, B., & Frick, P. J. (1995). Developmental changes in Attention-Deficit Hyperactive Disorders in boys: A four-year longitudinal study. *Journal of Abnormal Child Psychology, 23*, 729-750.

Hart, S. N., Binggeli, N. J., & Brassard, M. R. (1998). Evidence for the effects of psychological maltreatment. *Journal of Emotional Abuse, 1*, 27-56.

Hart, S. N., Brassard, M. R., Binggeli, N. J., & Davidson, H. A. (2002). Psychological maltreatment. In J. E. B. Myers, L. Berliner, J. Briere, C. T. Hendrix, C. Jenny, & T. A. Reid (Eds.), *The APSAC handbook on child mal-treatment* (2nd ed., pp. 79-104). Thousand Oaks, CA: Sage.

Harter, S. (1986). Processes underlying the construction, maintenance, and enhancement of the self-concept in children. In J. Suls & A. Greenwald (Eds.), *Psychological perspectives on the self* (pp. 137-181). Hillsdale, NJ: Erlbaum.

Harter, S. (1988). Developmental and dynamic changes in the nature of the self-concept: Implications for child psychotherapy. In S. Shirk (Ed.), *Cognitive development and child psychotherapy* (pp. 119-160). New York: Plenum.

Harter, S. (1990). Causes, correlates, and the functional role of global self-worth: A life-span perspective. In R. J. Sternberg & J. Kolligian (Eds.), *Competence considered* (pp. 67-97). New Haven: Yale University Press.

Harter, S. (1999). *The construction of the self: A developmental perspective.* New York: Guilford Publications.

Harter, S., Bresnick, S., Bouchey, H. A., & White-sell, N. R. (1997). The development of multiple role-related selves during adolescence. *Development and Psychopathology, 9,* 835-853.

Harter, S. & Marold, D. (1991). A model of the determinants and mediational role of self-worth: Implications for adolescent depression and suicidal ideation. In G. R. Goethals & J. Strauss (Eds.), *The self: An interdisciplinary approach* (pp. 66-92). New York: Springer-Verlag.

Harter, S., & Marold, D. B. (1994). Psychosocial risk factors contributing to adolescent suicidal ideation. In G. G. Noam & S. Borst (Eds.), *Children, youth, and suicide: Developmental perspectives* (pp. 71-92). San Francisco: Jossey-Bass.

Harter, S., & Whitesell, N. R. (1989). Developmental changes in children's understanding of single, multiple, and blended emotion concepts. In *Children's understanding of emotion* (pp. 81-116). New York: Cambridge University Press.

Harter, S., & Whitesell, N. R. (1996). Multiple pathways to self-reported depression and psychological adjustment among adolescents. *Development and Psychopathology, 8,* 761-777.

Hartmann, T. (1997). *Attention deficit disorder: A new perception.* Grass Valley, CA: Underwood Books.

Harvey, P. D. (1991). Cognitive and linguistic functions of adolescent children at risk for schizophrenia. In E. F. Walker (Ed.), *Schizophrenia: A life-course developmental perspective* (pp. 139-156). San Diego, CA: Academic Press.

Hashima, P. Y., & Amato, P. R. (1994). Poverty, social support, and parental behavior. *Child Development, 65,* 394-403.

Hauser, S. T., & Safyer, A. W. (1995). The contributions of ego psychology to developmental psychopathology. In D. Cicchetti & D. J. Cohen (Eds.), *Developmental psychopathology: Vol. I. Theory and methods* (pp. 555-580). New York: Wiley.

Hawkins, E. H., Cummins, L. H., & Marlatt, G. A. (2004). Preventing substance abuse in American Indian and Alaska Native Youth: Promising strategies for healthier communities. *Psychological Bulletin, 130,* 304-323.

Hawkins, J. D., Catalano, R. F., & Miller, J. Y. (1992). Risk and protective factors for alcohol and other drug problems in adolescence and early adulthood: Implications for substance abuse prevention. *Psychological Bulletin, 112,* 64-105.

Hazelrigg, M. D., Cooper, H. M., & Borduin, C. M. (1987). Evaluating the effectiveness of family therapies: An integrative review and analysis. *Psychological Bulletin, 101,* 428-442.

Heatherton, T. F., & Baumeister, R. F. (1991). Binge eating as escape from self-awareness. *Psychological Bulletin, 110,* 86-108.

Heaton, R. K., Chelune, G. J., Talley, J. L., Kay, G. G., & Curtiss, G. (1993). *Wisconsin Card Sorting Test Manual—Revised and Expanded.* Odessa, FL: Psychological Assessment Resources.

Heim, C., & Nemeroff, C. B. (2001). The role of childhood trauma in the neuro-biology of mood and anxiety disorders: Preclinical and clinical studies. *Biological Psychiatry, 49,* 1023-1039.

Helfer, M. E., Kempe, R. S., & Krugman, R. D. (1997). *The battered child* (5th ed.). Chicago: University of Chicago Press.

Henggeler, S. W., Schoenwald, S. K., Rowland, M. D., & Cunningham, P. B. (2002). *Serious emotional disturbance in children and adolescents: Multisystemic therapy.* New York: Guilford.

Hennessy, K. D., Rabideau, G. J., Cicchetti, D., & Cummings, E. M. (1994). Responses of physically abused and nonabused children to different forms of interadult anger. *Child Development, 65,* 815-828.

Henry, B., Moffitt, T. E., Caspi, A., Langley, J., & Silva, P. A. (1994). On the "remembrance of things past": A longitudinal evaluation of the retrospective method. *Psychological Assessment, 6,* 92-101.

Herman, M. (2004). Forced to choose: Some determinants of racial identification in multiracial adoelscents. *Child Development, 75,* 730-748.

Hermelin, B. (2001). *Bright splinters of the mind: A personal story of research with autistic savants.* London: Jessica Kingsley.

Herrenkohl, R. C., Egolf, B. P., & Herrenkohl, E. C. (1997). Preschool antecedents of adolescent assaultive behavior: A longitudinal study. *American Journal of Orthopsychiatry, 67,* 422-432.

Hershberger, S. L., & D'Augelli, A. R. (1995). The impact of victimization on the mental health and suicidality of lesbian, gay, and bisexual youths. *Developmental Psychology, 31,* 65-74.

Hershberger, S. L., Pilkington, N. W., & D'Augelli, A. R. (1997). Predictors of suicide attempts among gay, lesbian, and bisexual youth. *Journal of Adolescent Research, 12,* 477-497.

Herzog, D. B., Keller, M. B., Sacks, N. R., Yeh, C. J., & Lavori, P. W. (1992). Psychiatric comorbidity in treatment-seeking anorexics and bulimics, *Journal of the American Academy of Child and Adolescent Psychiatry, 31,* 810-818.

Herzog, D. B., Sacks, N. R., Keller, M. B., Lavori, P. W.,von Ranson, K. B., & Gray, H. M. (1993). Patterns and predictors of recovery in anorexia nervosa and bulimia nervosa. *Journal of Child Psychology and Psychiatry, 32,* 962-966.

Hesse, P., & Cicchetti, D. (1982). Perspectives on an integrated theory of emotional development. In D. Cicchetti & P. Hesse (Eds.), *New directions for child development: Emotional development* (pp. 3-48). San Francisco: Jossey-Bass.

Hetherington, E. M., Bridges, M., & Insabella, G. M. (1998). What matters? What does not? Five perspectives on the association between marital transitions and children's adjustment. *American Psychologist, 53,* 167-184. Hetherington, E. M., & Parke,

R. D. (2003). *Child psychology: A contemporary viewpoint.* New York: McGraw-Hill.

Hetherington, E. M., & Stanley-Hagen, M. (1999). The adjustment of children with divorced parents: Arisk and resiliency perspective. *Journal of Child Psychology and Psychiatry and Allied Disciplines, 40,* 129-140.

Hetherington, E. M., & Stanley-Hagen, M. (2002). Parenting in divorced and remarried families. In M. H. Bornstein (Ed.), *Handbook of parenting, Vol. 5: Practical issues in parenting* (pp. 287-316). Mahwah, NJ: Erlbaum.

Hewitt, J. K., Silberg, J. L., & Rutter, M. (1997). Genetics and developmental psychopathology I: Phenotypic assessment in the Virginia Twin Study of Adolescent Behavioral Development. *Journal of Child Psychology and Psychiatry, 38,* 943-963.

Hill, K., White, H. R., Chung, I. J., Hawkins, J. D., & Catalano, R. F. (2000). Early adult outcomes of adolescent binge drinking: Person-and variable-centered analyses of binge drinking trajectories. *Alcoholism: Clinical and Experimental Research, 24,* 892-901.

Hill, N. E., Bush, K. R., & Roosa, M. W. (2003). Parenting and family socialization strategies and children's mental health: Low-income Mexican-American and Euro-American mothers and children. *Child Development, 74,* 189-204.

Hill, S., Shen, S., Lowers, L., & Locke, J. (2000). Factors predicting the onset of adolescent drinking in families at high risk for developing alcoholism. *Biological Psychiatry, 48,* 265-275.

Hinshaw, S. P. (2000). Attention-deficit/hyperactivity disorder: The search for viable treatments. In P. C. Kendall (Ed.), *Child and adolescent therapy: Cognitive-behavioral procedures* (pp. 88-128). New York: Guilford.

Hinshaw, S. P., & Anderson, C. A. (1996). Conduct and oppositional defiant disorders. In E. J. Mash & R. A. Barkley (Eds.), *Child psychopathology* (pp. 113-149). New York: Guilford.

Hinshaw, S. P., & Lee, S. S. (2003). Conduct and oppositional defiant disorders. In E. J. Mash & R. A. Barkley (Eds.), *Child psychopathology* (2nd ed., pp. 144-198). New York: Guilford. Hinshaw, S. P., & Park, T.

(2002). Research problems and issues: Toward a more definitive science of disruptive behavior disorders. In Handbook of disruptive behavior disorders (pp. 593-620). Dordrecht, Netherlands: Kluwer Academic Publishers.

Hinshaw, S. P., Zupan, B. A., Simmel, C., Nigg, J. T., & Melnick, S. (1997). Peer status in boys with and without attention-deficit hyperactivity disorder: Predictions from overt and covert antisocial behavior, social isolation, and authoritative parenting beliefs. *Child Development, 68,* 880-896.

Hirshfeld, D. R., Biederman, J., Brody, L., Faraone, S. V., & Rosenbaum, J. F. (1997). Expressed emotion toward children with behavioral inhibition: Associations with maternal anxiety disorder. *Journal of the American Academy of Child and Adolescent Psychiatry, 36,* 910-917.

Ho, M. K. (1992). *Minority children and adolescents in therapy.* Newbury Park, CA: Sage.

Hodapp, R. M., & Dykens, E. M. (2003). Mental retardation (intellectual disabilities). In E. J. Mash & R. A. Barkley (Eds.), *Child psychopathology* (2nd ed., pp. 486-519). New York: Guilford.

Hodapp, R. M., Dykens, E. M., & Masino, L. L. (1997). Families of children with Prader-Willi syndrome: Stress-support and relations to child characteristics. *Journal of Autism and Developmental Disorders, 27,* 11-24.

Hodapp, R. M., & Zigler, E. (1995). Past, present, and future issues in the developmental approach to mental retardation and developmental disabilities. In D. Cicchetti & D. J. Cohen (Eds.), *Developmental psychopathology: Vol. 2. Risk, disorder, and adaptation* (pp. 299-331). New York, Wiley.

Hodges, K. (1993). Structured interviews for assessing children. *Journal of Child Psychology and Psychiatry, 34,* 49-68.

Hoge, R. D., Andrews, D. A., & Leschied, A. W. (1996). An investigation of risk and protective factors in a sample of youthful offenders. *Journal of Child Psychology and Psychiatry, 37,* 419-424.

Hollenbeck J., Dyl, J., & Spirito, A. (2003). Social factors: Family functioning. In A. Spirito & J. C. Over-holser (Eds.), *Evaluating and treating adolescent suicide attempters: From research to practice* (pp. 161-192). New York: Academic Press.

Hollis, C. (2000). *Diagnosis and differential diagnosis. In Schizophrenia in children and adolescents* (pp. 82-118). New York: Cambridge University Press.

Hollis, C. (2003). Developmental precursors of child-and adolescent-onset schizophrenia and affective psychoses: Diagnostic specificity and continuity with symptom dimensions. *British Journal of Psychiatry, 182,* 37-44.

Holmbeck, G. N. (1997). Toward terminological, conceptual, and statistical clarity in the study of mediators and moderators: Examples from the child-clinical and pediatric psychology literatures. *Journal of Consulting and Clinical Psychology, 65,* 599-610.

Holmbeck, G. N., Greenley, R. N., & Franks, E. A. (2003). Developmental issues and considerations in research and practice. In A. E. Kazdin & J. R. Weisz (Eds.), *Evidence-based psychotherapies for children and adolescents* (pp. 21-41). New York: Guilford.

Hooper, S. R., & Baglio, C. (2001). Children and adolescents experiencing traumatic brain injury. In J. N. Hughes, A. M. La Greca, & J. C. Conoley (Eds.), *Handbook of psychological services for children and adolescents* (pp. 267-234). New York: Oxford University Press.

Hops, H. (1992). Parental depression and child behaviour problems: Implications for behavioural family intervention. *Behaviour Change, 9,* 126-138.

Hops, H., Andrews, J. A., Duncan, S. C., Duncan, T. E., & Tildesley, E. (2000). Adolescent drug use development: A social interactional and contextual perspective. In A. J. Sameroff, M. Lewis, & S. M. Miller (Eds.), *Handbook of developmental psychopathology* (pp. 589-606). New York: Kluwer Academic.

Houts, A. C. (2003). Behavioral treatment for enuresis. In A. E. Kazdin & J. R. Weisz, *Evidence-based psychotherapies for children and adolescents* (pp. 389-406). New York: Guilford.

Houts, A. C., Berman, J. S., & Abramson, H. (1994). Effectiveness of psychological and pharmacological treatments for noctural enuresis. *Journal of Consulting and Clinical Psychology, 62*(4), 737-745.

Howard, B., Chu, B. C., Krain, A. L., Marrs-Garcia, A. L., & Kendall, P. C. (2000). *Cognitive-behavioral family therapy for anxious children: Therapist manual.* Ardmore, PA: Workbook Publishing.

Howard, C. E., & Porzelius, L. K. (1999). The role of dieting in binge eating disorder: Etiology and treatment implications. *Clinical Psychology Review, 19,* 25-44.

Howlin, P. (2000). Outcome in adult life for more able individuals with autism or Asperger syndrome. *Autism, 4,* 63-83.

Howlin, P. (2002). Practitioner Review: Psychological and educational treatment for autism. *Journal of Child Psychology and Psychiatry, 39,* 307-322.

Hoyle, R. H., & Smith, G. T. (1994). Formulating clinical research hypotheses as structural equation models: A conceptual overview. *Journal of Consulting and Clinical Psychology, 62,* 429-440.

Huang, L. N., Ying, Y. W., & Arganza, G. F. (2003). Chinese American children and adolescents. In J. T. Gibbs & L. N. Huang (Eds.), *Children of color: Psychological interventions with culturally diverse youth* (2nd ed., pp. 187-228). San Francisco: Jossey-Bass.

Huesmann, L. R., Moise-Titus, J., Podolski, C., & Eron, L. D. (2003). Longitudinal relations between children's exposure to TV violence and their aggressive and violent behavior in young adulthood. *Developmental Psychology, 39,* 201-221.

Huesmann, L. R., & Reynolds, M. A. (2001). Cognitive processes and the development of aggression. In A. C. Bohart & D. J. Stipek (Eds.), *Constructive and destructive behavior: Implications for family, school, and society* (pp. 249-269). Washington, DC: American Psychological Association.

Huey, S. J., Jr., & Weisz, J. R. (1997). Ego control, ego resiliency, and the five-factor model as predictors of behavioral and emotional problems in clinic-referred children and adolescents. *Journal of Abnormal Psychology, 106,* 404-415.

Hughes, H. M., & Graham-Bermann, S. A. (1998). Children of battered women: Impact of emotional abuse on adjustment and development. *Journal of Emotional Abuse, 1,* 23-50.

Hughes, H. M., & Luke, D. A. (1998). Heterogeneity in adjustment among children of battered women. In G. W. Holden, R. Geffner, & E. N. Jouriles (Eds.), *Children exposed to marital violence: Theory, research, and applied issues* (pp. 185-222). Washington, DC: American Psychological Association.

Hultén, A., & Wasserman, D. (1995). Suicide and attempted suicide among children and adolescents. In J. Beskow (Ed.), Right to life; Lust for life: Suicidal behavior in the child and adolescent population. Stockholm: Forskningrådsnämnden, Rapport 95: 4. Humphrey, L. (1989). Observed family interactions among subtypes of eating disorders using structural analysis of social behavior. *Journal of Consulting and Clinical Psychology, 57,* 206-214.

Hundleby, J. D., & Mercer, G. W. (1987). Family and friends as social environments and their relationship to young adolescents' use of alcohol, tobacco, and marijuana. *Journal of Marriage and the Family, 49,* 151-164.

Hussong, A., & Chassin, L. (1994). The stress-negative affect model of adolescent alcohol use: Diaggregating negative affect. *Journal of Studies on Alcohol, 55,* 707-718.

Hussong, A., Hicks, R., Levey, S., & Curran, P. J. (2001). Specifying the relations between affect and heavy alcohol use among young adults. *Journal of Abnormal Psychology, 110,* 449-461.

Hutchinson, G., Takei, N., Fahy, T. A., Bhugra, D., Gilvarry, C., Moran, P., et al. (1996). Morbid risk of schizophrenia in first-degree relatives of White and African-Caribbean patients with psychosis. *British Journal of Psychiatry, 169,* 776-780.

Hyman, S. W. (2001). Mood disorders in children and adolescents: An NIMH perspective. *Biological Psychiatry, 49,* 962-969.

Hypericum Depression Trial Study Group. (2002). Effect of Hypericum perforatum (St. John's Wort) in major depressive disorder. *Journal of the American Medical Association, 287,* 1807-1814.

Ialongo, N., Edelsohn, G., Werthamer-Larsson, L., Crockett, L., & Kellam, S. (1993). Are self-reported depressive symptoms in first-grade children developmentally transient phenomena? A further look. *Development and Psychopathology, 5,* 433-457.

Ida, D. J., & Yang, P. (2003). Southeast Asian children and adolescents. In J. T. Gibbs & L. N. Huang (Eds.), *Children of color: Psychological interventions with culturally diverse youth* (2nd ed., pp. 265-296). San Francisco: Jossey-Bass.

Inclan, J. E., & Quinones, M. E. (2003). Puerto Rican children and adolescents. In J. T. Gibbs & L. N. Huang (Eds.), *Children of color: Psychological interventions with culturally diverse youth* (2nd ed., pp. 382-407). San Francisco: Jossey-Bass.

Ingoldsby, E. M., & Shaw, D. S. (2002). Neighborhood contextual factors and early-starting antisocial pathways. *Clinical Child and Family Psychology Review, 5,* 21-55.

Institute of Medicine. (1994). *Growing up tobacco free: Prevening nicotine addiction in children and youths.* Washington, DC: National Academy Press.

Irwin, H. J. (1999). Violent and nonviolent revictimization of women abused in childhood. *Journal of Interpersonal Violence, 14,* 1095-1110.

Izard, C. E., & Harris, P. (1995). Emotional development and developmental psychopathology. In D. Cicchetti & D. J. Cohen (Eds.), *Developmental psychopathology, Vol. I: Theory and methods* (pp. 467-503). New York: Wiley.

Jablensky A., Sartorius, N., Ernberg, G., Anker, M., Korten, A., Cooper, J. E., & Bertelsen, A. (1992). Schizophrenia: Manifestations, incidence and course in different cultures: A World Health Organization ten-country study. *Psychological Medicine Monograph, 20.*

Jacob, T., & Johnson, S. L. (1997). Parent-child interaction among depressed fathers and mothers: Impact on child functioning. *Journal of Family Psychology, 11,* 391-409.

Jacobs, J. (1971). Adolescent suicide. New York: Wiley. Jacobsen, L. K., & Rapoport, J. L. (1998). Research update: Childhood-onset schizophrenia: Implications for clinical and neurobiological research. *Journal of Child*

Psychology and Psychiatry, 38, 101-111.

Jacobvitz, D., Hazen, N., Curran, M., & Hitchens, K. (2004). Observations of early triadic family interactions: Boundary disturbances in the family predict depressive and anxious symptoms in middle childhood. *Development and Psychopathology, 16,* 577-592.

Jacobvitz, D., Riggs, S., & Johnson, E. (1999). Cross-sex and same-sex family alliances: Immediate and long-term effects on sons and daughters. In N. D. Chase (Ed.), *Burdened children* (pp. 34-55). Thousand Oaks CA: Sage.

Jacobvitz, D. B., & Bush, N. F. (1996). Reconstructions of family relationships: Parent-child alliances, personal distress, and self-esteem. *Developmental Psychology, 32*(4), 732-743.

Jaffe, P., Wolfe, D., Wilson, S. K., & Zak, L. (1986). Family violence and child adjustment: A comparative analysis of girls' and boys' behavioral symptoms. *American Journal of Psychiatry, 143,* 74-77.

Jaffe, P. G., Wolfe, D. A., & Wilson, S. K. (1990). Children of battered women. Newbury Park, CA: Sage. Jensen, P. S., & Hoagwood, K. (1997). The book of names: DSM-IV in context. *Development and Psychopathology, 9,* 231-249.

Jessor, R., Donovan, J. E., & Costa, R. M. (1991). *Beyond adolescence: Problem behavior and young adult development.* New York: Cambridge University Press.

Jessor, R., & Jessor, S. L. (1977). *Problem behavior and psychosocial development: A longitudinal study of youth.* New York: Academic Press.

Jessor, R., Van Den Bos, J., Vanderryn, J., Costa, F. M., & Turbin, M. S. (1995). Protective factors in adolescent problem behavior: Moderator effects and developmental change. *Developmental Psychology, 31,* 923-933.

Jewell, J. D., & Stark, K. D. (2003). Comparing the family environments of adolescents with conduct disorder or depression. *Journal of Child and Family Studies, 12,* 77-89.

Jimerson, D. C., Wolfe, B. E., Metzger, E. D., Finkelstein, D. M., Cooper, T. B., & Levine, J. M. (1997). Decreased serotonin function in bulimia nervosa. *Archives of General Psychiatry, 54,* 529-534.

Joergensen, J. (1992). The epidemiology of eating disorder in Fyn County, Denmark, 1977-1986. *Acta Psychiatrica Scandinavica, 85,* 30-34.

Johnson, C., & Larson, R. (1982). Bulimia: An analysis of mood and behavior. *Psychosomatic Medicine, 44,* 341-351.

Johnson, C. A., MacKinnon, D. P., & Pentz, M. A. (1996). Breadth of program and outcome effectiveness in drug abuse prevention. *American Behavioral Scientist, 39,* 884-896.

Johnson, J. G., Cohen, P., Brown, J., Smailes, E., & Bernstein, D. (1999). Childhood maltreatment increases risk for personality disorders during adulthood. *Archives of General Psychiatry, 56,* 600-606.

Johnson, J. G., Cohen, P., Skodol, A., Oldham, J., Kasen, S., & Brook, J. S. (1999). Personality disorders in adolescence and risk of major mental disorders and suicidality during adulthood. *Archives of General Psychiatry, 56,* 805-811.

Johnson, J. G., Cohen, P., Smailes, E., Kasen, S., Oldham, J. M., & Skodol, A. E. (2000). Adolescent personality disorders associated with violence and criminal behavior during adolescence and early adulthood. *American Journal of Psychiatry, 157,* 1406-1412.

Johnson, J. H., & Goldman, J. (1990). *Developmental assessment in clinical child psychology: A handbook.* Boston: Allyn & Bacon.

Johnson, M. H., Halit, H., Grice, S. J., & Karmiloff-Smith, A. (2002). Neuroimaging of typical and atypical development: A perspective from multiple levels of analysis. *Development and Psychopathology, 14,* 521-536.

Johnson, S. W., & Maile, L. J. (1987). *Suicide and the schools: A handbook for prevention, intervention, and rehabilitation.* Spring-field, IL: Charles C. Thomas.

Johnston, C., & Mash, E. J. (2001). Families of children with Attention-Deficit/Hyperactivity Disorder: Review and recommendations for future research. *Clinical Child and Family Psychology Review, 4,* 183-207.

Johnston, L. D. (1985). The etiology and prevention of substance use: What can we learn from recent historical changes? In C. L. Jones & R. J. Battjes (Eds.), *Etiology of drug abuse: Implications for prevention* (pp. 155-177). NIDA Research Monograph 56. Rockville, MD: National Institute on Drug Abuse.

Johnston, L. D., O'Malley, P. M., & Bachman, J. G. (1988b). *National survey results on drug use from the Monitoring the Future study, 1975-1994: Vol. II. College students and young adults.* Bethesda, MD: National Institute on Drug Abuse.

Johnston, L. D., O'Malley, P. M., & Bachman, J. G. (2001). *Monitoring the Future National Survey Results on Drug Use, 1975-2000. Volume 1: Secondary School Students* (NIH Publication No. 01-4924). Bethesda, MD: National Institute on Drug Abuse.

Johnston, L. D., O'Malley, P. M., & Bachman, J. G. (2003). *Monitoring the future: National survey results on adolescent drug use: Overview of key findings, 2002.* Bethesda, MD: National Institute on Drug Abuse.

Joiner, T. E., Jr., Catanzaro, S. J., & Laurent, J. (1996). Tripartite structure of positive and negative affect, depression, and anxiety in children and adolescent psychiatric inpatients. *Journal of Abnormal Psychology, 105,* 401-409.

Joiner, T. E., Metalsky, G. I., Katz, J., & Beach, S. R. H. (1999). Depression and excessive reassurance-seeking. Psychological Inquiry, 10, 269-278. Jordan, K. M. (2000). Substance abuse among gay, lesbian, bisexual, transgender, and questioning adolescents. *School Psychology Review, 29,* 201-206.

Jouriles, E. N., McDonald, R., Stephens, N., Norwood, W., Spiller, L. C., & Ware, H. S. (1998). Breaking the cycle of violence: Helping families departing from battered women's shelters. In G. W. Holden, R. A. Geffner, & E. N. Jouriles (Eds.), *Children exposed to marital violence: Theory, research, and applied issues* (pp. 337-370). Washington, DC: American Psychological Association.

Jouriles, E. N., & Norwood, W. D. (1995). Physical aggression toward boys and girls in families characterized by the battering of women. *Journal of Family Psychology, 9,* 69-78.

Jouriles, E. N., Norwood, W. D., McDonald, R., & Peters, B. (2001). Domestic violence and child adjustment. In J. H. Grych & F. D. Fincham (Eds.), *Interparental conflict and child development* (pp. 315-336). Cambridge, England: Cambridge University Press.

Judd, P. H., & McGlashan, T. H. (2003). *A developmental model of borderline personality disorder*. Washington, DC: American Psychiatric Publishing.

Jurkovic, G. J. (1997). Lost childhoods: The plight of the parentified child. New York: Brunner/Mazel.

Kadesjo, B., Gillberg, C., & Hagberg, B. (1999). Brief report: Autism and Asperger syndrome in seven-year-old children: A total population study. *Journal of Autism and Developmental Disorders, 29*(4), 327-332.

Kaffman, M., & Elizur, E. (1977). Infants who become enuretics: A longitudinal study of 161 kibbutz children. *Monographs of the Society for Research in Child Development, 42*(2), 1-89.

Kagan, J., Reznick, J. S., & Snidman, N. (1988). Temperamental influences on reactions to unfamiliarity and challenge. In G. P. Chruousos, K. L. Louriaux, & P. W. Gold (Eds.), *Mechanisms of physical and emotional stress: Advances in experimental medicine and biology* (pp. 319-339). New York: Plenum.

Kameguchi, K., & Murphy-Shigetmatsu, S. (2001). Family psychology and family therapy in Japan. *American Psychologist, 56*, 65-70.

Kaminer, R., & Vig, S. (1995). Standardized intelligence testing: Does it do more good than harm? *Journal of Developmental and Behavioral Pediatrics, 16*, 425-427.

Kamphaus, R. W., & Frick, P. J. (1996). *Clinical assessment of child and adolescent personality and behavior*. Boston: Allyn & Bacon.

Kamphaus, R. W., & Frick, P. J. (2002). *Clinical assessment of children's personality and behavior* (2nd ed.). New York: Allyn & Bacon.

Kandel, D., Yamaguchi, K., & Chen, K. (1992). Stages of progression in drug use involvement from adolescence to adulthood: Further evidence for the gateway theory. *Journal of Studies on Alcohol, 53*, 447-457.

Kane, P., & Garber, J. (2004). The relations among depression in fathers, children's psychopathology, and father-child conflict: A meta-analysis. *Clinical Psychology Review, 24*, 339-360.

Kanner, L. (1943). Autistic disturbances of affective contact. *Nervous Child, 2*, 217-250.

Kaplow, J. B., Curran, P. J., Angold, A., & Costello, E. J. (2001). The prospective relation between dimensions of anxiety and the initiation of adolesent alcohol use. *Journal of Clinical Child Psychology, 30*, 316-326.

Kasari, C., Sigman, M., Baumgartner, P., & Stipek, D. J. (1993). Pride and mastery in children with autism. *Journal of Child Psychology and Psychiatry, 34*, 353-362.

Kasen, S., Johnson, J., & Cohen, P. (1990). The impact of school emotional climate on student psychopathology. *Journal of Abnormal Child Psychology, 18*, 165-177. Kashani, J. H., & Carlson,

G. A. (1987). Seriously depressed preschoolers. *American Journal of Psychiatry, 144*, 348-350.

Kaslow, F. W. (1996). *Handbook of relational diagnosis and dysfunctional family patterns*. New York: Wiley.

Kaslow, N. J., Deering, C. G., & Racusin, G. R. (1994). Depressed children and their families. *Clinical Psychology Review, 14*, 39-59.

Kaslow, N. J., McClure, E., & Connell, A. (2002). Treatment of depression in children and adolescents. In I. H. Gotlib & C. L. Hammen (Eds.), *Handbook of depression* (pp. 441-464). New York: Guilford.

Katz, P. A. (2003). Racists or tolerant multiculturalists: How do they begin? *American Psychologist, 58*, 897-909.

Kaufman, J., Jones, B., Steiglitz, E., Vitulano, L., & Mannarino, A. P. (1994). The use of multiple informants to assess children's maltreatment experiences. *Journal of Family Violence, 9*, 227-248.

Kaufman, J., Martin, A., King, R. A., & Charney, D. (2001). Are child-, adolescent-, and adult-onset depression one and the same disorder? *Biological Psychiatry, 49*, 980-1001.

Kaukiainen, A., Salmivalli, C., Lagerspetz, K., Tamminen, M., Vauras, M., Maki, H., et al. (2002). Learning difficulties, social intelligence, and self-concept: Connections to bully-victim problems. *Scan-danavian Journal of Psychology, 43*, 269-278.

Kavale, K. A. (1988). Learning disability and cultural disadvantage: The case for a relationship. *Learning Disability Quarterly, 11*, 195-210.

Kavale, K. A., & Forness, S. R. (1996). Social skill deficits and learning disabilities: A meta-analysis. *Journal of Learning Disabilities, 29*, 226-237.

Kavale, K. A., & Forness, S. R. (2000). History, rhetoric, and reality: Analysis of the inclusion debate. *Remedial and Special Education, 21*, 279-296.

Kaye, W. H., Barbarich, B. S., Putnam, B. S., Gendall,

K. A., Fernstrom, J., Fern-strom, M., et al. (2003). Anxiolytic effects of acute tryptophan depletion (ATD) in anorexia nervosa. *International Journal of Eating Disorders, 33*, 257-267.

Kaye, W. H., Gendall, K., & Strober, M. (1998). Serotonin neuronal function and selective serotonin reuptake inhibitor treatment in anorexia and bulimia nervosa. *Biological Psychiatry, 44*, 825-838.

Kazak, A. E. (1992). The social context of coping with childhood chronic illness: Family systems and social support. In A. M. La Greca, L. J. Siegel, J. L. Wallander, & C. E. Walker (Eds.), *Stress and coping in child health* (pp. 262-278). New York: Guilford.

Kazak, A. E., Segal-Andrews, A. M., & Johnson, K. (1995). Pediatric psychology research and practice: A family/systems approach. In M. C. Roberts (Ed.), *Handbook of pediatric psychology* (2nd ed., pp. 84-104). New York: Guilford Press.

Kazak, A. E., Simms, S., & Rourke, M. T. (2002). Family systems practice in pediatric psychology. *Journal of Pediatric Psychology, 27*, 133-143.

Kazdin, A. E. (1996). Problem solving and parent management in treating aggressive and antisocial behavior. In E. D. Hibbs & P. S. Jensen (Eds.), *Psychosocial treatments for child and adolescent disorders* (pp. 377-408). Washington, DC: American Psychological Association.

Kazdin, A. E. (1997a). Practitioner review: Psychosocial

treatments for conduct disorder in children. *Journal of Child Psychology and Psychiatry and Allied Disciplines, 38*, 161-178.

Kazdin, A. E. (1997b). A model for developing effective treatments: Progression and interplay of theory, research, and practice. *Journal of Clinical Child Psychology, 26*, 114-129.

Kazdin, A. E. (1997c). Conduct disorder across the lifespan. In S. S. Luthar, J. A. Burack, D. Cicchetti, & J. R. Weisz (Eds.), *Developmental psychopathology: Perspectives on adjustment, risk, and disorder* (pp. 248-272). Cambridge MA: Cambridge University Press.

Kazdin, A. E. (2003). Problem-solving skills training and parent management training for conduct disorder. In A. E. Kazdin & J. R. Weisz (Eds.), *Evidence-based psychotherapies for children and adolescents* (pp. 241-262). New York: Guilford.

Kazdin, A. E., Kraemer, H. C., Kessler, R. C., Kupfer, D. J., & Offord, D. R. (1997). Contributions of risk-factor research to developmental psychopathology. *Clinical Psychology Review, 17*, 375-406.

Kazdin, A. E., & Weisz, J. R. (1998). Identifying and developing empirically supported child and adolescent treatments. *Journal of Consulting and Clinical Psychology, 66*, 19-36.

Kazdin, A. E., & Weisz, J. R. (2003). *Evidence-based psychotherapies for children and adolescents.* New York: Guilford.

Kearney, C. A. (2003). *Case-book in child behavior disorders* (2nd ed.). Belmont, CA: Wadsworth.

Keel, P. K., Mitchell, J. E., Miller, K. B., Davis, T. L., & Crow, S. J. (1999). Long-term outcome of bulimia nervosa. *Archives of General Psychiatry, 56*, 63-69.

Keenan, K., Loeber, R., & Green, S. (1999). Conduct disorder in girls: A review of the literature. *Clinical Child & Family Psychology Review, 2*(1), 3-19.

Keith, R. W. (1994). *Auditory Continuous Performance Test.* San Antonio: Psychological Corporation.

Kellam, S. G., Rebok, G. W., Mayer, L. S., Ialongo, N., & Kalodner, C. R. (1994). Depressive symptoms over first grade and their response to developmental epidemiologically based preventive trial aimed at improving achievement. *Development and Psychopathology, 6*, 463-481.

Kelleher, M. J. C. D. & Chambers, D. (2003). Cross-cultural variation in child and adolescent suicide. In R. A. King & A. Apter (Eds.), *Suicide in children and adolescents* (pp. 170-197). Cambridge, England: Cambridge University Press.

Keller, A., Jeffries, N., Blumenthal, J., Clasen, L. S., Liu, H., Giedd, J. N., & Rapoport, J. L. (2003). Corpus callosum development in childhood-onset schizophrenia. *Schizophrenia Research, 62*, 105-114.

Keller, M. B., Herzog, D. B., Lavori, P. W., Bradburn, I. S., & Mahoney, E. M. (1992). The natural history of bulimia nervosa: Extraordinarily high rates of chronicity, relapse, recurrence and psychosocial morbidity. *International Journal of Eating Disorders, 12*, 1-9.

Keller, M. B., Ryan, N. D., Strober, M., Klein, R. G., Kutcher, S. P., Birmaher, B., et al. (2001). Efficacy of paroxetine in the treatment of adolescent major depression: A randomized, controlled trial. *Journal of the American Academy of Child and Adolescent Psychiatry, 40*, 762-772.

Kelly, J. B. (2003). Children's adjustment in conflicted marriage and divorce: A decade review of research. *Journal of the American Academy of Child and Adolescent Psychiatry, 39*, 963-973.

Kelly, S. A., Brownell, C. A., & Campbell, S. B. (2000). Mastery motivation and self-evaluative affect in toddlers: Longitudinal relations with maternal behavior. *Child Development, 71*, 1061-1071.

Kendall, P. C. (2000). *Cognitive-behavioral therapy for anxious children: Therapist manual* (2nd ed.). Admore, PA: Workbook Publishing.

Kendall, P. C., Aschenbrand, S. G., & Hudson, J. L. (2003). Child-focused treatment of anxiety. In A. E. Kazdin & J. R. Weisz (Eds.), *Evidence-based psychotherapies for children and adolescents* (pp. 81-100). New York: Guilford.

Kendall, P. C., Chu, B., Gifford, A., Hayes, C., & Nauta, M. (1999). Breathing life into a manual: Flexibility and creativity with manual-based treatments. *Cognitive and Behavioral Practice, 5*, 177-198.

Kendall, P. C., Flannery-Schroeder, E., PanichelliMindel, S. M., Southam-Gerow, M. A., Henin, A., & Warman, M. (1997). Therapy for youths with anxiety disorders: A second randomized clinical trial. *Journal of Consulting and Clinical Psychology, 65*, 366-380.

Kendall, P. C., Safford, S., Flannery-Schroeder, E., & Webb, A. (2004). Child anxiety treatment: Outcomes in adolescence and impact on substance use and depression at 7.4-year follow-up. *Journal of Consulting and Clinical Psychology, 72*, 276-287.

Kendall-Tackett, K. A., Williams, L. M., & Finkelhor, D. (1993). Impact of sexual abuse on children: A review and synthesis of recent empirical studies. *Psychological Bulletin, 113*, 164-180.

Kerig, P. K. (in press). Revisiting the construct of boundary dissolution: A multidimensional perspective. *Journal of Emotional Abuse, 5*(2/3).

Kerig, P. K. (1995). Triangles in the family circle: Effects of family structure on marriage, parenting, and child adjustment. *Journal of Family Psychology, 9*, 28-43.

Kerig, P. K. (1998a). Gender and appraisals as mediators of adjustment in children exposed to inter-parental violence. *Journal of Family Violence, 15*, 345-363.

Kerig, P. K. (1999). Gender issues in the effects of exposure to violence on children. *Journal of Emotional Abuse, 1*, 87-105.

Kerig, P. K. (2001). Children's coping with interparental conflict. In J. H. Grych & F. D. Fincham (Eds.), *Interparental conflict and child development* (pp. 213-245). Cambridge, England: Cambridge University Press.

Kerig, P. K. (2003a). Boundary dissolution. In J. Ponzetti, R. Hamon, Y. Kellar-Guenther, P. K. Kerig, L. Scales, & J. White (Eds.), *International Encyclopedia of Marital and Family Relationships* (pp. 164-170). New York: Macmillan.

Kerig, P. K. (2003b). In search of protective processes for children exposed to inter-parental violence. *Journal of Emotional Abuse, 3*, 149-182.

Kerig, P. K. (2004). Shedding light on our dark side. *Contemporary Psychology, 491*, 94-96.

Kerig, P. K., Fedorowicz, A. E., Brown, C. A., & Warren, M. (2000). Assessment and intervention for PTSD in children exposed to violence. In R. Geffner, P. Jaffe, & M. Sudermann (Eds.), *Children exposed to family violence: Current issues in research, intervention and prevention, and policy development* (pp. 161-184). Binghamton, NY: Haworth Press.

Kerig, P. K., Fedorowicz, A. E., Brown, C. A., & Warren, M. (2000). Assessment and intervention for PTSD in children exposed to violence. *Journal of Aggression, Maltreatment, and Trauma, 3*, 161-184.

Kernberg, O. (1967). Borderline personality organization. *Journal of the American Psychoanalytic Association, 15*, 641-685.

Kersel, D. A., Marsh, N. V., Havill, J. H., & Sleigh, J. W. (2001). Psychosocial functioning during the year following severe traumatic brain injury. *Brain Injury, 15*, 683-696.

Kessler, R. C., Avenevoli, S., & Merikangas, K. R. (2001). Mood disorders in children and adolescents: An epidemiological perspective. *Biological Psychiatry, 49*, 1002-1014.

Kessler, R. C., Borges, G., & Walters, E. E. (1999). Prevalence of and risk factors for lifetime suicide attempts in the National Comorbidity Study. *Archives of General Psychiatry, 56*, 617-626.

Kessler, R. C., & Walters, E. E. (1998). Epidemiology of DSM-III major depression and minor depression among adolescents and young adults in the National Comorbidity Survey. *Depression and Anxiety, 7*, 3-14.

Killen, J. D., Hayward, C., Wilson, D. M., Taylor, C. B., Hammer, L. D., Litt, I., et al. (1994). Factors associated with eating disorder symptoms in a community sample of 6th and 7th grade girls. *International Journal of Eating Disorders, 15*, 357-367.

Kim, E. Y., & Miklowitz, D. J. (2002). Childhood mania, Attention Deficit Hyperactivity Disorder, and Conduct Disorder: A critical review of diagnostic dilemmas. *Bipolar Disorders, 4*, 215-225.

Kim, I. J., Ge, X., Brody, G. H., Conger, R. D., Gibbons, F. X., & Simons, R. L. (2003). Parenting behaviors and the occurrence and co-occurrence of depressive symptoms and conduct problems among African American children. *Journal of Family Psychology, 17*, 571-583.

Kimble, C. R., Oepen, G., & Weinberg, E. (1997). Neurological vulnerability and trauma in borderline personality disorder. In M. C. Zanarini (Ed.), *Role of sexual abuse in the etiology of borderline personality disorder* (pp. 165-180). Washington, DC: American Psychiatric Press.

Kim-Cohen, J., & Moffitt, T. E. (2004). Genetic and environmental processes in young children's resilience and vulnerability to socioeconomic deprivation. *Child Development, 75*(3), 651-668.

King, B. H., State, M. W., Shah, B., Davanzo, P., & Dykens, E. (1997). Mental retardation: A review of the past 10 years: Part I. *Journal of the American Academy of Child and Adolescent Psychiatry, 36*, 1656-1663.

King, S., Ricard, N., Rochon, V., Steiger, H., & Nelis, S. (2003). Determinants of expressed emotion in mothers of schizophrenia patients. *Psychiatry Research, 117*, 211-222. Kitayama, S. (2000). Collective construction of the self and social relationships: A rejoinder and some extensions. *Child Development, 71*, 1143-1146.

Klein, R. G., & Mannuzza, S. (1991). Long-term outcome of hyperactive children: A review. *Journal of the American Academy of Child and Adolescent Psychiatry, 30*, 383-387.

Klimes-Dougan, B., Free, K., Ronsaville, D., Stilwell, J., Welsh, C. J., & RadkeYarrow, M. (1999). Suicidal ideation and attempts: A longitudinal investigation of children of depressed and well mothers. *Journal of the American Academy of Child and Adolescent Psychiatry, 38*, 651-659.

Klinger, L. G., & Dawson, G. (1996). Autistic disorder. In E. J. Mash & R. A. Barkley (Eds.), *Child psychopathology* (pp. 311-339). New York: Guilford.

Klinger, L. G., Dawson, G., & Renner, P. (2003). Autistic disorder. In E. J. Mash, & R. A. Barkley, *Child psychopathology* (2nd ed., pp. 409-454). New York: Guilford.

Klinnert, M. D., Campos, J. J., Sorce, J. F., Emde, R. N., & Svejda, M. (1983). Emotions as behavior regulators: Social referencing in infancy. In R. Plutchik & H. Kellerman (Eds.), *Emotion: Theory, research, and experience, Vol. 2: Emotion in early development* (pp. 57-86). New York: Academic Press.

Knoff, H. M. (1990). Evaluation of projective drawings. In C. Reynolds & R. Kamphaus (Eds.), *Handbook of psychological and educational assessment of children* (pp. 89-146). New York: Guilford.

Knudson, B., & Coyle, A. (2002). Parents' experiences of caring for sons and daughters with schizophrenia: A qualitative analysis of coping. *European Journal of Psychotherapy, Counselling and Health*, 169-183.

Kobayashi, R., Murata, T., & Yoshinaga, K. (1992). A follow-up study of 201 children with autism in Kyushu and Yamaguchi areas, Japan. Journal of Autism and Developmental Disorders, 22, 395-411.

Kochanska, G. (1997b). Mutually responsive orientation between mothers and their young children: Implications for early socialization. *Child Development, 68*, 94-112.

Kochanska, G. (2002). Committed compliance, moral self, and internalization: A mediational model. *Developmental Psychology, 38*, 339-351.

Kochanska, G., & Aksan, N. (1995). Mother-child mutually positive affect, the quality of child compliance to requests and prohibitions, and maternal control as correlates of early internalization. *Child Development, 66*, 236-254. Kochanska, G., Aksan, N., &

Koeing, A. L. (1995). A longitudinal study of the roots of preschooler's conscience: Commited compliance and emerging internalization. *Child Development, 66*, 1752-1769.

Kochanska, G., Coy, K. C., & Murray, K. T. (2001). The development of self-regulation in the first four years of life. *Child Development, 72*, 949-1286.

Kochanska, G., Gross, J. N., Lin, M. H., & Nichols, K. E. (2002). Guilt in young children: Development, determinants, and relations with a broader system of standards. *Child Development, 73*, 461-482.

Kochanska, G., & Murray, K. T. (2000). Mother-child mutually responsive orientation and conscience development: From toddler to early school age. *Child Development, 71*, 417-431.

Koerner, K., & Linehan, M. M. (2000). Borderline personality disorder: Research on dialectical behavior therapy for patients with borderline personality disorder. *Psychiatric Clinics of North America, 23*, 151-167.

Kog, E., & Vandereycken, W. (1988). The facts: A review of research data on eating disorder families. In W. Vandereycken, E. Kog, & J. Vanderlinden (Eds.), *The family approach to eating disorders* (pp. 25-26). New York: PMA.

Kog, E., Vandereycken, W., & Vertommen, H. (1985). Toward a verification of the psychosomatic family model: A pilot study of ten families with an anorexia/bulimia nervosa patient. *International Journal of Eating Disorders, 4*, 525-538.

Kohlberg, L. (1976). Moral stages and moralization: The cognitive-developmental approach. In T. Lickona (Ed.), *Moral development and behavior: Theory, research, and social issues* (pp. 84-107). New York: Holt, Rinehart & Winston.

Kolb, B., & Whishaw, I. Q. (2003). *Fundamentals of human neuropsychology*. New York: Worth.

Kolko, D. J. (2002). Child physical abuse. In J. E. B. Myers, L. Berliner, J. Briere, C. T. Hendrix, C. Jenny, & T. A. Reid (Eds.), *The APSAC handbook on child maltreatment* (2nd ed., pp. 21-54). Thousand Oaks, CA: Sage.

Kolvin, I., Miller, F. J. W., Fleeting, M., & Kolvin, P. A. (1989). Risk/protective factors for offending with particular reference to deprivation. In M. Rutter (Ed.), *Studies in psychosocial risk: The power of longitudinal studies* (pp. 77-95). Cambridge, England: Cambridge, University Press.

Kopp, C. B. (2002). Self-regulation in childhood. In N. J. Smelser & P. B. Baltes (Eds.), *International encyclopedia of the social and behavioral sciences* (pp. 13862-13866). New York: Pergamon.

Korbin, J. E. (2002). Culture and child maltreatment: Cultural competence and beyond. *Child Abuse and Neglect, 26*, 637-644.

Korkman, M., Kirk, U., & Kemp, S. (1998). *NEPSY: A developmental neuropsychological assessment*. Psychological Corporation.

Kosterman, R., Hawkins, J. D., Spoth, R., Haggerty, K., & Zhu, K. (1997). Effects of a preventive parent training intervention on observed family interactions: Proximal outcomes from Preparing for the Drug Free Years. *Journal of Community Psychology, 25*, 277-292.

Kovacs, M. (1992). *Children's Depression Inventory manual*. Toronto, Ontario, Canada: Multi-Health Systems.

Kovacs, M. (1996). Prevalence and course of major depressive disorder during childhood and later years of the life span. *Journal of the American Academy of Child and Adolescent Psychiatry, 35*, 705-715.

Kovacs, M., Akiskal, H. S., Gatsonis, C., & Parrone, P. L. (1994). Childhood-onset dysthymic disorder: Clinical features and prospective naturalistic outcome. *Archives of General Psychiatry, 51*, 365-374.

Kovacs, M., & Beck, A. T. (1977). An empirical-clinical approach toward a definition of childhood depression. In J. G. Schulter-brandt & A. Raskin (Eds.), *Depression in childhood: Diagnosis, treatment and conceptual models* (pp. 1-25). New York: Raven Press.

Kovacs, M., & Devlin, B. (1998). Internalizing disorders in childhood. *Journal of Child Psychology and Psychiatry and Allied Disciplines, 39*, 47-63.

Kowatch, R. A., Suppes, T., Carmody, T. J., Bucci, J. P., Hume, J. H., Kromelis, M., et al. (2000). Effect size of lithium, divalproex sodium, and carbamazepine in children and adolescents with bipolar disorder. *Journal of the American Academy of Child and Adolescent Psychiatry, 39*, 713-720.

Kravariti, E., Morris, R. G., Rabe-Hesketh, S., Murray, R. M., & Frangou, S. (2003). The Maudsley Early-Onset Schizophrenia Study: Cognitive function in adolescent-onset schizophrenia. *Schizophrenia Research, 65*, 95-103.

Kruttschnitt, C., & Dornfeld, M. (1993). Exposure to family violence: A partial explanation for initial and subsequent levels of delinquency? *Criminal Behaviour and Mental Health, 3*, 63-75.

Kuczynski, L., & Kochanska, G. (1990). Development of children's non-compliant strategies from toddler-hood to age 5. *Developmental Psychology, 26*, 398-408.

Kuhne, M., Schachar, R., & Tannock, R. (1997). Impact of comorbid oppositional or conduct problems on attention-deficit hyper-activity disorder. *Journal of the American Academy of Child and Adolescent Psychiatry, 36*, 1715-1725.

Kuklinski, M. R., & Weinstein, R. S. (2001). Classroom and developmental differences in a path model of teacher expectancy effects. *Child Development, 72*, 1554-1578.

Kumpfer, K. L., Molgaard, V., & Spoth, R. (1996). Family interventions for the prevention of delinquency and drug use in special populations. In R. Peters & R. McMahon (Eds.), *Proceedings of the 1994 Banff International Conference*. Thousand Oaks, CA: Sage.

Kumra, S., Giedd, J. N., Vaituzis, A. C., Jacobsen, L. K., McKenna, K., Bedwell, J., et al. (2000). Childhood-onset psychotic disorders: Magnetic resonance imaging of volumetric differences in brain structure. *American Journal of Psychiatry, 157*, 1467-1474.

Kupersmidt, J. B., Burchinal, M., & Patterson, C. J. (1995). Developmental patterns of childhood peer relations as predictors of externalizing behavior problems. *Development and Psychopathology, 7*, 825-844.

La Greca, A. M., & Stone, G. (1992). Assessing children through interviews and behavioral observations. In C. E. Walker & M. C. Roberts (Eds.), *Handbook of clinical child psychology* (pp. 63-83). New York: Guilford.

Lachar, D., & Gruber, C. P. (1994). *The Personality Inventory for Youth*. Los Angeles: Western Psychological Services.

LaFromboise, T., & Dizon, M. R. (2003). American Indian children and adolescents. In J. T. Gibbs & L. N. Huang (Eds.), *Children of color: Psychological interventions with culturally diverse youth* (2nd ed., pp. 45-90). San Francisco: Jossey-Bass.

LaFromboise, T. D., Coleman, H. L. K., & Gerton, J. (1993).

Psychological impact of biculturalism: Evidence and theory. *Psychological Bulletin, 125,* 470-500.

Lahey, B. B., Loeber, R., Hart, E. L., Frick, P. J., Applegate, B., Zhang, Q., et al. (1995). Four-year longitudinal study of conduct disorder in boys: Patterns and predictors of persistence. *Journal of Abnormal Psychology, 104,* 83-93.

Lahey, B. B., McBurnett, K., & Loeber, R. (2000). Are Attention-Deficit/Hyperactivity Disorder and Oppositional Defiant Disorder developmental precursors to Conduct Disorder? In A. J. Sameroff, M. Lewis, & S. M. Miller, *Handbook of developmental psychopathology* (pp. 431-446). New York: Kluwer Academic.

Lahey, B. B., Miller, T. L., Gordon, R. A., & Riley, A. W. (1999). Developmental epidemiology of the disruptive behavior disorders. In *Handbook of disruptive behavior disorders* (pp. 23-48). Dordrecht, Netherlands: Kluwer Academic Publishers.

Lahey, B. B., Moffitt, T. E., & Caspi, A. (2003). *Causes of conduct disorder and juvenile delinquency.* New York: Guilford.

Lainhart, J. E. (1999). Psychiatric problems in individuals with autism, their parents and siblings. *International Review of Psychiatry, 11,* 278-298.

Lake, A., Staiger, P., & Glowinski, H. (2000). Effect of Western culture on women's attitudes to eating and perceptions of body shape. *International Journal of Eating Disorders, 27,* 83-89.

Lamb, M. E. (1997). *The role of the father in child development* (3rd ed.). New York: Wiley.

Landa, R. (2000). Social language use in Asperger syndrome and high functioning autism. In A. Klin, F. R. Volkmar, & S. S. Sparrow (Eds.), *Asperger syndrome* (pp. 125-157). New York: Guilford.

Landreth, G. L. (2002). *Play therapy: The art of the relationship.* New York: Brunner-Routledge.

Langrock, A. M., Compas, B. E., Keller, G., Merchant, M. J., & Copeland, M. E. (2002). Coping with the stress of parental depression: Parents' reports of children's coping, emotional, and behavioral problems. *Journal of Clinical Child and Adolescent Psychology, 31,* 312-324.

Lansford, J. E., DeaterDeckard, K., Dodge, K. A., Bates, J. E., & Pettit, G. S. (2004). Ethnic differences in the link between physical discipline and later adolescent externalizing behaviors. *Journal of Child Psychology & Psychiatry, 45,* 801-812.

Lapalme, M., Hodgins, S., & LaRoche, C. (1997). Children of parents with bipolar disorder: A meta-analysis of risk for mental disorders. *Canadian Journal of Psychiatry, 42,* 623-631.

Larson, J., & Lochman, J. E. (2002). *Helping school-children cope with anger: A cognitive-behavioral intervention.* New York: Guilford.

Larson, R. W., & Richards, M. H. (1994). Family emotions: Do young adolescents and their parents experience the same states? *Journal of Research on Adolescence, 4,* 567-583.

Lask, B. (2000). Aetiology. In B. Lask & R. Bryant-Wauch (Eds.), *Anorexia nervosa and related eating disorders in childhood and adolescence* (pp. 63-79). Philadelphia: Psychology Press.

Last, C. G., & Francis, G. (1988). School phobia. In B. B. Lahey & A. E. Kazdin (Eds.), *Advances in clinical child psychology* (Vol. 11, pp. 193-222). New York: Plenum.

Last, C. G., & Perrin, S. (1993). Anxiety disorders in African-American and white children. *Journal of Abnormal Child Psychology, 21,* 153-164.

Last, C. G., Perrin, S., Hersen, M., & Kazdin, A. E. (1992). DSM-III-R anxiety disorders in children: Sociodemographic and clinical characteristics. *Journal of the American Academy of Child and Adolescent Psychiatry, 31,* 928-934.

Lau, E. (1995). An insatiable emptiness. *The Georgia Straight,* 13-14.

Laurent, J., & Ettelson, R. (2001). An examination of the tripartite model of anxiety and depression and its application to youth. *Clinical Child and Family Psychology Review, 4,* 209-230.

Leff, J. P., Sartorius, N., Jablensky, A., Anker, M., Korten, A., Gulbinat, W., & Ernberg, G. (1991). The International Pilot Study of Schizophrenia: Five-year follow-up of findings. In H. Hafner & W. F. Gattaz (Eds.), *Search for the causes of schizophrenia* (pp. 57-66). Berlin: Springer-Verlag.

Leffert, J. S., & Siperstein, G. N. (1996). Assessment of social-cognitive processes in children with mental retardation. *American Journal on Mental Retardation, 100,* 441-455.

Leon, G. R., Fulkerson, J. A., Perry, C. L., & Dube, A. (1994). Family influences, school behaviors, and risk for the later development of an eating disorder. *Journal of Youth and Adolescence, 23,* 499-515.

Leon, G. R., Fulkerson, J. A., Perry, C. L., & Early-Zald, M. B. (1995). Prospective analysis of personality and behavioral vulnerabilities and gender influences in the later development of disordered eating. *Journal of Abnormal Psychology, 104,* 140-149.

Leon, G. R., Lucas, A. R., Colligan, R. C., Ferdinande, R. J., & Kamp. J. (1985). Sexuality, body-image, and personality attitudes in anorexia nervosa. *Journal of Abnormal Child Psychology, 13,* 245-258.

Levin, M. R., Ashmore-Callahan, S., Kendall, P. C., & Ichii, M. (1996). Treatment of separation anxiety disorder. In M. A. Reinecke, M. Dattilio, & A. Freeman (Eds.), *Cognitive therapy with children and adolescents* (pp. 153-174). New York: Guilford.

Levy, F., & Hay, D. A. (2001). *Attention, genes, and ADHD.* Philadelphia: Brunner-Routledge.

Levy, F., Hay, D. A., McStephen, M., Wood, C., & Waldman, I. (1997). Attention-deficit hyperactivity disorder: A category or a continuum? Genetic analysis of a large-scale twin study. *Journal of the American Academy of Child and Adolescent Psychiatry, 36,* 737-744.

Lewandowski, L. M., Gebing, T. A., Anthony, J. L., & O'Brien, W. H. (1997). Meta-analysis of cognitive-behavioral treatment studies for bulimia. *Clinical Psychology Review, 17,* 703-718.

Lewinsohn, P. M., Clarke, G. N., Rohde, P., Hops, H., & Seeley, J. R. (1996). A course in coping: A cognitive-behavioral approach to the treatment of adolescent depression. In E. D. Hibbs & P. S. Jensen (Eds.), *Psychosocial treatments for child and adolescent disorders* (pp. 109-135). Washington, DC: American Psychological Association.

Lewinsohn, P. M., Clarke, G., Seeley, J., & Rohde, P. (1994). Major depression in community adolescents: Age at onset, episode duration, and time to recurrence. *Journal of the American Academy of Child and Adolescent Psychiatry, 33*, 809-818.

Lewinsohn, P. M., Gotlib, I. H., Lewinsohn, M., & Seeley, J. R. (1998). Gender differences in anxiety disorders and anxiety symptoms in adolescents. *Journal of Abnormal Psychology, 107*, 109-117.

Lewinsohn, P. M., Gotlib, I. H., & Seeley, J. R. (1997). Depression-related psychosocial variables: Are they specific to depression in adolescents? *Journal of Abnormal Psychology, 106*, 365-375.

Lewinsohn, P. M., Klein, D. N., & Seeley, J. R. (1995). Bipolar disorders in a community sample of older adolescents: Prevalence, phenomenology, comorbidity, and course. *Journal of the American Academy of Child & Adolescent Psychiatry, 34*, 454-463.

Lewinsohn, P. M., Pettit, J. W., Joiner, T. E., & Seeley, J. R. (2003). The symptomatic expression of major depressive disorder in adolescents and young adults. *Journal of Abnormal Psychology, 112*, 244-252.

Lewinsohn, P. M., Rohde, P., & Seeley, J. R. (1998). Major depressive disorder in older adolescents: Prevalence, risk factors, and clinical implications. *Clinical Psychology Review, 18*, 765-794.

Lewinsohn, P. M., Rohde, P., Seeley, J. R., Klein, D. N., & Gotlib, I. H. (2000). Natural course of adolescent major depressive disorder in a community sample: Predictors of recurrence in young adults. *American Journal of Psychiatry, 157*, 1584-1591.

Lewinsohn, P. M., Striegel-Moore, R. H., & Seeley, J. R. (2000). Epidemiology and natural course of eating disorders: Young women from adolescence to young adulthood. *Journal of the American Academy of Child and Adolescent Psychiatry, 39*, 1284-1292.

Lewis, M., Feiring, C., & Rosenthal, S. (2000). Attachment over time. *Child Development, 71*, 707-720.

Lieberman, A. F. (1992). Infant-parent psychotherapy with toddlers. *Development and Psychopathology, 4*, 559-574.

Lieberman, A. F. & Pawl, J. H. (1993). Infant-parent psychotherapy. In C. H. Zeanah (Ed.), *Handbook of infant mental health* (pp. 427-442). New York: Guilford.

Limber, S. P., & Wilcox, B. L. (1996). Application of the U.N. Convention on the rights of the child to the United States. *American Psychologist, 51*, 1246-1250.

Lincoln, A., Courchesne, E., Allen, M., Hanson, E., & Ene, M. (1998). Neurobiology of Asperger syndrome: Seven case studies and quantitative magnetic resonance imaging findings. In E. Schopler & G. B. Mesibov (Eds.), *Asperger syndrome or high-functioning autism?* (pp. 145-163). New York: Plenum.

Lincoln, A. J., Courchesne, E., Kilman, B. A., & Elmasian, R. (1988). A study of intellectual abilities in high-functioning people with autism. *Journal of Autism & Developmental Disorders, 18*(4), 505-524.

Lindahl, K. M., & Malik, N. M. (1999). Marital conflict, family processes, and boys' externalizing behavior in Hispanic American and European American families. *Journal of Clinical Child Psychology, 28*, 12-24.

Lindahl, K. M., & Malik, N. M. (2001). The System for Coding Interactions and Family Functioning. In P. K. Kerig & K. M. Lindahl (Eds.), *Family observational coding systems: Resources for systemic research* (pp. 77-92). Hillsdale, NJ: Erlbaum.

Linde, K., Ramirez, G., Mulrow, C. D., Pauls, A., Weidenhammer, W., & Melchart, D. (1996). St. John's wort for depression: An overview and meta-analysis of randomized clinical trials. *British Medical Journal, 313*, 253-258.

Linehan, M. M. (1991). *Cognitive-behavioral treatment for Borderline Personality Disorder: The dialectics of effective treatment*. New York: Guilford.

Linehan, M. M. (1993a). *Cognitive-behavioral treatment of borderline personality disorder*. New York: Guilford.

Linehan, M. M. (1993b). *Skills training manual for treating borderline personality disorder*. New York: Guilford.

Linehan, M. M., Armstrong, H. E., Suarez, R. A., Allmon, D., & Heard, H. L. (1991). Cognitive-behavioral treatment of chronically parasuicidal borderline patients. *Archives of General Psychiatry, 48*, 1060-1064.

Links, P. S., Steiner, M., & Huxley, G. (1988). The occurrence of borderline personality disorder in the families of borderline patients. *Journal of Personality Disorders, 2*, 14-20.

Lish, J. D., Meenan, S., Why-brow, P. C., & Price, R. A. (1994). The National Depressive and Manic-Depressive Association (DMDA) survey of bipolar members. *Journal of Affective Disorders, 31*, 281-294.

Little, M., & Kobak, R. (2003). Emotional security with teachers and children's stress reactivity: A comparison of special education and regular education classrooms. *Journal of Clinical Child and Adolescent Psychology, 32*, 127-138.

Lizardi, H., Klein, D. N., Ouimette, P. C., Riso, L. P., Anderson, R. L., & Donaldson, S. K. (1995). Reports of the childhood home environment in early-onset dysthymia and episodic major depression. *Journal of Abnormal Psychology, 104*, 132-139.

Lochman, J. E., & Wells, K. C. (2003). Effectiveness of the coping power program and of classroom intervention with aggressive children: Outcomes at a 1-year follow-up. *Behavior Therapy, 34*, 493-515.

Lock, J., LeGrange, D., Agras, W. S., & Dare, C. (2002). *Treatment manual for anorexia nervosa: A family-based approach*. New York: Guilford.

Loeber, R. (1988). Natural histories of conduct problems, delinquency, and associated substance use: Evidence for developmental progression. In B. B. Lahey & A. E. Kazdin (Eds.), *Advances in clinical child psychology* (Vol. 11, pp. 73-118). New York: Plenum.

Loeber, R., & Farrington, D. P. (1994). Problems and solutions in longitudinal and experimental treatment studies of child psychopathology and delinquency. *Journal of Consulting and Clinical Psychology, 62*, 887-900.

Loeber, R., Green, S. M., Lahey, B. B., Christ, M. A., & Frick, P. J. (1992). Developmental sequences in the age of onset of disruptive child behaviors. *Journal of Child and Family Studies, 1*, 21-41.

Loeber, R., Green, S. M., Lahey, B. B., Frick, P. J., & McBurnett, K. (2000). Findings on disruptive behavior disorders from the first decade of the Developmental Trends Study. *Clinical Child & Family Psychology Review, 3*, 37-60.

Loeber, R., & Hay, D. (1997). Key issues in the development of aggression and violence from childhood to early adulthood. *Annual Review of Psychology, 48*, 371-410.

Loeber, R., & Keenan, K. (1994). Interaction between conduct disorder and its co-morbid conditions: Effects of age and gender. *Clinical Psychology Review, 14*, 497-523.

Loeber, R., Lahey, B. B., & Thomas, C. (1991). Diagnostic conundrum of oppositional defiant disorder and conduct disorder. *Journal of Abnormal Psychology, 100*, 379-390. Loeber, R., & StouthamerLoeber, M. (1998).

Development of juvenile aggression and violence: Some common misconceptions and controversies. *American Psychologist, 53*, 242-259.

Loeber, R., StouthamerLoeber, M., & White, H. R. (1999). Developmental aspects of delinquency and internalizing problems and their association with persistent juvenile substance use between ages 7 and 18. *Journal of Clinical Child Psychology, 28*, 322-332.

Loeber, R., Wung, P., Keenan, K., Giroux, B., Stouthamer-Loeber, M., VanKammen, W. B., et al. (1993). Developmental pathways in disruptive child behavior. *Development and Psychopathology, 5*, 103-134.

Lombardo, G. T. (1997). BDP and ADHD. *Journal of the American Academy of Child and Adolescent Psychiatry, 36*, 719-720.

Lonigan, C. J., Carey, M. P., & Finch, A. J. (1994). Anxiety and depression in children and adolescents: Negative affectivity and the utility of self-reports. *Journal of Consulting and Clinical Psychology, 62*, 1000-1008.

Lonigan, C. J., & Phillips, B. M. (2001). Temperamental influences on the development of anxiety disorders. In *The developmental psychopathology of anxiety* (pp. 60-91). London: Oxford University Press.

Lorion, R. L., & Satzman, W. (1995). Children's exposure to community violence: Following a path from concern to research to action. *Psychiatry, 56*, 55-65.

Loue, S. (2003). *Diversity issues in substance abuse treatment and research.* New York: Kluwer.

Lourenco, O., & Machado, A. (1996). In defense of Piaget's theory: A reply to 10 common criticisms. *Psychological Review, 103*, 143-164.

Lovaas, O. I., & Smith, T. (2003). Early and intensive behavioral intervention in autism. In A. E. Kazdin, & J. R. Weisz (Eds.), *Evidence-based psychotherapies for children and adolescents* (pp. 325-340). New York: Guilford.

Lovett, M. W., Lacerenza, L., Borden, S. L., Frijters, J. C., Steinbach, K. A., & De Palma, M. (2000). Components of effective remediation for developmental reading disabilities: Combining phonological and strategy-based instruction to improve outcomes. *Journal of Educational Psychology, 92*, 263-283.

Luborsky, L., Singer, B., & Luborsky, L. I. (1975). Comparative studies of psychotherapies: Is it true that "Everyone has won and all must have prizes?" *Archives of General Psychiatry, 32*, 995-1008.

Lucas, A., Beard, C., O'Fallon, W., & Kurland, L. (1991). 50 year trends in the incidence of anorexia nervosa in Rochester, Minnesota: A population based study. *American Journal of Psychiatry, 148*, 917-922.

Ludolph, P., Westen, D., Misle, B., Jackson, A., Wixom, J., & Wiss, F. C. (1990). The borderline diagnosis in adolescents: Symptoms and developmental history. *American Journal of Psychiatry, 147*, 470-476.

Luria, A. R. (1980). *Higher cortical functions in man.* New York: Basic Books.

Luthar, S. S. (1993). Annotation: Methodological and conceptual issues in research on childhood resilience. *Journal of Child Psychology and Psychiatry, 34*, 441-453.

Luthar, S. S., & Becker, B. E. (2002). Privileged but pressured? A study of affluent youth. *Child Development, 73*, 1593-1610.

Luthar, S. S., Cicchetti, D., & Becker, B. (2000). The construct of resilience: A critical evaluation and guidelines for future work. *Child Development, 71*, 543-562.

Luthar, S. S., Cushing, G., & McMahon, T. J. (1997). Interdisciplinary interface: Developmental principles brought to substance abuse research. In S. S. Luthar, J. A. Burack, D. Cicchetti, & J. R. Weisz (Eds.), *Developmental psychopathology: Perspectives on adjustment, risk, and disorder* (pp. 437-456). Cambridge, MA: Cambridge University Press.

Luthar, S. S., & Latendresse, S. J. (2002). Adolescent risk: The costs of affluence. In R. M. Lerner & C. S. Taylor (Eds.), *Pathways to positive development among diverse youth* (pp. 101-121). San Francisco: Jossey-Bass.

Lynam, D. R. (1997). Pursuing the psychopath: Capturing the fledgling psychopath in a nomological net. *Journal of Abnormal Psychology, 106*, 425-438.

Lynch, M. (2003). Consequences of children's exposure to community violence. *Clinical Child and Family Psychology Review, 6*, 265-274.

Lyon, G. R., Fletcher, J. M., & Barnes, M. C. (2003). Learning disabilities. In E. J. Mash & R. A. Barkley (Eds.), *Child psychopathology* (pp. 520-587). New York: Guilford.

Lyon, M., Chatoor, I., Atkins, D., Silber, T., Mosimann, J., & Gray, J. (1997). Testing the hypothesis of the multidimensional model of anorexia nervosa in adolescents. *Adolescence, 32*, 101-111.

Lyons-Ruth, K., Alpern, L., & Repacholi, B. (1993). Disorganized attachment classification and maternal psychosocial problems as predictors of hostile-aggressive behavior in the preschool classroom. *Child Development, 64*(572), 585.

Lyons-Ruth, K., Easterbrooks, M. A., & Cibelli, C. D. (1997). Infant attachment strategies, infant mental lag, and maternal depressive symptoms: Predictors of internalizing and externalizing problems at age 7. *Developmental Psychology, 33*(4), 681-692.

Lyons-Ruth, K., Zeanah, C. H., & Benoit, D. (1996). Disorder and risk for disorder during infancy and toddlerhood. In E. J. Mash & R. A. Barkley (Eds.), *Child psychopathology* (pp. 457-491). New York: Guilford.

Lytton, H. (1990). Child and parent effects in boys' conduct disorder: A reinterpretation. *Developmental Psychology, 26*, 683-697.

Maccoby, E. E. (1999). *The two sexes: Growing up apart, coming together.* Cambridge, MA: Harvard University

Press.

Maccoby, E. E., & Mnookin, R. H. (1992). *Dividing the child: Social and legal dilemmas of custody.* Cambridge, MA: Harvard University Press.

MacFie, J., Houts, R. M., McElwain, N. L., & Cox, M. J. (in press). *The effect of father-toddler and mother-toddler role reversal on the development of behavior problems in kindergarten.* Social Development.

Machover, K. (1949). *Personality projection in the drawing of the human figure.* Springfield, IL: Charles C Thomas.

MacTurk, R. H., & Morgan, G. A. (1995). *Mastery motivation: Origins, conceptualization, and applications.* Westport, CT: Ablex.

Madonna, P. G., Van Scoyk, S., & Jones, D. P. H. (1991). Family interactions within incest and nonincest families. *American Journal of Psychiatry, 148,* 46-49.

Maggs, J. L., & Galambos, N. L. (1993). Alternative structural models for understanding adolescent problem behavior in two-earner families. *Journal of Early Adolescence, 13,* 79-101.

Mahler, M. S., Pine, F., & Bergman, A. (1975). *The psychological birth of the human infant.* New York: Basic Books.

Mahoney, A., Donnelly, W. O., Boxer, P., & Lewis, T. (2003). Marital and severe parent-to-adolescent physical aggression in clinic-referred families: Mother and adolescent reports on co-occurrence and links to child behavior problems. *Journal of Family Psychology, 17,* 3-19.

Main, M., & Goldwyn, R. (1988). *Adult attachment scoring and classification systems.* Unpublished manuscript, University of California at Berkeley.

Main, M., & Weston, D. R. (1982). Avoidance of the attachment figure in infancy: Descriptions and interpretations. In C. M. Parkes & J. Stevenson-Hinde (Eds.), *The place of attachment in human behavior* (pp. 31-59). New York: Basic Books.

Malatesta, C. Z., & Haviland, J. M. (1982). Learning display rules: The socialization of emotion expression in infancy. *Child Development, 53,* 1001-1003.

Malla, A., Norman, R., McLean, T., Scholten, D., & Townsend, L. (2003). A Canadian programme for early intervention in non-affective psychotic disorders. *Australian and New Zealand Journal of Psychiatry, 37,* 407-413.

Malley-Morrison, K., & Hines, D. (2004). *Family violence in a cultural perspective: Defining, understanding, and combating abuse.* Thousand Oaks, CA: Sage.

Malphurs, J. E., Field, T. M., Larraine, C., Pickens, J., Pelaez-Nogueras, M., Yando, R., et al. (1996). Altering withdrawn and intrusive interaction behaviors of depressed mothers. *Infant Mental Health Journal, 17,* 152-160.

Manassis, K. (2001). Child-parent relations: Attachment and anxiety disorders. In W. K. Silverman & A. Treffers (Eds.), *Anxiety disorders in children and adolescents: Research, assessment, and intervention* (pp. 255-272). New York: Cambridge.

Manly, J. T., Cicchetti, D., & Barnett, D. (1994). The impact of subtype, frequency, chronicity, and severity of child maltreatment on social competence and behavior problems. *Development and Psychopathology, 6,* 121-143.

Manly, J. T., Kim, J. E., Rogosch, F. A., & Cicchetti, D. (2001). Dimensions of child mal-treatment and children's adjustment: Contributions of developmental timing and subtype. *Development and Psychopathology, 13,* 759-782.

Mannarino, A. P., & Cohen, J. A. (1990). Treating the abused child. In R. T. Ammerman & M. Hersen (Eds.), *Children at risk: An evaluation of factors contributing to child abuse and neglect* (pp. 249-268). New York: Plenum.

Mannarino, A. P., & Cohen, J. A. (1996). A follow-up study of factors that mediate the development of psychological symptomatology in sexually abused girls. *Child Maltreatment, 1,* 246-260.

Mannuzza, S., Klein, R. G., Bessler, A., & Malloy, P. (1998). Adult psychiatric status of hyperactive boys grown up. *American Journal of Psychiatry, 155,* 493-498.

Mannuzza, S., Klein, R. G., Bessler, A., Malloy, P., & Hynes, M. E. (1998). Educational and occupational outcome of hyper-active boys grown up. *Journal of the American Academy of Child and Adolescent Psychiatry, 36,* 1222-1227.

Mannuzza, S., Klein, R. G., & Moulton, J. L. (2003). Does stimulant treatment place children at risk for adult substance abuse? A controlled, prospective follow-up study. *Journal of Child and Adolescent Psychopharmacology, 13,* 273-282.

March, J. S. (1995). Cognitive-behavioral psychotherapy for children and adolescents with OCD: A review and recommendations for treatment. *Journal of the American Academy of Child and Adolescent Psychiatry, 34,* 7-18.

March, J. S., Amaya-Jackson, L., Terry, R., & Costanzo, P. (1997). Post-traumatic stress in children and adolescents after an industrial fire. *Journal of the American Academy of Child and Adolescent Psychiatry, 36,* 1080-1088.

March, J. S., & Mulle, K. (1998). *OCD in children and adolescents: A cognitive-behavioral treatment manual.* New York: Guilford.

March, J. S., Parker, J., Sullivan, K., Stallings, P., & Conners, C. (1997). The Multidimensional Anxiety Scale for Children (MASC): Factor structure, reliability and validity. *Journal of the American Academy of Child and Adolescent Psychiatry, 36,* 554-565.

Marcia, J. E., Waterman, A. S. M. D. R., Archer, S. L., & Orlofsky, J. I. (1993). *Ego identity: A handbook for psychosocial research.* New York: Springer-Verlag.

Markon, K. E., Krueger, R., Bouchard, T. J., & Gottesman, I. I. (2002). Abnormal and normal personality traits: Evidence for genetic and environmental relationships in the Minnesota Study of Twins Reared Apart. *Journal of Personality, 70,* 661-695.

Mash, E. J., & Barkley, R. A. (1998). *Treatment of childhood disorders* (2nd ed.) New York: Guilford Publications.

Mash, E. J., & Dozois, D. J. A. (2003). Child psychopathology: A developmental-systems perspective. In E. J. Mash & R. A. Barkley (Eds.), *Child psychopathology* (pp. 3-71). New York: Guilford.

Masten, A. S., & Coatsworth, J. D. (1998). The development of competence in favorable and unfavorable environments. *American Psychologist, 53,* 205-220.

Masten, A. S., & Curtis, W. J. (2000). Integrating competence and psychopathology: Pathways toward a comprehensive science of adaptation in development. *Development and Psychopathology, 12*, 529-550.

Masterson, J. F. (1976). *Psychotherapy of the borderline adult.* New York: Brunner/Mazel.

Masterson, J. F., & Rinsley, D. B. (1975). The borderline syndrome: The role of the mother in the genesis and psychic structure of the borderline personality. *International Journal of Psychoanalysis, 56*, 163-177.

Masterson, J. F., Tolpin, M., & Sifneos, P. E. (1991). *Comparing psychoanalytic psychotherapies: Developmental, self, and object relations; self psychology; short-term dynamic.* New York: Brunner/Mazel.

Matarazzo, J. D. (1990). Psychological assessment versus psychological testing: Validation from Binet to the school, clinic, and courtroom. *American Psychologist, 45*, 999-1017.

Matthews, D. J. (1995). *Ending the cycle of violence: Community responses to children of battered women.* Thousand Oaks, CA: Sage.

Maughan, B. (1995). Annotation: Long-term outcomes of developmental reading problems. *Journal of Child Psychology and Psychiatry, 36*, 357-371.

Maughan, B., Pickles, A., Hagell, A., Rutter, M., & Yule, W. (1996). Reading problems and antisocial behaviour: Developmental trends in comorbidity. *Journal of Child Psychology and Psychiatry, 37*, 405-418.

Max, J. E., Sharma, A., & Qurashi, M. I. (1997). Traumatic brain injury in a child psychiatry inpatient population: A controlled study. *Journal of the American Academy of Child and Adolescent Psychiatry, 36*, 1595-1601.

McAdoo, W. G., & DeMyer, M. K. (1978). Personality characteristics of parents. In M. Rutter & E. Schopler (Eds.), *Autism: A reappraisal of concepts and treatment* (pp. 251-267). New York: Plenum.

McArdle, P., O'Brien, G., & Kolvin, I. (1995). Hyper-activity: Prevalence and relationship with conduct disorder. *Journal of Child Psychology and Psychiatry, 36*, 279-303.

McArthur, D. S., & Roberts, G. E. (1982). *Roberts Apperception Test for Children.* Los Angeles: Western Psychological Services.

McCabe, K. M., Rodgers, C., & Yeh, M. (2004). Gender differences in childhood onset conduct disorder. *Development and Psychopathology, 16*, 179-192.

McClellan, J., McCurry, C., Ronnei, M., & Adams, J. (1996). Age of onset of sexual abuse: Relationship to sexually inappropriate behaviors. *Journal of the American Academy of Child and Adolescent Psychiatry, 35*, 1375-1383.

McClellan, J. M., Werry, J. S.,

Bernet, W., Arnold, V., Beitchman, J. H., Benson, S., Bukestein, O., Kinlan, J., Rue, D., & Shaw, J. (2001). Practice parameters for the assessment and treatment of children and adolescents with schizophrenia. *Journal of the American Academy of Child and Adolescent Psychiatry, 40*, 4S-23S.

McClure, E., Connell, A., Zucker, M., Griffith, J. R., & Kaslow, N. J. (2005). The Adolescent Depression Empowerment Project (ADEPT): A culturally sensitive family treatment for depressed African American girls. In E. D. Hibbs & P. S. Jensen (Eds.), *Psychosocial treatment for child and adolescent disorders: Empirically based strategies for clinical practice.* Washington, DC: American Psychological Association.

McConaughy, S. H., & Achenbach, T. M. (1994). *Manual for the Semistructured Clinical Interview for children and adolescents.* Burlington, VT: University Associates in Psychiatry.

McConnell, M. C., & Kerig, P. K. (2002). Assessing coparenting in families of school age children: Validation of the Coparenting and Family Rating System. *Canadian Journal of Behavioural Science, 34*, 56-70.

McCord, J. (1978). A thirty-year follow-up of treatment effects. *American Psychologist, 33*(3), 284-289.

McCord, J. (1979). Some child rearing antecedents to criminal behavior in adult men. *Journal of Personality and Social Psychology, 37*, 1477-1486.

McCord, J. (1990). Long-term perspectives on parental absence. In L. Robins & M. Rutter (Eds.), *Straight and devious pathways from childhood to adulthood* (pp. 116-135). Cambridge: Cambridge University Press.

McCord, J. (1992). The Cambridge-Somerville Study: A pioneering longitudinal-experimental study of delinquency prevention. In J. McCord & R. E. Tremblay (Eds.), *Preventing antisocial behavior: Interventions from birth through adolescence* (pp. 196-206). New York: Guilford.

McCord, J., Tremblay, R. E., Vitaro, F., & DesmaraisGervais, L. (1994). Boys' disruptive behaviour, school adjustment, and delinquency: The Montreal Prevention Experiment. *International Journal of Behavioral Development, 17*, 739-752.

McEachlin, J. J., Smith, T., & Lovaas, O. I. (1993). Long-term outcome for children with autism who received early intensive behavioral treatment. *American Journal on Mental Retardation, 97*, 379-372.

McGee, R., Feehan, M., Williams, S., & Anderson, J. C. (1992). DSM-III disorders from age 11 to age 15 years. *Journal of the American Academy of Child and Adolescent Psychiatry, 31*, 50-59.

McGee, R. A., Wolfe, D. A., & Wilson, S. K. (1997). Multiple maltreatment experiences and adolescent behavior problems: Adolescent's perspectives. *Development and Psychopathology, 9*, 131-150.

McGlashan, T. H. (1992). The Chestnut Lodge Follow-up Study. In D. Silver & M. Rosenbluth (Eds.), *Handbook of borderline disorders* (pp. 53-83). New York: International Universities Press.

McGoldrick, M. (2002). *Revisioning family therapy: Race, culture, and gender in clinical practice.* New York: Guilford.

McGoldrick, M., & Carter, B. (2003). The family life cycle. In F. Walsh (Ed.), *Normal family processes: Growing diversity and complexity* (pp. 460-489). New York: Guilford.

McGoldrick, M., & Gerson, R. (1985). *Genograms in family assessment.* New York: Norton.

McGoldrick, M., Gerson, R., & Shellenberger, S. (1997). *Genograms: Assessment and intervention* (2nd ed.). New York: Norton.

McGorry, P. D., & Yung, A. R. (2003). Early intervention in psychosis: An overdue reform. *Australian and New Zealand Journal of Psychiatry, 37*, 393-398.

McGrath, J. J., Feron, F. P., Burne, T. H. J., MackaySim, A., & Eyles, D. W. (2003). The neurodevelop-mental hypothesis of schizophrenia: A review of recent developments. *Annals of Medicine, 35*, 86-93.

McGrath, P. J., & Pisterman, S. (1991). Developmental issues: Adolescent pain. In J. P. Bush & S. W. Harkins (Eds.), *Children in pain: Clinical and research issues from a developmental perspective* (pp. 231-250). New York: Springer-Verlag.

McGue, M., Elkins, I., & Ianoco, W. G. (2000). Genetic and environmental influences on adolescent substance use and abuse. *American Journal of Medical Genetics, 96*, 671-677.

McHale, J. P., KuerstenHogan, R., Lauretti, A., & Rasmussen, J. L. (2000). Parental reports of coparenting and observed coparenting behavior during the toddler period. *Journal of Family Psychology, 14*, 220-236.

McIntosh, P. (1998). White privilege: Unpacking the invisible knapsack. In M. McGoldrick (Ed.), *Revisioning family therapy: Race, culture, and gender in clinical practice* (pp. 147-152). New York: Guilford.

McLoyd, V. C., Cauce, A. M., Takeuchi, D., & Wilson, L. (2000). Marital processes and parental socialization in families of color: A decade review of research. *Journal of Marriage and Family, 62*, 1070-1093.

McMahon, R. J., & Estes, A. M. (1997). Conduct problems. In E. J. Mash & L. G. Terdal (Eds.), *Assessment of childhood disorders* (pp. 130-193). New York: Guilford. McMahon, R. J., & Forehand,

R. L. (2003). *Helping the noncompliant child: Family-based treatment for oppositional behavior* (2nd ed.). New York: Guilford.

McNeil, T. F., Cantor-Graae, E., & Blennow, G. (2003). Mental correlates of neuromotoric deviation in 6-year-olds at heightened risk for schizophrenia. *Schizophrenia Research, 60*, 219-228.

Mead, G. H. (1932). Mind, self and society. Chicago: University of Chicago Press.

Meadow, S. R. (1993). False allegations of abuse and Munchausen syndrome by proxy. *Archives of Disease in Childhood, 68*, 444-447.

Mednick, S. A., Machon, R. A., Huttunen, M. O., & Bonett, D. (1988). Adult schizophrenia following prenatal exposure to an influenza epidemic. *Archives of General Psychiatry, 45*, 189-192.

Mehlenbeck, R., Spirito, A., Barnett, N., & Overholser, J. (2003). Behavioral factors: Substance abuse. In A. Spirito & J. C. Over-holser (Eds.), *Evaluating and treating adolescent suicide attempters: From research to practice* (pp. 113-146). New York: Academic Press.

Melamed, B. G. (2002). Parenting the ill child. In M. H. Bornstein (Ed.), Handbook of parenting, Vol. 5: Practical issues in parenting (pp. 329-348). Mahwah, NJ: Erlbaum.

Mellin, L. M., Irwin, C., & Scully, S. (1992). Prevalence of disordered eating in girls: A survey of middle class children. *Journal of the Amercian Dietetic Association, 92*, 851-853.

Mellon, M. W., & Stern, H. P. (1998). Elmination disorders. In R. T. Ammerman, & J. V. Campo, *Handbook of pediatric psychology and psychiatry. Vol. 1: Psychology and psychiatric issues in the pediatric setting* (pp. 182-198). Needham Heights, MA: Allyn & Bacon.

Melton, G. B. (1992). The improbability of prevention of sexual abuse. In D. J. Willis, G. W. Holden, & M. S. Rosenberg (Eds.), *Prevention of child mal-treatment: Developmental perspectives* (pp. 168-179). New York: Wiley.

Menzies, R. G., & Clarke, J. C. (1995). The etiology of phobias: A nonassociative account. *Clinical Psychology Review, 15*, 23-48.

Mesibov, G., Shea, V., & Adams, L. W. (2001). *Understanding Asperger syndrome and high functioning autism.* New York: Kluwer Academic/Plenum.

Messer, S. C., & Gross, A. M. (1995). Childhood depression and family interaction: A naturalistic observation study. *Journal of Clinical Child Psychology, 24*, 77-88.

Meyer, C., Blissett, J., & Oldfield, C. (2001). Sexual orientation and eating psychopathology: The role of masculinity and femininity. *International Journal of Eating Disorders, 29*, 314-318.

Meyer, R. G. (1989). *Cases in developmental psychology and psychopathology.* Boston: Allyn & Bacon.

Miklowitz, D. J. (1994). Family risk indicators in schizophrenia. *Schizophrenia Bulletin, 20*, 137-147.

Miklowitz, D. J., George, E. L., Richards, J. A., Simoneau, T. L., & Suddath, R. L. (2003). A randomized study of family-focused psychoeducation and pharmacotherapy in the outpatient management of bipolar disorder. *Archives of General Psychiatry, 60*, 904-910.

Miklowitz, D. J., Goldstein, M. J., Nuechterlein, K. H., Snyder, K. S., & Mintz, J. (1998). Family factors and the course of bipolar affective disorder. *Archives of General Psychiatry, 45*, 225-231.

Milich, R., Balentine, A. C., & Lynam, D. R. (2001). ADHD combined type and ADHD predominantly inattentive type are distinct and unrelated disorders. *Clinical Psychology: Science and Practice, 8*, 463-488.

Miller, A. L., Wagner, E. E., & Rathus, J. H. (2004). Dialectical behavior therapy for suicidal adolescents: An overview. In H. Steiner (Ed.), *Handbook of mental health interventions in children and adolescents* (pp. 659-684). New York: Jossey Bass.

Miller, K. (1993). Concommitant nonpharmacologic therapy in the treatment of primary nocturnal enuresis. *Clinical Pediatrics*, 32-37.

Miller, K. J., & Mizes, J. S. (2000). *Comparative treatments for eating disorders.* New York: Springer.

Minnes, P. (1988). Family stress associated with a developmentally handicapped child. *International Review of Research on Mental Retardation, 15*, 195-266.

Minuchin, S. (1974). *Families and family therapy.* Cambridge, MA: Harvard University Press.

Minuchin, S., Lee, W. Y., & Simon, G. (1996). *Mastering family therapy: Journeys of growth and transformation.* New York: Wiley.

Minuchin, S., & Nichols, M. P. (1998). Structural family therapy. In F. M. Dattilio (Ed.), *Case studies in couple and family therapy: Systemic and cognitive perspectives* (pp. 233-256). New York: Guilford.

Minuchin, S., Rosman, B. L., & Baker, L. (1978). *Psychoso-*

matic families: Anorexia nervosa in context. Cambridge, MA: Harvard University Press.

Mistry, R. S., Vandewater, E. A., Huston, A. C., & McLoyd, V. C. (2002). Economic well-being and children's social adjustment: The role of family process in an ethnically diverse low-income sample. *Child Development, 73*, 935-951.

Mitchell, J., McCauley, E., Burke, P. M., & Moss, S. J. (1988). Phenomenology of depression in children and adolescents. *Journal of the American Academy of Child and Adolescent Psychiatry, 27*, 12-20.

Moffitt, T. E. (1993). Life-course persistent and adolescence-limited antisocial behavior: A developmental taxonomy. *Psychological Review, 100*, 674-701.

Moffitt, T. E., & Caspi, A. (2001). Childhood predictors differentiate life-course persistent and adolescence-limited antisocial pathways among males and females. *Development and Psychopathology, 13*, 355-376.

Moffitt, T. E., Caspi, A., Dickson, N., Silva, P., & Stanton, W. (1996). Childhood-onset versus adolescent-onset antisocial conduct problems in males: Natural history from ages 3 to 18 years. *Development and Psychopathology, 8*, 399-424.

Moffitt, T. E., Caspi, A., Harrington, H., & Milne, B. (2002). Males on the life-course-persistent and adolescence-limited pathways: Follow-up at age 26 years. *Development and Psychopathology, 14*, 179-207.

Moffitt, T. E., Caspi, A., Rutter, M., & Silva, P. A. (2001). *Sex differences in antisocial behavior: Conduct disorder, delinquency, and violence in the Dunedin longitudinal study*. New York: Cambridge University Press.

Moffitt, T. E., & Lynam, D. (1994). The neuropsychology of conduct disorder and delinquency: Implications for understanding antisocial behavior. In D. C. Fowles, P. Sutker, & S. H. Goodman (Eds.), *Progress in experimental personality and psychopathology research* (pp. 233-262). New York: Springer.

Moldin, S. O., & Gottesman, I. J. (1997). At issue: Genes, experience, and chance in schizophrenia: Positioning for the 21st century. *Schizophrenia Bulletin, 23*, 547-561.

Molfese, V. J., & Molfese, D. L. (2000). *Temperament and personality across the life span*. Mahwah, NJ: Erlbaum.

Morris, R. J., & Kratochwill, T. R. (1998). *The practice of child therapy* (3rd ed.). Boston: Allyn & Bacon. Morris, T. L., & March, J. S. (2004). *Anxiety disorders in children and adolescents*. New York: Guilford.

Morrison, D. R., & Coiro, M. J. (1999). Parental conflict and marital disruption: Do children benefit when high-conflict marriages are dissolved? *Journal of Marriage and the Family, 61*, 626-637.

Mortensen, P. B., Pedersen, C. B., Melbye, M., Mors, O., & Ewald, H. (2003). Individual and familial risk factors for bipolar affective disorders in Denmark. *Archives of General Psychiatry, 60*, 1209-1215.

Morton, T. D. (1999). The increasing colorization of America's child welfare system: The overrepresentation of African-American children. *Policy and Practice of Public Human Services, 57*, 23-30.

Moss, E., & St. Laurent, D. (2001). Attachment at school age and academic performance. *Developmental Psychology, 37*, 863-874.

Mowbray, C. T., & Oyserman, D. (2003). Substance abuse in children of parents with mental illness: Risks, resiliency, and best prevention practices. *Journal of Primary Prevention, 23*, 451-482.

MTA Cooperative Group. (1999). A 14-month randomized clinical trial of treatment strategies for Attention-Deficit/Hyperactivity Disorder. *Archives of General Psychiatry, 56*, 1073-1086.

Mufson, L., & Dorta, K. P. (2003). Interpersonal psychotherapy for depressed adolescents. In A. E. Kazdin & J. R. Weisz (Eds.), *Evidence-based psycho-therapies for children and adolescents* (pp. 165-185). New York: Guilford.

Mufson, L., Dorta, K. P., Moreau, D., & Weissman, M. M. (2004). *Interpersonal psychotherapy for depressed adolescents*. New York: Guilford.

Muris, P., Merckelbach, H., Gadet, B., & Moulaert, V. (2000). Fears, worries, and scary dreams to 4-to 12-year-old children: Their content, developmental patterns, and origins. *Journal of Clinical Child Psychology, 29*, 43-52.

Murphy, L. M. B., Thompson, R. J., & Morris, M. A. (1997). Adherence behavior among adolescents with type I insulin-dependent diabetes mellitus: The role of cognitive appraisal processes. *Journal of Pediatric Psychology, 22*, 811-825.

Murray, L., Woolgar, M., Cooper, P., & Hipwell, A. (2001). Cognitive vulnerability to depression in 5-year-old children of depressed mothers. *Journal of Child Psychology and Psychiatry and Allied Disciplines, 42*, 891-899.

Murry, V. M., Bynum, M. S., Brody, G. H., Willert, A., & Stephens, D. (2001). African American single mothers and children in context: A review of studies of risk and resilience. *Clinical Child and Family Psychology Review, 4*, 133-155.

Musun-Miller, L. (1993). Social acceptance and social problem solving in pre-school children. *Journal of Applied Developmental Psychology, 14*, 59-70.

Nader, K., & Pynoos, R. S. (1991). Play and drawing techniques as tools for interviewing traumatized children. In C. E. Schaefer, K. Gitlin, & A. Sandgrund (Eds.), *Play diagnosis and assessment* (pp. 375-389). New York: Wiley.

Naglieri, J. A., LeBuffe, P. A., & Pfeiffer, S. I. (1994). *Devereux scales of mental disorders*. New York: The Psychological Corporation.

Naglieri, J. A., & Pfeiffer, S. I. (1992). Performance of disruptive behavior disordered and normal samples on the Draw A Person: Screening procedure for emotional disturbance. *Psychological Assessment, 4*, 156-159.

Nassau, J. H., & Drotar, D. (1997). Social competence among children with central nervous system-related chronic health conditions: A review. *Journal of Pediatric Psychology, 22*, 771-793.

Nasser, M., Katzman, M. A., & Gordon, R. A. (2001). *Eating disorders and cultures in transition*. New York: Brunner-Routledge.

National Center for Health Statistics. (1999). *Vital statistics of the United States, 1993: Volume I Natality* (Center for Disease Control Publication No. PHS 99-1100). Hyattsville, MD: Centers for Disease Control.

National Center for Health Statistics. (2002). *National Vital*

Statistics Reports, 50 (No. 16). Hyattsville, MD: Author.

National Center for Juvenile Justice. (1999). *Juvenile offenders and their victims: 1999 national report.* Washington, DC: Office of Juvenile Justice and Deliquency Prevention.

National Center on Addiction and Substance Abuse. (2004). *Criminal neglect: Substance abuse, juvenile justice and the children left behind.* New York: Author.

National Center on Child Abuse and Neglect. (1995). *Child maltreatment 1993: Reports from the states to the National Center on Child Abuse and Neglect* (Contract Number ACF-105-91-1802). Washington, DC: U.S. Government Printing Office.

National Center on Child Abuse and Neglect. (2001). *Child maltreatment 1999: Reports from the states to the National Center on Child Abuse and Neglect.* Washington, DC: U.S. Government Printing Office.

National Coalition to Abolish Corporal Punishment in Schools. (2001). *Facts about corporal punishment.* Retrieved from http://www.stophitting.com

National Institute of Mental Health Research Roundtable on Prepubertal Bipolar Disorder. (2001). *Journal of the American Academy of Child and Adolescent Psychiatry, 40,* 871-878.

National Joint Committee on Learning Disabilities (1988, April). Austin, TX: Author.

Nechmad, A., Ratzoni, G., Poyurovsky, M., Meged, S., Avidan, G., Fuchs, C., Bloch, Y., & Weizman, R. (2003). Obsessive-compulsive disorder in adolescent schizophrenia patients. *American Journal of Psychiatry, 160,* 1002-1004.

Neff, J. A., & Hoppe, S. K. (1993). Race/ethnicity, acculturation, and psychological distress: Fatalism and religiosity as cultural resources. *Journal of Community Psychology, 21,* 3-20.

Neiderman, M. (2000). Prognosis and outcome. In B. Lask & R. Bryant-Wauch (Eds.), *Anorexia nervosa and related eating disorders in childhood and adolescence* (pp. 81-101). Philadelphia: Psychology Press.

Neitzel, C., & Stright, A. (2003). Mothers' scaffolding of children's problem solving: Establishing a foundation of academic self-regulatory competence. *Journal of Family Psychology, 17,* 147-159.

Nellis, L., & Gridley, B. E. (1994). Review of the Bayley Scales of Infant Development-Second Edition. *Journal of School Psychology, 32,* 201-209.

Newacheck, P. W., & Taylor, N. R. (1992). Childhood chronic illness: Prevalence, severity, and impact. *American Journal of Health, 82,* 364-371.

Newcomb, M. D., & Bentler, P. M. (1988). *Consequences of adolescent drug use: Impact on the lives of young adults.* Newbury Park, CA: Sage Publications.

Newman, D. L., Caspi, A., Moffitt, T. E., & Silva, P. A. (1997). Antecedents of adult interpersonal functioning: Effects of individual differences in age 3 temperament. *Developmental Psychology, 33,* 206-217.

NICHD Early Child Care Research Network. (1999). Chronicity of maternal depressive symptoms, maternal sensitivity, and child functioning at 36 months. *Developmental Psychology, 35,* 1297-1310.

Nicolson, R., Brookner, F. B., Lenane, M., Gochman, P., Ingraham, L. J., Egan, M. F., Kendler, K. S., Pickar, D., Weinberger, D. R., & Rapoport, J. L. (2003). Parental schizophrenia spectrum disorders in childhood-onset and adult-onset schizophrenia. *American Journal of Psychiatry, 160,* 490-495.

Nicholson, R. M., Giedd, J. N., & Lenane, M. (1999). Clinical and neurobiological correlates of cytogenic abnormalities in childhood onset schizophrenia. *Schizophrenia Research, 41,* 55.

Nicholson, R. M., Lenane, M., & Singaracharlu, S. (2000). Premorbid speech and language impairments in childhood onset schizophrenia: Association with risk factors. *Schizophrenia Research, 41,* 55.

Niemi, L. T., Suvisaari, J. M., Tuulio-Henriksson, A., & Loennqvist, J. K. (2003). Childhood developmental abnormalities in schizophrenia: Evidence from high-risk studies. *Schizophrenia Research, 60,* 239-258.

Niendam, T. A., Bearden, C. E., Rosso, I. M., Sanchez, L. E., Hadley, T., Nuechterlein, K. H., & Cannon, T. D. (2003). A prospective study of childhood neurocognitive functioning in schizophrenic patients and their siblings. *American Journal of Psychiatry, 160,* 2060-2062.

Nihira, K. (1976). Dimensions of adaptive behavior in institutionalized mentally retarded children and adults: Developmental perspectives. *American Journal of Mental Deficiency, 81,* 215-226.

Nihira, K., Foster, R., Shell-haas, M., & Leland, H. (1974). *AAMD Adaptive Behavior Scale* (1974 revision). Washington, DC: American Association on Mental Deficiency.

Nixon, M. K., Cloutier, P. F., & Aggarwal, S. (2002). Affect regulation and addictive aspects of repetitive self-injury in hospitalized adolescents. *Journal of the American Academy of Child and Adolescent Psychiatry, 41,* 1333-1341.

Nock, M. K., & Kazdin, A. E. (2002). Examination of affective, cognitive, and behavioral factors and suicide-related outcomes in children and young adolescents. *Journal of Clinical Child & Adolescent Psychology, 31,* 48-58.

Nolen-Hoeksema, S. (2002). Gender differences in depression. In I. H. Gotlib & C. Hammen (Eds.), *Handbook of depression* (pp. 492-509). New York: Guilford.

Nolen-Hoeksema, S., Girgus, J. S., & Seligman, M. E. P. (1991). Sex differences in depression and explanatory style in children. *Journal of Youth and Adolescence, 20,* 233-245.

Obeidallah, D. A., McHale, S. M., & Silbereisen, R. K. (1996). Gender role socialization and adolescents' reports of depression: Why some girls and not others? *Journal of Youth and Adolescence, 25,* 775-785.

Ocampo, K. A., Knight, G. P., & Bernal, M. E. (1997). The development of cognitive abilities and social identities in children: The case of ethnic identity. *International Journal of Behavioral Development, 21,* 479-500.

O'Connor, T. G., Neiderhiser, J. M., Reiss, D., Hetherington, E. M., & Plomin, R. (1998). Genetic contributions to continuity, change, and co-occurrence of antisocial and depressive symptoms in adolescence. *Journal of Child Psychology & Psychiatry, 39,* 323-336.

O'Connor, T. G. & Plomin, R. (2000). Developmental behavioral genetics. In A. J. Sameroff, M. Lewis, & S. M. Miller (Eds.), *Handbook of developmental psychopathology* (pp. 217-236). New York: Kluwer Academic.

O'Donnell, J., Hawkins, J. D., & Abbott, R. D. (1995). Predicting serious delinquency and substance use among aggressive boys. *Journal of Consulting and Clinical Psychology, 63*, 529-537.

Office of Juvenile Justice. (2000). *Children as victims (1999 National Report Series, Juvenile Justice Bulletin).* http://ncjrs.org/html/ojjdp/2000_5_2/child_09.html

Ogata, S., Silk, K. R., Goodrich, S., Lohr, N. E., Westen, D., & Hill, E. (1990). Childhood sexual and physical abuse in adult patients with borderline personality disorder. *American Journal of Psychiatry, 147*, 1008-1013.

Ogawa, J. R., Sroufe, L. A., Weinfield, N. S., Carlson, E. A., & Egeland, B. (1997). Development and the fragmented self: Longitudinal study of dissociative symptomatology in a non-clinical sample. *Development and Psychopathology, 9*, 855-879.

Ogbu, J. V. (1999). A cultural context of children's development. In H. E. Fitzgerald, B. M. Lister, & B. S. Zuckerman (Eds.), *Children of color: Research, health, and policy issues* (pp. 73-92). New York: Garland.

Ogden, T. (1979). On projective identification. *International Journal of Psychoanalysis, 60*, 357-373.

Ogden, T. H. (1982). *Projective identification and psychotherapeutic technique.* New York: Academic. Oldenburg, C. M., & Kerns,

K. A. (1997). Associations between peer relationships and depressive symptoms: Testing moderator effects of gender and age. *Journal of Early Adolescence, 17*, 319-337.

Olds, D. (1997). The prenatal early infancy project: Preventing child abuse and neglect in the context of promoting maternal and child health. In D. A. Wolfe, R. J. McMahon, & R. D. Peters (Eds.), *Child abuse: New directions in prevention and treatment across the lifespan* (pp. 130-154). Thousand Oaks, CA: Sage.

Olin, S. S., & Mednick, S. A. (1996). Risk factors of psychosis: Identifying vulnerable populations per-morbidly. *Schizophrenia Bulletin, 22*, 223-240.

Ollendick, T. H., & King, N. J. (1991). Developmental factors in child behavioral assessment. In P. R. Martin (Ed.), *Handbook of behavior therapy and psychological science: An integrative approach* (pp. 57-72). New York: Pergamon.

Ollendick, T. H., & King, N. J. (1998). Empirically supported treatments for children with phobic and anxiety disorders: Current status. *Journal of Clinical Child Psychology, 27*, 156-167.

Ollendick, T. H., & Schroeder, C. S. (2003). *Encyclopedia of clinical child and pediatric psychology.* New York: Kluwer.

Ollendick, T. H., Yang, B., King, N. J., Dong, Q., & Akande, A. (1996). Fears in American, Australian, Chinese, and Nigerian children and adolescents: A cross-cultural study. *Journal of Child Psychology and Psychiatry, 37*, 213-220.

Olweus, D., Limber, S., & Mihalic, S. (1999). *The bullying prevention program: Blueprints for violence prevention.* Boulder, CO: Center for the Study and Prevention of Violence.

Oosterlaan, J. (2001). Behavioural inhibition and the development of childhood anxiety disorders. In W. K. Silverman & A. Treffers (Eds.), *Anxiety disorders in children and adolescents: Research, assessment, and intervention* (pp. 45-71). New York: Cambridge.

Orbach, I. (2003). Suicide prevention for adolescents. In

R. A. King & A. Apter (Eds.), *Suicide in children and adolescents* (pp. 227-250). Cambridge, England: Cambridge University Press.

Organista, K. C. (2003). Mexican American children and adolescents. In J. T. Gibbs & L. N. Huang (Eds.), *Children of color: Psychological interventions with culturally diverse youth* (2nd ed., pp. 344-381). San Francisco: Jossey-Bass.

Ornitz, E. M., Hanna, G. L., & de Traversay, J. (1992). Prestimulation-induced startle modulation in attention-deficit hyperactivity disorder and nocturnal enuresis. *Psychophysiology, 29*, 437-451.

Ornstein, P. A., Baker-Ward, L., Myers, J., Principe, G. F., & Gordon, B. N. (1995). Children's long-term retention of medical experiences: Implications for testimony. In F. E. Weinert & W. Schneider (Eds.), *Memory performance and competencies: Issues in growth and development* (pp. 349-371). Hillsdale, NJ: Erlbaum.

Osofsky, J. D. (1995). The effects of exposure to violence on young children. *American Psychologist, 50*, 782-788.

Osofsky, J. D. (2003). Prevalence of children's exposure to domestic violence and child maltreatment: Implications for prevention and intervention. *Clinical Child and Family Psychology Review, 6*, 161-170.

Osofsky, J. D., & Scheeringa, M. S. (1997). Community and domestic violence exposure: Effects on development and psychopathology. In D. Cicchetti & S. L. Toth (Eds.), *Developmental perspectives on trauma: Theory, research, and intervention* (pp. 180). Rochester: University of Rochester Press. Osterling, J., & Dawson, G.

(1994). Early recognition of children with autism: A study of first birthday home videotapes. *Journal of Autism and Developmental Disorders, 24*, 247-257.

Ott, S. L., Roberts, S., Rock, D., Allen, J., & Erlenmeyer-Kimling, L. (2002). Positive and negative thought disorder and psychopathology in childhood among subjects with adulthood schizophrenia. *Schizophrenia Research, 58*, 231-239.

Overholser, J. (2003). Predis-posing factors in suicide attempts: Life stressors. In A. Spirito & J. C. Over-holser (Eds.), *Evaluating and treating adolescent suicide attempters: From research to practice* (pp. 42-54). New York: Academic Press.

Overholser, J., Hemstreet, A. H., Spirito, A., & Vyse, S. (1989). Suicide awareness programs in the schools: Effects of gender and personal experience. *Journal of the American Academy of Child and Adolescent Psychiatry, 28*, 925-930.

Overholser, J., & Spirito, A. (2003). Precursors to King & A. Apter (Eds.), *Suicide in children and adolescents* (pp. 211-226). Cambridge, England: Cambridge University Press. Pfeffer, C. R., Hurt, S. W.,

Kakuma, T., Peskin, J. R., Siefker, C. A., & Nagabhairava, S. (1994). Suicidal children grow up: Suicidal episode and effects of treatment during follow-up. *Journal of the American Academy of Child and Adolescent Psychiatry, 33,* 225-230.

Pfefferbaum, B. (1997). Post-traumatic stress disorder in children: A review of the past 10 years. *Journal of the American Academy of Child and Adolescent Psychiatry, 36,* 1503-1511.

Pfiffner, L. J., & McBurnett, K. (1997). Social skills training with parent generalization: Treatment effects for children with attention deficit disorder. *Journal of Consulting and Clinical Psychology, 65,* 749-757.

Phares, V. (1992). Where's Poppa? The relative lack of attention to the role of fathers in child and adolescent psychopathology. *American Psychologist, 47,* 656-664.

Phillips, L. J., Curry, C., Yung, A. R., Yuen, H. P., Adlard, S., & McGorry, P. D. (2002). Cannabis use is not associated with the development of psychosis in an 'ultra' high-risk group. *Australian and New Zealand Journal of Psychiatry, 36,* 800-806.

Phinney, J. S., Ong, A., & Madden, T. (2000). Cultural values and inter-generational value discrepancies in immigrant and non-immigrant families. *Child Development, 71,* 528-539.

Piaget, J. (1932). The moral judgment of the child. London: Kegan Paul. Piaget, J. (1962). *Play, dreams, and imitation in childhood.* New York: Norton.

Piaget, J. (1967). *Six psychological studies.* New York: Random House.

Piaget, J. (1981). *Intelligence and affectivity: Their relationship during child development.* Palo Alto, CA: Annual Reviews.

Pianta, R. C., Egeland, B., & Sroufe, L. A. (1990). Maternal stress and children's development: Prediction of school outcomes and identification of protective factors. In J. Rolf, A. S. Masten, D. Cicchetti, K. H. Nuechterlein, & S. Weintraub (Eds.), *Risk and protective factors in the development of psychopathology* (pp. 215-235). Cambridge, England: Cambridge University Press.

Pike, A., Hetherington, E. M., McGuire, S., Reiss, D., & Plomin, R. (1996). Family environment and adolescent depressive symptoms and antisocial behavior: A multivariate genetic analysis. *Developmental Psychology, 32,* 590-603.

Pike, K. M., & Rodin, J. (1991). Mothers, daughters, and disordered eating. *Journal of Abnormal Psychology, 100,* 198-204.

Pilgrim, C., Luo, Q., Urberg, K. A., & Fang, X. (1999). Influence of peers, parents, and individual characteristics on adolescent drug use in two cultures. *Merrill-Palmer Quarterly, 45,* 85-107.

Pilkington, N. W., & D'Augelli, A. R. (1995). Victimization of lesbian, gay, and bisexual youth in community settings. *Journal of Community Psychology, 23,* 33-56.

Pilling, S., Bebbington, P., Kuipers, E., Garety, P., Geddes, J., Orbach, G., & Morgan, C. (2002). Psychosocial treatments in schizophrenia: I. Meta-analysis of family intervention and cognitive behaviour therapy. *Psychological Medicine, 32,* 763-782.

Pine, F. (1974). On the concept "borderline" in children. *Psychoanalytic Study of the Child, 29,* 341-368.

Pine, F. (1979). On the pathology of the separation-individuation process as manifested in later clinical work: An attempt at delineation. *International Journal of Psychoanalysis, 60,* 225-242.

Pine, F. (1983). Borderline syndromes in childhood: A working nosology and its therapeutic implications. In K. Robson (Ed.), *The borderline child* (pp. 84-100). New York: McGraw-Hill.

Pine, F. (1986). On the development of the "borderline-child-to-be." *American Journal of Orthopsychiatry, 56,* 450-457.

Pliszka, S. R. (2002). *Neuro-science for the mental health clinician.* New York: Guilford.

Plunkett, M., & Mitchell, C. (2000). Substance use rates among American Indian adolescents: Regional comparisons with Monitoring the Future high school seniors. *Journal of Drug Issues, 30,* 593-620.

Poal, P., & Weisz, J. R. (1989). Therapists' own childhood problems as predictors of their effectiveness in child psychotherapy. *Journal of Clinical Child Psychology, 18,* 202-205.

Pollak, S. D., Cicchetti, D., Hornung, K., & Reed, A. (2000). Recognizing emotion in faces: Developmental effects of child abuse and neglect. *Developmental Psychology, 36,* 679-688.

Ponzetti, J., Hamon, R. R., Kellar-Guenther, Y., Kerig, P. K., Scales, T. L., & White, J. M. (2003). *International encyclopedia of marriage and family* (2nd ed.). New York: Macmillan.

Posner, M. I., Rothbart, M. K., Vizueta, N., Thomas, K. M., Levy, K. N., Fossella, J., et al. (2003). An approach to the psychobiology of personality disorders. *Development and Psychopathology, 15,* 1093-1106.

Post, R. M. (1992). Transduction of psychosocial stress into the neurobiology of recurrent affective disorder. *American Journal of Psychiatry, 149,* 999-1010.

Post, R. M., & Weiss, S. R. (1997). Emergent properties of neural systems: How focal molecular neurobiological alterations can affect behavior. *Development and Psychopathology, 9,* 907-929.

Power, P. J. R., Bell, R. J., Mills, R., Herrman-Doig, T., Davern, M., Henry, L., Yuen, H. P., KhademyDeljo, A., & McGorry, P. D. (2003). Suicide prevention in first episode psychosis: The development of a randomised controlled trial of cognitive therapy for acutely suicidal patients with early psychosis. *Australian and New Zealand Journal of Psychiatry, 37,* 414-420.

Powers, S. W. (1999). Empirically supported treatments in pediatric psychology: Procedure-related pain. *Journal of Pediatric Psychology, 24,* 131-145.

Powers, S. W., Mitchell, M. J., Gaumlich, S. E., Byars, K. C., & Kalinyak, K. A. (2002). Longitudinal assessment of pain, coping and daily functioning in children with sickle cell disease receiving pain management skills training. *Journal of Clinical Psychology in Medical Settings, 9,* 109-119.

Prince-Hughes, D. (2002). *Aquamarine Blue 5: Personal stories of college students with autism.* Athens, OH: Ohio University Press.

Prinstein, M. J. (2003). Social factors: Peer relationships. In

A. Spirito & J. C. Over-holser (Eds.), *Evaluating and treating adolescent suicide attempters: From research to practice* (pp. 193-215). New York: Academic Press.

Prinstein, M. J., Boergers, J., Spirito, A., Little, T. D., & Grapentine, W. L. (2000). Peer functioning, family dysfunction, and psychological symptoms in a risk factor model for adolescent inpatients' suicidal ideation severity. *Journal of Clinical Child Psychology, 29*, 392-405.

Prinstein, M. J., Boergers, J., & Vernberg, E. M. (2001). Overt and relational aggression in adolescents: Social-psychological adjustment of aggressors and victims. *Journal of Clinical Child Psychology, 30*, 479-491.

Puig-Antich, J., & Chambers, W. (1978). *The Schedule for Affective Disorders and Schizophrenia for School-Age Children (Kiddie-SADS).* New York: New York State Psychiatric Institute.

Pynoos, R. S., Steinberg, A. M., & Wraith, R. (1995). A developmental model of childhood traumatic stress. In D. Cicchetti & D. J. Cohen (Eds.), *Developmental psychopathology: Vol. II. Risk, disorder, and adaptation* (pp. 72-95). New York: Wiley.

Radke-Yarrow, M. (1998). *Children of depressed mothers: From early childhood to maturity.* New York: Cambridge University Press.

Radke-Yarrow, M., McCann, K., DeMulder, E., Belmont, B., Martinez, P., & Richardson, D. T. (1995). Attachment in the context of high-risk conditions. *Development and Psychopathology, 7*(2), 247-265.

Ramey, C. T., & Campbell, F. A. (1991). Poverty, early childhood education, and academic competence: The Abecedarian experiment. In A. C. Huston (Ed.), *Children in poverty: Child development and public policy* (pp. 190-221). Cambridge: Cambridge University Press.

Randall, J., & Cunningham, P. B. (2003). Multisystemic therapy: A treatment for violent substance-abusing and substance-dependent juvenile offenders. *Addictive Behaviors, 28*, 1731-1739.

Rapee, R. M., & Sweeney, L. (2001). Social phobia in children and adolescents: Nature and assessment. In W. Crozier & L. E. Alden (Eds.), *International handbook of social anxiety: Concepts, research and interventions relating to the self and shyness* (pp. 505-524). New York: Wiley.

Rapee, R. M., Wignall, A., Hudson, J. L., & Schniering, C. A. (2000). *Treating anxious children and adolescents: An evidence-based approach.* Oakland, CA: New Harbinger.

Rapoport, J. L., InoffGermain, G., Weissman, M. M., Greenwald, S., Narrow, W. E., Jensen, P. S., et al. (2000). Childhood obsessive-compulsive disorder in the NIMH MECA study: Parent versus child identification of cases. *Journal of Anxiety Disorders, 14*, 535-548.

Rapoport, J. L., & Ismond, D. R. (1996). *DSM-IV training guide for diagnosis of childhood disorders.* NY: Brunner/Mazel.

Rapport, M. D., Scanlan, S. W., & Denney, C. B. (1999). Attention-deficit/hyperactivity disorder and scholastic achievement: A model of dual developmental pathways. *Journal of Child Psychology and Psychiatry, 40*, 1169-1183.

Rasmussen, P., & Gillberg, C. (2001). Natural outcome of ADHD with developmental coordination disorder at age 22 years: A controlled, longitudinal, community-based study. *Journal of the American Academy of Child and Adolescent Psychiatry, 39*, 1424-1431.

Rasmussen, S. A., & Eisen, J. L. (1992). The epidemiology and clinical features of obsessive compulsive disorder. *Psychiatric Clinics of North America, 15*, 743-758.

Rastam, M. (1992). Anorexia nervosa in 51 Swedish adolescents: Premorbid problems and comorbidity. *Journal of the American Academy of Child and Adolescent Psychiatry, 31*, 819-828.

Rastam, M., & Gillberg, C. (1991). The family background in anorexia nervosa: A population-based study. *Journal of the American Academy of Child and Adolescent Psychiatry, 30*, 283-289.

Rathus, J. H., & Miller, A. L. (2000). DBT for adolescents: Dialectical dilemmas and secondary treatment targets. *Cognitive and Behavioral Practice, 7*, 425-434.

Rathus, J. H., & Miller, A. L. (2002). Dialectical behavior therapy adapted for suicidal adolescents. *Suicide and Life-Threatening Behavior, 32*, 146-157.

Redfield-Jamison, R. (1995). *An unquiet mind.* New York: Knopf.

Reich, W., Welner, Z., & Herjanic, B. (1997). *Diagnostic Interview for Children and Adolescents-IV (DICA-IV).* North Tonawanda, NY: Multi-Health Systems.

Reid, J. B. (1978). *A social learning approach to family intervention: Observations in the home setting.* Eugene, OR: Castalia Publishing.

Reid, J. B., Patterson, G. R., & Snyder, J. J. (2002). *Antisocial behavior in children and adolescents: A developmental analysis and model for intervention.* Washington, DC: American Psychological Association.

Reinecke, M. A., Dattilio, F. M., & Freeman, A. (2003). *Cognitive therapy with children and adolescents: A casebook for clinical practice* (2nd ed.). New York: Guilford.

Reinhertz, H. Z., Gianconia, R. M., Pakiz, B., Silverman, A., Frost, A. K., & Lefkowitz, E. S. (1993). Psychological risks for major depression in late adolescence: A longitudinal community study. *Journal of the American Academy of Child and Adolescent Psychiatry, 32*, 1155-1163.

Reiss, D., Neiderhiser, J. M., Hetherington, E. M., & Plomin, R. (2000). *The relationship code: Deciphering genetic and social influences on adolescent development.* Cambridge, MA: Cambridge University Press.

Remschmidt, H. E., Schulz, E., Martin, M., & Warnke, A. (1994). Childhood-onset schizophrenia: History of the concept and recent studies. *Schizophrenia Bulletin, 20*, 727-745.

Rende, R., & Plomin, R. (1995). Nature, nurture, and the development of psychopathology. In D. Cicchetti & D. J. Cohen (Eds.), *Developmental psychopathology: Vol. I. Theory and methods* (pp. 291-314). New York: Wiley.

Rende, R. D., Plomin, R., Reiss, D., & Hetherington, E. M. (1993). Genetic and environmental influences on depressive symptomatology in adolescence: Individual differences and extreme scores. *Journal of Child Psychology and Psychiatry, 8*, 1387-1398.

Rennison, C. M. (2001). *Violence victimization and race, 1993-1998.* Retrieved February 12, 2003, from http://www.ojp.usdoj.gov/bjs/abstract/ipv.htm

Rey, J. M. (1993). Oppositional defiant disorder. *American Journal of Psychiatry, 150*(12), 1769-1778.

Reynolds, C. R., & Kamphaus, R. W. (1992). *Behavior assessment system for children (BASC).* Circle Pines, MN: American Guidance Services.

Reynolds, C. R., & Richmond, B. O. (1985). *Revised Children's Manifest Anxiety Scale (RCMAS).* Los Angeles: Western Psychological Services.

Richters, J. E., Arnold, L. E., Jensen, P. S., Abikoff, H., Conners, C., Greenhill, L., et al. (1995). NIMH collaborative multisite multi-modal treatment study of children with ADHD: I. Background and rationale. *Journal of the American Academy of Child and Adolescent Psychiatry, 34*, 987-1000.

Richters, J. E., & Cicchetti, D. (1993). Mark Twain meets DSM-III-R: Conduct disorder, development, and the concept of harmful dys-function. *Development and Psychopathology, 5*, 5-30.

Richters, J. E., & Martinez, P. E. (1993). Violent communities, family choices, and children's chances: An algorithm for improving the odds. *Development and Psychopathology, 5*, 609-627.

Rind, B., Tromovitch, P., & Bauserman, R. (1998). A meta-analytic examination of assumed properties of child sexual abuse using college samples. *Psychological Bulletin, 124*, 22-53.

Rispens, J., Aleman, A., & Goudena, P. P. (1997). Prevention of child sexual abuse victimization: A meta-analysis of school programs. *Child Abuse and Neglect, 21*, 975-987.

Robbins, M. S., Szapocznik, J., Santisteban, D. A., Hervis, O. E., Mitrani, V. B., & Schwartz, S. J. (2003). Brief strategic family therapy for Hispanic youth. In A. E. Kazdin & J. R. Weisz (Eds.), *Evidence-based psychotherapies for children and adolescents* (pp. 407-437). New York: Guilford.

Roberts, R. E., Chen, Y. R., & Roberts, C. R. (1997). Ethnocultural differences in prevalence of adolescent suicidal behaviors. *Suicide and Life-Threatening Behavior, 27*, 208-217.

Roberts, R. E., Roberts, C. R., & Chen, Y. R. (1997). Ethnocultural differences in prevalence of adolescent depression. *American Journal of Community Psychology, 25*, 95-110.

Robertson, J., & Robertson, J. (1971). Young children in brief separation. *Psychoanalytic Study of the Child, 26*, 264-315.

Robertson, J., & Robertson, J. (1989). *Separation and the very young.* London: Free Association Books.

Robin, A. L., Seigel, P. T., Moye, A., Gilroy, M., Dennis, A. B., & Sikand, A. (1999). A controlled comparison of family versus individual therapy for adolescents with anorexia nervosa. *Journal of the American Academy of Child and Adolescent Psychiatry, 38*, 1428-1489.

Robins, L. N. (1966). *Deviant children grown up: A sociological and psychiatric study of sociopathic personality.* Baltimore, MD: Williams & Wilkins.

Robins, L. N. (1972). Follow-up studies of behavior disorders in children. In H. C. Quay & J. S. Werry (Eds.), *Psychopathological disorders of childhood* (pp. 483-513). New York: Wiley.

Rodin, J., Striegel-Moore, R. H., & Silberstein, L. R. (1990). Vulnerability and resilience in the age of eating disorders: Risk and protective factors for bulimia nervosa. In J. Rolf, A. S. Masten, D. Cicchetti, K. H. Nuechterlein, & S. Weintraub (Eds.), *Risk and protective factors in the development of psychopathology* (pp. 361-383). Cambridge, England: Cambridge University Press.

Rodkin, P. C. (2000). Heterogeneity of popular boys: Antisocial and prosocial configurations. *Developmental Psychology, 36*, 14-24.

Rodriguez, N., Ryan, S. W., Vande Kemp, H., & Foy, D. W. (1997). Posttraumatic stress disorder in adult female survivors of childhood sexual abuse: A comparison study. *Journal of Consulting and Clinical Psychology, 65*, 53-59.

Roeyers, H., Van Oost, P., & Bothuyne, S. (1998). Immediate imitation and joint attention in young children with autism. *Development and Psychopathology, 10*(3), 441-450.

Roff, J. D., & Fultz, J. M. (2003). Childhood antecedents of schizophrenia: Developmental sequencing and specificity of problem behavior. *Psychological Reports, 92*, 793-803.

Rogers, C. R. (1959). A theory of therapy, personality, and interpersonal relationships as developed in the client-centered framework. In S. Koch (Ed.), *Psychology: Study of a science: Vol. 3. Formulations of the person and the social context* (pp. 184-256). New York: McGraw-Hill.

Rogers, S. J. (1998). Empirically supported comprehensive treatments for young children with autism. *Journal of Clinical Child Psychology, 27*(2), 168-179.

Roid, G. H. (2003). *Stanford Binet Intelligence Scales*, Fifth Edition. Itasca, IL: Riverside Publishing.

Romans, S. E., Gendall, K. A., Martine, J. L., & Mullen, P. E. (2001). Child sexual abuse and later disordered eating: A New Zealand epidemiological study. *International Journal of Eating Disorders, 29*, 380-392.

Rorty, M., Yager, J., & Rossotto, E. (1994). Childhood sexual, physical, and psychological abuse in bulimia nervosa. *American Journal of Psychiatry, 151*, 1122-1126.

Rose, D. R., & Abramson, L. Y. (1991). Developmental predictors of depressive cognitive style: Research and theory. In D. Cicchetti, & S. L. Toth (Eds.), *Rochester symposium on developmental psychopathology*, No. 4 (pp. 323-349).

Rosen, K. S., & Rothbaum, F. (2003). Attachment: Parent-child relationships. In J. Ponzetti (Ed.), *International encyclopedia of marriage and family* (pp. 105-111). New York: Macmillan.

Rosenblith, J. F., & Sims-Knight, J. (1992). *In the beginning: Development in the first two years of life.* Monterey, CA: Brooks/Cole.

Rosenthal, P. A., & Rosenthal, S. (1984). Suicidal behavior by preschool children. *American Journal of Psychiatry, 141*, 520-525.

Ross, A. O., & Nelson, R. O. (1979). Behavior therapy. In H. C. Quay & J. S. Werry (Eds.), *Psychopathological disorders of childhood* (2nd ed.). New York: Wiley.

Rossello, J., & Bernal, G. (1999). Treatment of depression in Puerto Rican adolescents: The efficacy of cognitive-behavioral and interpersonal treatments. *Journal of Consulting and Clinical Psychology, 67*, 734-745.

Rossini, E. D., & Moretti, R. J. (1997). Thematic Ap-perception Test (TAT) interpretation: Practice recommendations from a survey of clinical psychology doctoral programs accredited by the American Psychological Association. *Professional Psychology: Research and Practice, 28,* 393-398.

Rossman, B. B. R., & Ho, J. (2000). Posttraumatic response and children exposed to parental violence. In R. Geffner, P. G. Jaffe, & M. Sudermann (Eds.), *Children exposed to domestic violence: Current issues in research, intervention, prevention, and policy development* (pp. 85-106). New York: Haworth.

Rossman, B. B. R., Hughes, H. M., & Rosenberg, M. S. (1999). *Children and interparental violence: The impact of exposure.* New York: Brunner/Mazel.

Rossman, B. B. R., & Rosenberg, M. S. (1992). Family stress and functioning in children: The moderating effects of children's beliefs about their control over parental conflict. *Journal of Child Psychology and Psychiatry, 33,* 699-715.

Rossman, B. B. R., & Rosenberg, M. S. (1997). *Multiple victimization of children: Conceptual, research, and treatment issues.* New York: Haworth Press.

Rosso, I. M., & Cannon, T. (2003). Obstetric complications and neurodevelop-mental mechanisms in schizophrenia. In D. Cicchetti & E. Walker (Eds.), *Neurodevelopmental mechanisms in psychopathology* (pp. 111-137). New York, NY, US: Cambridge University Press.

Roth, A., & Fonagy, P. (1996). *What works for whom: A critical review of psychotherapy research.* New York: Guilford.

Rothbart, M. K., Derryberry, D., & Hershey, K. (2000). Stability of temperament in childhood: Laboratory infant assessment to parent report at seven years. In V. J. Molfese & D. L. Molfese (Eds.), *Temperament and personality across the life span* (pp. 85-119). Mahwah, NJ: Erlbaum.

Rotheram-Borus, M. J., & Langabeer, K. A. (2001). Developmental trajectories of gay, lesbian, and bisexual youths. In A. R. D'Augelli & C. Patterson (Eds.), *Lesbian, gay and bisexual identities among youth: Psychological perspectives* (pp. 97-128). New York: Oxford University Press.

Rourke, B. P., & Tsatsanis, K. D. (2000). Nonverbal learning disabilities and Asperger Syndrome. In A. Klin, F. R. Volkmar, & S. S. Sparrow (Eds.), *Asperger syndrome* (pp. 231-253). New York: Guilford.

Rowa, K., Kerig, P. K., & Geller, J. (2001). The family and anorexia: Examining parent-child boundary problems. *European Eating Disorders Review, 9,* 97-114.

Roza, S. J., Hofstra, M. B., Van der Ende, J., & Verhulst, F. C. (2003). Stable prediction of mood and anxiety disorders based on behavioral and emotional problems in childhood: A 14-year follow-up during childhood, adolescence, and young adulthood. *American Journal of Psychiatry, 160,* 2116-2121.

Rubin, K. H. (1993). The Waterloo longitudinal project: Correlates and consequences of social withdrawal from childhood to adolescence. In K. H. Rubin & J. B. Asendorpf (Eds.), *Social withdrawal, inhibition, and shyness* (pp. 291-314). Hillsdale, NJ: Earlbaum.

Rubin, K. H., & Mills, R. S. L. (1991). Conceptualizing developmental pathways to internalizing disorders in childhood. *Canadian Journal of Behavioural Science, 23,* 300-317.

Ruble, D. N., & Martin, C. L. (1998). Gender development. In W. Damon & N. Eisenberg (Eds.), *Handbook of child psychology (5th ed.): Vol. 3. Social, emotional, and personality development* (pp. 933-1016). New York: Wiley.

Rudolph, K. D. (2002). Gender differences in emotional responses to interpersonal stress during adolesence. *Journal of Adolescent Health, 30,* 3-13.

Rudolph, K. D., & Clark, A. G. (2001). Conceptions of relationships in children with depressive and aggressive symptoms: Social-cognitive distortion or reality? *Journal of Abnormal Child Psychology, 29,* 41-56.

Rudolph, K. D., & Hammen, C. (1999). Age and gender as determinants of stress exposure, generation, and reaction in youngsters: A transactional perspective. *Child Development, 70,* 660-677.

Rudolph, K. D., Hammen, C., & Burge, D. (1994). Interpersonal functioning and depressive symptoms in childhood: Addressing the issues of specificity and comorbidity. *Journal of Abnormal Child Psychology, 22,* 355-371.

Rudolph, K. D., Kurlakowsky, K. D., & Conley, C. S. (2001). Development and social-contextual origins of depressive control-related beliefs and behavior. *Cognitive Therapy and Research, 25,* 447-475.

Rumbaut, R. G. (1994). The crucible within: Ethnic identity, self-esteem, and segmented assimilation among children of immigrants. *International Migration Review, 28,* 748-794.

Runyan, D. K., Hunter, W. M., Socolar, R. R. S., Amaya-Jackson, L., English, D., & Landsverk, J. (1998). Children who prosper in unfavorable environments: The relationship to social capital. *Pediatrics, 101,* 12-18.

Russell, A. T., Bott, L., & Sammons, C. (1989). The phenomenology of schizophrenia occurring in childhood. *Journal of the American Academy of Child & Adolescent Psychiatry, 28,* 399-407.

Rutter, M. (1977). Brain damage syndromes in childhood: Concepts and findings. *Journal of Child Psychology and Psychiatry, 18,* 1-21.

Rutter, M. (1981). Psychological sequelae of brain-damaged children. American Journal of Psychiatry, 138, 1533-1544. Rutter, M. (1990). Psychosocial resilience and protective mechanisms. In J. Rolf, A. S. Masten, D. Cicchetti, K. H. Nuechterlein, & S. Weintraub (Eds.), *Risk and protective factors in the development of psycho-pathology* (pp. 181-214). Cambridge, England: Cambridge University Press.

Rutter, M. (1994). Beyond longitudinal data: Causes, consequences, changes, and continuity. *Journal of Consulting and Clinical Psychology, 62,* 928-940.

Rutter, M. (2000). Psychosocial influences: Critiques, findings, and research needs. *Development and Psychopathology, 12,* 375-405.

Rutter, M., Silberg, J., O'Connor, T., & Simonoff, E. (1999). Genetics and child psychiatry II: Empirical research findings. *Journal of Child Psychology and Psychiatry and Allied Disciplines, 40,* 19-55.

Saarni, C. (1999). *The development of emotional competence.* New York: Guilford Publications.

Sabo, A. N. (1997). Etiological significance of associations between childhood trauma and borderline personality disorder: Conceptual and clinical implications. *Journal of Personality Disorders, 11,* 50-70.

Sachs, H. T., & Barrett, R. P. (2000). Psychopathology in individuals with mental retardation. In A. J. Sameroff, M. Lewis, & S. M. Miller (Eds.), *Handbook of developmental psychopathology* (pp. 657-670). New York: Kluwer Academic.

Sagrestano, L., Paikoff, R. L., Holmbeck, G., & Fendrich, M. (2003). A longitudinal examination of familial risk factors for depression among inner-city African American adolescents. *Journal of Family Psychology, 17,* 108-120.

Saigh, P. (1992). *Posttraumatic stress disorder: A behavioral approach to diagnosis and treatment.* Needham Heights, MA: Allyn & Bacon.

Sallee, F. R., & March, J. S. (2001). Neuropsychiatry of paediatric anxiety disorders. In W. K. Silverman & A. Treffers (Eds.), *Anxiety disorders in children and adolescents: Research, assessment, and intervention* (pp. 90-125). New York: Cambridge.

Salzinger, S., Feldman, R. S., Hammer, M., & Rosario, M. (1993). The effects of physical abuse on children's social relationships. *Child Development, 64,* 169-187.

Sameroff, A. J. (1990). Neo-environmental perspectives on developmental theory. In R. M. Hodapp, J. A. Burack, & E. Zigler (Eds.), *Issues in the developmental approach to mental retardation* (pp. 93-113). Cambridge, England: Cambridge University Press.

Sameroff, A. J. (1994). Models of development and developmental risk. In C. H. Zeanah (Ed.), *Handbook of infant mental health* (pp. 3-13). New York: Guilford.

Sameroff, A. J. (1995). General systems theories and developmental psychopathology. In D. Cicchetti & D. J. Cohen (Eds.), *Developmental psychopathology: Vol. I. Theory and methods* (pp. 659-695). New York: Wiley.

Sandfort, T. G. M. (2000). *Childhood sexuality: Normal sexual behavior and development.* New York: Haworth Press.

Sandfort, T. G. M., & Cohen-Kettenis, P. (2000). Sexual behavior in Dutch and Belgian children as observed by their mothers. In T. G. M. Sandfort & J. Rademakers (Eds.), *Childhood sexuality: Normal sexual behavior and development* (pp. 105-116). Binghamton. NY: Haworth.

Sandler, I. N., Tein, J., & West, S. G. (1994). Coping, stress, and the psychological symptoms of children of divorce: A cross-sectional and longitudinal study. *Child Development, 65,* 1744-1763.

Sanson, A., Prior, M., & Smart, D. (1996). Reading disabilities with and without behaviour problems at 7-8 years: Prediction from longitudinal data from infancy to 6 years. *Journal of Child Psychology and Psychiatry, 37,* 529-541.

Santisteban, D. A., Coatsworth, D. J., Perez-Vidal, A., Kurtines, W., Schwartz, S., LaPerriere, A., et al. (2003). Efficacy of brief strategic family therapy in modifying Hispanic adolescent behavior problems and substance use. *Journal of Family Psychology, 17,* 121-133.

Satterfield, J. H., & Schnell, A. (1997). A prospective study of hyperactive boys with conduct problems and normal boys: Adolescent and adult criminality. *Journal of the American Academy of Child and Adolescent Psychiatry, 36,* 1726-1735.

Sattler, J. M. (1992). *Assessment of children* (3rd ed.). San Diego: J. M. Sattler.

Sattler, J. M. (1998). *Clinical and forensic interviewing of children and families.* San Diego, CA: Jerome M. Sattler.

Sattler, J. M. (2001). *Assessment of children: Cognitive applications* (4th ed.). San Diego, CA: Jerome M. Sattler.

Sattler, J. M. (2002). *Assessment of children: Behavioral and clinical applications* (4th ed.). San Diego, CA: Jerome M. Sattler.

Savin-Williams, R. C., (2001). *Mom, Dad, I'm gay: How families negotiate coming out.* American Psychological Association.

Savin-Williams, R. C., & Ream, G. L. (2003). Suicide attempts among sexual-minority male youth. *Journal of Clinical Child and Adolescent Psychology, 32,* 509-522.

Saywitz, K. J., Goodman, G., Nicholas, G., & Moan, S. (1991). Children's memory of a physical examination involving genital touch: Implications for reports of child sexual abuse. *Journal of Consulting and Clinical Psychology, 59,* 682-691.

Saywitz, K. J., Mannarino, A. P., Berliner, L., & Cohen, J. A. (2000). Treatment for sexually abused children and adolescents. *American Psychologist, 55,* 1040-1049.

Scarr, S. (1992). Developmental theories for the 1990s: Development and individual differences. *Child Development, 64,* 1333-1353.

Schaeffer, C. M., Petrras, H., Ialongo, N., Poduska, J., & Kellam, S. (2003). Modeling growth in boys' aggressive behavior across elementary school: Links to later criminal involvement, conduct disorder, and antisocial personality disorder. *Developmental Psychology, 39,* 1020-1035.

Schneider, B. H., Atkinson, L., & Tardif, C. (2001). Child-parent attachment and children's peer relations: A quantitative review. *Developmental Psychology, 37,* 86-100.

Schreibman, L., & Charlop-Christy, M. H. (1998). Autistic disorder. In *Handbook of child psychopathology* (3rd ed., pp. 157-179). New York: Plenum Press.

Schreier, H. A., & Libow, J. A. (1993). *Hurting for love: Munchausen by proxy syndrome.* New York: Guilford.

Schuhrke, B. (2000). Young children's curiosity about other people's genitals. In T. G. M. Sandfort & J. Rademakers (Eds.), *Childhood sexuality: Normal sexual behavior and development* (pp. 27-48). Binghamton. NY: Haworth.

Schulsinger, F. (1980). Biological psychopathology. *Annual Review of Psychology, 31,* 583-606.

Schultz, R. T., Romanski, L. M., & Tsatsanis, K. D. (2000). Neurofrontal models of autistic disorder and Asperger syndrome: Clues from neuroimaging. In A. Klin, F. R. Volkmar, & S. S. Sparrow (Eds.), *Asperger syndrome* (pp. 172-209). New York: Guilford.

Schulze, B., Richter-Werling, M., Matschinger, H., & Angermeyer, M. C. (2003). Crazy? So what! Effects of a school project on students' attitudes towards people with schizophrenia. *Acta Psychiatrica Scandinavica, 107,* 142-150.

Schumacher, J. A., Smith-Slep, A. M., & Heyman, R. E. (2001). Risk factors for child neglect. *Aggression and*

Violent Behavior, 6, 231-254.

Schwalberg, M. D., Barlow, D. H., Alger, S. A., & Howard, L. J. (1992). Comparison of bulimics, obese binge eaters, social phobics, and individuals with panic disorder on comorbidity across DMSII-R anxiety disorders. *Journal of Abnormal Psychology, 101*, 675-681.

Schwartz, J. A., Kaslow, N. J., Racusin, G. R., & Carton, E. R. (1998). Interpersonal family therapy for childhood depression. In V. B. Van Hasselt & M. Hersen (Eds.), *Handbook of psychological treatment protocols for children and adolescents*. Mahwah, NJ: Lawrence Erlbaum Associates.

Schwartz-Kenney, B. M., & McCauley, M. (2003). Physical abuse and neglect. In J. Ponzetti, R. Hamon, Y. Kellar-Guenther, P. K. Kerig, L. Scales, & J. White (Eds.), *International Encyclopedia of Marital and Family Relationships* (pp. 215-221). New York: Macmillan.

Sedlak, A. J. (1997). Risk factors for the occurrence of child abuse and neglect. *Journal of Aggression, Maltreatment, and Trauma, 1*, 149-187.

Seidman, L. J., Biederman, J., Faraone, S. V., Weber, W., & Ouellette, C. (1997). Toward defining a neuropsychology of attention deficit-hyperactivity disorder: Performance of children and adolescents from a large clinically referred sample. *Journal of Consulting and Clinical Psychology, 65*, 150-160.

Seiner, S. H., & Gelfand, D. M. (1995). Effects of mothers' simulated withdrawal and depressed affect on mother-toddler interactions. *Child Development, 66*, 1519-1528.

Selman, R. L., & Schultz, L. H. (1988). Interpersonal thought and action in the case of a troubled early adolescent: Toward a developmental model of the gap. In S. R. Shirk (Ed.), *Cognitive development and child psychotherapy* (pp. 207-246). New York: Plenum.

Selman, R. L., Schultz, L. H., & Yeates, K. O. (1991). Interpersonal understanding and action: A developmental psychopathology perspective on research and prevention. In D. Cicchetti & S. L. Toth (Eds.), *Models and integrations. Rochester symposium on developmental psychopathology, Vol. 3* (pp. 289-326). Rochester: University of Rochester Press.

Serafica, F. C. (1997). Psychopathology and resilience in Asian American children and adolescents. *Applied Developmental Science, 1*, 145-155.

Shaffer, A., & Sroufe, L. A. (in press). The developmental and adaptational significance of boundary dissolution: Findings from a prospective, longitudinal study. *Journal of Emotional Abuse*.

Shaffer, D., Fisher, P., Lucas, C., & Comer, J. (2003). *Scoring Manual: Diagnostic Interview Schedule for Children (DISC-IV)*. New York: Columbia University.

Shaffer, D., Garland, A., Vieland, V., Underwood, M., & Busner, C. (1991). The impact of curriculum-based suicide prevention programs for teenagers. *Journal of the American Academy of Child and Adolescent Psychiatry, 30*, 588-596.

Shafii, M., & Shafii, S. L. (1992). *Clinical guide to depression in children and adolescents*. Washington, DC: American Psychiatric Press.

Shaloub-Kevorkian, N. (1999). The politics of disclosing female sexual abuse: A case study of Palestinian society. *Child Abuse and Neglect, 23*, 1275-1293.

Shapiro, E. R., Zinner, J., Shapiro, R. L., & Berkowitz, D. A. (1975). The influence of family experience on borderline personality development. *International Review of Psycho-Analysis, 2*, 399-411.

Shapiro, E. S., DuPaul, G. J., & Bradley Klug, K. L. (1998). Self-management as a strategy to improve the classroom behavior of adolescents with ADHD. *Journal of Learning Disabilities, 31*, 545-555.

Shaw, D. S., & Bell, R. Q. (1993). Developmental theories of parental contributors to antisocial behavior. *Journal of Abnormal Child Psychology, 21*, 493-518.

Shaw, D. S., Bell, R. Q., & Gilliom, M. (2000). A truly early starter model of antisocial behavior revisited. *Clinical Child and Family Psychology Review, 3*, 155-172.

Shaw, D. S., Gilliom, M., Ingoldsby, E. M., & Nagin, D. S. (2003). Trajectories leading to school-age conduct problems. *Developmental Psychology, 39*, 189-200.

Shaw, D. S., Owens, E. B., Vondra, J. I., Keenan, K., & Winslow, E. B. (1996). Early risk factors and pathways in the development of early disruptive behavior problems. *Development and Psychopathology, 8*, 679-699.

Shaw, D. S., Vondra, J. I., Hommerding, K. D., Keenan, K., & Dunn, M. (1994). Chronic family adversity and early child behavior problems: A longitudinal study of low income families. *Journal of Child Psychology and Psychiatry, 35*, 1109-1122.

Shaw, D. S., Winslow, E. B., Owens, E. B., & Vondra, J. I. (1998). The development of early externalizing problems among children from low-income families: A transformational perspective. *Journal of Abnormal Child Psychology, 26*, 95-107.

Shedler, J., & Block, J. (1990). Adolescent drug use and psychological health. *American Psychologist, 45*, 612-630.

Sheeber, L., Davis, B., & Hops, H. (2002). Gender-specific vulnerability to depression in children of depressed mothers. In S. H. Goodman & I. H. Gotlib (Eds.), *Children of depressed parents: Mechanisms of risk and implications for treatment* (pp. 253-274). Washington, DC: American Psychological Association.

Sheeber, L., Hops, H., Alpert, A., Davis, B., & Andrews, J. (1997). Family support and conflict: Prospective relations to adolescent depression. *Journal of Abnormal Child Psychology, 25*, 333-344.

Shelton, R. C., Keller, M. B., Gelenberg, A., Dunner, D. L., Hirschfeld, R., et al. (2001). Effectiveness of St. John's Wort in major depression: A randomized controlled trial. *Journal of the American Medical Association, 285*, 1978-1988.

Sheridan, M. S. (2003). The deceit continues: An updated literature review of Munchausen by proxy syndrome. *Child Abuse and Neglect, 27*, 431-451.

Shirk, S. R. (1988). Introduction: A cognitive-developmental perspective on child psychotherapy. In S. R. Shirk (Ed.), *Cognitive development and child psychotherapy* (pp. 1-16). New York: Plenum.

Shirk, S. R. (1999). Developmental therapy. In W. K. Silverman & T. H. Ollendick (Eds.), *Developmental issues in the clinical treatment of children* (pp. 60-73). Boston:

Allyn & Bacon.

Shirk, S. R., & Russell, R. L. (1996). *Change processes in child psychotherapy: Revitalizing treatment and research.* New York: Guilford.

Shochet, I. M., Dadds, M. R., Holland, D., Whitefield, K., Harnett, P. H., & Osgarby, S. M. (2001). The efficacy of a universal school-based program to prevent adolescent depression. *Journal of Clinical Child Psychology, 30,* 303-315.

Shortt, J. W., Capaldi, D., Dishion, T. J., Bank, L., & Owen, L. D. (2003). The role of adolescent friends, romantic partners, and siblings in the emergence of the adult antisocial lifestyle. *Journal of Family Psychology, 17,* 521-533.

Shure, M. B., & Spivack, G. (1988). Interpersonal cognitive problem-solving. In R. H. Price, E. L. Cowen, R. P. Lorion, & J. Ramos-McKay (Eds.), *Fourteen ounces of prevention: A casebook for practitioners* (pp. 69-82). Washington, DC: American Psychological Association.

Siegler, R., DeLoache, J., & Eisenberg, N. (2003). *How children develop.* New York: Worth.

Siever, L. J., Koenigsberg, H. W., & Reynolds, D. (2003). Neurobiology of personality disorders: Implications for a neurodevelopmental model. In D. Cicchetti & E. Walker (Eds.), *Neurodevelopmental mechanisms in psychopathology* (pp. 405-427). New York: Cambridge.

Silberg, J., Pickles, A., Rutter, M., Hewitt, J., Simonoff, E., Maes, H., et al. (1999). The influence of genetic factors and life stress on depression among adolescent girls. *Archives of General Psychiatry, 56,* 225-232.

Silk, J. S., Nath, S. R., Siegel, L. R., & Kendall, P. C. (2000). Conceptualizing mental disorders in children: Where have we been and where are we going? *Development and Psychopathology, 12,* 713-735.

Silverman, R. C., & Lieberman, A. F. (1999). Negative maternal attributions, projective identification, and the intergenerational transmission of violent relational patterns. *Psychoanalytic Dialogues, 9,* 161-186.

Silverman, W. K., & Ginsburg, G. S. (1998). Anxiety disorders. In T. H. Ollendick & M. Hersen (Eds.), *Handbook of child psychopathology* (pp. 239-268). New York: Plenum.

Silverman, W. K., & Rabian, B. (1994). Specific pho-bias. In T. H. Ollendick, N. J. King, & W. Yule (Eds.), *International handbook of phobic and anxiety disorders in children and adolescents* (pp. 87-110). New York: Plenum.

Silverthorn, P., & Frick, P. J. (1999). Developmental pathways to antisocial behavior: The delayed-onset pathway in girls. *Development and Psychopathology, 11,* 101-126.

Simic, M., & Fombonne, E. (2001). Depressive conduct disorder: Symptom patterns and correlates in referred children and adolescents. *Journal of Affective Disorders, 62,* 175-185.

Simmons, R. G., & Blyth, D. (1987). *Moving into adolescence: The impact of pubertal change and school context.* Hillsdale, NJ: Erlbaum.

Simons, R. L., Murry, V., McLoyd, V., Lin, K. H., Cutrona, C., & Conger, R. D. (2002). Discrimination, crime, ethnic identity, and parenting as correlates of depression symptoms among African American children: A multilevel analysis. *Development and Psychopathology, 14,* 371-393.

Simons, R. L., Whitbeck, L. B., Beaman, J., & Conger, R. D. (1994). The impact of mothers' parenting, involvement by nonresidential fathers, and parental conflict on the adjustment of adolescent children. *Journal of Marriage and the Family, 56,* 356-374.

Simons-Morton, B. (2004). Prospective association of peer influence, school engagement, drinking expectancies, and parent expectations with drinking initiation among sixth graders. *Addictive Behaviors, 29,* 299-309.

Simos, P. G., Breier, J. I., Fletcher, J. M., Foorman, B. R., Bergman, E., Fishbeck, K., et al. (2000). Brain activation profiles in dyslexic children during non-word reading: A magnetic source imaging study. *Neuroscience Reports, 290,* 61-65.

Simos, P. G., Fletcher, J. M., Bergman, E., Breier, J. I., Foorman, B. R., Castillo, E. M., et al. (2002). Dyslexic-specific brain activation profile becomes normal following successful remedial training. *Neurology, 58*(8), 1203-1213.

Simpson, D., & Reilly, P. (1982). Pediatric coma scale. Lancet, 2, 450. Siperstein, G. N., & Leffert, J. S. (1997). Comparison of socially accepted and rejected children with mental retardation. *American Journal of Mental Retardation, 101,* 339-351.

Siperstein, G. N., Leffert, J. S., & Wenz-Gross, M. (1997). The quality of friendships between children with and without learning problems. *American Journal of Mental Retardation, 102,* 111-125.

Skara, S., & Sussman, S. (2003). A review of 25 long-term adolescent tobacco and other drug use prevention program evaluations. *Preventive Medicine, 37,* 451-474.

Skodol, A. E., Oldham, J. M., Hyler, S. E., Kellman, H. D., Doidge, N., & Davies, M. (1993). Comorbidity of DSM-III-R eating disorders and personality disorders. *International Journal of Eating Disorders, 14,* 403-416.

Slipp, S. (1991). *The technique and practice of object relations family therapy.* New York: Aronson.

Smart, D., Sanson, A., & Prior, M. (1996). Connections between reading disability and behavior problems: Testing temporal and causal hypotheses. *Journal of Abnormal Child Psychology, 24,* 363-375.

Smetana, J. G. (1990). Morality and conduct disorders. In M. Lewis & S. M. Miller (Eds.), *Handbook of developmental psychopathology* (pp. 157-180). New York: Plenum.

Smith, K. A., Fairburn, C. G., & Cowen, P. J. (1999). Symptomatic relapse in bulimia nervosa following acute tryptophan depletion. *Archives of General Psychiatry, 56,* 171-176.

Smith, P. K., & Brain, P. (2000). Bullying in schools: Lessons from two decades of research. *Aggressive Behavior, 26,* 1-9.

Smolak, L., & Striegel-Moore, R. H. (2001). Challenging the myth of the golden girl: Ethnicity and eating disorders. In R. H. Striegel-Moore & L. Smolak (Eds.), *Eating disorders* (pp. 111-132). Washington, DC: American Psychological Association.

Snow, J. H., & Hooper, S. R. (1994). *Pediatric traumatic brain injury.* Thousand Oaks, CA: Sage.

Solantaus, T., Leinonen, J., & Punamaki, R. L. (2004). Children's mental health in times of economic recession: Replication and extension of the family economic stress model in Finland. *Developmental Psychology, 40,* 412-429.

Southam-Gerow, M. A., Henin, A., Chu, B., Marrs, A., & Kendall, P. C. (1997). Cognitive-behavioral therapy with children and adolescents. *Child and Adolescent Psychiatric Clinics of North America, 6,* 111-136.

Sowell, E. R., Toga, A. W., & Asarnow, R. (2000). Brain abnormalities observed in childhood-onset schizophrenia: A review of the structural magnetic resonance imaging literature. *Mental Retardation & Developmental Disabilities Research Reviews, 6,* 180-185.

Spangler, D. L. (1999). Cognitive-behavioral therapy for bulimia nervosa: An illustration. *Journal of Clinical Psychology, 55,* 699-713.

Spauwen, J., Krabbendam, L., Lieb, R., Wittchen, H. U., & van Os, J. (2003). Sex differences in psychosis: Normal or pathological? *Schizophrenia Research, 62,* 45-49.

Speier, P. L., Sherk, D. L., Hirsch, S., & Cantwell, D. P. (1995). Depression in children and adolescents. In E. E. Beckham & W. R. Leber (Eds.), *Handbook of depression* (pp. 467-493). Homewood, IL: Dorsey Press.

Speltz, M. L., DeKlyen, M., Greenberg, M. T., & Dryden, M. (1995). *Clinic referral for oppositional defiant disorder: Relative significance of attachment and behavioral variables.*

Spence, S. H., Donovan, C., & Brechman-Toussaint, M. (2000). The treatment of childhood social phobia: The effectiveness of a social skills training based cognitive behavioral intervention, with and without parental involvement. *Journal of Child Psychology and Psychiatry, 41,* 713-726.

Spence, S. H., Sheffield, J. K., & Donovan, C. (2002). Problem-solving orientation and attributional style: Moderators of the impact of negative life events on the development of depressive symptoms in adolescence. *Journal of Clinical Child Psychology, 31,* 219-229.

Spencer, M. B., & Markstrom-Adams, C. (1990). Identity processes among racial and ethnic minority children in America. *Child Development, 61,* 290-310.

Spencer, T., Biederman, J., Wilens, T., Harding, M., O'Donnell, D., & Griffin, S. (1996). Pharmacotherapy of attention-deficithyperactivity disorder across the life cycle. *Journal of the American Academy of Child and Adolescent Psychiatry, 35,* 409-432.

Spencer, T., Wilens, T. E., Biederman, J., Wozniak, J., & Harding-Crawford, M. (2000). Attention-defiict/hyperactivity disorder with mood disorders. In T. E. Brown (Ed.), *Attention deficit disorders and comorbidities in children, adolescents, and adults* (pp. 79-124). Washington, DC: American Psychiatric Press.

Spirito, A. (2003). Understanding attempted suicide in adolescence. In A. Spirito & J. C. Overholser (Eds.), *Evaluating and treating adolescent suicide attempters: From research to practice* (pp. 1-18). New York: Academic Press.

Spitz, R. A. (1946). Anaclitic depression. *Psychoanalytic Study of the Child, 2,* 313-342.

Sporn, A., Greenstein, D., Gogtay, N., Jeffries, N. O., Lenane, M., Gochman, P., Clasen, L. S., Blumenthal, J., Giedd, J. N., & Rapoport, J. L. (2003). Progressive brain volume loss during adolescence in childhood-onset schizophrenia. *American Journal of Psychiatry, 160,* 2181-2189.

Sroufe, L. A. (1990a). An organizational perspective on the self. In D. Cicchetti & M. Beeghly (Eds.), *The self in transition: Infancy to childhood* (pp. 281-307). Chicago: University of Chicago Press.

Sroufe, L. A. (1990b). Considering normal and abnormal together: The essence of developmental psychopathology. *Development and Psychopathology, 2,* 335-348.

Sroufe, L. A. (1997). Psychopathology as an outcome of development. *Development and Psychopathology, 9,* 251-268.

Sroufe, L. A., & Rutter, M. (1984). The domain of developmental psychopathology. *Child Development, 55,* 17-29.

Sroufe, L. A., & Ward, M. J. (1980). Seductive behavior of mothers of toddlers: Occurrence, correlates and family origins. *Child Development, 51,* 1222-1229.

Stack, S. (2000). Media impacts on suicide: A quantitative review of 293 findings. *Social Science Quarterly, 81,* 957-971.

Stanger, C., Achenbach, T. M., & Verhulst, F. C. (1997). Accelerated longitudinal comparisons of aggressive versus delinquent syndromes. *Development and Psychopathology, 9,* 43-58.

Stanton, M. D., & Shadish, W. R. (1997). Outcome, attrition, and family-couples treatment for drug abuse: A meta-analysis and review of the controlled, comparative studies. *Psychological Bulletin, 122,* 170-191.

Stark, K. D. (1990). *Childhood depression: School-based interventions.* New York: Guilford.

Stark, K. D., Sander, J. B., Yancy, M. G., Bronik, M. D., & Hoke, J. A. (2000). Treatment of depression in childhood and adolescence. In P. C. Kendall (Ed.), *Child and adolescent therapy: Cognitive-behavioral procedures* (pp. 173-234). New York: Guilford.

Stark, K. D., Schmidt, K. L., & Joiner, T. E. J. (1996). Cognitive triad: Relationship to depressive symptoms, parents' cognitive triad, and perceived parental messages. *Journal of Abnormal Child Psychology, 24,* 615-631.

State, M. W., King, B. H., & Dykens, E. (1997). Mental retardation: A review of the past 10 years (Part II). *Journal of the American Academy of Child and Adolescent Psychiatry, 36,* 1664-1671.

Statham, D. J., Heath, A. C., Madden, P. A. F., Bucholz, K. K., Bierut, L., Dinwiddie, S. H., et al. (1998). Suicidal behaviour: An epidemiological and genetic study. *Psychological Medicine, 28,* 839-855.

Steele, R. G., & Forehand, R. (2003). Longitudinal correlates of depressive symptoms among urban African American children II: Extensive of findings across 3years. *Journal of Clinical Child and Adolescent Psychology, 32,* 606-612.

Steele, S. L., & Eccles, J. S. (1995). *Predicting adolescents' academic expectations over time: Understanding the roles of gender, ethnicity, and SES.* Indianapolis, IN: SRCD.

Stein, D., Williamson, D. E., Birmaher, B., Brent, D. A., Kaufman, J., Dahl, R. E., et al. (2000). Parent-child bonding and family functioning in depressed children and children at high risk and low risk for future depression. *Jour-*

nal of the American Academy of Child and Adolescent Psychiatry, 39, 1387-1395.

Steinberg, L., Dornbusch, S. M., & Brown, B. (1992). Ethnic differences in adolescent achievement: An ecological perspective. *American Psychologist, 47*, 723-729.

Steinberg, L., Lamborn, S. D., Darling, N., Mounts, N. S., & Dornbusch, S. M. (1994). Over-time changes in adjustment and competence among adolescents from authoritative, authoritarian, indulgent, and neglectful families. *Child Development, 65*, 754-770.

Steinberg, L., & Scott, E. S. (2003). Less guilty by reason of adolescence: Developmental immaturity, diminished responsibility, and the juvenile death penalty. *American Psychologist, 58*, 1009-1018.

Steiner, H. (2004). *Handbook of mental health interventions in children and adolescents.* New York: Jossey Bass.

Stern, D. N. (1985). *The interpersonal world of the infant.* New York: Basic Books.

Steward, M. S., Bussey, K., Goodman, G. S., & Saywitz, K. J. (1993). Implications of developmental research for interviewing children. *Child Abuse and Neglect, 17*, 25-37.

Stewart, S. M., Rao, N., Bond, M. H., McBride-Chang, C., Fielding, R., & Kennard, B. D. (1998). Chinese dimensions of parenting: Broadening Western predictors and outcomes. *International Journal of Psychology, 33*, 345-358.

Stice, E. (1999). Clinical implications of psychosocial research on bulimia nervosa and binge-eating disorder. *JCLP/In Session: Psychotherapy in Practice, 55*, 675-683.

Stice, E., & Bearman, S. K. (2001). Body-image and eating disturbances prospectively predict increases in depressive symptoms in adolescent girls: A growth curve analysis. *Developmental Psychology, 37*, 597-607.

Stice, E., Burton, E. M., & Shaw, H. (2004). Prospective relations between bulimic pathology, depression and substance abuse: Unpacking comorbidity in adolescent girls. *Journal of Consulting and Clinical Psychology, 72*, 62-71.

Stice, E., & Whitenton, K. (2002). Risk factors for body dissatisfaction in adolescent girls: A longitudinal investigation. *Developmental Psychology, 38*, 669-678.

Stice, E., Ziemba, C., Margolis, J., & Flick, P. (1996). The dual pathway model differentiates bulimics, subclinical bulimics, and controls: Testing the continuity hypothesis. *Behavior Therapy, 27*, 531-549.

Stipek, D. J. (1995). The development of pride and shame in toddlers. In J. P. Tangney & K. W. Fischer (Eds.), *Self-conscious emotions: The psychology of shame, guilt, embarrassment, and pride* (pp. 237-252). New York: Guilford.

Stipek, D. J. (2001). Pathways to constructive lives: The importance of early school success. In A. C. Bohart & D. J. Stipek (Eds.), *Constructive and destructive behavior: Implications for family, school, and society* (pp. 291-315). Washington, DC: American Psychological Association.

Stone, N. (1993). Parental abuse as a precursor to childhood onset depression and suicidality. *Child Psychiatry and Human Development, 24*, 13-24.

Stone, W. L., & Lemanek, K. L. (1990). Developmental issues in children's self-reports. In A. M. La Greca (Ed.), *Through the eyes of the child: Obtaining self-reports from children and adolescents* (pp. 18-56). Boston: Allyn & Bacon.

Storr, A. (1989). *Churchill's black dog.* London: Harper Collins.

Straus, M. A. (1992). Sociological research and social policy: The case of family violence. *Sociological Forum, 7*, 211-237.

Straus, M. A., & Gelles, R. J. (1990). *Physical violence in American families.* New Brunswick, NJ: Transaction.

Straus, M. A., Sugarman, D. B., & Gile-Sims, J. (1997). Spanking by parents and subsequent antisocial behavior of children. *Archives of Pediatrics and Adolescent Medicine, 151*, 761-767.

Straus, M. A., & Yodanis, C. L. (1996). Corporal punishment in adolescence and physical assaults on spouses in later life: What accounts for the link? *Journal of Marriage and the Family, 58*, 825-841.

Striegel-Moore, R. H. (1993). Etiology of binge eating: A developmental perspective. In C. G. Fairburn & G. T. Wilson (Eds.), *Binge eating: Nature, assessment, and treatment* (pp. 144-172). New York: Guilford.

Strober, M. (1995). Family-genetic perspectives on anorexia nervosa and bulimia nervosa. In K. Brownell & C. G. Fairburn (Eds.), *Eating disorders and obesity: A comprehensive handbook* (pp. 212-218). New York: Guilford.

Strober, M., Freeman, R., Lampert, C., Diamond, J., & Kaye, W. (2000). Controlled family study of anorexia nervosa and bulimia nervosa: Evidence of shared liability and transmission of partial syndromes. *American Journal of Psychiatry, 157*, 393-401.

Strober, M., Freeman, R., & Morrell, W. (1997). The long-term course of severe anorexia nervosa in adolescents: Survival analysis of recovery, relapse, and outcome predictors over 10-15 years in a prospective study. *International Journal of Eating Disorders, 22*, 339-360.

Strober, M., & Humphrey, L. (1987). Familial contributions to the etiology and course of anorexia nervosa and bulimia. *International Journal of Eating Disorders, 5*, 654-659.

Stromme, P., & Hagberg, G. (2000). Aetiology in severe and mild mental retardation: A population-based study of Norwegian children. *Developmental Medicine and Child Neurology, 42*, 76-86.

Sue, D. W., & Sue, D. (1999). *Counseling the culturally different: Theory and practice* (3rd ed.). New York: Wiley.

Sue, S. (1998). In search of cultural competence in psychotherapy and counseling. *American Psychologist, 53*, 440-448.

Sullivan, H. S. (1953). The interpersonal theory of psychiatry. New York: Norton. Sullivan, P. M., & Knutson, J. F. (1998). Maltreatment and behavioral characteristics of youth who are deaf and hard-of-hearing. *Sexuality & Disability, 16*, 295-319.

Sutton, J., Smith, P. K., & Swettenham, J. (1999). Bullying and "theory of mind": A critique of the "social skills deficit" view of anti-social behaviour. *Social Development, 8*, 117-127.

Swarr, A. E., & Richards, M. H. (1996). Longitudinal effects of adolescent girls' pubertal development, perceptions of pubertal timing, and parental relations on eating problems. *Developmental Psychology, 32*, 636-646.

Sweeney, L., & Rapee, R. M. (2001). Social phobia in children and adolescents: Psychological treatments. In W. Crozier & L. E. Alden (Eds.), *International handbook of social anxiety: Concepts, research and interventions relating to the self and shyness* (pp. 525-537). New York: Wiley.

Szatmari, P. (1992). The epidemiology of attention-deficit hyperactivity disorders. *Child and Adolescent Psychiatric Clinics of North America, 1*, 361-372.

Szatmari, P., Offord, D. R., & Boyle, M. H. (1989). Ontario Child Health Study: Prevalence of attention deficit disorder with hyperactivity. *Journal of Child Psychology & Psychiatry, 30*, 219-230.

Tager-Flusberg, H. (2000). Language and understanding minds: Connections in autism. In S. Baron-Cohen, H. Tager-Slusberg, & D. Cohen (Eds.), *Understanding other minds: Perspectives from developmental cognitive neuro-science* (pp. 124-149). Oxford: Oxford University Press.

Tager-Flusberg, H. (2001). A reexamination of the Theory of Mind hypothesis of autism. In J. A. Burack, T. Charman, N. Yirmiya, & P. R. Zelazo (Eds.), *The development of autism: Perspectives from theory and research* (pp. 173-194). Mahwah, NJ: Erlbaum.

Tangney, J. P. (2001). Constructive and destructive aspects of shame and guilt. In A. C. Bohart & D. J. Stipek (Eds.), *Constructive and destructive behavior: Implications for family, school, and society* (pp. 127-145). Washington, DC: American Psychological Association.

Tangney, J. P., & Fischer, K. W. (1995). *Self-conscious emotions: The psychology of shame, guilt, embarrassment, and pride*. New York: Guilford.

Tannock, R. (2000). Attention-deficit/hyperactivity disorder with anxiety disorders. In T. E. Brown (Ed.), *Attention deficit disorders and comorbidities in children, adolescents, and adults* (pp. 125-170). Washington, DC: American Psychiatric Press.

Tantam, D. (2000). Adolescence and adulthood of individuals with Asperger syndrome. In A. Klin, F. R. Volkmar, & S. S. Sparrow (Eds.), *Asperger syndrome* (pp. 309-339). New York: Guilford.

Target, M., & Fonagy, P. (1994). The efficacy of psychoanalysis for children: Prediction of outcome in a developmental context. *Journal of the American Academy of Child and Adolescent Psychiatry, 33*, 1134-1144.

Target, M., & Fonagy, P. (1997). Research on intensive psychotherapy with children and adolescents. *Child and Adolescent Psychiatric Clinics of North America, 6*, 39-51.

Tarter, R. E., Kirisci, L., & Mezzich, A. (1997). Multivariate typology of adolescents with alcohol use disorder. *American Journal on Addictions, 6*, 150-258.

Tarter, R. E., Moss, H. B., & Vanyukov, M. W. (1996). Behavior genetic perspective of alcoholism etiology. In H. Begleiter & B. Kissin (Eds.), *Alcohol and alcoholism* (Vol. 1, pp. 294-326) New York: Oxford University Press.

Tarter, R. E., Vanyukov, M., Giancola, P., Dawes, M., Blackson, T., Mezzich, A. C., et al. (1999). Etiology of early age onset substance use disorder: A maturational perspective. *Development and Psychopathology, 11*, 657-683.

Tassone, F., Hagerman, R. J., Ilke, D., Dyer, P. N., Lampe, M., Willemson, R. et al. (1999). FMRP expression as a potential prognostic indicator in fragile X syndrome. *American Journal of Medical Genetics, 84*, 250-261.

Taylor, H. G., Drotar, D., Wade, S., Yeates, K., Stancin, T., & Klein, S. (1995). Recovery from traumatic brain injury in children: The importance of the family. In S. H. Broman & M. E. Michel (Eds.), *Traumatic head injury in children* (pp. 188-217). New York: Oxford University Press.

Taylor, L., & Ingram, R. (1999). Cognitive reactivity and depressotypic information processing in children of depressed mothers. *Journal of Abnormal Psychology, 108*, 202-210.

Tebbutt, J., Swanston, H., Oates, R. K., & O'Toole, B. I. (1997). Five years after child sexual abuse: Persisting dysfunction and problems of prediction. *Journal of the American Academy of Child & Adolescent Psychiatry, 36*, 330-339.

Teeter, P. A., & SemrudClikeman, M. (1997). *Child neuropsychology*. Boston: Allyn & Bacon.

Tein, J. Y., Sandler, I. N., & Zautra, A. J. (2000). Stressful life events, psychological distress, coping, and parenting of divorced mothers: A longitudinal study. *Journal of Family Psychology, 14*, 27-41.

Terr, L. C. (1988). What happens to early memories of trauma? A study of twenty children under age five at the time of documented traumatic events. Journal of the American Academy of Child and Adolescent Psychiatry, 27, 96-104. Terr, L. C. (1991). Childhood traumas: An outline and overview. *American Journal of Psychiatry, 148*, 10-20.

Teti, D. M., Gelfand, D. M., Messinger, D. S., & Isabella, R. (1995). Maternal depression and the quality of early attachment: An examination of infants, preschoolers, and their mothers. *Developmental Psychology, 31*, 364-376.

Tharp, R. G. (1989). Psycho-cultural variables and constants: Effects on teaching and learning in schools. *American Psychologist, 44*, 349-359.

Tharp, R. G. (1991). Cultural diversity and treatment of children. *Journal of Consulting and Clinical Psychology, 59*, 799-812.

Thomas, A., & Chess, S. (1977). *Temperament and development*. New York: Brunner/Mazel. Thompson, A. H., Stuart, H., Bland, R. C., ArboledaFlorez, J., Warner, R., & Dickson, R. A. (2002). Attitudes about schizophrenia from the pilot site of the WPA worldwide campaign against the stigma of schizophrenia. *Social Psychiatry and Psychiatric Epidemiology, 37*, 475-482.

Thompson, P., Vidal, C., Giedd, J. N., Gochman, P., Blumenthal, J., Nicolson, R., Toga, A. W., & Rapoport, J. L. (2001). Mapping adolescent brain change reveals dynamic wave of accelerated gray matter loss in very early-onset schizophrenia. *Proceedings of the National Academy of Sciences, 98*, 11650-11655.

Thompson, R. A. (1987). Empathy and emotional understanding. The early development of empathy. In N. Eisenberg & J. Strayer (Eds.), *Empathy and its development* (pp. 119-145). Cambridge, MA: Cambridge University Press.

Thompson, R. A. (1994). Emotion regulation: A theme in search of definition. In N. A. Fox, *Monographs of the Society for Research in Child Development, 59*, 25-52. Thompson, R. A. (2001).

Childhood anxiety disorders from the perspective of emotion regulation and attachment. In M. W. Vasey & M. R. Dadds (Eds.), *The developmental psychopathology of anxiety* (pp. 160-182). New York: Oxford University Press.

Thompson, R. A., & Amato, P. R. (1999). *The post-divorce family: Children, parenting, and society.* Thousand Oaks, CA: Sage.

Thompson, R. J., & Gustafson, K. (1996). *Adaptation to chronic childhood illness* (pp. 271-287). Washington, DC: American Psychological Association.

Thompson, S. & Rey, J. (1995). Functional enuresis: Is desmopressin the answer? *Journal of the American Academy of Child and Adolescent Psychiatry, 34,* 266-271.

Thomsen, P. H. (1996). Borderline conditions in childhood. *Psychopathology, 29,* 357-362.

Tienari, P., Lahti, I., Sorri, A., Naarala, M., Moring, J., Kaleva, M., et al. (1990). Adopted-away offsprings of schizophrenics and controls: The Finnish adoptive family study of schizophrenia. In L. E. Robins & M. Rutter (Eds.), *Straight and devious pathways from childhood to adulthood* (pp. 365-379). Cambridge: Cambridge University Press.

Tienari, P., Sorri, A., Naarala, M., Lahti, I., & Pohjola, J. (1983). The Finnish adoptive study: Adopted-away offspring of schizophrenic mothers. In H. Stierlin, L. C. Wynne, & M. Wirsching (Eds.), *Psychological intervention in schizophrenia* (pp. 21-34). Berlin: Springer-Verlag.

Tolan, P., Gorman-Smith, D., & Henry, D. (2003). The developmental ecology of urban males' youth violence. *Developmental Psychology, 39,* 274-291.

Toner, B. B., Garfinkel, P. E., & Garner, D. M. (1988). Affective and anxiety disorders in the long-term follow-up of anorexia nervosa. *International Journal of Psychiatry in Medicine, 18,* 357-364.

Tonge, B. (1994). Separation anxiety disorder. In T. H. Ollendick, N. J. King, & W. Yule (Eds.), *International handbook of phobic and anxiety disorders in children and adolescents* (pp. 145-168). New York: Plenum.

Torgerson, S. (2000). Genetics. In M. Hersen & A. S. Bel-lack (Eds.), *Psychopathology in adulthood* (2nd ed., pp. 55-76). Needham Heights, MA: Allyn & Bacon.

Toth, S. L., Manly, J. T., & Cicchetti, D. (1992). Child maltreatment and vulnerability to depression. *Development and Psychopathology, 4,* 97-112.

Towbin, K. E., Dykens, E. M., Pearson, G. S., & Cohen, D. J. (1993). Conceptualizing "borderline syndrome of childhood" and "childhood schizophrenia" as a developmental disorder. *Journal of the American Academy of Child and Adolescent Psychiatry, 32,* 775-782.

Tremblay, R. E., Pagani-Kurtz, L., Masse, L. C., Vitaro, F., & Pihl, R. O. (1995). A bimodal preventive intervention for disruptive kindergarten boys: Its impact through mid-adolescence. *Journal of Consulting and Clinical Psychology, 63,* 560-568.

Treuting, J. J., & Hinshaw, S. P. (2001). Depression and self-esteem in boys with attention-deficit/hyperactivity disorder: Associations with comorbid aggression and explanatory attributional mechanisms. *Journal of Abnormal Child Psychology, 29,* 23-39.

Trickett, P. K., & McBride-Chang, C. (1995). The developmental impact of different forms of child abuse and neglect. *Developmental Review, 15,* 311-337.

Trickett, P. K., McBride-Chang, C., & Putnam, F. W. (1994). The classroom performance and behavior of sexually abused girls. *Development and Psychopathology, 6,* 183-194.

Trickett, P. K., Noll, J. G., Reiffman, A., & Putman, F. W. (2001). Variants of intrafamilial sexual abuse experience: Implications for short-and long-term development. *Development and Psychopathology, 13,* 1001-1019.

Tully, L.A., Arseneault, L., Caspi, A., Moffitt, T. E., & Morgan, J. (2004). Does maternal warmth moderate the effects of birth weight on twins' attention-deficit/hyperactivity disorder (ADHD) symptoms and low IQ? *Journal of Consulting & Clinical Psychology, 72*(2), 218-226.

Turkheimer, E., Haley, A., Waldron, M., D'Onofrio, B., & Gottesman, I. I. (2003). Socioeconomic status modified heritability of IQ in young children. *Psychological Science, 14,* 623-628.

Turner, S. M., Beidel, D. C., & Wolff, P. L. (1996). Is behavioral inhibition related to the anxiety disorders? *Clinical Psychology Review, 16,* 157-172.

Umbarger, C. C. (1983). Structural family therapy. New York: Grune & Stratton. Underwood, M. K. (2003). *Social aggression among girls.* New York: Guilford.

United Nations. (1989). *Adoption of a convention on the rights of the child* (U.N. document No. A/44/736). New York: Author.

United Nations Children's Fund. (1999). *The state of the world's children 2000.* New York: Author.

United Nations International Children's Emergency Fund. (2000). *Domestic violence against women and girls.* Florence, Italy: UNICEF Innocenti Research Center.

United Nations International Children's Emergency Fund. (2003). *A league table of child maltreatment deaths in rich nations.* Florence, Italy: UNICEF Innocenti Research Center.

Urban, J., Carlson, E., Egeland, B., & Sroufe, L. A. (1991). Patterns of individual adaptation across childhood. *Development and Psychopathology, 3,* 445-460.

U.S. Bureau of the Census. (2003). *We the first Americans.* Washington, DC: Author.

U.S. Department of Education. (2002). *Exemplary and promising school-based programs that promote safe, disciplined and drug-free schools.* Washington, DC: U.S. Department of Education.

U.S. Department of Health and Human Services (DHHS). (2001). *Child maltreatment 1999: Reports from the states to the National Center on Child Abuse and Neglect.* Washington, DC: U.S. Government Printing Office.

U.S. Food and Drug Administration. (2004). Suicidality in children and adolescents being treated with antidepressant medications. *FDA Public Health Advisory, http://www.fda.gov/cder/drug/antidepressants/SSRIPHA200410.htm.*

U.S. Office of Education. (1992). Individuals with Disabilities Education Act (IDEA). *Federal Register, 57,* 44842-44843.

Usiskin, S. I., Nicolson, R., Krasnewich, D. M., Yan, W.,

Lenane, M., & Wudarsky, M. (1999). Velocardiofacial syndrome in childhood-onset schizophrenia. *Journal of the American Academy of Child and Adolescent Psychiatry*, *38*, 1536-1543.

Vaden-Kiernan, N., Ialongo, N. S., Pearson, J., & Kellam, S. (1995). Household family structure and children's aggressive behavior: A longitudinal study of urban elementary school children. *Journal of Abnormal Child Psychology*, *23*, 553-568.

Valencia, R. R., & Suzuki, L. A. (2000). *Intelligence testing and minority students*. Thousand Oaks, CA: Sage.

Van Der Gaag, R. J., Buitelaar, J. K., Van Den Ban, E., Bezemer, M., & Van Enge-land, H. (1995). A controlled mulitvariate chart review of multiple complex developmental disorder. *Journal of the American Academy of Child and Adolescent Psychiatry*, *34*, 1096-1106. van IJzendoorn, M. H. (1995).

Adult attachment representations, parental responsiveness, and infant attachment: A meta-analysis on the predictive validity of the adult attachment interview. *Psychological Bulletin*, *117*(3), 387-403.

van IJzendoorn, M. H., Juffer, F., & Duyvesteyn, M. G. C. (1995). Breaking the inter-generational cycle of insecure attachment: A review of the effects of attachment based interventions on maternal sensitivity and infant security. *Journal of Child Psychology and Psychiatry and Allied Disciplines*, *36*, 225-248.

van IJzendoorn, M. H., & Sagi, A. (1999). Cross-cultural patterns of attachment: Universal and contextual dimensions. In J. Cassidy & P. Shaver (Eds.), *Handbook of attachment* (pp. 713-734). New York: Guilford. van IJzendoorn, M. H.,

Schuengel, C., & Bakermans-Kranenburg, M. J. (1999). Disorganized attachment in early childhood: Meta-analysis of precursors, concomittants, and sequelae. *Development and Psychopathology*, *11*, 225-249.

Vargas, L. A., & Willis, D. J. (1994). Introduction to the special section: New directions in the treatment and assessment of ethnic minority children and adolescents. *Journal of Clinical Child Psychology*, *23*, 2-4.

Varni, J. W., Blount, R. L., Waldron, S. A., & Smith, A. J. (1995). Management of pain and distress. In M. C. Roberts (Ed.), *Handbook of pediatric psychology* (2nd ed., pp. 105-122). New York: Guilford.

Varni, J. W., La Greca, A. M., & Spirito, A. (2000). Cognitive-behavioral interventions for children with chronic health conditions. In P. C. Kendall (Ed.), *Child and adolescent therapy: Cognitive-behavioral procedures* (pp. 291-333). New York: Guilford.

Vasey, M. W., Crnic, K. A., & Carter, W. G. (1994). Worry in childhood: A developmental perspective. *Cognitive Therapy and Research*, *18*, 529-549.

Vasey, M. W., & Dadds, M. R. (2001). An introduction to the developmental psychopathology of anxiety. In M. W. Vasey & M. R. Dadds (Eds.), *The developmental psychopathology of anxiety* (pp. 3-26). New York: Oxford University Press.

Vasey, M. W., & MacLeod, C. (2001). Information processing factors in childhood anxiety: A review and developmental perspective. In M.W.Vasey & M. R. Dadds (Eds.), *The developmental psychopathology of anxiety* (pp. 253-277). New York: Oxford University Press.

Vasey, M. W., & Ollendick, T. H. (2001). Anxiety. In A. J. Sameroff, M. Lewis, & S. M. Miller (Eds.), *Handbook of developmental psychopathology* (pp. 511-530). New York: Kluwer.

Vega, W. A., Gil, A. G., Warheit, G. J., Zimmerman, R. S., & Apospori, E. (1993). Acculturation and delinquent behavior among Cuban American adolescents: Toward an empirical model. *American Journal of Community Psychology*, *21*, 113-125.

Vela, R. M., Gottlieb, E. H., & Gottlieb, H. P. (1983). Borderline syndromes in childhood: A critical review. In K. S. Robson (Ed.), *The borderline child: Approaches to etiology, diagnosis, and treatment* (pp. 31-48). New York: McGraw-Hill.

Veltman, M. W. M., & Browne, K. D. (2001). Three decades of child maltreatment research: Implications for the school years. *Trauma, Violence, and Abuse: A Review Journal*, *2*, 215-239.

Verdoux, H., Liraud, F., Gonzales, B., Assens, F., & van Os, J. (2001). Predictors and outcome characteristics associated with suicidal behaviour in early psychosis: A two-year follow-up of first-admitted subjects. *Acta Psychiatrica Scandinavica*, *103*, 347-354.

Verhulst, F. C., Van der Ende, J., Ferdinand, R. F., & Jasius, M. C. (1997). The prevalence of DSM-III-R diagnoses in a national sample of Dutch adolescents. *Archives of General Psychiatry*, *54*, 329-336.

Vik, P. W., Brown, S. A., & Myers, M. G. (1997). Adolescent substance abuse problems. In E. J. Mash & L. G. Terdal (Eds.), *Assessment of childhood disorders* (pp. 717-748). New York: Guilford.

Vitaro, F., Tremblay, R., Kerr, M., Pagani, L., & Bukowski, W. M. (1997). Disruptiveness, friends' characteristics, and deliquency in early adolescence: A test of two competing models of development. *Child Development*, *68*, 676-689.

Vizard, E., Monch, E., & Misch, P. (1995). Child and adolescent sex abuse perpetrators: A review of the research literature. *Journal of Child Psychology and Psychiatry*, *36*, 731-756.

Vlach, N. (2003). Central American children and adolescents. In J. T. Gibbs & L. N. Huang (Eds.), *Children of color: Psychological interventions with culturally diverse youth* (2nd ed., pp. 301-343). San Francisco: Jossey-Bass.

Volbert, R. (2000). Sexual knowledge of preschool children. In T. G. M. Sandfort & J. Rademakers (Eds.), *Childhood sexuality: Normal sexual behavior and development* (pp. 5-26). Binghamton, NY: Haworth.

Volkmar, F. R. (1996). Childhood and adolescent psychosis: A review of the past 10 years. *Journal of the American Academy of Child and Adolescent Psychiatry*, *35*, 843-851.

Volkmar, F. R., Becker, D. F., King, R. A., & McGlashan, T. H. (1995). *Psychotic processes. In Developmental psychopathology, Vol. 2: Risk, disorder, and adaptation* (pp. 512-534). Oxford, England: John Wiley & Sons.

Volkmar, F. R., & Klin, A. (2001). Asperger's disorder or high-functioning autism: Same or different? *International Review of Research in Mental Retardation*, *23*, 83-110.

Volkmar, F. R., & Schwab-Stone, M. (1996). Annotation:

Childhood disorders in DSM-IV. *Journal of Child Psychology and Psychiatry and Allied Disciplines, 37*, 779-784.

Volkmar, F. R., & Woolston, J. L. (1997). Comorbidity of psychiatric disorders in children and adolescents. In *Treatment strategies for patients with psychiatric comorbidity* (pp. 307-322). New York: John Wiley & Sons.

Vondra, J. I., Barnett, D., & Cicchetti, D. (1989). Perceived and actual competence among maltreated and comparison school children. *Development and Psychopathology, 1*, 237-255.

Vourdas, A., Pipe, R., Corrigall, R., & Frangou, S. (2003). Increased developmental deviance and premorbid dysfunction in early onset schizophrenia. *Schizophrenia Research, 62*, 13-22.

Vuchinich, S., Wood, B., & Angelelli, J. (1996). Coalitions and family problem solving in the psychosocial treatment of preadoles-cents. In E. D. Hibbs & P. S. Jensen (Eds.), *Psychosocial treatments for child and adolescent disorders* (pp. 497-520). Washington, DC: American Psychological Association.

Vygotsky, L. S. (1978). *Mind in society*. Cambridge MA: Harvard University Press.

Wachtel, E. F. (1994). *Treating troubled children and their families*. New York: Guilford.

Wagner, A. W., & Linehan, M. M. (1994). Relationship between childhood sexual abuse and topography of parasuicide among women with borderline personality disorder. *Journal of Personality Disorders, 8*, 1-9.

Wagner, B. M. (1997). Family risk factors for child and adolescent suicidal behavior. *Psychological Bulletin, 121*, 246-298.

Wagner, K. D., & Ambrosini, P. J. (2001). Childhood depression: Pharmacological therapy/treatment (pharmacotherapy of childhood depression). *Journal of Clinical Child Psychology, 30*, 88-97.

Waldron, H. B. (1997). Adolescent substance abuse and family therapy outcome: A review of randomized trials. In T. H. Ollendick & R. J. Prinz (Eds.), *Advances in clinical child psychology* (Vol. 9, pp. 199-234). New York: Plenum.

Walker, C. E. (1995). Elmination disorders: Enuresis and encopresis. In M. C. Roberts (Ed.), *Handbook of pediatric psychology* (2nd ed., pp. 537-557). New York: Guilford.

Walker, E. F., & Lewine, R. J. (1990). Prediction of adult-onset schizophrenia from childhood home movies of the patients. *American Journal of Psychiatry, 147*, 1052-1056.

Walker, E. F., Neumann, C. C., Baum, K., Davis, D. M., DiForio, D., & Bergman, A. (1996). The developmental pathways to schizophrenia: Potential moderating effects of stress. *Development and Psychopathology, 8*, 647-665.

Walker, E. F., Savole, T., & Davis, D. (1994). Neuro-motor precursors of schizophrenia. *Schizophrenia Bulletin, 20*, 441-451.

Walker, E. F., & Walder, D. (2003). Neurohormonal aspects of the development of psychotic disorders. In D. Cicchetti & E. Walker (Eds.), *Neurodevelopmental mechanisms in psychopathology* (pp. 526-544). New York: Cambridge.

Walker, J. L., Lahey, B. B., Russo, M. F., Frick, P. J., Christ, M. A., McBurnett, K., et al. (1991). Anxiety, inhibition, and conduct disorder in children: I. Relations to social impairment. *Journal of the American Academy of Child and Adolescent Psychiatry, 30*, 187-191.

Walker, N. W. (1997). *Best practices in assessment and programming for students with traumatic brain injury*. Raleigh, NC: Public Schools of North Carolina.

Wallander, J. L., & Varni, J. W. (1998). Effects of pediatric chronic physical disorders on child and family adjustment. *Journal of Child Psychology & Psychiatry, 39*, 29-46.

Walsh, T., & Menvielle, E. (1997). Disorders of elimination. In J. M. Weiner (Ed.), *Textbook of child and adolescent psychiatry* (pp. 613-615). Washington, DC: American Psychiatric Association.

Warren, S. L., Huston, L., Egeland, B., & Sroufe, L. A. (1997). Child and adolescent anxiety disorders and early attachment. *Journal of the American Academy of Child and Adolescent Psychiatry, 36*, 637-644.

Waters, E., Merrick, S., Treboux, D., Crowell, J., & Albersheim, L. (2000). Attachment security in infancy and early adulthood: A twenty-year longitudinal study. *Child Development, 71*, 543-562.

Watkins, J. M., Asarnow, R. F., & Tanguay, P. E. (1988). Symptom development in childhood schizophrenia. *Journal of Child Psychology and Psychiatry, 29*, 865-878.

Watson, J. B., & Rayner, R. (1920). Conditioned emotional reactions. *Journal of Experimental Psychology, 3*, 1-14.

Watt, N. F., Anthony, E. J., Wynne, L. C., & Rolf, J. E. (Eds.). (1984). *Children at risk for schizophrenia: A longitudinal prospective*. New York: Cambridge University Press.

Webb, N. B. (2001). *Culturally diverse parent-child and family relationships: A guide for social workers and other practitioners*. New York: Columbia University Press.

Webster-Stratton, C. (1998). Preventing conduct problems in Head Start children: Strengthening parenting competencies. *Journal of Consulting and Clinical Psychology, 66*(5), 715-730.

Webster-Stratton, C., & Hancock, L. (1998). Training for parents of young children with conduct problems: Content, methods, and therapeutic process. In J. M. Briesmeister & C. E. Schaefer (Eds.), *Handbook of parent training* (pp. 98-152). New York: Wiley.

Webster-Stratton, C, & Herbert, M. (1994). *Troubled families—problem children: Working with parents: A collaborative process*. New York: Wiley.

Webster-Stratton, C., & Reid, M. J. (2004). The Incredible Years parents, teachers, and children training series: A multifaceted treatment approach for young children with conduct problems. In A. E. Kazdin & J. R. Weisz (Eds.), *Evidence-based psychotherapies for children and adolescents* (pp. 224-240). New York: Guilford.

Webster-Stratton, C., & Taylor, T. K. (1998). Adopting and implementing empirically supported interventions: A recipe for success. In A. Buchanan (Ed.), *Parenting, schooling, and children's behavior: Interdisciplinary approaches* (pp. 1-25). Hampshire England: Ashgate Publishing.

Wechsler, D. (1989). *Wechsler Preschool and Primary Scale of Intelligence—Revised*. San Antonio, TX: The Psychological Corporation.

Wechsler, D. (2003). Wechsler Intelligence Scale for Children—Fourth Edition. San Antonio, TX: The Psychological Corporation. Weinberger, D. R. (1987). Implications of normal brain development for the pathogenesis of schizophrenia. *Archives of General Psychiatry, 44*, 660-669.

Weiner, I. B. (1992). *Psychological disturbances in adolescence* (2nd ed.). New York: Wiley.

Weinfield, N. S., Sroufe, L. A., & Egeland, B. (2000). Attachment from infancy to adulthood in a high-risk sample, continuity, discontinuity, and their correlates. *Developmental Psychology, 71*, 695-702.

Weinstein, C. S., Apfel, R. J., & Weinstein, S. R. (1998). Description of mothers with ADHD with children with ADHD. *Psychiatry: Interpersonal and Biological Processes, 61*, 12-19.

Weinstein, R. S. (2002). *Reaching higher: The power of expectations in schooling.* Cambridge, MA: Harvard University Press.

Weiss, B., & Garber, J. (2003). Developmental differences in the phenomenonology of depression. *Development and Psychopathology, 15*, 403-430.

Weiss, D. D., & Last, C. G. (2001). Developmental variations in the prevalence and manifestation of anxiety disorders. In M. W. Vasey & M. R. Dadds (Eds.), *The developmental psychopathology of anxiety* (pp. 27-43). New York.

Weiss, G., & Hechtman, L. T. (1993). *Hyperactive children grown up: ADHD in children, adolescents, and adults.*

Weissman, M. M., Wolk, S., Goldstein, R. B., Moreau, D., Adams, P., Greenwald, S., et al. (1999). Depressed adolescents grown up. *JAMA: Journal of the American Medical Association, 281*, 1707-1713.

Weisz, J. R., Donenberg, G. R., Han, S. S., & Weiss, B. (1995). Bridging the gap between laboratory and clinic in child and adolescent psychotherapy. *Journal of Consulting and Clinical Psychology, 63*, 688-701.

Weisz, J. R., & Weiss, B. (1991). Studying the "referability" of child clinical problems. *Journal of Consulting and Clinical Psychology, 59*, 266-273.

Weisz, J. R., Weiss, B., Han,

S. S., Granger, D. A., & Morton, T. (1995). Effects of psychotherapy with children and adolescents revisited: A meta-analysis of treatment outcome studies. *Psychological Bulletin, 117*, 450-468.

Weisz, J. R., Weiss, B., Suwanlert, S., & Chaiyasit, W. (2003). Syndromal structure of psychopathology in children of Thailand and the United States. *Journal of Consulting and Clinical Psychology, 71*, 375-385.

Wekerle, C., & Wolfe, D. A. (1999). Dating violence in mid-adolescence: Theory, significance, and emerging prevention initiatives. *Clinical Psychology Review, 19*, 435-456.

Wekerle, C., & Wolfe, D. A. (2003). Child maltreatment. In E. J. Mash & R. A. Barkley (Eds.), *Child psychopathology* (pp. 632-695). New York: Guilford.

Weller, E. B., Weller, R. A., & Fristad, M. A. (1995). Bipolar disorder in children: Misdiagnosis, underdiagnosis, and future directions. *Journal of the American Academy of Child & Adolescent Psychiatry, 34*, 709-714.

Weller, E. B., Weller, R. A., Fristad, M. A., & Teare, M. (1999). *Children's Interview for Psychiatric Symptoms (ChIPS).* Washington, DC: American Psychiatric Publishing Group.

Weller, R. A., Weller, E. B., Fristad, M. A., & Bowes, J. M. (1991). Depression in recently bereaved prepubertal children. *American Journal of Psychiatry, 148*, 1536-1540.

Wenning, K. (1990). Borderline children: A closer look at diagnosis and treatment. *American Journal of Orthopsychiatry, 60*, 225-232.

Wenar, C., Ruttenberg, B. A., Kalish-Weiss, B., & Wolf, E. G. (1986). The development of normal and autistic children: A comparative study. *Journal of Autism & Developmental Disorders, 16*(3), 317-333.

Werner, E., Dawson, G., Osterling, J., & Dinno, N. (2000). Brief report: Recognition of autism spectrum disorder before one year of age: A retrospective study based on home videotapes. *Journal of Autism and Developmental Disorders, 30*(2), 157-162.

Werner, E. E., & Smith, R. S. (1992). *Overcoming the odds: High risk children from birth to adulthood.* Ithaca, NY: Cornell University Press.

Westen, D. (1990). *Social cognition and object relations scale (SCORS): Manual for coding TAT data.* Department of Psychology, University of Michigan.

Westen, D. (1991). Cognitive-behavioral interventions in the psychodynamic psychotherapy of borderline personality disorders. *Clinical Psychology Review, 11*, 211-230.

Westen, D. (1998). The scientific legacy of Sigmund Freud: Toward a psycho-dynamically informed psychological science. *Psychological Bulletin, 124*, 333-371.

Westen, D., & Cohen, R. (1993). The self in borderline personality disorder: A psychodynamic perspective. In Z. V. Segal & S. J. Blatt (Eds.), *The self in emotional distress: Cognitive and psychodynamic perspectives* (pp. 334-360). New York: Guilford.

Westen, D., Ludolph, P., Lerner, H., Ruffins, S., & Wiss, F. C. (1990). Object relations in borderline adolescents. *Journal of the American Academy of Child and Adolescent Psychiatry, 29*, 338-348.

Whalen, C. K., Jamner, L. D., Henker, B., Delfino, R. J., & Lozano, J. M. (2002). The ADHD spectrum and everyday life: Experience sampling of adolescent moods, activities, smoking, and drinking. *Child Development, 73*, 209-227.

Whitaker, A., Johnson, J., Shaffer, D., & Rapoport, J. L. (1990). Uncommon troubles in young people: Prevalence estimates of selected psychiatric disorders in a non-referred adolescent population. *Archives of General Psychiatry, 47*, 487-496.

White, J. L., Moffitt, T. E., Caspi, A., Bartusch, D. J., Needles, D. J., & Stouthamer-Loeber, M. (1994). Measuring impulsivity and examining its relationship to delinquency. *Journal of Abnormal Psychology, 103*, 192-205.

White, L., & Rogers, S. J. (2000). Economic circumstances and family outcomes: A review of the 1990s. *Journal of Marriage and Family, 62*, 1035-1051.

White, T., Andreasen, N. C., Nopoulos, P., & Magnotta, V. (2003). Gyrification abnormalities in childhood-and adolescent-onset schizophrenia. *Biological Psychiatry, 54*, 418-426.

Whiteside, M. F. (1998). The parental alliance following divorce: An overview. *Journal of Marital and Family Therapy, 24*, 3-24.

Wicks-Nelson, R., & Israel, A. C. (2000). *Behavior disorders of childhood.* New York: Prentice Hall.

Wilens, T. E., Biederman, J., Abrantes, A. M., & Spencer, T. J. (1997). Clinical characteristics of psychiatrically referred adolescent outpatients with substance use disorder. *Journal of the American Academy of Child and Adolescent Psychiatry, 36,* 941-947.

Willcutt, E. G., & Pennington, B. F. (2000). Comorbidity of reading disability and attention-deficit/hyperactivity disorder: Differences by gender and subtype. *Journal of Learning Disabilities, 33,* 179-191.

Willcutt, E. G., Pennington, B. F., Boada, R., Ogline, J. S., Tunick, R. A., Chhabildas, N. A., et al. (2001). A comparison of the congitive deficits in reading disability and attention-deficit/hyperactivity disorder. *Journal of Abnormal Psychology, 110,* 157-172.

Williams, P., Lorenzo, F. D., & Borja, M. (1993). Pediatric chronic illness: Effects on siblings and mothers. *Maternal-Child Nursing Journal, 21,* 115-121.

Williamson, D. A., & Netemeyer, S. B. (2000). Cognitive-behavior therapy. In K. J. Miller & J. S. Mizes (Eds.), *Comparative treatments for eating disorders* (pp. 61-81). New York: Springer.

Williamson, S. E., Harpur, T. J., & Hare, R. D. (1991). Abnormal processing of affective words by psychopaths. *Psychophysiology, 28,* 260-273.

Wilson, G. T. (2002). The controversy over dieting. In C. G. Fairburn & K. D. Brownell (Eds.), *Eating disorders and obesity: A comprehensive handbook* (2nd ed., pp. 93-97). New York: Guilford.

Wilson, G. T., Becker, C. B., & Heffernan, K. (2003). Eating disorders. In E. J. Mash & R. A. Barkley (Eds.), *Child psychopathology* (pp. 687-715). New York: Guilford.

Wilson, G. T., & Fairburn, C. G. (2002). Eating disorders. In P. E. Nathan & J. M. Gorman (Eds.), *Treatments that work* (pp. 559-592). New York: Oxford University Press. Wilson, G. T., Heffernan, K., &

Black, C. M. (1996). Eating disorders. In E. J. Mash & R. A. Barkley (Eds.), *Child psychopathology* (pp. 541-571). New York: Guilford.

Windle, R. C., & Windle, M. (1997). An investigation of adolescents' substance use behaviors, depressed affect, and suicidal behaviors. *Journal of Child Psychology and Psychiatry and Allied Disciplines, 38,* 921-929.

Wing, L. (1981). Asperger's syndrome: A clinical account. Psychological Medicine, 11, 115-129. Wing, L. (1991). The relationship between Asperger's syndrome and Kanner's autism. In U. Frith (Ed.), *Autism and Asperger Syndrome* (pp. 93-121). Cambridge, UK: Cambridge University Press.

Wing, L., & Attwood, A. J. (1987). Severe impairments of social interaction and associated abnormalities in children: Epidemiology and classification. *Journal of Autism and Developmenal Disorders, 9,* 11-30.

Wing, L., & Potter, D. (2002). The epidemiology of autistic spectrum disorders: Is the prevalence rising? *Mental Retardation and Developmental Disabilities Research Reviews, 8*(3), 151-161.

Winnicott, D. W. (1975). Through paedriatics to psychoanalysis. New York: Basic Books. Winnicott, D. W. (1987). *The child, the family, and the outside world.* Reading, MA: Addison-Wesley.

Wintre, M. G., & Vallance, D. D. (1994). A developmental sequence in the comprehension of emotions: Intensity, multiple emotions, and valence. *Developmental Psychology, 30,* 509-514.

Wirt, R. D., Lachar, D., Klinedinst, J. K., & Seat, P. S. (1990). *Personality Inventory for Children—1990 edition.* Los Angeles: Western Psychological Services.

Wolfe, D. A. (1999). *Child abuse* (2nd ed.). Newbury Park, CA: Sage.

Wolfe, D. A., Crooks, C. V., Lee, V., McIntyre-Smith, A., & Jaffe, P. G. (2003). The effects of children's exposure to domestic violence: A meta-analysis and critique. *Clinical Child and Family Psychology Review, 6,* 171-187.

Wolfe, D. A., & McEachran, A. (1997). Child physical abuse and neglect. In E. J. Mash & L. G. Terdal (Eds.), *Assessment of childhood disorders* (pp. 523-568). New York: Guilford.

Wolfe, D. A., Wekerle, C., Reitzel-Jaffe, D., Grasley, C., Pittman, A. L., & MacEachran, A. (1997). Interrupting the cycle of violence: Empowering youth to promote healthy relationships. In D. A. Wolfe, R. J. McMahon, & R. D. Peters (Eds.), *Child abuse: New directions in prevention and treatment across the life span* (pp. 102-129). Thousand Oaks, CA: Sage.

Wolfe, D. A., Wekerle, C., Reitzel-Jaffe, D., & Lefebvre, L. (1998). Factors associated with abusive relationships among mal-treated and nonmaltreated youth. *Development and Psychopathology, 10,* 61-85.

Wolfe, V. V. (1998). Child sexual abuse. In E. J. Mash & R. A. Barkley (Eds.), *Treatment of childhood disorders* (pp. 545-597). New York: Guilford. Wolpe, J. (1973). The practice of behavior therapy (2nd ed.). New York: Pergamon.

Wolraich, M. L., Felice, M. E., & Drotar, D. (1997). *The classification of child and adolescent mental diagnoses in primary care: Diagnostic and statistical manual for primary care (DSM-PC) child and adolescent version.* Elkgrove Village, IL: American Academy of Pediatrics.

Wonderlich, S. A., & Mitchell, J. E. (1997). Eating disorders and comorbidity: Empirical, conceptual, and clinical implications. *Psychopharmacology Bulletin, 33,* 381-390.

Wood, D. (1980). Teaching the young child: Some relationships between social interaction, language, and thought. In D. Olson (Ed.), *The social foundations of language and thought* (pp. 280-296). New York: Norton.

Woodcock, R. W., McGrew, K. S., & Mather, N. (2001a). *Woodcock-Johnson III Tests of Achievement.* Itasca, IL: Riverside Publishing.

Woodcock, R. W., McGrew, K. S., & Mather, N. (2001b). *Woodcock-Johnson III Tests of Cognitive Abilities.* Itasca, IL: Riverside Publishing.

Wootton, J. M., Frick, P. J., Shelton, K. K., & Silverthorn, P. (1997). Ineffective parenting and childhood conduct problems: The moderating role of callous-unemotional traits. *Journal of Consulting and Clinical Psychology, 65,* 301-308.

World Health Organization. (1996). *Multiaxial classification of child and adolescent psychiatric disorders: The ICD-10 classification of mental and behavioural disorders in chil-*

dren and adolescents. Cambridge: Cambridge University Press.

World Health Organization. (1999). *Report of the consultation on child abuse prevention.* Geneva, Switzerland: Author.

World Health Organization. (2002). *World report on violence and health.* Geneva, Switzerland: Author.

Wren, F. J., & Tarbell, S. E. (1998). Feeding and growth disorders. In R. T. Ammerman & J. V. Campo (Eds.), *Handbook of pediatric psychology and psychiatry, Vol. II: Disease, injury and illness* (pp. 133-165). Boston: Allyn & Bacon.

Wurtele, S. K. (1997). Sexual abuse. In R. T. Ammerman & M. Hersen (Eds.), *Handbook of prevention and treatment with children and adolescents* (pp. 357-384). New York: Wiley.

Wyly, M. V. (1997). *Infant assessment.* Boulder, CO: estview Press.

Wynne, L. C. (1984). Communication patterns and family relations of children at risk for schizophrenia. In N. F. Watt, E. J. Anthony, L. C. Wynne, & J. E. Rolf (Eds.), *Children at risk for schizophrenia: A longitudinal perspective* (pp. 572-595). Cambridge: Cambridge University Press.

Yates, T. M., Dodds, M. F., Sroufe, L. A., & Egeland, B. (2003). Exposure to partner violence and child behavior problems: A prospective study controlling for child physical abuse and neglect, child cognitive ability, socioeconomic status, and life stress. *Development and Psychopathology, 15,* 199-218.

Yeargin-Allsop, M., Rice, C., Karapurkar, T., Doernberg, N., Boyle, C., & Murphy, C. (2003). Prevalence of autism in a U.S. metropolitan area. *Journal of the American Medical Association, 289*(1).

Yee, C. M., & Sigman, M. D. (1998). Schizophrenia in children and adolescents. In T. Ollendick (Ed.), *Comprehensive clinical psychology* (pp. 703-723). Oxford, England: Elsevier Science.

Yen, S., Shea, M. T., Battle, C. L., Johnson, D. M., Zlotnick, C., Dolan-Sewell, R., et al. (2002). Traumatic exposure and posttraumatic stress disorder in borderline, schizotypal, avoidant, and obsessive-compulsive personality disorders: Findings from the collaborative longitudinal personality disorders study. *Journal of Nervous and Mental Disease, 190,* 510-518.

Yingling, L. C. (2003). Family diagnosis/DSM-IV. In J. Ponzetti (Ed.), *International encyclopedia of marriage and family* (2nd ed., pp. 575-579). New York: Macmillan.

Yirmiya, N., Erel, O., Shaked, M., & Solomonica-Levi, D. (1998). Meta-analyses comparing theory of mind abilities of individuals with autism, individuals with mental retardation, and normally developing individuals. *Psychological Bulletin, 124,* 283-307.

Zahn-Waxler, C. (1993). Warriors and worriers: Gender and psychopathology. *Development and Psychopathology, 5,* 79-89.

Zahn-Waxler, C. (1996). Environment, biology, and culture: Implications for adolescent development. *Developmental Psychology, 32,* 571-573.

Zahn-Waxler, C., KlimesDougan, B., & Slattery, M. J. (2000). Internalizing problems of childhood and adolescence: Prospects, pitfalls, and progress in understanding the development of anxiety and depression. *Development and Psychopathology, 12,* 443-466.

Zanarini, M. C., & Frankenburg, F. R. (1997). Pathways to the development of borderline personality disorder. *Journal of Personality Disorders, 11,* 93-104.

Zanarini, M. C., Williams, A. A., Lewis, R. E., Reich, R. B., Vera, S. C., Marino, M. F., et al. (1997). Reported pathological childhood experiences associated with the development of borderline personality disorder. *American Journal of Psychiatry, 154,* 1101-1106.

Zayas, L. H., Kaplan, C., Turner, S., Romano, K., & Gonzalez-Ramos, G. (2000). Understanding suicide attempts by adolescent Hispanic females. *Social Work, 45,* 53-63.

Zeanah, C. H. (1996). Beyond insecurity: A reconceptualization of attachment disorders in infancy. *Journal of Consulting and Clinical Psychology, 64*(1), 42-52.

Zeanah, C. H., Boris, N. W., & Lieberman, A. F. (2000). Attachment disorders of infancy. In A. J. Sameroff, M. Lewis, & S. M. Miller (Eds.), *Handbook of developmental psychopathology* (pp. 293-308). New York: Kluwer Academic.

Zeanah, C. H., & Klitzke, M. (1991). Role reversal and the self-effacing solution: Observations from infant-parent psychotherapy. *Psychiatry: Interpersonal and Biological Processes, 54*(4), 346-357.

Zelazo, P. R. (2001). A developmental perspective on early autism: Affective, behavioral, and cognitive factors. In J. A. Burack, T. Charman, N. Yirmiya, & P. R. Zelazo (Eds.), *The development of autism: Perspectives from theory and research* (pp. 39-60). Mahwah, NJ: Erlbaum.

Zellman, G. L. (1992). The impact of case characteristics on child abuse reporting decisions. *Child Abuse and Neglect, 16,* 57-74.

Zeman, J., Shipman, K., & Suveg, C. (2002). Anger and sadness regulation: Predictions to internalizing and externalizing symptoms in children. *Journal of Clinical Child and Adolescent Psychology, 31,* 393-398.

Zilberman, M. L., Tavares, H., Blume, S. B., & el-Guebaly, N. (2003). Substance use disorders: Sex differences and psychiatric comorbidities. *Canadian Journal of Psychiatry, 48,* 5-13.

Zimmerman, M. A., & Arunkumar, R. (1994). Resiliency research: Implications for schools and policy. *Social Policy Report: Society for Research in Child Development, 8,* 1-18.

Zoccolillo, M. (1993). Gender and the development of conduct disorder. *Development and Psychopathology, 5,* 65-78.

Zuckerman, M. (1994). *Behavioral expressions and biosocial bases of sensation seeking.* New York: Cambridge University Press.

찾아보기

《ㄱ》

≪ㄴ≫

≪ㄷ≫

≪ㄹ≫

≪ㅁ≫

≪ㅂ≫

≪ㅇ≫

≪ㅈ≫

《ㅊ》

《ㅌ》

《ㅍ》

≪ㅎ≫

≪기타≫

역자 소개

이춘재

서울대학교 심리학과 졸업
서울대학교 대학원 심리학과 석사(문학석사)
서울대학교 대학원 심리학과 박사(문학박사)
현, 가톨릭대학교 명예교수

〈저서 및 역서〉
청년심리학, 학교에서의 집단따돌림, 발달정신병리학

성현란

고려대학교 심리학 석사
오사카시립대학교 문학 박사(심리학)
현, 대구가톨릭대학교 심리학과 교수

〈저서 및 역서〉
인지발달, 발달정신병리학

송길연

서울대학교 대학원 심리학과 졸업(심리학 석사)
중앙대학교 대학원 심리학과 졸업(심리학 박사)
발달심리전문가(아동 청소년 발달)
현, 아이캔! 인지학습발달센터 소장

〈저서 및 역서〉
발달심리학, 사회성격발달, 성인발달과 노화, 발달의 이론

윤혜경

서울대학교 심리학과 학사
서울대학교 심리학과 석사
부산대학교 심리학 박사
미국 피츠버그 대학교 심리학과, LRDC post-doc.
서연 아동발달연구소 소장
발달심리전문가
현, 인제대학교 인간환경복지연구소 연구교수

〈저서 및 역서〉
발달정신병리학, 발달심리학의 제 문제

김혜리

이화여자대학교 영어영문학과 학사
서울대학교 심리학과 석사
브라운대학교 심리학과 박사
현, 충북대학교 심리학과 교수

〈저서 및 역서〉
인지발달, 자폐증과 아스퍼거 증후군 아동

박혜원

서울대학교 가정관리학과 학사
서울대학교 심리학과 대학원 석사
University of Massachusetts/Amherst 발달심리학 박사
한국 웩슬러 유아지능검사(K-WPPSI) 개발
한국 웩슬러 아동지능검사(K-WISC-III) 개발
한국 Bayley 영유아발달검사 개발
현, 인지발달중재학회 회장
한국영재학회 부회장
울산대학교 보육교사교육원장
울산대학교 아동가정복지학과 교수

장유경

서울대학교 심리학과(MA)
UCLA 심리학과(Ph. D)
한솔교육문화연구원 원장 역임
현, 이화여대 심리학과 겸임교수
성균관대학교 인재개발학과 연구교수

〈저서 및 역서〉
아동발달백서, 발달심리학의 제문제, 우리아이 마음보고서

정윤경

서울대학교 심리학 학사·석사
시카고대학교 발달심리학 박사
서울대학교 심리과학연구소 한국영아발달연구센터 책임연구원
현, 가톨릭대학교 심리학과 교수

〈저서 및 역서〉
아동발달심리학, 발달심리학, 아동 사고의 발달

발달정신병리학: 영아기부터 청소년기까지, 5판

발 행 일	2011년 3월 2일 초판 1쇄 발행
저 자	Charles Wenar · Patricia Kerig
역 자	이춘재 · 성현란 · 송길연 · 윤혜경 김혜리 · 박혜원 · 장유경 · 정윤경
발 행 인	구본하
발 행 처	도서출판 박학사
주 소	서울시 마포구 서교동 460-26 동아빌딩 2층
전 화	(02)3142-3764~5
팩 스	(02)3142-3766
웹사이트	www.pakhaksa.co.kr
등록번호	제10-2230호

가격 28,000원 ISBN 978-89-91633-82-7